江西年鉴

2023

江西省地方志编纂委员会　编

方志出版社
Publishing House of Local Records

图书在版编目（CIP）数据

江西年鉴. 2023 / 江西省地方志编纂委员会编.
北京：方志出版社，2023.11
ISBN 978-7-5144-5827-5

Ⅰ. ①江… Ⅱ. ①江… Ⅲ. ①江西—2023—年鉴
Ⅳ. ①Z525.6

中国国家版本馆 CIP 数据核字(2023)第 195062 号

责任编辑：王娜
责任校对：张玉霞
责任印制：梅中英
出 版 者：方志出版社
地 址：北京市朝阳区潘家园东里 9 号（国家方志馆 4 层）
邮 编：100021
网 址：http://www.zgfzcb.cn
发 行：方志出版社图书营销中心（010-67110500）
印 刷：江西龙莹印务有限公司
开 本：889 毫米×1194 毫米 1/16
印 张：34.75
字 数：1365 千字
版 次：2023 年 11 月第 1 版
印 次：2023 年 11 月第 1 次印刷
定 价：398.00 元

江西省政区图

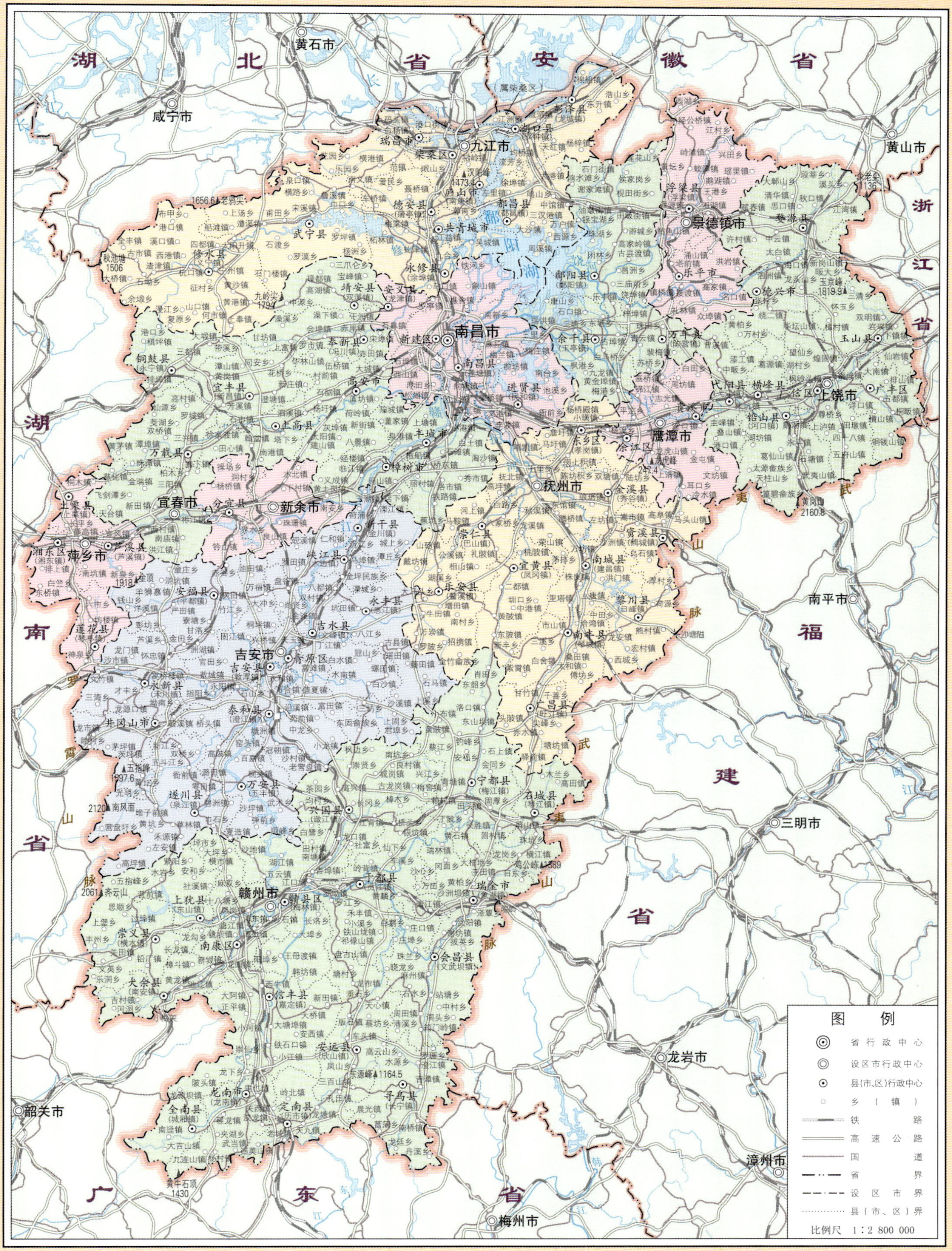

审图号：赣S（2023）77号

江西省自然资源厅

江西省交通图

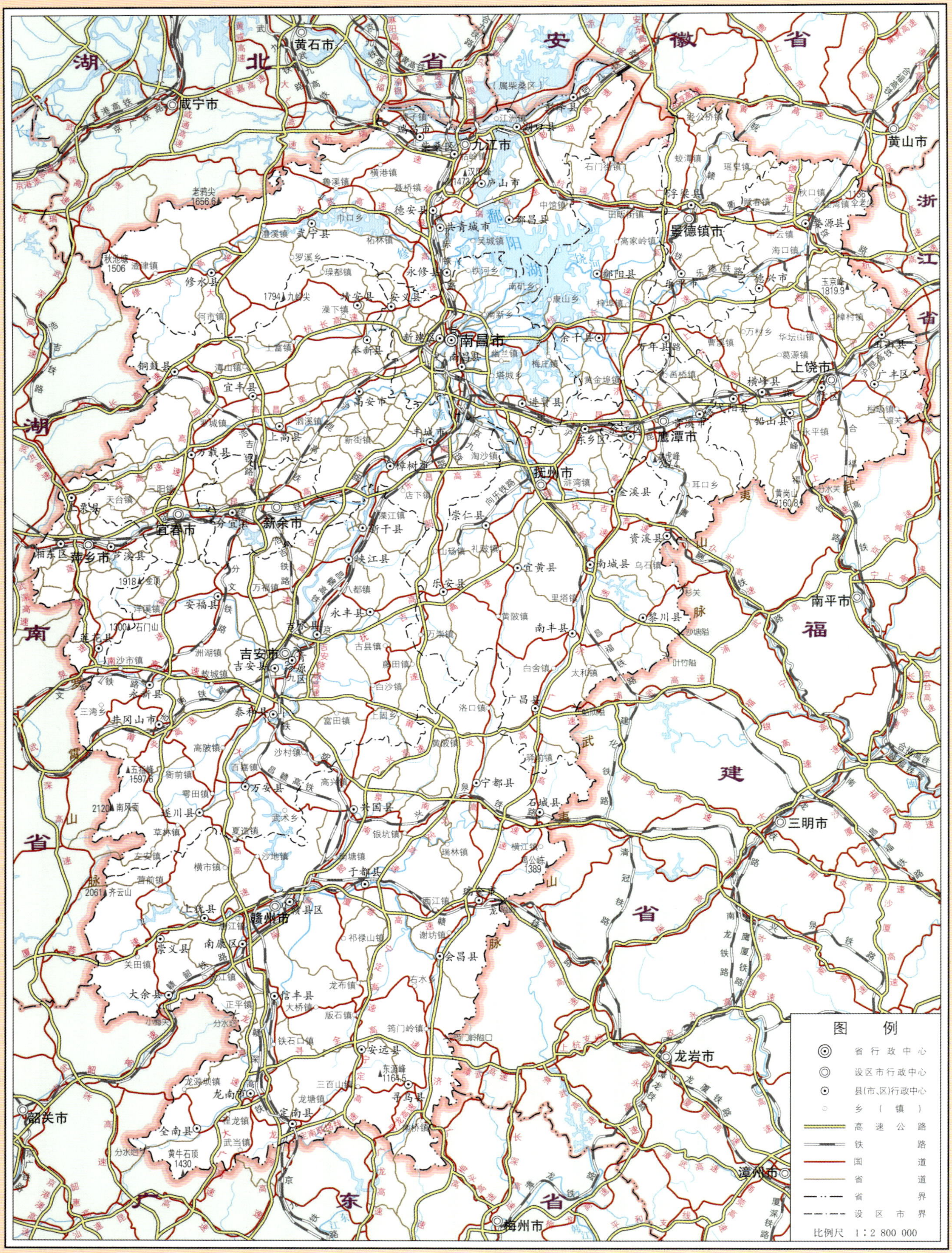

审图号：赣S（2023）77号

江西省自然资源厅

江西省旅游图

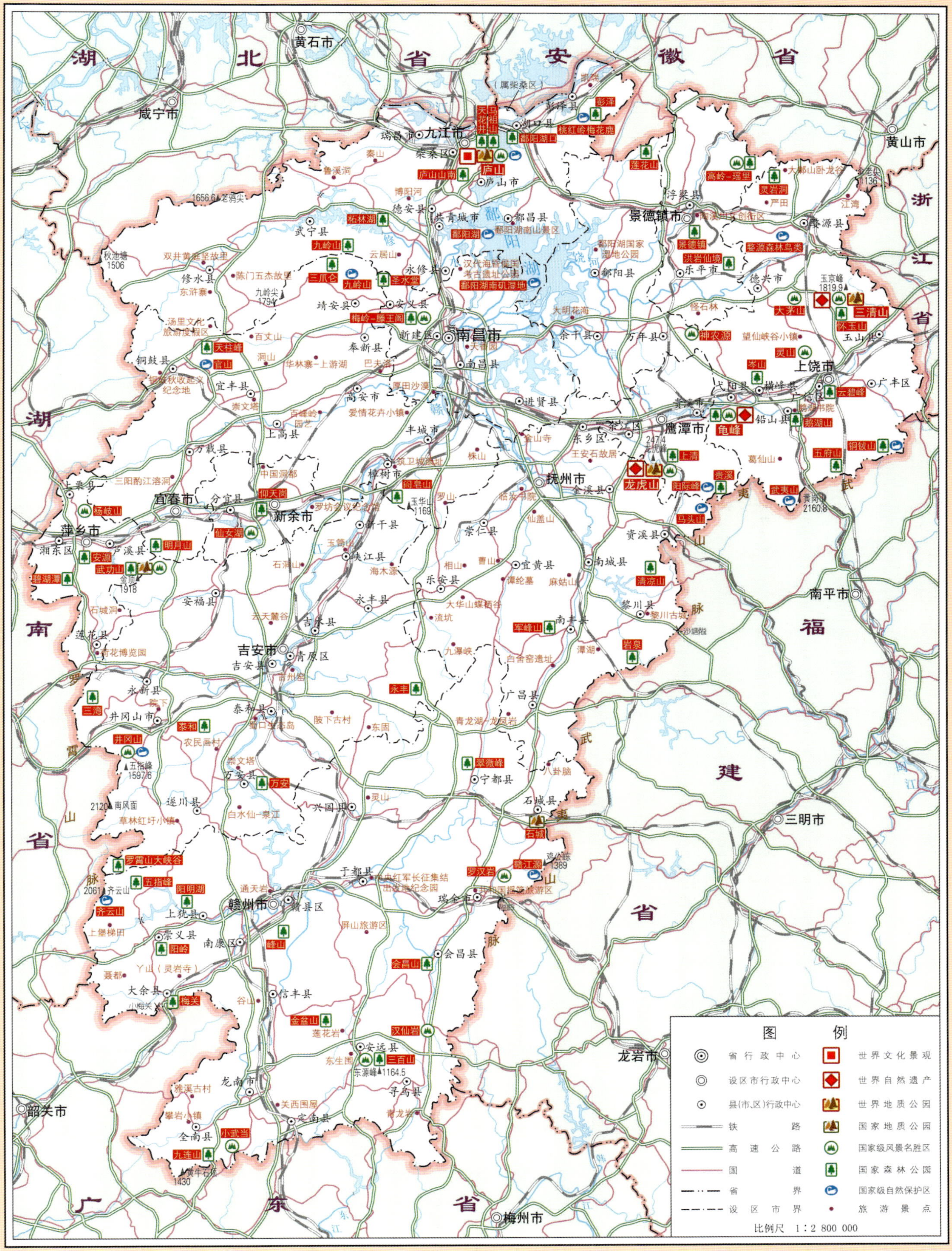

审图号：赣S（2023）77号

江西省自然资源厅

中共江西省委十五届二次全体会议

6月23日，中共江西省委十五届二次全体会议在南昌市召开。会议听取《关于圈选产生我省出席党的二十大代表候选人预备人选及有关事项的说明》；投票确定江西省出席中共二十大代表候选人预备人选；审议通过《中国共产党江西省第十五届委员会第二次全体会议关于召开中国共产党江西省代表会议的决议》。全会决定6月30日在南昌市召开中国共产党江西省代表会议，选举产生江西省出席中国共产党第二十次全国代表大会代表。

▲6月23日，中共江西省委十五届二次全体会议在南昌市召开。代表们全体起立，奏国歌

（海波 摄）

▲6月23日，与会代表投票确定江西省出席中共二十大代表候选人预备人选 （海波 摄）

中国共产党江西省代表会议

6 月 29—30 日，中国共产党江西省代表会议在南昌市召开。会议表决通过选举办法、监票人名单、候选人名单，会议选举产生江西省出席中共二十大代表 43 名，中共中央提名的代表候选人黄坤明当选。会议审议通过《中共江西省委关于深入贯彻习近平总书记视察江西重要讲话精神 以优异成绩迎接党的二十大胜利召开的决定》。

▲6 月 30 日，与会代表举手表决会议议题

（海波 摄）

▲6 月 30 日，与会代表投票选举参加中共二十大的江西代表

（海波 摄）

省十三届人大六次会议

1月17—20日，江西省第十三届人民代表大会第六次会议在南昌市召开。会议听取和审议代省长叶建春所作的《政府工作报告》。会议认为，面对严峻复杂的国际形势和艰巨繁重的改革发展稳定任务，全省学习贯彻中共十九届六中全会精神，贯彻落实中共中央总书记习近平视察江西重要讲话精神，开展党史学习主题教育，聚焦“作示范、勇争先”，巩固疫情防控成果，做好“六稳”“六保”工作，推进高质量跨越式发展，经济增长稳定恢复，动力活力增强，质量效益不断提高，人居环境持续改善，民生福祉日益增进，较好完成省十三届人大五次会议确定的目标任务。会议审查《关于江西省2021年国民经济和社会发展计划执行情况与2022年国民经济和社会发展计划草案的报告》及江西省2022年国民经济和社会发展计划草案，批准《关于江西省2021年国民经济和社会发展计划执行情况与2022年国民经济和社会发展计划的报告》及江西省2022年国民经济和社会发展计划。

◀1月17日，江西省十三届人民代表大会第六次会议举行首场“代表通道”“厅长通道”集中采访活动

（李劼　摄）

◀1月20日，与会代表进行投票选举

（林君　摄）

省政协十二届五次会议

1月16—19日，中国人民政治协商会议江西省第十二届委员会第五次会议在南昌市召开。会议审议批准省政协主席姚增科代表政协江西省第十二届委员会常务委员会所作的工作报告；审议批准省政协副主席雷元江代表政协江西省第十二届委员会常务委员会所作的提案工作情况报告。委员列席江西省第十三届人民代表大会第六次会议，听取、讨论并赞同叶建春所作的省政府工作报告；讨论并赞同省高级人民法院工作报告、省人民检察院工作报告和其他报告。

▶1月16日，中国人民政治协商会议江西省第十二届委员会第五次会议在南昌市开幕

（林君 摄）

▶1月19日，与会省政协委员表决通过各项决议和报告

（吴文兵 摄）

喜迎、参加中共二十大

为迎接中共二十大召开，江西省持续开展各类宣传活动，营造思想理论氛围。6月10日，学习宣传贯彻习近平新时代中国特色社会主义思想研讨会在井冈山市举行。会议强调，要增强政治自觉和理论自觉，高举思想之旗、精神之旗，用新时代中共创新理论武装全体中共党员、教育人民，为中共二十大召开营造思想理论氛围。10月14日，江西省中共二十大代表抵达北京，代表全省235万余名中共党员参加中共二十大。出发之前，代表们进行全面系统的学习和广泛深入的调研，充分征询基层党员和群众的意见建议，把广大中共党员和人民群众的心声带到北京。

▲6月10日，学习宣传贯彻习近平新时代中国特色社会主义思想研讨会在井冈山市举行

（海波　摄）

▲10月14日，出席中共二十大的江西代表抵京　（海波　摄）

▲10 月 15 日，中国共产党第二十次全国代表大会江西省代表团在代表住地举行第一次全体会议　（海波　摄）

▲10 月 15 日，江西省出席中共二十大的部分代表在住地畅谈对大会的期盼，交流各自行业的变化

（海波　摄）

▼10 月 17 日，北京展览馆“奋进新时代”主题成就展迎来中共二十大部分代表。地方展区江西单元共有 54 张图片、4 个视频、14 组实物等内容，展示新时代江西在各领域取得的成果

（海波　摄）

新兴工业发展迈上新台阶

江西省以“十四五”系列规划实施为抓手，细化任务、明确节点、加快推进，稳住工业经济发展势头，打好工业领域“项目大会战”，出台《江西省打造全国新兴产业教育发展高地实施方案(2022–2025)》和《2022 年全省新兴产业创新发展工作要点》，扶持建设一批新兴产业倍增发展项目，深化与粤港澳大湾区电子信息产业合作对接，制定促进锂电新能源产业发展若干措施，提高战略性新兴产业、高新技术产业、装备制造业增加值占规模以上工业的比重，优化产业结构。全年统筹实施 3000 个亿元以上工业项目，完成工业投资 5000 亿元以上。

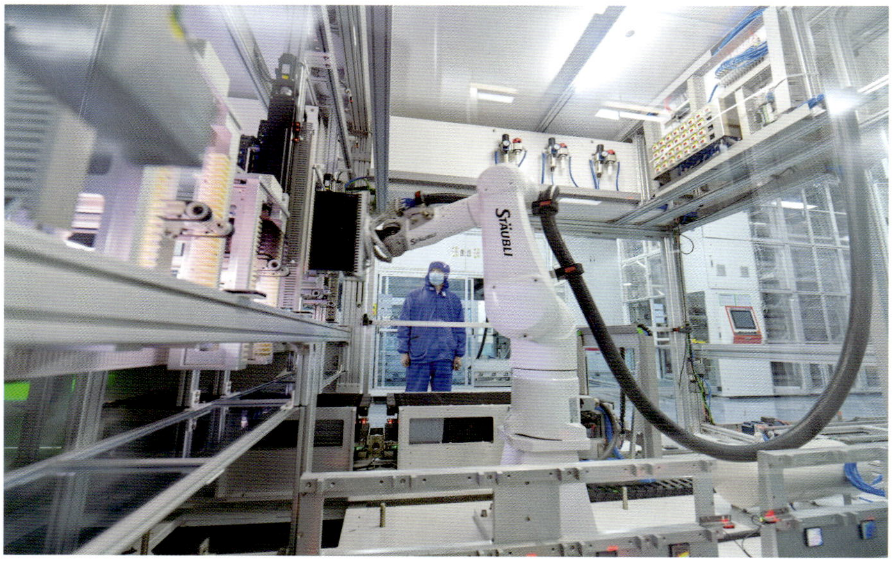

◀1 月 13 日，江西中弘晶能科技有限公司一期项目在宜黄县试生产。在公司智能车间，全自动机械手正在上料插片

（李劼 摄）

▲3 月 1 日，在安义县高新技术产业园区的南昌市凤凰纱业有限公司，传感器将车间生产的数据实时传输到电子屏幕上，通过中央集控系统实时在线回溯各类生产数据，减少人员到现场次数

（康春华 摄）

▲3 月 4 日，在抚州市临川区高新科技产业园，抚州联创电子公司员工在赶制订单。园区促进数字技术与制造业融合，帮助传统产业向智能化转型 （李劼 摄）

▲8月30日，无人机航拍瑞昌市武蛟乡50兆瓦“渔光互补”光伏电站 （梁振堂 摄）

▲4月7日，宜春市经济技术开发区的江西中天智能装备股份有限公司内，新建好的智能化生产线上一派繁忙，机械手臂在焊接作业。生产线搭载5G技术，不仅生产效率提升15倍以上，产品质量也更加稳定可靠 （周亮 摄）

交通强省

2022年，江西省以开展"管理提升年"活动为抓手，推进交通强省建设，推动沪昆、京九江西段高速公路"四改八"项目开工建设，加快形成"大十字"主通道和设区市绕城高速公路网络；完成赣江信江航道达标建设，开工建设赣江龙头山枢纽二线船闸、新干枢纽至南昌航道整治工程等项目，推动形成"两横一纵四支"内河高等级航道网络；加强与高速铁路网、民用运输机场网的高效衔接，加快"一核三极多中心"综合交通枢纽体系建设；建成大广高速南龙扩容工程、寻龙项目等。

▲1月4日，赣州市章贡区上跨京九铁路立交工程合龙 （胡江涛 摄）

◀2月26日，在位于遂川县巾石乡的大广高速公路吉安至南康段改扩建工程工地，工人正在施工。工程路线全长145.4千米，是江西省规划"10纵10横21联"高速公路网重要的南北向通道

（吴文兵 摄）

▶3月29日，南昌市九龙湖过江大桥项目建设现场一派繁忙；工人在55号主墩承台施工作业

（史港泽 杨继红 摄）

▲4 月 3 日，昌景黄高铁金溪湖特大桥首座大跨度连续梁合龙

（洪子波　摄）

◀4 月 4 日，宜井遂高速公路项目宜春段建设现场施工

（周亮　摄）

▲5 月 6 日，建设人员正在九江高铁枢纽工程项目现场施工。该项目主要由高架层 8 条匝道、地面层 5 条地面道路及集散广场、两层地下空间组成，总投资 18 亿元

（梁振堂　摄）

数字经济

省委、省政府抢抓数字经济发展机遇，把数字经济发展作为全省深化改革中具有战略性、引领性、突破性的关键工作、头等大事来抓，加快打造全国数字经济发展新高地。2022 年，全省聚焦“五年倍增”发展目标，推进数字产业化、产业数字化，推动数字经济快速健康发展，全省数字经济增加值突破 1 万亿元，占地区生产总值的 35%。

▲3 月 3 日，在江西省图书馆 VR(虚拟现实)试听体验区，读者正在通过 VR 技术体验科学探索 （康春华 摄）

▲5 月 27 日，在位于上饶市广丰区的江西捷配工业互联网有限公司，工作人员在大数据中心进行订单指挥调度。当地统筹发展数字经济，推进工业互联网建设，构建以云计算、物联网、大数据、机器人等为基础的“先进协同制造+工业互联网”新生态，立足地域特色，带动智能制造、数字农业、智慧文旅等产业发展

（徐铮 摄）

2022年江西省旅游产业发展大会

6月13—15日，2022年江西省旅游产业发展大会在吉安市举行。此次大会由省委、省政府主办。大会以“高质量文旅融合 新时代奋勇争先”为主题，结合旅游强省建设和“五个奋勇登攀”总体要求，展示江西人文历史底蕴。大会系列活动包括旅游推介会、产业对接会、项目观摩、技术考察等。

▲6月14日，吉州窑景区东昌路宋街上演舞龙表演

（汪湧 摄）

▲6月28日，沉浸式实景演出《梦回庐陵》在2022年全省旅发大会观摩点——后河·梦回庐陵景区上演

（汪湧 摄）

第八届江西艺术节

4—12月，第八届江西艺术节举行。艺术节围绕举旗帜、聚民心、育新人、兴文化、展形象的使命任务，聚焦“喜迎二十大 奋进新时代”主题，设置玉茗花戏剧节、音乐舞蹈艺术节、少儿艺术节、民间文化艺术节、美术书法摄影展、“一校一戏”展演及开幕式、闭幕式8项主体活动，“百县百艺”、广场舞集中展演等15项系列活动和文艺精品线上展播展览、网络宣传推广2项线上活动，涵盖戏剧、音乐、舞蹈、美术、少儿艺术、残疾人艺术、非遗等多个门类。

▶6月26日，第八届江西艺术节开幕式在南昌县昌南文化中心举行。省赣剧院创排的青春版·赣剧《红楼梦》在开幕式上首演

（宋靖 摄）

◀8月16日，第八届江西艺术节·第十二届江西玉茗花戏剧节原创民族歌剧《山茶花开》在抚州市临川大剧院上演

（刘新文 摄）

▼10月9日，第八届江西艺术节优秀成果——盱河高腔《忠诚》在江西艺术中心大剧院上演

（省文化和旅游厅 供）

全民阅读

4—12月，江西省首届全民阅读大会在南昌市启动。活动以“奋进新时代 书香红土地”为主题，在全省范围内开展一系列形式多样、内容丰富的全民阅读活动，营造全民阅读的社会氛围。大会期间，《百年一誓》《小菊的茶山》等18本读物获“年度赣版好书”称号。

▲4月21日，在南昌市红谷滩区碟子湖学校阅览室，两位小学生通过线上课堂，和同学分享自己喜爱的图书以及读后感

（徐铮　摄）

▲10月3日，在位于南昌市西湖区八一大道的新华书店南昌书城里，读者正安静享受假日里的阅读时光

（鲍赣生　摄）

喜迎北京冬奥会、冬残奥会

为迎接 2022 北京冬奥会、冬残奥会，江西省各地群众开展“冰雪”趣味运动，共赴冰雪之约。江西越野滑雪和冬季两项运动员朱运锋入选北京冬残奥会中国代表团，在北京冬残奥会冬季两项男子短距离(坐姿)比赛中，获得第 18 名。

▲1 月 1 日，冰雪运动爱好者在铜鼓县七星岭滑雪场尽情体验冰雪运动带来的快乐

（周亮　摄）

▲1 月 5 日，中国冰雪大篷车百场巡回走进南昌，与市民共赴冰雪之约

（洪子波　摄）

▲1 月 5 日，铜鼓县排埠镇的七星岭滑雪场，一名滑雪爱好者从山顶雪道滑下，滑板扬起的雪花与冬阳构成了一幅动感画面

（李劼　摄）

▲1月11日，石城县三小的同学正在开展轮滑冰球对抗赛，图为发球的瞬间

（李劼 摄）

▲3月9日，朱运锋（右）参加2022年北京冬残奥会越野滑雪男子短距离（坐姿）比赛

（洪子波 摄）

乡村振兴

2022年，江西印发《关于推进农业农村高质量发展 奋力打造新时代乡村振兴样板之地的意见》，实施乡村振兴样板创建“十百千”工程，结合划分的先进示范县、整体推进县、重点帮扶县“三类县”和选定的1841个重点帮扶村，分类创建10个乡村振兴样板县、100个样板乡镇、1000个样板村。至年底，乡村产业、人才、文化、生态、组织振兴的制度、政策、组织框架基本形成。

◀1月11日，在乐安县山砀镇黄家村西红柿种植基地，村民正将一框框西红柿分拣、装箱，运往武汉、上海等地批发市场。该基地占地20公顷，采取“公司+基地+农户”模式，吸纳当地100余名农村富余劳动力就业

（邱志超 摄）

◀3月21日，航拍下的赣州市章贡区沙石镇埠上村，高速公路与房屋、树林、农田相互映衬，呈现乡村振兴美丽画卷 （胡江涛 摄）

▶4月14日，樟树市吴城乡塘下村村民在中药材种植基地套种西瓜苗。该市利用荒山荒坡发展中药材种植，通过“中药材+”多种复合套种模式，四季轮作、亩产翻番，既扮靓山村，又让昔日荒山“流金淌银” （周亮 摄）

▲5月4日，南昌市经济技术开发区蛟桥镇前进村苗木基地，农户正在管理树苗。树苗种植不仅解决村民就业问题，还带动村民增收致富 （洪子波 摄）

▲5月9日，在于都县梓山镇潭头村，干净整洁的村道、错落有致的楼房、万亩富硒蔬菜产业大棚，构成环境优美、生态宜居的新农村 （李劼 摄）

疫情防控

2022年，全省各地各部门贯彻落实中共中央、国务院决策部署，坚持第九版防控方案，落实二十条优化措施，持续整治层层加码问题，取得较大成效。全省从省直医院和赣州、吉安、九江等市抽调1000余人组成援沪、援吉医疗队。医疗队的部分队员有新冠肺炎确诊病例救治工作经历，专业主要为呼吸与危重症医学科、重症医学科、感染性疾病科、医院感染管理科等。

▲3月27日，江西省儿童医院核酸采样队在江西旅游商贸职业学院进行核酸采样

（辛萍 摄）

▲4月3日，江西省援沪医疗队在南昌火车站紧急集结完毕，出征驰援上海疫情防控一线

（卢小凡 摄）

▲4月22日，由江西省人民医院（南昌医学院第一附属医院）104名医务人员组成的江西援吉医疗队乘专机雨夜凯旋返赣

（罗珊 摄）

▶12月9日，江西省妇幼保健院为一名新冠肺炎阳性孕妇完成剖宫产手术，新生儿核酸检测结果为阴性

（洪瑛 摄）

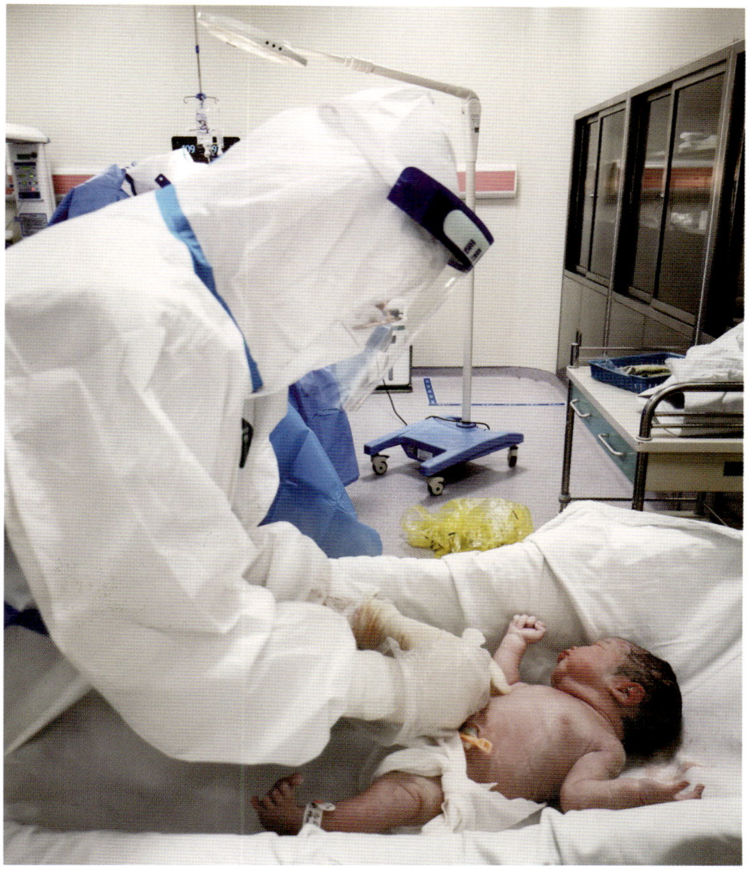

保护鄱阳湖

2022年,全省酷热天气从4月蔓延到10月,鄱阳湖从8月进入枯水期,比上年提前100多天,水位跌落较快。9月23日,鄱阳湖标志性水文站星子站水位退至7.10米,刷新1951年有纪录以来历史最低水位。江西沿湖沿江农业农村部门实施应急投饵、应急监测、应急清淤、应急捕捞、应急迁地5套工作方案,消除长江江豚因围困搁浅而死亡的隐患,解救长江江豚111头。

◀8月21日,一群白鹭从鄱阳湖进贤水域飞过。地处鄱阳湖核心湖区的金溪湖,枯水期提前,影响候鸟觅食

(张雪 李劼 田野 摄)

◀9月3日,江西鄱阳湖自然保护区管理局联合中国科学院地理科学与资源研究所,在草滩上开展苔草刈割实验,促使苔草长出嫩芽,以便即将飞抵鄱阳湖越冬的雁类候鸟可以吃到新长出的嫩草

(张雪 李劼 田野 摄)

◀9月6日,在都昌县松门山水域,省水生生物保护救助中心工作人员进行科学监测,标志鄱阳湖首次低枯水期水生生物资源监测启动

(张雪 李劼 田野 摄)

▶9月10日，水位下降的鄱阳湖进贤段水域滩涂裸露，呈现出大树形状的自然景观

（张雪 李劼 田野 摄）

▶9月13日，湖口县长江江豚协助巡护队队员，在干涸的鄱阳湖湖区清理沉积的废弃渔网，避免丰水期长江江豚被缠绕受伤

（张雪 李劼 田野 摄）

▶9月28日，在鄱阳湖都昌水域，长江江豚跳出水面。长江江豚旁边，工作人员进行航道疏浚作业

（张雪 李劼 田野 摄）

鸟类家园

省委、省政府重视湿地候鸟保护工作，通过划建自然保护地、认定重要湿地、强化执法打击、创新宣教方式等措施，持续加强候鸟及其栖息地的保护管理。其中，1月1日，《江西省候鸟保护条例》(简称《条例》)施行。《条例》将候鸟保护纳入县级以上人民政府林长制责任范围，建立综合协调机制，研究、协调、解决候鸟保护工作中的重大问题。对于因极端降水、干旱、低温等气象灾害造成候鸟栖息地破坏、食物匮乏等情形作出具体规定，帮助候鸟渡过极端气候环境造成的生存难关。

◀5月3日，南昌象山森林公园中的鹭鸟与夕阳相映成趣

(涂序理 徐铮 摄)

►5月28日，在南昌梅岭国家森林公园内，红尾水鸲在溪中"带娃"

(涂序理 徐铮 摄)

◀6月6日，在南昌市红谷滩区厚田乡梅花村，一只蓝喉蜂虎扑打水面给身体降温

(涂序理 徐铮 摄)

编辑说明

一、《江西年鉴》是江西省本级地方综合年鉴，由江西省人民政府组织、江西省地方志编纂委员会编纂，稿件由省直各单位，各市、县（区），中央驻赣单位及有关单位提供。

二、《江西年鉴》是系统记述江西省自然、政治、经济、文化、社会等方面情况的年度资料性文献。其编纂以马克思列宁主义、毛泽东思想、邓小平理论、“三个代表”重要思想、科学发展观、习近平新时代中国特色社会主义思想为指导，坚持辩证唯物主义和历史唯物主义的立场、观点和方法，逐年全面、真实地记录江西经济建设和社会发展的基本情况，为存史、资政、育人服务。

三、《江西年鉴》每年出版一卷，2002 年首卷出版，至今已经编纂出版22 卷。

四、《江西年鉴（2023）》着重记载 2022 年江西省发生的重大事情。内容分为综合情况、动态信息和辅助资料三大部分。综合情况设特载、专记、大事记、江西概貌 4 个类目。动态信息设中国共产党江西省委员会，江西省人民代表大会，江西省人民政府，中国人民政治协商会议江西省委员会，中国共产党江西省纪律检查委员会 江西省监察委员会，民主党派和工商联，群众团体，法治，军事，应急管理，国家区域发展战略，农业农村，工业，信息化建设，园区经济，旅游业，商贸服务业，对外贸易与国内经济合作，交通 邮政，金融，财政 税务，经济管理与监督，住房和城乡建设，水利，生态环境，教育，科学技术，社会科学与地方志，文化，新闻出版 广播电影电视，卫生健康，体育，居民生活，人力资源，社会保障，社会事务管理，退役军人事务，民族宗教事务，精神文明建设，市、县（区），人物，共 41 个类目。辅助资料设附录、统计资料 2 个类目。江西政区图、江西交通图、江西旅游图均为 2023 年版地图。

五、《江西年鉴（2023）》内容层次设置是为了方便分类编纂和读者阅读，机关、企事业单位等排序和层次并不表示其地位和规模。部分条目因内容需要对比，时间有所上溯。市、县（区）主要领导放在所属市、县（区）之后，便于查阅。特载类目中数据为快报数，因个别供稿单位统计口径不同等原因，有的数据在不同条目中不尽一致，使用时请注意出处；企业的计量单位，除市场监督管理局办理注册登记的企业用“户”外，其他一律用“家”。

六、市制土地面积计量单位“亩”，在农民日常生产生活中仍作为土地面积的计量单位，因此，《江西年鉴（2023）》记述农业事项土地面积时仍使用“亩”作为计量单位，1 亩 = 666.67 平方米，随文不再括注同比例平方米数。

江西省地方志编纂委员会

主　　任	叶建春
副 主 任	庄兆林　孙洪山
委　　员	杜章彪　傅　云　蒋金法　王　俊　王前虎　吴永明 应　炯　李明生　黄　平　蒋　斌　宋　斌　李　军 李绪先　龚建平　雷起平　李　伟　肖　云　谢来发 方向军　廖　涛　甘根华
主　　编	叶建春
副 主 编	庄兆林　孙洪山

《江西年鉴》2023 编辑人员

总 编 辑	甘根华
副总编辑	杨志华　张棉标
编辑部主任	詹跃华
编　　辑	詹跃华　毛珏珺(至3月)　张志勇　刘清林　游桃琴 邓诚君　徐佳佳(至8月)　王伟民(4月起) 赵　丹(9月起)

目　　录

特　　载

专　　记

大 事 记

江西概貌

中国共产党江西省委员会

江西省人民代表大会

江西省人民政府

中国人民政治协商会议江西省委员会

中国共产党江西省纪律检查委员会江西省监察委员会

民主党派和工商联

群众团体

法　　治

军　事

应急管理

国家区域发展战略

农业农村

工　业

信息化建设

园区经济

旅 游 业

商贸服务业

对外贸易与国内经济合作

交通　邮政

金　　融

财政 税务

经济管理与监督

住房和城乡建设

水 利

生态环境

教　育

科学技术

社会科学与地方志

文 化

新闻出版 广播电影电视

卫生健康

体　育

居民生活

人力资源

社会保障

社会事务管理

退役军人事务

民族宗教事务

精神文明建设

市、县(区)

人　　物

附　录

统计资料

索　引

特　　载

在省委十五届三次全体(扩大)会第二次全体会议上的讲话

（2022年11月22日）

省委书记　易炼红

同志们：

这次省委全会，听取和审议了省委常委会工作报告，审议通过了《中共江西省委关于深入学习宣传贯彻党的二十大精神 加快全面建设社会主义现代化江西的决定》《中共江西省委关于坚决维护以习近平同志为核心的党中央权威和集中统一领导的规定》。会议期间，大家分组进行了深入讨论，进一步统一了思想、凝聚了共识、明确了方向，达到了会议的预期目的。

下面，我代表省委常委会，就深入学习贯彻党的二十大精神，做好全省当前和今后一个时期的重点工作，再强调几点意见。

一、在伟大变革的启示中锚定强国复兴的精神坐标，切实增强贯彻落实党的二十大精神的思想自觉政治自觉行动自觉

学习宣传贯彻党的二十大精神是当前和今后一个时期全省上下的首要政治任务，我们要持续在学懂弄通做实上下功夫，自觉用党的二十大精神统一思想、统领全局、统揽工作，特别是要从新时代十年伟大变革的深刻启示中，找到全面建设社会主义现代化国家、全面推进中华民族伟大复兴的精神坐标，确保任何时候任何情况下都不偏航、不动摇，坚定不移沿着习近平总书记指引的方向奋勇前进。

第一，习近平总书记掌舵领航是我们最可靠的“主心骨”。新时代十年伟大变革，我们经历的考验前所未有、面对的任务艰巨繁重、经历的斗争非比寻常，党和国家事业之所以能够取得历史性成就、发生历史性变革，最根本的在于有习近平总书记作为党中央的核心、全党的核心掌舵领航。每到重要关口，习近平总书记运筹帷幄、举旗定向；每遇风险挑战，习近平总书记挺身而出、力挽狂澜；每逢关键时刻，习近平总书记坚决果断、一锤定音，带领党和人民战胜了一系列重大风险挑战，创造了新时代中国特色社会主义的伟大成就，不愧为坚强可靠的“主心骨”、中华巨轮的“掌舵者”、强国复兴的“领路人”。透过伟大变革，我们更加深刻地认识到“两个确立”是党的十八大以来最重要的政治成果、最重大的政治判断、最宝贵的历史经验，是我们党应对一切不确定性的最大确定性、最大底气、最大保证。学习贯彻党的二十大精神，必须深刻领悟“两个确立”的决定性意义，坚决维护党中央权威和集中统一领导，坚决维护习近平总书记党中央的核心、全党的核心地位，不断提高政治判断力、政治领悟力、政治执行力，始终在思想上政治上行动上同以习近平同志为核心的党中央保持高度一致，切实把江西打造成为最讲党性、最讲政治、最讲忠诚、最讲担当的地方。

第二，习近平新时代中国特色社会主义思想是我们最科学的“指南针”。党的十八大以来，习近平总书记以马克思主义政治家、思想家、战略家的非凡理论勇气、卓越政治智慧、强烈使命担当，坚持把马克思主义基本原理同中国具体实际相结合、同中华优秀传统文化相结合，创立了习近平新时代中国特色社会主义思想，实现了马克思主义中国化时代化新的飞跃。实践充分证明，中国共产党为什么能，中国特色社会主义为什么好，归根到底是马克思主义行，是中国化时代化的马克思主义行。习近平新时代中国特色社会主义思想科学回答了中国之问、世界之问、人民之问、时代之问，是当代中国马克思主义、21世纪马克思主义，是中华文化和中国精神的时代精华，是取之不尽、用之不竭的思想宝库，是被实践证明了的科学真理。学习贯彻党的二十大精神，必须牢牢把握“六个必须坚持”的重要要求，运用好习近平新时代中国特色社会主义思想这个“指南针”，深刻掌握蕴含其中的立场观点方法、道理学理哲理，善于从伟大思想中找方向、找方法、找答案，更好地用以武装头脑、指导实践、推动工作。

第三，党中央的英明决策部署是我们最有力的“定盘星”。党的十八大以来，以习近平同志为核心的党中央统筹中华民族伟大复兴战略全局和世界百年未有之大变局，明确“五位一体”总体布局和“四个全面”战略布局，作出

“三新一高”的战略部署，推动党和国家事业取得举世瞩目的重大成就。实践充分证明，党中央的决策部署是完全正确的，党中央具有驾驭复杂局面的娴熟能力，具有引领中国巨轮破浪前行的高超智慧，这是我们战胜一切风险挑战的“定盘星”。只要我们一切行动向习近平总书记看齐、听从党中央指挥，我们的工作就有底气、发展就有希望、事业就能兴旺。学习贯彻党的二十大精神，必须坚决贯彻党中央各项决策部署，强化对标对表的意识、担当实干的劲头，撸起袖子加油干、风雨无阻向前行，一步一个脚印把党的二十大作出的重大决策部署付诸行动、见之于成效，奋力开创各项事业发展新局面。

第四，广大干部群众的团结奋斗是我们最强大的“动力源”。党的二十大报告深刻揭示了我们党团结带领人民砥砺奋进的宝贵经验，特别是党的十八大以来，以习近平同志为核心的党中央带领全党全国各族人民，团结一心、砥砺奋进，攻克了一个个看似不可攻克的难关险阻，创造了一个个令人刮目相看的人间奇迹，成功开辟了中国特色社会主义发展的新境界。实践充分证明，党和人民取得的一切成就都是团结奋斗的结果，团结奋斗是我们战胜前进道路上一切风险挑战、不断从胜利走向胜利的重要保证。我们靠团结奋斗创造了辉煌成就，还要靠团结奋斗开辟美好未来。学习贯彻党的二十大精神，必须深刻把握团结奋斗的时代要求，坚持一切为了人民、一切依靠人民，引导广大赣鄱儿女在党的旗帜下团结成“一块坚硬的钢铁”，凝聚起万众一心、无坚不摧的强大力量，不断续写红土圣地新的时代荣光。

二、在宏伟壮阔的目标中找准江西发展的时代方位，奋力描绘中国式现代化的江西画卷

明确方位才能找准方向，把握大势才能赢得未来。当前，世界百年未有之大变局加速演进，新一轮科技革命和产业变革深入发展，新冠肺炎疫情影响广泛深远，世界之变、时代之变、历史之变的特征更加明显，我省发展既面临着前所未有的机遇，也面临着前所未有的挑战。

第一，放眼全局，优势叠加、要素聚集的红利加速释放，我们必须抢抓机遇、乘势而上。当前，尽管受多重超预期因素冲击，全国经济下行压力比较大，但我国经济长期向好的基本面没有改变，经济持续恢复态势没有改变，发展潜力大、韧性足、空间广的特点也没有改变，这是我们实现长期持续发展的最大基本盘。党的十八大以来，我省主要经济指标增幅持续位居全国前列，经济总量从全国第19位上升至第15位，规上工业营业收入跃居第12位，综合科技创新水平指数前移至第16位，中科院赣江创新研究院、中国工程科技发展战略江西研究院、国家虚拟现实创新中心等国家级重大平台先后落户，比亚迪、宁德时代、吉利科技、国轩高科、欣旺达、格力电器等行业头部企业先后投资落地百亿级重大项目，为全省高质量跨越式发展积蓄了强大势能。随着新发展格局加快构建，产业链供应链加速重构，碳达峰碳中和扎实推进，我省“四面逢源”的区位优势、门类齐全的产业优势、山清水秀的生态优势、国家战略的叠加优势越发凸显，为我们实现“换道超车”“换车超车”带来了新的重大机遇。机遇面前，我们决不能彷徨观望、左顾右盼，必须乘势而上、聚势而强，切实把机遇红利优势转化为改革发展胜势。

第二，环视周边，千帆竞发、百舸争流的态势更加明显，我们必须策马扬鞭、奋楫争先。虽然近年来我省保持了强劲的发展势头，但是总量不大、人均不高、支撑不强等短板依然明显。从中部六省看，去年河南、湖北经济总量已经跃上5万亿元台阶，湖南、安徽也已跨过4万亿元门槛，我省今年方能破3万亿元大关；人均GDP、科技创新能力、龙头企业数量也都在中部地区靠后。我们要实现习近平总书记提出的“在加快革命老区高质量发展上作示范、在推动中部地区崛起上勇争先”的目标要求，还需要付出艰苦努力。特别是当前全国各地呈现出争先进位的强劲态势，资源的抢夺、政策的争取、招商的竞争、人才的比拼空前激烈，可谓是“不进则退、慢进也是退”，稍有松懈就会掉队落伍。面对你追我赶的逼人形势，我们没有任何懈怠的资本、退缩的余地，必须拿出最大的力气、跑出最快的速度、争取最好的质效，不断提升江西在全国发展大局中的位势。

第三，立足自身，转型升级、跨越发展的使命艰巨繁重，我们必须攻坚克难、勇毅前行。当前，江西正处在工业化的中后期和城镇化的快速推进期，面临着做大总量与提升质量的“双重压力”、扩大规模与结构升级的“双重使命”、要素拉动与创新驱动的“双重要求”、加快发展与维护安全的“双重挑战”，发展不平衡不充分的问题仍然突出，动能转换、生态保护、民生保障的任务十分繁重。处在发展关键节点的江西，面对前所未有的困难挑战，容不得我们有半点的犹豫和观望，只有知重负重、勇往直前，才能跨越发展障碍、收获发展硕果。我们必须以高昂的斗志、饱满的状态、奋发的激情，善于处理解决两难多难问题，全力战胜各种困难挑战，在砥砺奋进中拓展发展新空间、塑造发展新优势、开辟发展新境界。

党的二十大明确了以中国式现代化全面推进中华民族伟大复兴的使命任务，科学回答了建设什么样的社会主义现代化强国、怎样建设社会主义现代化强国的重大时代课题，为我们奋斗新时代、奋进新征程提供了根本遵循。省第十五次党代会提出了“全面建设社会主义现代化江西”的奋斗目标，对全面建设创新江西、富裕江西、美丽江西、幸福江西、和谐江西、勤廉江西作出明确部署，符合党的二十大精神、切合江西发展实际，必须一以贯之、长期坚持。我们要以党的二十大精神谋划完善工作思路、优化创新政策举措、提升强化工作措施、针对解决具体问题，扎实推进中国式现代化的江西实践，努力探索体现中国特色、时代特征、江西特点的现代化建设路径。

新征程催人奋进，新使命重任在肩。全省上下要坚持以习近平新时代中国特色社会主义思想为指导，深入贯彻党的二十大精神，全面落实习近平总书记视察江西重要讲话精神，聚焦“作示范、勇争先”的目标要求，统筹推进“五位一体”总体布局、协调推进“四个全面”战略布局，大力弘扬伟大建党精神和井冈山精神、苏区精神、长征精神，全力推进“六个江西”建设，加快打造特色鲜明的现代化经济体系，加快打造环境优美的现代化生态样板，加快打造文化繁荣的现代化社会文明，加快打造惠及全民的现代化美好生活，加快打造精准高效的现代化治理格局，凝心聚力全面建设社会主义现代化江西，充分展现中国式现代化在赣鄱大地的生动画卷。

——加快打造特色鲜明的现代化经济体系，就是要深入实施高质量跨越式发展首要战略，推动综合科技创新能力全面提升，新兴产业培育和传统产业转型取得显著成效，产业链供应链现代化水平大幅提高，改革开放在更多领域更深层次形成突破，着力构建具有竞争力、创新力和富有江西特色的现代化经济体系。

——加快打造环境优美的现代化生态样板，就是要深入贯彻习近平生态文明思想，推动国家生态文明试验区建设向更深层次迈进，生态环境质量保持全国领先，碳达峰碳中和稳步推进，生态产品价值实现机制建设走在全国前列，经济社会发展全面绿色转型成效显著，更高标准打造美丽中国"江西样板"。

——加快打造文化繁荣的现代化社会文明，就是要全面推进文化强省建设，推动社会主义核心价值观深入人心，群众思想道德素质和社会文明程度得到新提高，文化事业、文化产业蓬勃发展，人民精神文化生活更加丰富多彩，赣鄱文化美誉度和影响力全面增强，物质文明和精神文明协调发展。

——加快打造惠及全民的现代化美好生活，就是要矢志不渝增进人民群众福祉，推动脱贫攻坚成果巩固拓展，群众就业更加充分更有质量，居民收入增长与经济增长基本同步，基本公共服务水平和均等化程度持续提高，共同富裕取得更为明显的实质性进展，让人民群众过上更加幸福美好的生活。

——加快打造精准高效的现代化治理格局，就是要纵深推进法治江西、平安江西建设，推动治理体系和治理能力现代化水平明显提升，社会公平正义进一步彰显，人人有责、人人尽责、人人享有的社会治理共同体基本建成，防范化解重大风险体制机制不断完善，全省社会大局保持和谐稳定。

三、在砥砺奋进的征程中开辟改革发展的崭新局面，凝心聚力加快全面建设社会主义现代化江西

发展是解决一切问题的基础和关键，高质量发展是全面建设社会主义现代化国家的首要任务。我们要完整、准确、全面贯彻新发展理念，坚定发展信心、保持发展定力，坚决破解体制机制障碍，全力战胜一切困难挑战，加快推动高质量跨越式发展，充分展现中国式现代化的生动江西实践。

第一，要在构建现代化产业体系上实现新突破。产业是经济发展的根基所在，没有现代化产业体系的支撑，现代化就是无源之水、无本之木。我们要把发展经济的着力点放在实体经济上，加快构建数字经济引领、先进制造业支撑、现代农业夯基、现代服务业融合的现代化产业体系，推动经济实现质的明显提升和量的较快增长。一是要以产业结构高端化为导向。近年来，我省产业结构不断优化，但产业结构仍然偏重，传统产业比重高、新兴产业规模小、总体层次不高的局面还没有根本改变。要坚持走新型工业化之路，大力建设新兴工业强省，深入开展"2+6+N"产业高质量跨越式发展行动，积极推动传统产业转型升级，加快实现先进制造业、战略性新兴产业融合集群发展，超前谋划布局未来产业，推动产业高端化、智能化、绿色化、融合化发展，不断塑造发展新优势、开辟发展新赛道。这些年，我省电子信息产业从小到大、快速成长，今年营业收入有望突破8000亿元，产业规模居全国第5位、中部第1位。这深刻启示我们，只要把心思放在发展上、想为敢为善为，就一定能创造无愧于时代、无愧于人民的业绩。要大力推进农业现代化，打造现代农业产业集群，培育一批"国内一流、世界知名"的优势农业品牌，提高农业综合效益和竞争力，加快推动农业大省向农业强省迈进。积极构建优质高效的服务业新体系，大力发展服务型制造和工业互联网，统筹推进生产性服务业和生活性服务业发展，推动现代服务业与先进制造业、现代农业深度融合、高效协同。二是要以产业模式数字化为重点。数字经济是我们实现弯道超车、换车超车的关键。要深入实施数字经济做优做强"一号发展工程"，坚定不移推进数字产业化、产业数字化，充分发挥VR、移动物联网等领域的先发优势，建好用好国家虚拟现实创新中心，持续在深耕产业赛道、强化数字赋能、创新场景应用上攻坚突破，全力打造全国数字经济发展新高地，为现代产业发展插上数字化的腾飞"翅膀"。三是要以产业基础高级化为支撑。加快打造链长制升级版，实现由"链长"统筹向"链长"引导、"链主"主导转变，不断提升产业链供应链韧性和安全水平。围绕省级重点产业链核心基础部件、基础工艺、关键基础材料、产业技术基础、工业基础软件等领域，深入开展产业基础再造行动，着力提升基础产品质量和技术性能。四是要以产业要素协同化为保障。昨天，九江入选港口型国家物流枢纽建设名单，加上南昌、赣州，我省就有3个国家级枢纽城市，这意味着江西在全国发展大局中地位作用进一步彰显。要深入实施全面深化改革攻坚行动，全面扩大高水平对外开放，抓紧抓实营商环境优化升级"一号改革工程"，着力破除制约产业要素高效流动的体制机制障碍，深度融入共建全国统一大市场，加快打造内陆双向开放新高地，促进资本、技术、数据等产业要素在江西加速集聚裂变，让人流、物流、资金流、信息流在江西加快汇聚协同，为产业高质量发展提供有力保障。

第二，要在强化创新驱动发展上实现新提升。创新在现代化建设全局中处于核心地位。我省创新整体实力连年跃升，但创新驱动力仍不能适应现代化建设需要。要坚持科技是第一生产力、人才是第一资源、创新是第一动力，深入实施创新驱动发展战略，加快推进创新型省份建设，让创新"活水"澎湃成潮，持续赋能社会主义现代化江西建设。一是要加快建设科技强省。高标准建设创新策源平台，扎实开展重大创新平台攻坚行动，积极创建稀土、中药资源等国家重点实验室，大力推动"大院大所""名企名校""创新飞地"合作共建高端研发机构，让更多重大创新平台落户江西，推动国家实验室、国家大科学装置、国家技术创新中心建设取得突破。持续深化科技体制改革，完善产业协同创新体系，健全科技成果转化协调机制，充分发挥24个产业链科技创新联合体作用，完善"首席科学家""揭榜挂帅""赛马制"等制度，突破一批关键共性技术、前沿引领技术、现代工程技术、颠覆性技术，强化重大创新成果迭代应用，为产业链供应链安全稳定提供有力支撑。二是要加快建设教育强省。教育是科技创新的源泉，是培育人才的摇篮。要坚持为党育人、为国育才，全面贯彻党的教育方针，落实立德树人根本任务，深化教育领域综合改革，推动学前教育“补短板”、基础教育“重均衡”、职业教育“扬优势”，办好人民满意的教育。特别是要深入推动高等教育内涵特色发展，积极构建有效支撑全省创新发展的高等教育体系，努力在新一轮“双一流”建设中形成更多标志性、突破性成果，打好高等教育高质量发展“突围战”，不断提升高校科技创新能力，更好服务地方高质量跨越式发展。三是要加快建设人才强省。没有人才就难有创新，没有创新就没有优势，没有优势就无法赢得竞争。在人才的问题上，采取什么样的措施、出台什么样的政策都不为过。要坚持党管人才原则，尊重人才、尊重知识、尊重创新，实施更加积极、更加开放、更加有效的人才政策，系统推进识才、引才、育才、用才、留才，努力构建良好的人才生态，加快建设一支规模宏大、结构合理、素质优良的人才队伍。聚焦现代化江西建设需要，大力引进和培育一批战略型人才、科技领军人才和创新团队，积极推进高等院校、职业院校优化专业设置，更好满足我省发展战略需求，引导更多高校毕业生留赣就业创业，加快建设中部地区重要人才中心和创新高地，着力打造天下英才重要首选地，让更多“千里马”在赣鄱大地竞相奔腾。

第三，要在加快全面绿色转型上实现新成效。推动绿色发展、促进人与自然和谐共生，是现代化建设的重要内容。我们要牢固树立绿水青山就是金山银山的理念，深化国家生态文明试验区建设，扎实做好治山理水、显山露水文章，加快打造全面绿色转型发展的先行之地、示范之地，让“绿水青山”成为现代化江西最动人的底色。一是要持续擦亮绿色“金名片”。坚持不懈打好污染防治攻坚战，深入实施重要生态系统保护和修复重大工程，抓细抓实河长制湖长制林长制各项工作，加快构建以国家公园为主体、自然保护区为基础、各类自然公园为补充的自然保护地体系，不断增强生态系统多样性、稳定性、持续性，巩固提升生态环境质量，为子孙后代守护好这一片蓝天、一江碧水、一方净土。二是要大力提升发展“含绿量”。深入实施全面节约战略，积极培育壮大节能环保产业，健全绿色低碳技术研发和推广应用机制，加快重点行业领域绿色化、低碳化、智能化改造，协同推进降碳、减污、扩绿，提升绿色发展水平。深入推进省部共建绿色有机农产品基地试点省建设，大力发展绿色有机农业、富硒功能农业，不断提升“江西绿色生态”品牌影响力。三是要积极拓宽生态“转换路”。聚焦绿水青山“可量化”“可交易”“可持续”，深入推进国家生态产品价值实现机制试点，全面开展 GEP（生态系统生产总值）定期核算，健全生态产品市场交易机制，完善多元化生态保护补偿制度，不断拓宽政府主导、企业和社会各界参与、市场化运作、可持续的生态产品价值实现路径。四是要健全完善生态“好制度”。健全碳达峰碳中和政策体系，深化生态环境管理体制机制改革，完善地方生态环境法规和标准体系，加快构建“源头严防、过程严管、后果严惩”的江西特色生态文明制度体系，以完善有效的制度保障美丽中国“江西样板”建设。

第四，要在提高人民生活品质上实现新进展。实现人民对美好生活的向往是现代化建设的出发点和落脚点。我们要深入践行以人民为中心的发展思想，坚持尽力而为、量力而行，采取更多惠民生、暖民心举措，持续增进民生福祉，扎实推进共同富裕，让人民群众生活更有品质、更为舒心、更加美好。一是要千方百计推动就业增收。深入实施就业优先战略，健全就业促进机制，完善就业保障措施，统筹做好重点群体就业，筑牢新就业形态“蓄水池”，努力实现更加充分、更高质量就业。实施居民收入倍增计划，积极优化收入分配结构，健全收入合理增长机制，拓宽居民劳动收入和财产性收入渠道，推动更多低收入群体迈入中等收入群体行列。二是要多措并举促进全民健康。深入实施健康江西行动，深化“三医联动”改革，健全公共卫生体系，加快优质医疗资源扩容和区域均衡布局，建设国家区域医疗中心，深入推进国家中医药综合改革示范区建设，进一步发挥江西中医药特色优势，积极推动全民健身活动，全方位全周期保障人民健康。积极应对人口老龄化，健全多元化投入、多路径发展的机制，推动养老事业、养老产业协同发展。三是要尽心竭力兜牢社保底线。深化全民参保计划，完善灵活就业人员参保政策，推进基本医疗保险、失业保险、工伤保险省级统筹，加强社会保障基金监管，守护好人民群众的“养老钱”“保命钱”，持续增强基本公共服务的均衡性和可及性，不断提升覆盖全民的社会保障水平。四是要积极有效增进社会文明。坚持用社会主义核心价值观铸魂育人，深入实施公民道德建设工程，持续唱响“江西好人文化”品牌，扎实推进全域群众性精神文明创建，深入开展移风易俗乡风文明行动，提升新时代文明实践中心建设质效，让文明新风浸润人心。石城县在整治“高价彩礼”方面开展了一些积极探索，值得各地学习借鉴。我们既要弘扬优秀传统文化，也要坚决破除陈规陋习，这是对领导干部治理能力和水平的考验。推进现代化建设，最艰巨最繁重的任务在农村，最大的潜力和后劲也在农村。要坚持农业农村优先发展，巩固拓展脱贫攻坚成果同乡村振兴有效衔接，坚决守住不发生规模性返贫的底线，扎实推动乡村产业、人才、文化、生态、组织全面振兴，统筹乡村基础设施和公共服务布局，深入实施农村人居环境整治提升五年行动，加快建设宜居宜业和美乡村，努力打造新时代乡村振兴样板之地。

第五，要在推进民主法治建设上实现新气象。民主法治在现代化建设中发挥着重要保障作用。我们要坚持党的领导、人民当家作主、依法治国有机统一，充分发挥人民群众积极性主动性创造性，不断巩固和发展生动活泼、安定团结的政治局面，确保全省各项事业始终在法治轨道上运行。一是要发展全过程人民民主。加强和改进新时代人大工作，支持各级人大及其常委会依法履职，充分发挥人大代表作用，健全吸纳民意、汇集民智的工作机制，切实做到民有所呼、我有所应。坚持团结和民主两大主题，加强和改进新时代人民政协工作，切实提升政治协商、民主监督、参政议政水平，唱响“赣事好商量”品牌。丰富发展基层民主，完善办事公开制度，拓宽基层各类群体有序参与基层治理渠道，不断增强人民群众自我管理、自我服务、自我教育、自我监督的实效。二是要广泛凝聚社会各界力量。完善大统战工作格局，巩固发展最广泛的爱国统一战线，支持各民主党派和无党派人士履行职能，加强党外知识分子的思想政治引领，扎实做好民族宗教工作，弘扬新时代赣商精神，促进非公有制经济健康发展和非公有制经济人士健康成长。充分发挥工会、共青团、妇联等群团组织桥梁纽带作用，深化与港澳台同胞和海外侨胞交流合作，形成同心共建社会主义现代化江西的磅礴合力。三是要全面推进依法治省。深入贯彻习近平法治思想，大力弘扬社会主义法治精神，健全完善地方立法机制，深化行政执法体制改革，培育赣鄱特色红色法治品牌，全面增强全社会尊法学法守法用法意识，加快形成办事依法、遇事找法、解决问题用法、化解矛盾靠法的法治环境，努力把江西打造成为维护法律尊严、守护公平正义的法治高地。

第六，要在维护大局安全稳定上实现新作为。全面建设社会主义现代化江西，离不开安全稳定的社会环境。我们要坚持底线思维，强化系统观念，增强忧患意识，全面落实总体国家安全观，扎实推进国家安全体系和能力现代化，建设更高水平的平安江西。一是要筑牢国家安全屏障。坚持以人民安全为宗旨，以政治安全为根本，健全完善地方党委国家安全领导体制，紧盯影响国家政治安全的风险点，组织开展好各类专项行动，严密防范和坚决打击各种渗透破坏颠覆分裂活动，筑牢维护国家安全的铜墙铁壁。严格落实意识形态工作责任制，强化新闻舆论、文化文艺、学校思想等阵地建设管理，持续巩固壮大主流思想舆论，坚决维护意识形态领域安全稳定。二是要守牢安全发展底线。加强重点领域安全能力建设，坚决筑牢粮食安全、能源安全、产业链供应链安全、生态环境安全、生产安全、森林防火等安全底线。高度警惕经济领域风险，有效防范化解大型企业债务、地方政府债务、房地产市场、法人金融机构等风险，确保不发生区域性系统性金融风险。加强防灾减灾救灾能力建设，健全地方物资储备体系，提高洪涝干旱等自然灾害防范应对水平。三是要维护社会和谐稳定。坚持和发展新时代"枫桥经验"，顺畅和规范群众诉求表达、利益协调、权益保障通道，完善信访矛盾纠纷多元化解机制，切实把矛盾纠纷化解在基层、消除在萌芽。网格化管理在疫情防控等工作中发挥了积极作用，这是一项夯实基层基础的工作。要加强和创新社会治理，深入推进市域社会治理现代化，强化社会治安整体防控，常态化开展扫黑除恶斗争，提升网格化管理水平，努力形成人人有责、人人尽责、人人享有的社会治理共同体，加快构建联动融合、触角灵敏、系统高效的基层治理新格局。

四、在自我革命的淬炼中提升党建工作的质量水平，推动全面从严治党向纵深发展

加快全面建设社会主义现代化江西，关键在党、关键在人。我们要始终牢记全面从严治党永远在路上、党的自我革命永远在路上，全面贯彻新时代党的建设总要求和新时代党的组织路线，持之以恒推进全面从严治党向纵深发展，不断提升新时代党的建设质量和水平，为描绘好中国式现代化的江西画卷提供坚强组织保证。

第一，要铸牢绝对忠诚的政治品格。我多次强调，忠诚不是口头的，而是实际的；不是抽象的，而是具体的；不是虚幻的，而是现实的；不是间断的，而是一贯的；不是有保留的，而是毫无保留的；不是含糊的，而是坚定的。江西是红土圣地，必须在讲忠诚上有更高标准、更严要求，切实把对党忠诚牢记在心中、落实到行动。全省各级党组织和党员干部要把坚决维护以习近平同志为核心的党中央权威和集中统一领导作为最大的政治、最重要的大局，始终在政治立场、政治方向、政治原则、政治道路上同党中央保持高度一致。要坚决落实"五个必须"要求，深化"七个有之"专项治理，坚决杜绝"小圈子""小团伙"行为，坚定不移同违反党章、破坏党的纪律、危害党中央集中统一领导的言行作斗争，确保在大是大非上态度鲜明、立场坚定，在原则问题上保持定力、毫不动摇。要推动理想信念教育常态化制度化，按照党中央统一部署，扎实开展主题教育，深入实施党的创新理论学习教育计划，不断夯实对党忠诚的思想根基。要坚决贯彻党中央决策部署，采取清单化、项目化推动方式党中央重大决策部署落实，做到习近平总书记有指示、有号令，党中央有决策、有部署，江西第一时间学习领会、不折不扣贯彻落实，切实以一流的担当作为诠释对党的绝对忠诚。

第二，要打造坚强有力的战斗堡垒。党的全面领导、全部工作要靠党的坚强组织体系来实现。要适应新征程新任务新要求，坚持大抓基层的鲜明导向，全面落实基层党建工作责任制，健全完善基层组织体系，统筹做好农村、社区、机关、企业、学校等各领域党建工作，加强非公有制企业党建工作，理顺行业协会、学会、商会党建工作管理体制，加强新经济组织、新社会组织、新就业群体党的建设，持续整顿软弱涣散基层党组织，大力创建江西特色基层党建工作品牌，不断增强政治功能和组织功能。要紧扣"讲政治、守纪律、负责任、有效率"的目标，深化让党放心、人民满意的模范机关建设，全面提升机关党建水平。要严肃党内政治生活，做深做实政治谈话，推动党的组织生活经常化、规范化、制度化，全面加强党员教育管理，充分发挥党员先锋模范作用，加快构建上下贯通、执行有力的组织体系，努力形成"一个支部就是一座堡垒、一名党员就是一面旗帜"的生动局面。

第三，要锻造全面过硬的干部队伍。现代化建设任务之重、矛盾风险挑战之多前所未有，时刻考验着干部队伍的能力水平和作风修养。要坚持党管干部原则，建好机制、树好导向、用好干部、造好氛围，着力锻造高素质专业化干部队伍。要始终坚持好干部标准，全面落实省委选贤任能"四个坚持、八个不"要求，旗帜鲜明选用忠诚干净担当的干部，推动干部能上能下、能进能出，切实做到德不配位就去位、才不适岗就调岗、状态不佳就换人，真正形成能者上、优者奖、庸者下、劣者汰的良好局面。要全面提高干部能力水平，强化思想淬炼、政治历练、实践锻炼、专业训练，注重在经济发展最前沿、项目建设主战场、急难险重"热锅上"磨炼干部，着力增强推动高质量发展、推进现代化建设的能力，始终做到以正确的方法，做正确的事情，下最大的功夫，求最好的效果。要充分发挥综合考核"指挥棒""评判器""识别仪"作用，加大基层干部关心关爱力度，大力弘扬"孺子牛、拓荒牛、老黄牛"精神，激励各级干部奋楫笃行、奋发有为，努力创造新时代"第一等的工作"。要加强斗争精神和斗争本领养成，勇于涉险滩、破坚冰、攻堡垒，在矛盾冲突面前敢于知难而进，在危机困难面前敢于挺身而出，切实依靠顽强斗争不断打开事业发展新天地。需要强调的是，团结不是无原则的，对党内错误的行为和言论要予以坚决斗争；斗争也不是盲目的、莽撞的，要做到善于斗争，讲究方式方法。全省各级领导干部要加强自我修养，树立全局观念、大局意识，讲原则、守规矩，相互理解、相互支持，求大同、存小异，善于与不同的人团结共事、和谐合作，形成既有统一意志、又有个人心情舒畅的良好工作局面。

第四，要巩固风清气正的政治生态。虽然近年来我省反腐败斗争取得了压倒性胜利，但反腐斗争形势依然严峻复杂，必须时刻保持“赶考”的清醒和坚定，坚持严的基调不动摇，深化某毅案、龚某华案纪检监察建议整改，以彻底的自我革命精神，坚决打赢反腐败斗争攻坚战持久战，加快建设勤廉江西。要坚持不懈优化作风，深入贯彻中央八项规定精神，驰而不息纠治“四风”，力戒形式主义、官僚主义，持续为基层减负，坚决破除特权思想和特权行为。要强化权力运行监督，突出抓好“关键少数”，着力破解对“一把手”和领导班子的监督难题，持续深化监督体制改革，以党内监督为主导，推动审计监督、统计监督、巡视监督有机贯通，形成全面覆盖、常态长效的监督合力。从近期查处的案件看，某些领导干部深度染指工程项目；某些国企负责人把企业当做私人钱库，随意侵占取用；某些开发区项目没几个，问题一大堆。要“零容忍”惩治腐败，坚持遏增量、清存量、控变量，加大金融、开发区、工程项目、自然资源、生态环境、教育、医疗、政府采购、选人用人等重点领域腐败惩治力度，一体推进不敢腐、不能腐、不想腐，实现三者同时发力、同向发力、综合发力，着力构建更加风清气正、健康向上的良好政治生态，营造更加浓厚的担当作为、干事创业的良好氛围。

时间临近年底，工作千头万绪，任务十分繁重，各级领导干部要善于“十个手指弹钢琴”，统筹推进好、协调落实好各项工作任务。一是要坚定不移抓好疫情防控工作。疫情防控，管得住是硬道理、不过头是硬要求、能统筹是真本领。现在疫情防控形势十分复杂，“外防输入”压力越来越大。各地要坚持“外防输入、内防反弹”总策略和“动态清零”总方针不动摇，结合本地实际进一步优化疫情防控“二十条措施”，拿出切实管用、可行、有效的办法，科学精准务实抓好疫情防控各项工作，千万不能长官意志。一旦发生疫情，要以快制快、从速从快，采取“局部闭环管理+必要区域核酸检测”的防控模式，把全部风险点捞出来。如果一个地方发生疫情，半个月、一个月还拿不下来，甚至愈演愈烈，说明在方式方法上存在问题。宁愿在疫情发生初期，用百分之百的努力，采取坚决果断精准务实措施去控制、去围剿、去清零，而不是等疫情扩散后，用更长的时间、更大的代价去劳民伤财。二是要全力以赴做好年底收官各项工作。全面落实省委“决战四季度、夺取全年胜”的部署要求，对照年初确定的工作目标、部署的重点工作进行全面盘点、查漏补缺，抓住最后一个多月时间全力冲刺攻坚，努力完成全年经济社会发展主要目标任务。三是要坚定坚决守牢安全稳定这条底线。扎实做好年底走访慰问和扶危济困各项工作，坚决整治拖欠农民工工资，及时排查化解矛盾纠纷，严格落实安全生产责任制，坚决防范和遏制各类安全事故发生，切实维护社会大局和谐稳定。四是要精心谋划好明年工作。新年新目标，新年新举措，新年新成效。要在深入调研的基础上，提前谋划发展思路、抢先做好政策对接、尽早安排重大项目，制定切实可行的目标任务和工作举措，为明年工作开好局起好步赢得主动。五是要周密筹备开好各级两会。明年1月上旬将召开省两会，进行人大、政府、政协换届，市县也将陆续召开两会。要把会议开好、开成功，形成统一的思想、营造良好的氛围，激励干部担当作为、勇毅前行。换届是干部集中调整期，要正确对待进退留转，这也是对领导干部政治忠诚和政治定力、党性觉悟和胸襟气度的考验。各级领导干部要讲政治、顾大局、守规矩，坚持以党和人民事业为重，正确对待进退留转，确保人心稳定、工作有序。

实干成就梦想，奋斗铸就伟业。让我们更加紧密地团结在以习近平同志为核心的党中央周围，坚持以习近平新时代中国特色社会主义思想为指导，深入学习贯彻党的二十大精神，深化落实习近平总书记视察江西重要讲话精神，坚定信心、同心同德，踔厉奋发、勇毅前行，奋力描绘好中国式现代化的江西画卷，为全面建设社会主义现代化国家、全面推进中华民族伟大复兴作出新的更大贡献。

在省委经济工作会议上的讲话

（2022年12月28日）

省委书记　尹　弘

同志们：

这次省委经济工作会议的主要任务是，以习近平新时代中国特色社会主义思想为指导，深入贯彻党的二十大和中央经济工作会议精神，总结2022年经济工作，分析当前经济形势，部署2023年经济工作。

下面，我先讲几点意见。

一、全面深刻领会中央经济工作会议精神

习近平总书记在中央经济工作会议上的重要讲话，高瞻远瞩、统揽全局，深刻总结了今年经济工作、过去5年成绩和新时代10年伟大变革，精准研判了国内国际大局大势，明确提出了明年经济工作的总体要求、主要目标、政策取向和重点任务，科学回答了对经济形势怎么看、经济工作怎么干等重大理论和实践问题，为做好当前和今后一个时期经济工作提供了根本遵循。李克强和李强同志的讲话，全面部署了明年经济工作任务，具有很强的针对性和指导性。我们要深入学习领会中央经济工作会议特别是习近平总书记的重要讲话精神，切实把思想和行动统一到党中央的决策部署上来，结合实际认真谋划推动我省明年经济工作。

第一，充分认识我国经济社会发展取得的重大成就。党的十八大以来，面对国内"三期叠加"影响和世界百年未有之大变局，以习近平同志为核心的党中央团结带领全党全国各族人民，坚持以新发展理念为引领、以高质量发展为主题、以供给侧结构性改革为主线，加快构建新发展格局，推动我国经济社会发展取得历史性成就、发生历史性变革、转向高质量发展。新时代10年，取得这样的成绩殊为不易，最根本的就在于习近平总书记作为党中央的核心、全党的核心掌舵领航，在于习近平新时代中国特色社会主义思想科学指引。习近平总书记强调，做好经济工作必须坚持发展是党执政兴国的第一要务，坚持稳中求进工作总基调，坚持和完善社会主义基本经济制度，坚持推进高水平对外开放，坚持推动经济发展在法治轨道上运行。这"五个坚持"是对新时代我国经济社会发展实践的深入总结，是我们党对做好经济工作规律性认识的持续深化，是习近平新时代中国特色社会主义经济思想的进一步丰富和发展。我们要充分认识新时代10年我国经济社会发展取得的重大成就和宝贵经验，深刻领悟"两个确立"的决定性意义，坚决做到"两个维护"，坚定战略自信，保持战略定力，以高度的思想自觉政治自觉行动自觉，推动党中央各项决策部署在江西落地见效。

第二，深入领会中央确定的宏观政策取向。中央经济工作会议从财政、货币、产业、科技、社会等五个方面提出了一系列政策措施，这些政策目标明确、含金量高、操作性强，贯穿了稳字当头、稳中求进的要求，体现了适应新形势、聚焦新目标、应对新挑战的针对性和精准性，为我们更好推动经济持续平稳健康发展提供了重要机遇。比如，财政政策，从"提升效能"转变为"加力提效"，中央明确财政将保持必要的支出强度、扩大支出规模，赤字率从今年的2.8%提高至3%，地方政府专项债规模从3.65万亿元增加到3.8万亿元，并且将优化组合赤字、专项债、贴息等工具，在有效支持高质量发展中保障财政可持续和地方政府债务风险可控。用好积极的财政政策，关键要有好的项目，我们必须加大项目谋划和前期基础工作力度，争取更多的项目进入国家"盘子"，为地方经济发展筹集更多资金。比如，货币政策，中央提出保持流动性合理充裕，保持广义货币供应量和社会融资规模增速同名义经济增速基本匹配，并酌情适度提高，发挥货币政策工具总量和结构双重功能，支持实体经济，引导金融机构加大对小微企业、科技创新、绿色发展等领域支持力度。这意味着货币政策将保持总体稳健且更加精准有力，与财政政策、产业政策形成合力，推动实体经济快速复苏。我省小微企业超过100万户、个体工商户超过270万户，要把握货币政策的资金投向，用好用足货币政策工具，突出金融支持重点领域，引导金融资金投向实体经济，更有效地为企业发展纾困解难。比如，产业政策，中央指出要狠抓传统产业改造升级和战略性新兴产业培育壮大，着力补强产业链薄弱环节，在落实碳达峰碳中和目标中锻造新的产业竞争优势。新兴产业是"换道超车"的重要路径，我省锂电、稀土、VR以及新材料、新能源等新兴产业发展迅速，必须抢抓政策机遇加快迈上更高台阶，不断开辟新领域、制胜新赛道。总之，我们要全面精准吃透政策、创新集成政策、用足用好政策，最大限度发挥政策效应、释放政策红利，为经济社会发展提供更大助力。

第三，深刻把握做好明年经济工作的重要方法。习近平总书记强调，明年经济发展面临的困难和挑战很多，要坚持系统观念、守正创新，推动经济实现整体好转、风险得到有效管控、社会大局保持稳定。工作中要把握好"六个统筹"，即更好统筹疫情防控和经济社会发展，更好统筹经济质的有效提升和量的合理增长，更好统筹供给侧结构性改革和扩大内需，更好统筹经济政策和其他政策，更好统筹国内循环和国际循环，更好统筹当前和长远。这"六个统筹"是系统观念在经济工作中的具体运用，要求我们在明年经济工作中既讲两点论、又讲重点论，既聚焦重点、又统揽全局，既做好当下的逆周期调节、又谋划未来的跨周期设计，在多重目标中寻求和实现动态平衡，具有很强的现实针对性和问题导向性。我们要深刻把握"六个统筹"这一重要方法论，切实在经济工作中学习好、运用好、贯彻好，形成共促高质量跨越式发展的强大合力。

第四，牢牢抓住明年经济工作的重大问题。习近平总书记从改善社会心理预期、提振发展信心入手，深刻阐述了五个纲举目张的重大问题，具有很强的指导性、针对性。我们要深入领会、坚决贯彻。

关于着力扩大国内需求，中央强调要把恢复和扩大消费摆在优先位置，通过政府投资和政策激励有效带动全社会投资，这为明年稳定经济增长提供了明确路径。从江西情况看，今年以来我省社会消费品零售总额增速连续9个月位居全国第一，居民消费需求正在稳步释放，展现了消费市场的强大活力和韧性。我们要抢抓国家扩大内需战略机遇，持续优化政策措施，更好发挥消费的基础作用。近年来我省投资一直保持较快增长，但打基础、利长远、补短板、调结构等方面的投资还远远不够。要加强对国家项目投资政策的研究、分析与对接，积极谋划项目、争取项目、新推项目，不断扩大有效投资规模。

关于加快建设现代化产业体系，中央从"练好内功、站稳脚跟"的战略高度，提出要确保极端情景下国民经济循环畅通，突出抓好"国产替代、夯实基础、加强储备"三件大事，确保国家安全，确保基本民生，确保基础设施、基础产业总体安全正常运转。中央对加快传统制造业、战略性新兴产业升级发展，全面提升产业体系现代化水平作出明确部署。我们要善于从中找机遇、找方向、找突破口，紧紧依托我省电子信息、新能源、有色金属、稀土新材料、航空等特色优势产业，加快推动产业体系升级发展。

关于切实落实“两个毫不动摇”，习近平总书记旗帜鲜明地批驳了一段时间以来社会上对我们是否还搞社会主义市场经济、是否坚持“两个毫不动摇”的错误议论，为我们深化国资国企改革、促进民营经济发展壮大注入了强大信心和动力。据2021年度全国工商联上规模民营企业调研数据显示，我省营收总额5亿元以上的企业数量有489家，但入围全国民营企业500强、制造业500强、服务业100强的企业数量只有11家，这说明我省民营经济发展既有强大活力，也有巨大潜力。我们要坚决落实“两个毫不动摇”，在持续做强做优做大国有资本的同时，不断优化民营企业发展环境，鼓励支持民营经济和民营企业发展壮大。

关于更大力度吸引和利用外资，中央深入分析了当前我国利用外资情况，深刻指出发达国家和新兴经济体都把吸引和利用外资作为重大国策，招商引资国际竞争更加激烈，并就扩大市场准入、全面优化营商环境、做好外资企业服务工作进行了部署。我们要充分认识当前招商引资的激烈竞争态势，全面落实好各项吸引和利用外资政策，充分发挥我省区位优势、资源优势、产业优势、生态优势，加快推动从资源、要素开放向标准、规则、环境等制度型开放转变，不断提升我省贸易投资合作质量和水平。

关于有效防范化解重大经济金融风险，党中央对这项工作一直高度重视。这次中央经济工作会议上习近平总书记又专门对防范房地产、金融、地方政府债务风险进行了针对性部署，为我们更好统筹发展和安全指明了方向。从我省看，房地产市场运行风险同样突出，地方金融机构风险隐患较大，地方政府投融资平台债务风险累加，这些风险还可能相互传导、相互叠加。我们要树牢底线思维，增强忧患意识，坚持标本兼治、远近结合，精准识别、精准拆弹、精准化解重大经济金融风险，牢牢守住不发生区域性系统性风险底线。

二、正确认识当前经济发展形势

今年以来，全省上下深入贯彻习近平总书记视察江西重要讲话精神，坚决落实党中央“疫情要防住、经济要稳住、发展要安全”重要要求，全面做好稳增长、防风险、保稳定、惠民生等各项工作，推动全省经济运行稳中有进、稳中向好。一是恢复回稳快。尽管今年以来遭遇了疫情频发等多重冲击，但我们及时打出了一系列稳增长的“组合拳”，全省经济顶住了下行压力，下半年经济迅速企稳恢复，预计全省GDP增长5%左右，总量突破3万亿元，进出口突破6000亿元，存贷款余额均突破5万亿元，主要经济指标增幅持续位居全国前列。二是动能后劲足。预计战略性新兴产业、高新技术产业占规上工业比重分别达到26%、40.5%，同比提高2.8和2个百分点，数字经济增加值规模超过1万亿元，新登记市场主体超过100万户，经济发展的动力更加充沛、后劲更加充足。三是区域协调好。预计全省11个设区市人均GDP全部迈过5万元门槛，其中赣州、上饶、抚州三市首次突破5万元，区域发展的协调性进一步提升；农村居民人均可支配收入突破2万元，城乡人民生活品质稳步改善。面对错综复杂的国内外形势，能够取得这样的成绩，殊为不易。这些成绩的取得，主要是以易炼红同志为班长的省委团结带领全省各级各部门和广大干部群众干出来的。我们要倍加珍惜发展的好局面，拼搏奋进、担当实干，着力巩固持续平稳健康发展的好势头。

迈上全面建设社会主义现代化国家新征程，江西面临的机遇和挑战都有新的发展变化。我们要全面准确认识所处的发展环境，搞清楚哪些是有利因素，存在什么困难问题，做到因势而谋、应势而动、顺势而为，牢牢掌握经济工作主动权。

当前和今后一个时期，江西仍处于一个必须紧紧抓住并且大有可为的重要战略机遇期，各方面有利因素总体较多。一是发展基础更加牢固。虽然复杂多变的国际局势和疫情反复等因素给我国经济带来一定冲击，但必须看到影响是阶段性的、短期的、外在的，没有改变发展大势，经济长期向好、物质基础雄厚、人力资源丰富、市场空间广阔、发展韧性强劲的基本特点没有变，支撑经济持续平稳健康发展具有多方面优势和充足要素条件。二是发展前景光明可期。党的二十大全面擘画了以中国式现代化全面推进中华民族伟大复兴的宏伟蓝图，这次中央经济工作会议又对经济社会发展作出了具体部署，有利于进一步凝聚共识、提振信心，激发全社会的积极性主动性创造性，为加快发展注入了强大动力。特别是中央优化疫情防控措施给经济恢复带来重大积极影响，预计明年二季度社会生产生活秩序会加快恢复，经济活力进一步增强。三是发展红利更足更好。随着国家稳经济系列政策措施效应不断释放，在激发内需潜力、发展实体经济、壮大民营经济等方面持续发力，市场呈现回暖迹象，复苏活力加速显现，经济运行企稳向上。中央明确“要加大宏观政策调节力度，加强政策协调配合”，陆续出台一批新政策、新措施。存量政策、增量政策同向发力，将为经济加快恢复发展带来充足的政策红利。四是发展势能厚积薄发。我省经济整体稳健、韧劲较强，主要经济指标增速连续多年位居全国前列，发展的势头足、动力强、质量优、成效好，这也充分印证了我省经济运行长期向好的基本面。特别是昌九高铁、长赣高铁等一批重大基础设施项目，以及宜春时代、抚州比亚迪、赣州格力等一批重大产业项目的建设投产，为全省发展提供了强有力支撑。机遇稍纵即逝，发展时不我待。我们一定要增强抢抓机遇的紧迫感责任感，充分挖掘自身优势，用足用活各项政策，不断开创发展新局面。

同时要清醒看到，我们也面临着诸多不容忽视的现实困难和挑战，发展不确定不稳定因素增多，经济下行压力仍然较大。从国际看，世界之变、时代之变、历史之变正以前所未有的方式展开，新冠病毒仍在蔓延，乌克兰危机延宕发酵，全球粮食、能源安全问题突出，产业链供应链遭遇严重冲击，美联储激进加息，世界经济正迈入高通胀、高利率、高债务、高成本、低增长阶段，外部环境不稳定、不确定、难预料成为常态。特别是美国使尽招数对我国进行遏制打压，技术封锁进一步升级加剧，产业链供应链安全受到严重威胁。从国内看，经济恢复基础尚不牢固，需求收缩、供给冲击、预期转弱三重压力仍然较大，疫情持续反复冲击，初级产品价格高位波动，部分企业经营困难增大，居民消费总体乏力，经济下行压力明显增大，全国经济增长势头整体比较脆弱。同时，外部需求明显走弱，出口是我国过去两年多经济增长最重要的动力，但最近连续两个月出现负增长，明年出口大概率难以维持高增长，必然会对我们的经济增长带来较大挑战。从我省看，经济运行也面临不少问题：一是发展能级还不够高。我省经济总量不大、人均不高、结构不优、产业层次偏低、创新不强、物流和用能成本偏高的矛盾依然突出，传统产业占比较大，发展动能仍需进一步增强，这些问题与欠发达省份的基本省情是相伴相生的。二是市场需求预期总体偏弱。受疫情反复冲击影响，消费场景受限、消费能力下降、消费意愿转弱，居民消费信心不足，居民储蓄避险意识增强，企业投资意愿不强，工业投资、民间投资进一步下滑。三是企业经营面临较大困难。虽然大型企业生产经营总体较为稳定，但产业链下游的小型企业生产经营仍较困难，全省制造业PMI连续8个月位于荣枯线以下，水泥、金属制品、纺织服装、食品等传统行业持续下行，服务业受疫情影响较为明显。四是重点领域风险较高。房地产领域个别重点企业债务风险、保交楼风险仍然较大，地方政府债务还本付息、存量隐性债务化解压力加大，地方和民营金融机构风险仍未有效化解，电力度峰保供压力较大，生态建设、重大工程建设、社会稳定等方面存在安全和舆情风险隐患。这些经济运行中的问题，也反映了各级干部贯彻新发展理念、推动高质量发展的能力本领还有不足。面对这些困难挑战，我们要高度重视，采取务实措施加以解决。

总的来看，我省发展面临的机遇与挑战并存，但有利的因素在持续增加、发展的红利在加速释放，机遇仍然远大于挑战、办法远多于困难。只要我们保持清醒头脑和战略定力，辩证看待“危”与“机”、科学把握“时”与“势”，克服外部压力带来的不利影响，把握多重叠加的优势机遇，充分调动一切积极因素、用好一切政策举措、挖掘一切潜力资源，鼓足干劲、攻坚克难，就一定能在机遇中乘势而上、在挑战中逆势前行，不断开辟高质量跨越式发展的新境界。

三、扎实做好明年经济社会发展各项工作

明年是全面贯彻落实党的二十大精神的开局之年，做好明年经济工作意义重大。明年全省经济工作的总体要求是：以习近平新时代中国特色社会主义思想为指导，全面贯彻落实党的二十大和中央经济工作会议精神，深入贯彻习近平总书记视察江西重要讲话精神，扎实推进中国式现代化，坚持稳中求进工作总基调，完整、准确、全面贯彻新发展理念，加快构建新发展格局，更好统筹疫情防控和经济社会发展，更好统筹发展和安全，把实施扩大内需战略同深化供给侧结构性改革有机结合起来，突出做好稳增长、稳就业、稳物价工作，着力提振市场信心，着力畅通经济循环，着力强化创新驱动，着力深化改革开放，着力促进区域协调，着力保障改善民生，着力防范化解风险，推动经济实现质的有效提升和量的合理增长，奋力谱写全面建设社会主义现代化江西的新篇章。

省委考虑，明年全省经济增长预期目标为7%左右；第一产业增加值增长4%左右，第二产业增加值增长7.5%左右，第三产业增加值增长7%左右；固定资产投资增长8%以上；社会消费品零售总额增长8.5%左右，居民消费价格涨幅3%左右；一般公共预算收入可比口径增长6.5%左右；城镇居民收入增长6.5%左右，农村居民收入增长7.5%左右；城镇新增就业40万人，城镇调查失业率控制在5.5%以内；粮食产量保持在430亿斤以上；主要污染物排放等指标完成国家下达目标。

这些主要预期指标，是省委根据明年经济发展形势、中央政策预期和我省发展需要确定的，综合考虑了各种有利条件和不利因素，充分体现了稳字当头、稳中求进的要求，体现了“作示范、勇争先”的目标要求，是符合实际、积极稳妥、切实可行、经过努力可以实现的。

把明年的经济增长预期目标定为7%左右，主要基于几方面的考虑：一是体现统筹衔接，既同国家明年预期目标相衔接，也同省第十五次党代会部署和省“十四五”规划目标要求相衔接，确保经济持续平稳健康发展。二是有利提振信心，确立相对较高的经济增长目标，可以努力缩小与先进省份的差距，保持我省在全国的发展位次，激励各地“跳起来摘桃子”，以最大努力争取最好结果。三是引导发展预期，在当前经济下行压力较大的情况下，保持一定的增长速度，可以在发展中化解各类风险隐患，能够释放积极信号，更好地稳住市场预期。四是确保切实可行，我们确定的目标略低于潜在增长率，留有一定的空间，加之今年增长低于预期、基数相对较低，7%左右的目标具备实现的基础和条件。

完成明年经济社会发展目标任务，我们要重点做好以下六个方面的工作。

一是要积极有效扩大内需，千方百计促进经济快速复苏。内需是拉动经济增长的主要引擎。要深入实施扩大内需战略，充分发挥投资的关键作用和消费的基础作用，以内需为牵引，推动全省经济快速恢复、持续向好。

项目是扩大投资的关键抓手。要牢固树立大抓项目导向，坚持把项目建设摆在突出位置，聚焦“十四五”规划实施，着力在先进制造、交通能源水利、物流环保民生、新型基础设施等领域加大项目投资力度，以高质量项目投资成效支撑带动经济高质量发展。发挥好政府投资撬动作用，加大金融支持力度，引导民间投资积极参与项目建设，激发民间投资活力。明年国家重大项目投资、地方政府专项债券规模都有明显增加，要加强对接，及早谋划储备一批重大项目，充分做好项目前期工作，力争更多项目获得专项债支持。加强项目建设全生命周期管理，全力做好立项审批和要素保障工作，用好“三区三线”划定成果，有效解决用地、用林、用能以及融资、用工等问题，推动项目建设快审快批、高效落地。

消费日益成为拉动经济增长的基础性力量。要把恢复和扩大消费摆在优先位置，打好促进消费“组合拳”，提振消费信心，改善消费条件，创造消费场景，拓展消费空间，提升消费档次，使消费潜力充分释放出来。大力推进商贸消费提质扩容行动，鼓励各地创新形式促进消费升级，积极承办全国性各类会展活动，大力发展网络销售，繁荣发展网红经济、夜间经济等新业态，加快推动商贸餐饮消费全面复苏。抢抓节假日旅游消费旺季，加大“引客入赣”力度，鼓励“家乡人游江西”，强化文化消费供给，推出文旅精品线路，开展文旅惠民活动，全力推动文旅消费回补。广大农村是消费的重要增长极，要增强县城、圩镇吸纳消费能力，提升农村商业网点功能，推动汽车、家电等大宗商品下乡，加快推进农村电商发展，释放农村消费潜力。

经济复苏的关键在于经济循环畅通无阻。要积极融入全国统一大市场建设，深化要素市场化改革，建设高标准市场体系，让各种生产要素的组合在生产、分配、流通、消费各环节有机衔接、高效运转。加强流通体系建设，强化南昌、九江、赣州、上饶等国家综合交通枢纽城市作用，加快建设城乡冷链物流骨干网和“互联网+第四方物流”供销集配体系，全力打通“大动脉”、畅通“微循环”，严格落实农产品运输“绿色通道”，确保交通网络畅通、物资运输畅通、末端配送畅通。

市场主体是经济发展的动力源，稳住市场主体才能稳住经济增长。要全面落实“两个毫不动摇”，坚持权利平等、机会平等、规则平等，营造国企敢干、民企敢闯、外企敢投的良好环境。坚定不移做强做优做大国有企业，不断增强活力、影响力、抗风险能力，实现国有资产保值增值。全面落实支持民营经济发展的政策措施，依法保护民营企业产权和企业家权益，支持中小微企业和个体工商户发展，激发民营企业创新创造活力。实施龙头企业倍增计划，一企一策帮扶一批成长性好、带动性强的重点企业，培育一批单项“隐形冠军”、专精特新“小巨人”，逐步扭转民营企业“有群山无高峰”的现状，进一步做优做强做大民营经济。对标国家18项营商环境评价指标，开展重点指标提升攻坚行动，力争更多指标达到“优异”水平，支持民主党派、无党派人士加强对营商环境的民主监督，着力打造市场化、法治化、国际化的营商环境，进一步提振市场主体发展信心。

二是要强化创新驱动发展，加快建设现代化产业体系。经济发展的基础在产业，产业发展的核心在创新。要坚持把发展经济的着力点放在实体经济上，深入实施创新驱动发展战略，加快完善以数字经济为引领、以先进制造业为主体、先进制造业与现代服务业融合发展的现代化产业体系。

要提升产业创新效能。加快创新型省份建设，深入推进科技强省战略，开展创新赋能攻坚行动，主动对接参与国家实验室建设，稳妥推进省级科技创新平台重组，布局实施一批重大科技项目，推动鄱阳湖国家自主创新示范区建设提速提质，增强科技创新内生动力。强化企业创新主体地位，落实好研发费用加计扣除和“首台套版”政策，引导企业扩大研发投入，鼓励骨干企业牵头组建科技创新联合体，推动大中小、内外资企业融通创新、跨界协同，大力支持科创企业勇攀高峰。完善产业协同创新体系，发展科技咨询、创业孵化、创投基金等科技服务，营造充满活力的创新生态，建立健全成果转移转化、收储转化机制，探索科技与人才、金融结合方式，推动“科技—产业—金融”良性循环，促进创新链产业链资金链人才链政策链深度融合。

要深入实施人才强省战略。近年来，我省紧紧围绕打造天下英才重要首选地的目标，推动人才工作不断取得新成效。但也要看到，我省人才总量不足、结构不优、高层次人才缺乏的问题没有得到根本性改变。全省各地各部门要进一步解放思想，坚决破除“官本位”“行政化”思维，坚决革除妨碍人才引育的机制弊端，坚决防止“劣币驱逐良币”，推动形成人尽其才、才尽其用的引进机制、培养机制、使用机制、激励机制，着力构建既有江西鲜明特色又有全国竞争比较优势的人才发展体制机制。深入推进“双一流”建设，强化高校科研创新，增强高等教育服务改革发展能力和高校人才自主培养能力，引导更多高校毕业生留赣创业就业。推进人才政策动态评估调整及问题清单交办、人才政策兑现主办、人才服务协调保障“三项机制”高效运行，广开进贤之路、广纳天下英才，加快建设中部地区重要人才中心和创新高地。

要夯实产业发展根基。大力推进新型工业化，牵住先进制造业“牛鼻子”，加快建设新兴工业强省。着力打造产业链链长制升级版，实施重点产业链链主企业培育行动，推动产业链由“链长”统筹向“链长”引导、“链主”主导转变，不断提升产业链供应链韧性和安全水平。加快数字产业化、产业数字化，纵深推进数字经济做优做强“一号发展工程”，开展深耕产业赛道、强化数字赋能、建设应用场景、营造数字生态提升行动，培育壮大VR、5G、大数据、云计算、物联网、元宇宙、北斗产业，推动平台经济持续健康发展，全力打造全国数字经济发展新高地。积极有效应对大宗商品价格波动，加大有色、建材、钢铁、纺织等传统产业转型升级力度，推动电子信息、生物医药、新能源、航空、光伏等战略性新兴产业和特色优势产业融合集群发展，抢抓锂电产业发展的风口，打造世界级锂电产业高地。大力发展现代农业，推进部省共建绿色有机农产品基地试点，壮大农业产业化龙头企业，全面提升现代农业发展水平。大力发展服务型制造和工业互联网，统筹推进生产性服务业和生活性服务业发展，推动现代服务业与先进制造业、现代农业深度融合、高效协同。

要增强产业园区活力。我省开发区总数达103家、居全国第11位，营收总额已超4万亿元，是产业发展的主战场、主阵地，但也存在产业层次偏低、主导产业不强、产业生态不健全等问题。要坚持产城融合，优化开发区顶层设计，纵深推进开发区改革，强化开发区领导班子和干部队伍建设，积极推广“小管委会+大公司”模式，提升开发区综合承载力和竞争力。完善开发区产业升级促进机制，进一步明确主导产业，实施数字化转型行动和智能制造升级工程，加快绿色低碳园区建设，促进产业集聚集群发展。提升要素配置效率，强化“亩产论英雄”导向，建立健全亩产效益综合评价标准体系，鼓励开发区探索“零增地”技改、产业用地混合利用等节约集约用地模式，让开发区的有限土地创造更大价值。做优做强综合保税区，进一步优化体制机制，创新工作举措，提升产业规模，将综保区打造成为高质量发展的“新引擎”。

三是要深化改革扩大开放，不断增添发展动力和活力。全面深化改革开放，是推动经济回稳向好的关键一招。要以更深层次的改革、更高水平的开放，不断破除体制机制障碍、优化发展环境，持续激发市场活力和社会创造力。

在深层次改革方面，要坚持系统集成、协同高效，把深化供给侧结构性改革贯穿经济工作全过程，推动改革和发展深度融合。深入实施全面深化改革攻坚行动，加大攻坚力度，提升攻坚效能，深化重点领域和关键环节改革，形成一批新的改革成果、制度成果、实践成果，创新更具活力的体制机制，打造富有江西特色的改革品牌。深化“放管服”改革，全面推进权责清单化、政策透明化、服务标准化、办事便利化，加快法治政府建设，最大限度减少政府对市场活动直接干预，有力降低制度性交易成本。深化新一轮国资国企改革，完善国资监管体制机制，推动国有企业聚焦主责主业、国有资本向重要行业和关键领域集中，不断增强国有经济综合实力和核心竞争力。深化财税金融体制改革，完善财政金融联动机制，拓宽企业融资渠道，进一步激发社会资本、民间资本能量。

在高水平开放方面，要健全开放型经济新体制，深度融入高质量共建“一带一路”、长江经济带发展、长三角一体化发展、粤港澳大湾区建设、中部地区高质量发展等国家战略，推动长江中游三省协同高质量发展，提升江西内陆开放型经济试验区成效。完善大平台、大通道、大通关体系，提升开发区、综合保税区、口岸等开放平台功能，加快建设便捷高效的水陆空综合立体交通网络，提升和拓展深赣欧、闽赣欧货运班列，深化“船边直提”“抵港直装”“离港确认转关”改革，为开放型经济发展提供有力支撑。大力推动外贸稳规模、优结构，用好跨境电商综合试验区政策红利，着力发展外贸新业态，支持企业“走出去”抢订单、拓市场，不断提升外贸质量效益。

要更大力度吸引和利用外资，全面落实外资准入负面清单，保障外资企业国民待遇，扩大市场准入，促进公平竞争，有针对性做好外资企业服务工作。办好世界VR产业大会、世界赣商大会、对接粤港澳大湾区经贸合作等重大经贸活动，深入推进产业链招商、“点对点”招商、资本招商、精准招商，促进利用外资扩增量、稳存量、提质量。

四要统筹区域城乡发展，着力增强发展平衡性协调性。当前，区域发展“极化”现象愈加明显，中心城市日渐成为承载发展要素的主要空间形式和高质量发展的领头羊。要立足省情特征和发展需要，用好国家赋予江西的试验区、示范区等重要平台，优化区域城乡协调发展思路，做强区域中心城市，做优中小城市，扎实推进新型城镇化建设，促进区域城乡在基础设施、产业发展、公共服务等方面融合渗透，以协同联动加速经济恢复发展。

省会强则全省强。要深入实施强省会战略，支持南昌打造“一枢纽四中心”，规划建设未来科学城，加快提升发展首位度、贡献度和综合竞争力。做优做强大南昌都市圈，促进城圈发展从局部融合向全面融合迈进，增强在全省整体发展中的集聚和辐射带动作用。赣江新区是党中央、国务院给予江西的一块“金字招牌”，要紧扣新区定位、强化新区功能，加快新兴产业、创新要素集聚发展，努力成为大南昌都市圈发展排头兵。要深入推进赣南等原中央苏区振兴发展，加快建设赣州省域副中心城市，高质量打造对接融入粤港澳大湾区“桥头堡”，着力建设革命老区高质量发展示范区。同时，要完善以设区市为主体的多节点发展布局，推动赣东北开放合作、赣西转型升级，逐步形成各展所长、协调共进的区域发展态势。

县域经济是全省经济发展的重要支撑。各县（市、区）要坚持因地制宜，找准主导产业，发展特色经济，做强工业园区，持续壮大县域经济实力。加快推进以县城为重要载体的城镇化，实施县城补短板强弱项工程，促进公共服务设施提标扩面、环境卫生设施提级扩能、市政公用设施提档升级，增强县城综合承载能力和治理能力，促进大中小城市和小城镇协调发展。

农业农村是区域发展的短板。要坚持农业农村优先发展，抓好以乡村振兴为重心的“三农”各项工作，大力推进农业农村现代化，加快建设农业强省。严格落实粮食安全党政同责，抓住耕地和种子两个要害，严守耕地保护红线，逐步把永久基本农田全部建成高标准农田，深入实施种业振兴行动，健全种粮农民收益保障机制，持续巩固粮食主产区地位。千方百计拓宽农民增收致富渠道，落实好产业帮扶政策，巩固拓展脱贫攻坚成果，坚决防止出现整村整乡返贫现象。大力实施乡村振兴战略，压实五级书记抓乡村振兴责任，加强人力投入、物力配置、财力保障，全面推进产业、人才、文化、生态、组织“五个振兴”。做好“土特产”文章，依托当地特色资源，向开发农业多种功能、挖掘乡村多元价值要效益，向一、二、三产业融合发展要效益，推动乡村产业全链条升级。稳慎推进农村宅基地制度改革，探索宅基地所有权、资格权、使用权分置有效实现形式，支持发展家庭农场、农民合作社等新型经营主体，鼓励农业适度规模经营。实施乡村建设示范行动，深入推进农村人居环境整治提升，加快数字乡村建设，全面推进移风易俗乡风文明，实现乡村由表及里、形神兼备的全面提升，着力建设宜居宜业和美乡村。

五是要持续增进民生福祉，全面提升人民群众生活品质。深入践行以人民为中心的发展思想，坚持尽力而为、量力而行，聚焦人民群众就业、教育、医疗、养老、文化等急难愁盼问题，健全基本公共服务体系，扎实推动共同富裕，努力使人民群众的获得感幸福感安全感更加充实、更有保障、更可持续。

就业是最基本的民生。要落实落细就业优先政策，健全就业促进机制，抓好高校毕业生、退役军人、农民工、城镇困难人员等重点群体就业，坚决防止规模性失业。发挥新职业扩容就业作用，深入实施职业技能提升行动，加强新就业形态劳动者权益保障。优化收入分配结构，实施中等收入群体培育行动，依法保障农民工工资发放，积极探索财产性收入渠道，让老百姓有更多的收入。

保供应就是保民生，稳物价就是稳民心。要统筹做好重要民生商品保供稳价和煤电油气运保障供应，毫不放松抓好生猪生产，扎实做好粮油、蔬菜、水果、肉蛋奶等产销衔接，全力保障群众生产生活需求。强化市场监管，对哄抬价格、囤积居奇、操纵市场价格等违法行为，及时严肃查处，维护市场正常秩序。关心困难群众生产生活，强化困难群体兜底帮扶，加大民生商品价格监测，及时有效缓解结构性物价上涨给群众带来的影响。

没有健康就没有幸福生活。要因时因势优化疫情防控措施，着力保健康、防重症，完善分级诊疗机制，提高医疗救治水平，保障好群众就医用药，确保平稳转段和社会秩序稳定。深入实施健康江西行动，加快补齐医疗卫生短板，推动优质医疗资源下沉和均衡布局，加快国家和省级区域医疗中心建设，推广“互联网＋医疗健康”模式，让群众看病就医更便利。

文化是人民的精神家园。要坚持社会主义先进文化前进方向，以社会主义核心价值观为引领，加强文化传承创新，推进文化强省建设。健全现代公共文化服务体系，实施重点文化工程和文化惠民工程，繁荣发展文化事业，加快补齐文化设施短板，提升公共文化服务品质。做大做强文化产业，壮大文化市场主体，优化文化产业结构，着力推动文化产业转型升级，不断增强文化产业综合实力。

良好生态环境是最普惠的民生福祉。要深化国家生态文明试验区建设，协同推动降碳、减污、扩绿、增长，更高标准打造美丽中国“江西样板”。深入开展环境污染防治，打好蓝天、碧水、净土提升攻坚战，推进山水林田湖草沙系统治理，加快实施重要生态系统保护和修复重大工程，巩固提升生态环境质量。积极稳妥推进碳达峰碳中和，全面落实能耗“双控”约束目标，推进资源节约集约利用，大力发展绿色低碳产业，探索生态产品价值实现多元化路径，加快经济社会发展全面绿色转型。

六是要防范化解重大风险，坚决维护社会大局稳定。社会稳定是经济发展的前提。要更好统筹发展和安全，全面落实总体国家安全观，增强风险意识，树牢底线思维，压实各方责任，坚持以人民安全为宗旨、政治安全为根本、经济安全为基础，增强风险处置的精准性、有效性，坚决守住不发生区域性系统性风险底线，确保社会大局安全稳定。

要有效防范化解房地产风险。房地产的产业链条长，与金融、财政深度关联，在上升期对相关行业的拉动作用大，在下行期带来的外溢风险也大。今年以来，尽管优化实施了系列调控政策，但我省房地产市场仍然面临较大下行压力。一方面，要继续做好保交楼、保民生、保稳定工作，落实好信贷、债券、股权等融资支持政策，切实满足房地产行业合理需求，帮助优质房企渡过难关，保持房地产供应、投资、销售、价格、预期和舆情稳定，防止市场运行大起大落。另一方面，要坚持房子是用来住的、不是用来炒的定位，支持刚性和改善性住房需求，因城施策优化调整房地产政策，进一步完善金融监管制度，推动房地产行业转型，有序构建房地产业健康发展新模式。

要坚决防范经济金融风险。当前全省金融领域风险持续收敛、总体可控，但个别点状风险隐患依然较为突出。要压实企业的主体责任，压实行业主管部门和监管部门的责任，压实当地政府的属地责任，加强经济金融安全风险预警、防控机制和能力建设，依法依规、精准稳慎有效处置风险。突出抓好地方法人农商行风险处置，防止在处置其他领域风险过程中引发次生金融风险，强化各类交易场所、民间融资机构专项排查整治，加大非法集资打击力度，确保金融市场健康稳定。

我省政府隐性债务总体风险可控，但局部风险仍然突出，政府融资平台公司债务增长快、规模不断攀升，极易发生风险累积。要压实市县政府防范化解隐性债务风险主体责任，推动各地融资平台优化升级实施方案落地落实，积极稳妥扩大县级化债试点，坚决遏制增量、化解存量。强化隐性债务问责机制，严禁各种变相举债行为，严格落实“一级抓一级、层层抓落实”要求，加大对政府债务风险监督检查，对违规举债、虚假化债问题，做到“发现一起、查处一起、问责一起”。

要切实筑牢社会稳定防线。充分发挥党建对基层治理的引领作用，加强市域社会治理现代化建设，持续推动治理重心下移、资源下投、力量下沉，健全社会矛盾纠纷多元预防化解机制，防止小问题演变成大问题、小风险演化为大风险。严格落实安全生产责任制，持续推进重点领域安全生产专项整治，有效预防和遏制各类安全生产事故。优化应急管理体系，加强防灾减灾救灾能力建设，健全地方物资储备体系，提高洪涝干旱等自然灾害防范应对水平。

四、切实加强党对经济工作的全面领导

坚持和加强党对经济工作的集中统一领导，是做好经济工作的根本保证。要把党的领导贯穿经济工作的各领域全过程，提高经济治理能力和水平，确保经济发展沿着正确的方向前进。

一是要强化政治担当。各级党委特别是领导干部要坚决扛起领导经济发展的政治责任，善于从政治高度思考和推进经济社会发展工作，自觉同习近平总书记重要指示要求和中央决策部署对标对表，全面学习、全面掌握、全面贯彻党的二十大精神，结合实际创造性抓好贯彻落实。要健全完善党领导经济工作的体制机制，以奋发有为的精神状态和“时时放心不下”的责任感做好经济工作，更好把党领导经济工作的制度优势转化为治理效能。

二是要提升能力本领。各级领导干部要持续学懂弄通习近平新时代中国特色社会主义思想，深刻领会和把握贯穿其中的立场观点方法，提高认识问题、分析问题、解决问题的能力。要不断拓宽视野，加强对财政政策、货币政策、产业政策等方面的研究，在懂政策、懂产业、懂项目上下足功夫，增强对经济形势的预判和前瞻，努力成为行家里手、内行领导。要把调查研究作为基本功，经常深入基层、深入一线听取意见建议，熟悉了解实际情况，善于用党的创新理论研究新情况、解决新问题。

三是要树立实干导向。各级领导干部要坚持真抓实干、狠抓落实，推动各项工作往实里做、做出实效。要强化服务意识，遵循市场经济规律，更多依靠市场的手段和办法来解决经济问题，着力在服务市场主体上多作文章。要把握工作节奏进度，对项目落地、建设进度经常调度，对重点工作、重点事项的进展情况加强督查，确保各项工作落实落地。要力戒形式主义、官僚主义，树立“为负责者负责、为担当者担当”的鲜明导向，进一步推动解放思想，鼓励支持有条件的地方大胆闯、大胆试，鼓励干部勇于探索、开拓创新，做到让干部敢为、地方敢闯、企业敢干、群众敢首创。

四是要弘扬清廉作风。坚持以“零容忍”的态度惩治腐败，紧盯金融、开发区、工程项目、自然资源、生态环境、教育、医疗、政府采购等重点领域，增强各级干部的斗争精神、斗争本领，一体推进不敢腐、不能腐、不想腐，着力营造风清气正的良好政治生态。各级领导干部要自觉加强党性修养，筑牢廉洁防线，坚持公正用权、依法用权、为民用权、廉洁用权，积极构建亲清政商关系，做到“亲”而有度，“清”而有为，既要交往有道，又要把好分寸，守住底线，共同营造干事创业的良好氛围。

当前，正值年终岁尾，要统筹好疫情防控和经济社会发展，按照“乙类乙管”总体方案的要求，抓细抓实医疗救治资源的准备，着力保障群众用药需求，全力做好老年人、儿童等重点人群防护和救治工作，切实加强农村地区疫情防控，确保平稳转换，确保人民群众生命安全和身体健康。要用心用情保障民生需求，扎实开展年底走访慰问，加强社会救助，统筹安排好煤电油气运保障供应，强化交通物流保通保畅，抓紧抓实安全生产和防灾减灾工作，确保社会大局和谐稳定。要强化舆论引导，充分发挥主流媒体主阵地、主渠道作用，加强政策解读，及时回应群众疑虑，引导群众正确看待当前形势，营造良好社会氛围。要认真抓好明年工作谋划，厘清工作思路，明确主攻方向，狠抓工作落实，确保明年各项工作开好局、起好步。

同志们，做好明年经济工作，责任重大、任务艰巨。我们要深入贯彻党的二十大和中央经济工作会议精神，全面落实习近平总书记视察江西重要讲话精神，锐意进取、攻坚克难，高标准高质量做好明年经济社会发展各项工作，加快推动高质量跨越式发展，奋力谱写全面建设社会主义现代化江西的新篇章。

政府工作报告

——在江西省第十四届人民代表大会第一次会议上

（2023 年 1 月 11 日）

省长　叶建春

各位代表：

现在，我代表省人民政府向大会报告工作，请予审议，并请省政协委员和列席会议同志提出意见。

一、2022 年及本届政府工作回顾

2022 年，面对严峻复杂的国际环境和疫情散发多发、历史极值干旱等超预期考验，在党中央、国务院和省委坚强领导下，全省上下以迎接党的二十大、学习宣传贯彻党的二十大精神为主线，坚决落实中央“疫情要防住、经济要稳住、发展要安全”重要要求，接续实施强劲开局一季度、强攻二季度、拼搏三季度、决战四季度，保持了经济社会大局稳定。

——经济运行企稳向好。成功应对省内多轮疫情，科学精准做好常态化疫情防控，全力支援大上海保卫战和吉林、新疆、重庆等地抗击疫情。及时启动抗旱应急响应，实施鄱阳湖流域水库群抗旱保供水联合调度，开展局部应急送水，有效保障了用水安全。出台降本增效“30 条”、纾困解难“28 条”、稳经济“43 条”及接续措施“24 条”，为市场主体减负超 2000 亿元。开展六大领域“项目大会战”和项目建设“四大攻坚行动”，实行节假日“重大项目不停工、重点企业不停产”，专项债项目支出进度、政策性开发性金融工具项目签约投放额居全国前列，信丰电厂、丰电三期、宜春至遂川高速公路、共青城通用机场、信江八字嘴航电枢纽、吉利新能源城市商用车、格力电器（赣州）智能制造基地等投运投产，沪昆高速改扩建、昌九高铁、长赣高铁、瑞梅铁路、梅江灌区、武汉至南昌特高压工程、奉新抽水蓄能电站、富士康工业互联智能制造、晶科能源 24GW 光伏组件等开工建设，江西入选全国首批省级水网建设先导区，鄱阳湖水利枢纽环评正式受理。实施促进商贸消费提质扩容三年行动，“大宗商品消费季”“百城百夜文化和旅游消费季”等活动成效明显，三百山获评国家 AAAAA 级旅游景区，仙女湖、丫山入选国家级旅游度假区，萍乡武功山入选国家体育旅游示范基地。全年 GDP 增长 4.7%，一般公共预算收入增长 4.8%，规模以上工业增加值增长 7.1%，固定资产投资增长 8.6%，社会消费品零售总额增长 5.3%，主要经济指标增幅继续位居全国前列。

——转型升级持续深化。国家稀土功能材料创新中心通过验收，国家虚拟现实创新中心、国家中药先进制造与现代中药产业创新中心落地，全球陶瓷产品创新中心启动建设，国内首条稀土永磁磁浮轨道工程试验线竣工，助力全球首架 C919 成功交付，江西师大一号环境遥感卫星成功发射，我省首个农业领域“十四五”国家重点研发计划获批立项。出台省实验室建设工作总体方案，组建 24 个产业科技创新联合体，南昌入选首批国家知识产权强市建设示范城市，新余入选国家创新型城市建设名单。大力推进数字经济做优做强“一号发展工程”，南昌国家级互联网骨干直联点开通，全国唯一锂电标识解析二级节点上线，电子信息产业营业收入跃居全国第 4 位，算力整体规模居全国第 11 位，数字经济核心产业增加值占 GDP 比重有望达 7.5%，南昌入选 2022 年度建设信息基础设施和推进产业数字化成效明显市推荐名单。赣州稀土新材料及应用集群入选国家先进制造业集群，上饶高铁经济试验区（大数据）入选国家新型工业化产业示范基地，高安建陶基地入选国家火炬特色产业基地，江西理工大学先进铜产业学院入选全国首批现代产业学院，宜春入选 2022 年度工业稳增长和转型升级成效明显市推荐名单。新增国家级制造业单项冠军企业 5 家、专精特新“小巨人”企业 70 家。

全省首届职业技能大赛成功举办,展现了"赣鄱工匠"新时代风采。

——市场活力更大激发。全力实施营商环境优化升级"一号改革工程",营商环境明显提升,净增市场主体80.2万户,实有市场主体超480万户。省政务服务中心正式运行,"赣服通"5.0版、"赣政通"2.0版和"惠企通"上线,全国首个政务服务数字人"小赣事"上岗。国企改革三年行动圆满收官,省级万亿国有资本投资运营平台、千亿现代产业引导基金组建,新钢集团与中国宝武实现联合重组。赣江新区、吉州、于都入选全国首批中央财政支持普惠金融发展示范区。新增上市公司14家,创历史最好成绩。世界VR产业大会、景德镇国际陶瓷博览会、庐山全球商界领袖大会、赣台会、"进博会走进江西"、第五届"阿拉伯艺术节"等活动成功举办,"一带一路"国际陶瓷教育联盟成立,国际贸易"单一窗口"标准版实现全覆盖,冷链中欧班列、中老班列等开行,赣州国际陆港入选国家进口贸易促进创新示范区,景德镇陶瓷交易市场获批设立全国市场采购贸易方式试点,鹰潭国际综合港经济区正式运行,外贸进出口额增长34.9%。

——协同发展继续推进。出台深入实施强省会战略推动南昌高质量跨越式发展、支持赣江新区激发活力增强实力等政策措施,赣江新区地区生产总值突破千亿元,南昌入选国际湿地城市、国家系统化全域推进海绵城市建设示范城市,九江、抚州入选国家历史文化名城,赣州获批建设革命老区高质量发展示范区。累计识别防止返贫监测4.6万户16.8万人,户均享受帮扶措施2.8项,守住了不发生规模性返贫底线。启动农业七大产业高质量发展三年行动,在全国省级率先出台促进山茶油产业发展条例,宜黄、南城、横峰、湘东区入选国家级制种大县,婺源、瑞昌入选国家农业绿色发展先行区,于都、泰和、鄱阳、浮梁入选全国农业现代化示范区创建名单;井冈山市和宁都、武宁、横峰获批创建国家乡村振兴示范县,吉水、瑞金入选国家传统村落集中连片保护利用示范县(市、区)。完成"三区三线"划定,制定碳达峰实施方案,完善分时电价机制,施行江西省生活垃圾管理条例;在全国率先出台矿山生态修复与利用条例、开展跨省流域突发水污染事件联防联控专项检查行动,率先推出"碳足迹"披露支持贷款。部省共建长江江豚保护基地开工。上堡梯田入选世界灌溉工程遗产名录。全省PM2.5年平均浓度27微克/立方米,国考断面水质优良率96.2%,再创历史最优。

——民生保障有力有效。年初确定的民生实事全面完成。城镇新增就业、新增转移农村劳动力分别完成年计划的113%、121.4%。城镇和农村居民人均可支配收入分别增长4.8%、6.7%,居民消费价格上涨2%。开展赣鄱无农民工欠薪项目试点,上线"农民工"地图,59万返乡农民工实现再就业。出台社会保障卡一卡通条例、医保基金监管办法、政府购买社会救助服务清单,赣州、抚州、新余入选全国居家和社区基本养老服务提升行动项目地区名单。国家智慧教育平台整省试点、"大思政课"建设综合改革试验区获批,抚州入选全国基础教育综合改革试验区,乡村教师学历提升计划启动,探索开展高校分类管理和本科新生学分制收费改革,高校毕业生留赣率提高到59.96%。7个国家区域医疗中心获批,中国肝病基因工程创新中心落户,我省首个自主研发道地药材中药配方颗粒标准发布,健康社区建设地方标准出台,智慧医保村村通运行。婴幼儿入托补贴制度全面建立。红色基因传承示范区建设全面启动,全国红色基因传承研究中心运行,5件作品入选"五个一工程"。省第十六届运动会成功举办,崇义入选全国首批全民运动健身模范县。中小学生溺水事故起数和溺亡人数分别下降31.88%、30.35%,生产安全事故起数和死亡人数分别下降38.9%、38.1%,公众安全感和群众满意度分别达98.71%、98.07%。

经过全省上下不懈努力,省十三届人大一次会议确定的本届政府目标胜利实现,全省如期打赢脱贫攻坚战,与全国同步全面建成小康社会,迈上了全面建设社会主义现代化江西新征程。

一是经济发展量质双升。GDP突破3万亿元,全国排名由第18位前移至第15位,人均突破1万美元;工业增加值突破万亿元、居全国第13位,制造业增加值占GDP比重保持33%左右、居全国前列,进入新兴工业大省行列。数字经济增加值突破万亿元、占GDP比重提高到35%,智能制造能力成熟度居全国第8位。高新技术产业增加值占规模以上工业增加值比重突破40%,比2017年提高10个百分点左右。鄱阳湖国家自主创新示范区获批,全社会研发投入实现翻番,每万人有效发明专利拥有量增长2倍以上,技术合同成交额增长6倍以上,综合科技创新水平指数在全国排名"七连进"。新增千亿产业3个,总数达14个,建筑业成为万亿产业。

二是改革开放走深走实。"赣服通"、"赣政通"、网上中介服务超市等平台建设走在全国前列,编制统一行政许可清单、延时错时预约服务等做法在全国推广,实有市场主体实现倍增。国有企业资产突破7万亿元,营业收入突破万亿元。金融机构本外币存、贷款余额均突破5万亿元,A股上市公司实现倍增,企业直接融资规模突破5000亿元。江西内陆开放型经济试验区上升为国家战略,在赣投资的具有世界500强背景企业达212家;6家企业入选"全球最大250家国际承包商",数量居全国第4位;外贸进出口、对外直接投资均实现翻番,利用省外项目资金突破万亿元。

三是区域城乡协调共进。"一圈引领、两轴驱动、三区协同"区域发展格局基本形成,景德镇国家陶瓷文化传承创新试验区、湘赣边区域合作示范区上升为国家战略,鹰潭入选首批国家城乡融合发展试验区。铁路运营里程突破5000千米,高速铁路运营里程实现翻番,高速公路通车里程达6700千米,"一主一次五支"机场格局基本形成,油气长输管道运营里程突破4000千米,电网迈入特高压时代,5G网络实现"乡乡通"。粮食产量连续10年稳定在430亿斤以上,97%的村集体经济年经营性收入超过10万元。城乡一体化生活垃圾收运处置体系实现行政村全覆盖。常住人口城镇化率突破60%,年均提高1.5个百分点以上。

四是生态优势巩固提升。国家生态文明试验区建设阶段性任务全面完成。污染防治攻坚战成效考核连续2年、水资源管理考核连续4年获全国优秀,生态质量指数居全国前列,退捕禁捕工作全国领先,长江干流江西段连续5年、赣江干流连续2年达到Ⅱ类水质，设区市集中式饮用水源地达标率100%。空气质量居中部地区第1位、全国前列。森林覆盖率居全国第2位，国家森林城市、园林城市实现设区市全覆盖。累计创建“绿水青山就是金山银山”实践创新基地8个，国家生态文明建设示范区24个，国家级绿色工业园区13个，绿色发展指数连续9年居中部地区第1位。

五是人民生活全面改善。25个贫困县全部“摘帽”，3058个贫困村全部退出，现行标准下农村贫困人口全部脱贫，城镇困难群众全部解困脱困，江西成为全国首批承接上合组织扶贫培训的5个省份之一。城镇居民人均可支配收入超4万元，农村居民人均可支配收入近2万元。全域实现义务教育基本均衡并向优质均衡迈进，学前教育毛入学率突破90%，高等教育毛入学率突破50%。新时代文明实践中心（所、站）、县级文化馆、公共图书馆、乡镇综合文化站实现全覆盖。基本医疗保险参保率95%以上，城乡居民养老保险基础养老金人均待遇水平居中部地区第1位，连续3年获评“健康中国行动优秀省份”。连续3年在国务院对省级政府安全生产和消防工作考核中获评优秀，连续16年获评全国平安建设（综治工作）考评优秀省。

六是政府效能明显增强。机构改革任务全面完成，事业单位改革试点基本完成。扎实开展“不忘初心、牢记使命”主题教育、党史学习教育，“五型”政府建设有力推进，贯彻落实习近平总书记重要讲话、重要指示批示精神和党中央、国务院决策部署的台账清单和督办机制不断健全，17项工作获2022年国务院督查激励、创历史最好水平。建立解决制约江西高质量跨越式发展突出难题长效机制，6轮次征集梳理的1333个问题如期办结。建立及时奖励制度，对128个集体和49名个人进行奖励。“三公”经费支出连续9年下降。

深化国防动员体制改革，创新构建退役军人服务保障体系，深入开展双拥共建活动，征兵工作走在全国前列，军政军民团结持续巩固。

成绩来之不易。这是以习近平同志为核心的党中央坚强领导的结果，是习近平新时代中国特色社会主义思想特别是习近平总书记视察江西重要讲话精神科学指引的结果，是省委团结带领全省干部群众感恩奋进的结果。我代表省人民政府，向全省人民，向各民主党派、人民团体和社会各界人士，向驻赣人民解放军指战员、武警部队官兵、公安干警和消防救援队伍指战员，向中央驻赣单位，致以崇高敬意！向所有关心和支持江西发展的海内外朋友，表示衷心感谢！

回顾五年工作，我们积累了宝贵经验，得到了有益启示。一是必须强化政治引领。五年来，我们坚定不移朝着习近平总书记亲自为江西改革发展指明的方向、擘画的蓝图笃定前行，坚定不移用党的创新理论武装头脑、指导实践、推动工作，坚定不移从党中央对革命老区的无限牵挂、亲切关怀中汲取奋进力量，这是打开事业新局面的根本所在、命脉所在。二是必须优化战略策略。五年来，我们把握江西发展阶段性特征，抓住主要矛盾，创新实施“2+6+N”产业高质量跨越式发展行动计划、“三请三回”和“三企”入赣、开发区集群式项目满园扩园和两型三化管理提标提档行动、产业链链长制、城市功能与品质提升、强省会、数字经济做优做强“一号发展工程”和营商环境优化升级“一号改革工程”等一系列战略策略，为推进高质量跨越式发展提供了有力抓手。三是必须突出问题导向。五年来，我们有效应对世纪疫情、超历史大洪水和超历史干旱等多重考验，推行“高位化统筹、集成化作战、扁平化协调、一体化办理”工作模式，解决了许多棘手难题，办成了许多大事要事，为各项事业顺利推进提供了有力保障。四是必须增进民生福祉。五年来，我们自觉践行以人民为中心的发展思想，努力使人民期待的事成为政府要干的事、政府在干的事成为人民拥护并积极参与的事、政府干成的事成为人民受益并赞成叫好的事，极大激发了全省人民积极性主动性创造性。五是必须砥砺过硬作风。五年来，我们大力弘扬伟大建党精神和井冈山精神、苏区精神、长征精神，积极倡导“事事马上办、人人钉钉子、个个敢担当”“不为不办找理由、只为办好想办法”，坚决纠治形式主义、官僚主义和“怕慢假庸散”作风顽疾，以干部创先促进大众创业万众创新，营造了风清气正的政治生态。新征程上，我们要继续坚持、发扬光大。

我们清醒认识到，前进道路上还存在不少困难和问题。主要是经济总量不大，人均水平偏低，发展不足仍然是我省最大矛盾；创新能力较弱，产业结构不优，资源环境约束趋紧；彰显特色、优势互补的全域发展格局亟待构建；群众生活品质有待提高，社会事业仍有不少短板；各类风险交织叠加，安全保障有待加强；一些干部思想不够解放、斗争意识和斗争本领不强、实干精神不足，仍有少数干部规矩意识淡薄、用权任性、以权谋私；等等。对这些问题，我们一定加大力度解决。

二、今后五年工作总体构想

今后五年是全面建设社会主义现代化国家开局起步的关键时期。当前，世界百年未有之大变局加速演进，疫情影响广泛深远，我国发展战略机遇和风险挑战并存、不确定难预料因素增多，我省发展态势强劲、优势叠加、潜力巨大。只要我们把思想和行动统一到党的二十大精神和习近平总书记视察江西重要讲话精神以及省第十五次党代会和省委十五届三次全会部署要求上来，抢抓机遇、勇毅前行，就一定能描绘好中国式现代化的江西画卷。

（一）目标任务。地区生产总值4.3万亿元左右。R&D经费支出年均增速14%以上，综合科技创新水平进入全国中上游。投资质量持续提高，农业基础更加稳固，新兴工业强省建设取得明显进展，数字经济规模占地区生产总值比重45%以上，优质高效的服务业新体系基本形成，消费对经济增长的贡献率60%左右。高标准市场体系基本建成，更高水平开放型经济新体制基本形成，营商环境达到全国一流水平，外贸进出口稳中提质，实际使用外商直接投资保持平稳。常住人口城镇化率66%左右，城乡基本公共服务均等化水平明显提高，城镇新增就业200万人以上，基本养老保险参保率95.5%。居民收入增长和经济增长基本同步，劳动报酬提高与劳动生产率提高基本同步，中等收入群体比例持续扩大。美丽中国“江西样板”建设成效显著，生态产品价值实现机制建设走在全国前列。公众安全感和群众满意度稳定在98.2%以上。

（二）战略支撑。全面贯彻中央和省委战略举措，围绕全面建设“六个江西”，重点实施九大战略。一是扩大内需战略。实施项目建设滚动投资计划，深入开展促消费系列活动，加快文化强省和旅游强省建设，增强投资对优化供给结构的关键作用和消费对经济发展的基础作用。二是科教兴省战略。坚持科技是第一生产力、人才是第一资源、创新是第一动力，协同推进教育强省、科技强省、人才强省建设，打造天下英才重要首选地。三是工业强省战略。坚持把发展经济的着力点放在实体经济上，提升主导优势产业位势，促进战略性新兴产业融合集群发展，加快未来产业培育创新发展，打造特色鲜明的现代化工业体系，加快建设质量强省，重塑“江西制造”辉煌。四是区域协调发展战略。彰显各地优势，促进跨区域联动，推进以人为核心的新型城镇化，构建优势互补、高质量发展的区域经济布局和国土空间体系。五是乡村振兴战略。坚持农业农村优先发展，巩固拓展脱贫攻坚成果，加快农业强省建设，健全城乡融合发展体制机制，打造新时代乡村振兴样板之地。六是高水平开放战略。加快江西内陆开放型经济试验区建设，全面参与共建“一带一路”、长江经济带和中部地区高质量发展，积极融入粤港澳大湾区建设、长三角一体化、京津冀协同发展，深化长江中游三省战略合作，扩大制度型开放，打造内陆双向开放新高地。七是绿色提升战略。持续深化国家生态文明试验区建设，协同推进降碳、减污、扩绿、增长，打造人与自然和谐共生的现代化生态样板。八是就业优先战略。强化就业优先政策，健全就业公共服务体系，完善创业带动就业保障制度，努力促进高质量充分就业。九是安全发展战略。全面贯彻总体国家安全观，把安全发展贯穿经济社会发展各方面全过程，坚决维护国家安全和社会稳定，以新安全格局保障新发展格局。

（三）实现路径。牢牢把握中国式现代化的中国特色、本质要求和重大原则，坚定不移贯彻新发展理念，着力实施九大工程。一是“一号发展工程”。深入推进数字产业化、产业数字化，加快建设“智联江西”，打造中部地区数字产业发展集聚区、产业数字化转型先行区、场景创新应用先导区、数字营商环境示范区。二是“一号改革工程”。深化营商环境对标提升行动，争创全国政务服务满意度一等省份，加快打造市场化、法治化、国际化一流营商环境。三是“创新四率”提升工程。纵深推进鄱阳湖国家自主创新示范区建设，大力开展国家级创新平台、加大全社会研发投入、创新成果转化等攻坚行动，提高创新驱动发展效能。四是市场主体培育工程。健全政策扶持体系，为市场主体提供全生命周期服务。五是开发区改革创新工程。以聚焦主责主业为导向，以管理制度改革为突破口，以“小管委会+大公司”为主要模式，以全面从严治党为保障，进一步明确职能定位，理顺体制机制，创新运营模式，完善监督体系，加快打造全省改革开放的试验田、创新发展的示范区、经济增长的主引擎。六是招大引强工程。坚持定向招商、精准招商，聚焦重点地区、重点企业，深入实施招大引强“五大行动计划”，着力引进一批符合我省发展战略的优强项目。七是“两山”转化工程。建立健全生态产品价值实现机制，打造全国优质生态产品供给区、生态产品价值实现机制改革先行区、绿水青山与金山银山双向转化样板区。八是稳岗扩岗工程。落实稳岗补贴政策，促进劳动密集型产业创新发展，支持和规范发展新就业形态，使人人都有通过勤奋劳动、诚实劳动实现自身发展的机会。九是惠民暖心工程。坚持在发展中保障和改善民生，每年办好一批民生实事，打造文化繁荣的现代化社会文明、惠及全民的现代化美好生活、精准高效的现代化治理格局。

（四）保障措施。一是坚持对标对表。深刻领悟“两个确立”的决定性意义、坚决做到“两个维护”，始终胸怀“两个大局”、牢记“国之大者”，自觉把江西发展放到全国之中来谋划和推进。二是加强政策供给。密切跟踪国家战略导向和政策取向，建立政策会商联审和部门协调配合机制，加强政策实施效果动态评估，提高政策精准性和有效性。三是完善工作体系。建立“台账式”管理模式，常态化开展督导服务，构建上下联动、左右协同的抓落实工作机制。四是凝聚各方力量。继续深化新形势下“五型”政府建设，构建现代化江西综合绩效考评体系，健全及时奖励制度，让干部敢为、地方敢闯、企业敢干、群众敢首创。

各位代表！关键时期，当尽非常之力，当显非常之为，当见非常之效。我们将牢记习近平总书记“作示范、勇争先”和“五个推进”殷殷嘱托，撸起袖子加油干、一锤接着一锤敲，兑现承诺，达成愿景！

三、2023年工作安排

2023年是全面贯彻党的二十大精神开局之年，是实施“十四五”规划承上启下的重要一年。今年政府工作的总体要求是：以习近平新时代中国特色社会主义思想为指导，全面贯彻落实党的二十大和中央经济工作会议精神，深入贯彻习近平总书记视察江西重要讲话精神，扎实推进中国式现代化，坚持稳中求进工作总基调，完整、准确、全面贯彻新发展理念，加快构建新发展格局，更好统筹疫情防控和经济社会发展，更好统筹发展和安全，把实施扩大内需战略同深化供给侧结构性改革有机结合起来，突出做好稳增长、稳就业、稳物价工作，着力提振市场信心，着力畅通经济循环，着力强化创新驱动，着力深化改革开放，着力促进区域协调，着力保障改善民生，着力防范化解风险，推动经济实现质的有效提升和量的合理增长，奋力谱写全面建设社会主义现代化江西的新篇章。

今年经济社会发展的主要预期目标是：地区生产总值增长7%左右，在实际工作中尽可能争取更好结果；规模以上工业增加值增长8%左右，固定资产投资增长8%以上，社会消费品零售总额增长8.5%左右，城镇、农村居民人均可支配收入分别增长6.5%、7.5%左右，居民消费价格涨幅3%左右，城镇调查失业率控制在5.5%左右，主要污染物排放等指标完成国家下达目标。

重点做好八方面工作。

（一）坚持稳字当头，力促经济回归潜在增长水平。坚持扩大内需战略基点，把恢复和扩大消费摆在优先位置，统筹优化供给和需求，推动经济持续回稳向好

促进经济循环畅通。融入共建全国统一大市场，实施交通物流枢纽建设行动，支持南昌、赣州、九江、鹰潭等国家物流枢纽建设，推动主要港口铁路进港全覆盖，完善综合货运枢纽多式联运换装设施，大力发展铁海联运、江海

联运、集装箱多式联运和商品车运输,推广"一单制"服务。推进城乡冷链物流骨干网建设和县域物流配送体系建设试点,深化"互联网+第四方物流"供销集配体系标准化规范化品牌化建设,确保县级有集配中心、乡镇有集配站点、村级集配网点覆盖率60%以上。推进传统物流设施数字化改造升级,培育智慧供应链金融、保税加工、流通加工、即时配送等新业态。实施商贸流通主体培育工程,净增限额以上商贸流通企业1500家左右。

促进投资扩围增效。实施省大中型项目3558个,年度投资1.6万亿元左右。基础设施方面,建成昌景黄高铁、信丰至南雄高速公路等项目,开工定南、南城、贵溪通用机场和通城(赣鄂界)至铜鼓高速公路、袁河航道提升、分宜电厂二期、铅山抽水蓄能、康山蓄滞洪区安全建设工程等项目,力争鄱阳湖水利枢纽早日开工。公共服务方面,建成南昌现代职教城、新余职教中心仙女湖校区、宜春人民医院二期、上饶城东医院、洪都航空文化园等项目,开工南昌大学二附院鹰潭医院、江西中医药大学附属医院高新院区等项目。产业升级方面,推动中国电信中部云计算大数据中心、国家工业互联网大数据中心江西分中心建设,统筹构建"一核四副两备"的全省大数据中心布局;实施工业企业技改项目3000个左右,加快航空、电子信息、装备制造、中医药和生物医药、新能源、新材料等重点产业项目建设。

促进消费提质扩容。实施省级示范商业街区和夜间经济街区创建工程,加快县域商业体系建设,升级改造一批商贸中心、步行街。深入实施"赣出精品"工程,办好中国红色旅游博览会、"三百"文旅消费季、"赣品网上行"、中国米粉节、赣菜美食文化节等活动,持续打响赣菜品牌。大力发展会展经济和首店经济、首发经济。具备条件的普通国省干线公路服务区(站)实现基本充电服务全覆盖。深入开展家电以旧换新、绿色建材推广、家装下乡等活动。支持养老服务、教育医疗文化体育服务等消费。大力发展低空经济。评选一批"风景独好"旅游名县名村镇名景区,实施旅游景区业态提升计划、"引客入赣"计划,全面推行旅游购物诚信退赔,提升"江西风景独好"国际影响力和竞争力。

(二)强化创新第一动力,塑造发展新动能新优势。大力推进创新型省份建设,增强产业链供应链韧性和竞争力

提速建设中部地区重要人才中心和创新高地。提升中科院赣江创新研究院、国家虚拟现实创新中心等带动能力,力争庐山国家植物园和国家稀土创新中心获批、6家国家重点实验室纳入国家实验室体系重组,复合半导体江西省实验室挂牌并启动建设,筹建省航空航天复合材料设计制造检测集成工程中心。力争R&D经费支出占GDP比重1.9%以上、40%以上规模以上工业企业建有研发机构,基础研究投入占比稳步提高。滚动发布产业关键共性技术发展指南,常态化高效率发挥产业科技创新联合体、省级现代产业学院作用,推动"科技—产业—金融"良性循环。大力实施"双千计划"等重大人才工程,设立高层次人才专项基金,完善人才分类评价和职称评审机制,省人才发展集团正式运行。推进减轻青年科研人员负担专项行动。深化财政科技经费分配使用机制改革,提高科技成果转化率。

系统增强"一号发展工程"牵引效应。出台数字经济发展支持政策,提高数字经济基金使用效能,谋划建设江西先进算力中心。大力发展专业芯片、电子元器件、智能终端等基础赛道,VR、元宇宙、移动物联网、人工智能、云计算、区块链等新兴赛道,智慧家居、数字文创等融合赛道,加快北斗卫星导航定位基准服务系统建设,推进工业互联网一体化进园区,培育数字经济领域"专精特新"企业、科技型中小企业各100家以上。实施应用场景"十百千"计划,建设数字化转型促进中心,促进各行业数字化、网络化、智能化转型。

构建"2+6+N"现代化产业体系。推动出台先进制造业促进条例。深入实施产业链链长制升级版,大力培育"链主"企业,促进延链补链强链和不同产业链协同,加快形成万亿级、五千亿级、千亿级"产业矩阵"。实施先进制造业集群提能升级、制造业基础再造、绿色制造提升、服务型制造优化升级等专项工程,全面实施企业标准"领跑者"制度,大力开展质量提升行动,提升产业基础高级化和产业链现代化水平。实施优质企业群体培育行动,培育一批制造业"领航企业"、"单项冠军"企业和"专精特新"小巨人企业。推进"产业大脑"建设,引导企业"上云用数赋智",开展5G全连接工厂建设。培育壮大工业设计、检验检测认证等生产性服务业,推动先进制造业与现代服务业深度融合。

(三)全面深化改革扩大开放,更大释放发展活力。推进全面深化改革攻坚行动,扩大高水平对外开放,打造资源要素"强磁场"

对标一流提升"一号改革工程"质效。纵深推进"放管服"改革,制定行政许可事项实施规范及办事指南,全面铺开相对集中行政许可权改革,实现省市县乡四级政务(便民)服务中心通用窗口全覆盖,建成全省统一的不动产登记网上"一窗受理"系统。深化"一件事一次办"改革,加快"赣服通""赣政通""惠企通"等平台迭代升级,全面落实"一网选中介"。依托"12345"政务服务便民热线,打造企业和群众诉求统一受理、转办、查询、回访、评价平台,实现"一号诉求""一号响应"。依法全面推行市场经营活动轻微违法行为免罚和"首违不罚",诚信经营者"无事不扰"比例达100%,集成政策向合规优质市场主体倾斜。高质量完成培育壮大市场主体三年行动任务,实有市场主体突破500万户,提高涉税市场主体占比。推进营商环境创新试点,支持开展营商环境民主监督,力争南昌、九江、赣州、赣江新区进入全国一流水平行列,多项评价指标进入全国标杆城市行列。

深化重点领域改革攻坚。推进全民所有自然资源资产所有权委托代理机制试点,稳妥有序推进农村集体经营性建设用地入市试点,探索二、三产业混合用地。切实落实"两个毫不动摇",实施新一轮深化国有企业改革行动,做优做强做大国有资本投资运营平台;持续破除影响平等准入壁垒,放宽民间投资市场准入,推进公平竞争政策实施,构建亲清统一的新型政商关系,发展壮大民营经济。深化省以下财政体制改革,强化预算绩效管理,提高财政资金使用效益。深化绿色金融改革创新和普惠金融改革

试验区建设，推进“赣金普惠”平台数据共享和推广应用，争取国家气候投融资试点。深入实施企业上市“映山红行动”升级工程，力争新增上市公司12家。扩大“险资入赣”规模，积极发展地方特色农业保险。出台深化开发区改革创新实施方案，健全亩产效益综合评价标准体系，加大力度处置闲置、低效和“僵尸企业”用地，探索“零增地”技改等节约集约用地模式。

加快内陆开放型经济试验区建设。推进湘赣边区域合作示范区、浙赣边际合作（衢饶）示范区、深赣港产城特别合作区、赣粤边区域产业合作示范区、赣闽产业合作示范区、海峡两岸产业合作区（江西）等建设，深化赣州与深圳、吉安与东莞、抚州与泉州对口合作，促进湘赣粤中医药全产业链协同发展。全面推进昌北机场三期、赣州航空口岸建设，提升赣州国际陆港、南昌国际陆港、九江区域航运中心等口岸能级，扩大“船边直提、抵港直装”改革试点。深度对接高标准国际经贸规则，更大力度推动外贸稳规模优结构、外资稳存量扩增量。积极创建国家外贸转型升级基地，支持抚州、鹰潭申报国家级跨境电商综合试验区以及上饶申报综合保税区、宜春申报保税物流园，加大海外仓全球布局，发展外贸综合服务、市场采购等贸易新业态新模式，提高出口产品附加值，扩大先进技术、重要设备、能源资源等进口。办好世界VR产业大会、庐山全球商界领袖大会、世界赣商大会、世界客属第32届恳亲大会、与跨国公司（上海）合作交流会、对接粤港澳大湾区经贸合作、鄱阳湖国际观鸟周等活动，深化京赣高质量合作，加强区域和产业联合联动招商。

（四）促进城乡区域协调发展，强化多极支撑格局。深入实施区域协调发展战略、乡村振兴战略、新型城镇化战略，提高全省发展整体性协调性

加快构建优势互补区域发展格局。完成市县国土空间规划编制。深入实施强省会战略，支持南昌打造“一枢纽四中心”、规划建设未来科学城，加快提升发展首位度和综合竞争力。深化赣江新区运行机制改革，推动新区增动力、添活力。支持九江高标准建设长江经济带重要节点城市、抚州建设承接东部沿海产业转移示范区和先进制造业协作区，促进大南昌都市圈从局部融合向全面融合迈进。推进赣州省域副中心城市建设，打造革命老区高质量发展示范区和对接融入粤港澳大湾区桥头堡。支持上饶打造对接长三角一体化发展先行区和光伏新能源国家先进制造业集群、景德镇建好国家陶瓷文化传承创新试验区、鹰潭打造全省万亿有色产业集群核心区、萍乡建设高质量国家产业转型升级示范区和赣湘边区域物流分拨集散中心、宜春争创国家级锂电新能源集群、新余打造京东合作区域中心和全国最大的百度数据标注基地、吉安打造赣江中游生态经济带和全国重要电子信息产业基地，深化新宜吉转型合作示范区建设。

全面推进乡村振兴。加强防止返贫动态监测帮扶，持续巩固拓展脱贫攻坚成果，坚决防止整村整乡返贫。严守耕地保护红线，落实耕地占补和进出“双平衡”。实施粮食产能提升行动，新增建设高标准农田150万亩、改造提升110万亩，确保粮食总产430亿斤以上。支持抚州、萍乡、上饶建设种业强市。推进部省共建绿色有机农产品基地试点省建设，富硒功能农业综合产值突破800亿元。实施“互联网+”农产品出村进城工程，搭建产供销一体化合作平台。深化承包地“三权分置”改革，稳慎推进农村宅基地制度改革和规范管理三年行动，发展新型农业经营主体和“农事服务中心”等社会化服务。深入实施乡村建设行动和美丽宜居示范创建，推进城乡供水一体化，完成集中式污水处理设施改造、20万户以上农村户厕改造提升、6000个左右村点整治建设。推进乡村振兴青年农技人员“培基”行动、“一村一名大学生工程”、高素质农民培育计划和乡村“法律明白人”培育工程。深化移风易俗，引领婚丧嫁娶新风尚。

打造宜居韧性智慧城市。推进城市高质量发展示范省部省共建，高标准建立城市体检评估机制，抓好城市更新试点，基本实现“城市大脑”设区市全覆盖。推进城市功能品质再提升行动，加强应急备用水源建设，城市供水全面执行生活饮用水卫生标准，基本完成重点易涝区域整治，深入实施城镇生活污水处理提质增效攻坚行动，力争设区市中心城区生活垃圾回收利用率达35%以上，县级城市黑臭水体消除比例达60%以上。完成2022年纳入计划的城镇老旧小区改造任务，开工改造城镇老旧小区37.56万户、城镇棚户区13.2万套。推进农业转移人口市民化，加快高品质智慧社区试点和完整居住社区建设，打造“15分钟生活服务圈”。支持萍乡全国文明典范城市创建试点和南昌、赣州等全国青年发展型城市试点。

（五）扩大优质公共服务供给，提高人民生活品质。坚持在发展中保障和改善民生，着力办好10件民生实事，不断满足人民对美好生活的向往

扎实深入做好就业工作。健全就业促进机制，深入实施职业技能提升行动，支持发展吸纳就业能力强的产业和企业，城镇新增就业41万人。实施提升就业服务质量工程，突出抓好高校毕业生、农民工、退役军人、脱贫劳动力、登记失业人员、城镇困难人员等重点群体就业，加强对防止返贫监测对象、零就业家庭等困难群体的兜底帮扶，公益性岗位新增安置残疾人就业1万人以上。开展重点群体创业推进行动，新增发放创业担保贷款150亿元以上。落实灵活就业和新就业形态劳动者权益保障政策，推广使用电子劳动合同和社保卡发放农民工工资。拓宽居民劳动收入和财产性收入渠道，全面提高城乡居民收入。

不断完善社会保障体系。实施社保服务“百千万行动计划”，推动园区企业及职工、灵活就业人员参加养老保险，强化被征地农民、退捕渔民参加养老保险工作。落实企业职工基本养老保险全国统筹制度和职工基本医疗保险门诊共济保障机制，健全失业保险省级统收统支制度，完善生育保险政策，扩大补充工伤保险试点范围，推进长期护理保险制度试点，推进个人养老金试点。提高城乡低保、特困供养、抚恤补助等保障标准，为适龄女生免费接种人乳头状瘤病毒疫苗，为孕产妇免费提供出生缺陷防控服务。推进救助管理机构创新转型。开展养老服务提质升级三年行动，改造提升乡镇敬老院200所，新增家庭养老床位1.3万张，继续为1.2万户以上困难老年人家庭进行居家适老化改造。

全面繁荣发展社会事业。加快学前教育普及普惠发

展，推进义务教育优质均衡发展，深入实施县域普通高中发展提升行动计划、高水平高职学校和专业群建设计划、高水平应用型本科高校建设行动计划，积极开展部省协调探索现代职教体系新模式，大力推进高校“双一流”建设，实现大学生创新创业孵化器高校全覆盖，基本实现智慧校园全覆盖。深入实施“15+3”健康江西专项行动，启动卫生健康服务能力全面提升三年行动，推进区域医疗中心建设、紧密型城市医疗集团试点和紧密型县域医共体建设，健全分级诊疗制度，促进医保、医疗、医药协同发展和治理，常态化制度化开展药品和医用耗材集采，提高基本药物使用占比。推进国家中医药综合改革示范区建设，实施“樟树药都振兴工程”“旴江医学复兴工程”“热敏灸推广工程”。推进长征、长江国家文化公园（江西段）建设，实施公共文化服务提升计划。构建文明创建工作常态长效机制，全面争创全国文明城市，推进新时代文明实践中心（所、站）提质增效。推进体教融合，促进群众体育、竞技体育、体育产业全面发展，办好环鄱阳湖国际自行车大赛、玉山中式台球世锦赛等品牌赛事。支持工会、共青团、妇联、红十字会、侨联、科协、贸促会、对外友协等群团组织和外事、侨务、气象、水文、测绘、民族、宗教、援疆等工作高质量发展，促进哲学社会科学、文学艺术、新闻出版、广播影视、档案、地方志等事业出新出彩。

（六）加快建设美丽江西，促进人与自然和谐共生。深入践行绿水青山就是金山银山理念，全面落实“美丽江西”建设规划纲要，更高标准打造美丽中国“江西样板”

加快发展方式绿色转型。实施产业结构、能源结构、交通运输结构优化调整行动，健全绿色低碳技术研发和推广利用机制，有序发展风光发电、生物质发电、储能电源等清洁能源，培育壮大低碳产业。实施全面节约战略，深入推进“节地增效”、节水节能等行动，对环保治理、节能减排等优于国家标准的企业给予政策倾斜。推进南昌、吉安国家废旧物质资循环利用体系建设重点城市建设，支持九江、赣州、吉安、抚州建设全国“无废城市”。推进国家技术标准创新基地（江西绿色生态）建设，打造一批碳达峰试点城市和园区。

提升生态系统质量和可持续性。严守生态保护红线，深入实施新“八大标志性战役30个专项行动”，打好蓝天、碧水、净土提升攻坚战。深化“五河两岸一湖一江”全流域治理，推进重要生态系统保护和修复重大工程，加快历史遗留废弃矿山生态修复示范工程、国土绿化试点示范项目建设，支持抚州全国地下水污染防治试验区建设，支持武功山创建世界地质公园、井冈山创建国家公园。巩固长江十年禁渔既有成果，开展鄱阳湖总磷污染治理，开展重要生态功能区生物多样性监测，实施生物多样性优先保护区重大保护工程，完成人工造林100万亩。

完善生态产品价值实现机制。完成1∶25万多目标地球化学调查，实现自然资源统一确权登记全覆盖。全面开展GEP定期核算及其成果应用，推进排污权、用能权、用水权、碳排放权市场化交易，推动签订新一轮东江、渌水流域横向生态保护补偿协议。推广“生态信贷通”，拓宽生态产品直接融资渠道。实施林下经济发展“三千亿工程”，全面推进CCER林业碳汇开发试点项目，组建中林（江西）林业投资开发集团。全域推进生态产品价值实现机制试点，深化抚州全国林业改革发展综合试点、九江长江经济带绿色发展示范区建设，努力为全国提供更多江西方案。

（七）统筹发展和安全，建设更高水平的平安江西。坚定贯彻总体国家安全观，推动公共安全治理模式向事前预防转型，确保国家安全、社会安定、人民安宁

有效防范化解重大风险。坚决维护国家政权安全、制度安全、意识形态安全。完整准确全面落实中央疫情防控政策，因时因势优化防控措施，加强基层传染病防治能力建设，抓好老年人和患基础性疾病群体防控，着力保健康、防重症。优化整合升级政府融资平台，探索地方政府资产入市，坚决遏制隐性债务增量，稳妥有序化解存量，增强财政可持续能力。实施防范化解重大金融风险攻坚战成效巩固提升工程，健全金融风险监测预警和早期干预机制，推进非法集资存量案件处置攻坚，加大网贷平台、私募基金等风险防控与处置力度，依法严惩恶意拖欠账款和逃废债行为。坚持房子是用来住的、不是用来炒的定位，因城施策、租购并举，做实房地产“三保”工作，有效防范化解优质头部房企风险，满足行业合理融资需求，支持刚性和改善性住房需求，推动房地产业向新发展模式平稳过渡。

深入推进基层治理现代化。坚持和发展新时代“枫桥经验”，探索具有江西特色的新时代“红色文化+社会治理”模式，完善网格化管理、精细化服务、信息化支撑的基层治理平台，打造“三位一体”基层信访矛盾纠纷一站式、多元化预防化解工作平台，推进矛盾纠纷源头预防、排查预警、调处化解，从源头上防范化解信访积案。加快智能安防小区等社会治安防控体系建设，落实“1、3、5分钟”快速响应机制，壮大群防群治力量，营造见义勇为氛围，推进扫黑除恶常态化，依法严惩各类违法犯罪活动。

全面提升整体安全水平。深入实施找矿突破战略行动，提高战略物资储备保障能力。持续开展安全生产风险专项整治，加快烟花爆竹转型升级集中区、城市生命线安全工程和燃气管道等老化更新改造工程建设，落实新建危化品生产项目落户化工园区政策。建成省应急管理综合保障基地，力争开工建设省应急指挥中心、省综合应急（航空救援）装备物资储备库，建立跨部门、跨层级、跨领域抢险救援救灾协调联动机制，实现智慧应急防灾系统全省覆盖。严格食品药品安全监管，开展“守底线、查隐患、保安全”深化行动，推动食品安全“两个责任”落实，实施食育普及三年行动计划。推进防汛抗旱、森林防灭火、地质、地震等自然灾害防治能力重点工程建设和雷电灾害综合治理，完善重大基础设施、金融、网络、数据、资源等安全保障体系。

各位代表！强国必须强军，军强才能国安。江西是人民军队诞生地，支持国防和军队现代化建设义不容辞。我们将切实加强军地协同，抓好国防动员体制改革落地，深化拓展“尊崇工作法”，全面做好新时代全民国防教育、后备力量建设、人民防空、双拥共建等工作，为如期实现建军100年奋斗目标提供坚实保障！

（八）提高新形势下“五型”政府建设质量，打造让党放心、人民满意的模范机关。牢记“三个务必”，紧扣“讲政治、守纪律、负责任、有效率”目标，推动全省政府系统在全

面建设社会主义现代化江西新征程上再立新功

坚守忠诚为政。把坚决做到“两个维护”作为最高政治原则和根本政治规矩，不断提高政治判断力、政治领悟力、政治执行力，始终在思想上政治上行动上同以习近平同志为核心的党中央保持高度一致。按照党中央统一部署和省委要求，扎实开展主题教育，深入实施党的创新理论学习计划，夯实对党绝对忠诚的思想根基。完善习近平总书记重要讲话、重要指示精神和党中央重大决策部署落实机制，做到总书记有号令、党中央有部署、省委有要求，政府系统不折不扣抓落实见行动出成效。

坚持科学施政。严格执行重大行政决策程序，落实社会稳定风险评估机制，充分听取利益相关群体意见和建议，不断提高决策质量和效率。加强与宏观政策取向一致性评估，清理和废止有悖高质量发展的政策规定。深入实施数字政府建设三年行动计划，建立全省一体化政务大数据体系，建成一体化数字基座，基本形成大平台共享、大数据慧治、大系统共治的顶层构架。引导政府系统干部进一步树立正确政绩观，增强推动高质量发展本领、服务群众本领、防范化解风险本领，察实情、敢担当、重实干、求实效。

坚定依法行政。全面落实政府权责清单制度和行政许可事项清单，坚决防止清单之外违法实施行政许可。推进重要领域和新兴领域地方性法规建设，严格执行行政执法三项制度，健全行政裁量权基准，推进跨领域跨部门联合执法，加快实现基层“一支队伍管执法”。除有法定依据外，严禁要求特定区域或行业、领域的市场主体普遍停产停业。严禁下达或变相下达罚没指标，严禁罚没收入同作出行政处罚的行政机关及其工作人员考核考评挂钩。依法加强统计、审计工作，夯实统计基层基础，防范并严厉惩治统计造假，做好第五次全国经济普查工作，有效发挥统计监督、审计监督服务保障作用。

坚决从严治政。坚持严的基调不动摇，坚持风腐同治，一体推进“三不腐”。贯彻落实中央八项规定精神及我省实施办法，坚决破除特权思想和特权行为。驰而不息纠“四风”树新风，力戒形式主义、官僚主义，坚决不搞看起来热闹、实际没有效果的表面文章，切实防止领导有批示才动、不批示就不表态不办事的现象。规范权力运行，严防领导干部成为利益集团和权势团体代言人、代理人，严防领导干部配偶、子女及其配偶等亲属和身边工作人员利用影响力谋私贪腐。坚持政府过紧日子，扎实做好基层“三保”工作，加大力度减轻基层负担。加强新时代廉洁文化建设，持续推进干部清正、政府清廉、政治清明。

各位代表！新使命呼唤铁肩担当，新征程不容丝毫懈怠。让我们更加紧密团结在以习近平同志为核心的党中央周围，在省委坚强领导下，只争朝夕、真抓实干、团结奋斗，奋力谱写全面建设社会主义现代化江西的新篇章！

附件：

《政府工作报告》有关内容名词注释

1. 项目建设“四大攻坚行动”：城市棚户区改造、“大交通”、大南昌都市圈轨道交通、水利领域基础设施建设攻坚行动。

2. 市场采购贸易方式：在经认定的市场集聚区采购商品，由符合条件的经营者办理出口通关手续并在采购地海关申报出口商品报关业务的贸易方式。

3. 农业七大产业高质量发展三年行动：到 2025 年，打造稻米、油料、果蔬、畜牧、水产 5 个千亿主导产业链和茶叶、中药材 2 个百亿特色产业链。

4. “碳足迹”披露支持贷款：将企业生产过程中的“碳足迹”与银行贷款利率挂钩，激励企业主动减污降碳、减少碳排放的一种贷款。

5. 智能制造能力成熟度：为实现智能制造目标，企业对人员、技术、资源、制造等进行管理提升和综合利用的程度。

6. “2 + 6 + N”产业高质量跨越式发展行动：打造有色、电子信息 2 个万亿产业，装备制造、石化、建材、纺织、食品、锂电新能源 6 个五千亿产业，航空、中医药、移动物联网、半导体照明、虚拟现实、节能环保等 N 个千亿产业。

7. “创新四率”：创新投入率、投入产出率、成果转化率、转化成功率。

8. 招大引强“五大行动计划”：“5020”、“三请三回”、“三企”入赣、“三百工程”、“产业链招商”行动计划。

9. “三百”文旅消费季：百县百日、百城百夜、百企百创文旅消费季。

10. 应用场景“十百千”计划：“十四五”期间，建设 50 个左右应用场景示范区、推荐推广 300 个左右应用场景示范项目、培育 3000 个左右具有爆发潜力的高成长性企业。

11. 国家气候投融资试点：为实现国家自主贡献目标和低碳发展目标，引导更多资金投向应对气候变化领域的投资和融资活动，是绿色金融的重要组成部分，支持范围包括减缓和适应两个方面。

12. “一枢纽四中心”：综合交通枢纽和区域科创中心、金融中心、先进制造业中心、高品质服务业集聚发展中心。

13. 社保服务“百千万行动计划”：组织百场社保政策宣讲、深入千家企业上门服务、向万名中断缴费的贫困群众推送续保帮扶政策。

14. 林下经济发展“三千亿工程”：到 2027 年，林下经济年产值达 3000 亿元以上，其中森林旅游与森林康养产业综合产值达 1500 亿元。

15. CCER 林业碳汇开发试点项目：对国有林场进行国家核证自愿减排量的林业碳汇开发，给予政策技术指导和经费支持。

16. 房地产“三保”工作：房地产“保交楼、保民生、保稳定”工作。

17. “1、3、5 分钟”快速响应机制：核心区域 1 分钟内、重点区域 3 分钟内、其他区域 5 分钟内到达现场的快速响应机制。

本类目编辑　徐佳佳

专　记

江西纵深推进全面深化改革攻坚纪略

省第十五次党代会提出“大力实施全面深化改革攻坚行动，瞄准制约高质量发展的重点难点堵点，推出一批务实管用有效的改革举措”。这是江西省贯彻落实中共中央总书记习近平视察江西重要讲话精神的坚决行动。2022 年，全省上下自觉对标对表中共中央重大改革决策部署，系统谋划、大胆探索、压茬推进全面深化改革攻坚行动，推动重要领域和关键环节改革取得突破性进展，引领带动改革全局整体提升，为谱写中国式现代化的江西篇章提供强劲动力和活力。

一、主要做法

省委聚焦“作示范、勇争先”目标要求，着力加强对全面深化改革攻坚行动的组织领导和统筹协调。各地各部门切实把思想和行动统一到省委要求上来，抓统筹、抓协调、抓落实，确保全面深化改革攻坚行动有力有序有效。

高位推动。省第十五次党代会报告、省委常委会工作要点、省委深改委工作要点等重要文件均对推进全面深化改革攻坚行动作出部署安排，省委深改委多次研究调度，省委深改委成员“挂帅出征”，领衔推进落实全面深化改革攻坚行动，通过深耕“责任田”，示范带动改革攻坚举措落地见效。

统筹谋划。对标中央深改委关于“加大重要领域和关键环节改革攻坚突破力度”的要求，研究制定《江西省全面深化改革攻坚行动方案（2022—2024 年）》，明确“一年全面铺开、两年重点突破、三年整体提升”总体目标，出台优化营商环境改革等十大改革攻坚行动实施方案和省直、市县配套贯彻落实文件，构建形成“1＋10＋N”政策体系。

探索推广。聚焦全面深化改革攻坚行动目标，在全省范围内开展探索和推广改革经验工作。2022 年推出市县探索项目 112 个、省直单位推广项目 33 个。

完善机制。完善督办机制，将十大改革攻坚行动作为核心内容纳入省委深改委 2022 年工作要点，实行台账管理、动态调度、协调推进。完善督查机制，将全面深化改革攻坚行动情况专项督查列入 2022 年省委督查工作计划，着力打通关节、疏通堵点、推动落实。完善考核机制，将十大改革攻坚行动任务完成情况作为重要内容，纳入新修订的江西省全面深化改革工作考核办法，充分发挥考核指挥棒作用，服务保障全面深化改革攻坚行动有序推进。

营造氛围。组织召开“江西这十年”系列主题新闻发布之全面深化改革专题新闻发布会，全面深化改革十佳案例评选活动吸引全省近 200 万名干部群众参与。江西生态保护补偿制度改革、江西居家社区养老服务体系改革、石城移风易俗改革等一批改革典型经验获中央改革办肯定和推介。

二、取得的主要成效

2022 年，江西地区生产总值首次突破 3 万亿元，增速列全国第一，主要经济技术指标增幅位居全国前列，全省经济实力、创新能力迈上新台阶。

营商环境持续向上向好。“放管服”改革获国务院第九次大督查通报表扬。企业开办全程网办、一日办结、零成本，工程建设项目多测合一、联合验收、招投标全流程电子化率分别提高至 73.6%、57.1%、98.9%，全省工程建设项目审批制度改革便利度居全国第 8 位。推行跨部门联合执法，推广“企业安静日”。“新官不理旧账”、行政审批中介服务、招标投标领域、营商环境领域腐败和作风问题四大专项治理行动获国办《优化营商环境条例》第三方评估组肯定。全省惠企政策统一兑现平台“惠企通”实现惠企政策“免申即享”“即申即享”“承诺兑现”，“赣服通”5.0 版实现政务服务加速向数字智能化演进。

科技创新能力不断增强。全省综合科技创新水平指数实现“七连进”，14 个重点产业链建立 24 个创新联合体，建立企业、省内外高校和科研院所、省内外专家联合攻关新机制，破解创新链和产业链“两张皮”难题。发布“揭榜挂帅”重大科技研发专项、重点研发项目、企业需求等各类榜单 185 个。在全国率先探索科技成果收储转化机制，南昌大学等 13 家高校、科研院所和赣江新区赋予科研人员职务科技成果所有权或长期使用权试点，推动全省更多科技成果转变为现实生产力。

企业发展活力持续迸发。国资国企改革创新三年行动连续 2 次在国务院国资委评估中获评 A 级。国企党委（党组）把方向、管大局、促落实作用更加凸显。15 家省出资监管企业全部建立董事会，出资监管企业中2006名经理层成员（含186名职业经理人）签订“两书一协议”。省级层面经营性国有资产集中统一监管率达到95%。

乡村振兴动能得到强化。全省农村承包地经营权流转率56.6%，83%的自然村因村施策开展精微改造，“五定包干”村庄环境长效管护机制和“万村码上通”5G管护平台建设在全省推广，国家和省级城乡融合发展试验区建设、农村移风易俗改革等稳步推进。

绿色发展态势更加强劲。生态系统的质量和稳定性不断提升，全省统一的生态产品总值核算趋于统一、规范，在3个设区市、11个县（市）开展核算改革试点，全省生态产品价格形成机制初步建立，开始探索搭建各级各类专业交易平台。鼓励和支持社会资本参与生态保护修复的制度体系进一步健全。上饶市林长制等工作获国务院激励表彰。城乡建设和交通运输等重点行业、重点领域绿色低碳发展迈上新台阶。

民生福祉水平明显提高。全年城镇新增就业42.07万人，新增转移农村劳动力52.36万人。新增普惠性园位10.79万个，其中公办园位7.32万个，全省学前教育三年毛入园率达90%以上。义务教育学科类校外培训机构压减率达99.09%。在15个县（市）开展紧密型县域医共体建设，3个设区市推进城市医疗集团试点，药品医用耗材集中带量采购形成“江西模式”，“智慧医保村村通”扫除村级医保结算点“盲区”，受到群众欢迎。全省居家社区养老服务水平得到进一步提升，城市社区日间照料中心覆盖率达91%，农村互助养老服务设施覆盖81%的行政村。探索“智慧停车”管理模式，新增停车泊位10.6万个，7个设区市建成统一信息管理平台。

基层治理能力有效提升。市域治理理念、治理机制、治理方式不断创新，各类风险最大限度防范在源头、化解在基层、消灭在萌芽。南昌市“智治支撑”、赣州市“政治引领”、吉安市“法治保障”、景德镇市“自治强基”、新余市“德治教化”等试点项目先后在全国有关专题会议上介绍经验，形成一批在全国可复制可推广的试点经验。市县两级一站式专业化、行业化调解平台建设进一步完善，共排查矛盾纠纷39.53万件，化解率97.52%。推进市域“红色治理”改革，全面推行社区与单位结对共建，推行党组织领导下“1+3”社区治理模式，“红色治理”质量和水平实现整体提升。在全国率先出台“幸福社区”服务质量和星级评定地方标准，7个设区市“雪亮工程”建设项目全部通过中央验收评估，智能安防小区建成比例达93.93%，已建成小区基本实现“零发案”。

人才集聚能力明显增强。用人主体放权力度进一步加大。赋予用人单位编制使用、岗位聘用等方面更大自主权，支持鼓励符合条件的医院、企业申请职称自主评审，在南昌大学、省科学院等部分高校和省属科研院所试点自主确定专业技术岗位结构比例，探索特聘岗位引才机制。人才评价机制进一步完善。健全以创新价值、质量、贡献、绩效为导向的人才评价体系，推广特色产业职称评审，深化技能人才评价改革，打通技术技能职称转化通道。人才服务保障机制不断优化，2022年全省引进各类人才总数同比增长74.5%。

文化强省建设势头良好。公共文化服务更趋完善，文化产业发展提质增效，红色基因传承更加深入，赣鄱文化影响力不断提升。新时代文明实践中心（所、站）建设实现县乡村全覆盖。主城区和中心镇15分钟、一般村镇20分钟的“公共文化服务圈”初步建成。江西广电传媒集团实现实质化运营，江西电影集团、江西省文投公司挂牌成立，江西数字文化集团完成组建。抚州、赣州、萍乡入选全国60个地市级融媒体中心建设试点，分宜县、瑞金市、南丰县等一批县级融媒体中心传播力居全国前列。

全面从严治党更加有力。建设大数据一体化监督平台，初步实现对“一把手”和领导班子廉政画像、关系图谱、线索分析等功能。党性教育和警示教育不断加强，政治谈话不断深化，警示教育分行业分系统全面开展。坚持边办案边整改，推动全力止损挽损；边办案边总结，推动警示一片、教育一方、治理一域；边办案边挽救，全社会共同反腐的氛围基本形成。

（杨双双）

提升全生命周期卫生健康服务能力纪略

全省卫生健康系统深入学习贯彻中共中央总书记习近平视察江西重要讲话和关于卫生健康工作的重要论述精神，聚焦“作示范、勇争先”目标定位，推进健康江西和中医药强省建设，深化医药卫生体制改革，经受住突发疫情防控和卫健事业改革发展的大战大考。江西省成为全国唯一一个两次受邀在健康中国发展大会上介绍经验的省份，健康江西行动在全国考核中位列中部第一、全国第三，连续3年获“健康中国行动优秀省份”称号；是全国第一个按照世界卫生组织标准通过消除疟疾终审评估、先后5年且最近连续3年受到国务院表彰激励、获全国十大医改新举措（人物）和健康中国十大年度人物的省份；平安医院建设连续六年位居全国第一方阵；省卫生健康委先后获得“全国抗击新冠肺炎疫情先进集体”“全国消除疟疾工作先进集体”等称号。

全方位保障人民健康。实施《“健康江西2030”规划纲要》，启动健康江西“15+3”专项行动并纳入市县综合考核。发布全省首个健康类地方标准《健康社区建设规范》。开展爱国卫生运动，创建国家卫生城市8个、国家卫生县城28个、国家卫生乡镇72个。促进人口长期均衡发展，先后实施单独两孩、全面两孩和三孩生育政策，在全国省级层面首创婴幼儿入托补贴制度，是全国第二个出台三孩生育政策的省份，全省每千人口拥有3岁以下婴幼儿托位数3.0个，位居全国前列。有效扩大托育服务供给，建立婴幼儿入托补贴制度，积极参与中央普惠托育项目，全省申报项目66个，争取资金6981万元，全省每千人口托位数达到3个，完成年度目标。着力提升家庭服务能力，特殊家庭扶助金标准提高200元，增长50%，特殊家庭住院护理补贴财政补助标准由每人每月100元提高到220元。全省1839家综合性医院、康复医院、护理院和基层医疗机构开展老年友善医疗机构建设，200家二级以上公立综合性医院设置老年医学科。争取省级财政1050万元支持公办医疗卫生机构建设养老床位，打造南昌市南昌县莲塘镇莲安南路社区等33个全国示范性老年友好型社区。全省82%的健康指标已提前达到2022年国家目标值，人均期望寿命提高到77.8岁，居民健康素养水平提高到25.5%。

筑牢重大疫情和公共卫生防护网。成功处置突发新冠肺炎疫情，保持全省连续610天无新增本地确诊病例的记录；打好打赢多地多轮奥密克戎突发疫情的阻击战、歼灭战；在防控优化转段时期，保健康、降重症、降病亡取得良好成效，患者重症率、病亡率均明显低于全国平均水平，统筹疫情防控和经济社会发展取得成效并走在全国前列。94家县级疾控中心可检测项目数在100项以上，及时高效处置诸如病毒病等83起急性传染病，结核病、艾滋病、麻风病等重点传染病防治能力持续巩固提升，适龄儿童免疫规划疫苗接种率持续维持在90%以上。建成13个国家级、20个省级慢性病综合防控示范区，呼吸系统疾病、心血管病、脑卒中等慢性病防控体系不断完善，慢性病综合防控示范区覆盖率达33%，重大慢性病过早死亡率降低到13.72%。不断强化精神和心理卫生工作，全省严重精神障碍报告患病率5.05‰，在册患者规范管理率93.60%，综合评分居全国第五。60.8%的村（居）委会设立公共卫生委员会，全省614家基层医疗卫生机构开展高血压、糖尿病医防融合试点，建立家庭医生团队17326个，重点人员家庭医生签约率稳定在70%以上。人均基本公共卫生服务经费标准从2017年的45元提高至75元，城乡居民电子健康档案建档率达93.42%。中国血防纪念馆在赣落成开馆，全省62%的流行县（市、区）实现血吸虫病消除目标，血吸虫病疫情处于历史最低水平。

提升卫生健康服务能力。实施“项目攻坚年”和“项目提升年”活动，2020年至2022年，全省谋划实施公共卫生项目770个，总投资约900亿元，相继促成南昌医学院重新创办、赣医联合总会和江西省医疗健康投资有限公司成立、省疾控中心迁建、P3实验室落地等，全省7家医院获批建设国家区域医疗中心，4所公立医院建设省级区域医疗中心，省属五所新区医院运行。落实中央预算内投资卫生健康项目373个，争取国家财政贴息贷款项目数量和贷款金额均居全国前列。51家县医院纳入国家“千县工程”，36个专业列入国家临床重点专科（含中医专业）。全省医院增加到939个，每千人口注册护士数提高到3.1人，每千人口执业医师数提高到2.47人，每千人口床位数提高到6.8张，基本实现城市居民15分钟、农村居民30分钟的有效就医圈。全省有卒中中心110家、胸痛中心92家、创伤急救中心95家。加强与“南湘雅”“北协和”和“陆军医”的战略合作，建设科技创新平台250余家，首个委省共建“鼻咽癌个体化诊疗”重点实验室落户江西，新增院士工作站11个。

破解人民群众看病难看病贵问题。全省所有公立医院全部取消药品加成，个人卫生支出占卫生总费用的比重降至27.93%。建立中南六省药品临床综合评价协作机制，在全国率先建立公立医院公共卫生首席专家制度，卫生健康行业党建指导委员会实现全覆盖。组建多形式医联体447个，在4个设区市建设三明医改经验示范区，在82个县市建设县域医共体。153万余例大病患者得到及时有效救治，预约诊疗、多证合一等“互联网+医疗健康”便民惠民服务逐步完善。在全国省级层面率先出台《江西省医疗纠纷预防与处理条例》，全省医疗纠纷呈现逐年下降趋势。落实基本药物主体地位，强化基本药品使用监测，推进国家基本药物制度在基层实施，全省基本药物采购金额占比42.2%，基本药物制度落实成效稳居全国第一方阵。

中医药强省建设迈出新步伐。颁布实施《江西省中医药条例》地方性法规，组建省中医药管理局，承办世界中医药大会第四届夏季峰会、上海合作组织传统医学论坛。实施基层中医药服务能力提升工程，全省中医类医院增至131所，基层中医馆建设实现全覆盖，基层中医药诊疗量占比达32.4%。出台《江西打造全国中医药产业高质量发展示范区实施方案》等政策规划支持中医药改革创新发展。持续提升中医药服务能力，推进市县级公立中医院全覆盖，安排4455万元支持479个乡镇中医馆内涵建设，打造4个重大疾病治疗重点专科、67个病种专科和3个中医特色治疗平台。对铁皮石斛、杜仲叶、灵芝三味中药实施食药物质试点管理，打造江西省优势药食同源中药品种，全省中医药工业产值连续多年居全国前列。高标准规划建设中国（南昌）中医药科创城，聚集中国中医科学院中医药健康产业研究所等一批国家级重点科研平台。获评国医大师3人，全国名中医6人，岐黄学者2人。

（马晓平）

本类目编辑　徐佳佳

大 事 记

1 月

4 日　省委副书记、代省长叶建春主持召开全省产业链强链补链延链工作推进会。会议听取全省产业链链长制工作进展情况、产业链科技创新联合体组建工作安排汇报；梳理产业链发展需要解决的重大问题，明确承办单位；审议并原则通过《2022 年全省产业链链长制工作要点》《完善提升运行机制推动产业链链长制深入实施的意见》《江西省制造业基础再造行动计划（2022—2025 年）》等文件。

5 日　省委党史学习教育总结会议召开。省委书记易炼红出席并讲话。会议总结全省党史学习教育取得的成效和经验启示，就巩固拓展党史学习教育成果提出要求。

6 日　全省第十四次法治宣传教育工作会议召开。会议表彰 2016—2020 年全省普法工作先进单位、先进个人和依法治理创建活动先进单位，总结交流全省“七五”普法工作，动员部署“八五”普法工作。

14 日　全省宣传部长会议在南昌召开。省委书记易炼红肯定 2021 年全省宣传思想文化战线取得的工作成效，对进一步做好全省宣传思想工作提出要求。

15 日　省委常委会召开会议，学习贯彻中央重要会议精神，研究全省贯彻落实意见；审议并原则通过《关于建设中部地区重要人才中心和创新高地打造天下英才重要首选地的实施意见》《江西省高层次人才引进实施办法（修订）》等文件。

16—19 日　省政协十二届五次会议在南昌召开。会议通过省政协十二届五次会议决议和省政协十二届五次会议提案初步审查情况的报告。

17 日　全省安全生产电视电话会议召开。会议总结 2021 年安全生产工作，分析面临的形势，部署 2022 年安全生产工作。

17—20 日　省十三届人大六次会议在南昌召开。大会补选易炼红为省人大常委会主任，叶建春为省人民政府省长，刘强为省人大常委会副主任；表决通过省人大有关专门委员会人选名单。表决通过关于政府工作报告的决议、关于修改《江西省人民代表大会议事规则》的决定、关于江西省 2021 年国民经济和社会发展计划执行情况与 2022 年国民经济和社会发展计划的决议、关于江西省 2021 年预算执行情况和 2022 年预算的决议、关于江西省人大常委会工作报告的决议、关于江西省高级人民法院工作报告的决议、关于江西省人民检察院工作报告的决议、关于国家生态文明试验区（江西）建设情况报告的决议。

22 日　江西省科技馆新馆开馆。省科技馆新馆总投资约 8.8 亿元，展示面积约 2.7 万平方米，固定展品展项 589 件，规模体量在国内同类科技馆中排第 6 位。

24 日　全省重大项目专题协调推进会议召开。会议听取全省重大项目推进情况及需要省级层面协调解决问题的汇报；听取工信、农业、商务、交通、水利等领域“项目大会战”或重大项目推进情况及下一步打算汇报；提请会议协调的 18 个具体项目中存在的 21 个问题形成解决意见，并要求有关地方和部门把这些问题解决到位。

28 日　省委常委会召开会议，学习中共中央总书记习近平重要讲话、重要指示精神和中央重要会议精神，研究江西省贯彻落实意见。

2 月

7 日　省委、省政府召开全省深化发展和改革双“一号工程”推进大会。会议印发并解读《关于深入推进数字经济做优做强“一号发展工程”的意见》《关于深入推进营商环境优化升级“一号改革工程”的意见》《江西省全面深化改革攻坚行动方案（2022—2024 年）》等文件。

10 日　省政府新闻办、省发展改革委举行新闻发布会，阐述全省深化发展和改革双“一号工程”，要求以“铁肩膀”担当“硬任务”，把“规划图”变成“施工图”，把“时间表”变成“计程表”，一步一个脚印，干出新时代“第一等的工作”，推进全省深化发展和改革双“一号工程”落地见效。

11 日　省委常委会召开会议，学习中共中央总书记习近平重要讲话、重要指示精神，研究全省贯彻落实意见。会议听取省委综合考核办工作情况汇报，审议并原则通过《2021 年度综合考核实施方案》《江西省农村人居环境整治提升五年行动实施方案》《关于推进农业农村高质量发展奋力打造新时代乡村振兴样板之地实施意见》等文件。

16 日　省委、省政府举行 2022 年省市县三级联动推进重大项目开工暨“项目大会战”动员大会。纳入省市县三级协同联动开工重大项目 2051 个，总投资 1.2 万亿元。

17—19 日　部分江西省选举的全国人大代表聚焦“大力推进工业强省战略，加快推进全省高质量跨越式发展”主题，深入宜春市和赣州市企业、项目现场、创新平台开展集中视察。

18日　省委常委会召开会议，学习中共中央总书记习近平发表的重要文章《坚持走中国特色社会主义法治道路，更好推进中国特色社会主义法治体系建设》和中央重要会议精神，研究贯彻落实意见；审议并原则通过《关于新时代深入实施工业强省战略 推动工业高质量跨越式发展的若干意见》。

21日　省委教育工作领导小组2022年第一次全体会议召开。会议听取各成员单位情况汇报，审议领导小组2022年工作要点以及全省加快推进基础教育、职业教育、高等教育高质量发展等实施方案。

23日　省委民族工作会议暨全省宗教工作会议召开。会议强调要学习贯彻中共中央总书记习近平关于加强和改进民族工作的重要思想、关于宗教工作的重要论述，全面落实中央民族工作会议和全国宗教工作会议部署要求，铸牢中华民族共同体意识，坚持宗教中国化方向，促进民族团结和宗教和谐，加快推进全省民族宗教工作高质量发展。

24日　省委深改委第二十次会议召开。会议审议并原则同意省委深改委2021年工作总结报告、2022年工作要点和专项小组2022年工作计划、《江西省种业振兴行动实施方案》《江西省关于深化公证体制机制改革促进公证事业健康发展的实施意见》等文件。

26日　江西省与三六零安全科技公司在南昌签署深化战略合作协议。

27日　江西省与北汽集团在南昌签署支持昌河汽车业务调整和深化改革合作协议。

同日　江西省与阿里巴巴集团在南昌签署"十四五"深化战略合作协议。

3月

1日　江西省2022年"物业社区行"专题监督活动启动。活动以推进民法典、国务院《物业管理条例》和江西条例贯彻实施为主线，围绕"共建美好家园"主题，着力解决物业管理领域存在的重点难点堵点。

2日　全省营商环境优化升级"一号改革工程"部署推进会议在南昌召开。各设区市、赣江新区、省直责任部门"一对一"认领"一号改革工程"责任书。

3日　十三届全国人大五次会议江西代表团在北京驻地举行全体会议。会议推选易炼红为江西代表团团长，推选叶建春、曾文明、张小平为江西代表团副团长。会议审议大会主席团和秘书长名单（草案），审议大会议程（草案）。

7日　江西省举行纪念"三八"国际劳动妇女节112周年大会暨"巾帼心向党 喜迎二十大"赣鄱红色娘子军宣讲团主题宣讲活动。会议表彰全国三八红旗手标兵、全国三八红旗手（集体）、江西省三八红旗手标兵和江西省三八红旗手（集体）。

10日　江西省"替烈士看爹娘、为烈属办实事"专项义诊活动在宜春市启动。此次活动由省委退役军人事务工作领导小组办公室、省退役军人事务厅、省军区政治工作局组织，江西省荣誉军人康复医院和中国人民解放军联勤保障部队第908医院具体实施。

15日　全国红色基因传承研究中心在北京中国共产党历史展览馆揭牌成立。揭牌仪式结束后，7家单位签订合作共建协议书，召开共建领导小组第一次会议。全国红色基因传承研究中心由中宣部指导，省委宣传部联合中央党史和文献研究院第七研究部、人民日报社理论部、求是杂志社文化编辑部、中国人民大学中共党史党建研究院、中国井冈山干部学院教学科研部、江西省社会科学院共同建设。

同日　省委办公厅印发《十五届江西省委巡视工作规划（试行）》，明确在十五届省委任期内，对全省各设区市、县（市、区）、省委各部门等共259个党组织实现巡视全覆盖。

17日　江西省推动国家区域医疗中心建设领导小组第二次会议召开。会议审议《江西省国家区域医疗中心综合改革试点总体方案》，协调解决项目医院提出的批复执业许可、组织机构代码、用地保障等5个方面共7个事项。

18日　中国社会科学院在北京公布2021年中国考古新发现，6个田野考古发掘项目揭晓，樟树市国字山战国墓葬入选。

21日　《江西省通用航空飞行协调运行暂行办法》获江西省低空空域协同运行管理委员会审议通过。这是全国首个通航飞行协调运行管理办法。

29日　省十三届人大常委会第三十七次会议在南昌召开。会议表决通过《江西省实施〈中华人民共和国土地管理法〉办法》《江西省征收土地管理办法》《江西省人民代表大会常务委员会关于批准〈抚州市养犬管理条例〉的决定》等文件。

30日　江西省出台《关于有效应对疫情帮助中小企业纾困解难的若干政策措施》，针对中小企业生产经营的痛点、难点，从税收优惠、稳岗减负、要素保障、融资支持、扩大市场5个方面推出28条扶持举措。

4月

1日　第87次省政府常务会议召开。会议审议并原则通过《江西省数字政府建设行动计划》《关于进一步规范经营性国有建设用地出让管理工作的意见》《江西省区域合资铁路公司重组方案》等文件。

3日　昌景黄高铁金溪湖特大桥首座大跨度连续梁合龙。

7日　省文明委全体会议召开。会议审议并原则通过《江西省文明委2022年工作要点》《关于深化江西省文明城市常态长效创建工作的若干措施》等文件。

8日　省赣南等原中央苏区振兴发展工作领导小组暨省粤港澳大湾区桥头堡建设领导小组会议召开。会议审议并原则通过《江西革命老区振兴发展2022年工作要点》《推动赣州打造粤港澳大湾区桥头堡2022年工作要点》等文件。

11日　省财政厅、国家税务总局江西省税务局、中国人民银行南昌中心支行联合印发《关于落实大规模增值税留抵退税政策工作方案》。

12日　第二轮省生态环境保护督察工作动员部署视频会召开。经省委、省政府批准，省生态环境保护第一、第二、第三督察组，分别对鹰潭市、宜春市和吉安市开展督察。

13日　江西省委国安办联合北京大学、南昌大学共同主办的全民国家安全教育日主题活动“总体国家安全观与新时代中国国家安全”论坛开幕。这是2022年江西全民国家安全教育日三大重点活动之一。

15日　省委深改委第二十一次会议召开。会议审议并原则通过《江西省科技体制改革三年攻坚行动实施方案》《江西省国资国企改革创新攻坚行动实施方案(2022—2024年)》《江西省深化乡村振兴体制机制改革攻坚行动实施方案(2022—2024年)》等文件。

20日　十五届省委第一轮巡视的10个巡视组完成巡视进驻工作。

同日　省作家协会与“学习强国”江西学习平台联合推出的“谷雨云诗会”活动启动。

21日　省政府新闻办、省统计局召开一季度经济运行情况新闻发布会。根据地区生产总值统一核算结果,一季度江西省实现地区生产总值7320.5亿元,同比增长6.9%,高于全国平均水平2.1个百分点,增速居全国第2、中部地区第1。

22日　由省委宣传部、省委教育工委、新余市委宣传部、江西新华发行集团有限公司联合制作出品的少儿原创歌曲《绿书签之歌》发布。该歌曲入选由中宣部举办的“首届全民阅读大会”重点推广曲目,也是江西省“护苗·绿书签行动”主题曲。

24日　由中宣部指导、中国书刊发行业协会主办的首届全民阅读大会·年度最美书店发布活动在北京举行。全国46家书店获得“年度最美书店”称号,江西新华文化广场、南昌高新区艾溪湖美书馆入选。

26日　全省庆祝“五一”国际劳动节暨五一劳动奖和工人先锋号表彰大会举行。会议表彰一批获全国、全省五一劳动奖状、奖章和“工人先锋号”的先进集体和先进个人。

28日　中华全国总工会召开大会表彰2022年全国五一劳动奖和全国工人先锋号获得者。九江天赐高新材料有限公司等4个单位获全国五一劳动奖状,南昌县八月湖街道丰源淳和社区党支部书记兼居委会主任李怡丹等23名职工获全国五一劳动奖章,江西大族能源科技股份有限公司铁心车间等25个集体获全国工人先锋号。

5月

5日　南昌国家级互联网骨干直联点开通。南昌国家级互联网骨干直联点首期开通互联网网间带宽1600GB,居全国第8位。

9日　中国肝病基因工程创新中心项目落户赣州蓉江新区。

12日　九江市在江新洲开展防汛抢险救援演练,“中国应急九江号”参与其中。“中国应急九江号”是全国首艘大型水上应急救援工程船,这是其首次参与防汛抢险救援演练。

13日　省委、省政府召开“深入实施强省会战略推动南昌高质量跨越式发展”大会。会议对深入实施强省会战略推动南昌高质量跨越式发展进行部署。

14日　全省首家首贷续贷服务中心——青云谱区首贷续贷服务中心暨青云谱区普惠金融服务中心揭牌成立。该中心采取“线下窗口+线上平台”模式,为辖区内中小微企业提供精准普惠多元的金融政策和金融产品等融资支持。

17日　由中国航空工业集团有限公司自主研制的大型多用途民用直升机“吉祥鸟”AC313A,在景德镇吕蒙机场首飞成功。

18日　《江右文库》工作委员会暨编纂委员会第一次会议召开。会议听取《江右文库》编纂出版工程推进情况汇报,审议编纂出版总体方案。

22日　由省生态环境厅、省农业农村厅、省林业局、江西日报社共同主办,大江网等单位承办,以“共建地球生命共同体,助力美丽江西建设”为主题的2022年国际生物多样性日宣传活动启动仪式暨专家论坛在南昌举行。活动启动仪式及论坛以网络直播形式开展,121万余人次参与。

23日　江西省文艺界纪念毛泽东同志《在延安文艺座谈会上的讲话》发表80周年座谈会在南昌举行。

25日　全国公安系统英雄模范立功集体表彰大会在北京举行。江西省公安系统30个先进单位、40名先进个人受到表彰。

26日　江西省援沪医疗队返赣。江西省共派出援沪医疗队员1270人,在沪时间54天,累计支持上海市全员核酸检测5次,采样76万余人次。

27日　湘赣边区域合作示范区建设推进大会在萍乡召开。会议签署湘赣六地市医疗保障部门合作备忘录等一系列合作协议。

30日　全省促进商贸消费提质扩容三年行动动员部署会在南昌召开。会议要求全面落实全国稳住经济大盘电视电话会议部署要求,高标准、高水平实施商贸消费提质扩容三年行动,促进商贸消费加快恢复、加速繁荣。

6月

1日　“12345”江西省未成年人保护热线专席开通。省未保办设立热线专席办公室,专门负责接听处置未成年人来电求助问题。

2日　由省高院、省检察院、省公安厅、省自然资源厅、省生态环境厅、省水利厅、省农业农村厅、省林业局8家单位协同建设的江西生态环境司法保护一体化平台上线。

7日　武夷山国家公园(江西片区)综合科考启动会在南昌举行。此次综合科考的主要任务是摸清江西片区范围内的植被、维管束植物、兽类、鸟类和两栖爬行等类群的规模及分布,重点调查珍稀濒危保护动植物等核心资源。

8日　共青团中央公布2022年“全国向上向善好青年”名单。江西省地质局第十地质大队副总工程师兼自然资源调查院院长欧阳永棚、南昌市崛美公益发展中心主任庄子云获评“全国向上向善好青年”。

9日　江西省地质建设投资集团有限公司在南昌揭牌。该集团是省地质局整合江西中煤建设集团有限公司、核工业华东建设工程集团有限公司、江西省地质工程(集团)公司、江西有色建设集团有限公司、中赣核(北京)投资发展集团有限公司5家工程施工企业组建而成。

11日　景德镇古陶瓷基因库在景德镇御窑博物院揭牌。这是全国首个古陶瓷基因库。

12 日　省人社厅、省发展改革委、省财政厅、省税务局联合印发《关于扩大阶段性缓缴社会保险费政策实施范围等问题的通知》，包括农副食品加工业、纺织业等 17 个行业的困难企业，缓解政策实施范围被缓解政策实施总数达 22 家。

13 日　根据生态环境部跨省流域突发水污染事件联防联控部署和赣鄂皖三省签订的合作协议要求，江西、湖北、安徽三省生态环境厅以“共护长江水，赣鄂皖碧水行动”为主题，在全国率先开展跨省流域突发水污染事件联防联控专项检查行动。

15 日　省市场监管局、省委网信办、省发展改革委、省公安厅、省人力资源社会保障厅、省商务厅、省总工会联合印发《关于加强网络餐饮平台综合治理 切实维护外卖送餐员权益的实施意见》，维护外卖小哥及消费者合法权益。

17 日　省政府办公厅印发《关于切实做好被征地农民参加基本养老保险相关工作的通知》，将超过法定退休年龄的被征地农民纳入城乡居民基本养老保险范围，在全国率先明确被征地农民必须履行参保缴费义务，实现被征地农民参加基本养老保险全覆盖。

20 日　推进更高水平的平安江西建设工作会议召开。会上宣读江西省信访系统、公安系统受到全国表彰的有关决定和全省优秀公安基层单位、优秀人民警察、爱民模范集体、爱民模范个人的表彰决定。

21 日　全省航空产业链推进暨省航空产业科技创新联合体成立大会在南昌召开。大会总结谋划全省航空产业链链长制工作，组建成立全省航空产业科技创新联合体。

24 日　全省推进移风易俗乡风文明三年专项行动工作动员部署会议召开。会议研究推进专项整治高价彩礼，厚葬薄养，大操大办，打牌赌博，封建迷信等不良和不文明社会风气。

26 日　由省委宣传部、省文化和旅游厅等共同主办的第八届江西艺术节开幕式在南昌县昌南文化中心举行。省赣剧院创排的青春版·赣剧《红楼梦》在开幕式上首演。

28 日　赣南等原中央苏区振兴发展战略实施十周年座谈会在赣州召开。与会人员听取赣南等原中央苏区振兴发展总体情况通报并观看专题片。

7 月

4 日　由省文化和旅游厅主办的 2022“红土情深·嘉游赣”（长沙）旅游推介会在湖南长沙举办。推介会通过“江西是一幅画”“江西是一首诗”“江西是一曲歌”“江西登场了”4 个篇章推介江西省文化旅游资源。

5 日　全省扩大开放推动经济高质量跨越式发展工作大会在南昌召开。会议表扬 2021 年度全省开放型经济先进单位，通报全省开放型经济运行情况。赣州市、南昌高新区、高安市作经验交流。

7 日　中国文联首个“文艺两新”集聚实践基地在景德镇市揭牌。中国文联国内联络部和景德镇市文联签订《中国文联“文艺两新”集聚区实践基地·景德镇合作备忘录》。

8 日　中国人民银行南昌中心支行、江西省人民政府金融工作办公室联合在赣江新区经开组团举行应收账款池质押融资产品发布会暨签约仪式。发布会上，赣江新区经开组团内 10 家中小型制造业企业作为应收账款资产池融资企业与金融机构签约，累计授信金额 2131 万元。

9 日　以“打造稻虾生态田园，赋能乡村产业振兴”为主题的第五届中国（国际）小龙虾产业大会暨首届江西永修鄱阳湖龙虾节在永修县开幕。此次大会的议程主要包括开幕式、《中国小龙虾产业发展报告（2022）》发布会、中国小龙虾产业发展高峰论坛、中国小龙虾产业暨永修农副产品展示展销会、首届江西永修鄱阳湖龙虾节厨艺争霸赛、永修生态小龙虾品鉴会、全国小龙虾养殖技术培训会（江西站）。

13 日　全省林下经济高质量发展动员部署暨油茶竹产业发展现场推进会在铜鼓县召开。会议总结交流经验做法并动员部署全省油茶、毛竹等林下经济高质量发展工作。

14 日　赣鄂皖三省生态环境厅在九江市召开 2022 年长江赣鄂皖段突发水污染事件联防联控联席会议。会上，九江市、黄冈市、黄石市、安庆市、池州市共同签订《关于长江流域上下游突发水污染事件联访联控工作协议》。

15 日　中共江西省委“中国这十年·江西”主题新闻发布会在南昌举行。此次发布会以“牢记嘱托担使命 感恩奋进谱新篇”为主题。

15—18 日　省商务厅联合中国饭店协会、南昌市政府举办第二届中国米粉节。第二届中国米粉节共设置论坛会议、展览展销、特色活动等三大板块，开展各类活动 26 场。

19—20 日　2022 中国（江西）茶产业高质量发展大会在遂川县召开。来自全国各地茶业界的专家学者共品茗茶、共谋合作，推动茶产业、茶文化、茶科技有机融合，加快老区乡村振兴。

20 日　第四届国医大师和第二届全国名中医表彰大会在北京举行。江西中医药大学教授皮持衡获国医大师称号，何晓晖、陈日新、龚千锋 3 名专家获全国名中医称号。

25 日　2022 年江西省“你保国家安宁 我护亲人平安”拥军活动在南昌启动。启动仪式上，省征兵办、省双拥办、工商银行江西省分行和工银安盛江西分公司共同签署“你保国家安宁 我护亲人平安”拥军服务项目协议。

26 日　2022 年江西省现代家具产业链链长制工作推进会暨科技创新联合体成立大会在赣州市南康区举行。会议通报链长制和家具产业发展有关情况。省直有关单位对产业链需要解决的重点难点问题进行现场回应。

29 日　省委书记、省人大常委会主任易炼红到武警江西总队走访慰问，向全体驻赣人民解放军指战员、武警部队官兵、民兵预备役人员和广大退役军人致以节日问候。

8 月

1 日　省委书记、省人大常委会主任、省军区党委第一书记易炼红，省委副书记、省长叶建春等在职省（军）级领导，集体参加省级领导 2022 年“军事日”活动，深入学习贯彻习近平强军思想，进一步强化领导干部国防意识和党管武装政治担当。

2日　江西省首家军地共建拥军法庭在南昌县人民法院向塘法庭挂牌成立。该法庭集中办理南昌县涉军纠纷案件。

8日　由省文化和旅游厅指导的“我的青春嘉游赣·全国大学生游江西”首发仪式在鹰潭市龙虎山开启。

9日　江西省信息通信行业人民调解委员会联合南昌经济技术开发区人民法院，设立全省首个信息通信纠纷调解室。该调解室依托调解委员会所拥有的通信行业专家智库，帮助消费者解决在通信消费维权投诉中遭遇的问题。

11日　2022年江西寻乌·深寻支援合作推介会在深圳市龙岗区举行。此次推介会有12个项目现场签约，涉及智能设备、新材料、通用设备、大数据等领域，总投资金额112.4亿元。

18日　全省科技创新大会召开。会上宣读《江西省人民政府关于2021年度江西省科学技术奖励的决定》，并为2021年度省科学技术特别贡献奖获得者谢明勇和2021年度省科学技术奖获奖代表颁奖。

20日　由中国县镇经济交流促进会、中国井冈山干部学院、江西师范大学共同主办的首届中国革命老区县镇发展论坛在井冈山市举行。来自全国各地的专家学者，以主题研讨、点评对话等形式，探讨革命老区振兴的成就与经验，助推革命老区高质量跨越式发展。

23日　全省数字经济做优做强“一号发展工程”推进会在南昌召开。会议通报上半年全省数字经济做优做强“一号发展工程”进展情况和制造业数字化转型有关情况。

25日　第八届鲁迅文学奖揭晓，江西省作家曾清生（笔名江子）散文集《回乡记》获散文杂文奖。这是继陈世旭获第一届鲁迅文学奖后，时隔24年江西作家再获此奖。

同日　文化和旅游部公布第二批国家级夜间文化和旅游消费集聚名单。江西六地入选，分别是南昌市“夜东湖”文化和旅游消费圈、南昌市万寿宫文化街区、景德镇市陶阳里御窑、萍乡市南正街、抚州市黎川古城和上饶市梦里老家演艺旅游度假区。

26日　江西省城乡居民养老保险信息系统上线暨接入人社部中台启动仪式在南昌举行。江西省成为全国第3个、中部地区首个全险种整体接入养老保险全国统筹业务中台的省份。

27日　2022中国（赣州）永磁电机产业创新发展大会在赣州市赣县区举行。大会共签约项目7个，签约总投资金额156.5亿元。

30日　全国“人民满意的公务员”和全国“人民满意的公务员集体”表彰名单公布。江西省10名个人获全国“人民满意的公务员”称号，6个集体获全国“人民满意的公务员集体”称号。

9月

1日　十五届省委第二轮巡视动员部署会在南昌召开。省委10个巡视组对景德镇市、吉安市、省委教育工委等31个地方和单位党组织开展常规巡视。各巡视组将于9月15日前进驻，11月中旬撤离。

3日　庆祝江西省医学会成立85周年学术大会在南昌召开，38名终身荣誉会员、52名杰出会员、10个学术贡献奖单位受到表彰。

5日　由中国外文局、江西省委宣传部主办的首届战略传播论坛在南昌开幕。论坛期间，举办中国外文局与江西省委宣传部战略合作协议签约仪式等活动。

同日　江西省汽车产业链党委在江铃集团揭牌成立。省汽车产业链党委以江铃集团作为链主企业，推行“龙头企业＋上下游企业”的模式，探索汽车产业上下游企业、大中小企业、国有企业和非公有制企业党组织联建共建。

6日　中国企业联合会、中国企业家协会在北京发布2022中国企业500强榜单。江铜集团、新余钢铁集团、江铃汽车集团、双胞胎集团、晶科能源、南昌市政公用集团、江西建工集团、正邦科技8家赣企上榜，总营业收入9794.9亿元。

8日　以“标识赋能·数实融合”为主题的2022中国工业互联网标识应用大会（中部）在抚州开幕。大会致力于协同河南、湖北、湖南、江西中部四省资源，打造中部数字经济协调发展平台。

9日　江西省与中国建筑集团有限公司在南昌签署“十四五”战略合作协议。根据协议，双方将进一步深化长期战略合作关系，围绕交通基础设施、新型基础设施、城市高质量发展、节能环保、产业合作、苏区振兴等领域加大合作力度，实现共同发展。

13日　纪念安源路矿工人运动100周年学术研讨会在萍乡召开。与会代表围绕“纪念安源路矿工人运动100周年”主题进行学术交流。

14—16日　由江西省委、省政府和中国科学院主办的2022江西智库峰会暨国家级大院大所产业技术及高端人才进江西活动举行。活动以“创新江西·智涌赣鄱”为主题，20余位国内外院士、70余家国家级大院大所负责人和专家学者出席活动。

16日　2022江西智库峰会——庐山院士创新论坛在庐山开幕。两院院士、外国院士、行业专家以及国内知名企业、省市相关企业代表重点围绕石油化工、新材料（有机硅）、数字经济、清洁能源、茶产业5个重点产业，举办5场专题论坛和“院士、专家共话高质量发展”圆桌会议。

21日　江西省出台《关于加强知识产权强省建设的行动方案（2022—2035年）（简称《方案》）。《方案》聚焦构建面向社会主义现代化的知识产权制度、建设全国一流的知识产权保护机制、建设激励创新的知识产权市场运行机制六大重点领域，明确18项重点任务。

22日　江西第三条特高压工程——武汉—南昌特高压交流输变电工程（江西段）在瑞昌市南义镇开工。武汉—南昌特高压交流输变电工程线路全长2×456.6千米，新建杆塔965基，预计总投资82.9亿元。线路在江西省境内2×251千米，新建杆塔529基，投资43.8亿元，途经九江、南昌的7个县（市、区）。

28日　赣州蓉江新区（长三角经济区）招商推介会在浙江省杭州市举办。推介会以“衷情蓉江新区，共创美好未来”为主题，浙江50余家企业、商会代表及部分其他地区企业代表与会。

10 月

11 日　江西省人民政府印发《关于做优做强我省锂电新能源产业的若干政策措施》。江西省从大力支持锂电重大项目建设、锂电企业科技创新、锂电企业上市融资等方面推出十条“干货”举措，推动打造在全国领先、全球有重要影响力的锂电新能源产业基地。

同日　第五届中国国际进口博览会江西交易团工作会议在南昌召开。这次会议是中共二十大之后中国举办的首场重大国际盛会。

14 日　2022 年全省医改工作电视电话会议在南昌召开。省长、省医改领导小组组长叶建春提出要求。副省长、省医改领导小组副组长孙菊生出席会议并讲话。

15 日　中共二十大江西省代表团在代表驻地举行第一次全体会议，传达学习中共中央总书记习近平在中共十九届七中全会上关于中央政治局工作报告和在第二次全体会议上的重要讲话精神，推选代表团团长、副团长、秘书长，酝酿有关建议名单。

16 日　中共二十大江西省代表团在代表驻地举行第二次全体会议，认真学习、深刻领会中共二十大报告精神。中共江西省委书记、江西省代表团团长易炼红主持会议。叶建春、姚增科、梁桂、马森述、吴浩、李红军、任珠峰、庄兆林、史文斌出席。

18 日　中共二十大江西省代表团举行全体会议，传达学习中共中央总书记习近平在参加广西代表团讨论时的重要讲话精神；讨论中共十九届中央纪委工作报告、党章修正案。易炼红、叶建春、姚增科、梁桂、马森述、吴浩、李红军、任珠峰、庄兆林、史文斌参加。

20 日　省政协主席会议召开，学习中共二十大报告和中共中央总书记习近平重要讲话精神，研究和明确年度协商调研履职项目下一步工作重点。

同日　中国樟树云上药交会线上启动仪式在樟树市举行。此次大会邀请全国 1100 余家企业参展，包括中成药、中药饮片、民族药、OTC、医疗器械、饮片加工设备、制药装备等 1 万多个产品上线。

21 日　全省气象高质量发展工作视频会议在南昌召开。会议要求各地各部门深化对气象工作重要性的认识，增强推进气象高质量发展的使命感、责任感和紧迫感。

24 日　省委常委会召开会议，传达学习中共中央总书记习近平在中共二十届一中全会以及同中外记者见面时的讲话精神，研究部署中共二十大精神学习宣传贯彻工作。会议要求全省各级党组织和党员领导干部要结合学习中共二十大精神，认真学习领会中共中央总书记习近平重要讲话精神，把思想和行动统一到以习近平同志为核心的党中央决策部署上来，坚定信心、保持定力，团结奋斗、锐意进取。

24—25 日　第四届长江江豚保护日暨第三届鄱阳湖长江江豚保护论坛活动在吴城举办。全国长江江豚保护专家、学者代表齐聚一堂，共商“护豚”大计。

26 日　省委书记易炼红到南昌大学宣讲中共二十大精神。他强调全省高校要把学习宣传贯彻中共二十大精神作为首要政治任务，坚守为党育人初心，强化为国育才担当。

同日　湘赣粤港澳中医药全产业链协同发展联盟筹备委员会第一次全体会议召开。会议强调，湘赣粤港澳五地筹备成立中医药全产业链协同发展联盟，有利于各展其长、优势互补、形成合力。

28 日　省委理论学习中心组举行集体学习会，集中学习贯彻中共二十大精神。省委书记易炼红主持会议并讲话。他强调，要把学习宣传贯彻中共二十大精神作为首要政治任务，认真学习中共二十大提出的新目标新任务新要求，切实把思想和行动统一到以习近平同志为核心的党中央决策部署上来，全力推动中共二十大精神在赣鄱大地转化为生动实践，奋力迈出全面建设社会主义现代化江西更大步伐。

11 月

2 日　2022 江西省与跨国公司（上海）合作交流会在上海举行。交流会共达成签约项目 39 个，合同总金额 38.04 亿美元。

3 日　省通信管理局发布消息，全省已实现 5G 网络“乡乡通”，每万人 5G 基站数 13.5 个。

4 日　第 23 届中日韩友好城市交流大会以线上线下相结合的方式在南昌举办。与会三国地方代表就深化经贸、文化、教育、科技、卫生等领域交流合作进行磋商探讨。

5 日　第八届中国养老服务业发展高层论坛在南昌举办。论坛以“推动实现全体老年人享有基本养老服务”为主题，分析探讨社区养老服务体系状况和发展趋势，总结中国在社区养老服务建设方面的经验，研究社区养老服务发展的对策和建议。

6 日　由中国工程院整合医学发展战略研究院主办，江西中医药大学、樟树市政府承办的 2022 年中国医学—食疗整合联盟年会在樟树举行。活动期间举办中国医学—食疗整合联盟产业发展论坛，发布《中医正“当归”——樟树宣言》。

7 日　省委书记、省委深改委主任易炼红主持召开省委深改委第二十四次会议。会议学习中共二十大报告关于全面深化改革的重要论述和任务部署，研究全省贯彻落实意见。会议审议并原则通过《江西省关于建立健全领导干部自然资源资产离任审计评价指标体系的通知》。

8 日　梅江灌区工程在宁都县全面开工建设。该工程是国务院 2022 年重点推进的六大新建灌区之一，是水利部对口支援赣州的一项重大水利工程，也是赣州最大的水利工程。项目总投资金额 43.79 亿元。建设总工期为 36 个月。

8—12 日　以“瓷上世界 共享未来”为主题的 2022 中国景德镇国际陶瓷博览会在景德镇举办。瓷博会共举办 13 项主体活动，包括国际版权论坛、2022 景德镇国家陶瓷文化传承创新试验区发展高峰论坛等。

8—18 日　全省第十六届运动会在九江市举行。运动会由省政府主办，省体育局、九江市政府承办。赛事设青少年部、社会部、学校部和机关部 4 个部别，全省近 3 万名运动员参加 71 个大项、2529 个小项比赛。

9日　全省学习贯彻中共二十大精神中央宣讲团报告会在南昌举行。中央宣讲团成员，中央台办、国务院台办主任刘结一作宣讲报告。

10—11日　2022国际产学研用合作会议（南昌）在南昌举行。会议由江西、湖北、湖南、贵州联合承办，主题为“产学研用 融合并进”。44个国家和地区的700多名专家通过线上线下方式在江西会场参会，签署21项合作协议。

12—13日　2022世界VR产业大会在南昌举行。此次大会以“VR让世界更精彩——VR点亮元宇宙”为主题，由开幕式及开幕演讲、高峰论坛、平行论坛、企业生态论坛、产业对接、展览展示等32场重要活动组成。大会共签约项目107个，签约金额716.67亿元。

19日　2022江西纺织服装周暨江西（赣州）纺织服装产业博览会在于都县开幕。服博会为期4天，举办中国服装论坛高精尖创新峰会、江西纺织服装双线国际直采对接会、中国（江西）服装品牌供应链资源对接会等活动。

19—20日　中国生态文明论坛南昌年会召开。开幕式上，生态环境部公布第六批生态文明建设示范区名单和第六批“绿水青山就是金山银山”实践创新基地名单，表彰第三届“中国生态文明奖”先进集体和先进个人以及“2020—2021绿色中国年度人物”。江西省安义县、庐山市、上犹县、遂川县入选第六批生态文明建设示范区名单，武宁县、铜鼓县入选第六批“绿水青山就是金山银山”实践创新基地名单。

21日　昌九高铁、瑞梅铁路、长赣高铁开工建设。昌九高铁、瑞梅铁路、长赣高铁是全省“十四五”时期规划建设的重大铁路项目，3个项目总投资金额1362.4亿元，其中省内总投资金额987.2亿元。

22日　中共江西省委十五届三次全体（扩大）会议在南昌召开。会议审议通过《中共江西省委关于深入学习宣传贯彻党的二十大精神加快全面建设社会主义现代化江西的决定》《中共江西省委关于坚决维护以习近平同志为核心的党中央权威和集中统一领导的规定》等文件。

24日　省财政厅会同省农业农村厅、省金融办、江西银保监局联合印发《关于开展新增省级地方特色农业保险（2023—2024年）相关工作的通知》。

24—25日　省十三届人大常委会第四十二次会议在南昌举行。会议表决通过《江西省平安建设条例》《江西省无线电管理条例》《江西省山茶油发展条例》等文件。

24—27日　第二届中国米粉节在南昌举行。米粉节由省商务厅、南昌市政府、中国饭店协会共同主办。江西、湖南、广西、四川等23个省（自治区、直辖市）近500家企业参展。

25日　江西省与中国商用飞机有限责任公司在南昌签署深化合作协议。根据协议，双方着力拓展国产民机研制生产能力，深化国产民机购置和运营服务，支持拓展CR929研制项目，完善国产民机发展平台和保障条件，推动战略合作向深向实。

25—27日　2022中国航空产业大会暨南昌飞行大会在南昌举行。大会期间举办航空产业主旨报告会、院士专家共话江西航空产业高质量发展专题研讨会、专题论坛、产业对接会等活动。

28日　工信部公布2022年度国家小型微型企业创业创新示范基地名单，授予170家基地“国家小型微型企业创业创新示范基地”称号，江西省6家基地入选。

12月

1日　江西省反诈宣防协会成立暨优秀反诈公益宣传作品发布活动在南昌举行。

4日　全省市厅级主要领导干部学习贯彻中共二十大精神专题研讨班结业。

6日　江西省与中国建材集团签署战略合作框架协议。

7日　全省领导干部会议召开。会议宣布中共中央决定：尹弘任中共江西省委委员、常委、书记。

8日　江西省海外招商（日本·东京）网上推介会举行。南昌和日本东京分设主会场，南昌市、九江市、鹰潭市和赣江新区分别作投资推介。

9日　首届红色基因传承高端论坛在南昌举行。

16—19日　第四届江西“生态鄱阳湖·绿色农产品”博览会在南昌举行。农博会以“生态鄱阳湖·绿色农产品”为主题，汇聚全省500余家企业、上千种产品。

19—20日　第五届“阿拉伯艺术节”在景德镇市举行。活动期间举办中阿文化产业论坛、阿拉伯知名艺术家访华采风精品展、《御窑天下》特展、“丝路遗珍”中国古代外销瓷展、“丝路瓷源和光接物”陶瓷版权创意设计展、民间非遗展演、“域见阿拉伯”风情创意市集等文化交流活动。

20日　亚行贷款长江经济带江西生态文明与循环经济项目概念文件得到亚洲开发银行管理层批复，标志着项目前期工作启动。该项目总投资约45.4亿元人民币，其中利用亚行贷款2亿美元。

21日　国家知识产权局办公室、教育部办公厅发布《关于公布第四批高校国家知识产权信息服务中心名单的通知》，井冈山大学成为江西省继南昌大学后第二所高校国家知识产权信息服务中心。

27日　全省智慧医保“村村通”工程项目上线发布会在南昌举行。

28日　省委经济工作会议在南昌召开。会议以习近平新时代中国特色社会主义思想为指导，深入贯彻中共二十大和中央经济工作会议精神，总结2022年经济工作，分析经济形势，部署2023年经济工作。

29日　以“‘箱’约新干，‘包’容天下”为主题的2022年中国·新干箱包皮具产业博览会在新干县开幕，俄罗斯、英国、西班牙，以及中国广东、浙江、北京、湖南、上海、河北、江西等地的箱包皮具企业家、客商，阿里巴巴、京东等电商物流企业代表参展。

30日　兴国至泉州铁路全县建成开通。兴泉铁路起自京九铁路兴国站，经江西省赣州市，福建省三明市、泉州市，终至福厦铁路泉州站，全长464千米，设计时速160千米，为国家Ⅰ级单线电气化铁路。

（省地方志研究院）

本类目编辑　徐佳佳

江 西 概 貌

历史沿革

【建置区划】 江西简称赣，因唐开元二十一年（733年）设江南西道监察区而得省名。江南西道辖区几经变化，贞元四年（788年），领洪州、饶州、吉州、江州、袁州、信州、抚州、虔州8个州，辖37个县，与今江西省的辖区大致相同。五代时期，江西地区先辖于吴，后辖于南唐。北宋改道为路，江西地区设9个州、4个军、68个县，洪、虔、吉、袁、抚、筠6个州及临江军、建昌军、南安军隶属江南西路，而饶、信、江3个州和南康军隶属江南东路。南宋绍兴元年（1131年），江州划归江南西路。元朝设江西等处行中书省，辖区包含今江西、广东两省的绝大部分地区。明洪武九年（1376年），设江西承宣布政使司，领南昌、瑞州、九江、南康、饶州、广信、建昌、抚州、吉安、临江、袁州、赣州、南安13个府，下辖宁州等1个州77个县，境域与今江西省境大致相同。清朝沿用明朝行省制度，到清末，江西省设13个府、1个直隶州，下辖80个县级行政区（75个县、1个州、4个厅）。

中华民国元年（1912年），宁都直隶州恢复为县。民国2年（1913年），改义宁州及莲花、定南、全南、铜鼓4个厅为县。民国3年（1914年），江西省划分豫章、浔阳、庐陵、赣南4个道，分领81个县。民国15年（1926年）年底，南昌设市，由省直辖。民国21年（1932年），实施行政区制度，江西省划有第一至第十三行政区。民国23年（1934年），安徽的婺源、福建的光泽2个县划入江西。民国31年（1942年），江西省的行政区调整为第一至第九行政区。民国36年（1947年），婺源、光泽分别划回安徽、福建。1949年4月30日婺源解放，5月1日中国人民解放军进入婺源，婺源县划江西省管辖。

中华人民共和国成立后，全省的行政区划多有变更。1952年，全省设南昌、九江、鹰潭（后改上饶）、抚州、赣州、吉安6个专区和南昌直辖市，管辖5个县级市、82个县和庐山特别区。1997年，全省设南昌、景德镇、萍乡、新余、九江、鹰潭6个直辖市，上饶、抚州、宜春、吉安、赣州5个地区，下辖99个县级行政区（71个县、15个县级市、13个市辖区）。随着改革开放和城市化进程的加快，赣州、吉安、宜春、上饶、抚州地区先后改为设区市。

2022年，全省设南昌、九江、景德镇、萍乡、新余、鹰潭、赣州、宜春、上饶、吉安、抚州11个设区市，下辖100个县级行政区（27个市辖区、12个县级市、61个县）。

【历史文化】 江西开发的历史，可以上溯到约4万至5万年前的旧石器时代，考古发现旧石器时代晚期遗址2处、新石器时代遗址近100处。万年县仙人洞和吊桶环遗址发现距今1.2万余年的水稻标本，该县被称为“世界稻作起源地之一”。“万年稻作文化系统”被联合国粮农组织确定为全球重要农业文化遗产保护项目。

商周时期，江西地区的水稻种植业和陶瓷业初显优势，而铜矿开采冶炼和青铜器铸造，在中国青铜文化中占有重要地位。新干县大洋洲商代大墓和瑞昌市商周古铜矿遗址出土大量精美青铜器和采炼工具，使江西赢得“青铜王国”的美誉。

春秋战国时期，江西地区的文化呈现融合趋势。孔子弟子澹台灭明到南昌讲学，把儒家思想传入江西。

秦始皇统一六国后，南征百越，促进了江西地区的开发和发展。秦军开辟的大庾岭山路和仙霞岭山路，成为后世由江西进入广东、浙江和福建的主要通道。

两汉时期，江西人口迅速增加，农业、陶瓷业、采矿业、造船业等较为发达，发现和使用煤作燃料。南昌西汉海昏侯墓的考古发现，显示出汉代高超的科学技术和器物制作水平，出土的竹简、木牍是中国考古史上极其重大的发现，具有十分重要的科学、历史、文学、艺术价值。南丰傩舞经吴芮传入，代代相传，有“中国古代民间舞蹈活化石”之称。徐稺（字孺子）被称为“南州高士”。张道陵在龙虎山炼丹修道，创立天师道。

三国吴、魏晋、南朝时期，中原战乱，北方地区人口第一次大规模南迁，江西郡县数大增，农业生产水平得到很大提高。南朝时，京城以外的大粮仓三分之二在豫章郡（今南昌市）。许逊隐居豫章逍遥山修道，创净明道。慧远讲佛于庐山东林寺，被奉为佛教净土宗始祖。陶渊明长于诗文辞赋，是中国第一位影响深远的田园诗人。

隋唐五代时期，全国经济重心逐步南移。安史之乱后，中原人口第二次大规模南迁，江西地区得到广泛开发。大庾岭梅关和赣江水道日益繁忙，沿线的州城大邑商旅汇聚，青山翠林雅士云集。王勃在南昌作《滕王阁序》，成千古名篇。青原行思在吉安青原山净居寺弘法。马祖道一在南昌创洪州禅。百丈怀海在奉新立百丈清规。慧寂在袁州仰山创宗，与其师灵祐在潭州沩山所创宗派合称沩仰宗。希运在宜丰黄檗山弘法，法嗣义玄开出临济宗。良价在筠州洞山、本寂在抚州曹山创曹洞宗。韩愈到任袁州刺史，助推江西文风兴盛。李渤书堂、东佳书堂、华林书院等 10 余所书院培养出大批人才，进士及第者 66 人。江西地区第一位科举状元卢肇，与郑谷、贯休、王定保等闻名于世。

两宋时期，江西经济文化空前繁盛，进入大发展时期。北宋末年的靖康之乱，开启中原人口南迁的第三次高潮。江西的人口比唐代增加约 3 倍，垦田数居全国之首，漕运至京师的稻米三分之一产自江西，茶叶产量占全国的四分之一。景德镇窑和吉州窑名扬四海。铜矿开采出现“坑丁 10 万人”的场景。南昌呈现大都市风貌。以经济发展为基础，文化教育独占全国鳌头。宋代全国书院 203 所，江西则有 80 所。江西籍进士人数达 6458 人，是全国的五分之一。出任宰相级的显宦 25 人。华林胡氏家族“一门三刺史，四代五尚书”。乐史著《太平寰宇记》。晏殊、晏几道开宋词繁荣昌盛先河，形成江西词派。方会创临济禅杨岐派，慧南创临济禅黄龙派。欧阳修领导北宋诗文革新，是开创一代文风的文坛领袖。王安石不仅与欧阳修、曾巩同列唐宋八大家，还创荆公新学，是中国历史上改革家的代表。周敦颐在南安教程颢、程颐寻孔颜乐处，被奉为宋明理学（含心学）鼻祖。黄庭坚创立江西诗派。陆九渊创立儒家心学，他与朱熹在上饶的“鹅湖之会”，是中国学术史上的著名盛会。朱熹兴复的白鹿洞书院，成为全国四大书院之一。洪迈著《容斋随笔》《夷坚志》，流传至今。董煟的《救荒活民书》是中国第一部救荒专著。文天祥成为中华民族精神与气节的标杆。以他们为代表的一大批政治家、思想家、哲学家、文学家、史学家为中华文化的繁荣发展作出贡献。

元朝时期，江西经济作物的种植、矿物的开采、制瓷业的规模均有所扩大，制茶、造船、印刷兴盛。吴澄是元初著名学者，融合朱陆。吴谦、李存、祝蕃、舒衍并称江东四先生，冒死弘扬陆九渊心学。马端临著《文献通考》，集古代中国典章制度之大成。程钜夫、虞集、危素、范梈、揭傒斯、汪大渊等闻名于世。

明朝时期，江西在政治、经济和文化方面仍居全国重要地位。樟树镇、吴城镇成为新兴的航运与商业中心，景德镇和河口镇则是著名的手工业中心，并称为江西四大镇。江西士人入阁拜相者甚众，出现“翰林多吉水，朝士半江西”的局面。新建书院 164 所。解缙、胡俨相继主修《永乐大典》。吴与弼躬耕讲学，开启明代学术的“后时之盛”。王守仁为官江西，创立致良知学说，同陆九渊的学说并称陆王心学，为中华学脉注入活力。以邹守益等人为代表的江右王门，是全国学术领军人物。罗汝芳等人把泰州学派发展到新高峰。胡居仁、罗钦顺、陈邦瞻等一大批学者名标中国学术史。弋阳腔响遍全国，汤显祖的《临川四梦》是文学艺术珍品。宋应星的《天工开物》在中国科技史上占有重要地位。谭纶是御倭名臣。

清朝时期，江西经济文化发展滞缓，逐渐落后于周边省份。谢文洊等人讲学于南丰，形成程山学派。宋之盛等人讲学于髻山，称为髻山七隐。魏禧等人讲学于宁都翠微峰，称为易堂九子。蒋士铨等人被称为江西四大家。罗牧、八大山人创江西画派。雷发达的“样式雷”是建筑艺术的瑰宝。黄爵滋提倡经世之学，发起禁烟（鸦片）运动。陈三立创同光体诗派。文廷式参与公车上书、倡立强学会。陈炽参与维新变法。詹天佑设计建造京张铁路。李有棠、龙文彬、李绂、皮锡瑞等有名于中国学术史。

中华民国时期，江西近代工业、近代教育和文化得到一定程度的发展。赵醒侬、袁玉冰、方志敏是中国共产党早期江西地方组织的主要创始人。周恩来等在南昌领导八一起义，毛泽东等在修水、铜鼓领导秋收起义，两支起义队伍在井冈山会师，建立农村革命根据地。中华苏维埃共和国临时中央政府驻在瑞金。抗日战争中，中国军队在江西地区取得万家岭大捷和上高会战胜利，为打败日本帝国主义做出贡献。

1949 年 9 月，江西全境解放。10 月 1 日，中华人民共和国成立。江西历史文化进入发展新时期。

（王伟民）

自然环境

【区域位置】 省境位于长江中下游南岸，北纬 24°29′14″～30°04′41″，东经 113°34′36″～118°28′58″之间。东邻浙江、福建，南连广东，西靠湖南，北毗湖北、安徽而共接长江。东西宽约 490 千米，南北长约 620 千米，辖区总面积 16.69 万平方千米，占全国陆地面积的 1.74%。

【地势地貌】 地势周围高中间低，从外向内，由南向北，渐次向鄱阳湖倾斜，构成一个向北开口的巨大红色盆地。地貌类型以山地、丘陵为主，山地占全省面积的 36%，丘陵占 42%，平原占 12%，水域占 10%，素有“六山一水二分田、一分道路和庄园”之说。

【山河湖泊】 主要山脉分布于省境边陲，东北部有怀玉山，东部有武夷山，南部有大庾岭和九连山，西部有罗霄山脉，西北部有幕阜山和九岭山。境内水源汇聚，水网稠密。地表径流赣东大于赣西、山区大于平原。全省集水面积达 10 万平方千米以上的河流有 3700 条，总长度 1.84 万千米，除边缘部分分属珠江、湘江流域及直接注入长江外，其余均分别发源于省境山地，汇聚成赣江、抚河、信江、饶河、修河五大河系，最后注入鄱阳湖，经湖口县汇入长江，构成以鄱阳湖为中心的向心水系，其流域面积达 16.22 万平方千米。鄱阳湖是中国第一大淡水湖，连同其外围一系列大小湖泊，成为江西省天然水产资源宝库，对航运、灌溉、养殖和调节长江水位及湖区气候起到重要作用。

【土地资源】 全省土地总面积 16.69 万平方千米。山地丘陵多、平原盆地少。农用地比重高，农用地中林地比重大。2022 年，人均耕地 0.06 公顷，适宜作为耕地的后备资源不足。土地利用程度和利用效益一般，土地利用效益区域差异大。

【矿产资源】 江西是全国主要的有

1月12日，萍乡武功山景区出现高海拔、大面积云海景观，美不胜收

刘芸池摄

色、稀有、稀土矿产基地之一，铜、钨、铀、钽、重稀土、金和银矿被称为“七朵金花”。全省矿产资源呈现“三多一少”的特点。截至2022年年底，全省发现各种有用矿产193种（以亚矿种计），查明有资源储量的矿产9个大类、153种。重要成矿区带多，有长江中下游、南岭、武夷和钦杭4个重要成矿区带，成矿条件优越，找矿潜力巨大。保有储量居全国前列的矿种多，其中居全国前十位有95种。大宗用量矿产资源少，煤、石油、富铁、锰、钴、铝、富磷等9种矿产对外依存度高，石油、天然气、铬铁矿、钾盐等尚未查明资源储量。

【能源资源】 主要能源有水能、太阳能、风能等。水能方面，全省水能理论蕴藏量684.56万千瓦，可开发的水力资源有610.89万千瓦，截至2022年年底已基本开发。太阳能方面，江西属于III类太阳能资源区，总体太阳能资源比较贫乏，全省属于太阳能可利用区。2022年，全省利用光伏发电102.69亿千瓦时，同比增长27.83%。风能方面，江西属于IV类风资源区，风能资源主要集中在环鄱阳湖区域和部分高山区域。2022年，风电发电量127.71亿千瓦时，同比增长23.28%。

【生物资源】 全省有记录野生脊椎动物1007种。其中，陆生野生动物中国家一级保护野生动物42种，国家二级保护野生动物146种。森林昆虫2243种，列入《濒危野生动植物物种国际贸易公约》附录的野生动物有31种。常年分布的珍稀濒危野生动物有中华穿山甲、黑鹿、梅花鹿（华南亚种）、白鹤、蓝冠噪鹛、中华秋沙鸭、黄腹角雉、白颈长尾雉、青头潜鸭、金斑喙凤蝶等。全省现有记录野生高等植物6337种。其中，林业部门管理的国家一级保护野生植物6种，国家二级保护野生植物72种。鄱阳湖是中国最大淡水湖，每年到鄱阳湖越冬的候鸟60万至80万只。其中，“省鸟”白鹤最高监测数量4000余只。

【风景名胜区】 2022年，全省有风景名胜区45处，其中国家级18处，省级27处，面积约44.39万公顷，占辖区面积的2.66%。森林公园182处，其中国家级50处，省级120处，市县级12处，面积约52.85万公顷，占辖区面积的3.17%。湿地公园109处，其中国家级40处，省级69处，面积15.16万公顷，占辖区面积的0.91%。全省自然保护地内有世界遗产5处，分别是三清山（世界自然遗产）、龙虎山（世界自然遗产）、龟峰（世界自然遗产）、庐山（世界文化遗产）、武夷山（世界自然与文化双重遗产）。

【森林资源】 全省有林地面积1041.37万公顷，占全省辖区面积的62.39%。其中，湿地面积127.58万公顷（不含水稻田），占全省辖区面积的7.64%。全省森林面积1035.42万公顷，活立木蓄积量7.1亿立方米。全省森林覆盖率达63.35%，居全国第2位。全省划建各类自然保护地542处，总面积244.58万公顷（含交叉重叠面积），约占辖区面积的14.65%（自然保护地整合优化后，总面积约为188.29万公顷，占辖区面

5月17日，南昌市象山森林公园中的白鹭趁着天气晴好，晒晒沾湿的羽毛

涂序理 徐铮摄

积的11.28%)。其中,国家公园1处,面积2.79万公顷,占辖区面积的0.17%。自然保护区190处,其中国家级15处,省级39处,市县级136处,面积约99.47万公顷,占辖区面积的5.96%。

(马新平 罗艳 黄明亮)

人口发展

【概 况】 2022年人口变动情况抽样调查推算结果显示,全省人口发展总体平稳,人口总量略有回升,性别结构优化改善,城镇化水平继续提高,老龄化程度进一步加深。

【人口总量略有回升】 2022年末,全省常住人口4527.98万人,比2021年末的4517.40万人增加10.58万人,增长0.23%。2022年末全省常住人口中,男性人口2339.75万人,比2021年末的2335.21万人增加4.54万人,女性人口2188.23万人,比2021年末的2182.19万人增加6.04万人,男性人口比女性人口多151.52万人;总人口性别比(女性=100)为106.92,比2021年末的107.01下降0.09,比全国水平的104.69高2.23。全省常住人口占全国总人口的3.21%,比2021年末提高0.01个百分点,居全国第13位、中部六省第5位。2022年,全省净流出约506万人,比2021年减少约9万人。

【城镇人口保持增长】 2022年末,全省常住人口中,城镇常住人口2810.52万人,比2021年末的2776.40万人增加34.12万人;乡村常住人口1717.46万人,比2021年的1741.01万人减少23.55万人,常住人口城镇化率(城镇常住人口占全部常住人口的比重)62.07%,比2021年的61.46%提高0.61个百分点。全省城镇人口继续增加,城镇化水平持续提升,全省常住人口城镇化率与全国水平的差距由2021年的3.26个百分点缩小至3.15个百分点,与全国平均水平的差距进一步缩小。中部六省中,江西城镇化率位居第3位,低于湖北、山西。

【人口老龄化程度持续加深】 2022年末,全省常住人口中,0~15岁人口975.60万人,占总人口的21.55%;16~59岁劳动年龄人口2745.87万人,占60.64%;60岁及以上人口806.51万人,占17.81%,其中65岁及以上人口590.11万人,占13.03%。与2021年末相比,0~15岁人口减少45.49万人,占比下降1.05个百分点;16~59岁人口增加18.63万人,占比提高0.27个百分点;60岁及以上人口增加37.44万人,占比提高0.79个百分点,其中65岁及以上人口增加30.06万人,占比提高0.63个百分点,全省人口老龄化程度继续加深。全省人口老龄化程度低于全国水平。全省60岁及以上人口比重比全国的19.8%低2个百分点,65岁及以上人口比重比全国的14.9%低1.9个百分点。

【出生人口下降较快】 2022年,全省出生人口32.50万人,比2021年的37.70万人减少5.20万人;死亡人口31.40万人,比2021年的30.30万人增加1.10万人。人口出生率7.19‰,比2021年的8.34‰下降1.15个千分点;人口死亡率6.94‰,比2021年的6.71‰上升0.23个千分点;人口自然增长率0.25‰,比2021年的1.63‰下降1.38个千分点,创下历史新低。

【地区分布基本稳定】 11个设区市中,常住人口总量比2021年末增加的有南昌市、赣州市、萍乡市、景德镇市、鹰潭市、新余市6个设区市,常住人口总量分别为653.81万人、898.81万人、180.88万人、162.18万人、115.58万人、120.28万人,分别比2021年末增加10.06万人、0.81万人、0.29万人、0.13万人、0.09万人、0.07万人;比2021年末减少的有九江市、吉安市、上饶市、宜春市、抚州市5个设区市,常住人口总量分别为455.77万人、442.26万人、643.53万人、496.97万人、357.90万人,分别比2021年末减少0.3万人、0.25万人、0.14万人、0.14万人、0.04万人。总体而言,各设区市人口总量排位不变,全省人口分布"七大四小"的格局没有改变。

(韩梅)

环境质量

【概 况】 全省主要环境指标保持持续改善态势,PM2.5浓度降至27微克/立方米、同比改善6.9%,11个设区城市环境空气质量首次全面达到国家二级标准;国考断面水质优良比例升至96.2%,同比提升0.7个百分点。国考河流断面全面达到优良,国考断面水质达到"十四五"考核目标,长江干流江西段、赣江干流稳定保持在Ⅱ类水质;重点建设用地安全利用率达100%;全省生态质量指数75.05。碳市场管理指标成为15个100%达标的省份之一。整体环境质量从市域达标向省域优良提升。

【地表水质量】 全省地表水水质总体优,断面(点位)水质优良(Ⅰ~Ⅲ类)比例为93.6%,无劣Ⅴ类断面(点位)。与上年相比,全省地表水水质稳定为优,断面(点位)水质优良比例无变化。其中,主要河流断面水质优良比例为99%,同比下降0.4个百分点;主要湖库点位水质优良比例为42.4%,同比上升3.0个百分点,主要污染物为总磷。地表水主要污染物氨氮浓度年均值为0.22毫克/升,同比下降4.3%;总磷浓度年均值为0.06毫克/升,同比下降6.3%。县级及以上城市饮用水源地全年水质达标率为100%,同比无变化;地表水国家考核断面水质优良比例为96.2%,同比上升0.7个百分点;"五河"和东江源头保护区出水断面监测点次达标率为91.2%,同比上升4.1个百分点;省界断面水质优良比例为100%,同比无变化;市界断面水质优良比例为100%,同比无变化;县界断面水质优良比例为96.8%,同比下降1.8个百分点。

【空气质量】 全省设区城市环境空气质量优良天数比例平均为92.1%,城市优良天数比例范围为85.8%~98.9%。全省二氧化硫、二氧化氮、PM10和PM2.5浓度年均值分别为10微克/立方米、19微克/立方米、46和27微克/立方米,一氧化碳日均浓度第95百分位数平均值和臭氧日最大8小时滑动平均值第90百分位数平均值分别为1.0毫克/立方米和149微克/立方米；全省PM2.5等6项污染物浓度年均值均达到或优于二级标准。

【降水酸雨度】 2022年，全省降水pH年均值为5.44，酸雨频率为39.7%。11个城市降水pH年均值范围为4.89～6.50，其中6个城市降水pH年均值小于5.60（其中有1个较重酸雨城市）。11个城市酸雨频率范围为0%～84.3%。其中，鹰潭市酸雨频率最高，为84.3%；九江市酸雨频率最低，为0。

【土壤污染风险度】 2022年监测的143个风险点按照《土壤环境质量农用地土壤污染风险管控标准（试行）》（GB 15618—2018）要求，对表层土壤中镉、汞、砷、铜、铅、铬、锌、镍和六六六、滴滴涕、苯并(a)芘进行土壤环境质量评价。

143个风险点中，50个点位的镉含量（占比35%）、138个点位的汞含量（占比96.5%）、131个点位的砷含量（占比91.6%）、113个点位的铅含量（占比79%）、142个点位的铬含量量（占比99.3%）、122个点位的铜含量（占比85.3%）、135个点位的锌含量（占比94.4%）、143个点位的镍含量、143个点位的滴滴涕含量（占比100%）、143个点位的六六六和苯并(a)芘污染物含量均低于《土壤环境质量农用地土壤污染风险管控标准（试行）》（GB 15618—2018）中农用地土壤污染风险筛选值，风险程度低，为无污染点位。

91个点位的镉含量（占比63.6%）、4个点位的汞含量（占比2.8%）、12个点位的砷含量（占比8.4%）、30个点位的铅含量（占比21%）、1个点位的铬含量（占比0.7%）、21个点位的铜含量（占比14.7%）、8个点位的锌含量（占比5.6%）高于《土壤环境质量农用地土壤污染风险管控标准（试行）》（GB 15618—2018）中农用地土壤污染风险筛选值，但低于《土壤环境质量农用地土壤污染风险管控标准（试行）》（GB 15618—2018）中风险管制值，风险程度为中。

有2个点的镉含量，占比1.4%；1个点的汞含量，占比0.7%，高于《土壤环境质量农用地土壤污染风险管控标准（试行）》（GB 15618—2018）中农用地土壤污染风险管制值，风险程度为高。

【城市声环境质量】 全省设区城市昼间区域声环境噪声均值为54.3分贝，总体水平为二级（较好）。昼间道路交通噪声均值为66.2分贝，噪声强度为一级（好）。功能区声环境总点次达标率为89%，昼间点次达标率均值为93.3%，夜间点次达标率均值为84.8%。设区城市昼间区域噪声中，9个城市水平为二级（较好）、2个城市水平为三级（一般）。设区城市昼间道路交通噪声中，10个城市强度为一级（好）、1个城市强度为二级（较好）。设区城市功能区声环境总点次达标率范围为72.5%～98.2%，昼间点次达标率范围为77.5%～100%、夜间点次达标率范围为67.5%～96.4%。

【生态质量】 全省生态质量指数（EQI）为75.05，生态质量为一类；各设区市生态质量指数范围为62.07～78.67，其中，南昌、萍乡和新余市生态质量为二类，其余8个设区市均为一类。各县（市、区）生态质量指数范围为37.70～91.39，其中，65个县（市、区）生态质量为一类，占全省辖区面积的79.9%，25个县（市、区）为二类，占全省辖区面积的19.1%，10个区为三类及以上（9个区为三类，1个区为四类），占全省辖区面积的1%。

【农村环境质量】 全省农村环境空气质量优良比例为93.7%。农村县域河流湖库断面水质达标率为95.4%。农业面源污染控制断面水质达标率为92.8%。农村土壤未超过风险管制值点位比例为99.8%。农村“千吨万人”饮用水源地水质达标率为99.1%。日处理20吨及以上农村生活污水处理设施出水水质达标率为95.9%。10万亩及以上农田灌溉水水质达标率为100%。

（贺剑霞）

气候状况

【概　况】 全省平均气温19.0℃，偏高0.7℃，为1961年以来第2高位，仅次于2021年；全省平均年降水量1518.2毫米，偏少11.7%，为1961年以来第19低位。年内全省主要气象灾害有暴雨洪涝、干旱、高温、局地强对流、低温冷冻害等，旱涝并重，气候灾害年景评估结果为较差。

气温偏高但波动起伏大。除冬季外，其余各季平均气温均偏高，其中夏、秋季平均气温创新高；2月、5月和12月较常年偏低，其余月份均偏高，其中3月、8月和11月平均气温创当月新高，分别偏高3.4℃、2.7℃和3.3℃。

降水偏少且时空分布不均。除冬季外，其余各季降水均偏少，其中8月和9月雨量均创历年同月新低；伏秋期全省降水偏少，致使伏秋期间出现历史罕见气象干旱，干旱损失超历史。

高温日数多、持续时间长、强度大。年内高温日数始于4月12日、终于10月5日，全省年均高温日数59.9天，有44个县（市、区）创新高；有26个县（市、区）日最高气温突破年极值。

伏秋出现历史罕见气象灾害。6月下旬至11月中旬全省遭遇1961年以来最严重的气象干旱，降水、气温等多要素创历史极值，省内五大河及支流出现历史新低水位，多处出现枯竭断流，鄱阳湖提前进入枯水期，8次刷新历史最低水位。

降水　各月降水分布不均，1—3月、6月以及11月降水均偏多，4—5月、7—10月、12月降水偏少，其中8月、9月降水量创历年同月新低。景德镇市年降水量1862.5毫米，为全省最多；九江市年降水量1108.4毫米，为全省最少。

各地年降水量在803.5（共青城）～2220.3毫米（三清山）之间。全省各地降水分布不均，赣北西北部、吉安南部和赣州大部1000～1400毫米，赣北和赣中大部1400～1800毫米，赣北东部1800～2200毫米。较常年相比，全省大部分地区较常年偏少，偏少幅度为0%～25%，九江市大部和吉安市、赣州市部分地区偏少25%以上，共青城偏少46.2%为全省之最。降水量春、夏、秋季偏少，冬季偏多。

2022年，全省雨季开始时间为3月25日，较常年推迟4天，结束时间为6月30日，较常年偏早6天。雨季期(3月25日至6月30日)，全省平均降水量868.2毫米，较常年同期(788.7毫米)偏多10.1%。雨季期全省出现15个区域性暴雨日(按93个国家站统计：≥10站，下同)，较常年偏多4.3天。降雨日数平均57.9天，暴雨日数平均3.7天，全省暴雨日数最多的是三清山(9天)，超过一半的站点暴雨日较常年同期偏多，暴雨日小于3天的地区集中在九江、吉安南部和赣州大部，修水、上饶和万安无暴雨日。降水量1200毫米以上和暴雨日6天及以上的地区主要集中在赣东北。极端日降水量玉山(267.8毫米，6月20日)和三清山(272.0毫米，6月20日)创历史新高。

全省平均降水日数140.9天(日降水量≥0.1毫米)，较常年同期偏少16.1天，排历史同期第8低位。各地降水日数在109天(共青城)至178天(井冈山)之间，其中赣北中部、吉安大部和赣州局部120～140天，其余大部140～160天；较常年相比，全省降水日数均偏少，大部偏少0～20天，赣北西部和赣中西部偏少20～30天，局部偏少30天以上，万载偏少40.6天为全省之最。

全省平均暴雨日数4.8天(日降水量≥50毫米)，较常年偏少1.0天，排历史同期第25低位。各地暴雨日数在0(万安、修水)至10天(全南、三清山)之间。赣中和赣北大部的暴雨日数为4～8天，赣南大部为2～4天。较常年相比，全省大部分地区较常年偏少0～3天，局地偏少3天以上，修水偏少5.4天为全省之最；偏多地区赣北、赣中、赣南均有分布，其中全南偏多4.8天为全省之最。

气温　2022年，全省平均气温19.0℃。各月平均气温较常年同期相比，2月、5月和12月较常年偏低，其余月份均偏高，其中3月、8月和11月平均气温创当月新高，分别偏高3.4℃、2.7℃和3.3℃。

全省11个设区市平均气温均较常年偏高，其中九江偏高1.0℃为全省之最。全省除南昌、赣州外，其他9个设区市均排历史前三高位。各地年平均气温在17.6℃(铜鼓)至20.9℃(于都)之间，赣北赣中大部18.0℃～19.5℃，赣南大部分地区19.5℃～21.0℃；较常年相比，全省大部均较常年偏高，偏高幅度为0℃～1.0℃，赣北和赣中西部的局部地区偏高1.0℃以上，共青城偏高1.6℃，为全省之最。

全省除庐山、井冈山外各地年极端日最高气温38.1℃(全南)至42.6℃(修水)，全省大部分地区日最高气温39℃～41℃，87个站(占全省总站数的93.5%)高于或等于39℃，65个站(占全省总站数的70%)高于或等于40℃；有26个站(占全省总站数的28%)日最高气温达到或超过历史极值，均出现在7月、8月。各地年极端日最低气温－6.3℃(安义)～1.3℃(定南)，大部分地区－4℃～0℃，赣北北部部分地区－6℃～－4℃，赣南部分地区0℃～2℃，庐山极端日最低气温－10.0℃，为全省最低。

日照　全省平均年日照时数1714.5小时，较常年同期(1600.0小时)偏多114.5小时。各地年日照时数在1164.5小时(井冈山)至2001.1小时(浮梁)之间。全省大部分地区1600～1800小时，赣南和赣中西部1200～1600小时，赣北和赣中部分地区1800～2000小时。较常年相比，全省大部分地区偏多0～300小时，赣中和赣北部分地区偏多300～500小时，宜丰偏多428.4小时为全省之最。

季节转换　冬季(2021/2022年)：全省大部分地区入冬时间为2021年11月下旬至12月初，偏早0～16天；冬季持续时间赣南大部为60～75天，赣中赣北大部为75～105天。与常年相比，冬季偏长，全省大部偏长10～20天。

春季：全省大部分地区入春时间为2月26—27日，赣北和赣中大部偏晚0～16天，赣南大部偏晚16～24天。春季持续时间全省大部15～60天；较常年相比，春季偏短，赣北赣南大部偏短25～50天，赣中大部偏短0～25天。

夏季：全省大部分地区入夏时间在4月下旬至5月上旬，偏早15～30日。全省大部夏季持续时间为150～170天；较常年相比，全省大部分地区夏季持续时间偏长0～15天，南昌县偏长91天，为全省最多。

秋季：全省大部分地区10月5日至7日入秋，接近常年同期，赣北部分地区偏晚时间超过一周。秋季持续时间赣南大部和赣中西部为50～100天，赣北大部和赣中东部仍未入冬；除赣南南部地区秋季偏短0～20天，全省大部地区秋季偏长。

【主要气象灾害及影响评估】　暴雨洪涝　全省各地累计出现暴雨442站次，主要暴雨过程基本出现在主汛期(4～6月)。4月出现2次对流性较强的暴雨过程，都集中在下旬；5月出现3次暴雨过程，导致全省28.2万人受灾，4人因灾死亡，直接经济损失2.6亿元；6月致灾暴雨、强对流天气过程有4次。2022年，全省致灾较严重的暴雨、强对流过程主要出现在5月和6月，分别是：5月9—11日、26—30日和6月1—6日、12—14日、17—22日、29日。

干旱　受异常高温干燥少雨天气及长江上游来水偏少共同影响，全省遭遇1961年以来最严重气象干旱。旱情发展速度快、重旱持续时间长、覆盖范围广、旱情影响重。土壤相对湿度持续偏低，鄱阳湖水域面积创历史新低。6月23日至11月21日，全省平均降水197.3毫米，偏少67%成，排历史同期第1低位；全省平均无雨日数123.9天，偏多24.8天，排历史同期第一高位。6月23日全省开始出现区域性高温天气，7月初轻度气象干旱开始露头；随后受持续高温少雨干燥天气影响，气象干旱逐渐从赣中、赣北向周边持续扩展；8月上中旬气象干旱呈现快速加重的趋势。

高温酷暑　2022年高温天气始于4月12日，终止于10月5日。全省平均高温(≥35℃)日数59.9天，排历史第一高位。其中，43个县(市、区)创新高；≥37℃的高温日数全省平均34.5天，排历史第一高位。其中，73个县(市、区)创新高。高温主要集中在6月23日至8月30日、9月4—20日、9月25日至10月5日3个时间段；其中，6月23日至8月30日高温持续时间长、范围广、强度大。其间，8月23日全省53个县(市、区)最高气温超40℃，高温酷热范围打破历史纪录。高温过程综合强度为1961年以来最强。全省各地高温日数22(安远)~82天(弋阳)。

冷空气过程　全省冷空气过程频繁，全年出现17次，除2月、6—9月以外，其他月份均有出现，分别是1月4—6日、1月12—13日、1月28—30日、3月16—18日、3月20—23日、3月25—27日、4月12—16日(2次)、5月12—17日、10月5—9日、10月16—18日、11月28—30日、11月29至12月2日、12月9—13日、12月16—18日、12月21—24日、12月27—29日。其中，1月28—30日，因冷空气影响，全省出现明显的雨雪、降温、大风天气过程。3月20—23日的冷空气过程导致全省大部分地区出现“倒春寒”天气。5月14—17日全省大部分地区出现中到重度“小满寒”天气。10月5—9日全省大部分地区出现“寒露风”。11月28—30日全省出现强寒潮天气、部分地区受灾严重。12月27—29日，因冷空气影响，庐山积雪深度达8厘米。

强对流过程　2022年，全省主要出现4次较明显强对流天气过程，分别为：3月14—15日、3月20—22日、4月22—23日、4月24—26日。其中3月14—15日过程有部分地区出现冰雹；4月24—26日的强对流天气过程落雷次数多、短时雨强大、大风范围广。

降雪过程　全省最低气温低于0℃的日数平均为1.4天，偏少1.2天；极端最低气温赣北赣中为零下2.4℃至0.8℃(不含庐山、井冈山等高海拔山区)，赣南为0℃至2.2℃。较为明显的降雪过程主要集中在2月，1—3日、6—7日、8—9日和16—20日、21—23日先后5次出现阶段性雨雪天气。其中赣北及赣中北部的部分地区出现中到大雪，局部暴雪；积雪深度以铜鼓24厘米为最大。

阴雨寡照天气　1月14日至2月23日，全省平均阴雨日数、连阴雨日数、相对湿度和累计日照时数均为1961年以来同期之最。平均阴雨日数偏多11.6天，全省有73个县(市、区)创同期新高；平均连阴雨日数偏多10.8天，29个县(市、区)创同期新高；平均日照时数偏少92.8小时，83个县(市、区)创同期新低；平均相对湿度偏高9%，41个县(市、区)创同期新高。

大雾天气　主要出现在1月、12月，部分地区出现能见度小于200米的浓雾，对交通出行造成影响。

【气候影响专题评价】　气候与农业　2022年，全年光温水等气候条件对农业生产整体较差，气候条件有利有弊。全年旱涝并重，6月中下旬的强降水导致部分农田受淹，出现洪涝灾害；伏秋期间全省出现持续时间长、覆盖面广、旱情影响重等历史罕见的农业干旱。省内主要农作物水稻、棉花、柑橘、油菜为偏差年景。全年农业综合年景为差。

气候与交通　全年出现的暴雨、强降水、局地强对流、大雾或浓雾以及由暴雨引发的次生灾害等，导致全省公路、航运、铁路等交通受到不同程度的影响。全省平均不利于交通运营的日数63.7天，较常年(86.5天)偏少22.9天，排名历史第2低位。

气候与水资源　2022年，全省平均降水量1518.2毫米，折合降水资源量2458.8亿立方米，较常年偏少319.6亿立方米，属于正常年。全省降水时空分布不均，6月下旬以来全省出现大范围持续高温且降水持续偏少，出现历史罕见的严重气象干旱，鄱阳湖水域面积创历史新低。基于多源卫星资料监测，2022年鄱阳湖水域面积在6月下旬前较历史同期基本持平，6月下旬以后鄱阳湖水域面积较历年同期持续减小。

卫星遥感监测结果显示，6月27日鄱阳湖水域面积为3331平方千米，是2022年监测到的最大水面积。之后鄱阳湖水域面积持续减小，8月24日跌破近十年来最小水域面积878平方千米，随后面积缓慢变小，10月19日监测到最小水域面积为582平方千米，继10月1日、10月2日之后，再创历史新低。

气候与人体健康　2022年，全省平均舒适日数218.2天，较常年平均偏少10.1天，排1961年以来第38位。赣东北、赣北、吉安和宜春等地偏多，其余地区偏少。全省春、秋季节偏多，夏、冬季节偏少，其中冬季舒适日数创历史新低。

气候与能源　从夏季降温耗能评估模型的计算结果可以看出，夏季耗能以增加为主。6月，全省平均气温较常年同期(26.0℃)偏高0.2℃，全省降温耗能变幅存在差异，赣南降温耗能主要以减少为主，大部分地区降1%~30%；赣中和赣北降温耗能主要以增加为主，增长约5%~50%。7月，平均气温与常年同期(28.9℃)偏高1.4℃。高温日数偏多，导致降温耗能增大，除三清山外，全省降温耗能以增加为主，增长约10%~55%。8月，平均气温较常年同期(28.3℃)偏高2.7℃。高温日数偏多，导致降温耗能继续增大，全省降温耗能以增加为主，增长约12%~146%。

气候与生态　2022年夏秋连旱以及高温少雨导致全省森林火险等级居高不下，利用多源卫星遥感资料对全省热点监测结果表明：2022年9月至12月共计监测热点372个，较2021年同期监测热点187个，偏多近1倍。自2022年6月下旬后，全省持续伏秋连旱，植被及枯落物过冬后含水量较小，干燥易燃。森林火险等级高，2022年10月遥感监测到的热点较2019—2021年偏多。

基于哨兵2号(Sentinel-2)卫星数据，对2022年鄱阳湖水体叶绿素a浓度进行遥感反演，结果显示，鄱阳湖水体叶绿素a浓度总体较低，均值为0.032毫克/升，与上年持平(2021年均值为0.031毫克/升)。

哨兵2号(Sentinel-2)卫星监测结果显示，2022年鄱阳湖水体悬浮物浓度整体较低，但是随着各个季节水文特征的变化，悬浮物浓度的空间分布和浓度区间均有所改变，与水位呈负相关关系。春、秋两季鄱阳湖处于枯水季节，悬浮物浓度较高：春季平均为54.99毫克/升，秋季平均为60.29毫克/升。夏季鄱阳湖处于丰水季节，悬浮物浓度平均仅为40.16

毫克/升。2022年鄱阳湖水质整体良好,均低于轻度污染等级(水体污染指数大于30为轻度污染)。

气候与大气环境　2022年,全省优良天数比率为92.1%,同比下降4.0个百分点。空气质量六参数均达国家二级标准。其中,PM2.5平均浓度为27微克/立方米,同比下降6.9%;臭氧最大8小时平均值第90百分位数(O_3-8H-90per)大幅反弹,平均浓度为149微克/立方米,上升18.3%;其他四项污染物同比均呈下降趋势。

(钟微)

体制改革

【概　况】　2022年,全省深化供给侧结构性改革,加快推动高质量发展;深化"放管服"改革,优化营商环境;深化科技体制改革,增强科技创新活力;深化国资国企改革,增强国有经济活力;深化开放型体制改革,拓展经济社会发展空间;深化财税金融改革,推动经济社会持续健康发展;深化社会事业体制改革,提高人民群众获得感。

【供给侧结构性改革】　出台《关于深入推进数字经济做优做强"一号发展工程"的意见》,推动数字经济成为全省经济发展新动能,构建具有江西特色的现代化经济体系主引擎。出台《江西省营商环境创新试点工作方案》《关于推动全省人力资源服务业高质量发展的若干措施》等文件,推动劳动力、科技、数据等要素市场化配置改革。印发《江西省推动产业链链长制深入实施工作机制》,把江西打造成为全国传统产业转型升级高地。研究制定江西省制造业数字化转型实施方案,推动制造业数字化转型,推进全省制造业高质量发展。印发《江西省加强战略和应急物资储备安全管理的实施方案》,推动江西加强和应急物资储备安全管理体制机制规范高效。出台《江西省应急救援航空体系建设试点方案》《关于支持低空经济发展若干措施》《江西省通用航空飞行协调运行暂行办法》等文件,推进低空空域管理改革试点拓展工作。印发《江西省2022年电力市场化交易实施方案》,优化电力资源配置。印发《关于更加有效发挥统计监督职能作用若干措施的通知》,强化统计监测评价职能,完善统计执法检查制度。

【优化营商环境】　推动实施营商环境优化升级"一号改革工程",出台以"一号改革工程"意见为统领的"1+N"政策体系,获国务院第九次大督查通报表扬。在全国率先推行准入准营"一照通办"改革,企业开办实现全程网办、一日办结、零成本。工程建设项目审批平均用时由上年79个工作日压至55个工作日,多测合一、联合验收、招投标全流程电子化率、不见面开标率分别提高至100%、77%、99%、88%。全省制造业留抵退税平均到账时间0.46个工作日,位列全国第一。进出口通关时间居中部第一、全国前列。全省法院执行质效居全国第一方阵,各类案件结案率全国第一。推行跨部门联合执法,出台全省300余项免罚清单,推广"企业安静日"制度,拓展数字监管、"互联网+监管"、信用监管,涉企检查次数下降50%以上。因时因势出台降本增效"30条"、助企纾困"28条"、稳经济"43条"、接续措施"24条",创建全省统一兑现平台"惠企通",建立每周监测调度机制,开展"万千入万企"帮扶活动,推动政策"直达快享""免申即享",全年为市场主体减负超2000亿元,创历史新高。实施"新官不理旧账"、行政审批中介服务、招标投标领域、营商环境领域腐败和作风问题四大专项治理,受到国办《优化营商环境条例》第三方评估组肯定。

【科技体制机制改革】　出台《江西省中长期科学和技术发展规划(2022—2035年)》。省人大常委会通过《关于全面提升科技创新驱动力的决定》。围绕14个重点产业链布局的24个联合体全部组建完成,促进创新链与产业链、资金链、政策链有机衔接。印发《江西省实验室建设工作总体方案》,启动建设"复合半导体江西省实验室"。推动南昌大学等13家高校、科研院所和赣江新区改革试点单位开展科技成果转化。新增发布两批江西省科技成果第三方评价机构目录,推进科技成果评价工作。

【国资国企改革】　印发《推动省国资国企改革创新三年行动高质量收官工作方案》,国企改革三年行动高质量收官,省属国企混改率全国领先,连续2次获评全国考核评估A类。持续调整优化国有经济布局结构,推动新钢集团与中国宝武完成联合重组、中国稀土集团落户赣州,开展出资监管企业"两非""两资"清理和压减工作"回头看"等专项行动,推动完成541户"僵尸企业"处置工作,累计盘活闲置资产近50亿元。加快健全国有企业市场化经营机制,全面推行职业经理人制度,推动100%出资监管企业实现董事会"应建尽建"及外部董事占多数,100%出资监管企业集团和重要子企业制定党委前置研究讨论重大经营管理事项清单、建立董事会向经理层授权管理制度。省属、市属经营性国有资产全面彻底实现集中统一监管,国资监管效能持续提升。

【开放型体制改革】　国际贸易"单一窗口"标准版实现全覆盖。新增6个跨境电商综合试验区,总数达9家,跨境电商规模居全国第四。赣州国际陆港获批国家进口贸易促进创新示范区。景德镇陶瓷市场入选全国市场采购贸易方式试点。深化通关便利化改革,进出口通关时间居中部第一。开展进口转关"离港确认"业务。建立健全国际友城联席会议制度,全省国际友城总数达到108对,居全国前列。赣州市—深圳市、吉安市—东莞市被列入革命老区重点城市对口合作机制,湘赣边区域合作示范区、浙赣边际合作(衢饶)示范区建设取得进展。

【财税金融改革】　涵盖政府预算收入、政府采购、投资基金等领域28项制度办法全部出台,全省预算绩效管理制度体系基本建成。创新设立县级财政"三保"资金专户,兜牢基层"三保"底线。用好用足地方政府专项债政策工具,全省相关经验做法被国办内刊推介。落实增值税留抵退税政策,全年办理留抵退税444.4亿元,惠及纳税人3.22万户。率先实行省级业务协同办理机制,实现不动产交易登记区块链税务应用。建成江西省普惠金融综合服务平台,打造数字化智慧化金融服务模式。出台《江西省防范和处置非法集资条例实施细则》,强化行政处置非法集资制度保障。推进企业上市"映山红行动"升级工程。全省上市公司新增14家,总数增至81家,排名升至全国第14位。深化绿色金融改革创新,发放全国首笔"碳足迹"披露支持贷款,推出全国首个"绿色产业数字保"保险产品。

【教育体制改革】 出台《江西省"十四五"教育事业发展规划》和基础教育、职业教育、高等教育等三个高质量发展实施方案。获批全国"大思政课"建设综合改革试验区、国家智慧教育平台整省试点。开展高校分类管理和本科新生学分制收费改革。确定11个省"双一流"突击队学科,确定首批9个省级重点产业学院建设项目。启动第二轮省级"双高"建设,建设16所高水平高职学校、50个高水平专业群。推进"双减",全省义务教育学科类培训机构压减率为99.51%,非学科类机构资质审核进度和预收费纳入银行监管进度分别达98.46%、98.73%。

【医药卫生体制改革】 推进医联体、医共体、分级诊疗改革,连续5年位居全国公立医院改革效果评价第一方阵。7家医院获批建设国家区域医疗中心,成为第二批获批项目最多省份。健全疾病预防控制网络、管理体系和运行机制。国家中医院综合改革示范区获批。推进药品医用耗材集采,江西集采品种居全国第9位、中部第3位,可减轻群众医药费用负担超70亿元。医保基金监管成效连续3年位居全国第一方阵。完善"互联网+医疗健康"服务模式,全年互联网医院诊疗服务约10万人次。

【社会保障体制改革】 完善覆盖全民的多层次社会保障体系,成为全国第二个颁布实施社保卡一卡通地方性法规的省份。启动多层次工伤保险试点,开展新业态从业人员职业伤害保障试点。开展政府救助与慈善救助衔接试点,全过程、多维度、广覆盖的救助体系基本建成。实现被征地农民参加基本养老保险制度人群全覆盖。在全省推广居家社区养老服务提升行动,赣州、抚州、新余入选国家试点,试点数量和资金均全国第一。推进公办养老机构服务职能转变和管理体制、人员编制、薪酬制度、价格收费等改革。建成农村互助养老服务设施1.4万余个,覆盖86%的行政村。推动医疗卫生机构适老化转型升级。完善普惠性民办幼儿园成本分担机制和管理机制,省级层面全国首创婴幼儿入托补贴制度。建立托育机构质量评估标准,落实托育机构登记备案制度。

(汪江)

国民经济和社会发展

【概　况】 2022年,地区生产总值3.22万亿元,同比增长4.7%。其中,第一产业增加值0.25万亿元,同比增长3.9%;第二产业增加值1.44万亿元,同比增长5.4%;第三产业增加值1.53万亿元,同比增长4.2%。三次产业结构为7.6∶44.8∶47.6,三次产业对国内生产总值增长的贡献率分别为6.9%、49.9%和43.2%。人均地区生产总值7.10万元,同比增长4.6%。

年末全省常住人口4527.98万人,同比增加10.58万人。其中,城镇常住人口2810.52万人,占总人口的比重(常住人口城镇化率)为62.07%,同比提高0.61个百分点。全年出生人口32.5万人,出生率为7.19‰,比上年下降1.15个千分点;死亡人口31.4万人,死亡率为6.94‰,同比上升0.23个千分点;自然增长率为0.25‰,同比下降1.38个千分点。

全年城镇新增就业45.2万人,失业人员再就业15.0万人,就业困难人员就业5.0万人,新增转移农村劳动力58.3万人。

全年居民消费价格比上年上涨2.0%。工业生产者出厂价格同比上涨3.5%。工业生产者购进价格同比上涨9.4%。农产品生产者价格同比下降2.5%。

【农　业】 全年农林牧渔业总产值4223.8亿元,同比增长4.3%。粮食种植面积377.64万公顷,同比增长0.1%。其中,谷物种植面积347.76万公顷,同比下降0.4%。油料种植面积73.75万公顷,同比增长3.4%。油菜籽种植面积52.46万公顷,同比增长4%。蔬菜种植面积70.44万公顷,同比增长2.6%。棉花种植面积1.97万公顷,同比增长78.8%。甘蔗种植面积1.37万公顷,同比增长2%。

全年粮食产量2151.9万吨,比上年减少1.8%。油料产量137.5万吨,增产5.0%。蔬菜及食用菌产量1786.9万吨,同比增长3.3%。棉花产量2.2万吨,同比增长26.4%。甘蔗产量62.5万吨,同比增长3.0%。烟叶产量2.7万吨,同比增长4.7%。茶叶产量7.7万吨,同比增长4.5%。园林水果产量538.9万吨,同比增长4.0%。

全年猪牛羊禽肉产量358.6万吨,同比增长4.2%。其中,猪肉产量249.9万吨,同比增长4.8%;牛肉产量17.1万吨,同比增长2.5%;羊肉产量3.1万吨,同比增长8.8%;禽肉产量88.4万吨,同比增长3.0%。禽蛋产量68.4万吨,同比增长9.2%。水产品产量283.2万吨,同比增长5.1%。年末生猪存栏1730.1万头,同比增长2.8%;全年生猪出栏3064.6万头,同比增长5.3%。

【工业和建筑业】 全年全部工业增加值1.18万亿元,同比增长5.5%。规模以上工业增加值同比增长7.1%。在规模以上工业中,分经济类型看,国有控股企业同比增长8.3%;股份制企业同比增长7.3%,外商及港澳台商投资企业同比增长6.9%;私营企业同比增长2.4%。分门类看,采矿业同比下降13.5%,制造业同比增长7.4%,电力、热力、燃气及水生产和供应业同比增长13.2%。

全年规模以上工业中,化学原料和化学制品制造业比上年增长

17.2%，化学纤维制造业同比增长13.3%，黑色金属冶炼和压延加工业同比增长13.2%，专用设备制造业同比增长14.9%，电气机械和器材制造业同比增长17.1%，计算机、通信和其他电子设备制造业同比增长32.1%，电力、热力生产和供应业同比增长14.9%。战略性新兴产业、高新技术产业、装备制造业增加值分别同比增长20.6%、16.9%、17.3%，占规模以上工业比重分别为27.1%、40.5%、30.9%，比上年提高3.9、2.0、2.9个百分点。

全年规模以上工业企业实现营业收入4.83万亿元，同比增长9%。实现利润总额3456.1亿元，同比增长11.6%；每百元营业收入中的成本86.65元，同比增加0.22元。

全省开发区投产工业企业1.68万家，同比增加1442家。开发区工业增加值增长7.9%，实现营业收入4.47万亿元，同比增长11.8%；实现利润总额3212.0亿元，同比增长14.9%。营业收入超千亿元的开发区10个，同比增加2个。

全年规模以上工业生产原煤194.6万吨，同比下降8.3%。原油加工量718.9万吨，同比增长7.8%。发电量1568.6亿千瓦时，同比增长8.6%。

全年建筑业增加值2597.2亿元，比上年增长4.8%。具有资质等级的总承包和专业承包建筑业企业5939家。

【服务业】 全年服务业实现增加值1.53万亿元，同比增长4.2%。其中，批发和零售业增加值2844.5亿元，同比增长6.4%；交通运输、仓储和邮政业增加值1341.7亿元，同比增长2.3%；住宿和餐饮业增加值555.5亿元，同比增长1.4%；金融业增加值2140.5亿元，同比增长5.6%；房地产业增加值2117.4亿元，同比下降1.9%；信息传输、软件和信息技术服务业增加值692.9亿元，同比增长9.4%。全年规模以上服务业企业营业收入4306.6亿元，同比增长11.0%；利润总额231.3亿元，同比下降2.5%。

全年货物运输总量19.70万亿吨，同比下降0.9%；货物运输周转量5119.8亿吨千米，同比增长4.8%。九江港完成货物吞吐量1.8亿吨，同比增长19%；完成集装箱吞吐量76.9万标准箱，同比增长18.6%。南昌港完成货物吞吐量2823.6万吨，同比下降23.7%；完成集装箱吞吐量11.6万标准箱，同比下降12.2%。

全年旅客运输量1.69亿人，比上年下降34.2%；旅客运输周转量455.6亿人千米，同比下降24.6%。

年末公路通车里程21.07万千米，其中高速公路通车里程0.67万千米。铁路营业里程4822千米。年末全省民用汽车保有量760.9万辆，同比增长6.0%；民用轿车保有量441.6万辆，同比增长7.7%，其中私人轿车427.4万辆，同比增长7.9%。

全年完成邮政业务总量243.6亿元，同比增长15.6%。完成邮政函件业务706.1万件，同比下降5.2%；包裹业务36.9万件，同比增长9.8%。快递业务量18.2亿件，同比增长13.9%；快递业务收入161.7亿元，同比增长12.1%。全年完成电信业务总量437.7亿元，同比增长25.7%。年末移动电话基站31.4万个，其中4G基站17.3万个，5G基站6.5万个。年末固定电话用户448.2万户，同比下降5.4%。移动电话用户4694.5万户，同比增长4.4%。移动电话普及率为103.9部/百人。固定互联网宽带接入用户1958.3万户，同比增长15.2%。移动互联网用户3974.7万户，同比增长3.1 %。

【固定资产投资】 全年固定资产投资比上年增长8.6%。第一产业投资同比增长20.8%，第二产业投资同比增长6.9%，第三产业投资同比增长10.1%。民间投资同比增长5.4%。基础设施投资同比增长22.4%。社会领域投资同比增长26.2%。全年房地产开发投资比上年下降12.6%，其中住宅投资下降11.6%，办公楼投资同比下降15.2%，商业营业用房投资同比下降14.6%。商品房销售面积6702.6万平方米，同比下降12.7%，其中住宅销售面积5663.1万平方米，同比下降15.2%。商品房销售额4905.2亿元，同比下降16.8%，其中住宅销售额4138.6亿元，同比下降19.0%。年末商品房待售面积683.6万平方米，比上年末下降7.3%，其中住宅待售面积338.7万平方米，同比增长4.3%。

【国内贸易】 全年社会消费品零售总额1.29万亿元，同比增长5.3%。按经营地统计，城镇消费品零售额1.08万亿元，同比增长5.3%；乡村消费品零售额2040.5亿元，同比增长5.5%。按消费类型统计，商品零售额1.15万亿元，同比增长5.3%；餐饮收入1323.3亿元，同比增长5.1%。限额以上单位消费品零售额4622.8亿元，同比增长14.4%。网上零售额2598.5亿元，同比增长18.1%，其中实物商品网上零售额2311.8亿元，同比增长17.5%。

全年限额以上单位商品零售额中，粮油、食品类零售额同比增长27.1%，饮料类同比增长32.2%，烟酒类同比增长18.7%，服装、鞋帽、针纺织品类同比增长31.0%，化妆品类同比增长24.8%，金银珠宝类同比增长8.6%，日用品类同比下降2.8%，家用电器和音像器材类同比增长1.1%，中西药品类同比增长19.0%，文化办公用品类同比增长18.7%，家具类同比增长19.7%，通信器材类同比增长3.4%，石油及制品类同比增长18.8%，建筑及装潢材料类同比增长16.1%，汽车类同比增长4.6%。

【对外经济】 全年货物贸易进出口总值6713.0亿元，同比增长34.9%。其中，出口值5088.4亿元，同比增长38.7%；进口值1624.6亿元，同比增长24.2%。对“一带一路”沿线国家进出口2254.0亿元，同比增长58.2%。

全年新设外商直接投资企业669家，同比增加36家。实际使用外商直接投资金额21.7亿美元，同比下降5.3%。利用省外项目实际进资10425.4亿元，同比增长9.3%。

全年对外承包工程完成营业额38.7亿美元，同比下降6.1%。累计派出各类劳务人员1400人。

【财政金融】 全年一般公共预算收入2948.3亿元，同比增长4.8%。其中，税收收入1788.9亿元，同比下降7.3%。一般公共预算支出7288.3亿元，同比增长7.5%。全年为市场主体办理新增减税退税缓税(费)近千亿元。其中,留抵退税 444.4 亿元,降低、缓缴各项社保费 44.6 亿元,减免房屋租金 5.4 亿元。

年末金融机构本外币各项存款余额 5.32 万亿元,同比增长 11.3%。金融机构本外币各项贷款余额 5.28 万亿元,同比增长 11.9%。

年末境内证券市场有上市公司 77 家。其中,主板公司 51 家,创业板公司 20 家,科创板公司 5 家,北交所公司 1 家。辖区内证券公司 2 家,分公司 52 家,证券营业部 299 家,证券交易额 8.7 万亿元;期货公司 1 家,分公司 9 家,期货营业部 22 家,期货代理成交金额 3.9 万亿元。

全年保险公司原保险保费收入 972.5 亿元,同比增长 6.9%。其中,财产险保费收入 304.2 亿元,寿险保费收入 475.4 亿元,健康险保费收入 169.9 亿元,人身意外伤害险保费收入 23.0 亿元。支付各类赔款及给付 354.5 亿元。其中,财产险赔付 192.5 亿元,寿险赔付 74.6 亿元,健康险赔付 80.6 亿元,人身意外伤害险赔付 7 亿元。

【居民收入消费和社会保障】 全年居民人均可支配收入 3.24 万元,同比增长 5.9%。按常住地分,城镇居民人均可支配收入 4.37 万元,同比增长 4.8%;农村居民人均可支配收入 1.99 万元,同比增长 6.7%。城乡居民人均可支配收入比值为 2.19,比上年缩小 0.04。

全年居民人均消费支出 2.17 万元,同比增长 7.0%。按常住地分,城镇居民人均消费支出 2.60 万元,同比增长 5.6%;农村居民人均消费支出 1.70 万元,同比增长 8.4%。全省居民恩格尔系数为 32%,其中城镇为 31.2%,农村为 33.4%。

年末参加城镇职工基本养老保险 1362.0 万人,比上年末增加 114.5 万人。参加城乡居民基本养老保险 2081.1 万人,同比增加 6.7 万人。参加基本医疗保险人数 4648.2 万人,其中,参加职工基本医疗保险人数 646.1 万人,参加城乡居民基本医疗保险 4002.2 万人。参加失业保险 357.5 万人,同比增加 49.6 万人。领取失业保险金 5.5 万人。参加工伤保险 558.1 万人,同比减少 5.3 万人。参加生育保险 403.9 万人,同比增加 23.5 万人。城市居民纳入最低生活保障人数 29.6 万人,农村居民纳入最低生活保障 144.3 万人,农村居民纳入特困供养 12.4 万人,全年临时救助 18.1 万人次。

年末共有提供住宿的社会服务机构 1964 个,床位 19.1 万张,其中养老床位 18.7 万张。收养 9.2 万人。社区综合服务机构和设施总数 2.2 万个,其中社区服务中心 1171 个。全年销售社会福利彩票 31 亿元,筹集福利彩票公益金 9.9 亿元,直接接受社会捐赠 17.3 亿元。

【科学技术和教育】 全年研究与试验发展(R&D)经费支出占地区生产总值的 1.8%。年末有国家级重点实验室 6 个,省级重点实验室 241 个;国家工程(技术)研究中心 8 个,省工程(技术)研究中心 351 个。全年授权专利 7.6 万件,每万人有效发明专利拥有量 6.9 件。全年签订技术合同 1.03 万项,技术市场合同成交金额 758.2 亿元。

全年累计获省级检验检测机构资质认定的机构 1899 个。其中,国家产品质量监督检验中心 10 个,法定计量技术机构 340 个。全年强制检定计量器具 141.2 万台(件)。获得中国强制性产品认证(CCC)证书的企业 714 家,获得中国强制性产品认证(CCC)证书 4783 张。发放自愿性产品认证证书 1.7 万张,发放省级工业产品生产许可证 877 张。测绘部门为经济社会发展提供各种基本比例尺地形图 4062 幅,测绘基准成果 591 点,遥感影像成果 2009.2 万平方千米。

年末共有普通高等学校(含普通、职业本专科)106 所,普通高中 561 所,中等职业学校 263 所,初中阶段学校 2233 所,小学 6324 所。民办学校 7739 所。特殊教育在校生 3.9 万人,学前教育在园幼儿 150.9 万人。高中阶段毛入学率为 93.5%,普通高考录取率为 81.1%。

【文化旅游、卫生健康和体育】 年末共有公有制艺术表演团体 81 个,文化馆 117 个,公共图书馆 114 个,博物馆 203 个。广播电视播出机构 96 个。有线电视实际用户 646.7 万户,其中有线数字电视实际用户 643.5 万户。广播综合人口覆盖率 99.5%,电视综合人口覆盖率 99.8%。全年出版各类报纸 64 种、期刊 165 种、图书 1.08 万种,出版各类报纸 7.17 万份、期刊 0.77 亿册、图书 2.7 亿册。

全年旅游接待总人数 6.55 亿人次,同比下降 11.8%;旅游总收入 5758.7 亿元,同比下降 14.9%。

年末共有各类医疗卫生机构(含村卫生室)3.57 万个。其中,医院、卫生院 2561 个,社区卫生服务中心(站)597 个,妇幼保健院(所、站)111 个,专科疾病防治院(所、站)83 个,疾病预防控制中心 142 个,卫生监督所(中心)100 个。卫生技术人员 31.3 万人。其中,执业医师和执业助理医师 11.3 万人,注册护士 14.4 万人。医院、卫生院床位 29.1 万张。

年末有青少年俱乐部 202 个。其中,国家级 145 个,省级 57 个。青少年户外活动营地 5 个。国家级体育传统项目学校 15 所,省级体育传统项目学校 237 所,省级单项体育后备人才基地 38 个。在国际和国内的重大比赛中共获得 33 枚金牌、36 枚银牌和 42 枚铜牌。

【资源和应急管理】 全年完成人工造林 6.75 万公顷,退化林修复(低产低效林改造)11.54 万公顷。完成油茶生产任务 10.29 万公顷。新增森林药材种植面积 1.96 公顷。新增水土流失治理面积 1353.1 平方千米。全年规模以上工业综合能源消费量 6362.3 万吨标准煤,比上年增长 3.5%;万元规模以上工业增加值能耗同比下降 3.4%。全年发生生产安全事故 790 起,同比减少 503 起。生产安全事故死亡 577 人,同比减少 355 人。亿元生产总值生产安全事故死亡率为 0.02 人。

(李少鹏)

本类目编辑　徐佳佳

中国共产党江西省委员会

综　述

2022年，中共江西省委全面落实中共中央“疫情要防住、经济要稳住、发展要安全”重要要求，完整、准确、全面贯彻新发展理念，加快构建新发展格局，坚定不移推进高质量发展，纵深推进全面从严治党，经济社会发展和党的建设各项事业取得新成效。

*深刻领悟“两个确立”的决定性意义，坚决做到“两个维护”。*省委常委会坚持“第一议题”制度，省委理论学习中心组开展9次集体学习研讨，联合中宣部在井冈山举办学习宣传贯彻习近平新时代中国特色社会主义思想研讨会。制定实施《中共江西省委关于深入贯彻习近平总书记视察江西重要讲话精神、以优异成绩迎接党的二十大胜利召开的决定》，开展中共中央总书记习近平视察江西三周年、赣南等原中央苏区振兴发展战略实施十周年等系列活动，做好中共中央总书记习近平重要讲话、重要指示批示精神落实情况跟踪督办。完成中共二十大代表推荐提名考察和选举，通过召开全省领导干部会议等各类会议、省级领导干部带头到基层宣讲、举办全省市厅级主要领导干部专题研讨班等方式传达学习中共二十大会议精神。召开省委十五届三次全会，出台《中共江西省委关于深入学习宣传贯彻中共二十大会议精神、加快全面建设社会主义现代化江西的决定》《关于坚决维护以习近平同志为核心的党中央权威和集中统一领导的规定》等重要文件，全面推动中共二十大决策部署落地见效。

*服务和融入新发展格局，高质量跨越式发展步伐稳健。*地区生产总值总量突破3万亿元，增速4.7%。每季度召开全省经济形势分析会，全力稳住经济大盘。打好“项目大会战”，实施城市棚户区改造、“大交通”、大南昌都市圈轨道交通、水利电力能源领域基础设施建设攻坚行动，固定资产投资增长8.6%。社会消费品零售总额增长5.3%。实施降本增效促进市场主体发展“30条”、有效应对疫情帮助中小企业纾困解难“28条”、切实稳住经济发展“43条”及接续措施“24条”，为市场主体减负超2000亿元，新登记市场主体超100万户、净增80.2万户。实施“2+6+N”产业高质量发展行动计划，规模以上工业增加值增长7.1%，战略性新兴产业、高新技术产业占规模以上工业比重分别达27.1%、40.5%。数字经济增加值规模超1万亿元，核心产业增加值占地区生产总值比重达7.5%以上。

*抓创新促改革扩开放，发展动力活力持续迸发。*推进鄱阳湖国家自主创新示范区建设，中科院赣江创新研究院获批国家重大科技项目，国家稀土技术创新中心组建加速推进，国家虚拟现实创新中心、国家中药先进制造与现代中药产业创新中心顺利落地，组建24个产业科技创新联合体，出台建设中部地区重要人才中心和创新高地的意见。实施全面深化改革十大攻坚行动，深入推进营商环境优化升级“一号改革工程”，新钢集团与中国宝武实现联合重组，国企改革3年行动在全国评估中获得A级。开行赣欧（亚）班列247列，外贸进出口增长34.9%，举办世界VR产业大会、“进博会走进江西”、庐山全球商界领袖大会等重大经贸活动。

*加快推进绿色转型，美丽中国“江西样板”展现新面貌。*实施新“八大标志性战役30个专项行动”，全面抓好中央生态环保督察及“回头看”反馈问题、民进中央对口江西省开展长江生态环境保护民主监督等反馈问题整改，推进长江经济带“共抓大保护”攻坚行动，全省空气优良天数比92.1%，地表水国考断面水质优良比96.2%，生态环境质量保持全国一流。科学编制碳达峰碳中和实施意见、碳达峰实施方案，开展治污、减排、降碳等专项行动，规模以上单位工业增加值能耗下降5.3%。在全国率先出台健全生态产品价值实现机制的实施方案，率先实施覆盖全境流域的生态补偿机制。

*发展全过程人民民主，团结奋进合力广泛凝聚。*召开省委贯彻落实中央人大工作会议精神推进会，制定修改地方性法规32件，批准设区的市法规、决定15件。创新委员联系界别群众机制，开展“政协委员全员联系走访民营企业”活动，围绕数字经济等形成一批高质量调研协商成果。召开省委统战工作会议，开展“入企走访连心”活动，协助各民主党派省委会、指导省工商联完成换届。召开省委民族工作会议暨全省宗教工作会议。加强和改进工会、共青团、妇联等群团工作。落实党管武装制度，军民深度融合发展，双拥工作质量水平不断提高。

*做好宣传思想工作，文化自信自强更加坚定。*举办“中国这十年·江西”“江西这十年”等主题新闻发布会，深入开展“喜迎党的二十大·红土地上看变化”等主题采访活动，11件作品获中国新闻奖、1人获长江韬奋奖。组织开展“江西好人故事会”“最美人物”评选等活动。启动《江右

文库》编纂工程,5件作品入选“五个一工程”。设立省文投基金,成立省电影集团、省文投公司、省数字文化集团。组织开展纪念八一南昌起义、秋收起义、井冈山革命根据地创建95周年和安源路矿工人运动100周年系列活动。

统筹发展和安全,社会大局保持和谐稳定。贯彻落实总体国家安全观,深入推进“反制、铸墙、净土、攻心”四大工程。全省经济金融安全稳健运行。出台《江西省平安建设条例》,完成重要节点维稳安保任务,全省信访总量同比下降20.5%、重复信访占比同比下降至32.14%,连续16年获评全国综治优秀省。积极应对超历史旱情,深入开展危化品、城镇燃气、自建房集中治理,统筹做好森林防灭火、地质灾害和气象灾害防御等工作,全省生产安全事故数量、死亡人数同比分别下降38.9%、38.09%,连续3年在国务院安全生产工作考核中评为优秀。

保障和改善民生,人民生活品质不断提高。年初确定的51件民生实事全面完成。出台系列稳就业措施,举办首届职业技能大赛,全省城镇新增就业42.07万人,新增转移农村劳动力55.15万人。全省城乡居民人均可支配收入同比分别增长5%、7%。持续深化医疗医保医药联动改革,连续3年蝉联健康中国行动优秀省份。科学精准抓好新冠肺炎疫情防控。加强兜底保障,加快建设多层次社会保障体系。出台巩固拓展脱贫攻坚成果“30条”措施,开展乡村建设行动,建成高标准农田174.93万公顷,粮食总产量稳定在215亿千克以上。

深化党的自我革命,全面从严治党纵深推进。出台《中共江西省委关于加强党的政治建设、推动江西政治生态持续向上向好的意见》《江西省贯彻落实中央八项规定精神的实施办法》。各领域基层党建标准化规范化信息化水平得到提升。落实新时代好干部标准,加强换届后领导班子和干部队伍建设,完善及时奖励制度,创新综合考核机制。持续推进正风肃纪,扎实推进整治形式主义为基层减负,建立“风腐同查”机制,开展落实中央八项规定精神十周年“回头看”活动,查处违反中央八项规定精神问题5249起、6509人。一体推进“三不腐”,加强对“一把手”和领导班子监督,开展“3·23”警示教育活动,创新巡视工作,抓实肖毅案、龚建华案以案促改纪检监察建议整改工作,严肃查处一批政治问题和经济问题交织的重大腐败案件,纪检监察机关共立案21660件,处分20732人,全省政治生态持续向上向好。

（省委办公厅）

重要会议

【省委党史学习教育总结会议召开】

1月5日,省委党史学习教育总结会议召开。省委书记易炼红出席并讲话。中央第六指导组副组长何瑞,省领导梁桂、吴浩、庄兆林、史文斌在主会场出席会议。会议要求深入贯彻落实中共中央总书记习近平重要指示精神和中央党史学习教育总结会议精神,把迎接和贯彻中共二十大作为2022年全部工作的主线,加快建立常态化、长效化制度机制,不断巩固拓展党史学习教育成果。会议采取视频形式召开,在各设区市和赣江新区设立分会场。

【全省深化发展和改革双“一号工程”推进大会召开】 2月7日,省委、省政府召开全省深化发展和改革双“一号工程”推进大会。省委书记易炼红出席会议并讲话。省长叶建春主持会议。姚增科、吴忠琼等省委、省人大常委会、省政府、省政协领导班子成员,省法院、省检察院主要负责人出席会议。会议印发并解读省委、省政府《关于深入推进数字经济做优做强“一号发展工程”的意见》和《关于深入推进营商环境优化升级“一号改革工程”的意见》,以及《江西省全面深化改革攻坚行动方案(2022—2024年)》。

【全省领导干部会议召开】 3月12日,全省领导干部会议在南昌召开,传达学习全国两会精神,部署全省贯彻落实工作。省委书记、省人大常委会主任易炼红主持并讲话。会议传达学习中共中央总书记习近平在全国两会期间的重要讲话精神和全国人大常委会委员长栗战书在参加江西代表团审议时的讲话精神,传达十三届全国人大五次会议精神、全国政协十三届五次会议精神。叶建春、姚增科、吴忠琼等省委、省人大常委会、省政府、省政协领导班子成员,省法院、省检察院主要负责人出席会议。省委各部门、省直各单位主要负责人,各设区市和赣江新区党政主要负责人,部分在赣全国人大代表、住赣全国政协委员等参加会议。

10月24日,全省领导干部大会召开,传达学习中共二十大精神,全面部署学习宣传贯彻落实各项工作。省委书记易炼红主持会议并讲话。省委副书记、省长叶建春传达中共二十大精神。姚增科、吴忠琼等省委、省人大常委会、省政府、省政协领导班子成员,省法院、省检察院主要负责人,副省级以上老干部出席会议。会议以视频形式召开至设区市、县(市、区)和赣江新区。

12月7日,全省领导干部会议召开。中共中央组织部副部长曾一春出席会议并宣布中央决定:尹弘任江西省委委员、常委、书记,易炼红不再担任江西省委书记、常委、委员职务。尹弘讲话,叶建春主持并讲话。在职省级领导,副省级以上老干部;省委委员、候补委员;省委各部门、省直各单位(含中央驻赣单位、省属高校、省属企业)主要负责人;各民主党派省委会、省工商联主要负责人;各设区市党政主要负责人出席会议。

【全省一季度经济运行分析会暨“强攻二季度、确保双过半”动员会召开】

4月22日,全省一季度经济运行分析会暨“强攻二季度、确保双过半”动员会召开。省委书记易炼红主持会议并讲话。省长叶建春部署强攻二季度有关工作,省领导吴忠琼等出席会议。省委常委、常务副省长梁桂通报全省一季度经济运行情况及各设区市、县(市、区)主要指标排名情况。会议以视频形式开至县(市、区)一级。

【中共江西省委十五届二次全体会议召开】 6月23日,中国共产党江西省第十五届委员会第二次全体会议在南昌召开。全会由省委常委会主持，省委书记易炼红出席会议并讲话。省委委员、省委候补委员出席会议。不是省委委员、候补委员的在职省级党员领导干部列席会议。全会听取《关于圈选产生我省出席党的二十大代表候选人预备人选及有关事项的说明》；投票确定江西省出席中共二十大代表候选人预备人选；审议通过《中国共产党江西省第十五届委员会第二次全体会议关于召开中国共产党江西省代表会议的决议》。全会决定：2022 年 6 月 30 日在南昌召开中国共产党江西省代表会议，选举产生江西省出席中国共产党第二十次全国代表大会代表。

【中国共产党江西省代表会议】 6 月 29—30 日，中国共产党江西省代表会议在南昌召开。会议选举产生 43 名江西省出席中国共产党第二十次全国代表大会代表，中共中央提名的代表候选人黄坤明当选。会议应到代表 669 名，实到代表 633 名，符合规定人数。会议由省委常委会主持，省委书记易炼红讲话。受省委常委会委托，省委常委、省委组织部部长吴浩作《关于江西省出席党的二十大代表选举工作的报告》。会议表决通过选举办法、监票人名单、候选人名单。会议选举产生江西省出席中共二十大代表 43 名。会议审议通过《中共江西省委关于深入贯彻习近平总书记视察江西重要讲话精神　以优异成绩迎接中共二十大胜利召开的决定》。

【省委上半年经济运行分析会暨“拼搏三季度、奠定全年胜”动员会召开】 7 月 18 日，省委上半年经济运行分析会暨“拼搏三季度、奠定全年胜”动员会召开。省委书记易炼红主持并讲话。省委副书记、省长叶建春部署具体工作，在职省级领导姚增科、吴忠琼、马森述、李红军、任珠峰、庄兆林、史文斌、黄喜忠、罗小云等出席会议，梁桂通报全省上半年经济运行情况及各设区市、县（市、区）主要经济指标排名情况。会议以视频形式开至县（市、区）一级。

【全省前三季度经济运行分析会暨“决战四季度、夺取全年胜”动员会召开】 10 月 31 日，全省前三季度经济运行分析会暨“决战四季度、夺取全年胜”动员会召开。省委书记易炼红主持并讲话。省委副书记、省长叶建春作具体工作部署。吴忠琼等省委、省人大常委会、省政府、省政协领导班子成员，省法院、省检察院主要负责人出席会议。梁桂通报全省前三季度经济运行情况及各设区市、县（市、区）主要经济指标排名情况。会议列出排名情况，并以曲线图形式反映各地经济运行走势。会议以视频形式开至各设区市、县（市、区）和赣江新区。

【中共江西省委十五届三次全体（扩大）会议召开】 11 月 22 日，中共江西省委十五届三次全体（扩大）会议在南昌召开。省委常委会主持会议。省委书记易炼红受省委常委会委托作工作报告和讲话。全会听取和讨论省委常委会工作报告；审议通过《中共江西省委关于深入学习宣传贯彻党的二十大精神加快全面建设社会主义现代化江西的决定》和《中共江西省委关于坚决维护以习近平同志为核心的党中央权威和集中统一领导的规定》，省委副书记叶建春、吴忠琼分别作决定、规定的有关说明。省委委员、候补委员出席会议；不是省委委员、候补委员的在职省级领导干部，省委各部门、省直各单位党组（党委）主要负责人，各设区市、赣江新区党政主要负责人，各县（市、区）党委主要负责人以及部分基层党代表参加会议。

【省委经济工作会议召开】 12 月 28 日，省委经济工作会议在南昌召开，会议贯彻中共二十大和中央经济工作会议精神，总结 2022 年经济工作，分析经济形势，部署 2023 年经济工作。省委书记尹弘出席会议并讲话。省委副书记、省长叶建春作工作部署。在职省级领导姚增科、吴忠琼等出席会议。省委各部门、省直各单位主要负责人，各设区市党政主要负责人，赣江新区党工委和管委会主要负责人，国家级经济技术开发区、高新技术产业开发区党工委主要负责人等出席会议。

（省委办公厅）

重要文件

【《关于深入推进数字经济做优做强“一号发展工程”的意见》印发】 1 月 30 日，省委、省政府印发该意见。意见从“牢牢把握总体要求，把发展数字经济摆在战略位置来抓”；“重点实施八大工程，做优做强做大数字经济”；“创新制度供给，营造数字经济发展一流生态”；“加强组织保障，完善数字经济治理机制”4 个方面提出明确要求。发展目标是用 5 年左右时间，推动数字经济发展迈上新台阶。数字经济增加值增速持续快于全省经济增速、快于全国平均增速，实现规模倍增、占全省地区生产总值比重达 45% 左右，数字经济核心产业增加值占全省地区生产总值比重达 10% 以上，加快打造中部地区数字产业发展集聚区、产业数字化转型先行区、场景创新应用先导区、数字营商环境示范区，成为全国数字经济发展新高地。

【《关于深入推进营商环境优化升级“一号改革工程”的意见》印发】 1 月 30 日，省委、省政府印发该意见。意见提出，以习近平新时代中国特色社会主义思想为指导，深入贯彻中共十九大和十九届历次全会精神，立足新发展阶段，完整准确全面贯彻新发展理念，服务和融入新发展格局，坚持有效市场和有为政府相结合、坚持重点突破和系统集成相结合、坚持对标提升和自我革新相结合、坚持有事必应和无事不扰相结合，对标国际国内一流水平，持续深化“放管服”改革，推进全链条优化审批、全过程公正监管、全周期提升服务，全面提升营商环境市场化、法治化、国际化、便利化水平，打响“江西办事不用求人、江西办事依法依规、江西办事便捷高效、江西办事暖心爽心”营商环境品牌，争当全国政务服务满意度一等省份。

【《关于推进农业农村高质量发展奋力打造新时代乡村振兴样板之地的意见》印发】 2 月 24 日，省委、省政府印发该意见。意见提出，到2022年年底，新时代乡村振兴样板之地扎实起步开局。乡村产业、人才、文化、生态、组织振兴的制度和政策框架基本形成。全面实施乡村振兴样板创建“十百千”工程（10个样板县、100个样板乡镇、1000个样板村）。到2025年年底，乡村振兴样板创建“十百千”工程全面完成。到2035年年底，新时代乡村振兴样板之地基本形成。农业质量效益和竞争力进一步提升，城乡融合发展体制机制更加健全，县域内农村基本生活要件与城镇大体相当，农民收入迈上新的大台阶，农业农村现代化基本实现，乡村振兴工作走在全国前列。

【《江西省农村人居环境整治提升五年行动实施方案》印发】　3月1日，省委、省政府印发该实施方案。方案从扎实推进农村生活污水治理、稳步推进农村厕所革命、全面推进农村生活垃圾治理、整体提升美丽乡村建设水平、强化村庄环境长效管护、发挥农民主体作用、加强政策支持、加强组织保障8个方面提出明确要求，主要目标是到2025年，全省农村人居环境显著改善，村庄基础设施逐步优化，村容村貌全面提升。

【《关于新时代深入实施工业强省战略推动工业高质量跨越式发展的意见》印发】　3月16日，省委、省政府印发该意见。意见提出，大力实施传统产业转型升级、新兴产业倍增发展、未来产业培育发展“三大工程”，抓项目、育企业、强平台、铸链条、壮集群，强化要素支撑保障，推动产业创新、融合、绿色、开放、安全发展，努力建成中部制造业高质量发展示范区、全国传统产业转型升级高地和全国新兴产业培育发展高地，加快形成具有江西特色的现代产业体系，奋力迈出工业强省建设新步伐。

【《江西省优化生育政策促进人口长期均衡发展实施方案》印发】　3月29日，省委、省政府印发该实施方案。实施方案提出总体目标：到2025年，积极生育支持政策体系基本建立，服务管理机制基本完备，优生优育服务水平明显提高，普惠托育服务体系加快建设，生育、养育、教育成本显著降低，生育水平适当提高，人口素质进一步提升。到2035年，促进人口长期均衡发展的政策体系更加完善，服务管理机制运转高效，生育水平更加适度，人口结构进一步改善，优生优育、幼有所育服务水平与人民群众对美好生活的需要相适应。重点任务是依法实施三孩生育政策，释放生育潜能；做好优生优育工作，提高出生人口素质；推进婴幼儿照护服务发展，满足群众托育需求；减轻养育教育压力，提高生育意愿，构建生育友好型社会，增强家庭发展能力；落实计划生育家庭扶助保障，促进社会公平和谐。

【《关于深入实施强省会战略推动南昌高质量跨越式发展的若干政策措施》印发】　5月12日，省委、省政府印发该政策措施。政策措施提出，举全省之力、集全省之智推动南昌高质量跨越式发展，实现南昌经济首位度大幅提升、经济体量在全国省会城市排名大幅提升。到2025年地区生产总值占全省比重提升到25%左右、在全国省会城市排名提升至第12位，到2030年比重进一步提升到28%左右、排名再前进2位以上，将南昌打造成为具有全国重要影响力的综合交通枢纽和区域科技创新中心、金融中心、先进制造业和高品质服务业集聚发展中心。

【《关于推进全省水利高质量发展的意见》印发】　6月9日，省委、省政府印发该意见。意见提出，深入落实中共中央总书记习近平“节水优先、空间均衡、系统治理、两手发力”治水思路和视察江西重要讲话精神，按照省第十五次党代会部署要求，以争创“第一等的工作”的使命担当，全面落实国家“江河战略”，以国家骨干水网为依托，加快引调排水工程、调蓄工程、智慧水利工程建设，着力构建以南昌都市圈为核心，赣东北、赣西北、赣中、赣南四大片区为支撑的“一核四区”江西现代水网，持续巩固升级水利基础设施网络，加快构建水利高质量发展的六大体系，加快推进实现水治理体系和治理能力现代化，从水利大省迈向水利强省，为携手书写全面建设社会主义现代化江西的精彩华章提供强有力的水安全保障。

【《关于深入学习宣传贯彻党的二十大精神加快全面建设社会主义现代化江西的决定》印发】　11月25日，省委印发该决定。决定强调，中共二十大是在全党全国各族人民迈上全面建设社会主义现代化国家新征程、向第二个百年奋斗目标进军的关键时刻召开的一次十分重要的大会。学习宣传贯彻中共二十大精神，是当前和今后一个时期的首要政治任务和长期战略任务。全省上下要把思想和行动统一到中共二十大精神上来，把智慧和力量凝聚到中共二十大确定的各项任务上来，加快全面建设社会主义现代化江西。

（省委办公厅）

督查工作

【决策督查】　开展综合督查。由省委办公厅、省政府办公厅牵头，会同省直有关部门组成省委、省政府综合督查组，对各地各部门学习宣传贯彻中共二十大精神和深入贯彻中共中央总书记习近平视察江西重要讲话精神情况进行督查。在对各地各部门书面督查的基础上，11月，分6个组实地督查11个设区市、赣江新区和省委网信办等12个省直机关、高校及国企。督办中央文件落实。全年督办中央文件122件。上半年，从已落实的中央文件中，选取2件对全省经济社会发展有重要影响的文件，采取“四不两直”方式实地检验落实成效。下半年，对全年12件初次反馈基本落实的中央文件进行跟踪调度，进一步拧紧督办落实中央文件责任链条。配合中办督查。配合中办督查室完成“关于督查推动党的二十大精神贯彻落实情况”等9次督查任务，并以中央巡视整改的标准程序抓好中办督查指出问题的整改工作，先后向中办督查室上报中办督查成果后续落实情况整改、防范化解重大风险整改等整改报告。

【指示批示督办落实】　做好中共中

央总书记习近平重要指示批示督办落实。就中共中央总书记习近平关于长沙自建房倒塌事故、新冠肺炎疫情防控等17件重要指示批示事项开展督办，形成督查专报9期。做好2021年度中共中央总书记习近平重要指示批示精神贯彻落实情况“回头看”，并以省委名义形成专项报告上报中共中央。做好省委主要领导指示批示跟踪督办。共督办省委主要领导指示批示事项457件，办理部门地方恳请支持事项47件，督促落实有关会议意见建议148件。快速高效完成系列紧急督查任务。省委办公厅主要领导带队，开展新冠肺炎疫情防控、保畅通、中小学生防溺水、防旱抗旱、治理重复信访、稳增长保稳定等9次紧急督查，提出针对性的意见建议。

【推动省党代会确定目标任务落地落实】 省委督查室履行省第十五次党代会确定目标任务落实工作领导小组办公室职责，制定省第十五次党代会确定目标任务落实工作领导小组、专项工作组、落实办公室工作规则和细则，制定《领导小组2022年度工作要点》等文件；选取25个“六个江西”建设基层观测点，了解基层情况和反映；组织召开基层观测点现场工作交流会，先后7次到各市、县和省直单位进行全覆盖督查督导，3次开展阶段性落实情况实地复核；编发《江西省第十五次党代会确定目标任务落实工作简报》43期，推动省内主流媒体设立专栏。“六个江西”建设2022年度工作总台账1007项工作措施完成销号1005项。

【开展专项督查和调研督查】 根据2022年度省委常委会工作要点，会同省直有关单位先后开展全面落实“双减”政策措施情况等6项专项督查和江西省养老服务体系建设情况等3项督查调研，推动省委决策部署落实。其中，全面落实“双减”政策措施情况的专项督查报告获省委、省政府主要领导批示肯定。

【推动基层减负】 3月，召开省委督查工作领导小组暨省委专项工作机制会议，部署全年为基层减负工作，压紧压实各地各部门主体责任。对文件会议、督查检查考核事项进行季度调度监测、动态分析，推动数量做到只减不增。开展4次较大规模调研，形成《当前基层干部为何感觉负担重?》等4个督查专报，省委主要领导和分管领导每次都作出批示。召开省直单位办公室主任、市县党办主任、乡镇党委书记座谈会，摸排情况、听取意见建议。11月，召开全省整治形式主义为基层减负工作会议，印发《中共江西省委办公厅关于进一步加大工作力度切实减轻基层负担的通知》，强力纠治形式主义老问题和新变种；印制《中央和省委整治形式主义为基层减负文件汇编》，供各地各部门学习贯彻；针对督查调研发现的具体问题发出督办函，强力督促整改到位；向全社会公布举报方式。

（省委办公厅）

档案工作

【国家档案局综合检查反馈意见整改】 2021年年底，国家档案局向江西省反馈档案工作综合检查意见建议，重点指出江西省档案局未挂牌、未任命档案局局长、档案主管部门人员偏少、县级档案馆与相关单位合并后单位名称不能反映档案工作属性、档案馆人员身份未明确、省馆建筑面积不达标等问题。省档案局针对反馈的具体问题，逐一明确，形成《国家档案局档案工作综合检查反馈意见整改方案》，分步骤、按章法、限时间推进整改。至2022年年底，省档案局“扩处增编”，11个市、86个县(市、区)党委办增挂档案局牌子，7个市、42个县(市、区)任命档案局局长，96个县(市、区)档案馆人员明确参公管理。

【服务中心大局】 服务数字江西建设。持续推进存量档案数字化、增量档案电子化，推动数字档案建设纳入《江西省数字政府建设三年行动计划(2022—2024)》，开展国家级数字档案馆和数字档案室创建。省法院推进全国示范数字档案室创建试点。省交通运输厅开展遂大高速公路建设项目电子文件归档和电子档案管理全国试点工作。省财政厅在办公自动化平台上线数字档案管理系统，实现电子文件在线归档。服务营商环境优化升级。依托江西档案共享利用平台、“赣服通”掌上查档和全国档案查询利用服务平台，深化“互联网+档案”利用服务，推进各级综合档案馆馆藏开放档案和民生档案查阅利用“跨省通办”和全程网办。江西档案共享利用平台汇聚各级综合档案馆33个门类4000多万条目录数据、3100多万件数字副本，2022年受理国内外查档申请4350件，同比增长25%，出具档案证明远程办件762件、增长73%。九江、上饶等地与外省档案馆开展民生档案跨馆异地利用服务工作。服务全国红色基因传承示范区建设。开展全省红色档案资源普查，建立全省红色档案资源目录数据库。省档案局、省档案馆举办“中国共产党人的家风”档案展。省档案馆制作《档案里的江西故事》专题微视频，举办“红色文化”科普短视频创作大赛，编纂《烽火忆当年:江西老红军口述历史选编》。赣州全年共拍摄推出红色档案宣传短视频、电视片31集，出版发行红色档案书籍9册，完成红色档案课题研究4个。宜春编纂《宜春红色档案》《湘鄂赣苏区红色歌谣》。吉安开展“传承红色基因 喜迎党的二十大——全市讲红色故事大赛”活动。服务重大活动重大事件重大项目。建立全省脱贫攻坚、新冠肺炎疫情防控“两类档案”数据库，归集脱贫攻坚档案78万余卷、17万余件，新冠肺炎疫情防控档案21万余件、照片档案9万余张。印发《中共江西省委办公厅、江西省人民政府办公厅关于做好重特大事件档案工作有关事项的通知》，对重特大事件档案管理提出要求。省档案馆拍摄江西智库峰会等重大活动、重要会议30余次。九江全程跟踪做好第十六届省运会档案收集归档。新余、赣州、抚州推进乡镇档案规范化建设。省委办公厅、省工业和信息化厅等做好省第十五次党代会、省委全会、赣南等原中央苏区振兴发展10周年座谈会、工业强省推进大会、世界VR产业大会、党史学习教育等重要会议活动档案工作。

【基础业务建设】 推进档案规范化建设,加强档案馆、档案室基础业务规范指导,加大档案资源收集力度,持续优化馆(室)藏档案结构,2022年全省馆(室)藏档案总量同比增长12%。全面推行机关档案分类方案、文件材料归档范围和档案保管期限表三合一制度,持续抓好机关企事业单位档案规范化管理创建活动,全年新增档案工作规范化管理省三级以上单位77家。举办全省档案业务培训班,全省各级档案部门共组织相关培训150余批次、培训人员6000余人。开展国家级和省级档案专家、工匠型人才、青年业务骨干推荐评选,全省42人入选国家级、100人入选省级“三支人才队伍”库,涉及档案法规标准、信息化、编研开发、保管保护等专业领域。持续深化档案专业人员职称制度改革,档案中级职称参考人数创新高,高级职称实现省内自主评审,首次参评9人、通过6人。

【档案法治建设】 履行档案行政管理职能,严格落实新修订档案法,坚持局馆协同、省市县联动,省档案局牵头组织完成对省直40家单位档案执法检查,市县档案局同步完成对1812家单位执法检查。档案工作纳入综合考核、平安建设等有关考评体系。

【省档案馆创建全国示范数字档案馆】 6月16—17日,国家档案局组织专家对省档案馆数字档案馆系统进行测试。8月11日,国家档案局批准江西省档案馆为“全国示范数字档案馆”。省委、省政府将数字档案馆系统建设纳入政府工作报告和相关规划,建成覆盖省市县三级综合档案馆的数字档案馆系统,对接“赣服通”APP,多渠道开展档案查询利用服务。

【档案宣传】 制定《江西省档案“八五”法治宣传教育规划(2021—2025年)》。策划“6·9”国际档案日宣传,组织开展一次档案知识群众性答题、展示一批档案宣传标语、策划一批主题展览、拍摄制作一部档案法知识微视频、群发一条档案公益短信等“六个一”宣传活动,推动档案知识普及,宣传档案文化,其中“喜迎二十大·档案颂辉煌”群众性答题活动吸引154万多人参与,阅读点击量2396万人次。

(省委办公厅)

组织工作

【概 况】 截至2022年年底,全省共发展中共党员6.4万名,党员总数237.8万名,比上年年底增加2.6万名,增长1.1%。全省共有中共基层组织11.8万个,比上年年底增加3000个,增长2.9%。其中基层党委7000个,总支部7000个,支部10.4万个。全省共有中共各级地方委员会112个。其中,省委1个,市委11个,县(市、区)委100个。城市街道、乡镇、社区(居委会)、行政村党组织。全省185个城市街道、1392个乡镇、4294个社区(居委会)、16989个行政村已建立党组织,覆盖率均超过99.9%。2022年,全省组织系统紧贴中心大局,全面抓好领导班子和干部队伍建设、基层党组织建设、人才工作和组织部门自身建设,推动组织工作取得新进展新成效。突出政治标准,完成中共二十大代表推荐提名考察和选举任务。

【党员干部培训】 把学习贯彻习近平新时代中国特色社会主义思想作为首要政治任务,组织实施“习近平新时代中国特色社会主义思想教育培训计划”,研发实践教学专题12个、课程26门,打造现场教学示范点6个,全省各级共举办各类党员、干部教育培训班1.13万余期,培训124.2万余人次。组织举办全省市厅级、县处级领导干部学习贯彻中共十九届六中全会精神网络专题培训班,2.6万人参加培训,推动全省各级培训干部9.4万人。落实省委“建设全国红色基因传承示范区”部署要求,编写《井冈山精神》等4部党性教育教材,研究开发“井冈山精神代代传”等特色课程。抓好党性教育培训机构规范管理和质量提升工作,集中规范党性教育培训机构285家,江西省5家党性教育干部学院列入中央组织部发布目录。建成省级红色名村208个、红色展陈场馆429个,开发红色教育培训课程367门,党员群众接受红色教育培训960万人次。

【领导班子和干部队伍建设】 坚持重实干、重实绩、重担当的用人导向,优先使用一批在乡村振兴、新冠肺炎疫情防控、抢险救灾等重大斗争一线表现突出的干部。全省全年提拔使用担当作为干部2332名,处理不担当不作为干部555名。抓好中央《推进领导干部能上能下规定》的落实,召开全省推进会,研究制定政策解答、细化情形和案例选编,全省调整不适宜担任现职的厅级干部5人、县处级干部29人、乡科级干部89人。着眼提高干部专业化能力,选派46名干部到中央单位和沿海发达地区挂职、41名金融机构优秀干部到县(市、区)挂职、120名40岁以下高层次专业人才到县(市、区)、开发区锻炼,接收中央单位、新疆等81名干部到赣挂职。面向知名高校招录选调生552名。坚持激励与约束并重,在省管干部及县(市、区)党政正职中选树19名践行“三牛”(孺子牛、拓荒牛、老黄牛)精神干部;全省组织系统常态化开展容错纠错71人次、澄清正名202人次;开展任人唯亲任人唯圈问题、不健康微信群问题专项整治,以及省属国有企业选人用人和员工招聘录用突出问题专项整治,结合省委巡视对61个被巡视地方和单位开展选人用人工作专项检查;领导干部个人有关事项报告查核一致率97.6%。持续推进公务员分类改革、考录遴选、考核管理等工作,全省招录公务员7620名。完成全国“人民满意的公务员”和“人民满意的公务员集体”推荐评选,10名个人和6个集体获中共中央、国务院表彰。

【基层党组织建设】 抓党建促乡村振兴,选树493个省级乡村振兴模范党组织,开展党建引领乡村治理试点,排查整顿418个软弱涣散村党组织,全省97%的村集体经济年经营性收入超10万元,补充60%的乡镇空编缺员,出台从严管理监督村干部特别是“一肩挑”人员的政策措施,开展村干部学历提升、致富能手培养行动,大专以上学历、致富能手比例分别提高到45.5%、56.3%。提升城市基层党建引领基层治理效能，制定实施《关于深化城市基层党建引领基层治理的实施方案》等“1+5”系列文件，全省优化设置社区网格1.7万个，城区社区基本达到每万城镇常住人口配备社区工作者18名的标准，小区物业服务覆盖率、业主委员会（物业管理委员会）组建率分别达92.3%、86.9%。推行“双报到双报告”制度，1.1万个机关企事业单位党组织与社区结对共建，42.8万余名在职党员到城市社区报到。开展模范机关创建和国企、高校党建工作，推进建立中小学校党组织领导的校长负责制。省属国企离退休党员组织关系转接工作全面完成。开展铜、汽车、半导体照明、现代家具4条产业链党建试点。成立道路运输、网约配送和快递省级行业（综合）党委，建成新就业群体综合服务中心（站点）1827个。全面做好清查整治突出问题规范党务工作。举办第三届全省党务技能大赛。加强和改进党员教育管理的内容、方法、载体、制度和基础保障。

【省人大、政府、政协换届人选推荐】 按照中央和省委要求，严把代表、委员人选推荐关，政治上不合格、廉洁上有问题的人不予推荐。统筹做好省人大、政协常委及专委会组成人员安排，突出工作需要，综合考虑人选工作经历、专业能力和人岗相适情况进行统筹安排。按照省委书记尹弘“确保选举工作依法有序进行，确保选举顺利实现中央和省委意图”的要求，先后与143名换届不再提名人选、差额候选人等开展谈心谈话，做好人事安排说明和大会选举组织等工作，实现“换届过程风清气正、换届结果人民满意”的目标。

【推进综合考核改革】 落实省委部署要求，定性与定量、考人与考事、平时考与集中考、组织考与群众评相结合，研究制定《江西省年度综合考核办法（试行）》《江西省2022年度综合考核实施意见》，分市县、开发区、省直机关、省属高校、省属国有企业等5个序列，分别制定综合考核实施方案，从高质量发展成效、加强党的建设成效、满意度评价“三个维度”进行考核，形成“1个办法管长远、1个意见管年度、5个方案管实施”的“1+1+5”综合考核文件体系。

【加强新业态新就业群体党建】 开展新就业群体党建专项调研，加强工作指导，推动省交通运输、市场监管、邮政管理部门分别成立省道路运输行业党委、网约配送综合党委和快递行业党委，召开快递行业党建试点部署会和全省道路运输行业党建工作现场推进会。推动人社、市场监管、工会、邮政等部门出台一系列维护新业态、新就业群体合法权益的相关措施。引导全省各地统筹辖区资源，建设综合性服务中心（站点）1827个，为新就业群体解决吃饭难、喝水难、如厕难、充电难等实际难题。引导新就业群体党员带头，示范带动新就业群体发挥“流动哨兵”“移动探头”作用，参与基层治理。

【人才引进与服务】 制定完善省委人才工作领导小组成员单位工作职责分工，理顺工作运行机制。全面推行党委（党组）书记领衔人才工作项目。开展人才工作专项述职，压实党管人才责任。做好省领导直接联系服务专家集中调整，加强党委联系服务专家工作。开展线上线下引才活动，全年引进硕士及以上高层次人才7669人，同比增长42.1%。省高层次人才产业园集聚高层次人才106名（含12名院士），签约落户人才项目84个。新建院士工作站13家、专家工作站29家、博士后创新实训基地30家。开展第四批VR产业创新创业人才团队评选工作。推进线上线下“一站式”人才服务平台建设，优化江西“人才云”系统，完善人才数据库，用好“人才江西”网站。依托省政务服务中心开设人才服务窗口，省市两级首次开通“12345”人才服务热线。开展“江西人才暖春行动”，组织省级直接联系服务专家开展健康体检，用好高层次人才电子服务卡，服务600多人次。创新人才金融服务模式，依托江西银行设立“人才金融服务中心”，为人才提供精准化、专业化、多元化的金融服务。加强对人才的政治引领，全省开展高层次人才国情研修96批次，培训人才4261人次。

【人才发展体制机制改革】 出台《江西省深化人才发展体制机制改革攻坚行动实施方案》，提出4个方面23项改革任务，着力破解制约人才发展的堵点痛点难点问题。牵头制定《关于建设中部地区重要人才中心和创新高地的意见》，组织编制《江西省中长期人才发展规划纲要》，修订完善《江西省高层次人才引进实施办法》，出台更具竞争力的人才政策。研究制定《深入推进湘赣边区域人才合作示范区建设三年行动方案》，全力推进湘赣边区域合作特色人才高地建设。探索特聘岗位引才机制，加大力度引进顶尖人才到江西省有关高校、科研院所等担任主要负责人，引进中科院院士、清华大学教授陈晔光担任南昌大学校长。建立省级人才政策动态评估调整及问题清单交办机制、人才政策兑现主办机制、人才服务协调保障机制等“三项机制”，推动人才政策落地。

（江浔）

宣传工作

【概 况】 2022年，全省宣传工作突出抓好理论舆论、文化文明、意识形态等重点工作。深入实施文化体制改革攻坚三年行动、国有文化企业深化改革创新发展行动，建立文化体制改革基层观测点，设立省文投基金，成立省电影集团、省文投公司、省数字文化集团，激发文化改革发展活力。加快推进省融媒体中心平台提质升级，强化对市县级融媒体中心的技术赋能。推动市级媒体融合，抚州、赣州、萍乡市级融媒体中心挂牌进度、省市县媒体互联互通走在全国前列。

【理论武装】 抓好理论学习。服务省委理论学习中心组围绕学习领悟“两个确立”的决定性意义等主题开展集体学习9次，示范引领各级党委（党组）中心组学习向纵深拓展。加强对各级党委（党组）中心组学习的督促指导，开展列席旁听工作，下发学习提示9期，提升各级中心组学习质量。做好《习近平谈治国理政》第四卷学习宣传和征订发行，召开全省社科界学习《习近平谈治国理政》第四卷和中共中央总书记习近平重要讲话精神座谈会，2022年全省总发行量62.2万册。深化理论研究。与中央有关单位联合成立全国红色基因传承研究中心。围绕“安源工运百年”和“三个95周年”，高规格组织系列纪念研讨活动。联合举办纪念安源路矿工人运动100周年座谈会。组织纪念八一南昌起义95周年暨伟大的建军精神研讨会、纪念秋收起义95周年座谈会、纪念井冈山革命根据地创建暨三湾改编95周年座谈会、纪念闽浙赣革命根据地创建暨闽浙赣省苏维埃政府成立90周年座谈会、纪念南方红军三年游击战争胜利暨新四军组建85周年理论研讨会等重大理论研讨活动。围绕深入学习贯彻习近平新时代中国特色社会主义思想等，设立5个重大委托课题，邀请国内专家学者担任首席专家开展研究。设立10项年度重点课题和一系列规划课题，吸引一批专家学者和科研团队参与，推出一批有重要影响的研究成果。2022年，红色基因传承研究中心在《人民日报》《光明日报》等刊发37篇理论成果。举办“首届红色基因传承高端论坛”。推进《江西红色文库》编撰工作，对《苏区教育文献史料汇编》《苏区红色报刊整理》等项目进行出版资助。做好中央“马工程”重点课题“习近平新时代中国特色社会主义思想在江西的生动实践研究”，推进全省社科理论研究工作，获国家社科基金项目立项159项，设立省社科基金项目918项。举办2022江西智库峰会暨国家级大院大所产业技术及高端人才进江西活动，签约项目120余个，总投资额331亿元。以省中国特色社会主义理论体系研究中心名义在中央“三报一刊”发表理论文章16篇，位居全国前列。拓展理论宣传。围绕学习宣传贯彻中共十九届六中全会精神，贯彻落实省第十五次党代会精神，举办全省基层理论宣传骨干培训班，累计开展宣讲活动19.8万余场、受众3650万余人次。召开全省基层理论宣讲学习观摩研讨会，组织全省“强国复兴有我”主题宣讲微视频展播、“苏区振兴十周年”万场巡回宣讲等活动27.7万场，受众900万人次。江西省2个集体、1名个人、1个理论微视频获评中宣部基层理论宣讲先进典型，获评数量在各省（市、区）中列第8。持续用好“学习强国”学习平台，截至12月底，全省“学习强国”日活率49.81%；人均积分19.59分，居全国第7位。

【中共二十大精神学习宣传】 9月10日，中宣部和江西省委共同主办的“学习宣传贯彻习近平新时代中国特色社会主义思想研讨会”在井冈山召开，中共中央政治局委员、中宣部部长黄坤明出席并讲话，中宣部分管日常工作的副部长李书磊出席并主持会议，中国社会科学院院长、党组书记石泰峰出席会议，一批国内知名专家学者出席会议并作研讨发言，《人民日报》整版刊发研讨会发言摘编。组织“奋进新征程 建功新时代”重大主题宣传，开展“沿着总书记的足迹·江西篇”等专题报道，协调配合中央主要新闻媒体刊播江西迎接中共二十大稿件2630余篇。举办“中国这十年·江西”主题新闻发布会，总阅读量1.35亿次。组织中共二十大精神宣传。大会期间，中央主要新闻媒体及其新媒体平台刊播江西有关中共二十大的报道710余篇，组织省内各媒体及其新媒体平台刊播中共二十大稿件9万余篇，总阅读量超20亿次。从大会闭幕至12月31日，中央主要新闻媒体及其新媒体平台刊播江西学习宣传贯彻中共二十大精神稿件210余篇，组织省内各媒体及其新媒体平台刊播有关稿件3.9万余篇，总阅读量6.3亿次。举办“学习贯彻党的二十大精神”系列新闻发布会。用好媒体融合发展成果，推出一批高质量新媒体产品，其中“江西新时代画卷”微博话题阅读量超7.6亿次。抓好学习研究宣讲。围绕中共二十大精神，抓好各级党委（党组）中心组学习的服务及指导，做好中共二十大报告及辅导读物学习使用，发行量突破160万册。聚焦中共二十大提出的重大理论和现实问题，召开全省社科界学习贯彻中共二十大精神理论研讨会，设立一批省社科基金专项课题，组织全省社科界骨干研究力量进行集体攻关，推出一批研究成果。组建由13名省委常委和20名省直单位负责人及专家学者组成的省委宣讲团到各地各相关单位开展集中宣讲53场，线上线下听众6.7万人次；组织开展“喜庆党的二十大 万场宣讲进基层”宣讲活动，推动中共二十大精神进机关、进企事业单位、进城乡社区、进校园、进各类新经济组织和新社会组织、进网站。指导全省1.6万余个新时代文明实践中心（所、站）组织40余万名干部群众集中收听收看会议开幕。中共二十大召开后，在城乡主干道、广场公园、旅游景点等公共场所设置标语横幅、滚动字幕、电视大屏等宣传中共二十大和大会精神，推动基层学习贯彻中共二十大精神。围绕学习宣传贯彻中共二十大精神，组织各类文艺小分队到基层开展志愿服务活动1.1万场。

【正面宣传】 中央主要新闻媒体共刊（播）发江西正面稿件5516篇，同比增长15.7%。“奋进新时代”主题成就展江西展区陈展工作受到中共政治局常委、中央书记处书记王沪宁肯定。做好赣南等原中央苏区振兴发展战略实施十周年成就展有关工作，线上线下观展75万余人次。2022年，全省1人获长江韬奋奖，11件作品获中国新闻奖（一等奖3件、二等奖3件、三等奖5件），一等奖数量和获奖总数在各省（市、区）中分列第3、第5位，创历史最好成绩。围绕“减负纾困 稳住经济发展”、新冠肺炎疫情防控等省委、省政府中心工作，举办省级层面新闻发布会149场。加强涉赣舆情监测导控，妥善处置各类热点舆情事件。2022年，江西省新闻发布工作连续第三年被中宣部评定为优秀。

【国际传播】 打造“江西文化符号”对外推广等重点外宣项目。举办首届战略传播论坛、2022国际版权论坛、国际青年中国行等重大外宣活动。建成江西省海外传播平台，在省市主要媒体全部成立国际传播中心，海外社交平台账号突破6000个，《用china讲China——江西景德镇用陶瓷名片讲述中国故事》入选2021年度全国“对外传播十大优秀案例”。实施江西国际传播合作计划，外宣专题《走进江西——中国VR的未来》《行走赣鄱大地 感知江西精彩》覆盖人群超10.7亿人次。

【红色基因传承】 围绕高质量建设全国红色基因传承示范区，建立红色基因传承联席会议工作机制，统筹推进8个方面26项重点工作，其中《江西省革命文物保护条例》成为全国首部明确以革命文物为立法对象的省级地方性法规。推动出台省委《关于贯彻落实〈关于推动党史学习教育常态化长效化的意见〉的若干措施》，开展“强国复兴有我”群众性主题宣传教育。全面升级江西省爱国主义教育基地网上数字展馆云平台，累计访问达1.5亿次。

【举办“书香赣鄱”全民阅读活动】 深入学习宣传贯彻中共中央总书记习近平致首届全民阅读大会贺信重要指示精神，围绕“阅读新时代 奋进新征程”活动主题，采取线上线下密切结合方式，组织全省各地因地制宜开展传承红色基因、学习时代楷模、关爱留守儿童等重点阅读推广活动。“4·23”世界读书日期间，全省各地创新举办2022“书香赣鄱”全民阅读灯光秀活动，中央电视台、《光明日报》、江西省电视台、《江西日报》等各平台协同发力，构建立体宣传矩阵，共同助力全民阅读推广。10月，集中1个月持续开展“书香赣鄱·喜迎二十大 书香润洪城”全民阅读推广活动，广泛宣传新时代这十年伟大成就，推动中共二十大精神在江西落地生根。2022年以来，全省各地广泛开展“书香赣鄱”系列阅读活动累计1.1万余场，中央电视台《新闻联播》节目连续5年在世界读书日当天报道江西全民阅读活动。在首届全民阅读大会上，江西省2家书店入选“年度最美书店”，“绿书签之歌”入选大会重点推广曲目。中宣部《每日要情》刊载江西开展全民阅读活动情况。

【开展“绿书签行动”集中宣传】 4月，集中开展“全民阅读灯光秀”和“护苗·绿书签”快闪活动，各地依托首届全民阅读大会重点推广曲目、江西“护苗”主题曲《绿书签之歌》组织学生创作快闪视频154个，在“学习强国”学习平台、“护苗·绿书签”专题上线。11个地市在主城区地标性建筑、公共场所户外大屏推送“绿色阅读、文明上网”等“绿书签”理念，激发未成年人读书热情。依托江西省教育电视台，会同省教育厅共同开展《绿书签之歌》视频展播评选活动，31个作品分别获一、二、三等奖。线上+线下融合，多元拓展。参与湘鄂赣三省“护苗·绿书签”公益设计大赛评比活动，共收集中小学“绿书签”作品2276份，60幅作品入选决赛，获得奖项9个，小学组1个作品获第一名。围绕新修订的《中华人民共和国未成年人保护法》实施一周年，会同省检察院开展“护苗·春蕾”法治进校园和“绿书签·伴成长”“六个一”特别宣传活动，围绕《中华人民共和国未成年人保护法》《中华人民共和国预防未成年人犯罪法》和防校园欺凌、防性侵害、家庭教育指导等“绿书签行动”主题组织检察官走进2600余所中小学校，开展活动2900余次，覆盖师生家长40万余人。文创+非遗传承，特色凸显。结合各地特色，推出一批有影响力的活动。景德镇市珠山区陶阳学校师生通过“小手拉大手”的方式，创作数百幅精美的“护苗”陶瓷作品；新余市聚焦“护苗·红色基因课”，邀请“听老兵爷爷讲党史故事”宣讲团到全省11个设区市的13所中小学校宣讲。赣州、吉安、抚州等地检察机关发布“护苗·网络安全系列课堂”“空中小课堂”“阳光法治讲堂”等法治教育课程，点击率超10万次。

【文化事业】 5月26日，召开文化强省建设推进大会，以省委、省政府“两办”名义印发《江西省“十四五”文化发展规划》《江西省实施文化数字化战略行动方案》等，统筹推进文化改革发展各项工作。高质量推进《江右文库》编纂出版工程，推出《江西文化符号丛书》（第一辑）英文版图书，举办第三届庐山国际爱情电影周、第八届江西艺术节，开展2022年文化科技卫生“三下乡”、“文化进万家”下基层、“学习宣传二十大·踔厉奋发新时代”电影惠民等活动。抚州市获批全国首批民间文艺版权保护与促进试点地区；鄱阳县、武宁县电影发行放映公司等11家基层文化阵地被授予“第九届全国服务农民、服务基层文化建设先进集体”称号。

【文化产业】 制定《2022年全省文化和旅游产业链工作要点》，推动300余家产业链重点企业与金融机构精准对接，发放贷款133.4亿元；利用省级文化产业扶持资金，支持91个文化项目共2803万元；创新设立“文企贷”，162家文化企业获批5.92亿元贷款额度，缓解中小文化企业融资难题。做好10个文化产业重点县（市、区）、3家省级文化和科技融合示范基地、6个省级特色文化街区、20家重点文化企业及10家提名企业认定工作。举办首届江西文博会，实现项目签约23.9亿元。实施文化产业招商三年行动计划，在京津冀、珠三角地区组织江西省文化和旅游产业链招商活动，共招引文化产业项目64个，合同金额668.3亿元。推动景德镇国家陶瓷版权交易中心、“江西版权云”上线运营，探索版权经济价值转换新模式。2022年，全省规模以上文化及相关产业实现营业收入3305.11亿元，同比增长7.8%，高于全国平均增速6.9个百分点，居全国第4位。

（何欣）

网信工作

【网络综合治理】 持续推动互联网违法和不良信息举报受理处置一体化建设，健全网络举报工作大格局，不断壮大网信部门举报工作队伍和网络监督员队伍。探索建立“2+6”网络执法机制，运用约谈、责令改正、暂停更新、罚款、通报批评、纳入黑名单、关闭网站等多种手段对违法违规行为进行行政处罚，全年约谈查处相关责任人160余人次，累计罚款72万元，江西是全国网络执法工作会议通报表扬的4个省份之一。

【网络安全建设】 全省网络部门与

国家同步开展网络安全宣传周活动，宣传周启动仪式网络直播共有642万名网民在线观看。拓展常态化宣传教育新途径，打造“大江网安”宣教平台等3个常态化宣传优秀案例。其中，“网安宣传村村响”项目被中央网信办评选为网络安全优秀宣传项目，宣传周期间进行集中展播，播放量近800万次。在省内重点行业、重点领域选拔一批熟悉网络安全技术的工作人员，组建34支相对稳定、具备实战能力和快速响应能力的应急保障小分队，利用江西网络安全实训基地等教学资源，以实战化课程为重点有针对性开展培训，提升队伍整体素质。

【网络内容建设】 及时准确转发推送中共中央总书记习近平重要稿件。继续办好“在习近平新时代中国特色社会主义思想指引下——新时代新作为新篇章”等专题专栏。策划推出《跟着总书记的足迹：看乡村振兴壮美画卷》等报道得到中宣部、国家广电总局肯定。组织省内新闻网站及“两微一端”开设“热烈庆祝党的二十大召开”“二十大时光”等专题专栏60个，刊发原创稿件1200余篇，集纳各类报道信息8000余条，累计阅读3.2亿人次。《二十大报告学习课堂》《代表手账》等9件网络产品被中宣部、国家广电总局肯定。加大重大主题宣传和重大议题策划力度，举办“奋进新时代 书写新荣光——赣南等原中央苏区振兴发展十周年暨建设革命老区高质量发展示范区”“纪念‘三个95周年’红土地上看今朝”“学习贯彻二十大精神”“着力推进高质量发展——江西双一号工程”等系列网络主题宣传活动，江西被中央网信办评为全国网信领域重要工作网上宣传先进单位。牵头组织相关单位参加在福建省福州市举办的第五届数字中国峰会，展示江西省数字建设成果。全年中央主要新闻网站总网首页涉赣正面稿件上稿2653条，同比增长48.4%。

【数字化建设】 推动出台省政府规章《江西省公共数据管理办法》，为规范和促进全省公共数据开放、共享、利用与安全管理提供保障。建立省级数字乡村统筹协调机制，组建江西省数字乡村建设发展专家智库，组织编写《江西省数字乡村试点建设标准指南》，开展数字乡村优秀创新案例评选，共评选出9类85个优秀创新案例，为江西数字乡村建设树立样板。会同国家安全中心江西分中心探索建设全省IPv6流量监测平台，指导重点领域网站和应用加快升级改造工作进度。全省县级以上政府门户网站IPv6支持率达96.6%，主要商业网站和移动互联网应用IPv6支持率分别达78%和62%。移动网络IPv6流量占比和固定网络IPv6流量占比分别达48.7%和13.6%，超过全国平均水平。牵头建立江西省提升全民数字素养与技能部门协调机制，组织开展全民数字素养提升月活动，累计开展各项活动528个，涉及100个县市区和80个部门行业，活动辐射3319万人，推动全民学数字知识。

在第五届数字中国峰会上，江西展厅工作人员利用腾讯会议、鲁班学堂等平台，对全国交通系统进行BIM+GIS集成融合情况进行演示讲解直播

省委网信办供

（郭旭辉）

统战工作

【概　况】 2022年，省委常委会会议专题研究统战工作9次，省委、省政府主要领导参加统一战线重要会议、活动11次，就统一战线工作作出批示48次。贯彻落实中央统战工作会议精神，召开省委统战工作会议。全年召开省委统一战线工作领导小组会议5次，听取民族宗教、民营经济、海外统战和侨务工作等各领域工作汇报7次。全省2篇理论成果获评2022年度全国统战理论政策研究创新成果奖，2篇理论成果在中央统战部《调研参考》刊发。指导各民主党派省委会、省工商联、省知联会、省新联会完成换届。开展《中国共产党统一战线工作条例》及《中共江西省委统一战线工作领导小组关于贯彻〈中国共产党统一战线工作条例〉的实施意见》贯彻落实情况专项督查，巩固完善大统战工作格局。

【思想政治引领】 对全省统一战线学习宣传贯彻中共二十大精神作出部署。省委统战部主要领导带头到统战系统、高校、基层开展中共二十大精神宣传宣讲。支持引导各民主党派、无党派人士、新的社会阶层人士分别开展“矢志不渝跟党走、携手奋进新时代”“喜迎二十大、同心跟党走”“凝聚新力量·筑梦新时代”等主题教育。在非公有制经济人士中开展理想信念教育活动。举办省直统战系统单位“喜迎二十大，奋进新征程”主题演讲比赛。组织开展近70万人次参与的学习中共二十大精神专题知识竞赛。围绕学习中共二十大精神，刊载一批“统战部部长谈”“党派主委谈”“统战委员谈”等学习体会文章。召开3场新闻发布会，吸引超100万人次观看。“赣鄱统战”微信公众号获评全省“网络正能量榜样”。

【多党协商合作】 组织实施《中共江西省委2022年度政党协商计划》，全年召开14次协商(通报)会。组织各民主党派、工商联、无党派人士开展大调研活动，形成10项调研成果，省委、省人大常委会、省政府、省政协主要领导出席党外人士座谈会，听取成果汇报。推动2021年度大调研成果转化和法检两院通报会意见建议落实，成果转化率97%。支持各民主党派、无党派人士开展为期4年的全省优化营商环境民主监督工作，建立完善10余项工作机制，组织开展调研180余次，实地调研企业3000余家，反馈意见650余条，报送社情民意100余篇。省市两级统一战线成员单位助力招商引资签约项目62个，总投资1051.2亿元。举办“江西乡村振兴·新蓝领职业技能培训班”。支持配合民进中央对口江西开展长江生态环境保护民主监督工作和举办“2022长江保护与发展”论坛；推荐306名民主党派成员、无党派人士担任长江生态环境保护公益诉讼志愿者。

【港澳台统一战线】 召开江西中国和平统一促进会换届大会暨江西海外联谊会七届四次理事会会议，设立“江西海联公益”项目。促成南昌大学与澳门大学达成合作办学意向、与澳门科技大学签约共建“元宇宙联合实验室”。举办赣港瓷韵展、同乡名胜文化节，江西港澳台青年学生暑期夏令营、两岸青年江西红色文化研习营等活动。开展“2022赣港澳台青少年线上研学”系列活动，四季首播共183.6万人次线上参与。

【民营经济统战】 举办全省民营企业100强和社会责任发布会暨理想信念教育报告会，开展“百媒进千企”系列活动，弘扬新时代赣商精神。开展“万企兴万村”行动，累计有1615家民营企业参与行动，实施兴村项目1930个，1645个村受益，其中投资经营类项目488个，实际投资255.15亿元；公益捐赠类项目1442个，捐款捐物10.16亿元。推动构建亲清政商关系，深入开展“人企走访连心”活动，宣传解读中央、省委各项惠企政策。全省非公有制企业维权服务机构受理实质性维权诉求859件，办结773件，办结率达89.99%。

【党外知识分子工作】 召开全省党外知识分子工作座谈会，规范无党派人士政治面貌认定工作程序。组织开展党外知识分子摸底调研，高标准建成江西省党外人才数据库。深化以“五有”为标准的“党外知识分子之家”创建工作，在实现11个设区市和100个县(市、区)全覆盖基础上，推动44所高校建成“党外知识分子之家”。支持党外知识分子以专家服务团、无党派人士考察团、党外博士服务团等形式，开展考察调研、社会服务等活动。

【新的社会阶层人士统战】 建成全省新的社会阶层代表人士数据库。加强联谊组织和实践创新基地建设，共建成312个新的社会阶层人士实践创新基地和82个网络示范基地。创新推进景德镇自由职业工艺美术师统战工作，带动打造“黎川油画师”“资溪面包师”“南康家居小镇设计师”等一批自由职业人员实践创新基地。发挥网络人士作用，组织开展“寻美·江西”系列活动，宣传推介江西。

【海外统战工作和侨务工作】 牵头举办“喜迎北京冬奥 共庆虎年新春”2022海外江西人云春晚等活动，吸引10万余侨胞收看。承办“华侨华人高层次人才国情考察江西行”活动，引导侨界人士投身江西改革发展实践。打造“侨梦苑”升级版，规范建设全省为侨服务平台251个，开展为侨服务和联谊活动714次。联合省法院、省检察院召开服务侨资企业健康发展座谈会，为侨资企业协调解决实际问题363个。承办2期线上中华文化大乐园和1期线上华文教师研习班，助力弘扬中华优秀传统文化。

【党外干部队伍建设】 联合省委组织部印发《关于建立党外干部培养选拔工作联席会议制度的通知》，构建省市县三级党外干部培养选拔议事体系。举办培训班46期，培训党外代表人士1000余人，实现对12类统战对象全覆盖。协助做好省人大政府政协换届工作。启动第5批全省党外干部实践锻炼。推荐22名党外专家学者担任省政府参事和省政府文史馆员。建立完善统战人物管理信息数据库，做好党外人士动态管理。

（蒋慧芝）

政策研究

【概　况】 2022年，省委政研室以文辅政，围绕全省经济社会发展和党的建设重大问题，统筹做好文稿服务和重要决策调研工作，全年完成各类文稿400余篇，形成调研报告20篇，服务省委科学决策。

【文稿服务】 牵头负责省委和省委主要领导文稿工作，服务起草省委全会、省党代表会议、省委经济工作会议、省纪委全会、“3·23”警示教育活动等重大会议活动文稿，以及省委主要领导在省委常委会(扩大)会议、省委理论学习中心组(扩大)集体学习会、习近平新时代中国特色社会主义思想理论研讨会、全省领导干部大会、设区市市委书记座谈会、全省稳增长防风险保稳定惠民生工作部署会、全省经济形势分析会、全省深化发展和改革双“一号工程”推进大会、全省科技创新大会、全省文化强省建设推进大会、新冠肺炎疫情防控调度会的讲话等系列文稿。完成省委“中国这十年·江西”主题新闻发布会、《牢记嘱托担使命、感恩奋进谱新篇——党的十八大以来江西经济社会发展成就》宣传册等文稿服务，组织起草《中共江西省委关于深入贯彻习近平总书记视察江西重要讲话精神、以优异成绩迎接党的二十大胜利召开的决定》《中共江西省委关于认真学习宣传贯彻党的二十大精神的通知》《中共江西省委关于深入学习宣传贯彻党的二十大精神、加快全面建设社会主义现代化江西的决定》《中共江西省委关于坚决维护以习近平同志为核心的党中央权威和集中统一领导的规定》等文件。起草省委主要领导、省委理论学习中心组在《求是》《光明日报》《党建研究》上的署名文章《沿着赣南苏区振兴发展康庄大道奋勇前进》《江西：红色统计事业的发祥与发扬》《充分发挥党的领导政治优势汇聚奋斗新时代的磅礴力量》。研究提出“强劲开局一季度”“奋力强攻二季度”“负重拼搏三季度”“决战决胜四季度”以及节假日“重大项目不停工、重点企业不停产”等重大举措。起草省委关于2022年工作情况的报告、省委关于赣南等原中央苏区振兴发展十年工作情况的报告、省委关于中央巡视反馈问题整改落实后续进展情况的报告、省委关于对2023年中共中央重点工作的建议等文稿。

【调查研究】 按照省委主要领导点题，调研形成《以正确用人导向选贤任能》《以干部创先激发全社会创新创业活力》《关于提升基层治理水平的调研和思考》《以正确的方法做正确的事情下最大的功夫求最好的效果》4篇报告，以省委主要领导署名形式印发省领导，各设区市、县（市、区）、省直各单位党政主要负责人。围绕全省经济社会发展和党的建设重大问题开展调研，形成《关于江西内陆开放型经济试验区建设调研与建议》《关于赣南等原中央苏区振兴发展的调研报告》《关于加快建设南昌元宇宙试验区的调查与建议》《关于推进我省社会化养老服务的调研报告》《关于我省数字乡村建设情况的调研报告》《关于推动我省非公企业党建高质量发展的调研报告》《关于推动构建我省城乡社区共建共治共享新格局的调查与思考》《着力打造产业链链长制升级版提升我省产业链供应链韧性和安全水平》《关于有效破解我省城市停车难问题的调研报告》《坚定不移纵深推进全面深化改革为描绘中国式现代化的江西画卷提供强劲动力》《关于加快推进我省农村产权流转交易市场建设的调研报告》《关于我省加快打造新时代内陆双向开放新高地的调研报告》等调研报告16篇，以《决策参阅》形式印发省领导，获批示65次，其中省委、省政府主要领导批示26次，相关意见建议转化为省委、省政府决策和工作举措。牵头指导全省调研工作，同省委办公厅共同组织开展省委专项调研，联合省科技厅开展管理科学战略支撑类项目课题调研，与《当代江西》杂志社联合开展调研征文活动，为省委谋划推进工作提供决策参考。

【举办全省设区市委政研室（改革办）负责人座谈会】 7月9日，全省设区市市委政研室（改革办）负责人座谈会在南昌召开。会议学习贯彻中共十九大和十九届历次全会精神，落实中共中央总书记习近平视察江西重要讲话精神，按照省第十五次党代会部署要求和省委书记易炼红走访省委政研室（改革办）时的讲话要求，总结部署政研改革工作，学习交流政研改革经验，提升全省政研改革系统工作水平。省委副秘书长、省委政研室主任兼省委改革办副主任利继忠主持会议并讲话，室（办）领导陈强、黄光明、张晓勇、李卫东、祝剑锋及各处室负责人，各设区市委政研室（改革办）和赣江新区创新发展局主要负责人共30人参加会议。各设区市委政研室（改革办）和赣江新区创新发展局主要负责人围绕会议主题作交流发言。

【简报工作】 牵头完成省委十五届三次全体（扩大）会议、省委经济工作会议记录、简报编发的组织协调工作，共编发《中共江西省委十五届三次全体（扩大）会议综合简报》9期、《中共江西省委经济工作会议简报》1期，合计7万余字。

（陈明玉）

改革工作

【概　况】 2022年，全省全面深化改革工作更加注重改革系统集成、协同高效，改革探索创新和经验推广，防范化解重大风险挑战，实施全面深化改革攻坚行动，推动改革更好服务全省经济社会发展大局。全面落实中共中央重大改革决策部署，制定印发省委深改委2022年工作要点和8个改革专项小组年度工作计划，部署推进重点改革任务238项。

【改革会议】 全年召开5次省委深改委会议，审议通过种业振兴行动、生态补偿制度改革等改革方案21个，听取重点改革任务推进情况汇报5个，听取上饶、鹰潭、新余、景德镇、宜春和石城县、西湖区、吉州区、珠山区等9个市、县（区）改革创新典型经验做法汇报，压实各地各部门改革责任，推动解决一批改革重点难点问题。全年召开省委改革专项小组联络员会议3次，就改革工作阶段性进展情况、全面深化改革攻坚行动、重要改革文件材料等内容，听取汇报、通报进展、推动落实。

7月9日，江西省设区市市委政研室（改革办）负责人座谈会在南昌召开，图为会议现场

省委政研室（改革办）供

【省领导领衔改革】 制定省委深改委成员2022年领衔推进落实重大改革项目实施方案，省委深改委成员共领衔推进落实17项重大改革事项。易炼红领衔推进“健全完善综合考核工作机制”重大改革项目，叶建春领衔推进落实“优化营商环境改革攻坚行动”重大改革项目，吴忠琼领衔推进落实“深化乡村振兴体制机制改革攻坚行动”重大改革项目，梁桂领衔推进“健全完善民生保障制度改革攻坚行动”重大改革项目，其他省领导也各自领衔推进改革项目。2022年领衔推进落实重大改革项目全部结项，形成一批制度成果、实践成果。

【改革宣传】 组织召开“江西这十年”系列主题新闻发布之全面深化改革专题新闻发布会。全年编发《江西改革动态》140期，中央改革办《改革情况交流》单期刊发《江西建立健全改革案例评选机制着力发挥改革典型经验示范引领作用》《江西石城深化移风易俗改革推动“请客不收礼、节俭办宴席”蔚然成风》《江西提升构建城市居家社区养老服务体系》《江西深化生态保护补偿制度改革》4篇典型经验，上稿数居全国第三。办好“江西改革”微信公众号，编发《江西改革工作简讯》1880期，公众号关注数超150万人，全年阅读量超830万人次，综合传播力居全国同类公众号前列。

【改革调研】 围绕改革关键问题和群众急难愁盼问题开展调研，完善和充实相关省委深改委会议审议材料，形成《关于有效破解我省城市停车难问题的调研报告》《关于我省加快打造新时代内陆双向开放新高地的调研报告》《坚定不移纵深推进全面深化改革 为描绘中国式现代化的江西画卷提供强劲动力》等调研报告，相关意见建议转化为省委、省政府决策和工作举措。

【改革考核】 对接全省综合考核工作体系，突出改革攻坚和探索创新，更加注重目标导向、效果导向，修订《江西省全面深化改革工作考核办法》，出台《2022年度江西省全面深化改革工作考核实施方案》。完成2022年度全面深化改革考评工作，共评出33个省直部门、6个设区市和30个县（市、区）为改革先进单位。

【重点领域改革】 重点领域和关键环节改革取得新突破，改革红利加速释放。经济体制改革领域，营商环境持续优化，高标准市场体系加快建设，市场主体发展活力进一步激发，财税金融改革稳步推进，更高水平开放型经济新体制加快构建；科教体制机制改革领域，科技体制改革加快推进，教育综合改革深入推进，人才发展活力加快释放；农业农村体制改革领域，农村基本经营制度不断巩固完善，农村土地制度改革持续深化，农业支持保护制度不断完善，城乡融合发展体制机制持续健全；生态文明体制改革领域，国家生态文明试验区建设全面深化，现代环境治理体系加快形成，生态产品价值实现机制建设全域开展，碳达峰碳中和有力有序推进，生态保护和修复制度持续完善；民主法治改革领域，推动人大工作与时俱进，全面发展协商民主，巩固和发展最广泛的爱国统一战线，持续深化群团改革；文化体制改革领域，推进理想信念教育常态化制度化，现代文化产业体系和市场体系持续健全，文化管理体制改革继续深化，公共文化服务体系更加健全；政法改革领域，执法司法制约监督体系更加健全，创新社会治理成效更加明显，诉讼制度改革不断深化，政法管理保障机制更加健全；民生改革领域，就业创业领域改革不断深化，医疗、医保、医药联动改革持续深化，养老托育服务体系持续完善，社会保障体系不断完善，社会事业加快改革创新；党的建设制度和纪检监察体制改革领域，推动党的领导全面覆盖，健全党管干部、选贤任能制度，完善政治监督具体化常态化机制，健全一体推进不敢腐、不能腐、不想腐机制，完善巡视巡察上下联动工作格局。

【改革探索推广】 建立鼓励基层探索创新、推广改革经验做法工作制度，印发《2022年江西省鼓励基层探索和推广改革经验工作方案》。鼓励基层探索改革，要求每个市、县（市、区）探索一项可供其他市、县（市、区）学习借鉴的改革经验，2022年共推出市县探索项目112个。鼓励部门推广，要求每个攻坚行动牵头单位每年要在全省范围推广一项本领域经实践检验、有推广价值的改革做法，2022年省直单位推广项目33个。

【开展全面深化改革攻坚行动】 形成《江西省全面深化改革攻坚行动方案（2022—2024年）》、十大攻坚行动具体实施方案、省直单位和市县系列配套贯彻落实文件的“1+10+N”政策体系，完成“一年全面铺开”工作目标。开展纳入2022年度省委督查工作计划的全面深化改革攻坚行动落实情况督查，形成督查报告。召开全省全面深化改革攻坚行动专题培训班，提升改革工作队伍攻坚能力水平。省委改革办建立全面深化改革攻坚行动对口联络服务机制，由班子成员和业务处室对口联络服务，围绕“了解进展情况、及时发现问题、提出意见建议、总结提炼经验”4个方面，保障攻坚行动推进。

（京方程）

巡　视

【概　况】 2022年，省委带头扛牢政治责任，把巡视工作作为履行管党治党政治责任的重要抓手，纳入省委常委会年度工作要点，第一时间跟进学习中共二十大关于巡视工作新部署新要求、《党的十九大以来中央巡视工作总结报告》和其他重要会议、重要文件精神，及时召开会议研究部署巡视巡察工作，审议通过《十五届江西省委巡视工作规划（试行）》。省委书记坚持以上率下，认真履行第一责任人责任。在省委示范引领下，市县党委书记自觉把巡察工作作为“书记工程”来抓，直接部署推动落实。省委巡视工作领导小组履行领导责任，以上促下、一体谋划，及时学习贯彻中央和省委有关巡视文件精神，坚持组织实施省委巡视工作和指导市县巡察工作同部署、同要求、同落实，听取情况汇报，分析研判问题，明确思路举措。省委巡视办抓好工作落实，履行统筹协调、指导督导、服务保障职责，分别召开巡视组组长、联络员座谈会，上门听取意见建议，完善省委巡视机构工作例会机制，推动构建巡视质量责任共同体。深入谋划提供巡前素材，新增政法、发改等通报单位，并商请省纪委省监委相关专案组面对面交流“活情况”，提高巡前通报质量。在中央、省内主流媒体和中央巡视办刊物发表经验材料50余篇。强化队伍政治建设，打造模范机关。对巡视机构处级及以上领导干部全面开展政治谈话，督促切实履行好职责使命。树牢“严管就是厚爱”理念，对苗头性、倾向性问题抓早抓小。组织开展违规打听、过问、干预省委巡视工作情况自查，开展巡视组作风纪律情况后评估，督促巡视组带头厉行节约、从严从紧使用巡视经费。协同省纪委省监委干部监督室、组织部，通过下组调研、受理信访、开展纪律作风后评估等方式，共同加强对巡视干部履职守纪全周期管理。

【政治巡视】 高起点、高标准谋划部署省委两轮巡视工作。采取板块组合方式，从市县、开发区、省直单位、省属企业和金融机构各板块选择61个党组织开展巡视，深入查找政治偏差。两轮巡视取得阶段成效，得到省委主要领导肯定。创新完善制度机制，加强规范化建设。适时修订完善《江西省委巡视监督参考要点》《江西省委巡视流程》，将肖毅案、龚建华案纪检监察建议整改等新要求纳入其中。修改完善《巡视报告模板》，新增行政“一把手”协助履行第一责任人职责和廉洁自律情况报告等内容。加强与省生态环保督察办公室会商，研究制定《关于建立省委巡视机构与省生态环境保护督察机构协作机制的意见（试行）》，中央生态环保督察办公室向全国生态环保督察系统推广有关经验做法。用好立行立改、巡视专报、抽查个人事项等工作机制，推动4家被巡视党组织对违反中央八项规定精神、损害群众利益等突出问题立行立改。第一轮被巡视党组织有22个地方或单位的负责人主动上门沟通对接整改工作。上报巡视专报9件，在省委和领导小组推动下，推动对教育、地方投融资平台、汽车产业、公众安全感、党外干部管理等领域突出问题的治理。

【整改落实及成果运用】 深化反馈整改工作。树牢“整改从反馈开始”理念，坚持省领导带队反馈和出席推进整改专题会，传导压实整改政治责任。对被巡视地方创新“统分结合”反馈方式，推动一体整改、未巡先改。把巡视反馈与警示教育、日常监督情况通报等有机结合，分别召开省委巡视萍乡市情况反馈会议暨萍乡市警示教育大会、省委巡视鹰潭市情况反馈会议，省委常委、省纪委书记、省监察委员会主任、省委巡视工作领导小组组长马森述出席大会并讲话，督促深刻汲取教训，纵深推进全面从严治党。强化巡视成果运用。建立省委书记专题会议听取巡视情况汇报时点人点事问题台账，对点评事项及时跟踪调度，推动问题解决。结合“一把手”政治谈话，向省领导提供巡视报告，将报告反映的问题作为谈话的重要内容和依据。抓好领导批示落实，将材料及时转日常监督部门牵头反馈，并跟踪抓好落实。对巡视情况进行历史、全面分析，通过对31个地方单位在十四届和十五届两次接受省委巡视有关情况进行对比，研判政治生态，明确形势任务和整改方向。提升巡视整改信息化规范化水平。抓好中央巡视办统建系统应用，开发运行“江西省委巡视整改系统”，研究制定《省委巡视集中整改进展情况联合会审工作规程》《省委巡视办统筹督促各责任主体落实巡视整改和成果运用责任工作规程》，实现对巡视整改情况全流程在线管控，得到中央巡视办肯定。认真执行《省委巡视整改销号流程》，压实被巡视党组织及其纪检监察机构和组织人事部门、行业主管部门责任，严防随意销号、虚假整改等问题。

【巡视巡察联动】 巩固深化拓展“市级巡察机构在上下联动中更好发挥作用”全国试点成果。指导赣州市梳理汇总制度经验、试点工作总结报告，中央巡视办《试点简报》刊登江西省有关经验21篇，赣州市形成特色做法18项。全年编印试点成果推广运用工作简报14期，推送有关经验做法220余篇。探索上下联动巡和提级联动巡。首次组织省市县三级对全省生态环境、自然资源系统开展上下联动巡视巡察，首次联动对6个设区市和24个县（市、区）纪委监委机关、党委组织部开展提级巡视巡察，探索总结提级巡视巡察方式方法，提升对市县纪委监委机关、组织部门巡视巡察监督的针对性和实效性。

【全省巡视巡察工作会议暨十五届省委第一轮巡视动员部署会召开】 4月8日，全省巡视巡察工作会议暨十五届省委第一轮巡视动员部署会在南昌召开。省委书记易炼红出席会

4月8日，全省巡视巡察工作会议暨十五届省委第一轮巡视动员部署会在南昌召开，图为会议现场

省委巡视办供

议并讲话，省领导吴忠琼、李红军、史文斌出席会议。省委常委、省纪委书记、省监委主任、省委巡视工作领导小组组长马森述主持会议并作具体部署；省委常委、省委组织部部长、省委巡视工作领导小组副组长吴浩传达中央有关会议精神，并宣布十五届省委第一轮巡视组长授权任职和任务分工。

【巡视巡察干部一体化培养】 制定《全省巡视巡察干部教育培训规划（2022—2026年）》，分类“量身定制”培训措施，着力提升政治素质和业务水平，得到中央巡视办肯定。创新人员抽调办法，进一步压实设区市委巡察工作领导小组责任，商请抽调纪委机关相关负责人深度参与巡视，加大省直单位优秀年轻干部的抽调比例，抽调人员质量进一步提升。增强巡前培训实效，注重结合每轮巡视对象特点，有针对性设置课程，开展学习交流，印发《省委巡视八项基本功操作指南》，提升巡视“新兵”业务能力。组织开展省委巡视机构业务大比武活动，以比促学、以比促练、以比促干。

【十五届省委第一轮巡视发现涉及政府职能方面问题整改专题会议召开】 8月18日，省政府召开十五届省委第一轮巡视发现涉及政府职能方面问题整改专题会议，省委副书记，省政府党组书记、省长叶建春出席并讲话。会议以视频形式开到市县，省政府在家班子成员，省纪委省监委、省委巡视办负责人，省政府组成部门、直属机构、事业单位、省属企业主要负责人等在主会场参加会议。会议通报省委第一轮巡视发现涉及政府职能方面的共性问题。

【十五届省委第二轮巡视动员部署会召开】 9月1日，十五届省委第二轮巡视动员部署会在南昌召开。省委常委、省纪委书记、省监察委员会主任、省委巡视工作领导小组组长马森述作动员部署讲话。省委常委、省委组织部部长、省委巡视工作领导小组副组长吴浩传达中央关于巡视工作新部署新精神和省委有关要求，宣布省委巡视组组长授权任职和任务分工决定。

【巡察工作指导督导】 完成对各设区市和10个规范化联系点的巡察工作现场指导督导的全覆盖，逐一下发情况反馈意见并督促抓好问题整改。制定《省委巡视机构分片联系指导市县巡察工作的暂行办法》，进一步加强对市县巡察工作的指导督导。指导各地精准合理开展提级巡察，破解基层熟人社会监督难题，获中央纪委通报表扬。指导南昌、赣州开展“提升对村（社区）巡察质效”试点，总结一批有效做法，形成一批制度成果。制定并下发“省直单位巡察工作情况备案表”，逐步建立省直单位巡察工作基础档案。加大以干代训力度，抽调省直单位巡察干部参加省委巡视锻炼，帮助提升履职能力。

（省委巡视办）

台湾事务

【对台经贸合作】 聚焦双“一号工程”，招引一批投资规模大、带动能力强、科技含量高的台资项目落户，推动兴英数位、中扬光电等台资项目加快洽谈签约，南昌现代制造产业园、永晋电子、汇芯半导体、台鑫钢铁等“5020”项目建设。推进海峡两岸产业合作区建设。1月26日，总投资131亿元的富士康富联精密科技项目签约落户赣州产业园。合作区共引进台资项目35个，实际进资6.56亿美元，吸引台湾地区专业技术人才187人。9月15—18日在上饶市举办以“共享新机遇·携手新发展”为主题的第十八届赣台经贸文化合作交流大会，两岸共600多人参会。大会签约项目43个，签约金额47.6亿美元。推进海峡两岸青年就业创业基地建设。井冈山经开区青创基地、景德镇陶溪川青创基地累计吸引入驻中小台企或创业团队190个，安排台湾地区254人实习，239人就业创业。在中央台办考核中，井冈山经开区青创基地评为优秀，景德镇陶溪川青创基地评为良好。2022年，全省新引进台资项目130个，实际进资16.29亿美元。截至12月底，全省累计引进台资项目3969个，实际进资185.77亿美元。

【服务台胞台商】 为台企纾困解难。省台办到省内各地市宣讲惠台政策，推动协调解决台企困难30余个，连续8年开展“精准服务台企月”活动，协助台企有德五金对接宜春聚昌电镀公司达成长期合作，每年帮助其节省成本10余万元。南昌市帮助80家台企享受疫情有关纾困解难政策补贴和创业担保贷款共计2929.71万元。九江市、萍乡市运用校企对接、网上招聘等为台企招引人才、补足员工。做好台企台商新冠肺炎疫情防控。协调有关部门解决台企用工、防疫物资、交通等方面困难和问题，稳住台企生产经营。为台商台胞提供疫苗接种、核酸检测等防疫服务绿色通道。为在赣台胞台属搭建交流合作平台。举办全省台协会长考察交流活动，召开全省对台经济工作分析会议，及时了解掌握台企投资动向和台资项目洽谈落实情况，做好重要台资项目跟踪服务。省台办、省高院联合出台《关于推进涉台纠纷诉调对接工作的意见》《关于成立“江西省涉台审判法官工作室”的意见》，共同成立“江西省涉台审判法官工作室”，满足台胞多层次多样化调解需求，提升纠纷调解效能。全年受理涉台纠纷及求助类事项339件，办结336件。中央台办转办重点案件全部办结，无新增重大涉台纠纷。保持与海协会有效沟通，及时对接落实相关工作。

【赣台人文交流】 发挥鹰潭龙虎山、景德镇中国陶瓷博物馆“国字号”海峡两岸交流基地建设经验，指导、设立、推进赣州全南县雅溪（客家）古村、上饶铅山县鹅湖书院、九江德安县万家岭大捷纪念园、南昌职业大学、南昌新建区汪山土库5家省级对台交流基地运行。健全完善全省台联台协交流机制，5月24日，在赣州举办全省台联台协会长交流会，为赣台交流合作建言献策、牵线搭桥。举办第二届“山美水美、乡情更美”暨2022年两岸青年学生夏令营活动、赣台（九江）青少年传统文化交流、传承安源精神·携手共筑中国梦——萍乡武功山海峡两岸青年学生交流活动、第九届海峡两岸（南昌）青年学生交流营、第三届海峡两岸婚姻家庭巾帼创业交流、第十届赣台（吉安）基层农会交流、海峡两岸朱子学、阳明学与书院论坛、赣台(九江)基层团体组织交流、第一届赣台(宜春)海峡两岸禅宗美学艺术高峰论坛、赣台两岸客家文化云交流活动、台湾地区媒体江西临川文化行活动、第三届赣台婚姻家庭"我爱我的家乡"联谊活动等。

【对台宣传】 新华社江西分社、中新社江西分社、江西日报社、江西卫视、江西广播电台、《联合报》《台湾导报》等媒体对赣台会、台企抗击疫情和重要涉台活动进行宣传报道。中新社刊发《疫情之下在赣创业的台商:"相信一切都会好起来"》报道,宣传新冠肺炎疫情影响下江西省台资企业发展良好稳定状况。"大陆新发现江西篇""大话西游——鹰潭"等宣传专题,在台湾地区《联合报》《经济日报》《U台说》和经济新闻网等媒体集中推介取得效果。省台办、江西师范大学、江西美术家协会和台湾中华啓庐书法学、华梵大学、台湾艺术大学,在台北举办"携手圆梦——第四届赣台(台北)高校书画联展",现场展出赣台两地高校书画作品108件。制作《2022年全省对台工作掠影》《台胞合法权益保护》专题片和赣台文化交流丛书《技与艺:民俗文化》,展示江西对台工作成就,共同传承弘扬中华优秀传统文化。编发《江西对台工作简报》30期、《江西对台工作》6期。

(张奇)

机构编制

【概　况】 落实中共中央总书记习近平的重要指示批示精神,结合江西实际,在文物保护和考古、校外培训监管、国家安全、动植物防疫、党委农办力量建设等方面,提出体制机制优化、机构编制保障等方面的政策建议,推动出台系列文件,跟踪指导落实。提请省委常委会会议研究重要机构编制事项4次,召开省委编委会会议集中审议机构编制事项2次。严格执行归口管理制度,研究制定《省委编办归口省委组织部管理事项清单(试行)》。

【党政机构职能体系建设】 推进国防动员体制改革,研究提出在原人防办基础上组建省国动办一揽子机构编制调整优化意见,省国动办正式挂牌运行,指导各设区市调整组建国防动员机构。协同推进行政复议体制改革,适应行政复议案件集中办理需要,调整优化省司法厅内部组织架构。研究谋划疾病预防控制机构改革,中央编办批复组建省疾病预防控制局。巩固深化机构改革成果,推动健全完善粮食行政管理体制机制,采取理顺管理关系、加挂牌子、增加机构编制等方式加强市县粮食部门工作力量。落实中央对档案工作督导要求,健全档案管理、档案执法运行机制。跟进优化有关领域组织架构,加强有关领域机构编制力量,推动部门职能更加优化、权责更加协同、运行更加高效。持续深化事业单位改革,先行撤销整合11家、改制注销6家;部署推进机构职能编制规定制定工作;指导市县结合实际深化改革,提升改革试点整体效益。

【服务发展大局】 助力改革发展双"一号工程",明确省发改委协调推进全省数字经济发展职能,健全完善数字经济治理机制;深入推进"互联网+政务服务",综合设置政务服务机构,实行"一颗印章管审批";批复新增4家清算与破产审判庭,进一步畅通市场主体救治和退出通道。助力创新驱动发展,深化高层次人才编制周转池制度,全面梳理兑现机构编制环节各类人才政策;落实全国红色基因传承研究中心机构编制保障;创新登记设立方式,为江西高新技术产业孵化中心等一批新型研发机构开辟绿色通道。助力医药健康产业发展,及时研究明确江西省热敏灸医院机构编制事项;在全国率先落实省呼吸医学中心、省心血管神经肿瘤医学中心、省儿童医学中心机构编制事项。助力区域经济高质量发展,研究批复各设区市开发区管理机构清理规范工作方案,优化职能定位,整合机构设置,集聚促进开发区集约发展;研究批复萍乡市明确推进湘赣边区域合作发展专门工作机构,强化组织架构保障;在限额内批复南昌市组建政府研究机构,提高决策参谋水平;统筹空编资源,专项下达红谷滩区500名事业编制,提升城市基本公共服务领域编制保障水平。

【基层管理体制改革】 会同省委组织部等出台《深化乡镇街道管理体制改革若干措施》《关于加强赋权保障提升基层治理水平的若干措施》等系列举措;落实中组部2年内补齐乡镇空编缺员部署,配合制订补员计划;统筹副处级领导职数用于配备经济发达镇党委书记,首批下达余江区锦江镇、南昌县向塘镇等18个经济发达镇领导职数;深化一支队伍管执法,加强基层应急管理队伍建设。

【机构编制资源优化配置】 通过系统谋划、统筹调剂、创新挖潜等方式,加强中小学教职工、学前教育、职业教育、"三支一扶"、公办养老机构、基层融媒体中心等方面的力量配备,统筹安排各类编制近万名。深化拓展省属高校编制备案制管理试点、公立医院人员总量管理试点,12家高校、9家医院纳入试点范围,推动提升专业技术人员比例。研究明确2所独立学院转设公办本科院校后机构编制事项。打破"编制部门所有"的传统模式,完善省直事业单位空编统筹使用机制,下达年度用编数1577名。衔接2023年公务员四级联考时间安排,提前下达省直参公事业单位用编数335名。会同省法院开展全省法院系统政法专项编制集中调整,统筹调剂171名编制资源,向人均办案量较大的法院倾斜,缓解"案多人少""人案不均"矛盾,实现司法资源均衡配置。开展机构编制执行情况和使用效益评估试点,研究起草评估指标体系和试点工作规程,选择7家省直单位和3个设区市开展试点,探索形成"指标体系+评估流程+结果运用"编制动态调整新机制。

【机构编制法治化】 持续推进法规制度建设,出台《省级机构编制审议决定事项权限清单(试行)》。印发《关于进一步规范机构编制实名制信息管理的通知》。梳理健全各级各类党政机构、事业单位台账,推动机构编制由管理数字向数字管理转变。推进事业单位法人电子证书试点。

从严预审省级各类议事协调机构设置。严格执行进人核编、领导职数备案等制度，开展结构性超编和“人编分离”专项清理。发挥“12310”信访举报平台作用，推进信访积案化解。开展“条条干预”问题自查自纠，参与党委巡视巡察选人用人专项检查和经济责任审计，发现并查处多项机构编制违规违纪违法行为。

（金煜）

机关党建

【概　况】 2022年，全省各级机关党组织以党的政治建设为统领，全面推进机关党的各项建设。组织省直机关“传承红色基因 赓续红色血脉”优秀文化节目视频评选及展播，协调推进瑞金苏区中央机关党建史陈列馆建设。“江西机关党建”微信公众号专题栏目访问量达133万人次。全覆盖组织省直机关8956个基层党组织、110982名党员收听收看中共二十大开幕式。印发《省直机关学习宣传贯彻党的二十大精神的通知》和《学习宣传贯彻党的二十大精神的近期工作安排》，研究提出22项工作举措。分层分类开展宣讲活动，分批举办各类培训班，推动学习全覆盖。统筹抓好机关统战和群团工作。组建工委统战部，指导省直机关统战工作。开展省第十六届运动会（机关部）暨省直机关系列体育比赛。开展夏送清凉、秋助学子、冬送温暖活动，做好职工重大疾病医疗互助工作。开展“喜迎二十大、热血践初心”无偿献血活动，组织7000多名干部职工献血240万毫升。发挥共青团作用，推进71个童心港湾项目建设，关爱农村留守儿童。开展“巾帼心向党 喜迎二十大”女性读书月活动。

【理论武装】 督促落实“第一议题”制度全覆盖，常态化开展检查，推动省直各单位党组（党委）跟进学习贯彻中共中央总书记习近平重要讲话重要指示精神，持续深化学习贯彻中共中央总书记习近平视察江西重要讲话精神。派员列席旁听省直单位党组（党委）理论学习中心组学习全覆盖，列席旁听104家省直单位中心组学习，40家省直单位建立对设党委的直属单位中心组列席旁听制度。推进青年干部理论学习小组建设全覆盖，省直机关建立青年学习小组1100余个。召开省直机关学习贯彻中共中央总书记习近平在庆祝建团100周年大会上重要讲话精神座谈交流会，引导机关青年筑牢思想根基。

【模范机关建设】 召开全省打造模范机关交流推进会，开展打造模范机关“以下看上”专题调研，征求到市县机关对省直机关的意见建议537条。省直机关工委会同省委督查室、省政府办公厅对30家省直单位深化“五型”政府建设、打造模范机关情况进行专项督查。采取“四不两直”的方式督查服务大项目情况，省直机关工委会同省发展改革委派出6个督查小组进现场、解难题、促进度。根据省委阶段性工作重点，把打造模范机关与全面建设“六个江西”、推进双“一号工程”、推进高质量跨越式发展相融合，先后将学习贯彻中共二十大会议精神、抗疫抗旱、干部创先带动大众创业万众创新、“八个强攻”、提升基层治理水平、“拼搏三季度，奠定全年胜”、“决战四季度、夺取全年胜”等纳入打造模范机关重点内容。部署省直单位集中开展办事流程“大体验”活动，56家省直单位的370名处长，对299项高频次业务和民生事项进行现场体验，发现问题205个，均提出整改措施、明确整改时限。在《江西日报》、江西卫视新闻联播等主流媒体开设“打造让党放心、人民满意模范机关”专栏，每周1～2期。江西机关党建网、《风范》持续宣传经验做法。开通“江西机关党建”微信公众号，推出“打造模范机关”等栏目。与省委宣传部联合召开“江西这十年”打造模范机关专题新闻发布会。部署创建“四强”党支部，深化机关基层党建“三化”建设。制定出台《省直机关创建“四强”党支部、深化模范机关建设的实施意见》，在省直机关广泛创建“政治功能强、支部班子强、党员队伍强、作用发挥强”党支部。完成省直机关基层党建信息化平台“赣鄱党建云”建设，开展党务工作规范化专项清理整治。

【举办“喜迎二十大 奋进新征程”演讲比赛】 9月22—23日，省直机关“喜迎二十大 奋进新征程”演讲比赛在省金融控股集团有限公司举行。省直99个机关单位参加比赛，18支队伍进入决赛。省委各部门、省直（中央驻赣）各单位机关党委专职副书记和部分党员干部到场观看比赛。9月30日，演讲比赛决赛在江西广播电台举行。省委常委、省委秘书长、省直机关工委第一书记史文斌，省人大常委会副主任张小平、省政协副主席刘卫平出席活动并为获奖选手颁

9月30日，省直机关“喜迎二十大·奋进新征程”演讲比赛决赛在江西广播电台举行，图为决赛获奖选手合影

省直机关工委供

奖。省直机关工委书记叶仁荪,江西广播电视台党委副书记、总编辑龚荣生为优秀组织奖单位代表颁奖,省直机关工委领导肖良、雷音、程新生、付利明、孔德然、王桂玲,江西广播电视台领导丁晓胜、万沪金,以及各参加决赛选手单位的机关党委书记出席活动。决赛最终评选出特等奖 2 个、一等奖 6 个、二等奖 10 个。比赛综合考虑各单位组织选拔、集体参加、演讲成绩、网络助力等方面,评出优秀组织奖 60 个,经过前期初赛还评选出三等奖 35 个、优秀奖 44 个。

【党风廉政建设】 贯彻落实省委《关于加强省直单位机关纪委建设的意见》,推动分类配备省直单位机关纪检干部。制定《关于加强省直机关新时代廉洁文化建设的若干措施》,开展“重家教、树家风、传家训”活动。加强执纪监督,通报部分单位党员干部违反中央八项规定精神典型案例。2022 年,省直单位机关纪委共处置问题线索 235 条,立案 66 件,处分 61 人,约谈 85 人,运用四种形态处理 265 人次。部署省直机关各党支部召开狠抓工作落实专题组织生活会,省直机关共有 6745 个党支部召开了专题组织生活会,74098 名党员参加,其中厅级及以上党员领导干部 945 名。

【江西省直属机关青年联合会第二届委员会全体会议召开】 8 月 8 日,江西省直属机关青年联合会第二届委员会全体会议在南昌召开,省直机关工委副书记熊育杰、团省委副书记罗华出席会议并讲话。省直机关工会工委主任邓斌代表省直机关群团组织致辞,省青联秘书长夏日辉参加会议。省直机关团工委负责人代表江西省直属机关青年联合会第一届常务委员会作工作报告。会议审议通过江西省直属机关青联第一届委员会工作报告,审议通过《江西省直属机关青年联合会组织工作细则》《江西省直属机关青年联合会委员履职考核实施办法》《江西省直属机关青年联合会委员直接联系青年工作制度》《江西省直属机关青年联合会提案和建议工作制度》,选举产生省直机关青联第二届委员会主席、副主席、常务委员会委员。

(省直机关工委)

高校党建

【理论宣讲】 印发《关于组建全省高校党的二十大精神师生巡讲团的通知》《关于组织开展全省高校学习宣传党的二十大精神师生巡讲活动的通知》,面向全省高校遴选 165 名优秀教师和青年学生骨干,组建全省高校学习中共二十大精神师生巡讲团,校级层面相应成立巡讲团 9383 人。各高校通过各级党委理论学习中心组(扩大)学习会,师生代表巡讲会、思政课集体备课、支部党员大会、主题党(团)日、主题班会,结对共建文明实践站宣讲活动等形式开展巡讲,覆盖师生群众 109 万余人次,开展巡讲 10426 场次。组织开展全省高校百校联讲接力展示活动,摄制的短视频在全省教育融媒体平台和新华社客户端推送,阅读量超 1000 万人次。

【“双融双育”活动】 省委组织部、省委教育工委联合印发《关于在高校组织开展“双融双育”活动的实施方案》,部署推进“高校党建工作融入全省工作大局、融入高校高质量发展,培育高素质专业化教师队伍、培育堪当大任的时代新人”活动,以党建助力业务发展。联合印发全省高校党建示范攻坚行动计划,召开动员部署会,培育打造江西农业大学“金扁担”、华东交通大学“火车头”等一批典型经验和党建品牌。开展省属本科高校党建工作重大创新基地创建,遴选南昌航空大学党建创新实践中心等 6 个创新基地。启动全省首批高校党建“双创”工作,新增全国高校党建工作标杆院系 1 个、样板支部 25 个。以“双融双育”为载体,推动“双一流”“双高”建设,组建冲击国家“双一流”学科突击队,全省新增 1 个 ESI(基本科学指标数据库)前 1‰学科、7 个 ESI 前 1% 学科,在第五轮学科评估中实现“A +”学科“零的突破”,B 类及以上学科比上一轮增长 46.9%,高校毕业生留赣率 59.65%;启动第二轮高水平高职学校和专业群建设计划,扩大职业教育本科办学规模,增长 69.45%,“奋力打造全国职业教育改革创新发展高地”改革案例入选全省全面深化改革十佳案例。

【高校党组织建设】 严把换届工作流程,指导 10 所高校召开党员代表大会。党组织关系隶属工委的高校基层党建信息化系统全部开通运行。开展党务清查整治,推动各设区市、省直有关单位和高校落实高校党建工作责任。联合省委组织部出台《关于加强和改进全省民办高校党的建设工作的若干措施》,实现民办高校党委书记选派全覆盖。举办党的基本知识竞答赛、“寻找课本里的共产党员”在线答题活动,560 余万人参加。推荐 43 名“新时代赣鄱先锋”典型并广泛宣传。举办全省高校党委书记校长暑期研讨班,并将民办高校党委书记、校长、举办者纳入培训对象,提升高校管党治党政治能力和办学治校业务水平。举办全省高校院系党组织书记培训示范班,全省高知识群体入党积极分子培训示范班和大学生入党积极分子培训示范班,加强高校党员教育培训,提升党务干部综合素质和业务水平。

【思想政治工作】 全面推进“大思政课”综合改革试验区建设,以省委教育工作领导小组名义印发实施方案,围绕 5 项改革试验出台 33 个配套文件,推进 42 项任务落地,统筹推进问题式专题化团队教学改革,试验区建设经验在中央教育工作领导小组秘书组《教育工作情况》《教育部简报》等刊发。制定思政工作测评细则、民办高校思政 8 项举措等若干制度,创新建设“一站式”学生社区,培育 40 个省级精品项目,入选教育部精品项目数量并列全国第 3,1 所高校入选教育部学生社区试点。开展优秀案例论文等 10 余项征集展示,推进社会实践,“礼敬中华优秀传统文化”项目入选并列全国前 4 名,连续 3 年入选中国大学生年度人物。省政府办公厅出台心理健康教育实施方案,出版全国首套心理健康教育丛书,成立大中小学心理健康一体化联盟,实施“一校结对一市”帮扶、“万师润万心”等系列工作,高校累计开展专项活动覆盖 255 万人次。构建数据报送、重点抽查、全员点名机制,推动思政队伍配备达标。选树

20名高校最美辅导员、6名思政课名师(团队),举办22期思想政治工作队伍研讨培训,首创思政课教师全员“晒课”,组织辅导员、心理健康教师、大、中、小学思政课教师三大赛事,入选教育部思政课名师工作室数量并列全国第三名,2名辅导员分别获得“最美高校辅导员”“全国高校辅导员年度人物”称号。

【高校统战工作】 召开2022年全省高校统战工作会议暨“发挥统战作用助力六个江西”动员大会,在全省高校统战成员中开展“矢志不渝跟党走、携手奋进新时代”“喜迎二十大、同心跟党走”主题教育,开展专题学习、主题研讨、调研考察等200余场次。举办高校统战部部长培训班和高校党外知识分子代表人士培训班,培训2700余名专兼职统战干部和统战成员。21名高校党外代表人士担任新一届民主党派江西省委会主委、副主委,76名高校无党派人士担任第三届省知联会理事。全省高校认定无党派人士政治面貌人员571名。高校党外代表人士发挥优势作用,产出和转化科研成果126项。全国、全省两会期间,高校党外人大代表、政协委员提出人大建议、政协提案290余件。以铸牢中华民族共同体意识为主线,构建课堂教学、教育实践和校园文化建设多维一体的民族团结进步教育平台。省委教育工委与南昌市委统战部召开联席会议,并以会议纪要形式将南昌地区联动工作经验印发各地各校。组织全省高校61万余名师生参加民族宗教法律法规专场活动。

【勤廉教育】 推动高校开展勤廉教育建设,在“学”“查”“改”“转”“督”5个环节提出26条重点任务。持续加强师德师风建设,推动教育系统全面从严治党向纵深发展。召开全省教育系统全面从严治党暨肖某华案情通报整改视频会,压实责任链条,落实全面从严治党各项要求。以作风建设为主题,开展全省民办高校党委书记座谈会暨政治谈话会,各民办高校梳理问题175条,完成整改158条。做好案件查办“后半篇文章”,在各高校开展龚某华案、肖某华案等违法违纪案件倾向性问题自查自纠工作,推动全省高校以案促改、系统施治、标本兼治。

(省委教育工委)

党校工作

【概　况】 2022年,全省有各级党校112所,其中县(市、区)级党校100所,市级党校11所,省级党校1所(即中共江西省委党校)。全省党校在职在编教职工2678人。2022年各级党校共举办各类班次3071个,培训干部44.98万人。其中举办常规主体班次1385个,培训学员26.12万人。

【干部培训】 举办全省市厅级主要领导干部学习贯彻中共二十大精神专题研讨班,培训学员266人;举办全省市厅级、县处级领导干部学习贯彻中共十九届六中全会精神网络专题培训班,培训市厅级领导干部1329名和县处级干部24285名;与省委组织部、省委政法委、省委教育工委(省教育厅)等部门合作举办各类专题研讨班53期,培训学员4800余人;统筹“一校五区”办学格局,利用各校区办学资源,全年举办常规主体班41期、培训学员1964人。举办“红色教育”各类培训班65期、培训学员3560人。江西干部网络学院全年完成党员干部在线培训任务36.2万余人次。严把在职研究生培养质量关,新招录1006人,毕业909人。

【教学管理】 深化“用学术讲政治”教学改革,打造精品课,促进教学水平提升。举办第一期青年教师马克思主义经典著作及中共重要文献专题学习班、第四期校内师资培训班。着力打造教学精品课程,全年2门专题课程入选中央组织部全国干部教育培训好课程,2门专题课程获评“全省习近平法治思想‘大学堂’宣讲精品课程”。举办江西省“十四五”时期高质量跨越式发展论坛6期,邀请省领导、省内外著名专家、省直有关单位负责人作主旨报告。结合中共中央重大决策部署和学习宣传贯彻中共二十大会议精神,及时调整“1+N+1(X)”教学体系,调整教学单元,完善充实习近平新时代中国特色社会主义思想与中共二十大会议精神教学单元,新增“全面建设社会主义现代化国家的政治宣言和行动纲领——深入学习贯彻党的二十大精神”等一批教学专题。推进习近平新时代中国特色社会主义思想精品专题、经典案例、精彩现场建设,挖掘各地学习贯彻党和国家大政方针、省委省政府决策部署的生动实践,增设案例教学和现场教学,在资溪等六地建立生态文明教学实践创新基地。完善课堂教学、革命传统教育基地现场教学、警示教育、党性锻炼相结合的“多位一体”党性教育模式,坚持学员学习党史常态化,持续开展课前十分钟讲党史微课、周三晚上党史讲座、党史知识竞赛、“红色家书”诵读等活动,组织学员观看《山茶花开》《浴血广昌》《邓小平小道》等红色剧目。

【新型智库建设】 全年获批国家社科基金后期资助项目1项和省部级课题36项,承担全省党校(行政学院)系统各类课题43项,各类课题结项20余项。出版学术著作3部、普及读物1部、编著3部。发表理论文章和各类学术论文227篇,2篇论文分别获全国党校(行政学院)第十四届优秀科研成果一等奖、三等奖,4篇论文在2022首届江西社会科学学术年会获奖。承办中国共产党领导力论坛(2022),中央党校(国家行政学院)教育长李文堂,省委常委、省委组织部部长、省委党校校长吴浩分别在北京主会场、江西分会场致辞,校(院)3人发言、1篇论文获奖。举办全省党校(行政学院)系统“学习贯彻党的十九届六中全会暨省第十五次党代会精神”理论研讨会。校(院)刊办刊质量不断提升,复合影响因子取得历史最好成绩,《求实》继续保持C刊行列,《地方治理研究》首次获评核心期刊。《领导论坛》和各类内参发表调研报告43篇,获得省领导批示134次,批示次数创新高,其中获省委书记批示6篇,省长批示13篇。校(院)应急管理研究中心获批为2022年江西省哲学社会科学重点研究基地。

【举办中国共产党领导力论坛(2022)】 10月29日,中国领导科学研究会、中央党校(国家行政学院)党的建设教研部、江西省委党校(江西行政学院)共同举办中国共产党领导力论坛(2022),分别在中央党校(国家行政学院)和江西省委党校(江西行政学院)设立线下会场,全国各地参会学者在当地通过线上连线方式参会。该次论坛以深入学习贯彻中共二十大精神为宗旨,以"中国式现代化与中国共产党领导力"为主题,重点研讨中国共产党如何领导社会主义现代化事业、如何成功推进和拓展中国式现代化,以及百年大党精神谱系对中国式现代化的作用。中共中央党校(国家行政学院)教育长李文堂在中央党校(国家行政学院)会场出席并致辞。省委常委、省委组织部部长、省委党校校长吴浩在江西省委党校会场出席开幕式并致辞。20余名专家学者先后作主旨演讲和主题发言。论坛公布该届论坛论文征集及评选结果,其中优秀论文20篇,入选论文40篇。

【省委宣讲团到省委党校宣讲中共二十大精神】 11月14日,省委书记易炼红到省委党校宣讲中共二十大会议精神,并作专题辅导报告。易炼红围绕深入学习贯彻中共二十大会议精神,结合个人学习体会,从"万山磅礴看主峰""思想旗帜领航向""继往开来擘宏图""一心为民践宗旨""敢于斗争战风险""自我革命不止步"6个方面阐释宣讲中共二十大会议精神的核心要义、精神实质、科学内涵、实践要求。省委常委、省委组织部部长、省委党校校长吴浩主持宣讲会。省委党校主体班学员和教职工780余人参加报告会。

【全省市厅级主要领导干部学习贯彻中共二十大精神专题研讨班在省委党校举办】 11月30日,全省市厅级主要领导干部学习贯彻中共二十大会议精神专题研讨班在省委党校开班。省委书记易炼红出席开班式并作辅导报告,省委副书记、省长叶建春主持开班式,在职省级领导姚增科、吴忠琼等出席开班式。省委各部门、省直各单位、各人民团体、省属高校主要负责人;省属企业正职;各设区市、赣江新区党政主要负责人参加研讨班。12月4日,全省市厅级主要领导干部学习贯彻中共二十大会议精神专题研讨班结业。叶建春作书面总结讲话。吴忠琼主持结业式并作小结讲话。省委党校常务副校长曾志刚等5名学员代表作交流发言。

(刘艺)

信访工作

【概　况】 2022年,全省信访总量同比下降20.5%;来省上访批次同比下降20.07%;初次信访下降19.71%;重复信访占比下降至32.14%;信访事项及时受理率99.95%、按期办结率达99.96%、责任单位群众参评满意率97.10%。全省信访工作考核排全国第5,获得全国信访工作考核优秀等次,7个县(市、区)获评全国信访工作示范县(市、区),3个集体、19名个人在第九次全国信访工作会议上被表彰为全国信访系统"两先六优"。

【学习宣传贯彻《信访工作条例》】 省委理论学习中心组专题学习中共中央、国务院最新发布的《信访工作条例》,邀请国家信访局主要领导人作视频辅导。省委办公厅、省政府办公厅印发学习宣传贯彻工作方案,举办全省分管信访工作领导干部专题培训班、《信访工作条例》专题学习培训会,开展"书记、局长学《条例》谈信访"、百万网民学《信访工作条例》知识竞赛等活动。依法按程序废止《江西省信访条例》,清理现行规范性文件33件,制定下发16项信访业务规则。建设"江西数字信访系统",在省市县三级"赣政通"政务服务平台开通"网上信访",完善群众来信和人民网网民留言办理机制,纵深推进信访工作信息化、规范化、科学化。印发《省信访工作联席会议工作规则》,听取推进乡镇(街道)信访工作联席会议实体化运行的意见,打通信访工作落实"最后一公里"。

【开展"化解信访突出问题百日攻坚行动"】 6月中旬至9月下旬,全省开展"化解信访突出问题百日攻坚行动"。全省全面开展风险隐患排查,健全完善"动态摸排+滚动交办+台账管理+跟踪督办"工作机制,强化源头治理、前端化解;严格落实领导干部接访下访制度,市、县、乡每天安排党政领导接访,先后视频抽查领导接访1.3万次,到岗率达99.3%;加强房地产、涉疫、涉金融等信访突出问题分析研判,开展优化升级营商环境、税收助力经济发展等专项人民建议征集活动,征地拆迁、涉法涉诉、农村农业、劳动社保、集资融资等重点领域信访量同比分别下降25.71%、20.83%、10.57%、8.48%和7.39%。

【推进治理重复信访、化解信访积案专项工作】 紧盯国家信访局2批交办重复信访事项,创新机制方法,精准综合施策,建立"双交办双建账、双包案双化解、双结案双签字、双核查双督办"模式,严格落实"区域+领域"协调双包案机制。深入开展"大督查、大接访、大调研"活动,开展"一随机两抽查",建立工作提示函、风险警示函、信访督办函、问责建议函"四函"机制,集中开展专项工作"破冰行动",坚持每日调度、每周通报,国家信访局交办的2批重复信访事项化解率达99.76%,化解成效保持在全国第一方阵。

【探索"红色文化+信访工作"模式】 围绕建立"红色文化+信访工作"机制,在弘扬老区群众工作传统、提升网上信访工程、推行信访员代办、开展领导干部接访等方面形成制度规范。强化"红色文化+信访工作"阵地建设,总结提升全国信访工作示范县创建活动成果,健全"综合指挥+联合接访+多元化解"新机制,实现"一站式接待、一条龙办理、一揽子解决"。发挥基层群众工作平台和网格化管理服务作用,加强信访与司法调解、行政调解、人民调解的协调联动,总结运用"幸福圆桌会""百姓说事室""访前法律服务""乡镇(街道)党委书记热线"等经验做法,有效减少信访上行。江西省"红色文化+信访工作"枫桥经验江西版、矛盾纠纷多元化解机制、领导包案"四双"化解积案新模式、巡视巡察与信访监督融合发展等经验做法,得到中央信访工作专项督查组肯定,并被中央信访工作联席会议办公室、国家信访局在全国推广。

【举办全省分管信访工作领导干部专题培训班】 9月7—9日，全省分管信访工作领导干部"深入学习贯彻习近平总书记关于加强和改进人民信访工作的重要思想，争创新时代第一等信访工作"专题培训班在南昌举办。省委常委、常务副省长梁桂主持开班式并讲话，省委常委、省委政法委书记罗小云出席开班式并讲话，副省长、省公安厅厅长秦义出席开班式。培训班邀请国家信访局正局级信访督查专员、投诉办专职副主任牟海松作"中共中央总书记习近平关于加强和改进人民信访工作的重要思想及《信访工作条例》"专题辅导，省委党校一级巡视员罗志坚作"习近平法治思想"专题辅导，省委网信办一级巡视员周森昆作专题辅导，安排省委信访局副局长曾小平作"当前我省信访形势与任务"专题辅导。省公安厅、省人社厅、九江市、新余市、南昌县、赣州市南康区有关负责人作大会交流发言。培训班由省委组织部、省信访工作联席会议办公室联合举办，省信访工作联席会议成员单位分管领导、省委信访局领导班子成员在南昌主会场参加培训，各设区市、赣江新区、县(市、区)、开发区信访工作联席会议召集人在当地分会场参加培训。

（省委信访局）

老干部工作

【概　况】 至2022年年底，全省有离退休干部45.55万人。其中，离休干部3778人，退休干部45.17万人；省级老干部60人(其中正省级5人、副省级55人)；老红军1人，抗战离休干部250人，解放离休干部3527人。离退休干部党员27.28万人，离退休干部党组织6079个。

【离退休干部党建】 开展"建言二十大""我看中国特色社会主义新时代"等调研活动。通过举办网上报告会，开通"云课堂"，打造学习专栏，组织引导全省老干部学习贯彻中共二十大会议精神。进一步完善落实阅读文件、参加重要会议和重大活动、通报情况、参观学习等政治待遇制度，教育引导老干部坚定拥护"两个确立"、做到"两个维护"。落实中央关于加强新时代离退休干部党的建设工作的意见，将离退休干部党建工作纳入全省党的建设总体布局。定期举办离退休干部党建工作培训班，开展示范党支部创建活动。推行干部荣誉退休制度，引导退休干部始终牢记党员身份。在全省退休干部中深入开展警示教育活动，进一步增强老干部的党性观念和规矩意识。

【发挥离退休干部作用】 持续开展"增添正能量·共筑中国梦"活动，引导老干部主动融入中心、服务大局，围绕基层党建、乡村振兴、社会治安管理、生态环境保护等领域献智献计、贡献力量。围绕"喜迎二十大·永远跟党走"主题，开展参观学习、走访慰问、书画摄影展、文艺展演、宣传宣讲等系列活动。深化以"弘扬井冈山精神"为主要内容的传承红色基因工程，开展青少年党史学习月等活动，教育引导青少年学党史、颂党恩、听党话。开展"五老"关爱工程，深入推进"一对一"结对帮扶帮教、"树家风、育新人""关爱明天、普法先行"普法教育活动，助力青少年成长成才。开展"珍爱生命，防止溺水"活动，组织3.1万余名"五老"参与志愿服务工作。

【离退休干部服务管理】 全面深入推进"一人一策"精准服务工作，通过广泛调研，做到精准掌握离休干部情况、精准落实政策、精准对接个性化需求，并总结推广经验。创新离休干部居家养老政府购买服务、适老化设施改造、家庭巡诊、看病陪护、精准帮扶等个性化服务模式，帮助离休干部解决家政、维修、看病、购药、住房等方面的实际困难。做好离休干部特困补助申报工作，重点帮扶困难离休人员及遗孀598人，下拨解困资金179.2万元。慰问基层困难老干部、易地安置老干部、老红军遗孀等984人次，发放慰问金131.2万余元。及时提高离休干部基本离休金，历史性解决企业离休干部增发津贴补贴问题，全年增发补贴4200万元，每人每年新增收入5.4万元。持续提升老年大学、活动中心的供给能力和服务水平，更好地满足老干部精神文化等方面的需求。谋划、组织开展防养老诈骗宣传工作。继续推进"银耀赣鄱"信息平台的升级改造和功能拓展，为老干部提供优质便捷的服务。

【离退休省级老干部座谈会召开】 8月4日，江西省召开离退休省级老干部座谈会，通报全省2022年上半年经济社会发展情况，征求省级老干部对省委、省政府工作的意见建议。省委书记易炼红主持座谈会并讲话。省委副书记、省长叶建春通报全省上半年经济社会发展情况，省委常委、省委组织部部长吴浩，省委常委、省委秘书长史文斌出席座谈会。座谈会上，傅克诚、彭宏松、陈达恒、胡振鹏、孙用和、钟利贵等发言，20多名老干部参会。

【全省老干部局局长会议召开】 3月31日，全省老干部局局长会议在南昌召开。省委书记易炼红作出批示，肯定了2021年全省老干部工作取得的成效，对进一步做好全省老干部工作提出要求。省委常委、省委组织部部长吴浩出席会议并讲话。会议要求把做好老干部工作作为一项重要的政治工作。要深入学习贯彻中共十九届六中全会精神，围绕推进新时代党的建设新的伟大工程，加强离退休干部党的建设。要主动以服务大局为中心，紧扣落实省第十五次党代会部署，在全面建设"六个江西"中发挥老干部作用。要坚持加强党对老干部工作的领导，建设模范老干部工作部门。会议表彰了2个全国老干部工作先进集体、6名先进个人，40个全省老干部工作先进集体、60名先进个人和10名"最美"老干部。会议以视频形式开到设区市。

（谢高龙）

党史工作

【概　况】 2022年，省委党史研究室出版著作4部，完成课题7个，撰写理论文章10余篇。对党史题材作品审核把关，先后审读审看书稿、纪录片、专题片、陈展大纲80余部

（篇）。承担全国“红色基因”传承示范区创建、长征国家文化公园江西段建设、红色名村建设、革命遗址普查、纪念场馆建设等全省重点工作。

【著作编写和资料征编】 根据中央党史和文献研究院统一部署，撰写完成专题《牢记嘱托作示范 感恩奋进勇争先——从党的十八大到二十大江西实践》。联合编著的《新时代江西这十年》于中共二十大召开前夕由江西人民出版社出版发行，为全国省级党史部门唯一一部反映新时代十年省域范围经济社会发展重大成就的主题出版物，并入选百道网2022年10月好书榜。联合编撰出版《红色金融》。公开出版发行《永恒的力量·安源》《永恒的力量·八一》。完成《中国共产党江西历史》第二卷勘误、修订。继续做好《中国共产党江西省组织史资料》第二卷（1987—2019）补录完善及编纂工作，形成党、政、军、统、群五大系统资料长编共70余万字。征集江西脱贫攻坚口述史料42万余字，形成25万字的《江西脱贫攻坚口述史料》书稿。持续推进《毛致用同志口述史料》征集工作，已征集到舒惠国、舒圣佑等老干部回忆文章、珍贵图片、重要文献等各类资料，共11万余字。编撰完成《江西党史大事记（2017—2021）》，共85万余字；完成2022年《江西党史大事记》《省委书记江西工作纪事》。

【课题研究】 完成中央党史和文献研究院立项的《江西——中国工人运动的摇篮》《八一精神新论》2项课题并结项上报。其中，《江西——中国工人运动的摇篮》阶段性研究成果在《江西日报》刊发。课题成果《从南昌起义看党的初心使命》在“学习强国”学习平台上刊发。完成“余江血防的精神实质和时代价值”课题，研究成果《战天斗地送“瘟神”——64年前余江县依靠党的领导夺取血防胜利的启示》《一面镌刻着伟大斗争精神的血防红旗》分别刊发在《江西日报》《当代江西》。参加中共中央组织部《干部教育培训百年重大成就和历史经验研究》课题研究；联合完成《江西：红色统计事业的发祥与发扬》课题研究，以省委理论学习中心组的名义在《光明日报》发表，获省委、省政府主要领导在内的多位省领导肯定批示，并被中央办公厅《信息汇要》刊登；完成省社科规划委托重点课题《江西百年党史征程历史贡献研究》；完成省党建研究会课题《伟大建党精神的生动实践——以中央苏区为例》，被评为年度优秀课题（省社科研究规划一般项目委托课题）；向中央党史和文献研究院报送《我以我诗讲思政》《我们的军旗》《中国革命与江西“红”》《回顾苏区历史 弘扬苏区精神 牢记初心使命》4篇党史宣讲报告，全部入选《全国百篇党史宣讲报告》，位列全国第一方阵。撰写《全面把握中国式现代化新道路的内涵特征》《毛泽东与中共安源支部》《从南昌起义看党的初心使命》《树立正确党史观要做到“四个坚持”》等论文10余篇，其中，《江西：红色金融事业的发祥地》在《江西日报》刊发；《开创与传承：试论安源工运与苏区工运之渊源》入选“纪念安源路矿工人运动100周年学术研讨会”，获三等奖；《试论长征精神对伟大建党精神的传承与发展》入选“第六届长征论坛”；《弘扬共大精神 赓续红色血脉》《弘扬共大精神 凝聚复兴伟力》，收录《“共大精神”学术研讨会论文集》；《重温任弼时理论联系实际的优良作风及历史启示》入选“任弼时与党的建设学术研讨会”；《论熊雄的斗争精神及其当代价值》入选“熊雄生平与革命实践研究理论研讨会”，获二等奖。

【重大党史事件和重要党史人物纪念活动】 联合举办纪念“安源路矿工人运动100周年”、“秋收起义”95周年、井冈山革命根据地创建暨三湾改编95周年、中华苏维埃共和国国家银行成立90周年、闽浙赣革命根据地创建暨闽浙赣省苏维埃政府成立90周年等座谈会，联合举办纪念南昌起义军余部“赣南三整”95周年、“安源路矿工人运动”100周年、南方红军三年游击战争胜利暨新四军组建85周年、“共大精神”“任弼时与党的建设”“熊雄生平与革命实践研究”等研讨会。

【党史宣传教育】 创新党课宣讲方法，打造《诗词颂党史》等多堂精品党课。开展宣传宣讲，室领导及业务骨干先后到相关单位开展“四史”和中共二十大精神宣讲50余场次。借助各方力量，抓好影视音像类作品制作，参与制作《闪亮的坐标（青春季）》节目，12集全部播出，并入选国家广播电视总局“迎接党的二十大”十大重点文艺节目、2022年“中华文化广播电视传播工程”重点项目，全网阅读量（观看量）超3亿人次，位列晚间黄金档电视节目融合传播指数榜第一名；参与制作十集电视专题《1927·十日》，全媒体视听总时长3.34亿分钟、受众量7198.51万人次；联合中央人民广播电视总台国际在线共同出品《心中的映山红》红色MV，得到新华社、“学习强国”学习平台、中央党史和文献研究院、中央广播电视总台国际频道等主流媒体及国外一些社交媒体转发传播；策划推广《一枚红色硬币的故事》，被《人民日报》《学习时报》、“学习强国”学习平台、澎湃新闻等多家网媒转发；协助中央电视台摄制组开展《长征组歌》摄制；协助完成《光耀“赶考”路》主题展。利用特殊时间节点和重要主题开展各类宣传活动。联合推出《江西红色故事绘》专栏，创新宣传形式，打造手绘漫画系列作品18部，其中，《红领巾从这里飘起》《跟着总书记学党史之红色安源，中国工运的一面旗帜》，获中央网信办全网推送，综合阅读量超过1亿人次；围绕“三个95周年”特别策划“信仰的足迹”，作为国庆献礼在江西卫视都市频道播出，得到省委常委、省委宣传部部长庄兆林批示；围绕庆祝共青团成立100周年，联合策划推出十集系列专题动画小视频，参与录制特别节目《我们正青春》。联合开展“党的故事我来讲——江西省中小学生红色档案云课堂建设”活动，大赛当日575.4万人次观看。利用“一网、两刊、两微”等传统媒体平台传播党史声音，江西党史网全年刊发图片295张、新闻249条；编辑出版《党史文苑》12期，其中4篇文章被《学习时报》转载；编印《党史赣鄱说》6期，其中1篇受到中央党史和文献研究院领导批示；“红米饭”“红小鬼”微信公众号分别发布文章361篇、127篇。

（卢纬）

本类目编辑 张志勇

江西省人民代表大会

综　述

2022年，江西省各级人民代表大会1504个，其中省级人民代表大会1个、设区市级人民代表大会11个、县级人民代表大会100个、乡（镇）人民代表大会1392个。各级人大代表近12万名，其中全国人大代表76名、省人大代表598名。省十三届人民代表大会常务委员会组成人员实有61名，其中主任1名、副主任6名、秘书长1名、委员53名。省十三届人民代表大会设有监察和司法委员会、财政经济委员会、教育科学文化卫生委员会、农业和农村委员会、环境与资源保护委员会、法制委员会、社会建设委员会7个专门委员会；省十三届人民代表大会常务委员会下设办公厅、法制工作委员会、选举任免联络工作委员会、外事华侨民族宗教工作委员会、预算工作委员会5个工作机构。

坚持党的全面领导，深化中华苏维埃代表大会制度研究。持续深入学习宣传贯彻中共二十大会议精神，结合实际制定学习贯彻工作方案。贯彻落实中央人大工作会议精神，协助省委召开贯彻落实中央人大工作会议精神推进会以及全省市、县（市、区）人大常委会主任、省人大代表学习班，在年度市县综合考评中设置专门的考核指标，强化督促检查，推动中共中央决策部署及省委工作要求全面贯彻、有效执行。贯彻中共中央总书记习近平“要从瑞金开始追根溯源”的重要指示，组织拍摄的专题片《人民代表大会制度从这里走来》，作为全国人大网络干部学院教材上线发布。认真执行请示报告制度，全年向省委请示报告重要会议、重大活动、重要事项48件次。严格按照“党管干部”原则，依法任免国家机关工作人员，确保实现党委人事安排。

服务中心大局，推动人大工作创新发展。学习贯彻中共中央总书记习近平关于宪法的重要论述，健全落实宪法宣誓、宪法知识任前考试制度，组织纪念现行宪法公布施行40周年系列活动，开展宪法进农村、进社区、进机关、进企业、进校园、进代表联络站等活动，推动宪法走进群众日常生活。及时修改代表大会议事规则、常委会议事规则、主任会议议事规则，增加发展全过程人民民主的要求，为发展全过程人民民主提供制度保障。制定关于加强和改进省人大代表工作的意见，健全完善“双联系”机制，组织争当“四个表率”代表主题活动，组织评定代表联络示范站，更好地发挥人大代表主体作用。加强数字化建设，数字赋能人大工作。

履行管党治党责任，强化干部队伍作风建设。持续深入学习贯彻习近平新时代中国特色社会主义思想，组织开展《习近平谈治国理政》第四卷研讨交流，及时跟进学习中共中央总书记习近平重要讲话、重要指示批示精神。强化对机关党建工作的领导，定期听取汇报、分析形势、研究举措，健全责任清单，传导党建压力，压实工作责任。认真落实意识形态工作责任制，严格执行民主集中制，集体研究决定重大事项，提升决策的质量和水平。按照中共中央和省委部署要求，从严从实从快谋划推进龚建华案以案促改工作，建立问题清单、任务清单、责任清单，46项整改措施全部完成。及时召开全面从严治党形势分析会、以案促改推进会、专题民主生活会，开展“七个有之”专项治理，常态化组织警示教育活动，持续深化以案促改制度效能、整体效能。坚决贯彻中央八项规定精神，持续纠治“四风”。坚持正确的选人用人导向，完善干部教育管理、考核评价制度，提高服务保障水平。

（省人大常委会办公厅）

重要会议

【省十三届人大六次会议】　1月17—20日，省十三届人大六次会议在南昌召开。大会应到代表601名，实到代表560名，符合法定人数。不是省十三届人大代表的在职省领导，曾担任正省级领导职务的老干部和历任省人大常委会副主任特邀参加会议。省政协委员和省直各部门主要负责人等列席会议。大会听取和审议代省长叶建春所作的政府工作报告、省人大常委会副主任赵力平所作的省人大常委会工作报告、省高级人民法院院长葛晓燕所作的省高级人民法院工作报告、省人民检察院检察长田云鹏所作的省人民检察院工作报告，审查和批准《关于江西省2021年国民经济和社会发展计划执行情况与2022年国民经济和社会发展计划草案的报告》《关于江西省2021年全省和省级预算执行情况与2022年全省和省级预算草案的报告》，批准江西省2022年国民经济和社会发展计划、江西省2022年省级预算，听取和审议省发展改革委主任张和平受省政府委托所作的关于国家生态文明试验区（江西）建设情况的报告，审议省人大常委会关于提请审议《江西省人民代表大会议事规则修正案(草案)》的议案。大会经过审议,通过关于上述8项报告的决议。省十三届人民代表大会监察和司法委员会、财政经济委员会、教育科学文化卫生委员会、农业和农村委员会、环境与资源保护委员会、法制委员会、社会建设委员会分别向大会提交工作报告(书面)。大会期间收到的建议、批评和意见共556件,闭会后统一交由有关机关和组织研究办理。

【省人大常委会会议】 2022年,举行省人大常委会会议7次,即省十三届人大常委会第三十六次会议至第四十二次会议。

省十三届人大常委会第三十六次会议于1月11日在南昌举行。省人大常委会副主任赵力平、马志武、胡世忠、曾文明、张小平,秘书长韩军和委员共51人出席会议。副省长陈小平、省高级人民法院院长葛晓燕、省人民检察院检察长田云鹏、省监察委员会负责人列席会议。列席会议的还有省人大常委会副秘书长、省人大各专门委员会成员、省人大常委会各工作部门负责人。赵力平主持第一次和第二次全体会议。会议审议《江西省人民代表大会常务委员会工作报告(讨论稿)》,决定提请江西省十三届人大六次会议审议;审议《省十三届人大六次会议议程(草案)》《主席团和秘书长名单(草案)》,决定提请省十三届人大六次会议预备会议审议;审议通过省十三届人大六次会议列席人员范围;审议《江西省人大监察和司法委员会关于江西省第十三届人民代表大会第五次会议主席团交付审议的代表提出的议案审议结果的报告》;听取和审议省人大常委会选任联工委《江西省人大常委会选举任免联络工作委员会关于2021年江西省县乡人大换届选举工作情况的报告》《关于省十三届人民代表大会第五次会议代表建议、批评和意见办理情况的报告》;审议《江西省人民政府关于江西省第十三届人民代表大会第五次会议代表建议、批评和意见办理情况的报告》;听取和审议省人大常委会代表资格审查委员会关于代表资格的审查报告。会议还审议通过有关人事任免事项。

省十三届人大常委会第三十七次会议于3月29日在南昌举行。省人大常委会主任易炼红,副主任赵力平、刘强、马志武、胡世忠、曾文明、张小平,秘书长韩军和委员共52人出席会议。副省长罗小云、省高级人民法院院长葛晓燕、省人民检察院检察长田云鹏、省监察委员会负责人列席会议、列席会议的还有省人大各专门委员会成员、省人大常委会各工作部门负责人。易炼红主持第一次全体会议,赵力平主持第二次全体会议。会议学习贯彻中共中央总书记习近平2022年全国两会重要讲话精神和十三届全国人大五次会议精神。易炼红就学习贯彻中共中央总书记习近平2022年全国两会重要讲话精神和十三届全国人大五次会议精神提出要求;审议通过《江西省实施〈中华人民共和国土地管理法〉办法》《江西省征收土地管理办法》;审议《江西省社会保障卡一卡通条例(草案)》《江西省林长制条例(草案)》;审查批准《萍乡市城市公园和广场管理条例》《抚州市养犬管理条例》;听取审议省人大法制委关于2021年规范性文件备案审查工作情况的报告。会议还审议通过有关人事任免事项。

省十三届人大常委会第三十八次会议于4月27日在南昌举行。省人大常委会副主任赵力平、刘强、马志武、胡世忠、曾文明、张小平,秘书长韩军和委员共52人出席会议。副省长罗小云、省人民检察院检察长田云鹏,省监察委员会、省高级人民法院有关负责人列席会议。列席会议的还有省人大各专门委员会成员、省人大常委会各工作部门负责人。赵力平主持第一次和第二次全体会议。会议审查2022年新增地方政府债务限额以及2022年省级预算调整方案(草案),审议通过江西省人民代表大会常务委员会关于批准2022年新增地方政府债务限额以及2022年省级预算调整方案的决议。

省十三届人大常委会第三十九次会议于5月30—31日在南昌举行。省人大常委会主任易炼红,副主任赵力平、刘强、马志武、胡世忠、曾文明、张小平,秘书长韩军和委员共59人出席会议。省监察委员会主任马森述,副省长孙菊生、陈小平,省高级人民法院院长葛晓燕、省人民检察院检察长田云鹏,省监察委员会负责人列席会议。列席会议的还有省人大各专门委员会成员、省人大常委会各工作部门负责人,各设区的市、省直管县(市)人大常委会负责人,以及部分省人大代表。易炼红主持第一次全体会议,赵力平主持第二次全体会议。会议审议通过《江西省社会保障卡一卡通条例》《江西省林长制条例》;审议《江西省物业管理条例(修订草案)》《江西省人民代表大会常务委员会关于加强检察公益诉讼工作的决定(草案)》《江西省矿山生态修复与利用条例(草案)》;审查批准《南昌市人民代表大会常务委员会关于废止部分地方性法规的决定》;听取和审议《江西省优化营商环境条例》《关于我省职业教育工作开展情况的报告》《关于维护新就业形态劳动者劳动保障权益工作情况的报告》《关于代表资格的审查报告》。会议还审议通过有关人事任免事项。

省十三届人大常委会第四十次会议于7月25—26日在南昌举行。省人大常委会副主任赵力平、刘强、马志武、胡世忠、曾文明、张小平,秘书长韩军和委员共59人出席会议。省监察委员会主任马森述,副省长任珠峰、秦义,省高级人民法院院长葛晓燕、省人民检察院检察长田云鹏,省监察委员会负责人列席会议。列席会议的还有省人大常委会副秘书长、省人大各专门委员会成员、省人大常委会工作部门负责人,省政府有关部门负责人,设区的市、省直管县(市)人大常委会负责人,以及部分省人大代表。赵力平主持第一次、第二次全体会议。审议通过《江西省人民代表大会常务委员会关于加强检察公益诉讼工作的决定》《江西省矿山生态修复与利用条例》《江西省人民代表大会常务委员会关于修改〈江西省乡镇人民代表大会工作条例〉等6件地方性法规的决定》《江西省人民代表大会常务委员会关于加强经济工作监督的决定》;审议《江西省非道路移动机械排气污染防治条例(草案)》《江西省未成年人保护条例(修订草案)》;审议通过《江西省人民代表大会常务委员会关于修改〈江西省军人军属权益保障条例〉等12件地方性法规的决定》《江西省人民代表大会常务委员会关于废止〈江西省信访条例〉的决定》；审查批准《上饶市突发公共卫生事件应急条例》《抚州市农村村民住房建设管理条例》；审议通过《江西省人民代表大会常务委员会关于江西省第十四届人民代表大会代表名额分配和选举问题的决定》；听取和审议《中华人民共和国文物保护法》《江西省文物保护条例》《关于全省法院知识产权司法保护工作情况的报告》《关于2022年上半年国民经济和社会发展计划执行情况的报告》《关于2021年省级决算和2022年上半年预算执行情况的报告》《关于2021年省级决算草案的审查报告》；审议通过《江西省人民代表大会常务委员会关于批准2021年省级决算的决议》；听取和审议《关于2021年度省级预算执行和其他财政收支的审计工作报告》《关于我省民族地区乡村振兴工作情况的报告》《关于代表资格的审查报告》。会议还审议通过有关人事任免事项。

省十三届人大常委会第四十一次会议于9月27—29日在南昌举行。省人大常委会主任易炼红，副主任赵力平、刘强、马志武、胡世忠、张小平，秘书长韩军和委员共58人出席会议。省监察委员会主任马森述，副省长秦义，省高级人民法院院长葛晓燕、省人民检察院检察长田云鹏，省监察委员会、省高级人民法院负责人列席会议。列席会议的还有省人大常委会副秘书长、省人大各专门委员会成员、省人大常委会各工作部门负责人，省政府有关部门负责人，各设区的市、省直管县（市）人大常委会负责人，以及部分省人大代表。易炼红主持第一次全体会议，赵力平主持第二次全体会议。会议审议通过《江西省非道路移动机械排气污染防治条例》《江西省未成年人保护条例》《江西省人民代表大会常务委员会关于修改〈江西省人民代表大会常务委员会议事规则〉的决定》《江西省人民代表大会常务委员会关于修改〈江西省人民代表大会常务委员会主任会议议事规则〉的决定》《江西省人民代表大会常务委员会关于修改〈江西省人民代表大会常务委员会人事任免办法〉的决定》；审议《江西省平安建设条例（草案）》《江西省无线电管理条例（草案）》《江西省山茶油发展条例（草案）》；审查批准《九江市饮用水水源保护条例》《萍乡市电动车管理条例》《新余市文明行为促进条例》《吉安市城市绿化管理条例》；审议通过《江西省人民代表大会常务委员会关于批准2022年省级预算调整方案的决议》；听取和审议《中华人民共和国乡村振兴促进法》《江西省乡村振兴促进条例》《关于加强民事诉讼法律监督工作情况的报告》《关于碳达峰碳中和工作进展情况的报告》《关于2021年度国有资产管理情况的综合报告》《关于2021年度全省国有自然资源资产管理情况的专项报告》《关于我省医疗保障工作情况的报告》《关于开展2022年“物业社区行”活动情况的报告》《关于代表资格的审查报告》。会议还审议通过有关人事任免事项。

省十三届人大常委会第四十二次会议于11月24—25日在南昌举行。省人大常委会副主任赵力平、刘强、马志武、胡世忠、曾文明，秘书长韩军和委员共52人出席会议。副省长梁桂、孙菊生、陈小平，省人民检察院检察长田云鹏，省监察委员会、省高级人民法院负责人列席会议。列席会议的还有省人大常委会办公厅主任、常委会副秘书长、省人大专门委员会成员、省人大常委会工作部门负责人，省政府有关部门负责人，设区的市、省直管县（市）人大常委会负责人，以及部分省人大代表。赵力平主持第一次、第二次全体会议。会议学习贯彻中国共产党第二十次全国代表大会精神，赵力平就学习贯彻中国共产党第二十次全国代表大会精神作宣讲并提出要求；审议通过《江西省平安建设条例》《江西省无线电管理条例》《江西省山茶油发展条例》；审查批准《南昌市爱国卫生工作条例》《南昌市数字经济促进条例》《九江市松材线虫病防治条例》《景德镇市爱国卫生条例》《赣州市农村住房建设管理条例》《宜春市城区农贸市场管理条例》；会议决定省十四届人大第一次会议于2023年1月5日在南昌召开，如需调整代表大会召开时间，授权省人大常委会主任会议作出决定并向社会公布。审议通过《江西省人民代表大会常务委员会关于重新确定各设区的市人民代表大会常务委员会组成人员名额的决定》《江西省人民代表大会常务委员会关于重新确定南昌市新建区、红谷滩区人民代表大会代表名额的决定》《江西省人民代表大会常务委员会关于全面提升科技创新驱动力的决定》；审议《江西省数据应用条例（草案）》；听取和审议《关于2021年度省级预算执行和其他财政收支审计查出问题整改情况的报告》，并举行联组会议，听取和审议《关于2021年度省级预算执行和其他财政收支审计查出问题整改督办情况的报告》，对15个省级部门预算单位2021年度部门预算执行和决算草案审计查出问题整改情况的报告，省本级、11个设区的市和赣江新区地方政府专项债券资金管理使用审计查出问题整改情况的报告进行了满意度测评；听取和审议《江西省国土空间规划（2021—2035年）（审议稿）》《江西省家庭教育促进条例》《关于开展2022年助推乡村振兴活动情况的报告》《关于开展2022年“环保赣江行活动”情况的报告》，并观看2022年“环保赣江行”暗访专题片；听取和审议《关于江西省第十三届人民代表大会第六次会议代表建议、批评和意见办理情况的报告》；审议《江西省人民政府关于江西省第十三届人民代表大会第六次会议代表建议、批评和意见办理情况的报告（书面）》；听取和审议《江西省第十三届人民代表大会常务委员会代表资格审查委员会关于代表资格的审查报告》。会议还审议通过有关人事任免事项。

（省人大常委会办公厅）

监督工作

【听取和审议专项工作报告】 省人大常委会听取和审议省政府《关于我省职业教育工作开展情况的报告》《关于维护新就业形态劳动者劳动保障权益工作情况的报告》《关于我省民族地区乡村振兴工作情况的报告》《关于碳达峰碳中和工作进展情况的报告》《关于我省医疗保障工作情况

的报告》《关于2021年度国有资产管理情况的综合报告》《关于2021年度全省国有自然资源资产管理情况的专项报告》,省法院《关于全省法院知识产权司法保护工作情况的报告》,省检察院《关于加强民事诉讼法律监督工作情况的报告》。

【计划预算审查监督】 省人大常委会听取和审议省政府关于2022年上半年国民经济和社会发展计划执行情况的报告、关于2021年省级决算和2022年上半年预算执行情况的报告、关于2021年度省级预算执行和其他财政收支的审计工作报告、关于2021年度省级预算执行和其他财政收支的报告,对省委编办、省司法厅、省财政厅、省生态环境厅、省住建厅、省交通运输厅、省应急管理厅、省审计厅、省国资委、省林业局、省市场监管局、省民宗局、省体育局、省委党史研究室、省政府驻广东(深圳)办事处、省农科院、省药品监管局以及11个设区的市和赣江新区相关整改报告进行满意度测评。通过《关于批准2021年省级决算的决议》《关于批准2022年新增地方政府债务限额以及2022年省级预算调整方案的决议》。

【法律法规实施情况检查】 省人大常委会配合全国人大常委会开展长江保护法、乡村振兴促进法执法检查工作,对《江西省优化营商环境条例》《中华人民共和国文物保护法》《江西省文物保护条例》《中华人民共和国乡村振兴促进法》《江西省乡村振兴促进条例》《江西省家庭教育促进条例》实施情况进行检查。发现文物保护意识仍需提高、文物人才队伍建设亟待加强、农业发展存在薄弱环节、乡村人才流失严重、家长实施家庭教育的主体意识和科学理念有待进一步增强、家庭教育指导服务体系建设仍有短板等问题。并针对法律条例在实施中存在的问题,提出提高政治站位,加大学习宣传力度;因地制宜发展产业,促进农民持续增收;注重固本培元,强化人才和科技支撑等一系列具体意见建议,并对政府有关部门研究处理审议意见的情况进行跟踪监督,推动有关方面严格落实法律法规制度和法定职责。

【专题监督】 围绕《江西省物业管理条例》贯彻实施情况,聚焦业主委员会成立难运行难、住宅项目承接查验难、物业管理执法进小区难、新老物业服务企业移交难、共用设施设备经营所得收益及使用情况公示难、违章搭(扩)建整改难等群众反映强烈的问题,依法开展"物业社区行"专题调研和暗访检查活动,推动问题的解决;围绕"质量兴农"主题,重点聚焦春耕备耕、高标准农田建设、种业、壮大新型集体经济、农村零散空闲地种植油茶树、农村新业态发展和特色产业发展情况,在全省范围内开展助推乡村振兴活动,助力全省农业更强、农村更美、农民更富;坚持问题导向、环保为民,宣传贯彻环境保护法等法律法规,聚焦影响人民群众生产生活的"三边"(身边、路边、周边)环境问题,依法开展环保赣江行活动,推动问题解决,以生态环境保护实际成效取信于民。

【创新开展监督】 注重发挥"法律巡视"监督利剑作用,健全完善执法检查开展前学法制度,坚持省人大常委会领导担任执法检查组组长并作执法检查报告,健全新立法规及时检查、重要法规联动检查、复杂问题多法并查的工作机制,形成"执法检查报告+发现问题清单+强化督促整改"监督闭环,把法律法规建立起来的制度优势转化为治理效能。开展"物业社区行""公益诉讼江西行""助推乡村振兴赣鄱行"等专项监督活动,连续28年开展"环保赣江行"监督活动,每年聚焦一个主题,通过新闻发布、检查采访、随机抽样、视察调研、网络监督、反馈问题、督促整改等方式,推动解决一批生态环境保护的突出问题。

(省人大常委会办公厅)

讨论决定重大事项

【关于批准2022年新增地方政府债务限额以及2022年省级预算调整方案的决议】 省十三届人大常委会第三十八次会议审查省政府提交的2022年新增地方政府债务限额以及2022年省级预算调整方案(草案),同意省人大财经委提出的《关于2022年新增地方政府债务限额以及2022年省级预算调整方案(草案)的审查报告》,决定批准2022年新增地方政府债务限额977亿元,批准2022年省级预算调整方案。

【关于江西省第十四届人民代表大会代表名额分配和选举问题的决定】 省十三届人大常委会第四十次会议根据《全国人民代表大会常务委员会关于省、自治区、直辖市人民代表大会代表名额的决定》,依照《中华人民共和国全国人民代表大会和地方各级人民代表大会选举法》的有关规定,作出《关于江西省第十四届人民代表大会代表名额分配和选举问题的决定》。

【关于批准2021年省级决算的决议】 省十三届人大常委会第四十次会议听取省政府《关于2021年省级决算和2022年上半年预算执行情况的报告》《关于2021年度省级预算执行和其他财政收支的审计工作报告》,会议结合审议审计工作报告,对《江西省2021年省级决算(草案)》和省级决算报告进行审查,同意省人大财经委提出的《关于2021年省级决算(草案)的审查报告》,决定批准《江西省2021年省级决算(草案)》。

【关于加强检察公益诉讼工作的决定】 省十三届人大常委会第四十次会议根据《中华人民共和国民事诉讼法》《中华人民共和国行政诉讼法》等有关法律,结合江西省实际,作出《关于加强检察公益诉讼工作的决定》。

【关于加强经济工作监督的决定】 省十三届人大常委会第四十次会议根据宪法、法律和《全国人民代表大会常务委员会关于加强经济工作监督的决定》,结合江西省实际,作出《关于加强经济工作监督的决定》。

【关于批准2022年省级预算调整方案的决议】 省十三届人大常委会第四十一次会议审查省政府提交的

2022 年省级预算调整方案（草案）。同意省人大财经委提出的《关于 2022 年省级预算调整方案（草案）的审查报告》，决定批准 2022 年省级预算调整方案。

【关于重新确定各设区的市人民代表大会常务委员会组成人员名额的决定】 省十三届人大常委会第四十二次会议根据《中华人民共和国地方各级人民代表大会和地方各级人民政府组织法》第四十七条的规定，结合江西省实际，作出《关于重新确定各设区的市人民代表大会常务委员会组成人员名额的决定》，对江西省各设区的市人民代表大会常务委员会组成人员名额重新确定。

【关于重新确定南昌市新建区、红谷滩区人民代表大会代表名额的决定】 省十三届人大常委会第四十二次会议根据《中华人民共和国全国人民代表大会和地方各级人民代表大会选举法》第十二条、第十三条、第十四条的规定，作出《关于重新确定南昌市新建区、红谷滩区人民代表大会代表名额的决定》，重新确定南昌市新建区人民代表大会代表名额为 317 名、南昌市红谷滩区人民代表大会代表名额为 229 名。

【关于全面提升科技创新驱动力的决定】 省十三届人大常委会第四十二次会议为深入贯彻中共二十大精神，加快实施创新驱动发展战略，落实省委全面建设创新江西决策部署，全面提升科技创新驱动力，推动全省高质量跨越式发展，作出《关于全面提升科技创新驱动力的决定》。

【关于召开江西省第十四届人民代表大会第一次会议的决定】 省十三届人大常委会第四十二次会议表决通过《江西省人民代表大会常务委员会关于召开江西省第十四届人民代表大会第一次会议的决定》，决定 2023 年 1 月 5 日在南昌召开省十四届人大一次会议。（2022 年 12 月 22 日，省十三届人大常委会第 123 次主任会议决定，江西省人民代表大会第一次会议召开时间调整为 2023 年 1 月 11 日。）

（省人大常委会办公厅）

选举和任免

【省人民代表大会选举任免】 1 月 17—20 日，省十三届人大六次会议在南昌召开。补选易炼红为省人大常委会主任，刘强（回族）为省人大常委会副主任；补选叶建春为省政府省长；补选王培、孔发龙、田延光、刘金接、李江河、李红勇、李雪南、何刚、邹绍辉、张鉴武、陈金印、易小明、潘东军等为省人大常委会委员。

【省人大常委会选举任免】 省十三届人大常委会第三十六次会议，决定接受刘奇辞去省人大常委会主任，阎钢军辞去省人大常委会委员、农委主任委员，黄小华辞去省人大常委会委员职务的请求，并报省十三届人大六次会议备案。任命巫欣春为省人大常委会预算工委主任；免去黄小华的省人大教科文卫委副主任委员职务，巫欣春的省人大常委会副秘书长职务；任命江枝英为省农业和农村厅厅长；免去胡汉平的省农业和农村厅厅长职务；任命范小林、王仁辉为省监察委员会副主任，彭海宝、王谷为省监察委员会委员；免去潘东军、何刚的省监察委员会副主任职务。

省十三届人大常委会第三十七次会议，决定接受胡强辞去省政府副省长，郭学勤辞去省人大常委会委员职务的请求，并报省十四届人大一次会议备案；免去郭学勤的省人大教科文卫委副主任委员职务。

任命潘东军、刘金接、李江河为省人大常委会代表资格审查委员会委员，任命李明生为省民政厅厅长；免去刘金接的省民政厅厅长职务。任命郭大伟、吴燕华、洪发胜、章光园、张宇欣、王菁、张满洋、赵宋良、曹凯、钟圣荣为省高级人民法院审判员，卢启哲为南昌铁路运输中级人民法院副院长，石斌为南昌铁路运输中级人民法院立案庭庭长，王晓燕为南昌铁路运输中级法院刑事审判第一庭庭长、审判委员会委员、审判员，帅晨薇为南昌铁路运输中级法院民事审判庭庭长，吴艳清为南昌铁路运输法院副院长、审判委员会委员，徐莉莉为南昌铁路运输法院审判委员会委员，朱婧瑶为南昌铁路运输法院审判员；免去勒世标的省高级人民法院审判委员会委员、审判员职务，熊伟的省高级人民法院立案二庭副庭长、审判员职务，程绍新的省高级人民法院环境资源审判庭副庭长、审判员职务，付爱群的省高级人民法院审判员职务，熊爱武的南昌铁路运输中级人民法院立案庭庭长职务，石斌的南昌铁路运输中级法院刑事审判第一庭庭长职务，卢启哲的南昌铁路运输中级人民法院民事审判庭庭长职务，李志光的南昌铁路运输中级法院审判员职务，王晓燕的南昌铁路运输法院副院长、审判委员会委员、审判员职务，吴艳清的南昌铁路运输法院刑事审判庭庭长职务；任命陈明湖、程云、赵永强、赵蓉为省人民检察院检察员，黄婷婷为省人民检察院南昌铁路运输分院检察员；免去周文英、姚晓方的省人民检察院检察员职务。

省十三届人大常委会第三十九次会议，任命韩燕为省人大常委会副秘书长，夏侯钉为省人大教科文卫委副主任委员；免去徐力的省人大常委会办公厅主任职务，韩燕的省人大社会委副主任委员、省人大法制委委员职务；任命王纯为省水利厅厅长，梅亦为省文旅厅厅长，刘文华为省审计厅厅长；免去辜华荣的省审计厅厅长职务，李小豹（2022 年 5 月，接受纪律审查和监察调查）的省文旅厅厅长职务；任命吴胜为省高级人民法院环境资源审判庭庭长，万菁为省高级人民法院立案一庭副庭长，张维为省高级人民法院刑事审判第一庭副庭长，吴敏为省高级人民法院刑事审判第二庭副庭长，陈荣华为省高级人民法院刑事审判第三庭副庭长，高治为省高级人民法院行政审判庭副庭长，毛盈超为省高级人民法院审判监督庭副庭长、审判员，刘志兰为南昌铁路运输中级人民法院审判委员会委员、审判员，陈安为南昌铁路运输中级人民法院立案庭副庭长、审判员，周莉为南昌铁路运输中级人民法院刑事审判第一庭副庭长、审判员，熊娇娇为南昌铁路运输中级人民法院行政审判庭副庭长、审判员，朱婧瑶为南昌铁路运输法院刑事审判庭庭长，廖晓娇为南昌铁路运输法院民事审判庭副庭长;免去林贤瑛的省高级人民法院刑事审判第一庭副庭长、审判员职务,黄河、吴胜的省高级人民法院刑事审判第二庭副庭长职务,刘志兰的省高级人民法院刑事审判第三庭副庭长、审判员职务,刘锋的省高级人民法院民事审判第一庭副庭长职务,周莉的南昌铁路运输法院刑事审判庭副庭长、审判员职务;任命胡忠诚为省人民检察院南昌铁路运输分院副检察长、检察委员会委员、检察员,杨宏寅为省人民检察院南昌铁路运输分院副检察长,徐健、阚莉为省人民检察院南昌铁路运输分院检察委员会委员、检察员,熊正妩为省人民检察院南昌铁路运输分院检察委员会委员,熊水平、姚锋为南昌铁路运输检察院检察委员会委员、检察员,丁宗仁为南昌长堎地区人民检察院检察委员会委员、检察员;免去张寿林的省人民检察院检察员职务,姚锋的省人民检察院南昌铁路运输分院检察委员会委员、检察员职务,徐健、阚莉的南昌铁路运输检察院检察委员会委员、检察员职务,熊水平的南昌长堎地区人民检察院副检察长、检察委员会委员职务,丁宗仁的宜春新华地区人民检察院检察委员会委员、检察员职务。

省十三届人大常委会第四十次会议,决定接受罗小云辞去省政府副省长职务的请求,并报省十四届人大一次会议备案。任命徐华平为省监察委员会委员,免去饶利萍的省监察委员会委员职务;任命邹宇平为省高级人民法院审判委员会委员、审判员,彭海鹏为省高级人民法院民事审判第四庭庭长,李红刚为省高级人民法院立案一庭副庭长、审判员,张宁为省高级人民法院环境资源审判庭副庭长,鄢俊为南昌铁路运输中级人民法院院长、审判委员会委员、审判员;免去陈健的省高级人民法院立案一庭庭长、审判委员会委员、审判员职务,王慧军的省高级人民法院环境资源审判庭副庭长职务,鄢俊的省高级人民法院审判员职务,邹宇平的南昌铁路运输中级人民法院院长、审判委员会委员、审判员职务;任命储年来为省人民检察院检察员,雷武为省南昌长堎地区人民检察院检察长;免去刘敏之、雷小金的省人民检察院检察员职务,范清亮的宜春新华地区人民检察院副检察长、检察委员会委员、检察员职务。

省十三届人大常委会第四十一次会议,任命杨文英为省人大常委会办公厅主任,温雪松为省人大常委会办公厅副主任,万强为省人大社会委副主任委员;免去徐忠的省人大常委会选任联工委主任职务;任命钱昀为省监察委员会委员,张宏为省高级人民法院立案二庭副庭长;免去张宏的省高级人民法院立案一庭副庭长职务。

省十三届人大常委会第四十二次会议,表决通过省人大常委会关于罢免郭安(2022年9月,接受纪律审查和监察调查)十三届全国人民代表大会代表职务;决定接受毛祖逊辞去省人大常委会委员职务的请求,并报省十四届人大一次会议备案;免去毛祖逊的省人大农委副主任委员职务,王爱东、彭海宝的省监察委员会委员职务,张国轩的省人民检察院副检察长、检察委员会委员职务,韩凤莉、郭卫斌的省高级人民法院审判员职务,胡少林的南昌铁路运输中级法院审判监督庭庭长职务,杨桢的南昌铁路运输法院审判委员会委员、审判员职务,李卫国的南昌铁路运输法院民事审判庭庭长、审判委员会委员职务,丁会川的宜春新华地区人民检察院检察委员会委员、检察员职务。

(省人大常委会办公厅)

代表工作

【推进换届选举】 坚持党的领导、充分发扬民主、严格依法办事、严明换届纪律,认真贯彻执行宪法和有关法律法规,协助省委召开换届选举工作会议,出台换届选举工作意见,在省委统一领导下,依法作出代表名额和选举问题的决定,确定省十四届人大代表结构和分配方案,指导各选举单位完成新一届省人大代表选举工作。

【完善代表履职机制】 健全完善“双联系”机制,建立省人大常委会领导与列席常委会会议的基层人大代表座谈制度,完善常委会组成人员联系基层人大代表制度,常态化开展联系活动,推动人大各项工作更符合基层实际。加强和改进省人大代表小组活动的意见、省人大代表活动经费管理使用办法,支持和保障代表依法履职。

【丰富代表履职方式】 部署开展人大代表聚焦“六个江西”建设、争当“四个表率”主题活动,持续强化代表联络工作站建设,组织评定代表联络示范站,密切同人大代表和人民群众的联系,发挥人大代表主体作用。打造全国省级人大首个数字化履职平台“江西数字人大”,打造全过程人民民主的“移动平台”,在完成1.0版基础上推动2.0版上线运行,实现“市县联通、应用拓展、功能升级、安全加固”的新要求。

【代表履职实效提升】 完善常委会领导领衔督办、委员会重点督办、专人跟踪督办、日常动态督办等机制,认真办理代表议案建议,办理工作情况纳入省直单位绩效考核,常态化分析代表建议办理情况,对部分承办单位开展办理工作“回头看”,构建交办高效率、承办高标准、督办高水平的代表建议全链条办理模式,提升办理实效和代表满意率。

(省人大常委会办公厅)

本类目编辑　张志勇

江西省人民政府

综　述

2022年，全省政府系统统筹新冠肺炎疫情防控、抗旱救灾、安全维稳和经济社会发展，实施"强劲开局一季度""强攻二季度""拼搏三季度""决战四季度"系列举措，推动经济呈现回稳向好态势。全年地区生产总值同比增长4.7%，一般公共预算收入同比增长4.8%，规模以上工业增加值同比增长7.1%，固定资产投资同比增长8.6%，社会消费品零售总额同比增长5.3%，外贸进出口额同比增长34.9%，主要经济指标增幅继续位居全国前列。

强化政治引领。坚持把党的政治建设摆在首位，省政府党组成员带头学习中共二十大提出的新思想新论断、作出的新部署新要求，开展交流研讨并到基层宣讲。再学习中共中央总书记习近平视察江西重要讲话精神，坚持"第一议题"制度，对中共中央总书记习近平重要讲话、重要指示批示精神以及中共中央、国务院决策部署，第一时间召开省政府党组会议或省政府常务会议进行传达学习。落实省政府集体学习制度，围绕学习《习近平谈治国理政》第四卷等开展5次集体学习。

全力稳住经济大盘。从速从快扑灭省内多轮新冠肺炎疫情，因时因势优化疫情防控措施，全力支援上海和吉林等地抗击疫情。实施鄱阳湖流域水库群抗旱保供水联合调度，入选全国首批省级水网建设先导区。出台降本增效"30条"，及时推出纾困解难"28条"、稳经济"43条"及接续措施"24条"等。实施六大领域"项目大会战"和项目建设"四大攻坚行动"，开展节假日"重大项目不停工、重点企业不停产"。启动促进商贸消费提质扩容三年行动，开展"大宗商品消费季"等活动4000余场；开展"百城百夜"文化和旅游消费季等活动。

加快产业转型升级。推进鄱阳湖国家自主创新示范区建设，国家稀土功能材料创新中心通过验收，国家虚拟现实创新中心、国家中药先进制造与现代中药产业创新中心落地，全球陶瓷产品创新中心启动建设。推进加大全社会研发投入攻坚行动，优化实施产业集群提能升级等行动计划。加快推进"领航企业"培育计划，新增国家级制造业单项冠军企业5家、专精特新"小巨人"企业70家。实施数字经济做优做强"一号发展工程"，在全国率先启动"两化"融合度评价试点，新开通5G基站2万个，新增上云企业10万家。举办首届世界职业院校技能大赛（江西赛区），在2022年世界技能大赛特别赛中夺得家具制作项目金牌。

深化改革开放。实施营商环境优化升级"一号改革工程"，持续深化"放管服"改革，"赣服通"5.0版、"赣政通"2.0版、"惠企通"。打好"国资国企改革创新三年行动收官战"，"百户国企混改攻坚行动收官"。深入实施培育壮大市场主体三年行动计划，新登记市场主体突破100万户，净增80.2万户，总量达480万户以上。深化财税金融改革，新增上市公司14家，金融机构本外币存、贷款余额均突破5万亿元。深入推进江西内陆开放型经济试验区建设，赣州国际陆港入选国家进口贸易促进创新示范区，全省口岸整体通关时间压缩60%以上，通关效率居中部第一名；举办世界VR产业大会等活动，外贸进出口总额突破6000亿元，增长34.9%。

推进协调发展。完成"三区三线"划定工作。优化实施"一圈引领、两轴驱动、三区协调"区域发展战略，赣州获批建设革命老区高质量发展示范区。健全防止返贫动态监测和帮扶机制，累计识别4.6万户16.6万人；全面落实粮食安全党政同责，累计建成高标准农田174.94万公顷，粮食总产量连续10年稳定在215亿千克以上；深化农业农村改革，农村土地流转率53.9%、提高2.1个百分点，集体年经营性收入10万元以上行政村超过90%。加快城市高质量发展示范省建设，南昌入选国家系统化全域推进海绵城市建设示范城市。纵深推进国家生态文明试验区建设，在全国率先出台矿山生态修复与利用条例；出台碳达峰实施方案，创建省级以上绿色园区37个、绿色工厂144家。长江干流江西段连续5年、赣江干流连续2年达到Ⅱ类水质，空气质量居中部地区第1名、全国前列。森林覆盖率居全国第2名，国家森林城市、园林城市实现设区市全覆盖。

保障改善民生。2022年年初确定的51件民生实事全面完成。出台"1+4"稳就业政策措施，2022届37.4万名高校毕业生去向落实率83.17%，174.5万名留乡返乡农民工实现就业163万人。城镇新增就业、新增转移农村劳动力分别完成年计划的113%、121.4%。城镇和农村居民人均可支配收入同比分别增长4.8%、6.7%，居民消费价格同比上涨2%。城乡居民养老保险基础养老金标准居中部地区第1名。7家医院获批建设国家区域医疗中心，连续3年蝉联健康中国行动优秀省份。做好金融、地方政府债务等重点领域风险防范化解工作，开展不动产登记历史遗留问题“应化尽化”集中攻坚等专项整治。开展危化品、城镇燃气、经营性自建房等集中整治，强化中小学生防溺水工作，中小学生溺水事故起数和死亡人数同比分别下降70.9%、60.6%，生产安全事故起数、死亡人数分别下降38.9%、38.1%，连续58个月杜绝重特大事故发生。开展市域社会治理现代化试点，常态化开展扫黑除恶斗争，公众安全感和满意度分别达98.83%、98.22%。

提升行政效能。出台新形势下进一步推进“五型”政府建设走深走实的意见。严格执行新形势下党内政治生活若干准则，狠抓中央巡视反馈的涉及政府方面问题整改，抓实肖毅案、龚建华案等以案促改工作。落实破解制约江西高质量发展突出问题长效机制，办结第六轮次制约高质量跨越式发展的75个难题，第七轮次梳理的82个问题。推进政务服务标准化、规范化、智能化、便利化、专业化，实施数字政府建设三年行动计划（2022—2024年）。持之以恒纠“四风”树新风，持续整治形式主义、官僚主义等作风顽疾。坚持政府“过紧日子”，建立节约型财政保障机制，开展省直单位实有账户资金定期清理，“三公”经费支出连续9年压减。用好及时奖励制度，对6个集体、8名个人进行奖励。

（省政府办公厅）

重要会议

【省政府全体会议】 1月20日，省长叶建春主持召开省政府全体会议，学习贯彻全省两会精神，部署省《政府工作报告》重点任务落实工作，副省长梁桂、任珠峰、孙菊生、秦义、胡强、陈小平、罗小云，省政府秘书长、办公厅主任王国强出席会议。

【省政府常务会议】 全年召开27次常务会议。1月26日，省长叶建春主持召开第83次省政府常务会议。会议传达学习中共中央总书记习近平重要讲话、重要指示批示精神，传达学习2021年12月29日和2022年1月4日、1月10日、1月19日国务院常务会议精神。听取省自然资源厅张圣泽关于国务院“三区三线”划定试点工作视频座谈会议精神的汇报。听取省政府办公厅王国强关于全国政府秘书长和办公厅主任会议精神的汇报，听取并原则同意省发展改革委张和平、省政务服务办邵高关于深入推进数字经济做优做强“一号发展工程”、深入推进营商环境优化升级“一号改革工程”实施意见的汇报。听取并原则同意省委农办江枝英关于推进农业农村高质量发展奋力打造新时代乡村振兴样板之地意见的汇报。听取并原则同意省农业农村厅江枝英关于江西省农村宅基地改革试点和规范管理三年行动方案（2022—2024年）的汇报。听取并原则同意省生态环境厅徐延彬关于2021年长江经济带生态环境警示片披露江西省生态环境突出问题整改方案的汇报。听取并原则同意省工业和信息化厅杨贵平关于新时代深入实施工业强省战略推动工业高质量跨越式发展若干意见的汇报。听取并原则同意省司法厅张强关于江西省人民政府2022年立法计划的汇报。听取省人力资源和社会保障厅钟志生关于实施企业职工基本养老保险全国统筹制度有关情况的汇报，听取并原则同意省教育厅郭杰忠关于江西省“十四五”教育事业发展规划的汇报。听取并原则同意省科技厅犹瑺关于2021年度江西省主要学科学术和技术带头人培养计划领军人才项目评审和拟立项情况的汇报。研究省政府2月重点工作。副省长梁桂、任珠峰、孙菊生、秦义、胡强、陈小平、罗小云，省政府秘书长、办公厅主任王国强出席会议。

2月17日，省长叶建春主持召开第84次省政府常务会议。会议传达学习中共中央总书记习近平重要讲话、重要指示批示精神，传达学习2月14日国务院常务会议精神。听取省农业农村厅刘光华关于全国春季农业生产暨加强冬小麦田间管理工作会议精神的汇报。听取省政府办公厅王国强关于江西省对接争取国务院督查激励情况的汇报。听取并原则同意省卫生健康委王水平关于优化生育政策促进人口长期均衡发展实施意见的汇报。副省长梁桂、任珠峰、孙菊生、秦义、胡强、陈小平、罗小云，省政府秘书长、办公厅主任王国强出席会议。

3月1日，省长叶建春主持召开第85次省政府常务会议。会议传达学习中共中央总书记习近平重要讲话、重要指示批示精神，会议传达学习《关于更加有效发挥统计监督职能作用的意见》（简称《监督意见》）精神，听取省统计局方向军关于《监督意见》的解读，原则同意提出的下一步工作安排。听取省应急厅龙卿吉关于全省安全防范工作情况汇报。听取并原则同意省文化和旅游厅关于推进旅游业高质量发展实施意见的汇报。听取并原则同意省工业和信息化厅杨贵平关于江西省打造全国传统产业转型升级高地实施意见的汇报。听取并原则同意省司法厅张强、省人力资源和社会保障厅钟志生、省政务服务办邵高关于江西省社会保障卡一卡通条例的汇报。听取并原则同意省司法厅张强、省林业局邱水文关于江西省林长制条例的汇报。听取省机关事务管理局严佛元、省级党政机关搬迁置换筹建指挥部敖颠根关于省级党政机关搬迁置换项目有关情况和省级党政机关办公楼置换未尽事宜处理建议的汇报，研究推进经济责任审计直接责任问题整改落实工作，会议研究省政府3月重点工作。副省长梁桂、孙菊生、秦义、胡强、陈小平、罗小云，省政府秘书长、办公厅主任王国强出席会议。

3月17日，省长叶建春主持召开第86次省政府常务会议。会议传达学习中共中央总书记习近平重要讲话、重要指示批示精神，会议传达学习3月14日国务院常务会议精神，会议对政府系统精文简会作出部署，会议听取并原则同意省民族工作领导小组办公室曹国庆关于以铸牢中华民族共同体意识为主线推进新时代民族工作高质量发展实施意见的汇报。副省长梁桂、孙菊生、秦义、胡强、陈小平、罗小云，省政府秘书长、办公厅主任王国强出席会议。

4月1日，省长叶建春主持召开第87次省政府常务会议。会议传达学习中共中央总书记习近平重要讲话、重要指示批示精神，会议传达学习3月21日、29日国务院常务会议精神。会议听取并原则同意省发展改革委张和平关于有效应对疫情帮助中小企业纾困解难若干政策措施的汇报。听取省乡村振兴局饶振华关于全国巩固拓展脱贫攻坚成果同乡村振兴有效衔接暨乡村振兴重点帮扶县工作推进会精神及江西省贯彻意见的汇报,听取省应急厅龙卿吉关于全国安全生产电视电话会议精神及江西省贯彻意见的汇报,听取并原则同意省政府办公厅王国强关于江西省数字政府建设行动计划的汇报。听取并原则同意省自然资源厅张龙飞关于进一步规范经营性国有建设用地出让管理工作意见的汇报。听取并原则同意省委农办江枝英关于贯彻落实地方党委和政府班子及其成员粮食安全责任制规定若干措施的汇报。听取省政协"城市居家社区养老"课题调研组池红关于江西省城市居家社区养老服务调研情况的介绍、省民政厅李明生关于江西省居家社区养老服务有关情况的汇报。听取并原则同意省发展改革委张和平关于江西省区域合资铁路公司重组方案的汇报。会议研究省政府4月重点工作。副省长梁桂、陈小平、罗小云,省政府秘书长、办公厅主任王国强出席会议。

4月15日,省长叶建春主持召开第88次省政府常务会议。会议传达学习中共中央总书记习近平重要讲话、重要指示批示精神,听取并原则同意省政府办公厅王国强关于贯彻落实国务院总理李克强视察江西时的重要讲话和指示精神具体任务分工的汇报。传达学习4月6日、13日国务院常务会议精神,分析一季度经济形势,听取并原则同意省发展改革委张和平、省工业和信息化厅杨贵平、省财政厅朱斌、省农业农村厅江枝英、省商务厅谢一平、省金融监管局韦秀长、省统计局方向军关于全省一季度经济运行情况的汇报,部署下一阶段工作。听取并原则同意省发展改革委张和平关于科学精准做好疫情防控推进经济强劲发展若干措施的汇报。听取并原则同意省科技厅犹瑆关于江西省实验室建设总体方案的汇报。副省长梁桂、秦义、陈小平、罗小云,省政府秘书长、办公厅主任王国强出席会议。

4月28日,省长叶建春主持召开第89次省政府常务会议。会议传达学习中共中央总书记习近平重要讲话、重要指示批示精神,传达学习4月20日、4月27日国务院常务会议精神。听取省自然资源厅张龙飞关于全国"三区三线"划定工作电视电话会议精神的汇报,原则同意提出的贯彻落实意见。听取并原则同意省住房和城乡建设厅卢天锡、南昌市政府万广明关于南昌城市高质量发展建设方案的汇报。听取并原则同意省发展改革委张和平、南昌市政府万广明关于深入实施强省会战略加快南昌高质量跨越式发展若干政策措施的汇报。听取并原则同意省商务厅谢一平关于江西省促进商贸消费提质扩容三年行动方案的汇报。听取并原则同意省司法厅张强、省自然资源厅张龙飞关于江西省矿山生态修复与利用条例(草案)的汇报。会议研究省政府5月重点工作。副省长梁桂、秦义、陈小平、罗小云,省政府秘书长、办公厅主任王国强出席会议。

5月12日,省长叶建春主持召开第90次省政府常务会议。会议传达学习中共中央总书记习近平重要讲话、重要指示批示精神,传达学习5月5日、11日国务院常务会议精神。听取并原则同意省发展改革委张和平关于长江中游城市群发展"十四五"实施方案江西省分工方案的汇报。听取并原则同意省发展改革委张和平关于江西省"十四五"数字经济发展规划的汇报。听取并原则同意省住房城乡建设厅卢天锡关于江西省城市功能与品质再提升行动方案的汇报。听取并原则同意省商务厅谢一平关于江西省规范招商引资优惠政策强化依法履约实施办法的汇报。听取并原则同意省审计厅辜华荣关于建立健全审计查出问题整改长效机制实施意见的汇报。副省长梁桂、任珠峰、孙菊生、秦义、陈小平、罗小云,省政府秘书长、办公厅主任王国强出席会议。

5月19日,省长叶建春主持召开第91次省政府常务会议。会议传达学习中共中央总书记习近平重要讲话、重要指示批示精神,传达学习稳增长、稳市场主体保就业座谈会议精神。听取并原则同意省市场监管局王福平关于贯彻落实国家标准化发展纲要实施意见的汇报。听取并原则同意省市场监管局王福平关于江西省知识产权强省建设纲要的汇报。听取并原则同意省发展改革委张和平关于支持赣江新区激发活力增强实力若干措施的汇报。听取并原则同意省发展改革委张和平关于全省能源和粮食保供情况及2022年江西省迎峰度夏电力供应保障方案、粮食及煤炭油气供应保障和储备能力提升工作方案的汇报。听取省人力资源和社会保障厅钟志生关于全国稳就业工作电视电话会议精神、省教育厅郭杰忠关于全国普通高等学校毕业生就业创业工作电视电话会议精神的汇报,研判江西省就业形势,研究贯彻落实措施。听取省税务局胡立文关于惠企纾困税收政策落实情况的汇报,听取并原则同意省水利厅王纯关于推进全省水利高质量发展意见的汇报。副省长梁桂、任珠峰、孙菊生、秦义、陈小平、罗小云,省政府秘书长、办公厅主任王国强出席会议。

5月30日,省长叶建春主持召开第92次省政府常务会议。会议传达学习中共中央总书记习近平重要讲话、重要指示批示精神,会议传达学习国务院常务会议精神。会议听取并原则同意省发展改革委张和平关于切实稳住经济发展若干措施的汇报。会议听取并原则同意省自然资源厅张龙飞关于江西省"十四五"自然资源保护和利用规划的汇报。会议听取省科技厅犹瑆关于2021年度江西省科学技术奖评审工作的汇报,会议研究了省政府6月重点工作。副省长梁桂、任珠峰、孙菊生、秦义、陈小平,省政府秘书长、办公厅主任王国强出席会议。

6月13日,省长叶建春主持召开第93次省政府常务会议。会议传达学习中共中央总书记习近平重要讲话、重要指示批示精神,会议传达学习6月1日、8日国务院常务会议精神。听取省政府办公厅王国强关于江西省获得2021年国务院真抓实干督查激励情况的汇报,听取并原则同意省政务服务办邵高关于江西省行政许可事项清单和江西省依法下放、委托行政许可事项清单编制情况的汇报。听取并原则同意省林业局邱水文关于推进林下经济高质量发展意见的汇报。副省长梁桂、任珠峰、孙菊生、秦义、陈小平,省政府秘书长、办公厅主任王国强出席会议。

7月1日,省长叶建春主持召开第94次省政府常务会议。会议传达学习中共中央总书记习近平重要讲话、重要指示批示精神,传达学习6月15日、22日、29日国务院常务会议精神。听取省委农办江枝英关于全国乡村建设工作会议精神的汇报,听取并原则同意省"五型"政府建设领导小组办公室王国强关于2021年度全省政府系统"五型"政府建设先进集体和先进个人评选情况、关于新形势下进一步推进"五型"政府建设走深走实意见的汇报。传达学习中共中央总书记习近平关于中医药工作的重要讲话和重要指示精神,听取并原则同意省中医药管理局谢光华关于江西省"十四五"中医药发展规划的汇报。听取并原则同意省司法厅张强关于废止1件地方性法规、修改12件地方性法规及废止7件和修改5件省政府规章的汇报。听取并原则同意省司法厅张强、省民政厅李明生关于修订江西省未成年人保护条例的汇报。会议研究省政府7月重点工作。副省长梁桂、任珠峰、孙菊生、秦义、陈小平,省政府秘书长、办公厅主任王国强出席。

7月7日,省长叶建春主持召开第95次省政府常务会议。会议传达学习中共中央总书记习近平重要讲话、重要指示批示精神,传达学习7月6日国务院常务会议精神。听取并原则同意省政务服务办邵高关于加快推进政务服务标准化、规范化、智能化、便利化、专业化实施意见的汇报。听取并原则同意省残联何剑锋关于江西省残疾预防行动计划(2022—2025年)的汇报。听取并原则同意省司法厅凌云、省医保局王前虎关于江西省医疗保障基金使用监督管理办法的汇报。听取并原则同意省财政厅朱斌关于江西省2021年省级决算草案的汇报。副省长梁桂、任珠峰、孙菊生,省政府秘书长、办公厅主任王国强出席会议。

7月15日,省长叶建春主持召开第96次省政府常务会议。会议传达学习中共中央总书记习近平重要讲话、重要指示批示精神,传达学习7月13日国务院常务会议精神、经济形势专家和企业家座谈会议精神。听取省发展改革委、省统计局、省工业和信息化厅、省财政厅、省农业农村厅、省商务厅、省金融监管局及各设区市、赣江新区关于全省上半年经济运行情况的汇报,分析上半年经济形势,部署下一阶段工作。副省长梁桂、任珠峰、孙菊生、陈小平,省政府秘书长、办公厅主任王国强出席会议。

7月21日,省长叶建春主持召开第97次省政府常务会议。会议传达学习中共中央总书记习近平重要讲话、重要指示批示精神,传达学习《防范和惩治统计造假、弄虚作假重要文件汇编》主要精神。听取并原则同意省交通运输厅王爱和关于江西省综合立体交通网规划的汇报。听取并原则同意省民政厅李明生关于江西省贯彻落实"十四五"城乡社区服务体系建设规划实施方案的汇报。副省长梁桂、任珠峰、孙菊生、秦义,省政府秘书长、办公厅主任王国强出席会议。

7月29日,省长叶建春主持召开第98次省政府常务会议。会议传达学习中共中央总书记习近平重要讲话、重要指示批示精神,传达学习7月21日国务院常务会议精神。听取并原则同意省发展改革委张和平关于购置"复兴号"智能动车组开行北京标杆车建议方案的汇报。听取并原则同意省交通运输厅王爱和关于加强危化品道路运输安全监管工作方案的汇报。听取并原则同意省生态环境厅徐延彬关于进一步加强生物多样性保护实施意见的汇报。听取并原则同意省农业农村厅江枝英关于全省农业七大产业高质量发展三年行动方案的汇报。听取并原则同意省科技厅犹珵关于江西省中长期科学和技术发展规划的汇报。听取并原则同意省自然资源厅张圣泽关于江西省战略性矿产找矿行动实施方案的汇报。会议研究省政府8月重点工作。副省长梁桂、任珠峰、孙菊生、陈小平,省政府秘书长、办公厅主任王国强出席会议。

8月15日,省长叶建春主持召开第99次省政府常务会议。会议传达学习中共中央总书记习近平重要讲话、重要指示批示精神,传达学习7月29日国务院常务会议精神。听取并原则同意省人力资源和社会保障厅钟志生关于加快完善覆盖全民的多层次社会保障体系意见的汇报。听取并原则同意省医保局王前虎关于促进医保基金稳健运行推动医保事业高质量发展意见的汇报。听取并原则同意省教育厅郭杰忠关于成立江西省教材委员会有关事项的汇报。听取并原则同意省自然资源厅张圣泽关于成立江西省全民所有自然资源资产所有权委托代理机制试点工作领导小组有关事项的汇报。听取并原则同意省生态环境厅徐延彬关于成立鄱阳湖流域生态环境监督管理工作领导小组有关事项的汇报。听取并原则同意省应急厅龙卿吉关于调整省减灾委员会组成人员和组建7个专业委员会有关事项的汇报。听取并原则同意省社联罗勇兵关于建立江西省社会科学普及工作联席会议有关事项的汇报。副省长梁桂、任珠峰、秦义、陈小平,省政府秘书长、办公厅主任王国强出席会议。

9月1日,省长叶建春主持召开第100次省政府常务会议。会议传达学习中共中央总书记习近平重要讲话、重要指示批示精神,传达学习8月18日、24日、31日国务院常务会议精神。听取并原则同意省国有企业改革领导小组办公室陈德勤关于全面推进省直党政机关和事业单位经营性国有资产脱钩移交集中统一监管实施方案的汇报。听取并原则同意省现代产业引导基金领导小组办公室陈德勤关于江西省现代产业引导基金管理办法的汇报。听取并原则同意省政府残工委办公室何剑锋关于江西省促进残疾人就业三年行动实施方案的汇报。听取并原则同意省司法厅凌云、省工业和信息化厅杨贵平关于江西省无线电管理条例的汇报。听取并原则同意省司法厅凌云、省林业局邱水文关于江西省山茶油发展条例的汇报。会议研究省政府9月重点工作。副省长梁桂、任珠峰、秦义,省政府秘书长、办公厅主任王国强出席会议。

9月19日,省长叶建春主持召开第101次省政府常务会议。会议传达学习中共中央总书记习近平重要讲话、重要指示精神,传达学习9月7日、13日国务院常务会议精神,传达《农业农村部关于对早稻生产成绩突出的省级农业农村部门给予表扬的通报》精神,会议听取省文化和旅游厅梅亦关于全国文物工作会议精神的汇报,听取省审计厅刘文华关于2021年度中央、省级预算执行和其他财政收支审计查出主要问题情况的汇报,听取并原则同意省发展改革委张和平关于加快盘活存量资产扩大有效投资工作方案的汇报,听取并原则同意省住房和城乡建设厅熊春华关于江西省城市燃气管道等老化更新改造实施方案的汇报。副省长梁桂、任珠峰、孙菊生、秦义、陈小平,省政府秘书长、办公厅主任王国强出席会议。

9月30日,省长叶建春主持召开第102次省政府常务会议。会议传达学习中共中央总书记习近平重要讲话、重要指示精神,传达学习9月21日、26日国务院常务会议和稳经济大盘四季度工作推进会议精神。听取并原则同意省食品安全办谢来发关于2022年以来全省食品安全工作情况的汇报。听取并原则同意省发展改革委张和平、省工业和信息化厅杨贵平关于做优做强全省锂电新能源产业若干政策措施的汇报。听取并原则同意省生态环境厅徐延彬关于江西省落实《中央生态环境保护督察整改工作办法》实施细则的汇报。听取并原则同意省生态环境厅徐延彬关于鄱阳湖总磷污染控制与削减专项行动工作方案的汇报。听取并原则同意省民族宗教事务局喻志勇关于推进国内宗教中国化,做好新时代江西宗教工作实施意见的汇报。听取省人力资源和社会保障厅钟志生关于2022年第一批及时奖励评选情况的汇报,原则同意评选出的及时奖励建议名单。会议研究省政府10月重点工作。副省长梁桂、秦义、陈小平,省政府秘书长、办公厅主任王国强出席会议。

10月28日,省长叶建春主持召开第103次省政府常务会议。会议传达学习中共中央总书记习近平重要讲话、重要指示精神,传达国务院安全生产委员会对2021年度省级政府安全生产和消防工作考核巡查情况的通报精神。听取省发展改革委、省工业和信息化厅、省交通运输厅、省金融监管局关于稳经济增长督导和服务工作情况的汇报,听取省发展改革委、省统计局、省工业和信息化厅、省财政厅、省农业农村厅、省商务厅、省金融监管局及各设区市、赣江新区关于全省三季度经济运行情况的汇报,分析三季度经济形势,部署下一阶段工作。会议研究省政府11月重点工作。副省长梁桂、任珠峰、孙菊生、秦义、陈小平,省政府秘书长、办公厅主任王国强出席会议。

11月9日,省长叶建春主持召开第104次省政府常务会议。会议传达学习中共中央总书记习近平重要讲话、重要指示精神,听取并原则同意省政务服务办邵高关于修水县等10个县相对集中行政许可权改革方案的汇报。听取并原则同意省发展改革委张和平关于迎峰度冬电力供应保障方案、迎峰度冬负荷管理预案的汇报。听取并原则同意省科技厅鄢帮有关于全面提升科技创新驱动力决定的汇报。听取并原则同意省工业和信息化厅杨贵平关于江西省化工园区建设标准和认定管理实施细则的汇报。听取并原则同意省司法厅凌云、省发展改革委张和平关于江西省数据应用条例的汇报。听取并原则同意省自然资源厅张圣泽关于江西省国土空间总体规划(2021—2035年)的汇报。听取并原则同意省消防救援总队刘克辉关于江西省火灾事故调查处理及督办评估办法的汇报。副省长梁桂、任珠峰、秦义、陈小平,省政府秘书长、办公厅主任王国强出席会议。

11月17日,省长叶建春主持召开第105次省政府常务会议。会议传达学习中共中央总书记习近平重要讲话、重要指示精神,听取省人口生育保障领导小组办公室王水平关于2022年以来全省优化生育政策工作情况的汇报,原则同意提出的下一步工作安排。听取并原则同意省科技厅陈金桥关于发展科技金融支持创新创业若干措施的汇报。听取并原则同意省司法厅凌云、省地震局张有林关于江西省地震预警管理办法的汇报。听取省市场监管局谢来发关于第四届江西省井冈质量奖评选情况的汇报,原则同意评出的候选名单,听取并原则同意省气象局詹丰兴关于江西省气象高质量发展纲要(2023—2035年)的汇报。副省长梁桂、任珠峰、孙菊生、陈小平、省政府秘书长、办公厅主任王国强出席会议。

11月29日,省长叶建春主持召开第106次省政府常务会议。会议传达学习中共中央总书记习近平重要讲话、重要指示精神,传达学习11月22日国务院常务会议精神。听取并原则同意省生态环境厅徐延彬关于美丽江西建设规划纲要(2022—2035年)的汇报。听取并原则同意省工业和信息化厅杨贵平关于江西省制造业中长期发展规划纲要(2022—2035年)的汇报。听取并原则同意省乡村振兴局刘洪关于全省巩固拓展脱贫攻坚成果同乡村振兴有效衔接工作情况的汇报。会议研究省政府12月重点工作。副省长梁桂、任珠峰、孙菊生、秦义、陈小平,省政府秘书长、办公厅主任王国强出席会议。

12月9日,省长叶建春主持召开第107次省政府常务会议。会议传达学习中共中央总书记习近平重要讲话、重要指示精神,听取省政务服务办邵高关于全省深化"放管服"改革优化政务服务工作推进情况的汇报,听取并原则同意省发展改革委张和平关于进一步优化营商环境降低市场主体制度性交易成本政策措施的汇报。听取并原则同意省科技厅宋德雄关于江西省进一步加强基础研究若干措施的汇报。听取并原则同意省科技厅宋德雄关于成立江西省创建庐山国家植物园领导小组有关事项的汇报。听取并原则同意省农业农村厅吴国昌关于江西省农业关键核心技术攻关实施方案的汇报。听取并原则同意省司法厅凌云、省人力资源和社会保障厅钟志生关于修订江西省专业技术人员继续教育办法的汇报。听取并原则同意省统计局方向军关于江西省贯彻落实国家统计督察"回头看"反馈意见整改工作方案的汇报。会议就进一步做好年底疫情防控、安全生产、社会稳定各项工作进行部署。副省长梁桂、任珠峰、孙菊生、秦义、孙洪山、陈小平,省政府秘书长、办公厅主任王国强出席会议。

12 月 24 日,省长叶建春主持召开第 108 次省政府常务会议。会议传达学习中共中央总书记习近平重要讲话重要指示精神,传达学习中央经济工作会议精神,研究政府系统具体落实举措。传达学习 12 月 20 日国务院常务会议精神。听取并原则同意省政府办公厅王国强关于《叶建春同志在省委经济工作会议上的讲话》起草情况的汇报。听取并原则同意省发展改革委张和平关于 2022 年全省计划执行情况和 2023 年经济工作建议的汇报。听取并原则同意省市场监管局谢来发关于 2022 年江西省食品安全工作、药品安全工作情况的汇报。听取并原则同意省司法厅吴鹏、省气象局殷建敏关于江西省气象灾害防御重点单位气象安全管理办法的汇报。听取并原则同意省财政厅朱斌关于 2023 年民生实事安排方案的汇报。听取并原则同意省财政厅朱斌关于 2023 年财政预算安排意见的汇报。副省长梁桂、任珠峰、孙菊生、秦义、孙洪山,省政府秘书长、办公厅主任王国强出席。

12 月 30 日,省长叶建春主持召开第 109 次省政府常务会议。会议传达学习中共中央总书记习近平重要讲话、重要指示精神,听取省委农办江枝英关于中央农村工作会议精神的汇报,听取并原则同意省政府研究室李能关于《政府工作报告(讨论稿)》起草情况的汇报。听取省委信访局曾小平关于“治理重复信访、化解信访积案”专项工作情况的汇报,听取并原则同意省发展改革委张和平关于国家生态文明试验区(江西)建设情况的汇报。听取并原则同意省科技厅宋德雄关于复合半导体江西省实验室建设方案的汇报。听取并原则同意省国资委卢小青关于江西省人才发展集团组建方案的汇报。会议研究省政府 2023 年 1 月重点工作,传达学习中办、国办《关于做好 2023 年元旦春节期间有关工作的通知》精神,对“两节”期间疫情防控、保供稳价、项目建设、安全稳定、纠治“四风”等工作作出部署。副省长梁桂、任珠峰、孙菊生、孙洪山,陈小平、省政府秘书长、办公厅主任王国强出席。

【省政府党组会议】 1 月 6 日,省政府党组书记叶建春主持召开省政府党组党史学习教育专题民主生活会集中学习研讨会。省政府党组成员梁桂、任珠峰、胡强、陈小平、罗小云、王国强交流了学习体会。副省长孙菊生列席。

1 月 15 日,省政府党组书记叶建春主持召开省政府党组会议,传达学习省部级主要领导干部学习贯彻中共十九届六中全会精神专题研讨班精神特别是中共中央总书记习近平在开班式上的重要讲话精神。省政府党组成员梁桂、任珠峰、胡强、陈小平、罗小云、王国强出席会议。副省长孙菊生列席。

1 月 21 日,省政府党组书记叶建春主持召开省政府党组会议,传达学习中共中央总书记习近平在中央政治局党史学习教育专题民主生活会上和十九届中央纪委第六次全体会议上的重要讲话精神,以及中共中央《关于 2021 年中央政治局贯彻执行中央八项规定情况的报告》《关于 2021 年整治形式主义为基层减负工作情况的报告》,审议《省政府党组党史学习教育专题民主生活会对照检查材料(讨论稿)》。省政府党组成员梁桂、任珠峰、胡强、陈小平、罗小云、王国强出席会议。副省长孙菊生列席。

1 月 27 日,省政府党组书记叶建春主持召开省政府党组党史学习教育专题民主生活会。省政府党组成员梁桂、任珠峰、胡强、陈小平、罗小云、王国强出席会议。副省长孙菊生列席。

2 月 17 日,省政府党组书记叶建春主持召开省政府党组会议,传达学习中共中央总书记习近平2022 春节前在山西看望慰问基层干部群众时的重要讲话精神,重温中共中央总书记习近平关于“坚持以人民为中心”“提高保障和改善民生水平”的重要论述。省政府党组成员梁桂、任珠峰、秦义、胡强、陈小平、罗小云、王国强出席会议。副省长孙菊生列席。

4 月 13 日,省政府党组书记叶建春主持召开省政府党组会议。就贯彻中共中央总书记习近平视察江西重要讲话精神和国务院总理李克强重要讲话要求作出部署。梁桂、罗小云作发言,秦义、陈小平、王国强参加会议。副省长孙菊生列席。

4 月 18 日,省政府党组书记叶建春主持召开省政府党组会议,传达国务院联防联控机制工作组有关要求,研究部署疫情防控工作。省政府党组成员梁桂、秦义、陈小平、王国强出席会议。副省长孙菊生列席。

5 月 11 日,省政府党组书记叶建春主持召开省政府党组会议,学习贯彻中共中央总书记习近平重要讲话精神,研究部署全省各级政府推动全面从严治党、党史学习教育常态化长效化、干部队伍建设以及支持做好青年工作。省政府党组成员任珠峰、秦义、陈小平、王国强出席会议。

5 月 24 日,省政府党组书记叶建春主持召开省政府党组会议,传达学习《中央纪委国家监委关于从龚建华案件中汲取教训做好以案促改工作的纪检监察建议》精神,贯彻落实省委常委会会议关于做好龚建华案及肖毅案以案促改工作要求,从严从实抓好政府系统以案促改工作。省政府党组成员陈小平、罗小云、王国强出席会议。副省长孙菊生列席。

6 月 6 日,省政府党组书记叶建春主持召开省政府党组会议,学习贯彻中共中央总书记习近平关于意识形态工作、关于巡视工作的重要讲话重要指示精神,研究部署政府系统加强意识形态和狠抓巡视反馈问题整改落实等工作。省政府党组成员梁桂、任珠峰、秦义、陈小平、罗小云、王国强出席会议。副省长孙菊生列席。

7 月 1 日,省政府党组书记叶建春主持召开省政府党组(扩大)会议,学习研讨中共中央总书记习近平在中央政治局会议和中央政治局第四十次集体学习时的重要讲话精神。省政府党组成员梁桂、任珠峰、秦义、陈小平、王国强出席会议。副省长孙菊生列席。

7 月 28 日,省政府党组书记叶建春主持召开省政府党组全面从严治党形势分析会,学习贯彻中共中央总书记习近平关于全面从严治党的重要论述,汲取龚建华严重违纪违法案中的教训，查找剖析省政府党组履行全面从严治党主体责任中的突出问题和省政府党组成员履行“一岗双责”中的薄弱环节，压紧压实管党治党政治责任。省政府党组成员梁桂、任珠峰、秦义、陈小平、王国强出席会议并发言。副省长孙菊生列席。

9月1日，省政府党组书记叶建春主持召开省政府党组（扩大）会议。学习贯彻中共中央总书记习近平关于抓好秋粮生产、防汛抗旱和防灾减灾救灾工作的重要指示精神，全面落实中共中央、国务院决策部署，按照国务院副总理胡春华考察江西讲话精神和省委要求，推动各项工作落实见效，抓好抗旱救灾。省政府党组成员梁桂、任珠峰、秦义、王国强出席会议。

10月25日，省政府党组书记叶建春主持召开省政府党组会议，对省政府党组和全省政府系统学习宣传贯彻中共二十大精神和中共中央总书记习近平在中共二十届一中全会上的重要讲话精神进行研究部署。审议并原则通过《省政府党组学习宣传贯彻党的二十大精神工作方案》。省政府党组成员梁桂、任珠峰、秦义、陈小平、王国强出席会议。副省长孙菊生列席。

11月23日，省政府党组书记叶建春主持召开省政府党组会议，传达学习《中共中央政治局关于加强和维护党中央集中统一领导的若干规定》《中共中央政治局贯彻落实中央八项规定实施细则》精神，对省政府党组和全省政府系统贯彻落实省委十五届三次全体（扩大）会议精神进行部署。省政府党组成员梁桂、陈小平、王国强出席会议。副省长孙菊生列席。

（省政府办公厅）

重要文件

【《关于进一步加大帮扶力度促进中小企业平稳健康发展的通知》印发】 1月25日，省政府办公厅印发该通知，提出全力帮助中小企业纾困解难、着力促进中小企业创新发展等4个方面22条措施，进一步加大帮扶力度，促进中小企业平稳健康发展。

【《关于降本增效促进市场主体发展若干政策措施的通知》印发】 1月29日，省政府印发该通知，从减税降费、融资优惠等6个方面制定30条政策，统筹新冠肺炎疫情防控和经济社会发展，继续做好“六稳”“六保”工作，进一步降低企业成本，加大助企纾困力度，激发市场主体活力和创造力。

【《2022年民生实事工程安排方案的通知》印发】 1月30日，省政府印发该通知，继续实施民生实事工程，聚焦人民群众急难愁盼问题，着重围绕就业和创业、社会保险等8个方面，集中办好涉及群众切身利益的51件实事。

【《2022年国民经济和社会发展计划的通知》印发】 1月30日，省政府印发该通知，对2022年全省经济社会发展作出部署，重点抓好深入实施扩大内需战略、强化创新引领产业升级等8个方面工作。

【《关于纵深推进“放管服”改革进一步提升政务服务的若干措施的通知》印发】 1月30日，省政府办公厅印发该通知，提出全面设立通用综合窗口、深入推进“一件事一次办”改革等13条措施，着力培育和激发市场主体活力和社会创造力。

【《科学精准做好疫情防控推进经济强劲发展若干措施的通知》印发】 4月18日，省政府印发该通知，从科学精准抓好新冠肺炎疫情防控、切实做好交通物流保通保畅等8个方面，恢复生产生活秩序。

【《江西省促进商贸消费提质扩容三年行动方案（2022—2024年）的通知》印发】 5月16日，省政府办公厅印发该通知，提出实施消费中心城市打造行动、城市消费场景提升行动等10项重点任务，进一步释放居民消费潜力，推动商贸消费提质扩容。

【《江西省推动湘赣边区域合作示范区建设行动方案的通知》印发】 5月24日，省政府办公厅印发该通知，提出提升传承弘扬红色文化的核心地位、强化产业协同创新发展的主体作用等6个方面19项主要任务，推动湘赣边区域深化改革深度合作，探索全国革命老区振兴发展新路径，中部地区高质量发展新模式，省际交界地区协同发展新经验。

【《关于因城施策促进房地产业良性循环和健康发展的指导意见》印发】 5月27日，省政府办公厅印发该意见，提出加强市场预期引导、切实增加有效供给等7个方面29条意见，满足购房者合理住房需求，促进房地产业良性循环和健康发展。

【《关于切实稳住经济发展若干措施的通知》印发】 6月2日，省政府印发该通知，从惠企纾困再加力、稳定就业再加力等7个方面提出43条措施，统筹新冠肺炎疫情防控和经济社会发展，稳住经济发展，确保经济运行在合理区间。

【《关于更大力度实施积极财政政策稳住经济发展若干财政措施的通知》印发】 6月6日，省政府办公厅印发该通知，提出确保全面落实小微企业留抵退税政策、促进困难县区平稳运行等16项财政措施，提振市场信心、稳定市场预期、稳住经济发展。

【《新形势下进一步推进“五型”政府建设走深走实的意见》印发】 7月6日，省政府印发该意见，从着力打造更加纯粹的“忠诚型”政府、着力打造更具活力的“创新型”政府等5个方面提出18项目标任务，推进“五型”政府建设。

【《江西省碳达峰实施方案的通知》印发】 7月8日，省政府印发该通知，从能源绿色低碳转型行动、工业领域碳达峰行动等10个方面提出重点任务，为实现碳达峰奠定坚实基础。

【《项目建设“四大攻坚行动”方案的通知》印发】 9月17日，省政府办公厅印发该通知，要求做好全省城市棚户区改造、“大交通”、大南昌都市圈轨道交通和水利领域基础设施建设攻坚行动，加快基础设施建设、扩大有效投资、持续改善民生、推进经济加快恢复发展。

【《关于加快盘活存量资产扩大有效投资工作方案的通知》印发】 9月27日,省政府办公厅印发该通知,制定全面清查资产、建立资产台账等6项主要任务,形成存量资产和新增投资的良性循环,有效提升基础设施运营管理水平,调动民间投资参与积极性,降低政府债务风险和企业负债水平。

【《关于做优做强我省锂电新能源产业的若干政策措施的通知》印发】 10月10日,省政府印发该通知,提出大力支持锂电重大项目建设、支持锂电企业科技创新等10条措施,进一步提升江西省锂电新能源产业在全国的优势地位,推动锂电新能源产业实现高质量可持续发展。

【《关于进一步释放消费潜力促进消费持续恢复的实施意见》印发】 10月22日,省政府办公厅印发该意见,提出多渠道助企纾困,促进消费有序回暖、持续创新提质,增强消费动能等5个方面24条意见,进一步释放全省消费潜力,促进消费持续恢复。

【《关于发展科技金融支持创新创业若干措施的通知》印发】 12月1日,省政府办公厅印发该通知,提出增强科技信贷服务能力、营造科技创业投资发展环境等5个方面15项措施,加快完善金融支持创新体系,更好适应新时代科技创新需求,切实解决科技创新融资难题,促进创新创业加速发展。

(省政府办公厅)

督　查

【概　况】 2022年,省政府办公厅围绕中共中央、国务院重大方针政策和省委、省政府重大决策部署,配合中共中央及国务院开展督查,就全省重大决策部署、省政府年度重点工作、民生热点实事、领导批办交办事项4个方面开展督查。推动中共中央、国务院和省委、省政府重大决策部署贯彻落实。

【配合中共中央、国务院开展督查】 3月,省政府办公厅对国务院《政府工作报告》涉及江西省的146项重点工作任务清单,逐项明确牵头责任单位,印发《2022年国务院〈政府工作报告〉重点工作任务跟进落实分工方案》,建立工作台账,定期跟踪督办。4月,针对国务院总理李克强考察江西时对江西发展提出的重要要求,印发《贯彻落实李克强总理考察江西重要讲话要求涉及重点工作重大项目跟进对接责任分工》,并连续开展3次调度督办,推动17项工作取得进展。8月,配合开展国务院第九次大督查。牵头组建工作专班,做好行程安排、材料起草、问题梳理、服务保障、解释说明等工作。11月,为深化落实中共中央总书记习近平视察江西重要讲话精神,省政府办公厅与省委办公厅共同牵头组成督查组,采取暗访抽查、实地查看、座谈访谈等方式,对宜春、新余等地开展实地督查,发现6个方面21个特色亮点和20条具体问题,并列出问题清单,落实整改。针对国务院及国务院办公厅印发的重要文件,逐一登记转办情况,加大跟踪督办频率,按月形成月度重要文件落实情况报告,全年调度国务院及国务院办公厅印发重要文件56件。

【重大决策部署督办落实】 全力对接争取国务院督查激励,印发《江西省人民政府办公厅关于对获得国务院督查激励支持的地方和部门予以配套激励的若干措施》,提升政府督查实效,形成督查激励叠加效应。实行"每周一调度"机制,专门召开对接争取工作部署会,落实责任分工,明确目标要求。在2022年的评选中,2021年共有17项工作、共计19次获得国务院督查激励,并列全国第3名,是自2017年国务院启动实施督查激励以来,江西省获得数量和次数最多的一次。抓好省《政府工作报告》落实,第一时间分解形成169项任务清单,专门下发通知部署落实,并对报告中确定的"三重"工作(重点工程、重大项目、重要会议)落实情况,组织开展专项督查,推动各项重点工作和51件民生实事工程按期完成。

【重点工作专项督查】 省政府办公厅配合省委办公厅开展新冠肺炎疫情防控暗访专项督查,南昌入城高速收费站通行情况专项督查,疫情防控调整执行情况专项督查,防溺水工作专项督查,防暑抗旱工作专项督查,全省稳增长、防风险、保稳定、惠民生工作专项督查,农村地区疫情防控工作专项督查。会同有关部门围绕开发区新引进"5020"项目、重要战略合作协议落地落实、优化营商环境、化解信访积案等主题,开展专项督查。10月,根据省政府专题会议精神和省政府主要领导批示要求,组成3个督查组,对十五届省委第一轮巡视发现的涉及政府职能方面的问题整改情况开展督查。在前期书面督查全覆盖的基础上,对其中21个地方和单位进行实地核查,发现整改工作中存在的问题93个。

【民生实事督查】 督促群众"急难愁盼"问题解决。针对国务院"互联网+督查"平台转来的问题线索,省政府办公厅第一时间分类转办,依法依规调查核实,按时上报核查结果。全年转办落实一般问题线索2.91万件,其中限期核查类问题线索51条。针对省"五型"政府建设监督员建议,在对100名监督员履职情况进行综合评估的基础上,对其中22名监督员进行优化调整。认真办理监督员建议,组织开展"助力营商环境优化升级专题监督活动"专题活动,并邀请部分监督员开展实地核查,共转办落实相关意见建议71条。针对人民网"领导留言"版块等诉求建议受理平台,省政府办公厅及时回应群众诉求,定期加强分析研判。

【领导批办交办事项督查】 2022年,省政府办公厅通过建立工作台账,细化分解任务,落实工作责任,定期梳理落实进展,进一步完善"规范管理、按责转办、高效办理"的工作机制,共督促办理党和国家领导人批示60件;共督办落实省长批示1215件、调研交办事项83项、座谈会交办事项352项。

(省政府办公厅)

办理人大代表建议和政协委员提案

【概　况】 2022年，省十三届人大六次会议和省政协十二届五次会议期间，交由省政府系统办理的省人大代表建议、省政协提案共1068件。其中，省人大代表建议529件；省政协提案539件。所有建议提案均在规定时间内办理完毕，办复率达100%。

【建议提案督查督办】 省政府办公厅将建议提案办理列入督查督办的重要内容，并纳入年度督查工作计划。2022年省两会召开后，省政府办公厅主动与省人大常委会选任联工委、省政协提案委协商，第一时间下发通知，落实工作任务、规范办理流程、明确时间节点，并要求各承办单位将建议提案办理情况抄送省政府办公厅，同时通过下发督办函、工作提示等形式加快办理进度。围绕高质、高效做好建议提案办理工作，先后向省政府系统相关承办单位开展"点对点"督办10余次，推动落实建议提案办理主体责任，确保办理工作得到落实。

3月，省政府办公厅印发《关于认真做好省十三届人大六次会议代表建议和省政协十二届五次会议提案办理工作的通知》，要求强化办前分析研究。各承办单位认真梳理分析建议提案中的热点难点问题和合理化意见建议，提炼、汇总其中的信息资源和智力资源，提出工作对策。对代表委员所提问题能够解决的，采取及时有效措施，推动相关问题尽快妥善解决。对体制性、前瞻性较强的建议提案，深入研究论证，积极吸收采纳，充分发挥建议提案的决策参考作用。严格办后答复要求。抓好答复质量，推动办理工作规范化。明确要求各承办单位答复代表委员时实行"四对照"，即对照时限要求、格式要求、公开要求、抄送要求，办好每一件建议提案。

9月，省政府办公厅与省人大常委会选任联工委组建联合督导组，采取实地调研、上门座谈等形式，选取承办建议多、群众关注度高的省发展改革委、省教育厅、省财政厅、省人力资源和社会保障厅、省卫健委、省住房城乡建设厅6家承办单位进行现场督导，掌握办理进展，督促加快办理进度，推动提高办理质量。

【增强建议提案办理实效】 省政府办公厅严格落实办前、办中、办后"三沟通"制度，增强工作实效。推进省政府办公厅与省人大常委会选任联工委、省政协提案委协作共商。省两会期间，共同对收到的建议提案进行审阅并予以协商交办，对任务较重或进展较慢的单位联合跟踪督办，构建常态化沟通协调的工作格局。推进主办单位与省人大代表、省政协委员沟通交流。坚持"走出去"与"请进来"相结合，各承办单位采取电话沟通、座谈交流等方式，以"开门办案""集中走访"等活动为载体，增进交流协商，提高工作效率、解决实际问题、增强满意度。推进承办单位之间衔接配合。对涉及多个单位的建议提案，特别是综合性强、涉及面广、办理难度大的建议提案，主办单位与协办（会办）单位之间密切协同配合，形成工作合力。针对省人大代表提出的关于促进江西省数字经济又好又快发展的建议，省发展改革委将代表建议与省委、省政府推进江西省数字经济发展重大决策一同研究部署，并吸纳到省委、省政府印发的《关于深入推进数字经济做优做强"一号发展工程"的意见》中，推动全省数字经济发展；针对省政协委员提出的加强高校科技成果转化、赋能"创新江西"建设发展，省教育厅、省科技厅研究出台《江西省试点单位实施科技成果转化尽职免责清单工作指引》，为科技人员成果转化提供制度保障。

（省政府办公厅）

外事工作

【概　况】 2022年，江西外事工作服务国家总体外交和全省开放发展。贯彻《外交部关于江西省外事工作的意见》，制定出台《江西省贯彻落实〈外交部关于江西省外事工作的意见〉实施方案》，重点建设南昌、九江、赣州、景德镇、上饶等开放支点城市，推动赣州国际陆港等对外通道重要枢纽节点建设，南昌向塘国际陆港入选国家物流枢纽建设名单。开展区域交流合作。参与"一带一路"建设、中俄"两河流域"地方合作、中国—中东欧国家合作、保加利亚外交专项工作等区域合作机制，深入推进与"一带一路"沿线周边国家在经贸投资、人文交流、生态农业等重点领域合作。争取外交部支持，在南昌综合保税区设立并挂牌全省首个"国际友城交流互联共建基地"，为中美企业合作搭建新平台，并促成南昌综保外贸综合服务有限公司与美国犹他州天然产品联盟（UNPA）开展跨境电商业务。服务全省数字经济。制定印发《深入推进发展和改革"双一号工程"外事方案》，加强数字产业技术、数字经济领域等重点项目的对外交流合作，紧跟世界数字经济发展新形势，通过外交渠道，收集整理全球数字经济信息，编印数字经济外事专报，为省委、省政府决策提供参考。

【对外交流合作】 推动结好"一带一路"沿线国家重点城市，贯彻落实中共中央总书记习近平对友城工作的重要批示精神，加强友城建设。全省新增友城3对，全省友城总数108对，省级友城26对，江西省国际友城数居全国前列。开展线上外事活动。组织江西省与乌拉圭赛罗拉尔戈、白俄罗斯维捷布斯克州、日本冈山县、韩国全罗南道、尼泊尔阿尼哥协会以及马来西亚"一带一路"委员会、美国海伦·福斯特·斯诺基金会、乌兹别克斯坦驻沪总领馆、老挝驻广州总领馆等开展"云上"外事交流，共举办线上外事活动36场次，举办中国—阿根廷"云端商贸桥"（江西）专场活动、第23届中日韩友好城市大会、2022上海合作组织国家扶贫研修班（江西）、江西高校线上海外展、江西省参加第三届中国阿拉伯城市论坛、中国—以色列提高水与营养利用率和智慧农业线上研讨会。

【外事服务】 深化外事"放管服"改革。推行"一网通办"服务，聚焦外向型企业关心的问题，开展外事服务进企业、外事知识进园区、领保知识“五进”宣讲等活动，先后为江西国际、江铜集团下放公务普通护照管理权，指导江西铜业、江西钨业、南昌大学以及景德镇市用好外事审批权和领事认证代办权，落实涉外文书领事认证服务事项进驻省政务服务中心，试点重点涉外企业“白名单”制度。做优外事领域营商环境，开展“办事心比心、业务大体验”专项活动。全年受理亚太经合组织(APEC)商务旅行卡申办材料23个团组59人次，为27个国家97批187名外籍人士出具来华邀请函，办理领事认证4566份。守住涉外安全底线，发挥江西省“一带一路”涉外安保体系作用，指导企业妥善处置尼日利亚、海地人质绑架案等涉外案(事)件，共处置17个国家和地区涉外案(事)件95起，涉及24个国家和地区的领保案(事)件50起。召开全省海外利益安全联席机制会议3次，针对国际安全形势，进行专题研究部署，强化措施。协助外交部和中国驻乌克兰使馆等部门，保障江西省183名人员安全转移和撤离乌克兰。

【举办“美丽江西秀天下”走进保加利亚图片展】 8月22日至9月5日在保加利亚索菲亚市举办“美丽江西秀天下”图片展。该展由中国驻保加利亚大使馆和省外办主办，索菲亚市政府协办，分为综述、绿色生态、人文历史、经济发展、赣保友谊5个主题，共展出图片60幅，向保加利亚民众展现江西的绿色生态、人文历史、经济建设和现代生活。保加利亚国家广播电台官方网站推出的“美丽江西秀天下”视频宣传片，成为同期点击量最多的视频；新华网、中新社、《环球时报》、保加利亚《24小时报》、罗马尼亚通讯社等数十家媒体相继转载报道。

【举办2022上海合作组织国家扶贫研修班(江西)】 12月5—9日，2022上海合作组织国家扶贫研修班(江西)开班式以线上线下相结合方式在江西开放大学举办。开班式上，上海合作组织秘书处副秘书长詹内什·凯恩发表视频致辞，上海合作组织国家睦邻友好合作委员会秘书长郑薇，柬埔寨皇家科学院院长、院士宋独，白俄罗斯驻沪总领事安德烈耶夫、斯里兰卡中国社会文化合作协会主席英德拉南达·阿贝赛克拉、俄罗斯彼尔姆对华友好协会会长米哈伊尔·卡缅斯基、乌兹别克斯坦经济发展与减贫部减贫司副司长索比尔在线致辞。江西省政府有关领导出席开班式并致辞。江西省外办主任、省友协会会长赵慧主持开班式。俄罗斯、乌兹别克斯坦、吉尔吉斯斯坦等16个国家的政府部门、高校、民间组织和在赣上合组织国家外籍留学生、记者等共429名学员参加研修。研修班通过直播录播相结合的课堂教学、案例教学、典型事迹、互动交流等方式开展。江西开放大学网站专门搭建“中、俄、英”三语学习平台，开设扶贫教学、魅力江西和国际合作等专栏，遴选井冈山、石城、兴国、于都、芦溪5个脱贫攻坚示范市(县)的典型事例，分享中国减贫脱贫经验和江西乡村振兴做法等。

【举办第23届中日韩友好城市交流大会】 11月4日，第23届中日韩友好城市交流大会在南昌召开，大会以“合作共赢，共同发展——构筑更为紧密的东亚命运共同体”为主题，中日韩三国200多个城市的政府官员、学者、企业家等700余人参加交流大会。江西省省长叶建春在大会开幕式上发表视频致辞。中国人民对外友好协会副会长袁敏道现场致辞，日本自治体国际化协会理事长冈本保、韩国市道知事协议会事务总长李映漨线上致辞。江西省副省长陈小平主持开幕式。江西省外办主任、省对外友协会会长赵慧出席并主持全体会议。辽宁省副省长陈绿平、日本冈山县知事伊原木隆太线上出席。会议期间，中日韩专家学者以及地方政府代表，围绕“数字经济与智慧城市、节能环保与绿色低碳、医疗合作与健康养老”议题分别发言，介绍各自地方发展情况、分享城市发展经验和未来战略规划，商讨加强中日韩三国地方合作交流举措等。

【江西省与白俄罗斯维捷布斯克州签署建立友好省州关系协议书】 10月31日，江西省与白俄罗斯维捷布斯克州通过视频连线方式，签署建立友好省州关系协议书，江西省与维捷布斯克州结成国际友城，填补江西在白俄罗斯共和国国际友城空白。省长叶建春、维捷布斯克州执行委员会主席苏博京出席签字仪式并致辞。副省长陈小平、维捷布斯克州执行委员会副主席杜勒诺夫，以及双方外事、教育、经贸、文旅、卫生等部门官员出席会议，中白两国大使共同在线出席签字仪式。

【举办“杜立特行动”上饶救援80周年纪念活动视频会】 4月18日，江

11月4日，第23届中日韩友好城市交流大会在南昌召开，省长叶建春发表视频致辞

省外办供

西省召开“杜立特行动”上饶救援80周年纪念活动视频会。会议主题是“重述历史 赓续友情”。出席视频会的美方人员有美国“杜立特行动”子女协会成员托马斯·马西亚、康斯坦斯·汤森等；出席视频会的中方人员有江西省人民对外友好协会会长赵慧，副会长胡志扬，上饶“杜立特行动”研究会成员代表，以及营救人员后代的代表王渊富，官献贵、官冬香姐弟，卢肖男、卢海南、卢正南三姐弟等。会上，双方共同回忆救援活动历史。活动得到外交部专电表扬，并入选全国优秀案例。

（肖迎椿）

港澳事务

【概　况】　2022年，全省港澳事务工作部门围绕服务中央港澳工作和江西高质量发展，创新工作机制，持续推进赣港澳交流合作。争取香港应善良基金会捐赠乡村道路、困难大学生助学金及乐善行基金会乡村小学校舍改扩建等项目资金共133.9万元，服务乡村振兴、助学解困；妥善处置港澳地区同胞涉病涉疫事件，保障港澳地区同胞利益安全。服务经济发展，到港资企业实地调研企业生产经营状况，帮助解决实际问题；加强与港澳中联办、港澳特派员公署；香港特别行政区政府驻武汉办、澳门特别行政区政府驻北京办、香港贸发局、澳门贸促局、澳门江西商会等部门和社团的联系沟通，相互配合，共商合作。

【举办“江西香港日”系列活动】　8月9日，省外办（省港澳办）筹划协调香港特别行政区驻武汉办、香港贸发局华中代表处，在南昌举办“江西香港日”系列活动。第一场活动——庆祝香港特别行政区成立25周年图片展，展览以“砥砺奋进廿五载 携手再上新征程”为主题，分为“砥砺前行谋发展 开创未来利民生”“从积极参与国家改革开放到融入国家发展大局”“回归祖国廿五载 成功落实‘一国两制’”等单元，展示香港回归后在政治、经济、文化等领域取得的成果和未来展望。第二场活动——香港营商环境及投资机遇说明会，有100余家企业及相关人士参加。参会代表就赴港投资等问题进行提问探讨。

【举办赣港澳交流活动】　组织在赣澳门学生参加中央政府驻澳门联络办公室北京联络部、协调部主办的“迎接发展新机遇培养爱国者——全国两会代表委员与澳门大学生线上交流会”，全国两会代表委员围绕落实中央治澳方略、培养青年爱国者以及澳门人大代表和政协委员履职形式等话题为澳门学生解读全国两会。向省内高校转发香港特别行政区驻武汉办事处关于香港博士研究生奖学金计划有关资料。

（肖迎椿）

政策与发展研究

【调查研究】　省政府研究室聚焦制约江西高质量发展的瓶颈问题以及省领导关注、经营主体和群众关切的重点难点热点问题，精选2022年度10个委托课题和9个自研课题，报省政府主要领导审定后组织实施，并承办省政府领导临时交办的8个课题。对年度委托课题，制定管理办法，认真审核把关，对不能按时完成的采取惩戒措施。对年度自研课题和领导临时交办课题，牵头组织省直有关部门和院校等成立调研组，到基层一线掌握第一手资料，促进研究成果转化利用。落实省领导对调研成果批示的跟踪督办机制。围绕江西省化工园区设立与认定、化工园区外化工企业改扩建管理等问题，在深入调研的基础上提出政策建议，推动出台《关于调整危险化学品安全生产工作有关政策的通知》《江西化工重点监测点认定标准（试行）》等文件。全年完成调研报告30篇，其中在《赣府研参》刊发26篇、以文件形式呈送省领导4篇，均获省领导肯定性批示。

【高端交流】　协助做好省政府商请国务院发展研究中心作为“庐山全球商界领袖大会”指导单位和邀请国务院发展研究中心党组成员、副主任王安顺出席大会并作主旨发言工作。协助承办“进博会走进江西”活动，邀请知名专家作为演讲嘉宾出席“数字江西 共享未来”虹桥国际经济论坛走进地方专场论坛。参与筹办全省智库峰会和第五届“中国青年企业家（共青城）发展峰会暨长江中游三省青年企业家协同高质量发展峰会”，邀请国务院发展研究中心专家出席会议，协调省内外知名企业家参会并开展投资考察。向国务院研究室和央广总台江西总站报送141条信息。

【外联共建】　协同省委宣传部建立省级应用对策类课题统筹机制。协调省社联将2022年度10个委托课题纳入省社会科学基金项目。与省社科院协商建立合作机制，省社科院就省政府主要领导批示的有关材料形成3篇调研报告、6份研办意见。发挥六方会商机制作用，为全省经济形势分析提供有益参考。

【智库建设】　印发《省政府研究室建设高质量智库工作方案（2022—2026年）》。完成第三届特约研究员（66人）选聘工作，在择优选聘相关专家学者的基础上，聘请26名企业家为特约研究员，进一步拓展专业领域和优化队伍结构。7月19日，采取线上与线下相结合方式，举行全省决策咨询工作会议暨省政府研究室第三届特约研究员受聘仪式，省委常委、常务副省长梁桂出席受聘仪式并讲话。完善《江西省级应用对策类智库或研究机构专家分类汇总名录》，编印《全省政府研究室或发展研究中心通讯录》。在省政府办公厅统筹下，做好江西省数字政府决策指挥中心建设有关工作。对省委和省政府及省直部门拟出台的12个政策性文件，提出25项修改意见建议。

【起草2023年省政府工作报告】　10月起，省政府工作报告起草小组采取多种方式，听取各设区市和赣江新区、省直单位、干部群众、企业、专家学者、党外人士等各方面的意见建议，并与《江西日报》联合策划在有关省级政务新媒体开展“我向省长说句话”网上建言献策活动，广泛收集群众意见。起草过程中,起草小组以习近平新时代中国特色社会主义思想为指导,贯彻落实中共二十大会议精神、中央经济工作会议精神和中共中央总书记习近平视察江西重要讲话精神,按照省委经济工作会议部署要求,做到目标明确、重点突出、措施务实、语言精练。政府工作报告先后经省政府常务会议讨论、省委常委会会议审议,提请省十四届人大一次会议审议通过。

(胡真书)

机关事务

【概　况】 2022年,江西机关事务系统厉行勤俭节约,规范服务保障管理,推动省直机关公务人员周转住房(卧龙公寓)投入使用,省直党政机关、事业单位办公用房清理有序推进,全省公共机构节能管理、办公用房管理、公务用车管理效能持续提升,幼教服务改革不断深化,"勤快办"改革有力开展,赣勤集团完成整体脱钩移交,4个集体、3名个人获评全国机关事务先进集体、先进个人。

【省直机关公务人员周转住房(卧龙公寓)投入使用】 12月,省直机关公务人员周转住房(卧龙公寓)1119套住房完成装修并投入使用。省机关事务管理局研究制定省直机关公务人员周转住房管理办法及分配方案,规范做好省直及中央驻赣118家厅局单位人员资格审核、摇号排序、名单公示、现场选房等配租工作,完善银行商超、小区食堂、中医理疗、书吧茶舍、体育健身等配套设施。首批住户12月底入住。

【省级集中办公区服务保障】 推进省级集中办公区11个项目政府采购,省行政中心实施西一会议室、餐饮中心、和谐院篮球场、园林景观等升级改造,引进赣茶文化体验馆、于都服装品牌,北西办公区设立文体活动室、供销江南商城、光伏停车棚,阳明办公区实施东楼与后院通道改造及园林绿化提升,建设屋顶光伏。创新餐饮保障模式,举办餐饮技艺培训暨餐饮技能竞赛,开展特色美食活动,2022年保障161.05万人次安全用餐,稳妥应对多轮突发新冠肺炎疫情。

【公共机构节能管理】 实施绿色低碳引领行动,全省76%的县级及以上党政机关建成节约型机关,6家单位评为公共机构生活垃圾分类和资源循环利用示范工作重点单位,20个案例入选全国公共机构能源资源节约示范案例名单,"公共机构能耗定额标准制定及实施"被评为全国第一批机关事务标准化试点范例。完成"绿宝碳汇"平台升级,注册人数突破130万,累计碳积分5.5亿个,实现碳减排11.6万吨。举办"江西这十年"公共机构节能主题新闻发布会,开展公共机构节能现场教学点、生活垃圾分类样板单位遴选。

【办公用房管理】 全面启动省直党政机关、事业单位办公用房清理,清查闲置低效办公用房23处8.71万平方米、土地3处2.58万平方米,出租出借35处3.49万平方米,违规占用6处4500平方米,超标29家单位3800万平方米。完成20家单位33处办公用房和省行政中心所有房屋权属统一登记,省直党政机关、事业单位权属统一登记面积比例由11.34%提高到35.45%。盘活不适宜办公使用的闲置资产,通过对外公开挂牌竞租实现保值增值。在全国率先推行办公用房签字背书制度,组织1706名省管干部签订规范使用办公用房承诺书,并推动签字背书制度下沉。出台省级机关办公用房维修管理实施办法,规范办公用房维修管理。

【公务用车管理】 出台省直单位公务用车更新配备管理办法、全省公务用车装饰管理办法、省管局驾驶员管理办法,集中采购省直公务用车206辆,其中省产汽车占54%、新能源汽车占30%。推动旧车二次调剂,公开处置车辆157辆,处置收入343.74万元,拍卖溢价率169%。抚州市成为全国首批"公务用车管理创新引领实践单位",省机关事务管理局列入全国第二批专项领域建设单位名单。抓好公务用车"全省一张网"运行管理,全年累计出车12.85万趟次,安全行驶421.1万千米,先后保障党和国家领导人到赣考察21批次。

【幼教服务改革】 设立省直幼教服务中心、省直第七幼儿园,对省直五所幼儿园更名挂牌,开启"1+7"幼教事业新格局。推进幼儿园阳光招生,组织开展学位抽签,招生工作得到省直单位认可。着力打造"一园一品",八一保育院构建红色班本课程,省直一园创设中医药文化体验馆,省直二园强化四大模块教育教学,省直三园创新开展"安吉游戏"实践,省直五园开设科学课程,省直六园打造自然教育科普共建基地。

【"勤快办"改革】 以推进双"一号工程"为抓手,编印《"勤快办"服务指南》,将54项服务保障事项精简为8个大类30项,逐一实施颗粒化改造和流程再造,推动超过50%的事项"掌上办"或"即申即办",有关做法获得省委、省政府主要领导和分管领导批示肯定。推动国管局"数正云"平台落地实施,完成"江西机关事务"APP景德镇、九江、于都、分宜等分站建设,扩建"江西地方特色及乡村振兴消费帮扶产品展示馆",策划推出乡村振兴线上馆。

【赣勤集团脱钩移交】 9月,全省新一轮省直机关和事业单位经营性国有资产脱钩移交工作启动。按照"整体移交、平稳移交"原则,省机关事务管理局稳步推进赣勤集团资产、财务和人员档案资料移交工作。10月27日,省机关事务管理局、省国资委、省水投集团举行移交协议签约仪式,省机关事务管理局成为新一轮省直机关和事业单位国有资产脱钩移交工作中首家和省国资委签署移交协议的单位。

(熊然)

本类目编辑　张志勇

中国人民政治协商会议江西省委员会

综　述

2022年，省政协以习近平新时代中国特色社会主义思想为指导，深入贯彻落实中共中央总书记习近平关于加强和改进人民政协工作的重要思想以及视察江西重要讲话精神，发扬民主和增进团结、建言资政凝聚共识，充分发挥专门协商机构作用。

加强思想政治统领。召开党组会议、主席会议、常委会会议等集体学习30多次，及时跟进学习中共中央总书记习近平重要讲话、重要指示批示精神，学习《习近平谈治国理政》第四卷，学习中共十九届六中全会精神。深入学习宣传贯彻中共二十大精神，组织开展"迎接二十大委员在行动"主题活动，及时召开常委会会议专题传达学习中共二十大精神，主席会议成员带头到企业、高校、乡村开展宣讲。开展落实中央政协工作会议精神"回头看"，协助制定贯彻落实《中国共产党政治协商工作条例》的实施意见。严格执行重要事项请示报告制度，全年向省委全面报告工作4次。巩固拓展党史学习教育成果，坚持政协读影机制，重要会议安排分享红色革命故事等短视频，常态化开展委员读书活动，加强对委员的思想政治引领。

服务社会发展大局。完成协商课题30项，举办各类协商活动60场，形成政协专报、建议案等30件，立案办结提案584件。围绕产业升级，就做优、做强、做大全省电子信息产业和锂电产业、产业链链长制运行情况等课题，开展调研协商。围绕深化改革开放，就推进省属国有企业改革、完善省留才、引才、用才政策等课题，研究学鉴省内外有效经验。调研梳理全省招商引资108个成功典型与问题案例，提出30条对策建议。围绕农业强省建设，就发展村级集体经济、建设全国绿色农产品供应基地等课题开展调研。围绕红色基因传承，就更好发挥江西"四个摇篮"独特优势，考察学鉴延安、韶山、古田、遵义四地成功经验。就加强和改进高校思政工作开展专题研究，做好意识形态工作。就纵深一体推进"三不腐"访谈100名委员，助力开展专项治理。围绕生态文明建设，就生态产品价值实现机制试点开展蹲点调研，就做实"龙虎天下绝""三清天下秀""大武功山"品牌等课题组织联动调研协商，就深化庐山管理体制改革开展民主监督。

履职为民纾困解难。主席会议成员到挂点市县乡村和工业园区调研了解、推动解决企业和群众困难。出台反映社情民意信息工作考评表扬表彰办法，收集社情民意信息1.13万余条，报送全国政协1100余条，报送省委1050条。围绕老旧小区改造、村级医疗卫生机构作用发挥、盘活城市社区医疗设施资源、破解家政服务刚需与供给不足难题等群众关切，深入调研协商。围绕化解信访积案、推进"五型"政府建设等课题开展专题调研。推动"赣事好商量"协商平台建设纳入《2022年江西省探索和推广的改革项目清单》，指导市县政协搭建"赣事好商量"平台6000多个，常态化组织委员开展学习宣讲、民意收集、协商监督、公益帮扶等活动。持续开展委员全员联系民营企业活动。针对疫情防控与经济社会发展形势，召开经济形势通报会。访谈中央驻赣16家金融机构和4家通信企业，听取意见建议，形成发展共识。

健全完善工作机制。完善各民主党派和无党派人士在政协发挥作用的机制，全年协商办理民主党派、工商联、无党派人士提案204件，安排全体会议、常委会会议大会发言30人次，组织界别活动60余次。坚持重大节日走访慰问少数民族、宗教界代表人士。就加强宗教工作基层基础建设、江西省基督教治理情况等课题开展调研。组织住赣全国政协委员、住设区市省政协委员到井冈山等地开展视察考察。组织港澳委员和特邀海外侨胞代表返赣视察。

健全委员履职服务管理和考核评价体系，建立委员提交履职作业、常委撰写履职报告、党组成员点评党员常委履职等制度，开展优秀履职成果评选，委员全年共撰写"作业"1200余篇。推行主席会议领导下的课题项目负责人制。探索重点课题部门联动机制，一个专委会牵头，多个专委会参与。重点课题报告和重要文件，实行集中研讨修改机制。优化调查研究方式。总结形成改进调查研究工作20法。建立严格把关制度，重点调研报告由课题组、专委会、主席会议逐级把好"政治、政策、法规、事实、文风"5关。全年参加全国政协组织的视频调研座谈会18场。协助省委制定《关于加强和改进新时代市县政协工作的二十条措施》。以课题为纽带，加强对市县政协工作的联系指导。

抓实党风廉政建设。严格执行关于加强新时代人民政协党的建设工作的若干意见等制度规定，加强政协党组、机关党组、专委会分党组建设。健全党组成员联系党员委员、党员委员联系党外委员制度。坚持重

要履职活动建立临时党组织。持续深化作风建设，以“中央八项规定出台十周年”为主题，开展作风专项整治活动。坚持《优良作风典型事例》和《不严不实突出问题》双通报制度。推动文风、会风、话风进一步好转。落实省委要求，逐级开展政治谈话。召开系统全面从严治党形势报告会。以肖毅、龚建华等严重违纪违法案例为鉴，集中开展警示教育活动和“七个有之”专项整治。完善《省政协委员和机关干部60个廉政风险点及防控措施》，常态化开展廉政提醒。

（省政协办公厅）

重要会议

【省政协十二届五次会议召开】 1月16—19日在南昌召开。省委书记易炼红、省长叶建春等领导出席会议，易炼红在闭幕会上发表讲话。会议审议批准姚增科代表政协江西省第十二届委员会常务委员会所作的工作报告；审议批准雷元江代表政协江西省第十二届委员会常务委员会所作的提案工作情况报告；通过省政协十二届五次会议决议。委员列席江西省第十三届人民代表大会第六次会议，听取、讨论并赞同叶建春所作的省政府工作报告；讨论并赞同省高级人民法院工作报告、省人民检察院工作报告和其他报告。会议举行选举大会，以无记名投票方式，补选尹建业、陈兴超、胡强为十二届省政协副主席；补选于建国、马玉玲、王福平、甘成久、吴昌平、张勇、陈荣、曹国庆、辜华荣、戴春英为十二届省政协常务委员。

【省政协十二届常委会第十九次会议召开】 1月11日在南昌召开。省政协主席、党组书记姚增科出席会议并讲话。省委常委、省委统战部部长黄喜忠作人事事项说明。省政协副主席陈俊卿、李华栋、谢茹、汤建人、刘晓庄、张勇、刘卫平、雷元江，秘书长汪爽出席。会议审议通过政协江西省第十二届委员会第五次会议议程和日程（草案），原则通过《政协江西省第十二届委员会常务委员会工作报告（审议稿）》《政协江西省第十二届委员会常务委员会关于省政协十二届四次会议以来提案工作情况的报告（审议稿）》，听取省政协各专门委员会2021年工作情况汇报。会议决定，省政协十二届五次会议1月16—19日召开。

【省政协十二届常委会第二十次会议召开】 1月18日在南昌召开。省政协主席、党组书记姚增科主持会议。受省委委托，省委常委、省委统战部部长黄喜忠作有关人事事项说明。省政协副主席陈俊卿、李华栋、谢茹、汤建人、刘晓庄、张勇、刘卫平、雷元江，秘书长汪爽出席会议。会议审议通过《政协江西省第十二届委员会增补常务委员人选名单（草案）》《关于接受刘晓庄同志辞去政协江西省第十二届委员会副主席职务的决定（草案）》《政协江西省第十二届委员会增补副主席人选名单（草案）》《政协江西省第十二届委员会第五次会议选举办法（草案）》《政协江西省第十二届委员会第五次会议选举大会总监票人、监票人建议名单（草案）》；审议并原则通过《政协江西省第十二届委员会第五次会议决议（草案）》《政协江西省第十二届委员会提案委员会关于省政协十二届五次会议提案初步审查情况的报告（草案）》。

【省政协十二届常委会第二十一次会议召开】 3月15日在南昌召开。会议学习中共中央总书记习近平重要讲话精神和全国两会精神，按照省委部署要求，研究贯彻落实措施。省政协主席、党组书记姚增科出席并讲话，省政协副主席陈俊卿、李华栋、谢茹、汤建人、尹建业、陈兴超、张勇、刘卫平，秘书长汪爽出席。住赣全国政协委员胡汉平、上官新晨、刘木华分享参会体会。会议还通过有关人事事项。

【省政协十二届常委会第二十二次会议召开】 6月15—16日在南昌召开，围绕“做优、做强、做大我省电子信息产业”协商议政。省政协主席、党组书记姚增科出席并讲话。省委常委、副省长任珠峰作情况介绍。省政协副主席陈俊卿、李华栋、谢茹、汤建人、尹建业、陈兴超、胡强、刘卫平、雷元江，秘书长汪爽出席。陈俊卿就调研报告起草情况作说明。6名省政协委员和专家学者围绕协商主题作大会发言。南昌航空大学教授陈昊应邀作题为《数字经济在路上》的辅导报告。会议还通过有关人事事项。

【省政协十二届常委会第二十三次会议召开】 9月28—29日在南昌召开，围绕“深入推进老旧小区改造促使城市功能与品质全面提升”协商议政。省政协主席、党组书记姚增科出席并讲话。省政协副主席陈俊卿、李华栋、谢茹、汤建人、尹建业、陈兴超、胡强、张勇、刘卫平、雷元江，秘书长汪爽出席。尹建业就调研报告起草情况作说明。7名省政协委员和专家学者等围绕协商主题作大会发言。9名省市县政协委员作“迎接二十大委员说变化”分享发言。会议还通过有关人事事项。

【省政协十二届常委会第二十四次会议召开】 10月26日在南昌召开，传达学习中共二十大精神和省委有关会议精神，研究贯彻落实措施。省政协主席、党组书记姚增科出席并讲话，省政协副主席陈俊卿、李华栋、谢茹、汤建人、尹建业、陈兴超、胡强、张勇、刘卫平、雷元江，秘书长汪爽出席。会议还通过有关人事事项。

（省政协办公厅）

重要活动

【开展省政协港澳委员和特邀海外侨胞代表返赣视察活动】 1月20—21日，省政协副主席谢茹率港澳委员、特邀海外侨胞代表到景德镇开展“发挥陶瓷文化资源优势，深化赣港澳青少年交流”返赣专题视察，并召开座谈会。视察组一行先后实地查看陶阳里御窑景区、皇窑景区、陶溪川文创街区、景德镇中国陶瓷博物馆。9月22—23日，全国政协常委、省政协副主席、省工商联主席谢茹率省政协港澳委员和特邀海外侨胞代表到抚州开展“促进提升对外开放水平”返赣专题视察，并召开座谈会。视察组一行先后到新能源汽车科技产业园、深根铜箔科技、市工商联机关、中阳建设集团、金品铜科、临汝书院等地，通过实地查看、听取现场汇报等方式，了解企业生产经营和抚州市对外开放水平等方面的有关情况。

【开展“迎接二十大委员在行动”活动】　3月22日，省政协印发《关于开展“迎接二十大委员在行动”主题活动工作方案》，把迎接中共二十大、学习宣传贯彻中共二十大精神作为贯穿全年的重大政治任务。活动分为开展中共中央总书记习近平关于加强和改进人民政协工作的重要思想和中央政协工作会议精神贯彻落实情况调研活动、召开“人民政协与全过程人民民主”专题理论研讨会、做精做优“赣事好商量”协商品牌等15项具体项目。

【全省政协系统反映社情民意信息工作经验交流视频座谈会召开】　6月7日，全省政协系统反映社情民意信息工作经验交流视频座谈会召开。省政协秘书长汪爽出席并讲话。各民主党派省委会和省工商联，省政协各专门委员会办公室相关负责人在主会场参加，各设区市、县（市、区）政协在各地分会场视频参会。会议由省政协副秘书长、办公厅主任杨木生主持。会议传达学习全国政协办公厅2021年反映社情民意信息工作座谈会精神，通报相关工作情况，明确下一步工作思路和打算。民盟省委会、农工党省委会，宜春市和丰城、樟树市政协有关负责人作经验交流发言。会议认为，该次座谈会是规模最大、范围最广、层次最全的一次全省性反映社情民意信息工作专题会议，既总结经验做法，又查找问题短板，达到了激励先进，鞭策后进，团结鼓劲的预期目的和实际效果。会议强调，要从充分认识社情民意信息工作的重要性，解决好“怎么看”；既要关注广泛又要把握关键，解决好“怎么写”；既健全机制又建强队伍，解决好“怎么办”3个方面进一步做好反映社情民意信息工作。

【住赣全国政协委员到吉安考察】　7月12—14日，住赣全国政协委员召集人，省政协主席、党组书记姚增科率团到吉安，考察文化旅游和电子信息产业发展情况。谢茹、汤建人、陈兴超、雷元江、刘晓庄等住赣全国政协常委、委员一同考察。考察团先后瞻仰贺子珍纪念馆，走访马家洲集中营革命历史纪念园、浙大西迁旧址；到世界乌鸡原产地汪陂村、吉州窑遗址公园、桐坪飞行小镇考察文旅融合产业；到立讯智造、生益电子、木林森实业等电子信息产业链上企业，与企业负责人进行交流。

【全省政协暨统战系统全面从严治党推进会召开】　7月26日在南昌召开。省政协主席、党组书记姚增科主持并讲话。省委常委、省纪委书记、省监委主任马森述作专题报告。省委常委、省委统战部部长、省政协党组副书记黄喜忠，省政府副省长孙菊生，省政协副主席陈俊卿、李华栋、谢茹、汤建人、尹建业、陈兴超、胡强、张勇、刘卫平、雷元江出席。会议以“现场＋视频”形式举行。在昌住赣全国政协委员，省政协常委、委员，省政协、省委统战部机关干部，各民主党派省委会、省工商联、省知联会、省新联会负责人，各设区市、县（市、区）政协和统战系统干部，共1万余人分别在主、分会场参会。

【全省设区市政协秘书长暨办公室主任工作交流座谈会召开】　8月2日在奉新县召开。省政协秘书长汪爽出席并讲话，省政协副秘书长、办公厅主任杨木生主持，宜春市政协主席袁川参加有关活动。会议传达学习全国地方政协秘书长工作交流座谈会精神，结合总结交流2022年以来各地政协履职服务工作，研究贯彻落实措施。11个设区市政协秘书长作交流发言。省政协办公厅有关处室负责人，省直管县政协秘书长、办公室主任参加会议。

【“有效化解信访积案　提高群众工作能力”专题研讨会召开】　8月18日，省政协召开“有效化解信访积案　提高群众工作能力”专题研讨会，省政协主席、党组书记姚增科主持并讲话，省政协副主席陈俊卿、李华栋、谢茹、尹建业、陈兴超、胡强、张勇、刘卫平、雷元江出席。会议指出，省委、省政府贯彻落实中共中央、国务院决策部署，稳步推进信访制度改革，坚持问题导向，依规依法推行网上信访、诉访分离、分类处理等措施，全省信访形势总体向好。会议强调，要深入学习贯彻中共中央总书记习近平关于加强和改进人民信访工作的重要指示精神，落实省委要求，提高政治站位，全面贯彻落实《信访工作条例》，总结“一把手”带头包案、“区域＋领域”双包案等做法经验，建立完善长效机制。坚持区别对待，因案施策，依规依法，实现“事结心解人和”，政治、纪法、社会效果有机统一，打牢基层基础，抓好源头预防、初访化解，前移关口、下沉重心，畅通群众诉求表达、利益协调、权益保障渠道。发挥考核评价“指挥棒”作用，在政治上、工作上、生活上关心关爱信访干部，增强做好信访工作的内生动力，提升群众工作能力水平。会上，与会人员还观看了“政协读影”——《谁是最可爱的人》。

【省人民政协理论研究会第二届会员代表大会第四次会议暨理论研讨会召开】　8月30日在南昌召开。省政协主席、党组书记姚增科对大会的召开提出要求。省政协副主席、党组副书记陈俊卿出席并讲话，省政协秘书长、理论研究会副会长兼秘书长汪爽主持。会议选举陈俊卿为省人民政协理论研究会第二届理事会会长，同意陈清华因年龄原因不再担任会长职务，增选黄晓波为省人民政协理论研究会第二届理事会副会长，同意梅国平因工作原因不再担任副会长职务。5名参会代表围绕“人民政协与全过程人民民主”作交流发言。部分与会者还到南昌市政协参观座谈。

【举行“湘赣边区域合作示范区建设政协媒体萍乡·上栗行”联合采访活动】　9月28—29日，江西政协报社和湖南省政协融媒体中心组成的采访团到上栗开展“喜迎二十大委员说变化——湘赣边区域合作示范区建设政协媒体萍乡·上栗行”联合采访活动。江西、湖南两省政协领导与两省政协媒体记者先后到赣湘合作产业园展示馆、丰达兴线路板制造有限公司、联锦成科技有限公司、赣湘合作交通互联互通项目、佳禾电声科技有限公司三期考察。上栗县委、县政府、县政协领导，乡镇、部门、企业负责人参加访谈，介绍发展情况和感受体会。

【全国政协教科卫体委到赣开展“送科技下基层惠民生”活动】 11月14—16日，全国政协教科卫体委员会联合中国科学技术协会，组织部分全国政协委员到赣开展“送科技下基层惠民生”活动。全国政协教科卫体委员会副主任曹健林，省政协副主席汤建人、秘书长汪爽参加。在赣期间，活动组先后到吉安市新干县、吉安县，为基层干部、中学学生开展多场科普知识讲座，并现场观摩学校的物理、化学实验课，与师生就科普教育开展情况进行互动座谈，捐赠价值100万元的科普教具和价值6万元的科普图书。活动组一行还考察金川流坑、潭丘大塘乡村振兴点及博硕科技、协讯电子企业等，详细了解当地在推动乡村振兴、现代农业和电子信息产业发展等方面的情况，并开展主题教育。

【省委领导走访省政协机关】 12月20日，省委书记尹弘到省政协机关开展座谈交流。尹弘强调，全省各级政协组织要把牢正确政治方向，充分发挥人民政协专门协商机构作用，广泛凝聚团结奋进力量。尹弘表示，省委始终重视和支持政协工作，为各党派团体和社会各界人士参政议政、民主监督搭建平台、创造条件、提供支持。省领导姚增科、史文斌、黄喜忠、谢茹、尹建业、胡强、刘卫平出席有关活动。

（省政协办公厅）

调查研究

【到中央驻赣金融机构调研】 5月，为助力江西经济社会发展，经省政协领导班子集体研究，针对“在江西、看江西、为江西”3个方面30个具体问题，由省政协副主席胡强带领省政协有金融专长和专业背景的委员、干部组成调研访谈组，分别到人行、银保监、证监3家监管机构，国开、农发、进出口3家政策性银行，工农中建交及邮储、招商、光大8家商业银行，中国人寿、人保财险2家保险公司，共16家中央驻赣金融机构开展调研访谈，形成访谈实录报告，并反馈访谈单位征求意见。7月底，向省委、省政府报送《江西怎么看，江西怎么干——访谈16家中央驻赣金融机构实录与建议》专报，获省领导易炼红、叶建春、梁桂、任珠峰等批示肯定。

【做优、做强、做大全省电子信息产业调研】 3月，省政协经济委商请各市政协经济委，收集当地工业和信息化局及国家级开发区关于电子信息产业重点难点问题和对策建议的报告。协调南昌、九江、吉安、赣州4个设区市政协联动调研，向省政协常委会提交子报告。组织委员到省工业和信息化厅、省国控公司调研座谈，协调省统计局等部门提供相关数据。5月，到南昌、九江、吉安、赣州、抚州等地开展调研。6月，省政协召开十二届常委会第22次会议，围绕“做优、做强、做大我省电子信息产业”协商议政。7月，到南昌、鹰潭开展补充调研，围绕硅衬底LED、03专项、VR等内容开展高端访谈。10—11月，梳理广东、江苏、浙江等5个省提供的相关资料，以及江西省财政、教育、科技、人社等部门相关材料，对报告进行针对性修改完善。12月，形成《做优、做强、做大我省电子信息产业的调研与建议》，报送省委、省政府。

【加大城市老旧小区改造力度与提升城市功能品质调研】 3月，省政协人资环委成立调研组，联合各设区市政协协作调研，有关部门提供相关材料。5月起，先后组织2批次4个小组到11个设区市、6个省直管县30多个老旧小区实地调研，形成调研专报。先后组织10余次围读会，邀请省住建厅分管领导、有关职能部门干部和高校专家座谈交流，就完善专报提出意见建议。8月，就景德镇老旧小区改造工作开展蹲点调研，听取市委前后两任主要领导介绍，上门访谈省住建厅负责领导，到一线与从事老旧小区改造工作的人员和群众开展交流，形成专报下篇《景德镇老旧小区改造成功做法实地考察报告》。11月，向省委、省政府报送《深入推进城市老旧小区改造促使城市功能与品质全面提升建议案》，获省领导易炼红、叶建春、梁桂等批示肯定。

【全国绿色农产品供应基地建设调研】 2月，省政协农业和农村委组建课题组，启动调研。3—7月，到九江、萍乡、吉安、上饶、抚州等地调研，实地查看33个基地，访谈25名专家及省市县有关部门负责人、35名经营主体，召开5次座谈会；克服新冠肺炎疫情影响，通过函调等方式收集资料近100万字，发动16名委员开展自主调研，经反复修改，形成《全力抢占绿色农业发展制高点——我省建设全国绿色农产品供应基地的对策建议》调研报告，提出20条对策建议，助力“部省共建绿色有机农产品基地试点省”、全国绿色农产品供应基地打造。10月，省政协召开专题协商座谈会，围绕“建设全国绿色农产品供应基地”议题进行协商座谈。

【人才政策完善与优化调研】 3月，省政协教科卫体委成立调研组，搜集整理相关资料，做好调研准备工作。5月，召开专题围读会暨调研工作启动会，围绕中央及江西省人才工作会议的有关内容和中共中央总书记习近平关于人才工作的一系列重要讲话和指示，召开情况通报会，邀请专家作专题辅导。到南昌、景德镇、赣州等设区市，南昌大学、江西中医药大学等高校，北京航空航天大学江西研究院等科研院所、省委人才办、省人社厅、省教育厅等相关职能部门开展调研和座谈交流，先后到20多个单位调研，访谈各方面人才100余人次，并专门征求长期从事人才工作的专业人士、到赣博士团和科协系统专家等意见。针对江西省在留才、引才和用才3个方面存在的9个突出问题，提出28条具体对策建议。9月，省政协召开专题协商会，6名省政协委员与部门负责人现场交流互动。

【做实唱响“三清天下秀”品牌调研】 3—4月，省政协文化文史和学习委调研组围绕课题开展网上调研，收集有关材料，组织学习讨论。5月，电话访谈三清山管委会主要领导了解情况，上门走访省发展改革委、省财政厅、省文旅厅、省交通运输厅、省自然资源厅、省林业局等单位，听取意见建议。5月，召开专家座谈会，邀请专家、学者与课题组面对面交流。到三清山进行实地调研，座谈听取总体情况汇报，“一对一”访谈三清山干部职工和投资商，并随机访谈游客。6月，到鹰潭、景德镇、婺源就与三清山联动发展开展调研。8月，形成《做实唱响“三清天下秀”——三清山景区旅游发展的主要成效、难题与对策建议》报告，召开围读会，征求省文旅厅等相关部门意见。9月，省政协召开专题协商会，省直有关部门负责人与省政协委员围绕做实唱响“三清天下秀”品牌交流互动。

【优化招商引资方式方法调研】　2月，省政协港澳台侨和外事委成立调研组，召开座谈会听取省商务厅、省贸促会、省市场监管局等有关部门汇报江西省招商引资相关情况。3月，开展网上调研，收集有关材料，组织学习讨论。4月，与省商务厅、省贸促会、省市场监管局等有关部门负责人座谈，根据座谈会意见起草报告提纲。5—6月，省政协副主席谢茹率课题组先后到全省11个设区市和13个重点园区开展调研，召开30多场次座谈会，分析省内外108个成功典型和问题案例，访谈160名招商亲历者，梳理出全省招商引资30种方法，形成《我省招商引资30种方法与优化对策》。9月，省政协召开界别协商会，7位省政协委员、专家和地方代表围绕协商议题发言，省直有关部门负责人与省政协委员进行交流互动。

【化解信访积案与推进平安江西建设调研】　3月，省政协社法委成立调研组，通过走访部门、查阅文件、电话调研和网上调研等方式，收集整理部分外省经验做法。4—6月，先后与省委政法委、省委信访局及公检法司、信访重点领域省直部门、律师协会等座谈，到新余、吉安、景德镇等部分设区市的基层信访局、乡镇法庭、街道、社区、矛盾纠纷排查化解中心、多元解纷中心开展实地调研，接待信访群众、与一线信访工作者交流，并以上访群众身份走访基层信访大厅。共召开各类访谈会、研讨会18场，访谈逾百人。6月，组织专人抽样查阅国家信访局交办江西省的9000多件信访积案原始卷宗，收集数据和案例。8月，向省委、省政府报送《一项重大而紧迫的政治任务从根本上化解防范信访积案的调研与建议》专报，得到省领导易炼红、叶建春、梁桂等批示肯定。

（省政协办公厅）

专门委员会工作

【提案委员会】　全年收到提案691件，立案584件，全部办结。承担“对接大医院与盘活城市社区医疗设施资源”和“破解家政服务需求增长与供给不足难题”2个课题，按时召开界别协商会和对口协商会，形成调研报告。以“关注幼儿园园位建设，助推学前教育发展”为“会中办案”议题，推动省政府在全国率先建立婴幼儿入托补贴制度，出台幼儿园和托育机构延时服务政策，成立托育行业协会，确立“月子中心”监管单位。制定出台《提案办理考核指标及计分细则》《省级机关单位提案办理情况考核评分表》，在《2022年度省直机关综合考核指标说明》《2022年度市县综合考核指标说明》文件中得到体现。开展省、市、县三级政协系统提案工作培训，召开省政协第七次提案工作座谈会和设区市政协提案工作座谈会。建立完善与省委办公厅、省政府办公厅和各设区市政府相关部门联席联动机制，推动形成合力抓好提案交办、督办、评选表彰等工作。

【经济委员会】　承办“做优、做强、做大我省电子信息产业”专题议政性常委会协商课题，经10个月调研，形成专报呈报省委、省政府，提出的部分建议写入《京九（江西）电子信息产业带三年行动计划》。开展“产业链链长制运行情况”调研协商，与14个重点产业链牵头厅局有关负责人进行“一对一”访谈，召开界别协商会，组织委员就打造链长制升级版进行协商建言。组织部分委员和省国资委等职能部门人员，到抚州市开展“全面深化省属国有企业改革”课题延伸补充调研，提出的建议转化为省深化国企改革的有关政策文件和具体工作举措。参加全国地方政协经济委工作会议。组织召开设区市政协经济委工作会议，就年度主要课题和开展活动情况互动交流。参加省委财经委相关会议，推动形成工作合力。组织委员到省文演集团、省出版传媒集团开展文化类国企考察活动。到金融机构开展调研，委员们提交报告30余篇。组织部分委员走访民营企业，助力民营企业发展。

【农业和农村委员会】　开展“发展壮大村级集体经济”专题协商，形成《乡村振兴中一个管根本管长远的重大课题——发展壮大我省村级集体经济的调查与建议》《国内发展村级集体经济百个案例》等系列成果。到萍乡、鹰潭等10个设区市开展实地调研，访谈有关专家、部门工作人员、乡村医生等200余人，召开“村级医疗卫生机构作用发挥”对口协商会，形成《兜牢三级医疗卫生网络的“网底”——关于我省村级医疗卫生机构作用发挥的调研报告》，获省政府主要领导批示肯定。开展“建设全国绿色农产品供应基地”专题协商，形成《我省打造绿色有机农产品示范基地的调查与建议》，助力“部省共建绿色有机农产品基地试点省”、全国绿色农产品供应基地打造。推荐委员参加省政协“防旱抗旱”专题调研。就集体经济课题，请湖南省政协、浙江省政协等协助提供案例资料。

【人口资源环境委员会】　围绕“深入推进城市老旧小区改造，促使城市功能与品质全面提升”课题，调研老旧小区30多个。围绕“我省生态产品价值实现情况”课题，访谈市县乡（镇）三级党委政府和职能部门负责人、金融机构负责人、企业人员及群众等500余人，召开对口联动协商会、专题研讨会等30余次，听取各方意见建议。围绕“做优、做强、做大我省锂电产业”课题到新余、宜春、赣州、上饶等地调研，召开对口协商座谈会，与省发展改革委、省工业和信息化厅等7个职能部门负责人协商，提出15条意见建议。组织部分住赣全国政协委员、省政协委员以及省相关部门、地市相关工作人员和基层群众代表参加全国政协“推动完善生态产品价值实现机制”视频调研座谈会。组织妇联界别开展《中华人民共和国家庭教育促进法》宣传贯彻落实情况专题调研。协助共青团界别开展政协委员与共青团员“面对面”活动。

【教科卫体委员会】 持续深化“加强和改进我省高校思想政治工作需要重视把握的问题”调研，召开研讨会60余场，走访省内高校20余所，访谈师生近1.4万名，形成专报报省委、省政府，获主要领导批示，省委教育工委结合报告建议，在全省高校系统开展专题学习和对照检视。开展“优化和完善我省留才、引才、用才政策”调研，先后到南昌、赣州、景德镇等地20多所高校和企事业单位调研，访谈100余人次。先后到省文旅厅、省旅游集团，萍乡、吉安和宜春等地实地调研，形成《一山分属三市，缺乏合力动力——整合萍乡、吉安、宜春三地资源，进一步唱响江西武功山旅游品牌的对策建议》。邀请全国政协教科卫体委员会到赣开展送科技下基层活动，为相关市县捐助教学科研器械共100余万元，面向学生开展知识讲座200余人次。开展“推动在公共场所普及AED(自动体外除颤仪)的建议”提案回头看活动，推动全省普及安装AED1000余台。

【社会和法制委员会】 接续开展“我省居家社区养老服务”专题调研，问卷调查全省3693名城市老年人养老需求，调研13地各类养老服务机构，访谈150多名养老服务人员、老人及家属，形成《住在自家乐在社区——我省城市居家社区养老面临的困难及对策》。开展“我省信访积案化解”专题调研，以干部身份接访听诉求、以群众身份暗访找差距，查阅1600多份原始卷宗。到访省“五型”办、江西日报社，到萍乡市、抚州市有关单位开展民主监督，形成《群众的小事、政府的大事亟待整合打造与“赣服通”相呼应的群众诉求受理平台——推进新形势下“五型”政府建设的民主监督建议》。参加全国政协“加强未成年人权益保护”视频调研座谈会，邀请9个相关部门的负责人和6名基层代表汇报情况。强化系统联系指导，召开设区市政协社法委工作会议，组织各市县政协新任社法委委员开展培训交流。

【民族和宗教委员会】 持续做好“践行‘两山’理论，做实唱响‘龙虎天下绝’品牌”课题调研协商，访谈相关领域专家。开展“我省城市基督教治理情况”专题调研，组织召开界别协商会，提出4个方面的建议。开展构建赣南客家“文化—经济”发展圈专题调研，省市联动协商，从5个方面提出对策与建议。通过大会联组发言反映情况，推动停滞2年的南昌市“观音阁”修缮项目重启并快速推进，推动破解宗教场所“确权难”“建设难”问题。组织专委会委员走访联系民营企业。开展走访慰问少数民族、宗教界委员活动。以社情民意形式反映奉新同和药业等企业具体困难，推动问题解决。先后以“感受变化感恩奋进”“展示新成就喜迎二十大”“我省宗教场所‘五好’建设情况”“企业智能化建设与转型升级”等主题，组织少数民族界、宗教界委员开展界别考察等活动。

【港澳台侨和外事委员会】 围绕“总结我省经验，优化招商引资方式方法”，到各设区市调研。围绕“看江西、谋江西、为江西”，组织港澳委员和特邀海外侨胞到抚州、景德镇开展返赣视察活动。组织相关设区市政协、省直部门及有关专家、企业负责人，到湖南郴州参加“助推湘赣粤港澳中医药产业协同发展联席会议暨湘赣粤港澳中医药全产业链协同发展联盟启动仪式”。组织港澳委员收听收看中共中央总书记习近平出席庆祝香港回归祖国25周年大会暨香港特别行政区第六届政府就职典礼，收听收看中共二十大开幕式，参加“喜迎二十大委员说变化”活动。到访景德镇、抚州14家侨资企业，以及在赣投资的港澳委员企业，协调推动解决企业困难。协助港澳委员提交和办理提案，引导和鼓励委员撰写提案、社情民意。专委会和所联系委员撰写的6件提案，获评2022年度省政协优秀提案。

【文化文史和学习委员会】 就落实省委深化庐山管理体制改革决策部署情况，到九江、庐山开展民主监督跟踪问效“回头看”。先后到南昌、井冈山、瑞金、安源等地调研，到陕西延安、湖南韶山、贵州遵义等地学习考察，围绕“发挥‘四个摇篮’独特优势，推动我省红色旅游高质量发展”开展调研协商。“一对一”访谈三清山管委会干部职工27人、投资企业代表10人，面对面听取100多位业内人士及游客意见，助推“做实唱响‘三清天下秀’品牌”。围绕“江西辛亥革命历程”主题开展文史资料征编工作，整理形成文稿33篇22万字。承担省政协十二届五次会议大会发言组织协调工作，从365篇发言稿中选出20篇大会发言。组织文艺界别委员到江西画院开展“我省文化艺术创造性转化创新性发展”视察。组织社科界别委员到湾里管理局开展“景区文化旅游高质量发展情况”考察。组织新闻出版界别委员到进贤县开展“非物质文化遗产保护传承及新农村建设情况”考察。动员委员走访民营企业14家，推动解决企业难题。引导委员报送大会发言材料8篇，组织委员提交社情民意信息13篇、撰写提案51篇。

（省政协办公厅）

本类目编辑　张志勇

中国共产党江西省纪律检查委员会 江西省监察委员会

综　　述

2022年，省纪委省监委围绕江西经济社会发展大局，发挥监督保障执行、促进完善发展作用，推进全面从严治党、党风廉政建设和反腐败斗争。

*加强思想武装统领纪检监察工作。*省纪委常委会坚持监督别人首先武装好自己，深化落实“第一议题”制度，及时跟进学习中共中央总书记习近平重要讲话、重要指示批示精神，分专题、分领域学习领悟中共中央总书记习近平关于推进党的自我革命、全面从严治党等重要论述，贯通学习《习近平谈治国理政》第一至第四卷，召开江西纪检监察系统学习贯彻中共二十大会议精神宣讲会，1.1万名纪检监察干部同上一堂课，带动全系统深入学习贯彻中共二十大会议精神。坚持通过政治谈话、调研座谈、警示教育、巡视反馈等，推动全省各级党组织和党员干部领悟“两个确立”的决定性意义，自觉做到“两个维护”。

*围绕发展大局履职尽责。*全省各级纪检监察机关坚持使命引领和问题导向，聚焦“两个维护”强化政治监督，站稳人民立场、坚决纠治“四风”问题，一体推进“三不腐”取得更多制度性成果和更大治理效能，纵深推进全面从严治党、建设风清气正的政治生态。全省腐败增量大幅下降，存量不断减少。2022年因贪腐行为移送检察机关人员中，首次贪腐发生在中共十八大前的、发生在十八届期间的、发生在中共十九大后的占比呈阶梯式下降。江西纪检监察机关接收信访举报和检举控告数量，连续3年大幅下降，2022年同比下降19.6%，不收敛、不收手问题得到有效遏制。

*深纠“四风”树新风。*探索建立“风腐同查”工作机制。一方面坚持“以案看风”，从立案之初就整体谋划、一体推进反腐败和反“四风”，既彻查腐败问题，又深挖吃喝送礼、政绩观偏差等“四风”问题；另一方面坚持“由风查腐”，从酒驾醉驾、“吃公函”等问题入手，建立提级核查机制，查清“和谁吃、在哪吃、为什么吃”，循线深挖背后的请托事项、利益勾兑、团团伙伙等问题。

*坚决整治形式主义、官僚主义突出问题。*聚焦监督保障中共中央总书记习近平重要指示批示精神和“三新一高”等重大战略贯彻落实，针对纪检监察工作中发现的装样子、搞花架子、盲目铺摊子等形象工程、政绩工程问题，及时向全省发出通报或工作提示，坚决纠正违背新发展理念、“穿新鞋走老路”、引进发展高耗能、高排放项目等行为，教育引导领导干部树牢正确政绩观、发展观。针对少数地方经济社会发展“巡回看变化”活动中存在的形式主义问题，向各设区市党委、纪委发出提示，要求坚决杜绝因政绩观偏差、作风不实带来项目建设过度设计、过度建设，以及盲目决策、违规举债等不正之风。

*一体化加强纪检监察干部队伍建设。*出台一体化培养江西纪检监察干部的意见，把政治过硬、本领高强要求细化、具体化。做深做实全员培训，深化“到监督审调巡视一线学”“师傅带徒弟学”。开展纪检监察业务大学习大讨论、大练兵大比武。组织开展江西纪检监察系统评选表彰。江西省13个集体和个人获全国纪检监察系统表彰，省纪委省监委机关获省委、省政府2022年作出突出贡献

12月9日，江西省纪委省监委机关纪检监察业务大比武决赛活动在南昌大学音乐厅举行，图为决赛现场

洪超胜摄

的及时奖励集体二等奖。查处董某新、张某忠、漆某望等“内鬼”，深入开展警示教育，纯净纪检监察干部队伍。

（邹翔）

重要会议

【省纪委十五届二次全会举行】 1月26—27日在南昌举行。出席全会的有省纪委委员45人，列席213人。省委书记易炼红出席全会并讲话。省委常委，省人大常委会、省政府、省政协领导，省法院、省检察院主要负责人出席会议。全会由省纪律检查委员会常务委员会主持。全会部署2022年工作任务，审议通过省委常委、省纪委书记、省监察委员会主任马森述代表省纪委常委会作的题为《永葆自我革命精神 推进全面从严治党 以优异成绩迎接党的二十大胜利召开》的工作报告。

【全省医疗卫生系统警示教育大会召开】 2月17日，全省医疗卫生系统警示教育大会召开，省委常委、省纪委书记、省监察委员会主任马森述出席会议并讲话。会上播放相关警示教育专题片，省卫健委主要负责人作表态发言。会议以视频形式开到设区市、县(市、区)，全省医疗卫生系统、纪检监察系统共1.2万余人参加会议。

【设区市纪委书记座谈会召开】 4月20日，省纪委、省监委召开设区市纪委书记座谈会，传达学习中共中央政治局常委，中央纪律检查委员会书记赵乐际在湖南调研时的讲话精神，听取各地贯彻落实十九届中央纪委六次全会和省纪委十五届二次全会部署工作情况，研究部署下一步工作。省委常委、省纪委书记、省监察委员会主任马森述主持会议并讲话。9月27日，省纪省、监委召开设区市纪委书记座谈会，听取各地贯彻落实中共十九届中央纪委六次全会和省纪委十五届二次全会精神情况，研究部署下一阶段重点工作。马森述主持会议并讲话。

【全省纪检监察干部队伍业务人才培养工程动员部署会召开】 5月24日，省纪委、省监委召开全省纪检监察干部队伍业务人才培养工程动员部署会，就贯彻落实《关于一体化加强全省纪检监察干部队伍业务人才培养的意见》作出部署安排。受省委常委、省纪委书记、省监察委员会主任马森述委托，省纪委分管日常工作的副书记、省监委副主任魏晓奎出席会议并讲话，省纪委常委、秘书长，省监委委员饶利萍主持会议。

【全省农业农村系统警示教育大会召开】 7月15日，省农业农村厅召开全省农业农村系统警示教育大会。省纪委省监委有关领导出席会议并讲话，通报倪美堂及其他典型案件，省农业农村厅主要负责人主持会议并作表态发言。会议以视频形式开到各市、县(区)，全省农业农村系统及驻省农业农村厅纪检监察组综合监督单位机关纪委有关人员共3769人参加会议。

【省纪委、省监委全面从严治党形势分析会召开】 7月25日，省纪委省监委贯彻落实中央纪委国家监委纪检监察建议、运用龚建华案以案促改，召开全面从严治党形势分析会暨省纪委理论学习中心组集体学习会，压紧压实全面从严治党政治责任。会议对中共中央总书记习近平关于全面从严治党重要论述和党的自我革命战略思想进行再学习、再领会，分析全面从严治党形势，部署以更高标准推进全面从严治党向纵深发展。马森述主持会议并讲话。

【全省纪检监察系统学习贯彻中共二十大精神宣讲会召开】 11月18日，江西纪检监察系统学习贯彻中共二十大精神宣讲会召开。省委常委、省纪委书记、省监察委员会主任马森述就深入学习领会、全面准确把握中共二十大精神作专题宣讲。马森述结合中共二十大会议报告原文，重点围绕“深刻领悟中共二十大主题的丰富内涵”“过去五年的工作和新时代十年的伟大变革”“开辟马克思主义中国化时代化新境界”“新时代新征程党的使命任务”“全面从严治党部署要求”等方面，对中共二十大会议精神的核心要义和实践要求进行阐释。

（邹翔）

党风廉政建设和反腐败工作

【强化政治监督】 聚焦中共中央总书记习近平重要讲话重要指示批示精神，围绕贯彻执行中共中央重大决策部署，推进政治监督具体化、精准化、常态化。推动“三新一高”战略部署贯彻落实，督促开展政府融资平台专项治理，严肃查处统计造假腐败和作风问题，对违背新发展理念、影响高质量发展等问题严肃问责。督促推进中央生态环保督察反馈问题整改，对有关问题紧盯不放、严肃查处，督促举一反三开展整治，为生态文明建设提供纪律保障。以案件查办为突破口，部署开展高标准农田建设领域腐败问题专项治理，持续整治粮食购销领域腐败问题，保障国家粮食安全。跟进精准监督，推动更好统筹疫情防控和经济社会发展，落实新冠肺炎疫情防控“二十条”“新十条”等政策措施，纠治层层加码、搞“一刀切”等问题；督促解决政府投资建设标准厂房违规租赁、惠企纾困政策落实难等问题。

【群众身边的腐败和作风问题整治】 协助省委开展落实中央八项规定精神十周年“回头看”，坚持风腐同查，深挖细查腐败案件涉及“四风”的人和事，公开通报曝光，引导党员干部认识风腐一体的政治本质和政治危害。从集中整治酒驾醉驾、“吃空函”等“小切口”入手，深挖背后的请托事项、利益勾兑、团团伙伙问题。全省查处违反中央八项规定精神问题5249起6509人。针对年终岁尾以“汇报”“咨询”为名跑上级单位，借机吃喝送礼，搞“人情考”“关系考”等苗头性问题，及时部署强化监督，防止考核中的不正之风。推进基层小微权力“监督一点通”平台试点，针对教育医疗、养老社保、安全生产、生态环保、执法司法、涉林等重点领域部署开展专项整治。全省查处群众身边的腐败和作风问题7124起8961

人。深化信访重复举报专项治理，推动解决群众急难愁盼问题。开展营商环境领域腐败和作风问题专项整治，全省查处 7042 起 9272 人。常态化开展“打伞破网”，全省查处涉黑涉恶腐败和“保护伞”问题 261 起 320 人。

【管党治党责任履行】 协助党委履行主体责任，做好监督专责，破解“一把手”监督和同级监督难题，层层压紧压实管党治党责任。协助省委推进勤廉江西建设，在全省开展“3·23”警示教育活动，引导党员干部保持思想清醒和对“腐蚀”“围猎”的警觉。推动政治谈话常态化、规范化。政治谈话成为督促党员干部坚定政治立场、提升政治能力、压实政治责任、净化政治生态的有效举措。改进完善函询工作，要求函询对象先认真学习党纪国法，对照检视，再回复函询问题，涉及设区市、省直部门“一把手”的，向分管省领导通报情况，加强教育提醒、监督把关，压实“一岗双责”，防止“一函了之”。做实做细日常监督，注重关口前移、抓在“平常”，针对领导干部不担当不尽责等问题，及时约谈提醒。推进大数据监督平台建设，紧盯“一把手”和领导班子，持续丰富专项监督场景，提升监督质效。精准运用“四种形态”，综合发挥惩治震慑、惩戒挽救、教育警醒功效。全省运用“四种形态”批评教育帮助和处理 5.25 万人次，其中第一、第二种形态处理 4.86 万人次，占 92.7%。

【一体推进“三不腐”】 坚持系统施治、标本兼治，统筹做好查办案件前后半篇文章，推动办案、整改、治理的全贯通。始终保持反腐败高压态势，全省纪检监察机关共立案 2.16 万件、处分 2.07 万人、留置 567 人。省委、省纪委严肃查处李某豹、郭某、万某、陈某明、徐某建、龙某南、王某华、刘某英、张某祥、陈某辉等一批严重违纪违法案件。坚持受贿行贿一起查，坚决查处多名行贿“老运动员”；对行贿人王某某依法追缴违法所得，移送司法机关追究法律责任，入选国家监委、最高人民检察院首次联合发布的 5 起行贿犯罪典型案例。启动“天网 2022”职务犯罪国际追逃追赃专项行动，共追回外逃人员 21 人。坚持立案之初就统筹谋划“后半篇文章”，创新案件查办机制，贯通监督检查和审查调查工作，推动案件查办和以案促治同时发力，同步推进止损挽损、专项整治、警示教育，做到查处一案、警示一片、治理一域。在金融领域，坚决稳慎查处有关案件，深入揭示全省金融系统存在的突出问题，推动防范化解金融风险。在国企领域，严肃查处靠企吃企、关联交易、内外勾结侵吞国有资产等问题，推动省属企业开展风险大排查、大督查、大整改，助推企业高质量发展。在教育领域，严肃查处“管教育、吃教育”问题，推动“名校办民校”等问题专项治理，规范“学平险”管理，落实“双减”政策，严肃师德师风、考风考纪，促进提升教育公平和质量。在工程建设领域，严查从立项招标到施工监理等各环节的腐败问题，推动开展专项整治。结合案件查处情况，先后在抚州、萍乡、宜春等地，以及全省医疗卫生、农业农村系统开展警示教育。2022 年，全省共有 530 人向纪检监察机关主动投案，2126 人主动交代问题。汇总查办的重点案件暴露的突出问题，集中制发忏悔材料和案件警示通报，组织各级党员领导干部在年度民主生活会上对照检视。

【规范化建设】 运用“四边”工作法，加强反腐败突出问题专题研究，总结中共十九大以来全省反腐败斗争经验做法，形成一系列针对性强、质量较高的调研报告。制发相关操作细则，推动监督检查、审查调查各环节有序高效衔接。坚守政治监督定位，突出党内审查特色，创制性变革审理理念，提升审理质量。印发工作指南和指导性案例，提高精准把握纪法标准和运用政策能力。坚持每季度对全省纪检监察机关监督检查、审查调查情况进行分析通报，指导日常监督和查办案件。开展办案安全全覆盖监督检查，将提升思想政治工作能力水平贯穿办案全过程、各方面，推动办案安全工作规范化、精细化，守住安全底线。指导市级监委首次向同级人大常委会报告专项工作。深化派驻机构改革，明确省属企业纪委书记履职考核以省纪委为主。推动纪检监察监督与巡视监督深度融合，改进巡前情况通报工作，做细巡前通报。统筹纪检监察监督资源力量，建立健全“室组”联动监督、“室组地”联合办案机制，促进全系统条块结合、上下联动。推进信息技术与纪检监察业务深度融合，研发上线综合办案、派驻监督、廉政档案等一批业务系统，支撑依规、依纪、依法履职。

【《关于进一步加强常态化扫黑除恶斗争监督执纪工作的通知》印发】 6 月 29 日，省纪委办公厅印发《关于进一步加强常态化扫黑除恶斗争监督执纪工作的通知》，从“切实把思想和行动统一到党中央关于常态化推进扫黑除恶的决策部署上来”“推动解决阶段性重点堵点问题”“持续惩治涉黑涉恶腐败和‘保护伞’问题”“压实工作责任”4 个方面作出部署，做好纪检监察机关常态化惩治涉黑涉恶腐败和“保护伞”工作。

【营商环境领域腐败和作风问题专项整治启动】 为贯彻落实省第十五次党代会精神，监督推动营商环境优化升级“一号改革工程”任务落实，深入推进全面建设勤廉江西，5 月 17 日，省纪委办公厅印发《关于开展营商环境领域腐败和作风问题专项整治的工作方案》，明确七类重点整治的腐败和作风问题，搭建七项工作机制，部署开展专项整治。

【电视专题片《“赶考”路上》开播】 12 月 23—26 日，由省纪委省监委联合江西广播电视台摄制的电视专题片《“赶考”路上》开播。该电视专题分“有腐必反”“以案促治”“春风化雨”“重整行装”4 集，展现中共江西省委推进全面从严治党、党风廉政建设和反腐败斗争，一体推进“不敢腐、不能腐、不想腐”的实践和成效。省纪委省监委从 3 月起开始谋划、创编、摄制，摄制组先后到全省 11 个设区市、多个县（市、区）和省直单位、省属国企、省管高校实地拍摄，从全省查处的党员干部违纪违法案例中选取 20 多个典型案例，采访了纪检监察干部、有关审查调查对象及涉案人员、干部群众等。播出期间，全国有近1000万人次收看，省内有近420万人次收看。江西省纪委省监委自办媒体、省内主要媒体平台以及《人民日报》、光明网、中央政法委长安剑、新浪、网易、腾讯、搜狐、澎湃等中央媒体和大型门户网站进行转载推送，全网总浏览量超过3.5亿人次。

（邹翔）

制度建设

【《在营商环境领域腐败和作风问题专项整治中问题通报移送工作机制》印发】 6月20日，省纪委办公厅、省优化营商环境工作领导小组办公室联合印发《在营商环境领域腐败和作风问题专项整治中问题通报移送工作机制》，明确专项整治中问题通报和移送工作的主体、具体情形、程序要求，贯通主体责任和监督责任，推动营商环境领域腐败和作风专项整治。推进营商环境优化升级"一号改革工程"，压实营商环境优化升级主体责任和监管责任。

【《江西省党纪政务处分决定执行工作规定》印发】 6月29日，省纪委机关、省委组织部、省人社厅、省国资委联合印发该规定。该规定明确党委统一领导、纪检监察机关组织协调、各职能部门分工负责的领导体制和工作机制，进一步规范党纪政务处分决定执行工作，增强执纪执法的严肃性和权威性，压实各责任单位职责，建立畅通高效规范的执行机制，保障处分决定执行到位。

【完善"两报告一承诺"制度】 8月15日，省纪委省监委印发《江西省纪委省监委关于完善"两报告一承诺"制度 进一步加强党员干部、公职人员操办婚丧喜庆事宜管理监督的通知》，建立党委（党组）主要负责人审签制度和纪检监察机关备案制度，推动主体责任与监督责任贯通协同。全面压实主体责任，在作风建设中一体推进"三不腐"，持续巩固中央八项规定。

【制定《江西省纪委省监委领导班子关于改进工作作风的实施办法》】 为学习贯彻中共中央总书记习近平关于加强作风建设的重要指示要求，落实中央八项规定及新修订的《中共中央政治局贯彻落实中央八项规定实施细则》精神和中央纪委、省委关于改进工作作风的有关规定，11月29日，省纪委办公厅印发《江西省纪委省监委领导班子关于改进工作作风的实施办法》，从改进调查研究、精简会议活动、压缩文件简报、改进新闻报道、加强外事管理和厉行勤俭节约6个方面，提出加强和改进省纪委省监委领导班子作风建设的21条具体措施。

【建立"室组地"协作配合机制】 调整优化监督、审查调查部门机构设置，增设监督检查室，实现一个监督室对口联系一个设区市和若干个省直单位的"1+1+N"监督体系，构建全方位、常态化"室组地"协作机制。探索建立定期沟通协调、重要情况互相通报、联合开展监督检查、共同研判政治生态、联合办案机制。通过联系指导、联合办案，最大限度地强化工作合力，实现"单打独斗"到"协同作战"的转变。以联合调查组为共同工作平台，同步审查违纪问题和调查违法问题，确保紧密衔接、齐头并进。

【建立自然因素引发的重大事故调查协作配合制度】 会同省应急管理厅等部门制定协作配合办法，对自然灾害与自然因素引发的事故、责任事故作出界定，就事故调查程序、性质认定、追责问责等作出一系列实体性和程序性规定，解决自然因素引发的事故调查中法规制度不够明确、调查过程不够规范、性质认定不够严谨等问题，填补相关领域制度空白。

【建立量刑情节认定和适用与司法机关沟通论证制度】 程序与实体并重，探索向检察机关移送职务犯罪案件时，每案全面详细列明被调查人从轻减轻或从重加重等情节，加强与司法机关沟通、协商、论证，推动形成衔接有序、监督有力的工作机制。

【制定《江西省纪检监察机关与审计机关协作配合工作规程（试行）》】 3月10日，与省审计厅共同制定《江西省纪检监察机关与审计机关协作配合工作规程（试行）》，推动纪检监察监督与审计监督贯通协调。该工作规程明确纪检监察机关与审计机关协作范围、牵头责任部门和协作配合机制，要求双方在信息互通、线索移送、重要事项办理等方面加强协作配合。

【建立健全作风建设长效机制】 开展调研，收集制度规定不具体、难操作的问题，列出问题清单、责任清单，对公务接待、办公用房、操办婚丧喜庆事宜标定清晰红线，监督推动29家职能部门完善配套制度25项。建立津补贴发放项目清单，清理规范津补贴项目。制定政策答疑19期，全面回应基层关注的83个热点问题。编印《江西落实中央八项规定精神制度成果汇编》，并发放到基层。

（邹翔）

本类目编辑　张志勇

民主党派和工商联

中国国民党革命委员会江西省委员会

【概　况】　2022年，民革江西省委会共有地方组织12个，其中省级组织1个，设区市组织11个；基层组织328个，其中基层委员会11个，总支委员会40个，支部276个，小组1个。全省民革党员总数5650人。党员中担任全省各级人大代表的166人，各级政协委员683人。其中，全国人大代表2人，全国政协委员2人，省人大代表12人（其中常委会委员2人），省政协委员34人（其中常委7人，专委会副主任1人）。全省党员中有厅局级实职干部14人，处级以上实职干部190人。

【思想宣传】　把迎接中共二十大、学习宣传贯彻二十大精神作为贯穿全年的首要政治任务，通过开展“矢志不渝跟党走、携手奋进新时代”政治交接主题教育凝聚共识。加强政治学习，民革省委会理论学习中心组开展集体学习6次，各级组织相继举办线上线下学习宣传贯彻中共二十大精神专题培训班、宣讲会等；加大宣传力度，全年向民革中央报送信息86篇，编发江西民革微信公众号文章460余篇、江西民革网站文章320余篇、《江西民革》杂志4期，江西民革微信公众号文章3次进入全国民主党派微信热文周榜，2次进入全国民主党派微信热文月榜。

【建言资政】　在省政协十二届四次会议上提交大会口头发言1篇，大会书面发言9篇，集体提案11件，为省委、省政府科学决策提供参考，其中《关于推进江西省新能源产业高质量发展的建议》《数字赋能江西省传统村落保护和利用的建议》等成果获省委、省政府主要领导肯定。积极反映社情民意，获评2022年度为民革中央社情民意信息工作做出贡献的先进集体。

【社会服务】　围绕优化营商环境开展民主监督，提出有针对性的意见建议。与中共景德镇市委、市政府，中共鹰潭市委、市政府配合，出台《民革省委会开展优化营商环境民主监督工作实施方案》，组织开展各类调研19次，反馈意见建议30余条，反映社情民意信息25条，形成专题报告2篇，提出的意见建议被省政府办公厅印发的《关于进一步优化营商环境降低市场主体制度性交易成本政策措施》采纳。参与对口湖北省黄石市、咸宁市长江生态环境保护专项民主监督，4条意见建议被民革中央采纳。发挥自身优势，落实中共江西省委关于民主党派招商引资工作部署，助力签约项目10个，投资总额140亿元。开展“博爱·牵手”活动100余次，6000余人次群众受益。协调各方资源力量，助推纳雍乡村振兴，探索在纳雍建立“社会组织+志愿服务+学校资源”的工作模式，推进“东迁西归”项目落地纳雍。

【组织建设】　全年发展新党员186名，平均年龄35.2岁，大学以上学历100%，研究生以上学历43名（博士研究生8名，硕士研究生35名），占23.1%；具有中高级职称共62名（正高3名、副高17名），占33.3%；具有民革特色的共137名，占73.7%。发展2名高层次人才。新建1个省直基层总支、2个省直基层支部、2个市直基层支部，完成1个省直基层委员会、3个省直基层支部、2个市直总支、14个市直基层支部换届，完成5个省直基层组织届中增选班子成员。6名党员当选民革中央委员，其中1人当选民革中央常委，1名党员当选民革中央内部监督委员会委员。

【主题教育】　开展“六个一”系列活动，推动“矢志不渝跟党走、携手奋进新时代”政治交接主题教育见行见效。以“学习贯彻习近平总书记重要讲话精神和中共二十大，党的第二十届一中、二中全会精神”为主题做好理论学习；开展线上歌咏比赛，3.6万人次点击观看；开展“我为赣鄱献一策”金点子征集活动，45个金点子转化为社情民意信息或提案素材；8月2—6日，在江西干部学院举办“矢志不渝跟党走、携手奋进新时代”政治交接暨廉政教育培训班，50余名民革省委委员参加培训；9月23日，“喜迎中共二十大”书画作品展在进贤开幕，展出作品73幅；全省各基层组织开展“矢志不渝跟党走、携手奋进新时代”政治交接主题教育日活动736次。

【民革江西省第十四次代表大会召开】　6月18日，民革江西省第十四次代表大会在南昌召开。全国人大常委会副委员长、民革中央主席万鄂湘发来贺信，全国政协副主席、民革中央常务副主席郑建邦代表民革中央以视频形式致贺词，中共江西省委常委、省纪委书记、省监委主任马森述出席开幕式并讲话，省人大常委会副主任、民革江西省委会主委马志武作题为《坚守合作初心、携手团结奋进，为书写全面建设社会主义现代化江西的精彩华章贡献民革力量》的工作报告。民盟省委会主委刘晓庄代表各民主党派省委会、省工商联致贺词。省人大常委会党组书记、副主任赵力平,省政协党组成员、副主席张勇,省政协原副主席、民革省委会原主委陈清华出席。会议审议通过《民革江西省第十四次代表大会关于民革江西省第十三届委员会工作报告的决议》和《民革江西省第十四次代表大会决议》,选举产生民革江西省第十四届委员会委员和出席民革第十四次全国代表大会代表。会议期间举行民革江西省十四届一次全会,选举熊皓为主任委员,徐景坤、傅春(女)、熊彤(女)、郑斌勇、王晓明、徐余波为副主任委员。民革江西省十四届一次常委会会议任命舒铭东(女)为秘书长。

(邓俊萍)

中国民主同盟江西省委员会

【概　况】 至2022年年底,全省有基层民盟组织276个,其中委员会20个,总支41个,支部212个,小组3个。全省发展新盟员269人,其中重点领域71%,中上层人士占73.2%;共发展10名代表人士。全省11个设区市均设有市委会;共有盟员9212人,其中有中、高级职称的占76%。在民盟十三大和十三届一中全会选举中,江西民盟有6人当选民盟中央委员、2人当选民盟中央常委。盟员中有担任省政协专委会主任1人、副主任1人,省政协副秘书长1人,省工商联副主席1人,省文联副主席(专职)1人,设区市人大常委会副主任1人,设区市副市长1人,设区市政协副主席4人,大学副校长2人。担任各级人大代表、政协委员的共1000余人次,其中全国人大代表3人,全国政协委员3人(常委1人),省人大代表13人(常委会委员2人),省政协委员46人(常委7人)。担任副处级以上的盟员共269人,其中在政府及司法部门担任副处以上职务48人;22人担任省级及以上特约监督员(其中最高人民法院特约监督员1人),2人被聘任为省政府参事,7人担任省文史馆馆员。全省有"盟员之家"108个,新增13个。陈日新、徐岚、张小红、熊军、刘林芽、熊涛、莫子涵、罗丽萍等一批盟员获国家级表彰奖励。

【思想政治建设】 将迎接中共二十大和学习、宣传、贯彻中共二十大精神作为全年思想政治建设的主线。发挥理论学习中心组示范引领作用,制订并严格执行年度学习计划,及时跟进学习中共中央总书记习近平重要讲话精神,全国两会、中共二十大、民盟十三大、中共江西省委全会等重要内容,持续提高政治判断力、政治领悟力、政治执行力。班子成员带头撰写学习体会文章,在《人民政协报》《团结报》《中央盟讯》等盟内外媒体发表。发挥宣传平台阵地作用,加强与盟内外媒体沟通联系,全年在省级以上媒体用稿超过200篇次。策划"喜迎二十大""政治交接主题教育""助力双'一号工程'""典型在身边"等多个专题,及时准确报道全省各级民盟组织学习成果、履职动态和盟员风采。2篇理论研究文章获民盟中央理论课题二等奖。民盟省委会获评2022年省人民政协理论研究会"人民政协与全过程人民民主"理论征文优秀组织单位,所报论文获二等奖、三等奖各1篇,另有2名盟员文章获奖。

【建言资政】 完成中共江西省委委托课题"我省耕地质量保护与提升"的调研工作,调研报告得到省领导重视。向中共江西省委、省政府报送关于"提升我省全社会研发投入水平"和"推进我省有色金属产业绿色转型升级"2篇专报,均获得省政府主要领导批示。在中共江西省委、省政府征求意见座谈会上,民盟省委会就完善农村物流体系、提升市县投融资平台资本运作能力等方面问题建言献策。民盟省委会领导领衔开展"有色金属产业绿色转型升级""建筑业数字化转型"2项重点调研,形成较高质量的调研报告。在省政协十三届一次会议上,提交集体提案20件、大会发言25篇。组建教育、文化、经济、科技、法治、农业农村、卫生健康、资源与环境、社会发展9个新一届参政议政专委会。累计向上报送社情民意信息2833篇次,其中全国政协采用22篇,中央统战部采用2篇,民盟中央采用23篇,中共江西省委采用17篇,省政协采用183篇,省委统战部建言专报采用1篇,1篇获领导批示。信息报送量、采用量继续保持全省各民主党派前列,获民盟中央"社情民意信息工作二等奖"和"参政议政优秀成果奖";继续在省政协反映社情民意信息工作考评中名列第一,被评为省政协2022年度反映社情民意信息工作先进单位,并在全省政协系统信息工作座谈会上作典型经验交流。组织盟员专家参加民盟中央各类论坛,1篇获评经济论坛优秀论文,1篇获评民生论坛优秀论文。

【社会服务】 发挥自身优势,多渠道协调利用盟内外资源,形成引资引智工作合力。至2022年年底,签约上亿元项目17个,其中"5020"项目3个,引入资金126.3亿元。在广昌、高安等地乡村学校及南昌市多个社区开展"江西民盟烛光行动——科普讲堂"系列活动。通过向省女监推送系列法律宣传短视频、联合民盟青云谱区支部、洪都司法所开展"黄丝带帮教"社区走访慰问和法律咨询活动等方式,促进监狱服刑人员和社区矫治对象知法、守法、用法。联合民盟各市委会和县区基层组织,分别在南昌市洪西社区和恒茂国际华城社区、景德镇市昌南新区、上高县南港镇中心学校、南昌市启音学校开展走访慰问、送医送药、科普宣讲等公益活动。

【章金媛事迹陈列室暨江西民盟传统教育基地揭牌】 11月21日,章金媛事迹陈列室暨江西民盟传统教育基地在南昌市卫生学校揭牌。民盟省委会主委、省政协文化文史和学习委员会主任辜清出席并讲话。全国政协常委、民盟中央常委、省政协原副主席、民盟省委会原主委刘晓庄,中共南昌市委常委、市委统战部部长饶绍清等出席并揭牌。揭牌仪式由民盟南昌市委会主委、市社会主义学院院长郭翀主持。江西首位南丁格尔奖章获得者、全面建成小康社会作贡献先进个人、纪念民盟成立80周年"荣誉老盟员""全国道德模范提名奖"获得者、"全国三八红旗手标兵"、

11 月 21 日，章金媛事迹陈列室、江西民盟传统教育基地暨民盟南昌市医卫综合支部“盟员之家”揭牌仪式在南昌市卫生学校举行

民盟江西省委会供

南昌市第一医院原护理部主任、章金媛爱心奉献团创始人章金媛发表感言。民盟省委会副主委刘新农、张国新，秘书长刘文萍和在昌常委卢宇荣、周华爱，民盟南昌市委会原主委罗慧芬、胡彬和市委会领导班子成员以及盟员代表，南昌市红十字会、南昌市卫生学校、南昌市第一医院有关负责人和章金媛爱心团队成员代表、南昌市卫生学校师生代表等参加揭牌仪式。揭牌仪式后，与会人员参观了章金媛事迹陈列室暨江西民盟传统教育基地、民盟南昌市医卫综合支部“盟员之家”，开展“矢志不渝跟党走、携手奋进新时代”政治交接主题教育现场活动。

【民盟江西省第十五次代表大会召开】 6 月 28 日，民盟江西省第十五次代表大会在南昌开幕。全国人大常委会委员、民盟中央副主席、中国工程院副院长、院士邓秀新以视频形式致贺词，中共江西省委常委、省委统战部部长黄喜忠到会祝贺。省领导胡世忠、陈俊卿，老干部倪国熙等出席。大会审议通过民盟江西省第十四届委员会工作报告和民盟江西省第十五次代表大会决议；选举产生由 64 名委员组成的民盟江西省第十五届委员会和 19 名出席民盟第十三次全国代表大会的代表。会议期间举行的民盟省委会十五届一次全会，选举产生新一届民盟省委会领导班子和由 20 人组成的民盟江西省第十五届委员会常务委员会，辜清当选主任委员，陈文华、刘新农、张国新、刘林芽、熊涛当选副主任委员；任命刘文萍为秘书长；表决通过民盟江西省第十五届委员会内部监督委员会组成人员名单，刘新农为主任，肖萍为副主任。6 月 29 日，大会在南昌闭幕。省政协原副主席、民盟省委会原主委刘晓庄，中共江西省委统战部分管日常工作的副部长彭世东出席闭幕会。

【新一届专委会成立大会召开】 11 月 16 日，民盟江西省第十五届委员会专门委员会成立大会在南昌召开，民盟省委会主委、省政协文化文史和学习委员会主任辜清出席并讲话。民盟省委会副主委刘新农、张国新和秘书长刘文萍出席。会议集中学习《中共中央关于认真学习宣传贯彻党的二十大精神的决定》；张国新宣读关于民盟江西省第十五届委员会专委会成立的决定；刘文萍总结通报上一届专委会工作情况；新一届 11 个专委会的主任分别作表态发言。民盟江西省第十五届委员会专委会主任、副主任以及民盟省委会机关各部室负责人参会。新一届专委会由教育委员会、文化委员会、科技委员会、经济委员会、法制委员会、农业农村委员会、资源与环境委员会、卫生健康委员会、社会发展委员会、青年委员会、社会服务委员会 11 个专委会组成。

（民盟江西省委会）

中国民主建国会江西省委员会

【概　况】 江西省共有民建地方组织 12 个，其中省级组织 1 个，省辖市级组织 11 个；基层组织 282 个。会员总数 5522 人（其中中、高级职称占 44.4%，经济界会员占 73%，民营经济人士占 23.77%），平均年龄 52 岁，女会员占 37.5%。担任政府机关及司法部门县处级以上职务的 52 人。全国人大代表 2 人，全国政协委员 3 人；省人大代表 12 人，省政协委员 38 人；担任各级人大、政协职务 879 人次。全年新发展会员 239 人。全年共服务保障 160 余人次到中央社会主义学院和省社会主义学院参加各类培训。推进省直基层组织换届，13 个省直基层组织完成换届工作。新成立职教、新经济、商贸、数字经济、科技金融 5 个总支部。制定专委会换届工作的意见，修订专委会工作通则，开展专委会成员推荐工作。

【思想建设】 建立常态化学习制度，深入学习贯彻习近平新时代中国特色社会主义思想和中共中央总书记习近平重要讲话及重要指示精神。把学习宣传贯彻中共二十大精神作为首要政治任务，民建省委会领导班子成员及时到所联系的市级组织、省直基层组织开展专题宣讲活动，先后组织专题宣讲 30 余场。开展“矢志不渝跟党走、携手奋进新时代”政治交接主题教育，推动全省民建各级组织政治交接主题教育开展，在微信公众号、网站、《江西民建》内刊上设立主题教育宣传专栏。组织全省民建机关干部到南昌市新建区小平小道参观学习，接受教育。加强外宣工作，获评民建中央新闻宣传先进单位和民建中央网站组稿先进单位。

【专题调研】 落实《中共江西省委 2022 年政党协商计划》，发挥民建界别优势，围绕省委、省政府中心工作调查研究。《弘扬赣菜文化　唱响赣菜品牌　创新推动赣菜产业发展》的报告在省各民主党派大调研协商座谈会上得到省委、省政府主要领导肯定，3 篇“直通车”建言材料获中共江西省委主要领导批示肯定。做好社情民意反映，全年收到社情民意稿件 700 余篇，向政协报送社情民意信息 170 篇，被省政协采用 71 篇，被全国政协采用 8 篇。向民建中央报送社情民意信息 160 余篇，被采用 30 篇。民建江西省委员会获评参政议政工作先进单位和反映社情民意信息工作先进单位。

【政协大会发言与提案】 省政协十二届五次会议期间，民建江西省委员会围绕乡村振兴、生态文明、医卫文体、社会治理等重点热点问题建言献策，共提交书面发言 32 篇、集体提案 21 件。全国政协委员、民建省委会副主委刘木华代表民建省委会作题为《高度重视耕地“非农化、非粮化”》的大会发言，民建省委会集体提案《关于推动幼儿托育服务高质量发展的建议》被列为会中办理提案，民建省委会副主委陈朝清参加会中办理协商会。

【社会服务】 成立“江西民建招商引资工作领导小组”和招商小分队，参与“5020”项目招商引资工作，制定工作方案，与中共江西省委统战部、省商务厅、上饶市政府等单位联合在江苏常州举办“赣苏项目招商推介会”。全年引进项目 21 个，签约金额 692.15 亿元。江西省民建同心思源基金会募集 497.5 万元用于公益慈善项目。持续打造“音乐响起”公益品牌，共建成音乐教室 31 间。先后支付 150.69 万元用于开展各种帮困、助学等公益活动。江西思华生态环境保护基金会签订公益信托合同 71 份，接收生态环境修复监管资金 327 万元，完成公益信托项目 9 个。继续深入实施“温暖工程”，走访慰问困难会员 30 多人次，发放慰问金 6 万余元。民建江西省委员会获评社会服务工作先进单位。

【民建江西省第十次代表大会召开】 6 月 27—28 日，民建江西省第十次代表大会在南昌召开，与会代表 199 人。民建中央副主席陈文华代表民建中央致贺词。中共江西省委常委、常务副省长梁桂到会并致贺词。省政协原副主席、民盟江西省委会主委刘晓庄代表江西省各民主党派、工商联致贺词。江西省人大常委会副主任马志武，省政协副主席汤建人，省人大常委会原副主任、民建省委会原主委胡振鹏出席会议。会议听取、审议并通过大会主席团总召集人孙菊生代表民建江西省第九届委员会所作的题为《矢志不渝跟党走 携手奋进新时代 为全面建设“六个江西”贡献民建力量》的工作报告，通过《中国民主建国会江西省第十次代表大会决议》，选举产生民建江西省第十届委员会和出席民建第十二次全国代表大会的代表。会议期间召开的民建江西省第十届委员会第一次全体会议，选举产生第十届常务委员会和新一届省委会领导班子。孙菊生当选主任委员，赵波、刘木华、陈朝清、李军、杨峰、李良彬当选副主任委员，任命刘立新为民建江西省委会秘书长，决定新一届省委会内部监督委员会组成人员。

（民建江西省委会）

11 月 7 日，由民建江西省委会参与主办的赣苏招商项目推介会在江苏省常州市举行

民建江西省委会供

中国民主促进会江西省委员会

【概　况】 2022 年，民进江西省委会有市级委员会 9 个，市级工作委员会 2 个，基层组织 270 个（其中基层委员会 12 个、总支 20 个、支部 238 个）。全年发展会员 149 人。截至年底，全省会员总数为 4773 人，平均年龄 52.4 岁。其中，中级及以上职称会员占比 76.2%；教育文化出版传媒主界别占比 70.5%。在 12 月召开的民进第十三次全国代表大会上，有 6 人当选民进中央委员，其中 2 人当选民进中央常委。2 名会员当选新一届全国人大代表，2 名会员任新一届全国政协委员，10 名会员当选新一届省人大代表，31 名会员任新一届省政协委员。6 人提任处级以上领导职务，其中副省级 1 人，副厅级 1 人。

【思想宣传】 以迎接和学习贯彻中共二十大为主线，在《江西民进》内刊、网站和微信公众号开设“喜迎二十大”“学习贯彻二十大精神”专题专栏。组织民进全省各级组织和会员收听收看中共二十大开幕大会，会议闭幕后，第一时间转发《民进中央关于学习贯彻中共二十大精神的决定》，结合江西民进实际制定《民进省委会学习宣传贯彻中共二十大精神工作安排》。民进省委会领导班子成员带头宣讲中共二十大精神，民进省委会主要领导撰写的学习中共二十大精神体会文章《矢志不渝跟党走同心共筑中国梦》刊发在《民主》《团结报》、民进网等主流媒体；邀请中共江西省委党校教授在全省专职干部、省直基层组织负责人和信息骨干培训班作中共二十大精神专题辅导讲座；结合中共二十大精神的学习贯彻，开展 36 场次“党的二十大精神暖人心”系列活动。全年民进省委会共组织撰写各类宣传稿件 1000 余篇次，江西民进网站稿件上稿 910 多篇，编印《江西民进》杂志 4 期，刊载稿件 400 余篇。江西民进在省级以上主流媒体上稿 228 篇，其中，在中央级媒体刊播 84 篇，在省级媒体刊播 144 篇。民进省委会获评 2022 年民进省级组织新闻宣传工作先进单位。

9 月 21—22 日，2022 · 长江保护与发展论坛开幕式在江西南昌举行

民进江西省委会供

【社情民意信息反映和建言献策】 服务中心大局，为应对极端干旱、长江生态环境保护、疫情防控等热点难点问题，报送社情民意信息 276 篇。其中，《关于以鄱阳湖为试点探索完善长江流域水生态环境考核评价制度的建议》等 6 篇信息被全国政协采用，《摸排城市火险隐患“一本账”筑牢消防安全“一张网”》等 24 篇信息被民进中央采用，《关于加快我省旱粮作物抗旱救灾的建议》等 59 篇信息被省政协采用，《关于进一步完善南昌市民第三轮核酸检测排队风险防控工作的建议》等 2 篇信息被省委办公厅采用。3 篇信息被省政协评为“高质量社情民意信息”，1 名机关干部被省政协评为“反映社情民意信息工作先进个人”，13 位民进会员的 22 篇次信息入选《全国政协的江西故事——会议发言社情民意信息卷(2012—2022)》。省政协十三届一次会议期间，民进省委会共向大会提交集体提案 32 篇，其中《关于合力解决农村颐养之家长效运营资金困难的建议》被列为会中办案，《全面推行“厂网一体”模式助力我省城镇生活污水处理进位赶超》被选为大会口头发言。7 名会员在联组会议上发言。民进省委会及民进会员提交的 6 篇提案被评为 2022 年度省政协优秀提案，省委会作为先进单位在该届省政协提案工作座谈会上作典型发言。民进省委会支持和参与完成的专题调研成果《关于保障碳达峰碳中和目标下我国战略性金属资源供应安全的建议》，得到中共中央领导批示。

【长江生态环境保护民主监督】 服务保障民进中央调研组到江西省 10 个设区市 30 余个县(市、区)开展民主监督考察调研 16 次。参加民进中央相关视频会、长线课题专题研究会，协助举办民进中央 2022 年长江生态环境保护民主监督工作培训班。协助民进中央在南昌举办“2022 · 长江保护与发展论坛”。跟踪调度《民进中央 2021 年对口江西省开展长江生态环境保护民主监督报告》反馈问题整改情况，形成反馈问题整改落实情况汇报并向民进中央报送。协助召开民进中央 2022 年对口江西省开展长江生态环境保护民主监督情况反馈视频会。省委会报送的《关于江西省城镇生活污水治理情况的调研报告》得到全国人大常委会副委员长、民进中央主席蔡达峰批示。报送的《江西支持长江生态环境保护民主监督工作简报》得到中央统战部采用刊登。

【优化营商环境民主监督】 贯彻落实中共江西省委、省政府关于深入推进营商环境优化升级“一号改革工程”决策部署，对口九江优化营商环境民主监督工作。成立专门领导小组，省委会主要领导任组长，出台监督实施方案，对标中共江西省委主要领导要求，明确监督工作重点。民进省委会主要领导多次带队到九江市和多个相关县区开展调研，召开 10 场座谈会，与 60 多家市场主体进行交流。围绕优化营商环境组织撰写社情民意信息 10 多篇。

【“1% 工程”公益慈善和志愿服务】 开展以“党的二十大精神暖人心”为主题的助学帮困系列公益慈善和志愿服务活动，向 196 名贫困大中小学生发放 20 万元助学金资助；“1% 工程 · 芒果青年助学行动”募集助学金 40 万元，帮助省内 20 所高等院校的 200 名大学生完成学业；“1% 工程 · 春风化雨”志愿服务行动向 50 名家庭生活困难服刑人员子女提供每人 2000 元助学金；“1% 工程 · 慈航基金”连续 5 学期资助永修县 22 名贫困高中生，投入助学金共 11 万元；向广盈科技集团有限公司募集 200 万元(分 10 年)，用于助学帮困等社会公益事业。开展“1% 工程”音体美大学生支教农村学校志愿服务行动，选派 2000 余名大学生到省内 440 所偏远农村学校义务支教。杏林基金资助 54 名贫困家庭患者 10.98 万元；“1% 工程”向上饶市广丰区永丰卫生院捐赠价值 30 万元的医疗设备，向抗疫一线捐赠价值 25 万元的抗疫物资。

【民进江西省第九次代表大会召开】 6 月 21—22 日，民进江西省第九次代表大会在南昌召开。会议学习贯彻中共十九届六中全会精神和中共江西省第十五次代表大会精神；听取和审议中国民主促进会江西省第八届委员会报告；选举产生中国民主促进会江西省第九届委员会，选举万明华等 40 人为民进江西省第九届委员会委员，选举孔刃非等 13 人为江西省出席民进第十三次全国代表大会代表。在民进江西省第九届委员会第一次全体会议上，全体委员以无记名投票方式，选举万明华等 18 人为民进江西省第九届委员会常务委员；选举卢天锡为民进江西省第九届委员会主任委员；选举邓辉、刘菊娇、欧阳剑雄、崔传鹏、谭绍木、胡国良为民进江西省第九届委员会副主任委员。表决产生民进江西省第九届委员会内部监督委员会，邓辉为主任，李淑英、杨爱中为副主任。民进江西省九届一次常委会会议，任命景爱勇为民进江西省第九届委员会秘书长。全国人大常委会副委员长、民进中央主席蔡达峰代表民进中央以视频方式致贺词，中共江西省委常委、省委宣传部部长庄兆林到会祝贺并讲话。省人大常委会副主任胡世忠，副省长陈小平，省政协副主席、大会执行主席汤建人，省政协副主席陈兴超，省政协原副主席、民进省委会原主委刘运来，中共江西省委统战部分管日常工作的副部长彭世东出席开幕式。农工党省委会主委史可代表各民主党派省委会、省工商联向大会致贺词。省委教育工委副书记郑志军，省文旅厅二级巡视员潘之钰，省广电局党组成员、副局长韩兴文，江西省出版集团党委委员、副总经理夏玉峰，民革省委会副主委熊彤，民盟省委会副主委张国新，民建省委会副主委陈朝清，九三学社江西省委副主委卢全国，台盟省委会副主委吕少军，致公党江西支部主委陈晓勇，省工商联副主席周华爱，省委统战部一处、干部处负责人应邀出席开幕式。209 名代表参加会议。

（熊剑文）

中国农工民主党江西省委员会

【概　况】　2022 年，农工党江西省组织有省级地方组织 1 个，设区市地方组织 11 个、县级地方组织 1 个、基层组织 345 个。全年发展新党员 290 人，平均年龄 37.6 岁。其中，高级职称 46 人、中级职称 134 人，硕士研究生 63 人、博士研究生 28 人。2022 年年底，全省党员总数 6568 人。其中，医药卫生界占 47.31%，人口资源和生态环境界占 6.56%，文化教育和经济科技界占 30.27%，政府机关占 8.57%；担任各级人大代表 186 人，各级政协委员 792 人，最高人民法院特约监督员、最高人民检察院特约监察员、公安部特邀监督员 1 人，省政府及有关部门特约人员 6 人，省监察委员会、省高级人民法院、省高级人民检察院特约人员、省公安厅特邀监督员 5 人，厅级领导干部 25 人，县处级领导干部 146 人。

【农工党江西省委会第十三次代表大会召开】　6 月 23—24 日，中国农工民主党江西省第十三次代表大会在南昌召开。全国政协副主席、农工党中央常务副主席何维出席开幕式并代表农工党中央致贺词，中共江西省委常委、省委政法委书记罗小云到会祝贺。省人大常委会副主任曾文明，副省长陈小平，省政协副主席尹建业，老干部万学文、郑小燕出席。史可代表农工党江西省第十二届委员会作题为《矢志不渝跟党走　携手奋进新时代　为全面建设社会主义现代化江西作出新贡献》的工作报告。大会选举产生农工党江西省第十三届委员会，史可当选为农工党江西省第十三届委员会主任委员，龙国英、林凯、杨辉、闵卫东、代威力、乐爱平当选为副主任委员。审议通过农工党江西省第十三届委员会内部监督委员会主任、副主任、委员名单，林凯任农工党江西省第十三届委员会内部监督委员会主任，邹锦良、龚兆华任副主任。九三学社江西省委会主委张伟代表各民主党派省委会、省工商联致贺词。

【开展“矢志不渝跟党走、携手奋进新时代”政治交接主题教育】　成立省委会政治交接主题教育领导小组，召开主题教育专题学习会。组织新一届省委会委员到农工党中央、省委会党史教育基地农工党江西革命活动史料陈列馆、秋收起义修水纪念馆开展党史学习教育。全省各级组织共开展专题学习、主题宣讲等主题教育 530 余次。

【“5020”招商引资】　完成投资总额 102 亿元的江西衡川科技锂离子电池湿法隔膜项目引进工作，促成项目落户宜春，成为全省统战系统首个完成招商任务、首个开工建设、首个超百亿元的项目，中共江西省委常委、省委统战部部长黄喜忠出席项目开工仪式。全年累计引进“5020”项目投资 350 亿元，其中百亿元项目 1 个，20 亿元以上项目 7 个。

【优化营商环境民主监督】　做好对口宜春市优化营商环境民主监督工作，先后 5 次到宜春实地调研，反映的“我省碳酸锂等锂电新能源化工项目新、改、扩必须进入达标认定化工园区，导致项目落地难”问题，得到中共江西省委、省政府重视，常务副省长梁桂调度出台有关政策。报送的《加快锂云母资源综合利用》得到常

4 月 12 日，由农工党江西省委会引进的江西衡川新能源材料科技有限公司锂离子电池湿法隔膜生产基地项目在宜春开工

农工党江西省委会供

务副省长梁桂批示，在省政府相关文件中得到体现。同时，协调为部分货款被长期拖欠企业制订债务清偿计划，推动上高县投入3000万元解决企业用电难问题。报送的22件专报、工作简报和社情民意信息，多件得到中共江西省委常委、省委统战部部长黄喜忠批示。在全省优化营商环境民主监督工作汇报会上，省委会工作得到中共江西省委、省政府肯定。

【举办产业大会和座谈会】 贯彻落实中共江西省委、省政府关于推进“健康江西、美丽江西”建设的决策部署，联合南昌市政府等相关单位，共同主办2022中国（南昌）国际大健康产业大会暨博览会，举办主旨报告会暨院士论坛、大健康产业院长高峰论坛、国际医学科技成果创新与转化高峰论坛、大健康行业产学研合作交流大会等专业学术会议论坛数十场，邀请中国科学院院士葛均波、陈孝平，中国工程院院士谢明勇、于金明、郑树森、朱蓓薇，法国国家技术科学院院士韩忠朝等专家学者出席会议。联合江西省地方金融监督管理局等共同举办“创新绿色金融发展机制，推动生物多样性保护，促进江西生态产品价值实现”座谈会，邀请国内绿色金融领域的专家和学者，为助推国家生态文明试验区（江西）建设建言献策。

【参政议政】 全年收到各类社情民意信息1906篇，同比增长55%，其中17篇被全国政协采用，284篇被农工党中央、中共江西省委办公厅、江西省政协和省委统战部采用。在农工党中央开展的2020—2021年度社情民意信息综合评比中，省委会获“先进集体”表彰，排名全国省级组织第六位。围绕推动江西省数字经济“一号发展工程”，形成的《加快建设大型超算中心，助力我省数字经济高质量发展》《坚持“四点”发力，全方位构建低空经济发展“江西范本”》的调研专报，获省长叶建春、常务副省长梁桂批示。

【社会服务】 参加农工党中央定点帮扶大方县工作，依托腾讯“99公益日”网络平台，开展“大方乡村等你来”爱心捐款活动，举办网络主播培训提高班，开展“我为大方买一单”消费帮扶活动，购买大方县农特产品30余万元，为农工党中央定点帮扶大方县凤山乡羊岩村乡村旅游建设筹集资金8.5万余元。推进服务乡村振兴，邀请农业专家到广昌、横峰、吉水、瑞金等地，对当地农业产业开展技术指导，举办农村就业创业培训班和油茶产业技术培训班。联合江西省科协开展科技大篷车进校园巡展活动，为上饶市横峰县人民医院、中医院以及红桥垦殖场捐赠价值124万元的医疗设备和5万元发展帮扶金。全年举办“健康江西大讲堂”网络直播6期，举办“生态江西大讲堂”1期，86.9万余人次在线收听收看讲堂活动。“同心·振兴广昌示范区”社会服务基地被列为农工党首批18个中央社会服务基地之一。

（农工民主党江西省委会）

九三学社江西省委员会

【概　况】 2022年，九三学社省委会有省级委员会1个，市级委员会9个，市级工作委员会2个，省直基层委员会19个，支社委员会8个，小组1个。社员总数4293人，主体界别占70.49%，高中级职称占81.95%。社员中，有省文史馆员2人；有全国人大代表1人，全国政协委员2人；省人大代表12人，省政协委员33人；市级人大代表44人，市级政协委员185人；县（区）级人大代表34人，县（区）级政协委员228人。

【九三学社江西省第九次代表大会召开】 6月16—18日，九三学社江西省第九次代表大会在南昌召开。全国政协副主席、九三学社中央常务副主席邵鸿代表九三学社中央以视频形式向大会表示祝贺并讲话，中共江西省委常委、省委组织部部长吴浩代表中共江西省委到会祝贺并讲话。省人大常委会副主任刘强，省政府副省长、民建江西省委会主委孙菊生，省政协副主席李华栋，老干部黄懋衡，中国科学院院士、九三学社中央科技委主任、南昌大学常务副校长陈晔光，省委统战部分管日常工作的副部长彭世东出席。民盟江西省委会主委刘晓庄代表全省各民主党派和省工商联向大会致贺词。大会主席团召集人张伟代表九三学社江西省第八届委员会作工作报告。会议选举产生38名委员组成的九三学社江西省第九届委员会；选举产生出席九三学社第十二次全国代表大会代表。会议期间，召开九三学社江西省第九届委员会第一次全会，选举张伟为主任委员，选举张玉清、肖礼庆、兰亚青、吴代赦、潘家永、卢全国为副主任委员；表决通过九三学社江西省第九届委员会内部监督委员会组成人员。九届一次常委会会议任命江民涛为秘书长。

【赣鄱营养与健康高峰论坛】 10月27日，九三学社省委会与南昌大学第一附属医院在南昌市前湖迎宾馆联合举办赣鄱营养与健康高峰论坛。副省长孙菊生，中国科学院院士、九三学社中央科技委主任、南昌大学常务副校长陈晔光，中国工程院院士贾伟平，九三学社上海市第十五届常务委员会委员，中国工程院院士王红阳、谢明勇，省委组织部副部长兼省委编办主任周训国，省科技厅党组书记、厅长犹瑆，省卫健委党组书记、主任王水平，农工党省委会主委、省科协主席史可，南昌大学党委书记喻晓社，南昌大学第一附属医院党委书记谭友文，南昌大学第一附属医院院长、九三学社省委会主委张伟，省政协副秘书长、九三学社省委会副主委肖礼庆，九三学社省委会秘书长江民涛出席。在论坛上，王红阳、贾伟平和中华医学会健康管理学分会主委郭清等19位专家，围绕慢病防控、营养治疗、全周期健康管理等作学术报告。国内营养与健康管理相关领域专业人士，九三学社省委会机关干部职工、在南昌的社员代表约200人聆听报告。

【参政议政】 向省政协十二届五次会议报送发言材料44件，大会口头发言1件，书面发言43件。“着力提振三支队伍，夯实乡村全面振兴基础”被选为全国政协十三届二十三次常委会会议大会发言。《人才助力乡村振兴》被中共中央统战部《零讯》采用。向省政协、中共江西省委统战部、中共江西省委办公厅、社中央报送社情民意信息659篇,269篇次被采用,为历年之最。其中,全国政协采用17篇、中共中央统战部采用1篇、社中央采用37篇、省政协采用184篇、中共江西省委办公厅采用25篇、中共江西省委统战部采用5篇。编印议政建言"直通车"专报7篇。其中《长江中游江湖关系面临的问题与对策建议》获全国政协副主席、社中央常务副主席邵鸿和省政府主要领导批示,《关于江西再生稻发展情况的汇报》等5篇获省政府主要领导和分管领导批示。参与社中央重点课题"加快绿色低碳科技创新、助力双碳目标实现"调研,形成《关于在夏热冬冷地区加快推广"超低能耗、近零能耗建筑"的建议》,在第十七届九三论坛交流研讨。联合九三学社湖北、湖南省委会聚焦长江中游地区水生态变化开展调研,助力推动鄱阳湖水利枢纽建设。江西、山东、安徽三省九三学社围绕"双减"政策提质增效主题开展调研。九三学社省委会获社中央2022年社情民意信息工作三等奖;被省政协评为2022年度反映社情民意信息工作先进单位,5篇社情民意信息被评为高质量社情民意信息,4件提案被评为2022年度优秀提案。

【社会服务】 服务"一号改革工程",先后2次到上饶市开展专项监督调研,撰写的2份监督报告获省政府主要领导和分管领导批示以及中共上饶市委、市政府的肯定。服务招商引资引智,成立招商引资引智工作领导小组和工作小组。引进哈尔滨工业大学在景德镇设立"哈工大特种陶瓷研究所景德镇研究中心"。引进中国医药集团与进贤县政府、南昌高新区开展战略合作。推进九三学社清华大学委员会与南昌大学、九三学社南昌大学基层委员会、鹰潭市委员会签订战略合作协议。服务乡村服务百姓,落实社中央"九地合作"项目,对余江区平定乡蓝田村食用玫瑰合作种植开展定点帮扶。动员基层组织向安义县石鼻村捐赠2台价值3万元的抽水泵,支持乡村抗旱救灾。医卫委员会举办首期"赣九健康"线上公益讲座,受益群众约4万人。

(闵国华)

台湾民主自治同盟江西省委员会

【概　况】 2022年,台盟江西省委会有省级组织1个、基层支部2个,盟员42名。盟员中担任各级人大代表、政协委员14人,占盟员总数的35%。其中,全国政协委员1人,省人大代表1人,省政协委员4人(常委2人)。担任副处级以上干部6人,其中厅局级3人,县处级3人。担任省级及以上特约监督员5人。

【参政议政】 围绕中共江西省委、省政府中心工作,开展调查研究,建言献策。围绕两岸交流交往、祖国和平统一、实施"双碳"战略等方面问题,通过"直通车"报送建议。就江西省经济社会发展重大方针、政策和重要事务发表意见、提出建议。采取线上调研和线下调研相结合的形式,组织台籍人大代表和政协委员撰写提案和调研报告,履行委员职责。省两会期间,共上报省政协大会发言2篇,书面发言4篇、联组发言2篇、党派提案5篇。组织专家多次商讨、研判,形成《大力发展体育产业,促进体育消费高质量发展》的调研报告,呈报中共江西省委。

【优化营商环境民主监督】 2022年,台盟江西省委会对口吉安市开展优化营商环境民主监督工作,与吉安市相关部门建立常态化联系机制,邀请江西财经大学经济、法律、电子信息、社会管理学等专业的专家学者和省发展改革委聘请的营商专家成立调研组到吉安,以吉安市电子信息产业营商环境为重点,通过召开政府职能部门座谈会,听取市政府16个部门营商环境工作情况介绍;实地走访井冈山经开区木林森电子有限公司、生益电子有限公司、吉安米田科技有限公司等电子信息企业;与企业家代表座谈,向井冈山经开区33家企业发放问卷调查;到吉安市政务服务中心办事大厅随机了解情况,做好收集、联系、反馈工作。与发达省市加强横向联系,向吉安介绍苏州等地优化营商环境的做法和经验。

【招商引资】 联系各地台盟组织牵线搭桥当地大企业和重点台商,助力招商引资工作,利用好"赣台会"和"江西东莞招商引资推介会"平台,邀请客商参会并跟踪有关项目情况,拜会沿海发达省份台协,引荐重点台资企业,发挥台盟盟员的作用,拓展招商渠道。促成江南云港数字经济产业园等项目签约,总投资21亿元,另有多个项目达成合作意向。

【对台交流】 克服疫情困难,开展对台联络,组织和参与第十八届赣台经贸文化合作交流大会、第九届台盟大江论坛、两岸同名乡镇联谊周等涉台交流活动,推动赣台交流交往;举办"台胞过大年""台胞闹元宵"等活动,加强台胞联谊;保持与台湾统一联盟党、台北江西同乡会、台湾中华基金会等统派社团的联络。

【台盟江西省第二次盟员大会召开】 6月22日,台湾民主自治同盟江西省第二次盟员大会在南昌召开。全国政协副主席、台盟中央主席苏辉作视频讲话,中共江西省委常委、省委秘书长史文斌到会祝贺,省政府副省长、民建江西省委会主委孙菊生致贺词,省人大常委会副主任张小平、省政协副主席刘卫平出席会议。台盟江西省第一届委员会主委曾鲁台作题为《矢志不渝跟党走·砥砺奋进谱新篇——为全面建设"六个江西"贡献台盟力量》的工作报告。会议审议并通过台盟江西省第一届委员会工作报告和大会决议;选举产生台盟江西省第二届委员会和出席台湾民主自治同盟第十一次全盟代表大会代表。会议期间,台盟江西省第二届委员会召开第一次全体会议,选举吕少军为主任委员,选举徐友洪、张新辉为副主任委员,会议表决通过内部监督委员会组成人员,任命俞红光为秘书长。

(聂冬晖)

江西省工商业联合会

【概　况】　2022 年，江西省工商联获全国工商联主要领导批示 3 次，省领导批示 42 次。2 篇理论文章分别获评全国工商联理论研究成果二等奖、三等奖；2 项工作获评全国工商联实践创新奖。开展江右商帮、赣商史料书籍征集，编纂《当代江西商会志》《当代赣商志》《江西省工商联志（2013—2022 年）》，开展“百媒进千企”活动，对 16 家企业、2 个商会、3 家工商联进行短视频拍摄以及宣传推广，宣传江右商帮文化和赣商精神。

【服务民营经济】　开展营商环境理论研究和专题调研，形成《创新评价机制，强化结果运用，延伸评价触角，江西营商环境持续优化》《营商环境评价指标体系与实证研究——以江西省为例》等研究成果。开展 2021 年江西省惠企政策落实情况专项调研，形成省惠企政策落实情况评估分析报告，获省主要领导批示。加强典型引领，开展“大力弘扬企业家精神”宣传活动和“百媒进千企”活动。开展民营经济人士思想大调研和“入企走访连心”活动，走访企业了解民营经济人士思想状况和经营难题，向企业宣传惠企政策。提升民营企业法律维权服务工作质效，省非公有制企业维权服务中心累计受理实质性维权诉求 746 件，办结率 80% 以上，为民营企业解决一批历史遗留老大难问题。加强民营企业法治宣传，编印优化营商环境服务民营经济案例，组织开展“美好生活·民法典相伴”“法律三进”“万所联万会”等活动，推进全省涉案企业合规改革。发挥省促进非公有制经济发展领导小组办公室作用，做好创新江西“充分激发市场主体活力，切实维护企业家合法权益，推动民营经济高质量发展”专项工作，开展创新型中小企业政策宣讲，依托赣商动力平台，举办 9 期宣政策、稳主体、促发展“政策必达”云直播宣讲活动。积极参加省重要经贸活动，在参与“5020”项目攻坚行动中，全省各级工商联共对接、推进项目 60 个。

【建言献策】　围绕优化营商环境、民营企业人才服务、惠企政策落实、做大做强做优全省上规模民营企业、民营企业履行社会责任等问题开展重点课题研究，其中《关于江西优化营商环境工作情况的报告》得到全国工商联主要领导批示，《非公有制经济运行报告第一期决战四季度夺取全年胜全省民营经济运行情况调查报告》等得到省主要领导批示。落实常态化政企沟通机制，承办“学习宣传贯彻党的二十大精神，促进民营经济发展壮大”政企恳谈会和民营企业座谈会，多次组织民营企业家代表参加省直部门组织召开的政企座谈会。做好参政议政工作，向全国工商联提交团体提案 15 件，省两会期间提交立案团体提案 11 件、大会发言 23 件。向省政协、全国工商联报送社情民意信息 353 篇，被省委采用 1 篇，被全国政协采用 2 篇，被全联采纳 51 篇；向省委统战部报送零讯 42 篇，其中 1 篇被中央统战部采纳。

【引导民营企业践行社会责任】　开展“万企兴万村”暨回报家乡专项行动，召开“万企兴万村”行动现场推进会，截至 12 月底，累计有 1615 家民营企业参与全省“万企兴万村”行动，实施兴村项目 1930 个，1645 个村受益。举办江西省民营企业 100 强和社会责任发布会暨理想信念教育报告会，连续 10 年开展全省上规模民营企业调研并发布百强名单，吸引 1500 余家企业参与。编制《江西民营企业社会责任领先指数报告（2021）》和优秀案例，连续 4 年发布民营企业社会责任报告。弘扬优秀企业家精神和“厚德实干、义利天下”新时代赣商精神，引导全省民营企业、商协会履行社会责任，为支持南昌抗击新冠肺炎疫情捐款捐物，累计价值 3058.08 万元。

【江西省工商联第十二次代表大会召开】　7 月 29—30 日，江西省工商联第十二次代表大会在南昌召开。中共江西省委常委、副省长任珠峰在会上宣读全国工商联贺信，中共江西省委常委、省委统战部部长黄喜忠出席并讲话，省人大常委会副主任曾文明，省政协副主席陈俊卿、谢茹、雷元江出席大会。黄喜忠代表中共江西省委向大会召开表示祝贺。大会主席团常务主席雷元江代表江西省工商联第十一届执委会作工作报告。谢茹代表新任领导班子在闭幕会上致辞。会议选举产生江西省工商联第十二届领导机构和领导班子，审议通过《江西省工商业联合会（总商会）第十二次代表大会决议》。谢茹当选为省工商联主席、总商会会长，高鹰群当选为省工商联常务副主席、总商会副会长，周华爱、邹常军、谢松岳、李文强当选为省工商联专职副主席、总商会副会长，熊建明等当选为兼职副主席，胡恩雪等当选为兼职副会长。

（林繁）

本类目编辑　张志勇

群众团体

江西省总工会

【概　况】　2022年，省总工会履职尽责、担当作为，各项工作取得新进展新成效。截至年底，全省基层工会7.89万个，职工851.4万人，工会会员806.7万人，专职工会工作人员4.79万人、兼职工会工作人员14.9万人。

【省总工会十四届五次全委会召开】　2月23日，省总工会十四届五次全委会在南昌召开。经过民主选举，省人大常委会党组副书记、副主任刘强当选为省总工会十四届委员会主席，姜国敏当选为省总工会十四届委员会副主席（挂职）。省委组织部副部长、省人大常委会选任联工委主任徐忠作有关人事事项说明。省总工会党组书记、常务副主席邹绍辉作工作报告。省总工会党组成员、经审会主任吴丽云作经审工作报告。省总工会在家领导班子成员出席会议。

【全省工会系统女职工工作会议暨女职工先进集体和个人表彰大会召开】　3月8日，全省工会系统女职工工作会议暨女职工先进集体和个人表彰大会在南昌召开。会议传达学习全国工会系统女职工工作会议精神；表彰全省“五一”巾帼标兵岗、巾帼标兵，命名一批女创业带头人；总结工会女职工工作成效，对做好新时代工会女职工工作进行研究部署。省人大常委会党组副书记、副主任，省总工会主席刘强出席并讲话。省妇联党组书记、主席王庆出席。省总工会党组书记、常务副主席邹绍辉主持并讲话。省总工会党组成员、副主席饶冬梅代表省总工会六届女职工委员会作工作报告，省总工会党组成员、经费审查委员会主任吴丽云出席。

【全省工会系统“助力双‘一号工程’工会在行动”暨重点工作部署推进会召开】　4月20日，江西省总工会以视频会议形式在南昌召开全省工会系统“助力双‘一号工程’工会在行动”暨重点工作部署推进会。“助力双‘一号工程’工会在行动”专项行动具体包括提升行动、关爱行动、帮扶行动三大行动。省人大常委会党组副书记、副主任，省总工会主席刘强出席并讲话；省总工会党组书记、常务副主席邹绍辉主持。省总工会在家班子成员出席会议。省总工会机关各部室和在南昌直属单位主要负责人、南昌市总工会领导班子成员及有关部室负责人、南昌市各县（区）总工会主席、赣江新区工会联合会和有关产业工会负责人在南昌主会场参加会议；全省其他设区市总工会班子成员和有关部室负责人、县（市、区）总工会主席、昌外直属单位负责人在所在地分会场以视频连线的形式参加会议。

【全省庆祝“五一”国际劳动节暨“五一”劳动奖和工人先锋号表彰大会举行】　4月26日，全省庆祝“五一”国际劳动节暨“五一”劳动奖和工人先锋号表彰大会在南昌举行。省委副书记吴忠琼出席并讲话，勉励全省广大劳动者弘扬劳模精神、劳动精神、工匠精神，坚定信心、迎难而上、激流勇进，积极投身“六个江西”建设，在夺取疫情防控和经济社会发展双胜利中展现新时代的“工人力量”。省人大常委会党组副书记、副主任，省总工会主席刘强宣读表彰决定。会议表彰一批荣获全国、全省“五一”劳动奖状、奖章和“工人先锋号”的先进集体和先进个人。

【“牵手向未来”——关爱留守儿童活动启动】　5月29日，由省总工会、南昌市总工会共同主办的“牵手向未来”——关爱留守儿童活动启动仪式暨“迎六一”安全科普教育活动在南昌举行。省总工会党组成员、副主席饶冬梅出席并宣布活动启动，南昌市总工会常务副主席提名人选熊绍群致辞。南昌市留守儿童代表、南昌市总工会相关领导、南昌市各县区工会女职工工作分管主席、表演嘉宾、带队教师等近100人参加活动。

【江西工会“助力双‘一号工程’工会在行动”数字技能培训促就业活动在赣州举办】　为深入贯彻落实省委、省政府关于促进就业的工作部署和省总工会关于开展“助力双‘一号工程’工会在行动”专项行动的要求，6月7—10日，省总工会在赣州举办数字技能培训促就业活动，江西理工大学130余名应届毕业生参加培训，9家数字企业面向应届大学生提供工作岗位400余个。省总工会党组成员、副主席饶冬梅出席并讲话。江西理工大学党委副书记伍自强致辞。赣州市人大常委会一级巡视员、市总工会主席孙黎明主持开班仪式。培训内容为大数据、云计算、工业互联网、物联网、信创等数字经济课程，教师团队主要由赣州电信、裕丰智能、赣州联通、“驴充充”、信创联盟等数字企业专家组成。

【2022年江西省“天工杯”劳动和技能竞赛启动】　7月19日，由省总工

会主办,省邮政管理局、江西交通职业技术学院承办的 2022 年江西省“天工杯”劳动和技能竞赛启动仪式在南昌举行,全省 11 个设区市同步启动该届竞赛。省人大常委会党组副书记、副主任,省总工会主席刘强宣布竞赛启动。省总工会党组书记、常务副主席邹绍辉讲话。省人社厅、省邮政管理局、江西交通职业技术学院的有关领导出席,省总工会在家领导班子成员出席。

【江西省总工会十四届七次常委(扩大)会议召开】 9 月 9 日,江西省总工会十四届七次常委(扩大)会议在南昌召开,传达学习中华全国总工会第十七届六次执委会议精神,总结 2022 年以来的工会工作,部署下一步工作任务。省人大常委会党组副书记、副主任,省总工会主席刘强主持会议。省总工会党组书记、常务副主席邹绍辉在会上作工作报告。省总工会在家班子成员出席会议。

【江西省工人文化宫联盟启动暨第一次成员大会召开】 11 月 10 日,江西省工人文化宫联盟启动暨第一次成员大会在南昌市工人文化宫召开。全国总工会资产监督管理部部长李庆堂以视频连线方式出席会议并讲话。省总工会党组书记、常务副主席邹绍辉出席并讲话,宣布江西省工人文化宫联盟启动。全国总工会资产监督管理部二级巡视员李江红以视频连线方式出席。省总工会党组成员、副主席吴福才主持会议。南昌市人大常委会副主任、市总工会主席刘德辉致辞。省、市总工会领导共同启动“江西省工人文化宫联盟”。启动仪式后召开江西省工人文化宫联盟第一次成员大会。会议讨论通过《江西省工人文化宫联盟工作架构与工作规则》《江西省工人文化宫联盟理事会轮值制度》,明确发展思路、办事机制,推选南昌市工人文化宫作为首任轮值理事单位并授牌。与会人员参观南昌市工人文化宫部分场馆活动情况和下一步建设改造规划,观看全省工人文化宫宣传视频《奋进中的江西省工人文化宫》。省总工会相关部门负责人,各设区市总工会分管领导、市工人文化宫负责人,已建成并使用的县级工人文化宫负责人参加会议。

【全省基层工会组织“六有六规范”建设暨新就业形态劳动者工会工作现场推进会在宜春召开】 11 月 11 日,全省基层工会组织“六有六规范”建设暨新就业形态劳动者工会工作现场推进会在宜春召开。省人大常委会党组副书记、副主任,省总工会主席刘强出席并讲话。省总工会党组书记、常务副主席邹绍辉主持会议。省总工会一级巡视员吴海平,省总工会党组成员、副主席姜国敏出席会议。宜春市副市长、高安市委书记郑绍致辞。省总工会有关部门负责人,11 个设区市总工会和赣江新区工会主席、分管副主席、相关部门负责人,特邀发言单位代表参加会议。

(杨琪)

共青团江西省委员会

【概　况】 2022 年,全省有各级团组织 134393 个,其中团的领导机关 111 个,团委 5016 个,团工委 467 个,团总支 2942 个,团支部 12857 个。全年新发展共青团员 14.6 万人,共有团员 252.1 万人,团的领导机关团干部 915 人、基层团干部 30.3 万人。团省委以迎接和学习宣传贯彻中共二十大为主线,认真落实省委、团中央工作部署,各项工作取得新成效。在全团考核中获评优秀等次、工作在全团位居前列,首次在团中央全会上作典型发言;“江西共青团”新媒体粉丝超 2500 万人,影响力、传播力居全省新媒体总榜第一位、全团前列,多次被中宣部、中央网信办通报表扬;“童心港湾”关爱留守儿童工作、团属社会组织改革获团中央主要领导批示肯定并在全团推广;获省委、省政府、省政协和团中央主要领导批示肯定 11 次。

【江西共青团新媒体平台建设】 江西共青团新媒体入驻抖音、哔哩哔哩等 17 个新媒体平台,全平台粉丝达 2527.1 万人,影响力传播力居全省新媒体总榜第一位、全团前列。围绕青年关注、青年期盼,邀请青年策划、青年参与,推出《团语青年》《团团晚安电台》《奋斗者 正青春》《青春百年与党同行》等品牌栏目 255 期,全网播放量达 1.3 亿次。打造“团团陪你看江西”品牌活动,开展文旅直播 22 场次,承接武功山户外运动文化节、中国米粉节、赣南脐橙国际博览会等活动直播,宣传江西好山好水好风光和优秀传统文化。开展“线上线下”“海内海外”全方位、立体化宣传,邀请外国留学生参与“团团陪你过大年”主题系列直播活动 10 场次,宣传推介中国传统文化民俗,对外展示中国传统文化的魅力。主动参与省重点项目鄱阳湖水利枢纽相关舆情引导,分析研判涉赣涉青重点领域的意识形态安全风险和负面舆情,弘扬青春正能量。

【助推产业发展】 团省委深化“创在江西”系列赛事,跟踪帮扶 11 个项目落地,签约金额 194 亿元。发挥江西青年企业家投资基金的引导撬动作用,先期投资 6000 万元股权基金,引进总投资 55 亿元的衡川锂电池项目落户樟树;投资 1600 万元股权基金,引进同驭汽车线控制动项目落户宜春,并获得小米产投领投 2 亿元融资,该项目估值 18 亿元。举办首届全省青年科技创新发展论坛,推动企业需求和科研成果对接签约 7 项。

【推进留守儿童关爱帮扶】 团省委将“童心港湾”建设作为共青团服务留守儿童的主阵地,打造留守儿童关爱帮扶工作“江西模式”并在全团推广。募集资金超 1 亿元,建成 1857 个童心港湾,为每个“童心港湾”提供连续 3 年每年不少于 2 万元资金保障。建强关爱队伍,为每个“童心港湾”选聘 1 名童伴妈妈,坚持统一培训,专人专岗,按月考核履职情况并差异化发放补贴,调动童伴妈妈积极性、主动性。做实关爱服务,每个“童心港湾”每周开展不少于 10 小时的亲情陪伴、励志教育等活动,满足留守儿童陪伴关怀、成长纠偏等现实需求,累计开展关爱活动 3 万余场次,直接联系留守儿童 6 余万人次。

【开展青年服务活动】 实施“共青团促进大学生就业行动”,组织 1.2 万余家企业走进学校，举办招聘会600余场，提供就业岗位19.3万个，成功对接4.1万余名毕业生找到工作。发动1637名团干部与全省低收入家庭学生开展就业“一对一”结对帮扶，帮助3037名2022届大学生实现就业。聚焦单身青年婚恋难题，打造“爱在赣鄱 团团有约”青年婚恋交友活动品牌，全省各级团组织开展青年联谊活动327场，帮助2.8万余名单身青年牵线搭桥，3000余名单身青年找到对象。

【“12355”青少年服务台建设】 团省委聚焦青少年心理咨询和权益服务，以“省级统一接入咨询、市县线下承接项目”模式，集全省共青团组织力量打造一条高质量省级热线，为青少年提供咨询服务和实际帮助。热线成立以来，全年接听心理咨询、法律维权等来电1.4万余个，办理20起危机干预个案。建立统一受理、分类处置、分级跟办的青少年维权组织化响应机制，及时介入、推动解决发生在基层的青少年权益典型个案。依托“12355”热线，联动预防青少年违法犯罪成员单位调解校园欺凌、未成年人网赌等个案28起，及时化解潜在风险与矛盾。

【推进新时代江西希望工程公益项目】 2022年，江西“希望工程”聚焦青少年“助学、助困、助医、助急”等工作，推进公益项目、工作载体、动员机制、品牌建设提质升级。全年筹集款物首次突破8000万元，创成立以来年度筹款最高纪录，资助6100余名困难学生完成学业，受益青少年超8.2万人。推出“希望工程·壹元捐”“希望工程·红色小书包”2个公益项目获评中国青基会“地方创新希望项目”；“1%工程”“壹元捐”2个项目入选第十二届中华慈善奖慈善项目候选名单；江西省青少年发展基金会获省民政厅2022年首届江西省精品社会组织奖。

【开展团属社会组织改革】 开展团属社会组织改革，通过新建、撤销、整合、建强等举措，把原有23家团省委主管的社会组织整合为13家，逐一出台改革方案，明确主责主业、改革目标、工作措施，通过“自筹＋社会化”等多种渠道筹集资金2000余万元，支持团属社会组织聘用专职人员，落实独立办公场所，打造一批工作项目，推动社会组织发挥作用。

【县域共青团改革】 团省委以干部来源多元化、组织方式多样化、引领动员网络化、工作内容项目化、生存资源社会化、运行机制扁平化为主攻方向，完成县域共青团基层组织改革试点，自筹资金500余万元在全省县（市、区）推进招募青年志愿者、实体化运行青年之家等5项牵引性举措，推动县级团委平均工作力量从6.2人增加到9.4人。武宁县等五地被评为全国县域共青团改革试点优秀单位，团玉山县委探索的“团团帮就业”典型经验入选团中央改革案例集，在全团宣传推广。

【共青团江西省委十六届五次全体（扩大）会议召开】 3月7—8日，共青团江西省委十六届五次全体（扩大）会议在南昌举行。省委副书记、赣州市委书记吴忠琼出席会议并讲话。团省委副书记邱凌主持会议并代表第十六届团省委常委会作报告。会议传达学习共青团十八届六中全会精神，总结2021年工作，部署安排2022年工作，进行十六届团省委委员卸职、增选，审议通过《江西共青团全面从严治团实施方案》，并就2021年度全省共青团工作评议情况进行通报。

【学习宣传中国共产主义青年团成立100周年大会精神】 5月10日，庆祝中国共产主义青年团成立100周年大会在北京人民大会堂举行。省领导易炼红、叶建春、吴忠琼、史文斌等，省委有关部门、省直有关单位负责人，在江西工作的团中央委员、候补委员，团省委班子成员、委员，省青联、省学联、省少工委负责人以及先进青年典型、优秀团员团干部、基层先进团组织代表在南昌一同收听收看庆祝大会现场直播。5月11日，江西省学习贯彻中共中央总书记习近平在庆祝中国共产主义青年团成立100周年大会上重要讲话精神座谈会在南昌召开。省委书记、省人大常委会主任易炼红出席并讲话，省委副书记、赣州市委书记吴忠琼主持，省领导史文斌、刘强、尹建业出席座谈会。8月4—6日，全省共青团学习中共中央总书记习近平在建团百年庆祝大会上重要讲话精神专题读书班在省委党校举办，中央团校党委书记倪邦文以视频会议形式作学习习近平在建团百年庆祝大会上重要讲话精神专题辅导报告，团省委班子成员分别作导学报告。

【第九届“创青春”中国青年创新创业大赛（数字经济专项）颁奖仪式暨第五届中国青年企业家（共青城）发展峰会开幕式举办】 8月22日，由共青团中央、人力资源和社会保障部、农业农村部、商务部、国家乡村振兴局、江西省政府共同主办的第九届“创青春”中国青年创新创业大赛（数字经济专项）颁奖仪式暨第五届中国青年企业家（共青城）发展峰会开幕式在共青城举办，共青团中央书记处书记傅振邦，省委常委、副省长任珠峰出席并为获奖选手颁奖并讲话。全国创新创业领域有关嘉宾、青年企业家、青年创业者、县级青年创业组织代表等近300人参加。自4月启动以来，大赛共吸引全国近3000个数字经济领域青年创新创业团队、近万余名创业青年报名，共产生金奖10个、银奖20个、铜奖65个、优秀奖100个。活动期间还举办县级青年创业组织代表培训班、第18期青年企业家能力提升计划培训班“感知共青”交流考察等活动。

【中国少年先锋队江西省第七次代表大会召开】 11月18日，中国少年先锋队江西省第七次代表大会在南昌召开。省委副书记、赣州市委书记吴忠琼出席开幕会并讲话，省领导任珠峰、刘强、尹建业出席。大会总结中国少年先锋队江西省第六届工作委员会的工作，部署未来五年工作，选举产生第七届省少工委委员。会前，省领导参观江西少先队特色工作和活动展示，并与少先队员交流。

【全省少先队总辅导员和大队辅导员学习宣传贯彻中共二十大精神专题培训班举办】 12月12—14日，由省少工委主办的全省少先队总辅导员和大队辅导员学习宣传贯彻中共二十大精神专题培训班以线上直播的形式召开，全省各级少先队总辅导员、各中小学校少先队大队辅导员近10万余人参加培训。培训期间，面向全省中小学校少先队员推出"学习二十大，争做好队员"主题云队课，覆盖少先队员130万人次，覆盖少先队辅导员3.8万人次。

【第六届江西省学校共青团"微团课"大赛举行】 10—12月，由省委教育工委、团省委主办的第六届江西省学校共青团"微团课"大赛举行。该赛事设置高校团干教师组、青年教师组、高校学生组及中学中职团干教师组4个组别，共举办110余场初赛、15场省级复赛、4场省级决赛，全省11个设区市1.5万余名青年团干、教师、大学生同台打擂，全省范围内106所高校、100万余名团员青年通过线上线下方式参加，同上一堂团课。对比赛中表现较为亮眼、优秀的作品，赛后进行重新录制，分发给省内各学校作为团课教育的示范课程。

（罗凌之）

江西省妇女联合会

【概　况】 2022年，省妇联开展巾帼志愿活动、关爱留守儿童、打造模范机关、推进巾帼双创、促进移风易俗、创建绿色清洁家庭等特色亮点工作在全国、全省会议多次作典型发言。全国妇联、省委、省政府领导对省妇联工作多次作出批示。举办"巾帼心向党 喜迎二十大""赣鄱红色娘子军"主题宣讲会，各级妇联组织"赣鄱红色娘子军"宣讲团开展宣讲3000余场。与省委宣传部联合召开"江西这十年"系列主题新闻发布会（妇女儿童事业发展专题）。开展"巾帼心向党 喜迎二十大"女性读书月、"巾帼大学习·今天我来读"云接力等主题活动。在全国率先成立省级的"三八红旗手"协会（江西省三八红旗手协会）。召开全省巾帼志愿服务协会会员代表大会暨巾帼志愿服务工作推进会。推动市、县妇联建立健全巾帼志愿服务组织，壮大巾帼志愿者队伍，"敲门嫂""章贡大妈"等巾帼志愿服务品牌被全国妇联重点推广。联合省委宣传部开展"赣鄱最美巾帼奋斗者"学习宣传活动，联合省委宣传部、省退役军人事务厅、省军区政治工作局开展江西省"最美军嫂"先进事迹宣传活动。启动"加油！抗疫天使"公益项目，围绕抗疫一线医务工作者家庭日常防护和生活物资需求开展关爱服务。实施"科技创新巾帼行动"，举办全省女性科技人才讲坛、举办全省女性科技人才研修班。

【妇女就业创业服务】 拓展"创业创新巾帼行动"，实施"2022'赣才慧创·鹤舞赣鄱'省妇联支持女性高校毕业生创业就业计划"，举办江西省女大学生创业公开课，指导毕业季女大学生创业，南昌航空大学、豫章师范学院、南昌理工学院等女性专场招聘会累计组织400余家省内名优企业展播。各级妇联线上线下举办"春风行动"女性专场招聘会527场次。举办全省巾帼创新创业大赛，以"巾帼'她力量'赣品网上行"为主题开展巾帼直播电商创新创业大赛。实施妇女创业担保贷款项目，全年发放妇女创业担保贷款34.75亿元。深化"乡村振兴巾帼行动"，联合省农业农村厅举办高素质女农民培训班，面向农村巾帼致富带头人、巾帼新农人、农村女经纪人3个类别开展专项技能培训。联合省人社厅开展家政员培训。全省各地举办各类"无门槛、下沉式"技能培训班800余期。

【维护妇女儿童权益】 争取中央、省级"两癌"救助资金2500余万元，救助城乡困难家庭"两癌"患病妇女2500余人。推动将全省城乡困难家庭妇女"两癌"免费检查救助项目纳入省政府民生实事工程。推动将"无痛分娩"纳入医保报销支付范围。围绕《中华人民共和国民法典》《中华人民共和国反家庭暴力法》及新修订的《中华人民共和国妇女权益保障法》等法律法规，组织基层妇联执委、省女法协会员、"妇联金牌快车走基层"工作团队、妇女"法律明白人"等骨干力量深入基层开展普法宣传活动。举办"百万网民学法律"妇女权益保障法知识竞赛，举办"美好生活·民法典相伴"主题宣传。将"法律明白人"培养工程向城市社区拓展延伸，全省开展社区妇女"法律明白人"培训1500余场，培养社区妇女"法律明白人"7000余人。联合省委政法委、省法院、省公安厅、省民政厅、省司法厅出台全省婚姻家庭纠纷预防化解重点工作意见。在全省妇联系统开展为期3个月的婚姻家庭矛盾纠纷大排查大化解，开展妇女儿童维权电话接听业务全员培训。各级妇联共排查化解风险797个。联合省检察院召开维护妇女儿童权益工作联席会议，推动各级检察机关与妇联深化协作配合。举办全省妇联系统网络宣传工作暨平安建设普法维权工作培训班。

【基层妇联组织建设】 联合省委组织部推进在"两新"组织建妇联组织工作，出台全国首个以省委"两新"工委文号印发的加强"两新"妇联组织建设文件，并召开动员部署会、现场推进会。举办全省基层妇联组织"领头雁"示范培训班、全省基层妇联干部示范培训班、全省妇联干部民族宗教政策法规培训班等，将新成立的"两新"妇联组织负责人、优秀村妇女小组长等基层妇联干部纳入培训对象。2022年，全省在产业园区、专业市场、商务楼宇、物流商圈、健身协会、小区物业等领域组建"两新"妇联组织8000余家，实现应建尽建；全省新增"两新"组织妇联执委20905人。引导18.5万名村妇女小组长参与乡村治理。

【江西省"三八"红旗手协会成立】 7月5日，江西省"三八"红旗手协会成立暨第一次会员大会在南昌召开。省委副书记吴忠琼发贺信表示祝贺并提出希望。省妇联党组书记、主席王庆，省民政厅社会组织管理局局长吴金勇出席并讲话。大会选举甘公荣为协会会长。协会为公益组织，由省妇联作为业务主管单位。从1958年"三八"红旗手评选活动开始至协会成立时，全省有1086名女性获评"全国三八红旗手"称号，6577名女性获评"江西省三八红旗手"称号。

【"江西这十年"妇女儿童事业发展专题新闻发布会举行】 9月19日，省政府新闻办公室举行"江西这十年"系列主题妇女儿童事业发展专题新闻发布会。省妇儿工委副主任、省妇联党组书记、主席王庆作主旨发布，介绍中共十八大以来江西省妇女儿童事业发展取得的历史性成就和全面实现妇女儿童发展纲要目标指标的情况。省教育厅一级巡视员刘菊娇，省委政法委二级巡视员王飞，省民政厅二级巡视员熊铭，省卫生健康委二级巡视员操秋阳出席并回答记者相关提问。省委宣传部对外新闻处处长黎峰主持新闻发布会。

【2022 江西巾帼直播电商创新创业大赛三强争冠赛举行】 10 月 9 日，省妇联联合省商务厅、省教育厅主办的"巾帼'她力量'赣品网上行"2022 江西巾帼直播电商创新创业大赛三强争冠赛在南昌新洪城大市场举行。省委常委、副省长任珠峰，省政府副秘书长熊科平，省妇联党组书记、主席王庆，省商务厅党组成员、副厅长饶芝新，省委教育工委委员、省教育厅副厅长刘小强，省妇联党组成员、副主席刘丽出席。社会组和大学生组的前 3 名分别展开角逐。经过路演带货、评委问答环节，来自宜春市的朱茶香、上饶师范学院的欧阳雨晗分别获得社会组和大学生组冠军。

【全省妇联执委为群众办实事典型工作案例发布】 11 月 9—10 日，省妇联在江西女性融媒体发布全省妇联执委为群众办实事典型工作案例。典型案例来自省市县乡村五级妇联，覆盖全省 11 个设区市和港澳地区，涵盖政法、农业、教育、科技、文化、卫生等领域优秀代表，内容涉及思想引领、乡村振兴、创新创业、公益慈善、权益保障、女童关爱、民族团结、志愿服务、科技创新、基层治理等方面。

【举办"巾帼心向党 奋进新征程"红色巾帼宣讲员大赛】 11 月 14 日，省妇联在南昌举办"巾帼心向党 奋进新征程"红色巾帼宣讲员大赛。经各设区市初赛、省直推选，19 名选手参加决赛。省妇联党组书记、主席王庆，省妇联兼职主席、省"三八"红旗手协会会长、省巾帼志愿服务协会副会长甘公荣出席。江西日报社副总编辑朱彦、省播音员主持人专业委员会副主任兼秘书长扬帆进行点评。吉安市妇联选送的石玉莲获一等奖。

（省妇联）

江西省科学技术协会

【概　况】 2022 年，江西省科协工作获省委、省政府主要领导肯定性批示 7 次。开展"全国科技工作者日"活动、"全国科学道德和学风建设宣传月"活动、"全国科普日"活动和"科技小院"建设。中国科协在江西召开企业科协建设和流动科技馆工作现场会，江西省科协作典型发言。围绕江西省航空、电子信息、数字经济、新能源汽车、铜产业、竹资源、永磁电机和乡村振兴产业等举办系列高质量产业大会，邀请多位院士、高层次专家为江西省产业发展把脉问诊、建言献策，有关内容形成决策咨询报告，获省政府主要领导批示。中国航空产业大会等系列 12 个产业大会推动项目签约 111 个，总金额 1128.24 亿元，外资 3000 万美元。实施"人才回家"计划，由省科协主要领导带队走访在外赣籍院士，赣籍院士回赣参加各项活动 30 余人次，其中走访赣籍院士 22 人次。启动"赣鄱俊才支持计划 · 青年科技人才"托举项目。在省科技馆组织"科技一日游"活动，邀请全省每一县区脱贫户和监测对象家庭学生、农村留守青少年各 1000 名到省科技馆参观体验。研究制定《江西省科协"主席接待日"制度（试行）》，改革推进与基层一线科技工作者联系。全年全省科协系统主席 400 余次深入科技工作者身边听取意见建议，为科技工作者办实事、解难题。

【院士专家工作站建设】 推动院士专家工作站建设，与省委人才办联合开展省级院士工作站建站工作，新建 1 家省级院士工作站，12 家市级院士工作站升格为省级院士工作站；引入第三方评估机构，对省级院士工作站进行评估，27 家被评为合格，3 家被评为基本合格。截至 2022 年年底，共有院士工作站 65 家（其中省级院士工作站 44 家，市级院士工作站 21 家）。推动专家工作站建设，联合省委人才办建立省级专家工作站 29 家，指导建立市级专家工作站 122 家。截至 2022 年年底，全省专家工作站总数达到 151 家。

【企业（园区）科协组织建设】 新建企业科协 1575 家，增加 328.13%，全省企业科协总数达到 2055 家；新建园区科协 4 家，全省园区科协总数达 104 家，实现国家级高新区、经开区园区科协全覆盖，省级园区科协覆盖率近 94%。5 月 27 日，中国电信江西公司召开科协成立大会暨首届科技节，省科协党组书记曾萍出席会议并讲话。8 月 4 日，省科协在赣州召开 2022 年全省企业科协组织建设工作会，省科协主席史可出席会议并讲话。省科协主要领导联名致信 23 家省属国有企业董事长，协商推进企业科协组织建设事宜。联合省工信厅出台《关于加强专精特新企业科协组织建设的通知》，为专精特新企业建立科协组织提供政策支撑。指导中国稀土集团建立科协组织。编印《江西省科协企业创新服务资源清单（2022 版）》，并将清单提供给各地科协、企业科协和园区科协使用；修订完善《企业科协工作册》；制作《企业科协组织建设资源包》，为各地科协开展企业、园区科协组织建设提供文件资料模板。

【2022 年中国创新方法大赛江西省企业创新方法区域赛决赛举行】 10 月 21—22 日，由省科协、省科技厅主办，省院士专家服务中心、省有色金属学会承办，南昌工程学院、赣州有色冶金研究所有限公司协办的 2022 年中国创新方法大赛江西省企业创新方法区域赛决赛在南昌工程学院举行。省科协主席、农工党江西省委会主委史可出席并讲话；江西钨业控股集团有限公司党委书记、董事长林榕，南昌工程学院党委副书记、校长汪胜前，省科技厅党组成员、副厅长陈金桥，省科协党组成员、副主席蔡震峰，南昌工程学院党委委员、副校长贺丹君，江西钨业控股集团有限公司副总经理、江西省有色金属学会理事长郭永忠出席会议。会议由陈金桥主持，

郭永忠、汪胜前先后致辞。该大赛吸引全省48个企业101个团队参赛,比上年增长16%;覆盖涉及航空、化工、电子、电信、钢铁、食品、医药、机械加工、家具制造业、农业养殖等10多个行业。参赛的101个项目通过创新方法共产生经济效益5333万元、节约经费6645.6万元、解决技术难题43个、获得专利31个。通过初评遴选30个项目参加决赛,并在决赛中通过理论考试和项目展示结合的方式,决出一等奖6名、二等奖10名、三等奖14名。推荐6个团队项目参加全国总决赛,比上年增加20%,6个项目均获三等奖。

【实施科技信息服务企业技术创新项目】 新增中国科协"海外专利信息资源库"注册企业。新增注册企业117家(总数达到3723家),新增注册用户145家(总数达到3772家),收集海外专利信息成果应用案例33个。成果显示,助力企业产生新技术50个、新产品39个、新专利70个,企业利用海专利信息产生直接经济效益2.68亿元,间接经济效益2.72亿元,节约研发投入4139万元。2022年,在中国科协科技信息企业应用推广地方服务覆盖排名中江西省位列第4名;在全国海外专利信息资源库系统使用活跃企业前50位排名中有江西省应用企业7家,占近1/7。组织编写《涉农种业海外专利信息汇编》。汇编收录农业类新品种、新技术、新模式、新装置等方面专利信息1002条。开展专利应用工程师培训和知识产权战略宣讲。举办专利工程师培训和知识产权战略巡讲5场次,参加培训和巡讲活动的企业科技人员共500余人次。

【开展"全国科技工作者日"活动】 5月28日,2022年"全国科技工作者日"江西主场活动在南昌举行。活动发布2022年江西省"最美科技工作者"名单、播放最美科技工作者专题宣传片,为20名2022年江西省"最美科技工作者"颁发证书。省委常委、副省长任珠峰出席活动并讲话。省政府副秘书长熊科平、省科协党组书记曾萍、省科协主席史可、省委宣传部副部长吴永明、省科技厅副厅长陈金桥、省国防科工办一级巡视员郑正春出席活动并为"最美科技工作者"颁发证书。徐朝梁、姚英娟、欧阳永棚、洪葵、刘文峰等"最美科技工作者"分享自身奋斗故事。姚英娟、欧阳永棚、洪葵、刘文峰等"最美科技工作者"代表宣读致全省科技工作者倡议书。

【"建设全国统一大市场与江西机遇论坛"在南昌举办】 8月3日,"建设全国统一大市场与江西机遇论坛"在南昌举办。省委常委、副省长任珠峰出席论坛并致辞。省政府副秘书长熊科平,省科协党组书记曾萍出席论坛。省科协主席史可,省科学院党组书记、院长宋德雄分别主持开幕式和主旨报告。论坛以"建设全国统一大市场与江西机遇"为主题,旨在集聚各领域专家,为推动江西加快融入建设全国统一大市场建言献策。南京大学文科资深教授、南京大学原党委书记洪银兴,国务院发展研究中心市场经济研究所所长王微,国家发展和改革委员会市场与价格研究所所长杨宜勇,清华大学经济管理学院副院长、教授何平,中国社会科学院财经战略研究院市场流通与消费研究室主任依绍华,中国技术创业协会副理事长、北京高精尖科技开发院院长汪斌等6名专家学者出席论坛并作主旨报告。省直有关单位、高校负责人,各设区市政府及发展改革委、工信局、科技局、商务局、市场监管局、科协等单位负责人,部分省级学会专家共150余人参加论坛。

【"双碳背景下江西省新能源汽车创新发展论坛"在南昌举办】 9月23日,"双碳背景下江西省新能源汽车创新发展论坛"在南昌举办。省委常委、副省长任珠峰出席论坛并致辞。省政府副秘书长熊科平出席论坛。省科协主席史可,省科学院党组书记、院长宋德雄,同济大学教授、同济大学原校长助理、汽车学院院长余卓平分别担任论坛开幕式、主旨报告和圆桌对话的主持人。中国工程院院士孙逢春围绕智能网联新能源汽车新技术,中国工程院院士丁荣军围绕新能源汽车用功率半导体器件技术,比亚迪集团执行副总裁廉玉波围绕新能源汽车创新发展,百度智行科技有限公司总经理聂育仁围绕自动驾驶等热点主题发表主旨演讲。圆桌对话以"双碳背景下江西省新能源汽车产业发展形势"为主题,比亚迪集团执行副总裁廉玉波等5名专家就双碳背景下江西省新能源汽车产业发展形势开展深入细致的交流谈论。省发展改革委、省科技厅、省工信厅、省科协、省科学院相关领导及部门负责人;相关设区市政府领导及发改、工信、科技、科协等相关部门负责人;省内相关高校、科研院所、重点企业、行业协会、学会领导及相关人员等200余人受邀参加论坛。

【举办2022中国铜产业科技创新大会】 12月3日,中国有色金属学会、江西省科协、江西铜业集团有限公司、鹰潭市政府共同主办2022中国铜产业科技创新大会。沈政昌等7位院士、专家作主旨报告。大会设置5个分论坛,分别围绕铜选冶、铜加工、装备智能化、资源综合利用及环境治理等方面进行交流研讨,并进行有色金属行业科技成果展示等。会议采用线下、线上相结合,在北京、鹰潭、江西铜业集团有限公司设主会场,线上平台及微信视频号同步直播,开幕式及主旨报告会线上观看超过5万人次,分论坛直播间参与互动达3000人次。

(省科协)

江西省归国华侨联合会

【概　况】 2022年,省侨联发挥桥梁和纽带作用,围绕中心、服务大局,以侨为本、为侨服务,推动侨联事业高质量发展。邀请知名侨商侨领参加中博会、赣商大会、赣深经贸交流暨江西省对接粤港澳大湾区投资合作推介会,以及2022庐山全球商界领袖论坛、第32届世界客属恳亲大会等重大活动。促成台湾瑞德研发中心、吴江市瑞德塑料模具有限公司投资5亿多元落户抚州市高新区。加强与"一带一路"沿线国家侨商的联系,赴省贸易促进会、赣州陆港口岸等地为匈牙利中小企业孵化基地落户赣州牵线搭桥。促成中国侨联常委、中国华侨公益基金会副理事长、佳信海坛控股集团董事长林正佳在景德镇建设“东方大漆”艺术馆。参加“才聚江西·智荟赣鄱”江西省2022年春季云引才活动,为150余名海外人士提供省内招聘资讯,牵线搭桥引进海外技术、各类专业人才和智力资源。搭建新侨创新创业平台,成立江西侨创联盟。推荐南昌市归国留学人员创业园(红谷滩园区)获批第八批“中国侨联新侨创新创业基地”,第九届“侨界贡献奖”江西3人获奖。开展侨界人才调研,《发挥侨的优势 汇聚海归人才 助力高质量跨越式发展》课题获中国侨联二等通报表扬。完善落实侨情专报直报点机制,2022年报送侨情专报74篇,中国侨联采用17.5篇,获全国侨联系统信息工作二等奖。

【开展对外文化交流活动】 组织承办“2022亲情中华·为你讲故事”网上江西营活动,创新展示江西非遗文化、中医药文化、客家文化、陶瓷文化、美食文化等地方特色文化。全年举办7期23个营,12个国家和地区的1390名海外华裔青少年参加活动。弘扬优秀传统文化,组织江西矿冶博物馆、吉州窑博物馆、安义县古村群申报并获批中国侨联第十批中国华侨国际文化交流基地。组织参加第二十二届世界华人学生作文大赛,获优秀组织单位奖。

【打造“侨联四海·情满赣鄱”公益品牌】 弘扬侨界爱心,延伸“侨爱心工程”,联系11个设区市参与中国华侨公益基金会开展的“侨爱心·进社区”眼健康公益活动。邀请侨界企业家博迅集团董事长李忻农、海力控股有限公司董事长卜莉莉向省侨联挂点帮扶村高安市上湖乡赤星村捐赠23.5万元支持村卫生所、机耕道等基础设施建设。争取浙江省新华爱心教育基金会捐赠,分别在九江市、吉安市、赣州市部分学校设立“珍珠班”,给予学习成绩特别优秀、家庭特别贫困的学生2500元/年资助。

【推进检侨合作】 联合省检察院召开“检侨合作”交流推进座谈会,开展检侨合作联合调研活动,出台《关于进一步贯彻落实〈江西省人民检察院江西省归国华侨联合会关于依法服务和保障侨资侨属企业健康发展的意见〉的通知》,推进全省各市县建立“检侨驿站”“检侨同心室”,建成检侨之家、检侨同心室等平台38家。《建功新时代,积极探索维护侨益的新模式——江西省“检侨合作”开展情况的调研报告》获中国侨联三等通报表扬。2022年全国两会上,最高人民检察院检察长张军在两会报告中提出“推广江西等地经验,携手中国侨联为侨胞提供法律服务”。

【开展侨法宣传】 印发《江西省侨联关于在归侨侨眷中开展法制宣传教育的第八个五年规划》《省侨联2022年普法依法治理工作要点》,省市县侨联三级联动在侨巢服务站开展侨法宣传活动,深入社区举办“共建共联·情暖侨心”活动,邀请法律专业人士为侨界群众提供有关法律、法规和政策咨询服务。深入侨资企业易佰家集团开展“民法典宣讲”和“送侨法进侨企”活动。制定全省各设区市侨联筹建法顾委组织建设全覆盖工作方案,2022年,新增成立设区市及县区法顾委5家。发挥法顾委作用主动维权,受理并协调解决涉侨信访案件19起,向中国侨联报送江西省范围内维权侨益典型案例17例。

(省侨联)

江西省台湾同胞联谊会

【概　况】 2022年,省台联围绕两岸关系和平发展主题和全省经济社会发展大局,团结全省台胞,发挥乡情亲情优势,做好对台交流、联谊台胞、参政履职等工作,深化赣台民间交流交往。全年完成重点调研课题6篇、上报社情信息10篇。在省政协大会上提交大会发言材料8篇、上报提案6篇。为22名台籍考生办理中高考加分证明,累计发放老年台胞补助款近13万元、困难台胞补助款2.2万元。

【对台交流】 2022年,省台联持续推进赣台融合发展。先后举办和承办赣港澳台青少年“心连心”、两岸青年红色文化研习营、海峡两岸姊妹湖年会、两岸同名乡镇联谊周等品牌特色活动。探索线上线下相结合交流模式,邀请岛内、海外台胞友我人士开展线上视频交流、直播连线等活动,组织参与“台胞过大年”“台胞闹元宵”等活动,推动联络交流工作迈入“云时代”,引领全省台胞和所联的台胞参与两岸交流。

【团结联谊】 2022年,省台联开展“我为群众办实事”活动,为全省15户特困定居台胞申请全国台联帮扶款2.20万元;按时足额发放老台胞补助款,分2批次累计为113人发放补助款约13万元;开展入户走访慰问台胞,分批次走访慰问台胞家庭40余户,送去慰问品价值6500元;累计为22名台胞办理中高考加分事项。

【举办两岸青年江西(红色)文化研习营】 6月27日至7月2日,省台联在南昌、吉安举办2022年全国台联第十九届台胞青年千人夏令营江西分营暨两岸青年江西(红色)文化研习营,来自台湾等地40余名青年参加。夏令营通过参观学习、专家讲座、交流座谈、DIY体验、趣味团建等模式,加强海峡两岸青年之间的互动交流,让台湾青年更多了解中国红色革命历史、江西人文风情和经济社会发展状况。

【“我和我的祖国”台胞、台商、台属联谊座谈会在宜黄举行】 9月9日,省台联与抚州市在宜黄县中秋小镇举行“我和我的祖国”台胞、台商、台属联谊座谈会。省政协副秘书长、省台盟专职副主委、省台联会长、赣州市政协副主席徐友洪,抚州市委书记夏文勇出席并讲话;省政协港澳台侨和外事委员会专职副主任邓杰致辞;抚州市委副书记李高兴、抚州市政协副主席唐永文等出席。抚州市政协主席贺喜灿主持。宜黄县委书记杜晓良致欢迎辞,宜黄县委副书记黄雪琴,宜黄县政协主席高志坚等出席。会上,台胞、台商、台属代表先后作了发言,与会人员还观看了联谊晚会。

【江西省台湾同胞第十次代表会议召开】 11月25日,江西省台湾同胞第十次代表会议于11月25日在南昌召开。全国台联党组书记、会长黄志贤致贺信，省委常委、省委统战部部长黄喜忠出席会议并讲话，省侨联党组书记、主席唐舒龙代表省各人民团体致贺辞。省台联第九届理事会会长徐友洪作题为《奋进新征程 建功新时代——在助力“六个江西”建设中彰显台联担当作为》的工作报告。会议听取并审议通过省台联九届理事会工作报告。会议选举产生40名江西省台联第十届理事会理事，选举产生新一届省台联领导班子和13名常务理事，徐友洪当选会长，俞红光、杨奕、林峻、温建新、曾小育、曾澎当选副会长，并任命俞红光为秘书长，王冠羽、万小虹为副秘书长。

（聂冬晖）

江西省文学艺术界联合会

【概　况】 2022年，江西省文学艺术界联合会围绕举旗帜、聚民心、育新人、兴文化、展形象的使命任务，团结带领广大文艺工作者发展繁荣江西文艺事业。全年举办各类培训27次、采风创作研讨30余场。散文集《回乡记》获鲁迅文学奖，剪纸作品《早市地摊》获第十五届中国民间文艺山花奖，赣南采茶戏《一个人的长征》、电视剧《爱拼会赢》、广播剧《信念树》、歌曲《你笑起来真好看》、图书《琵琶围》5件作品获中宣部第十六届精神文明建设“五个一工程”奖，曲艺作品《好心缘》获得第十九届群星奖，油画《文明之光系列二》获“第七届全国青年美术作品展览”最高奖并直送第十四届全国美展，舞蹈《瑶光赋》入围第十三届“荷花奖”古典舞评奖且系江西省首次入围该奖项，鄱阳大鼓《方母试儿》、上饶信河道情《爱的传递》获第十二届曲艺牡丹奖提名，电视综艺（文艺）《闪亮的坐标》获第31届金鹰奖提名，《邓小平小道》获第35届中国电影金鸡奖最佳编剧、最佳女配角2项提名。

【举办中共二十大精神主题系列活动】 举办“江山壮丽 大美赣鄱”大型美术书法摄影创作展，展览由省委宣传部、省文联、省文化和旅游厅联合主办，于9月28日在省美术馆开幕，省委常委、省委宣传部部长庄兆林宣布开幕，省领导马志武、陈小平、李华栋等出席开幕式。展览分为美术、书法、摄影3个艺术门类，共400余件作品。举办“听故事 见江西”大型原创主题故事剧展演，省委常委、省委宣传部部长庄兆林，中国民协分党组书记邱运华，中国文联国际联络部主任董占顺等观看演出。全剧反映了在中国共产党领导下，赣鄱儿女全面建设“六个江西”奋斗历程和成就。演出现场，还举行“听故事 见江西”主题美术展。举办“风起赣鄱”原创诗歌朗诵会、“舞动新时代”首届江西省青少年街舞大赛、“匠心致初心”江西省优秀民间工艺美术作品展等各艺术门类主题活动30余场，为迎接宣传中共二十大会议营造良好氛围。统筹组织“领航新时代 奋进新征程”——全省文联“万名文艺家下基层”学习宣传贯彻中共二十大精神文艺志愿服务联合行动，在全省各级文联组建128支中共二十大精神文艺宣传队。

【文艺界职业道德和行风建设】 发挥江西省文联及所属14个全省文艺家协会行风建设主导作用，弘扬行风艺德，倡导践行《中国文艺工作者职业道德公约》《江西省文艺工作者遵守职业道德共同宣言》，加强会员管理，健全会员准入与退出机制，依规处理违规失德失范会员，引导文艺工作者明大德、守公德、严私德。挖掘和宣传文艺界优秀典型，遴选15位省内德艺双馨知名艺术家，组成“崇德尚艺 为时代和人民放歌”宣讲团。6月30日，在省文联二楼多功能厅启动宣讲活动，并举办首场报告会。其后，宣讲团赴全省多地开展巡回宣讲。2022年，江西省艺术家杨俊获第五届“全国中青年德艺双馨文艺工作者”称号，这是2004年首届评选以来，江西省第4位获此殊荣的艺术家。

【江西省新文艺群体职称评审】 牵头研究制定《江西省艺术系列（新文艺群体）职称申报条件（试行）》《江西省文学创作（网络文学）专业职称申报条件（试行）》，设置涵盖演员、美术、网络文学等17个文艺专业的职称评审类别，基本覆盖全艺术领域。对跨级申报职称创造性地设置3年过渡期，解决实际能力与评定等级矛盾，调动新文艺群体参评积极性。12月24—25日，江西省艺术系列（新文艺群体）职称评审会在省文联召开，22人获评2022年度江西省艺术系列（新文艺群体）高中级职称，其中副高级8人。该项工作获中国文联肯定和表扬，在中国文联“文艺两新”相关会议上作经验交流发言。

【持续打造文艺志愿服务品牌】 将江西省文联“万名文艺家下基层”“点单服务”项目纳入全省新时代文明实践志愿服务点单系统，推动各设区市文联文艺志愿服务项目上线点单系统。常态化组织“时代新风进万家”移风易俗专场演出及同主题漫画展赴全省新时代文明实践中心（所、站）巡演巡展，并将节目制成U盘，与10万余张主题宣传漫画，分发至全省2万余个新时代文明实践中心（所、站）进行播放张贴，引导全社会摒弃封建陋习，自觉培育和践行社会主义核心价值观。江西省文联“万名文艺家下基层”新时代文明实践文艺志愿服务项目获评全国第二届学雷锋文艺志愿服务“时代风尚”先进典型“最美文艺志愿服务项目”、全省优秀志愿服务项目等荣誉；江西省摄影家协会获评“时代风尚”先进典型“最美文艺志愿服务组织”。

【中国文联“文艺两新”集聚区实践基地在景德镇市揭牌】 7月7日，中国文联首个“文艺两新”集聚区实践基地在景德镇市揭牌，中国文联党组成员、副主席诸迪参加揭牌仪式。建设“文艺两新”（新的文艺组织和新的文艺群体）集聚区实践基地是中国文联在新的发展阶段，贯彻新发展理念，构建“文艺两新”工作新格局、新模式的一种尝试。中国文联“文艺两新”集聚区实践基地·景德镇作为中国文联第一家“文艺两新”集聚区实践基地，及时总结经验，为其他省市文联提供有益借鉴。会上，中国文联国内联络部和景德镇市文联签订《中国文联“文艺两新”集聚区实践基地·景德镇合作备忘录》。

（詹文平）

中国国际贸易促进委员会江西省委员会

【概　况】 2022年，全省设区市贸促会正县级设置实现全覆盖；县级贸促会新增15家，达到42家。江西国际商会改革创新发展，先后成立轴承、物联网、于都服装服饰3个行业分会，共有19个，会员企业新增316家，共有2013家。赣州国际商会挂牌成立，成为全省首家设区市级国际商会。金融保险、商事法律与财税2个专委会成立。

【会展经济】 结合重点经贸展会，围绕陶瓷、纺织服装、医药大健康等江西省优势和特色产业，举办2022年江西出口商品全球展，开展"一对一"洽谈1614场，组织企业参加2022中国—拉美国际贸易数字展等6场线上展、11个以"一带一路"和RCEP国家为重点的境外展会、中国（厦门）国际跨境电商展览会等30个境内展会。引入知名展览、会议和论坛，以申办第十九届中国会展经济国际合作论坛为牵引，引进举办第23届国际水泥技术装备展等一批知名会展项目。通过"市场化运营"举办"赣风鄱韵"消费品展等特色展会。为重点经贸展会赋能，先后为2022中国景德镇国际陶瓷博览会、中国（赣州）第九届家具产业博览会、江西（赣州）纺织服装产业博览会配套举办中国陶瓷产业贸易数字化大会和3场线下国际直采会，持续提升展会国际化、市场化水平，累计达成意向成交金额7.88亿元。

【开展商法服务】 会同江西省高级人民法院、省司法厅、省商务厅等20多家单位建立国际商事纠纷应对、国际化经营风险排查、涉案企业合规第三方监督评估、海外知识产权纠纷应对等"四个机制"，探索省域内国际商事纠纷一站式、多元化解决体系，同时以萍乡市为试点，建立调解、仲裁、诉讼程序衔接、功能互补、公正高效的"一站式"争端解决机制，探索建设全省国际商事纠纷应对指导服务网络，被省委列为2022年江西省探索和推广改革项目。加强经贸摩擦预警和应对，发挥江西首个国家级光伏行业经贸摩擦预警点作用，为全国光伏行业外贸企业筑起预警"防火墙"，2022年，发布贸易摩擦预警及经贸信息快报1800余条，共办理各类出口商业文件认证20315份，帮助企业减免进口国关税约3亿元。多元化应对和解决纠纷，组织"涉外商事法律专家服务团队进园区"活动，帮助企业妥善处理贸易、货运等系列国际商事纠纷，为全国60余家企业在货物销售、货物运输、货款回收等方面提供专业法律指导，保障江西省外贸企业海外利益。

【开放发展环境调研评价】 围绕营商环境"一号改革工程"，建立完善全省贸促系统营商环境监测体系，设立营商环境监测站20家、监测点100个。联合中国贸促会研究院开展开放发展环境调研，发布营商环境评价指数报告，有关做法在全国贸促系统作经验推广。中国贸促会党组书记、会长任鸿斌先后作出批示："江西省贸促会强化省域内多元化纠纷解决体系，为外贸企业化解纠纷、健康发展探索出一条新路。请法律部加强指导，适时推广""各地非常重视营商环境改善，调研报告应全国推广"。

【"可持续市场倡议"中国理事会成立大会在九江举行】 8月22日，"可持续市场倡议"中国理事会成立大会在九江举行。会议由中国贸促会和江西省政府共同主办，包括嘉宾致辞、启动仪式、签约仪式、圆桌会等环节。国务院副总理胡春华、英国王储查尔斯出席大会并发表视频致辞。中国贸促会会长任鸿斌、中国银行副行长陈怀宇出席大会并致辞。中国驻英大使郑泽光，英国驻华大使吴若兰，"可持续市场倡议"全球联合主席、美国银行董事长布莱恩以视频方式致辞。会上，"可持续市场倡议"中国理事会秘书处与省贸促会签订合作备忘录，在江西设立"可持续市场倡议"中国理事会国际联络中心。来自中外政府部门和工商界人士200余人通过线上或线下方式参会。

【2022庐山全球商界领袖大会在九江举办】 9月6—8日，由中国贸促会和江西省政府共同主办，国务院发展研究中心指导，江西省贸促会、九江市政府与中国国际商会、国研智库承办的2022庐山全球商界领袖大会在九江庐山举办。国家部委有关负责人，驻华使节、国际组织和境外商协会代表，商界领袖、专家学者、世界500强、跨国公司、大型央企等代表约400人线上线下参加。大会以"后疫情时代全球经济可持续发展"为主题，通过线上线下相结合方式举办"1+6+1"系列活动，即1场庐山全球商界领袖大会开幕式暨高峰论坛主题活动、6场专题活动（"可持续市场倡议"圆桌会、未来产业论坛、数字经济发展论坛、中非青年领袖论坛、绿色能源论坛、营商环境发展论坛）和全球商界领袖江西行活动。大会发布《全球商界领袖庐山倡议》，呼吁全球工商界深化国际合作。

【2022赣企国际经贸合作高峰论坛暨中国（江西）企业国际化经营合规论坛举行】 9月23日，2022赣企国际经贸合作高峰论坛暨中国（江西）企业国际化经营合规论坛在南昌举行。中国贸促会副会长柯良栋视频致辞，新加坡驻厦门总领事馆总领事吴俊明、泰王国驻厦门总领事馆总领事马家汉出席论坛并致辞。RCEP地区驻华使节、境外工业园区代表，知名专家学者以及省直有关部门、各设区市和赣江新区贸促会代表、江西国际商会会员企业200多人参加。论坛推动企业加强合规建设，有利于促进江西省企业开展国际化经营、抱团开拓国际市场。

【2022年跨国公司对话江西圆桌会在南昌举办】 12月7日，2022年跨国公司对话江西圆桌会在南昌举办。圆桌会以线上线下相结合方式举行，在南昌、北京和上海分别设会场。中国贸促会副会长张慎峰视频致辞。国研智库、中国贸促会研究院，以及来自美国、英国、法国、德国等国家40余名跨国公司代表线上出席会议。江西省相关设区市和赣江新区贸促会负责人，江西省有关国家级开发区及县（区）负责人线下参会。会议达

成签约合作项目11个，签约金额120.75亿元。省贸促会与国研智库签署合作协议。

（李想）

江西省残疾人联合会

【概　况】　根据第二次全国残疾人抽样调查，江西省残疾人283万人，占全省总人口6.39%。其中，视力残疾人46.6万人，听力残疾人63.8万人，言语残疾人4.8万人，肢体残疾人85.2万人，智力残疾人25万人，精神残疾人19.6万人，多重残疾人38万人。有持证残疾人122万人。2022年，健全残疾人社会保障和服务体系，完善残疾人权益保障体制机制。"帮助残疾人就业"获评年度25件政策绩效评价民生实事第一名，残疾人就业创业、残疾人文化体育等"江西经验""残联经验"被中国残联、《人民日报》等多家媒体刊发推介。全省未发生残疾人群体冲击社会道德底线事件。开展扶残助残公益项目，募捐物资736.81万元，帮扶残疾人1.32万人次。

【全面实施《"十四五"残疾人保障和发展规划》】　制定各分项工作实施方案、细化分解任务，举办全省残联系统领导干部业务培训班，推动规划全面实施。以省政府办公厅名义出台残疾预防行动计划、促进残疾人就业三年行动实施方案，召开专题新闻发布会进行政策宣传解读，促进残疾人实现就业。紧盯惠残助残"小切口"，制定"惠残好办"16项服务事项清单，推动双"一号工程"在全省残联系统落地，做法被《省双"一号工程"工作推进情况简报》和《江西日报》刊登推介。出台支持南昌市残疾人事业高质量跨越式发展16条措施，助力强省会战略和推动赣江新区激发活力增强实力。持续推进财权、事权下放，将残疾人办证等3项服务下放乡镇、村（社区），提升基层残联系统治理能力和水平，推进办事提速、服务增效，打通为残疾人服务的"最后一米"。

【残疾人民生保障】　残疾人"两项补贴"补助标准分别由每人每月60元、70元提高至80元，惠及全省94.8万名困难、重度残疾人；资格认定申请由在线申请升级为"全程网办"，实现申领补贴"一次不跑"。出台困难重度失能残疾人探视巡访制度，为1.3万名困难重度失能残疾人提供照护托养服务。开展"守望相助 携爱同行"关爱行动，为1862名农村留守残疾儿童和7820名残疾老人提供关爱服务。持续做好易返贫致贫残疾人跟踪监测，截至2022年年底，江西省2.14万名残疾人纳入易返贫动态监测，其中脱贫不稳定残疾人7989人，边缘易致贫残疾人6811人，突发严重困难残疾人6607人，坚决守住不发生规模性返贫底线。在南昌市、宜春市试点开展为残疾人购买意外伤害保险工作。统筹旱情、疫情纾困和事业发展，压减本级一般性支出1260万元帮助受疫情旱情影响的基层困难残疾人纾困解难，持续做好残疾人服务机构疫情防控和纾困工作，及时发布手语版防疫抗疫资讯，保障困难残疾人基本生活，有效守护残疾人生命安全和身体健康。

【残疾人就业】　制定《江西省残疾人高校毕业生"实赣有位来"就业服务专项行动方案（2022—2024年）》，重点保障高校毕业生就业，获中国残联推介。省政府办公厅出台《江西省促进残疾人就业三年行动实施方案（2022—2024年）》被中国残联通报表扬，获《人民日报》等多家媒体刊发。以残疾人高校毕业生就业服务为突破和牵引，实现残疾人就业40.66万人，就业率60.74%，其中残疾人高校毕业生就业率97.63%，列全国第7位。在全省4个片区持续开展残疾人毕业生就业能力提升夏令营活动，为120名残疾人大学生提供"一对一"就业服务。推广"互联网+"就业新模式，组织全省第七届残疾人职业技能竞赛，开展非遗传承、传统手工艺、直播带货等新业态培训，帮助1.6万名残疾人实现公益性岗位就业，举办残疾人就业专场招聘342次，提供岗位2.23万个，达成就业意向4500人。

【残疾人教育】　落实"一人一案"，做好控辍保学工作，规范送教上门，全省残疾儿童少年义务教育入学率达到96.7%。出台《江西省扶持残疾人职业教育基地办法（试行）》，安排300万元专项扶持资金，扩大残疾人职业培训供给。落实残疾学生高考便利措施和单考单招政策，上线考生录取率达到100%。出台《江西省残疾人高校新生奖励办法》，开发运行残疾人高校新生奖励系统，实现即时在线申请、在线审核，633名残疾人高校新生获奖励金238万元。

【残疾人康复服务】　制订《江西省残疾预防行动计划（2022—2025年）》，以"普及残疾预防知识，建设健康中国"为主题，联合17部门共同部署第六次残疾预防日宣教活动。规范全省残疾人康复机构业务和残疾儿童康复技能人才培训工作，出台《江西省残疾人康复专业技术人员省级规范化培训基地遴选及管理办法》，加大康复专业人才培养力度，组织遴选12家省级培训基地规范开展培训工作，举办7期孤独症、听力康复专业人才技能提升培训班。加大残疾预防宣传力度，扩大孕妇产前筛查、新生儿疾病筛查覆盖范围。优化残疾儿童康复救助申请审批服务，审批流程由15天缩短至7天。加大残疾人精准康复行动督导力度，残疾人基本康复服务覆盖率和基本辅助器具适配率均超过95%，分列全国第6位和第4位。为8998名残疾儿童提供康复救助服务。

【助残宣传活动】　组织全省各地开展第三十二次全国助残日活动。推动将残疾人工艺美术作品展纳入景德镇国际陶瓷博览会配套活动，举办全国残疾人陶瓷工艺美术作品展，获省主要领导现场肯定。开展全省残疾人就业创业先进典型、残疾人事业短视频征集展播活动，总浏览量达到296万人次。发挥新媒体矩阵作用，讲好江西残疾人故事，以创建1个省级公益有声书库、举办10场文化分享品鉴会、开设100节公益课堂、创建1000个小时有声书籍书库的方式，开展2022年全省残疾人文化周活动之"书香赣鄱阅读有我"系列活动，影响力辐射全国。创新开设《残疾人法律大讲堂》专栏，在江西都市频道《晚间800》栏目推出手语主播，全面升级江西广播电视台《蝉翼有约》和《星空影院》栏目，策划推出“残友资讯”“助残好事”等系列节目，传递正能量。

【残疾人文体活动】 首次将全省残疾人青少年艺术大赛和残疾人美术书法作品展纳入第八届江西艺术节同期举行，江西经验被中国残联约稿推介。首次实现残疾人体育项目纳入第十六届省运会同期同城举办，分别在社会部羽毛球、乒乓球项目增设残疾组，在学校部排舞、跳绳项目中增设特教学校组，促进残疾人群众体育纳入全省体育事业大局中同展示、同发展。组织开展全省残疾人文化周、残疾人文艺小分队进乡村演出活动，丰富残疾人群众性文化生活。2022年北京冬残奥会取得越野滑雪男子短距离坐姿组第8名，平泽世界残奥举重亚锦赛获3枚金牌。举办江西省首届残疾人青少年运动会，开展各类残疾人群众体育赛事活动。东京残奥会冠军邓雪梅获“中国青年五四奖章”“省青年岗位能手”，2人获江西省“青年五四奖章”，8人入选“江西好人”名单。

【无障碍环境建设】 向中国残联争取5辆价值205万元的无障碍捐赠车辆，填补省残联系统公办机构无障碍车辆服务空白。为1.75万户困难重度残疾人家庭实施无障碍改造，为1.7万名残疾人发放机动轮椅车燃油补贴，为1.2万名重度残疾人提供上门办证服务。配合省检察院开展无障碍环境建设公益诉讼专项监督，办理案件346件，保障残疾人安全便利出行。联合江西联通开展“我为群众办实事，用科技让‘AI’发声”助残活动，推动残疾人信息无障碍服务从“畅听”向“畅视”“畅行”拓展，8.4万名听障人士受益。省气象局在江西卫视天气预报节目上线AI气象手语虚拟主播，为听障人士提供无障碍气象服务。省残联门户网站完成适老化升级改造并通过中国残联验收。推动数字经济信息服务惠及广大残疾人，依托“赣服通”“政务服务网”建立“异地办理”服务事项，为1879人提供残疾人证线上办理服务，为3279家用人单位提供残疾人按比例就业情况联网认证“跨省通办”线上服务，安置登记11367名残疾人就业。

（谢怡洁）

江西省红十字会

【概　况】 2022年，江西省红十字会聚焦“全省勇争先、全国走前列”目标定位，推进红十字事业实现新发展。全省红十字会募集捐赠款物8.5亿元，培训救护员12.76万人，普及应急救护知识105.5万人次，实现遗体器官及组织捐献307例、造血干细胞捐献52例。九江市、鹰潭市、赣州市、宜春市、上饶市、吉安市6个市将造血干细胞捐献纳入见义勇为行为认定范畴。推进“救在身边”行动，在人员密集的公共场所配备自动体外除颤器（AED）856台。全省红十字会培训养老服务师资211人，培训养老护理员1277人，普及养老救护知识3.84万余人次，组建113支南丁格尔志愿服务队、64支乡镇（村）南丁格尔志愿服务小组。开展“四个100+”留守儿童关爱行动和“‘救’在身边守护生命”青少年防溺水主题活动，发放救生圈、救生杆等设备3.6万余套、防溺水宣传读本2万余册，开展青少年防溺水培训400余场。省红十字会人道救助服务中心被评为“全国人体器官捐献工作先进集体”，全省红十字系统3个组织、2个项目、6名个人被评为2020—2021年度江西省优秀志愿服务组织和个人。省红十字会举办第八届中国养老服务业发展高层论坛暨康养产品产业博览会、中国红十字会监事会建设经验交流及业务培训班。

【应急救援】 针对部分地区洪灾，省红十字会及时启动应急响应机制，向中国红十字会总会争取6000个赈济箱、3000床毛巾被，调拨省本级1800个赈济家庭箱、1000床蚊帐用于救助受灾群众。17支红十字应急救援队参与救援救灾，开展疏散、转运、加固大坝、清淤、发放救灾物资等工作。抗击新冠肺炎疫情，全省各级红十字会接收社会捐赠款物4610万元，支援疫区开展抗疫工作。南昌、宜春、上饶、鹰潭、吉安等地疫情发生后，省红十字会第一时间争取中国红十字会总会帐篷、冲锋衣、棉被、口罩、蚊帐、消杀药品等疫情防控物资。全省红十字志愿者参与当地防疫消杀、高速路口和高铁站卡点值守、入户摸底排查、引导群众接种疫苗等行动。省红十字会机关党员志愿者为西湖区和青山湖区一线防疫人员配送营养套餐。

【基层组织建设】 2022年，全省新增红十字会基层组织2318个，发展红十字会团体会员292个、会员39038人、志愿者11198人。省红十字会推动主管的社会组织和志愿服务组织成立党组织，融入新时代文明实践中心，探索开展“文明实践+红十字志愿服务”。推进城市社区“博爱家园示范点”项目建设，建设博爱家园项目49个。融入城乡社区党群服务中心，建设“红十字服务站”“红十字救护站”“生命健康安全体验馆（教室）”等基层阵地570个。省红十字会组织开展“优秀志愿服务项目”大赛、“博爱单位、博爱大使”和基层基础工作典型案例评选活动；组织红十字志愿服务队伍到城乡社区，开展应急救护、人道救助、心理援助、养老服务等具有红十字特色的人道服务活动，提高参与社会治理的能力。开展全省高校红十字生命健康短视频大赛和探索人道法微课大赛，推进学校红十字会和红十字青少年工作。

【红十字公益捐赠活动】 2022年，全省红十字会募集捐赠款物8.5亿元，其中全省“99公益日”“5·8”人道公益日筹集资金7346.58万元、1671.5万元，位居全国红十字系统第一、第二位。省红十字会联合省乡村振兴局、省民政厅、省卫生健康委、省工商联等单位，举办乡村振兴公益“100+”三年行动项目大赛暨2022年江西省乡村振兴公益项目大赛“100+”榜单发布会。全省红十字会筹集款物600余万元，开展“红十字博爱送万家”活动，受益群众10万余人。为414名白血病和先心病患儿争取到救助款1347万元，为265户困难捐献者家庭发放救助金1110.9万元。

【红十字主题宣传】 开设"喜迎二十大,共叙人道情""红十字生命教育""世界红十字日""寻找最美红十字人"等主题宣传活动。经省委宣传部推广,《泪目!江西这些人了不起!请记住他们》图片新闻在全省110余个融媒体刊发。《我省12万余人登记遗体器官捐献》《同心战疫情 合力显担当》等多篇文章在新华社、人民日报客户端、央广网、光明网、《中国红十字报》等主流媒体报道。建设省市两级江小红宣讲团,举办全省红十字宣传骨干培训班,开设"江小红云端微课堂"。采取举办新闻发布会、开展"江小红"宣讲团进基层宣讲等方式,开展政策法规、工作成效、典型人物、应急救护和捐献知识宣传活动。组织清明云上缅怀和红十字博爱周活动,在地标建筑、户外大屏、电梯广告屏和基层阵地的自有宣传载体发布红十字博爱周标语、海报、视频等,提升红十字会的社会影响力、知晓度。

【红十字法治建设】 举办"习近平法治思想大学堂",开展红十字会"一法一条例"普法宣传,在官网开设"法治建设"专栏,在微信公众号推出"《江西省红十字条例》系列解读"专题。实施"法律明白人"培养工程,建立法律明白人队伍,举办全省红十字会法律明白人培训班,召开全省红十字会依法治理工作交流会。加强监事会建设,承办中国红十字会监事会建设经验交流及业务培训班,省红十字会、抚州市红十字会作监事会工作经验介绍。全省各级红十字会监事会聚焦重点项目建设、重大资金使用、重要培训活动和社会高度关注、可能面临重大风险等重大事项,开展事前事中事后全过程监督,精准有效防范化解风险。建立健全依法治理制度体系,启动《红十字会工作法律法规政策汇编》《红十字工作者必备法律法规政策知识》《红十字工作业务操作指南》编撰工作,推进江西省红十字工作法治化、规范化建设。

(罗星星)

江西省社会科学界联合会

【概 况】 全省有设区市社联11个、县市区级社联96个,基本实现全覆盖,高校企业社联28个、业务主管的社科学术社团90家,市县区社联所属学会1100余家。2022年,获国家社科基金年度项目立项128项,江西省社科基金各类项目立项972项,比上年增加151项,其中,协助省委宣传部新设立"江西省宣传思想文化领域高层次人才联系服务专题项目(理论研究类)"46项,资助高层次人才开展切口小、易实施、见效快的项目;扶持省内13所省属本科院校54项课题,内容涵盖马列科社、党史党建等学科。

【红色基因传承研究】 会同全国红色基因传承研究中心设立2022年度重点课题和规划课题,出版专著1部、发表理论文章3篇、学术论文21篇。其中,在CSSCI期刊上发表16篇,《新华文摘》"论点摘编"2篇,获得江西省(部)级领导批示2篇;先后组织召开纪念八一南昌起义95周年暨伟大的建军精神研讨会、首届红色基因高端论坛。围绕伟大的建军精神、红色基因传承等问题开展研讨交流。举办江西省"红色文化""江右文化"科普短视频创作大赛、2022年江西省社科普及基地(红色)讲解员讲解比赛,创作推广具有江西标志、江西气派、江西风格的新媒体科普作品。

【社科普及】 江西省市县社联主席带头,社科工作者积极跟进,线上线下开展"理论宣讲基层行"活动200余场;2022年江西省社科普及宣传周于9月17—23日举办,开展社科普及活动近1300场;创建江西省习近平新时代中国特色社会主义思想青年马克思主义者宣讲团(简称"江西青马宣讲团"),宣讲短视频点击量32万人次;"江西社科大讲堂"推出双"一号工程"(数字经济"一号发展工程"和营商环境"一号改革工程")三人谈特别课堂,网络播放量超50万人次,被江西干部网络学院作为特色课程采用。

【智库建设】 参与承办2022江西智库峰会。聚焦江西省直实务工作部门121条研究需求,凝炼设立57项智库研究项目,形成《2022江西智库峰会研究成果汇编》。3月8日,印发《江西哲学社会科学"十四五"规划》,明确江西省"十四五"时期哲学社会科学事业的指导思想、发展目标、主要任务和保障措施,为构建具有江西特点的中国特色学科体系、学术体系、话语体系提供遵循指导。提供对策研究服务,先后与省委政法委、省发展改革委等10余个省直部门联合推出专项课题90余项,对接服务11个设区市,设立52项江西省社科基金地区项目。《智库成果专报》出刊36期,获省(部)级领导批示46人次,同比增长43.75%。

【社团建设】 发布社会团体成立、换届、变更等事项办事指南,优化业务办理审批流程,推动社团参与社团等级评估,江西省金融学会成为江西省社联业务主管的江西省首个AAAAA评级的学术社团组织;坚持党建引领社科类社会组织建设,社联领导全年参加社会组织党支部活动8次,党支部全年开展活动300余次。

【期刊发展】 2022年,《苏区研究》复印转载情况稳步向好,有7篇文章被《人大复印报刊资料·中国现代史》全文复印,1篇被《光明日报》论点摘编,比上年全文复印转载数(6篇)有新的突破;《老区建设》开设"学者笔谈·学习贯彻党的二十大精神""学者笔谈·学习《习近平谈治国理政》第四卷和习近平总书记重要讲话精神"等专栏。

(省社联)

本类目编辑 邓诚君

法　　治

地方立法

【概　况】　2022年，围绕改革发展稳定大局和中央重大决策及省委部署，以“作示范、勇争先”为目标要求，高质量开展地方立法工作。全年制定地方性法规7件，修改法规25件（其中“一揽子”修改18件），通过法规性决定2件，批准设区市法规、决定15件，对158件规范性文件进行备案审查。

【重点领域精准立法】　贯彻落实中共中央总书记习近平对油茶产业发展的重要指示，制定《江西省山茶油发展条例》，助推全省油茶产业高质量发展。加强无线电管理，制定《江西省无线电管理条例》。维护和发展人民群众利益，增强人民群众获得感、幸福感、安全感，制定《江西省社会保障卡一卡通条例》，制定《江西省平安建设条例》，修订《未成年人保护条例》，作出加强检察公益诉讼工作的决定。出台全国第二部省级林长制法规，制定全国首部专门规范矿山生态修复与利用管理的省级地方性法规，制定《江西省非道路移动机械排气污染防治条例》，修订《江西省人民代表大会常务委员会关于加强经济工作监督的决定》。

【创新立法工作机制】　组织召开立法商议会，与省政府有关部门沟通协商法规草案中重点难点问题，提前解决法规起草中的重大分歧，对法规的主题定位和重点举措提前达成共识，提高立法质量和效率。首次组织召开立法协商座谈会，听取各民主党派、工商联和无党派人士的意见建议，拓展民主党派和无党派人士参与立法的途径、方式以及政党协商的内容和形式，丰富发展全过程人民民主的立法实践、江西实践。围绕“六个江西”建设目标，补短板、强弱项，聚焦民生福祉和生态文明建设，以“小切口”立法服务地方经济社会发展“大文章”。发挥立法引领推动和保障改革发展作用，做到立法主动适应改革，重大改革于法有据。利用“江西数字人大”、江西人大新闻网等平台健全立法公开征求意见机制，引导人民群众参与立法、表达诉求。准确把握设区的市立法功能定位，推动和指导设区的市发挥主动性、积极性、创造性，着力在特色、精细和创制上下工夫，完善地方治理体制机制，提升地方治理能力和水平。

·资料·

2022年江西省地方性法规一览表

表1

法规名称	通过日期
制定地方性法规7件	
江西省社会保障卡一卡通条例	2022年5月31日省十三届人大常委会第三十九次会议
江西省林长制条例	2022年5月31日省十三届人大常委会第三十九次会议
江西省矿山生态修复与利用条例	2022年7月26日省十三届人大常委会第四十次会议
江西省非道路移动机械排气污染防治条例	2022年9月29日省十三届人大常委会第四十一次会议
江西省平安建设条例	2022年11月25日省十三届人大常委会第四十二次会议
江西省无线电管理条例	2022年11月25日省十三届人大常委会第四十二次会议
江西省山茶油发展条例	2022年11月25日省十三届人大常委会第四十二次会议
修改地方性法规25件	
江西省人民代表大会议事规则	2022年1月20日省十三届人大六次会议
江西省实施《中华人民共和国土地管理法》办法	2022年3月29日省十三届人大常委会第三十七次会议

续表 1

法规名称	通过日期
《江西省征收土地管理办法》	2022 年 3 月 29 日省十三届人大常委会第三十七次会议
江西省乡镇人民代表大会工作条例	2022 年 7 月 26 日省十三届人大常委会第四十次会议
江西省实施《中华人民共和国工会法》办法	2022 年 7 月 26 日省十三届人大常委会第四十次会议
江西省集体合同条例	2022 年 7 月 26 日省十三届人大常委会第四十次会议
江西省企业工资集体协商条例	2022 年 7 月 26 日省十三届人大常委会第四十次会议
江西省工会劳动法律监督条例	2022 年 7 月 26 日省十三届人大常委会第四十次会议
江西省企业工会工作条例	2022 年 7 月 26 日省十三届人大常委会第四十次会议
江西省军人军属权益保障条例	2022 年 7 月 26 日省十三届人大常委会第四十次会议
江西省实施《中华人民共和国母婴保健法》办法	2022 年 7 月 26 日省十三届人大常委会第四十次会议
江西省残疾人保障条例	2022 年 7 月 26 日省十三届人大常委会第四十次会议
江西省统计管理条例	2022 年 7 月 26 日省十三届人大常委会第四十次会议
江西省实施《中华人民共和国国家通用语言文字法》办法	2022 年 7 月 26 日省十三届人大常委会第四十次会议
江西省农业机械管理条例	2022 年 7 月 26 日省十三届人大常委会第四十次会议
江西省气象灾害防御条例	2022 年 7 月 26 日省十三届人大常委会第四十次会议
江西省气候资源保护和利用条例	2022 年 7 月 26 日省十三届人大常委会第四十次会议
江西省实施《中华人民共和国气象法》办法	2022 年 7 月 26 日省十三届人大常委会第四十次会议
江西省实施河长制湖长制条例	2022 年 7 月 26 日省十三届人大常委会第四十次会议
江西省烟草专卖条例	2022 年 7 月 26 日省十三届人大常委会第四十次会议
江西省渔业条例	2022 年 7 月 26 日省十三届人大常委会第四十次会议
江西省未成年人保护条例	2022 年 9 月 29 日省十三届人大常委会第四十一次会议
江西省人民代表大会常务委员会议事规则	2022 年 9 月 29 日省十三届人大常委会第四十一次会议
江西省人民代表大会常务委员会主任会议议事规则	2022 年 9 月 29 日省十三届人大常委会第四十一次会议
江西省人民代表大会常务委员会人事任免办法	2022 年 9 月 29 日省十三届人大常委会第四十一次会议
批准设区的市法规、决定 15 件	
萍乡市城市公园和广场管理条例	2022 年 3 月 29 日省十三届人大常委会第三十七次会议
抚州市养犬管理条例	2022 年 3 月 29 日省十三届人大常委会第三十七次会议
南昌市人大常委会关于废止部分地方性法规的决定	2022 年 5 月 31 日省十三届人大常委会第三十九次会议
上饶市突发公共卫生事件应急条例	2022 年 7 月 26 日省十三届人大常委会第四十次会议
抚州市农村村民住房建设管理条例	2022 年 7 月 26 日省十三届人大常委会第四十次会议
九江市饮用水水源保护条例	2022 年 9 月 29 日省十三届人大常委会第四十一次会议
萍乡市电动车管理条例	2022 年 9 月 29 日省十三届人大常委会第四十一次会议
新余市文明行为促进条例	2022 年 9 月 29 日省十三届人大常委会第四十一次会议
吉安市城市绿化管理条例	2022 年 9 月 29 日省十三届人大常委会第四十一次会议
南昌市爱国卫生工作条例	2022 年 11 月 25 日省十三届人大常委会第四十二次会议
南昌市数字经济促进条例	2022 年 11 月 25 日省十三届人大常委会第四十二次会议

续表1

法规名称	通过日期
九江市松材线虫病防治条例	2022年11月25日省十三届人大常委会第四十二次会议
景德镇市爱国卫生条例	2022年11月25日省十三届人大常委会第四十二次会议
赣州市农村住房建设管理条例	2022年11月25日省十三届人大常委会第四十二次会议
宜春市城区农贸市场管理条例	2022年11月25日省十三届人大常委会第四十二次会议

（宣玮鹏）

省委政法委

【概　况】　省委政法委以习近平新时代中国特色社会主义思想为指导，坚决落实中共中央决策部署和省委工作要求，聚焦“作示范、勇争先”的目标要求，紧扣为中共二十大召开创造安全稳定的政治社会环境工作主线，按照年初全省政法工作要在六个方面“争一流、站前列”部署要求，扎实工作、攻坚克难，推动各项工作取得新成效。完成中共二十大、北京冬奥会和冬残奥会等一系列重要节点维稳安保工作，有效维护网络数据安全、科技安全、经济安全和海外利益安全，全省社会大局持续保持稳定，保持连续16年获全国平安建设(综治工作)考评优秀省的态势，公众安全感和政法机关满意度分别达到98.71%、98.07%，多次得到省委、省政府主要领导和中央政法委的肯定。

【政治建设】　严格落实政治学习“第一议题”制度，全年召开26次委机关领导班子会议，传达学习中共中央总书记习近平重要指示批示、重要讲话精神和中央重要会议精神。举办全省政法领导干部加强政治建设专题研讨班，组织全省11个设区市党委政法委书记开展集体政治谈话，推动分级分系统开展全员政治轮训，教育广大政法干警深刻领悟“两个确立”的决定性意义，坚决做到“两个维护”。强化政治督察、纪律作风督查巡查，得到中央政法委第六督查组肯定。落实加强政法机关政治建设“1+N”制度体系，彻底肃清周永康、孙力军政治团伙流毒影响，提升对“一把手”和领导班子成员的日常监督实效，抓实政法干警政治素质项目化考核评价，推动全省政法机关建立政法干警政治素质档案，全面提升政治建设水平。

【政法改革】　落实“1+N”制度体系，狠抓党对执法司法工作的领导监督、内部监督，完善党委政法委执法监督制度体系，制约监督更加完善、更加有力。常态化推进案件评查、司法惩戒，强化问题线索研判和处置，推动各类监督贯通协同。深化司法责任制综合配套改革，落实入额领导干部办案责任，推进编制、员额动态调整，全省172个法院、检察院择优遴选376名法官、检察官，调配171名编制给34家“案多人少”相对突出法院。完善诉讼制度机制，全面推进刑事案件庭审实质化和辩护律师全覆盖，配合省人大常委会出台《关于加强检察公益诉讼工作的决定》。优化“放管服”举措，开通申领居民身份证“跨省通办”，推行法律援助“全省通办”“帮办”服务。推进政法跨部门大数据办案平台应用，实现刑事案件从侦查、起诉、审判到执行全流程数字化，实现刑事案件线上线下同步流转常态化。到2022年年末，平台实时流转刑事案件4.92万件，补录刑事案件3.74万件、“减假暂”案件2.52万件，与线下案件数基本持平。逐案推进跨部门衔接流转、逐案开展问题排查，平台的刑事案件业务流程由上线之初的6个延伸扩展为30个，办案环节从28个增加到290个，覆盖刑事案件的全流程、全环节，逐步构建刑事案件网上协同办案标准体系。全省法院结案率、一审服判息诉率等保持全国前列，检察机关核心业务质效进入全国前十名。

【社会治理】　推进市域社会治理现代化试点工作，明确红色治理、综治中心实体化建设、社会矛盾多元化解三大任务和21项基本要求。南昌市、景德镇市、新余市、赣州市、吉安市先后在中央政法委新时代政法工作创新交流会、全国市域社会治理现代化试点工作交流会等会议上作经验交流发言。推进扫黑除恶常态化，贯彻落实中华人民共和国《反有组织犯罪法》，打掉涉黑涉恶组织112个。开展教育、医疗、金融放贷、市场流通以及围标串标、非法采矿“4+2”重点行业领域整治，挂牌督办104起非法采矿、围标串标案件线索。依法严厉打击治理电信网络诈骗，全省电信网络诈骗立案数、损失金额数同比分别下降33.17%、25.63%。养老诈骗立案1893件，为群众挽回损失19亿余元，经验做法得到中央政法委多次专题推介。开展平安江西基层基础建设提升年活动，完善落实机关党组织和在职党员到村(社区)“双报到”等制度，推进综治中心实体化建设和网格化服务管理，城市社区专职网格员配备率达70.68%。推进和完善集“智能汇聚、智慧研判、智辅决策”功能于一体的社会治理现代化大数据平台建设，实现由省到村(社区)一键调度，南昌、九江、赣州、宜春、上饶、吉安、抚州7个“雪亮工程”全国重点支持城市全部如期通过国家验收。建成智能安防小区1.18万个，基本实现“零发案”。侦办涉渔、涉砂、涉鸟刑事案件179起，打掉违法犯罪团伙76个。建立平安江西建设月度分析研判工作机制，通过大数据平台和网格流转排查矛盾纠纷39.53万件，化解38.55万件，化解率达97.52%，总体实现矛盾纠纷不外溢、不上行。11月25日，江西省第十三届人民代表大会常务委员会第四十二次会议通过《江西省平安建设条例》。

【服务高质量发展】 推动落实全省政法机关全力打造一流法治化营商环境“1＋4＋4”系列制度体系，实行特邀监督员、省级政法机关联席会议等制度，在服务重大发展战略、加强依法平等保护等方面持续发力。组织政法干警和网格员、平安志愿者投入疫情防控攻坚战，出台措施服务保障经济平稳健康发展。严格规范公正文明执法司法，完善公共法律服务，开展法治宣传教育，让人民群众的法治获得感成色更足。省委政法委牵头成立15家省直单位参加的省解决执行难领导小组，形成综合治理执行难工作格局。

【政法队伍建设】 健全落实“协管”“协查”等机制，狠抓新时代政法干警“十个严禁”、防止干预司法“三个规定”等铁规禁令的学习、执行、监督，认真做好相关举报、信访平台线索办理工作，深化相关腐败案件以案促改，加强对党员干部“八小时以外”的监督管理，开展政治家访，组织落实中央八项规定精神十周年“回头看”，依法依规对6名法官、检察官实施司法惩戒。开展争当建设模范机关排头兵活动，实行政法工作创新交流制度，弘扬英模精神，全省涌现出一大批先进典型，资溪县委政法委和樟树市委政法委一级主任科员肖秋龙推荐为全国“新时代政法楷模”集体和个人候选对象。

【召开平安江西建设表彰大会】 3月31日，平安江西建设表彰大会暨市域社会治理现代化试点工作推进会在南昌召开，会议以视频形式开到设区市。会议表彰2017—2021年度平安江西建设示范县（市、区）20个、示范乡镇（街道）88个、平安江西建设先进集体137个、先进个人197名。省委书记易炼红出席并讲话，省委副书记、省长叶建春主持会议，省领导梁桂、胡世忠、秦义、雷元江、葛晓燕、田云鹏出席会议，省委常委、省委政法委书记张鸿星作工作部署。

【举办全省政法领导干部专题研讨班】 8月21—26日，省委政法委在南昌举办全省政法领导干部专题研讨班。省委常委、省委政法委书记罗小云主持开班式并作加强政法机关政治建设专题辅导报告，省政协主席、党组书记姚增科讲授政法队伍教育整顿专题党课，省纪委副书记、省监委副主任许朝杰作全省政法系统全面从严治党形势报告。中国社科院法学研究所所长莫纪宏、人民网舆情数据中心副主任单学刚、省委党校（江西行政学院）常务副校（院）长曾志刚分别作学习贯彻习近平法治思想、舆情应对与处置、习近平新时代中国特色社会主义思想专题辅导报告。省委政法委、省政法单位厅级领导干部，各设区市党委政法委书记、常务副书记，以及政法单位主要负责人、县（市、区）党委政法委书记、省委政法委机关各处室负责人280余人参加学习研讨。

（张时健）

法治政府建设

【概　况】 1月18日，省政府新闻办与省司法厅联合召开“推进全省法治政府建设”新闻发布会，介绍全省推进法治政府建设的目标、措施和效果等。4月2日，省委全面依法治省委员会审议通过《江西省法治政府建设示范创建活动实施方案》，提出每两年开展一次创建，递次推进、辐射带动，树立一批新时代法治政府建设典型标杆。6月，省司法厅制定《江西省市县法治政府建设示范指标体系（2022年版）》《江西省2022年法治政府建设示范创建全面评估方案》，对全省100个县（市、区）2021年度法治政府建设情况进行评估。9月，省委依法治省办印发《关于开展2022年江西省法治政府建设示范创建活动的通知》，启动第一批全省法治政府建设示范创建活动。11月，南昌县入选中央全面依法治国委员会办公室第二批全国法治政府建设示范地区名单；南昌市三大超简审批改革、景德镇市“护航国家陶瓷文化传承打造知识产权保护新高地”、抚州市法治护航推动生态产品价值实现机制改革、九江市浔阳区建立多元调解服务中心打造新时代枫桥经验新高地入选法治政府建设示范项目名单。全年审核行政规范性文件35件，清理地方性法规和省政府规章128件，废止地方性法规1部、省政府规章2部；审核行政执法单位“双随机”年度检查计划4.41万个，涉企执法检查4823次，设立行政检查监测点3800多个；收到行政复议申请5153件，办结4047件。

【落实行政应诉“双降”目标】 4月6日，省政府主要领导批示“把行政诉讼案件发生数及败诉率明显降下来”。5月20日，省推进法治政府建设领导小组印发通报，提出“双降”工作明确要求。6—10月，省司法厅分管领导带队先后到九江、鹰潭、新余、南昌、宜春及部分县区调研督导“双降”工作，实现点对点督促落实。8月，全省行政复议与应诉工作推进会召开，要求各地将“双降”工作摆在突出位置。10月18日，省推进法治政府建设工作领导小组办公室印发《关于推进非诉讼化解行政争议保障法治政府建设高质量发展的实施意见》，对完善府院联动，特别是立案前分流引导、配合法检机关诉中化解争议、落实法检建议、强化败诉案件分析等作出明确规定。11月9—11日，举办全省领导干部行政复议与行政应诉能力建设专题培训班，邀请专家学者讲解行政应诉工作，提升行政应诉人员的业务素质和专业能力。11月14日，省司法厅通报各地行政应诉及“双降”工作阶段性进展情况，指出相关地区问题。全省各级行政机关前三季度一审行政诉讼案件5015件（含上年结转456件），同比下降13.77%；已审结行政诉讼案件败诉率17.84%，同比下降2.77%。

【行政执法监督】 开发“江西省行政执法综合管理监督信息系统”“行政执法人员综合法律知识网上考试系统”。2022年前三季度，全省申领行政执法证件统一法律知识网上考试合格16137人。抚州市开展全国市县乡三级行政执法协调监督工作体系建设试点，在全省率先赋予基层司法所协调监督职能，开展乡镇（街道）行政执法协调监督和执法案件法制审核工作。推广“企业安静日”制度，明确每月1—20日或25日为“企业安静期”，涉企检查次数明显减少。

【行政规范性文件备案审查信息系统启用】 11月10日，省司法厅举办全省行政规范性文件备案审查信息系统应用远程视频培训会，各级政府及相关部门3000余人参加培训。行政规范性文件备案审查信息系统经过一年的设计开发，正式投入使用。该系统互联互通，功能实用，操作便捷，实现省市县乡“四级政府、三级备案”，助推全省法治政府建设高质量发展。

（省司法厅）

公 安

【概 况】 2022年，全省公安机关聚焦为中共二十大召开营造平稳健康的经济环境、国泰民安的社会环境、风清气正的政治环境，对标“作示范、勇争先”目标要求，以开展“喜迎二十大、忠诚保平安”主题实践活动为载体，从严从实从细狠抓防风险、保安全、护稳定、战疫情、促发展等各项措施落实，有效维护了全省社会大局持续安全稳定。

【政治建设】 建立健全落实中共中央总书记习近平重要指示批示精神跟踪督办、问责问效机制，严格执行党内法规。学习宣传贯彻中共二十大精神，开展“学习二十大、公安怎么干”大讨论和“奋进新征程、忠诚保平安”大调研。组织新一轮政治轮训和骨干专题培训，实现省、市、县三级公安机关班子成员线上培训全覆盖。组织学习习近平法治思想特别是关于新时代公安工作的重要论述，引导全警学思践悟习近平新时代中国特色社会主义思想。高质量召开党史学习教育、狠抓工作落实等专题民主生活会和组织生活会，严肃规范党内政治生活，锤炼忠诚品格。开展“中央八项规定”精神十周年“回头看”活动，推动党组织主体责任、“一把手”第一责任、班子成员“一岗双责”和纪检监督责任四责贯通，省市县三级公安机关全部成立全面从严管党治警领导小组。

【警务建设】 推动信息化警务机制向全省派出所延伸，实现省、市、县、所四级勤务上下一体运转，信息技术监督覆盖执法办案全流程。建成使用江西公安信创适配中心，“雪亮工程”自然村2个视频监控点位覆盖率达100%。出台辅警管理制度12项，辅警管理改革“1＋N”配套政策体系基本形成。修订刑事案件管辖分工和受案立案工作规范，组建执法监督管理委员会，加强对执法决策和案件侦破的内部监督管理。提升执法办案管理中心管理质效，全警情案件全流程智能监督管理系统获评首届新时代江西十大法治事件。在未设立派出所的乡镇全部建设标准化警务室，城区“一区一警两辅”、农村“一村一辅警”工作模式实现全覆盖。组织开展内务条令学习宣传月活动，加强警服、警官证等警用标识全周期管理，分期分批通报典型案例。开展跨区域应急处突暨“摩托化”行进拉动演练活动，首次组织572名市县公安机关领导干部参与南昌市社会面巡逻防控实战练兵，以实战实训检验“三年大提升”练兵成效。推进省市两级“110”报警服务台与“12345”政务服务便民热线对接联动，全省联动分流非警务警情同比增长96%。在农村派出所推行“交所融合”改革，推动农村道路交通安全由交警中队单一管理为主向农村派出所综合治理转型。在省内高速公路服务区配套建立警务室，高速公路服务区治安警情、二次事故同比分别下降65.3%、36%，偷盗燃油案件由年均420余起下降为“零发生”。

【建设平安江西】 持续开展严打暴恐活动等专项行动，核查一批案件线索，破获一批大案要案、依法打击一批非法活动，化解干扰破坏中共二十大召开、北京“双奥”举办等风险挑战。加强警卫工作、改进警卫方式，完成党和国家领导人视察江西的警卫任务。统筹推进新一轮“百万警进千万家”大走访、矛盾纠纷大排查大化解、防范“民转刑”案件专项行动，加强对重点群体的情报预警，防范化解一批矛盾纠纷。以贯彻落实《信访工作条例》为抓手，公安部、省委信访局交办的一批疑难案和积案基本化解到位。统筹推进常态化扫黑除恶、夏季治安打击整治“百日行动”“百日缉毒”和打击养老诈骗等专项行动和综合整治行动。一体化推进智慧安防小区、街面警务站、高速服务区警务室等建设，常态化落实公安武警联勤武装巡逻和重大安保机关警力支援机制，组织夏夜巡查宣防集中统一行动，全省公安机关累计启动社会面巡逻防控高等级勤务206天。深化打击整治枪爆违法犯罪专项行动，“万警千车下基层”活动加大对农村和校园周边等重点道路、重点部位安全守护，全省森林火灾刑事案件破案率达90%以上，道路交通事故起数、死亡人数同比分别有较大下降。全省公安监所实现防疫和管理“双安全”，及时破获一批涉疫大要案。组织“新型警力护校园”“水美家安——全民防溺水”行动，全省中小学生溺

7月6日，九江市公安局水上分局在九江长江大桥附近水域巡逻，开展打击非法捕捞、非法采砂、非法猎杀候鸟等违法犯罪专项行动

省公安厅供

水、溺亡比例同比分别下降31.88%、30.35%。

【服务高质量发展】 融入全省双“一号工程”大局，出台打造一流法治化营商环境13项措施、提高监管效能推动高质量发展22项措施和36项重点任务清单、49项行政许可事项清单，完成10项省级公安涉企经营许可事项“证照分离”改革。保持对非法集资、涉税、工程建筑等领域违法犯罪的严打高压态势，健全常态化定期分析研判涉企案件诉求机制，加强全省经济犯罪侦防协会建设和设区市警税合成作战室建设。实行城镇“零门槛”落户政策，首次申领居民身份证“跨省通办”覆盖范围拓展到全国24个省份，小型汽车登记凭身份证异地“一证通办”，网上办事系统累计为群众网上办理公安业务666.8万件。配合开展疫情防控工作，推出服务货运物流保通保畅措施9项，优化完善疫情防控治安举措12条，以“零感染”的标准完成入境国际航班乘客转运。推动完善山水、林田、湖草、沙一体化打防工作体系，打击危害生态安全刑事案成果显著。与湖北、安徽两省建立“一江三省四警”警务协作机制，完善跨区域打击非法捕捞违法犯罪体系。

（省公安厅）

检　察

【概　况】 2022年，全省检察机关在最高检评价业务质效的60项核心指标中，有51项居全国前列，群众满意度提升至99.37%。59个集体和55名个人获省部级以上表彰奖励，39个案例入选最高检指导性案例、典型案例。

【服务保障双“一号工程”】 贯彻省委省政府“一号改革工程”“一号发展工程”部署，落实《江西省优化营商环境条例》，依法惩治危害企业生产经营、侵犯企业合法权益等犯罪，起诉2513人。对企业涉罪人员，不批捕1099人，不起诉2945人，诉前羁押率低至8.8%，最大限度地减少办案对企业正常生产经营的影响。联合省工商联等单位建立第三方监督评估机制，推行涉案企业合规改革，对244家企业开展合规管理，让企业活下来、留得住、经营好。密切与非公有制企业维权中心、侨联、商会的工作联系，办理企业涉法诉求896件，提供法律服务5060次。加大对全省重点产业、产业集群和数字经济等新领域新业态知识产权综合司法保护力度，依法严惩侵犯知识产权犯罪，起诉308人。

【护航美丽江西建设】 落实长江经济带“共抓大保护”部署，一体推进惩治犯罪、保护公益、修复生态。依法严惩非法处置危险废物、非法采砂、非法捕捞等犯罪行为，起诉破坏生态环境资源犯罪1856人。跟进中央环保督察和“环保赣江行”反馈问题整改，会同省生态环保督察办、省赔偿领导小组办公室，在全国率先建立生态环境保护督察与生态环境损害赔偿、检察公益诉讼协作机制，深化“河（湖、林）长+检察长”协作，办理生态环境领域公益诉讼案件3272件，保障国家生态文明试验区建设。

【检察改革】 深化司法体制综合配套改革，健全检察官员额退出机制，修订入额院领导办理案件规定，压实检察官办案责任，强化检察权内部监督制约。健全司法惩戒线索发现和责任认定追究机制，完善司法惩戒与纪检监察的程序衔接，追究279人司法（瑕疵）责任。推进行政执法与刑事司法衔接工作，开展行政违法行为检察监督，会同省司法厅对4个强制隔离戒毒所开展司法行政强制隔离戒毒检察监督试点。深化跨区域、跨流域协作机制，指定由南昌铁路运输检察机关管辖全省境内涉及铁路安全生产领域行政公益诉讼诉前案件。江西检察机关探索构建民事诉讼监督一体化格局被最高人民检察院评为检察改革典型案例。

【助推乡村振兴】 严厉打击“村霸”和宗族恶势力，起诉涉家族势力、侵蚀基层政权等农村黑恶势力犯罪52人。依法办理涉农产权纠纷案件，依法惩治涉农资类、非法占用农用地、侵吞扶贫资金等犯罪，起诉156人。发挥公益诉讼检察职能，推动乡村环境问题治理。加强农民工权益保护，通过支持起诉方式，帮助1239名农民工追回欠薪1574万元。

【刑事检察与行政检察】 严惩危害国家政治安全犯罪和故意杀人、抢劫等严重暴力犯罪，常态化推进扫黑除恶斗争。全年全省检察机关批准逮捕各类犯罪嫌疑人1.33万人、起诉4.41万人，不批捕1.57万人、不起诉2.38万人。全覆盖设立侦查监督与协作配合办公室，监督立案201件、撤案312件，追捕131人、追诉2045人，抗诉192件，刑事检察“案－件比”降至1.03。受理监察机关移送职务犯罪案件472人，提起公诉399人，起诉李小豹、刘积福等原厅级以上干部19人。落实受贿行贿

7月19日，第四届服务保障长江经济带发展检察论坛在九江举行

省检察院供

一起查工作要求，起诉行贿犯罪21人。立案查办司法工作人员徇私枉法、滥用职权、玩忽职守等犯罪27人。深化监狱、看守所巡回检察，监督纠正减刑、假释、暂予监外执行不当等案件5047件。深化行政检察监督，办理行政诉讼监督案件710件，推动实质性化解拆迁补偿、社会保障等领域行政争议577件，促进案结事了政和。

【公益诉讼检察】 落实省人大常委会《关于加强检察公益诉讼工作的决定》，配合开展“公益诉讼江西行”活动，健全代表建议、政协提案与公益诉讼检察建议衔接转化工作机制，推行“益心为公”检察云平台试点和公益诉讼观察员工作。开展“公益诉讼·守护美好生活”等专项监督，拓展办案范围，全年立案办理公益诉讼案件5915件，向法院提起公益诉讼302件，推动多数公益损害问题在诉前解决。

【未成年人司法保护】 2022年，起诉侵害未成年人犯罪1687人，对未成年被害人实行“一站式”保护，对3766名涉罪未成年人落实教育为主、惩罚为辅措施，起诉748人、不起诉1751人、附条件不起诉1267人，未成年人重新犯罪率降至1.7%。落实最高人民检察院预防性侵幼儿园儿童和中小学学生“一号检察建议”，协同省委宣传部、省平安办、省教育厅、团省委、省妇联等单位，完善制度机制，开展系列活动。抚州市委、市政府推广乐安县检察院“刘莹姐姐工作室”做法，在全市中小学设立“刘莹姐姐工作站”。刘莹被授予全国“人民满意的公务员”称号。

【保障民生】 依法惩治社会关注、群众反映强烈的电信网络诈骗、帮助信息网络犯罪活动等网络犯罪，起诉1.05万人；开展打击整治养老诈骗专项行动，起诉414人。落实食品药品安全“四个最严”（最严谨的标准、最严格的监管、最严厉的处罚、最严肃的问责）要求，起诉危害食品药品安全等犯罪183人，办理公益诉讼案件814件，保障人民群众吃得放心、用药安全。注重特殊群众司法保护，办理保障残疾人权益公益诉讼案件346件，起诉侵犯妇女权益犯罪1855人，与省妇联建立救助协作机制。坚持精准监督、依法监督与化解矛盾并重，聚焦不服民事裁判、打“假官司”、执行难等重点难点问题，办理民事诉讼监督案件4561件。

【参与社会治理创新】 落实少捕慎诉、慎押刑事司法政策和认罪认罚从宽制度，最大限度地化解社会戾气，减少社会对立面，不捕率54.1%、不诉率35.1%、诉前羁押率22.9%，认罪认罚从宽适用率93.8%。结合办案制定印发社会治理检察建议1189件，向各级党委、人大、政府呈送调研报告85份，提出社会治理问题整治建议。落实司法救助与社会救助衔接机制，救助7204人。

【访源治理】 探索建立“案－访比”质效分析管理制度，将化解矛盾、维护社会稳定纳入司法办案评价体系，压实前端化解和源头预防责任，实现办案质效和群众满意度双提升，全省涉检信访量同比下降58.9%。落实《信访工作条例》和群众信访“件件有回复”制度，依法处理1.05万件信访件。对于首次申诉信访的，全部由市县两级检察院领导办理，97.3%息诉息访。全年省检察院领导包案化解12件“骨头案”“钉子案”。

【胡某某假冒注册商标制售医用防护服案】 2021年10月，胡某某以进贤县某加油站附近的一处民房为窝点，未经注册商标“福仙缘”所有人贵州福仙缘服饰有限公司许可，委托他人印制“福仙缘”牌医用防护服的包装袋、包装纸箱、合格证及说明书，将其购买的无品牌标识防护服包装成“福仙缘”牌医用防护服，在未对防护医用质量进行检测的情况下违法销售，供有关单位和公司在核酸检测、日常防控等工作中使用。2022年4月，南昌高新技术产业开发区检察院以假冒注册商标罪对胡某某提起公诉。同年5月，胡某某被判处有期徒刑3年1个月，并处罚金6万元。2022年6月，该案入选最高检、公安部联合发布的依法惩治妨害疫情防控保障犯罪典型案例。

【全国首例可移动文物保护民事公益诉讼案】 2020年10月底，湖北省某县农民陈某在其承包山地劳动时发现1件青铜器，查询后得知是古代文物。次日，陈某用锄头继续挖掘出8件青铜编甬钟，其中3件编甬钟因挖掘受损。2021年5月，陈某跨省非法倒卖编甬钟时被九江公安机关当场抓获。经鉴定评估，案涉文物为西周青铜编甬钟，距今约2700年，整体属于国家二级文物，文物修复费用约10万元。2021年12月，陈某被判处有期徒刑2年零5个月，并处罚金人民币2万元。2022年6月，九江市检察院提起民事公益诉讼，要求陈某承担10万元文物修复费用并在全国性媒体刊登公告向社会公开赔礼道歉。同年8月，法院公开审理该案后当庭宣判，支持检察机关全部诉讼请求。九江西周编甬钟可移动文物保护案成为全国首例可移动文物保护民事公益诉讼案。

（罗菁婷）

法 院

【概 况】 2022年，全省法院工作聚焦“作示范、勇争先”要求，围绕“努力让人民群众在每一个司法案件中感受到公平正义”目标，坚持服务大局、司法为民、公正司法，以“走稳前列、争做标杆”活动为抓手，实现高质量发展。全年受理案件89.21万件，结案86.7万件，结案率排名全国第二，一审服判息诉率排名全国第四；扫黑除恶专项斗争执结案件26.21万件，执行到位金额701.81亿元，执行工作核心指标排名位列全国前三，33项质效考核指标中25项进入全国前10。劳荣枝案、“老庆祥”案得到全国专项办督导组和最高人民法院肯定。在省第十四届人民代表大会第一次会议上，法院工作报告以99.49%的赞成率高票通过。根据省民调中心公布数据，2022年度全省法院群众满意度达到97.44%。

【优化营商法治环境】 省高级人民法院印发《关于为深入推进全省深化发展和改革双“一号工程”提供司法

服务和保障的意见》《关于全省法院深入推进营商环境优化升级“一号改革工程”的总体实施方案》《关于全省法院贯彻落实2022年“执行合同”对标提升工作的实施方案》《关于全省法院贯彻落实2022年“办理破产”对标提升工作的实施方案》《关于全省法院贯彻落实2022年“保护中小投资者”对标提升工作的实施方案》《关于全省法院贯彻落实2022年“知识产权保护”对标提升工作的实施方案》，出台司法行为正负面清单，选编百篇服务民营经济案例，设立法律服务工作室、司法服务站，保障锂电头部企业等重大项目落地发展。审结破产案件515件，同比增长587%；清理债权债务逾249亿元，盘活土地529.2公顷，房产200万余平方米；妥善办理江西星星科技股份有限公司破产重整案，整体化解81.7亿元负债，保障3000余名员工就业。审结知识产权案件5372件，出台数字经济知识产权司法保护意见和工作举措，发布数字经济知识产权典型案例，引导新技术新业态新模式在法治轨道上健康发展。

【创建江西生态司法保护平台】 6月2日，江西生态环境司法与行政保护一体化平台正式启动。该平台是全国首个省级法院与检察机关、相关行政主管部门共同搭建的生态环境一体化保护平台。平台通过全省生态环境保护领域数据联通、资源整合、统筹保护，解决环境资源案件不易甄别、环境资源审判专业水平参差不齐、行政执法司法衔接不畅、全流程参与监督缺位等问题。省法院环境资源审判工作在全国法院环境资源审判工作座谈会上作经验介绍，省法院被授予“中国生态文明奖先进集体”称号。

【整治养老诈骗专项行动】 受理养老诈骗案件97件280人，审结75件224人，工作举措在全国法院相关工作推进会上作经验介绍。出台审判、证据和追赃挽损3个工作指引，出台23条刑事、民事、执行疑难问题解答，开展“执行百日大会战”。组织3次集中宣判，发布八大典型案例，两个案例先后入选最高人民法院公布的人民法院重点打击六类养老诈骗犯罪典型案例和依法惩治金融犯罪十大典型案例。

【保护未成年人健康成长】 落实最有利于未成年人原则，推进未成年人审判专业化建设，依法严惩各类侵害未成年人的犯罪行为，审结涉未成年人刑事案件620件，打击拐卖妇女儿童犯罪工作在全国法院会议上作经验介绍。推动全省中基层法院1196名干警在1213所中小学担任法治副校长。省法院被评为全国“人民法院少年法庭工作”先进集体和“江西省实施妇女儿童发展纲要”先进集体。

2022年6月2日，江西省高级人民法院启动江西生态环境司法保护一体化平台，建立多部门协同参与生态环境综合治理工作机制

省法院供

【军地共建拥军法庭】 8月2日，在江西省军区和杭州军事法院的支持下，军地双方在南昌县人民法院向塘人民法庭设立全省首家拥军法庭。拥军法庭立足人民法庭审判职能作用，集中、专业、高效审理涉军案件，通过及时送达、及时开庭、及时释法和优先立案、优先办理、优先结案、优先执行，实现办理态度满意、沟通交流满意、办理答复满意、办理效果满意、工作作风满意，有效维护涉军群体的合法权益。

【建设纠纷解决和诉讼服务体系】 强化“一号通办”服务功能，健全协同办理、分析研判机制，办理各类诉求69万余个，办理满意度保持在95%以上，被最高人民法院评为人民法院一站式建设十大典型经验，入选中国社科院《法治蓝皮书·中国司法制度发展报告》。深化一站式多元纠纷解决和诉讼服务体系建设，为群众提供集约化、一站式服务。融入党委领导的城乡社会治理体系，联合13个部门建立行业纠纷一体化处理工作机制，全省法院在党委领导下入驻党政实体解纷中心80家，对接基层解纷组织528家，组建特邀调解团队6463人，邀请设立诉讼服务中心调解室201个，法院外派驻调解站点189个，共诉前解纷40余万件。推进“寻乌经验”再深化、再发展，工作经验在“新时代践行马锡五审判方式”研讨会作交流发言。

【司法体制综合配套改革工作获中央政法委肯定】 7月8日，中央政法委在北京召开全面深化政法改革推进会，江西高院作为全国法院系统代表在会议上作经验发言。江西法院学习贯彻习近平法治思想，按照中央司法体制改革部署和最高人民法院要求，深化审判权力运行机制改革，全面落实司法责任制，依托办案工作平台，遵循办案工作程序，坚持有序放权有效监管，完善权责边界；坚持上下贯通、内外结合，规范程序运作；坚持科技与制度相融合，加强配套保障；全面精准落实责任，强化权力制约监督，有力提升了案件质效和司法公信力。

【劳荣枝故意杀人、抢劫、绑架案】 被告人劳荣枝与法子英（已另案判决）系情侣关系。1996—1999年，两人共谋并分工，由劳荣枝在娱乐场所从事陪侍服务，物色作案对象，由法子英实施暴力，先后在江西省南昌市、浙江省温州市、江苏省常州市、安徽省合肥市共同实施抢劫、绑架、故意杀人犯罪4起，致7名被害人死亡。2021年9月，南昌市中级人民法院判决劳荣枝犯故意杀人罪、抢劫罪、绑架罪，数罪并罚，决定执行死刑，剥夺政治权利终身，并处没收个人全部财产；赔偿附带民事诉讼原告人损失4.8万余元。劳荣枝对原审刑事部分不服，提出上诉。2022年11月，省高级人民法院公开宣判，裁定驳回上诉，维持原判，并报请最高人民法院核准。该案入选2022年度人民法院十大案件。

（陈书玲）

司法行政

【概 况】 2022年，开展“习近平法治思想大学堂”宣讲活动1万余场次，覆盖近400万人。部署实施地方科学立法等六大攻坚行动，制定全力打造一流法治化营商环境20项工作措施，配套制定11项正面清单和11项负面清单。完成地方性法规项目8件、省政府规章6件，对169部地方性法规、114部政府规章进行清理。对省委省政府106件重大规划、改革方案、政策措施开展合法性审查。建立全省行政执法综合管理监督信息系统，7400余名行政执法人员参加申领证件网上考试。培育“法律明白人”618.05万人、骨干95.14万人。43个村（社区）获评第九批全国民主法治示范村（社区），命名表彰第七批省级民主法治示范村（社区）119个，建成省级法治文化示范基地116个。安源路矿工人运动纪念馆获评第四批全国法治宣传教育基地。有效化解矛盾纠纷20余万件，为群众提供法律服务160余万件，群众满意率超99%。组建286个团队为近万家企业开展“法治体检”，成立11个综合性法律服务团为重大项目和重点工程提供全过程法律服务。全年办理法律援助案件5万余件，5.2万余人次受援。“智慧矫正”和“智慧帮扶”2个项目被列入省政府与科技部、工信部合作实施的重大科技创新工程。

【依法治省】 2月14日，省人大常委会公布2022年立法计划，涉及33件立法项目。4月2日，省委书记、省委全面依法治省委员会主任易炼红主持召开省委全面依法治省委员会第五次会议，审议相关文件，吉安市、南昌市、省检察院、省农业农村厅主要负责人进行法治述职。8月10日，省委全面依法治省委员会在南昌召开2022年重点工作任务推进会，对全年重点工作任务落实进行调度推进。11月24日，全省宣讲名师和精品课定评会召开，评选出“习近平法治思想大学堂”宣讲名师5人、精品课10堂。11月中下旬，省委依法治省办组成联合督查组，分别赴九江、上饶、宜春3个设区市，聚焦学习宣传贯彻习近平法治思想、推进法治政府建设、优化法治化营商环境等专题开展法治督察。

【普法宣传】 1月4日，省普法教育工作领导小组会议召开。会议传达第九次全国法治宣传教育工作会议精神，审议相关文件。1月6日，第十四次全省法治宣传教育工作会议召开。会议表彰2016—2020年全省普法工作先进单位、先进个人和依法治理创建活动先进单位。9月上旬，省委依法治省办、省委宣传部、省司法厅、省普法办联合印发文件，选立钱小华等10人为“十佳法律明白人”，选立刘绍猛等100人为“百优法律明白人”。9月16日下午，省政府新闻办、省委依法治省办、省司法厅、江西日报社联合举行第一届“新时代江西十大法治事件”宣传活动新闻发布会。10月19日，经专家评审和媒体公示，确定《信用为基激活力数字赋能提效力——江西省市场监管局推进市场主体信用风险分类管理的探索与实践》等10个案例为第一批“江西省普法依法治理创新案例”。12月10日，全省新提任厅级领导干部法律法规知识考试在南昌开考，共有109名领导干部参加考试。

【社区矫正】 8月31日，省司法厅与省检察院联合出台《关于进一步加强未成年人社区矫正工作的意见》。全省累计接收社区矫正对象16.1万人，累计解除14万人，在矫2.1万人，重新违法犯罪率为0.068%，远低全国平均水平。2022年，全省刑满释放人员重新违法犯罪率1.07%，为近5年最低。

【人民调解】 2月18日，省司法厅印发《关于开展矛盾纠纷排查化解专项行动的通知》。4月8日，会同省贸促会、省商务厅、省法院印发《关于加强我省国际商事纠纷应对机制建设的指导意见》。5月6日，会同省市场监督管理局印发《江西省关于加强知识产权纠纷调解工作的实施意见》。6月6日，与省人力资源和社会保障厅、省教育厅联合印发《关于切实做好2022年司法所辅助岗位招录工作的通知》，招录1000名司法所辅助岗位工作人员。6月21日，省委办公厅、省政府办公厅印发《关于加强和改进新时代司法所工作意见》。9月上旬，省司法厅印发《全省司法所规范化建设三年行动实施方案（2022—2024年）》。9月26日，省委依法治省办印发《关于加强新时代人民调解工作的意见》，从七个方面提出20项主要任务。12月16日，省司法厅印发《关于选聘潘俊红等20名同志为第四批省级人民调解专家的决定》。

【公共法律服务】 1月24日，2022年江西律师公益集结号活动在南昌启动。3月4日，省公共法律服务体系建设联席会议第一次会议召开，审议相关文件、部署重点任务。3月15日，省司法厅印发《关于开展“法援惠民生”系列品牌活动的实施方案》，在全省部署开展七大品牌活动，全省常住人口受援率达万分之十一以上。5月下旬，省检察院牵头与省司法厅、省律师协会联合印发《关于建立检律互督互评机制的实施意见（试行）》，建立检察官和律师互相监督、评议有效渠道。6月10日，省司法厅印发《关于开展法律援助“全省通办”“帮办”服务的通知》，在全国率先推行法律援助“全省通办”“帮办”服务。8月13日，省司法厅印发《关于为重大项目和重点工程提供全过程律师法律服务的意见》。8月30日，省司法厅印发《关于建立综合性法律服务团制度做优企业专项法律服务的意见》，在全省成立11个综合性法律服务团。9月20日，省司法厅、省文明办联合印发《江西省法律援助志愿者管理实施办法》，对全省法律援助志愿服务工作进行系统性、全面性规范。10月11日，省司法厅联合省人社厅、省总工会印发《关于开展“监察＋仲裁＋工会＋法援”劳动者维权联动对接工作的通知》，在全国首创“监察＋仲裁＋工会＋法援”劳动者维权联动对接机制。

【监狱管理】 建成监狱“集中办案中心”，做到“减假暂”案件办理零失误、零投诉。政法“801”平台上线应用，完成“减假暂”案件历史数据补录。建设智慧监狱，与企业共同研究开发服刑人员爱国教育、心理素养、学历教育和职业技能的VR教育体系。全省14所监狱成功创建节水型单位和“江西省第二批省属节约型机关”，赣州监狱被评为国家级节约型示范单位。中央政法委《政法动态》杂志2022年第2期刊文，肯定江西监狱教育转化工作。

【戒毒管理】 2022年，全省司法行政戒毒系统推进统一戒毒实体化、一体化、整体化运行，建立全省教育矫治专家库，有省级教育戒治专家12名、部级专家4名，5个收治场所医疗中心取得戒毒医疗资质。省戒毒管理局出台《江西省司法行政戒毒场所执法质效考核评议办法》，在省赣西戒毒所、省女子戒毒所、省病残收治所、九江市强制隔离戒毒所开展检察监督试点。持续提升智慧戒毒建设与应用水平，省女子戒毒所通过省局“智慧戒毒所”验收，全省6个收治所1个建成部级所，4个建成省级所。

（省司法厅）

仲　裁

【概　况】 2022年，省司法厅报送51篇仲裁案例，35篇案例入选司法部“司法行政案例库（法律库）”；开展全省仲裁“双随机、一公开”执法检查，处理各类信访投诉13起。全省12家仲裁机构共处理各类案件11692件，调解和解案件3177件，仲裁裁决被法院裁定撤销0件，裁定不予执行2件，不予执行比例小于0.02%。

【仲裁机制改革】 2022年，南昌仲裁委、南昌市中级法院与南昌县法院建立“仲裁＋调解”联动机制。抚州仲裁委推出仲裁员积分考核办法。萍乡仲裁委联合湖南省株洲市司法局、株洲仲裁委在萍乡市湘东区设立湘赣边区域仲裁调解中心。九江仲裁委、赣江新区国际仲裁院出台《关于建设项目工程总承包合同纠纷仲裁案件审理指南（试行）》，指导EPC（工程总承包）案件审理。12月12日，省政府批复同意《新余仲裁委员会改革工作方案》。全省办理登记信息变更备案7次，共新设仲裁分支机构13个，新聘仲裁员467人。全省12家仲裁机构依照章程制定和修改仲裁规则以及各项管理制度，共制定、修改各类制度201项。

【服务高质量发展】 省司法厅组织南昌仲裁委赴南昌经济技术开发区，开展送法入园专项法律服务活动。鹰潭市政府出台《关于促进仲裁服务优化营商环境的工作意见》，明确在政府投资、国有企业等新建项目中引入仲裁条款。抚州市政府出台《关于广泛推行仲裁制度助力法治政府建设的意见》，推荐政府合同争议解决条款引入仲裁机制。赣江新区国际仲裁院设立工程总承包仲裁中心和证券期货仲裁中心。九江仲裁委结对帮扶社区，在浔城多元化调解服务中心设立仲裁调解室，参与法院多元化解纠纷机制，组建12个服务队，走访企业1600余家。赣州仲裁委组建“赣仲法律服务团”，与商会行业协会联合，为商会企业提供免费法律咨询服务。上饶仲裁委建立立案前调解机制，对事实清楚的案件实行立案前调解。

【印发《关于加强我省国际商事纠纷应对机制建设的指导意见》】 4月8日，省贸促会、省法院、省商务厅、省司法厅、省外办联合印发《关于加强我省国际商事纠纷应对机制建设的指导意见》，依托南昌仲裁委开展国际商事调解试点，构建江西国际商事纠纷调解与仲裁对接机制，更好地为全省涉外企业应对商事纠纷提供全链条国际纠纷应对法律服务。

【印发《关于开展知识产权纠纷仲裁工作的通知》】 5月18日，省司法厅、省市场监管局联合印发《关于开展知识产权纠纷仲裁工作的通知》，加强知识产权纠纷仲裁化解工作，完善知识产权纠纷仲裁化解机制。全省设立10个专业化知识产权仲裁中心，发挥仲裁在知识产权纠纷化解中的作用，为权利人提供更多的争议解决途径和维权选择。

【九江市成立旅游仲裁“一院四中心”】 6月29日，由九江市文广新旅局、九江市司法局、九江仲裁委共同组建运营的九江旅游仲裁院暨庐山旅游仲裁中心、庐山旅游纠纷调处中心、庐山西海旅游仲裁中心、庐山西海旅游纠纷调处中心在庐山挂牌成立，全市实现国家AAAA级（含）以上旅游景区仲裁调解室全覆盖。

（省司法厅）

本类目编辑　王伟民

军　事

江西省军区

【概　况】 2022年，江西省军区(简称省军区)党委深入学习贯彻习近平强军思想，统筹做好固根本、抓备战、促改革、抗疫情、保稳定等各项工作，团结带领广大官兵踔厉奋发、勇毅前行，推动省军区和国防动员建设高质量发展取得新成效、迈上新台阶。

推进铸魂育人工程。推行“第一议题”学习和“理论夜校”常态化制度化，分专题组织党委中心组带机关理论学习，对标看齐成为各级工作习惯和行动自觉。深入学习宣传贯彻中共二十大精神，组织专题学习和培训，组建“星火”小分队巡回宣讲47场，举办“喜迎二十大、建功新时代”先进事迹报告会和“学习贯彻二十大、齐心共筑强军梦”第三届红色故事会，有关情况先后3次在《解放军报》头版头条和整版进行报道。聚焦“忠诚维护核心、矢志奋斗强军”深化主题教育，接续打造中国共产党人精神谱系精品课，军地联合举办庆祝中国人民解放军建军95周年系列活动。推进党史学习教育常态化长效化，依托赣州军分区开展先行试点，拍摄《不可战胜的力量》访谈实录片，在军委国防动员部思想政治教育创新推进会上展播。

落实党管武装工作。探索创新新时代党管武装工作，开展省四套班子领导过“军事日”活动，召开省委常委议军会，组织军分区(警备区)党委第一书记党管武装述职，研究解决国防动员和服务备战打仗重难点问题。研究出台《军事常委履职规范》和《基层武装部政治教导员工作规范》，组织军事常委培训和基层武装部政治教导员集训，有关做法被军委国防动员部主要领导批示肯定。全覆盖组织党管武装工作量化考评，推动管武兴武在末端落地见效。

提升双拥共建质效。推进衔接支持乡村振兴，协调投入资金6500余万元，帮扶帮建156个项目，支持115个村24万余人乡村振兴建设，帮建农村文化活动场所40余个，帮扶乡村学校86所、资助贫困学生481人、捐赠教学器材1000余件，建立“功勋荣誉墙”“红色经典书屋”“国防文化橱窗”150余处，开展“感党恩、听党话、跟党走”系列主题活动200余场(次)，迎接军委检查考评获最优档次。发挥双拥工作平台优势，协调召开5次军地座谈会、调度会，会商解决驻赣部队和官兵“三后”(后代、后院、后路)问题，推广萍乡市军地构建军人军属荣誉激励体系做法，制定新时代维护国防利益和军人军属合法权益实施意见。超额完成师级以下退休干部“三年集中移交”任务，受到中央退役军人事务工作领导小组办公室通报表扬。全省转业军官安置质量和由政府安排工作退役军人岗位落实率位居全国第一，抚州军分区烈士遗属工作研究课题被列入国家社会科学基金军事学重点项目。

【国防动员建设】 贯彻民兵建设“十四五”规划，出台《江西省民兵补助经费管理办法》，协调省政府下拨民兵基层建设专项经费，分类型对接编建需求、分批次进行视频督导、分方向组织拉动考评，开展群众性练兵比武活动，进一步编实建强全省民兵分队，吉安、九江军分区迎接上级民兵工作检查考评成绩评定优秀。统筹加强应急能力建设，组织指挥民兵遂行防汛救灾、森林灭火、疫情防控等任务。深化“一年两征”改革，开展役前教育“五查”(查手机、查外科、查随身物品、查病史、查铺)试点，完成义务兵和军士征招任务。

【基层基础建设】 推进基层武装部高质量发展县级示范区建设，完成新任职基层武装部部长、专武干部培训及资格认证。开展干休所工作人员“用心用情、精准服务”、老干部“守初心、严纪律、葆本色”教育，探索“党课+”模式。开展“条令学习月”“百日安全”等活动，组织开展守护戎装、枪爆违法犯罪等专项整治，加大安全督导检查力度，纠治典型问题、消除安全隐患，安全工作量化考评位列国防动员系统第5名。组织省军区科学管装用装暨民兵装备仓库规范化运行集训，树立民兵装备仓库和兵器室建设新样板。统筹推进基础设施建设，协调落实江西革命军事馆和江西革命军事文化街建设经费和立项审批，建成省军区机关文体活动中心，协调将驻赣部队老旧小区纳入地方改造规划。

【全省征兵工作总结表彰暨新年度征兵任务部署电视电话会议召开】 1月20日，省军区在南昌召开全省征兵工作总结表彰暨新年度征兵任务部署电视电话会议，总结2021年征兵工作，部署2022年“两征”任务。省委常委、常务副省长梁桂，省军区政治委员鲍泽敏、副司令员吴学军，省政府秘书长王国强以及征兵工作领导小组全体成员，各高校领导，军分区(警备区)和人武部干部职工，乡(镇、街道)专武干部参会。会上，宣读2021年征兵工作先进单位和个人表扬通报，吉安市、永修县和江西经济管理干部学院3个单位作经验介绍。

【省军区第十一次党代表大会召开】　1月14—15日，省军区第十一次党代表大会召开。大会应到代表168名，因事因病请假8名，实到代表160名。省军区党委书记鲍泽敏代表省军区第十届党委作报告。大会听取、审查并通过省军区第十届党委报告，审查通过省军区纪委工作报告；选举产生省军区第十一届党委委员和新一届纪委委员。

【组织新招录文职人员岗前集训】　2021年12月4日至2022年1月21日，省军区依托高安市民兵训练基地集中组织2021年度新招录文职人员，开展封闭式教育训练。集训区分集训准备、适应训练、强化训练、考核验收4个阶段，采取实践训练、授课辅导、观看录像、讨论交流、文化活动、评比竞赛等形式，开展政治、军事、专业、作风训练。集训结束后统一安排到各军分区（警备区）机关参加为期1个月的跟学跟训，进一步夯实履职尽职的思想、能力和作风基础。

【开展预任民兵装备仓库管理人员岗前培训】　1月14—21日，省军区组织17名预任民兵装备仓库管理人员开展岗前培训。培训分2个阶段，前5天在各自单位民兵装备仓库跟班带训，后3天在南昌警备区民兵武器装备仓库集中培训。培训采取外请教员与内部交流相结合的方式，重点组织装备管理法规制度、仓库安防技术标准、轻武器和通用弹药基础知识学习；采取理论与实操相结合的方式，组织无光条件下弹药识别、轻武器维护保养和故障诊断与排除等技能训练。区分理论知识和操作技能组织考核，经综合评定，参训人员考核成绩全部合格，具备民兵装备仓库管理岗位的基本能力。

【省政府协调支持省军区、驻赣部队建设座谈会召开】　2月15日，省委常委、常务副省长梁桂带领省退役军人事务厅、省发展改革委、省财政厅、省人社厅等15个厅（局）领导专程到省军区召开协调支持省军区、驻赣部队建设座谈会，现场研究解决驻赣部队建设发展中存在的练兵备战、经费保障、基础设施建设、历史遗留问题4个方面12个问题。省委常委、省军区政治委员鲍泽敏主持会议。会上，动员局谢政仿代表省军区和驻赣部队汇报需提请省政府协调解决的问题，参会人员观看《江西革命军事馆和军事文化街筹建工作》汇报片；省双拥办、省退役军人事务厅负责人代表省政府就有关问题进行统一答复。

【组织科学管装用装暨民兵装备仓库规范化运行集训】　6月17—18日，省军区采取"听、看、比、学、研"的方式，在宜春组织科学管装用装暨民兵装备仓库规范化运行集训，设1个主会场、116个分会场（视讯），共885人参训。通过装备收发、擦拭保养、应急处突等示范演练，现地观摩仓库建设成果、开展技能比武竞赛，对民兵装备仓库运行规范和改扩建实施流程研讨交流，立起民兵装备仓库和兵器室建设新样板，进一步夯实安全管理基础，提升用装管装能力。

【"你保国家安宁我护亲人平安"拥军活动启动】　7月25日，由省政府征兵办公室、省退役军人事务厅、工商银行江西省分行联合主办的"你保国家安宁我护亲人平安"拥军活动启动。活动为入伍新兵及其父母免费提供人身意外保险，推动营造尊崇军人、拥军优属的社会氛围，省军区司令员张弓、政治委员鲍泽敏出席活动。

【组织开展省级领导"军事日"活动】　8月1日，省军区组织省委、省人大常委会、省政府、省政协及省法院、省检察院共31名省级领导集体过"军事日"，省委书记、省军区党委第一书记易炼红出席活动并讲话。活动采取静态展示、动态演练、省市县三级异地同步的方式，通过现地观摩装备展示、集中观看纪实录像、临机拉动应急分队、连贯组织课目演练等活动，激发各级地方领导干部关心国防、热爱国防、建设国防的使命感，增强主抓推进国防动员和后备力量建设的责任感。

【组织开展国有企业武装工作现地调研】　10月11—14日，省军区副司令员吴学军带队，动员局牵头组织，先后赴中石化九江分公司、江铃汽车集团、洪都航空工业集团开展现地调研。调研全程聚焦国有企业党管武装制度落实、武装工作机构设置、专武干部队伍建设、民兵工作等重难点问题，通过现地察看企业武装工作场所，听取企业情况介绍，深入一线与企业负责人、专武干部、在编民兵以及企业所在地军分区（警备区）、县级武装部人员座谈交流，全面梳理辖区国有企业武装工作存在的矛盾问题，分析原因症结，研究改进措施。

【开展"党的二十大精神进基层"巡回宣讲活动】　12月2—16日，省军区组建"星火"宣讲小分队，围绕全面准确学习领会中共二十大精神、深刻领悟"两个确立"的决定性意义、牢记"三个务必"、实现建军100年奋斗目标、全面加强练兵备战等内容，深入一线开展巡回宣讲活动，先后行经11个城市、行程2500余千米，为省军区直属队、人武部、干休所和民兵分队等不同类型基层单位，开展宣讲辅导15场次，面对面互动交流32场次，1600余人听取宣讲。

【开展"三个95周年"系列庆祝活动】　为庆祝中国人民解放军建军暨八一南昌起义、秋收起义和井冈山革命根据地创建95周年，省军区各级与地方党委、政府和驻地部队联合开展系列庆祝活动。7—12月，省军区会同省体育局、省退役军人事务厅举办"八一"杯军地篮球友谊赛，联合省委宣传部举办庆祝建军95周年军民联欢晚会，举办省军区"学习贯彻二十大、齐心共筑强国梦"第三届红色故事会，联合江西日报社开展"红色追寻——纪念'三个95周年'和安源工运百年"主题采访活动，进一步增进军政军民团结，凝聚广大官兵军心士气，激发奋斗强军精神动力。

【组织全省新任职基层武装部部长业务培训考核】　2022年，省军区围绕持续优化专武干部培训体系目标，组织全省新任职专武干部集中观看学习后备力量建设、征兵工作、民兵组织建设等17个课目教学视频，依托省人民武装学院，分2批连贯组织全省新任职基层武装部部长完成基本理论、基础体能、轻武器操作及实弹射击等课目考核。考核全程坚持按纲施训、按纲组考，聚焦国防动员改革新形势新任务和岗位任职需求设计考核内容、优化考核流程，达到以考促学、以考促训的目的。

（刘以华 赵子龙）

人民防空

【概 况】 2022年，坚持以战领建、精准施策、协调推进、固强补弱，全面推进各项工作，人防工程人均防护面积在全国排名前列。

项目建设。推动“结建”项目建设，克服疫情影响等不利因素，全省翻倍完成年度人防工程建设目标任务。推动“自建”项目建设，融入城市建设和地下空间开发利用，发挥人防“三个效益”，推动人防自建项目入库。结合乡村振兴和新农村建设，推动人防疏散设施建设。

维护管理。在重大节日或敏感时期，统筹部署消防安全检查、维护管理巡查，深入排查各类安全隐患，防范各类安全生产事故发生。推进早期人防工程治理，建立健全早期人防工程退出机制，消除“脚底下的暗坑”所存在的隐患，保障人民生命财产安全。推动维管破局，抓住《江西省物业管理条例》修订的契机，推动将人防工程维护管理纳入物业管理范畴，解决维护管理难等问题。

人防宣传。推进省市县三级“人防进党校”工作，在领导干部中普及人防知识。开展“云上中国行”主流媒体走进江西人防采风、“激情飞扬打卡人防”标识标牌打卡作品征集、全省人防普法微视频征集评选活动。加大与省内主流媒体合作力度，首次与省政府新闻办联合举办省政府政策吹风会，组织制作《人民防空就在身边》专题片和《人防工程在你身边》公益广告并在江西广播电视台播放。

【推动全省人防部门开展与蓝天救援队合作】 3月16日，省人防办印发《关于开展全省人防部门和蓝天救援队合作的通知》，推动合作开展，建立便捷、灵活、高效的应急指挥联动机制，保持值班电话双向通联，加强骨干培养、专业培训、队伍建设等方面合作交流。6月20—24日，在省人防训练基地组织全省人防蓝天救援队集中授旗暨骨干集训，全省144名人防蓝天救援队骨干参训。至年底，全省有人防蓝天救援队67支、7718人。

【组织参加“江西应急·2022”灾害事故应急救援综合演练】 6月1日，省人防办调集省本级“动中通”和南昌市、新余市人防办“静中通”卫星车及新余市余江区人防办4G通信车等人防专业装备，率人防蓝天救援队60名队员组成人防应急保障分队，参加省应急管理厅组织的“江西应急·2022”灾害事故应急救援综合演练。严格按照指挥部要求，完成各项参演任务，检验人防部门灾害事故应急处置能力，展示人防队伍精神风貌和专业素质。省人防办党组书记、主任李绪先到现场观摩。

【举办全省人防指挥保障分队专业技能大比武】 8月20—25日，省人防办在南昌举办全省人防指挥保障分队专业技能大比武，各设区市人防办和省人防指挥保障中心共11支分队50余名选手参赛。活动聚焦“作示范、勇争先”目标要求，以全省人防2022年“八大提升行动”任务为牵引，以建设“全时待战，随时能战”的快速、精干、灵敏、高效信息化人防队伍为目的，围绕无人机操控、显示控制、卫星通信、网络通信、工程维管5个科目进行分项竞赛，5个赛项角逐出16名业务能手、6个获奖团体。

【组织开展全省“9·18”防空警报试鸣暨“赣盾－2022”实战化演练活动】 9月18日，组织开展全省“9·18”防空警报试鸣暨“赣盾－2022”实战化演练活动，省军区司令员张弓出席并下达全省防空警报试鸣命令，省军区战备建设局局长、省人防指挥部副指挥长封晓冰出席。省、11个设区市、赣江新区、93个县（市、区）人防指挥部领导和成员、人防系统人员共2135人在当地人防指挥场所，通过视讯会议系统同步参加活动。与会人员观看全省人防指挥保障分队业务技能大比武专题片，观摩南昌、宜春两地组织的人防工程平战转换、人防专业力量跨区机动支援实战化演练。

【《江西省防空警报管理办法》颁布】 9月28日，《江西省防空警报管理办法》（简称《办法》）颁布，自12月1日起施行。《办法》共有25条，围绕加快转换人民防空发展方式、提高全社会防空防灾预警报警能力，着眼新形势发展需要，针对反映强烈的安装难、维管难以及平时服务不足等重难点问题，参考借鉴兄弟省份和总结江西省防空警报建设管理经验做法，对防空警报设施的规划、建设、使用、维护以及防空警报信号的传递、发放等方面作出系统规定。

【江西省国防动员办公室挂牌仪式举行】 12月9日，江西省国防动员办公室挂牌仪式在南昌举行。省政府分管领导，省军区司令员张弓共同揭牌。省政府副秘书长、省管局局长严佛元，省政府办公厅正厅级督查专员刘晓艺，省委编办主任兼省委组织部副部长周训国，省发展改革委主任张和平，省委改革办专职副主任陈强，省军区动员局局长谢政仿出席。省人防办党组书记、主任金俊平主持仪式，省人防办机关各处、直属单位100余人参加。

（王皓锦）

本类目编辑 詹跃华

应急管理

综述

2022年，省应急管理厅团结带领全系统干部职工防风险、遏事故、减灾害、强应急、保稳定、促发展，顶住外部环境超预期变化、疫情反弹、经济下行等对安全生产的多重冲击，应对超历史极值旱情、罕见森林火情、部分河流超历史纪录洪水等多重挑战，在大战大考中交出满意答卷。

*体制机制改革蹄疾步稳。*推进省市县三级“安委办+专委会”运行机制，11个设区市、100个县（市、区）全覆盖落实安全生产委员会“双主任”制，推动将防溺水等公共领域安全纳入重点工作。在全国率先探索“减灾办+专委会”运行机制，组建防范气象灾害、水旱灾害、森林火灾、地震灾害、地质灾害和救灾救助、应急准备7个专业委员会，省委改革办将此项改革列入重点探索和推广的改革项目。优化防汛抗旱、森林防灭火等指挥部工作体制和运行机制，3月9日，以省政府办公厅名义出台《江西省应对低温雨雪冰冻灾害工作机制》，探索构建统筹应对全灾种、有效覆盖各环节的应急管理大指挥部构架。

*安全发展基础持续夯实。*出台生产安全事故应急预案。深化全省“智慧应急”建设集中行动，提升监测预警、监管执法、辅助指挥决策、救援实战和社会动员五大能力。组织安全生产月、防灾减灾日等主题宣传活动，开展以“人人学”“大家谈”“随手拍”“双五进”等为重点的安全风险防范大宣传大实践活动，累计制作安全宣传产品2.5万件，开展演练近3000场，开展“双五进”活动7万余场次。“江西应急管理”微信公众号在全国应急管理系统省级微信公众号影响力排名中稳居前列。在省级以上媒体发表应急管理宣传报道4000余篇，在中央媒体发表350余篇。

*应急处置能力加速提质。*主动对接驻赣森林消防机动队伍增编组建工作，持续推进108支专业森林消防队正规化建设，省航空应急特勤队队员增至36人，加强与中央驻赣和省属集团企业应急力量协同。全国首艘大型工程救援船“中国应急九江号”正式下水，依托九江市专业森林消防支队组建水上工程抢险救援队，补齐长江及鄱阳湖流域水上抢险救援能力短板；新一代大型三发民用直升机AC313A在景德镇成功首飞。以应急指挥能力建设纳入省政府51件民生实事为契机，推动9个设区市建成应急指挥中心，同步推进应急指挥能力“五化”（值班调度规范化、会商研判常态化、应急指挥专业化、信息报送标准化、综合保障一体化）建设。

*基层能力建设扎实推进。*贯彻落实省委、省政府加强基层应急管理体系和能力建设的部署要求，省应急管理厅推动各县（市、区）党委、政府加强乡镇（街道）、村（社区）应急管理能力建设，制定印发乡镇（街道）“六有”、行政村（社区）“三有”细化标准。至12月底，全省乡镇（街道）和功能区“六有”达标率100%、行政村（社区）“三有”达标率100%。

（省应急管理厅）

安全生产

【概　况】 2022年，全省发生各类生产安全事故790起、死亡577人，分别下降38.9%、38.1%；发生较大事故15起，死亡57人，分别下降11.76%、17.39%；全年没有发生一次死亡10人及以上的事故。江西生产安全事故死亡人数降幅居全国第2位。

【压实安全生产责任】 省委常委会工作要点强调要坚持统筹发展和安全两件大事，省政府工作报告把“完成安全生产专项整治三年行动目标任务”列为八大攻坚任务之一，11个设区市、赣江新区及100个县（市、区）制定发布党政领导干部安全生产“两个清单”，落实党政领导责任。29个省直有关部门编制发布安全生产权力和责任清单，省应急管理综合考核领导小组办公室对31个省直有关部门开展2021年度安全生产工作考核，压实部门监管责任。省安委办印发生产经营单位落实一线从业人员安全生产责任指导意见，督促指导1.27万家企业建立完成双重预防机制、1.49万家企业建立全员安全生产责任制、1.26万家企业建立安全生产技术和管理团队，夯实企业主体责任。

【开展安全生产专项整治】 开展安全生产专项整治三年行动“巩固提升”攻坚战，辨识管控风险26.56万处、排查整治隐患64.11万条，其中整治重大隐患255条；关闭非煤矿山39家，闭库销号尾矿库74座；完成县乡道安防工程68.46千米、村道安防工程148.95千米，完成企业升级改造981家；完成三年行动289个突出问题。开展城镇燃气安全整治，共排查燃气安全问题隐患12502条，完成整改12460条，整改率99.66%；完成球墨和灰口铸铁燃气管道整改279.44千米。开展危化品风险集中治理,推动26个化工园区投入超95亿元,全部达到C级标准。开展自建房安全整治,累计排查自建房1172万余栋,对鉴定为C级和D级的2341栋采取安全管控措施。

【落实国务院安委会安全生产十五条措施】 省级层面确定“1个总体安排、1个实施方案和6个具体方案”的工作框架,其中4月以省委办公厅、省政府办公厅名义印发《关于进一步强化安全生产责任落实坚决防范遏制重特大事故的实施方案》,明确江西省贯彻落实国务院安委会十五条措施的50条具体举措。省安委办抽调14名业务骨干组建工作专班,建立工作例会、集中办公、分析通报、调度督促等制度,实行每周一调度、每月一通报,共实施调度19轮次、通报8次;向35家省直有关单位印发督促函,明确各单位具体工作职责。7月底至10月底,省应急管理厅组织12个工作组,对11个设区市及赣江新区开展3轮次督促督导百日行动,推动整治问题隐患800余条。至12月底,江西省50条具体措施,细化为97项具体工作,已完成96项,完成率98.96%。

【开展安全生产大检查】 4月,省安委会印发大检查实施方案,组织所有地区、行业领域、生产经营企事业单位和人员密集场所全面开展安全生产大检查。省委、省政府领导首次带队对各地、各有关部门进行全覆盖安全生产督导检查。各级专业委员会组织专项检查,共成立1.2万个检查组,累计检查各类单位10.9万家,排查整改隐患22.46万条。各生产经营单位通过省安全生产监管信息系统录入隐患41.05万条,完成整改40.9万条,整改率99.63%。开展“打非治违”行动,各地、各有关部门聚焦违法分包转包、挂靠资质等突出问题,出动执法人员33.4万人次,责令停产整顿1479家,暂扣吊销证照60家,关闭取缔59家,经济处罚1.13亿元,移送司法机关93人。

【推进安全生产巡查】 省安委会从40个省直单位抽调75名业务骨干,组成11个由省交通运输厅、省应急管理厅等单位领导带队的巡查组,赴各设区市和赣江新区开展安全生产巡查。6月下旬至7月中旬,各巡查组首次入驻各地开展巡查,共延伸巡查75个县(市、区、功能区)、211个部门,分别与各级党政领导、部门负责人419人进行个别谈话,受理信访70件,检查企业297家,发现问题隐患1525条。中共二十大期间,省安委会组织11个巡查组开展安全生产大检查和巡查驻点“回头看”,深入85个县(市、区),发现问题隐患692条。至12月底,巡查发现问题全部整改到位。

(省应急管理厅)

消防救援

【概　况】 2022年,全省消防救援队伍共接处各类警情8.82万起(其中火灾扑救3.27万起,事故救援1.35万起,社会救助2.21万起,公务执勤及其他出动1.99万起),出动人员101.2万人次、消防车16.74万辆次,营救被困人员8209人、疏散遇险人员1.68万人,抢救财产价值281.88亿元。全省未发生重大以上和有影响的火灾事故,百万人口火灾起数、亡人数均低于全国平均水平。

【落实消防安全责任】 省政府下发年度消防工作目标任务,并将消防安全纳入乡村振兴、城镇老旧小区改造、城市功能与品质提升等民生工程统筹推进。省委常委会、省政府常务会多次研究部署消防工作,省委、省政府和各设区市党政领导通过听取汇报、督导调研、现场办公等方式研究解决消防安全重大问题。省政府和11个设区市政府印发《火灾事故调查处理及督办评估办法》,年内组织延伸调查较大火灾事故33起、问责68人,移送公安机关火灾刑事案件75起、行政拘留18人。实体运行省市两级消防安全委员会,推动20余个行业系统单位开展消防安全标准化管理,制定7个重点部位管理及应急程序,发动1.6万家社会单位在“赣服通”签署《消防安全承诺书》。

【消防宣传教育】 围绕提升“公众应急避险意识和单位风险化解能力”目标,在全省开展“文明实践+消防”、消防基本技能实操实训、应急疏散大演练和宣传式巡查等行动。在3480余个文明实践中心(站、所)融入消防宣传版块,累计实操实训219.2万名“准消防员”;制作8类场所疏散演练示范片,组织1.3万余场应急疏散演练,380万名群众实际参演;对17.4万家沿街商铺、“九小”场所逐户上门开展宣传巡查,应急管理部消防救援局在南昌召开全国消防宣传“五进”工作现场会予以推介。公开发行全国首部消防题材“剧本杀”,策划推出25篇“消图逗”原创科普图文、9期“一案一说”火灾警示录;江西消防新媒体账号共发布内容1.73万条,阅读量超42.8亿次,点赞量8600万次。

【消防安全治理】 统筹推进三年行动、消防安全大检查、冬春火灾防控等10余个专项整治,自主开展劳动密集型企业、物流仓储场所、消防技术服务机构和人员密集场所“生命通道”集中治理,突出整治“三类风险”〔电动自行车、防盗窗(网)、违规电气焊〕,累计检查单位15万余家,督改火灾隐患40余万处,推动挂牌督办销案重大火灾隐患189家。在全国率先铺开社会消防技术服务机构管理正规化建设,230余家消防技术服务机构和7300余家社会单位上线“消防技术服务信息管理系统”,初步形成“执业自律、市场规范、监管严格”局面。组织修订《宾馆饭店消防安全管理规范》等6部地方标准,联合省防疫指挥办等10余个行业部门出台集中隔离点、彩钢板房、消防“生命通道”等10余份规范性、机制性文件,助力各行业系统标准化管理。

【优化消防营商环境】 主动融入省委、省政府优化营商环境“一号改革工程”,部署开展江西省消防执法营商环境优化升级行动,从消防政务服务标准化、便利化、效能化3个方面推出15项任务措施。消防审批事项进驻省市县政务服务大厅,省本级及所有设区市均在“赣服通”设立消防专区,行政许可证照实现电子化,“消防+住建”协同办理模式列为全省政务服务典型经验案例。落实助企纾困政策,建立帮办服务机制,累计为7570家重点单位开展上门服务,帮助494家单位修复信用,对中小微企业实施“首违不罚”206次;省本级率先将政务服务事项承诺时限压缩近90%、即办件占比提高至76%,群众办事实现一次不跑,同时通过热线电话、实地走访、“圆桌会”等渠道解决群众诉求3537条。

【提升综合救援能力】 立足全省灾害事故特点,建成水域救援、轨道交通、航空救援、山岳救援、锂电火灾处置等15类专业队,培训舟艇驾驶员、无人机操作员、山岳绳索救援员等专业人才2000余人,高标准完成省政府“江西应急·2022”综合演练。面对6月局地特大暴雨天气,跨区域调动力量增援景德镇、上饶两地,累计营救被困群众1203人、疏散8714人;面对特大旱情,投入抗旱保供和森林火灾扑救战斗,累计送水11万吨、惠及群众67万余人,扑救森林火灾249起。此外,参与涉疫勤务处置1.28万起,累计消杀面积988万平方米,转送物资1160余吨。

【消防救援基础建设】 推动省《“十四五”消防救援事业发展规划》和《城乡消防救援基础建设三年行动计划(2020—2022年)》年度任务落实,落实地方消防业务经费26.78亿元、代购代建经费9.33亿元,年内新建(续建)城市消防站82个、乡镇政府专职消防队131个,购置消防车178辆、船艇30艘、器材装备12万件(套)。统筹加强基层消防力量建设,推动78个县区成立消防安全指导服务中心,1306个乡镇(街道)挂牌设立消防所,调配专职事业编制人员2838名、辅助执法人员1323名。提请省政府赋权乡镇(街道)3项消防执法事项认领,1379个乡镇认领执法赋权事项,办理消防行政处罚案件1248起。

【“6·19”乐平市抗洪抢险救援】 6月19—25日,乐平市遭遇罕见特大暴雨及上游水库泄洪,发生严重洪涝灾害。接到省、市防汛抗旱指挥部预警后,省消防救援总队迅速调集景德镇、九江2个支队,共200人、28辆车、18艘舟(艇)、1套大型排涝设备及1000余件套救援装备驰援乐平市并连续奋战6个昼夜。其间,共参加抗洪抢险行动98起,出动人员1025人次、救援车辆211辆次、舟艇429艘次,营救被困人员1818人,疏散转移7368人,转运物资2.6吨。

【“6·20”玉山县内涝抢险救援】 6月20日10时,受持续强降雨影响,玉山县多处发生内涝险情,县消防救援大队开展为期1周的抢险救灾和城市排涝工作。其间,共处置抢险救援54起,出动车辆55辆次、冲锋舟13艘、橡皮艇38艘,出动警力236人次,抢救被困人员165人,疏散被困人员793人;处置排涝警情43起,出动车辆43辆次、警力301人次,排涝单位30余家,排涝量约6万立方米。

【“7·4”南昌县蓝鲸汽配有限公司仓库火灾扑救】 7月4日16时8分,南昌县工业一路418号蓝鲸汽配有限公司仓库内一汽配仓库起火。南昌市消防救援支队接警后,先后调派14个消防站、40辆消防车、2辆重型工程机械、4辆挖掘机、8辆洒水车、244名消防救援人员赶赴现场,总队、支队两级全勤指挥部第一时间到场指挥。19时12分火势被控制,19时55分被扑灭。火灾过火面积约1360平方米,无人员伤亡。

【“10·17”赣州市赣县区森林火灾扑救】 10月17日10时38分,赣州支队赣县大队接到报警称:赣州市赣县区五云镇千丈村发生山火。接警后,大队立即调派1个消防站、2个政府专职队、4辆消防车、19名消防救援人员赶赴现场处置。因风力大,火势向周边区(县)蔓延,支队指挥中心先后调派17辆消防车、95名消防救援人员前往各点增援、分区防控,至20日5时,明火被扑灭,确保了火灾沿线和乐油库、和乐220千伏变电站、通天岩AAAA级风景区等重点场所,以及沿线344栋民房建筑无一处过火、无一处损毁,协助疏散转移群众1626人。

(袁政)

防灾减灾救灾

【概　况】 2022年,全省先后遭遇26次自然灾害过程,尤其是5月下旬至6月下旬的3轮连续暴雨洪涝灾害和7月中旬开始的历史罕见夏秋冬连旱,造成全省1109.6万人受灾,因灾死亡15人,直接经济损失282亿元。省减灾办定期组织气象、水利、自然资源、林业、地震等涉灾部门开展联合会商,分析研判自然灾害综合

7月4日,南昌县工业一路418号蓝鲸汽配有限公司仓库内一汽配仓库起火,南昌市消防救援支队赶赴现场扑救

省消防救援总队供

风险，研究提出针对性防范措施，编制灾害风险分析通报12期。

【自然灾害综合风险普查“评估区划”攻坚战】 省政府将自然灾害综合风险普查工作写入政府工作报告，推动自然资源、水利、林业、气象、地震、交通、应急、住建8个部门完成行业调查任务，获取全省灾害风险要素数据2000多万条（其中应急管理部门协同教育、卫生健康、文化旅游等行业调查承灾体、减灾能力和历史灾害等数据27万余条），推动大余和兴国2个试点县以及吉安市完成评估区划任务。组织参与国务院普查办和人民网联合开展的普查宣传作品征集评选活动，22个作品入围、7个获奖（一等奖1件、二等奖3件、三等奖1件、优秀奖2件），获奖作品占全国总数的8.05%，省普查办被评为优秀组织单位。

【开展防灾减灾系列宣传活动】 5月7—13日为防灾减灾宣传周，为做好防灾减灾宣传工作，省减灾办、省应急管理厅提前印发通知，对开展防灾减灾宣传周系列活动作出部署，各地、各部门组织开展防灾减灾宣传活动。举办防灾减灾网络知识答题活动，参与答题群众315万余人次。开展“查隐患、随手拍”活动，活动期间各地群众通过随手拍活动平台上传并经审核确认的灾害类与安全类隐患159条。开展“五进”（进企业、进农村、进社区、进学校、进家庭）宣教及演练活动，全省累计开展“五进”活动1500余场、受教育民众120余万人，组织各级应急演练2100余场次。打造防灾减灾宣传新阵地，制作公益宣传片、防汛科普动漫各1部，防灾减灾公益短信2条，举办应急科普讲解大赛、召开新闻发布会各1次，20余家中央及境外驻赣媒体、省内新闻媒体连续集中报道。

【夯实防灾减灾工作基础】 省应急管理厅会同省气象局、省地震局等单位深化示范单位创建，全年创建省级综合减灾示范县1个、示范乡镇15个和示范社区85个。加强风险隐患信息报送培训，6月17日，组织各设区市2.35万人参加2022年全国灾害风险隐患信息报送工作线上培训，参训人数列全国第五、结业考试通过率居全国第二。9月，牵头开展2022年自然灾害防治工作自查，形成《江西省自然灾害防治工作自查情况报告》报应急管理部。11月中旬，举办全省防灾减灾救灾业务培训班，各市、县（区）应急管理局分管副局长、减灾救灾科长140余人参加培训。

【完善灾害救助制度】 6月5日，制定《关于印发江西省应急管理厅省本级生活类救灾物资紧急调拨管理规则（试行）的通知》，规范救灾物资调拨内部审批程序。10月1日，联合省民政厅、省发展改革委等11个省直单位制定《关于印发〈进一步做好低收入人口救助工作的实施意见〉的通知》，兜牢基本民生保障底线。12月26日，印发《江西省减灾委员会救灾救助专委会工作规则》，推动救灾救助专委会规范化运行。加强灾情统计工作，完善灾情会商、核查、管理及发布等工作机制，确保灾情数据源头准确、口径一致。完善政策性农房保险制度，为受灾群众灾后重建和基本生活提供保障。

5月12日，抚州市“2022全国防灾减灾日”系列宣传活动在市文化广场举行

省应急管理厅供

【加大灾害救助力度】 启动省级Ⅳ级救灾应急响应2次、Ⅲ级和Ⅱ级救灾应急响应各1次，争取国家减灾委对江西省启动国家Ⅳ级救灾应急响应1次，及时下拨中央应急救灾资金2.05亿元、冬春救助资金5.11亿元，下拨省级应急救灾专项资金1120万元、冬春救助资金771万元、灾害信息员补贴409万元，救助受灾群众360余万人。按照“十有”标准，指导各地开设受灾群众集中安置点277个，集中安置受灾群众6588人。调拨救灾物资7.8万余件，完成1884户倒损民房重建（维修）工作。

【健全物资储备体系】 以中央审计发现问题整改为契机，推动11个设区市和100个县（市、区）投入4.99亿元，采购储备救灾物资315万余件，救灾物资储备品类和规模均达到国家标准。省级航空应急救援装备物资综合储备库项目建设取得进展，会同省财政厅落实建设用地购置资金2600万元，协调靖安县政府核算仓库用地征收成本并签订项目建设用地协议，完成给付用地购置资金2340万元。会同省发展改革委为符合条件的40个省市县应急物资储备库建设项目申报中央预算内投资支持，同时指导多灾易灾地区和偏远乡镇、街道、社区（村）建设应急物资储备点，不断完善应急物资储备体系。

（省应急管理厅）

地质灾害防治

【概　况】 2022年，全省发生地质灾害灾险情519起，造成10人死亡、3人受伤，直接经济损失1776.5万元。与2021年同期相比，灾害发生数量和直接经济损失分别增加1.61倍和1.8倍,死亡人数增加10人。

【提升监测水平】 全省新建普适型监测预警点810处,累计建成普适型监测预警点1850处,监测点上线率100%,设备实时在线率93.66%。全年预警3329次,正常预警1643次、占预警总数的49.35%,实现有效预警4次、成功预报2次。通过监测预警预报、及时组织受威胁群众转移避让等防灾工作措施,全省成功避让地质灾害25起,涉及可能伤亡人员155人,避免直接经济损失56万元。

【推进群测群防】 全省6.9万处在册地质灾害隐患(风险)点,共落实群测群防员2.16万人,发放群测群防员补助资金1861.32万元。开展山地丘陵区宅基地和集体建设用地切坡建房排查,发现32.85万处切坡风险隐患,逐级落实责任人及风险管控员,全省落实乡级责任人5122人、村级责任人1.02万人、风险巡查员2.15万人。

【加强综合治理】 中央和省级财政投入综合治理资金33266万元(其中中央补助资金7576万元、省级财政资金5058万元、市县财政资金19738万元、其他来源资金894万元),年度治理隐患点1412处(含排危除险780处),保护受威胁群众1.71万人,保护财产10.05亿元;安排搬迁避让地质灾害隐患点8处,安排避险移民9户48人;投入防治能力建设资金8964万元(其中中央补助资金3685万元、省级财政资金3624万元、市县财政资金1655万元),安排彭泽县等28个县(市、区)开展以完善群专结合监测预警网络、提升调查巡查装备、加强宣传培训、实施简易工程治理为主要内容的县级基层防灾能力建设工程。

【开展培训宣传】 各地通过"4·22"世界地球日、"5·12"全国防灾减灾日及安全生产月等宣传平台,采用群众通俗易懂、喜闻乐见方式,结合群专结合监测预警项目实施,开展地质灾害防治培训638次,参加培训3.19万人;开展宣传活动831次,发放宣传材料51.65万份;开展避险演练966次,参加演练1.66万人。

(省应急管理厅)

防汛抗旱

【概 况】 2022年,全省平均降雨量1565毫米,比多年同期均值略偏少,但全年降雨时空异常不均匀。先后经历主汛期赣南、赣东北严重汛情和有历史记录以来罕见极端旱情,尤其是6月下旬开始出现的汛期反枯,鄱阳湖刷新有记录以来最低水位,46条10平方千米以上河流发生断流,近1/3水库山塘干涸。省防汛抗旱指挥部首次一年同时启动防汛、抗旱二级应急响应,全年粮食总产量连续10年稳定在2150万吨以上。

【汛前准备】 印发2022年度防汛抗旱工作要点,细化年度工作方案,召开防汛抗旱趋势会商会、省防汛抗旱指挥部全体成员单位会、全省防汛工作电视电话会,部署防汛抗旱重点工作;向各设区市、省直管县(市)和10个主管部门或企业下达目标任务书,指导各级防汛抗旱指挥部逐级公示9583名行政区域和重点工程防汛抗旱责任人,推动防汛责任落地落实;对各地自查发现的938个问题,制定问题清单,动态整改销号,并组织各成员单位分组开展全省防汛大检查,以"一市一单"形式下发整改通知,形成工作闭环;修订完善《江西省防汛抗旱应急预案》,强化气象预警与应急响应联动机制,优化响应启动条件和响应措施;督促指导全省各地开展实战演练、业务培训等1377次,参演参训8.9万人次;储备抢险物料、物资装备价值近4.8亿元,落实各类应急力量8.7万人。

【抢险救援】 省防汛抗旱指挥部办公室25次下发群众提前转移准备工作通知,督促指导有关县(区)累计紧急转移避险和安置群众56.81万人。省防汛抗旱指挥部4次启动防汛应急响应、最高响应提升至二级,各设区市和县(市、区)及时启动防汛Ⅳ级以上应急响应共194次,响应期间应急工作组全部集中办公,工作组、专家组和督导组一线协助指导抢险救援等工作。通过科学调度大中型水库,拦蓄洪量约44亿立方米,减少淹没城镇94个,减淹耕地4.33万公顷,避免转移人口45.5万余人。针对乐安河、信江支流超历史洪水,省防汛抗旱指挥部紧急调拨彩条布50万平方米、编织袋50万条、冲锋舟10台、橡皮艇10条等物资装备,协调调派救援力量1680人,支持上饶、景德镇等地抢险救援。

【应对历史极端旱情】 强化会商研判,主汛期结束前指导各地做好蓄水防旱,水库蓄水达188亿立方米,比蓄水最好的2019年偏多2亿立方米。提前部署沿江滨湖地区利用高水位引提水,保障农田灌溉。全省累计投入抗旱机电设备近50万台(套),开展人工增雨作业近2400次。省防汛抗旱指挥部调度大中型水库向下游补水27.3亿立方米,保障沿河两岸及湖区950万人、43.33万公顷农田用水需求。推动包括南昌市在内的31座城市自来水厂采取应急保供水工程措施,确保城市用水安全。督促解决乡村饮水困难人员饮水难题,采取应急送水、打井等方式,解决偏远山区和坡高地群众1.97万人饮水问题。把保障农业灌溉作为重点工作,推动全省317处大中型灌区编制"一区一策"保灌方案,督促水源保障不足的及时落实应急调水、错峰轮灌、临时架泵等措施。通过驻点、派出技术专家等方式,开展农业减灾技术指导服务,入蓄水工程、灌区现场指导服务。

(省应急管理厅)

森林防灭火

【概 况】 2022年,省委主要领导签发2022年1号省级总林长令——《关于坚决抓好当前森林资源保护发展工作的令》,要求做好森林防灭火工作;召开省委常委会会议,专题研究部署全省森林防灭火工作。全年开展形势会商6次,发布预警7次。全省发生森林火灾90起,过火面积955.75公顷,受害森林面积400.47公顷,因灾死亡1人。

【落实森林防火责任】 9月30日，省森林防灭火指挥部公布市县乡和重点区域的森林防灭火责任人名单，接受社会监督。划定省森林防灭火指挥部成员单位对口联系区域。制定出台《江西省森林防灭火“八个一律”暂行规定》，省级提级调查火灾2起，追责问责282人（其中科级干部116人），对8个乡镇实行重点管理、2个乡镇黄牌警告。

【森林火灾防控】 开展全省森林防灭火平安春季行动、森林火灾隐患排查整治、查处违规用火行为、林区输配电设施火灾隐患排查治理和森林防灭火百日攻坚行动，排查隐患2809处，开设防火线2123千米，查处违规用火1311起，排查输配电线路3809千米、治理树线矛盾2162处。组织开展森林防火宣传短视频大赛，网络观看人数突破1600万人次。

【森林防灭火基础建设】 应急管理系统新获批中央森林防火项目3个，总投资9114万元；林业系统争取中央财政森林草原航空消防租机补助1660万元。实施中央预算内森林防灭火项目，建设一批应急救援一体化的营房。下达省级补助资金3000万元，营造生物防火林带2133.33公顷，新建双光谱智能视频监控系统144套，森林火灾风险普查工作基本完成。完成宜丰县花桥乡全国森林防灭火工作管理规范化试点任务。

【森林消防队伍建设】 推进专业森林消防队建设三年行动，在九江市濂溪区召开现场会，编印教育训练教材，开展全省专业森林消防队和乡镇半专业扑火队大练兵大比武活动，组织5万人次开展线上培训。深化全省17支专业森林消防队伍以水灭火战法试点工作，进一步提升安全扑救森林火灾能力。省林业局对126支森林经营主体半专业扑火队补助1260万元。

【森林火情处置】 协调内蒙古森林消防总队300名兵力到赣靠前驻防，组织驻赣森林消防大队赴赣州、上饶靠前驻防。强化值班值守，加强调度、指导扑救，全省调动专业队执行各类任务1.9万余人次。在应对赣州市赣县区“10·17”森林火灾时，首次启动省级森林火灾Ⅳ级响应，确保人员和重要设施安全。

（省应急管理厅）

救援协调

【概　况】 2022年，省市县全部完成突发事件总体应急预案修订，共修订应急预案1310个，覆盖全省、辐射周边的航空救援体系基本建立。省级层面累计协调调派各类应急救援力量1.1万余人，完成乐安河、信江支流超历史洪水、赣州市赣县区“10·17”森林火灾、历史极端旱情等重大灾害救援协调任务。总结演练经验，印发《江西省灾害事故应急演练实施指南》，规范全省灾害事故应急演练工作。

【航空应急救援体系建设】 以构建航空应急救援“六大体系建设”（航空救援指挥体系、基础设施体系、低空空管体系、力量体系、保障体系、产业体系）为重点，推动航空应急救援指挥调度中心基本达到与省内各机场、驻防站、应急机构、救援队伍一体化运行，实现航空救援飞机“看得见、叫得到、控得住”目标。靖安机场完成B类通用机场备案，机场自主空域获东部战区空军参谋部批复。赣州、宜春、上饶新建航空护林站项目获中央2200万元资金批复支持。《直升机应急医疗救援转运操作指南》《直升机舱内物资投送操作指南》和《直升机目视搜索操作指南》3项地方标准经省市场监督管理局批准发布。

【突发事件应急处置】 组织各类应急救援力量5000余人，参与上饶、景德镇“6·18”洪涝灾害抢险救援；协调省地质局、中国安能二局组建抗旱打井队伍支援基层一线，建成抗旱井226口，解决7万余人生活用水和1800公顷农田灌溉用水。针对赣州市赣县区“10·17”森林火灾，首次跨省调动增援队伍，首次大兵团联合作战。全年航空应急救援实施飞行任务438架次，飞行1033个小时，处置灾害事故17起，实施灭火吊桶洒水1185桶5316吨。

【健全应急联动机制】 深化社会应急力量参与重特大灾害抢险救援行动现场协调机制建设试点工作，建立省市县三级现场协调机制，在上饶“6·18”洪涝灾害时第一时间启动机制，组织社会应急力量有序参与抢险救援。坚持资源共享、优势互补、就近救援的原则，与湖南、湖北签订三省应急联动合作机制，与广东、福建、浙江、安徽四省分别签订应急联动机制，形成环江西区域应急救援联动体系。与驻赣央企、省属企业等8家单位签订灾害事故应急救援联动工作机制，建立会商通报、快速响应、应急预案衔接、联训联演、工作联络等机制。

【“江西应急·2022”灾害事故应急救援综合演练举行】 6月1日，“江西应急·2022”灾害事故应急救援综合演练举行，主演练场设在省消防训练基地，南昌市、九江市、赣州市、宜春市设分演练场，国家综合性消防救援队、地方专业森林消防队、民兵和航空救援以及通信、医疗等专业救援队伍共3600余人参演，动用车辆、船舶等救援装备400台（套），为2008年以来规格标准最高、联动部门最全、队伍规模最大、演练科目最多的一次综合演练。

（省应急管理厅）

本类目编辑　詹跃华

国家区域发展战略

国家生态文明试验区建设

【概　况】 2022年，江西深化国家生态文明试验区建设，主要经济指标增速保持全国前列，地区生产总值排位前移至第15位，战略性新兴产业、高新技术产业增加值占规模以上工业比重分别达26%、40.5%，数字经济增加值突破万亿元，电子信息产业营业收入居全国第4位。在全国率先出台建立健全生态产品价值实现机制实施方案，率先出台《关于支持和保障碳达峰碳中和工作促进江西绿色转型发展的决定》，开展绿色有机农产品基地试点省建设，绿色发展指数连续9年居中部地区第1位。全省森林覆盖率稳定在63.1%以上、保持全国第2位，国家林长制考核列全国第1位，空气优良天数、国考断面水质优良率稳步提升，长江干流江西段连续5年、赣江干流连续2年达到Ⅱ类水质。“绿色发展”靖安模式、赣南产业扶贫模式得到中共中央总书记习近平点赞，赣州生态文明建设、上饶林长制、萍乡产业转型升级、景德镇“城市双修”、宜春河湖长制、全南农村人居环境整治、绿色金融改革获得国务院督查激励表彰。余江农村宅改、寻乌废弃矿山修复、新余生态循环农业、鹰潭垃圾第三方治理、吉安生态养殖、资溪生态资源转化、宜黄河权改革等，为生态文明试验区建设贡献了典型经验和特色模式。持续举办鄱阳湖国际观鸟周、生态文明宣传月、江西森林旅游节等重大活动，美丽江西的成色不断提升。

【生态文明制度体系建设】 印发实施《深化国家生态文明试验区建设更高标准打造美丽中国“江西样板”规划纲要（2021—2035年）》。完成省级国土空间规划编制，“三区三线”划定成果获批启用。推进自然资源统一确权登记，省级自然资源清单、自然资源资产所有权委托代理试点总体方案出台。编制实施武夷山国家公园总体规划，完成井冈山国家公园创建方案。制定深化生态保护补偿制度改革的实施意见，修订流域生态补偿评价办法，出台社会资本参与生态保护修复的实施意见。颁布实施林长制条例，建立以五级河湖林长制为核心的全要素、全领域责任体系。建立自然资源资产离任审计评价指标体系，制定加强生态保护红线管理意见，持续开展塑料污染治理专项行动，探索推进环境污染强制保险制度。创新生态环境损害赔偿与公益诉讼衔接机制，全年查办破坏生态环境犯罪案件3868件，提起公诉1036件。“生态云”大数据平台优化升级。

【推进碳达峰碳中和】 在全国率先出台碳达峰碳中和工作实施意见和碳达峰实施方案，制定工业、能源、交通运输等重点领域和钢铁、有色、化工等重点行业碳达峰实施方案及其配套政策措施，各设区市碳达峰实施方案编制完成，目标明确、分工合理、充实有力、衔接有序的碳达峰碳中和政策体系基本形成。稳妥推进新旧能源有序替代，建成投运信丰电厂等清洁煤电项目，全省发电煤耗保持全国优秀水平。制定风电、光伏发电项目开发指南，实施开发区屋顶光伏建设三年行动，全省可再生能源装机容量达到2564.2万千瓦，占总装机比重为46.8%，新增新能源出租车、公交车占比分别达到83%、96%。制定实施“十四五”节能减排综合工作方案，建立健全节能监察体系和碳排放统计监测体系，落实原料用能和可再生能源不纳入能耗强度和总量控制制度，强化能耗强度下降目标约束，统筹做好优质重大项目用能保障和遏制“两高一低”项目盲目发展。实施碳达峰碳中和科技创新专项，新增省级绿色技术创新企业21家、绿色低碳省级工程研究中心20余家。率先设立省级碳达峰碳中和财政资金，落实节约能源、资源综合利用等税收优惠政策。

【生态环境综合治理与保护】 修订实施2022版长江经济带负面清单实施细则，长江经济带披露62个问题完成整改60个，完成尾矿库闭库122座。开展化工园区整治提升行动，26个化工园区均达到C级（一般安全等级）及以上标准。建立危化品运输车辆监管平台，对全省6万余辆危化品运输车辆进行全过程监管。长江大保护央地合作机制、化工园区“五化改造”模式获得国家肯定并向全国推广。实施新八大标志性战役30个专项行动，推进“四尘三烟三气”整治，推动氮氧化物、挥发性有机物等多污染物协同减排，全省PM2.5平均浓度27微克/立方米，同比下降6.9%。全省建成生活污水管网2.43万千米，生活污水处理能力达到547万立方米/日。建成生活垃圾焚烧设施38座，日处理能力达到3.36万吨，设区市中心城区原生生活垃圾处理基本实现“零填埋”。完成人工造林6.75万公顷、退化林修复11.54万公顷、森林抚育12.01万公顷，全省自然保护区达到190个。制定并发布重点保护野生动植物名录，长江江豚出现频次大幅度增加。南昌入选国际湿地城市，吉安获批中央财政国土绿化试点，万年入选全国首批林业碳汇试点县，上堡梯田入选世界灌溉工程遗产。

【经济与生态协同发展】 推进抚州国家生态产品价值实现机制试点，制定全省统一的生态产品总值核算规范和价值评估管理制度。制定生态产品价格形成机制实施意见，启动全省生态产品信息共享及 GEP（通用电气设备）自动核算平台建设。在全国率先开展湿地资源储蓄运营试点，创新推出林权收储抵押贷、湿地资源经营权抵押贷、绿色产业数字保，全省绿色产业项目入库数量达到 2845 个、总投资 1.57 万亿元，绿色贷款余额突破 5300 亿元。实施数字经济做优做强“一号发展工程”，出台“十四五”数字经济发展规划，出台打造全国传统产业转型升级高地、打造新兴产业培育发展高地实施方案，实施“赣鄱正品”品牌创建三年行动，绿色有机地理标志农产品达到 5039 个，全国唯一的国家中药先进制造与现代中药产业创新中心落户江西。累计消化批而未用土地面积 9.5 万公顷，连续 3 年获国务院大督查土地利用计划奖励。九江、大余、横峰列入国家再生水利用试点城市，全省水资源管理考核连续 4 年获全国优秀。南昌、吉安入选国家废旧物资循环利用重点城市，吉安、鹰潭纳入国家公共供水管网漏损治理试点城市。新增 12 家省级园区开展循环化改造，江西铜业获评国家能效“领跑者”。全省单位 GDP 每万元能耗 0.359 吨标准煤，处于全国较好水平。三百山获评国家 AAAAA 级旅游景区，仙女湖、丫山入选国家级旅游度假区。

（肖礼圣　林绪强　钟凌鹏）

赣南等原中央苏区振兴发展

【概　况】 2022 年，国家发展改革委员会先后印发《赣州革命老区高质量发展示范区建设方案》《革命老区重点城市对口合作工作方案》《关于地方提出的支持赣南等原中央苏区振兴发展有关事项的复函》，赣州革命老区高质量发展示范区建设获国务院同意批复，明确赣州市与深圳市、吉安市与东莞市建立对口合作关系，明确支持赣南等原中央苏区振兴发展部际联席会议议定的江西省 25 项事项办理意见，组织召开革命老区重点城市对口合作工作推进会议暨经验交流会议，推动对口合作走深走实；中组部选派中央国家机关及有关单位第五批 53 名挂职干部对口支援赣南等原中央苏区；省委、省政府举办赣南等原中央苏区振兴发展战略实施十周年座谈会等系列活动，召开省赣南等原中央苏区振兴发展工作领导小组第十一次会议、第四批中央单位挂职干部座谈会，印发《江西省推进革命老区重点城市对口合作任务分工方案》；省直单位持续加大政策、资金、项目支持力度，推动赣南等原中央苏区振兴发展。赣州、吉安、抚州三市 2022 年生产总值同比分别增长 5.2%、5.1%、5%。

【现代产业发展】 赣州市获批国家区块链创新应用综合性试点，组建现代家具创新联合体、稀土产业科技创新联合体，稀土新材料及应用集群跻身国家先进制造业集群，落户国家工信安全中心江西分中心。吉安市电子信息研究院加入省级电子信息产业链数字融合科技创新联合体，全市电子信息产业营业收入达到 2220 亿元。抚州市在全省率先实现“科贷通”县域全覆盖，新余市获批建设国家创新型城市，两市分别建成全省首个地市级综合型、全国唯一锂电工业互联网标识解析二级节点。赣南创新与转化医学研究院建成投运，世界首列永磁磁浮空轨列车“兴国号”首发，2022 中国工业互联网标识应用大会（中部）在抚州举行。赣州金环磁选、新余国泰等入选国务院国资委“科改示范企业”名单。腾远钴业、满坤科技、晶科能源等成功上市，安远三百山成功创建国家 AAAAA 级旅游景区，南康家具市场获评全国十大综合评价成绩突出的国家电商示范基地。

【城乡融合发展】 瑞梅铁路、长赣高铁开工建设，大广高速南康至龙南扩容段、寻龙高速、宜遂高速建成通车，瑞金机场主体工程建成。大唐新余二期异地扩建工程开工建设，信丰电厂双机投入运行。赣州市实现县县通管道天然气；获批建设革命老区水利高质量发展示范区，梅江灌区开工建设；获评全省城市功能与品质提升三年行动先进设区市。吉安、抚州、新余市入选首批城市更新省级试点。吉安市入选全国脱贫攻坚和乡村振兴案例总结区域，井冈山、宁都、横峰 3 个县（市）入选国家乡村振兴示范县创建名单，于都、泰和 2 个县入选国家农业现代化示范区创建名单，渝水、余江、会昌、樟树、资溪、弋阳 6 个县（市、区）入选“四好农村路”全国示范县创建名单，吉水县、瑞金市入选全国传统村落集中连片保护利用示范市（县）。

【生态文明建设】 赣州市省级以上园区绿色循环化改造实现全覆盖，生态文明体制改革获国务院督查激励表彰，全市完成水土流失治理 455.2 平方千米，生态修复废弃矿山 204.8 公顷，改造低质低效林 6.75 万公顷。赣州、吉安、抚州三市国考断面水质优良率、城市饮用水源地水质达标率均保持 100%，三市均入选“十四五”时期“无废城市”建设名单。吉安市获批国家废旧物资循环利用体系建设重点城市。抚州市颁发全国首张林下经济收益权证，举办国家发展改革委召开的全国生态产品价值实现机制试点经验交流现场会。武功山风景名胜区和定南、遂川、铅山、黎川、广昌 5 个县入选中国天然氧吧。上犹、遂川 2 个县入选国家生态文明建设示范区。

【改善营商环境】 赣州市推行“全产业一链办”改革，吉安市建立优化营商环境“指标长”工作机制，抚州市建立“政企茶话会”制度，“干就赣好”“吉事即办”“抚务周到”等营商环境品牌更加响亮。赣州市获评“中国投资热点城市”，对标大湾区打造新时代“第一等”营商环境入选全省十佳案例，市国有融资担保机构实现县域全覆盖，赣深城际高速货运班列“融湾号”开通运营，赣州国际陆港获批国家进口贸易促进创新示范区，与深圳市对口合作确定首批21项重点推进事项清单。吉安市与东莞市、抚州市与泉州市分别签订对口合作协议。吉安市、新余市获批国家跨境电商综合试验区。新钢集团与中国宝武钢铁集团实现联合重组。

【民生工程建设】 江西师大附中赣江创新研究院分校开学,赣州职教联盟组建成立,江西软件职业技术大学井冈山校区建成,抚州市入选全国基础教育综合改革实验区。广东省人民医院赣州医院、南方医院赣州医院获批国家区域医疗中心,吉安市蝉联国家卫生城市,赣州市妇保院新院、井冈山大学附属医院新院区投入使用。抚州市获批国家历史文化名城,赣南采茶戏《一个人的长征》获评中宣部"五个一工程"奖,武功山入选联合国教科文组织世界地质公园候选地,上堡梯田入选世界灌溉工程遗产名录。崇义县入选全国全民运动健身模范县。赣州市、萍乡市安源区获批国家积极应对人口老龄化重点联系城市,赣州、抚州、新余市入选全国居家和社区基本养老服务提升行动项目试点地区名单。

(刘上舰 吕瑞林)

赣江新区

【概 况】 2022年,赣江新区主要经济指标增速持续领跑全省,位居国家级新区前列,地区生产总值迈上千亿元台阶,同比增长6.2%,高于全省平均增速1.2个百分点;固定资产投资同比增长11.8%,高于全省平均增速2.8个百分点;规模以上工业增加值同比增长9.1%,高于全省平均增速1.8个百分点;社会消费品零售总额同比增长6.2%,高于全省1.2个百分点;一般公共预算收入同口径增长14.2%。

【产业发展】 加快建设国家级制造业高质量发展示范区和新型工业化产业示范基地,集中力量培育优势产业链条,六大主导产业规模以上工业企业408家,实现主营业务收入2097.43亿元。其中,智能装备产业营业收入同比增长25%,新能源新材料、生物医药产业保持两位数以上增长;有机硅新材料产业集群获省级产业集群综合考评第1名。科瑞普光电等60家企业获批省级"专精特新"中小企业,其中凯迅光电等6家企业获批国家级"专精特新"小巨人企业。儒乐湖数字经济产业园、华创新材料、青瑞新材料等一批项目开工建设,华润江中现代中药生产基地、舒蕾中药草本护理用品产业园、欣旺达动力电池生产基地、星火年产20万吨有机硅单体及配套装置等一批项目竣工投产。

【数字经济】 推动数字产业化、产业数字化和智慧新区建设,瞄准软件与通信服务业、数字大健康等核心领域发力,新增省级两化融合示范企业19家,新增省级智能制造标杆企业8家,数字经济核心产业链上下游企业93家,实现营业收入超600亿元。儒乐湖数字经济产业园、数字经济港、共青城数字经济产业园3家特色园区入选全省首批数字经济集聚区,一脉阳光等5家企业获批省大数据示范企业。全球领先的全息视觉显示企业——像航科技、国际一流的人工智能视觉企业——小视科技、国内知识图谱排名第一企业——海致科技、世界科技领军企业——海克斯康华中双智赋能中心基地相继落户,亚华电子获批全省唯一的国家级智能制造标准应用示范项目,三旺通讯实现当年签约、当年开工、当年投产。率先开展数字孪生城市基础底座建设,实现大数据统一汇聚和全面共享。

【深化改革】 贯彻落实全省推动赣江新区激发活力增强实力大会精神和赣江新区建设领导小组第十三次会议部署,51项省级经济社会管理权限稳步承接,省投资集团划归新区领导和管理有序推进,重组整合赣江控股集团,注册设立100亿元产业引导基金,与省国资委等单位签署战略合作协议,与南昌市、九江市建立常态化工作对接机制。推出重点领域改革26项,率先将人防工程质监与施工许可手续合并办理并在全省推广,在全国首创企业"董监高"责任险全覆盖改革,"1+7"综合执法等2项改革入选全省改革十佳案例和优秀案例。入选全国首批中央财政支持的普惠金融发展示范区,发放全国首笔"碳足迹"披露支持贷款、绿色PPP+ESG绩效表现贷款,在全国首推应收账款池质押融资业务,"绿色产业数字保"列入江西省探索和推广的改革项目清单。全面优化营商环境,在招投标事后备案、线上"秒批"服务、建筑工程"豁免清单"等领域创出特色,推出"新小二帮您办+惠企政策兑现"办理模式,"易企政在办"服务品牌入选全省深化"放管服"改革优化营商环境典型案例。

【对外开放】 创新招商引资方式,加强资源整合,成立招商发展集团,构建管理精干、运转高效的新区"大招商"工作体系,新签约招商引资项目210个,投资额1366.42亿元,其中,新签约项目29个。直管区签约项目35个,投资额221.04亿元。其中,50亿元以上项目1个,20亿~50亿元以上项目6个。推动新区外贸持续增长,实现进出口总额352.93亿元,同比增长33.65%。南昌综合保税区海外仓增长至39个,遍布欧洲、美洲、大洋洲、亚洲,服务外贸企业近200家。新增上市企业3家。

【科技创新和人才引进培育】 围绕"科学原理、工艺装备、产品研发"三个创新维度,在直管区全力打造以赣江中药创新中心、中国中医科学院中医药健康产业研究所、国家中药资源与制造技术创新中心(筹)为引领的24家创新平台。其中,国家中药先进制造与现代中药产业创新中心是全国中医药领域唯一的国家产业创新中心。在统筹区集聚了中科生态修复(江西)创新研究院、直接质谱与精准诊断国际转化研究中心、VR产业学院、光氢储研究院等一批高能级创新平台。推动落实人才新政66条,开展第四批"赣江海智"等4项人才计划申报,购置、改造、新建人才公寓5407套,新引进培育国家级领军人才8人、省级领军人才23人,直管区引进博士以上高层次人才34人。

【产城融合】 启动实施全域总体策划,编制《赣江新区国土空间总体规划（2021—2035）》，划定“三区三线”。儒乐湖新城城市文化公园和主干路网、地下综合管廊等基础设施项目加紧实施；中医药科创城金匮二路以北新建道路、阳光大道、丝绸路等道路加快建设，国家级技能人才培养综合园区首个入园技校项目有序推进，神农岭本草科技园建设全面铺开，空港新城、湖东新城、南湖新城等新城建设步伐加快。儒乐湖新城公共文体中心、心海书屋投入使用，江西师范大学附属新区初级中学签约，科创城学校和儒乐湖一小、二小等公办学校开工，赣江新区人民医院发热门诊开诊。开展国家循环经济示范试点和绿色制造体系建设试点，中科新建材等3家企业获批省级“绿色工厂”，实现直管区“绿色工厂”“零的突破”。

（朱星辰）

对口支援新疆阿克陶县

【概　况】　2022年，江西围绕受援地需求，以新时代“第一等的工作”态度，在聚焦补齐民生短板、拓展智力支撑、夯实产业基础、深化文化润疆、增进民族交融等方面主动作为，实施援疆项目72个，安排援建资金2.93亿元（含预备费724万元）。

【民生暖疆】　开展职业技能、创业就业、基本劳动素质培训，共培训3.39万人次，累计有组织转移疆内外就业3911人次。激励创新创业，实现自主创业865人，带动就业768人。打造5个乡村振兴示范点，支持阿克陶镇乡村采购奶牛、农机具等，发展壮大村集体经济。对182名肺结核患者提供药物、餐费补助，对全县6.05万名中小学生开展结核菌素实验检测，为1300名35～60周岁农村适龄妇女进行免费宫颈癌和乳腺癌筛查。从预备费中安排100万元作为克孜勒苏柯尔克孜自治州（以下简称克州）招商引资专项资金。协调筹集价值约500万元物资支持新疆维吾尔自治区防控新冠肺炎疫情，筹集价值约220万元防灾救灾物资支援克州抗震物资储备。

【智力援疆】　在克州实施“帕米尔3123人才”项目，为受援地培养帕米尔英才600人次。为当地完成畜牧养殖、特色种植、农机、电商、农村经纪人、旅游致富带头人等各类乡土人才业务和技能培训2000余人。完成4批50名科技、文化、农业、旅游、金融等重点领域骨干专业人才和基层青年干部赴江西省跟班学习。邀请江西省农林水牧、交通、审计、住建、旅游、科技、产业园区开发管理、物流管理等专业技术人才15名到阿克陶县开展为期半年的业务和技术指导，结对帮扶12个县直单位。18名援疆医生发挥传帮带教作用，师徒结对帮扶180人次、培训医疗卫生人员1920人次；打造重点科室6个；诊疗4160人次、会诊107人次、手术122例、抢救危重病人45人、教学查房1475次、开展下乡医疗巡回义诊105次，服务1.29万余人次。组织专家到阿克陶县进行农技指导，完善品种配套栽培技术。引进法桐、白蜡、金叶榆、红叶李、丁香、云杉、榆叶梅、红果榆等苗木，开展引种实验。

【产业兴疆】　发展戈壁设施农业，对1421座大棚进行电力提升改造，对294座损坏耳房维修加固；以共生稻、香菇园、水产养殖及有机肥加工为主体架构，持续打造23公顷集种养结合、产娱一体的丝路稻香园。建设旅游基础设施，完善冰川公园景区旅游服务电力、旅游气象等基础设施建设；支持巴仁乡吐尔村沙漠胡杨林、巴仁村旅游扶贫基地、木吉乡旅游民宿改造等乡村旅游观光特色示范点建设。实施林果提质增效示范工程和特色林果良种繁育工程，对600多公顷林果（杏树、核桃）实施提质增效，林果产量增长15%以上。补齐工业园区基础设施短板，完善“智慧园区”、信息化、大数据等功能配套建设。打造冷链物流工程，建设总建筑面积4941平方米的保鲜库2个，每个保鲜库有26间冷藏库，可容纳果蔬及肉类产品10万吨。

【文化润疆】　在克州新建井冈山幼儿园、瑞金幼儿园2所，改扩建义务教育学校以及普通高中学校7所。106名援疆支教教师主要集中在克州江西实验中学、克州江西实验小学、克州三中3所州县直中小学校，全面参与学校教育教学管理，开展师徒结对、传帮带、示范公开课、名师工作室等系列帮扶举措。引进推广“赣教云”优质教育资源，利用“云＋5G”等信息化技术开展“同课异构＋互动教研”，协助当地创新中小学课堂教学环境，变革传统教学，高效实现优质教育资源的共建共享，提高受援地教育教学水平。打造“红杜鹃”援建品牌，在克州江西实验中学、克州江西实验小学、克州三中3所受援校每个年级设立2个“红杜鹃江西班”，在克州江西实验中学设立每年50万元奖励项目。全方位、多形式开展红色文化进校园活动，打造红杜鹃广场、红杜鹃社团、红杜鹃红色文化校园读本、红杜鹃微讲堂等系列“红杜鹃”品牌。

【交流交往交融】　开展援疆干部人才常态化结亲活动、“我为群众办实事”活动，为基层送医，送教，送科技。开展文化、文艺团体互访会演及采风活动，促进多层次民族交流交往交融，增强爱国意识，增进民族团结进步。补助500名在校大学生接受高等教育，通过帮扶大学生就学就业，提高学生的民族认同感，进一步促进民族团结。支持青少年“手拉手”活动，打造“中华民族一家亲”系列实践教育平台，组织阿克陶县中小学生赴井冈山、南昌、景德镇、婺源等地接受红色文化教育，两地学生通过互联网“结对子”“手拉手”“爱心包裹”“书信往来”等形式，多层次多样化开展联谊活动，进一步铸牢中华民族共同体意识。

（省发展改革委）

本类目编辑　王伟民

农业农村

综述

2022年，农业农村工作克服新冠疫情冲击和连续133天历史罕见高温干旱影响，全力以赴抓粮保供守底线，推动全省农业农村经济保持稳中有进、稳中向好发展态势。全省农林牧渔业总产值4213.8亿元，首次突破4000亿元，同比增长4.3%；农村居民人均可支配收入1.99万元，同比增长6.7%，高于全国平均水平0.4个百分点。

供给能力稳步提升。全年粮食播种面积377.63万公顷，产量215.2亿千克，连续10年稳定在215亿千克以上。其中早稻总产量67.7亿千克，比上年增加0.4亿千克，居全国第2位。累计建成高标准农田超174.94万公顷，占全省"三调"耕地面积的64.2%。新建设施蔬菜基地2万公顷，全年蔬菜产量2100万吨，同比增长7.3%；全年主要畜禽肉产量358.6万吨，比上年同期增加14.6万吨，同比增长4.3%。其中，猪肉产量249.9万吨，同比增长4.8%；牛肉、羊肉、禽肉总产量分别为17.1万吨、3.1万吨、88.4万吨，同比分别增长2.5%、8.8%、3%。生猪出栏3064.6万头，比上年增加154.3万头，同比增长5.3%；牛出栏147.3万头，同比增长0.5%；羊出栏186.8万只，同比增长8.9%。家禽出栏5.93羽，同比增长2.7%；禽蛋产量68.4万吨，同比增长9.2%。水产品产量283.2万吨，同比增长5.1%。油菜种植面积达到52.45万公顷，夏收产量78.8万吨，同比分别增加2万公顷、5.4万吨。全省冬种油菜播种59.13万公顷，完成扩种6.67万公顷任务。

绿色产业做优做强。抢抓部省共建绿色有机农产品基地试点省机遇，着力培育壮大农业全产业链。持续推进"三品一标"建设，累计创建国家农业绿色发展先行区3个、全国绿色食品原料标准化生产基地49个、绿色有机地理标志农产品5039个，全省主要食用农产品监测合格率连续9年保持在98%以上。农业农村数字经济总体规模达到720亿元，同比增长12%；全年富硒功能农业综合总产值超600亿元，同比增长20%。推进重大项目建设，农业领域208个重大项目完成年度投资727.2亿元，占年度计划投资的132.2%；农业招商引资实际进资405.1亿元，同比增长9.6%。打造小龙虾、富硒蔬菜、鄱阳湖稻米、赣中南肉牛等四大国家级产业集群，累计创建国家级农业产业强镇39个、国家现代农业产业园8个。培育农业产业化省级以上龙头企业1059家，同比增加96家。创新实施"赣鄱正品"品牌创建三年行动，建立江西"赣鄱正品"品牌体系和江西优质农产品营销体系，先后认定"林恩""漫江红"等260个特色鲜明、品质优良的"赣鄱正品"品牌，赣南脐橙、南丰蜜橘、庐山云雾茶等5个地理标志产品荣登全国百强榜。

乡村建设提档升级。出台乡村建设行动推进方案，启动新一轮乡村建设。持续开展农村人居环境整治提升五年行动，稳步推进农村厕所革命，全年完成农户改厕20余万户，全省农村卫生厕所普及率达到77%。农村生活垃圾收运处置体系实现自然村全覆盖，90个县(市、区)及功能区实现全域第三方治理，农村生活污水治理率达30%。实施新农村建设"五大专项"提升行动，创建166个美丽宜居乡镇、1561个美丽宜居村庄、29万余个美丽宜居庭院，打造153条各美其美、美美与共的美丽宜居示范带。全年新农村建设共惠及1万个自然村，改善了80万户300万名群众的生产生活条件，全省宜居村庄整治建设覆盖率提升至83%。推动"五定包干"村庄环境长效管护机制落地见效。发挥5G+长效管护平台监管作用，全省16万个宜居村庄纳入监管，所有设区市、涉农县实现平台在建全覆盖。截至12月31日，平台关注量640万人，累计受理各类管护问题36.8万件，处理完结率和群众满意率均保持95%以上。

农村改革持续深化。推进农村土地"三权分置"改革，促进承包地经营规范流转，土地流转面积139.73万公顷，流转率56.8%，比上年底提高3.2个百分点。推广农村承包土地经营权抵押贷款"地押云贷"试点，累计发放"地押云贷"贷款1.01亿元。制定出台《农村宅基地改革试点和规范管理三年行动方案》，4个国家试点县均建成宅基地信息化管理平台，全省98.2%的乡镇承接并落实了宅基地执法管理权限，全年累计受理宅基地建房申请4.1万余宗，审批3.3万余宗。通过发展休闲乡宿，累计盘活闲置农房和宅基地190万平方米，农户增加财产性收入3亿元，带动村民就近就业2.1万人，增加工资性收入4.8亿元。巩固拓展农村集体产权制度改革成果，推进农村集体"三资"管理平台和农村产权流转交易市场建设，全省县级"三资"平台基本建立。截至2022年年底，全省市县农村产权流转交易市场累计实现交易33.64亿元，村集体经济年经营性收入10万元以上的行政村占比达97%。加强新型农业经营主体规范建设，全省农民合作社数量7.78万家、出资额1708.3亿元；家庭农场数量9.78万家；社会化服务组织2.9万家。完善“财农信贷通”工作机制，新增贷款74.56亿元，累计贷款869.44亿元，累计受益户数达16.46万余户。

（黄大山　何维）

种植业

【概　况】　2022年，江西粮食播种面积377.63万公顷，产量215.2亿千克，其中早稻播种面积122.01万公顷，总产量67.7亿千克，粮食生产及早稻生产均获农业农村部通报表扬。蔬菜（不含瓜类）种植面积70.44万公顷，产量1786.9万吨，面积、产量同比分别增长2.6%、3.3%左右。水果种植面积43.33万公顷，园林水果产量450万吨。茶园面积稳定在12.33万公顷左右，同比增加0.62万公顷。中药材种植面积22.27万公顷（含林下药材10.26万公顷），同比增加1.2万公顷。12月，中央召开农村工作会议，江西抗旱稳粮工作在会议上作典型发言。

【蔬菜生产】　1月1日，省农业农村厅印发《2022年全省推进设施蔬菜发展项目实施方案的通知》，将全年2万公顷设施蔬菜基地建设任务分解落实到各设区市。5月30日，省政府在吉安永丰召开2022年全省蔬菜产业发展现场推进会，对全年建设任务进行再部署、再落实，确保任务分解到位、责任压实到位。将蔬菜产业纳入全省高质量发展考核范围，强化对“菜篮子”生产的绩效考核。安排设施蔬菜资金1亿元，支持2万公顷设施蔬菜基地建设。

【经济作物】　1月1日，省农业农村厅印发《2022年全省经济作物高质量发展项目实施方案的通知》，明确以水果、茶叶、中药材、食用菌为主导品种，以构建经济作物良种繁育体系、标准化生产体系、病虫害绿色防控体系为工作重点，推进经济作物高质量发展，安排专项支持资金1.25亿元；安排资金400万元，分别在安远县、浮梁县整县推进水果、茶叶绿色高质高效创建。全年新增和改造提升标准化果园2.27万公顷、茶园1.1万公顷、中药材1.87万公顷，落实棉花种植面积1.97万公顷。推进果业区域品牌+企业品牌创建，重点支持赣南脐橙、南丰蜜橘、马家柚、井冈蜜柚品牌创建，每个品牌择优扶持1个区域品牌和3个企业品牌。2022年，赣南脐橙以品牌价值686.37亿元列全国区域品牌（地理标志产品）第六位、水果类第一位，入选全国首批中欧地理标志协定保护名录。茶叶品牌影响力不断增强，“四绿一红”合计品牌价值达到157.6亿元，同比增长12.6%。在2022中国茶叶区域公用品牌价值评估结果中，庐山云雾茶品牌价值41.02亿元，居第15位；狗牯脑茶33.34亿元，居第33位；浮梁茶31.18亿元，居第40位；婺源绿茶29.13亿元，居第42位；宁红茶22.93亿元，居第55位。

【粮油生产】　2月25日，省政府印发《关于全力以赴做好粮食生产工作的通知》，将粮食播种面积的硬任务分解下达到各市、县（区），压实粮食安全政治责任。2月2日、2月25日，省委、省政府相继出台《关于防止耕地“非粮化”稳定粮食生产的实施意见》《关于全力以赴做好稳定粮食生产工作的通知》等文件，推动任务落实。6月，谋划油菜扩种工作。7月，明确扩种目标，将油菜目标任务告知设区市。在有关会议上就油菜扩种工作进行强调和布置。9月29日，省委办公厅、省政府办公厅印发《关于提升油菜油茶等油料产能 保障食用植物油有效供给的实施方案》，明确目标，分解任务，压实油菜生产属地责任。提前下达中央和省级耕地地力保护补贴、稻谷补贴、双季稻轮作等各类支粮助粮资金76.3亿元，下达实际种粮农民一次性补贴14.84亿元。创新金融信贷产品，实现水稻完全成本保险产粮大县全覆盖。首次出台双季稻生产专项扶持政策，整合资金4.15亿元，重点支持集中育秧等关键环节，有效稳定了种粮农民种植积极性。下达中央产油大县奖励、稻油轮作和油菜绿色高质高效行动等政策资金4.35亿元，省级财政下达资金828.33万元，开展油菜机械化移栽和油菜籽加工能力提升试点。

（曾维维　双巧云）

茶产业

【概　况】　2022年，全省茶园面积12.33万公顷、干毛茶总产量7.8万吨。全省有91个县（市、区）产茶，已形成赣东北、赣西北、赣中南三大优势产区。其中，赣东北茶区包括上饶、景德镇、鹰潭，以及南昌和抚州东北部部分县（市、区），有婺源绿茶、浮梁茶、铅山河红茶、资溪白茶等区域品牌；赣西北茶区，包括九江、宜春、新余、萍乡，以及南昌和吉安西北部部分县（市、区），有庐山云雾茶、宁红茶、靖安白茶等区域品牌；赣中南茶区，包括赣州，以及抚州和吉安南部部分县（市、区），有狗牯脑茶、赣南高山茶等区域品牌。浮梁、婺源、遂川、修水、铅山、铜鼓、上犹7个县入选中国茶叶流通协会公布的“2021年度茶叶百强县”。

【品质提升】　全省推进有机肥替代化肥、绿色高质高效创建等行动，推广茶园病虫害生态、物理、生物等绿色防控技术，茶叶品质稳步提升。2022年，全省无性系茶园面积7.27万公顷、占比60%，生态茶园面积约1.8万公顷。婺源县被授予“国家有机产品（茶叶）认定示范县”称号。全省“四绿一红”合计品牌价值达到157.6亿元。宁红集团有限公司、婺源县鄣公山茶叶实业有限公司、上犹犹江绿月食品有限公司3家企业入围2022中国茶叶企业产品品牌价值100强。

【品牌宣传】　支持赣南高山茶、浮梁茶、靖安白茶、庐山云雾茶在央视新闻《早间新闻》《新闻联播》《午间新闻》等栏目黄金时段开展宣传，支持赣南高山茶、狗牯脑茶在南昌西站、南昌火车站、南昌地铁、重要楼宇等传统媒体以及今日头条、抖音、微信朋友圈等新媒体上开展宣传。全省春茶上市期间，组织九江市大椿茶业、抚州市馨田茶业、吉安市井冈红茶业等30余家江西优质茶企参与南京、成都、青岛三地茶叶专业展会。奖励入选2022年全国区域品牌（地理标志农产品）百强榜的庐山云雾茶、遂川狗牯脑茶，并鼓励其扩大品牌影响力。

（双巧云）

林 业

【概 况】 2022年，全省林业系统践行绿水青山就是金山银山理念，落实省委全面建设“六个江西”部署要求，做好建设、保护、利用绿水青山“三篇文章”，推动全年各项工作取得成效，超额完成年度造林绿化任务。松材线虫病疫区数量、疫点乡镇数量、发生面积和病死树数量实现“四下降”。《江西省林长制条例》《江西省山茶油发展条例》出台。中林集团与省政府签订战略合作协议。中央和省级林业项目资金超50亿元。在全国率先发布林业生物多样性保护公报。率先破译红花油茶遗传密码。“湿地银行”试点成效被《焦点访谈》报道。江西省获批全国林地占补平衡试点省。南昌市获批国际湿地城市。上饶市全面推行林长制工作成效明显获国务院督查激励。吉安市获批2亿元中央财政国土绿化试点示范项目。万年县被列为全国首批林业碳汇试点县。武功山入选联合国教科文组织世界地质公园候选地。江西环境工程职业学院教师李德鑫获世界技能大赛特别赛家具制作项目金牌。江西鄱阳湖国家级自然保护区管理局王小龙入选“中国好人榜”。四类林业碳汇试点启动，择优遴选11个森林固碳增汇试点单位、13个CCER（国家核证自愿减排量）林业碳汇开发试点单位、3个林业碳中和试点和5个林业碳汇监测试点单位。

【森林培育】 全省参加义务植树2442.5万人次，植树1.37亿株，义务植树尽责率达到88.8%。完成营造林面积23.17万公顷，占年度任务的130.1%，其中，完成人工造林6.75万公顷，占年度任务的190.5%。完成低产低效林改造面积11.54万公顷、森林抚育面积12.01万公顷，分别占年度任务的107.1%、106%。完成重点区域森林“四化”建设造林1.54万公顷，占年度计划的115.3%。

【林木种苗】 全省6个油茶良种被国家林草局确定为全国油茶主推品种。新晋升3处国家级种质资源库，全省审（认）定良种131个，油茶良种、林业重点工程杉、松类良种使用率100%。全省各类育苗单位提供造林绿化苗木11.1亿株，其中油茶苗木1.5亿株，为全省造林绿化和油茶产业发展提供支撑。

【产业发展】 2月17日，国家林草局与省政府联合印发《江西现代林业产业示范省实施方案》，重点支持油茶、毛竹、家具、森林旅游与森林康养、林下经济五大产业发展。4月15日，省林业局修订《江西省竹产业发展项目管理暂行办法》。6月20日，省政府办公厅印发《关于推进林下经济高质量发展的意见》。9月29日，省委办公厅、省政府办公厅印发《关于提升油菜油茶等油料产能保障食用植物油有效供给的实施方案》，要求着力扩大油茶种植规模、提高茶油产量。全省完成油茶营造林面积10.29万公顷，占年度油茶生产任务的118.88%。11月23日，省林业局与省民政厅、省卫生健康委员会、省中医药管理局联合印发《江西省森林康养基地管理办法》。11月25日，省人大常委会第四十二次会议通过《江西省山茶油发展条例》。举办江西首届油茶文化节，举办中国（乐安）竹笋产业高质量发展高峰论坛和首届江西省竹资源高效利用高峰论坛，召开全省林下经济高质量发展动员部署暨油茶竹产业发展现场推进会，推进实施林下经济“三千亿工程”。全省新增森林药材种植面积1.96万公顷，新增香精香料种植面积1393.33公顷，林下经济产业规模保持全国前列。完成国家下达的1520批次食（药）用林产品及产地土壤监测任务。认定省级森林康养基地26个。

【林业改革】 2月28日，省林业局联合省政府金融办、人行南昌中支、江西银保监局印发《关于开展林权收储担保体系建设的通知》，安义等21个县区启动林权收储机构建设试点。4月8日，省林业局出台14条林业优化营商环境具体措施，制定林地流转奖补政策等9项惠企政策的办事指南，组织编制全省林业系统行政许可清单。4月18日，省林业局依申请类政务服务事项进驻省政务服务中心工作。6月29日，资溪县颁发全国首张林下经济收益权证，资溪县林权收储运营改革经验被列入省委全面深化改革委员会《2022年江西省探索和推广的改革项目清单》。7月4日，全国林业改革发展综合试点工作调度会在抚州召开。全省培育林业专业大户4812户、家庭林场1211个、农民林业专业合作社3023个，66家林业专业合作社被评为国家农民合作社示范社，累计发放林权贷款突破320亿元、余额144亿元。油茶和森林药材等地方特色农业保险签单面积69.63万公顷，为55.27万户次农户提供206.39亿元风险保障。南方林业产权交易所交易林业生态产品1.52亿元。新增实施场外造林6013.33公顷，新增实施“百场百业”项目30处，累计实施“百场百业”项目72处，带动1.2万人次参与项目建设。

【林业科技】 江西智慧林业建设纳入全省数字经济、数字政府、数字乡村等省级重大战略规划，推进林权管理、林权流转、融资保险、要素交易等服务平台应用及林权大数据建设，在全国率先开展智慧林长平台与国家生态护林员平台系统融合。鄱阳湖湿地生态系统监测预警平台（二期）获国家批复，8个林业科技项目列入省重点研发计划“揭榜挂帅”榜单。新授权林业植物新品种1个，新增国家林草局乡土专家9人、“最美林草科技推广员”4人、国家林草科技推广成果库优秀成果29个。制定“江西省林业地方标准体系”，组建江西省油茶产业科技创新联合体，成立江西省林业碳汇专家委员会。与省科技厅、省科协联合出台《江西省林业科普基地管理办法》，举办首届江西省林业科普讲解大赛，全国首家湿地候鸟类型的“学习强国”鄱阳湖科普基地建成并揭牌运行。与国际鹤类基金会签订合作备忘录，与赞比亚、俄罗斯等国家开展自然教育线上交流。获评2022年全国科技活动周及重大示范活动优秀单位。1月25日，江西林业科研团队首次破译红花油茶遗传密码。该研究成果以红花油茶为研究对象，获得全球质量最高的红花油茶基因组，为油茶遗传改良奠定了重要的理论基础。9月21日，江西林业科研团队首次破译樟树遗传密码。该研究成果以中国境内有分布的樟属24种植物为材料，收集樟属植物材料万余份，利用多组学数据分析、群体遗传分析、代谢分析和功能基因组学分析等研究方法，历经10余年潜心研究，取得重大突破。

【资金投入】 中央和省级林业项目资金超50亿元。其中，安排5.6亿元用于森林质量精准提升，重点支持林木良种培育、低产低效林改造、森林“四化”建设和森林抚育。中央基建生态保护和修复投资2.2亿元，全省59个双重规划区域县中有27个启动林草湿生态系统修复治理。提高森林生态补偿标准，全省340万公顷省级以上生态公益林和213.33万公顷天然林得到有效保护，其中国家公园、国家级自然保护区和省级自然保护区范围公益林补助标准分别提高到每公顷525元、495元、435元。投入3.3亿元用于森林防火、松材线虫病防治，支持营造2200公顷生物防火林带，对126支半专业扑火队进行补助。安排林业产业发展补助资金5.4亿元，推进产业示范省建设，重点支持油茶造、改、提面积8万公顷，毛竹低改和笋用林面积1.2万公顷，森林药材1.47万公顷，新建森林康养基地27个。投入7600万元，在全省新建一批小微湿地、乡村森林公园和森林乡村，改善乡村人居环境，助力乡村振兴。

【出台2部省级林业地方性法规】 5月31日，江西省第十三届人民代表大会常务委员会第三十九次会议通过《江西省林长制条例》，7月1日起施行。该条例明确设立省市县乡村五级林长，明确实施林长制推动林业资源保护、发展“五绿”任务和林业资源网格化管理模式，实现林长制从有章可循迈向有法可依。11月25日，江西省第十三届人民代表大会常务委员会第四十二次会议通过《江西省山茶油发展条例》。该条例明确山茶油的政府职责、质量安全管理、产业发展支持政策等，是全国首部针对油茶进行的地方性立法，为江西油茶产业健康发展提供法治保障和基本遵循。

12月8日，首届江西油茶文化节在赣州市南康区开幕

省林业局供

【南昌市入选“国际湿地城市”】 6月10日，南昌市入选国际《湿地公约》常委会公布的第二批国际湿地城市名单，并在11月武汉召开的《湿地公约》第14届缔约方大会上获得授牌。南昌湿地资源禀赋优越，水域面积占全市总面积的29.87%，拥有2处国际重要湿地、4处省级重要湿地和5处省级湿地公园。南昌良好湿地生态环境为鸟类提供了重要越冬栖息地。

【中林集团与省政府签订战略合作协议】 8月16日，中林集团与省政府签署战略合作协议。中林集团将深化与江西在国家储备林建设、林业碳汇开发和交易、油茶、竹木加工等重点领域合作，深度参与江西国家生态文明试验区和江西现代林业产业示范省建设，共同打造合作共赢典范。

【举办首届江西油茶文化节】 12月8日，以“江西山茶油·赣出好茶油”为主题的首届江西油茶文化节在赣州市南康区开幕，通过“瞰见秀美江西”“品茶油忆乡愁”“享美食乐游玩”“搭建商贸桥梁”等形式多样、别具地方特色的系列活动，宣传弘扬油茶文化，展示江西油茶产业发展成果，推介江西山茶油和赣南茶油品牌，振兴茶油消费市场，提升江西山茶油和赣南茶油品牌的社会影响力。

【江西环境工程职业学院教师在世界技能大赛夺金】 10月15日，江西环境工程职业学院教师李德鑫在瑞士巴赛尔举行的2022年世界技能大赛特别赛家具制作项目角逐中，勇夺金牌，为中国队斩获首金。2022年，该学院在中国国际“互联网+”大学生创新创业大赛总决赛获一金二铜，在全国职业院校技能大赛教学能力比赛中获一等奖1项、二等奖2项，先后获省级教学成果奖一等奖3项、二等奖7项。

【上饶市林长制工作获国务院督查激励】 2022年，上饶市林长制工作成效明显，列入国务院办公厅“落实重大政策措施真抓实干成效明显”督查激励名单。上饶市各级林长常态化开展巡林，确保源头有人巡、后台有人盯、事件有人查、责任有人担，实现破坏林业资源案件数量和林业灾害发生率双下降。全省通过构建林长组织体系、源头管理体系、制度保障体系、目标考核体系和智慧管理体系，完善总林长发令机制、林长巡林机制、部门协作机制、督查督办机制和林长对接机制，推深做实林长制，逐步实现从林长制迈向“林长治”。

（左焕　黄明亮）

畜牧业

【概　况】 2022年，全省主要畜禽肉类产量358.6万吨，同比增长4.2%；禽蛋产量68.4万吨，同比增长9.2%；鲜奶产量7.9万吨，同比下降5.1%。畜牧业产值1094.39亿元，同比增长4.63%。生猪外调734万头，其中净调出量610万头，继续稳居全国前列。工业饲料产量1083.9万吨，同比增长7.3%。新版兽药GMP（良好生产规范）企业56家，兽药产值约30亿元。

【生猪稳产保供】 按照“稳字当头、稳中求进”的总体思路，稳定用地、信贷、保险、环保等扶持政策，建立生猪基本产能保护制度，加强生产监测预警，实施临时性补助等调控措施，生猪生产走出低谷，实现稳定增长。2022年年末，生猪存栏1730万头，同比增长2.8%；能繁母猪存栏170万头，同比增长5.1%，稳定在合理区间；全年生猪出栏3065万头，同比增长5.3%；猪肉产量250万吨，同比增长4.8%。

【牛羊家禽产量增长】 贯彻落实省政府“牛羊十条”“家禽八条”高质量发展意见，实施牛羊产业建设、赣中南肉牛产业集群等项目，打造肉牛肉羊大县，做大做强地方肉鸡产业，牛羊、家禽生产扩量提速。2022年，全省牛出栏147.3万头、同比增长0.5%，牛肉产量17.1万吨、同比增长2.5%；羊出栏186.8万只、同比增长8.9%，羊肉产量3.1万吨、同比增长8.8%；家禽出栏5.9亿羽、同比增长2.7%，禽肉产量88.4万吨、同比增长3%。

【动物疫病防控】 落实落细非洲猪瘟等重大动物疫病防控关键措施，提高非洲猪瘟等动物疫病防控能力，全省未发生非洲猪瘟等重大动物疫情。落实强制免疫政策，高致病性禽流感和口蹄疫免疫密度达到100%，抗体合格率分别为99.5%和98.1%。强化活畜禽调运监管，备案畜禽运输车辆2584辆，11个设区市的21个县实现动物检疫无纸化出证。新增5家国家级动物疫病净化示范场、9家国家级非洲猪瘟无疫小区。坚持人病兽防、关口前移，成立全省畜间布鲁氏菌病防控工作领导小组，制定印发《江西省畜间布鲁氏菌病防控五年行动方案》。2022年，全省开展牛羊布病净化抽检1.48万份，企业自检7000份，检出阳性样品45份，按照防治技术规范处理到位；累计完成家畜血吸虫病查治与监测任务16.44万余头（份）次，完成家畜血吸虫病查病7.24万头次，治疗和扩大治疗6.99万头次，监测2.21万头（份）次，未发现阳性畜；加强基层动物防疫体系建设，会同省委编办多次组织人员实地调研和研究论证，形成《关于加强基层动植物疫病防控体系建设的实施意见》，实施基层兽医防疫体系项目，支持58个县的兽医实验室和乡镇动物防疫检疫设施设备改造完善。

【产业转型升级】 持续开展畜禽养殖标准化示范创建，新增部省级标准化示范场31家，全省累计创建标准化示范场1035家。全省生猪、肉牛、肉羊、蛋鸡规模养殖比重分别提高到84%、29%、54%、81%，生猪、蛋鸡规模化程度在全国继续处于第一方阵。着力推进畜禽养殖废弃物资源化利用，全省畜禽粪污综合利用率继续保持在80%以上，规模养殖场粪污处理利用设施装备配套率99%。现代化畜禽屠宰加工产能大幅提升，新增现代化生猪屠宰产能300万头，创建省级标准化生猪屠宰示范企业14家。组织全省1563家规模养殖场参加兽用抗菌药使用减量化行动，饲料和兽药质量抽检合格率分别达到98%和96.6%。

（明晓波）

水产业

【概　况】 2022年，全省水产养殖规模稳定在40万公顷以上，实现渔业经济总产值1218亿元，同比增长5.7%。水产品产量283.2万吨，同比增长5.1%。其中，养殖产量280万吨，增长5.2%。

【绿色高标准池塘改造】 安排资金8100万元，完成0.12万公顷池塘改造，提升养殖池塘综合生产和可持续发展能力。对全省涉渔县连片0.33公顷以上基本养殖池塘进行调查摸底并上图入库，精确掌握各地基本养殖池塘的面积、分布、权属等信息，构建省市县三级数据库，为全省百万亩绿色高标准养殖池塘改造工作提供数据支撑。全省稻渔综合种养发展面积16.73万公顷，无环沟稻虾综合种养模式得到广泛推广。池塘工程化循环水、工厂化循环水等设施渔业发展迅速，以圈养桶为代表的养殖模式发展势头尤为迅猛，数量达1万个以上，同比实现翻番。

【产业发展】 做大做强虾蟹、鳅鳝、龟鳖三大百亿元产业，提高优势特色水产品供应能力和生产水平，全省特种水产品产量108.9万吨，同比增长7.15%。加快建设鄱阳湖小龙虾产业集群，一产产值90亿元，综合产值300亿元，举办第五届中国（国际）小龙虾产业大会。投入项目资金5686万元，支持地方购置水产加工设施设备180余套（台）。开展水产种业攻关，分批实施渔业联合育种攻关及产业化推广运用项目，针对彭泽鲫、克氏原螯虾、翘嘴鳜等13个优势品种开展联合育种攻关。新增“省级水产原良种场”资质主体9家，支持5家省级水产原良种场进行改造提升。

【绿色养殖】 实施绿色健康养殖，推广水产良种，创建骨干示范基地90余家。以项目扶持与企业自筹相结合的方式，广泛开展水产养殖尾水处理试点示范，全省养殖尾水治理试点数量达330个以上，覆盖全省所有涉渔县区。组织引导水产养殖主体健全规范养殖生产管理制度、提升基础设施建设、贯彻绿色发展理念，创建6个国家级、12个省级水产健康养殖和生态养殖示范区。

【资源养护】 建立健全水生生物资源调查监测体系,在全省布局111个监测点位,完善流域性水生生物资源调查监测网络,水生生物监测工作被农业农村部长江办列为典型经验。举办2022国际淡水豚日暨第四届长江江豚保护日系列活动,全国唯一的省部共建江豚保护基地落户江西。做好历史最低水位下水生生物资源调查和保护工作,联合省内外科研院所开展江豚应急救护,解困江豚111头。组织全省50余个县(市、区)完成放流任务2亿尾以上。

(曾智勉)

农 垦

【概 况】 2022年,全省农垦拥有独立核算单位163个。其中,垦殖场、企业集团156个,独立核算的工业企业2个,独立核算的农垦农工商公司5个。拥有土地总面积68.91万公顷,其中耕地面积7.90万公顷,林地面积48.12万公顷,水面面积3.01万公顷,茶桑、果园面积1.68万公顷,分别占土地总面积的11.46%、69.83%、4.37%、2.40%。农垦年末总人口141.2万人,从业人员38.7万人;居民人均可支配收入1.64万元,同比减少6.72%。全年农垦经营增加值290.78亿元,同比增长3.57%。其中,第一产业增加值37.34亿元,增长2.63%;第二产业增加值166.99亿元,增长4.06%;第三产业增加值86.45亿元,增长3.03%。完成工农业总产值798.91亿元,同比增长3.40%;固定资产总投入270.20亿元,同比增长3.28%;出口商品总金额3.43亿元,同比下降39.70%。

【深化农垦改革】 落实中央农垦改革部署,持续深化垦区集团化、农场企业化改革。完善农垦企业监测对象名单,对31家农垦企业集团、137家农场企业开展监测,确保监测对象应纳尽纳。开展农垦国有土地管理与利用监测。启动农业农村现代化样板国有农场建设,发挥农垦"国家队"优势,打造主导产业突出、经济实力较强、发展势头良好的样板性现代国有农场,以点带面推动全省农业农村现代化。

【建设现代农业】 全省垦区粮食种植面积11.96万公顷,产量82.08万吨,其中水稻面积11.31万公顷,产量77.6万吨。大豆种植面积0.29万公顷,产量0.88万吨。冬油菜种植面积1.21万公顷,大豆油料种植面积1.49万公顷,超额完成年初制定的目标任务。推广水稻绿色优质高效技术模式,稻田综合种养面积6660余公顷,优质农产品供给能力增强。在南昌市恒湖、九江市云山两家垦殖场整建制推进水稻全程机械化试点建设,推动农垦水稻机械化育秧中心和综合农事服务中心建设。打造黄岗山垦殖场"生态旅游+大健康"、万龙山垦殖场茶文化与旅游产业融合等发展模式。

【农垦特色品牌】 全省农垦获农产品地理标志3个、有机食品认证27个、绿色食品认证221个;1家农垦企业入选中国农垦企业品牌目录,3个产品入选中国农垦产品品牌目录。组织开展《江西农垦品牌嘉年华》《岁月芬芳——我的农垦"味道"互联网大直播》,选取农垦大米、茶叶、水果等重点品牌产品,利用现代传播手段,进行线上线下互动,提升农垦品牌曝光度和影响力。

【垦区危房改造】 9651套垦区危房改造项目全部开工,开工率100%;基本建成5078户,建成率52.6%。对接下达专项财政补助资金1.45亿元,其中中央资金7888.2万元,省级资金6588.3万元。

(黄兰 余铭)

绿色食品

【概 况】 贯彻2022年中央一号文件精神,落实《省委省政府关于推进农业农村高质量发展奋力打造新时代乡村振兴样板之地的意见》和《农业农村部 江西省人民政府共建江西绿色有机农产品基地试点省合作框架协议》要求,发挥农业生态环境资源禀赋,开展"三品一标"认证登记及品牌发展等工作。全省绿色有机地理标志农产品总数达5039个(其中,绿色食品1638个,有机农产品3296个,地理标志农产品105个),同比增长626个。累计登录名特优新农产品113个。建设全国绿色食品原料标准化生产基地49个,面积57.76万公顷。创建全国有机农产品基地11个,面积2.68万公顷。

【"三品一标"认证登记】 完成275个绿色产品的审核,396个产品取得绿色食品使用资质。都昌大米、浮梁大米、靖安白茶、瑞昌黑芝麻4个产品获得农业农村部农产品地理标志登记证书。完成2022年2批无公害农产品复查换证材料的审核及专家评审工作,有119家150个产品(其中种植业68个、畜牧业39个、渔业43个)通过评审,获得无公害农产品认定证书。确定江西省名特优新农产品名录收集登录工作流程,全年新增名特优新农产品78个。

【品牌建设】 举办绿色食品宣传月活动,现场展示100余家"三品一标"企业,江西卫视、《农民日报》等多家媒体对活动进行报道。筹建国家地标馆江西地标展区,遴选42个产品入驻国家地标馆。宁都黄鸡、广昌白莲、黎川白茶、军山湖大闸蟹、新余蜜橘、兴国灰鹅、兴国红鲤7个地理标志农产品获得2022年中国品牌价值评价结果通知书。

【新增全国有机农产品基地】 新余市仙女湖区有机农产品(水产品)基地、永修县有机农产品(茶叶)基地、进贤县有机农产品(水产品)基地、八里湖新区有机农产品(水产品)基地、袁州区有机农产品(油茶籽)基地,取得中国绿色食品发展中心证书,成为全国有机农产品基地。

【证后监管】 配合国家中心认可的检测机构开展绿色食品的监督抽检工作,制订抽检计划3批次,涉及产品687个。对华润万家(八一大道店)等7家商超售卖的绿色食品用标情况进行监督检查,提升绿色食品生产者规范用标意识,维护经营者和消费者的合法权益。安排农产品地理标志60批次(15个产品)、无公害农产品30批次(产品)的监测抽检。完成中绿华夏安排的11个有机产品及江西省安排的20个有机产品的证后监督抽样检查,抽检合格率为100%;对5家有机再认证企业进行飞行检查,提高有机认证有效性。按照中国绿色食品发展中心的统一部署,开展绿色食品、有机农产品和地理标志农产品质量安全专项监督检查,在确保疫情防控措施落实到位的前提下,采取省市县联动,县区交叉的方式对存在风险隐患的重点行业、重点区域、重点产品开展专项质量安全现场交叉检查,督促获证主体严格执行标准,落实质量安全主体责任,对发现的问题逐一落实整改。组织对11类重点产品及秋季菜篮子产品中"两品一标"产品进行专项抽检,抽检合格率为100%。

【专业技术人员注册与培训】 依托国家中心培训平台,完成363名绿色食品内检员的注册审核工作,有有效绿色食品内检员971名,涉及881家企业;47名绿色食品检查员(检查员或监管员)完成注册(或再注册),63人获农产品地理标志核查员的注册。组织开展2022年绿色食品监管员的考核和评优,全省16名绿色食品检查员(或监管员)被中国绿色食品发展中心考核为优秀。75家绿色食品工作机构的120人参加绿色食品检查员监管员培训,120人参加全省农产品地理标志业务培训,130人参加全省农产品承诺达标合格证业务培训。组织全省中绿华夏有机检查员参加"有机产品和良好农业规范认证合理性要求与风险控制""全国有机产品认证检查员技能提升班"培训,组织再认证企业内检员参加有机产品内检员培训。

(余峰)

农业机械化

【概　况】 2022年,全省农机总动力2838.16万千瓦,水稻机械化种植水平49%以上,水稻耕种收综合机械化率83%以上,主要农作物耕种收综合机械化率78%以上,分别比上年增长5%、1%、1%。南昌县等8个县获"全国第七批率先基本实现主要农作物生产全程机械化示范县"称号。省农业农村厅获评农业农村部农机购置补贴政策实施延伸绩效考核优秀单位,在全国农业机械化工作会议上作典型发言。

【农机购置补贴】 农机购置补贴机具种类范围调整为20个大类42个小类113个品目,新增轨道运输机等60个分档,全省登记使用农机购置补贴资金8.9亿元,补贴机具7.18万台(套),惠及农户4.56万户。探索实施拖拉机、收割机农机购置贷款贴息试点,全省有1942户2004台机具办理贷款贴息510万元,涉及农机购置贷款金额总计1.5亿元。新增履带自走式旋耕机、四轮乘坐式水稻插秧机、有序抛秧机、油菜籽收获机4个品目或相关档次的机具纳入"三合一"补贴办理范围。2022年年末,全省纳入信息化监管的机具5.8万台,监测面积累计410.5万公顷,基本实现作业可查看、轨迹可回放、面积可计算。

【农机装备产业】 与省工信厅联合印发《江西省农业机械化生产技术装备需求目录(2022版)》,确定41项短板机具的主要技术参考指标;安排省级专项资金改善农机产品测试检验条件,农机鉴定能力由原来14个品目增加至71个品目。全年鉴定农机产品57个,制(修)订鉴定大纲6件。在南昌举办第二届中部(江西)农业机械及零部件展览,吸引省内外100余家农机厂商参展,签约成交农机具及配件近5000台(套),总金额2.7亿元。

【农机服务】 全省建成全程机械化综合农事服务中心89家,辐射带动7860多户小农户;建成水稻机械化育秧中心399个,单季育秧能力达11.78万公顷。印发《江西省"四有三能"农机维修网点评选工作实施方案》,在全省打造100个"四有三能"农机维修网点,提升全省农机维修服务水平。"春耕""双抢""秋收冬种"期间,全省投入农机具100万台(套)以上,制定农机救灾应急预案,成立应急抢收抢种作业队伍1206支。增强"减损就是增粮"意识,举办机收减损技术培训237场次,培训机手6881名。培育省级农机使用一线"土专家"156名,指导小农户使用先进的农机具。

【农机安全生产】 开展农机安全生产学习、宣讲234场次,发放农机安全生产资料8300余份,组织各类农机安全生产部署动员会议286场次,排查整治农机安全生产风险隐患1056个,联合执法800余次,查询违法检查230余起。实施农机报废补贴政策,全省全年申请报废补贴机具2949台,申请报废补贴资金2438.5万元,受益农户2110户。

(应莲花)

科教兴农

【概　况】 2022年,全省实施乡村振兴战略科技支撑行动,系统构建全产业链技术体系,推进农技推广体系改革,强化农村人才培养,农业科技进步贡献率62.5%,比上年提高1个百分点。纵深推进"一村一名大学生工程",全年招录5000名左右乡村大学生,每个行政村平均有4名"不走的农民大学生";培训高素质农民3万人,招录基层农技人员"三定向生"246人,招募特聘农技员和动物防疫专员1000余人,遴选100名基层青年骨干农技员,开展乡村振兴青年农技人员"培基"行动,多层级、多渠道培养乡村振兴实用人才的格局更加稳固。

【现代农业产业技术体系建设】 建设水稻、生猪、牛羊、家禽、大宗淡水鱼、特种水产、中药材、茶叶、蔬菜、水果、油菜等24个省级现代农业产业技术体系,聘用24名首席专家,120名岗位专家,84名综合试验推广站站长。全年引进和培育新品种536个,获得专利33项,集成和推广新技术65项,建立示范基地219个。

【农技推广体系建设】 安排项目县(市、区)92个,落实基层农技推广体系改革与建设补助资金9812.59万元。全年举办农技员培训班131期,培训农技人员3571名,其中农技骨干培训班9期,培训农技骨干764名;省级遴选确定农业主推技术56项,各项目县共遴选推广主推技术1015项次;省级重点建设5个国家现代农业科技示范展示基地,各项目县共建设农业科技示范展示基地269个,培育农业科技示范主体20421个;在49个有意愿且上年度特聘计划实施较好的县、22个生猪大县和6个家禽养殖大县招募特聘农技员(动物防疫专员)1068名;8000余名县乡两级农技指导员对接服务4万余名农户。

【一村一名大学生工程】 推进“一村一名大学生工程”,继续按照“政府出钱、大学出力、农民受益”的思路,招收培养1000名本科层次(专升本)和4000名左右大专层次的乡村大学生。推动资源向优势协会、优秀骨干倾斜,进行重点扶持,支持和鼓励他们主动承担农业技术推广、农业科技示范展示基地、综合农事服务中心建设等工作。举办全省乡村大学生创新创业协会骨干培训班,累计培训600名骨干学员。“一村一名大学生工程”学员高安市丁旦获评“全国十佳农民”,峡江县石玉莲和婺源县李国华当选中共二十大代表。

【农民培训】 在93个农业县实施高素质农民培育计划,共培训农民3.06万人。面向家庭农场主、农民合作社带头人和种养大户,分省市县三级开展培训。省级承担行业示范班、青年企业家、创业女农民、退捕渔民等重点人群培训班,共培训4747人;市县级聚焦稻米、蔬菜、果业、畜牧业、水产、休闲农业、茶叶、中药材等主导产业和特色产业,因地制宜开展全产业链培训,共培训2.59万人。鹰潭市余江区郭小兵、九江市永修县代西安、上饶市广信区付向萍被农业农村部评为“2022年度农民教育培训百优保供先锋”。

【农业大讲堂】 省农业农村厅联合省文明办,开展以“作示范、勇争先、保供给、树样板”为主题的2022年江西农业大讲堂下基层宣讲活动,组建93个宣讲团,到93个农业县(市、区)宣讲习近平新时代中国特色社会主义思想,宣讲中共二十大精神,宣传强农惠农富农政策,弘扬新文明,推广新技术。1516名农业农村干部和专家,赴1340个乡镇、7195个村,宣讲1858场次,现场示范指导服务9286次,解决问题3109个。

(杨远东)

巩固脱贫攻坚成果和乡村振兴

【概 况】 2022年,江西脱贫户人均收入1.63万元,位居全国第三,比2021年人均纯收入1.44万元增加1937元,同比增长13.6%。全省脱贫地区农民人均可支配收入1.57万元,增长8.9%左右,总量和增幅均高于全国平均水平。全省投入财政衔接推进乡村振兴补助资金81.72亿元,脱贫人口小额信贷新增贷款43亿元。民营企业投资118.82亿元、捐赠9.95亿元。帮扶资助脱贫户和监测对象家庭学生128.54万人,发放资助金10.74亿元。聚焦886个易地搬迁安置点3.45万户13.29万名搬迁脱贫群众,落实产业就业帮扶,实现2.94万人发展产业、6.58万人稳岗就业、0.28万人自主创业。全省举办培训班8647期,涉及43.9万名基层干部,开展技术指导与培训2.9万场次,服务脱贫人口21.1万人次。落实全省因干旱影响饮水困难的脱贫户和监测对象512户1635人的饮水保障。帮扶产业直接带动脱贫户和监测对象62.64万户,脱贫劳动力和监测对象劳动力实现就业141.1万人,完成国家下达任务的107.8%。脱贫人口务工收入1.13万元,同比增长13.7%。累计销售帮扶产品127.18亿元。扶持1841个省级重点帮扶村发展,投入资金31.89亿元、安排项目8457个。全省乡村旅游接待游客1.42亿人次,实现旅游收入823.66亿元。对39个县174个乡镇248个村开展暗访督导,清查扶贫项目资金总规模776亿元,项目资产48.9万个,确保每项资产有着落、使用好。全年江西6次在全国相关会议上作典型发言,国家乡村振兴简报14次推广介绍江西经验,推介次数位居全国第三。

【防返贫动态监测】 开发防返贫监测大数据平台,创新“农户自主申报、部门数据比对、干部常态摸排”三线预警机制,开展2022年监测帮扶两轮集中排查、巩固脱贫攻坚成果信息采集,对脱贫不稳定户、边缘易致贫户、突发严重困难户早发现、早干预、早帮扶。全省累计识别监测对象4.45万户15.98万人,其中新识别1.04万户4.11万人。坚持因人因户施策、分层分类帮扶,监测对象户均享受帮扶措施2.8个,54.8%的监测对象消除风险。

【推进乡村振兴】 编制《江西省“十四五”巩固拓展脱贫攻坚成果同乡村振兴有效衔接规划》,将全省100个县(市、区)划分为先行示范县、整体推进县、重点帮扶县“三类”。指导25个重点帮扶县逐一制定实施方案、18个先行示范县逐个出台示范规划,57个整体推进县编制整体推进方案。选定1841个“十四五”规划省定乡村振兴重点帮扶村,完成“多规合一”村庄规划编制,协调省级财政给予五年每年100万元资金支持。统筹推动市县两级分别选定重点帮扶村,推动做好补短板、抓发展、促振兴工作。

【打造新时代乡村振兴样板之地】 推进井冈山、石城、于都、兴国4个全国脱贫攻坚交流基地建设,用好中央专项彩票公益金支持项目,推进中央专项彩票公益金支持欠发达革命老区乡村振兴示范区建设,完成对井冈山、资溪等2021年度项目县终期评估和修水、于都、宁都等2022年度项目县中期评估。联合实施乡村振兴样板创建“十百千”工程,围绕保障粮食等重要农产品供给、巩固拓展脱贫攻坚成果、推动绿色农业发展、建设美丽乡村、改进乡村治理、深化农村改革六个方面,创建15个示范县、140个示范乡镇、1350个示范村。

(龚亮保)

农村工作

【概　况】 2022年，全省学习贯彻中共二十大精神，贯彻落实中共中央总书记习近平关于“三农”工作的重要论述和视察江西时的重要讲话精神，推进乡村振兴，农业经济稳中向好，农村环境宜居宜业，农民收入持续增加。江西省再获“促进乡村产业振兴、改善农村人居环境等乡村振兴重点工作成效明显市县”国务院督查激励表彰。

【省委农村工作会议召开】 1月7日，省委农村工作会议在南昌召开。省委书记易炼红出席并讲话。会议强调，要坚持以习近平新时代中国特色社会主义思想为指导，全面贯彻中共中央总书记习近平关于“三农”工作的重要论述和中央农村工作会议精神，聚焦“作示范、勇争先”目标要求，牢牢守住保障国家粮食安全和不发生规模性返贫两条底线，深入实施乡村振兴战略，加快推进农业农村现代化，全力促进农业稳产、农民增收、农村安定，坚定不移打造新时代全面推进乡村振兴的样板之地，为全面建设社会主义现代化江西奠定坚实的基础。

【印发《关于推进农业农村高质量发展奋力打造新时代乡村振兴样板之地的意见》】 2月24日，省委、省政府印发《关于推进农业农村高质量发展奋力打造新时代乡村振兴样板之地的意见》，深化落实中共中央总书记习近平视察江西重要讲话精神，聚焦“作示范、勇争先”目标要求，明确全省奋力打造新时代乡村振兴样板之地的路线图、时间表、任务书。

【印发《江西省农村人居环境整治提升五年行动实施方案》】 3月，省委办公厅、省政府办公厅印发《江西省农村人居环境整治提升五年行动实施方案》，明确到2025年，全省农村人居环境显著改善，村庄基础设施逐步优化，村容村貌全面提升，农村生活污水治理率达30%以上，农村卫生厕所普及率进一步提高，农村生活垃圾无害化处理水平明显提升，有条件的乡镇、村庄实现生活垃圾分类，农村人居环境治理水平显著提升，长效管护机制有效建立。2022年，全省完成农户改厕27万余户，农村卫生厕所普及率达到77.25%；农村生活垃圾收运处置体系实现自然村全覆盖，90个县（市、区）及功能区实现全域第三方治理，农村生活污水治理率达到30%。

【乡村振兴“十百千”示范创建工程启动】 3月，启动乡村振兴“十百千”示范创建工程。在全省范围内遴选确定15个省级示范县、140个省级示范乡镇、1350个省级示范村。井冈山市、宁都县、武宁县和横峰县入选国家乡村振兴示范县创建名单。

【“听党话、感党恩、跟党走”宣传教育活动】 5月，省委农办联合省委宣传部、省文明办、省农业农村厅、省文化和旅游厅、省广播电视局、省乡村振兴局，在全省范围开展为期8个月的“听党话、感党恩、跟党走”宣传教育活动，累计开展集中宣讲4890场次，现场服务7956次，帮助解决问题2578个。

【开展乡村振兴实绩考核】 5月，省委农村工作领导小组根据《江西省全面推进乡村振兴实绩考核办法》，对2021年度全省11个设区市和100个县（市、区）开展全面推进乡村振兴实绩考核。5月26日，省委办公厅、省政府办公厅印发《关于2021年度全面推进乡村振兴实绩考核情况的通报》，赣州市、九江市、吉安市、南昌市、上饶市、新余市6个设区市和信丰县等32个县（市、区）考核为优秀，宜春市、抚州市、萍乡市、鹰潭市、景德镇市5个设区市和吉安市青原区等63个县（市、区）考核为良好，万载县、萍乡市安源区、峡江县、乐安县、南昌市新建区5个县（区）考核为一般。

【印发《江西省乡村建设行动推进方案》】 6月，省委办公厅、省政府办公厅印发《江西省乡村建设行动推进方案》，确立全省乡村建设工作导向，明确乡村建设建什么、怎么建、建成什么样；健全乡村建设实施机制，调动农民参与乡村建设和管护的积极性、主动性、创造性；进一步推动乡村建设政策集成要素集聚，推动打通政策痛点、堵点、难点，形成推进乡村建设的工作合力。

【移风易俗乡风文明行动】 9月16日，省农业农村厅印发《推进移风易俗乡风文明三年专项行动实施方案（2022—2024年）》。全省各地先后开展“县乡长说唱移风易俗”、村级“文明乡风建设”典型案例征集和移风易俗乡风文明宣传月等活动。全南县入选全国第三批村级“文明乡风建设”典型案例。

【新农村建设提升行动】 全省实施新农村建设“五大专项”提升行动，惠及1万个自然村，改善80万户300万群众的生产生活条件，宜居村庄整治建设覆盖率提升到83%；新创建166个美丽宜居乡镇、1561个美丽宜居村庄、29万余个美丽宜居庭院、153条美丽宜居示范带。

【长效管护】 发挥“五定包干”长效管护机制和5G+长效管护平台作用，各设区市、涉农县实现平台建设全覆盖。16万个宜居村庄纳入监管。平台关注量突破650万人，累计受理各类管护问题38万件，处理完结率和群众满意率均达95%以上。

（曾一夫　汤浩　罗雨蒙）

本类目编辑　王伟民

工　业

综　述

2022 年,全省规模以上工业增加值同比增长 7.1%,比全国高 3.5 个百分点,位居全国第 7,比上年前移 1 位。全部工业增加值 1.2 万亿元;其中制造业增加值首次突破万亿元,达 1.18 万亿元。规模以上工业企业营业收入 4.83 万亿元,位居全国第 11,比上年前移 1 位;增长 9%,比全国高 3.1 个百分点,位居全国第 12、位居中部地区第 3。企业利润总额 3456.1 亿元,位居全国第 10,比上年前移 1 位;同比增长 11.6%,比全国高 15.6 个百分点,位居全国第 10,位居中部第 2。制造业增加值占地区生产总值的 34%,对全省经济增长贡献率 41.8%,拉动地区生产总值增长 2.0 个百分点。

*工业生产健康平稳。*全省规模以上工业 38 个大类行业中,18 个行业增加值实现增长;其中,计算机、通信和其他电子设备制造业同比增长 32.1%,化学原料和化学制品制造业同比增长 17.2%,电气机械和器材制造业同比增长 17.1%,对工业经济的贡献率分别为 50.2%、16.3%、16.1%。关联指标企稳向好,全省工业用电 1215.0 亿千瓦时,同比增长 2.46%;其中制造业用电 815.1 亿千瓦时,同比增长 0.34%。

*产业结构加快升级。*全省装备制造业同比增长 17.3%,比全省平均增速高 10.2 个百分点;占规模以上工业的 30.9%,比上年提高 2.9 个百分点。战略性新兴产业增长 20.6%,比全省平均增速高 13.5 个百分点;占比 27.1%,比上年提高 3.9 个百分点。高新技术产业增长 16.9%,比全省平均增速高 9.8 个百分点;占比 40.5%,比上年提高 2.0 个百分点。高耗能行业同比增长 7%,比全省平均增速低 0.1 个百分点;占比 39.8%,比上年下降 0.8 个百分点。

*发展动能加速转换。*创新驱动增强,实施龙头骨干企业研发机构全覆盖行动,依托产业链组建首批 24 家产业链科技创新联合体。开展“揭榜挂帅”技术攻关,在航空等领域取得一批重要成果。数字赋能深化,落地建设国家工业互联网大数据中心江西分中心,新增上云企业超 10 万家。晶科能源“资源动态组织”等 16 个智能制造优秀场景进入国家名单,数量位居全国第 4。绿色转型加快,制定出台工业领域碳达峰“1+4”实施方案,新增省级绿色工厂 71 家、绿色园区 9 家、绿色供应链管理企业 3 家。全省规模以上单位工业增加值能耗下降 3.4%。

·资料·

2022 年江西省产业链科技创新联合体名单一览表

表 2

产业链	创新联合体	牵头单位
有色金属(3 个)	江西省稀土产业科技创新联合体	中科院赣江创新研究院
	江西省超高温金属新材料产业科技创新联合体	南昌大学(国际材料创新研究院)
	江西省铜产业科技创新联合体	江铜集团
电子信息(3 个)	江西省发光材料产业科技创新联合体	南昌大学(国家硅基 LED 工程技术研究中心)
	江西省数字融合产业科技创新联合体	中国信通院江西研究院
	江西省信息安全产业科技创新联合体	江西省数盾信息技术网络安全研究院
现代家具	江西省现代家具产业科技创新联合体	美克国际家居用品股份有限公司
汽车	江西省汽车产业科技创新联合体	南昌智能新能源汽车研究院
虚拟现实	江西省虚拟现实产业科技创新联合体	南昌虚拟现实研究院股份有限公司
航空	江西省航空产业科技创新联合体	南昌航空大学
文化旅游	江西省文化和旅游产业陶瓷科技创新联合体	景德镇陶瓷大学

续表2

产业链	创新联合体	牵头单位
房地产建筑	江西省房地产建筑产业科技创新联合体	新余学院
商贸物流	江西省商贸物流产业科技创新联合体	江西赣运通科技有限公司
生物医药（2个）	江西省中医药产业科技创新联合体	江西中医药大学
	江西省高性能医疗器械产业科技创新联合体	江西三鑫医疗科技股份有限公司
新能源（2个）	江西省光伏产业科技创新联合体	晶科能源股份有限公司
	江西省锂产业科技创新联合体	江西赣锋锂业股份有限公司
绿色食品（5个）	江西省食品产业科技创新联合体	南昌大学（食品科学与技术国家重点实验室）
	江西省生猪产业科技创新联合体	江西农业大学
	江西省现代作物种业科技创新联合体	江西农业大学
	江西省现代家禽种业科技创新联合体	江西省农业科学院
	江西省油茶产业科技创新联合体	江西省林业科学院
钢铁	江西省钢铁产业科技创新联合体	新余钢铁集团有限公司
纺织服装	江西省纺织服装产业科技创新联合体	江西服装学院

规模实力显著增强。推动“2+6+N”产业高质量跨越式发展，产业规模持续壮大，新增千亿元产业1个，累计14个。万亿元级产业取得突破，全省电子信息产业营业收入率先突破万亿元大关、达1.01万亿元，增长32.2%；有色金属产业8217.3亿元，增长12.7%。五千亿元级产业提能升级，装备制造业营业收入7496.1亿元，增长6.6%（其中汽车产业营业收入1255.6亿元，增长5.1%；电工电器产业2875.0亿元，增长21%）；锂电新能源产业4065.1亿元，增长120.3%；石化产业4168.0亿元，增长11.4%；建材产业3577.9亿元，下降9.1%；食品产业2177.5亿元，下降1.2%；纺织产业1725.5亿元，下降12.1%。千亿元级产业快速发展，航空产业营业收入1604.6亿元，增长13.5%；移动物联网产业1909.5亿元，增长18.4%；VR产业812.0亿元，增长34.4%；节能环保、半导体照明、中医药产业分别为2720亿元、829.3亿元、417.7亿元。

· 资料 ·

2022年江西省千亿元及以上产业名单一览表

表3　　单位：亿元

序号	产业名称	营业收入	序号	产业名称	营业收入
1	电子信息	10112.2	8	汽车制造	1255.6
2	有色金属	8217.3	9	食品	2177.5
3	石化	4168.0	10	纺织	1725.5
4	锂电新能源（新增）	4065.1	11	航空	1604.6
5	建材	3577.9	12	医药	1338.1
6	钢铁	3124.3	13	移动物联网	1909.5
7	电工电器	2875.0	14	节能环保	2720.0

项目建设稳步推进。全省工业投资增长7%，占全部投资的50.7%。其中工业技改投资增长6.1%，技改投资占工业投资的41.6%。项目大会战深入实施，全省投资20亿元及以上重大工业项目613个（续建项目405个、计划当年新开工项目208个），总投资2.03万亿元，累计完成投资1.13万亿元，完成率55.69%，其中当年完成投资6496.73亿元，完成率113.28%，超额完成年度计划。405个续建项目中，253个项目已完工或部分投产，完工投产率62.47%；208个计划当年新开工项目开工率100%。

优质企业梯次成长。全省规模以上工业企业1.64万家,年内净增超1000家。其中,营业收入过千亿元的3家(江铜集团、江铃集团、新钢集团),过百亿元的52家。出台促进工业领域消费10条,评选第二届“赣出精品”119项和省优秀新产品148项,连续3年开展新能源汽车下乡活动。制订培育发展制造业优质企业实施意见、“百企领航”行动计划等。新增国家级专精特新“小巨人”企业70家,总数达210家,获评国家级制造业单项冠军企业和产品6家。出台专精特新中小企业办实事清单25条,首次推出“政策明白卡”,健全完善中小企业款项支付投诉机制,防范和化解拖欠中小企业账款问题。开展企业特派员大走访行动,实现规模以上企业全覆盖,帮助解决困难问题约5000个。民参军企业军工保密资格办理时间缩短5个工作日。

发展载体不断夯实。国家虚拟现实创新中心、国家稀土功能材料创新中心、中科院赣江创新研究院和国家工业互联网大数据中心、国家工业信息安全发展研究中心等重大平台相继落地,累计培育省级产业技术研究院17家、省级企业技术中心646家,国家级企业技术中心31家。园区基础设施和公共服务平台建设稳步推进,累计建设园区产业创新综合服务体20个,建成公共服务平台246个。江西省开发区统一数字化管理服务平台全省贯通、链接企业4.2万家,是全国首个且唯一一个实现省市县、园区、企业一体化“横向互联、纵向互通”的园区数字化管理服务平台。发布“4+7”省级制造业高质量发展试验区名单,江西省省级(培育、特色)产业集群124个,其中过千亿元集群5个。赣州市稀土新材料及应用集群入选国家级先进制造业集群,实现江西省“零的突破”。全省重点产业集群、开发区营业收入分别为3.98万亿元和4.47万亿元。

产业链供应链韧性增强。出台《江西省推动产业链链长制深入实施工作机制》,全省收集涉及产业链发展问题1539个,办结率97.2%,同比提高1.2个百分点,问题收集与办结均有大幅提高。坚持从供需两端发力,开展全省钢铁产业产销对接会等各类对接活动3300余场,金额超1771亿元;推动金融机构与全省3600多家省重点产业链重点企业和骨干配套企业全覆盖对接,提供授信超2268亿元。帮助218家企业协调解决零部件、原材料断供问题,推动40家企业纳入工信部重点保障“白名单”,发布江西省重点产业链供应链首批“白名单”企业,协调解决600多家企业运输通行问题。依托全省产业链供应链,主动调整物资生产保供战略,加大布洛芬、对乙酰氨基酚等重点药品和N95口罩等重点医疗物资的生产供应,保障全省新冠肺炎疫情防控需求。

发展环境持续优化。省委、省政府出台《新时代深入实施工业强省战略 推动工业高质量跨越式发展的意见》和制造业中长期发展规划纲要,强化新一轮工业强省建设的战略指引。制(修)订《江西省无线电管理条例》《江西省企业负担监督管理条例》。深化“放管服”改革,推进“一网通办”智慧工信云平台与赣服通、全省“一窗式”综合服务平台、赣政通、电子证照库、省工信厅OA(办公自动化)等系统无缝对接,实现依申请权力事项100%一窗办理、95%网上可办目标。

(梅斌)

电力工业

【概　况】 截至2022年年底,全省全口径装机容量5474.7万千瓦,同比增长13%,其中水电装机686万千瓦(含洪屏抽蓄120万千瓦)、火电装机3025.9万千瓦、风电555.5万千瓦、太阳能发电1202.5万千瓦。全社会最大负荷3567万千瓦(8月23日),增长10.1%。全省共有±800千伏直流换流站1座,换流容量996万千瓦,线路长769千米;1000千伏变电站1座,变电容量600万千伏安,线路长454千米;500千伏变电站30座,变电容量4128万千伏安,线路长5892千米;220千伏变电站192座,变电容量6149万千伏安,线路长1.68万千米;110千伏变电站643座,变电容量5212万千伏安,线路长2.0万千米。

【用电量】 2022年,全社会用电量1983亿千瓦时,同比增长6.5%。其中,第一产业用电量15.3亿千瓦时,第二产业用电量1240.8亿千瓦时,第三产业用电量347.4亿千瓦时,城乡居民生活用电量379.5亿千瓦时。

【省间交易】 2022年,全省外购电量210.3亿千瓦时,同比下降12.1%,其中购雅湖直流电量98.2亿千瓦时,三峡电量45.1亿千瓦时,西北电量42.1亿千瓦时,华北电量11.1亿千瓦时,葛洲坝电量7.2亿千瓦时,电力现货及其他电量5.6亿千瓦时,西南应急水电1亿千瓦时。

【电力直接交易】 2022年,全省燃煤发电电量全部进入电力市场,且所有工商业用户进入市场(直接参与市场化交易的9007家,其余工商业用户由电网企业代理购电)。全年完成交易电量1069亿千瓦时,同比增长49%,其中市场化交易电量688亿千瓦时,电网代理购电电量381亿千瓦时。

【新能源发展】 至年底,全省水电新增装机8.8万千瓦,风电新增装机8.5万千瓦,太阳能发电新增装机291.3万千瓦,生物质发电新增装机6.8万千瓦。全省可再生能源发电量451.4亿千瓦时,增长21.6%。可再生能源电力消纳总量614.2亿千瓦时,总量消纳权重30.97%(国家下达指标28.5%),连续4年超额完成国家下达可再生能源电力消纳责任权重目标。

【电网建设】 2022年,全省投产110千伏及以上电网项目86项,变电容量935万千伏安,线路长1813千米。其中,投产500千伏电网项目4项(南昌1000千伏变电站500千伏送出工程、鄱余500千伏输变电工程、南昌500千伏变电站2号主变增容工程、南昌500千伏变电站1号主变增容工程),变电容量300万千伏安,线路长138千米;220千伏项目25项,变电容量294万千伏安,线路长804千米;110千伏项目57项,变电容量341万千伏安,线路长871千米。

【信丰电厂建成投运】 6月22日,赣

浙国华信丰电厂全面建成投运。信丰电厂项目是华中地区首次采用辅机单系列设计66万千瓦国产超超临界燃煤发电机组的项目，总投资50亿元，建设2台66万千瓦国产超超临界燃煤发电机组，2020年4月29日开工。同时还建成全省首个电厂气膜煤场。

【丰城电厂三期建成投运】 12月16日，赣能股份丰城电厂三期全面建成投运。丰城电厂三期建设2台100万千瓦超超临界二次再热燃煤发电机组，总投资76.7亿元。该项目于2015年12月开工建设；2022年7月，7号机组投产运行；12月，8号机组投产运行。

（周鹏）

新能源产业

【概　况】 2022年，省委、省政府将新能源产业调整为省重点产业链之一，纳入全省“2+6+N”产业高质量跨越式发展行动计划，被列为五千亿元产业来培育打造。全省新能源产业营业收入4065.1亿元，增长120.3%。其中，光伏产业营业收入1402.8亿元、同比增长60.2%，利润97.3亿元、同比增长33.6%；锂电产业营业收入2352.8亿元、同比增长183.6%，利润520.5亿元、同比增长337.1%。

【行业发展】 年内，锂电产业营业收入破百亿元企业6家，增加5家，赣锋锂业营业收入首次突破400亿元，为全球最大的锂盐和锂金属生产企业，紫宸科技负极产量位列全国前三，九江天赐是全球最大电解液生产企业广州天赐的最大生产基地，孚能科技动力电池装机量位居全国第9。光伏产业中晶科能源1月26日实现在上交所科创板上市，全年营业收入突破800亿元，组件出货量位居全球第2。

【政策支持】 5月19日，省工业强省建设工作领导小组办公室印发《2022年度新能源产业链链长制工作方案》《新能源产业链链长制组织架构和工作机制》，成立由省领导任组长的江西省新能源产业链链长制工作领导小组，统筹全省新能源产业链发展各项工作。10月10日，省政府印发《关于做优做强我省锂电新能源产业的若干政策措施》，从重大项目招引、推动企业科技创新、加大投融资扶持力度、加大资源要素保障力度、统筹推进产业健康发展五个方面提出具体政策措施。

【产业集聚发展】 江西省在宜春、新余、赣州、上饶等地集中布局锂电产业。其中，宜春产业规模最大、产业链最完整，全年营业收入1117亿元，增长149.8%，是国家锂电新能源高新技术产业化基地；新余以锂盐开发利用为特色，全年营业收入527.3亿元，同比增长258.6%，是省级新型工业化产业示范基地（锂电新材料）；赣州以孚能科技为龙头、以新能源汽车动力电池生产为特色，全年营业收入437.8亿元，同比增长110.5%，是省级新型工业化产业基地（新能源汽车动力电池）。形成宜春经开区锂电新能源、奉新新能源、宜丰绿色高效储能、新余高新区锂电、赣州经开区新能源汽车、上饶经开区汽车6个省级锂电产业集群。在上饶、新余等地集中布局光伏产业，其中上饶产业规模最大，年内上饶经开区光伏产业集群营业收入首次突破千亿元，为1051.5亿元，同比增长47.7%。

【重大项目建设】 至年底，全省各地备案在建、新建、技改的亿元以上新能源项目近250个（部分为同一个大项目的不同分期项目），国内动力电池十强企业有6家落户江西，宁德时代分两期在宜春建设100吉瓦时锂电池项目；宜春国轩电池项目一期10吉瓦时5月已投产；南昌欣旺达锂电池项目前三期建设产能35.9吉瓦时全部建成投产；蜂巢能源在上饶建设24吉瓦时锂电池项目，一期4吉瓦时已投产；吉利科技与孚能科技在赣州合作建设42吉瓦时锂电池项目，一期12吉瓦时中6吉瓦已投产；比亚迪抚州15吉瓦时锂电池项目已部分投产、宜春30吉瓦时电池项目已开工，晶科能源（上饶）玉山10吉瓦硅片、鄱阳10吉瓦硅片、经开区8吉瓦组件等项目已投产。

【2022年中国锂业大会暨第五届中国（宜春）新能源（锂电）产业高峰论坛举行】 8月18日，由中国有色金属工业协会、省工信厅、宜春市政府主办的2022年中国锂业大会暨第五届中国（宜春）新能源（锂电）产业高峰论坛在宜春举行。会议以聚焦碳达峰、碳中和，推动新能源产业高质量、跨越式发展为主题，举办院士报告、产业推介、高峰论坛、产业论坛、企业参观等活动，推介江西省锂电新能源产业，加深省内外企业间相互交流合作，开拓全省新能源产业发展思路。副省长、省新能源产业链链长秦义出席会议并宣布开幕，国内锂电领域各环节企业以及国际知名企业在内的相关行业企业代表400余人出席会议。

【锂产业、光伏产业科技创新联合体成立】 7月7日，由赣锋锂业牵头，联合全省锂产业上下游25家企业、华东理工大学等7所高校、中国科学院过程工程研究所等2家研究机构共同发起的江西省锂产业科技创新联合体在新余召开成立大会。联合体拥有省级以上科研平台19个，其中国家级平台10个；专家委员会成员42名，其中院士3名。10月11日，由晶科能源牵头，联合全省23家光伏企业、高校、科研院所共同发起的江西省光伏产业科技创新联合体在上饶召开成立大会，联合体覆盖硅料、拉棒（铸锭）、硅片、电池片、组件、光伏发电系统等完整光伏主产业链。

【1家企业进入锂离子电池行业规范公告企业名单】 12月29日，工信部发布符合《锂离子电池行业规范条件》企业名单（第六批），江西赣锋锂电科技股份有限公司入选。该公司成立于2011年，是江西赣锋锂业股份有限公司（国内锂行业首家A+H股上市公司，A股股票代码002460，H股股票代码01772）旗下控股子公司，位于新余高新区，拥有八大生产基地。公司拥有全系列锂电池产品，涵盖可穿戴设备电池、消费类电池、动力与储能电池、固态锂电池及电池管理系统5大

类20多种产品。前五批中,全省共有4家企业入选,分别为九江天赐高新材料有限公司、江西迪比科股份有限公司、江西远东电池有限公司、孚能科技(赣州)股份有限公司。

【碳酸锂价格波动】 锂电产业受下游及终端行业需求持续上涨影响,电池级碳酸锂价格持续大幅上涨,从年初28.2万元/吨最高涨至60.9万元/吨(11月13日),创历史新高。11月后开始逐步下跌,至12月31日,价格为52.5万元,比年初上涨86.2%。

(朱友杰)

钢铁工业

【概 况】 2022年,受国内外因素影响,全省钢铁行业利润大幅下降,呈现“需求偏弱、价格下跌、库存上升、成本上涨、收入减少、利润下滑”态势。全省钢铁行业营业收入3124.34亿元,下降4.77%;利润150.6亿元,下降40.64%,销售利润率4.82%,减少2.85个百分点。全省生铁产量2384.69万吨,增长10%;粗钢产量2689.93万吨,下降0.9%;钢材产量3457.01万吨,下降0.7%。钢材总出口量大幅增长,其中钢材出口206.64万吨,增长226%;出口值418.44亿元,增长427.3%。

【钢铁生产成本持续增加】 原材料成本居高不下,进口铁矿石价格常年维持在100美元/吨左右的高位,焦炭及炼焦煤平均价格分别上涨111.91元/吨和505.94元/吨,燃料占成本的38%,已超过铁矿石32%的占比。运输成本增加,因旱情原因,水路货运不畅,企业运输“水改铁”,增加运输成本。江西电价上涨0.07元/千瓦时,短流程企业吨钢成本增加45元,电价比周边省份高0.1~0.2元/千瓦时,短流程企业竞争力稍有削弱。

【钢材市场疲软】 年内,受房地产行业下滑影响,建筑钢材需求大幅萎缩,社会库存增加,南昌钢材市场社会库存长期处于高位状态,最高达60万吨(正常一般在20万吨以下)。全省装备制造业企业总量不大、档次不高,特别是高端用钢制造企业缺失,造成全省工业用钢材消费水平低。新钢公司工业用材销售外省的比例约40%,特别是新能源汽车电机用钢全部销售省外,省内没有新能源汽车电机生产企业,江铃集团新能源汽车用电机全部从省外采购。

【钢价持续低迷】 6月中旬以来,全国钢材价格跌幅增大,7月中旬钢材价格跌至一年中新低,螺纹钢比年内最高价格低1200元/吨。江西螺纹钢价格最低跌至3500元/吨;8月价格有所回升,但只保持4100元/吨左右,比上年底下降16%;到12月,价格仍保持4100元/吨左右,与上年同期相比低500元/吨。

【严防“地条钢”死灰复燃】 按照“零容忍”要求强化监管,坚持月调度、巡查、用电分析等制度,累计巡查企业5500家次,全年未发生违法生产“地条钢”行为和违规新增产能。坚决遏制“两高项目”盲目发展,贯彻落实《钢铁行业产能置换实施办法》,严禁违规新增钢铁产能。

【钢铁产业链协同发展】 抓调度,解难题。针对钢铁行业受多重因素叠加影响,营业收入下降、经济效益大幅下滑的情况,加强重点企业生产情况调度,及时掌握生产经营情况和遇到的困难、问题。全年省级层面收集钢铁企业反映问题30个并全部办结。抓对接,促产销。依托钢铁、房地产建筑产业链链长制,省工信厅会同省住建厅、省自然资源厅等部门开展3场钢铁企业与下游用钢企业、房地产建筑企业产销对接会,助力打通省内产销“内循环”。其中,钢铁产业链链长制牵头举办的对接会签约销售钢材量近100万吨、销售金额41.5亿元。争取省级工业发展专项资金扶持,龙南福鑫钢铁、江西台鑫钢铁分别获300万元资金。抓扩产,保供应。针对全省铁矿石供应不足,过分依赖进口铁矿石问题,支持本土铁矿山复产,鼓励省内停产铁矿企业复工复产和技改扩产,全年新增100万吨铁矿石产能,提高省内铁矿石保供能力。抓整合,强企业。推进钢铁企业兼并重组。新钢公司与中国宝武集团联合重组,加快新钢集团创新倍增发展;指导龙南县福鑫钢铁兼并江西源兴钢铁,进行产能置换升级改造,建设智能化、绿色化短流程钢铁企业。帮助龙南福鑫钢铁、江西台鑫钢铁2家企业成功申报钢铁行业规范企业。搭平台,促创新。以新钢集团为核心平台,组建钢铁产业链科技创新联合体(其中省内外知名院校13所、上中下游企业18家),确定6名院士加盟专家咨询委员会。将先进钢铁材料及相关技术列入省重创工程和省科技项目申报指南,新钢集团的高性能新能源汽车用电工钢、高品质酸洗钢带关键技术研究及应用,以及江西大有科技有限公司的高牌号无取向硅钢薄带制备技术研究及示范应用等一批项目获得支持。指导2家钢铁企业成功申报省级企业技术中心。

【产业优化升级】 加大钢铁行业技改升级和转型发展支持力度,夯实钢铁产业发展“底板”。推进项目建设,新钢公司投资50亿元的电弧炉改造项目于5月开工;新钢四期高性能高牌号电工钢开工。吉安钢铁投资22亿元技改项目于10月投产,基本实现达产达标。推进行业数字化转型。按照省委、省政府深入推进数字经济做优做强“一号发展工程”要求,鼓励、指导重点钢铁企业实施生产体系数字化改造、建设数字化管理平台,推广数字化订制服务等措施,提升企业智能化水平,促进钢铁行业与信息化深度融合,实现钢铁行业数字化转型,为钢铁行业向产业链、价值链、供应链中高端迈进提供持续动力。支持方大特钢参与编制《钢铁物流数字化仓储建设基本要求》《钢材仓储管理规范》2项行业标准。3月新钢集团“高炉智慧集控中心”竣工,实现2座2500立方米高炉全智能化操控,6月新钢管理架构数字化管理平台“产销质财一体化系统”投入使用,有效衔接和平衡管控企业的生产、营销、质量,精确核算与管理企业成本,实现精细化、精益化管理;6月,方大特钢智慧管控中心项目建成投运,实现对主要生产工序、工艺流程、能源管控、物流调度等主要业务的远程监测和集中调度。

【行业绿色发展】 在开展钢铁行业碳达峰调研基础上，摸清全省钢铁企业排放状况及“十四五”末碳排放需求，完成《江西省钢铁行业碳达峰实施方案（征求意见稿）》。组织有关钢铁企业参加国家发展改革委举办的重点领域节能降碳改造升级培训班，了解国家双碳政策和措施，进一步推动节能降碳。组织召开全省钢铁行业创建绿色工厂政策宣贯布置会，宣传绿色工厂有关政策，对创建国家级绿色工厂工作提出要求。11 月，江西台鑫钢铁公司被评为省级绿色工厂。

（余时财）

有色金属工业

【概　况】 2022 年，有色金属行业规模以上企业 784 家，营业收入 8217.26 亿元，增长 12.74%；利润总额 509.88 亿元，增长 28.02%。全年铜、精炼铜、铜材产量分别为 15.3 万吨、187.5 万吨、542.4 万吨，钨精矿 3.9 万吨。

【有色产业链链长制工作】 全年开展调研、座谈、走访、助企纾困等活动 30 次。7 月，召开“2022 长江（鹰潭）铜产业供需对接会”，促成 56 家企业实现供需对接，现场签约订单金额 120 亿元。为应对国际铜价波动、提高铜企业抗风险能力，7 月召开全省铜期货线上线下知识讲座，组织相关从业人员近 300 人参加。9 月，省工信厅会同中国稀土行业协会召开全国稀土产业政策及相关法律法规专项培训会，组织全省工信系统及行业管理单位 120 余人参加。完成产业链科技创新联合体组建工作。

【有色行业规范整治】 进一步加强稀土投资项目管理。1 月，省工信厅、省发展改革委、省公安厅等十部门联合印发《江西省打击稀土违法违规行为专项行动方案》，指导全省各地市完成全面自查并将有关情况报送工信部。6 月，省工信厅联合省发展改革委印发《关于做好稀土投资项目核准和备案管理有关工作的通知》，进一步加强稀土投资项目建设事中事后监管。对全省“十三五”以来的所有稀土投资项目摸底调查，指导赣州、吉安等重点地市结合实际出台相应管理政策。完成全省打击稀土违法违规行为专项行动。8 月，省工信厅、省生态环境厅、省税务局督察局人员和有关行业专家组成检查组到萍乡、宜春、新余三地对 5 家稀土综合利用、贸易企业开展现场核查。9 月，自然资源部、工信部率专家组到赣州、九江等地开展稀土行业综合整治实地核查。年内全省稀土行业秩序平稳有序，未发现重大问题。完成落后产能淘汰工作任务。省工信厅在 2021 年全面摸排省内 302 家有色金属冶炼企业、下达整改要求 15 家的基础上，2022 年 5 月，再次组织专家组对鹰潭、上饶等重点地区开展整改问题“回头看”，对 4 家企业提出技改升级意见，并指导九江、赣州等地组织完成“回头看”工作，全面完成中央环保督察涉及问题的整改、现场核查和网上公示工作。12 月，省中央环保督察问题整改工作领导小组办公室对该问题进行销号。

【有色产业集聚】 持续推进赣州“中国稀金谷”、鹰潭“世界铜都”产业集群建设。8 月，江铜集团在《财富》世界五百强中排名第 176，首次迈入前 200 位行列。9 月，省工信厅会同省国资委促成中国稀土集团与江铜集团签订战略合作协议，共同推进全国稀土产业整合和科技创新工作，四川江铜稀土整合工作启动。赣州腾远钴业、逸豪新材登陆创业板。11 月，赣州稀土新材料及应用集群入选该领域唯一的国家先进制造业集群。江钨集团总投资 52 亿元的赣州高新区、经开区产业园项目动工。支持产业园首批项目——华茂钨材料搬迁技改、华京稀土钕铁硼甩片项目申报省级重创资金，共获批扶持资金 3800 万元。省市各级政府与中国稀土集团签订一系列战略合作协议（备忘录），省工信厅安排 1000 万元工业发展专项资金支持集团总部建设。上市公司五矿稀土迁址赣州，赣州华卓公司全国最大稀土废料前处理项目竣工，友力科技公司全国最大稀土氧化物废料综合利用项目启动。12 月，总投资 128 亿元的江铜集团（上饶）工业园项目中，年产 22 万吨铜杆、3 万吨铸造项目投产，年产 10 万吨锂电铜箔项目开工。

【有色新材料产业】 为扩大稀土应用领域、延伸稀土产业链，服务江西交通发展需要，江西理工大学创新提出“红轨”系统（永磁磁浮轨道交通系统）并深入开展相关研究工作。8 月

10 月 1 日，赣州东磁稀土有限公司工人正在检查设备运行情况。该企业主要从事高性能稀土永磁产品的研发、生产与销售

省工信厅供

9 日，举行“红轨”永磁磁浮轨道交通系统工程试验线竣工仪式。持续开展国家重点新材料首批次应用保险补偿工作。省内 10 个项目获国家重点新材料首批次应用保险补偿金 1006 万元。连续第二年开展省级新材料首批次应用保险补偿工作，3 月更新发布《江西省重点新材料首批次应用示范指导目录（2022 年版）》，并启动 2023 年版更新工作，2022 年共补助 36 个新材料首批次应用项目保险金额 1001 万元。

【有色产业创新发展】　将组建产业链科技创新联合体工作纳入年度链长制工作要点，1 月，江铜集团牵头，联合 8 家研发机构和 10 家企业共同组建成立全省首个科技创新联合体——铜产业科技创新联合体。2 月，中科院赣江创新研究院牵头，联合国家稀土功能材料创新中心、江西理工大学、中国稀土集团等组建成立稀土产业科技创新联合体。9 月，南昌大学牵头，联合 2 家研究机构、7 家高校、13 家企业组建超高温金属新材料产业科技创新联合体，重点突破钨钼钽铌等高性能新材料产品技术瓶颈，推动产业链转型升级。11 月，江西首所国家级现代产业学院——江西理工大学铜先进产业学院开学运行，首届本科、研究生招生近 500 人。

（尚晓霞）

装备工业

【概　况】　全省装备工业经济总量约占全省工业的 16%，规模以上企业 2889 家，装备产品品种数 8000 余种。2022 年，在缺芯少电、电池原材料成本上涨等因素影响下，全省装备工业企业营业收入 7496.1 亿元，增长 6.6%；利润 479.8 亿元，增长 8.1%。其中，汽车产业营业收入 1255.6 亿元，增长 5.1%；利润 37.4 亿元，增长 11.6%，效益指标增速由负转正；新能源汽车产销量 5.84 万辆和 5.05 万辆，分别增长 122.8% 和 138%。电工电器行业营业收入 2875.0 亿元，增长 21%；利润 159.5 亿元，增长 22.2%。

【骨干企业】　年内，江铃福顺、E 路顺等战略车型上马，进一步巩固轻客市场第一地位；江铃皮卡位居行业第 2，江铃轻卡保持在行业前五；加强与马帮城配、徐工随车、天能电池等联合，江铃救护车市场份额占 80%，在运钞车、高空作业车、警用车、监检车等细分领域持续强化市场主导地位。4J 系列柴油发动机一直保持着国内轻卡、皮卡柴油发动机标杆地位，福特 EcoBoost145 米勒循环涡轮增压直喷发动机是世界领先的汽油发动机，麦格纳的双离合变速器、中广核贝谷科技的车辆成像检查系统、泰豪科技的柴油发电机组、南昌中微的深紫外 LED 用 MOCVD、赣州好朋友科技的天元系列智能选矿机、佳时特数控的高精度高速机床等产品技术水平达到国内领先水平。太平洋电缆集团、江西汉光电缆股份公司、江西金一电缆有限公司连续 3 年进入中国线缆产业百强企业名单。江西佳时特数控技术有限公司精准对标先进技术，通过多年技术攻关和市场验证，生产的五轴数控加工中心打破国外高端数控加工中心垄断，解决超精密加工技术卡脖子难题，得到国家有关部委认可。

【科技创新】　至年底，赣州好朋友科技有限公司的天元系列智能选矿机、江西华伍制动器股份有限公司的城市轨道交通车辆用架控式电空制动系统、赣州金环磁选科技装备股份有限公司的新型立环脉动高梯度磁选机等 157 个装备产品进入省级首台（套）重大技术装备推广应用目录，具备 82 家省级企业技术中心、工程研究中心等各类研发机构，吉利新能源远程牌纯电动厢式运输车、鑫通机械智能化矿用单臂凿岩台车、江联重工极限耦合换热器高温高压天然气锅炉等 39 个新产品获省优秀新产品一等奖。

【重大项目建设】　2022 年，全行业聚焦“5020”“三百”重大工业项目，搭建对接平台，对优质项目予以重点帮扶。推动具备 30 万整车生产能力、涵盖传统燃油和新能源汽车的江铃股份富山工厂、利峰电瓷年产 5 万吨特高压绝缘子、康硕电气 3D 打印模具等一批项目建成投产。

【产业集聚】　2022 年，全行业继续实施产业集群提升行动，强化延链补链强链，重点培育打造赣州经开区新能源汽车产业集群、南昌高新区智能装备制造产业集群、芦溪电瓷产业集群等 17 个产业集群。其中，南昌县汽车及零部件产业集群接近千亿元规模，产业链不断延伸，已形成上下游企业众多、配套完备的产业生态优势；抚州崇仁变电设备产业集群建成国家级输变电设备产业示范基地，拥有 35 个系列 2000 多种规格的各类输变电设备产品，中低压变电设备产品全省市场占有率 80% 以上，配电变压器全国市场覆盖率居前三，新能源光伏电力箱式变电站全国占比 15%，干式变压器全国占比 5%，技术国内领先，普通流式变压器全国占比 3%，技术处于全国先进水平。

【省政府与北汽集团签署合作协议】　2 月 27 日，省政府与北汽集团支持昌河汽车业务调整和深化改革合作协议签约仪式在南昌举行。省工信厅按照省政府要求，牵头协调有关各方落实协议，支持昌河汽车实施“乘用车转商用车”战略，代工生产福田商用车和奔驰零部件。在省市共同努力下，昌河汽车从停产状态逐渐恢复生产，全年整车产量 2.37 万辆。

【江铃集团继续保持千亿元级规模】　2022 年，面对汽车行业的风险和挑战，江铃集团大力发展新能源汽车，发挥专用车和特种车优势，持续巩固全国轻型商用车行业领导地位，在全国商用车下降 32% 的情况下，保持主导产品市场好于全国同行业水平，提高市场占有率，再次站稳千亿元级规模。年内江铃集团研发投入 36 亿元，促进江铃福顺、江西五十铃全新铃拓、牧游侠“汽油兄弟”、江铃集团新能源“小麒麟”等新品上市，覆盖商用、乘用车型和新能源、燃油动力车型，满足各类细分市场。全年出口汽车 6.5 万辆，同比增长 92%，其中 1.6 万辆江铃福特领睿发往全球四大洲 60 多个国家；新能源“羿”以 E－NCAP 四星成绩进一步拓展欧洲、中东、东南亚市场；

"羿"首次出口欧洲,这是江西省纯电动A级轿车首次出口海外;纯电动商用车陆续登陆智利、乌拉圭、巴拉圭等拉美市场,电动轻卡在智利市场占有率超80%。

【江西电缆转型】 2022年,江西电缆有限责任公司产值11.5亿元,增长2倍多,实现转型。公司自2020年引入江铜集团实现重组以来,推进资源整合和产业延伸,逐步盘活停产项目,实现转型升级。年内企业研发投入占比3.9%,一年取得专利5项,完成7项新产品研发并实现成果转化,成功研制出220千伏1×2500平方毫米超高压电缆,实现江西省最大电压、最大截面电力电缆供货"零的突破"。

【新能源汽车下乡巡展活动举行】 11月19日、11月26日,省工信厅、省农业农村厅、省商务厅、省能源局及相关设区市政府联合主办,省汽车工业协会承办的新能源汽车下乡巡展活动分别在赣州市、宜春市举行。活动现场展出江铃新能源、爱驰汽车、比亚迪、蔚来汽车、问界汽车等国内新能源整车企业30多个主流汽车品牌近百款车型,以及国内最新的智能辅助驾驶技术,江西卫视通过抖音和微信公众号进行全程报道,300多万人次线上观展。活动现场,各新能源汽车企业推出针对农村购车的"惠民行动",推动新能源汽车普及。

(范亚文)

航空船舶工业

【概　况】 2022年,全省规模以上航空企业营业收入1604.56亿元,同比增长13.5%;利润100.2亿元,增长5.7%。船舶企业营业收入197.5亿元,下降0.04%;利润16.2亿元,下降9.8%。

【航空产业链链长制工作】 10月,制订印发《江西省航空产业高质量发展三年行动计划(2023—2025年)》。组织召开2022年全省航空产业领导小组暨航空产业链链长制工作会议,部署推动全年航空产业发展工作,发布《2022年江西航空产业工作要点》。组织省内近百家企业利用产业链链长制、驻企特派员等平台,为航空企业和项目解决实际困难和问题21个,问题办结率100%。实地走访重点企业10次、宣贯政策5次,帮助协调解决重点企业研发制造能力提升、企业职业技能认定、关键核心技术攻关等问题9项,给予4家整机企业适航审定取证补贴共200万元支持。

【航空产业集聚】 至2022年年底,江西航空行业布局重点项目107个,其中在建项目31个,完工或部分投产76个,总投资940亿元。50平方千米的南昌航空城、12平方千米的景德镇航空小镇基本建成。南昌航空城落户项目67个,景德镇航空小镇落户项目37个,产业集聚势头凸显。省政府与中国商飞公司签署《深化合作协议》,进一步提升合作层次。吉安桐坪航空小镇完成总体规划、产业发展规划、起步区控制性详规以及城市设计。举办中国航空产业大会暨南昌飞行大会、"航空产业高性能制造技术与应用"高级研修班等系列重要会议,增强江西省航空产业影响力。

【航空产业重大项目建设】 帮助行业重点企业、科研院所协调申报获批国防科工局军工固定资产投资近30亿元。中国商飞江西飞机制造公司完成工商变更,年内交付ARJ21飞机20架,占中国商飞公司ARJ21飞机完工交付任务一半以上,江西成为中国商飞在上海之外唯一的生产制造试飞中心。江西航空公司接收5架ARJ21飞机并实现商业化运营,探索国产民机运营的"江西模式"。多型无人机实现首飞。中发天信航空发动机生产科研基地、宝航新材料研发基地建成完工。

【通航市场】 5月,AC313A新型直升机成功首飞。组建工作专班对无人机、通航产业等航空新业态进行专题研究,推动省领导召开无人机产业发展座谈会。推动贯彻落实《购买通用航空公共服务的暂行办法》,各设区市购买通用航空公共服务,支持通用航空产业发展。全省已有长江通航、华夏九州、江西快线、江西腾宇通航、金汇通航等通航运营单位13家。工信部支持江西省打造国家航空应急救援装备制造示范先行区,拟纳入全国首批国产通用航空器创新应用试点。江西省航空应急救援重点实验室加快申报应急管理部省部共建实验室。江西作为低空空域管理改革拓展试点省份之一,推动低空管理体制机制纵深改革。

【航空产业发展平台】 年内,华赣航空产业投融资平台全面运营,参与中国商飞江西飞机制造公司、华彬航空南方总部基地项目、航空飞行器交易中心项目等多个航空产业重大项目投融资。建成覆盖南昌、景德镇、鄱阳三地的低空航管服务保障系统,实现三地互联互通。江西先进复材研发中心、北航江西研究院等一批新型研发机构全面运营。

【船舶行业管理】 年内,制定并印发《关于进一步开展船舶企业水污染防治、打击非法改装采砂船和渔业捕捞船舶工作方案》《江西省船舶行业2022年安全生产整治工作方案》,分别对宜春、九江、上饶等地区的企业进行督察,先后检查企业29家,针对部分企业存在的问题及时处理,保证全年行业管理工作稳步有序推进实施。

【船舶产业省企战略合作】 年内,推动省政府与中国船舶工业集团有限公司深化战略合作,通过依托江西区位、政策优势和中船集团专业化制造、科技、资源等优势,共同推动江西船海产业高质量发展,实现区域经济和军工经济协调发展。

(章俊帆)

轻工业

【概　况】 2022年,江西省轻工业(含食品)规模以上工业企业营业收入7833.2亿元,同比增长2.4%;利润总额782.8亿元,增长19.5%。其中,食品工业营业收入2177.5亿元,降低1.2%;利润总额131.7亿元,下降27.3%。

·资料·

2022年江西省轻工业重点子行业效益一览表

表4

名称	营业收入(亿元)	增长(%)	利润(亿元)	增长(%)
农副食品加工业	1542.4	4.5	62.5	-36.0
食品制造业	398.7	-8.1	33.6	-11.7
酒、饮料和精制茶制造业	236.4	-19.7	35.6	-21.8
烟草制造业	255.5	5.0	21.2	29.6
皮革、毛皮、羽毛(绒)及其制品业	538.5	-9.7	54.7	-0.6
家具制造业	532.5	-11.5	45.8	3.8
造纸及纸制品业	510.9	13.7	41.2	8.4
工艺美术及礼仪用品制造业	330.5	0.38	31.5	-1.2
塑料制品业	591.4	-5.0	51.9	-4.5
陶瓷制品制造业	441.1	-13.3	45.1	-17.4
金属工具及金属制轻工制品制造业	287.7	-23.7	26.7	-14.7
电池制造业	1028.7	104.1	226.2	377.9
家用电力器具制造业	120.6	-13.0	4.2	54.8
照明器具制造业	215.4	-13.3	17.6	-7.7
焰火、鞭炮产品制造业	105.7	-4.0	11.0	-5.9

2022年江西省轻工业重点产业集群主要经济指标一览表

表5

名称	主营业务收入(亿元)	增长(%)	利税总额(亿元)	增长(%)
赣州南康家具产业集群	2510.0	8.4	160	4.8
樟树金属家具产业集群	438.0	15.3	26	23.8
武宁绿色照明产业集群	229.5	11.3	20.8	4.9
宜丰绿色高效储能系统产业集群	307.9	45.2	69.7	416.2
景德镇高新区家电产业集群	50.5	-11.1	2.1	28.2
上高制鞋产业集群	142.0	25.7	10.9	38.0
景德镇陶瓷产业集群	96.1	33.6	9.8	24.7
余江眼镜产业集群	110.4	25.5	5.9	30.8
新干箱包皮具产业集群	69.7	19.3	7.5	38.9
黎川陶瓷产业集群	137.8	34.2	7.3	51.8
永新工业园区超纤复合新材料产业集群	90.7	2.8	7.9	9.3
鹰潭高新区水工产业集群	240.0	-17.2	9.1	25.4
余江雕刻工业产业集群	68.6	11.4	3.5	5.1
上高绿色食品产业集群	140.0	19.5	10.5	35.9
万载有机食品产业集群	80.0	-9.1	20.3	-10.2
南丰工业园区绿色食品产业集群	79.1	20.9	8.1	41.5
濂溪区绿色食品产业集群	124.0	17.9	7.6	-4.7
修水工业园区绿色食品产业集群	55.7	-19.2	7.3	-20.9

2022 年江西省陶瓷制品制造业规模以上工业企业主要经济指标一览表

表 6

名　　称	主营业务收入(亿元)	增长(%)	利润总额(万元)	增长(%)
日用陶瓷制品制造业	34.2	-5.7	23305	-24.9
卫生陶瓷制品制造业	2.0	54.3	1240	811.0
特种陶瓷制品制造业	300.8	-21.1	344953	-23.8
陈设艺术陶瓷制造业	100.2	16.7	78626	37.3

2022 年江西省陶瓷制品制造业重点产业集群主要经济指标一览表

表 7

名　　称	主营业务收入(亿元)	增长(%)	利润总额(亿元)	增长(%)
萍乡湘东工业陶瓷产业集群	148.1	25.0	12.1	24
景德镇陶瓷产业集群	96.1	33.6	9.8	24.7
黎川陶瓷产业集群	137.8	34.2	7.3	51.8

【烟草产业】 年内,协调走访国家烟草专卖局,新增 9000 大箱生产计划。推动江西中烟工业公司全面推进数字化转型,生产经营一体化、云平台等信息化建设取得重要进展。支持江西中烟工业公司以省级企业技术中心为平台,推进科技创新、精准研发和培育新品,实现首款颗粒型加热卷烟出口上市。2022 年,"金圣"品牌卷烟商业销量 87.08 万箱,同比增长 8.53%。烟草工商两家共实现税利 348.69 亿元,同比增长 6.82%。其中,烟草工业(江西中烟工业公司)实现税利 194.64 亿元,增长 8.12%;烟草商业(江西省烟草专卖公司)实现税利 154.05 亿元,增长 5.22%。

【食品产业】 年内,发挥绿色食品产业链链长制工作机制,推进绿色食品产业链科技创新联合体创建工作,食品、生猪产业、现代作物种业、现代家禽种业和油茶产业 5 个科技创新联合体成功创建。细化分工《2022 年全省绿色食品产业链工作要点》,定期调度,推进工作落实。开展食品工业企业诚信管理体系培训,邀请国家市监总局认证专家解读国家诚信体系标准。落实国务院食品安全委员会有关工作部署,推动全省食品安全工作获国务院食安委最高等次 A 级考核等级,为历年来最好成绩。2022 年,全省食品工业(不含烟草制品业)规模以上企业新增 54 家,总数 1088 家,资产总计 1852.1 亿元,同比下降 1.6%。

【9 人入选第八届中国工艺美术大师】 8 月 5 日,《中国轻工业联合会公告》发布,确定 108 人为第八届中国工艺美术大师,江西曹爱勤、徐岚、黄景藏、程永安、赵忠良、丁虹、陆岩、王卫平、张小红 9 人入选,入选率 90%,达到设定最高比例,入选率位居全国第一。

【新型工业化产业基地培育】 2022 年,推进培育省级新型工业化基地 3 个,即九江经开区智能家电基地,九江修水绿色食品基地及赣州石城运动鞋服工业基地,其中石城运动鞋服工业基地已获批为江西省新型工业化产业基地。完成赣州石城绿色食品产业基地更名工作,拓展基地产业覆盖领域,提升产业集聚水平。

【行业品牌建设】 支持景德镇市举办 2022 景德镇国际陶瓷博览会。在瓷博会期间,举办江西省第八届工艺美术"杜鹃"奖评比活动和江西省中国工艺美术大师作品展,扩大景德镇陶瓷行业的影响力。支持举办中国(赣州)第九届家具产业博览会,展示新时代南康家具高质量发展成果,扩大赣州家具行业影响力。开幕式上签约项目 18 个,投资总额 338 亿元。

(李湘丽)

石化工业

【概　况】 2022 年,全省石化行业共有规模以上企业 1816 家,营业收入 4167.98 亿元,同比增长 11.38%;利润 344.25 亿元,同比增长 1.51%。经济总量占全省工业的 8.63%。培育营业收入过百亿元的省级重点产业集群 6 个,其中超 300 亿元 3 个(永修有机硅产业集群 612 亿元、乐平精细化工产业集群 442 亿元、彭泽精细化工产业集群 315 亿元),超 200 亿元 2 个(会昌氟盐化工产业集群 230.6 亿元、新干盐卤药化产业集群 202.1 亿元),超 100 亿元 1 个(金溪香料产业集群 107.5 亿元)。

【重点企业】 2022 年,九江石化营业收入 514.2 亿元,同比增长 37%;利润 6.4 亿元。江西蓝星星火有机硅营业收入 74.9 亿元,同比增长 1.4%;利润 3.25 亿元。世龙实业营业收入 23.8 亿元,同比增长 22%;利润 2.14 亿元。江西晨光新材料股份有限公司营业收入 18.9 亿元,同比增长 16.3%;利润 7.2 亿元。江西心连心化学工业有限公司营业收入 69.5 亿元,同比增长 9%;利润 7.68 亿元。

【重点项目】 2022 年,江西石化行业共有亿元以上新建和技改投资项目96个，总投资194.83亿元，其中竣工投产27个。九江石化年产89万吨芳烃联合生产装置于6月实现一次开车成功并产出合格产品。

【石化产业转型升级】　印发《江西省石化产业数字化转型行动计划(2022—2025)》《江西省石化化工行业碳达峰实施方案》《关于进一步推进化工产业转型升级有关工作的通知》，从强化规划引导、优化产品结构、加强绿色化改造、加快数字化转型等方面提出具体要求，指导石化行业转型升级。2022年，石化产业新增省级绿色工厂5家。

【开展禁化武履约模拟核查】　2022年，江西省禁化武办组织开展禁化武履约模拟核查，完成14家监控化学品企业的现场模拟核查，督促指导监控化学品企业提高履约能力。

【化工园区发展】　印发《江西省化工园区建设标准和认定管理实施细则(试行)》《江西省化工园区管理联席会议制度(试行)》，进一步规范化工园区建设，提高绿色安全可持续发展水平。江西26个认定化工园区2022年底全部达到一般或较低安全风险等级，并通过省级复核。

(王海军)

纺织工业

【概　况】　2022年，全省纺织服装行业有规模以上企业1567家，营业收入1725亿元，同比下降12.1%；利润100亿元，同比下降25.9%；实际出口65.4亿美元，增长15.8%。主要产品中，化纤产量125万吨，同比下降1.6%；布产量7.2亿米，同比下降26.7%；服装产量12.5亿件，同比下降9.6%；纱产量147万吨，同比下降7.2%。主要子行业中，化纤业营业收入180亿元，同比增长17.8%；服装业781亿元，同比下降19.2%；纺织业762亿元，同比下降8.8%；纺机业3.3亿元，同比下降58.5%。11个设区市中，抚州市和景德镇市实现增长，其他设区市均为下降。

【纺织服装行业出口】　2022年，全省纺织服装行业出口在价格拉升、RCEP(区域全面经济伙伴关系)新机遇和跨境电商新模式等因素推动下，克服新冠肺炎疫情反复、需求下降、订单转移等多重困难，实现较快增长，全年实际出口65.4亿美元，创历史新高，同比增长15.8%，比全国平均水平高13.2个百分点。其中，服装出口50.1亿美元，增长21.8%；纺织品出口15.3亿美元，下降0.3%。

【重大项目建设】　2022年，全行业有162个过亿元在建项目，总投资598亿元，亿阳纺织智能工厂、金源纺织5万锭智能化纺纱生产线改扩建、金达布艺年产9000万米高档麻面料等112个项目投产或部分投产。

【重点企业转型升级】　华兴、众拓实业打造5G+智慧工厂项目，带动豪驰、中大、尚嘉、志强实业等一批针纺企业效仿。至年底，青山湖区重点企业智能化应用率60%以上，针纺企业生产效率提高20%左右，人员节省30%左右，产品合格率大大提升。鸭鸭股份公司全面布局抖音、快手等直播新电商平台，推动品牌向品质化、年轻化、潮流化转变，2022年被评为中国最具价值品牌500强(第351位)。赢家时装建设工业互联网标识解析二级节点及数字运营中心，2022年被评为江西省智能制造标杆企业。德鑫纺织新建7万锭产能数字化、智能化涡流纺车间，实现从机械投料到机器人打包全自动化，产能提升15%，用工减少75%。

【企业经营】　市场需求疲软，行业进入买方市场，采购商竞相压价，多数企业要亏本出货回笼资金；棉花价格呈先升后降走势，至年底，国内3128B级棉花1.5万元/吨，比上年同期下降7200元/吨，比年内高点(2.3万元/吨)下跌35%，产成品价格随之进入下行通道。由于纺织企业普遍库存率较高，导致损失严重。成本上升，招工难、用工贵问题长期存在，部分企业反映电力成本比周边省份高。企业回款周期变长，财务费用增加，开工不稳定，管理成本提升。2022年，全省纺织服装行业利润下降25.9%，被列入监测的40家营业收入过亿元企业亏损率50%。

【2022江西纺织服装周暨江西(赣州)纺织服装产业博览会举行】　11月18—21日，由省政府、中国纺织工业联合会指导，省工信厅和省商务厅、省贸促会、赣州市政府、中国服装协会共同举办的2022江西纺织服装周暨江西(赣州)纺织服装产业博览会在于都县举行。博览会共有150余家企业参展，举办12场专场活动和多场时装秀，签约项目11个，签约金额51.25亿元；招商引资项目32个，签约金额200.55亿元。

(郑宜涛)

建材工业

【概　况】　2022年，全省建材行业规模以上企业2518家，营业收入3577.93亿元，同比下降9.08%，占全省规模以上工业企业营业收入的7.41%；利润331.97亿元，下降16.72%，占全省规模以上工业企业利润的9.61%。其中，水泥产量8768.6万吨，位居全国第14，下降14.1%。瓷质砖产量11.2亿平方米，下降4.4%。水泥营业收入407.15亿元，下降20.53%；利润38.31亿元，下降62.26%。水泥制品营业收入739.28亿元，下降5.82%；利润71.8亿元，增加14.11%。建筑陶瓷营业收入390.21亿元，下降4.14%；利润30.37亿元，下降17.5%。特种陶瓷营业收入300.78亿元，下降21.05%；利润34.5亿元，下降23.83%。玻纤营业收入125.96亿元，下降7.69%；利润14亿元，下降32.17%。

【水泥价格】　2022年，全省水泥行业销售价格较平稳，短时间内价格波动不大，水泥价格在1—8月逐月下降，9月后呈上升趋势，全年最高价和最低价相差120元/吨，水泥价格基本在400~500元/吨。

【政策体系完善】　聚焦绿色发展、数

字智能、行业规范等重点任务，先后制定《江西省建材工业智能制造数字化转型行动计划（2022—2024）》《江西省水泥玻璃行业产能置换实施细则（试行）》等，完成全省水泥、预拌混凝土、新型墙体材料等行业发展白皮书，启动《江西省促进散装水泥和预拌混凝土发展条例》修订工作，组织编制《江西省萤石行业高质量发展行动方案》，推动无机非金属材料和非金属矿物材料加快发展。

【产能置换政策执行】 严格执行水泥、平板玻璃等产能置换政策，确保产业安全发展。狠抓中央环保督查发现问题整改，召开产能置换方案协调推进会，督促宜春红狮通过产能置换方式依法依规解决61万吨/年水泥产能重复替代问题，10月底对产能置换方案进行公示。加强产能置换项目跟踪核查，先后完成江西赣丰水泥熟料生产线产能退出公示公告和玉山南方8000吨/天、高安田南红狮4000吨/天水泥熟料建设项目置换产能退出公示公告，组织对九江鑫山、江西九江南方的水泥熟料生产线产能置换项目现场核查，指导九江市柴桑区、彭泽县和赣州市于都县、新余市分宜县严格落实水泥产能置换政策。做好光伏压延玻璃听证推荐工作，牵头组织完成全省8个光伏压延玻璃项目听证有关工作。组织对全省水泥生产线进行摸底排查，完成2021年度全省水泥熟料、平板玻璃生产线情况公告，公告40家水泥企业63条水泥熟料生产线、2家玻璃企业4条平板玻璃生产线。

【节能降碳】 组织对建材行业"双碳"工作进行专题调研，起草编制印发《江西省建材行业碳达峰实施方案》。加大绿色建材推广应用，制订全省绿色建材推广应用（下乡）活动"1+3"工作方案，组织开展绿色建材推广应用（下乡）启动活动视频会，推动九江市、萍乡市、赣州市结合地方特色开展主题推广活动。落实建材行业能效约束节能降碳工作，推动建材行业转型升级与绿色低碳发展，全年建材行业新增绿色工厂15家，绿色产品3个；累计有绿色工厂35家，绿色园区1个，绿色产品4个，绿色供应链管理企业1家，其中国家级10个（绿色工厂、绿色园区及供应链管理企业）。

【产业升级】 贯彻落实《江西省打造全国传统产业转型升级高地实施意见（2022—2025年）》，推进建材产业转型升级。2022年建材企业新增省级专精特新企业107家、专业化"小巨人"企业8家，累计有省级专精特新企业242家、专业化"小巨人"企业14家。鼓励固废综合利用，加快非碳酸盐原料替代，提高水泥生料中电石渣、磷石膏等含钙固废资源替代石灰石比重。鼓励使用高炉矿渣、粉煤灰、钢渣等工业固体废弃物替代普通混合材，提高水泥粉磨过程中固废资源替代熟料比重，减少水泥熟料消耗量。年内，高安陶瓷基地规模以上建陶企业生产线进行智能化技术改造52条；新建玉山南方8000吨/天水泥熟料生产线，淘汰拆除2500吨/天生产线2条、1500吨/天生产线2条、1000吨/天生产线1条、1200吨/天水泥熟料生产线1条；新建高安田南红狮4000吨/天水泥熟料生产线，淘汰拆除3000吨/天生产线1条、1000吨/天生产线1条。

【产业集群】 至2022年年底，全省建材产业培育省级重点产业集群7个，省级重点培育产业集群1个。7个省级重点产业集群营业收入1495.2亿元，其中过100亿元产业集群6个，分别为安义铝合金（470.2亿元）、高安建筑陶瓷（417亿元）、湘东工业陶瓷（148.1亿元）、上犹玻纤（142亿元）、永丰非金属矿深加工（140.4亿元）、濂溪玻纤（109亿元）。

【行业规范发展】 开展2022年全省预拌混凝土行业打击非法生产违规经营专项整治行动，持续推进专项整治行动自查问题整改，实施专项整治行动"回头看"。完成2022年"双随机、一公开"专项检查工作，对16家企业散装水泥、预拌混凝土、预拌砂浆使用情况进行检查，全部使用散装水泥。建立全省预拌混凝土、机制砂石行业企业档案，全省有建档预拌混凝土企业596家、机制砂石生产企业353家。加强预拌混凝土、新型墙体材料行业管理，完成6批91家预拌混凝土生产企业目录公示公告、6批78家企业新型墙体材料生产企业产品认定工作。规范机制砂石行业发展，定期调度分析行业运行情况，督促20家重点企业定期向工信部报送生产经营等信息，全年报送机制砂石实际生产量1838.8万吨、销售量1721.2万吨。

（熊承皇）

医药工业

【概　况】 2022年，在全国经济形势严峻复杂、新冠肺炎疫情冲击、经济下行压力持续加大的背景下，江西医药行业整体运行平稳，全年规模以上企业营业收入1338.08亿元，同比下降2.30%；利润150.06亿元，同比增长5.78%。

·资料·

2022年江西省医药工业运行情况一览表

表8

类　别	营业收入（亿元）	增长（%）	利润（亿元）	增长（%）
医药工业	1338.07	-2.30	150.06	5.78
一、中药	417.68	-3.91	57.22	14.78

续表 8

类 别	营业收入(亿元)	增长(%)	利润(亿元)	增长(%)
中成药	311.96	7.56	49.42	22.35
中药饮片	105.71	-26.90	7.80	-17.48
二、化学药	481.19	-7.33	48.88	-13.17
化学原料药	377.04	-7.37	37.67	-17.25
化学药品制剂	104.14	-7.18	11.21	4.02
三、医疗设备(包括卫生材料,制药机械)	399.77	7.79	33.07	18.40
医疗仪器设备及器械	169.99	1.77	16.00	18.74
卫生材料及药用品制造	193.28	9.50	13.33	12.98
药用辅料及包装材料	29.63	38.60	3.25	42.24
制药专用设备	6.86	16.44	0.47	32.97
四、生物药	39.42	-12.12	10.87	39.86

【产业集中度】 全省医药产业规模以上企业新增 39 家,总量 592 家;其中受新冠肺炎疫情防控需要拉动,医疗设备子行业中的相关企业收益大幅增长,规模以上企业增加 28 家。全省医药产业列前 20 位的企业营业收入 624.80 亿元、利润 83.81 亿元,分别占全省医药行业的 46.69% 和 55.85%,分别提高 6.16 个百分点和 2.99 个百分点,产业集中度持续上升。济民可信集团、仁和集团、青峰医药集团进入全国医药工业 2021 年度百强榜,分列第 11 位、第 67 位、第 77 位。

【优势品种】 2022 年,全省年销售额过亿元的优势品种新增 5 个,总数 65 个。其中,过 10 亿元的大品种分别是济民可信集团的金水宝、醒脑静注射液、康莱特注射液/软胶囊、盐酸多柔比星脂质体注射液,华润江中的健胃消食片,青峰医药集团的喜炎平注射液。

【产业集群集聚】 2022 年,全省 7 个主要医药制造业产业集群(基地),包括进贤医疗器械产业基地、樟树医药产业基地、赣州医药健康产业园、永丰医药产业集群、南昌小蓝经开区医药产业基地、袁州医药产业集群以及峡江生物医药产业集群,共实现工业营业收入 633.30 亿元,占全省医药行业的 47.32%。

【创新能力】 2022 年,江西中医药健康产业研究院、赣江中药创新中心、江西省道地药材质量评价研究中心等均已开展研究工作。由赣江中药创新中心牵头申报的国家中药先进制造与现代中药产业创新中心获批。青峰药业"奥兰替胃康片"完成三期临床试验,并于 9 月获国家药监局药品审评中心受理。全省有 20 个批准文号通过(含视同通过)一致性评价。

【新冠肺炎疫情防控物资保障】 认真履行省医疗物资保障组组长职责,为打赢疫情防控"围剿清零"攻坚战提供医疗物资支撑。强化重点物资生产保供,抓好医疗物资生产企业的生产调度及重点企业周调度工作,加强当地生产供应能力建设,下发《关于进一步加强防疫物资产品保供工作的通知》《关于公布我省部分重点医疗物资保供企业名单》,动员企业开足马力生产,畅通防疫物资生产供应链条。强化储备物资调拨应急,建立健全医疗物资储备工作机制,制订应急政府储备(医疗物资)采购和质量管控 2 个工作规程,开展省专用应急政府储备(医疗物资)工作,快速应对省内外突发性疫情事件。至年底,共下达医疗物资收储令 23 批,其中援沪收储 8 批、援疆收储 1 批、援渝收储 1 批;共下达 35 批医疗物资调拨令,其中援沪调拨 8 批、援疆调拨 6 批、援渝调拨 2 批。

【生物医药产业链链长制工作】 会同省药监局印发《2022 年度全省生物医药产业链链长制工作方案》,梳理生物医药产业链状况,厘清生物医药产业发展痛点、难点、堵点,持续加强与基层、企业的对接服务。2022 年,通过链长制共为 63 家企业及时解决用工用地、资金融资、原料采购、项目审批等实际问题 83 个,问题解决率 100%。

(龚一鸣)

本类目编辑 游桃琴

信息化建设

综 述

2022年，全省深入实施数字经济做优做强“一号发展工程”，制定电子信息、5G发展、虚拟现实等数字产业年度工作要点，推进电子信息、物联网、VR、新型显示等产业补链延链强链，做大做强数字产业规模，数字产业实现跨越式增长。

*推进新一代信息基础设施建设。*建成开通南昌国家级互联网骨干直联点，数据传输稳定性和速率大幅提高。5G网络建设处全国前列，新部署中国广电5G核心网江西省级节点，5G用户选择运营商的途径增多；加强5G基站疑难站址协调和频谱备案管理，5G网络实现乡乡通，行政村通达率超70%，5G基建数量占全国的3.2%，处全国第一方阵。光网城市加速推进，全省500兆及以上用户占比35%以上，互联网宽带接入端口超2700万个，万兆无源光网络及以上端口25万个，11个设区市中“千兆城市”覆盖率81%。开展数据中心建设，全省已投入使用数据中心30个，在建数据中心10个，机柜规模4.8万个，算力资源超100P。推进工业互联网标识解析二级节点建设，全省建成工业互联网标识解析二级节点13个。

*开展数字化转型，推进地区两化深度融合。*全省制造业企业数字技术应用水平大幅提升，企业经营管理数字化普及率72.2%，数字化研发设计工具普及率75%，关键工序数控化率56.6%，开展服务型制造比例32%，开展网络化协同比例40.3%，实现智能化产品生产的企业比例7.2%。培育工业互联网平台，评定遴选省级工业互联网重点平台18家、跟踪培养平台35家，工业互联网平台应用普及率16.35%。开展企业两化融合度评价普查，制订企业融合度评价推进工作方案和评价指标体系，江西省成为全国企业两化融合度评价唯一试点省。开展两化融合示范，制定两化融合示范企业和示范园区管理办法，分类分级培育两化融合示范企业677家、两化融合示范园区42家。全面组织开展企业上云上平台专项活动，全省累计上云企业突破25万家。

*推动新一代信息技术应用。*推进5G、区块链、工业互联网等新一代信息技术融通创新。举办“绽放杯”5G应用征集大赛，在制造业、农业、教育、医疗、交通、社会治理等12个行业领域遴选出5G应用优秀项目337个，江西推荐项目在全国赛中获二等奖1个、优秀奖8个。物联网产业保持快速增长，全年物联网产业营业收入突破1800亿元，6个项目列入工信部物联网示范项目。推进企业开展人工智能关键技术攻关，2单位被列为工信部人工智能揭榜挂帅“潜力单位”。争取“星火·链网”节点落户江西，推荐14个典型区块链项目到工信部，获评工信部典型区块链项目1个。

*电子信息行业持续壮大。*2022年，全省电子信息制造业营业收入和利润排名均跃居全国第4、多年稳居中部地区第1。经过多年的培育和发展，成功创建5个国家新型工业化（电子信息）产业示范基地，培育形成23个特色鲜明、实力突出的省级电子信息产业集群。召开全省电子信息产业供需对接大会、赣台电子信息产业对接会、南昌市电子信息产业发展大会等一批会议，推动企业产业对接，对全省电子信息产业宣贯，助推电子信息产业高质量发展。

*软件和信息服务业产业稳中向好。*全省有12家企业营业收入超10亿元，营业收入达277亿元，其中江西贪玩信息技术有限公司成为全省第一家软件营业收入突破50亿元的企业。大数据产业保持良好发展势头。江西省发布《江西省“十四五”大数据产业发展规划》。培育认定32家江西省大数据示范企业。

（陈飞）

信息基础设施

【概　况】 2022年，省通信管理局组织实施新型信息基础设施强基赋能工程，稳步推进新型信息基础设施建设，加快数字技术融合创新应用。行业固定资产投资和研发投入107.6亿元，固定资产投资增长5.3%，增速比全国平均水平高2个百分点。5G投资52.9亿元。提供公共服务的互联网数据中心机架数量净增0.8万个，总量达6.6万个。新增6个千兆城市，共有9个设区市达到千兆城市建设标准，数量居全国第4、中部地区第1。

【南昌国家级互联网骨干直联点开通】 5月，南昌国家级互联网骨干直联点开通，彻底改变江西网间流量需要通过外省绕转的局面，江西省网络层级跻身全国顶层架构。首期开通互联网网间带宽1600GB，居全国第8，大幅优化网间访问质量。省内网间平均时延从20毫秒降低至2毫秒左右，性能提升90%，丢包率趋近于零。外省访问江西省网间时延和丢包率在全国的排名由第9和第14,提升至第7和第6。

【5G网络"乡乡通"】 年内,5G基站总数6.5万个,同比净增2.8万个,实现5G网络"乡乡通"。密度上,每万人5G基站数14.5个,提高超50%;深度上,5G基站占移动基站的20.7%,提高7.5个百分点。5个项目入选工信部首批中小城市信息基础设施项目库,江西电信项目入选中西部地区中小城市基础网络完善工程,获国家发展改革委补助资金5000万元。

【全光网建设】 全省固定互联网宽带接入端口数2705.3万个,其中农村宽带接入端口1015.7万个,增长2.6%。光纤接入(FTTH/0)端口2630.1万个,占固定互联网接入端口的97.2%,比全国平均水平高1.5个百分点。全省万兆无源光网络(10G-PON)及以上端口规模40.3万个。

【广电信息基础设施建设】 至年底,江西广电网络已建成通达11个设区市及各个县(市、区)的干线传输网络、5个完整的网络传输及业务平台,乡镇和行政村光缆通达率100%,拥有省级光缆传输干线网1.05万千米、乡镇网主干线3.5万千米、本地网光缆40万千米,覆盖900万用户。江西广电网络覆盖全省农村用户数277万户,架设支干线光缆7.98万千米,有线电视光缆通达行政村覆盖率100%,自然村覆盖率90%。全省有线电视用户829.51万户,双向覆盖用户730万户(数字整转率95.2%),全省下发高清互动机顶盒95万台,网内传输的高清频道85套,数字电视节目频道220套。有在线互联网用户52万户,接入能力100兆比特每秒以上,户均入户宽带达50兆比特每秒以上。

【IPv6能力提升】 联合省委网信办出台实施《江西省深入推进IPv6规模部署和应用2022年工作要点》。全省移动网络IPv6流量占比48.3%、固定网络IPv6流量占比13.6%,均高于全国平均水平,活跃用户数5376万户。

【补齐通信服务短板弱项】 实施电信普遍服务项目,完成2021年571个4G基站建设项目。开展县乡村三级移动信号弱覆盖区域摸排,梳理4000余个网络弱覆盖点。新增共建室内分布系统2646套,覆盖面积9919万平方米,满足群众对重点场所室内覆盖需求。完成1065个老旧小区通信设施改造工程,上改下主干光纤3680千米,新建四网合一光交箱1120个。围绕老旧社区网络覆盖,补盲新建4G、5G基站247个。

【基础设施共建共享】 组织基础电信企业开展共建共享基站1.13万个,其中共建基站4800个、共享基站6460个。开展共建重点场景室内分布系统任务580个,共建杆路175千米,共享杆路120千米;共建管道65千米,共享管道110千米。

(殷丽萍)

信息技术应用

【江西数字人大上线运行】 1月12日,在省十三届人大六次会议召开前夕,江西数字人大上线运行。江西数字人大提供给省十三届人大六次会议的参会省人大代表使用。数字人大会务系统依照人大会议特定的使用场景"量身定做",接入个人健康码,助力大会新冠肺炎疫情防控。参会代表在会议期间可通过会务系统阅看会议文件、服务指南,还能快速查询住宿、座位、乘车、餐饮等信息。12月20日,江西数字人大2.0版上线运行,新增"AI数字人、智能立法、智慧监督、特色展示"四大数字化可视界面,实现"代表履职更智能、代表画像更清晰、数字会务更便捷、联系群众更方便"目标任务。

【中国(景德镇)跨境电子商务综合试验区获批】 2月,中国(景德镇)跨境电子商务综合试验区获批。景德镇市按照《景德镇国家陶瓷文化传承创新试验区实施方案》提出的相关要求,先后打造浮梁县58科创跨境电商园、珠山区陶瓷跨境电商产业园等电商集聚区和电商孵化基地,跻身全国电商百强城市。2021年,景德镇市已拥有面向国内外的电商企业3475家、网店3.05万家,网络零售额达118.31亿元。

【就医买药"码"上办全国通用】 1月起,江西省实现国家医保信息平台全域全业务上线。参保人员可通过国家医保服务平台APP、赣服通、微信、支付宝等渠道,自助进行人脸识别认证后激活使用,不需要到政务大厅去领取和激活。使用智能手机的老年人在就诊或购药时,医院、药店的工作人员会主动帮助领取医保电子凭证,没有智能手机的老年人可以授权亲属用智能手机代为领取医保电子凭证。

【江西省首个BaaS开放平台在南昌发布】 3月,由省委网信办、省工信厅、省科技厅共同指导,中国信通院江西研究院自主研发设计的江西省首个BaaS(Blockchain as a Service,区块链即服务)开放平台在南昌发布。该BaaS平台作为全省首个BaaS开放普惠性平台,是江西省国产可控的区块链基础设施,是链接全省政务、教育、金融、农业等全行业资源的连接器。平台于5月中旬上线运行,后续可与"智赣119"平台完成对接,打造消防链网设备信息链、火警信息证据链,完成与江西工业互联网二级节点对接。

【江西首个网络破产重整智慧平台上线】 4月,江西省首个网络破产重整智慧平台"网络破产重整·智慧平台"在京东APP上线。"网络破产重整·智慧平台"由南昌市中级人民法院联合京东搭建,分资产处置、投资人招募、线下服务三大板块,依托"司法+金融+互联网"的资源整合能力,链接"法官+第三方投资人+破产管理人+债权人"等核心参与方,运用网络大数据构建一个开放共享的全场景破产重整生态圈。该平台具有提高破产财产处置效率、提升破产重整新融资力度、提升"办理破产"透明度和公信力等核心优势,能有效连通资金端与资产端、合作方与服务方,有利于打通管理人在资产处置、投资人招募、重整融资等办理破产相关环节的痛点、堵点,推动破产案件办理规范化、过程透明化、监管便利化、系统智慧化、成果高效化。

【第五届“绽放杯”5G应用征集大赛江西区域赛决赛结束】 9月21日，第五届“绽放杯”5G应用征集大赛江西区域赛决赛在南昌结束并举行颁奖仪式，共有100个项目分别获一、二、三等奖和优秀奖，其中5G+五彩梁塅数字乡村、基于5G+热敏灸特色诊疗服务智能化示范应用研究、5G+人工智能助力德兴铜矿步入无人采矿新时代、5G+消防大数据应用平台、基于5G的矿用车联网在露天矿山的实践——5G+车联网、5G智慧图书馆6个项目获一等奖。大赛由省工信厅、省科技厅、省发展改革委等18家省直单位联合主办，中国信通院江西研究院等6家单位共同协办，以“5G推动扬帆行业创新示范”为主题，是江西省推动5G发展以来举办的规格最高、项目最多、规模最大、行业参与度最深的综合性赛事，分12个赛道，共征集1132个参赛项目，历时3个多月，经过31轮次的比赛。

【赣服通5.0版、赣政通2.0版上线运行】 11月16日，赣服通5.0版、赣政通2.0版上线运行。赣服通、赣政通是江西省打造数字政府的双引擎。赣服通实名用户突破4300万人次，平均日活跃用户突破120万人次，上线服务1.6万余项，累计访问量38亿次。赣服通5.0版实现技术、架构、服务、安全四项升级，打造全国首个政务服务数字人小赣事，通过语音播报、智能找服务、多轮对话+边问边办提供“面对面、一对一”全流程办事服务。省市县三级服务一屏展现，本地服务扫码直达，教育、就业、社保、婚育等重点领域26个部门500余项政务服务整合上线。赣政通累计实名用户突破66万人次，活跃用户40万人次，接入应用1250个。

（陈飞）

电子信息制造业

【概　况】 2022年，全省电子信息制造业营业收入首破万亿元大关，达10112.2亿元，同比增长32.2%；实现利润900.7亿元，同比增长78.2%，营业收入和利润排名均位居全国第四、多年稳居中部地区第一。截至年底，已成功创建5个国家新型工业化（电子信息）产业示范基地，培育形成23个特色鲜明的省级电子信息产业集群，建设南昌、吉安电子信息产业集群写入国家《关于新时代推动中部地区高质量发展的意见》。

【骨干企业】 2022年，全行业规模以上企业新增427家，总量达2214家，同比增长23.9%。培育了一批营业收入超20亿元的电子信息企业。其中，华勤电子、立讯智造、龙旗信息、美晨科技、木林森等超百亿元企业达16家（含光伏2家、锂电5家）；赣州同兴达、欧菲光电、盛泰精密、红板科技、协讯电子等超50亿元企业39家；深联电路、满坤科技、兆驰半导体、南亚新材料、联创电子等超20亿元企业85家，基本形成大中小企业梯度培育、融通发展格局。

·资料·

2022年江西省超百亿元电子信息企业一览表

表9

序　号	企业名称	产品名称	序　号	企业名称	产品名称
1	晶科能源	太阳能组件	9	龙旗信息	手机、平板、手表等
		硅片	10	美晨通讯	手机
2	赣锋锂业	锂盐	11	勤胜电子	手机、平板、手环
3	华勤电子	笔电	12	诚志股份	液晶电子、信息功能材料等
4	立讯智造	蓝牙耳机	13	宜春天卓	碳酸锂
5	合力泰	模组显示屏等	14	木林森	LED灯珠
6	晶科能源（上饶）	电池片	15	立德电子	触控模组、液晶显示屏
7	九江天赐	电解液	16	永兴特钢	碳酸锂
8	金辉锂业	碳酸锂			

【2022年全省电子信息产业供需大会在吉安召开】 7月1日，由省工信厅和吉安市政府共同主办的全省电子信息产业供需对接大会在吉安召开。线上线下参会人数1452人，现场签约项目148个，总金额70.6亿元，在线观看71.18万人次。

【主导产业】 以生产元器件为主的单一结构，向“整机+关键元器件+电子材料”全产业链转变，初步形成省内配套、近距离协作的全产业链生态。移动智能终端领域涵盖整机、触控屏、摄像头、生物识别模组、电子电路板及各种配套材料等，本地配套率90%以上，电子电路板逐步向多层板、软板等高端产品发展，半导体照明逐步向通用照明、信息显示、汽车照明等高端应用领域高速发展。2022年，电子元器件产业营业收入4172.7亿元，占全行业的41.3%，其中电子专用材料营业收入1824.5亿元,半导体照明营业收入829.3亿元,电子电路板营业收入642.8亿元;智能终端产业营业收入2826.9亿元,占全行业的28%;光伏锂电产业营业收入2223.5亿元,占全行业的22%。三大主导产业合计占比连续3年超90%。

【赣台电子信息产业对接会在上饶召开】 9月16日,作为第十八届赣台(上饶)经贸文化合作交流大会专题活动之一,由省工信厅、上饶市政府联合举办的赣台电子信息产业对接会在上饶召开。省工信厅、上饶市、九江市、宜春市、上饶市广丰区等省市区领导分别进行产业推介,台商代表作交流发言。大会签约项目16个,签约金额13.3亿美元。

【江西省半导体照明产业链党建主题系列活动在南昌举行】 11月15日,由省委组织部、省工信厅、省科技厅、南昌市政府共同主办的"红链赋能·照亮未来"江西省半导体照明产业链党建主题系列活动在南昌举行。活动由江西省半导体照明产业协会成立大会暨产业供需对接会、江西省半导体照明产业发展生态论坛、江西省半导体照明产业高层次人才对接招聘会,以及全省产业链党建试点工作推进会组成,探索开展产业链党建试点工作,将"组织链"嵌入产业链。会上为江西省半导体照明产业链党委揭牌,现场签约项目10个,签约金额1.7亿元。

(雷挺)

软件和信息服务业

【概　况】 2022年,全省软件和信息服务业营业收入390亿元,同比增长20%;软件业务收入304.8亿元,增长25.6%。其中,信息技术服务收入155.1亿元,全省软件产业利润37亿元。全省软件从业人员3.19万人。

【骨干软件企业】 全省软件和信息服务业企业数量不断增长,重点企业支撑作用突出。2022年,全省有全国互联网百强企业2家(江西巨网科技有限公司、江西贪玩信息技术有限公司分别排第58和第91)。江西贪玩信息技术有限公司营业收入57.6亿元,成为全省第一家软件营业收入突破50亿元的企业。全省12家企业营业收入超10亿元,初步形成龙头企业带动,上下游共同发展的格局。

· 资料 ·

2022年江西省软件服务业重点企业和主要产品情况表

表10

企业名称	主要产品名称	产值(亿元)	所在地
江西贪玩信息技术有限公司	《古云传奇》《盛世遮天》游戏	47.8	上饶市
阿里巴巴(江西)有限公司	软件技术服务	31.8	南昌市
先锋软件股份有限公司	江西省住房保障管理信息系统、绿色新能源建设及能源互联网	29.8	南昌市
北方联创通信有限公司	数字程控调度系统、煤矿人员管理系统	15.3	南昌市
捷德(中国)信息科技有限公司	银行卡、智能IC卡	13.7	南昌市

【产业帮扶支持】 抓好资金支持,为江西博微新技术有限公司、江西金格科技有限公司、泰豪软件股份有限公司等17家企业争取扶持资金1200万元。落实国家优惠政策,根据《关于做好2022年享受税收优惠政策的集成电路企业或项目、软件企业清单制定工作有关要求的通知》要求,会同省发展改革委组织符合条件软件企业申报,思创数码入选。组织专家开展软件企业减免税评估认定,帮助全省13家软件企业减免税金1.7亿元。开展全省第四批虚拟现实产业创新创业优秀人才团队评选,经制定评选方案、印发评选通知、组织地市申报和专家评审等一系列工作,遴选出10支创新创业优秀人才团队,从省人才专项资金中予以1000万元支持。

【创新能力】 2022年,全省软件行业研发经费投入占比超5%;国家虚拟现实创新中心落地,中国工业互联网研究院、国家工业信息安全研究中心2个国字头平台落户江西省,思创数码公司承接了全国省级以上发展改革部门的智慧发改系统软件开发;博微新技术电力造价软件全国市场占有率90%;泰豪软件自主研发的电网调度软件占领全国17个省市的电网调度市场,市场占有率近50%;金格科技在电子签章及商用密码领域跻身全国前三;唐人通信为中国移动全国一级集采供应商第七位。

【2022世界VR产业大会举行】 11月12—13日,由工信部、江西省政府主办的2022世界VR产业大会在南昌举行。大会以"VR让世界更精彩——VR点亮元宇宙"为主题,设立线下主会场、线上百度希壤元宇宙主会场、欧洲(奥地利)海外分会场,实现线下线上同步、现实世界与元宇宙同步、国内国外互动。设置1场开幕式暨开幕演讲,2场高峰论坛、14场平行论坛以及政策宣贯、产业对接、会议体验等系列活动。16个论坛,分别围绕元宇宙、产业链供应链、文化旅游、职业教育、工业制造、关键共性技术等重点领域相关主题展开。其间,举行2022世界VR产业暨元宇宙博览会、中国国际通信电子产业大会

11 月 12 日,2022 世界 VR 产业大会暨元宇宙博览会现场市民体验 VR 桌面一体机

成奔摄

暨消费电子博览会、虚拟现实产业创新大赛决赛等相关活动。大会邀请 15 名中外院士和 100 余名 VR 产业链各环节头部企业主要负责人参会,近 200 名行业专家学者发表演讲,全球 20 余个国家和地区的 5000 余名嘉宾线上线下参会,数万人次参观展览,超 1 亿人次观看大会直播转播。华为、HTC、科大讯飞等 200 余家企业和机构参展。开幕式上,举行江西省政府与中国联通集团有限公司、中国铁塔股份有限公司战略合作协议签约仪式,揭牌成立国家虚拟现实创新中心。大会发布 2022 中国 VR 50 强企业名单、《虚拟现实产业发展白皮书(2022 年)》以及华为首款智能观影眼镜等一系列 VR 技术、产品和应用最新成果。围绕 VR 等相关产业招商,全省签约项目 107 个,签约总金额 716.67 亿元。

【征集首版次软件】 创新开展 2022 江西省首版次软件产品征集,经企业申报、各地推荐、专家评审等程序,遴选省级首版次软件产品 6 个。继续开展全省 VR 应用示范项目评选工作,遴选出 14 个省级 VR 应用示范项目。会同省科技厅组织开展江西省虚拟现实(VR)产业技术创新战略联盟沙龙,共开展 8 期。

(艾九江)

· 资料 ·

2022 年江西省首版次软件产品一览表

表 11

序号	单位名称	产品名称
1	江西绿萌科技控股有限公司	Reemoon INFRUSCAN 软件[简称:INFRUSCAN]V1.0
2	中广核贝谷科技有限公司	基于 AI 集中审像和智能审图系统 V1.0
3	江西新画卷科技有限公司	Newvision - AFC 系统应用软件 V1.0
4	江西八神数据科技有限公司	区乡村三级联动帮办代办管理系统 V1.0
5	吉安英佳电子科技有限公司	智慧校园管理平台 V1.0
6	江西诚韬科技有限公司	CT 娱乐业治安管理信息系统 V1.0

大数据产业

【概　况】 2022 年,全省大数据产业营业收入复合增长率超 25%,29 个重点大数据中心运营,投入使用机柜超过 9500 个,存储能力 5000 PB。全省政府网站检查实现每季度 100% 全覆盖,政务新媒体检查每季度不低于 30%。

【《江西省“十四五”大数据产业发展规划》出台】 6 月 24 日,省工信厅印发《江西省“十四五”大数据产业发展规划》(简称《规划》)。《规划》分析了产业发展基础及面临形势,明确了指导思想、发展原则、发展目标、空间布局,提出夯实大数据基础设施、强化产业发展支撑、大力培育数据要素市场、深化大数据融合应用、构建产业发展生态、强化数据安全保障六大重点任务,该规划也是江西省首个大数据领域五年规划。

【《江西省推进大数据产业发展三年行动计划(2023—2025 年)》出台】 12 月 27 日,省工业强省建设工作领导小组办公室印发《江西省推进大数据产业发展三年行动计划(2023—2025 年)》(简称《计划》)。《计划》围绕产业规模、产业生态、产业布局三方面明确了发展目标,提出实施数字基础设施夯实行动、数据治理能力提升行动、数据融合应用行动、产业生态培育行动、数据安全保障行动五大行动,是全省首个大数据领域 3 年行动计划。

【开展全省大数据示范企业认定】 8 月 25 日,省工信厅印发《关于公布 2022 年江西省大数据示范企业名单的通知》,培育认定 32 家企业纳入大数据示范管理。

·资料·

2022 年江西省大数据示范企业一览表

表 12

序号	企业名称	序号	企业名称
1	江西省水投江河信息技术有限公司	17	赣州银盛电子有限公司
2	江西诚韬科技有限公司	18	江西蓝星星火有机硅有限公司
3	江西倬云数字产业集团有限公司	19	新余美天科技有限公司
4	九江数字产业发展有限公司	20	江西元聚网络科技有限公司
5	江西鹭鹭行科技有限公司	21	赣州市金电电子设备有限公司
6	宜春市数字经济产业运营有限公司	22	江西锐意科技有限公司
7	江西翱翔星云科技有限公司	23	新余市中保比讯保安服务有限公司
8	江西数聚华抚信息技术有限责任公司	24	江西渝融云安全科技有限公司
9	三川智慧科技股份有限公司	25	江西风向标智能科技有限公司
10	鹰潭泰尔物联网研究中心有限公司	26	南昌市微轲联信息技术有限公司
11	江西约货科技有限公司	27	江西省优易威智能制造有限公司
12	江西志宏安防科技有限公司	28	赣州中科拓又达智能装备科技有限公司
13	江西一脉阳光医学咨询有限公司	29	江西卓尔金属设备集团有限公司
14	江西网优科技股份有限公司	30	江西省天轴通讯有限公司
15	江西国泰利民信息科技有限公司	31	江西省亿发姆科技发展有限公司
16	江西四顺物流集团有限公司	32	萍乡市数字产业投资集团有限公司

【举办全省数据管理能力成熟度评估模型(DCMM)宣贯会】 8 月 12 日,省工信厅在赣州市举办全省数据管理能力成熟度评估模型宣贯会,推动中国信通院(江西)等机构与联通赣州分公司等公司就共同推进数据管理能力成熟度评估模型贯标评估签订战略合作协议,并先后指导南昌、景德镇等地召开 DCMM(数据管理能力成熟度评估模型)宣贯会。

(廖赛韩)

无线电管理

【概　况】 2022 年,全省无线电行业部门围绕全年工作重点,完成各项重大活动和节假日无线电安全保障任务,开展聚焦双"一号工程"提升无线电治理能力专项整治行动,推进无线电项目建设,落实专项资金管理。

【保障中共二十大无线电安全】 10 月 16 日,根据工信部无线电管理局统一部署,按照省委、省政府和省工信厅党组要求,成立中共二十大无线电安全保障领导小组,制定工作实施方案,牵头组织省国安厅、省公安厅、三大通信运营商、东部战区等 14 家单位召开保障协调会。分两组对各地进行工作督导,完成保障任务。中共二十大期间,重点保障广播、电视、公众移动通信等部门单位用频安全,确保群众正常收听、收看中共二十大直播和报道。同时,对发现的非法用频案件进行严肃处理,并及时上报工信部无线电管理局,维护空中电波秩序。

【开展聚焦双"一号工程"提升无线电治理能力专项整治工作】 4—6 月,江西省无线电办公室组织在全省无线电管理系统开展聚焦双"一号工程"提升无线电治理能力专项整治行动。4 月 19 日,成立江西省专项整治行动领导小组,制定《聚焦双"一号工程"提升无线电治理能力专项整治行动工作方案》,加强对各单位的检查督导。其间,全省无线电系统找出思想作风、能力队伍、项目资产内部管理等 8 个方面 71 类问题,有 58 类问题年内全部整改到位,其中服务经济等 4 个方面 13 类,专门列出问题清单,长期整改。

【频率台站管理】 全年完成江西省机场集团有限公司赣州机场分公司、中国民用航空华东地区空中交通管理局江西分局等重点企业的重大项目建设频率指配工作,保障民航、高铁、地铁等重点行业的频率使用安全。助力数字经济"一号工程",持续推进 5G 基站干扰协调工作,保障 5G 基站建设安全有序。2022 年,全省通信运营商新增 5G 基站 3.17 万个(电信 8214 个、移动 3290 个、联通 8214 个、广电 1.20 万个),完成 91 个卫星地球站的频率干扰协调工作。依托公众移动基站数据交互系统,加强对通信运营商 5G 基站的监管,全年入库 5G 基站 7.19 万个。

【《江西省无线电管理条例》出台】 11 月 25 日,省第十三届人大常委会第四十二次会议表决通过《江西省无线电管理条例》(简称《条例》),自 2023 年 3 月 1 日起实施。《条例》共 8 章 49 条,主要涉及无线电频率管理、无线电台(站)管理、无线电发射设备管理、无线电监测和监督检查、促进发展、法律责任等方面的内容。

【打击非法设台】 年内，全省组织排查多起民航对空指挥频率受干扰事件。2月17日，组织排查吉安一中及井大附中周边基站受严重干扰事件。3月2日，成功排查一建筑工地使用对讲机干扰列车调度系统事件。全年全省排查各类无线电干扰91起，其中民航12起、铁路32起、公众移动通信干扰25起、卫星系统干扰1起、其他干扰21起，干扰投诉查处率100%。

【专项资金管理】 制定2022年全省无线电专项资金执行计划，加大资金使用力度，提升资金使用绩效。每季度调度资金执行情况，督导资金执行进度，按要求将调度情况报送国家无线电管理局，同时加强资金规范化管理，确保资金使用安全。推进赣南无线电监测中心赣州固定监测站项目建设。多次开展现场调研，协调解决相关困难。牵头组织法规处、财审处、投资处和机关党委组成专题调研组，从法律法规、财务管理等方面进行调研和指导，规范项目建设。推进江西省无线电管理一体化平台业务应用系统（一期）和江西省无线电管理一体化平台网络安全系统（一期）项目建设，至年底，均已完成招投标。

（陈中云）

信息安全

【概　况】 2022年，印发《关于开展2022年江西省工业信息安全指数评价工作的通知》，每季度公布各地指数情况，形成季度分析报告，形成“以指数促提质，以安全助发展”的发展模式。持续对重要系统风险漏洞监测并按季度通报，督促相关企业及时修补安全漏洞，全年通报110家企业存在的116个安全漏洞，为工业强省和网络强省建设提供支撑。

【信息安全保障体系建设】 开展工业互联网安全政策标准宣贯、分类分级管理、应急演练、人才培训等系列活动，健全工业互联网安全管理机制，组织72家联网工业企业完成自主定级、定级核查、风险评估、安全防护等分类分级管理工作，提升企业安全防护能力和水平。印发《关于加强2022年春节、冬奥会、全国“两会”和党的二十大期间信息安全工作的通知》，指导各地工信部门加强重要时期信息安全保障工作。5月，组织为期一周的全省工信领域网络安全实战应急演练活动，全省参演企业100余家，成功演练并处置数据安全事件50余起，组建30余支应急演练响应支撑队伍，为网络安全事件处置提供技术支撑。联合省委网信办、省科技厅、省国家安全厅对全省高新企业开展网络安全和数据安全专项检查，查找、排除安全隐患，督促企业落实安全主体责任。8月，开展全省工业控制系统和数据安全专项检查，覆盖全省近200家工业企业，涉及电子信息、石油化工、有色金属、软件服务、装备制造等行业，并组织技术力量对31家重点企业开展现场核查工作，帮助企业查找网络安全和数据安全的主要问题和风险隐患，提高企业安全保障能力水平。

【工业领域数据安全管理】 开展江西省工业领域数据安全管理试点工作，完成数据安全宣贯培训、重要数据和核心数据目录备案、数据安全防护建设、数据安全检测评估、数据安全产品应用推广等试点工作任务。江西入选全国工业领域数据安全管理试点成效突出地区，江西省推荐的江西铜业股份有限公司贵溪冶炼厂和新余钢铁集团有限公司的数据安全防护案例入选全国单项典型案例。编制《江西省工业领域数据安全风险排查重点企业名录》，印发《关于防范化解工业和信息化领域数据安全突出风险工作的通知》，建立全省数据安全风险处置工作联络和协调机制，确保风险处置工作及时有效。2022年，接收工信部网安局数据安全风险信息报送与共享平台8项风险报送通报，通报处理率100%，全流程处理反馈时长不超过24小时。

【信息安全基础平台建设】 3月1日，印发《关于加强江西省工业互联网安全态势感知平台运行维护管理工作的通知》，明确管理职责和运维要求。印发《关于组织开发区数字化安全赋能行动试点工作的通知》，召开试点工作启动会，推动南昌高新区、鹰潭高新区、南康经开区3个开发区建设工业互联网安全综合服务平台。支持南昌市、宜春市、抚州市及民爆行业工业互联网安全态势感知平台建设，基本形成以省级平台为核心，地市平台、行业平台为延伸的工业互联网安全态势感知平台体系。

【信息安全产业发展】 2月26日，推动省政府与三六零安全科技股份有限公司签署战略合作协议。3月7日，联合省教育厅、赣州市政府共同举办江西信息安全产业园开园暨江西省信息安全产业信创联盟成立大会，江西航天国数、杭州安恒等15家企业签约入驻赣州省级信息安全产业园，启动江西省首届“红盾杯”信创安全大赛。调度南昌高新区、上饶经开区、鹰潭高新区等地信息安全产业园建设情况，协调解决重难点问题。4月29日，印发《江西省工业信息安全提升工程2022年工作要点》，加快推动全省信息安全产业高质量发展。推动信息安全创新联合体建设，8月16日，江西省信息安全产业科技创新联合体在南昌揭牌成立。江西省报送的政务云一体化安全项目、面向5G＋智慧工厂的基础网络安全智能防御项目、全鉴密码服务平台、网络安全威胁感知与响应一体化平台入选2022年国家网络安全技术应用试点示范项目。

【信息安全人才队伍培育】 推进创建信息安全产业学院，8月17日，南昌大学智能物联与网络安全产业学院获批江西省普通本科高校现代产业学院培育项目。印发《关于开展江西省工业信息安全技术技能实训基地申报工作的通知》，选取认定江西神舟信息安全评估中心有限公司、江西攻防网络科技有限公司、江西环境工程职业学院为信息安全实训基地，持续开展从业人员教育培训和技能考核。举办全省工业控制系统信息安全、数据安全在线培训，培训人次超1000人次。省网络信息安全讲师团开展网络信息安全宣讲、培训20

场次，累计培训2万余人次。

【参与和举办各类赛事】 9月19日，会同省科技厅等10家单位联合举办第五届中国（江西）公共安全创新创业大赛。10月26日，牵头省人社厅、省教育厅、省总工会、团省委、省通信管理局、鹰潭市政府共同举办2022年江西省“振兴杯”数字经济职业技能竞赛——中国工业互联网安全大赛江西选拔赛，省内185支队伍近600人报名参赛。江西省网络安全研究院获职工组（含教师组）一等奖，中国移动通信集团江西有限公司、国网江西省电力有限公司电力科学研究院、江西软件职业技术大学、南昌大学获职工组（含教师组）二等奖，南昌大学获学生组一等奖，江西软件职业技术大学获学生组二等奖，8支队伍代表江西参加全国决赛。10—11月，会同省委网信办组织开展“2022江西省网络安全知识竞赛”活动，109个省直单位、35个高校、11个设区市以及数百家企业参加，共32万人答题。

（邹海波）

通信与互联网

【概　况】 2022年，全省电信业务总量累计完成437.7亿元，同比增长25.7%，增速比全国平均水平高4.4个百分点，全国排名第5。电信业务收入累计完成370.0亿元，同比增长9.3%，增速比全国平均水平高1.3个百分点，全国排名第8。新增增值电信企业451家，总数1444家。规模以上互联网企业完成互联网业务收入192.1亿元，同比增长82.2%，全国排名第1。

【《江西省信息通信业促进数字经济发展三年行动计划（2022—2024年）》出台】 7月，省通信管理局印发《江西省信息通信业促进数字经济发展三年行动计划（2022—2024年）》（简称《计划》）。《计划》提出实施数字产业集群支撑、数字化转型赋能、场景创新应用引领和数字营商环境拓展四大行动，推进“双千兆”网络发展全域提升、算力网络能力倍增、工业互联网提质增效、乡村振兴数字技术应用、中小微企业数字化赋能、物联网产业生态优化、5G融合应用提档升级、人工智能和区块链创新示范、通信大数据开放共享、网络安全强基固本等十大工程。

【新兴业务收入】 年内，云计算、大数据等新兴业务加速增长，业务结构持续优化。完成新兴业务收入64.5亿元，占电信业务收入比重由上年的14%增长至17.4%，增长25.8%，拉动电信业务收入增长4.6个百分点。云计算、大数据、集成业务收入分别为16.8亿元、1.4亿元、15.4亿元，同比分别增长153.7%、112.7%、29.1%。

【5G移动电话用户发展】 2022年，全省移动电话用户约4694.5万户，人口普及率升至104部/百人。5G用户数快速跃升，达1599.3万户，增长68.6%，增速全国排名第3，占移动电话用户总数的34.1%。

【千兆宽带】 全省固定互联网宽带接入用户1958.3万户，家庭宽带接入家庭普及率116.3%。500 M及以上固定宽带用户占比33.7%，比全国平均水平高7.4个百分点，全国排名第5；1000 M以上宽带用户数306.5万户，全国排名第10，占比15.7 %，比全国平均水平高0.1个百分点。

【移动物联网用户】 全省移动物联网终端用户2831.1万户，移动网络连接终端（含移动电话用户和移动物联网终端用户）中物联网用户占比超35%。物联网终端用户增长37.9%，增速全国排名第12。蜂窝物联网终端应用于公共服务、车联网、智慧零售、智慧家居等领域的规模分别为785万户、681万户、124万户和53万户。

【数据流量消费活跃度】 移动互联网流量、固定宽带接入流量、物联网终端接入流量均呈现快速增长态势。移动互联网累计流量69.97亿GB，同比增长20.3%，比全国平均水平高2.2个百分点；户均流量（DOU）15.9 GB，比全国平均水平高1.1 GB。固定宽带接入流量同比增长47.2%；物联网终端的接入流量同比增长64.4%。

【工业互联网建设应用】 聚焦江西省“2+6+N”产业体系，打造特色应用场景，建成有色金属、电子信息、装备制造、锂电新能源等工业互联网标识解析二级节点13个，居全国第9，接入企业2274家，标识注册量5.8亿，标识解析量28.5亿次，培育应用项目200余个。

【5G应用发展】 新增5G应用333个，累计为全省教育、医疗、农业、文旅等18个行业打造5G应用项目782个，67个项目入选国家级试点示范。5个项目入选工信部移动物联网应用典型案例库。蓝星星火有机硅项目入选工信部“5G+工业互联网”二十大典型应用场景。参与首届“光华杯”千兆光网应用创新大赛，其中1个项目获全国总决赛三等奖；举办第五届“绽放杯”5G应用征集大赛江西区域赛，9个项目在全国总决赛中获奖。

【通信资费惠企政策实施】 落实通信资费惠企政策，实施精准降费为中小微企业纾困解难，全省中小企业宽带及专线资费分别下降12.3%和12.8%，提前超额完成国务院政府工作报告提出的企业宽带和专线平均资费再降10%的年度目标任务，累计惠及110万余用户，让利2亿元。

【适老化服务】 帮助112万户老年用户从2G移动服务直接升级至4G/5G智能服务，政府门户网站、基础电信企业网站和APP等完成适老化及无障碍改造，“一键接入”人工客服服务和5折优惠资费惠及400余万用户。扶贫、助残、适老5折优惠资费惠及140万用户。

【新型基础设施安全保障】 紧扣工业互联网、5G应用、车联网三大数字经济重点应用场景，深入开展工业互联网安全行活动，建立工业互联网平台企业、标识解析企业清单，推进分类分级评测评估，8家工业互联网企业完成符合性评测和风险评估工作。组织基础电信企业统筹5G应用安全供给，完成22个5G行业应用安全评估。

对5家企业车联网平台定级备案。

【通信大数据支撑服务新冠肺炎疫情防控】 升级通信大数据功能,7×24小时开展区域协查数据处置、涉疫人员流动分析溯源、支撑全员核酸筛查等重点工作,全年累计转发国务院区域协查专班推送数据518.4万条,监测涉疫区域驻留手机号码关联人员1.4亿人次。组织通信企业对赣通码、昌通码等11个重要平台防疫信息系统7×24小时监测和升级扩容,经受高负荷访问的考验。

【中国广电5G网络服务在江西启动】 7月27日,中国广电5G网络服务江西启动仪式在南昌举行,标志着中国广电5G网络服务在江西启动。年内,全省广电5G移动用户数6.91万户。

【数据安全保护】 加强互联网网络安全威胁治理,全年组织基础电信企业处置网络安全威胁事件252起,处置移动恶意程序感染事件166万起,木马和僵尸网络控制主机1.44万个,恶意IP、域名、URL(统一资源定位符)等网络资源22.38万个。加强行业数据安全和个人信息保护。组织企业关停骚扰电话30万个,拦截骚扰电话3420万次,骚扰电话投诉举报及时处置率100%。不规范主叫连续11个月保持0次。5—9月,开展APP侵害用户权益治理专项行动,责令整改124款。

【行业安全生产保障】 开展行业安全生产专项整治三年行动"巩固提升"攻坚、机房基站安全风险、窨井盖安全、城市通信线路、双电源双节点双路由等专项治理,全覆盖开展安全生产专项督查,排查安全隐患535处,完成整改518处。编制《江西省通信生产安全事故应急救援预案》,修订《江西省通信保障应急预案》,组织参加"江西应急·2022"综合演练,完成中共二十大、世界VR产业大会、全省两会、防汛抗旱等应急通信保障任务。

【2022中国工业互联网标识应用大会(中部)在抚州举行】 9月8日,以"标识赋能·数实融合"为主题的2022中国工业互联网标识应用大会(中部)在江西抚州举行。河南、湖北、湖南、江西省通信管理局推介发布中部四省工业互联网及标识应用案例,共同加快工业互联网应用推广,通过加强四省资源协同,构建开放共享的工业互联网标识创新生态圈,推动工业互联网赋能经济社会数字化转型。江西省通信管理局为4家省内标识企业代表颁发江西省首批工业互联网标识注册服务许可证。来自工业互联网生态产学研用等各方代表200余人参会。

7月27日,中国广电5G网络服务江西启动仪式在南昌举行

何冀摄

【《江西省工业互联网标识解析体系建设行动方案(2022—2025年)》发布实施】 3月30日,省通信管理局联合省工信厅印发《江西省工业互联网标识解析体系建设行动方案(2022—2025年)》(简称《方案》)。《方案》从加快标识解析体系建设、推动标识解析规模应用、促进标识解析创新发展、打造标识解析生态体系、夯实标识解析安全体系5方面落实11项工作任务。明确到2025年,全省建成工业互联网标识解析二级节点20个以上,接入企业数超5000家,工业互联网标识注册量达6亿,日解析量达2000万次,主动标识载体超100万。

【开展江西省电信和互联网网络安全应急演练】 9月20日,省通信管理局组织开展2022年江西省电信和互联网网络安全应急演练,针对电信网与工业互联网典型安全问题,设计网络设备遭受网络攻击导致某市大面积断网事件、工业互联网平台被攻击者控制事件、工业互联网平台遭受DDOS(分布式拒绝服务攻击)攻击、工业互联网标识解析系统数据泄露,以及OA系统数据恶意删除5个演练科目。省通信管理局、江西电信、江西移动、江西联通及信通院(江西)科技创新研究院有限公司等参演,省内工业互联网平台企业及标识解析企业有关人员参加演练现场观摩。

【打击治理电信网络诈骗犯罪】 年内,陆续开展《中华人民共和国反电信网络诈骗法》宣贯、综合整治涉诈电话卡、"打猫"等三个专项行动。发送反诈提醒短信5.5亿条。拦截电话诈骗呼叫144万次,推送高度疑似受骗电话号码66.4万个,关停高风险电话卡737万张,协助捣毁涉诈窝点410起,缴获号卡5.4万余张,将12.8万人纳入不良通信信用名单。涉案电话卡数量下降54.6%。为遏制境外诈骗短信引发电信网络诈骗犯罪,3月28日,江西电信、江西移动、江西联通联合将省内用户国际及港澳台短信接收业务调整为依用户申请开通。

(殷丽萍)

本类目编辑 游桃琴

园区经济

综述

2022年,全省园区营业收入4.47万亿元,同比增长11.8%,占全省规模以上工业的92.5%,提高0.4个百分点;利润总额3212亿元,增长14.9%,占全省规模以上工业的92.9%,提高0.4个百分点。新增营业收入过百亿元园区3个、总数85个,其中新增过500亿元园区1个、总数29个,新增过千亿元园区2个、总数10个。

抓好顶层设计。出台《江西省打造升级版开发区集群式项目满园扩园和两型三化管理提标提档行动方案(2022—2025年)》《江西省开发区数字化转型实施方案》《江西省开发区稳工业促就业行动计划》等,制订《江西省产业集群提能升级计划2022年工作要点》《关于进一步加强和改进产业集群运行监测调度工作的通知》《关于进一步建立完善产业集群监测调度企业数据库的通知》《关于大力培育产业链企业协作共同体的通知》等一系列政策措施,加快构建导向更加明确、措施更加全面、推进更加有力的园区和集群政策体系。坚决贯彻落实稳工业决策部署,出台《关于支持工业领域扩投资促消费的若干措施》。深入开展开发区产业集群发展指数研究,出版江西省产业集群高质量发展报告(2021年)蓝皮书,编发2021年度全省园区和产业集群简介,完善园区和集群基础工作。

开展项目攻坚。升级打好工业领域项目大会战,推进开发区集群式项目满园扩园行动。按照"高大上+链群配"的原则,建立分行业、分领域、分地区重点项目库、目标客商库。依托世界VR产业大会、中博会、粤港澳大湾区经贸合作等重大平台,围绕"2+6+N"产业,瞄准产业发展前沿,做好重大项目储备,提升引进重大项目质量,引进更多"5020"项目。2022年,全省园区招商签约资金2.14万亿元,同比增长25.7%;其中亿元以上项目资金2.01万亿元,增长25.5%。全省园区引进"5020"项目171个,签约总额6167.3亿元,同比分别增长1.2%、17.3%。定期调度推进亿元项目建设,强化抓谋划、抢开工、促在建、重投产流程管理,推动项目建设提速提效。全省调度推进投资亿元以上项目4072个,总投资3.27万亿元,当年完成投资1.27万亿元,年度投资计划完成率109.5%。

推动集群升级。实施评价引导。开展2021年度省级产业集群综合评价工作,评定优秀、良好、合格等次,认定五星级产业集群5个、四星级产业集群6个、三星级产业集群15个。强化梯队培育。按照"十四五"建设150个省级产业集群目标,启动2022年省级(培育、特色)产业集群申报工作,新增认定省级(培育、特色)产业集群17个,总数达124个。指导支持赣州稀土新材料及应用、南康现代家居参加国家级先进制造业集群复赛答辩等工作,赣州稀土新材料及应用产业集群入选工信部第三轮国家先进制造业集群竞赛优胜者名单,实现江西省"零的突破"。推荐萍乡湘东工业陶瓷等5个集群申报国家中小企业特色产业集群,全部纳入国家库。指导设区市培育市级产业集群,持续发力、加快构建梯次培育发展集群体系,培育壮大国家级集群为龙头、省级集群为重点、市级集群为基础的"雁阵型"梯队,打造一批千亿元、百亿元集群主力军。全省省级(培育、特色)产业集群营业收入3.98万亿元、利润2798亿元,同比分别增长19%和28.6%。新增营业收入过百亿元产业集群17个、总数105个,其中新增营业收入过500亿元集群7个,总数20个,过千亿元产业集群2个,总数5个。

创新平台载体。推动制造业高质量发展试验区建设。在全国率先启动省级制造业高质量发展试验区建设,通过组织申报、专家评审、集中答辩和现场核查等评审程序,确定4个设区市、7个县(市、区)为省级制造业高质量发展试验区。抓好组织实施,推动签署制造业高质量发展试验区任务书,进一步明确各试验区建设重点任务,指导试验区完善建设实施方案及2023年工作计划。推进园区数字化平台升级。牵头做好开发区数字化转型工作,制定开发区数字化转型建设评估标准,开通数字化转型线上申报功能。升级全省智慧园区云平台为开发区统一的数字化管理服务平台,开发企业数字化转型、化工园区安环监控等新功能。认定并公布42个两化融合示范园区名单(数字化转型示范31个、工业互联网示范11个)。推进公共服务平台创新。推动园区建立产业集群产业链协作企业共同体培育机制,指导每个园区围绕主导产业培育1~3个产业链协作企业共同体,实现产业链单体企业发展到整体生态发展升级。联合省科学院制订印发产业特派团入园强企三年行动方案,选派具有博士、硕士或高级职称的科技人员开展技术支持、项目合作、平台共建等服务,为园区技术创新提供强大人才和平台支撑。17个产业特派团对接52

个园区，累计服务企业289家，搭建创新平台5个，解决产业关键技术难题138个，签订成果转化项目97个。

做强区域支撑。出台《〈关于深入实施强省会战略支持南昌工业高质量跨越式发展的措施〉的通知》《〈关于进一步支持赣江新区激发活力增强实力〉的通知》2个文件，落实省委、省政府强省会、支持赣江新区的战略部署。统筹抓好大南昌都市圈、革命老区、赣西赣东北等区域战略实施工作，制定任务清单、责任清单、进度清单和调度台账，推进落实重点任务，推进电子信息、航空、汽车、有色金属、生物医药等区域大型产业集聚、协同、升级发展，构建"一核、两轴、七基地"的区域产业布局，打造京九（江西）电子信息、南昌—景德镇航空、宜春—新余锂电等世界级、国家级先进制造业集群，推动各地特色块状经济集群化发展。以推进重大区域战略实施为着力点，加大园区整合优化力度，支持发展较好的园区以"一区多园"模式整合产业结构相适、资源要素互补的园区，推动整体做大做强，打造强大区域支撑。井冈山经开区"一区四园"营业收入突破1000亿元，瑞金经开区"一区五园"、龙南经开区"一区三园"营业收入均超过500亿元。

·资料·

2022年江西省营业收入过500亿元开发区主要经济指标一览表

表13

单位名称	投产工业企业数（个）	营业收入		利润总额		从业人员（万人）
		累计（亿元）	同比增长（%）	累计（亿元）	同比增长（%）	
总　计	16817	44745.7	11.8	3212.0	14.9	209.70
一、营业收入过1000亿元（10个）						
南昌高新技术产业开发区	324	3313.1	8.5	95.2	-21.0	9.75
上饶经济技术开发区	443	2033.0	35.1	85.3	40.6	5.37
南昌经济技术开发区	419	1718.3	9.2	165.0	6.2	7.06
九江经济技术开发区	315	1665.4	13.7	114.2	9.6	4.86
贵溪经济开发区	220	1618.2	18.1	32.7	18.6	1.55
井冈山经济技术开发区	348	1509.2	9.5	129.2	22.4	8.37
赣州经济技术开发区	411	1235.3	16.6	33.7	-27.7	5.30
宜春丰城高新技术产业开发区	230	1056.0	11.5	102.2	11.1	2.97
南昌小蓝经济技术开发区	472	1043.7	6.2	37.3	-23.1	6.03
鹰潭高新技术产业开发区	156	1040.2	16.1	42.7	20.8	1.39
二、营业收入500亿～1000亿元（19个）						
瑞金经济技术开发区	678	913.9	13.0	72.0	11.3	8.30
湖口高新技术产业园区	101	901.1	24.3	70.3	-3.5	2.22
新余经济开发区	141	900.1	0.7	15.7	-69.9	2.09
景德镇高新技术产业开发区	163	861.8	19.3	44.3	46.4	3.15
新余高新技术产业开发区	341	838.2	9.5	190.8	319.8	3.76
上饶高新技术产业园区	199	787.0	18.3	78.1	4.0	2.33
抚州高新技术产业开发区	190	743.2	20.3	63.4	12.1	3.89
永修云山经济开发区	188	671.8	9.6	69.3	5.9	2.38
吉安高新技术产业开发区	142	671.7	10.3	68.7	25.1	6.16
龙南经济技术开发区	517	644.9	29.3	42.0	43.7	5.38
瑞昌经济开发区	200	631.0	2.9	73.3	-8.3	3.35
奉新高新技术产业园区	150	614.6	5.4	89.3	34.6	2.01
高安高新技术产业园区	281	584.3	17.7	46.1	26.2	4.56

续表 13

单位名称	投产工业企业数(个)	营业收入		利润总额		从业人员(万人)
		累计(亿元)	同比增长(%)	累计(亿元)	同比增长(%)	
德安高新技术产业园区	146	579.4	8.0	36.8	7.6	2.03
玉山高新技术产业园区	358	573.0	20.0	38.6	8.6	2.58
新建经济开发区	211	558.2	17.7	20.1	-15.8	1.78
九江共青城高新技术产业开发区	163	542.2	8.9	58.7	10.1	1.94
南康经济开发区	508	530.6	10.7	32.9	6.3	4.16
乐平工业园区	103	502.5	23.2	32.2	27.2	1.55

2022 年四季度江西省省级(培育、特色)产业集群主要经济指标完成情况一览表

表 14

序号	产业集群名称	规模以上工业企业数(个)	营业收入		利润总额		从业人员(万人)
			累计(亿元)	同比增长(%)	累计(亿元)	同比增长(%)	
一、营业收入过 1000 亿元(5 个)							
1	南康家具产业集群	538	2510.0	8.40	160.0	4.8	44.20
2	南昌高新区光电及通信产业集群	93	1500.0	15.40	20.5	47.4	5.20
3	贵溪铜及铜加工产业集群	113	1450.0	18.20	20.3	4.4	0.91
4	樟树医药产业集群	146	1055.0	15.30	57.0	11.8	3.62
5	上饶经开区光伏产业集群	27	1051.5	47.70	60.7	27.0	1.62
二、营业收入 500 亿~1000 亿元(15 个)							
6	贵溪高端线缆线束生态科技产业集群	86	965.0	3.90	19.3	1.0	0.66
7	鹰潭高新区铜合金材料产业集群	69	930.0	21.30	12.5	15.6	0.32
8	新余钢铁及钢材加工产业集群	95	873.8	0.03	12.6	-75.4	1.89
9	井冈山经开区通讯终端设备产业集群	93	795.7	14.20	55.2	24.3	5.98
10	赣州经开区电子信息产业集群	149	746.1	77.30	18.7	74.3	1.82
11	南昌县汽车及零部件产业集群	162	698.9	-9.90	10.8	-23.2	3.43
12	九江经开区电子电器产业集群	154	681.0	5.30	67.8	2.7	2.96
13	永修有机硅产业集群	78	612.0	32.90	90.2	8.0	1.24
14	丰城再生金属产业集群	55	610.0	15.00	55.0	35.0	0.60
15	南昌经开区光电产业集群	40	603.4	4.60	20.1	10.6	3.71
16	上饶高铁经济试验区数字经济产业集群	91	600.0	40.00	200.0	60.0	2.05
17	吉安县数字视听产业集群	48	560.0	13.40	59.0	28.0	5.14
18	新余高新区锂电产业集群	35	558.5	115.30	213.0	563.6	1.06
19	湖口新材料产业集群	41	524.8	71.90	53.1	56.3	1.20
20	袁州医药产业集群	41	504.0	28.50	26.5	20.6	1.03

2022 年江西省星级产业集群一览表

表 15　　单位：个

星　级	数量(个)	产业集群名单
五星级产业集群	5	井冈山经开区通讯终端设备产业集群、南昌高新区光电及通信产业集群、贵溪铜及铜加工产业集群、樟树医药产业集群、南康家具产业集群
四星级产业集群	6	永修有机硅产业集群、九江经开区电子电器产业集群、鹰潭高新区铜合金材料产业集群、信丰数字视听产业集群、赣州经开区电子信息产业集群、上饶经开区光伏产业集群
三星级产业集群	15	南昌经开区光电产业集群、鹰潭高新区移动物联网产业集群、宜春经开区锂电新能源产业集群、贵溪高端线束线缆生态科技产业集群、新余钢铁及钢材加工产业集群、吉安县数字视听产业集群、樟树金属家具产业集群、新余高新区光电产业集群、于都服装服饰产业集群、抚州高新区电子信息产业集群、芦溪电瓷产业集群、安义铝合金塑钢型材产业集群、袁州医药产业集群、萍乡经开区新材料产业集群、南昌县汽车及零部件产业集群

2022 年江西省省级产业集群一览表

表 16

序号	省级产业集群名称	序号	省级产业集群名称
1	南昌高新区光电及通信产业集群	25	彭泽精细化工产业集群
2	南昌高新区软件和信息服务业产业集群	26	濂溪玻纤及复合材料产业集群
3	南昌高新区智能装备制造产业集群	27	濂溪绿色食品产业集群
4	南昌经开区光电产业集群	28	柴桑新材料(金属)产业集群
5	南昌经开区新能源汽车及汽车零部件产业集群	29	景德镇高新区直升机产业集群
6	南昌县汽车及零部件产业集群	30	景德镇高新区家电产业集群
7	南昌县绿色食品产业集群	31	乐平精细化工产业集群
8	青山湖针织服装产业集群	32	萍乡经开区新材料产业集群
9	新建汽车及零部件产业集群	33	芦溪电瓷产业集群
10	安义铝合金塑钢型材产业集群	34	上栗粉末冶金产业集群
11	安义新材料(金属)产业集群※	35	湘东节能环保产业集群※
12	进贤医疗器械产业集群	36	新余高新区光电产业集群
13	进贤钢结构产业集群	37	新余高新区锂电产业集群
14	九江经开区电子电器产业集群	38	新余钢铁及钢材加工产业集群
15	共青城羽绒服装产业集群	39	鹰潭高新区铜合金材料产业集群
16	共青城电子信息(智能终端)产业集群※	40	鹰潭高新区水工产业集群
17	永修有机硅产业集群	41	鹰潭高新区移动物联网产业集群
18	德安棉纺织产业集群	42	贵溪铜及铜加工产业集群
19	湖口沿江钢铁产业集群	43	贵溪高端线缆线束生态科技产业集群
20	湖口新材料产业集群	44	余江眼镜产业集群
21	瑞昌棉纺织产业集群	45	余江再生资源综合利用产业集群
22	瑞昌木业家居产业集群	46	赣州经开区稀土磁性材料及永磁电机产业集群
23	瑞昌电子信息(光电)产业集群※	47	赣州经开区新能源汽车产业集群
24	武宁绿色照明产业集群	48	赣州经开区电子信息产业集群

说明：※为 2022 年新增省级产业集群

续表16

序号	省级产业集群名称	序号	省级产业集群名称
49	赣县稀土金属新材料及应用产业集群	75	广信有色金属精深加工产业集群
50	龙南电子信息产业集群	76	玉山通用设备制造产业集群
51	瑞金电线电缆产业集群	77	横峰有色金属综合回收利用产业集群
52	章贡生物医药大健康产业集群	78	万年机械电子产业集群
53	信丰数字视听产业集群	79	万年纺织新材料产业集群
54	南康家具产业集群	80	德兴黄金产业集群
55	于都服装服饰产业集群	81	铅山有色金属加工制造产业集群※
56	会昌氟盐化工产业集群	82	井冈山经开区通讯终端设备产业集群
57	宜春经开区锂电新能源产业集群	83	吉安县数字视听产业集群
58	丰城再生金属产业集群	84	泰和触控显示器产业集群
59	丰城装备制造产业集群	85	吉州通讯传输系统产业集群
60	樟树医药产业集群	86	新干盐卤药化产业集群
61	樟树金属家具产业集群	87	永丰非金属矿深加工产业集群
62	上高绿色食品产业集群	88	峡江生物医药产业集群
63	上高制鞋产业集群	89	遂川线路板及移动电源产业集群
64	奉新棉纺织产业集群	90	安福电子数据连接线产业集群※
65	奉新新能源产业集群	91	抚州高新区汽车及零部件产业集群
66	高安建筑陶瓷产业集群	92	抚州高新区电子信息产业集群
67	宜丰绿色高效储能系统产业集群	93	临川有色金属加工产业集群
68	袁州医药产业集群	94	崇仁变电设备产业集群
69	袁州智能装备制造(电器装备及器材)产业集群※	95	金溪香料产业集群
70	上饶经开区光伏产业集群	96	东乡新材料(铜基)产业集群
71	上饶经开区光学产业集群	97	南丰绿色食品产业集群
72	上饶经开区汽车产业集群	98	南城校具(教育装备)产业集群
73	上饶(高铁经济试验区)数字经济产业集群※	99	宜黄高分子塑料制品产业集群
74	广丰电子信息产业集群	100	黎川陶瓷产业集群※

说明:※为2022年新增省级产业集群

2022年江西省省级(培育)产业集群一览表

表17

序号	省级培育产业集群名称	序号	省级培育产业集群名称
1	南昌县医药产业集群	6	安源海绵产业集群
2	南昌临空经济区电子信息产业集群	7	分宜光电信息产业集群※
3	修水绿色食品产业集群	8	余江雕刻工业产业集群
4	景德镇陶瓷产业集群	9	上犹玻纤及新型复合材料产业集群
5	湘东工业陶瓷产业集群	10	大余有色金属材料产业集群

说明:※为2022年新增省级(培育)产业集群

续表 17

序号	省级培育产业集群名称	序号	省级培育产业集群名称
11	寻乌通用设备产业集群※	17	永丰生物医药大健康产业集群
12	高安光电产业集群	18	永新超纤复合新材料产业集群
13	万载有机食品产业集群	19	吉水电子信息(印刷电路板)产业集群
14	鄱阳五金机电产业集群	20	万安电子信息(线路板)产业集群※
15	弋阳非金属材料(钙制品精深加工)产业集群※	21	赣江新区生物医药产业集群※
16	新干箱包皮具产业集群		

说明:※为 2022 年新增省级(培育)产业集群

2022 年江西省省级(特色)产业集群一览表

表 18

序号	省级特色产业集群名称
1	上栗创意花炮文化产业集群※
2	靖安装备制造(硬质合金)产业集群※
3	婺源文旅商品产业集群※

说明:※为 2022 年新增省级(特色)产业集群

(江海)

南昌高新技术产业开发区

【概　况】 位于南昌市东部,辖 2 个镇、2 个管理处,区域面积 286 平方千米。2022 年,园区生产总值 1010.24 亿元,成为全省首个生产总值过千亿元的开发区。园区营业总收入 6500 亿元,其中工业营业收入 3313.1 亿元,同比增长 8.5%。规模工业增加值、固定资产投资同比分别增长 7.9%、13.2%。全区市场主体 5.1 万家,企业 2.8 万家。新签约重大产业项目 126 个,签约总额超 916.43 亿元。财政总收入 28.55 亿元。

【产业发展】 2022 年,电子信息产业营业收入 1501.2 亿元,增长 11%。移动智能终端产业整机出货量 1.2 亿部,占全球移动智能终端 ODM(原始设计制造商)出货量的 24.5%。新型计算机及信息终端设备制造创新型产业集群获批国家级创新型产业集群。移动智能终端产业营业收入约 1297 亿元,同比增长 11.1%。LED 行业营业收入 120 亿元,同比增长 81.1%,晶能光电成长为全球先进的大功率 LED 光源提供商,兆驰半导体上榜 2022 年度国家智能制造优秀场景名单,成为 LED 照明领域全球单体厂房产能最大的芯片供应商。光电及通信产业集群获评江西省 2022 年五星级产业集群。新材料产业营业收入 1200.5 亿元,同比增长 6.7%。举办 2022 中国航空产业大会暨南昌飞行大会,在昌交付 ARJ21 国产客机 20 架,占全年总交付量的 60%,航空制造产业营业收入 215 亿元,同比增长 13.2%。全区规模以上软件和信息技术服务业营业收入突破 62 亿元。医药健康产业工业营业收入 186.4 亿元,同比增长 5.3%。新签约重大产业项目 126 个,签约投资总额超 916.43 亿元,其中"152"项目 8 个,10 余个项目当年签约、当年开工、当年投产。

【营商环境】 2022 年,南昌高新区全面实施企业设立登记零成本、1 小时办结制,设立"办不成事兜底办"专窗,在全省首推企业开办"政银合作"示范点,全面落实助企纾困各项政策,获"全国政务服务百佳实践单位"称号。制定出台《南昌高新区高新技术企业引育奖励办法》,建立企业培育"辅导员、联络员"服务体系。率先推出"一企一策、一企一方案、一企一专班"的"三个一"工作法,创新举办"高新下午茶""创强解题会"等政企"零距离"沟通机制,为企业"创业、创新、创强"提供全生命周期服务,获《人民日报·内部参阅》报道。按照"小管委会+大公司"的思路,推动招商集团市场化改革。至年底,集团资产总规模增加近 100 亿元,净资产增加 65 亿元。组建具有"投行专业、蚂蟥精神"的招商铁军,通过实施"一个产业、一支队伍、一本招商手册、一套招商政策、一篇产业 PPT"的"五个一"标准化作业,详细编制产业链全景图争取投资效果最大化。

【科技创新】 2022 年,南昌高新区成立科经局、设立数创局,实现产业与创新发展要素资源无缝对接、深度融合。推进鄱阳湖国家自主创新示范区核心区建设。江西省首个省级实验室——复合半导体技术江西实验室建设方案通过综合论证。北大南昌研究院、北航江西研究院以及中科院协同研究院等与企业合作共建科研平台。推动科技成果转移转换,联创超导上榜江西省十大科技成果，中微 MOCVD 设备开发及应用入选江西省十大科技成果转化典型案例。全面做实中国（南昌）知识产权保护中心，建立知识产权保护联席会机制。结合科技创新金融服务“十百千万”专项行动，为 1000 余家入库科技型企业进行精准画像和创新积分评价，推出创新积分制百强企业榜单。全速推动省高层次人才产业园建设，推动江西财经大学等 20 余所院校与欧菲光等重点企业构建定向人才培育合作机制，打造全省首个“产教融合”示范区。持续开展“名企访名校，名校进名企”活动，设立 5 个“赣才归巢”工作站。

【民生工程建设】 2022 年，南昌高新区以“步行 15 分钟”为半径，打造医疗服务、托育服务、养老服务三大便民服务圈，建成南大一附医院高新医院，省中西医结合医院、江西中医药大学附属医院、省肿瘤医院 3 家三甲医院同时落户。引进江西师大附中、南昌三中、南昌二十八中、南昌二中等一批优质教育资源，实现名校全域覆盖。创新开展“善治小区（村）”示范创建工作，构建“党建引领、村社吹哨、部门报到”联动机制，得到《光明日报》等主流媒体关注宣传。

（程道榅）

新余高新技术产业开发区

【概　况】 2022 年，全区财政收入 74.6 亿元，增长 123.4%；其中税收收入 73.0 亿元，占比 97.9%。地区生产总值 190.47 亿元，增长 5.8%。工业企业总产值 834.85 亿元，同比增长 8.62%；营业收入 836.5 亿元，同比增长 9.27%；利税总额 232.12 亿元，同比增长 288.36%。工业增加值同比增长 10.4%。固定资产投资同比增长 8.1%；利用省外 2000 万元以上项目资金 215.28 亿元，同比增长 9.5%。全年新签约项目 94 个，签约总金额 548 亿元，其中亿元以上项目 57 个。亿元以上项目中，20 亿～50 亿元项目 9 个、50 亿元以上项目 2 个。开工建设项目 84 个，其中已投产或部分试投产 52 个。新增规模以上工业企业 32 家，总数 276 家。认定高新技术企业 24 家，总数 81 家。新增高成长性科技型企业 5 家，其中潜在独角兽企业 1 家、瞪羚企业 2 家、潜在瞪羚企业 2 家。

【产业发展】 2022 年，锂电产业链基本打通，建成锂盐产能 16.25 万吨，占全球总产能的 20.83%、全国的 26.21%，赣锋锂业锂盐产能全球排名第 1，东鹏化工成为全球最大的铷、铯生产商。光伏产业复苏，赛维公司重整后，研制出世界首个旋式铸造单晶炉。数字经济产业核心企业营业收入 141.81 亿元，同比增长 57.8%。智能制造产业汇聚中高端机电、轻质铝合金、汽车零配件等先进制造业集群。赣锋锂业、木林森、航同电气、法瑞新、江西中材 5 家产改试点企业探索各具特色的产改实践。赣锋锂业在全省产改工作现场推进会上做书面交流发言，省产改考核评估组实地了解高新区产改工作落实情况并肯定产改工作取得的成效。

【改革创新】 纵深推进“放管服”改革。政务服务大厅 50 个办事窗口全部实现综合受理，一窗式受理率 100%。实现区镇乡三级政务服务“就近办”，102 项事项纳入“15 分钟政务服务圈”。全面推行“一站选中介”。统一中介服务事项，打造“赣服通”高新分厅 7 大工作板块，完成政务服务网、赣服通、赣政通平台、好差评系统、统一身份认证平台对接，实现赣服通申报，赣政通审批“前店后厂”新模式。打造“高兴办”政务服务品牌。在政务服务中心 4 个区域成立“高兴办”小赣事专业队伍，为企业群众提供咨询引导服务；大厅全面实施“好差评”群众满意度评价，开展季度、年度优秀窗口综合评选，通过比服务、比效率，提升改善大厅办事环境；设置工程建设审批专区、市场准入专区、不动产专区等 6 个分类综合窗口，实现“一站式”审批；开展“领导干部走流程”“四减一优化”专项活动，136 项行政审批事项时限减少 726.5 个工作日，29 个事项共减材料 54 项，21 项事项压缩审核环节 21 个。全年引进国家级人才 10 人、省级人才 2 人，博士 6 人，申报国家人才项目 7 个、省级人才团队计划项目 7 个，1 人入选国家科技创新领军人才。人才资源总量从 2010 年 3.38 万人增长到 2022 年的 4.83 万人。

【营商环境】 2022 年，出台《新余高新区关于扶持优强企业加快发展的暂行办法》《新余高新区“五上”企业培育激励的实施意见（暂行）》《新余高新区关于有效应对疫情帮助中小企业纾困解难若干政策措施（暂行）》，优化营商环境，推动重大项目落地见效，鼓励优强企业转型升级，加快推进高质量跨越式发展。年内，发放创业担保贷款 8161 万元，其中个人创业贷款 230 笔 3738 万元、企业贷款 23 笔 4423 万元。累计通过创业担保贷款直接扶持创业人员 267 人，间接带动就业人员 1993 人。累计为创业企业补贴资金 600.37 万元；入驻新余高新区孵化基地的企业 85 家，带动就业 1600 余人。

【民生项目建设】 印发《融网格员考核考评细则》等制度，划分 166 个社区网格，成立 71 个社区网格党小组，招聘 166 名融网格员，实现网格服务“零距离、零缺位、零障碍、零滞后”。制定《高新区物业管理联席会议制度》，打造 4 个“红色物业”示范小区，建立 42 个业主委员会，14 个业主委员会党小组，以点带面推动社区物业党建联建全面铺开。成立高新区教育系统党委，打造教育系统党建工作品牌，完成虎跃学校小学部和全民健身中心的新建、高新四校的扩建、高新三小运动场以及立信壹号幼儿园等 6 家幼儿园的改造，完成市十六中、高新二小、高新一小等 10 个学校品质提升改造项目，“大校额”“大班额”得到化解。打造“一校一品”，有全国特色足球学校 2 所、特色篮球学校 4 所，高新一中“气排球”、高新一小“国际象棋”、高新三小“红领巾宣讲团”等项目均被列为省、市特色学校。完成农机站老旧小区改造工程；完成虎跃学校（小学部）新建项目和高新四小扩建项目，新增学位 2600 个。年内共收到 137 件信访件，办结 137 件，办结率 100%，回复率 100%。新发展帮扶产业项目 24 个，带动脱贫户 887 户 2106 人;落实“四个不摘”要求,做好防返贫监测和帮扶工作,经验做法多次得到中央、省级媒体推介。

【生态环境保护】 全面推进“河长制”工作。2022 年,投资约 9800 万元实施水环境综合治理项目前期工作和初步设计工程,对全区建成区域的所有小区,市政雨污水管进行清淤、检测等普查工作。对全区所有小区和市政管网排洪渠进行雨污分流改造,完善城区水环境基础设施,提高污水收集率。对所有主干渠进行清淤疏浚和垃圾清理。实施青树下水库底泥治理工程,青树下水库水质得到改善。继续实施“清河行动”“清四乱”等专项行动,加大对袁河、孔目江日常维养力度,区内袁河省控水西断面水质均值全部达标,水质稳定在Ⅲ类及以上。全面落实林长制。完成造林绿化、森林防火、林业有害生物防治等各项年度工作目标任务,全区森林覆盖率、森林蓄积量和森林保有量均达到年度目标值。全区森林覆盖率 35.1%,林地蓄积量 43.36 万立方米。加大巡查排污行为力度。通过日常检查、环境监测、“零点行动”等方式突击检查等,共检查企业 300 余家,出动执法人员 1200 余人次,立案查处企业违法排污行为为 9 起。总投资 2.3 亿元的加山污水处理厂完成提标改造工作,正常运行。空气优良率 97.9%,上升 0.3 个百分点。动态更新受污染地块名录,管控建设用地土壤污染风险,保障重点建设用地安全利用。

(冯思宇 胡鑫)

景德镇高新技术产业开发区

【概 况】 位于景德镇市西城区,规划面积 34.87 平方千米。2022 年,全区净增规模以上企业 36 家,共有规模以上工业企业 127 家。企业营业收入 861.80 亿元,同比增长 19.33%,其中规模以上工业企业营业收入 404.78 亿元。规模以上工业企业增加值同比增长 8.4%。固定资产投资 112.45 亿元,同比增长 8%。内资进资 131.51 亿元,同比增长 9.19%。财政总收入 15.12 亿元,同比增长 3.08%。

【主导产业发展】 航空产业引进新项目 12 个,31 家航空企业营业收入 362.19 亿元;先进陶瓷产业新引进 10 个项目中,8 个实现当年开工,34 家规模以上陶瓷企业营业收入 88.04 亿元;新能源产业引进 5 个总投资 190 亿元的产业链项目。传统产业方面,规划投资 20 亿元建设华意配套产业园项目,华意铸造仅用 10 个月建成投产,当年完成产值近亿元;数字经济方面,2022 年有数字经济核心产业 11 家,核心产业营业收入 37.37 亿元,共有在建数字经济项目 12 个,总投资 124.67 亿元,挂牌成立中国联通(江西)工业互联网研究院景德镇分院,智慧产业标准厂房项目基本完工。

【科技创新平台】 2022 年,新增国家高新技术企业 19 家,新增国家科技型中小企业 104 家,新增专精特新企业 16 家,1 家企业入选首台套重大技术装备目录、1 家企业获新增智能制造标杆企业 1 家,新增省级“小巨人”企业 2 家、国家“小巨人”1 家、瞪羚企业 2 家,新增省级专精特新中小企业 11 家,有省级技术创新中心 1 个、省级工程技术研究中心 1 个、省级企业技术中心 1 个。引进西工大航空学院天马物流无人机项目,实现该机型产业化;与哈工大特陶所合作,成立智合特种陶瓷研发生产制造中心项目。与南昌航空大学签订框架协议合作共建航空制造产业学院。华意公司被评为 2022 年国家知识产权优势企业,为制造业单项冠军、隐形冠军。昌河航空作为负责单位牵头承担工信部重点项目。

【营商环境】 开展市场主体全生命周期服务,实行“一个专班、一套机制、一个窗口”模式,全方位服务园区企业全过程,为企业在政策兑现、要素保障、项目建设、产业扶持等方面提供零距离服务。实行“企业特派员”制度。园区 357 名干部职工挂点市场主体 2641 家,常态化点对点开展“保姆式”服务。每周组织 1 次园企恳谈交流早餐会,每月开展 1 次“企业服务日”活动,现场协调解决企业发展中存在的困难和问题。在全市率先实现惠企政策兑现“掌上办”,实行项目审批全流程帮代办制度和工程建设全过程跟进协调制度。争取省市政府支持下放经济管理权限 67 项,其中省级经济管理权限 46 项。

【高新区、昌江区两区融合】 2022 年,高新区与昌江区签订《两区社会事务融合合作协议》。根据协议,高新区将教育体育、文化旅游、卫生健康、农林水利、民政事业等 21 项非直接涉企的社会事务工作交由昌江区代为履行,将工作重心全部转向经济发展、招商引资、产业升级等主责主业。

【2022(首届)景德镇产学研合作创新大会召开】 8 月 26 日,以“创新驱动、转化成果、绿色发展、开放共享”为主题的 2022(首届)景德镇产学研合作创新大会在紫晶国际会展中心召开。大会由景德镇高新区管委会主办,北京中关村智酷双创人才服务股份有限公司承办,中国国际“互联网+”大学生创新创业大赛展示交流中心支持。院士专家、高新区领导、中关村软件园知名头部企业、中关村智酷主要领导、高新区属各部门负责人、区内外创投机构负责人、市属高校领导及创业学院相关负责人等 150 余人参会。会上,举行由景德镇陶瓷大学与江西陶瓷工艺美术职业技术学院参与的“中关村智酷与高校共建创新创业实践基地”揭牌仪式。项目签约仪式上,武汉飞流智能技术有限公司、河南坤宇无人机科技有限公司、深圳中科保泰空天技术有限公司、江西中安航空航天装备制造有限公司院士工作站等与景德镇高新区签约。

(程立梅)

鹰潭高新技术产业开发区

【概 况】 位于鹰潭市城区西南处,分白露科技园、龙岗产业园,辖 1 个街道办事处。总面积 43 平方千米,其中规划面积 28 平方千米,建成区面积15平方千米。2022年,工业营业收入1023亿元,增长18.5%。工业增加值增长11.5%。全社会固定资产投资61.03亿元,增长10.3%。财政总收入37.96亿元,增长15.5%。现汇进资2457万美元,增长56.7%。新增规模以上工业企业37家。全年新签约“5020”及以上项目7个,包括总投资100亿元的耀宁科技磷酸铁锂电池项目,在全市率先实现百亿元项目“零的突破”。入统项目68个,其中“5020”项目5个,亿元以上项目44个,入统投资总额257.25亿元。

【科技创新】 坚持创新驱动,园区共入库科技型中小企业115家,新增高新技术企业29家,总数85家;新增省级科技创新平台3家、省级工业设计中心2家。鼓励引导园区企业增资扩产,加大技改力度,重点推动48个技改项目,完成技改投资18.7亿元,同比增长39.4%。三川智慧牵头的“面向智慧水务的全链物联设备与系统研发及其应用推广”项目获江西省科技进步一等奖,填补鹰潭市空白。高新区获评国家级知识产权强国建设试点园区和国家级绿色园区。实施领航企业培育计划,全年新增省级智能制造标杆企业5家;新增省级两化融合示范企业12家;17家企业获批省级专精特新企业;广信新材、鑫铂瑞获批国家专精特新“小巨人”企业;江南新材获批国家级制造业单项冠军(产品),鑫铂瑞获批鹰潭市首家省级种子独角兽企业,4家企业进入江西省民营企业百强。

【营商环境】 深化“放管服”改革,承接上级赋权事项252项,其中涉企审批事项99项,基本实现园区事园区办。加大惠企纾困力度,及时研究区级配套措施,出台惠企纾困45条政策、稳定经济59条政策,全年组合式减税降费4.73亿元,覆盖3496家企业。健全企业诉求、交办、督办机制,持续开展“百名干部进百企”活动,定期组织召开政企圆桌帮扶会议,打通服务企业“最后一公里”。2022年,高新区各部门共走访企业1300余次,收集问题140余个,办结率98%。

【承载平台】 启动新一轮拓园工程,选派近百名党员干部,仅用3个月不到的时间,完成331户居民和18家企业20.3万平方米的征迁任务,实现高新区征迁史上速度最快、效果最好、群众最满意的和谐拆迁。加快推进章家片区征地及基础设施建设,规划用地66.67公顷建设高端电子电路产业园,为发展PCB(印刷电路板)产业提供空间支撑。加大闲置低效利用土地处置和批而未用土地消化力度,回收各类闲置低效用地44.67公顷,消化批而未用土地26.67公顷,为高新区发展开辟新的发展空间。

【2022年江西省“振兴杯”数字经济职业技能竞赛——中国工业互联网安全大赛江西选拔赛决赛举行】 10月26日,由省工信厅、省人力资源和社会保障厅、省教育厅、省总工会、共青团省委、省通信管理局和鹰潭市政府共同主办,鹰潭高新区管委会、鹰潭市工信局、南昌大学新一代信息技术产业研究院承办的2022年江西省“振兴杯”数字经济职业技能竞赛——中国工业互联网安全大赛江西选拔赛决赛在鹰潭高新区举行。职工组江西省网络安全研究院“Jx-Spark”战队和学生组南昌大学“CTF水太深”战队获线下决赛一等奖。

【工业和信息化重点领域数字经济(物联网)产业人才基地启动暨企业数字经济人才专题培训班开班】 11月10日,工业和信息化重点领域数字经济(物联网)产业人才基地启动暨企业数字经济人才专题培训班开班仪式举行。现场开展四方共建产业人才基地签约仪式、数字经济(物联网)产业人才基地揭牌仪式、产业人才基地工作计划介绍、为三川智慧授予“企业数字经济人才专题培训班”班旗等活动。培训班主要针对三川智慧核心研发团队所涉及的产业学科技术开展专业技术培训,课程主要内容为针对ARM Cortex-M(ARM微控制器)系列MCU(微控制单元)开展嵌入式系统软硬件开发,从理论知识到结合企业自行开发的嵌入式模组实操两方面开展教学。

(严志征)

抚州高新技术产业开发区

【概 况】 位于抚州市主城区,辖1镇、2街道办事处。总面积158.6平方千米,建成区面积约22平方千米。常住人口20万人。2022年,工业营业收入743亿元,增长20.3%。规模以上工业增加值同比增长9.5%。固定资产投资165.8亿元,同比增长9%;其中工业固定资产投资133.6亿元,同比增长11.9%。新增规模以上工业企业32家。工业用电量8.22亿千瓦时,同比增长50%。财政总收入22.92亿元,财政支出33.67亿元。外贸出口41.66亿元,同比增长22%。利用外资1.34亿美元,同比增长18%。全年引进工业项目62个,“首位+主导”产业项目占比84%;总投资552亿元,其中亿元以上项目53个。亿元项目中,“50”项目4个,引进5个世界500强工业企业(比亚迪、华润集团、中国中车、国能集团、弗吉亚)。开工项目33个,竣工投产项目40个。限额以上消费品零售额47.3亿元。城乡居民人均可支配收入37333元。

【科技创新】 年内,新增4家省级科技创新创业平台,打造国家级科技企业孵化器、国家级众创空间、国家级企业技术中心等16个国家级创新平台和42个省级创新创业平台。柔性引进院士、“长江学者”等高级专业技术人才110人,其中誉鸿锦引进博士17人,11人来自日本,2人是诺贝尔奖得主。落实科研助理岗位305个,超额完成科研助理岗位招聘,获科技部点名感谢。引导企业创新升级,提高自主创新力,全区有科技型中小企业128家、高新技术企业68家,获批高成长科技型企业3家。

【营商环境】 年内,设立高新区政务服务驿站(才智科技园站),为周边企业打造“10分钟政务服务圈”。出台系列政策支持企业高质量发展,全年累计为252家企业兑现17类奖励资金6023.56万元,为区内167家企业提供周转金、供应链等金融服务34

亿元，节约企业成本0.7亿元，为企业办理留抵退税4.69亿元，“六税两费”减征扩围和制造业中小微企业缓税近1亿元。

【民生工程建设】 推进巩固拓展脱贫攻坚成果同乡村振兴有效衔接，盘活村集体资源，辖区村集体收入均突破10万元；投入资金1.24亿元建设城乡自来水安装工程，农村自来水安装率95%。深入实施教育扩容提质工程，累计新增义务教育优质学位1.2万余个、学前教育学位900个。医疗服务质量增强，拥有200个床位的赣闽社区医院投入使用。协调辖区银行投放保交楼资金2亿元，保障辖区楼盘交付使用。抓好新冠肺炎疫情防控工作，保障中心城区20万名群众生命财产安全。

【抚州新能源汽车科技产业园发展】 4月，投资50亿元年产20万辆整车的新能源汽车整车产业园项目实现整车批量下线，共产销整车17.72万辆，营业收入209.7亿元。10月，投资20亿元的零部件产业园项目逐步投试产，主要为整车产业园配套生产电机、电控、电源、车架、车灯等零部件，并配套建设仓库、食堂、整车发车场等附属设施；投资80亿元年产15吉瓦时弗迪刀片电池的动力电池产业园项目试投产，从签约到竣工投产仅用9个月。10月31日，投资150亿元年产40万辆整车的新能源汽车产业园二期项目签约落户。

（洪县昌）

赣州高新技术产业开发区

【概　况】 位于赣州市赣县区，包括3个园区，建成区面积约15万平方千米。2022年，全区工业增加值同比增长28.4%；营业收入452.93亿元，同比增长24.23%；利润31.62亿元，同比增长24.68%。新增规模以上工业企业23家，总数146家。规模以上工业增加值同比增长9.4%。规模以上工业总产值352.8亿元，同比增长36.67%；规模以上工业营业收入440.55亿元，同比增长23.33%；规模以上工业利润总额30.77亿元，同比增长24.61%。

【产业发展】 坚持和发展稀土稀有金属及应用首位产业，打造稀土新材料及应用、钨精深加工及应用、锂电新能源材料、先进智能装备制造4个百亿元级产业集群，培育形成一批龙头企业。2022年，稀土稀有金属及应用产业规模以上企业营业收入305.45亿元，同比增长20.62%；利润22.99亿元，同比增长4.42 %。营业收入超10亿元以上企业11家。

【科技创新】 2022年，支持中科院赣江创新研究院牵头组建并获批江西省稀土产业科技创新联合体。推动高新区科技型企业阶梯式培育工作，5家企业获评高成长型企业；科技型中小企业107家。落地2个院士团队项目。推动6个“两院四中心”科技成果转化项目落地。新增省级以上专精特新企业15家，新增国家级专精特新企业1家；新增专业化“小巨人”企业1家、省级智能制造标杆企业2家、省级以上绿色制造企业3家，6个产品入选绿色设计产品公示名单。

【“一区三园”管理改革】 4月25日，《赣州国家高新区“一区三园”管理改革实施方案》获赣州市政府批复同意。10月，赣州高新区完成“一区三园”统计区域调整备案并通过科技部火炬中心审核。赣州高新区实施“一区三园”管理改革，优化创新资源配置，强化产业统筹布局，构建协同互补、联合发展的创新共同体，壮大园区经济总量，2022年实现营业收入1114亿元，同比增长192%。

【招商引资】 紧盯新能源材料、先进智造四大产业链，开展专业招商、产业链招商、市场化招商。成立14支“产业链+电机+科技+现代服务+乡村振兴+驻点”专业招商小分队，建立市场化招商激励机制和“两组三队”（扩大开放领导小组、四大产业链工作领导小组，以及招大引强督战队、项目建设督战队和企业服务督战队）招商工作机制。成立赣州稀金企业服务有限公司等招商平台公司，开展公司化招商。聘请3名荣誉市民、3名招商顾问，强化社会化招商。举办10场以上招商推介活动。全年新签约工业项目32个，签约总额465亿元，其中20亿～50亿元项目7个、百亿元以上项目1个。

（郑程慧）

吉安高新技术产业开发区

【概　况】 位于吉安县。2022年，全区主营业务收入671.7亿元，同比增长10.25%；利润68.7亿元，同比增长25.06%。固定资产投资59.23亿元，工业增加值同比增长13%。从业人员6万多人。财政收入7.18亿元，财政支出6亿元。实际利用外资1.86亿美元，实际利用内资151亿元。进出口总额213.58亿元，其中出口总额176亿元。全年新签约项目62个，总投资额557.93亿元，其中“20”项目7个、“50”项目4个。开工项目28个，竣工工业项目16个。

【科技创新】 推进鄱阳湖国家自主创新示范区建设，设立吉安高新区科技创新专项资金，实施高新区科技创新券制度。推动营业收入亿元以上企业研发机构全覆盖，全区研发经费投入14.67亿元，同比增长81.88%。13家企业获批高新技术企业，共有高新技术企业45家；新增国家级专精特新企业1家，总量3家；新增“小巨人”企业1家，总量7家；园区共有瞪羚企业7家；新增省级海智工作站1家，总量2家。入库科技型中小企业71家；专利授权数641件，发明专利授权数69件，增长103.1%；博硕科技成功申报国家企业技术中心，国家级创新平台实现突破。在深圳设立“科创飞地”。

【吉安庐陵产业发展基金合伙企业成立】 6月，吉安高新区成立吉安庐陵产业发展基金合伙企业（有限合伙），以投资子基金和产业项目直接投资（含通过专项基金投资）作为主要投资方式，重点围绕电子信息、先进制造业、新能源、新材料等战略性新兴产业培育、传统产业转型升级，数字经济等重点领域和关键环节布局投资，基金总规模10亿元,首期实缴3亿元。

【产业链党建联盟建立】 聚焦电子信息、大健康食品、新能源新材料、装备制造四大主导产业,建立产业链党建联盟,通过政治理论联学、信息资源联享、产业招商联动、企业困难联帮、组织活动联办等“五联”活动,建立党建共建、阵地共用、信息共通、商事共议、人才共育、服务共享“六共”工作机制,推动党组织建在产业链、党员聚在产业链、人才育在产业链,以党建联盟“组织力”赋能企业发展“生产力”,以高质量党建引领产业链高质量发展。产业链党建联盟典型做法在《江西日报》、江西新闻、《江西改革》推广。

【产城融合】 华腾中专、华科技工学校于9月招生开学,注册学籍人数622人,可容纳学生规模6000人。学校结合市场需求,开设校企合作冠名班、定向培养等方式,针对性为企业培养急需人才,培养技能型人才。已开设机电一体化技术、计算机应用与维修、电子技术应用等10余个专业。

(朱慧兵)

九江共青城高新技术产业开发区

【概　况】 开发区由2区块组成。规划面积35平方千米,建成区面积约20平方千米。2022年,园区规模以上工业营业收入555.8亿元,同比增长3.9%;利润总额61.9亿元,同比增长6.7%。规模以上工业增加值同比增长6.1%。实际利用外资2.2亿美元,实际利用内资94.8亿元。外贸生产型出口总额7.91亿元。

【产业发展】 聚焦“1+3+3”主导产业,形成以鸭鸭、诚鑫为代表的纺织服装产业,以亚华电子、清越光电为代表的电子信息产业和以国电投共青光伏发电应用、光氢储产业园为代表的新能源新材料产业三大主导产业。新增电子信息(智能终端)省级产业集群。全年新签约工业项目71个,总投资330.91亿元。其中20亿~50亿元项目3个、50亿~100亿元项目2个。新引进项目开工率83%,新竣工投产项目21个。总投资53亿元的荣事达智能家电产业园项目,100天建成厂房投产,刷新项目建设的“共青速度”。

【科技创新】 全区新增企业31家,共303家;其中新增规模以上企业25家,共144家。新认定高新技术企业30家,共91家。新认定科技型中小企业88家。新增瞪羚企业1家,瞪羚(潜在)企业共5家。新增省级专精特新中小企业24家。招才引智创新试点工作获评省开发区改革创新人才招引领域优秀案例,获批科技部火炬中心第三批企业创新积分制实施单位,汉可泛半导体“热丝CVD技术高效晶硅成套智能装备”项目获2022年全国颠覆性技术创新大赛总决赛优秀项目,并获中央引导地方科技发展资金200万元。江中食疗院士工作站落户。新增1家省级新型研发机构,共有17家省级以上创新创业平台,亚华电子获批国家级智能制造标准应用试点项目,新增6家省级两化融合企业,新增6家省级示范企业。

【产城融合】 年内,新建标准厂房35.18万平方米,科技产业孵化园一期(二标段)项目竣工验收。建成科技三大道北延伸、东环路(一期)、火炬一路。加速改造高新区雨污管网,年底主管网全面完工。盘活闲置低效用地134.33公顷,保障新项目落户。

【营商环境】 建立一支“火炬红”志愿服务队,以网格化工作机制为抓手,常态化全覆盖帮扶企业,持续提升企业服务水平。全面落实省市惠企纾困政策,优化兑现流程,推进无忧云控企业扶持资金核算系统上线,变“一季度一联审”为“每月兑现+一季度一联审”模式,兑现助企发展资金2.61亿元,为34家企业推荐财园信贷通放贷1.95亿元。项目代办中心和在建工程管理移交市直职能部门,与市直单位建立双向融合机制,成立决战“一区”工作领导小组,组建土地盘活、雨污管网等工作专班,推动高新区进一步聚焦主责主业。深化“管委会+平台公司”改革,谋划市场化改革,做大做强国有资产。推进“一区三园”改革,向结对共建方昆山高新区、对标参照地扬州高新区看齐,补足短板。

(蔡娟)

宜春丰城高新技术产业开发区

【概　况】 2022年,全区工业总产值1060.51亿元,同比增长12.8%;主营业务收入1055.98亿元,同比增长13.05%,成为宜春市首个千亿元园区;利润总额102.24亿元,同比增长11.08%。工业固定资产投资在库项目137个,总投资突破600亿元;完成投资173.96亿元,同比增长10.94%。签约项目67个,签约资金560.6亿元,同比增长21.02%,其中亿元以上项目52个。亿元以上项目中,“50”项目4个、“20”项目7个。开工项目43个,投产项目22个,开工率、投产率同比分别为64%和33%。

【党建引领发展】 丰城高新区党工委被选为省委“两新”工委直接联系指导党建工作的园区党工委,培育选树马可波罗江西基地党委“红色动力211”工程、和美陶瓷“睦邻和美、村企共赢”等非公有制党建品牌。发挥党组织在项目建设、科技创新、人才培养方面的引领作用,坚持党管人才,引育并举,加强人才梯队建设,7个项目获批全省重大人才工程项目,1人入选国家科技创业领军人才,实现自主培养国家级人才“零的突破”。

【产业升级】 实施“开放创新、强攻工业”发展战略,打造“2+N”工业体系。全年循环经济产业营业收入657.55亿元,增长11.62%,首位产业集聚度62.27%。全年锂电新能源产业主营业务收入190.08亿元,增长30.94%。至年底,全区有规模以上战略新兴企业86家,战略新型产业增加值占规模以上企业增加值的39.76%,比全省平均水平高出13个百分点;高新技术产业企业72家,高新技术产业增加值占比32.94%。拥有数字经济核心企业28家,数字经济核心企业主营业务收入83.84亿元，占规模以上营业收入的9.09%；新签约数字经济企业29家。

【科技创新】 立足资源优势和产业特色，开发新产品、新技术。正导精密获批国家专精特新企业，华伍获批国家级制造业单项冠军企业，格林循环获批国家知识产权优势企业，佛吉亚歌乐获批省级专精特新"小巨人"企业，唯美、和美获江西省科技进步二等奖。新增科技型中小企业100家，同比增长35.14%；获批国家级载体4个、省级平台及载体22个；新增发明专利83件，同比增长112.82%。R&D研发经费投入占主营业务收入的1.53%，同比增长17.52%。

【营商环境】 年内，认领和承接省市县三级30项赋权事项，推进相对集中行政许可改革，政务服务大厅投入试运行。通过"集中受理、内部流转、限时办结、统一反馈"机制，实现园区事园区办结。开展营商环境提升专项行动，园区干部作为营商服务员、企业"特派员"，及时收集解决企业存在的问题。通过"剑邑商谈""政企圆桌会议"等方式，共解决企业问题216个，帮助112家企业办理各类证照131个。兑现惠企政策约4亿元，帮助46家企业申请"财园信贷通"2.2亿元。

（饶昱贝）

南昌经济技术开发区

【概　况】 位于南昌市北郊，面积307平方千米，辖2个镇、1个街道办事处、2个管理处。2022年，地区生产总值780.45亿元，同比增长4.7%。规模以上工业增加值同比增长7.6%。地方一般公共预算收入19.34亿元，同比增长5.4%。固定资产投资同比增长11.4%，其中工业投资同比增长17.9%。社会消费品零售总额224.38亿元，同比增长4.8%。实际利用外资8575万美元，同比增长1.5%；进出口总额205亿元，同比增长6.2%。规模以上工业营业收入1690.1亿元，同比增长9.1%。

【产业发展】 2022年，南昌经开区聚焦主导产业抓招商，组建五大行业专班、五大产业专班和五个镇处（街道）的招商机制，全年新引进产业项目101个，投资总额666.5亿元。围绕新能源汽车及动力电池产业，引进20余个产业配套项目。聚焦项目建设抓推进，全年新开工重大项目55个，总投资额383.63亿元。新投产重大项目55个，完成投资额344.26亿元。欣旺达南昌动力电池项目一、二期、三期投产，科达利、长方MINI LED等一批重点项目开工。聚焦市场主体抓培育，全面落实减税降费政策措施，优化营商环境，培育新增市场主体约1.4万家。新增慈文传媒、百通能源、国科军工3家上市企业。发展数字经济，中国（南昌）数字经济港获批为第一批省级数字经济集聚区，全区在库规模以上数字经济核心产业企业72家，实现营业收入396亿元。

【改革创新】 2022年，全面推进深化改革，重点推进企业"董监高"责任险全覆盖、"法企通""一区多园"等改革。特别是企业"董监高"责任险全覆盖改革试点在国内属于首举首创，创新"政府支持为主、企业自负为辅"的上市（挂牌）企业保险机制，得到省委、省政府主要领导的肯定性批示。"法企通"改革项目得到省高院主要领导的肯定性批示。加速培育创新载体，扶持"个转企""小升规"，加快培育专精特新、"小巨人"企业，全区有国家级专精特新"小巨人"企业5家（含赣江新区1家），省级专精特新中小企业55家（含赣江新区19家）。全区50家年营业收入3亿元以上工业企业建立研发机构覆盖率90%。2021年R&D（科学研究与试验发展）经费投入24.66亿元。培育独角兽（潜在、种子）、瞪羚（潜在）企业9家。全区有高新技术企业235家，有各级各类研发中心180多家，有国家级科技企业孵化器3家、国家级众创空间6家，全区技术合同交易额首次突破15亿元。

【基础设施建设】 2022年，按时按要求完成方志敏大道、昌西大道项目和双港铁路桥项目北半幅通车的目标。园区雨污管网系统开工整治379个，开工率100%；完工326个，完工率86%；现场达标230个，达标率61%。实施"腾笼换鸟"攻坚行动，排查整治"散乱污"企业56家；处置闲置土地7.53公顷，超额完成全年任务，批而未供土地消化161.07公顷，批而未用土地消化133.33公顷。开展"两整治一提升"三年行动，建设乡村振兴示范村1个、共同富裕样板村6个。全区55个村集体实现经营性收入20万元全覆盖，30万元以上收入占比87%。持续打好蓝天、碧水、净土保卫战，基本消除重污染天气、城区黑臭水体。在第七届中国国际绿色创新发展大会上，再度被评为绿色低碳示范园区。

【民生工程建设】 2022年，稳步推进养老保险、失业保险、城镇新增就业等民生工程，全年发放失业金261.9万元、补助金376万元，落实社保阶段性降低工伤保险费用413.8万元、失业保险费用1106.01万元，社保缓交惠企749.66万元。全年发放创业担保贷款1.12亿余元。联合121所高等院校开展招聘会140场，其中线上134场、线下6场。完成南昌二中经开校区、南天阳光小学等5所学校建设，新增学位4200个、园位180个。完成2个老旧小区改造、5个城市休闲空间建设，完成保障性租赁住房4116套。

【社会安全】 2022年，南昌经开区按照省市疫情指挥部要求抓落实，从快从速、精准果断处置"3·16""7·08""11·19"输入型突发新冠肺炎疫情，探索创新城中村（开放式小区）围合管理"六全"新模式，筑牢疫情防控防线。安全生产落实落细，坚决守住安全生产底线，常态化开展安全"大宣传、大排查、大整治"活动，累计排查生产经营单位2.39万家次，治理隐患1.16万项，安全事故起数与死亡人数同比分别下降43.48%、57.14%。重大风险有效遏制，确保重大政治事件、暴恐事件等事故"零发生"，完成中共二十大安保维稳工作。化解多个楼盘涉稳风险，做好"保民生、保交房、保稳定"工作。深入开展矛盾纠纷大排查、大起底、大化解,化解各类矛盾纠纷 665 起,化解率 98.6%。严厉打击各类违法犯罪行为,推动扫黑除恶长效常治,全区刑事类警情同比下降 21.9%,治安类警情下降 40%。

(周安娜)

南昌小蓝经济技术开发区

【概　况】　园区规划核准面积 18 平方千米,建成区面积约 33 平方千米,辖 2 个管理处。区内规模以上企业 344 家,科研院所 7 家、院士工作站 5 家、国家级众创/星创空间 6 家、高新技术企业 223 家。2022 年,全区营业收入 1087 亿元。固定资产投资 347.32 亿元,同比增长 15.44%。财政总收入 54.81 亿元,同比增长 13%。外贸进出口总额 191.21 亿元,同比增长 38.11%。引进项目 32 个,总投资 471 亿元,其中"152"项目 9 个。开工项目 21 个。竣工(投产)项目 29 个。

【金融服务】　12 月 27 日,瑞能半导体在新三板挂牌,列入北交所首批"领航计划"企业。12 月 30 日,正味集团控股有限公司在港交所公开发布新股上市申购信息。2022 年,全区完成 3 家企业股改。举办昌南金融小论坛、政银企对接会、产融对接会等各类融资对接活动 17 场,通过财园信贷通、科贷通、高新贷、银税贷、供应链融资等普惠金融产品,为区内 860 户次企业解决融资需求 90.46 亿元,放款户数、额度同比分别增长 14.82%、17.58%。

【产业发展】　2022 年,开发区获评省级两化融合示范园区、省级数字经济集聚区。汽车及零部件产业、绿色食品产业、生物医药产业三大主导产业工业总产值 600.15 亿元,占园区的 56.74%;营业收入 626.33 亿元,占园区的 57.61%。全年新增工信部智能制造优秀场景 1 项、省级制造业领航培育企业 2 家、省级管理创新示范企业 1 家、省级大数据示范企业 1 家、省级服务型制造示范企业 1 家、省级两化融合示范企业 8 家、省级专精特新中小企业 61 家、省级专业化"小巨人"企业 4 家、省级制造业单项冠军企业 2 家、省级企业技术中心 1 家。

【生态环境保护】　2022 年,针对 2016—2021 年中央、省环保督察信访件涉案企业进行全覆盖"回头看",排查企业 200 家,排查出 26 家"散乱污"企业。持续推进市政雨污管网清淤、CCTV 检测、修复及错漏接改造"四位一体"市政管网综合治理工程。增设排涝监控系统,利用高空瞭望系统、雷达液位计、空气监测点和水质监测点,为应急排涝、环境执法、环境应急、环境监测等提供数据保障和技术支撑。

【开放型经济】　年内,启用向塘铁路口岸二期,开行全省首列"铁路快通"中欧班列,中欧、铁海班列增至 18 条。全年开行班列 1308 列 7.61 万标箱,总货值 19.39 亿美元,同比分别增长 39.15%、24.29% 和 17.37%;外贸进出口总额 187.46 亿元,同比增长 35.41%。

【科技创新】　2022 年,入库国家科技型中小企业 327 家,增长 39.7%;累计拥有独角兽(瞪羚企业)21 家。制定出台《小蓝经开区科创平台"揭榜挂帅"实施细则》,征集企业技术需求 25 项,组织开展区内"揭榜挂帅"活动,江铃股份、泰豪电源等 12 个项目与区内科创平台达成合作意向。组织企业参与省"揭榜挂帅"和"大院大所"进江西活动,征集推荐江西三鑫医疗科技股份有限公司等 7 家企业 10 个技术需求,并在"大院大所进江西"活动集中签约项目 1 个。组织开展 2022 年度火炬科技成果直通车江西(南昌)站小蓝经开区线上专场对接会,发布江铃股份、佳时特、三鑫医疗、康一参等企业 4 项技术需求及江西纳米技术研究院、江西智研院等单位 5 项科技成果。

(刘韬)

九江经济技术开发区

【概　况】　位于九江市中心城区西部,有城西港区、综合保税区、出口加工区、科技工业园、汽车工业园、石化产业园六大发展板块。总面积 80 平方千米,辖 1 个乡、1 个场、3 个街道办事处。总人口约 20 万人。2022 年,地区生产总值 453 亿元。财政总收入 122.41 亿元。社会消费品零售总额 156.9 亿元。固定资产投资 302 亿元。新增规模以上企业 22 家,总数 200 家。全年新签约项目 68 个,签约金额 402 亿元。

【营商环境】　推出"一指解忧"服务平台,为企业提供全方位、全周期、全过程服务,24 小时由专人解决或回复企业反映诉求,打造"企业吹哨、园区跑腿、部门报到"的服务新常态,平台注册企业已基本涵盖所有规模以上企业和重点企业,已处理企业诉求 226 条,好评率 99%。持续开展政务服务"六减一增"改革,提升审批服务效能。全年新增市场主体 1.37 万家,同比增长 189%。推进政务服务队伍专业化建设,设置 5 个无差别综合受理窗口,为 849 个事项提供"一窗受理"服务。作为全省惠企通试点单位,惠企通平台部署惠企兑现事项 80 项。设立惠企政策兑现专区,全年兑现惠企纾困资金 8.23 亿元,惠及企业 1.5 万余家次,通过惠企通平台兑付资金 2369 万元。

【创新发展】　实施全社会研发投入攻坚行动,全区 91 家企业投入研发经费 10.7 亿元,同比增长 10%,技术合同交易额 5.86 亿元。全年新增发明专利 116 件。实施科技型企业梯次培育行动,全年培育科技中小型企业 178 家,其中新增省级专精特新企业 46 家,培育(潜在)独角兽和(潜在)瞪羚企业 25 家。省重点新产品七所精密"安全型 EDI 装置"、德福"6 微米高抗拉锂电铜箔"通过验收,实现科技成果转化。

【开放平台】　重点打造九江综保区对外开放平台,先后引进天猫国际自营仓等一批项目,跨境电商注册企业新增 120 家,初步形成"龙头企业+中小企业集聚"的跨境电商产业格局,全年跨境电商进出口总额 150 亿元。推动全市第一个跨境电商进出口综合服务平台上线运营,5万平方米的高端多功能保税仓投入运营,6万平方米的二期保税仓竣工。通过一体化通关开启国际班列入园区新模式,实现综保区与中欧班列无缝对接;通过设备升级、人员轮岗等方式,实现7×24小时不间断通关,让企业通关"不打烊",货物出区"零等待"。

【人才工作】 高标准打造高层次人才产业园,出台《九江经开区高层次人才扶持办法》,为98名新引进人才发放各类生活补贴、购房补贴、扶持资金等420.6万元。帮助申报省级人才工程9人(含团队),2人入选。高质量打造人力资源服务产业园,全年开展"春风行动""就业援助月""情系经开,职等你来"等线上线下招聘会70场,为40家重点用工企业制作电视招才宣传片,发布各类人才用工招聘信息20期,提供岗位2.15万个,为园区企业招聘员工1.05万人。

【社会保障】 全年为低保对象、特困供养、残疾人、孤儿等困难群众发放各类补贴1086.118万元。加快养老服务体系设施建设,推进构建公建民营的养老服务模式,完成泉塘村、爱民村颐养之家、河畔社区居家养老服务中心和3个老年人食堂建设,为3081名高龄老人发放补贴301.62万元、为115名困难失能老人发放补贴19.92万元。提升社区治理水平,打造经开区社工服务中心,推动春安里等5个社区开展"幸福社区"创建,推行365天服务不打烊。用心用情关爱服务退役军人,发放优抚金及补助资金250余万元,为退役军人申请优待证,组织招聘会7次、提供岗位780余个,打造双拥模范点3个、双拥模范企业1家。

(金明)

赣州经济技术开发区

【概　况】 位于赣州市中心城区西北部,代管6个乡(镇、街道办事处、管理处)和1个综保区、1个高铁新区,总面积228平方千米,常住人口38万人。2022年,工业营业收入1235.3亿元,同比增长16.59%。其中规模以上工业营业收入1220亿元,增长16.4%。财政总收入92.93亿元。

【数字经济】 推进数字经济"一号发展工程",数字经济产业营业收入445亿元,入选省级"两化"融合示范园区。新增规模以上数字经济核心产业企业66家。"上云"企业2900余家。赣政通平台累计激活用户3494人,激活率99.69%。赣服通平台分厅上线赣州经开区特色政务服务事项235个。发布数字技术应用场景59个。完成新建5G基站开通165个,累计完成新建5G基站开通1265个。

【营商环境】 实现常态化企业营业执照开办平均0.5个工作日办结,最快当场办结。工程建设项目审批事项从49个减为40个,精简审批材料30%。政府投资项目、企业投资项目、中低风险项目审批时限由106个、60个、48个工作日压缩至75个、30个、20个工作日。试行"签约速开工"改革,实现冠英智能等项目在1个工作日内完成施工许可证办理。开展规范涉企行政执法改革,建立119项"初次或轻微违法不罚"包容审慎监管清单和"法院+政府""法院+行业"解纷机制,组建劳动争议诉调对接工作室、"和合"商事人民调解室。开展"新官不理旧账"、行政审批中介服务、招投标领域问题、营商环境领域腐败和作风问题等四大专项治理行动。推进惠企政策"免申即享""一站直达"。举办首个"520·企业家日",出台助企纾困"36条"、稳经济"36条"等政策措施,110个区级惠企政策接入"亲清赣商"平台,65%的惠企政策兑付实现"免申即享",累计兑现和补贴各类惠企利民政策资金10.24亿元、退税减税30.36亿元,惠及企业超2万家次。新增各类市场主体2.4万家,增长26.4%;帮助企业招工2.69万人。

【开放型经济】 持续实施"四个一"("一办",招大引强追梦办;"一院",与清华大学经管学院合作组建产业政策研究院;"一军",组建社会化招商盟军;"一杠",用小财政撬动大资本,吸引大项目落户)招商机制,年内签约项目225个,增长64%,签约资金1700亿元,增长29%。其中世界500强、中国200强、央企、上市企业、独角兽企业、瞪羚企业或专精特新企业等项目13个,引进生产型外资外贸企业27家。

【工业发展】 2022年,全区有工业企业1300余家,其中规模以上工业企业302家、能源及新能源汽车产业企业120余家、电子信息产业相关企业260余家,获评"四星"国家新型工业化产业示范基地,获省政府园区发展专项奖,新能源、电子信息、稀土新材料3个主导产业同时列入省级产业集群。孚能科技集团、立德电子营业收入首次突破100亿元,金力永磁营业收入首次突破60亿元。678个"八大行动"项目、49个省大中型项目分别完成年度投资835亿元、289亿元。新能源及新能源汽车产业营业收入260亿元,增长45%;电子信息产业营业收入增长30%。引进富士康工业互联智能制造项目、吉利动力电池产品下线、孚能科技30吉瓦时动力电池和9吉瓦时动力电池模组、PACK及电芯生产线项目开工,凯马汽车获省发展改革委客车生产资质项目备案,实现产销超2.4万辆。同兴达科技、立德电子、金力永磁3家企业获评全省50家优强企业,金力永磁、富尔特获评省级智能制造标杆企业。

【城乡建设】 新改建39条城市主次干道33千米,建成区面积增至60.16平方千米,海绵城市建设面积17.90平方千米。高铁空港新区37个重点项目开工,赣州市第二十一中学、社区医院等项目投入使用;新能源科技城"七横五纵"和现代电子科技城"大、中、小循环"路网实现互联互通。实施工业标准厂房"梧桐树"计划,建设面积1000万平方米;启动实施共享仓"蜂巢"计划,开工建设30万平方米,建成12万平方米。拆除违章建筑3.4万平方米,新改造老旧小区6个。建设新农村试点29个,建成集中连片村庄环境整治点4个，新改建农村公路20千米。全区PM2.5年均浓度下降4.3%，各考核断面水质、二水厂饮用水水源水质优良率均达100%。有商贸综合体7家，建筑面积77万平方米；9月29日，经开万达广场开业，结束赣州经开区没有大型商业综合体的历史。台湾部落、汉字文化主题园、五彩城等景点成为网红打卡地。

【改革创新】 至2022年年底，全区有国家级、省级研发和检测机构87个，其中国家级科技创新平台21个；建成省级以上科技型企业培育平台载体30个，其中省级企业技术中心18家；培育高新技术企业218家；培育省级以上专精特新、"小巨人"、单项冠军企业100余家，其中国家级专精特新"小巨人"企业7家，独角兽、瞪羚企业24家；有院士工作站、海智计划工作站、博士后科研工作站等10个，汇聚高层次人才899名。2022年，新增专利授权1354件，其中新增企业有效发明专利196件，增长24.84%，社会R&D经费支出占地区生产总值的3.15%。国家工信安全中心江西分中心暨赣州市产业技术研究院入驻赣州经开区；2家国家级科技企业孵化器获评考核优秀（A类），获评国家级小微企业创业创新示范基地2家，新增省级企业技术中心6家，金力永磁获第四届江西省井冈质量奖。赣州建控集团资产突破1000亿元，累计获3家资信评级机构AA+主体信用评级；区工发集团资产突破100亿元，达139.9亿元；赣州保税实业集团资产突破100亿元，国瑞新能源公司资产突破10亿元。落地全省首单QFLP（合格境外有限合伙人）业务。

【民生实事】 2022年，全区民生支出24.5亿元，占一般公共预算支出的54%。53个乡村振兴行动项目全部达到进度要求，完成年度投资27.69亿元，脱贫人口人均纯收入19549元、增长11.3%。赣州市第六中学"清华附中创新实验班"成立，赣州市第十二中学等8所学校投入使用、新增学位8260个；与赣南医学院第一附属医院合作办医。区文体中心"六馆"主体封顶，区第二体育馆启用。新增城镇就业1.16万人，创建全国和谐劳动关系示范工业园区。推进返迁安置房建设三年行动，累计安置9180户2.05万套。1万套保障性租赁住房、7007套棚改房全面开工。落实安全生产责任制，聚焦2个专题、11个专项，提出118项巩固提升整治任务，检查生产经营单位565家次，整治安全隐患5446项。常态化开展扫黑除恶斗争宣传，刑事案件侦破率63.83%；建成"和合"调解室79个。

（施恩沁　王颖）

井冈山经济技术开发区

【概　况】 位于吉安市城南，包括井冈山经开区本部、河东园区、富滩园区、吉州工业园。园区总规划面积115.3平方千米，建成区面积36平方千米。代管2街道办事处。2022年，全区有企业4500多家，其中规模以上企业220家，高新技术企业87家。营业收入1172亿元，同比增长9.7%。规模以上工业增加值增长9.7%。固定资产投资同比增长10.3%。财政收入30.38亿元，财政支出29.1亿元。实际利用外资3.41亿美元，同比增长12.2%；实际利用内资198.88亿元，同比增长9.7%。进出口总额167.7亿元，同比增长28.3%，其中出口总额145.47亿元，同比增长40.1%。全年新签约工业项目91个，总投资额929.4亿元，其中"20"项目2个、"50"项目3个、百亿元以上项目5个。全年开工重点项目26个，竣工12个。

【招商引资】 2022年，建立"3+14"全员招商机制，开展项目招引赛马比拼。全年签约工业项目91个，总投资929.4亿元。产业链招商集聚新动能。紧盯产业链行业龙头和新能源新材料，引进投资120亿元的智能终端全产业链、投资102亿元的新能源专用车项目、投资108亿元的锂离子储能电池产业园等新兴产业。鼓励支持企业新上项目、裂变发展，签约项目14个，总投资137亿元。其中，生益电子二期投资50亿元建设多层印制电路板项目；威尔高二期投资18亿元建设高精密多层线路板项目；柏兆二期投资10.2亿元新增10条生产线。

【产业发展】 电子信息产业首位优势凸显。全年电子信息产业营业收入663.13亿元，增长12.2%。全区营业收入超15亿元以上的企业14家，其中电子信息企业10家，通讯终端产业集群获批全省五星级产业集群。数字经济较快发展。出台22条举措扶持数字经济产业发展。木林森、满坤、航盛等6家企业获批省级工业发展专项数字化转型专题扶持资金1550万元。金鸡湖创新小镇数字经济产业集聚区获批全省首批数字经济产业集聚区。

【科技创新】 电子信息产业公共服务平台"三驾马车"动力显现，电子信息产业联盟工作获省政府主要领导批示肯定；电子信息研究院与电子科技大学合作共建集成电路与通讯传输联合实验室，迈出板块融合发展关键一步，获批省级引进共建高端研发机构；电子信息产品检验检测中心进入实质性建设阶段。满坤、航盛、木林森等19家企业获批省级两化融合示范星级企业，威尔高、满坤科技获批省级管理创新示范企业。新增国家专精特新"小巨人"企业3家，共有7家；新增省级专精特新企业13家，有效期内的专精特新企业共44家；新增省级"小巨人"企业3家，共有9家。江西红板科技股份有限公司入选符合《印制电路板行业规范条件》企业名单，成为全省唯一符合该条件的印制电路板企业。2022年新认定高新技术企业33家，共有87家；新增潜在独角兽企业1家；新增瞪羚企业3家，累计15家；新增省级科技创新平台15个，共有国家级科技创新平台11个、省级科技创新平台72个；新增省级服务支持人才创新创业示范基地1个；新增省级博士后工作站2个，共有国家级2个、省级3个。2022年专利授权841件，其中发明专利授权117件，年末有效发明专利323件。

【营商环境】 部署推进"9+2"改革攻坚行动。建立营商环境指标长制，组建企业服务专干队伍，创新推进企业服务“红灰榜”常态评价机制。创建“井开小哥”红色营商品牌，帮助企业解决问题578个，满意度100%。落实工业项目“拿地即开工”制度，威尔高、乾景电子、科霖环保等4个项目实现拿地后2个工作日内核发“四证”。加大企业上市支持力度，满坤科技在深交所创业板上市，5家企业在省股交中心挂牌展示。加大企业融资支持力度，为85家企业提供融资担保，解决资金需求4.42亿元，为7家企业发放科贷通贷款2650万元。出台“引才育才用才留才30条政策”，兑现引才育才奖励、津贴等700余万元，惠及60余家企业、260余名人才。延伸扩大人才政策扶持范围，对新引进的本科学历、中级职称、三级技能、15万元年薪以上人才梯次扶持，同步对学历、职称、技能、荣誉提升梯次奖励，给总部派驻和飞地人才同等待遇。

（黄何林）

上饶经济技术开发区

【概　况】　位于上饶市中心城区西部，代管1个乡、1个街道办事处、1个办事处，总面积207平方千米，城镇开发边界面积49.72平方千米，其中建成区（含在建）面积41.52平方千米。总人口14万余人，其中产业工人6.3万人。2022年，规模以上工业增加值398亿元，同比增长10%。固定资产投资174.9亿元，同比增长9.2%。累计工业用电18.8亿千瓦时，同时增长14%。实际利用外资4.45亿美元（现汇进资1.12亿美元），同比增长19.52%；外商再投资3.33亿美元，同比增长68.2%。外贸进出口总额282.7亿元，同比增长58.7%；其中外贸出口257.5亿元，同比增长57%。

【招商引资】　成立招商局集团，围绕主导产业集群，用市场化思维、市场化模式、市场化资金、市场化平台、市场化订单推进招商。招引一批产业链关键企业、行业头部企业和上下游配套企业。2022年，引进项目98个，总投资528亿元。纳入省商务厅统计合同项目73个开工，实际进资308.5亿元，两项指标连续两年保持全省“双第一”。

【产业发展】　坚持以“延链壮链”为抓手，打好主导产业突破战。光伏产业以晶科、捷泰、海优威、彩虹等企业为龙头和骨干，形成从前端硅片到中端光伏玻璃、胶膜、电池，再到终端组件的完整产业链，2022年营业收入首次突破千亿元。晶科能源在上交所科创板首发上市，晶科3个8吉瓦光伏组件项目的第一个项目于7月投产。彩虹光伏玻璃一号窑炉于12月30日点火投产。光电产业以凤凰、康佳、一舟等企业为龙头和骨干，产业涵盖光电镜头模组、XR（扩展现实）穿戴设备、医疗影像、物联网终端、智慧显示终端等领域。国家级光学镜头镜片检验中心于6月挂牌运营，该中心是全国首家6大实验室齐全的国家级光学检验检测机构。康佳智能科技城项目一期8月开工。汽车产业（含锂电产业）以吉利、长城、蜂巢等企业为龙头和骨干，初步呈现出“乘用车与商用车交相辉映，整车与零部件互动发展”的态势。蜂巢能源一期2吉瓦时方壳电池和2吉瓦时软包电池投产，二期5月开工。有色金属（含新材料）以瑞达、耐普等企业为龙头和骨干。江铜铜杆、铸造新材料项目全面开工，其中铜杆、铸造新材料项目于8月投产。

【营商环境】　年内，推进营商环境“一号改革工程”，贯彻省委、省政府降成本“30条”，市委、市政府稳经济“42条”、助企纾困“40条”、复工复产“20”条等“一揽子”政策措施，释放政策红利。全年纾困政策兑现金额112.3亿余元，惠及企业累计9899次，其中金融支持91.98亿元，减税、退税19.87亿元。推进招安商一体化改革，创新实施企业片区综合服务改革，将经开区划分为五大片区，分别成立五大片区指挥部，每个片区又划分为若干个小网格，由部门主要负责人担任网格长，每个网格负责区域内企业服务、安全生产、创文巩卫、社会治理等8项具体工作。优化升级“在建项目五人行”“工业企业服务日”和产业项目、产城融合项目“会诊推进”机制作用，为企业提供全生命周期服务。

（陈鹏）

萍乡经济技术开发区

【概　况】　位于萍乡市中心城区东北部，总面积119.57平方千米。总人口25万人。2022年，财政总收入29.93亿元，其中税收收入23.6亿元。一般公共预算收入14.91亿元，同比下降10%；一般公共预算支出31.41亿元，同比增长16.8%。实际利用外资1951万美元；实际利用内资130.74亿元，增长8.63%。进出口总额109.6亿元，同比增长17.7%，其中出口总额108.9亿元，同比增长17.8%，进口总额是0.7亿元。社会消费品零售总额51.1亿元，同比增长5.7%。全年新签约项目11个，总投资270亿元，其中“50”项目3个。引进项目24个，开工项目19个，竣工工业项目16个。城乡居民人均可支配收入分别为4.75万元和2.47万元，同比分别增长3.9%和5.3%。全区新增就业人数2634人，新增转移农村劳动力1801人。

【主导产业发展】　园区主导产业锚定电子信息、新能源新材料双首位产业，适度发展装备制造、食品医药、节能环保等多个基础较好的产业，加快构建“2+N”现代产业体系。2022年，全区在库电子信息产业规模以上企业23家，营业收入22.3亿元；新能源新材料企业67家，营业收入358.7亿元。

【科技创新】　2022年，全区规模以上企业研发投入11.9亿元，增长16%；共有国家高新技术企业46家；入库国家科技型中小企业67家，瞪羚企业2家，国家级众创空间、国家小型微型企业创新创业示范基地各1家，国家专精特新“小巨人”企业6家，省级专业化“小巨人”企业7家，省专精特新有27家。

【争项争资】　中央预算内、专项债、

专项基金资金共获批26.39亿元。获批中央预算内项目29个，资金2.92亿元。专项债发行项目8个，发行金额20.9亿元，其中赣湘合作萍乡电子信息产业园（一期）建设项目5亿元、萍乡经开区智能安防产业园（一期）项目5亿元。专项基金发行项目5个，到位金额2.57亿元，其中赣湘合作萍乡电子信息产业园（二期）建设项目到位资金8984万元、国家赣湘合作示范区萍乡经开区创投科技产业园建设项目到位资金7900万元。

【营商环境】 财园信贷通办理从7个环节精减为3个，建设项目审批平均压减80%，招投标全过程由29天精减为25天。出台促进工业经济发展十二条，为市场主体兑现惠企政策资金2.5亿元。梳理全区125家重点工业企业，专门设立企业服务办公室，实行"双特派员"服务制度。

【民生工程建设】 投入2.6亿元，打通尚贤路、紫云路、祥龙西路、进贤路、兴文路、宜萱路等道路。启动长赣高铁、沪昆高速四改八项目占地60公顷共124栋房屋的征地拆迁工作。总投资1.3亿元，启动改造老旧小区13个，惠及群众4852户，房屋670栋，总面积63.9万平方米。投资10亿元的翠湖学校全面竣工并投入使用，投资1.5亿元的鹅湖学校开工建设。

（曾航）

宜春经济技术开发区

【概　况】 位于宜春市中心城区北部，辖1街道办事处。规划面积63.6平方千米，建成区约28平方千米，常住人口超10万人。2022年，全区工业营业收入469.3亿元，同比增长61%；工业利润总额46.7亿元，同比增长154%。财政总收入15.0亿元，同比增长8.6%；财政支出12.55亿元，同比增长13%。实际利用外资3557万美元，同比增长13.9%。外贸进出口总额85.78亿元，同比增长38%。新增规模以上工业企业32家，总数133家。

【锂电新能源产业发展】 全年引进亿元以上项目43个，其中20亿~50亿元项目2个、50亿~100亿元项目2个、百亿元及以上项目2个。百亿元项目为比亚迪投资100亿元建设的年产能30吉瓦时刀片电池生产基地项目和赣锋锂业投资150亿元建设的年产30吉瓦时新型锂电池生产基地项目。合众汽车、金辉锂业、富临升华、联美正拓、明冠新材、一欣电池、科陆储能等一批产业链细分领域领军企业聚集，锂电新能源产业呈现出全链条、集群化发展态势。锂电新能源产业实现规模以上营业收入341.5亿元，占规模以上工业总量的74.6%，提高31.3个百分点，首位产业集聚度得到大幅提升，同比增长243.7%。2022年，宜春经开区在全省工业强省大会上就锂电新能源产业发展作典型发言。

【科技创新】 园区共有数字经济核心产业规模以上企业29家，营业收入284.3亿元，增长276.1%。2022年，获批国家高新技术企业31家，总数92家。规模以上工业R&D经费支出占营业收入的1.83%。全区入库科技型中小企业157家，同比增长6.8%。自主研发科技计划项目240项，同比增长100%。青年云数字经济产业孵化器获批省级科技企业孵化器。江西厚鼎获评种子独角兽企业。获批省"双千计划"项目37个。新增国家级专精特新"小巨人"企业4家，总数12家。新增省级专精特新中小企业34家，总数47家。新增省级企业技术中心2个、省级工程研究中心1个。

【营商环境】 深入推进营商环境优化升级"一号改革工程"，激发市场主体活力。推行锂电新能源产业项目"全链协同审批"，审批时限由80个工作日，最快可压缩为"1+3"个工作日，项目开工审批时限做到全省最短。创新推行"四个一"政务服务帮代办，被评为2022年度江西省开发区改革创新优秀案例。落实政企圆桌会、营商环境"红黄榜"等工作机制，推行企业特派员网格化服务企业新模式，每周召开经开茶叙会，全年妥善解决企业面临的实际困难和问题281件。完善优化奖励办法，全年兑现减税降费、纾困解难等各类惠企资金13.2亿元。探索"应收账款池质押融资"业务创新模式，授信金额7.111亿元。通过财园信贷通、科贷通、推荐担保等方式为122家企业放贷5.57亿元，解决企业融资难、融资贵问题。

【基础设施建设】 2022年，全区一般公共预算支出中用于民生领域的支出10.5亿元，占比83.3%，同比增长29.1%。财政共收到直达资金指标42个，分配进度完成率100%，支付率99.45%。全区新规划建设道路14条，新建和完成改造提升路网42.69千米。春顺路、宜云路、春华路3条道路提质改造完工。钰栖湖公园、邻里中心集装箱配套商业区项目、宜商大道市政公共停车场、黑臭水体综合治理等一批民生工程投入使用。

（晏鹤凤）

龙南经济技术开发区

【概　况】 位于龙南市境内。2022年，规模以上工业增加值增长8.8%；营业收入414.67亿元，同比增长21%；利润总额23.3亿元，同比增长36.8%。进出口总额87.22亿元，同比增长23.65%；其中出口总额71.6亿元，同比增长34.4%。从业人员3.85万人。实际利用外资（现汇进资）3798美元；实际利用内资105.32亿元。全年开工项目53个。全区新增就业人数4322人。

【招商引资】 紧盯大项目、好项目，精准高效招商。组建20支专业招商团和1支招商引资青年先锋团，定期在大湾区开展招商推介会。2022年，龙南共签约项目82个，签约资金838.64亿元，其中20亿~50亿元项目13个、50亿~100亿元项目3个、百亿元以上项目1个。引进志存锂业、金晟新能源、兴顺和电子、韦德电路、集盛科技、住井科技等锂电、PCB、稀土新材料等双首位产业延链补链强链的工业项目。省商务厅认定联茂电子、嘉元科技2个"50"项目。项目签约落地跑出龙南速度。佳纳能源(一期)开工仅9个月就竣工投产;志存锂电新材料产业园项目当月签约、当月开工。坚持每月上旬集中调度、中旬集中开竣工、下旬集中签约,一体推进项目谋划、招引、建设,促进项目早开工、早竣工、早投产。

【优势产业集聚】 全面落实产业链链长制,实施"一链一策"推动电子信息和新材料双首位产业纵向成链、横向成群,培育形成PCB产业群、PCB装备制造产业群、锂电产业群和电子化学品产业群,推动家具、钢铁等传统产业转型升级,电子信息、新材料双首位产业集群集聚度90.5%。深入实施"七个一"安商服务机制,"一企一策"助力企业做强做大。新增入规工业企业41家,新认定高新技术企业27家,科技型中小企业增至99家。省级以上创新平台及载体增至21个,龙南骏亚技术中心入选国家企业技术中心,实现"国字号"创新平台"零的突破"。诺威、齐畅被认定为瞪羚企业;新增国家级专精特新"小巨人"企业4家、国家知识产权优势企业7家、4家省级两化融合示范企业,3家省级绿色工厂。联茂电子、骏亚电子获评全省制造业领航培育企业和智能制造标杆企业。纳税超千万元工业企业20家;营业收入超10亿元工业企业13家,其中营业收入超50亿元企业(集团)1家。

【基础设施建设】 赣粤边区域产业合作示范区规划获得省级批准。实施园区基础设施项目35个,总投资约26.2亿元,完成园区拓展面积353.33公顷。新建和改造园区道路18千米,完成化工园区主管廊8.5千米,铺设污水管网14.8千米、供热管道8千米。完成化工集中区26家经营性店铺、45家企业员工宿舍搬迁,化工园区应急救援中心、消防救援站、化工园区污水处理厂、工业污水处理厂提标改造工程等配套设施建成,化工园区安全风险年终评估复核全省排名第1,达到D级,为最安全等级。完成大罗、金塘园区市政道路白改黑、雨污分流及绿化改造提升工程,全面提升老园区承载力。5G智能科技园投入运营,前海数字贸易产业园开园。先后启动龙南综合物流园、龙南化工园区、龙南创新科技产业城、松山湖创智小镇等园区拓展用地规划编制和技师学院、龙南中专、龙翔花苑等园区服务配套设施建设工作,优化提升各片区规划,同时严格把关新落户企业规划方案初审工作,保障园区建设品位,完成双胞胎、天奇循环、金顺来等22家企业规划方案初审工作以及诚的、天奇金泰阁、耀鑫等多家老企业改扩建审批工作,提升改造园区、企业外立面形象,提高土地利用率。

【存量用地盘活】 做好存量用地盘活工作,探索出"市场换、政府收、司法拍、异地挪、低效提"五种模式,集中"腾换"企业57家,盘活工业用地202.67公顷、厂房88万平方米。通过招大引强、精准承接、抱团发展、转型升级四项举措,先后引进42个优质项目入驻,园区亩均产值从上年的225.2万元/亩提升至297.2万元/亩,促进园区产业结构转型升级,形成存量资产和新增投资的良性循环。其经验做法在《经济日报》整版刊发。

【营商环境】 深化"放管服"改革,182个高频政务服务事项与广州、深圳等五地实现"跨省通办",选聘23名营商环境特约监督员。深入实施营商环境优化提升"一号改革工程",抓实国家级经开区赋权承接工作,设立企业服务专区,服务大厅业务平均办结时间减至6.5分钟,60项惠企政策线上直达,兑现惠企资金2.8亿元。三南无线电监测站投运。上线全国首个工业互联网标识解析电子信息行业二级节点。精准滴灌化解企业资金难题,财园信贷通为119家企业融资5.8亿元,增长7.1%。实施人才高地建设,引进省级以上高层次人才63名,多措并举为企业解决用工4300人。

(邱文鑫)

瑞金经济技术开发区

【概　况】 总规划面积66平方千米,已开发面积13平方千米。落户各类工业企业274家,其中规模以上企业105家,新增入规企业14家。工业营业收入308.79亿元,同比增长9.46%;利润总额24.45亿元,同比增长5.5%。进出口总额60.29亿元,同比增长30.91%;其中出口额59.92亿元,同比增长31.63%。实际利用外资1.11亿美元,同比增长8%;利用内资77.78亿元,同比增长9.41%。开工项目28个,竣工项目12个。

【招商引资】 围绕精工智造、轻工纺织、食品医疗和现代物流"1+3+N"产业体系,把经开区各内设机构划分为7个产业链招商分队,布置年度招商任务,开展招商考核,通报每月招商情况。年内,全区干部累计外出招商90批次,接待客商276批次。共签约项目54个,其中20亿~50亿元项目4个、50亿~100亿元项目3个,申报"5020"项目2个。

【产业发展】 以精工智造为首位,轻工纺织、绿色食品、现代综合物流(电商)为重点的"1+3+N"产业体系初步形成。实现国内行业领先的8微米薄度压延铜箔和玻璃贴合度8微米以下工控显示等项目投产,引进并试投产静音导轨、比例伺服阀等高精度工业国产替代项目,首位产业从电子电气升级为精工智造。获批电解铜生产项目,初步完成新型印染的可行性论证,为发展机械工业、高端五金配件和高纯高导铜制品、高端面料创造基础配套条件。打破"一铜独大、低品支撑"的产业结构不合理局面,低氧铜产品占经开区铜产业总应税收入从73%以上调减至39%,铜精度加工占铜产业产值超60%。

【科技创新】 年内,新增省级专业化"小巨人"企业1家,总量1家;认定高新技术企业数12家,总量42家。新增省级以上科技创新平台及载体4家,总量18家。新增备案入库科技型中小企业70家,总量70家。新增发明专利授权数25件,总量149件。刚性引进博士以上高层次人才2名。

(邓绍斌)

·资料·

江西省省级以上开发区(园区)名录

南昌市

1. 南昌高新技术产业开发区(南昌综合保税区)
2. 南昌经济技术开发区
3. 南昌小蓝经济技术开发区
4. 青山湖高新技术产业园区
5. 安义高新技术产业园区
6. 新建经济开发区
7. 进贤产业园

九江市

8. 九江经济技术开发区(九江综合保税区)
9. 九江共青城高新技术产业开发区
10. 瑞昌经济开发区
11. 九江沙城工业园区
12. 武宁工业园区
13. 修水工业园区
14. 永修云山经济开发区
15. 德安高新技术产业园区
16. 庐山工业园区
17. 湖口高新技术产业园区
18. 都昌工业园区
19. 彭泽工业园区
20. 濂溪产业园

景德镇市

21. 景德镇高新技术产业开发区
22. 乐平工业园区
23. 景德镇陶瓷工业园区
24. 浮梁产业园

萍乡市

25. 萍乡经济技术开发区
26. 莲花工业园区
27. 芦溪工业园区
28. 湘东工业园区
29. 安源工业园区
30. 上栗工业园区

新余市

31. 新余高新技术产业开发区
32. 分宜工业园区
33. 新余经济开发区

鹰潭市

34. 鹰潭高新技术产业开发区
35. 贵溪经济开发区
36. 余江工业园区

赣州市

37. 赣州经济技术开发区(赣州综合保税区)
38. 章贡高新技术产业园区
39. 赣州高新技术产业开发区
40. 南康经济开发区
41. 信丰高新技术产业园区
42. 大余工业园区
43. 上犹工业园区
44. 安远工业园区
45. 龙南经济技术开发区
46. 定南工业园区
47. 宁都工业园区
48. 全南工业园区
49. 于都工业园区
50. 兴国经济开发区
51. 会昌工业园区
52. 瑞金经济技术开发区
53. 寻乌产业园
54. 崇义产业园
55. 石城产业园

宜春市

56. 宜春经济技术开发区
57. 樟树工业园区
58. 宜春丰城高新技术产业开发区
59. 靖安工业园区
60. 高安高新技术产业园区
61. 奉新高新技术产业园区
62. 上高高新技术产业园区
63. 宜丰工业园区
64. 万载工业园区
65. 袁州产业园
66. 铜鼓产业园

上饶市

67. 上饶经济技术开发区
68. 上饶高新技术产业园区
69. 玉山高新技术产业园区
70. 横峰经济开发区
71. 铅山工业园区
72. 弋阳高新技术产业园区
73. 婺源工业园区
74. 万年高新技术产业园区
75. 鄱阳工业园区
76. 余干高新技术产业园区
77. 德兴高新技术产业园区
78. 信州产业园
79. 上饶茶亭经济开发区

吉安市

80. 井冈山经济技术开发区(井冈山综合保税区)
81. 吉州工业园区
82. 吉安高新技术产业开发区
83. 吉水工业园区
84. 永丰工业园区
85. 新干工业园区
86. 安福高新技术产业园区
87. 峡江工业园区
88. 泰和高新技术产业园区
89. 遂川工业园区
90. 永新工业园区
91. 万安工业园区
92. 井冈山产业园

抚州市

93. 抚州高新技术产业开发区
94. 临川经济开发区
95. 崇仁高新技术产业园区
96. 金溪工业园区
97. 南城工业园区
98. 南丰工业园区
99. 广昌工业园区
100. 东乡经济开发区
101. 宜黄工业园区
102. 黎川工业园区
103. 乐安产业园

(江海)

本类目编辑　游桃琴

旅 游 业

综 述

2022年，全省接待游客人数6.55亿人次，恢复至2019年同期的82.67%；旅游收入5758.67亿元，恢复至2019年同期的59.64%。

*全力助企纾困，推动文旅产业加快复苏。*推动出台《有效应对疫情支持文化和旅游企业纾困解难的若干措施》《进一步帮扶文旅企业纾困发展若干措施》。推动纾困政策落实落地，召开全省文化和旅游产业链工作推进会，开展中小企业服务月活动，通过文旅贷、文企贷等平台为文旅企业发放贷款273.69亿元，拨付各类纾困资金4960万元。强化产业链招商，全省文旅系统累计开展文旅招商活动807次，新签约文旅项目359个，签约总金额2415.55亿元。持续开展扩消费促复苏活动，创新开展“百城百夜”文旅消费季活动，扩大文旅夜消费服务供给，活动累计实现文旅消费449.39亿元。景德镇市获国务院文化和旅游产业领域督查激励，新增南昌市“夜东湖”文化和旅游消费圈等6个国家级夜间文化和旅游消费集聚区。

·资料·

2022年江西省第二批国家级夜间文化和旅游消费集聚区一览表

表19

序号	名 称	所在设区市
1	南昌市“夜东湖”文化和旅游消费圈	南昌市
2	南昌市万寿宫文化街区	南昌市
3	景德镇市陶阳里御窑	景德镇市
4	萍乡市南正街	萍乡市
5	抚州市黎川古城	抚州市
6	上饶市梦里老家演艺旅游度假区	上饶市

*加强品牌培育，推动文旅产品提档升级。*争创国字号品牌，全年新增国家AAAAA级旅游景区1家、国家AAAA级旅游景区24家，新增国家级旅游度假区2家、国家工业旅游示范基地2家，新增国家级旅游休闲街区1家、国家旅游科技示范园区1家。推动文旅产品提质升级，井冈山入选全国首批红色旅游融合发展试点名单，庐山、井冈山、武功山入选文旅部2022年旅游景区质量提升案例汇编。3个镇、7个村晋升为全国乡村旅游重点村镇，12条线路入选“乡村四时好风光”全国乡村旅游精品线路。江西文创旅游商品在2022中国旅游商品大赛(健康主题)中获一金二银三铜的成绩。推进智慧文旅建设，组建江西省文化和旅游产业陶瓷科技创新联合体，助推陶瓷文化和旅游创造性转化、创新性发展。持续推进“一部手机游江西”项目建设，“云游江西”平台注册用户数突破1290万户。4个项目入选2022年全国文化和旅游数字化创新实践十佳案例和优秀案例。

*强化宣传推广，提升“风景独好”品牌影响。*举办第五届“阿拉伯艺术节”，中央政治局委员、中央书记处书记、中宣部部长李书磊在开幕式现场宣读中共中央总书记习近平的贺信并致辞。艺术节期间举办了中阿文化产业论坛、阿拉伯知名艺术家访华采风精品展、“丝路遗珍”中国古代外销瓷展、“域见阿拉伯”风情创意市集等一系列交流活动，为深化中阿战略伙伴关系、构建面向新时代的中阿命运共同体贡献江西力量。举办2022年全省旅游产业发展大会，对全省旅游产业发展进行安排部署。先后举办首届“江西风景独好”云端旅游推介会、“全国学子嘉游赣”“红土情深嘉游赣”“2022迎冬奥·温暖过年嘉游赣”“2022不负春光嘉游赣”“红五月，再出发”等一系列宣传推广活动，完成中央电视台《长征之歌》专题片拍摄、“江山多娇——探访国家文化公园”系列融媒直播活动。新媒体宣传有声有色。与新媒体联合打造“嘉

12 月 19 日,第五届"阿拉伯艺术节"开幕式演出在景德镇市举行

杨可摄

游赣"系列 IP,"dou 来嘉游赣"抖音话题全年播放量 26.7 亿次,话题阅读量 60 亿次。讲好江西文旅故事,"发现江西"5 个海外平台账号保持稳定更新频率和较高的质量水准,总粉丝量突破 110 万人,总阅读量突破 2 亿次,月月进入全国省级文化和旅游新媒体海外传播力 TOP 10 榜单,2022 年全国省级新媒体传播力综合传播力排名全国第 6;抖音平台传播力指数排名全国第 2;头条号传播力指数排名全国第 5;微博传播力指数排名全国第 6,"江西风景独好"品牌更加响亮。

(王焱)

景区建设

【概　况】 2022 年,全省新增 1 家 AAAAA 级旅游景区,共有 14 家。至年底,全省有 A 级旅游景区 511 家,其中 AAAAA 级景区 14 家、AAAA 级景区 212 家、AAA 级 253 家、AA 级 32 家。

【品牌创建】 指导安远三百山成功创建国家 AAAAA 级旅游景区,全省 AAAAA 级旅游景区数量增加到 14 家,与山东、湖北并列全国第 6。国家级旅游度假区创建工作取得历史性突破,仙女湖七夕文化旅游度假区、大余县丫山旅游度假区成功创建国家级旅游度假区,全省国家级旅游度假区数量增加到 4 家,结束唯一一个设区市无国字号品牌的历史。指导宜春明月山温汤旅游度假区按期完成整改提升。做好国家级、省级旅游度假区培育工作,对创建单位进行创建辅导。

【景区管理】 假日旅游期间,指导全省旅游景区落实"限量、预约、错峰"要求,完善日常性新冠肺炎疫情防控工作方案。节日期间,督促指导全省旅游景区坚持一手抓好疫情防控,一手抓好安全有序开放,全省景区旅游形势总体安全平稳,无疫情传播、无重大旅游安全事故、无重大旅游投诉、无重大负面舆情。庐山、井冈山、三清山、滕王阁、武功山、三百山和婺源篁岭 7 家景区被列入全国重点 A 级旅游景区监测单位。动态管理趋于常态,委托第三方专业机构对全省 55 家高等级景区、景点进行暗访复核,给予不达标景区警告处理、限期整改,取消鹰潭市余江区眼镜产业园景区、上饶市婺源县五龙源景区等 AAAA 级旅游景区质量等级,同意宜春市宜阳新区蜂窝农场、花博园景区主动退出 AAAA 级旅游景区质量等级名录。多次召开省深化庐山管理体制改革协调组会议,调度推进深化庐山管理体制改革。

【红色旅游】 制定出台红色旅游相关标准,公布《江西省红色旅游研学示范基地评定规范》《江西省红色旅游优质服务规范》《江西省红色旅游发展行动方案(2023—2025)》。构建全省红色旅游发展大格局,文旅部公布井冈山为全国红色旅游融合发展试点单位,大余梅关、德安县万家岭大捷纪念园、芦溪县袁水源红色文化园、泰和县马家洲革命历史纪念园、遂川县草林红圩小镇 5 家红色景区成功创建 AAAA 级旅游景区,引领推动江西红色旅游转型升级。全省有 AAAAA 级红色景区 2 家,AAAA 级红色景区 23 家。继续做大做强红色旅游发展平台,组织各设区市及湘赣边相关县、市参加在湖南韶山举办的 2022 中国红色旅游博览会及 2022 中国红色旅游推广联盟年会,启动 2023 年在江西主场举办的中国红博会及中国红色旅游推广联盟年会承办地申请工作,持续引领带动全国红色旅游创新发展。培养高素质红色讲解员队伍,指导 3 名优秀红色讲解员入选文旅部 2021 年全国红色旅游五好讲解员培养项目,联合省教育厅、团省委开展"赓续红色血脉 培育时代新人"红色讲解员进校园等活动。

【乡村旅游】 施行《乡村旅游度假区评定规范》(DB36/T 1484—2021),组织编制《江西省乡村旅游发展蓝皮书》。参加文旅部开展的"乡村四时好风光"全国乡村旅游精品线路遴选活动,12 条乡村旅游精品线路入选"春生夏长、万物并秀""乡村是座博物馆""稻花香里说丰年"3 个主题推广线路。中央媒体聚焦江西乡村旅游,《正大综艺》节目走进南昌"后花园"湾里管理局太平镇,《山水间的家》节目走进南丰县包坊村,《山水间的家》拍摄受到新华社、《人民日报》报道。省文旅厅厅长梅亦在接受新华社专访时,介绍江西省乡村旅游发展情况、特色乡村发展模式,以及江西做优乡村旅游、助力乡村振兴的举措。

【生态康养旅游】 编制印发《江西省康养旅游发展规划(2021—2030 年)》,推动全省建设旅游休闲康养胜地。联合省生态环境厅开展"绿水青山就是金山银山"省级实践创新基地创建工作,培育特色生态文化和旅游品牌。推进浙皖闽赣四省交界城市联手促跨域生态康养旅游协同发展。配合江西省国家生态文明试验区建设,实施"生态 + 文旅"行动。

·资料·

2022年江西省AAAAA级旅游景区一览表

表20

所属设区市	景区名称	合计	所属设区市	景区名称	合计
南昌市	南昌市滕王阁旅游区	1	赣州市	瑞金市共和国摇篮旅游区	2
九江市	九江市庐山风景名胜区	2		赣州市三百山景区	
	九江市庐山西海景区		上饶市	上饶市三清山旅游景区	3
景德镇市	景德镇古窑民俗博览区	1		上饶市婺源江湾景区	
萍乡市	萍乡市武功山景区	1		上饶市龟峰景区	
鹰潭市	鹰潭市龙虎山旅游景区	1	吉安市	吉安市井冈山风景旅游区	1
宜春市	宜春市明月山旅游区	1	抚州市	抚州市大觉山景区	1

2022年江西省AAAA级旅游景区名录

南昌市(19家):南昌市天香园景区、南昌八一起义纪念馆、南昌凤凰沟景区、南昌梅岭狮子峰景区、南昌新四军军部旧址陈列馆、南昌梅岭竹海明珠景区、南昌溪霞怪石岭景区、南昌洪崖丹井景区、南昌绿地中心303观光厅、安义古村群景区、南昌融创主题乐园、南昌李渡烧酒作坊遗址景区、南昌八大山人梅湖景区、南昌汉代海昏侯国考古遗址公园、南昌小平小道陈列馆、青山湖区方大特钢工业旅游景区、南昌华侨城欢乐象湖景区、原城纪·南昌城市文化街区景区、南昌万寿宫历史文化街区景区

九江市(26家):庐山汤太宗温泉度假村、星子庐山天沐温泉度假村、庐山西海温泉度假村、湖口县石钟山景区、共青城市富华山景区、武宁县西海湾景区、修水县南崖—马家洲景区、彭泽县龙宫洞景区、九江县中华贤母园景区、都昌县南山景区、九江八里湖景区、武宁县阳光照耀29度假村、湖口县台山景区、修水县东浒寨景区、修水县双井黄庭坚故里景区、德安县博阳河景区、永修县鄱阳湖吴城候鸟小镇景区、修水县陈门五杰故里景区、武宁县长水景区、庐山市秀峰景区、浔阳区浔阳江文化旅游景区、瑞昌市铜源剪影文化园景区、都昌县鄱阳湖南山风景区、庐山市观音桥景区、彭泽县凯瑞景区、德安县万家岭大捷纪念园景区

景德镇市(11家):浮梁县高岭·瑶里风景区、浮梁古县衙、乐平市洪岩仙境风景区、乐平市怪石林景区、景德镇皇窑景区、景德镇陶阳里御窑景区、景德镇直升机科技馆、景德镇陶溪川文创街区、浮梁县高岭·中国村景区、珠山区三宝国际瓷谷景区、昌南新区名坊园景区

萍乡市(7家):安源路矿工人运动纪念馆、萍乡荷花博览园景区、萍乡杨岐山景区、萍乡仙凤三宝农业休闲观光园、萍乡麻山幸福村景区、萍乡武功山云顶景区、芦溪县袁水源红色文化园景区

新余市(5家):仙女湖景区、新余昌坊度假村、新余中国洞都景区、新余罗坊会议纪念馆、分宜县双林夏布文化旅游景区

鹰潭市(2家):中国血防红旗博览区景区、贵溪市青茅境景区

赣州市(33家):章贡区通天岩风景名胜区、崇义县阳明山国家森林公园、赣县区客家文化城、定南县九曲度假村、龙南市关西围屋景区、章贡区五龙客家风情园景区、会昌县汉仙岩景区、石城县通天寨景区、大余县丫山风景区、宁都县翠微峰景区、上犹县阳明湖景区、兴国县苏区干部好作风纪念园、瑞金市罗汉岩景区、宁都县小布镇景区、龙南市虔心小镇景区、安远县东生围景区、龙南市南武当山景区、全南县雅溪古村景区、信丰县中国赣南脐橙产业园景区、章贡区江南宋城历史文化旅游区、南康区家居小镇景区、崇义县上堡梯田景区、全南县天龙山景区、寻乌县青龙岩景区、于都县中央红军长征集结出发地纪念园景区、会昌县小密花乡景区、石城县八卦脑景区、瑞金市浴血瑞京景区、信丰县谷山景区、定南县桃源乐境景区、于都县屏山旅游区、大余县梅关景区、全南县攀岩小镇景区

宜春市(22家):靖安县三爪仑景区、明月山天沐温泉度假区、靖安县中部梦幻城景区、奉新县百丈山景区、宜春禅都文化博览园、樟树中国古海养生旅游度假区、樟树阁皂山景区、宜丰县九天国家生态旅游区、铜鼓秋收起义纪念地、铜鼓县汤里文化旅游度假区、万载县恒晖艺术农业景区、上高县五谷村丛林酒博园景区、高安市巴夫洛景区、铜鼓县天柱峰景区、万载古城景区、宜春宋城明月千古情景区、靖安县中华传统文化园、丰城市爱情花卉小镇、高安市百峰岭园艺风景区、宜丰县洞山景区、奉新县天工开物文化园、明月山栖隐谷景区

上饶市(34家):婺源县大鄣山卧龙谷旅游区、婺源县灵岩洞旅游区、上饶集中营景区、婺源县文公山风景区、婺源县鸳鸯湖景区、婺源县李坑景区、婺源县思溪延村景区、鄱阳县鄱阳湖国家湿地公园景区、婺源县汪口景区、三清山田园牧歌景区、婺源县篁岭景区、婺源县严田风景区、万年县神农源风景名胜区、德兴市大茅山景区、上饶灵山景区、婺源县熹园景区、广丰区铜钹山景区、广丰红木文化创意产业园景区、横峰县葛源景区、婺源县翼天文化旅游城景区、铅山县鹅湖书院风景名胜区、余干县大明花海景区、玉山县怀玉山风景区、铅山县葛仙山风景名胜区、三清山玉帘瀑布景区、婺源县源头古村景区、玉山县七里街景区、余干县忠义文化园景区、广信区望仙峡谷小镇景区、广信

区灵山工匠小镇景区、婺源县水墨上河景区、三清山神仙谷景区、广信区云谷田园生态农业小镇景区、余干县琵琶湖景区

吉安市(26家):吉安渼陂古村、吉安庐陵文化生态园景区、吉安天祥景区、吉安钓源景区、吉安青原山景区、吉安县吉州窑景区、吉安燕坊古村景区、万安县农民画村景区、安福县羊狮慕景区、永新县三湾改编景区、青原区东固景区、新干县海木源景区、吉水县中国进士文化园、永丰县恩江古城景区、泰和县蜀口生态岛景区、遂川县桃源梯田景区、庐陵新区古后河人文谷景区、青原区陂下古村景区、吉水县墨潭桃花岛景区、泰和县马家洲革命历史纪念园景区、安福县野牛瀑布大峡谷景区、遂川县草林红圩小镇景区、吉安县云天麓谷景区、永新县院下景区、峡江县玉笥养生谷景区、吉安县大丰田园景区

抚州市(27家):抚州名人雕塑园景区、抚州梦湖景区、南丰县桔文化旅游产业集聚区、乐安县流坑景区、崇仁县源野山庄、金溪县竹桥景区、宜黄县曹山景区、南城县麻姑山景区、广昌县中国莲花景区、黎川县古城景区、东乡区佛岭国际公园、抚州市三翁花园景区、乐安县金竹飞瀑景区、抚州灵谷峰景区、资溪御龙湾国际旅游度假区、抚州市文昌里文化旅游景区、黎川县同胜九曲东黎景区、乐安县九瀑峡景区、资溪县真相乡村旅游景区、金溪县香谷小镇景区、临川区仙盖山景区、资溪县大觉溪旅游区、乐安县大华山蝶栖谷景区、南丰县曾巩文化园景区、资溪县野狼谷景区、临川区临汝书院景区、乐安县登云岭景区

(刘长桂)

旅游促销

【概　况】 2022年,省市县三级联动开展800余场文旅招商活动,全省新签约文旅项目359个,签约金额2415.55亿元;落地项目279个,总投资1677.44亿元。

【举办"百城百夜"文旅消费季】 8—10月,创新举办"百城百夜"文旅消费季,累计举办1.9万余场线上、线下活动,引导4.5万余家文旅企业及国内头部平台让利31亿元,发放文旅惠民券7606万元。活动实现文旅消费553.22亿元,线上旅游收入增长5.62%,酒店入住人次增长6.69%,交易额增长19.40%;线下旅游消费恢复至上年同期的84.4%,线下文娱消费恢复至上年同期的83.98%。

【"红土情深·嘉游赣"旅游推介活动举办】 7月3—5日,由省文旅厅主办的2022"红土情深·嘉游赣"(长沙)旅游推介活动在湖南长沙举行,11个设区市组团参加并发布面向湖南游客的150条优惠政策,吸引150多家湖南重点旅游协会、文旅企业、旅行社、旅游景区对接合作,现场达成价值2000万元的合作意向。并通过今日头条、抖音、快手、微博、微信、B站等新媒体和携程、同程、美团等OTA(空中下载技术)平台对活动进行直播和全网宣发,推介活动直播观看人数700余万人次,全网曝光量超5000万次。

【2022江西省旅游发展大会举行】 6月13—15日,2022年江西省旅游产业发展大会在吉安举行。大会以"高质量文旅融合 新时代奋勇争先"为主题。其间,婺源县、井冈山市、庐山市、靖安县、于都县作为江西省首批"风景独好"旅游名县获颁牌;产业对接会、项目观摩、技术考察和相关配套活动陆续举办。14日,"独好赣鄱 潮越千年"旅游推介会作为大会重要组成部分,以鄱阳湖为载体和切入点,以"潮"为关键词,用高科技AR+全息舞台秀呈现科技与自然之美,展现江西旅游新玩法、新产品、新成绩。活动邀请15个国家和地区的侨商侨领代表,16个省市的文旅部门、旅行社代表参会;全网直播观看总量5649万余人次,"独好赣鄱 潮越千年"当日登上微博热搜,总阅读量3933.8万次;签约项目金额246.77亿元。

【"江西风景独好"影响力扩大】 推进"一部手机游江西",通过"云游江西"平台继续开展"全国学子嘉游赣"活动,全国学子免票游江西福利再延期一年,有125.62万人次通过"全国学子嘉游赣"活动免票游江西,平台总用户数突破1290万户,嘉游赣文旅电子护照系列宣传活动入选2021年国内旅游宣传推广优秀案例。策划实施首届"江西风景独好"云端旅游推介会,走进南昌、赣州、萍乡、景德镇、上饶,前两场活动吸引超百家主流媒体和知名新媒体平台进行网络直播,全网观看数量超8000万人次。

【全国首创"江西风景独好"云端旅游系列推介会】 通过"主题+主线"新思路,"媒体+跨屏"传播新方式,"线上+线下"文旅活动激活文旅新热潮,持续提升江西文旅品牌影响力。9月28日,首场云端旅游推介会在南昌市万寿宫历史文化街区举办,推介会联动江西各设区市,以"大美江西发现官在哪里"为线索,推介江西各处的地标夜景,做热夜间消费,点亮江西文旅夜经济,带领网友云端嗨玩江西。活动吸引多家主流媒体和知名新媒体平台进行网络直播。至年底,"云端旅游推介会"先后在重要时间节点、以特色主题走进南昌、赣州两地,吸引中央驻赣及省级主流媒体账号、客户端等170多个网络平台直播、转播,活动观看量超1.2亿人次。

(周晨)

行业管理

【开展旅游市场秩序整治行动】 在重要时段和节假日旅游旺季,持续开展文化和旅游市场秩序整治,严厉查处未经许可经营旅行社业务、不合理低价游、导游违规执业、在线旅游产品虚假宣传、非法强制购物等破坏旅游市场秩序的行为。强化行政监管性约束和惩戒,对违规、失信企业加大行政检查力度和频次,并按照"应列入、尽列入"的原则,建立向社会公布文化和旅游经营主体失信名单的制度机制和工作渠道。

【旅行社管理】 推动省政府出台《江西省人民政府办公厅关于严格落实疫情防控措施促进四季度旅游消费的通知》,鼓励旅行社为党政机关、企事业单位的公务、疗休养、工会活动提供交通、住宿、餐饮、会务等服务,

鼓励中小学校选择有资质、管理规范的旅行社开展省内研学旅行。全面开展暂退旅行社旅游服务质量保证金工作，按照“应退全退、愿退尽退”原则，全省累计暂退质保金 2.56 亿元，暂退比例 98.5%；开展保险替代交纳旅游服务质量保证金试点工作，与 5 家保险公司签订协议。至年底，全省有旅行社 1220 家。

·资料·

2022 年底江西省旅行社分布情况表

表 21　　单位：家

设区市	旅行社数量	出境社数量	设区市	旅行社数量	出境社数量
南昌市	358	48	景德镇市	49	2
九江市	148	4	宜春市	99	1
新余市	29	1	鹰潭市	43	2
赣州市	140	6	抚州市	40	1
上饶市	163	2	萍乡市	41	2
吉安市	110	1			

2022 年 12 月江西省五星级酒店分布情况表

表 22　　单位：家

设区市	五星级酒店数量	设区市	五星级酒店数量
南昌市	4	吉安市	1
九江市	2	景德镇市	1
新余市	1	宜春市	2
赣州市	3	鹰潭市	1
上饶市	2	抚州市	2

2022 年 12 月江西省导游分布情况表

表 23

设区市	数量(家)	占比(%)	设区市	数量(家)	占比(%)
南昌市	9124	45.75	景德镇市	799	4.01
九江市	3221	16.15	宜春市	601	3.01
新余市	1687	8.46	鹰潭市	241	1.21
赣州市	1573	7.89	抚州市	97	0.49
上饶市	1401	7.03	萍乡市	86	0.43

【旅游饭店管理】 协调省人力资源和社会保障厅，授予 2021 年全省旅游饭店服务职业技能大赛各赛项前三的 12 名选手“江西省技术能手”称号。联合省人力资源和社会保障厅印发《关于下达 2022 年旅游行业职业技能补贴性培训计划的通知》，将客房服务员、前厅服务员、餐厅服务员等纳入补贴性培训计划中。2022 年，上饶国际大酒店成功创评五星级旅游饭店，瑞金荣誉国际酒店被评为金树叶级绿色旅游饭店，瑞金永盛国际酒店等 4 家酒店被评为四星级旅游饭店。至年底，全省有五星级酒店 19 家。

【导游管理】 11 月 6—8 日，举办 2022 年全省导游培训班；以全国旅游监管服务平台推广应用为抓手，以全国中高级导游等级考试报名为突破口，加强导游带团执业规范管理；进一步优化“江西导游远教云平台”功能，组织导游开展线上学习和业务培训，规范并拓展导游证管理等政务服务工作，为导游执业创设便利条件，以高水平导游人才培养为牵引，带动导游队伍建设水平整体提升。至年底，全省有导游 1.99 万人，其中初级导游 1.93 万人、中级导游 537 人、高级导游 91 人。

【旅游诚信退赔机制试点工作】 1 月，印发《全面推进旅游诚信退赔机制实施的意见》，在试点基础上创新开展旅游诚信退赔工作。2 月 25 日，组织召开全省诚信退赔推进会，全省 11 个设区市和 100 个县（市、区）、7 个景区管委会（管理局）全部建立旅游诚信退赔制度，实现省市县三级全覆盖，累计设立退赔资金 5000 余万元，形成覆盖市、县（区）两级的先行赔付制度体系，形成“一个退赔中心管到底、一部实施细则定规矩、一套维权渠道应诉求、一笔专项资金先赔付、一支执法队伍解难题”的“五个一”旅游诚信退赔工作模式，走出一条以“小投入”创造“大收益”、以服务“小切口”促进环境“大优化”的旅游品牌塑造新路。

【新文化业态监管】 按照《文化和旅游部 公安部 住房和城乡建设部 应急管理部 市场监管总局关于加强剧本娱乐经营场所管理的通知》要求，依法办理登记，履行备案手续，同时建立协同机制，明确责任分工，形成监管合力。对全省 658 家剧本娱乐经营场所纳入监管范围，在全省范围明确剧本娱乐经营场所管理人员，并及时在全国文化市场技术监管与服务平台上为每个管理人员配置系统账号权限，确保剧本娱乐经营场所网上提交备案申请工作落到实处。

（黄春平）

风景名胜区

【概　况】 2022 年，全省有风景名胜区 45 处，总面积 44.39 万公顷。其中，国家级 18 处，包括庐山、井冈山、三清山、龙虎山、仙女湖、三百山、梅岭—滕王阁、龟峰、高岭—瑶里、武功山、云居山—柘林湖、灵山、神农源、大茅山、小武当、汉仙岩、瑞金和杨岐山国家级风景名胜区，主要类型为山岳、纪念地、历史圣地、特殊地貌、湖泊、民俗风情、岩洞等；省级 27 处，包括通天岩、翠微峰、梅关—丫山、陡水湖、聂都、象湖、麻姑山、秦山、南崖—清水岩、洪岩、白水仙—泉江、青原山、玉笥山、玉壶山、灵岩洞、葛源、百丈山—萝卜潭、华林寨—上游湖、洞山、潭湖、流坑、船屋、天门岭、相山、大华山、青龙湖—龙凤岩和车磨湖省级风景名胜区，主要类型为壁画石窟、特殊地貌、纪念地、山岳、湖泊、岩洞、江河纪念地、民俗风情等。45 个风景名胜区中，35 个有独立管理机构，其中厅级 1 个，处级 15 个，处级以下 19 个；10 个无独立管理机构，由其他部门代管。18 处国家级风景名胜区中，已批复总规的风景名胜区 11 处，已编制总规并上报待批复的风景名胜区 7 处。27 处省级风景名胜区中，已批复总规的风景名胜区 17 处，已编制总规并上报待批复的风景名胜区 9 处。

【风景名胜区整合优化】 7 月，根据《国家林业和草原局办公室关于做好风景名胜区整合优化预案编制工作的函》，组织各地开展全省风景名胜区整合优化工作；8 月中旬，省林业局会同省自然资源厅、省生态环境厅组织开展风景名胜区整合优化市级预案专家评审会；9 月至 10 月中旬，根据国家“三上三下”审核意见再次完善《江西省风景名胜区整合优化预案》（简称《预案》）；10 月，《预案》通过省林业局、省自然资源厅、省生态环境厅联合组织的专家评审；12 月，《预案》经省政府审查同意，报国家林草局审查。

【开展国家林草局点位核查工作】 根据《关于开展 2022 年度第 1 批次国家级风景名胜区人类活动点位核查工作的函》工作部署，8—12 月，完成国家级风景名胜区 582 处人类活动点位核查工作，组织人员对 4 个国家级风景名胜区进行实地核查。

【江西省自然保护地智慧管理平台运行】 4 月，省林业局启动江西省自然保护地智慧管理平台建设；11 月 22 日，平台正式上线运行。智慧平台分综合监管平台、变化监测解译、核查业务管理、数据管理等模块，通过卫星遥感、AI 算法等技术对全省各类自然保护地进行遥感监测与管理，实现及时预警、及时制止、及时上报的监管能力。

【开展风景名胜区“双随机、一公开”监督检查工作】 12 月 12—16 日，根据《江西省林业局办公室 2022 年自然保护地“双随机、一公开”监督检查工作的通知》，对瑞金国家级风景名胜区等 5 个随机抽查对象，就风景名胜区建设管理、违法违规排查、相关问题整改等情况开展“双随机、一公开”监督检查工作。5 个被检查对象均设有管理机构，落实了管理人员，建立了管理档案，编制了风景名胜区总体规划。

·资料·

2022 年江西省国家级和省级风景名胜区一览表

表 24

序号	名称	批准年份(批次)	所在位置	资源类型	管理机构
一、国家级风景名胜区					
1	庐山国家级风景名胜区	1982 年第一批	九江市	山岳、纪念地	庐山风景名胜区管理局
2	井冈山国家级风景名胜区	1982 年第一批	吉安市	山岳、历史圣地	井冈山风景名胜区管理局
3	三清山国家级风景名胜区	1988 年第二批	上饶市	山岳、特殊地貌	江西省三清山风景名胜区管理委员会

续表 24

序号	名称	批准年份（批次）	所在位置	资源类型	管理机构
4	龙虎山国家级风景名胜区	1988 年第二批	鹰潭市	特殊地貌	鹰潭市龙虎山风景名胜区管理委员会
5	仙女湖国家级风景名胜区	2002 年第四批	新余市	湖泊	仙女湖风景名胜区管理委员会
6	三百山国家级风景名胜区	2002 年第四批	赣州市（安远县）	山岳	安远县三百山风景名胜区管理局
7	梅岭—滕王阁国家级风景名胜区	2004 年第五批	南昌市	山岳	南昌市湾里管理局、南昌市文化广电新闻出版旅游局
8	龟峰国家级风景名胜区	2004 年第五批	上饶市（弋阳县）	特殊地貌	龟峰风景名胜区管委会
9	高岭—瑶里国家级风景名胜区	2005 年第六批	景德镇市（浮梁县）	纪念地、民俗风情	瑶里风景区管委会
10	武功山国家级风景名胜区	2005 年第六批	宜春、萍乡、吉安市	山岳	安福武功山风景名胜区旅游管理委员会、萍乡武功山风景名胜区管理委员会、明月山温泉风景名胜区管理委员会
11	云居山—柘林湖国家级风景名胜区	2005 年第六批	九江市	湖泊	庐山西海风景名胜区管理委员会
12	灵山国家级风景名胜区	2009 年第七批	上饶市（上饶县）	山岳	上饶县灵山风景名胜区管理委员会
13	神农源国家级风景名胜区	2012 年第八批	上饶市（万年县）	岩洞类、纪念地	神农源风景名胜区管理委员会
14	大茅山国家级风景名胜区	2012 年第八批	上饶市（德兴市）	山岳	大茅山风景名胜区管委会
15	小武当国家级风景名胜区	2017 年第九批	赣州市（龙南市）	特殊地貌	龙南市林业局
16	汉仙岩国家级风景名胜区	2017 年第九批	赣州市（会昌县）	特殊地貌	会昌县汉仙岩风景名胜区管理委员会
17	瑞金国家级风景名胜区	2017 年第九批	赣州市（瑞金市）	特殊地貌	罗汉岩风景名胜区管理局
18	杨岐山国家级风景名胜区	2017 年第九批	萍乡市（上栗县）	岩洞、山岳	杨岐山风景名胜区管理委员会
二、省级风景名胜区					
1	通天岩省级风景名胜区	1995 年	赣州市	壁画石窟	赣州市博物馆
2	翠微峰省级风景名胜区	1995 年	赣州市（宁都县）	特殊地貌	宁都县翠微峰风景名胜区管理处
3	梅关—丫山省级风景名胜区	1995 年	赣州市（大余县）	纪念地、山岳	梅关—丫山风景名胜区管理站
4	陡水湖省级风景名胜区	1995 年	赣州市（上犹县）	湖泊	赣州阳明湖管理处
5	聂都省级风景名胜区	1995 年	赣州市（崇义县）	岩洞	崇义县章江源省级自然保护区管理站
6	麻姑山省级风景名胜区	1991 年	抚州市（南城县）	山岳	南城县麻姑山风景名胜区管理中心

续表 24

序号	名称	批准年份(批次)	所在位置	资源类型	管理机构
7	秦山省级风景名胜区	1995 年	九江市（瑞昌）	岩洞	秦山风景名胜区管理处
8	南崖—清水岩省级风景名胜区	1995 年	九江市（修水县）	岩洞、江河	修水县林业局
9	洪岩省级风景名胜区	1995 年	景德镇市（乐平市）	岩洞	乐平市洪岩风景名胜区管理局
10	白水仙—泉江省级风景名胜区	1995 年	吉安市（遂川县）	江河	遂川县林业局
11	青原山省级风景名胜区	1995 年	吉安市	山岳	青原山风景名胜区管委会
12	玉笥山省级风景名胜区	1995 年	吉安市（峡江县）	山岳	峡江县林业局
13	玉壶山省级风景名胜区	1995 年	萍乡市（莲花县）	岩洞	莲花县林业局
14	灵岩洞省级风景名胜区	1995 年	上饶市（婺源县）	岩洞	婺源县灵岩洞风景名胜区管理委员会
15	百丈山—萝卜潭省级风景名胜区	1999 年	宜春市（奉新县）	山岳	奉新县林业局
16	华林寨—上游湖省级风景名胜区	2006 年	宜春市（高安市）	山岳、湖泊	高安市华林山风景名胜区管委会
17	洞山省级风景名胜区	2006 年	宜春市（宜丰县）	山岳、民俗风情	宜丰县文广新旅局
18	象湖省级风景名胜区	2007 年	南昌市	湖泊	象湖梅湖风景名胜区管理委员会
19	葛源省级风景名胜区	2013 年	上饶市（横峰县）	纪念地	横峰县葛源风景名胜区管理委员会
20	潭湖省级风景名胜区	2013 年	抚州市（南丰县）	湖泊	南丰县潭湖风景名胜区管委会
21	流坑省级风景名胜区	2013 年	抚州市（乐安县）	民俗风情	乐安县流坑管理局
22	船屋省级风景名胜区	2014 年	抚州市（黎川县）	民俗风情	黎川县华山镇
23	天门岭省级风景名胜区	2016 年	抚州市（金溪县）	山岳	金溪县何源镇镇政府
24	相山省级风景名胜区	2016 年	抚州市（黎川县）	山岳	崇仁县林业局
25	大华山省级风景名胜区	2017 年	抚州市（乐安县）	山岳	乐安县园林局
26	青龙湖—龙凤岩省级风景名胜区	2017 年	抚州市（广昌县）	山岳、湖泊	广昌县林业局
27	车磨湖省级风景名胜区	2017 年	抚州市（南丰县）	湖泊	南丰县车磨湖风景名胜区管委会

（省林业局）

本类目编辑　游桃琴

商贸服务业

综　述

2022年，全省商贸服务部门克服新冠肺炎疫情带来的冲击和影响，启动促进商贸消费提质扩容三年行动，推动商贸消费复苏回升。全省社会消费品零售总额1.29万亿元，同比增长5.3%，比全国高5.5个百分点，增速位居全国第1。

帮扶市场主体解难题。年内，省商务厅成立惠企稳岗工作专班，出台《关于进一步稳住商务经济发展若干措施》《关于加强品牌建设促进餐饮市场主体做大做强的若干措施》《关于搞活汽车流通扩大汽车消费的若干举措》等措施。围绕大宗消费等重点，全省各地组织开展5000多场应季消费促进活动。帮助企业协调解决减税降费、融资贷款、减免房租和水电费等困难问题，向省金融办推送商务领域有融资需求的重点企业449家和重点项目43个，促进中信银行向商务领域行业的企业投放信贷146.48亿元。

培育新型消费促发展。加快发展电子商务，实施电商促转型助消费“十百千万”行动，2022年举办线上促消费活动300多次，全省网上零售额同比增长18.1%，增速位居全国第1。深入推进“一城一展”“一产一会”，抓住部分省份因新冠肺炎疫情停办展会的机遇，先后引进并举办中国(中部)工业博览会、中部消费品博览会等一批大型综合性博览会。全年举办规模以上展会173场，展览面积308万平方米，拉动直接消费超120亿元，拉动相关行业综合收入超1000亿元。

推动传统商贸转型升级。强化政策引领，80家零售企业列入省营商办“白名单”。持续引进培育品牌，制定出台《江西省2022—2024年引进和培育知名商贸品牌实施方案》，对格拉苏蒂等31个知名商贸品牌给予支持。成立江西省促进老字号创新发展工作小组，向商务部推荐建昌帮、黄庆仁栈等老字号守正创新案例。组织老字号企业参加老字号博览会，举办2022江西老字号金秋消费嘉年华活动。

6月25日，2022上饶夏季惠民购车节启动仪式举行

省工信厅供

监测市场供应强保障。加强对粮油、蔬菜、肉蛋等生活必需品供应、价格等情况的市场监测，启动有新冠肺炎疫情地区的生活必需品日报制度，发现异常情况立即协调处理并及时报告。做好商贸领域安全生产管理工作，配合相关部门先后派出督查组8批次。

（刘小海）

市场秩序建设

【“双随机、一公开”监管制度常态化】 规范优化“双随机、一公开”检查程序，制定合理的抽查比例和频次，对涉及重大安全、社会关注度高的领域和区域，以及投诉举报多、列入经营异常名录、有严重违法违规记录等情况的市场主体，纳入重点抽查范畴，增加抽查比例和频次，加大检查力度。对守法经营、信用良好的检查对象，降低抽查比例和频次。严格落实清单之外无检查，2022年开展省级“双随机”抽查11项、抽查企业116家，涵盖内贸、外贸、外资、外经等各领域，实现全厅监管执法事项的全覆盖，进一步强化商务领域的事中事后监管，营造公平竞争的市场营商环境。依托全省“双随机、一公开”行政执法监督平台和国家企业信用信息公示系统(江西)部门协同监管平台，会同市场监管等相关部门开展联合检查，开展省级联合抽查5次、抽查企业107家，做到“进一家门，查多项事”，减少入企检查频次，减轻行政检查对企业生产经营的干扰，提高监管效能。

【长江鄱阳湖水域联谊联防工作】 强化组织协调，结合鄱阳湖区禁捕退捕及机构改革后商务执法工作移交等实际情况，要求环湖市、县（区）商务主管部门转变工作思路，加强与公安、市场监管、应急管理等部门协作，建立各负其责、齐抓共管的工作机制，为成品油市场监管工作的开展提供外部保障。强化安全隐患排查和日常监管，长江环湖各级商务主管部门认真履行行业监管责任，推进与有关部门协调合作，结合成品油企业年检、成品油市场专项整治、安全生产工作督导等工作，采取"双随机、一公开"、暗查暗访等方式，对环鄱阳湖水域成品油零售经营企业持续开展监督检查，维护长江环鄱阳湖重点水域成品油市场安全稳定。强化专项工作经费保障，全年从省级商务发展专项资金中安排专项资金55万元用于长江鄱阳湖重点水域成品油监管工作，为监管工作正常开展提供经费保障。

【联合开展农村假冒伪劣食品整治行动】 压实工作责任，督促全省商务主管部门按照《农村假冒伪劣食品整治行动方案（2020—2022年）》要求，明确工作任务、落实人员职责，配合相关部门加强农村假冒伪劣食品问题治理，净化农村食品市场环境。推进县乡农贸市场改造，推进农贸市场标准化、智慧化、规范化改造，同步推动活禽"集中屠宰、杀白上市"工作。改造后的农贸市场基本实现禽肉白条上市，农贸市场"脏、乱、差、腥、湿、臭"的问题得到改善，疫病传播风险大幅降低。强化舆论宣传，全省商务主管部门每年以"诚信兴商宣传月"为契机，在大型商场、超市、农贸市场和特色街区组织开展现场宣传活动，形成严厉打击农村市场假冒伪劣食品、保障农村食品安全的高压态势。

【遏制"天价"月饼】 贯彻落实国家发展改革委、工信部、商务部、国家市场监督管理总局《关于遏制"天价"月饼促进行业健康发展的公告》（简称《公告》）要求，参与工作协调机制，并就有关工作情况形成专报报省政府。7月12日，省商务厅印发工作通知，要求各地商务主管部门提高认识，加强对《公告》的宣传解读，指导流通领域市场主体和电商平台自觉遵守《公告》有关要求，推进遏制"天价"月饼工作，并组织工作人员到南昌、赣州、宜春等地走访相关企业。加强月饼提货卡券管理，结合单用途预付卡风险防控工作，对全省备案企业开展检查，督促发行月饼券、月饼卡等提货卡券的企业，严格按照《单用途商业预付卡管理办法（试行）》有关规定开展单用途预付卡经营活动。8月26日，省商务厅召开遏制"天价"月饼工作座谈会，宣传解读《公告》内容，要求商贸流通相关行业协会向全体会员企业传达《公告》精神和具体要求，发出行业倡议，引导行业自律。省商业联合会、省餐饮烹饪业协会、省电子商务协会共同发布《拒绝"天价"月饼流通、营造健康有序消费环境倡议书》，向全省2000余家企业宣介《公告》有关要求，在全行业形成遏制"天价"月饼、促进行业健康发展的氛围。全年，全省商务部门未收到涉及天价月饼的举报投诉或事件。

【单用途预付卡管理】 年内，印发《关于建立全省单用途商业预付卡备案企业服务联系人制度的通知》《关于进一步加强单用途预付卡风险防控工作的通知》等文件，要求全省各级商务主管部门加强对单用途商业预付卡、直销、电子商务平台、批发零售等领域预付消费风险防控工作，防范商务领域预付消费非法集资风险隐患，防止发生商务领域重大风险。全年，全省商务领域未发现单预付卡风险，未发生非法集资案。

【充实商务领域信用信息数据】 至12月，累计向国家企业信用信息公示系统（江西）推送2996条信用信息，主要公示市场主体行政许可、行政处罚等信息，为消费者提供市场主体信息一站式查询和消费预警提示服务。

【重要产品追溯体系建设】 12月，江西省重要产品追溯管理平台二期项目通过专家组验收。根据建设要求，项目完成与江西省农业农村厅农产品质量安全追溯系统、江西省特种设备检验检测研究院江西省特种设备智慧监管大数据平台、江西省药监局疫苗追溯系统的数据对接工作，并完成重要产品追溯管理平台升级、微信公众号升级、数据分析报告综合服务等建设内容。平台新接入数据4687万条，其中食用农产品数据8.8万条、特种设备数据365万条，疫苗追溯数据4313万条。至12月，江西省重要产品追溯管理平台完成4.71万个主体备案，其中企业4.04万家，经营户6625家；对5571个重要产品品种进行管理，其中493个品种已纳入追溯。至年底，每日平台数据量20万条左右，累计追溯数据3.07亿条。上传到商务部重要产品追溯管理平台1.34亿条。

（冷萧）

市场体系建设

【县域商业建设】 全面实施县域商业建设行动，印发《省商务厅等17单位关于加强全省县域商业体系建设促进农村消费的实施意见》，提出"十四五"时期县域商业体系建设工作目标。5月，争取到中央县域商业建设补助资金1.31亿元。联合省财政厅、省乡村振兴局印发《江西省实施县域商业建设行动工作方案》，确定全省88个县、市、区（61个县、12个市、15个区）纳入支持范围。

【农产品供应链体系建设】 2022年，江西省争取国家2022年农产品供应链体系建设项目，获中央财政支持资金1.4亿元。出台《江西省2022年支持农产品供应链体系建设 加快冷链物流发展工作方案》，重点支持农产品批发市场、销地农产品流通企业和农产品零售终端完善冷链物流设施，资金采用因素法分配至各设区市。

【农贸市场建设改造】 推动县乡农贸市场建设改造列入省政府重点民生工程。2022年，省级财政安排1400万元用于县乡农贸市场建设改造。至12月，省政府已连续10年将农贸市场建设改造列入全省重点民生工程，累计安排1.79亿元专项资金用于县乡农贸市场建设改造，累计建设改造县乡农贸市场1000余个，带动各地投资超20亿元。

【商业街区改造】 持续推动商业街区改造提升，9月，启动第一批省级示范商业街区申报验收工作，认定南昌市万寿宫商业街区、萍乡市天空里商业街、赣州市郁孤台街区、上饶市时光Park商业街区、吉安市庐陵人文谷特色商业街5条商业街区为全省第一批省级示范商业街区。把示范商业街区打造成全省消费促进的重要平台和窗口。

【农产品产销】 发挥会展平台作用，促进全省农产品销售，提升品牌推广力度。11月，联合省农业农村厅、赣州市政府主办以"世界橙乡更美好 共创赣南新未来"为主题的2022赣南脐橙国际博览会，推动以赣南脐橙为代表的优质农产品开拓市场。精选50余家优质特色农产品企业参加粤港澳、长三角地区农产品产销对接会等各类产销对接活动，进一步拓宽全省农产品销售渠道，加大全省优质农产品品牌推广力度。

【汽车消费】 在省级商务发展专项资金中安排800万元，支持各设区市组织汽车展览展销活动及汽车下乡活动，把新能源汽车销售作为开展汽车下乡活动的重要内容。2022年，全省汽车类销售1262.8亿元，增长4.6%，比全国汽车类增幅高3.9个百分点。其中，新能源汽车销售140.1亿元，增长125.1%；新车销售1175.2亿元，增长21.1%；二手车销售21.9亿元，增长128.2%。

（周勤）

商贸服务管理

【餐饮业发展】 2022年，全省有餐饮经营单位27.9万家，比上年净增9000家；餐饮收入1323.3亿元，增长5.1%，增速比全国高11.4个百分点，占全国餐饮收入比重由2021年年底的2.68%提升到3.01%。

图为11月24—27日举办的第二届中国米粉节江西米粉主题馆

毛小涛摄

【举办第二届中国米粉节】 11月24—27日，由省商务厅、南昌市政府、中国饭店协会联合主办的第二届中国米粉节在南昌市举办。主展馆面积超3万平方米，23个省（自治区、直辖市）近500家企业参展，特装率60%，展览面积比上届扩大7000平方米，参展省（自治区、直辖市）增加7个、参展企业增加20%、特装率提升10%，线上线下交易额突破3.4亿元。米粉节设置论坛会议、展览展销、特色活动三大板块，举办各类活动26场次。

【《关于加强品牌建设促进餐饮市场主体做大做强的若干措施》出台】 11月2日，省商务厅出台《关于加强品牌建设促进餐饮市场主体做大做强的若干措施》，重点从打造品牌、推动创新、加强保障三个方面制定10条具体举措，培育壮大餐饮市场主体，支持餐饮企业规模化、品牌化、连锁化发展。

【实施赣菜创新行动】 打造新赣菜。印发《关于赣菜菜品创新工作的通知》，举办赣菜厨王争霸赛和赣菜创新大赛，全省千余名赣菜名厨竞技切磋，推动赣菜技艺交流创新。培育新场景。持续推进中华米粉美食街建设，评选认定省级高品质美食街区和省级高品质夜间经济街区各6家。建设新平台。10月10日，中国赣菜品牌推广中心在南昌揭牌运营。中心致力于赣菜品牌推广，为赣菜企业提供全产业链服务。抢占新赛道。发展赣菜预制菜及江西米粉预包装食品。持续开展赣菜系列地方标准制定，推动行业标准化、产业化发展。拓展新市场。发布文章《鲜辣香醇味合天下——赣菜的鲜明特色和文化气质》，数十家媒体平台转发。借助央视、机场、高铁等载体持续唱响"江西美如画 赣菜香天下""天下米粉看江西"口号。在北上广深认定12家赣菜展示推广中心，打造省外赣菜推广的窗口和名片。

【夜间消费经济】 加强政策引导，支持各地培育打造一批夜间消费新场景，优化夜间消费供给，扩大夜间经济规模。依托特色街区（商圈）、商业综合体、知名旅游景区等载体，结合"夜享秋日精彩 畅品赣菜美食"等主题，全省累计推出系列夜间消费促进活动超千场次。

【家政服务业】 强化部门协同，会同省直有关部门共同下发《关于做好2022年促进家政服务业提质扩容有关工作的通知》《关于贯彻落实养老托育服务业纾困扶持若干政策措施的通知》。探索"互联网＋家政"服务新模式，打造全省家政服务公共平台，至年底已入驻企业570家，入驻服务人员超2万人。制定并在全省重点推广《家政服务合同管理规范》标准,促进家政企业规范服务。加强家政劳务品牌建设,遴选发布9家家政服务业提质扩容省级重点联系企业,评选23家家政服务业品牌企业。

（毛小涛）

市场运行调节

【制定完善商贸消费政策措施】 以省政府办公厅名义印发《江西省促进商贸消费提质扩容三年行动方案(2022—2024年)》,提出以打造消费中心城市为引领的十大行动,制定《江西省培育建设消费中心城市实施意见》《江西省促进商贸消费提质扩容评价指标体系》,作为全省推进商贸消费工作的指导性文件。参与出台《江西省人民政府办公厅关于进一步释放消费潜力促进消费持续恢复的实施意见》和省商务厅《帮助市场主体纾困解难促进商贸流通领域复商复市10条措施》《关于进一步稳住商务经济发展20条措施》等文件,完善促消费政策措施。

【开展应季消费促进活动】 重点围绕季节性消费热点和重要节假日,开展2022江西迎春消费季、2022江西大宗商品消费季、2022江西金秋购物消费季、2022年“赣品两上三进”对接会等一系列惠民促销活动5000余场。推动各级政府发放消费券12.6亿元,撬动各类商家、平台和企业让利优惠37亿元。

【限上企业入统】 加大限上商贸企业服务和激励力度,鼓励商贸企业入统。至年底,全省限额以上批发、零售、住宿、餐饮企业净增4226家,达1.57万家,支撑社会消费品零售总额的稳健增长。全省限额以上单位消费品零售额4622.8亿元,增长14.4%,占社会消费品零售总额的36%。

【首创节假日商贸消费监测调度机制】 建立100个县(市、区)全覆盖、样本企业数2200家的重点商贸企业库,在全国首创重大节假日商贸消费监测调度机制,对各设区市节假日期间商品销售额增幅和总量进行排名。元旦、春节、“五一”节、端午节、中秋节、国庆节假期全省商贸销售额分别增长31%、21.8%、11.2%、14.6%、7.8%、9.1%。

【保供稳价工作】 2022年,组建由365家企业组成的全省重点保供企业名单,为192家企业开具民生保供企业资质证明,帮助地方和企业解决保供过程中遇到的困难和障碍。加强粮油、蔬菜、肉蛋等生活必需品供应、价格等情况市场监测,每周在微信公众号发布生活必需品监测报告。启动有新冠肺炎疫情地区的生活必需品日报制度,发现异常情况立即协调处理并及时报告。健全猪肉储备管理制度,完成2550吨省级猪肉储备任务(其中冻猪肉850吨、活体猪1700吨)和799.5吨冻猪肉投放任务,保障全省重要节假日猪肉市场供应。

（刘小海）

现代物流

【商贸物流发展】 2022年,全省商贸物流总额2.56万亿元,增长9.8%;商贸物流总收入1156亿元,增长11.9%。全省商贸物流在受新冠肺炎疫情影响情况下实现逆势上扬,为全省经济社会发展发挥支撑作用。

【商贸物流产业链链长制工作】 印发《2022年江西省商贸物流产业链链长制工作要点》,发挥商贸物流产业链链长制作用,明确商贸物流发展目标、主要任务、实践路径和保障措施。5月24日,召开全省商贸物流产业链链长制工作推进视频会,调度工作进展,总结成效经验,分析研判形势,研究部署工作。健全重点商贸物流企业联系机制,省领导多次带头深入商贸物流企业调研,开展企业特派员大走访行动,全程搞好“点对点”专班跟踪服务。

【网络布局】 继赣州、南昌入选国家物流枢纽后,2022年推动九江入选港口型国家物流枢纽,将“一圈四中心六节点”(大南昌商贸物流圈,赣州、九江、上饶、宜春4个区域性商贸物流中心,景德镇、抚州、吉安、鹰潭、萍乡、新余6个节点城市)建设纳入全省商贸物流“十四五”规划一体推进,发挥集聚辐射效应。巩固深化南昌、赣州、宜春、鹰潭四市城乡高效配送试点成果,以推进县域商业体系建设为契机,推动全省县域物流配送体系建设试点,遴选确定2022年、2023年共20个试点县,试点工作有序展开。全省有78个县(市、区)建有县级物流配送中心,快递服务基本覆盖行政村。

【市场主体】 注重发挥龙头企业示范带动作用,全省累计培育A级物流企业359家,其中AAAAA级4家、AAAA级127家,2022年新增A级以上物流企业45家、AAAA级物流企业4家,A级以上物流企业数量排中部地区第2。累计认定省级区域性物流中心2个、重点商贸物流园区(中心)和企业124家、商贸物流“链主”型企业14家。江西四顺物流集团有限公司等6家企业列入商务部首批商贸物流重点联系企业,江西晶科能源股份有限公司等3家企业入选全国供应链创新与应用示范企业。

【物流设施建设】 推动组建江西省商贸物流产业链科技创新联合体(牵头单位为江西赣运通有限公司),开展城乡高效配送、绿色物流、电商与快递协同发展等领域关键技术研究,助推全省商贸物流转型升级。推动南昌、上饶列入“四横四纵”国家冷链物流骨干通道网络承载城市,加强冷链基础设施建设,全省冷库容量达674.3万立方米,在建冷链项目44个,冷藏车保有量1324辆。

【市场供应保障】 推动出台《关于进一步做好我省生活必需品生产供应运输保障工作的通知》等保物流畅通政策,搭建商贸物流保通保畅联系对接群组,畅通政企沟通渠道。指导各地成立生活物资配送工作专班,编印《居民生活物资线上采购指南》,设立商贸物流保供企业“白名单”,将全省

25家物流园区和99家重点企业纳入快速调度范畴，加快推广“线上下单，线下无接触配送、预约配送、定点投递”等线上流通线下配送模式。

（王东华）

电子商务

【概　况】 2022年，江西省网络零售额2161.31亿元，总量位居全国第13，同比增长12.21%，增速比全国高8.11个百分点，增速位居全国第5、中部地区第1，电商拉动消费增长2个百分点、贡献率37.7%。快递企业累计完成业务量18.2亿件，同比增长13.9%，增速排全国第6。全省网络零售监测企业10.21万家，监测店铺59.35万家，集中分布在美团、大众点评、淘宝网、值点商城（抖音小店）、京东商城等电商平台。

【出台政策支持电子商务发展】 在出台《江西省电子商务“十四五”发展规划》基础上，制订印发《关于加快电子商务与产业融合促进线上消费提质升级的指导意见》《关于加快推进江西数字商务高质量发展的实施意见》《江西省2022年度市县电子商务发展水平监测评价办法》，明确1600余万元资金支持电商发展。在推进电商赋能产业促进消费方面，明确夯实发展基础、推进系列工程、强化配套服务、营造良好环境四方面24条工作举措，提出“电商+”十大行动，针对不同领域电子商务应用和不同场景电子商务消费提出指导性意见。在推进数字商务发展方面，明确引导商贸、外贸、双向投资、口岸、商务治理等商务领域数字化、网络化、智能化发展的18条措施，提出数商平台培育、上云赋能、场景建设、招商攻坚、试点示范、人才引育、基础建设7项重点工程。

【线上消费】 以“赣企电商、赣品网销”为主题，按照“省市县联动、平台企业联合、线上线下融合”的方式，在全省组织两轮电子商务促产业转型和助消费升级“十百千万”行动（在促产业转型方面，引导企业依托十类主流电商平台开展业务，新增百个年网销额超千万元的品牌、新培育千名本土电商主播、新开设万家网络零售店铺。在助消费升级方面，发动十城指导百县举办电商促消费活动，推动千家企业和万种江西产品开展电商促销），组织市县开展产业网络展销、品牌电商促销等八类线上产销对接活动153场次，带动网络零售超750亿元。紧盯节庆消费，组织策划网上年货节、双品网购节、金秋网购节、电商直播节、“双十一”促销等各类线上促消费活动500余场次，帮助赣企赣品拓宽网络销路，部分做法在商务部电商简报刊发推广。

【电商新模式应用】 联合省科技厅、团省委、省妇联先后举办江西科技创新产品直播节、赣品直播年货节、江西巾帼直播电商创新创业大赛、“点亮原产地”青年公益助农活动，推动科创产品、青年群体、妇女群体应用直播电商模式，参与赣品网上行活动。其中，巾帼直播电商创新创业大赛期间，吸引省内众多网红达人、头部主播为大赛代言助力，仅抖音话题“巾帼她力量 赣品网上行”视频播放量就超550万次，以直播带货方式推广江西112款产品，累计达成订单3.73万件，限时销售210余万元。线上线下同步举办全省数字商务高质量发展专题培训班，派员到各设区市开展数字商务巡回培训，对产业电商化融合、跨境电商、农村电商、新零售、数智配送、直播电商、近场电商等内容进行专题讲解，搭建云课堂开展数商青年、数字商务和数商兴农线上公益培训，推动电商新模式在各领域应用，已有1800余家企业和520余名农村地区电商从业者在线学习。

【电商示范建设】 指导国家电商示范基地、示范企业、数字商务企业开展评估工作及遴选推荐一批商业科技创新应用优秀案例，推动安远县电商产业园增补为国家电子商务示范基地、莱东家农产品供应链项目列为全国商业科技创新应用优秀案例。培育淘宝村66个，淘宝镇95个，淘宝村总量排全国第10、中部第2，淘宝镇总量排全国第9、中部第2。认定120家2022—2023年度省级电子商务示范企业，评出婧麒、雪玲妃、老俵情等2022最受欢迎的江西十大网货品牌，为全省电商创新发展树立一批典型样板。

（范超群）

粮食流通

【概　况】 2022年，全省累计收购粮食965万吨，全部为市场化收购。年外销稻谷超650万吨，从省外购进玉米、小麦等约600万吨。

【粮食安全责任】 省委办公厅、省政府办公厅印发《关于贯彻落实地方党委和政府领导班子及其成员粮食安全责任制规定的若干措施》。省级层面成立省委书记、省长任双组长的粮食安全工作领导小组，领导小组办公室设在省发展改革委，省发展改革委主任、省农业农村厅厅长任领导小组办公室主任，办公室日常工作由省粮食和储备局负责。市县均成立相应工作领导小组，形成省市县三级共同推动粮食安全党政同责全面落实的局面。在全国率先实行设区市、县（区）粮食安全责任制考核全覆盖，由省直接对各市县同步开展考核并打分排名，并增加重点推进工作考核分值，考核结果纳入市县综合考核评价体系，强化考核“指挥棒”作用。

【粮食保供稳价】 抓实粮食收购，先后召开全省粮食收购工作电视电话会议、中晚稻收购视频会议，全面部署粮食收购工作，特别是针对2022年特大旱情造成等外粮和不合格粮数量增加的情况，压紧压实市县党委、政府收购责任，开展预约检验和上门检验，减轻农民负担。在全省建立规模3.54亿元的粮食收购贷款信用保证基金，支持企业“收粮有钱”。落实地方储备，制定《江西省地方储备粮落实和管理督查工作暂行办法》，每月调度储备落实情况，推动全省地方粮食储备规模全面落实。指导各设区市建立成品粮油储备和粮食加工企业社会责任储备，构建以原粮为基础、成品粮为重要支撑、社会责任储备为必要补充的地方储备体系。完善应急体系，组织开展省级粮食应急保障企业遴选，印发《江西省粮食应急保障企业管理细则》，全省确定粮食应急保障企业（供应点）2707家，做到城乡、社区全覆盖。建立247个粮食市场监测点，密切监测粮食市场供求和价格形势，为政府科学决策提供参考。加强产销合作，举办中国粮食交易大会第二届十省籼稻专场交易会，成交总量183.76万吨，成交总金额45.86亿元，创历年新高。

【粮食储备管理】 推进地方储备粮相对集中管理。《江西省省级储备粮布局调整方案》有序实施，省级储备粮从已有80个库点集并到择优选定的约28个库点。统筹优化粮食仓储设施管理。制定印发《江西省粮食和物资储备"十四五"发展规划》及相关子规划，坚持"用好增量、盘活存量、提升质量"，将仓容规模精确布局到县，指导各地用活金融工具，多渠道筹措建设资金，推动仓储设施上等升级。先后制定《江西省省级应急救灾物资专项资金管理实施细则》《省救灾物资储备库管理制度》，明确专项资金使用范围、划拨流程、绩效管理与监督等内容，推进规范化管理。向全省28个受灾地区调运救灾物资2.6万余件，向新疆调运救灾物资1.2万件，支持新冠肺炎疫情防控及防汛救灾工作。

【粮食购销监管】 健全完善执法监管体系，《江西省粮食流通条例》列入省人大2023年立法计划，先后制定《江西省粮食行政管理部门行政处罚自由裁量权参照执行标准（暂行）》《关于加强粮食购销监管建立联合执法机制的指导意见》等一系列规范性文件。建立央地、省直跨部门联合执法监管工作机制，为全国粮食流通联合执法提供典型经验。推进监管信息化建设。围绕粮食政策执行、地方储备粮数量、质量、储存安全等监管重点，依托信息技术，推行"互联网+监管"。省级平台已具备粮食出入库管理、视频监控、设备在线管理等远程监管功能，2022年秋粮收购全面应用信息化系统开展粮食购销业务。依托智慧粮库平台在全国率先开展地方储备粮视频随机抽查，以"线上加现场、定点不定仓"的方式，把监管"触角"延伸到基层库点，初步探索信息化"穿透式"监管的实现路径。加大执法检查力度。开展定期巡查、收购检查、新粮入库检查、政策性粮食出库监管等，全省对133起涉粮案件进行警告以上行政处罚，全国排名第1，罚款金额189.7万元。全年受理国家粮食流通"12325"监管热线举报45件，按期办结率100%，帮助农民兑现拖欠售粮款254万余元，特别是对2起欠款人无偿还能力案件，推动属地政府拨付信访救助资金支付农民售粮款。该经验做法得到国家粮食和物资储备局通报表扬并转发交流。

（陈志伟）

供销合作

【概　况】 2022年，全省供销合作社系统商品销售总额3106.03亿元，同比增长12.9%；利润总额7.37亿元，同比增长10.15%。省供销合作社联合社本级社有企业营业收入38.83亿元，同比增长77%；利润总额2.23亿元，与上年持平；年末所有者权益16.83亿元，同比增长37.77%。省供销合作社联合社在全国供销合作社系统综合业绩考核中连续5年获评一等奖。

【综合改革】 推动宜春、新余、鹰潭等设区市社及安远等县社召开社员代表大会，11个设区市社全部完成联合社冠名；11个设区市社、91个县级社全面设立理事会、监事会。通过"党建引领、村社共建"试点和打造乡镇综合服务体，巩固为农服务的"前沿阵地"。探索"四位一体、两社融合"综合改革试点，通过整合各方资源成立村级供销社，打通服务农村农民"最后一百米"。探索开展"3+2+N"示范村级综合服务社创建工作，为农民提供"一门式办理""一站式服务"。推进社有企业与基层社对接合作，把基层社作为社有企业拓展经营服务的载体，充实提升基层社服务功能。印发《关于建立健全社有企业中长期激励机制的指导意见（试行）》，进一步调动企业职工积极性。完善本级社有企业管理体制，提升治理效能，增强企业活力。推进社有企业健全法人治理结构，完善"三会一层"治理制衡体系，全面落实党组织在法人治理结构中的法定地位。推进本级社有企业完善内部管理制度，加强对重大决策和重要经营活动审核把关。

【冷链物流骨干网建设】 围绕补齐城乡冷链物流突出短板，按照"全链条无脱冷、绿色节能环保、5G物联智配"标准，在全省布局建设城乡冷链物流骨干网。年内，累计签约落地33个县级冷链物流园项目，在建12个冷链物流园项目，竣工10个冷链物流园区，建成32万吨冷冻冷藏库容、20.5万吨常温库容，购置100多辆冷冻冷藏车，配套建设5个中央厨房、9个农批市场。

【供销集配体系建设】 按照省政府办公厅转发《关于推进"互联网+第四方物流"供销集配体系标准化规范化品牌化建设的实施意见》，在供销集配体系实现全省县域全覆盖基础上，年内全系统完成31个县级集配中心升级改造，累计建成县级集配中心93个，搭建乡镇集配网点2088个、村级集配网点5996个，上下行物流配送4.73亿件，实现县及县以下快递、配送营业额129.53亿元。

【中药材产业发展】 策应省委、省政府中医药强省战略，按照"公司+合作社+农户"模式，打造江西供销系统中医药种植加工销售产业链条。年内，全系统累计领办创办中药材农民专业合作社627家，种植面积3.74万公顷，实现销售额1.98亿元。

【助力种业发展】 以社有企业江西现代种业公司为载体，加快"神奇草稻"开发，优化良种供应，打造江西米业品牌。年内，公司累计在全国设立3000多个销售网点，拥有30多个高新、特优水稻品种，年水稻种子销售4000吨，播种面积超23.33万公顷。

【农资保供】 发挥农资供应主渠道作用，做好化肥购销调储工作，全省化肥市场份额占比保持在65%以上。

为解决全省钾肥资源紧缺问题，年内向全国供销合作总社争取国家发展改革委决定投放的国家储备钾肥1.15万吨，向青海盐湖股份公司争取增加对江西钾肥供应量，推动江西沃尔得等4家公司与青海盐湖股份公司建立钾肥直供关系，基本满足全省农业生产用肥需求。

【农机服务】 引导各级供销合作社整合区域农机资源，领办创办88个农机专业合作社、聚合7006台（套）农机设备，推进无人机飞防、农机联合作业等农机社会化服务48.49万公顷。

【土地托管服务】 年内，全系统累计开展土地托管服务面积77.18万公顷，其中全托管面积43.20万公顷，实现农业生产服务收入12.22亿元，服务领域覆盖农业生产“耕、种、管、收、加、储、销”等全过程。

【现代流通服务】 依托供销系统经营服务网络优势，推动512个农民专业合作社与1147个商超开展农超对接，组织举办和参加139次农特产品展示展销会，助销农特产品1.16亿元。利用脱贫地区农副产品销售平台——“832”平台，引导全省975家农副产品供应商入驻、上架农副产品2.71万种，年内累计实现成交额4.06亿元。探索同城生鲜配送、社区团购等线上线下相融合新业态模式，累计发展生鲜配送企业57家，生鲜配送营业额1.26亿元。创立“供销江南”品牌，在170余个省直企事业单位、居民社区开展生鲜网络销售+冷柜自提业务。成立“供销壹号”合资企业，打造全省首家五星级智慧农贸市场——沁园农贸市场。

【基层组织建设】 采取上级社和社有企业帮带、农业经营主体入股投资、财政专项资金扶助等方式，年内累计恢复重建1678个基层供销社，吸纳社员46.73万人，与农民和各类农业经营主体建立紧密的业务连接和股权纽带关系。依托基层供销社或社有企业，通过共同出资、共创品牌、共享利益等方式，领办创办5594个农民合作社，组建289个区域型、产业型合作社联合社，联合小农户共同发展生产、参与市场竞争，提高农民组织化程度。在全省开展“党建带社建、村社共建”试点，推进供销社基层组织与村“两委”共同发展经济实体、共同打造服务平台、共同推进项目建设、共同培育人才队伍，逐步建立强村固基、富民兴业长效机制。年内，全省11个设区市均开展试点工作，其中赣州市18个县（市、区）整市推进，取得初步成效。安远县78个试点村平均带动村集体经济增收约6.8万元、直接带动190户以上农户增收；章贡区沙石镇火燃村通过试点，发展乡村旅游产业、助力人均增收超万元。

【职业教育】 年内，直属单位江西旅游商贸职业学院2门课程获国家级精品在线开放课程。获批教育部全国首批职业院校数字校园建设试点院校，各等级学生技能竞赛获全国二等奖4项、三等奖5项。先后与南昌综合保税区管委会共建外贸人才培养基地，与鹰潭市就业创业服务中心、鹰潭（余江）眼镜产业园管委会和抚州市就业创业服务中心签订合作协议，毕业生就业去向率88.66%。

【抗疫保供】 针对新冠肺炎疫情，下属企业供销江南公司坚持三班倒，及时与生产厂家、医疗机构对接，将10万只口罩、50万瓶消毒液、5000余盒药品等重点医疗物资及时送到居民家中。连接全省100个县（市、区）3000多个生产基地的优质农产品，在为政府机关、企事业单位、行业协会等食堂提供食材的同时，在南昌市建设200多个冷链自提网点，让100多万户市民有了到家的“菜篮子”，解决农产品销售难题。搭建对接生产厂家与社区订单的大数据物流配送系统，做到各类物资从厂家到货仓再到居民家中无缝对接，打通抗疫重点保供物资进区入户“最后100米”，实现快递人员配送全过程无接触，被省商务厅列为抗疫保供重点企业。

【抗旱减损】 针对极端旱情，全系统多措并举抗旱保水源、稳增长、防风险、保稳定、惠民生。九江市供销系统先后为都昌县、永修县受旱农民专业合作社捐赠价值10多万元的抗旱机械设备、抗旱专项资金和抗旱农资，助力农户抗旱减损。吉安市、赣州市供销系统组织抗旱小分队对田间水渠清淤、除污、汲水，并采用无人机喷洒为受旱的1.73万公顷水稻、果蔬保湿除旱。章贡区供销联社金合农业服务公司累计维养干渠45条5000多米，抽水灌溉田地1333.33公顷，管理养护全区114处小型集中供水工程。

（刘行宾）

本类目编辑　游桃琴

对外贸易与国内经济合作

综　述

2022年，面对新冠肺炎疫情和极端旱情，全省商务部门全力以赴强招商、稳外贸、拓合作，推动全省开放型经济“势头向好，稳中有进”。

*招商引资平稳运行。*始终坚持项目为王理念，大招商、招大商。召开全省扩大开放推动经济高质量跨越式发展工作大会，动员全省掀起新一轮扩大开放热潮。聚焦首位产业、主导产业，瞄准粤港澳、长三角、京津冀、成渝等重点区域，深入实施“5020”“三请三回”“三企”入赣、“三百工程”“产业链招商”五大招商引资专项行动，举办“进博会走进江西”、江西省跨国公司（上海）合作交流会、赣台经贸文化合作交流大会等重大经贸合作活动。引进重大项目171个，签约总投资额6137.3亿元，同比增长16.7%，引进世界500强、全国500强、全国民营企业500强、上市公司、高新技术企业投资项目100个，引进航空、电子信息、中医药、装备制造、新能源、新材料六大优势产业项目154个。宁德时代、比亚迪、富士康、欣旺达、吉利等一批知名企业落户，在赣投资的具有世界500强背景企业212家，国内动力电池10强企业已有6家落户江西。发挥重大招商项目调度协调机制作用，集中解决用能、用地、融资等36项问题，推动重点项目早落地、早投产。2022年，全省招商引资总量1.16万亿元。利用省外项目资金1.04万亿元，同比增长9.3%；实际利用外资（现汇进资）21.7亿美元，外商投资企业再投资149亿美元。招引项目投资额占全省固投比重超60%，成为全省扩大有效投资的主力军和主渠道。

*对外贸易快速增长。*连续推出稳外贸政策“组合拳”，持续开展省市县三级帮扶，推广运用江西数字外贸、赣货通全球等线上服务平台，对“一带一路”沿线国家和RCEP贸易伙伴进出口分别增长58.2%和59.8%。实施“两类通关、两区优化”等创新制度，国际贸易“单一窗口”实现与海关总署等12个部委互联互通和省内全覆盖，主要功能应用率100%，为企业节省申报时间60%以上。推动和支持企业建设海外仓100余个。推动6家龙头企业纳入全国大型骨干外贸企业名单，认定26家“江西出口名牌”企业和9个省级服务外包示范园区，4家文化企业被列为国家文化出口重点企业，新增7家省级外贸转型升级基地。2022年，全省外贸进出口总额6713亿元，同比增长34.9%；出口总额5088.4亿元，同比增长38.7%。进出口、出口增速分别居全国第4、第6，均位居中部地区第1，外贸依存度20.9%。氢氧化锂、无线耳机、太阳能电池出口规模分别位居全国第1、第2、第4，外贸进出口成为经济稳增长的重要支撑。

*外经合作稳妥有序。*聚焦高质量共建“一带一路”、中非“九项工程”等机遇，推动江西国际、江西中煤、晶科科技等企业新签肯尼亚多功能大坝、加纳高架桥、阿联酋、沙特新能源开发等一批大项目。7家企业入选ENR全球榜单（江西国际、江西中煤、中鼎国际、江水建设、江联重工、省建工集团6家企业入选ENR全球最大250家国际承包商榜单，中国瑞林入选ENR国际工程设计公司225强榜单），企业数量位居全国前列，位居中部地区第1。加大制造业对外投资，推动晶科能源11.4亿美元的越南光伏组件项目、江铜集团1.9亿美元的墨西哥渣选项目，推进赞比亚江西经济合作区一期建设。举办30期国际商务官员援外培训班，共培训39个国家的733名学员。2022年，全省对外直接投资20.3亿美元，同比增长126.3%，总量位居全国第9；对外承包工程营业额38.7亿美元，总量位居全国第11。

（曾令铭）

2月9日，江西中煤承建的加纳Pokuase地区高架桥道路项目建成实景

方琴摄

· 资料 ·

2022年江西省对外贸易与国内经济合作情况表

表25

类别	指标名称	绝对数	同比增长(%)
招商引资	实际利用外资金额(亿美元)	21.7	-5.3
	引进省外项目金额(亿元)	10425.4	9.3
对外贸易	进出口总额(亿元)	6713.0	34.9
	出口总额(亿元)	5088.4	38.7
	进口总额(亿元)	1624.6	24.2
对外投资合作	对外承包工程和劳务合作营业额(亿美元)	38.7	-6.1
	对外直接投资额(亿美元)	20.3	126.3

2022年江西省外商及中国港澳台商直接投资设区市分布情况表

表26

设区市	新设外商企业数		实际利用外资金额	
	累　计(万美元)	同比增长(%)	累　计(个)	同比增长(%)
合计	669	5.70	216619	-5.30
南昌市	61	-19.70	41727	-37.80
景德镇市	30	172.70	8824	68.70
萍乡市	28	-17.7	4561	46.30
九江市	75	13.60	21402	-44.40
新余市	81	6.60	2939	85.20
鹰潭市	84	-12.50	6751	0.70
赣州市	61	-16.40	37287	4.30
宜春市	78	30.00	34321	28.20
上饶市	54	74.20	24095	-1.80
吉安市	89	18.70	28697	71.70
抚州市	28	-20.00	6015	123.20
赣江新区	20	-42.86	15238	4.69

2022年江西省外商及中国港澳台商直接投资行业分布情况表

表27

行　业	新设外商投资企业数		实际使用外资金额	
	企业数(个)	同比增长(%)	金额(万美元)	同比增长(%)
全省合计	669	5.69	216619	-5.29
第一产业	16		580	-67.43
农、林、牧、渔业	16		580	-67.43
第二产业	295	2.79	88156	14.00
采矿业	6		650	103.13
制造业	248	-8.49	77262	29.63
电力、热力、燃气及水生产和供应业	34	240.00	9403	26.84
建筑业	7	16.67	841	-91.59
第三产业	358	8.48	127883	-14.53

续表 27

行业	新设外商投资企业数		实际使用外资金额	
	企业数(个)	同比增长(%)	金额(万美元)	同比增长(%)
批发和零售业	139	14.88	24658	157.34
交通运输、仓储和邮政业	7		8385	139.23
住宿和餐饮业	7	16.67	346	176.80
信息传输、软件和信息技术服务业	64	3.23	14404	4.84
金融业	3	200.00	7150	
房地产业	8	63.64	16268	-77.41
租赁和商务服务业	62	3.13	39743	-9.11
科学研究和技术服务业	51	88.89	16001	209.86
水利、环境和公共设施管理业	1	-50.00	638	-46.79
居民服务、修理和其他服务业	5	400.00	255	292.31
卫生和社会工作	1	-75.00	35	
文化、体育和娱乐业	8	-20.00		
国际组织	2			

2022年江西省外商及中国港澳台商直接投资国家(地区)分布情况表

表 28

国别(地区)	进出口		出口		进口	
	累计(亿元)	同比(%)	累计(亿元)	同比(%)	累计(亿元)	同比(%)
合计	6713.0	34.9	5088.4	38.7	1624.6	24.2
亚洲	3704.7	46.1	2836.1	54.8	868.6	23.4
中国香港	460.8	28.5	453.7	30.3	7.1	-31.7
韩国	440.2	56.8	310.1	83.2	130.1	16.7
越南	332.5	48.9	277.3	41.7	55.2	99.5
日本	314.1	21.2	212.0	38.7	102.1	-3.9
印度	255.3	60.5	252.1	63.6	3.2	-35.7
中国台湾	232.7	-4.8	66.6	-1.5	166.0	-6.0
非洲	436.6	39.8	283.1	70.5	153.5	5.0
欧洲	841.0	18.3	756.0	18.5	84.9	15.8
英国	97.0	-4.3	90.8	-6.2	6.2	36.7
德国	110.4	6.5	97.5	10.1	12.9	-14.6
荷兰	145.5	30.2	142.6	30.8	3.0	7.1%
拉丁美洲	589.3	18.4	333.4	45.2	255.8	-4.6
智利	186.3	-10.0	48.0	16.9	138.3	-16.6
北美洲	834.1	9.9	784.6	8.5	49.5	39.8
美国	764.7	10.6	725.3	9.2	39.5	46.0
大洋洲	307.0	91.7	95.2	19.7	211.9	162.7
澳大利亚	289.5	99.1	79.9	21.3	209.6	163.7
东盟	1330.4	66.8	1123.3	70.1	207.2	50.8
欧盟	638.5	22.4	592.8	24.6	45.7	-0.5

货物贸易

【概　况】 2022年,以人民币计价,全省外贸总值6713亿元,同比增长34.9%。其中,出口5088.4亿元,同比增长38.7%;进口1624.6亿元,同比增长24.2%。进出口、出口、进口增速均位居中部地区第1,其中进出口位居全国第4,出口位居全国第6、进口位居全国第7。

【多业态发展】 全省有进出口实绩的企业7023家,其中民营企业进出口5109.2亿元,同比增长40.6%,占全省外贸总额的76.1%。江西与全球228个国家及地区有贸易往来,其中对东盟、美国、欧盟、"一带一路"沿线国家进出口同比分别增长66.8%、10.6%、22.4%、58.2%。对RCEP成员国进出口2385.7亿元,同比增长59.8%,高于全省平均水平24.9个百分点。全省综保区进出口699.5亿元,同比增长54.1%。全省锂电、光伏、电子信息产业出口同比分别增长2倍、64.7%、28.6%,劳动密集型产品出口同比增长20.5%。

【营商环境】 出台《跨境贸易对标提升方案》,成立全省优化跨境贸易营商环境工作专班,建立全省47家外贸产业链核心企业"白名单",发挥部门、省市县三级联动效应,协调解决外贸企业在生产、通关、物流、退税、融资、信保、获取订单等方面遇到的实际困难。推动晶科能源、赣锋锂业等6家外贸企业被认定为全国大型骨干外贸企业并予以重点保障支持。实施"千企百展"工程,支持和推动2000余家外贸企业走出去或以"代参展"模式参加境内外重点展会和广交会、南亚博览会等国内知名展会,以及3场江西出口商品网上交易会。培育本土数字贸易平台——赣货通全球平台,引导和支持500余家外贸企业上线拓市场。

【对接RCEP等市场主体需求】 建立江西省对RCEP成员国主要进出口企业、商品目录,面向全省外贸企业免费发放《江西省与RCEP成员国商品关税减让指南》,发布21期江西外贸重点行业分析报告,省市县三级联动采取"线上+线下"相结合方式全覆盖开展RCEP政策宣介和解读,帮助企业用足用好政策红利。围绕加快发展外贸新业态、推动外贸促稳提质、促进内外贸一体化发展、深入对接RCEP等市场主体需求,持续打出政策"组合拳"。

【外贸新业态发展】 推动南昌、赣州、九江3个跨境电商综试区创新提速建设。推动景德镇、上饶、萍乡、新余、宜春、吉安获批跨境电商综试区,全省跨境电商综试区总数9个,位居全国第5、中部地区第1。出台《省级跨境电商产业园认定和管理办法》,认定7家省级跨境电商产业园,支持和推动各地招引跨境电商龙头、平台及配套服务企业。支持企业建设海外仓,建立江西、湖南、湖北三省海外仓共享机制。推动景德镇陶瓷交易市场获批设立市场采购贸易方式试点,并加快试点建设,12月29日实现首单出口。

【扩大进口】 帮助31家外贸企业争取国家进口贴息资金3113万元。举办赣南高水平对外开放推介会,搭建"中国这十年"对外开放成就展江西专区、城市会客厅(赣州)展区、景德镇非物质文化遗产陶瓷展,推动更多"江西制造""江西产品""江西元素"走向世界,动员组织1500余家采购商参加第五届进口博览会,累计达成意向采购3.01亿美元。推动赣州国际陆港获批国家进口贸易促进创新示范区。发挥示范区促进进口、服务产业、提升消费、示范引领四大作用,做大全省进口规模。

(毛金柱)

服务贸易

【概　况】 2022年,江西省接包合同签约金额71.30亿美元,增长11.11%。接包合同执行金额58.75亿美元,增长14.68%;离岸接包合同签约金额17.85亿美元,下降8.04%;离岸接包合同执行金额14.63亿美元,增长5.78%。全省新增服务外包企业237家;新增从业人数25.67万人,增长36.64%。服务贸易进出口额26.22亿美元,增长9.4%。其中,出口10.77亿美元,增长5.6%;进口15.45亿美元,增长12.2%。服务贸易逆差4.68亿美元,增长31.09%。登记技术进出口合同133份,合同金额2亿美元,增长50.38%。其中,登记技术进口合同87份,合同金额1.69亿美元,增长119.48%;登记技术出口合同46份,合同金额0.31亿美元,下降44.64%。

【开展省级服务外包示范园区综合评价工作】 5月,省商务厅联合省工信厅、省科技厅开展省级服务外包示范园区综合评价工作,南昌大学科技园、浙江大学国家大学科技园(江西)、用友产业园(南昌)、豫章1号文化科技园、章贡区软件产业孵化园、江西慧谷创意产业园、699文化创意园、赣州蓉江·启迪516双创产业园和赣州云创智谷新经济双创园9家园区被重新认定为江西省服务外包示范园区。

【组织参加展会】 2022年,省商务厅组织景德镇猎户星空智能科技有限公司、科睿特软件集团股份有限公司、江西好学微客教育科技有限公司、南昌虚拟现实研究院股份有限公司、用友产业园(南昌)等60多家企业及园区参加2022年中国国际服务贸易交易会线上线下展览,以"聚焦数字贸易 做优一号工程"为主题,搭建江西省综合形象展,设置"数字+文旅""数字+教育""数字+家居""数字+治理""5G/VR+文旅体验""文化+科技"6个板块,全面展示全省服务贸易新产品、新技术、新服务、新应用场景。

(毛小涛)

利用外资及中国港澳台资

【概　况】 2022年,全省新设外商投资企业669家,增长5.69%;合同外资金额 107.33 亿美元,增长 18.69%。实际利用外资 21.66 亿美元,下降 5.29%。其中,新批港澳台资企业 565 家,实际使用资金 18.17 亿美元。新批港澳台资企业中,港资企业 466 家,实际使用资金 17.87 亿美元;台资企业 75 家,实际使用资金 0.25 亿美元;澳资企业 24 家,实际使用资金 0.05 亿美元。到赣投资前五位的国家/地区实际使用外资 19.85 亿美元,占全省总量的 91.66%。前五位依次为:中国香港(17.87 亿美元)、挪威(0.61 亿美元)、新加坡(0.55 亿美元)、韩国(0.45 亿美元)、法国(0.38 亿美元)。

【利用外资行业分布】 2022 年,新设二产外商投资企业 295 家,合同外资 52.02 亿美元,实际使用外资 8.82 亿美元,分别占全省的 44.1%、48.47%、40.7%;新设三产外商投资企业 358 家,合同外资 53.74 亿美元,实际使用外资 12.79 亿美元,分别占全省的 53.51%、50.07%、59.04%;新设一产外商投资企业 16 家,合同外资 1.57 亿美元,实际使用外资 0.06 亿美元,分别占全省的 2.39%、1.47%、0.27%。

【欧美日区域外资引进】 2022 年,欧美日主攻区域实际使用外资 1.63 亿美元,增长 98.82%。引进的挪威江西蓝星星火有机硅有限公司进资 0.61 亿美元;引进的法国江西江铃集团新能源汽车有限公司进资 0.38 亿美元;引进的美国阿瓦隆(吉水)新能源发展有限公司进资 0.14 亿美元。

【全省开发区利用外资】 2022 年,全省开发区(工业园区)实际使用外资 18.59 亿美元,占全省的 85.8%,其中 19 个国家级开发区实际使用外资金额 9.27 亿美元,同比下降 14.12%,占全省的 42.78%,排名前三位的分别为赣州经开区、南昌高新区、上饶经开区。

【六大重点产业利用外资】 2022 年,全省新设六大重点产业外资企业 144 家,其中电子信息 103 家、装备制造 13 家、新能源 9 家、新材料 19 家。全省六大重点产业合同外资和实际使用外资分别为 35.6 亿美元和 5.72 亿美元,分别占全省总量的 33.17% 和 26.39%。

【外商及中国港澳台商投资企业增资】 2022 年,全省有 177 家企业增资,增加合同外资 25.93 亿美元。其中,合同外资增资 1000 万美元以上企业 48 家,增加合同外资金额 23.11 亿美元。骅骝技术有限公司增资 2.34 亿美元;上饶市长鑫企业管理中心(有限合伙)增资 1.95 亿美元;中羽国际(江西)企业管理有限公司增资 1.72 亿美元;华润江中制药集团有限责任公司增资 1.20 亿美元。

【赣南等原中央苏区利用外资】 2022 年,赣南等原中央苏区新设外商投资企业 315 家,占全省总数的 47.09%,同比增长 2.27%;合同外资 37.31 亿美元,占全省总额的 34.76%,同比下降 2.56%;实际使用外资 6.56 亿美元,占全省总额的 30.26%,同比增长 42.34%。

【优化外商投资营商环境】 深入推进外资领域"放管服"改革,复制推广自贸试验区外资领域改革试点经验,全面落实外商投资准入前国民待遇加负面清单管理制度。建立重点外资项目工作专班,强化外资企业服务保障,及时协调解决企业在用地、用能、用工、环评、出入境等方面的问题。开展招商引资政策不兑现专项治理行动,全面梳理化解招商引资政策不兑现方面存在的问题,督促地方政府严格兑现依法作出的政策承诺,保障投资者合法权益。

【举办"进博会走进江西"活动】 7 月 23—26 日,江西省政府和商务部共同主办"进博会走进江西"活动。大会以"深化引进来 服务双循环"为主题,围绕"让展商变投资商"展开,在南昌举办经贸合作推介会、线下线上精准对接撮合会、"数字江西 共享未来"虹桥国际论坛、省部领导会见重点客商等系列活动。同时,活动适逢第五届进博会倒计时 100 天,在赣州瑞金举办相关推广活动,组织跨国公司开展公益捐赠。活动有 200 余家企业和机构参加,其中世界 500 强和行业龙头企业 57 家,是江西省举办的世界 500 强和跨国公司高层最集中、层次最高的一次国际经贸交流盛会。

【举办 2022 江西省与跨国公司(上海)合作交流会】 11 月 2 日,江西省在上海举办 2022 江西省与跨国公司(上海)合作交流会。这是江西连续第七年在上海举办的重大招商活动,是省政府在长三角地区举办的唯一以利用外资为主题的经贸合作交流活动。大会邀请福特、费森尤斯卡比、勃林格殷格翰、丹纳赫等世界 500 强企业和罗克韦尔自动化、吉列德、康蒂思、上好佳等跨国公司,德国工商大会、法国工商总会、大韩贸易投资振兴公社、新加坡企业中心等外资商协会高管等 150 余名嘉宾参会,达成签约项目 39 个,签约总金额 38.04 亿美元,项目涉及电子信息、新材料、新能源、生物医药、智能制造、农产品加工、文旅以及现代服务业等产业。

(陈星)

对外经贸合作

【概 况】 2022 年,江西对外实际投资 20.29 亿美元,同比增长 126.34%,位居全国第 8、中部地区第 1。全年完成对外承包工程营业额 38.70 亿美元,位居全国第 10、中部地区第 2。新签合同 180 份,合同额 46.66 亿美元,同比增长 29.36%。

【对"一带一路"沿线国家投资合作】 2022 年,全省企业对"一带一路"沿线国家投资稳步推进,对外直接投资 2.40 亿美元,"一带一路"沿线国家前三大主要投资国为马来西亚、土耳其和新加坡。在"一带一路"沿线国家承包工程新签合同额 19.51 亿美元,完成营业额 10.63 亿美元,项目主要涉及交通运输建设、一般建筑和电力工程建设等领域。

【对外承包工程】 2022 年,全省对外承包工程主要市场集中在非洲和亚洲,前十大主要国别为加纳、肯尼亚、赞比亚、印度、印度尼西亚、以色列、刚果(金)、卢旺达、阿尔及利亚、乌干达。江西国际新签1.9亿美元的肯尼亚多功能大坝项目,江西中煤新签1.89亿美元的加纳高架桥二期,晶科科技在阿联酋、沙特新签13.3亿美元的新能源电力开发等项目,打造江西省投建营一体化新优势。通过"投资+工程",江西国际与耐普矿机在赞比亚合作建厂,江水建设与万国矿业在所罗门合作建设金矿项目和水电站工程,实现省内企业抱团发展。

【对外直接投资】 2022年,全省前十大投资目的地分别为英属维尔京群岛、马来西亚、肯尼亚、美国、土耳其、赞比亚、开曼群岛、新加坡和澳大利亚等。赣锋锂业投资9.62亿美元并购阿根廷 Lithea 公司,获得两大锂矿资源矿权;晶科能源增资2.9亿美元,建设越南太阳能组件、电池和单晶硅片生产线项目;江铜投资1.93亿美元建设墨西哥矿产渣选项目,通过废矿再利用,实现每年约9万吨铜精矿供给。由江西国际、江铜集团、新钢集团、江西国控、万年青水泥、江咨集团、江西大成7家省属国有企业共同在赞比亚设立江西联合工业投资有限公司,推进赞比亚江西经济合作区建设,一期接近完成。

【对外劳务】 2022年,全省加强对外劳务合作企业合规经营和诚信履约的监督和引导,督促落实主体责任,加强培训管理,履行社会责任,重视劳务人员合法权益,强化风险预警和防范。联合外事、公安和国资部门开展非法中介专项整治,规范外派劳务市场。8月,深入南昌县举办对外劳务合作政策宣讲暨专场招聘活动,16家重点外经企业参加,为基层送政策、送项目、送信息。全年新批对外劳务合作企业7家,新签合同592.93万美元,外派劳务1400人次,合同期末在外4320人。

【对外援助】 2022年,全省创新理念,服务经济社会发展,发挥软实力影响,高质量完成援外任务。江西外语外贸学院实施援外培训项目30期,为39个发展中国家培训733名政府官员和交通运输、物流、水资源、农林牧渔业、卫生等方面的技术人员。江西财经大学实施援发展中国家学历学位教育项目,招收学员75名。援外培训溢出效应明显,为企业"走出去"提供人脉资源与合作路径。坦桑尼亚地方公共管理和经济发展海外研修班的官员与高安市政府及企业开展经贸对接,达成二手车出口合作意向,促进地方经济发展和高水平对外开放。江西中昌、江西中煤、建筑设计院3家企业新批援外资质5项,实现援外资质种类的全覆盖。

【维护境外安全】 2022年,全省对外派人员和境外项目严格把关,坚持"危地不往、乱地不去";举办"走出去"海外风险研讨会,邀请专家就海外安全形势和风险应对等方面授课,提升企业防范处置能力;建立商务和公安部门工作机制,维护企业海外利益,为企业外派人员办理护照"开绿灯",保障"应出尽出";开设"境外安全风险防范"专栏,发布境外国别安全预警;印发《江西企业"走出去"国家风险分析报告》,提供专业精准的国别安全提示,高水平维护全省境外企业、项目和人员的安全。

(周頔)

国内经济合作

【概　况】 2022年,全省实际引进省外项目资金1.04万亿元,增长9.26%,一、二、三产占比分别为3%、76%、21%,二产中引进电子信息、航空、先进制造装备、新材料、新能源、生物医药六大新兴产业项目实际进资占比超40%。省外资金来源地主要集中在粤港澳大湾区、长三角及京津冀地区,前六位依次是广东、浙江、江苏、福建、北京、上海,6个地区引进资金超过全省引资的75%。

【开展"三请三回"活动】 7月、9月、12月,省领导在广东、福建、浙江等地开展招商活动时,专门看望当地赣商代表。利用赣商联合总会换届、景商联合总会成立、宜商总会换届等时机,组织开展多场"三请三回"活动。年内全国有16个省级江西商会企业家以各种形式开展返乡投资考察活动。各地赣商积极支持和配合地方政府在外举办的招商活动,助力家乡招商引资工作开展。全年引进赣商返乡投资项目1234个,金额1106亿元。

【区域交流合作】 贯彻落实中共中央、国务院决策部署,按要求持续做好对口支援工作,牵头草拟对口支援三峡库区武隆区、石柱县三年行动方案;牵头落实商务援疆工作,组织参加第七届中国—亚欧博览会;主动对接国家区域协同发展战略,通过开展产业合作、参加经贸展会等方式,加强与西部、东北亚等区域经济合作交流,宣传展示江西省经济社会高质量发展成就和优良的营商环境,寻求合作共赢的发展机遇。

(喻敏辉)

本类目编辑　游桃琴

交通　邮政

公　路

【概　况】　2022年，全省普通公路和道路运输累计完成投资389.9亿元。其中，普通国省干线公路完成投资182.5亿元，农村公路完成投资196.1亿元，客货运站场完成投资11.3亿元。全省公路总里程21.07万千米。其中，高速公路6728.29千米；普通国省干线公路总里程1.87万千米，二级及以上公路里程1.40万千米；农村公路总里程18.53万千米，县道三级及以上等级公路比例62.6%。推进高速公路建设，提前建成大广高速南康至龙南扩容段、宜春至遂川、德州至上饶（赣皖界至婺源段）、寻乌至龙川（江西境内段）、宜春至井冈山（三阳至新田段）5条高速公路，梨东改扩建、樟吉改扩建、昌金改扩建、昌樟改扩建二期及萍乡绕城5个项目如期开工建设，东昌等3个项目完成竣工验收，广吉项目上报竣工验收申请。普通国省干线公路完成路面养护工程2459千米，完成危旧桥改造714座，完成安全精细化提升工程750千米，完成灾害防治387千米。全省公路客运量0.97亿人次，减少35%；旅客周转量61.3亿人公里，减少37.26%；完成货运量17.8亿吨，下降1.47%；货物周转量4086.42亿吨公里，增长3.19%。客运平均运距62.97千米，货运平均运距229.1千米。城市公交客运量6.56亿人次，巡游出租汽车客运量3.54亿人次，南昌轨道交通线网开通4条运营线路，运营里程128.5千米，拥有车站94座（含换乘站9座，不重复计算）；客运量2.39亿人次，日均运送乘客65.47万人次；旅客周转量13.91亿人千米。

全省有道路旅客运输经营业户（不含公交和出租）410户，其中，企业379户，个体户31户，道路旅客运输经营业户中企业占92.4%。分经营范围看，班车客运344户，旅游包车客运198户。全省拥有载客汽车1.08万辆、33.31万座位。全省有道路货物运输经营业户6.89万户，其中企业1.93户，个体户4.96万户。分经营范围看，普通货运6.83万户，货物专用运输1242户，大型物件运输620户，危险货物运输421户。全省拥有载货汽车41.04万辆、517.12万吨位。12月，交通运输部办公厅印发《关于公布2022年度国家公路网技术状况监测结果的通知》，公布监测结果，江西干线公路养护管理综合评分排名全国第1名，创历史性突破。

【公路桥梁和隧道】　2022年，全省普通国省干线公路桥梁累计31.41万延米/5406座，比上年增加7355.17延米/16座。其中，一、二类桥梁5155座，占比95.36%；危桥78座（普通国道危桥40座、省道危桥38座），占比1.4%。全省普通国省干线公路隧道4.09万延米/58道，其中，特长隧道0延米/0道，长隧道1.87万延米/11道，中隧道1.46万延米/21道，短隧道0.76万延米/26道。

【农村公路】　2022年，全省县道升级改造443千米，窄路面拓宽改造237千米，建制村通双车道461千米，县乡道路面改造51千米，旅游路、资源路、产业路、公益事业路、路网联通路392千米，其他新改建农村公路3146千米，危桥改造414座，安全生命防护工程2581千米。南昌县、浮梁县、上栗县、湖口县、新余市渝水区、鹰潭市余江区、会昌县、樟树市、资溪县、弋阳县、鄱阳县11个县级单位被确定为“四好农村路”全国示范县创建单位。鹰潭市、萍乡市获“四好农村路”省级示范市，永新县、景德镇市昌江区、共青城市、德安县、分宜县、上犹县、吉安市吉州区、奉新县、铜鼓县、广昌县、乐安县11个县级单位获省级示范县。

【公交客运】　2022年，各设区市围绕高铁站、火车站优化公交线网布局，提升公交覆盖面积和通达深度，推出“定制公交”“大站快线公交”“微公交”“旅游公交”等特色公交服务，实现“主线送到站，支线送到家”新型城市公交营运模式。全年全省有公交企业171家，其中，国有及国有控股公交企业88家，私营企业83家；城市公交客运线路2469条，运营线路总长度5.76万千米；公交车辆1.57万辆，新能源公交车1.24万辆，占比79.08%，低地板及低入口公交车1011辆；公交年客运量6.56亿人次。全省公交专用道576.19千米。

【江西省鹰潭市余江区大桥至司马源公路获2021年度全国“十大最美农村路”】　2月18日，交通运输部公布2021年度“十大最美农村路”名单，江西省鹰潭市余江区大桥至司马源公路（简称“司大线”）榜上有名，这是江西省公路首次上榜“十大最美农村路”。司大线是鹰潭市余江区北部山区的一条乡村公路，全长16.8千米。整条公路穿行在山区，道路两旁峰峦耸峙，植被茂密，风景秀美，是旅游休闲地方。司大线竣工，使地方上木材、毛竹和农产品得到更好开发利用,沿线居民出行更加方便、快捷、安全,司大线成为当地富民路和便民路。

【晓沅隧道贯通】 6月10日,由省交通投资集团所属交通设计研究院桥隧设计研究所设计的江西省首座单洞四车道晓沅隧道贯通,标志江西省单洞四车道施工关键技术在大广高速吉安至南康段改扩建项目成功应用,开创江西省四车道隧道设计施工先河。晓沅隧道位于赣州市南康区,全长390米,净高5米,净宽18.25米,开挖面积275.7平方米,是大广高速吉安至南康段改扩建项目关键控制性工程,主体经过由残坡积层土和全风化花岗岩组成的洞口浅埋地质段,具有开挖断面面积大、跨度大、施工工序复杂、地质条件复杂等特点。该项目首次采用全寿命周期监测,全面掌握隧道在施工建设、投入运行期间结构受力、变形等发展状况,能及时预报险情,保障隧道施工和运行安全。

【道路运输电子证照启用】 8月8日起,江西省道路运输行业启用道路运输电子证照。道路运输电子证照启用范围为"三类十证",其中,业户类包括道路运输经营许可证、道路危险货物运输许可证、放射性物品道路运输许可证、网络预约出租汽车经营许可证,人员类包括道路运输从业人员从业资格证、巡游出租汽车驾驶员证、网络预约出租汽车驾驶员证,车辆类包括道路运输证、网络预约出租汽车运输证以及包车客运标志牌。电子证照与纸质及IC卡证照具有同等法律效力,均为合法证件。启用道路运输电子证照方便道路运输行业运输业户与从业人员。

【祁婺高速项目全线贯通】 9月20日,祁婺高速公路三望源特大桥跨九景衢铁路段最后一片梁安全就位,该桥双幅架设完成,标志着祁婺高速项目实现主线全线贯通(除省界沱川隧道外)。祁婺高速总长40.7千米,项目桥隧比高达53%(特大桥5座,隧道6座,共有主线桥24座,匝道桥16座),该项目于2020年6月开工建设。三望源特大桥为左右线双幅设计,全桥共41跨,总长1637米。该桥所处地理位置偏僻,山高坡陡,且所跨铁路线行车密度大,施工难度较大。为减少桥梁施工对既有铁路运行影响,全部桩基均采用水磨钻施工,相较于常规桩基施工增加三分之二施工周期。施工期间,祁婺高速公路项目办及时与江西地方铁路开发公司沟通协调,推进施工进度,保证施工安全质量,确保祁婺高速公路项目实现年底主体工程建成通车。

【大广高速南康至龙南段扩容工程通车仪式举行】 9月28日,大广高速南康至龙南段扩容工程通车仪式在赣州市举行。省领导宣布项目建成通车,省政府办公厅正厅级督导专员刘晓艺,省交通运输厅厅长王爱和,省交投集团总经理谢兼法,赣州市领导胡剑飞、陈阳山,以及省直有关部门负责人出席活动。赣州市委副书记、市长李克坚致辞。该项目于2019年12月开工建设,项目全长142.67千米(含小江联络线9.99千米),途经赣州市南康区、信丰县、全南县、龙南市4个县(市)区23个乡镇,项目起自赣州市南康区十八塘乡,接已建成大广高速公路吉安至南康段,止于龙南市杉树下,接已建成大广国家高速公路龙南至杨村段。主线采用双向六车道高速公路标准,路基宽33.5米,设计行车速度100千米/时。项目建成通车后,高速从双向四车道变成双向10车道,缓解大广高速江西境内南段车流压力,推进赣南等原中央苏区振兴发展。

【吉康改扩建项目纳入交通基础设施长期性能科学观测网第一批试点观测点名单】 8月18日,交通运输部公布交通基础设施长期性能科学观测网第一批试点观测点名单,吉康改扩建项目K2916—K2918段成为首批19个试点观测点之一。该项目已经完成单幅路基和水稳层埋设,江西省按照建设任务书和建设指南,落实试点任务,围绕气象环境信息观测指标、路面结构内部环境信息观测指标、沥青路面结构观测指标,完成数据采集,为交通基础设施长期性能科学观测网提供数据资源支撑,服务交通强省建设。

【幽兰收费站改扩建工程新增车道通车】 10月,幽兰收费站改扩建工程新增车道通车。该收费站将收费广场车道规模由"四入六出"扩建为"六入十出"共16条车道,其中出口新增车道摒弃以往车道建设模式,为全省首例采用窄岛化、少亭化、集约化设计的智慧收费站。通过净化收费车道外设、取消收费亭、采用自动发卡机、自助缴费机、智能车道一体机等一体化、自动化设备,提升收费系统集成度,节约日常运营管理成本。

【2个隧道获"隧道与地下空间工程创新奖"二等奖】 11月15日,中国公路学会2022年度"隧道与地下空间工程创新奖"公布,祁婺项目婺源隧道、宜遂项目明月山3号特长隧道获"隧道与地下空间工程创新奖"二等奖。婺源隧道将绿色低碳理念贯穿于工程全寿命周期,开展交旅公路隧道正向设计,以及节能减排、绿色照明、弃渣综合治理及徽派文化景观等一系列专项创新设计。明月山3号特长隧道建立隧道综合超前地质预报体系,及时分析和预判不良地质情况,动态调整施工方案,坚持机械化、智能化与信息化无缝对接,对施工进度、安全、质量进行信息化管控,实现项目优质推进目标。

【4条高速公路建成通车】 12月29日,宜春至遂川高速公路、德州至上饶高速公路赣皖界至婺源段、寻乌至龙川高速公路(江西境内段)、宜春至井冈山高速公路三阳至新田段建成通车。宜春至遂川高速公路全线位于原中央苏区,主线呈南北走向,起点位于宜春市袁州区新田镇,与同步通车的宜春三阳至新田高速相连,终点位于吉安市遂川县堆子前镇,与正在建设的遂川至大余高速相接,途经宜春市袁州区和吉安市安福县、永新县、井冈山市、遂川县等5个县区28个乡镇。项目全长194.57千米,位于起点16千米共线段采用双向六车道高速公路标准,其余路段采用双向四车道高速公路标准,概算投资280.81亿元。赣皖界至婺源高速公路全线位于上饶市婺源县境内,主线呈南北走向,路线起点位于赣皖省界,终点接婺源枢纽互通,途经5个乡镇。项

目全长40.75千米，全线采用双向四车道高速公路标准，概算投资68.3亿元。寻乌至龙川高速公路全线位于赣州市寻乌县境内，主线呈南北走向，路线起点位于寻乌县南桥镇，与G35济广高速相接，终点位于赣粤省界，途经3个乡镇。项目全长26.82千米，全线采用双向四车道高速公路标准，概算投资35.7亿元。宜春至井冈山高速公路三阳至新田段项目全长18.42千米，起于宜春市三阳镇长岭背附近万宜高速上，经湖田镇、洪塘镇、西塘村、罗家塘、上河背，在新田镇杨芽村跨沪昆高速，终于新田镇汉塘里，接宜遂高速起点，是江西省“10纵10横21联”高速公路路网第9纵通城(赣鄂界)至大余(赣粤界)高速公路重要组成部分，也是宜春市自主筹资建设第一条高速公路。

【萍乡绕城高速公路新建工程开工动员会举行】 12月29日，萍乡绕城高速公路新建工程开工动员会在萍乡市举行。省交通运输厅厅长王爱和主持开工动员会。萍乡市委书记陈敏，萍乡市委副书记、市长刘烁，省交通投资集团董事长谢兼法，省发展改革委一级巡视员李志刚，省交通运输厅党委委员、副厅长刘震华，萍乡市副市长刘仁羿参加。萍乡绕城高速公路是江西省规划建设的一条重要地方加密高速公路，全线位于萍乡市境内，起点位于芦溪县银河镇，与沪昆高速公路(昌金段)相接，终点与莲高速公路相连。全线途经芦溪、湘东2个县区6个乡镇，全长36.4千米，采用双向四车道高速公路标准，设计行车时速100千米。项目概算投资64.2亿元。全线共有43座桥梁、2座隧道、5处互通立交、1个服务区，建设工期36个月。

(田慧)

12月29日，萍乡绕城高速公路新建工程开工动员会举行

田慧供

铁 路

【概 况】 2022年，中国铁路南昌局集团有限公司(简称“南昌局集团公司”)管辖赣闽2个省全部和湘鄂浙皖4个省部分铁路。管辖营业里程9237.7千米(江西境内4822千米)，其中，国家铁路营业里程3738.8千米(江西境内2485千米)，合资铁路营业里程5499千米(江西境内2337千米)。管辖494个车站(江西境内224个)，36个线路所(江西境内23个)。

【铁路分界站(点)】 京九线北端(蔡山站)K1277+000处与武汉局集团公司分界，京九线南端(定南站)K2008+200处与广州局集团公司分界；沪昆线东端(新塘边站)K502+200处与上海局集团公司分界，沪昆线西端(灯芯桥站)上行线K1043+446处下行线K1043+445与广州局集团公司分界；皖赣线(倒湖站)K342+500处与上海局集团公司分界；武九线(西河村站)K185+809处与武汉局集团公司分界；合九线(孔垄站)K278+871处与上海局集团公司分界；铜九线(香隅站)K164+000处与上海局集团公司分界；吉衡线(睦村站)K127+508处与广州局集团公司分界；赣韶线(珠玑巷站)K66+819处与广州局集团公司分界；沪昆高速线东端(江山站)K429+202处与上海局集团公司分界；沪昆高速线西端(醴陵东站)K1006+798处与广州局集团公司分界；合福高速线(黄山北站)K1307+230处与上海局集团公司分界；武九客专(枫林站)K153+696处与武汉局集团公司分界；衢九线(德兴东站)K96+416处与上海局集团公司分界；分茶线(茶陵站)K206+349处与广州局集团公司分界；浩吉线(吉安站)K1813+460处与武汉局集团公司分界；河下联络线(河下站)上行线K0+058处下行线K0+055与武汉局集团公司分界；京港高速线(黄梅东站)K1347+973处与上海局集团公司分界；京港高速线(定南南站)K2058+881处与广州局集团公司分界。

【客货运输】 全年南昌局集团公司旅客发送1.24亿人，完成计划的79%，同比下降27.5%(江西铁路旅客发送6217万人，同比下降30.5%)；货物发送9113.7万吨，完成计划的98.4%，同比增长2.4%(江西铁路货物发送5150.6万吨，同比增长8%)。换算周转量1410.05亿吨公里，完成计划的83.9%，同比下降7.7%。其中，旅客周转量590.91亿人公里，完成计划66.8%，同比下降21.3%；货物周转量819.14亿吨公里，完成计划的103%，同比增长5.3%。

【重点物资运输】 全年南昌局集团公司发送煤炭2260.1万吨，同比下降6.5%；发送粮食5.5万吨，同比下降23.4%；发送化肥8.5万吨，同比增长54.9%；发送石油199.8万吨，同比增长12.4%；发送金属矿石1752.0万吨，同比增长0.02%；发送钢铁965.5万吨，同比增长8.6%。

【江西鹰潭国际陆港开通运营】 5月29日，江西鹰潭国际陆港开通运营，搭载50个40英尺货柜75026/5次中欧班列从国际陆港驶出。鹰潭国际陆港位于江西省鹰潭市贵溪市城区西北侧，地处“公铁水”多种交通运输方式交汇的核心地带，通过铁路专用线与皖赣铁路贵溪北站接轨。鹰潭国际陆港依托区位交通优势、产业集聚优势、综合物流成本低优势，承担赣东北铜、铝等有色金属、五金建材等生产物资以及大宗货物仓储和中转，提供华东地区生活物资集结编组便捷服务。鹰潭国际陆港开通，实现鹰潭与沿海港口海铁双向通道无缝对接，将沿海港口管理体系和港口功能内移；依托鹰潭市产业经济基础和资源条件，构建“国际陆港+综合保税区”发展模式，成为赣东北多式联运国家枢纽示范区。

【赣西地区首趟中欧班列开行】 9月5日，赣西地区首趟中欧班列开行，装载50个40英尺集装箱75040/75039次中欧班列从江西省萍乡市赣西国际港驶出。该班列主要装载婴儿用品、鞋帽、机械设备等货物，经由满洲里口岸出境，直达俄罗斯莫斯科，用时16天。

【赣州国际陆港首趟出口汽车中欧班列开行】 10月1日，赣州国际陆港首趟出口汽车中欧班列开行。班列满载50个集装箱汽车，货物货值达1897万元。该班列为赣州国际陆港开行的首趟出口汽车中欧班列，经由二连浩特口岸出境，途经蒙古和俄罗斯，直达白俄罗斯若季诺站。赣州国际港站与中铁集装箱运输有限责任公司协作，制订运输服务保障方案，开辟绿色通道，确保出口汽车专列高质量开行。

【“复兴号”智能动车组列车落户江西】 10月1—2日，5组CR400AF－Z型“复兴号”智能动车组陆续驶抵南昌局集团公司南昌西动车二所，“复兴号”智能动车组列车正式落户江西。作为具有完全自主知识产权的中国标准动车组，“复兴号”动车组分为CR400、CR300、CR200三个系列。其中，CR是中国铁路英文缩写，其后数字表示最高运营速度，三个系列运营时速分别为350千米、250千米和160千米，分别适应高速铁路（高铁）、快速铁路（快铁）、城际铁路（城铁）。“复兴号”动车组是完全按照中国技术标准制造的新一代统型动车组列车，在车体设计、走行装置、牵引供电、列车网络标准、运用维修等10个方面，均达到国际先进水平。南昌局集团公司成为继北京、成都和武汉局集团公司之后第4个配属该高端车型的集团公司。自10月11日新列车运行图实施后，5组CR400AF－Z型“复兴号”智能动车组投入南昌至北京间运营。

【江西首列通过“铁路快通”模式报关中欧班列开行】 11月5日，江西首列通过“铁路快通”模式报关中欧班列从南昌国际陆港驶出，班列从二连浩特口岸出境，终到俄罗斯莫斯科。该趟班列运送集装箱50个，货物总重624吨，总价值2200万元。“铁路快通”模式实现铁路、海关、运营企业数据互通，对班列所载进出口货物转关运输监管，无须运营企业另行申报并办理转关手续，简化班列进出境监管手续。班列整体运行时间缩短1～2天，实现智能化监管、数字化通关、加速度验放。南昌局集团公司加强与海关和省市地方相关部门协作，提前做好与班列公司、场站运营方、进出口企业、出境海关互联互通，细化各项监管节点，实现全过程精准对接。

【昌景黄高铁江西段全线铺轨】 12月15日，昌景黄高铁江西段进入全线铺轨阶段。昌景黄高铁是国家高速铁路网重要组成部分，西起江西省南昌市，途经江西省上饶市、景德镇市，东至安徽省黄山市，全长289.91千米。其中，江西段长200.27千米，设计时速350千米，共设瑶里、景德镇北、乐平北、鄱阳南、余干、军山湖、南昌东7个车站。线路多次跨越大江大湖，横跨鄱阳湖平原，贯穿黄山山脉，是一条旅游风光线。昌景黄高铁江西段全线桥梁总长158.17千米，占比78.98%，铺轨过程中交叉作业多，行车组织协调难度大。为保证铺轨作业效率和施工安全，铺轨施工单位中铁十四局设置行车调度中心，引进国内先进行车调度系统，实现现场管理智能可视、安全自动预警；施工采用多线铺轨一体机，作业效率提升50%。

（曾进）

民 航

【概　况】 2022年，江西省机场集团有限公司（简称“省机场集团”）围绕“十四五”总体工作思路，深化企业改革创新，全面开展各项工作。全年所属机场飞机起降架次8万架次，下降42%；旅客吞吐量673万人次，下降51%；货邮吞吐量4.4万吨，下降76%。其中，南昌昌北国际机场飞机起降架次4.9万架次，下降42%；旅客吞吐量472.4万人次，下降52%；货邮吞吐量4万吨，下降77%。

【疫情防控】 2022年，面对严峻复杂的疫情防控形势，省机场集团坚持“认真、科学、冷静”原则，经受住前所未有的压力和考验，筑牢疫情防线，稳住疫情防控局面。严格落实《全国机场疫情防控工作方案》及国际航班保障“四指定、四固定、两集中”要求，完成21班入境国际分流客运航班及国际客运正班保障。密切关注国内、省内疫情动态，坚持科学精准施策，制定《南昌机场疫情联防联控（应急）处置预案》，各机场共开展疫情专项应急演练37次；成功应对化解南昌机场“11·25”疫情风险，确保机场航班安全、正常。全面升级管控措施，经受住多轮省内本土疫情考验。

【航运生产】 2022年，受疫情影响，全年航运生产恢复缓慢。客运方面，争取国家民航局对换季航班增量支持。全年南昌机场累计通航76个国内航点。恢复国际正班曼谷—南昌航线。货运方面，南昌至欧美原有全货机航线停航，东航、海航开通南昌至布鲁塞尔客改货航班。营销方面，参与江西“百城百夜”文化和旅游消费季活动和首届“江西风景独好”云端旅游推介会；推出南昌机场红色纪念登机牌，宣传推广江西红色旅游。

联合航司打造天津、石家庄、太原、遵义、郴州5条红色旅游航线。

【重点项目建设】 2022年,省机场集团贯彻全国民用机场建设管理工作会议精神,落实"规投融建营"一体化等现代工程理念,推进各重点项目建设。南昌机场T2C指廊及飞行区配套工程陆续完成非民航专业工程竣工验收、民航专业工程竣工验收、消防工程验收和行业验收。开展南昌机场3期扩建先行工程和前期相关工作,可研文本正式上报国家发展改革委审核,主进场路跨线桥工程完工并通车,两站一池迁改工程全面开展主体工程建设。

【航线网络拓宽】 2022年,冬航季航班换季后,南昌机场航班计划每周2680架次(日均383架次)。换季后,新开通包头、日照、郴州、宜昌、达州5个航点。加密成都天府、广州、海口、南宁、石家庄、兰州、银川、重庆、西双版纳、保山、贵阳、遵义茅台、长春、沈阳、大连等15个航点,拓宽航线网络覆盖面。

【航运服务质量提升】 2022年,南昌机场放行正常率96.25%,在全国旅客吞吐量占1%,机场排名第5位,高于目标值8.25个百分点,在全国旅客吞吐量占0.2%,机场中排名第6位,高于目标值14位。对接国家民航局"服务规划实施年"工作部署,形成服务质量管理体系建设实施全景图。服务产品有效创新,南昌机场增设九元航空离港设备,实现所有运营航司旅客均可在隔离区内中转,完善中转服务功能。联合顺丰快递推出"行李港到门"服务,改善旅客乘机体验。完成全国两会、中共二十大等重要会议和活动期间重大运输保障任务。

(王若羊)

水 路

【概 况】 2022年,全省内河水运项目完成投资89.97亿元(含社会投资项目固定资产25.04亿元),下降5.9%。全省赣江全线8个梯级建成6个,信江全线3个梯级枢纽全部建成,赣江、信江实现三级通航,三级及以上航道里程960.6千米,其中长江江西段156千米,赣江572千米,信江232.6千米。全省运输船舶2239艘,船舶总运力581.85万载重吨,船舶平均载重吨2599吨。全省有水路运输经营户239家,其中,水运企业214家,个体经营户25家。全省水路运输企业比上年增长7%,其中,省际普货运输企业增长7.14%,省内普货运输企业增长13.51%,个体经营户增长25%。全省完成港口吞吐量22591.5万吨,集装箱88.5万标箱,分别下降1.4%和增长13.3%。九江港完成港口吞吐量18061.3万吨,集装箱76.9万标箱,分别增长19%和18.6%;南昌港(规模港口)完成港口吞吐量2823.6万吨,集装箱11.6万标箱,分别下降23.7%和12.2%。全年全省水上交通领域共接报安全生产亡人事故1起,死亡2人。与上年相比,事故起数上升1起,死亡人数增加2人。全省在建水运工程领域共接报安全事故2起,死亡2人。与上年相比,事故起数减少9起,下降81.8%;死亡人数减少13人,下降86.7%。未发生较大及以上安全生产事故。

【船舶港口污染防治】 2022年,江西省率先在全国内河省份启动船舶水污染物"零排放",完成1785艘100总吨以上船舶生活污水防污染设施改造;全省113家取得经营许可证港口企业和21个船舶污染物接收站均已配备船舶污染物接收设施设备,全部注册使用"船E行"系统;全年全省接收船舶垃圾300吨、生活污水5.34万立方米、油污水203立方米,船舶垃圾、污水转运率、处置率均达到90%,实现船舶污染物闭环管理。九江市湖口县水上化学品洗舱站建成投入使用,完成洗舱作业52艘次,为上年3倍。全省淘汰(拆解)高污染高耗能老旧客货运输船舶82艘。

【双"112"工程】 推进双"112"工程发展,建设智慧航道"112"(1套电子江图、1个数据中心、航道公共信息服务和运行管理2个平台)工程和智慧船闸"112"(1张船闸管控一体化感知网、1个船闸数据中心、船闸运行管理和过闸服务2个平台)工程。智慧航道154座遥测遥控航标、231千米电子航道图已集成到"长江航道图"APP使用,实现干支联动。8月14日,智慧船闸系统建设规划获省交通运输厅批复,双港船闸、虎山嘴船闸现地层系统基本建成,"赣航通"APP上线投运。

【《南昌港总体规划(2035年)》获批复】 2月24日,《南昌港总体规划(2035年)》获交通运输部、江西省人民政府联合批复,南昌港将划分为市汊、龙头岗、姚湾、厚田、城区、南新、樵舍、北郊、昌东和进贤10个港区,其中市汊港区和龙头岗港区为核心港区。此次规划现状基础年为2019年,规划水平年为2025和2035年,规划范围包括南昌市境内赣江(包括赣江西支、中支、东支)、抚河等河流。共规划港口岸线24.53千米,含开发利用港口岸线3.95千米。其中,赣江规划港口岸线22.79千米,开发利用3.95千米;抚河规划港口岸线1.74千米。南昌港以干散货、集装箱、件杂货、液体散货和商品汽车滚装为主,兼有旅游客运功能,逐步发展成为设施先进、功能完善、运行高效、安全环保的现代化综合性港口。

【"九江智慧港航一张图"项目研究工作大纲获评审通过】 5月9日,省交通运输厅组织召开2022年度第一批科技项目研究工作大纲评审会,九江市港口航运管理局通过视频会议形式汇报"九江智慧港航一张图"项目研究工作大纲情况,并获专家评审通过。评审会上,九江市港口航运管理局从项目概要、研究工作基础、研究背景及必要性、实施方案、考核目标、进度计划、承担合作单位情况、经费概算、效益评估以及人员组成10个方面对"九江智慧港航一张图"项目研究工作大纲进行汇报。评审专家对该项目给予肯定评价,并从信息采集方法、数据准确性、港航协同发展、安全监管预警等方面对项目研究工作大纲提出意见建议。九江市港口航运管理局将结合专家评审意见完善项目研究工作大纲,推进项目研究及建设。

【船舶和港口岸电设施建设】 6月，完成全省265艘运输船舶受电设施改造年度安装任务，改造进度在长江经济带11省市中位列第1位。同步推进码头岸电设施建设和改造，9月，完成全省123个泊位码头岸电设施安装任务，港口和船舶岸电设施匹配度明显提升；全省累计使用岸电设施3.02万艘次，使用岸电电量36万千瓦时，分别增长11.2%和17.8%。

【九江石化芳烃项目系统配套第二油品码头改造工程竣工验收】 6月，九江石化芳烃项目系统配套第二油品码头改造工程通过竣工验收。该工程建设规模为改造1个5000吨级化学品泊位，年吞吐量110万吨，设计年通过能力115万吨，使用长江岸线150米。改造工程于2021年1月21日开工建设，2022年1月20日实现与芳烃主装置同步中交，6月14日工程验收现场核查组及专家认为该工程完成批复工程内容，验收资料齐全，满足竣工验收条件，核查合格。

【九江港瑞昌港区吉恩重工配套码头工程竣工验收】 7月，九江港瑞昌港区吉恩重工配套码头工程通过竣工验收。建设单位江西吉恩重工有限公司邀请江西省高等级航道事务中心、江西省交通建设工程质量监督局、九江市港口航运管理局、九江海事局、长江九江航道处、长江航道规划设计院、长江勘探规划设计研究有限公司、中交二航院等有关单位专家和代表参加码头工程竣工验收会议。专家与代表踏勘码头现场，查阅各项验收资料，形成竣工验收现场核查报告。该工程位于瑞昌港区下游，使用岸线140米，建成1个5000吨级件杂货泊位，设计年吞吐量64万吨。

【吉安港新干港区河西综合码头投产试运营】 7月27日，吉安港新干港区河西综合码头开启新余钢铁集团有限公司第一批货物起吊装船，标志着新干港区河西综合码头投产试运营。新干河西综合码头工程位于赣江左岸，新干赣江大桥上游，建有3个500吨级泊位，设计年吞吐量110万吨。该码头投产试运营，为省港口集团与新余钢铁、赣锋锂业等大型企业推进港口物流产业链合作创造有利条件。

【江西万安枢纽二线船闸试通航】 8月8日，江西万安枢纽二线船闸实现试通航，标志着赣江千里“黄金水道”经济大动脉打通，实现赣江高等级航道全线贯通。该项目建成，有效提高赣江通航能力，实现“千里赣鄱黄金水道”全面三级通航，补齐江西水运发展短板，带动赣江腹地相关产业和物流业发展，增加地方就业降低物流运输成本，促进当地经济和社会可持续发展。

【2条航线入选国内水路旅游客运精品航线试点】 10月，交通运输部公布打造国内水路旅游客运精品航线试点单位及试点内容，全国有50条水路旅游客运航线，其中江西省有2条航线入选。入选航线分别为九江庐山西海云海轮船有限公司的“司马码头—云居岛—明珠岛—桑田岛”航线，入选类型为自然景观游；南昌滕王阁游轮客运有限公司的“八一大桥—朝阳大桥”航线，入选类型为城市景观游。

【2个水运规划项目获水运工程优秀咨询成果奖】 11月1日，中国水运建设行业协会公布2022—2023年度第一批水运工程优秀咨询成果奖获奖项目名单，江西省高等级航道事务中心组织编制的《江西省水运“十四五”发展规划》《江西省内河航道与港口布局规划(2021—2050年)环境影响报告书》分别获一等奖和三等奖。《江西省水运“十四五”发展规划》总结“十三五”时期全省水运发展主要成绩，结合江西水运发展实际和特色，根据“十四五”时期国家战略、区域经济和行业发展等新形势、新要求，明确江西水运“十四五”时期发展思路、主要目标、重点任务和政策导向，是指导“十四五”时期江西水运发展的纲领性文件。《江西省内河航道与港口布局规划(2021—2050年)环境影响报告书》识别航道与港口布局规划涉及的环境敏感目标，分析规划与相关规划协调性，对规划实施在水生态、水环境、大气环境、生态敏感区等方面可能产生影响进行分析和预测，开展环境风险分析，提出规划优化调整方案和避免、减轻不良环境影响的措施建议，提供全省内河水运可持续绿色发展。

【“九江—岳阳”集装箱航线开通】 12月，“九江—岳阳”集装箱航线开通。该航线在原有重庆港直达九江港集装箱班轮航线外，新增重庆—岳阳—九江中转模式，满足不同企业、不同产品需求，增加九江港服务实体经济韧性。该航线旨在通过承接“海进江”西南方向货物和重庆中欧班列回程商品，加深中部与西部经济互动，是九江港承东启西、强化枢纽的布局，是长江中游港口加强合作发展的探索。

(鄢自康)

邮　政

【概　况】 2022年，全省邮政行业业务总量完成243.64亿元，增长15.64%；业务收入完成227.48亿元，增长13.21%，业务量增速位居全国第3名。全年邮政行业寄递业务量累计完成26亿件，增长9.77%，增速位居全国第7名。其中，快递业务量完成18.23亿件，增长13.85%，增速位居全国第6名；业务收入完成161.71亿元，增长12.05%，增速位居全国第1。行业总体在攻坚克难中稳中向好，进中提质。

【疫情防控】 2022年，推进从业人员疫苗接种，全力做好从业人员疫苗接种工作，完成加强免疫接种工作。全省系统严格履行部门监管责任，及时消除疫情传播隐患，妥善处置涉疫突发事件，全行业疫情3年未发生重大聚集性疫情。成立保通保畅工作领导小组，纳入省物流保通保畅工作机制，协调省疫情防控指挥部，将邮政快递业纳入省重点民生物资运输保障范围，做好重点企业关闭封停的协调指导，推动复工达产，将疫情影响降至最低。争取邮件快件进社区、增设无接触投递设施等措施，缓解疫情地区投递压力。畅通保障民生和医疗物资寄递服务，做好农村地区医疗物资寄递服务及应急处置。疫情期间，邮政、顺丰、京东等企业主动承担社会责任，积极运递防疫物资和民生物资，发挥保通保畅工作支撑作用。

【基础设施建设】 2022 年，全省拥有快递企业总部在建和确定投资项目 31 个，投资总额超 112 亿元，总用地面积 215.73 公顷。江西顺丰丰泰电商产业园投入使用，获国家物流枢纽建设专项资金 2600 万元。菜鸟中国智能骨干网南昌项目标准化供应链仓配服务再升级。全省主要快递品牌企业全部实现自动化分拣作业，配置自动化（半自动化）分拣设备 400 余套，增长 32%。全省建成 20 个具备自动化分拣能力的县级共配中心，南昌经开区快递企业自筹建设专业快递物流园，年处理能力超亿件。全省自营快递网点标准化率超 97%，处理场所 X 光安检机和信息化系统普遍应用。全行业开通 4 条全货机航线，顺丰、京东等品牌“高铁 + 寄递”业务规模扩大，寄递综合运输服务效能显现。

【行业绿色发展】 2022 年，全省邮政行业实施“9917”工程，制定行业生态环保工作要点，全年全省行业采购使用符合标准包装材料比例达 92.81%，按照规范封装操作比例 91.64%，可循环快递箱（盒）数量 19 万个，回收复用瓦楞纸箱 1958 万个，各项指标均超额完成年度目标。加大新能源、清洁能源车辆推广应用，探索绿色网点、绿色分拨中心建设，拥有新能源或清洁能源车 1031 辆，建成绿色网点 382 个，绿色分拨中心 9 个。强化快递包装绿色治理，推进包装减量化、标准化、循环化，宣传贯彻《中华人民共和国固体废物污染环境防治法》《邮件快件包装管理办法》，推动省政府办公厅转发《关于加快推进快递包装绿色转型的若干措施》。强化行业生态环保领域执法检查，全年累计立案查处 50 起，办案数量位居全国前列。

【从业人员权益保障】 2022 年，开展快递末端派费核算，萍乡局开展快递员劳动定额试点，提高快递员合理收入。将快递员培训纳入省重点产业专项技能培训范围，累计培训 6524 人次，获得财政补贴 132 万元。115 名从业人员通过快递工程技术人员职称评审和认定。新增从业人员优先办理工伤保险 1.91 万人。联合省总工会、团省委等部门开展“暖蜂行动”和“快递从业青年服务月”等活动，全省设立快递员爱心驿站、关爱站等服务阵地 222 个，开展各类慰问活动 263 次，联合省总工会举行全省快递行业集体合同签约仪式，向快递企业赠送总价值 56 万元的职工互助保险和物资。

【产业协同发展】 2022 年，推进快递业“两进一出”（进村、进厂、出海）工程，加快产业协同发展。全省打造快递服务现代农业项目 64 个，业务量超 1.5 亿件，带动农产品销售额 64.7 亿元。赣南脐橙、宜春竹木制品、萍乡豆制品入选全国快递服务农业金牌项目。落实快递服务先进制造业“5312”工程要求，打造快递服务制造业项目 50 个，业务量超 2 亿件，带动制造业产值 115.5 亿元，业务规模实现较快增长。推动“快递出海”，促进跨境电商寄递服务发展。全年全省国际及港澳台快递业务累计完成 1398.19 万件，增长 50.52%；业务收入累计完成 3.19 亿元，增长 43.04%。

【三级物流体系建设】 2022 年，全省 39 个县、165 个乡镇开展交邮合作，入驻县区客运场站 15 个、乡镇综合运输服务站 31 个，综合评分列全国第 5 位。省级层面与 13 家主要快递企业签订邮快合作协议，累计代收邮件 50.82 万件，代投邮件 2557.11 万件，提前 2 个月超额完成计划。完成 23 个示范县“两中心一站点一仓储”建设，其中 5 个项目争取地方政府投入 2434 万元。全省新增农村投递车辆 955 辆，农村汽车投递率 82%。全省建成综合便民服务站 1.5 万个，覆盖率 89.51%。全省安装中邮 E 通自提点 1.86 万个，超额完成计划。

【《虎（文物）》特种邮票首发仪式举行】 9 月 5 日，《虎（文物）》特种邮票首发仪式在江西省博物馆举行。江西省文化和旅游厅、江西省邮政分公司、江西省博物馆、南昌市邮政分公司、江西省集邮协会、南昌市集邮协会等单位相关领导参加，并共同为邮票揭幕。中国邮政此次发行《虎（文物）》特种邮票一套 6 枚。邮票图案名称分别为商 · 伏鸟双尾青铜虎、春秋 · 青玉虎形佩、汉 · 白虎瓦当、汉 · 错金铭文铜虎节、金 · 磁州窑白釉褐花卧虎枕、清 · 皮影飞虎。全套邮票面值 7.20 元。

【江西省邮政行业技能竞赛举行】 10 月 29—30 日，由江西省总工会主办、江西省邮政管理局承办、江西交通职业技术学院、江西省快递行业协会、江西省邮政行业职业技能鉴定中心协办的江西省邮政行业技能竞赛在江西交通职业技术学院举行。来自全省各设区市邮政快递行业 23 个单位，共 33 名选手参加。此次竞赛设有理论知识竞赛、多物品收寄、派送路线设计和智能快件箱操作 4 个模块。经过角逐，王松、熊伟、王新才分别获竞赛第 1 名、第 2 名、第 3 名。

（范志奇）

本类目编辑 刘清林

金　融

综　述

2022年，江西省金融系统面对“需求收缩、预期转弱、供给冲击”三重压力，按照“疫情要防住、经济要稳住、发展要安全”要求，深化金融服务，加大信贷投入，更好服务实体经济发展。年末，江西省有银行业金融机构（中国银行保险监督管理委员会江西监管局统计口径，不含人民银行机构数）7064个，比上年减少31个；从业人员10.58万人，比上年减少68人。其中，政策性银行3家，机构96个，从业人员2324人；国有商业银行6家，机构3264个，从业人员5.08万人；全国性股份制商业银行11家，机构286个，从业人员6369人；城商及民营银行5家，机构773个，从业人员1.55万人；农村商业银行87家，机构2261个，从业人员2.42万人；村镇银行77家，机构181个，从业人员4658人；非银行金融机构6家，从业人员1704人；金融资产管理公司4家，从业人员192人；外资金融机构4家，从业人员54人。

社会融资规模占全国比重上升。全年全省社会融资规模增量为8623.70亿元，比上年多332.60亿元，占全国比重2.69%，同比上升0.05个百分点。全年累计增量居中部6个省第5位，与上年持平。分结构看，表内贷款增量同比少增，占比较上年下降。全年全省对实体经济发放本外币贷款增加5470.95亿元，少增91.73亿元，占全省社会融资规模63.44%，下降3.65个百分点，比全国占比低0.26个百分点。表外融资呈现负增长，比上年大幅少减。全年表外融资减少204.42亿元，少减1002.52亿元。直接融资减少，占比高于全国平均水平。全年全省直接融资增加1067.79亿元，同比少645.66亿元，占全省社会融资规模12.38%，下降8.28个百分点，比全国占比高2.30个百分点。政府债券融资多增，占比较上年下降。全年政府债券净融资1834.49亿元，同比多53.41亿元，占全省社会融资规模21.27%，下降0.21个百分点，比全国占比低0.98个百分点。

贷款规模平稳增长。年末，全省本外币各项贷款余额5.28万亿元，比年初增加5602.15亿元，同比多增96.41亿元，增长11.88%，增速居全国第8位、中部第2位，持续位于第一方阵。从地方法人金融机构看，12月末，地方法人金融机构（含外省）人民币各项贷款余额1.79万亿元，比年初增加1907亿元，增长11.9%，符合宏观调控要求。

存款增速稳中有升。年末，全省本外币各项存款余额5.32万亿元，增长11.32%，比年初增加5406.40亿元，为上年增量1.41倍，创历史新高。其中，住户存款余额3.01万亿元，比年初增加4544.43亿元，增量占各项存款增量比重84.06%；增长17.81%，比上年同期加快5.92个百分点。

债务融资工具发行创新高。全年全省有55家非金融企业累计发行186只债务融资工具，发行金额1738.3亿元，比上年减少244亿元，发行量在全国排名第13位；债务融资工具加权平均发行利率2.93%，下降0.66个百分点。

证券保险市场发展。全年全省新增A股上市公司14家，创历史最好成绩。全省保费收入972亿元，增长6.91%；保险业累计赔付支出355亿元，增长6.19%。

（柳翠）

地方金融监管

【概　况】　2022年，全省地方金融监管系统落实省委经济工作会议精神，围绕“稳住、进好、调优”经济工作思路，按照“疫情要防住、经济要稳住、发展要安全”要求，顶住疫情反复、旱情罕见、经济下行等超预期因素影响，奋战一季度、强攻二季度、拼搏三季度、决战四季度，全省主要金融指标全面超额完成，存贷款总量稳定增长，企业上市成效明显，直接融资规模持续扩大，金融风险防范精准有效，江西金融正在从1.0版向高质量2.0版迈进。全年全省“7＋4”类地方金融组织489家，注册资本总额785.68亿元，资产总额1481.13亿元。

【服务实体经济】　2022年，推动省融资担保集团、省信用融资担保集团实现长期主体信用评级AAA级，填补江西省AAA级担保机构空白。落实奖补政策，联合出台全省普惠金融发展示范区评选管理办法，赣江新区、吉安市吉州区、于都县获示范区，共下达奖补资金1亿元。9月底，国家融资担保基金通报5项指标中，江西省“总对总”业务规模172.07亿元，居全国第1位；再担保业务规模919.09亿元、支小支农业务913.19亿元、风险规模893.08亿元，均居全国第2位。全年全省融资担保在保余额2863.55亿元，其中直接融资担保在保余额2203.30亿元，超额完成全年任务,融资担保(含再担保)放大倍数6.84倍,融资担保费率0.70%,34个月保持在1%以下。推动江西联合股权交易中心"专精特新"专板建设,支持"专精特新"企业发展,全年入板企业83家,为58家企业融资18.22亿元,全年新增展示企业248家,挂牌企业49家,挂牌展示企业总数7156家,累计融资额924.77亿元。深化"融资租赁+"模式,促进经济稳定增长,全年实现融资租赁资产总额336.06亿元,增长12.7%。全年行业资产总额76.75亿元,增长74.95%;发放保理融资款80.55亿元,增长123%。至年底,全省小额贷款公司123家,总注册资本172.89亿元,累计发放贷款751.99亿元,贷款余额163.46亿元,其中纯农贷款和单户100万元以下贷款余额占比75.78%,加权平均贷款利率12.96%。指导地方资产管理公司助产纾困,帮助化解地产领域不良风险。全年全省两家地方资产管理公司总资产200.14亿元,净资产61.57亿元,累计利润总额5.54亿元,净利润4.51亿元,处置不良资产99.48亿元。引导供应链金融机构对全省重大战略布局,加大关键领域支持力度。全年全省供应链金融机构实现投放规模85.13亿元,完成全年目标任务的106.41%,增长41.88%。

【优化营商环境】 2022年,健全金融业态体系,全年召开4次行政许可委员会会议,集中审议新设4家典当行、7家融资担保公司、5家融资租赁公司、13家商业保理公司、8家小额贷款公司等37家机构,注册资本41.23亿元,变更股权12家,壮大地方金融组织。利用"赣服通"、江西政务服务网等平台,实行政务服务"一网通办",对地方金融组织办理名称、地址变更备案业务,全程实行线上受理、平台办理,办理结果邮寄送达,为154家地方金融组织变更审批(备案)业务实现"不见面"办理,整理上传148家融资担保公司、135家典当行、117家小额贷款公司电子证照,依法公示行政许可信息,在局门户网站、政务服务网一窗式平台、信用江西等平台公示许可信息789条。围绕营商环境改革"一号工程",创新实施金融审批服务十大便民惠企举措,降低金融审批办事成本,激发小额贷款、融资担保、典当行、融资租赁、商业保理等地方金融组织经营活力。

【维护金融稳定】 2022年,印发《江西省防范化解重大金融风险问责办法》,推动5家国资企业联合体收购国盛金控50.43%股权,国盛金控列为省管企业。稳妥化解国盛金控26亿元存续债券违约风险,保持全国唯一债券零违约省份。推进融资平台优化升级,3项整改措施、11项具体整改任务完成率100%。全省15家市、县级平台公司(含一级及以下)通过融资平台优化升级,信用等级得到提升,实现全省设区市本级平台AA+全覆盖。建设"赣金鹰眼"非法集资监测预警平台2.0版,提升监测预警精准度,发现143条风险线索并组织属地核查。推进非法集资存量案件处置攻坚,全年化解陈案134件,化解率138%,为百姓挽回11.58亿元财产损失。开展省养老领域非法集资专项整治行动,印发《江西省养老领域非法集资专项整治行动方案》,核查养老诈骗线索28条,移送公安机关11条,推动南昌"老庆祥"等案件处置完结,获最高人民法院通报表扬。推进交易场所清整,压降重点存量风险。印发《江西省排查整治"伪金交所"工作实施方案》,全年清退存量20亿元,注销3家,变更名称和经营范围2家,全省在全国"伪金交所"专项整治工作会议上作先进典型发言。推动网贷存量风险出清,全年存量业务未清偿停业退出网贷机构1家,同比压降75%;网贷机构(不含立案类)待偿余额1.34亿元,同比压降57.77%;未兑付出借人数919人,同比压降56.61%。加强私募基金风险排查与整治,全年压降私募基金风险333.92亿元,成效获国家清整办表扬。开展民间融资机构专项整治,推动良性退出10家,移送公安机关立案打击7家。

【加强行业监管】 2022年,完善地方金融监管法治体系,推进行政执法规范化建设,制定地方金融监管领域行政处罚基本文书,执行统一行政执法文书基本标准,规范行政处罚。研究起草《江西省防范和处置非法集资工作实施细则》,征求各地各部门意见,提请省处非领导小组扩大会议审议通过。会同政法部门印发《办理非法集资犯罪案件基本证据标准指引(试行)》《深入推进养老诈骗刑事案件追赃挽损工作指引》,强化办案指导和追赃挽损,提升非法集资案件挽损率。出台《大型民营企业金融债务风险防范化解工作指引(试行)》,推动金融机构支持省内重点企业纾困展期续贷。印发《地方金融组织质量提升工程实施方案》,规范全省地方金融服务体系建设。出台《江西省小额贷款公司监督管理办法》,明确日常经营规则,规范业务范围,对小贷公司贷款集中度、融资杠杆率、贷款利率、规范催收作出明确要求。经省政府同意,出台《关于促进我省私募股权投资高质量发展的实施意见》,支持全省私募股权资高质量发展。强化地方金融业态监管,依法合规开展行政处罚,成立行政处罚案件审理委员会,围绕行政处罚合法合理及自由裁量权适用等方面,审理全省首例地方金融组织行政处罚案件。落实"双随机、一公开"行政执法监督要求,开展各类地方金融组织现场检查。推进监管能力现代化,推动地方金融监管平台上线,监管部门与被监管行业企业、省级与地市金融监管部门之间数据实现互联互通,全省地方金融组织实现平台统一监管,提升工作效率和监管效率,全年收集各类报表数据5223份,生成数据统计分析报告12期。下发《关于做好2022年度小额贷款公司分类监管评级工作的通知》,对全省136家小额贷款公司开展评级,评为AAA级13家、AA级28家、A级34家,按问题类企业监管5家,拟注销或退出15家。研究制定融资租赁、商业保理、典当三类机构监管指引、审批指引,提升监管效能。

(黄俊豪)

银行保险业监管

【概 况】 2022年,江西银保监局按照"守底线、保平安、创亮点、有进步，稳中有为、稳中求进”总体思路，引领全省银行保险机构科学统筹稳增长，支持经济企稳向好，确保江西经济高质量发展。年末，全省银行业存款5.11万亿元，增长11.37%；贷款余额5.26万亿元，增长11.63%。存款增速位居全国第20、中部第5；贷款增速位居全国第10、中部第2位。全省保费收入972亿元，增长6.91%；赔付支出355亿元，增长6.19%。保费收入增速居全国第8位、中部第2位。

【服务实体经济】 2022年，督促引导银行保险机构发挥融资主渠道作用和风险保障核心功能，满足实体经济多样化金融需求。研究制定《银行业保险业贯彻落实江西省第十五次党代会精神的指导意见》《银行保险业支持营商环境优化升级“一号改革工程”的指导意见》等政策文件，引导银行保险机构对接重大战略和重点产业、重点企业、重点项目融资需求，率先在全国建立工业贷款监测通报制度。全年新增制造业贷款1423.29亿元，达上年增量1.8倍。指导用好用足政策性开发性金融工具，累计支持基础设施建设项目186个，投放金额282.64亿元。制定修订《推动银行业保险业发展绿色金融支持全面建设美丽江西的指导意见》等3个意见办法，开展绿色信贷考评，组织创建绿色分（支）行17家，绿色信贷余额突破5300亿元。印发《关于进一步推动金融支持江西科技创新发展的通知》，全年科学研究和技术服务业贷款增速67.79%，科技保险提供风险保障343亿元。印发《关于贯彻落实受疫情影响困难行业企业金融纾困政策的通知》等4份文件，明确纾困措施，强化跟踪督促，推动落地见效。全年累计发放防疫专项贷款和纾困贷款3442亿元，办理贷款延期还本付息6.74万户、1235亿元。

【保险保障工作】 2022年，推动地方政府将柑橘等3个省级优势特色农产品纳入省级财政保费补贴目录，将产粮大县和非产粮大县水稻完全成本保险保额提高至1100元/亩和600元/亩。督促做好旱灾理赔服务，全省赔付7.8亿元，做到应赔尽赔、

9月2日，2022年江西省金融知识宣传月活动启动仪式举行

何凤远供

应赔快赔。制定《关于做好专属商业养老保险试点的指导意见》，全省8家保险公司推出专属产品。巩固拓展长护险试点成效，规范城市定制型商业医疗保险，推进大病保险提质增效。

【普惠金融工作】 2022年，制定《2022年普惠金融行动方案》，明确普惠金融信贷计划，建立横向到边、纵向到底的矩阵工作体系。印发《普惠金融服务中心转型升级工作方案》，按照“政府主导、监管推动、金融参与、多方聚力”原则，指导各地围绕政策宣传、信用信息、业务撮合、信贷增信、金融教育“五个中心”目标，打造“一站式”服务平台，形成“南康模式”等经验典型。全省建成普惠金融服务中心35个，累放贷款130亿元。加强小微企业金融服务政策传导，开展监管评价，推动完善“敢贷、愿贷、能贷、会贷”体制机制。年末，全省普惠型小微企业贷款比年初增长22.33%，高于各项贷款增速12个百分点；贷款户数比年初增加18.85万户；新发放普惠型小微企业贷款平均利率比上年下降0.38个百分点至5.23%。督促落实脱贫人口小额信贷“四个不摘”要求，提高县域信贷资金适配性，优化“三农”金融服务，支持乡村振兴。全年涉农贷款余额1.78万亿元，比年初增长14.07%。

【优化新市民金融服务】 2022年，召开机构座谈会，与南昌市金融办座谈交流，多方听取意见建议。制定《关于加强新市民金融服务的指导意见》《关于推动贯彻新市民金融服务工作要求的通知》，建立季度统计及通报机制。组织全省银行保险机构开展集中宣传月活动，共开展3000余次网点宣传、1500余次外出宣传，参与群众100万人次，让惠民政策直达新市民。年末，辖内银行保险机构推出143个新市民专属信贷、保险产品，全年发放贷款172亿元，向1.42万家企业、527万人次提供保险保障，累计赔付1.26亿元。

【保护消费者合法权益】 2022年，召开全省信访工作会议，开展消保监管评价、现场检查，建立信访举报投诉问题分析制度，压实机构主体责任。印发《关于进一步做好消费投诉处理工作的通知》，建立全省村镇银行投诉直转工作机制，提高投诉办理质效。坚持“凡举报必查、凡违规必处”，开展涉企乱收费和侵害个人信息专项整治，严厉打击侵权行为。全年处理投诉5351件，同比下降32.01%，为4年来首次下降；办理举报1314件、信访1015件，接待群众到访644批次、1262人；收到群众感谢信和锦旗8次。

【防范化解金融风险】 2022年，强化底线思维和忧患意识，按照“稳定大局、统筹协调、分类施策、精准拆

弹”方针，健全风险预防、预警、处置、问责机制，巩固拓展风险防范处置成果。及时总结个别机构集中取款事件处置经验，创新性提出“两个监测、两个预案、三个责任”声誉风险和流动性风险处置机制。加快不良资产处置，严密防范化解信用风险，全年全省银行业处置不良资产450.23亿元，同比多处置0.56亿元。坚持“房住不炒”定位，落实差别化住房信贷政策，配合推进“保交楼、保民生、保稳定”工作。联合打击非法金融活动，守护金融安全。

【市场乱象整治】 2022年，坚持银行保险机构微观治理，提升公司治理、风险治理和业务治理水平，推动银行保险机构回归本源、专注主业、服务当地、行稳致远。加强车险市场监管，开展车险专项检查，维护车险市场秩序。清理整顿学平险市场，解决长期存在不规范问题，实现保障责任不变，保费下降20%。联合印发《关于在全省开展整治“代理退保”黑产专项行动的通知》，打击“代理退保”黑产乱象。规范保险中介从业人员销售行为，全面清理“三无”中介机构。加强监管力度，依法实施行政处罚，全年处罚机构170家次，处罚责任人341人次，罚没款合计6837.23万元，行业禁入23人次。抓好中小法人银行业机构经营定位与金融服务监管，扭转改善发展经营模式，督促回归本源、专注主业、服务江西。督促法人银行保险机构健全党委会、股东大会、董事会、监事会运转机制，提升“四会一层”履职质效。紧盯公司治理三年行动方案，加强督促指导，推动圆满收官。强化股东股权监管，推进合规管理、风险管理与内部审计“三道防线”建设，增强机构自身风险防控能力。

（何凤远）

金融服务

【概　况】 2022年，江西金融系统紧扣全省经济增长点，服务产业体系转型升级需要和居民消费需求，巩固提升优势产业地位，实现先进制造业、战略性新兴产业融合集群发展，支持全省经济高质量发展取得新成效。全年全省金融业增加值2140.5亿元，增长5.6%，占地区生产总值的6.7%。

【信贷结构优化】 2022年，做好“一产一策”金融支持，用足用好各类货币政策工具，支持制造升级，聚焦“2+6+N”重点产业、14条重点产业链和13个产业规划，开展金融保链强链行动，创新应收账款资产池融资模式。全年江西制造业贷款余额4074亿元，增长24.1%，比上年提高8.2个百分点；支持数字经济，推出“技术流”专属评价体系，引导金融机构运用“贷款+远期权益”等模式开展科技金融业务，做好VR、北斗等重大数字经济战略融资支持。全年江西高新技术企业、科技型中小企业、全国级专精特新企业贷款余额同比增速均高于各项贷款增速；支持乡村振兴，强化财政金融政策融合，发展银担合作业务，推出“财农信贷通”“农村产业振兴信贷通”等产品，涉农信贷投放持续增长。全年全省涉农贷款余额1.77万亿元，增长13.7%，连续9个月高于各项贷款增速；支持服务转型，促进新兴服务业稳步发展。全年全省服务业贷款余额2.09万亿元，增长13.2%。其中，新兴生产性和生活性服务业分别增长59.7%和36.2%。

【金融普惠民生】 2022年，全省金融机构重点支持受疫情影响重点领域、市场主体及薄弱环节，构建小微企业贷款敢贷愿贷能贷会贷长效机制，打通金融惠企纾困政策传导“最后一公里”。全年江西普惠小微企业贷款余额7086亿元，贷款户数128万户，比年初增加8.4万户，全年普惠小微贷款利率下降43个基点。及时将央行减息激励资金送达市场主体，辖内金融机构5.5万户普惠小微市场主体减免贷款利息1.2亿元；运用普惠养老专项再贷款，发放贷款金额位居全国5个试点省份第2。用好创业担保贷款，确保需求端经济动能显著恢复。全年江西累计发放创业担保贷款1825亿元，居全国前列，扶持个人创业145万人次，稳定和带动就业586万人次。

【区域金融改革】 2022年，推进绿色金融，运用碳减排支持工具和支持煤炭清洁高效利用专项再贷款激励约束作用，引导金融机构加大对绿色项目支持力度。高质量建设绿色项目库，推动项目融资对接，入库绿色项目763个，对接153个，授信金额511.97亿元。创新可持续发展挂钩贷款、“碳足迹”披露支持贷款模式，成功落地碳汇收益权质押贷款、湿地经营权抵押贷款。全年全省绿色贷款余额5432.77亿元，增长39.52%，增速及在各项贷款中占比均高于全国平均水平。推进普惠金融改革试验区建设，推动普惠金融服务下沉，扩大农村普惠金融服务站覆盖面，全省建站5170个。聚焦中小微企业应收账款确权难、贷款期限匹配难等堵点，建立江西省普惠金融综合服务平台、农村经营户信用信息联网核查平台、企业收支流水大数据征信平台等，动态运用企业收支流水、应收账款等“软信息”，缓解企业融资难题，累计支持39万户市场主体获得4600亿元贷款。

【基础金融服务】 2022年，推动支付减费让利，全省银行机构支付手续费让利3.64亿元；推进适老惠老工作，全省98.43%银行网点为老年人开通“绿色通道”，推动农村支付环境改善，全年累计建成助农取款点2.95万个，发行乡村振兴卡149.17万张；保障现金供应充足，推动流通中人民币整洁度提升，全年全省流通中人民币整洁度86.48%，提高2.12个百分点；实施全流程电子退税，全年全省办理退税业务944.5亿元，退税效率位列全国前列；累计4.06万户信息主体、1867家企业受疫情影响的相关逾期贷款调整还款安排或征信记录，优化征信服务；打造12363“金融暖心热线”，全年累计接收消费者投诉2239笔，办结率97.1%；打击非法金融活动，全年累计管控420个涉赌银行账户，协助公安机关破获涉诈案件5220起；累计开展反洗钱调查19起，查实涉案主体210个，查获银行账户3351个，涉案金额7亿元。

5月24日，南昌市金融助力"一号发展工程"暨重大重点项目产融对接会举行

柳翠供

【南昌市金融助力"一号发展工程"暨重大重点项目产融对接会举行】 5月24日，南昌市金融助力"一号发展工程"暨重大重点项目产融对接会在南昌举行。省委常委、南昌市委书记李红军出席并讲话，市委副书记、市长万广明主持。人行南昌中心支行行长张瑞怀，江西银保监局局长李赛辉，江西证监局局长唐理斌，省金融监管局副局长万良顺致辞。南昌市领导胡晓海、王万征、赵捷以及国开行、进出口银行、农发行江西省分行等驻昌省级银行、省级证券机构代表、省级保险机构负责人，部分金融机构、企业家代表等出席。对接会上，南昌市人民政府与国开行江西省分行、进出口银行江西省分行、农发行江西省分行签署战略合作协议；部分南昌市重大重点项目与金融机构签署战略合作协议；部分电子信息企业、VR企业与金融机构签署战略合作协议。现场签约总金额5700.52亿元，其中与政策性银行签约5225亿元，其他签约475.52亿元。

（柳翠）

外汇管理

【概　况】 2022年，全省外汇管理系统深化外汇领域改革，主动服务经济发展大局，着力防控跨境资金异常流动，外汇市场保持稳中向好态势。全年全省跨境收支总额745.6亿美元，同比增长14.9%，银行结售汇423.5亿美元，同比增长14.2%。

【外汇业务管理】 2022年，支持疫情防控和涉外经济发展，外汇服务助企纾困，落实"金融23条"，出台"江西外汇10条"细化举措，稳住外汇外贸基本盘。推进企业汇率风险管理，外汇衍生品签约总额翻番，"首办户"增长40倍，推动汇率避险成本共担机制在各地市落实，累计压降企业汇率套保成本4.7亿元。解决贸易新业态企业资金收付难题，辖内银行机构尚不具备凭交易电子信息办理业务资质的情况，将合规经营新业态企业纳入便利化政策范畴，引导银行通过相关信息匹配提高新业态主体结算效率，全省跨境电商企业在银行办理跨境资金结算笔数、金额同比增长3.2倍和2.9倍。拓宽企业跨境融资渠道，点对点提供企业境外发债政策服务，平台服务企业家数和融资笔数实现双增长。

【外汇风险管控】 2022年，加强外汇形势监测分析预判能力，完善跨境资金流动风险防控体系。依托打击地下钱庄专项行动、"122"机制框架、六部门常态化打击虚开骗税机制，主动向公安、税务等部门移交大要案线索，成功破获全国性地下钱庄案件，全年查处外汇违规案件罚没款1.30亿元，创历史新高。开展重要机构和重点领域风险监测，构建重点行业、银行、企业监测预警体系，紧盯出口收汇、境外发债、地产企业跨境投融资等重点领域重要环节，动态调整监测预警阈值，综合研判业务办理合规性。统筹开展各类核查13次，核查银行机构11家，通过整改、约谈、移送等手段督促银行提升展业合规意识。

【外汇领域改革】 2022年，推进优质企业贸易外汇收支便利化试点政策覆盖全省，试点企业家数增长7.0倍，便利化业务笔数和金额分别增长4.4倍和95%。促成8家企业境外发债，募集资金15.42亿美元。构建跨部门协同机制，推进区域改革试点，与省税务局签订联合服务备忘录，联合省商务厅和综保区大招跨境电商政银企三方交流平台，推动市场采购贸易试点在景德镇落地，赣州国际陆港获批进口贸易促进创新示范区，赣州经开区在中部六省率先开展QFLP（合格境外有限合伙人）业务试点改革。

（柳翠）

证券期货

【概　况】 2022年，辖区共有上市公司77家，全省国科军工、新赣江等6家企业过会待发，南昌矿机、江南新材等15家企业首发申请在证监会正常审核，31家公司在江西证监局正常辅导。全年辖区77家上市公司市值8801.97亿元，比上年增长4.07%，新三板挂牌企业93家，其中创新层挂牌企业37家。全年江西辖区共有国盛、中航2家证券公司，52家证券分公司，299家证券营业部；期货公司1家，期货分支机构31家；备案私募基金管理人270家，备案基金产品1105只，管理基金规模1563.63亿元。证券经营机构开立资金账户总数992.67万户，托管客户资产5569.04亿元；全年累计证券交易金额8.66万亿元；期货经营机构客户总数6.77万户，客户总权益57.67亿元，全年累计代理成交金额3.91万亿元。全年辖区证券公司累计实现营业收入26.43亿元，减少29.99%；累计实现净利润3.48亿元，减少67.69%。辖区证券分支机构全年累计实现营业收入25.28亿元，减少15.30%；净利润5.43亿元，减少37.91%。全年辖区期货经营机构累计实现营业收入1.38亿元，下降32.92%；净利润0.21亿元，下降19.86%。

【强化市场主体监管】 2022年，落实注册制改革，加快上市公司监管转型。紧抓年报审计全过程监管，对重点项目保持监管高压，强化质量复核，提高信息披露质量。落实《健全上市公司退市机制实施方案》，查处恶意规避退市行为，对神雾节能开展专项现场检查，推动ST星星依法完成重整。按照突出问题导向、加强质量管理、分类处置原则，查处违法违规行为，提升现场检查时效。加强证券期货基金经营机构监管，推进分类监管，开展证券公司专项检查16家次，对违法违规行为保持高压态势。加强期货居间业务新规过渡期整改督导，强化证券类私募基金异常交易监管，约谈机构8家次，督促规范交易操作。推动国盛证券实现正常化经营，中航证券增资20亿元、连续2年分类评价A类，瑞奇期货风险创新业务获多个行业奖项。推进新三板挂牌公司监管，跟进挂牌公司治理专项活动进展，聚焦创新层公司监管质效，制定“强基行动”工作方案，重点推动质地较好创新层公司强基础、提质量。召开公司债券发行人监管会议，组织辖区69家债券发行人自查，鼓励主动排查存在问题和风险并及时整改。准确把握辅导监管转型要求，通过“抓中间、带两头”，一体推进在辅和在审企业精准化分类监管、标准化辅导验收。严把备案审核关，加强审计评估、律所等中介机构监管，全年审核审计评估机构首次备案4家，律所8家。

【防范化解市场风险】 2022年，持续巩固股票质押风险化解成效，辖区高比例质押上市公司3家，保持较低水平。严查占用担保违法违规行为，除个别迁址公司外，辖区发现大股东资金占用、违规担保等问题基本完成整改，“清欠解保”取得明显成效。一司一策，促进风险类公司出清，年内推动化解江特电机、ST星星等公司风险，推进正邦科技、*ST奇信风险处置。平稳化解“20奇信01”“17正邦01”和“南昌融创茂ABS”违约风险，督促146只债券按时兑付、745只债券提前兑付、28只债券平稳回售、6只债券提前赎回，涉及金额924亿元，辖区市场保持“零违约”良好生态。完成国盛证券接管，做好国盛证券现场风险监控，化解国盛金控债券违约风险，确保国盛证券稳定经营。私募基金风险规模累计出表502.19亿元，清理僵尸机构21家。清退“伪金交所”16家，压降存量业务114.35亿元，存量基本化解，推动江西省“伪金交所”整治工作取得成效。

【保护投资者合法权益】 2022年，推进营商环境优化升级，督促辖区7家投教基地规范运营，开展投教基地专项检查，指导新设3家投教基地，拓展投教基地覆盖面。开展7次专项投教和防非宣传活动，围绕“3·15”国际消费者权益日、“5·15”全国投资者保护宣传日、“世界投资者周”等重要时点，组织市场主体全方位宣传教育，覆盖投资者3527万人次。推动投资者教育纳入国民教育体系，服务省内192所大中小学，开展活动332场次，覆盖学生16.67万人次。联合省高院出台《关于全面推进证券期货纠纷多元化解机制建设的实施意见》，实现“总对总”在线诉调对接机制在江西落地。协调南昌中院对接中证协线上纠纷调解平台，与6个地市中级人民法院签署加强证券期货监管机构与审判机关工作协调配合备忘录，指导协会加强与赣江新区国际仲裁院合作，畅通调解渠道。做好信访工作，稳妥处理国盛资管投资者群访事件，全年办理投资者诉求事项200余件，指导行业协会调解纠纷151起，成功调解109起，补偿金额50.6万元。

【服务实体经济】 2022年，江西资本市场实现健康稳定发展，新增上市公司14家，新增IPO（首次公开募股）在审企业17家，新增正常辅导企业19家。资本市场服务实体经济能力明显提升，全年江西资本市场融资1706.47亿元，其中，7家公司首发融资208.53亿元，5家上市公司发行股票再融资62.28亿元，11家新三板公司发行股份融资4.08亿元，56家债券发行人发行公司债券113只、融资939.72亿元，5家原始权益人发行资产支持证券61只、融资481.8亿元，江西股交中心发行私募可转债融资9.48亿元，私募股权融资0.58亿元。全年辖区证券经营机构通过发行债券、中期票据、定向工具、资产支持专项计划等帮助省内企业融资1187.99亿元，增长14.26%。中航证券发行上交所首单绿色碳中和资产支持专项计划（绿色碳中和CNBS），规模37.05亿元。辖区38家次证券经营机构结对帮扶省内24个摘帽贫困县，在产业开发、基础设施建设、教育帮扶、消费帮扶、医疗帮扶等方面投入物资合计1225.53万元。全年推动落地36个“保险+期货”项目，总保费2781.24万元，项目数量及金额超过历年总和，增长200%和104.20%。

（黄健）

本类目编辑 刘清林

财政　税务

财　政

【概　况】　2022 年，全省经济运行回稳向好，财政收支预算执行情况总体良好。一般公共预算收入 2948.33 亿元，增长 4.8%，增速居全国第 5 位、中部第 2 位。一般公共预算支出 7289.07 亿元，增长 7.5%，总量居全国第 13 位。税收占一般公共预算收入的 60.7%，工业税收恢复强劲，烟草制品、石油加工、化学原料和化学制品制造业、有色金属冶炼和压延加工业等传统行业税收增长较快。保持支出强度，优化结构，民生保障改善成效显著，压一般、保重点特征明显。全省用于民生方面支出 5754.4 亿元。全省政府性基金预算收入 2252 亿元，下降 24.2%；全省政府性基金预算支出 3484 亿元，下降 3.2%。全省国有资本经营预算收入 127.1 亿元，增长 30.9%；全省国有资本经营预算支出 25.3 亿元，下降 9.2%。全省各项社会保险基金收入 2330.1 亿元，下降 4.7%；全省各项社会保险基金支出 2244.9 亿元，增长 0.9%。全年收支结余 85.2 亿元，年末滚存结余 2153.4 亿元。

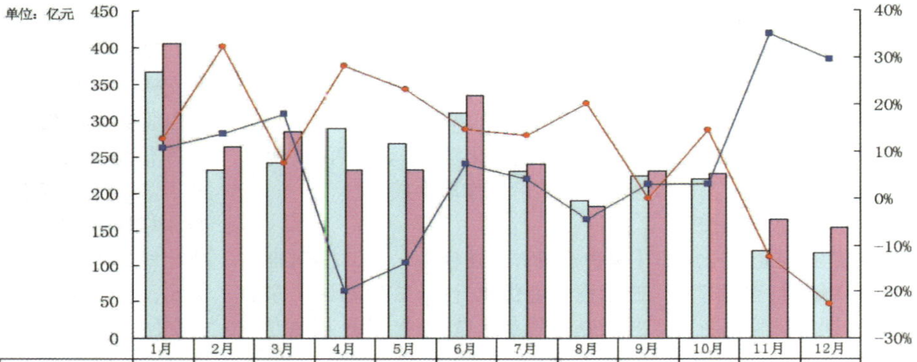

	1月	2月	3月	4月	5月	6月	7月	8月	9月	10月	11月	12月
2021年收入	365.6	231.9	241.8	289.9	268.9	310.2	230.1	190.1	223.8	219	121.8	119.2
2022年收入	405	264.1	285.3	232.3	231.7	333.6	239.7	181.7	230.6	225.8	164.3	154.2
2021年增减	12.9%	32.3%	7.6%	28.3%	23.3%	14.8%	13.5%	20.3%	-0.1%	14.5%	-12.3%	-22.9%
2022年增减	10.8%	13.9%	18.0%	-19.9%	-13.8%	7.5%	4.2%	-4.4%	3.0%	3.1%	34.9%	29.5%

一般公共预算收入分月情况图

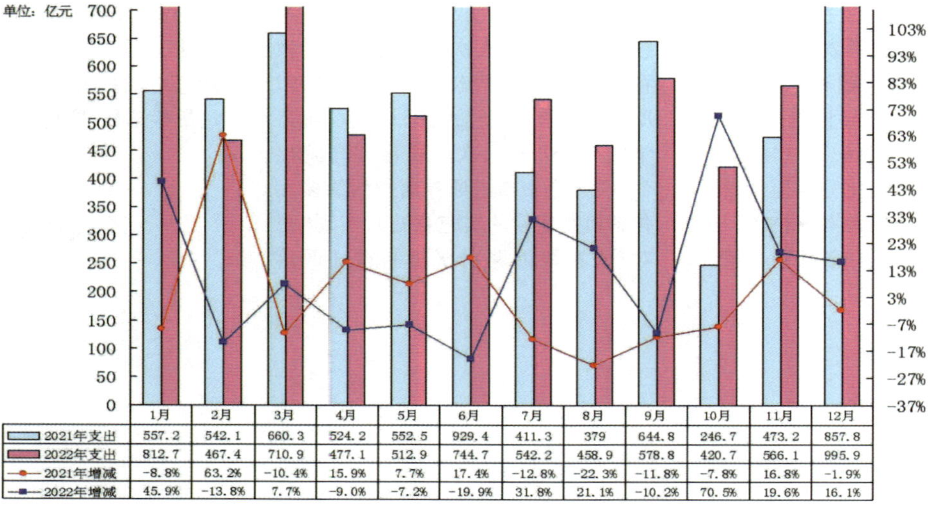

	1月	2月	3月	4月	5月	6月	7月	8月	9月	10月	11月	12月
2021年支出	557.2	542.1	660.3	524.2	552.5	929.4	411.3	379	644.8	246.7	473.2	857.8
2022年支出	812.7	467.4	710.9	477.1	512.9	744.7	542.2	458.9	578.8	420.7	566.1	995.9
2021年增减	-8.8%	63.2%	-10.4%	15.9%	7.7%	17.4%	-12.8%	-22.3%	-11.8%	-7.8%	16.8%	-1.9%
2022年增减	45.9%	-13.8%	7.7%	-9.0%	-7.2%	-19.9%	31.8%	21.1%	-10.2%	70.5%	19.6%	16.1%

一般公共预算支出分月情况图

【支持经济平稳发展】 2022年，出台稳住经济发展16条财政措施，新增安排110亿元支持实体经济发展。加大助企纾困力度，全年办理新增减税退税缓税（费）1000亿元，其中留抵退税444.4亿元，降低、缓缴各项社保费40亿元，减免房屋租金5.4亿元；扩大有效投资，统筹517.4亿元支持“两新一重”项目建设，2011亿元新增地方政府债券投向各重点领域，落实财政贴息推动设备更新改造贷款发放172.98亿元。提升市场主体活力，通过“财园信贷通”等财政金融工具撬动社会资本3000亿元，省融资担保集团担保融资规模、新增支小支农业务规模、再担保业务备案规模实现3个“千亿级”跨越，缓解市场主体融资难、融资贵。

【争取中央财政支持】 2022年，中央下达江西省各类补助资金3364.4亿元，增量超400亿元。其中，均衡性转移支付增量首次突破100亿元，增幅居中部第1位；县级基本财力保障机制奖补资金增长12.5%，增幅居中部第2位。

【支持抗旱救灾】 2022年，安排28亿元支持抗旱救灾保丰收，下达6.8亿元支持自然灾害防治能力建设，统筹60.2亿元支持开展水库除险加固、灌区节水配套改造；率先在全国推出“农保贷”，降低水稻等政策性农业险种保费，扩大省级地方特色农业保险试点险种，帮助受灾群众兑现理赔额20.7亿元。

【支持创新驱动发展】 2022年，省级科技投入实现“九连增”，总量达到18.4亿元，重点支持高能级创新平台建设。出台完善财政科研项目经费管理27条措施，赋予科研人员经费使用更大自主权。安排5.2亿元支持“双千计划”等重大人才工程实施。

【推进工业强省建设】 2022年，安排9.3亿元支持工业企业实施智能化、绿色化、信息化技术改造，推进产业基础高级化和产业链现代化。统筹11.3亿元支持做优做强数字经济“一号发展工程”。安排10.4亿元开展光伏发电、新能源汽车推广应用。下达1.5亿元支持梯次培育优质企业，培育专精特新中小企业、“小巨人”企业。

【全面推进乡村振兴】 2022年，落实“四个不摘”要求，统筹安排中央和省级财政衔接资金81.7亿元，保持力度不减，财政专项扶贫资金及衔接补助资金绩效评价连续5年全国优秀；全省土地出让收入用于农业农村资金占比达到5.5%要求，筹集87亿元支持新建19.33万公顷高标准农田，有关工作3次获国务院督查激励；拨付94亿元落实耕地地力保护补贴、实际种粮农民补贴、产粮大县奖励资金等，安排16亿元推动现代农业高质量发展，下达15亿元实施乡村建设、农村人居环境整治提升和“厕所革命”整村推进行动。

【促进区域协调发展】 2022年，下达各类补助资金105亿元，支持实施强省会、赣南等原中央苏区振兴、赣江新区发展、湘赣边区域合作、对接融入粤港澳大湾区等战略部署。争取国家第二批系统化全域推进海绵城市落户江西省，获中央补助资金10亿元。

【推进生态文明建设】 2022年，统筹22.6亿元打好蓝天、碧水、净土提升攻坚战，下达1亿元开展碳达峰城市和园区试点建设，推动设立土壤污染防治基金和生态修复基金，统筹48.8亿元支持林业生态建设保护，出台生态保护补偿制度改革实施意见，在流域、森林等领域实施差异化生态补偿，建立完善跨省流域生态补偿长效机制，提前1年完成国家禁捕退捕任务。

【落实就业优先政策】 2022年，延续实施普惠性稳岗返还、失业保险扩围等减负稳岗扩就业政策，对符合规定的企业给予一次性扩岗补助和留工培训补助，下达21.8亿元支持高校毕业生、农民工、退役军人等重点群体就业，创业担保贷款累计发放量居全国第1位。

【支持教育强省建设】 2022年，严格落实“一个不低于、两个只增不减”要求，统筹46亿元推进高校“双一流”建设及内涵式发展，安排38.7亿元支持职业教育提质创优，统筹105.3亿元支持实施义务教育薄弱环节改善与能力提升工程，安排30.1亿元支持学前教育、高中教育、特殊教育发展，教育依然是一般公共预算第一大支出。

【提升社保水平】 2022年，提高城乡低保、医保、优抚对象补助标准，健全基本社会救助标准动态调整机制，率先在全国为低保对象、特困人员、孤儿及事实无人抚养儿童增发8.7亿元一次性生活补贴，统筹8.5亿元支持开展居家和社区基本养老服务提升行动等，按每人每月200元标准对婴幼儿入托给予补助，支持健全退役军人保障制度，推动完善农村留守儿童和妇女关爱体系。

【健全公共卫生体系】 2022年，统筹154.1亿元用于疫苗接种、核酸检测和患者救治等，统筹7.9亿元支持国家区域医疗中心、生物安全三级实验室、重大疾病防治中心等平台建设，支持加强医疗物资储备，强化援外抗疫医疗队经费保障。

【公共文化服务供给】 2022年，安排20.9亿元推进长征国家文化公园、省赣剧院、省文化馆等项目建设，落实基本公共文化设施免费低收费开放、文物保护、新时代文明实践中心运营等经费保障，支持推动全民健身。

【预算管理制度改革】 2022年，将零基预算改革扩围至221家省级公益一类事业单位，制定完善40多项专项资金管理办法，出台28项预算绩效管理制度，“1+N”制度体系基本建成，省级专项转移支付资金清理整合至32项；健全完善过紧日子长效机制，分类分档压减一般性支出，常态化清理盘活存量资金，全省“三公”经费实现“九连降”，推进预算管理一体化二期项目建设。

【健全省以下财政体制】 2022年，推进财政事权和支出责任划分改革，优化省直管县财政体制，完善县级基本财力保障机制，省对下财力性转移支付增加332亿元，对受疫情影响较大地区予以倾斜。

【财政“放管服”改革】 2022年，建立惠企资金兑现“直通车”，全年累计兑付48.5亿元；制定政府采购负面清单，落实预留采购份额、价格评审优惠等措施，政府采购电子卖场交易额超80亿元；率先在全国全面使用财政电子票据，会计远程继续教育等更多服务实现“掌上办”。

【基层“三保”管理】 2022年，全面启用县级财政“三保”资金专户，做实“一县一策”风险应急预案，开展暂付款清零试点，1662亿元财政直达资金快速直达市县基层，选择赣州市石城县及抚州市资溪县，率先在全国开展基层财政直达资金信息公开试点，对乡镇（街道）和行政村（社区）补助标准达到每年160万元和13万元，全省“三保”总体平稳。

【政府债务管理】 2022年，加频加密专项债券项目合规性审核和风险把控，出台防范化解地方政府隐性债务风险工作清单，对债券资金实行借用管还全生命周期穿透式监管，推进“一地一策”“一企一策”融资平台优化升级，全省隐性债务增量有效遏制、存量有序出清。全年全省地方政府债务余额1.09万亿元，控制在中央核定江西省债务限额1.18万亿元以内。

【防范金融风险】 2022年，全面履行国有金融资本出资人职责，出台加强出资监管企业内控体系建设指导意见，加大防范化解金融风险考核比重，支持防范化解地方中小银行风险，增加省属企业资本金，增强企业抗风险能力。

【社保基金管理】 2022年，落实企业职工基本养老保险全国统筹制度，健全工伤保险基金省级调剂制度，推进社保基金结余资金运作，促进基金保值增值。开展社保基金投资运营，做好划转部分国有资本充实社保基金工作，稳定拓展基金收入来源；提高社保基金统筹层次，贯彻企业职工养老保险全国统筹制度，推动医疗、失业、工伤保险省级统筹，增强基金抗风险能力；加强基金监管，确保社保待遇按时足额发放和医保正常结算。

（盛程安）

税　务

【概　况】 2022年，江西省税务局落实退税减税降费政策，依法合规组织税费收入，推进税收征管改革，提档升级办税缴费服务，发挥职能作用服务发展大局，加强队伍建设，推动新时代江西税收现代化高质量发展。宜春市税务局稽查局被中共中央、国务院授予全国“人民满意的公务员集体”称号，1名税务干部当选中共二十大代表，江西省税务局连续4年获评全国税务系统和省直单位绩效考核“优秀”等次，全省税务系统有82个集体和35名个人获省部级表彰。

【税收收入】 2022年，累计完成各项税收收入3830.39亿元（含海关代征增值税、消费税，未扣减出口退税、个人所得税代扣代缴手续费退库），比上年增长0.06%。其中，税务部门组织收入3719.22亿元，减收10.64亿元，下降0.29%，扣除增值税留抵退税因素还原后，全省入库税收4163.61亿元，增收325.98亿元，增长8.49%；海关代征进口税收110.18亿元，增加13.13亿元，增长13.39%。累计办理出口退税249.77亿元，增加27.81亿元，增长12.53%。全年税务部门组织收入增幅高于全国平均水平5.9个百分点，增速居全国第7位，规模居全国第17位，占全国税收比重2.31%，比上年提升0.13个百分点。

【税收法治】 2022年，推行行政执法“三项制度”（行政执法公示制度、执法全过程记录制度、重大执法决定法制审核制度），落实新修订税务行政处罚裁量基准和2批14项“首违不罚”事项，全年对1.5万个首违行为不予行政处罚。加强文娱领域综合治理，开展成品油专项整治和股权转让偷税漏税问题整治。制定新时代税收法治人才培养使用意见，组建81个“公职律师涉税争议咨询调解中心”，组织全省税务系统194名公职律师开展涉税争议咨询调解和实践锻炼，构建预防、管控、解决涉税争议长效机制。宜春市建成首个“全国警税合成作战示范基地”入围首届“新时代江西十大法治事件”候选名单。

【税费政策落实】 聚焦江西省委、省政府关于做优做强数字经济“一号发展工程”和优化升级营商环境“一号改革工程”部署，出台税收服务稳经济16条政策措施，推出优化营商环境、推进降本增效、助企战疫纾困、支持外向型经济发展“四个20条”，梳理支持数字经济发展15项措施。坚持“快退、狠打、严查、外督、长宣”五措并举，共建政策兑现窗，畅通退缓快车道，织密风控防护网，推动新组合式税费支持政策落实，激发市场主体活力，助力江西经济高质量跨越式发展。全年办理退减缓984.9亿元，其中留抵退税447亿元，减税降费361亿元，缓缴税费176.9亿元。

【社会保险费】 2022年，累计入库社会保险费（含职业年金）1399.05亿元，比上年增收17.52亿元，增长1.27%，剔除城乡居民基本医疗保险和基本养老保险“两险”一体化征缴等不可比因素影响，同口径增收128.30亿元，增长10.10%。落实社会保险费缓费降费政策，全年累计缓缴困难行业及中小微企业职工基本养老保险、基本医疗保险、失业保险和工伤保险四项社会保险费单位缴费部分18.77亿元，继续实施阶段性降低失业、工伤保险费率政策减免两项社会保险费26.16亿元。

【非税收入】 全年累计组织非税收入及代征工会经费2094.2亿元。比上年186.2亿元（不含国有土地使用权出让收入和矿产资源专项收入）增收1908.0亿元，增长1024.7%。其中2022年新划转到税务部门征收国有土地使用权出让收入1855.6亿元，矿产资源专项收入53.1亿元，联合省财政厅、人民银行南昌中心支行、省人防办、省水利厅等部门下发

《江西省防空地下室易地建设费征缴使用管理办法》《江西省水土保持补偿费征收管理办法》。加强与省财政厅、省林业局、人民银行南昌中心支行等部门沟通，建立协调机制，优化征缴流程，厘清部门职责，明确划转任务，推进森林植被恢复费征收职责划转工作，承接森林植被恢复费征收职责。

【税收经济分析】 建立“指标+指数+指引”链式分析体系，拓展“1+3”税电景气指数（“1”指利用合成指数法综合计算形成完整税电景气指数，“3”指税电预期指数、税电生产指数和税电销售指数三大分项指数）及“1+5”发票指数（“1”指综合发票指数，“5”指投资、消费、科创、循环和工业五大领域发票指数），装备制造业、乡村振兴分析产品被国家税务总局纳入全国分析产品体系，“五上”企业（规模以上企业，有资质建筑业，限额以上批发和零售、住宿餐饮业，房地产开发经营业，规模以上服务业）发票数据分析列入江西省政府“惠企稳岗保运行”工作机制，专题调研分析获国务院领导批示肯定，数字经济税收分析报告得到省委书记易炼红肯定，全年有32篇分析报告得到省委、省政府和国家税务总局领导批示肯定，联合及比较分析方法在全国分析系统作经验交流，链式税收经济分析体系创新项目2次接受央视专访并在《经济日报》等主流媒体宣介。

【税种管理】 编制各税费种风险防范指引和行业风险管理指引，构建全方位智能化风险监控体系，筑牢风险评估防线。推进税费种协同管理，挖掘各税费种关联数据在税收监管中应用价值，研究确定32个税费种协同监控指标。落实征管和科技部门牵头、各税费种部门主责、省市县三级税务部门联动的税费收入质量监控机制，实行“指标监控、人机排查、疑点推送、核实反馈、重点督察、考核评价、改进提升”链条式闭环管理，提升税费收入质量。

【国际税收】 2022年，推广智慧税务，实现非居民企业主要涉税事项“掌上办”。强化反避税选案和案件调查工作，提升反避税风险分类应对水平和案件办理质量。举行“赣企走出去 税收护航程”服务大企业“走出去”主题宣讲活动，面向40家总部在江西大企业及“走出去”领军企业，宣传“走出去”税收政策和服务举措。落实双边税收协定（安排）优惠政策，全省70余户次非居民纳税人享受双边税收协定（安排）优惠。

【办税缴费服务】 连续第9年开展便民办税春风行动，从5个方面推出127条措施，扩大“非接触式”办税缴费事项至233项，制定13件79项“一件事一次办”清单，99%纳税缴费申报业务，85%涉税事项实现网上办掌上办，正常出口退税平均办理时间压缩至4.5个工作日以内。选派169名税务人员进驻政务服务大厅惠企政策兑现窗口，与人力资源社会保障、医疗保障部门实行“一厅联办”，推广“办问协同”，推动自助办税终端进银行、邮政网点和政务服务中心，打造“十分钟办税缴费便利圈”。开展“春雨润苗”专项行动，拓展省级合作银行机构至31家，39.8万家中小微企业获得“银税互动”贷款533.2亿元。开展“一把手走流程”行动，更新146个“一次不跑”事项和38个“最多跑一次”办理指南，解决纳税人缴费人反映的问题，增强办税缴费体验。

【征收管理】 推进分类分级管理，构建与税收征管改革相适应办税服务员、网格管理员、调查审核员、风险应对员、税务稽查员“五员”管理体系，合理调整职责，配置征管资源，优化业务流程，提高征管效率。试点地区通过前移24项低风险、高频次审核事项到办税服务厅，办理时长平均压缩80%以上，“五员”管理效能初步显现。按月通报征管质量5C（“征、服、控、查、纠”五个维度，根据其英文首字母简称5C，即税款征收、纳税服务、风险管控、税务稽查、自我纠正和法律救济）监控评价指标，动态监控预警，定期全面评价各级税务机关征管质效。

【税务稽查】 2022年，全省立案案件1924件，稽查查补和组织自查查补70.59亿元，合计入库45.94亿元，比上年增长88.9%。扩大打击虚开骗税及骗取留抵退税战果，曝光15起骗取留抵退税案件，查处涉嫌虚开骗税企业2055户、查补税款3.3亿元，移送公安机关325户、抓获犯罪嫌疑人384人。紧盯高收入个人逃避税领域，精准处置股权转让、个人网红偷税案件，开展全国案件公开曝光。推进稽查信息化建设，完善稽查管理、合成作战平台。落实税收违法“黑名单”制度和联合惩戒机制，全年353件案件纳入重大税收违法失信主体管理。

【电子税务】 推广不动产交易登记税务区块链项目，实现不动产交易登记“全程线上受理流转、智能核价实时办结、水电气网同步过户”，该项目入选中央网信办首批“国家区块链创新应用试点”。承接江西省政府先行先试电子印章应用任务，实现涉税资料“一次报送、多方共用”和征管资料电子化生成、智能化归集，做到“零次跑”办理和“零见面”审批。开展全电发票第二批受票扩围试点，抓好数据赋能、宣传辅导、风险防控各环节工作。推进智慧电子税务局建设，完成“增值税期末留抵退税”功能同屏辅导开发，实现分功能页面同屏辅导。拓展“赣税行”掌上平台功能，在江西省政务服务网上线“惠企通”平台税务专区。

【大数据和风险管理】 2022年，推进税收大数据和风险管理数字化转型及智能化改造，提升税务监管精准性、税务执法规范性，加强税收风险防控，防止出现大系统性风险，全年推送风险任务2.3万户，应对入库29.5亿元。织密留抵退税风险防控“防护网”，建立案头分析、风险扫描、核实疑点、及时查处“四位一体”风控链条，累计扫描3.1万户纳税人，风险应对追缴不合规退税15.83亿元。优化升级税收大数据智慧服务平台，引入“人脸识别”安全控件，实现平台账户人机绑定、实名认证和关键操作录屏留痕，压实数据安全责任。

（李希明）

本类目编辑 刘清林

经济管理与监督

综合管理与宏观调控

【概　况】　2022年，全省坚持“稳住、进好、调优”经济工作思路，落实“疫情要防住、经济要稳住、发展要安全”重要要求，统筹疫情防控和经济社会发展，接续推出强劲开局一季度、强攻二季度、拼搏三季度、决战四季度等系列稳经济超常规举措，推动全省经济逐步恢复，回稳向好。全省地区生产总值增长4.7%，一般公共预算收入增长4.8%，规模以上工业增加值增长7.1%，固定资产投资增长8.6%，社会消费品零售总额增长5.3%，进出口增长34.9%，主要经济指标计划完成情况总体较好。

【统筹经济社会发展】　2022年，针对多轮疫情冲击，最大限度减少疫情对经济社会发展影响。出台实施降本增效“30条”、有效应对疫情帮助中小企业纾困解难“28条”、切实稳住经济发展“43条”、接续措施“24条”、降低制度性交易成本“58条”等系列政策措施，加大对受疫情影响较大市场主体帮扶力度，有效稳定市场预期，增强市场主体信心。加大金融帮扶实体经济力度，金融机构新增本外币贷款超5500亿元，企业直接融资5000亿元；新增上市公司14家，均超额完成年度计划。推动政策落地见效，线下“一窗兑现”实现省市县三级政务服务大厅全覆盖，线上开通“惠企通”，为市场主体减税降费超2000亿元，其中，增值税留抵退税425.6亿元，惠及市场主体319万余户。加密经济运行监测调度，建立惠企稳岗保运行、抓项目促投资周调度工作机制，强化各地重大项目、重点企业、商贸流通等支撑点谋划，开展稳经济增长督导服务，化解一批经济运行中堵点、卡点，巩固经济回稳向好基础。

【项目投资建设】　2022年，打好六大领域“项目大会战”，推进节假日“重大项目不停工、重点企业不停产”，实施项目建设“四大攻坚行动”。针对疫情反复，做到“在建项目不停、施工强度不降、开工时间不拖、协调力度不减、项目谋划不断”，省大中型项目、省重点工程投资分别完成年度计划的125.6%和130.0%。信丰电厂、丰城电厂三期、大广高速南康至龙南段扩容工程、四方井水利枢纽、格力电器(赣州)智能制造基地、九江石化芳烃等重大项目建成投运，昌九高铁、瑞梅铁路、长赣高铁、樟树至吉安高速公路改扩建、梅江灌区、奉新抽水蓄能电站等重大项目开工建设。争取政策性开发性金融工具支持，全省签约基金项目186个，金额282.6亿元，投放金额居全国第9位，全部开工建设。通过国家审核设备购置与更新改造项目1060个，贷款需求826亿元；省级审核通过并报送2023年专项债项目2929个，申请发行额度4055.1亿元。优化项目服务，推广“容缺审批+承诺制”“六多合一”集成审批、电子开评标等模式，保障重大项目用地、用能、资金等需求。

【消费市场恢复】　2022年，推动消费市场稳步恢复，实施促进商贸消费提质扩容3年行动，开展“大宗商品消费季”“金秋购物季”“赣品网上行”等系列活动，出台17条扩大汽车消费政策举措，推进智慧商圈、智慧商店建设，全省社会消费品零售总额增速连续10个月位居全国首位。出台恢复文旅消费系列政策，倡导“江西人游江西”“本地人游本地”，开展“百城百夜文旅消费季”“江西风景独好”云端旅游系列推介会等活动，举办省旅游产业发展大会。

【产业转型升级】　2022年，实施数字经济做优做强“一号发展工程”，出台“十四五”数字经济发展规划，梳理确定元宇宙、VR、智能终端、数字文创等20条主攻赛道，促进“一道一策”数字产业发展。实施“上云用数赋智”“全景江西”建设等八大工程，推进赛道、项目、企业、集聚区、场景“五张清单”，南昌国家级互联网骨干直联点开通运营，赣州市、鹰潭市分别获批国家区块链创新应用试点、国家IPv6综合试点，5G网络实现“乡乡通”。强化创新驱动，国家虚拟现实创新中心、国家中药先进制造与现代中药产业创新中心落地，猪遗传改良与种质创新和食品资源与利用2个全国重点实验室获批，组建首批24个产业科技创新联合体，全社会研发投入占地区生产总值的1.8%，每万人有效发明专利拥有量6.93件，增长35.6%，入选国家库科技型中小企业突破1万家。实施产业链链长制，推进“2+6+N”产业高质量发展行动，新钢集团与中国宝武实现联合重组，电子信息产业营业收入跃居全国第4位，制定做优做强锂电新能源产业政策措施，锂电全产业链条营业收入突破2000亿元。

【深化改革开放】　2022年，推进营商环境优化升级“一号改革工程”，聚焦营商环境18项评价指标，实施新一轮优化提升营商环境攻坚行动，完成市、县营商环境评价，省政务服务中心投入运行，“赣服通”5.0版、“赣政通”2.0版上线运行，高频政务服务事项基本实现“掌上办”。推进“新官不理旧账”、行政审批中介服务、招标投标、营商环境领域腐败和作风等四大专项整治，全省受理各类问题1957件，帮助企业维护合法权益超24亿元。深化“放管服”改革，推进“一件事一次办”“异地通办”“拿地即开工、交房即交证”等改革，率先在全国开启“一网选中介”模式，企业开办实现全程网办、一日办结、零成本。推进重点领域改革攻坚行动，国资国企、财税金融、农业农村等领域改革取得新成效。推进内陆开放型经济试验区建设，出台深入对接RCEP、加快发展外贸新业态新模式等实施意见，举办庐山全球商界领袖大会、世界VR产业大会、第五届“阿拉伯艺术节”等重大活动，全年引进延链补链强链重大项目180个。做优做强开放平台，南昌综保区连续2年进入中西部A类区，新获批6个跨境电商综合试验区，九江市入选港口型国家物流枢纽，推行“船边直提”“抵港直装”“离港确认转关”等改革，全年开行赣欧（亚）班列247列，铁海联运2290列。

【区域协调发展】 2022年，出台强省会战略推动南昌高质量跨越式发展政策措施“15条”、支持赣江新区激发活力增强实力措施“10条”，举办赣南等原中央苏区振兴发展战略实施10周年系列活动，赣州获批建设革命老区高质量发展示范区，建立革命老区重点城市对口合作机制。出台支持九江高标准建设长江经济带重要节点城市若干政策措施。推进省际高水平合作，深化长江中游3省高质量协同发展，推进赣湘、赣浙、赣粤、赣闽等省际合作平台建设。推进城市高质量发展示范省建设，鹰潭国家城乡融合试验区取得明显成效，南昌市入选国际湿地城市，抚州市、九江市获批国家历史文化名城。推进乡村振兴战略，巩固拓展脱贫攻坚成果。

【国家生态文明试验区建设】 2022年，开展打造美丽中国“江西样板”改革攻坚行动，推进生态产品价值实现10项标志性改革任务，完成“三区三线”划定工作。完善生态产品价值实现机制，率先实施覆盖全域生态补偿机制。打好蓝天、碧水、净土提升攻坚战，抓好中央生态环保督察及“回头看”反馈问题、长江经济带警示片披露问题整改，生态环境质量保持优良，全省PM2.5平均浓度27微克/立方米，空气优良天数比例92.1%，国考断面水质优良率96.2%，长江干流江西段、赣江干流水质保持在Ⅱ类。推进碳达峰碳中和，“1+N”政策体系基本形成，开展“治污”“减排”“降碳”“碳汇”等专项行动，“两高一低”项目盲目发展势头得到有效遏制。

【民生保障改善】 2022年，51件民生实事全面完成。实施就业优先战略，落实国家和省系列惠企稳岗政策，出台稳就业政策措施，加强高校毕业生、农民工等重点群体就业动态监测、开展“一对一”精准帮扶，城镇新增就业、新增转移农村劳动力分别完成年度计划的113%和121.4%，城镇调查失业率5.7%。多措并举增加居民收入，城镇居民、农村居民人均可支配收入分别增长4.8%和6.7%。提升公共服务，推进7家国家区域医疗中心建设，创建国家中医药综合改革示范区，实施义务教育薄弱环节改善与能力提升工程。聚焦“一老一小”，出台促进养老托育服务健康发展实施意见，建立婴幼儿补贴制度，开展城市居家社区养老服务提升行动，新建成行政村互助养老服务设施覆盖超80%。实施全民参保计划，出台实施《江西省社会保障卡一卡通条例》，健全重特大疾病医疗保险和医疗救助制度。做好保供稳价工作，CPI（消费者物价指数）上涨2%，低于3%调控目标。启动社会救助和保障标准与物价上涨挂钩联动机制，全年发放价格临时补贴2.6亿元，惠及1000余万人次，保障困难群众生活。

（曾铭　易鑫村　帅晶）

重点工程建设

【概　况】 2022年，全省推进重点项目建设，全面完成年度各项目标任务。围绕基础设施、产业转型升级、社会民生和生态环保等领域分2批安排省重点工程共606项，总投资1.95万亿元，年度计划投资4607.21亿元。其中，建成投产项目62项，续建项目228项，计划新开工项目295项，预备项目21项。全年省重点项目建设完成投资5988.56亿元，占年计划的130%，同比增长4.5个百分点。其中，计划建成投产项目完成投资527.08亿元，占该计划的112.9%；续建项目完成投资3024.99亿元，占该计划的142.3%，56项续建项目提前建成投产；计划新开工项目完成投资2436.49亿元，占该计划的121%，开工率95.6%，1项预备项目提前开工。125项总投资50亿元以上项目完成投资2624.66亿元，占该计划的130.5%，建成率和开工率均为100%。

【基础设施项目建设】 2022年，118个基础设施项目完成投资1371.41亿元，占该计划的97.9%。铁路基础设施建设方面，昌九高铁参建队伍于9月全线进场，昌景黄铁路江西段最大跨度洋墩州昌江特大桥连续刚构拱11月合龙，瑞梅铁路于11月开工。公路基础设施建设方面，大广高速南康至龙南段扩容工程、宜遂高速公路、德上高速公路赣皖界至婺源段、寻龙高速公路（江西境内段）、宜春至井冈山高速公路三阳至新田段建成通车、大广高速吉安至南康段改扩建工程主线路基全面贯通，沪昆高速昌傅至金鱼石段改扩建暨南昌至樟树高速改扩建二期工程于10月开工。港航基础设施建设方面，赣江万安枢纽二线船闸、宜春港丰城港区城区作业区尚庄货运码头一期工程、九江港庐山港区姑塘作业区九宏综合码头工程等项目交工验收，袁河航道提升工程、赣江新干枢纽—南昌航道整治工程进展顺利。机场基础设施建设方面，南昌昌北国际机场T2航站楼C指廊延伸及飞行区配套工程于10月通过民航专业竣工验收，景德镇浮梁通用机场于11月建成，共青城通用机场项目、江西瑞金民用机场项目进展顺利。能源基础设施建设方面，赣浙国华信丰电厂新建工程项目于6

月全面建成投运，南昌—武汉 1000 千伏特高压交流输变电工程（江西段）、华能蒋巷镇三洞湖 60 兆瓦渔光互补光伏发电项目、中广核黎川永兴桥光伏电站、华能怀高光伏电站等项目全部开工建设。通信项目基础设施建设方面，中国移动通信集团江西全年 5G 网络建设项目全部完工，共建设 8789 个 5G 基站，中国电信江西分公司全年 5G 网络扩建项目全年新增基站 6000 个（联通共享），全年建设 5G 规模达到 2.3 万个，全省累计建设完成 5G 基站 6.5 万个，实现全省所有县城以上区域连续覆盖，1700 个全省乡镇点亮覆盖。地铁基础设施建设方面，南昌轨道交通 1 号线东延、北延及 2 号线东延工程进展顺利。

【产业项目建设】 2022 年，406 个产业项目累计完成投资 4354.01 亿元，占该计划的 143.8%。建成投产济民可信南昌生物（医药）产业园项目，年产发酵虫草菌粉（Cs－4）3000 吨、化学合成药 100 吨，实现年产值 100 亿元，年度上缴税收 10 亿元。安福县海能创新科技有限公司海能科创园项目，企业年主营业务收入总和不低于 50 亿元，年税收 1 亿元。樟树壹城科技有限公司电子信息产业园项目，项目达产达标后，实现年销售收入 250 亿元，年利税 15 亿元，提供就业岗位 2 万个。德安县白云岭新型建材产业园年产 980 万吨建筑新材料建设项目（一期）、江西圣塔新材料有限公司新型建材生产项目（上犹县）、江西荣华人工智能制造产业园建设项目（东乡区项目）提前建成；华嘉铝业有限公司年产 10 万吨铝型材及 200 万套汽车零部件（铅山县）、吉安市高铁新区“五指峰”建筑群、高安市高新技术产业园科创城建设、江西巨先新材料科技有限公司聚酰亚胺薄膜建设（高安市）、江西桐青文化旅游发展有限公司兴建金属工艺品及文化旅游建设（高安市）、樟树壹城科技有限公司电子信息产业园、赣江新区中国中医药科创城创新示范基地等项目如期建成；江西佳禾电声科技有限公司年产 1500 万件电声产品生产线（上栗县）、晶科能源有限公司再倍增（上饶经开区）、江西日菱车业有限公司年产 30 万吨轻量化铝合金半挂车骨架和 15 万吨铝合金产品建设（新余市高新区）、鹰潭泓腾金属制品有限公司年产 20 万吨铜基新材料及年产 15 万吨高精密度压铸配件等项目进展顺利。

【社会民生项目建设】 2022 年，全省推进实施民生工程，53 个社会民生项目累计完成投资 272.63 亿元，占该计划的 128.7%。宜春学院新校区建设、新余市职业教育中心新校区建设、南昌大学附属口腔医院红谷滩新院建设、乐平市启德教育培训中心等项目建成；婺源县鄣公山共产主义劳动大学整体搬迁、天康职业教育产业园一期（广信区）、江西航空职业技术学院抚州新校区建设项目、江西省疾病预防控制中心迁建、南方医科大学南方医院赣州医院（蓉江院区）建设、江西省上饶市龙溪颐养雅园建设（广丰区）、信州区城乡一体化供水工程等项目进展顺利。

【生态环保项目建设】 2022 年，17 个生态环保项目累计完成投资 68.14 亿元，占该计划的 147.2%。江西德安县丰林工业新区“五统一”（统一供热、统一供工业水、统一污水预处理、统一中水回用、统一污泥处置）、德兴宏泰石公司尾矿综合循环利用及配套基础设施建设、南昌泉岭生活垃圾焚烧发电厂扩建工程等项目建成；新余生态环境产业综合处置利用（渝水区）、九江市中心城区水环境系统综合治理二期等项目进展顺利。

【重点工程监管】 2022 年，强化协调配合，采取专题协调和部门联席等形式，及时化解项目建设过程中出现的矛盾和问题，针对共性强、跨部门、跨地区或政策性强的难点问题，直面项目建设过程中“堵点痛点”问题，全年召开各类协调推进会议 19 次，帮助项目单位及时解决用地报批、矿产资源压覆、土地林地等要素供给、施工许可、施工环境等问题；会同有关部门研究出台有关征迁政策，起草印发全省铁路、高速公路、港口等重大基础设施项目征迁补偿标准，并督促项目单位和沿线地方政府落实及兑现征迁补偿政策，及时协调解决征迁过程中政策性强，各地理解有偏差的难点问题，推动各地按时交地。落实项目日常调度制度，按月编制发布《重点建设信息》，提供省领导、各地各部门决策参考，及时发现和掌握一些倾向性问题，采取有效措施协调解决。落实项目招投标监管工作，全年备案各类招标文件 70 多个，依法落实招投标全过程监督，确保项目依法有序实施。强化督导检查，不定期赴项目现场督导，察看项目建设情况，协调解决问题，推动项目建设各项工作任务落实到位。

（陈平　刘志坚　石亚超）

国有资产管理

【概　况】 2022 年，江西省国有企业资产总额 7.02 万亿元，增长 13%；净资产 2.76 万亿元，增长 13%。全年营业收入 1.30 万亿元，增长 10.7%；实现利润总额 377.9 亿元，下降 22.2%；实现净利润 285.9 亿元，下降 25.3%。上缴税费 400.3 亿元，增长 13%，占全省税收收入 10.8%，占比较上年提升 1.3 个百分点。省属国有企业资产总额 1.92 万亿元，增长 11.3%；净资产 5635.1 亿元，增长 11.9%。全年营业收入 8832.9 亿元，增长 8%；实现利润总额 241.4 亿元，下降 18.9%；实现净利润 184.6 亿元，下降 21.1%；上交税费 251 亿元，增长 24.7%。市属国有企业资产总额 5 万亿元；净资产总额 2 万亿元；累计实现营业收入 4195.1 亿元，增长 16.9%。江铜集团实现营业收入 5035.4 亿元，利润 90.2 亿元，利润保持 2 位数以上增长。江钨集团实现利润总额 8.06 亿元，增长 170%。江西国控、盐业集团、省金控集团、江报传媒集团、省广电集团等 8 家企业利润增速均超过 10%。新余市属国有企业各项指标实现最好。鹰潭市国有资产总额、国有资本收益增幅居全省第 1 位。推进全省国资国企改革创新，开展国资国企创新三年行动，破解一批制约国资国企发展体制机制障碍，形成一批重大标志性成果，实现三年行动高质量收官。三年行动连续 2 次在全国评估中获得 A

级，成为全国连续2次获评A级8个省份之一。

【国有企业整合重组】 2022年，参与组建中国稀土集团，实现江西央企总部“零的突破”，整合四川江铜稀土，实现稀土上市公司迁址到赣并更名，推动南方8个省稀土资源整合提速。实现新钢集团与中国宝武联合重组，全面导入资金、管理、技术、人才资源，推动中国宝武5年内在赣投资300亿～500亿元。南昌将市属国企由“9+1”整合重组为“4+2”，成为全省首个国资总额突破万亿元大关设区市。上饶将原有“1+10”融资平台公司整合为“1+3”，推进市场化运行。萍乡构建多元业务、产业链较完备的“1+5+N”国有企业框架布局。

【大平台大基金建设】 2022年，省国资委把江西国控公司打造成万亿元规模投资运营平台，跻身国内第一方阵。依托万亿元大平台，紧扣全省“2+6+N”产业布局，设立省市县三级联动千亿元产业大基金，成为规模位居全国前列、市场化程度活跃的省级政府投资基金。与省内7个地市合作，完成基金设立规模900亿元，助力景德镇市引进投资50亿元芯声微项目，进入母基金研究中心“专精特新”政府引导基金TOP 20、2022最佳政府引导基金（省级）TOP 30。

【经营性国有资产监管】 2022年，全面排查省市经营性国有资产管理运营情况，印发《关于全面推进省直机关和事业单位经营性国有资产脱钩移交集中统一监管的实施方案》，推进省市经营性国有资产脱钩移交集中统一监管，健全完善集中统一、分类监管、授权明确、权责一致的国有资产监管体系。完善相关省管（重点）企业监管体制，省级层面75户一级法人企业、470亿元经营性资产纳入集中统一监管，全面收官，市级层面集中统一监管率由82%提升至100%。

【企业高质量发展】 2022年，加强科技创新支持力度，实施重大科技项目“考核加分+资金引导”、创新人才队伍“加薪+加奖+股权激励”等一揽子支持政策。建立省属企业重大科技项目“揭榜挂帅”常态化机制，吸引中科院、北京大学、中南大学等知名院所、企业到赣对接揭榜。建立健全研发投入刚性增长约束机制和健全科技创新考核机制，将研发投入、重大原创技术攻关、数字化转型等科技创新任务作为硬指标纳入考核体系建立财政资金引导机制。全省国有企业拥有国家级创新平台14个、省级创新平台89个、高新技术企业117家、8个博士后科研工作站、2个院士工作站，建立45个创新联合体、产业技术创新联盟、公共研发平台。推动江铜集团、国泰集团等省属企业在重要领域关键核心技术上取得重大突破。出台省国资委出资监管企业数字化转型专项行动方案，成立双碳课题小组，发展绿色产业和数字经济。省建材集团推进绿色制造体系构建，新增6家省级“绿色工厂”。省水投集团数字孪生峡江入选水利部先行先试项目。

【企业制度改革】 2022年，推动省属企业建立市场化经营机制，推进落实员工公开招聘、全员绩效考核，管理人员竞争上岗、末等调整或不胜任退出等市场化改革举措，实施劳动合同管理和岗位管理市场化用工制度，普遍落实企业内部竞争上岗机制，畅通员工进出流动通道。商业类一级监管企业新进员工公开招聘率、劳动合同签订率达到100%，2701名管理人员实现竞聘上岗，全年4.42%管理人员实行末等调整或不胜任退出，实现企业制度改革系统性突破。

【混合所有制改革】 2022年，“百户国企混改攻坚行动”全面收官，指导推动101户国有企业完成混合所有制改革，引入90亿元社会资本。江西国科科创板12月IPO过会，江盐股份、中国瑞林等企业主板上市正在排队中。出台差异化管控“十条举措”，探索对国有控股混合所有制企业实施有别于国有独资公司、国有全资公司差异化管控，率先实施差异化管控。

【国企承担社会责任】 2022年，全省国有企业实现增加值占全省第二产业增加值的10%，上缴税费占全省税收收入的10.8%，实现营业收入、利润总额分别占全省规模以上工业企业的27%和11%；减免租金11亿元，惠及小微企业和个体工商户4.3万户；职工人数32.8万人，同比新增职工超5000人。省建工集团提前完成贵溪等多地方舱医院抢建；省军工集团供应超2万发增雨火箭弹抗旱防灾；长天集团投入运营江西长天医养中心，助力健康江西建设；省投资集团、省交投集团、省水投集团等企业全力保供给、保畅通。省出版集团、文演集团等文化企业打造多元融合发展新模式。省金控集团、省融资担保集团、江西银行等金融企业为企业减负增信，护航实体经济。

【国资监管体系建设】 2022年，动态完善国资委权力和责任清单，完成国资监管法规政策汇编。优化国资监管方式，高标准建设全省国资国企在线监管系统，有效运行“三重一大”在线监管系统，提升国资监管信息化水平。创新国资监管考核评价机制，制定《2022年度省属国有企业综合考核实施方案》，把25家省属企业纳入“1+1+5”综合考核体系，构建对标一流、创先争优考核评价机制，将排位与座次、奖惩、待遇等挂钩，突出业绩导向。

（曾红梅）

矿山安全监察

【概　况】 2022年，江西省有金属非金属矿山1707处，分布在11个设区市、94个县（市、区），其中地下矿山419处，露天矿山1288处；有尾矿库190座，其中“头顶库”31座，一等库2座，二等库5座；有建设项目267个，其中在建项目122个，停建项目145个。全年全省金属非金属矿山发生事故7起，死亡7人，同比分别减少6起、8人，下降46.2%、53.3%，事故起数和死亡人数控制在个位数；尾矿库没有发生事故，实现安全运行。

江西省有煤矿31处，分布在萍乡、宜春、新余、景德镇4个设区市，其中省属国有煤矿7处，地方及乡镇煤矿 24 处,核定产能 440 万吨/年。全年全省煤矿发生事故 3 起、死亡 3 人,同比减少 1 起、1 人,均下降 25%,杜绝瓦斯、水害、火灾事故,有效防范较大及以上事故。至 12 月底,连续 3 年未发生较大事故,连续 7 年未发生重大及以上事故,煤矿安全形势创历史最好水平。

【矿山安全整治】 2022 年,聚焦"巩固提升"阶段目标任务,制定煤矿安全治本攻坚任务清单、措施清单、责任清单,梳理任务 10 项,制定措施 17 条;开展三年行动总结评估,对标《煤矿安全专项整治三年行动实施方案》查漏补缺,解决安全发展理念不牢、主体责任落实不到位、安全管理机构和管理制度不健全、重大灾害治理不到位、风险分级管控和隐患排查治理不深入等普遍性、深层次问题,推动 29 项目标任务如期完成,煤矿安全专项整治三年行动全面收官。对标国务院安委会安全生产 15 条措施和省委省政府 50 条、国家矿山安全监察局 20 条贯彻措施,聚焦地方党委政府、监管部门、矿山企业 3 个层面,统筹全系统各环节集中监察和主体责任、采掘接续、防治水、"一通三防"专项监察,重点灾害矿井"会诊式"大排查,重点金属非金属矿山抽查,开展矿山安全生产大检查,对 8 个设区市、15 个重点县区、34 家重点矿山企业开展综合督查,向市县政府下达加强和改善安全监管建议函 18 份,向煤矿上级公司下达加强和改善安全管理意见书 2 份,推动萍乡市、赣州市等重点地区出台加强矿山安全生产工作指导意见。

【防范化解重大安全风险】 2022 年,健全"周调度、月分析、季研判、半年会商"机制,突出重点地区、重点企业,聚焦重大风险、突出问题和薄弱环节,开展风险分析研判 262 矿次,排查管控风险点 1310 处,其中重大风险点 212 处,防范化解山西煤矿 239 总回风巷掘进工作面老空水威胁和安源煤矿"7·1"涌水突增涉险事件。落实"线上日常巡查+现场精准核查"远程监察机制,查处 4 起瓦斯超限、5 起一氧化碳超限、4 起矿领导带班空岗、3 起入井人数超员等问题,防范化解曲江公司"9·3"井下输送带摩擦起火事件。开展隐蔽致灾因素普查治理,督促煤矿对普查出 80 个问题制定落实针对性治理措施,推动安源煤矿、山西煤矿、流舍煤矿、山南井和萍乡市小煤矿加强对相邻关闭矿井水文地质补充调查工作,推动曲江公司、尚庄煤矿和山南井考察确认煤层自燃发火标志性气体临界值及工作面防灭火"三带"范围。

【矿山安全监察执法】 2022 年,强化严格执法,煤矿方面,实施监察执法 248 矿次,查处各类隐患 1169 处,其中重大隐患 4 处。依法责令停产整顿 2 矿次,停止生产 11 矿次,停止采掘作业头面 83 个,行政处罚 1274.7 万元。金属非金属矿山方面,抽查检查矿山企业 167 座次,查处各类隐患 851 处,其中重大隐患 78 处,督促依法责令停产停建整顿矿井 17 座次、行政处罚 42.6 万元。紧盯董事长、总经理、实际控制人、矿长等安全生产第一责任人,追责问责不依法履职主要负责人 54 人次。强化打非治违,严处曲江公司不如实报告掘进作业情况、山西煤矿和山南井隐患排查弄虚作假、尚庄煤矿应急演练不实等违法行为,一律给予 5 万元以上处罚;严抓山西煤矿、流舍煤矿领导带班空岗问题和黄冲煤矿瓦斯超限报警应急处置不力等典型问题,实施上限处罚并向全省煤矿通报警示。紧盯中共二十大、全国两会、节假日,以及汛期、岁末年初等重点时段,创新实施"五全"(全人员下沉执法、全覆盖监督检查、全方位管控风险、全过程防范事故、全天候应急值守)工作措施,加大联系指导、明察暗访和督查检查力度,确保重点时段全省矿山安全稳定。

【事故查处与警示评估】 2022 年,组织事故调查组,按照"四不放过"原则,对 3 起煤矿事故、2 起瞒报事故(其中 1 起尚未结案)、1 起涉险事故开展事故调查,综合运用行政处罚、通报约谈、联合惩戒等手段,依法从严追究事故单位和相关责任人员责任,累计罚款 650.2 万元,给予党纪政务处分 35 人,对 3 家省属矿山企业进行约谈,对失信 1 处煤矿、1 名个人实施联合惩戒。对 2021 年批复结案 4 起煤矿事故开展事故防范措施和责任追究落实情况评估。召开全省矿山事故警示教育会,组织矿山企业开展全员事故警示教育活动,增强从业人员事故防范意识和安全生产技能,坚持以事故教训推动工作。

(张永凯)

价格管理

【概　况】 2022 年,江西各级价格主管部门面对国际风险环境、多轮疫情冲击和历史极值干旱局面,坚持"稳字当头、稳中求进,以稳应变、以进固稳"总方向,强化价格监测预警、价格宏观调控、价格政策供给、价格秩序监管、价格补贴联动等措施,协同推进各项价格工作。1—12 月,江西居民消费价格指数 CPI 同比平均上涨 2%,与全国平均水平持平,低于政府工作报告确定 3% 预期调控目标要求;工业生产者出厂价格指数 PPI 同比平均下降 1.5%,低于全国平均水平 5.6 个百分点。江西省价格成本调查监审局,南昌市、新余市等 2 个设区市及抚州市临川区、崇仁县、信丰县、乐平市、铅山县、瑞金市 6 个县(市、区)发展改革委被国家评为 2019—2021 年度全国农产品成本调查工作先进集体,10 名成本调查工作者获全国先进个人。

【价格监测与调控】 2022 年,运用价格杠杆助推江西经济社会发展升级,聚力监测预警。做好 65 种居民生活必需品、主要工业原材料和工业品及砂石、稀土等重点商品价格监测报告。完成国家 26 项 300 个品种报价任务,数据处理量 3 万余条。报送各类应急价格监测报告、报表、快报等 600 期。3 次向省委、省政府专报分析价格形势。9 次通报各地重要民生商品价格情况。对价格指数异常地区及时函示预警。聚力调控机制,建立完善"一平台两清单"重要民生商品长效调控机制。巩固指数"一月一通报",形势"一季一会商"价格形势分析预警机制。牵头整合省直单位数据信息建立生猪行业和猪肉市场信息统一发布平台。研究制定重要民生商品调控目录清单和重点保供稳价企业目录清单。协调支持市场监管部门出台应急情况重要民生商品价格监管公告制度。

【保供稳价工作】 2022年，重点抓好猪肉储备调节，启动猪肉收储和储备投放，共收储5439.5吨，完成国家储备任务；针对猪肉价格过快上涨，共投放猪肉储备1304.34吨，促进猪肉价格运行在合理区间。选取区域代表性大型农产品批发市场、农贸市场、商超等31个监测点，建立江西保经济运行常态化7类重点民生商品保供稳价监测每周直报调度机制。完成20个重要农产品常规调查、8项农产品直报调查、3个专项调查和主要农产品产量、成本及收益预测调查和应急调查任务。推进农产品成本调查与农业保险合作试点。江西农产品成本调查经验在国家农产品成本调查70周年专栏中报道。

【深化价格改革】 2022年，深化价格改革，缩减政府定价范围，修订新版定价目录放开电动汽车充换电服务收费等定价项目；科学划分定价权限，下放污水处理收费标准等3项定价权限至县级人民政府；规范政府定价管理，新增公办学校服务性收费标准和义务教育阶段学科类校外培训收费2项。实现国家市场价格管理系统所有功能模块使用在省市县三级价格主管部门全覆盖。研究调整赣抚平原、潦河、袁惠渠灌区骨干工程农业水价至运行维护成本水平。制定出台城镇供水价格管理办法，明确排污权、水权、用能权等节能环保类权益交易服务收费标准。出台非居民厨余垃圾处理计量收费实施政策，促进厨余垃圾减量、无害、资源化利用。会同财政等10个部门率先在全国出台《关于建立健全生态产品价格形成机制的实施意见（试行）》，促进生态产品价值实现更大化。完善支持碳达峰碳中和价格机制，重点提出建立健全提高能源利用效率等8个方面政策举措。

【民生价费管理】 2022年，做好价格临时补贴，阶段性调整价格临时补贴联动机制，扩围发放领取失业补助金人员和低保边缘人口等两类困难群体，督促指导达到启动条件地区当月底足额发放到位。累计发放价格临时补贴2.89亿元，惠及1159.08万人次。面对复杂疫情启动应急预案，“点对点”对南昌深圳农产品中心批发市场等重点保供稳价单位实施调度监测，下沉协调指导40个市、县（区），220天启动“日监测、日报告”应急价格监测直报到省。商请宣传、网信部门研究健全重要民生商品预期引导和舆情管理机制，加强正面宣传和负面舆情处置。出台推动固定学制向弹性学制转变的公办普通高等学校本科学分制收费管理办法，推进“双减”工作，加强义务教育阶段学科类校外培训收费监管，制定民办中小学校收费管理办法，通过监审核减38所高中教育收费定价和3所高校教育培养不合理成本，共2.31亿元，促进江西教育健康发展。出台优化调整江西收费公路差异化收费政策，累计减免各类车主负担超3亿元。牵头协调推进杜绝“天价”月饼市场监管各项工作。做好涉案财物价格认定工作，全年完成价格认定事项10601件，标的金额53.5亿元。其中，办理涉纪案件98件，标的金额7.4亿元；涉刑案件9792件，标的金额19.1亿元；涉行政案件585件，标的金额3.3亿元；其他案件126件，标的金额23.7亿元。

【价格评价治理】 2022年，出台《关于进一步加强天然气价格工作的指导意见》，应对天然气价格上涨带来区域市场影响。降低水土保持补偿费收费标准，下降20%～85%。清理规范转供电价格行为。核查7批次煤炭市场交易价格相关线索，保持煤炭价格在合理区间运行。配合国家做好第三监管周期输配电价核定工作。研究雅湖直流落地江西电价初步意见，为江西争取电价优惠空间。完善分时电价机制，分季节重新划定峰、谷、平时间段，适当扩大峰谷价差。完善电力接入工程费用分担机制，减轻全社会电力接入环节负担。开展涉企违规收费专项整治行动，共摸排和收集问题280个，涉及金额3.91亿元，整改到位，相关经验做法被国家发展改革委转发推广。牵头做好“用水用气价格”“获得电力费用”两项营商环境指标评价工作。开展万安水电站上网电价成本监审工作，核减不合理成本0.15亿元，核减比例5.45%。配合国家高质量开展第三轮输配电定价成本监审实地审核，核减不合理成本40.3亿元，核减比例13.53%。

（徐帆）

市场监督管理

【概　况】 2022年，全省市场监管系统推进双“一号工程”，企业开办实现全程网办、一日办结、零成本，“一网通办”实现“一个平台、办七项事”，全省每万人有效发明专利拥有量6.93件，同比增长35.6%，在全国位次比2017年前移9位。赣州市南康区、樟树市、南城县家具质量提升案例获国家市场监管总局推介，广昌县、宜黄县通过国家有机产品认证示范区验收。强化“三品一特”安全监管，全省市场监管领域安全态势平稳向好，全年无责任事故、重特大事故和有社会负面影响的事故发生，江西省在国务院食品安全工作评议考核中获得A级。维护公平竞争市场秩序，打击侵权假冒工作成效再次位列全国第一方阵，获通报表扬，民生领域“铁拳”行动查办案件入选国家市场监管总局典型案例5件。会昌县质量提升工作、南昌县创新信用风险分类监管机制获国务院督查激励（江西省共获国务院督查激励17项）。

【涉疫药械质量监管】 出台《江西省市场监管局关于有效应对疫情助力中小企业纾困解难的具体措施》，提出推动降低经营成本、扩大融资渠道等10项举措，帮助中小企业、个体工商户渡过难关、恢复发展。保障涉疫药械市场供应稳定，指导协调企业扩产增效，开通审评审批绿色通道，办理6个涉疫医疗机构中药制剂应急备案和40个疫情防控产品注册。加强涉疫药械质量监管，实现产品抽检100%全覆盖，全省检查疾控机构、接种单位5836家次，出动1.36万人次。

依法严肃查处哄抬价格、串通涨价等违法行为，及时发布涉疫物资价格行为公告，联合医保等部门降低新冠核酸检测项目价格，维护涉疫物资市场秩序稳定。

【市场监管方式创新】 牵头推进部门“双随机、一公开”联合抽查，抽查领域、抽查事项、参与部门分别增长50%、54%、63%，实现重点监管事项之外“双随机”监管100%全覆盖。全年组织开展“双随机”抽查任务1907次，检查市场主体8.87万户，完成检查并公示结果8.54万户，结果公示率96.29%。推进信用风险分类管理，省政府出台《关于推进市场主体信用风险分类管理的实施意见》，发布全国首个市场主体信用风险分类地方标准，归集81类市场主体信用风险信息5100万条。将全省475万户市场主体按信用风险从低到高分成A、B、C、D四类，依据市场主体信用风险分类结果，执行差异化监管措施，全省低风险市场主体“无事不扰”比例85.47%。信用监管提升案例入选全省推进营商环境优化升级典型案例和江西省普法依法治理创新案例。南昌县创新信用风险分类管理机制获国务院督查激励。率先在全国建立“通用+广播电视”信用分级分类监管新机制，该工作被《江西改革》刊发。推进包容审慎监管，扩充升级轻微违法行为不予处罚清单(2.0版)，制定从轻处罚清单、减轻处罚清单和少用慎用行政强制措施清单“三张清单”(1.0版)。全年实施免罚行为6782件，免除罚款1.06亿元。

【市场准入改革】 推进营商环境优化升级“一号改革工程”，实施《江西省培育壮大市场主体三年行动计划(2021—2023)》，牵头建立扶持个体工商户发展厅际联席会议制度。推进跨部门、跨行业“一照通办”改革，设立“亮证平台”，各设区市平均有13个部门71个事项纳入改革范围。简易注销扩展到除上市之外各类市场主体，“歇业备案”业务全省开通。对数字经济领域市场主体设立为期2年的发展“包容期”。优化营商环境，激发市场主体活力，强化市场主体结构，提供稳增长、稳就业保障。全省市场主体“退出新设比”由一季度53%降至年末39%，全年净增市场主体80.21万户，超额完成“净增60万户”年度目标。全年全省实有各类市场主体482.68万户，增长19.93%，其中企业132.88万户，增长16.1%。

【质量强省建设】 研究起草江西省贯彻落实《质量强国建设纲要》实施意见。省质量强省领导小组印发《江西省质量强省2022年工作要点》，开展第四届江西省井冈质量奖评选，举办2022年全国“质量月”苏浙皖赣沪共同行动启动仪式，联合省工信厅开展第二届“赣出精品”评选工作。深化质量提升行动，牵头推进全省现代家具产业链发展，组建现代家具产业科技创新联合体，赣州市南康区、樟树市、南城县家具质量提升案例获国家市场监管总局推介；推进落实20个全省质量提升项目，实施南昌电子信息、赣州现代家具2个第一批长三角质量提升示范试点项目；全省在国务院质量工作考核中保持B级，会昌县质量提升工作受到国务院督查激励。建设“首席质量官”网络授课平台。加强消费品缺陷召回管理，指导14家企业实施召回，共涉及产品2.17万件。

【标准化管理】 省政府印发《江西省人民政府关于贯彻落实国家标准化发展纲要的实施意见》，与国家标准委续签《关于加强生态文明标准化战略合作备忘录》。打造“江西绿色生态”区域公用品牌，制定出台《“江西绿色生态”品牌建设“十四五”规划》，发布44项江西绿色生态团体标准，31类产品107家企业获得“江西绿色生态”品牌认证。开展首届标准创新贡献奖评选，发布《传统村落价值核算技术规范》等180项地方标准，下达220项地方标准修订计划，废止《高山辣椒栽培技术规程》等82项地方标准，提升地方标准质量。实施企业标准“领跑者”制度，会同省有关部门围绕全省“2+6+N”产业制定《江西省2022年度实施企业标准“领跑者”重点领域》，注册江西省企业标准“领跑者”商标。新批复成立省富硒产业标准化技术委员会等5家标准化委员会。“标准化工程”本科专业被列入2022年服务江西经济社会发展人才培养引导性专业设置指南，明确在南昌航空大学管理学门类工业工程专业增设标准化方向。率先在全国探索开展数字经济标准化体系建设，发布省级地方标准19项，推动数字经济标准体系构建。

【认证认可监管】 推进有机产品认证示范区创建，广昌县、宜黄县通过国家有机产品认证示范区验收，累计批复支持10个国家级、16个省级有机产品认证示范(创建)区。率先在全国出台《江西省有机产业发展研究报告》。全省有机产品认证证书数2075张，位居全国第4位。全省有机产品案例入选国家认监委2022年度有机产品认证优良实践案例。完成113家小微企业质量管理体系认证提升行动，培育1家小微企业成长为省级“专精特新中小企业”。全省质量管理体系认证证书1.18万张，增长14%；获证组织1.1万家，增长13.2%。全省服务认证证书1296张，增长40.6%。开展检验检测机构资质认定监督抽查工作，会同相关部门对机动车、环境监测、建工建材、食品等检验检测机构开展“双随机、一公开”监督抽查，共抽查365家机构，责令限期改正或自行整改208家，注销10家，罚款13.2万元。开展2022年强制性产品认证专项监督检查工作，重点突出儿童用品、电线电缆、家用燃气具等8类产品，依法查处强制性产品认证违法行为，全省出动执法人员4661人次，检查企业493家，责令整改企业7家、认证机构1家，查处认证违法企业3家，罚款24万余元。推进常压液体危险货物运输罐车罐体检验信息共享监管平台建成和投入使用，提供危化品运输安全技术保障。

【计量监管】 省政府印发《关于加快推进新时代计量工作高质量发展的实施意见》，做好《计量发展规划(2021—2035)》解读工作。组织江西省“振兴杯”职业技能大赛力学计量员(衡器)职业技能竞赛。部署开展民生计量和“计量保春耕”专项行动，全省出动执法人员7824人次，共检查生产和销售企业、眼镜制配场所、加油站1.12万家，检查计量器具5971台（件），抽查定量包装商品、过度包装商品1340批次，抽查化肥等农资类定量包装商品3410批次，查处计量违法行为15件。印发《推进碳达峰碳中和工作实施方案》，推进市场监管领域碳达峰碳中和工作。开展重点用能单位能源计量审查，覆盖8个行业500家重点用能单位和50余家公共机构，提供指导和帮助，督促相关单位开展整改。召开涉粮巡视整改工作座谈会，实现全省粮食购销领域在用地磅检定全覆盖，各设区市全部建成150吨地磅计量标准。开辟中小企业计量检定校准“绿色通道”，共服务全省企业803家，解决计量问题272个。开展“5·20”世界计量日等宣传科普活动。

【商标品牌建设】 加强商标品牌创建，指导打造江西绿色生态、井冈山农产品、江西山茶油、江西绿茶、九江米市、安义门窗等全省区域公共品牌。推进商标注册便利化，指导全省6家国家知识产权局商标申请注册受理窗口咨询、代办等服务工作。全年全省有效注册商标78.3万件，增长16.5%，位居全国第15位；其中全国驰名商标169件，地理标志商标139件，马德里国际注册商标255件。全省办理商标质押16笔，质押金额2.6亿元。加强商标管理运用推广，开展“讲好商标品牌故事”系列活动，20件地理标志商标获奖。开展打击恶意商标注册申请行为专项行动、商标代理机构“蓝天”专项整治行动，特殊标志、奥运标志使用行为专项整治等专项执法工作。全年全省查办各类商标违法案件356件，罚款717.75万元；移送公安机关案件17件。首次公开发布“2021年度江西省商标行政保护十大典型案例”，起到教育警示作用。

【质量基础建设】 建成质量基础设施线上线下“一站式”服务平台104家，累计服务产业链14条、企业6765家，帮助解决技术难题941个，减免、节约费用4925万元。全省系统立项科技计划项目28项，拨付预算资金384万元；向国家市场监管总局推荐申报科技项目11项，向省科技厅推荐申报科技项目11项。省检验检测认证总院被省科技厅核定为省级科研院所，投入科研经费400余万元，加大R&D投入力度。省植物硒强化及评价技术工程研究中心、省富硒食品质检中心（宜春）、省数字产业（电子信息）计量测试中心获批筹建；全省首个“国家级”先进制造业产业集群（赣州市稀土新材料及应用集群）获批。与中国商飞合作项目得到国务委员王勇和省长叶建春批示。推进“专精特新”中小企业高质量发展服务平台建设，服务对接创新成果转化8项、高校院所合作项目9项。

【反垄断和反不正当竞争】 省委办公厅、省政府办公厅印发《江西省推进全国统一大市场建设实施方案》《江西省强化反垄断深入推进公平竞争政策实施的若干措施》，加大反垄断、反不正当竞争和监管执法力度，维护市场运行秩序。落实公平竞争审查制度，全省审查相关政策措施1333件。开展制止滥用行政权力排除、限制竞争执法专项行动，查处纠正4起地方政府和部门违法行为。查办民生热点领域反垄断执法案28件。参与查处阿里巴巴垄断案、美团垄断案，获国家市场监管总局通报表扬。发布全国首个数字经济领域反垄断合规指引，助力全省数字经济“一号发展工程”。启动《江西省反不正当竞争条例》修订立法。开展反不正当竞争执法专项行动，全年立案239件，结案171件，罚没金额1463万元。

【价格监督检查】 聚焦水电气、商业银行、交通物流、行业协会商会、中介机构、政府部门及其下属单位等重点领域，加强涉企收费监管。组织2200余家主体对自身涉企收费行为开展自查自纠，为各类市场主体减负1.04亿元，其中，向小微企业退款0.49亿元。加强民生领域价格行为监管，查处医疗机构违规收费案件139起，实施经济制裁总额2237万元，挽回经济损失1184万元；查处教育领域价格违反案件实施经济制裁总额1766万元，减轻群众负担1000万元；部署粮食领域市场价格行为专项检查，保障广大粮农价格权益。推进新业态价格监管，开展打击网络营销虚假宣传专项执法行动。

【食品安全监管】 省政府推动食品安全属地管理责任和企业主体责任落实，建立分层分级、层级对应包保制度，率先在全国完成包保工作，全省6.8万余名市县乡村干部承担被划分为A、B、C、D四级53.1万户市场主体包保任务。全省特殊食品、大中型食品生产企业安全总监设置率100%，规定条件企业食品安全员配备率100%。“零差错、零事故”保障重大活动食品安全。开展“守底线、查隐患、保安全”深化行动，全省检查食品生产经营主体54.24万户，覆盖率100%，发现问题6.11万个，全部整改落实；帮助企业解决或反映生产经营困难3.51万个。推进“你点我检”“你送我检”系列活动，部署实施重点食品企业体系检查、重点品种飞行检查和联合抽查、特殊食品体系检查等工作。全年完成食品安全抽检20.63万批次，达4.58万批次/千人。组织粮食加工品和食用植物油、农村假冒伪劣食品、校园食品等一系列安全整治行动。全省在国务院食品安全工作评议考核中获得A级。率先在全国以省政府文件部署食育工作，发布省级食育普及三年行动计划。食品安全快检产品评价与应用项目获科技部立项。全省统筹建设集中监管仓20个，通过“赣溯源”对接国家平台，被国家市场监管总局列为全国集中监管仓出仓证明跨省互认首批试点省份。“赣溯源”被省政府办公厅选定为全省数字政府建设优秀案例（全省仅5例）。

【药品安全监管】 重点开展制售假劣药、非法回收药品、集采中选品种、中药饮片、防疫类医疗器械、化妆品“线上净网线下清源”、儿童化妆品等专项整治排查行动，全省出动检查人员16万余人次，检查企业7.7万家次，排查风险隐患7689个。全年完成“两品一械”抽检1.6万批次；查办药品类案件4843件，增长29.6%，移送公安机关涉刑案件200件，位居中部地区首位。实施“智慧药店”工程建设，完成1.31万家零售药店进销存数据对接工作，完成率97.7%。落实《2022年度全省生物医药产业链链长制工作方案》，组建中医药产业、高性能医疗器械产业科技创新联合体，312个“樟帮”“建昌帮”传统炮制品种被纳入《江西省中药饮片炮制规范》修订提升，推动生物医药产业链发展。

【工业产品质量安全监管】 围绕社会和民生需求，突出涉及人身财产安全、疫情防控、环保节能产品和省内主导产业、产业集群、合格率低产品，科学编制《江西省重点工业产品质量安全监管目录（2022版）》，明确重点监管和抽查产品。对123种重点产品进行质量监督抽查，全系统共抽查完成1.19万批次产品检验。开展重点工业产品质量安全排查治理专项行动，全省排查生产销售单位7691家，发现问题单位100家；抽查产品1331批次，发现不合格产品76批次；风险监测产品17批次，采集风险信息9条；查办案件57起；解决质量问题114个；约谈企业101家。聚焦乡村振兴、“一老一少”重点领域，开展化肥整治、“监管护农”、儿童玩具等产品综合治理行动，立案查办质量违法案件204起。开展“提质强企”活动，全省开展质量问诊102次、技术攻关26次、质量培训26次，出具质量问题“诊断书”106份，解决质量问题1437个。

【特种设备安全监管】 开展特种设备安全专项整治三年行动“巩固提升”攻坚战，累计出动检查人员9.18万人次，检查单位3.78万家，检查设备12.78万台（套），发现安全隐患3.46万处，下达安全监察指令书5834份，其中立案查处1560起，行政处罚3637.41万元。开展特种设备超期未检专项整治行动、电梯质量安全提升行动、“黑气瓶”整治巩固提升行动三大专项行动，共出动执法人员3.45万人次，共检查各类特种设备4.15万台（套），发出监察指令2165份，发现并整改安全隐患5636处。完善江西省特种设备智慧监管大数据平台功能，推进电梯、气瓶、移动式压力容器质量安全追溯体系建设，气瓶、移动式压力容器附码追溯覆盖面90%，“96369”电梯应急处置服务平台覆盖率79.8%。开展“安全生产月”“安全生产万里行”“质量月”等专项活动。成立全省特种设备应急救援和事故调查专家库，全省开展各类应急救援演练584次，参与1.38万人次。联合举办2022年江西省“振兴杯”职业技能大赛特种设备行业职业技能竞赛，全省11个设区市参赛队100名选手参加。江西省电视台二套开设“电梯安全宣传周”专题直播节目，100余家媒体同步直播，网络平台公众达423万人次。

【执法稽查】 全省打击侵权假冒工作成效再次位列全国第一方阵并获通报表扬，全年全省行政机关立案8371起，结案7790件，案值超1.12亿元，罚没款1.84亿元，移送案件148起。开展2022年民生领域案件查办“铁拳”行动，全省系统查办民生领域案件1.6万起，涉案金额1.22亿元，罚没金额3.77亿元，移送司法机关案件221起，入选国家市场监管总局典型案例5起。开展重点领域整治行动，推动全省系统常态化扫黑除恶斗争，共收集行业乱象有效线索3339条，移交扫黑办（公安机关）104条。开展打击网络传销专项执法行动，全年立案35件，办结25件，罚没金额7906万元。

【广告监管】 2022年，全省系统开展借重大活动从事违法违规商业广告宣传以及借中共二十大进行商业炒作专项整治行动，全省查处违法违规商业营销宣传案件7件，其中结案6件，罚没金额193.5万元。上线江西省广告检测系统，共监测全省各类广告247.75万条次、14.54万条，其中发现涉嫌违法广告1.47万条次、1829条，条次违法率0.59%，条数违法率1.26%。全年全省查处虚假违法广告案件509件，罚没金额1151万元。推进医美、涉老、教育等重点领域专项治理行动，全省检查美容类机构3219家，核查国家下派线索60条，列入异常经营名录89家，立案查处医疗美容案件109件，罚没金额113.55万元；严厉打击涉老产品虚假违法广告行为，全省监测各类户外广告3.16万条，涉嫌违法线索均已转属地依法处置；全省监测教育培训类广告9145条次，查处案件6件，罚没金额3.5万元。指导赣州市市场监管局开展小微广告企业质量认证提升行动，被国家市场监督管理总局列为典型案例。

【消费者权益保护】 推进线上线下一体化监管，加大新业态、新模式监管力度，规范网络商品交易行为，提高商品服务消费供给质量。针对“6·18”年中大促、“双十一”等网络购物集中促销期，开展11项违法行为大数据监测，覆盖主流电商网店45.34万家次，商品2.11亿件。部署网络市场监管专项行动，全省查处网络违法案件407件，罚没款3749.75万元。联合消协开展“3·15”期间系列活动，举行“3·15”新闻发布会，发布《江西省12315消费维权数据分析报告》《2021年江西省网络购物分析报告》《2022春节消费提示》等报告、提示和典型案例。开展放心消费创建活动，全省建设示范店3173家、示范街区80个，维权服务站209个，参与线下购物无理由退货承诺实体店1921家，累计退货金额超4000万元，营造安全放心消费环境。加强“12315”平台建设，完善化解纠纷机制，全年受理咨询、投诉、举报87.03万件，其中投诉、举报38.47万件，诉求办结率97.15%，挽回消费者经济损失上亿元。

（陈佳妮 梁颖）

知识产权

【概 况】 2022年，江西省市场监管局（江西省知识产权局）推进知识产权强省建设，激励知识产权创造，促进知识产权转化运用，加强知识产权全链条保护，优化知识产权服务，推动知识产权高质量发展。7月，省委、省政府印发《关于加强知识产权强省建设的行动方案（2022—2035年）》，作为全省知识产权强省建设顶层设计和纲领性文件。国家知识产权局批准设立赣南茶油国家地理标志产品保护示范区；南昌市获批国家知识产权强市建设示范城市；赣州市获批国家知识产权强市建设试点城市。安义县、抚州市临川区获批国家知识产权强县建设示范县;南昌县、南昌市青山湖区、赣州市章贡区、樟树市、抚州市东乡区获批国家知识产权强县建设试点县。井冈山大学获批高校国家知识产权信息服务中心,华东交通大学、九江学院获批国家知识产权信息公共服务网点备案。江西省知识产权保护社会满意度在全国位列第2位,共有3个集体和3名个人受到国家知识产权局和公安部联合表彰。

【知识产权创造】 2022年,江西新增专利授权7.58万件,其中,发明专利授权8655件,同比增长28.4%。全年江西有效发明专利拥有量3.13万件,每万人有效发明专利拥有量6.93件,同比增长35.6%。全年江西商标注册申请14.5万件。至12月底,江西拥有有效注册商标78.3万件,同比增长16.5%;全国驰名商标169件,地理标志商标140件,比上年增长11.1%;马德里国际注册商标264件。

【知识产权运用】 2022年,江西实现专利权质押融资登记681项,质押登记额85.67亿元,同比增长111.26%,普惠金融占比和企业受益面大幅提升。3月,鹰潭率先开展江西省首批专利执行保险。6月,江西首单地理标志侵权损失保险在赣州落地。11月,赣州经开区围绕稀土电子产业启动江西省首单知识产权证券化产品项目。开展“讲好商标品牌故事——我最喜爱的地理标志商标”展示活动,有20件地理标志商标获奖。此次活动获得237.4万次关注度、61.9万次点赞,10家主流媒体为活动每个阶段进行专题宣传。

【知识产权保护】 2022年,制定印发《江西省2022年知识产权行政保护工作方案》,开展知识产权执法专项行动。全省处理专利侵权假冒案件2859件,同比增长184%。开展北京冬奥会知识产权保护专项行动,全省对重点领域、重点商品类别进行专项检查820余次,出动执法人员2800余人次,检查市场主体4800余家。成立江西省知识产权(专利、商标、地理标志)保护专家委员会,确定首批知识产权保护专家65人。印发《江西省知识产权技术调查官管理办法》,推进技术调查官制度建设。全年批复成立江西省知识产权仲裁服务中心、江西省知识产权纠纷人民调解委员会2个省级知识产权纠纷化解机构,全省有17家知识产权调解仲裁机构。江西省与湖南省、湖北省共同签订长江中游三省知识产权保护合作协议。

(陈佳妮　梁颖)

自然资源管理

【概　况】 2022年,全省自然资源管理部门落实“疫情要防住、经济要稳住、发展要安全”重要要求,统筹抓好“保发展、护资源、优空间、惠民生”各项工作。省人大常委会修订《江西省实施〈中华人民共和国土地管理法〉办法》,省政府印发《江西省“十四五”自然资源保护和利用规划》,修订《江西省国有建设用地使用权网上交易规则》。全年完成24个市县城区基准地价更新和9个市县国有农用地基准地价编制。完善自然资源统一调查、监测、评价制度;开展年度国土变更调查,挖掘“三调”成果利用价值。全年完成1534幅1:1万基本比例尺地图测制更新,完成全省10米格网DEM(数字高程模型)、2米分辨率DOM(文档对象模型)地形级实景三维制作。完善全省自然资源工程领域职称专业设置,首次在全国增设资产权益工程评审专业。获批自然资源部大湖流域国土空间生态保护修复工程技术创新中心,获批自然资源部高层次科技创新人才工程2个科技创新团队、2名科技领军人才、1名青年人才,2个地方标准获江西省首届标准创新贡献奖。

【土地要素保障】 2022年,健全与发展改革部门重大项目前期工作会商协调机制,筛选出578个单独选址项目纳入重大项目清单。实施新增建设用地计划指标预支政策,保障国家和省重大急需项目落实耕地占补平衡,推进建设用地报批审查提速增效。全年使用新增建设用地计划1.56万公顷,同比增长6.28%;审批建设用地1.55万公顷,同比增长8.41%;供应土地2.76万公顷,同比增长23.09%。

【矿产资源供给】 2022年,编制印发《江西省地质调查“十四五”规划》《江西省地质勘查规划(2021—2025年)》。争取中央财政资金部署开展11个重点调查区调查评价,投入1.2亿元部署实施33个地质勘查项目。安远县石头坪矿区根背矿段探获重稀土资源量,刷新离子吸附型重稀土矿资源量规模世界纪录。宜春市锂矿整装勘查锂资源,有力支撑宜春地区锂电新能源产业集群化发展。

【节约集约用地】 2022年,推行工业“标准地”,省级以上开发区按“标准地”出让1019宗、面积4493.33公顷,出让宗数占省级以上开发区供应宗数的93%。15个县(市、区)认定为首届全国节约集约示范县(市),示范县(市)总数在全国排第5位。完成全省2021年度节约集约利用土地考核,13个市、县(区)获得考核奖励。落实建设用地“增存挂钩”机制,差异化下达存量土地消化处置任务,实行批而未用土地消化与用地报批相挂钩,强化激励和约束,推进批而未用、批而未供和闲置土地消化处置。

【深化重点领域改革】 2022年,构建自然资源资产权益管理体系,首次向省人大常委会报告全省国有自然资源资产管理情况,全民所有自然资源资产清查第二批试点地区完成实物量清查和价值量估算,印发省级全民所有自然资源资产所有权委托代理机制试点方案和省政府代理履职自然资源清单,九江市在全省首次交易六宗全民所有自然资源资产28.73亿元。深化“放管服”改革,取消行政许可事项8个、实行告知承诺制1个、优化审批服务9个,厅本级政务服务事项进驻省政务服务中心实现“一窗受理”,矿业权审批登记实现“跨省通办”“一网通办”“只进一扇门”,矿产资源储量评审备案审批实现"省内通办",压覆矿实现"一站式"查询、"一窗式"审批,测绘资质审批实现"全程网办",测绘作业证办理实现"跨省通办",工程建设项目竣工验收阶段"多测合一"实现全覆盖。推进建设用地使用权转让、出租、抵押二级市场建设,全省土地二级市场网上交易系统总体建成。

【耕地保护】 2022年,完成2021年度市县政府耕地保护责任目标考核。开展重大项目占用和补划永久基本农田论证15个,确保永久基本农田面积不减、质量提升、布局稳定。推进对国家自然资源督察南京局2021年督察补充耕地项目和2020年以来入库项目排查整改工作,耕地占补平衡指标倒挂县(市、区)减少30个。完成全省耕地后备资源调查评价,全面摸清补充耕地潜力状况。联合有关部门出台严格耕地用途管制意见,开展耕地卫片监督和2021年度耕地流出问题排查整改工作,遏制耕地"非农化",防止"非粮化"。

【矿产资源管理】 2022年,印发实施《江西省矿产资源总体规划(2021—2025年)》,市县矿产资源总体规划相继批复实施。完成探矿权审批登记143个、采矿权审批登记90个,将185宗过期矿业权纳入自行废止矿业权名单。开展打击"洗洞"盗采金矿专项整治行动,对排查出74个废弃矿洞全部完成整治。推广矿产资源开发利用先进适用技术,9项技术入选国家矿产资源节约与综合利用先进适用性技术目录。会同有关部门出台绿色矿山名录动态管理办法,完成绿色矿山审计问题整改工作,32家矿山企业移出绿色矿山名录,新建成绿色矿山44家。完成固体矿产2255个矿区及地热矿泉水103个矿区矿产资源国情调查。

【生态保护修复】 2022年,出台全国首部专门规范矿山生态修复与利用管理省级地方性法规《江西省矿山生态修复与利用条例》。完成全省历史遗留废弃矿山摸底核查,建立省市县统一废弃矿山生态修复数据库。10个设区市、22个县区生态修复规划完成编制。省政府印发《江西省鼓励和支持社会资本参与生态保护修复的实施意见》,12个试点县吸引社会资金3.3亿元。申报国家矿山生态修复示范工程项目,争取中央财政资金3亿元。推进全域土地综合整治试点,14个试点乡镇完成方案编制。推动第二轮中央生态环境保护督察、长江经济带生态环境警示片、自然资源审计、中央和省级巡视等反馈问题整改,省自然资源厅牵头监管的全部按时间节点完成整改或按要求达到时序进度。

【执法检查】 2022年,联合省公安厅、省人民检察院建立行政检察、公益诉讼与自然资源行政执法衔接工作机制,向省扫黑办移交非法采矿案件线索12条,向省公安厅移送疑似涉刑违法案件线索62条,打击违法犯罪。出台殡葬基础设施、"农光互补"光伏发电项目用地管理政策。公开通报11起土地违法典型案件,向设区市人民政府督办违法案件73起,对新增违法用地问题相对严重19个市、县(区)进行警示提醒,有效遏制新增违法行为。推进自然资源智能视频监控系统建设,建成高空监控点位1406个,覆盖矿山493座、基本农田28.63万公顷。卫片执法连续13年实现国家层面"零约谈""零问责"。

【"三区三线"划定】 2022年,完成全国"三区三线"(农业空间、生态空间、城镇空间三个区域,分别对应划定耕地和永久基本农田、城镇开发边界、生态保护红线三条控制线)划定试点工作,在试点工作基础上,统筹划定全省永久基本农田、城镇开发边界、生态保护红线三条控制线,划定成果获国家批准启用。全省划定耕地保有量266.97万公顷,永久基本农田236.36万公顷,完成应划尽划任务,巩固江西省粮食主产区地位,实现布局优化目标;划定生态保护红线4.12万平方千米,原生态保护红线内矛盾冲突基本消除,整合优化后自然保护地全部纳入,维护全省"一江双心,五河三屏"生态安全格局;划定城镇开发边界6141.96平方千米,边界内实际可用空间基本可支撑全省城镇化发展需求。"三区三线"划定后,保障全省6600余个重大项目用地规划空间。

【国土空间规划】 2022年,省级国土空间规划经省政府常务会、省委常委会、省人大常委会审议通过,省政府上报国务院审批。出台市县国土空间总体规划审查报批工作办法和编制技术规程。11个设区市、赣江新区国土空间规划完成社会公示,各县(市)国土空间规划形成初步成果。省级和南昌市国土空间规划"一张图"完成验收,10个设区市、赣江新区国土空间规划"一张图"通过省级初评。提出"五分法"村庄规划编制思路,全省8134个计划单独编制村庄已形成规划成果2693个,1841个"十四五"省定乡村振兴重点帮扶村全部完成村庄规划编制。

【过渡期规划用地】 2022年,完成96个市县过渡期土地利用总体规划延续方案调整,保障各类项目5156个;完成60个县(市、区)过渡期土地利用总体规划与"三区三线"成果衔接,保障急需开工建设项目依法依规落地。会同有关部门出台《关于加强生态保护红线管理工作的通知》,明确全省生态保护红线内各类人为活动办理及监管要求,维护全省生态保护红线严肃性和权威性,保障涉及生态保护红线项目依法依规落地实施。

【合法权益维护】 2022年,修订全国首部专门规范征收土地管理省级地方性法规《江西省征收土地管理办法》。加强用地报批征地补偿标准和社会保障费用预存等被征地农民利益落实情况审查。在省征地信息公开查询平台及时、完整公开征地信息,保障被征地农民知情权、参与权、监督权。11个设区市每季度更新公示中心城区拟供应和存量住宅用地信息,助力稳定房地产市场预期。及时启用地下水监测井和应急水源地用于防旱抗旱,解决2250人生活用水、1000亩农田果园灌溉用水问题。参与打击整治养老诈骗专项行动,养老服务设施用地保障和监管更加有效。开展自然资源信访矛盾化解攻坚行动,重复信访比例大幅下降,重点领域和重点群体突出矛盾明显缓解，信访形势向好。

【不动产登记优化】 2022 年，全面实现一般不动产登记 3 个工作日内办结，抵押登记 1 个工作日内办结，部分市、县(区)高频不动产登记业务实现 1 小时内办结。全省办理不动产登记业务 420.1 万件，颁发不动产权证书 172 万本，颁发不动产登记证明 77.2 万份；农村房地一体确权登记累计发放证书 760 余万本。93 个不动产登记办税大厅全部实现不动产交易登记缴税“链上办理”，在银行窗口设立抵押登记服务点 2900 余个。实现不动产登记与水电气过户“一链办理”，不动产司法查控“不见面办”。累计向房地产开发企业延伸登记服务点 2900 余个，向房产中介机构延伸登记服务点 500 余个，向乡镇延伸登记服务点 1200 余个。推行“交地即交证”“交房即交证”，分别发证 700 余本、5.1 万余本，惠及企业 565 家，群众 7 万余人。

【乡村振兴】 2022 年，争取自然资源部连续第 11 年出台政策，支持定点帮扶县巩固拓展脱贫攻坚成果同乡村振兴有效衔接。在全省 25 个乡村振兴重点帮扶县跨设区市调出耕地指标 720 公顷，水田指标 333.33 公顷，产能指标 922.70 万千克，为县域乡村振兴发展筹集资金 13.69 亿元。

【测绘地理信息服务】 2022 年，全年完成测绘资质审批 1318 件，全省有测绘资质单位 693 家，其中甲级 54 家(甲乙双证 50 家)，乙级 639 家。按照“双随机、一公开”要求，对全省 69 家甲乙级测绘资质单位开展资质巡查和测绘成果质量监督检查工作，并将检查结果计入信用信息。开展大南昌都市圈区域 2074 幅 1∶1万基本比例尺地图测制更新和建库，完成 1534 幅 1∶1万基本比例尺地图测制更新任务，完成 540 幅 1∶1万基本比例尺地图内业采集和外业调绘工作，制作三种精度全省地形级实景三维数据，将 10 米格网 DEM、2 米分辨率 DOM 地形级实景三维接入省国土空间基础信息平台，为自然资源管理提供立体空间基底。建立“多测合一”实现率月报制度，开展“多测合一”项目占有率，量化改革落实情况，加强各地协调推动。四季度 11 个设区市和赣江新区工程建设项目竣工验收阶段“多测合一”实现率 100%。

（罗艳）

统计管理

【概　况】 2022 年，全省统计系统开展各项统计调查，统计服务江西主要经济指标增幅位居全国前列。制定《2022 年全省统计干部大培训工作方案》，加强统计工作指导培训，全年面向全省统计系统和 5000 余家调查单位培训 2.16 万人次；推动省政府办公厅制定印发《关于进一步夯实统计基层基础全面提升统计能力和水平的若干措施》，省统计局制发《江西省统计基层基础规范化建设“三年行动”实施方案》，开展重点突破年行动，建立数据质量责任制，提升数据质量。在国家统计局年度业务工作考核中，政务管理、统计设计管理、国民经济核算、名录库管理、《中国信息报》新闻宣传 5 项工作被评为优秀。

【统计法治建设】 2022 年，推进依法统计，依法治统，惩治统计造假、弄虚作假，开展专项纠治，联合省纪委省监委部署专项纠治工作，印发工作方案，组建 6 个督导组赴全省 11 个设区市 33 个县(市、区)开展专项纠治督导，共查出权力干预问题 12 件、“数据寻租”问题 67 件、执法不严问题 7 件。加大执法检查力度，对 57 家统计违法企业予以行政处罚，向有关单位移送 11 名统计违纪违法责任人处分处理意见。推动统计监督与其他监督贯通协同，省委办公厅、省政府办公厅印发《关于更加有效发挥统计监督职能作用的若干措施》，省委组织部把《监督意见》纳入干部网络学院必修课。7 月 26 日，江西省第十三届人民代表大会常务委员会第四十次会议审议通过新修订《江西省统计管理条例》，自 8 月 1 日起施行。

【重大普查和常规调查】 2022 年，抓好各项普查调查，推动省政府印发《关于认真做好第五次全国经济普查工作的通知》，筹备组建普查领导机构并部署开展工作，完成国家统计局专项试点工作。开展第七次全国人口普查后续工作，首次建立人口普查微观数据库，编印普查年鉴，开展课题研究，省政府召开总结表彰大会，总结经验，表彰先进。开展常规统计调查，完成农业、工业、服务业、消费、投资、能源、社会科技、文化产业、人口、工资等各项常规统计工作，经济作物统计工作、人口变动抽样调查在国家统计局有关会议上分别作典型发言。首次开展高校和国企序列满意度评价工作，筹划组织“纾困解难 28 条”“营商环境优化升级”等 15 个调查项目，开展民生实事落实情况满意度等民意调查。

【统计监测和统计分析】 2022 年，发挥统计“数库”“智库”优势，服务经济社会发展，构建左右互通、上下互联经济形势运行研判机制。联动省直 14 个部门和省市县三级，为季度分析会、惠企稳岗会、项目攻坚会等提供统计支撑。强化经济形势预判预警，为省委、省政府准确判断经济形势，优化调整相关政策提供重要参考。全年累计撰写统计分析报告和统计专报 258 篇，获省领导批示 270 篇次，其中省委、省政府主要领导批示 117 篇次。加强统计新闻宣传，举办第十三届“中国统计开放日”活动；“江西统计”公众号共发布 1000 余篇文章，7 篇文章被新华社等中央媒体转载，微信公众号影响力排名在全国省级统计机构前列。

【统计改革创新】 2022 年，推进统计现代化改革，优化统计供给，推进国民经济核算三大改革。开展季度地区生产总值统一核算工作，指导各地开展地区生产总值核算试点，率先出台全国首个省级生态产品总值核算规范。推进碳排放统计核算，健全完善碳排放统计核算制度体系，会同有关部门起草工作方案并发布实施，开展专项试点，推进名录库动态维护更新机制改革。率先在全国建立省级部门信息管理系统，实现与省编办、省民政厅、省税务局、省社保中心等单位行政记录数据共享。推进数字经济核心产业核算，研究制定增加值统一核算方案并组织实施，构建“4+5+N”统计监测指标体系，探索出台核心产业认定试行办法，开展常态化统计监测。

【统计信息化建设】 2022年，实施“赣数智”工程，推进统计信息化建设，提升统计效能和治理能力。加强数据资源归集管理和共享共用，优化指标体系和系统功能，初步建成“一库”（全省宏观经济基础数据库）、“一中心”（全省经济形势分析研判中心）、“一系统”（全省经济运行监测评价系统）”统计应用信息化体系，提高统计资料使用便捷性、有效性和可视化，发挥统计监测、监督、预警作用。

（许国银）

审计监督

【概　况】 2022年，全省审计机关围绕中共中央、国务院重大决策部署和省委、省政府工作要求，依法履行审计监督职责，做好常态化审计工作。全省审计2900个单位，促进增收节支和挽回损失210亿元，健全完善规章制度200项。审计署表彰2022年优秀项目中，江西参评4个项目全部上榜，其中一等奖2个、二等奖2个，省审计厅实施九江银行审计项目获全国优秀审计项目一等奖。

【加强党对审计工作领导】 坚持党对审计工作领导，全面贯彻中央审计委员会第五次会议精神，协助做好省委审计委员会第七次、第八次会议召开，推动会议精神贯彻落实。严格执行请示报告制度，向中央审计委员会办公室报送重要审计报告等事项14份，向省委审计委员会报送重要文稿17份。省委审计委员会领导对审计反映的重大情况、重大问题作出指示批示66件。

【审计改革】 对标中央要求，提请省委办公厅、省政府办公厅印发《关于建立健全审计查出问题整改长效机制的实施意见》，是江西省首次以两办名义印发审计整改制度文件。建成审计整改监督平台，梳理审计查出问题和整改“两张清单”，做好审计问题整改。结合全省主体功能定位、自然资源禀赋特点等情况，制定自然资源资产离任审计评价指标体系（试行）和审计评价指标库（试行），并以省两办名义印发实施。完成全省首批专业技术类公务员分类管理改革工作，出台《江西省审计机关专业技术类公务员专业技术任职资格评定办法（试行）》。

【服务发展大局】 落实全省稳增长防风险保稳定惠民生部署要求，出台《关于加强审计监督 服务稳住经济发展的若干措施》，全力服务稳住经济。围绕“放管服”改革、“六稳”“六保”、减税降费、优化营商环境、助企纾困等方面开展审计，重点关注发展和改革双“一号工程”、减税降费、金融服务实体经济等情况，揭示重大政策落实难点。实施助企纾困政策落实情况跟踪审计，揭示减税降费政策落实不到位、资金使用绩效不高、违规收费等问题201个，涉及金额37.21亿元。

【民生审计】 坚持以人民为中心发展思想，开展困难群众救助补助资金、衔接推进乡村振兴补助资金、医疗保险基金及“三医联动”改革、禁捕退捕资金、粮食专项等民生审计项目。开展困难群众救助补助资金审计，揭示资金管理不够严格、救助政策落实不够等问题，推动审计发现429个问题全部整改到位，全省制定完善相关制度文件68项，追责问责83人，其中党纪政务处分30人。

【经济责任审计】 深化领导干部经济责任审计，加强对重点地区、关键岗位、权力集中部门和资金、资产、资源密集领域领导干部审计监督力度。省审计厅全年实施经济责任审计项目38个，涉及领导干部50人。向省委、省政府呈报64名省管领导干部经济责任报告和综合报告，揭示贯彻落实上级政策和决策部署不到位、招商引资存在乱象等突出问题，省主要领导高度重视并作出批示。

【资源环境审计】 全年开展领导干部自然资源资产离任审计项目145个，涉及审计领导干部180人。呈报《关于景德镇、萍乡两个设区市四名党政领导干部自然资源资产离任审计情况的报告》得到省委、省政府主要领导肯定批示。向省委、省政府呈报《别让农村生活污水处理设施“晒太阳”》等3篇审计报告、专报，推动建章立制28项、84个地方污染治理建设项目入选国家库。

【审计宣传】 坚持讲好江西审计故事，传播江西审计好声音，连续2年被评为全国审计通联宣传工作先进单位。制定《江西省审计厅信息宣传工作考核办法》，编印《审计工作简报》，组织专班撰写《江西：传承红色基因 谱写审计新篇》，发文表彰审计厅机关信息宣传工作先进单位和先进个人。联合省委宣传部举行“江西这十年”审计工作专题新闻发布会，介绍中共十八大以来江西审计有关工作情况并答记者问，20多家中央、省级、境外媒体参加并作宣传报道。

（张良）

口岸管理

【概　况】 2022年，江西省口岸完成进出口货运量825.05万吨，增长25.32%；国际集装箱52.52万重标箱，增长15.88%。全省赣欧班列累计开行247列，铁海联运班列开行2290列。

【保障空港通道】 2022年，针对国际国内疫情情况，新开通南昌至布鲁塞尔国际货运航线。协调保障由上海分流入境国际客运航班21架次，完成4238名旅客转运、隔离安置等工作。会同各相关单位推动恢复泰国曼谷至南昌国际航线，这是江西省受疫情影响、航班停航以来首批复航的定期国际客运航班，在全国同类航空口岸中最早促成国际客运航班恢复。畅通航运物流通道，打造九江区域航运中心。稳定运行九江至上海始发班轮，班期每日达1.5班以上，全年承运19.02万标箱。至12月底，九江港始发集装箱航线 11 条,省内外铁水联运站点开通至 27 个,江海联运出海口共 4 个(上海港、宁波港、太仓港、南京港)。

【畅通陆路通道】 2022 年,全省铁海联运开行 2290 列,同比增长 32.9%,较试点前(2018 年 1064 列)实现翻倍,与毗邻江西省的宁波、深圳、广州、厦门、福州五大港口实现全面对接,南昌、上饶至宁波、赣州至深圳 3 条"天天班"稳定开行,南昌、赣州至厦门线路由 1 周 1 ~2 班发展成"2 天 1 班"。赣欧班列开行 247 列,占南昌铁路局计划的 70% 以上(南昌铁路局计划供江西、福建 2 个省使用),新增开行"中德""中老""中荷"班列,先后开行"汽车专列""冷链专列"等特色班列,江西省至俄罗斯、乌兹别克斯坦2 条精品线路稳定运行,助力全省优势产业发展。

【完善口岸运行机制】 2022 年,完善口岸安全联合防控机制,印发《关于建立健全口岸安全联合防控工作制度的实施意见》,明确责任分工,协同形成整体合力,提升口岸治理水平。督促各口岸城市落实属地责任,配合做好疫情防控各项工作,未发生一起外溢情况。开展"两进"(进园区、进企业)"两送"(送政策、送服务)活动;推动设区市建立完善由商务(口岸)、铁路、银行、海关、企业等参与口岸服务工作机制,及时化解企业遇见的困难和问题。依据国家"十四五"发展规划,总结评估全省口岸"十三五"规划执行情况,结合发展阶段性特征,编制完成《江西省"十四五"口岸发展规划》,做好口岸发展顶层设计。

【优化口岸营商环境】 2022 年,落实《国务院关于开展营商环境创新试点工作的意见》和《关于进一步深化跨境贸易便利化改革优化口岸营商环境的通知》要求,成立跨境贸易营商环境工作专班,紧盯"跨境贸易"指标在全国位次提档进位目标,设置跨境贸易月度监测指标,通过"第三方测评""部门评"等方式,客观、准确评价口岸城市(南昌、九江)跨境贸易营商环境情况。清理规范进出口环节合规收费,推广"单一窗口"收费及服务信息发布系统,在政府网站、口岸现场动态公示收费项目清单和标准,规范收费行为。试点水运进口转关"离港确认"改革,进口货物从上海至九江整体运行时间缩短 18 小时。推动"铁路快通"在南昌试点运行,缩短中欧班列整体通关时效。

【"单一窗口"建设】 2022 年,支持"单一窗口"拓展、开发地方特色功能。开展通关物流数据对接,统筹开发全省统一口岸物流信息化系统。对接港口、航空、铁路等相关物流节点,提升作业、通关效率和跨境贸易便利化水平。建立全省统一跨境电商线上综合服务平台,平台覆盖全省 5 个跨境电商综试区,实现业务全流程无纸化。该平台获江西省大数据中心颁发政务数据共享应用观摩"优秀案例"称号。全年上线 18 类 115 项政务申报功能,覆盖国际贸易链条各主要环节,实现外贸企业申报业务"一网通办",为企业节省申报时间 70%,提升通关效率。

【口岸平台升级】 2022 年,南昌航空口岸进境水果、食用水生动物、冰鲜水产品指定监管场地通过海关总署验收。九江港水运口岸扩大开放到瑞昌港区和彭泽港区通过省级预验收并报请国家口岸办验收。九江港口型国家物流枢纽入选 25 个国家物流枢纽 2022 年度建设名单。推动南昌国际陆港建设,运行多品名集装箱混装运输平台和电子口岸信息化平台,并入选"十四五"首批国家物流枢纽建设名单;推进赣州国际陆港获批汽车整车进境口岸和"一带一路"多式联运示范工程,建设电子口岸信息化平台。综保区年度绩效评估最新排名整体上升;赣州综合保税区完成置换基础设施建设,通过预验收。上饶设立综合保税区事项,海关总署启动审批程序。

(江斌)

海 关

【概 况】 2022 年,南昌海关履职尽责,主动作为,统筹疫情防控和安全发展,助推江西外贸实现跨越式增长,力促开放型经济发展稳中有进,稳中向好。全年外贸进出口规模跃居全国第 15 位,达 6713 亿元,同比增长 34.9%,增速中部第 1 位、全国第 4 位。省委、省政府、海关总署领导 73 次批示肯定南昌海关工作。12 个集体、3 人次获省部级以上表彰。

【口岸平台建设】 2022 年,加强口岸平台建设,对接"一带一路"、长江中游城市群发展和粤港澳大湾区建设,助力江西打造内陆高水平开放新格局。支持上饶综保区申建进入实质性审批阶段,赣州综保区置换建设基本完成。"一区一策"引导综保区提质增效,综保区进出口增长 54.1%,在全国绩效评估排名明显提升,南昌、赣州、井冈山综保区分别上升 9 位、51 位、17 位。支持新开"中老班列",南昌国际陆港铁路监管作业场所开通运营。南昌进境食用水生动物、冰鲜水产品 2 个指定监管场地通过验收,完成进境水果指定监管场地视频验收。九江口岸扩大开放通过预验收,九江红光国际港首票外贸集装箱业务启运,鹰潭国际陆港投入运营。开通"万载—北海"烟花爆竹物流新通道,破解多年烟花爆竹出口只经岳阳、上海 1 条水运通道难题。

【产业链供应链保障】 2022 年,打造"关'助'发展"服务品牌,坚持"问题清零"闭环模式,开展"线上 + 线下"覆盖全省各地市政策宣讲 8 期 26 个专题,抓好"关企 e 联通"平台建设,实施"通关可视化",解决助企纾困问题 501 个。健全外贸形势分析会议机制,发挥"数据 + 研究"优势,提供决策参考。实施"一关一品"工程,精准服务稀土、锂电、铜加工等辖区重点产业,特色商品锂电、光伏出口同比分别增长 202.8%、64.7%,江西米粉出口稳居全国第 2 位,支持江西中药材出口增长 3.5 倍,助力江西省成为全国铁皮石斛颗粒出口唯一省份。

【政策优化整合】 2022 年,推进"跨境电商 + 中欧班列 + 海外仓"功能建

11 月 5 日，南昌海关关区首列采用"铁路快通"模式报关的中欧班列在向塘铁路监管作业场所发运成功

周汉辉供

设，跨境电商进出口规模全国第 5 位、中西部第 1 位；"组合港"通关新模式稳定运行，助力"老区 + 特区"共赢发展。开展"RCEP 进企"专项行动，推广"RCEP + 减免税 + 保税"等惠企政策，江西对 RCEP 贸易伙伴进出口增长 59.8%；签发各类原产地证书 5.1 万份，帮助企业享受国外关税减免 19.2 亿元。推动"离港确认"改革全国扩大试点首票落地，压缩整体通关时间 40 小时；实施九江"区港一体化"通关模式，推动港口口岸空间延伸及综保区物流仓储、"退、保"税功能放大；开通"铁路快通"业务，缩短中欧班列时间 2 天；对出口成品油实施"风险评估 + 周期抽样 + 合格保证"合格评定模式，监管出口成品油货值 7.2 亿元，增长 41.8%。

【优化跨境营商环境】 2022 年，落实减税降费措施，实施税款担保改革，为企业减负 26.7 亿元；上报防火板用装饰纸税率调整建议被国家税则委员会采纳，每年企业降税 1780 万元。实施以企业为单元税款担保改革，涉及担保金额 35.2 亿元。推进 AEO（经认证的经营者）培育认证，新增高级认证企业 12 家。支持招商引资，助力以晴、中材锂膜等省级重点项目应享尽享进口设备减免税、快速通关等便利。推进智慧海关建设，自主研发艺术品"鉴证溯源"技术在上海进博会扩大应用，获海关总署认可支持，并在全国海关扩大试点；上线"洪关一点通"，实现 21 类业务"掌上办"；加大辐射探测设备、安全智能锁应用，推广货物非侵入式查验，提升"无感化"通关水平。推进涉企事项"证照分离"改革，行政审批线上办理率 100%。巩固压缩通关时效，全年进口、出口整体通关时间（不含国内运输段）分别为 16 小时和 0.28 小时，连续 3 年保持中部第 1 位、全国前列。国务院办公厅《全国优化营商环境简报》首次编发南昌海关做法。

【口岸疫情防控】 2022 年，坚持从严外防输入，完成上海分流入境航班检疫监管任务。年内检出或移交确诊新冠病毒阳性 126 例和登革热 1 例，首次在海关系统检出旅客通关作业现场环境样本阳性。坚持"人、物、环境"同防，做好进口冷链食品农产品、高风险非冷链集装箱货物监测检测和入境交通工具检疫。强化实验室管理，所属国际旅行卫生保健中心实验室满分通过国家卫生健康委新冠病毒奥密克戎变异株核酸检测室间质量评价，实验室安全管理做法被海关总署推广。落实"二十条""新十条"，优化内部防控，健全平急转换机制。

【综合监管】 2022 年，落实习近平生态文明思想，退运固体废物 585.4 吨。代拟《水产品检验检疫和兽医卫生要求议定书》被纳入国务院总理李克强会见巴布亚新几内亚总理合作成果清单。开展"口岸危险品综合治理"百日专项行动，查获危险品 800 余吨，确保零滞留。开展安全生产专项整治三年行动，查获涉濒危、意识形态、枪爆等违规情事 377 起，检出烟花爆竹、危险化学品等重点敏感商品监管不合格 890 批次，增长 36.3%。开展"跨境电商寄递'异宠'综合治理"专项行动，首次查获野蛮收获蚁等"异宠"。严防非洲猪瘟等动植物疫情传入，截获有害生物 550 批次、3748 种次。加大进口食品源头管控力度，对 363 家国外食品生产企业实施审核检查，创历史新高。统筹通关便利和依法科学征管，税收入库 114.6 亿元，增长 12.2%。深化稽查改革，稽查查发率 90.7%，列全国第 9 位。强化布控分析，货运渠道、邮递渠道人工分析布控查获率、跨境电商保税网购清单人工分析有效率分别列全国第 7 位、第 4 位、第 4 位，邮递渠道首次查获血液标本。

【打击走私】 2022 年，严厉打击走私，开展"国门利剑"专项行动，刑事立案 34 起，案值 1.5 亿元，行政立案 84 起，案值 12.9 亿元。严打"水客""套代购"走私，侦办涉及海南离岛免税渠道走私案件 2 起，办理涉及"水客"走私行政案件 1 起。开展"龙腾"等专项活动，查扣侵权货物 696 批、1.4 万件，查获率增长 8.6 倍，查获出口陶瓷杯商标侵权货物案入选中国海关知识产权保护典型案例。涉检行政处罚职能平稳过渡，办理涉检案件 38 起，增长 3.8 倍。

（周汉辉）

本类目编辑　刘清林

住房和城乡建设

综　述

2022年，全省住房和城乡建设事业迈出高质量发展坚实步伐。抚州、九江获批国家历史文化名城，实现"一年两批"新突破，是全国年度新增仅有2座城市；赣州市城镇老旧小区改造、棚户区改造、发展保障性租赁住房工作获国务院督查激励；建筑业总产值首破万亿元大关，是实施链长制14个重点产业中首个过万亿元产业；城市功能品质提升、"保交楼"等工作获住建部肯定；装配式建筑发展、建立城市更新规划编制体系、发展保障性租赁住房工作上榜全国可复制推广经验清单；江西省第一次全国自然灾害综合风险普查房屋建筑和市政设施调查工作一次性通过部级核查，调查进度列全国第7位。

*城市高质量发展成效显著。*推进萍乡等15个市县开展城市更新省级试点。推进城市功能与品质再提升十大行动，谋划实施城市功能品质提升项目6054个，完成投资超7000亿元，新建升级一大批教育医疗、文化体育、社区配套等公共服务设施，以及地下管网、污水垃圾、园林绿化、交通路网和停车位等市政基础设施。新增城市公共停车位14.98万个，完成全省灰口铸铁管道和存在安全隐患球墨铸铁管道更新改造。新增建成海绵城市项目705个，南昌市入选全国第二批海绵城市建设示范城市。12个高品质智慧社区（项目）建设试点完成投资11.77亿元，绿色社区创建达标率62.84%。推进"减污""降碳""扩绿"行动，城市污水集中收集率比上年提高5.92个百分点，完成整治设区市建成区黑臭水体保持"长制久清"，县级城市建成区黑臭水体消除比例50%。推进实施《江西省生活垃圾管理条例》。新增建成生活垃圾焚烧发电厂1座，扩建1座，日处理能力提高2200吨；新增建成厨余垃圾集中式处理设施7座，日处理能力提高530吨。出台《关于推进全省城市园林绿化高质量发展的意见》，20个市县、31个建制镇达到省生态园林城市（镇）建设标准，建设城市"口袋公园"184个、面积84万平方米，新增城市绿道470千米。印发《关于推进城乡建设绿色发展的实施方案》《江西省城乡建设领域碳达峰实施方案》及《江西省住房城乡建设领域"十四五"建筑节能与绿色建筑发展规划》。推广节能新技术新产品应用，做好超限高层建筑工程抗震设防审批。新增国家历史文化名城2座、省级历史文化名城1座、省级历史文化街区7片。建成省级城市运行管理服务平台，制定城市市容环卫首违不罚指导清单，推进"城管进社区、服务面对面"行动。出台物业服务企业信用信息管理办法、业主大会和业主委员会指导规则。开展管线管廊、城市燃气、排水防涝等安全整治，做好城市供水安全保障。

*村镇建设取得进展。*实施美丽乡镇建设5年行动。推进美丽乡镇建设九大专项攻坚行动，谋划项目7000余个，完成投资260亿元，100余个乡镇初步达到美丽乡镇示范类建设标准。90个县（市、区）及功能区实现农村生活垃圾第三方治理全域覆盖。全省615个建制镇具备生活污水处理能力，占全省建制镇总数的85%。选取10个县（市、区）开展农房风貌管控试点，23个行政村开展农房和村庄建设现代化试点。完成农村危房改造和农房抗震改造任务，动态监测全省135万余户农村低收入群体等重点对象住房安全情况。新增70个村落被列为第六批中国传统村落，入选数量全国第1位。抚州完成全国传统村落集中连片保护利用示范任务，吉水县、瑞金市被列为全国2022年传统村落集中连片保护利用示范县（市）。

*居民住房条件持续改善。*新建（筹集）保障性租赁住房6.31万套（间）。全年开工改造棚户区7.97万套，开工率100.8%。抓好城镇老旧小区改造，全年计划任务34.34万户全部开工，完工40.91万户。既有住宅加装电梯新增审批通过1064台，完成加装909台。建设公租房2623套，发放租赁补贴8.39万户。开展公租房转租转借等违规行为整治。开展自建房安全隐患排查整治，累计排查自建房1192.67万栋，其中经营性自建房54.87万栋，管控存在安全隐患6481栋。制定加快推进城中村和老旧房屋改造指导意见。完成第1次全国自然灾害综合风险普查房屋建筑和市政设施调查工作。住房公积金全年归集额突破600亿元，发放贷款290亿元，支持职工购房面积770万平方米。

*房地产市场调控扎实有效。*房地产市场供需两端部分指标好于全国平均水平。完善联席会议机制，强化房地产市场调控工作协调联动，制定完善"一城一策"长效机制工作方案，加强市场形势分析、预警提示、调研督导，确保稳地价、稳房价、稳预期。出台促进房地产业良性循环和健康发展指导意见，各地因城施策完善调控政策"工具箱"，开展房地产消费季活动，支持刚性和改善性住房需求。优化预售资金监管制度，制定个

别头部房企逾期交付风险化解处置"三保"工作方案，申报国家专项借款支持已售逾期难交付住宅项目建设，推进整治规范房地产市场秩序三年行动。

建筑业支柱地位更加稳固。建筑业总产值1.06万亿元，首次突破万亿元大关，总量列全国第12位，比上年前移1位；增长9.5%，增速列全国第5位。建筑业入库税收占全省入库税收的7.2%，增加值占地区生产总值的8.1%。新竣工绿色建筑面积4000万平方米。开工装配式建筑面积3700万平方米，占总建筑面积的31%。新增省级装配式建筑产业基地28家，6家企业申报第三批国家级装配式建筑产业基地。推进房屋市政工程绿色施工和智慧工地建设，评选17个BIM(建筑信息模型)技术应用示范项目、11个智能建造绿色建造案例。扩大在建工程实施质量管理标准化、执行质量首要责任制度和混凝土举牌验证制度覆盖率。新增中国建设工程鲁班奖4项，国家优质工程奖7项。房屋市政工程领域生产安全事故实现"双下降"，降幅均达50%。

(夏萍)

城市建设与管理

【概　况】 2022年，城镇老旧小区改造任务1062个小区、34.34万户全部开工，改造年度任务完工970个、30.23万户，小区完工率91.34%，户数完工率88.03%，改造进度位列全国第5位。赣州市城镇老旧小区改造工作获国务院督查激励，上饶市、安义县经验做法被住建部纳入城镇老旧小区改造第五批可复制政策机制清单在全国推广。全国污水处理提质增效3年行动考核评估实现大幅进位。新建改造城镇生活污水管网1500余千米，城市生活污水集中收集率47.4%，比上年提高5.92个百分点，7个省级污水处理提质增效建设示范城市污水集中收集率58.72%，比上年提升22.4个百分点。县级城市黑臭水体消除比例50%。园林绿化保持"全国第二、中部第一"。开展美丽城市、美丽乡镇、美丽农村、美丽通道四大行动。清理卫生死角115万处，规范机动车停放200万辆次，整治出店经营行为120万余次。南昌市被列为国家系统化全域推进海绵城市建设示范城市，鹰潭市示范工作入围中国"全域海绵"典范项目案例。吉安市、鹰潭市入选全国第一批城市供水漏损率治理重点城市，景德镇市入围国家节水型城市复核。

【城镇老旧小区改造】 印发《关于进一步引导和动员群众全过程参与城镇老旧小区改造工作的通知》《江西省城镇老旧小区改造工作绩效评价办法(试行)》。5月，江西城镇老旧小区改造管理"三库一平台"在全省运行。全省开展创建并取得初步成效社区1162个，创建率达标率62.84%。推进高品质智慧社区建设试点，12个社区(项目)建设试点计划投资41.93亿元，完成投资11.77亿元，完成投资占比28.06%；其中，7个改造更新类项目投资5.39亿元，完成投资3.3亿元，完成投资占比61.19%。印发《关于加强无障碍和养老服务设施建设管理的通知》，将无障碍设施建设纳入城镇老旧小区改造内容。向住建部推荐九江市浔阳区湖滨小区改造等8个案例为城乡适老化建设和改造典型案例。

【城市水环境治理】 出台《江西省城镇生活污水处理提质增效攻坚行动方案(2022—2025年)》。印发《进一步加强城镇排水管网规划设计施工验收等全过程管理工作的通知》。挂牌督办上一轮城镇生活污水处理提质增效工作进展滞后12个县区，约谈6个县区政府主要领导。定期调度生活污水处理提质增效示范工作，开展年度评估。在全省推广九江市"厂网一体"建设管理模式。出台《江西省城市黑臭水体治理攻坚战实施方案》，全面排查全省城市建成区内水系、水体，发现黑臭水体4个，完成整治措施2个，开展黑臭水体治理保护行动并印发通报。

【城市排水防涝】 全省建成排水管网总长度3.84万千米，雨水管网1.47万千米，累计建成海绵项目2510个，面积554.71平方千米，占城市建成面积的32.1%。印发《关于规范城市内涝防治信息发布等有关工作的通知》《江西省住房和城乡建设厅城市排水防涝和抗旱工作应急预案》《关于加强城市内涝应急联动工作的通知》。全省内涝积水点排查整治发现易涝点233处，完成整治201处。印发《江西省海绵城市建设"十四五"专项规划》。开展国家、省系统化全域推进海绵城市建设示范选拔推荐和申报，南昌市被列为2022年度国家系统化全域推进海绵城市建设示范城市，赣州市、新余市、宜春市、共青城市、井冈山市被列为2022年省系统化全域推进海绵城市建设示范城市。举办系统化全域推进海绵城市建设"住建大讲堂"专题讲座。

【市政公用和园林绿化】 市政设施调查工作累计完成1.04万千米，市政桥梁264座，供水厂站198座，城市供水管网9350千米。印发《关于建立市政基础设施项目动态储备库和相关工作机制的通知》。10个设区市25个项目录入市政基础设施项目动态储备库，总投资479亿元，授信额度339.1亿元，其中落实23个项目资金。出台《全省新一轮城市公共停车设施提质增量补短板专项行动方案(2022—2025年)》。11个设区市建成区内停车设施共1.4万个，停车位227.49万个，新增车位14.98万个。排查燃气隐患问题1.25万处，完成整改1.24万处，整改率99.66%。出台《关于进一步加强全省城镇燃气安全监管工作的意见》《江西省城市燃气管道等老化更新改造实施方案(2022－2025年)》。印发《关于开展2022年度全省城市供水水质检测工作的通知》。景德镇市申报2022年国家节水型城市，推荐新余市、景德镇市、吉安市、鹰潭市4个城市开展公共管网漏损治理试点建设工作。印发《推进全省城市园林绿化高质量发展意见的通知》《江西省2022年"口袋公园"建设实施方案的通知》，建成"口袋公园"184个，面积84公顷，完成投资3.32亿元。推荐景德镇市申报国家人居环境奖(综合)，推荐赣州市、龙南市、彭泽县、石城县、寻乌县、金溪县申报国家生态园林城市、国家园林城市；推荐赣州市、抚州市申报国家城市园林绿化垃圾处理和资源化利用建设试点，全年全省20个城市（县城）达到省生态园林城市建设标准。

【生活垃圾分类】 召开全省生活垃圾分类工作推进视频会。召开新闻发布会，通过省级巡回宣讲、网络知识竞赛、样板单位和小区遴选等活动宣传《江西省生活垃圾管理条例》。印发《江西省"十四五"生活垃圾分类和处理设施发展规划》，全年全省建成生活垃圾焚烧设施38座，设计日处理能力3.37万吨，11个设区市城区生活垃圾基本实现"零填埋"；投入运营集中式厨余垃圾处理设施38座，日处理能力2303吨。

【城市管理执法】 开展2022年全省城市管理执法规范化监督调研指导专项行动，印发深化巩固"城管进社区、服务面对面"工作方案、城市管理执法行为规范、城市管理行政执法监督暂行办法、市容环卫首违不罚指导清单等文件，提升城市管理工作效能。探索与有关单位和部门共同建立城市管理执法协作机制，推动形成"议事协商、信息共享、执法联动、齐抓共管"工作新格局。加快城市管理信息化进程，江西省级平台建设基本完成。

【市容环境卫生】 编写《江西省卫生城镇创建务实指南》。召开全省城市管理重点业务工作视频培训班。开展城市户外广告和招牌设施设置安全隐患集中排查整治专项行动。组织赴常州学习考察建筑垃圾治理模式。推进城镇公厕建设管理，城镇公厕新建508座，改建103座，新增对外开放社会公厕604座。

（省住房城乡建设厅）

村镇建设

【概　况】 2022年，完成农村危房改造3385户。全面推进美丽乡镇建设5年行动，100个乡镇达到美丽乡镇示范类建设标准。全省农村生活垃圾收运处置体系实现自然村全覆盖。全省615个建制镇具备生活污水处理能力，覆盖率85%。全省70个村落入选第六批中国传统村落公示名录。吉水县、瑞金市被列为全国2022年传统村落集中连片保护利用示范县（市）。12月，省住房城乡建设厅村镇建设处被人力资源和社会保障部、住房和城乡建设部联合表彰为全国住房和城乡建设系统先进集体。

【农村危房改造】 2022年，印发《江西省2022年农村危房改造实施方案》。全省3385户农村危房改造全部竣工。完善住房安全动态监测机制，落实"月巡季报"制，全省监测农村低收入群体等重点对象135万余户，监测确认危房全部纳入改造范围。

【传统村落保护】 吉水县、瑞金市被列为2022年传统村落集中连片保护利用示范县（市），分别获中央财政补助资金5000万元、4000万元。开展第六批中国传统村落推荐申报工作，全省70个村落入选公示名录，居全国第一位。抚州市完成全国传统村落集中连片保护利用示范任务。推进传统村落数字化管理，开展历史文化名镇名村、传统村落、传统建筑数据录入。印发《江西省第三次开展传统建筑调查、认定、建档、挂牌工作方案》。

【农房安全隐患排查整治】 2022年，推进农房安全隐患整治，督促指导各地对存在安全隐患的农房实施分类整治，及时消除安全隐患。长沙"4·29"居民自建房倒塌事故后，农村房屋安全隐患排查整治纳入全省自建房安全专项整治工作统筹实施。5—7月，采取"乡镇村自查、县级核查鉴定、省市暗访督导"方式，开展农村房屋安全隐患排查整治工作"回头看"行动。全省排查鉴定1.7万余户农村危房整治完成1.6万余户，剩余危房采取管理措施，有序推进整治。

【美丽乡镇建设】 2022年，全面提升乡镇美丽建设水平，完善功能、提升品质、彰显特色，推动乡村振兴和促进城乡融合发展提供有力支撑。实施垃圾污水等九大专项攻坚行动，推进乡镇镇区环境综合整治，全省有300多个乡镇完成整治。开发建设美丽乡镇建设进度管理系统，定期调度各地乡镇建设项目进展情况。全省谋划项目7000余个，完成投资260亿元，通过推动项目建设提升镇区功能品质，100余个乡镇初步达到美丽乡镇示范类乡镇建设标准。

【农村生活垃圾治理】 2022年，制定《关于进一步加强农村生活垃圾收

上饶市婺源县江湾镇篁岭传统村落

省住房城乡建设厅供

运处置体系建设管理的实施意见》。全省农村生活垃圾收运处置体系实现自然村全覆盖，农村生活垃圾治理市场化率保持80%以上，投入运行涉农生活垃圾中转设施1200座，配套转运车辆5000余辆；镇村两级保洁员13.8万人。推进生活垃圾减量和资源化利用，全省累计建成或共享服务农村易腐垃圾处理设施88座，处理能力280吨/天。

【建制镇生活污水处理】 2022年，新增68个建制镇建成生活污水处理设施，全省724个建制镇，不含城关镇，累计有615个建制镇建立生活污水处理设施，占建制镇总数85%。“五河一湖一江”沿岸169个建制镇，142个镇完成设施建设。

【农房和村庄建设现代化】 2022年，印发《关于开展农房风貌管控、农房和村庄建设现代化试点工作的通知》，在全省10个县（市、区）开展农房风貌管控试点，23个行政村开展农房和村庄建设现代化试点。开展新时代美丽乡村优秀农房设计方案征集活动。组织培训1.3万余名乡村建设工匠。印发《关于开展“乡村建设带头工匠”培训活动的通知》，组织培训“乡村建设带头工匠”。

【乡村建设评价】 2022年，选取浮梁县、寻乌县、泰和县、靖安县4个样本县开展乡村建设评价，从农房建设、村庄建设、县镇辐射、发展水平等方面对乡村建设情况开展调研分析。采取第三方评价方式，委托省级专家团队调研收集数据、研究分析并形成4个样本县和省级评价报告。

【对口帮扶工作】 2022年，深入调研驻村帮扶点、对口帮扶村、对口支援少数民族乡，采取查看现场、多方座谈等方式研究帮扶措施、协调帮扶资金。强化驻村工作队作用，做好定点帮扶村各项帮扶工作。省委组织部和省乡村振兴局对省住房城乡建设厅驻旸田村工作队2022年度考核等次评为“好”。

（省住房城乡建设厅）

·资料·

江西省国家级历史文化名镇名村一览表

表29

序号	设区市	镇村名称	公布批次	
1	南昌市	安义县石鼻镇罗田村	第四批	第一批
2	九江市	修水县山口镇	第七批	第四批
3	景德镇市	浮梁县瑶里镇	第二批	第一批
4		浮梁县勒功乡沧溪村	第五批	第二批
5		浮梁县江村乡严台村	第四批	第二批
6		浮梁县蛟潭镇礼芳村	第七批	第五批
7		浮梁县峙滩乡英溪村	第七批	第四批
8	萍乡市	安源区安源镇	第六批	第三批
9	鹰潭市	鹰潭龙虎山上清镇	第三批	第一批
10		贵溪市塘湾镇	第七批	第一批
11		贵溪市耳口乡曾家村	第七批	第一批
12	赣州市	赣县白鹭乡白鹭村	第四批	第二批
13		宁都县田埠乡东龙村	第六批	第三批
14		龙南县关西镇关西村	第五批	第一批
15		龙南县里仁镇新园村	第七批	第五批
16		寻乌县澄江镇周田村	第七批	第一批
17	宜春市	高安市新街镇贾家村	第三批	第二批
18		宜丰县天宝乡天宝村	第四批	第二批
19		樟树市临江镇	第七批	第二批

续表 29

序号	设区市	镇村名称	公布批次	
			国家级	省级
20	上饶市	婺源县江湾镇汪口村	第三批	第一批
21		婺源县沱川乡理坑村	第二批	第一批
22		婺源县思口镇延村	第四批	第一批
23		婺源县思口镇思溪村	第六批	第二批
24		婺源县浙源乡虹关村	第五批	第二批
25		婺源县江湾镇篁岭村	第七批	第五批
26		婺源县思口镇西冲村	第七批	第二批
27		铅山县河口镇	第六批	第一批
28		铅山县石塘镇	第六批	第一批
29		横峰县葛源镇	第四批	第一批
30	吉安市	安福县洲湖镇塘边村	第六批	第一批
31		安福县金田乡柘溪村	第七批	第二批
32		青原区富田镇	第五批	第三批
33		青原区文陂乡渼陂村	第二批	第一批
34		青原区富田镇陂下村	第四批	第二批
35		吉水县金滩镇燕坊村	第三批	第一批
36		吉水县金滩镇桑园村	第六批	第一批
37		吉安县永和镇	第六批	第二批
38		吉州区兴桥镇钓源村	第五批	第一批
39		峡江县水边镇湖洲村	第六批	第四批
40		泰和县螺溪镇爵誉村	第七批	第四批
41	抚州市	乐安县牛田镇流坑村	第一批	直接列为国家级
42		乐安县湖坪乡湖坪村	第七批	第四批
43		金溪县双塘镇竹桥村	第五批	第三批
44		金溪县琉璃乡东源曾家村	第六批	第四批
45		金溪县浒湾镇	第六批	第五批
46		金溪县合市镇游垫村	第七批	第五批
47		金溪县陈坊积乡岐山村	第七批	第五批
48		金溪县琅琚镇疏口村	第七批	第五批
49		金溪县合市镇全坊村	第七批	第五批
50		广昌县驿前镇	第六批	第一批

江西省省级历史文化名镇名村一览表

表30

序号	设区市	镇村名称	公布批次	中国传统村落公布批次
1	南昌市	安义县万埠镇梓源民国村	第五批	
2		进贤县架桥镇陈家村	第二批	第二批
3		进贤县文港镇周坊村	第五批	
4		进贤县温圳镇杨溪李家村	第五批	第一批
5		新建区大塘坪乡汪山村	第三批	
6		南昌县三江镇前后万村	第三批	第二批
7		青云谱区青云谱镇朱桥村	第五批	
8	九江市	修水县黄坳乡朱砂村	第五批	
9		都昌县苏山乡鹤舍村	第四批	
10	景德镇市	浮梁县浮梁镇旧城村	第四批	第一批
11		浮梁县西湖乡礌溪村	第三批	第二批
12		浮梁县瑶里镇高岭东埠村	第一批	高岭村为第一批
13		乐平市涌山镇涌山村	第四批	第二批
14	萍乡市	莲花县路口镇湖塘村	第三批	第二批
15	新余市	分宜县分宜镇介桥村	第三批	第二批
16		分宜县钤山镇防里村	第五批	第二批
17		渝水区罗坊镇下寸村	第五批	
18	赣州市	南康区坪市乡谭邦村	第五批	
19		赣县湖江乡夏府村	第三批	第二批
20		赣县大埠乡大坑村	第五批	
21		兴国县梅窖镇三僚村	第三批	第二批
22		兴国县兴莲乡官田村	第五批	第二批
23		于都县马安乡上宝村	第一批	
24		于都县葛坳乡澄江村	第五批	
25		瑞金市九堡镇密溪村	第一批	第二批
26		安远县镇岗乡老围村	第一批	第一批
27		定南县天九镇九曲村	第三批	
28		会昌县筠门岭镇羊角村(羊角水堡)	第五批	
29	宜春市	丰城市张巷镇白马寨村	第一批	第二批
30		丰城市筱塘乡厚板塘村	第一批	第二批
31		万载县株潭镇周家大屋	第二批	
32		铜鼓县排埠镇	第三批	

续表 30

序号	设区市	镇村名称	公布批次	中国传统村落公布批次
33	上饶市	婺源县江湾镇江湾村	第一批	第一批
34		婺源县江湾镇晓起村	第一批	第二批
35		婺源县秋口镇李坑村	第一批	第二批
36		婺源县镇头镇游山村	第二批	第二批
37		婺源县段莘乡庆源村	第二批	第二批
38		婺源县浙源乡凤山村	第三批	第二批
39		婺源县紫阳镇考水村	第三批	
40		铅山县篁碧畲族乡畲族村	第五批	
41		横峰县姚家乡兰子畲族村	第三批	
42		德兴市银城镇新营村	第四批	
43		德兴市海口镇	第四批	
44		广丰区嵩峰乡十都村	第五批	
45	吉安市	安福县洋门乡上街村	第五批	第一批
46		青原区新圩镇江头毛家村	第三批	
47		青原区富田镇横坑古村	第四批	第一批
48		青原区富田镇夽田村	第五批	第二批
49		吉水县金滩镇仁和店村	第二批	第二批
50		吉水县白沙镇桥上村	第四批	第二批
51		吉安县横江镇唐贤坊村	第二批	
52		吉安县敦厚镇圳头村	第五批	第二批
53		吉安县横江镇公塘村	第五批	
54		泰和县马市镇蜀江村	第四批	
55		峡江县水边镇何君村	第五批	第二批
56		峡江县水边镇沂溪村	第五批	第二批
57		峡江县巴邱镇	第五批	
58		永新县石桥镇樟枧村	第四批	
59	抚州市	乐安县牛田镇水南村	第三批	
60		崇仁县相山镇浯漳村	第四批	
61		黎川县华山场洲湖村	第四批	
62		金溪县浒湾镇黄坊村	第五批	
63		金溪县合市镇东岗村	第五批	
64		东乡县黎圩镇浯溪村	第二批	
65		东乡县黎圩镇上池村	第五批	
66		宜黄县棠阴镇	第一批	

（省住房城乡建设厅）

建筑业与房地产业

【概　况】 2022年,全省完成建筑业总产值10694.84亿元。建筑业总产值增速9.55%,比全国平均增速高5.16个百分点,列全国第5位。完成税收入库收入268.67亿元,下降9.2%,占税收收入7.2个百分点。江西国际、江西中煤、江水建设、中鼎国际、省建工集团、江联重工6家对外承包工程企业入选ENR全球最大国际承包商250强榜单,其中江西国际、江西中煤连续5年跻身百强,全球最大国际承包商250强榜单入选企业数量江西保持"中西部第一",列全国第4位。全省有建筑施工企业2.61万家,其中特级企业24家;施工总承包一级企业526家,新增53家。全省建筑业企业完成产值超过100亿元企业8家;完成产值在50亿元以上企业有300家,比上年增加11家。江西民营企业100强中建筑企业26家,总营业收入1654.5亿元,占100强企业总营业收入20%。全省有监理企业632家,综合甲级资质企业6家,甲级资质企业88家,乙级资质企业470家。监理从业人员1.5万余人,注册监理工程师6812人,比上年增加1482人。中国建筑装饰协会公布行业综合数据统计装饰装修类100强,美华建设有限公司、金昌建设有限公司、利达装饰集团有限公司上榜,名次分列29位、40位、55位。18个公共建筑装饰类项目、2个幕墙类项目、1个设计类项目获中国建筑工程装饰工程奖。

全省房地产投资降幅高于全国平均水平,差距小幅扩大。1—12月全省房地产开发投资2210.2亿元,下降12.6%,与全国差距由1—11月2.5%扩大2.6%,增速列全国第16位。土地出让面积与成交价款降幅扩大。全省商品房用地1—12月供应面积4273.62万平方米,下降14%,比1—11月降幅收窄6.9个百分点,8—12月底累计降幅连续5月持续收窄。全省商品房用地成交价款1686.1亿元,下降12.2%,降幅比1—11月收窄7.7个百分点。1—12月,全省商品房出让用地亩均价格263万元/亩,上涨2.1%,其中,住宅出让用地亩均价格300万元/亩,上涨4.3%。新建商品房销售下降,降幅低于全国及中部平均水平,排位上升。1—12月全省新建商品房销售面积6702.6万平方米,下降12.7%,降幅低于全国平均水平11.6个百分点,增速列全国第3位,排名比上个月上升2位,列中部第1位,比上月上升1位。全省商品房1—12月销售均价7187.1元/平方米,下降3.4%,价格波动幅度列全国19位,排位比上个月下降3位,中部第4位。商品房库存去化周期处于合理区间。1—12月,全省房地产业入库各类税收352.3亿元,下降38.8%,降幅比1—11月收窄1.6个百分点。房地产税收占入库各类税收总额9.2%。

【建筑业发展】 开展绿色建材推广应用,支持建筑业"走出去"发展,推动境外工程纳入省优奖评审。开发适合建筑业特点金融产品,提供优质建筑业企业融资服务。成立省房地产建筑产业链创新联合体支持建筑业发展。推进装配式建筑发展,装配式建筑发展目标纳入"六个江西"建设目标任务。在抚州市召开装配式建筑现场推进会。建立"按月调度、季度通报、年终考核"工作机制。28家企业和高校获评级装配式建筑产业基地,向住建部推荐6家企业申报第三批国家级装配式建筑产业基地。评定11个智能建造绿色建造案例。全省开工装配式建筑面积3700万平方米,新开工装配式建筑面积占总建筑面积31%。

【建筑市场整治】 3月,开展转包挂靠出借资质等违法违规行为专项整治行动,打击转包挂靠出借资质行为,共查处转包挂靠出借资质案例827个,罚没金额2.85亿元。出台《关于加强建筑工程施工许可事前事中事后管理有关工作的通知》《关于规范房屋建筑和市政基础设施工程施工发包承包行为加强标后管理的通知》《关于规范江西省建筑工程施工许可证信息变更等有关事项的通知》。全省公布违法违规典型案例23批166起。全省工程审批系统导入省实名制监管平台,研判建筑企业是否存在出借资质(转包挂靠)等问题。开展建造师起底整治工作,累计撤销二级建造师证书1132人,对公职人员"挂证"行为从严处理。启动信用评价标准修订工作,清理不符合公平竞争和统一大市场建设条款,向社会公开征求意见建议92条。

【优化发展环境】 做好惠企稳岗工作,印发实施《江西省住房城乡建设领域惠企稳岗保障经济稳定运行若干措施》。10月底,全面清退省属工程项目历史留存农民工工资保证金,共退付120家单位农民工工资保证金2078.5万元。推进工程担保,加大保函形式缴纳投标保证金、履约保证金、工程质量保证金、农民工工资保证金力度。加强建筑工程施工许可核发管理,任何部门、单位不得违规设置"搭车"事项,不得违规收费。实行施工许可电子证照,提高审批效能。为100余家企业开展十项新技术立项达145项,配合参与30家十项新技术评审。服务保障农民工就业。制定《关于做好建筑企业农民工服务保障的通知》《关于促进农民工就业创业10条措施》《关于加强零工市场建设完善求职招聘服务的意见》,纠正各地一刀切清退超龄高龄农民工行为。出台《江西省工程建设领域农民工工资保证金实施办法》《江西省工程建设领域农民工工资专用账户管理暂行办法》等,依法保护施工企业合法权益。

【房地产市场稳定】 制定《关于因城施策促进房地产业良性循环和健康发展的指导意见》,召开全省房地产市场会商协调暨涉稳风险防范处置联席视频会议、全省房地产工作视频会。督促各城市制定完善房地产市场平稳健康发展"一城一策"长效机制工作方案,对市场波动较大城市进行预警提示,"一对一"窗口指导并赴实地调研督导。印发《关于进一步完善联席会议机制强化房地产市场调控工作协调联动的通知》,完善省级联席会机制。印发《关于持续深入推进整治房地产市场秩序三年行动工作的通知》,公布三年行动第二批违法违规典型案例。转发《关于规范商品房预售资金监管的意见》。

【"三保"工作】 制定完善恒大新力项目"三保"(保交楼、保民生、保稳定)工作方案。调度组织全省申报国家"保交楼"专项借款,2批次向国家争取专项借款115亿元。转发《保交楼专项借款资金管理办法》,指导各设区市使用专项借款。印发"保交楼、稳民生"攻坚行动方案。至12月底,全省31个恒大项目已销号30个,销号率96.7%;38个新力项目已销号28个,销号率73.7%。化解停贷舆情,针对景德镇市停贷舆情风波,向景德镇市政府发出警示提示,4次赴景德镇开展调研督导。协调金融机构发放开发贷、按揭贷、并购贷、施工企业贷等,共协调贷款展期39.8亿元,发放贷款10.1亿元,会商省法院处置司法查封等涉法涉诉问题。

【物业管理】 印发《关于深化城市基层党建引领基层治理的实施方案》《关于党建引领社区物业治理的指导意见》,推动提升物业覆盖率、业主自治组织组建率、行业党建工作。起草《江西省业主委员会成立及运行情况调研报告》。印发《江西省业主大会和业主委员会指导规则(试行)》,推动成立业主大会和业主委员会。拟制《江西省物业服务企业信用信息管理暂行办法(草稿)》。推动省物协成立江西省物业管理行业人民调解委员会,抚州市、新余市、宜春市、吉安市同步成立市级物业管理行业人民调解组织。

【民生工程】 10月,印发《关于进一步加大力度推进既有住宅加装电梯工作的通知》。至12月底,全省既有住宅加装电梯累计完成审批3920台,施工1291台,完成加装1954台。其中,全年累计完成审批1064台,完成加装909台,9个"零加装"县(市)"清零",实现全省全覆盖。10月24日,《人民日报》报道江西省既有住宅加装电梯工作成效。督促各地落实安置住房逾期交付专项整治主体责任,建立健全安置住房项目建设推进工作机制,做到"基本化解问题存量,有效控制问题增量"。全年全省排查安置住房逾期交付13.25万户,整改或基本整改13.01万户(基本整改2.19万户,整改10.82万户),整改完成率98.3%。

(省住房城乡建设厅)

建筑节能与科技设计

【概　况】 2022年,全省有勘察设计企业731家,其中建设工程设计甲级及以上133家,乙级156家,丙级及以下267家;建设工程勘察甲级及以上46家,乙级58家,丙级71家。注册建筑师777人(一级489人、二级288人),各类勘察设计注册工程师2699人,其中注册结构工程师1081人(一级708人、二级373人),注册公用设备工程师617人,注册化工工程师51人,注册土木(岩土)工程师496人,注册电气工程师454人。组织1629人参加2022年度全国一、二级注册建筑师考试,3946人参加2022年度全国勘察设计注册工程师考试。

【绿色建筑】 发布《关于推进城乡建设绿色发展的实施方案》。印发《江西省城乡建设领域碳达峰实施方案》《江西省住房城乡建设领域"十四五"建筑节能与绿色建筑发展规划》。规范全省住房城乡建设领域材料(产品)推广和限制(禁止)应用工作。编制《江西省居住建筑节能工作设计指南》。开展全省民用建筑节能强制性标准执行情况行政检查。

【工程建设标准管理】 11月11日,印发《关于明确我省工程建设地方标准管理有关事项的通知》。推荐10项课题申报住建部科学技术计划项目,其中1项获立项。推荐28项课题申报江西省科学技术计划项目。印发《江西省数字家庭实施导则》。组织红谷滩区完成数字家庭建设试点申报工作。印发《江西省住房城乡建设领域推进数字经济"一号发展工程"实施意见》,开展BIM技术应用示范项目评选,南昌市第一医院九龙湖分院建设工程等17个项目获江西省2022年度BIM技术应用示范项目。批准发布3项工程建设地方标准、1本图集。开展新时代优秀农房设计方案评选工作。

【规范勘察设计市场】 印发《关于对在赣勘察设计企业及从业人员开展信用评价的通知》《关于规范在赣勘察设计单位从业行为的通知》。开展全省勘察设计市场和质量监管专项整治,完成勘察设计企业资质动态核查工作,对注册人员情况不达标的勘察设计企业下达整改通知;对3名注册执业人员人证分离(挂证)违规行为,下发撤销行政许可意见告知书。

【施工图审查制度改革】 2022年,优化"江西住建云-项目图审监管一体化"平台,完成全省施工图审查机构动态核查。完成江西省房屋建筑和市政基础设施工程施工图设计文件审查机构确定书更换工作。确定江西省赣建施工图设计审查中心等18家审查机构更换确定书,认定南昌市昌城施工图设计审查中心房屋建筑工程二类和江西江勘工程咨询有限公司房屋建筑工程一类审查资格。

(省住房城乡建设厅)

本类目编辑　刘清林

水　　利

综　　述

2022年，省水利厅落实中共中央总书记习近平“节水优先、空间均衡、系统治理、两手发力”治水思路，聚焦“作示范、勇争先”目标要求，出台《关于推进全省水利高质量发展的意见》，将水利列入项目建设“四大攻坚行动”，召开全省水利高质量发展大会，打好防汛抗旱持久战、项目建设攻坚战、河湖治理保卫战，河湖长制、水资源管理、水利建设等多项工作创造“江西经验”，全省水利工作取得新成效。

水旱灾害防御。有效应对汛情和夏秋冬连旱极端天气，抓好抗旱保灌保供工作，落实“三个精准”要求，科学施策、精细调度、算好水账。实施鄱阳湖水库群抗旱保供水联合调度专项行动，调度36座大中型水库为下游补水27.3亿立方米，保障沿河两岸及湖区950万人、43.33万公顷农田用水需求。调度万安、峡江、龙头山等赣江梯级水库，保障赣江沿线及南昌城区供水安全。全省317处大中型灌区保灌率达到90%，有效减少农业因旱经济作物损失58亿元、粮食损失61亿元，保障江西粮食总产量连续10年超0.22亿吨，确保粮食安全和农村居民饮水安全。

项目建设攻坚。打好项目建设攻坚战，争取政府财政资金支持，发挥市场作用。全年落实水利投资550亿元，增长37%；完成水利投资504亿元，增长71%，均创历史新高。争取财政资金226亿元，其中，省级以上资金118亿元；利用国开行、农发行等银行信贷资金130亿元；落实地方政府债券105亿元；政策性开发性金融工具（基金）43亿元；社会资本47亿元。鄱阳县将纯公益项目与相关有收益项目“关联打包”引进社会资本，推动水利民生项目落实，融资模式在全国推广。

顶层规划设计。编制《江西省“十四五”水安全保障规划》，从顶层对5年水利发展蓝图进行设计。编制《江西省水网建设规划》，并列为全国首批省级水网先导区，从完善流域防洪体系、优化水资源配置工程体系、水生态保护治理体系和智慧水利4个方面谋划“万个项目”“万亿投资”。推进水网建设，提升水安全保障能力。

水利工程监管。推进长江干流江西段崩岸应急治理工程、赣抚尾闾综合整治等重大水利项目建设。针对重大水利工程，坚持由一名水利厅负责人挂帅、设立一个工作专班、制定一套工作方案，实行周调度、月通报。对全省项目开工率底、进度慢的地方，既督又帮，派专家进驻现场，进行技术帮扶。定期开展“四不两直”督查、专项稽查等，对项目资金、工程质量、安全生产等实行全过程监督，确保工程安全、资金安全和干部安全。

党建进工地试点。推进全省水利系统党建进工地试点，选取长江干流江西段崩岸应急治理工程等4个工程项目作为省级试点项目。长江干流江西段崩岸应急治理工程建设项目部临时党总支加强信息化管理，建立微信公众号，依托公众号系统开发业主、总包、监理系统，提升项目建设进度、管理效率。安义县水系连通及水美乡村建设试点县项目临时党支部在实施过程中安排各片区负责人作为支部对外联络员，广泛收集建设过程中周边群众诉求，解决村民下河取水用水难问题。

（万菁）

水利工程建设与管理

【概　况】 2022年，全省各级水利系统坚持项目为王，聚力攻坚水利建设。开展河湖管理、运行管理、市场管理各项工作，推进康山蓄滞洪区安全建设工程前期工作，推动鄱阳湖区重点圩堤达标建设项目国家立项，完成长江干流江西段崩岸应急治理工程、赣抚尾闾综合整治工程等重大水利工程年度目标任务。鄱阳湖水利枢纽前期工作进展有序，可研和环评工作取得新成效，水利工程综合效益得到发挥。

【水利工程标准化管理】 推进标准化管理地方标准制定申报，至年底，《江西省水利工程维修养护技术标准》等9个地方标准通过省市场监督管理局批准予以发布。对25个县区开展标准化管理技术指导，解决突出问题，标准化管理成果得到巩固提升。把工程标准化管理实施情况列入全省市县综合考核内容，并将省级及以上水利工程维修养护补助资金与各地标准化管理工作成效挂钩。全年完成1.3万余座（处）工程标准化管理常态化评价。

【水利项目建设】 长江干流江西段崩岸应急治理工程累计完成投资10.67亿元。赣抚尾闾综合整治工程完成投资30.1亿元。梅江灌区、大坳灌区开工建设，四方井水利枢纽全面完工，花桥水利枢纽主体工程完

2 月 22 日,长江干流江西段崩岸应急治理工程建设有序推进现场

省水利厅供

工。1664 座病险水库除险加固任务中,41 座大中型全部开工,主体工程完工 34 座;1623 座小型主体工程基本完工,实现"五年任务三年完成"目标。94 座万亩圩堤完成加固整治。5 个大型灌区、28 个中型灌区续建配套改造项目建设完成年度任务。推进城乡供水一体化建设,完成投资 80.5 亿元。鄱湖安澜百姓安居工程庐山市沙湖山圩试点圩堤加固整治、鄱阳湖区 2 期防洪工程第 6 个单项完成验收。

【水库水闸安全运行管理】 指导各地落实全省水库大坝安全管理等 5 个责任人,采取线上线下各种方式,完成所有小型水库"防汛三个责任人"业务培训,保证水库责任人业务培训全覆盖,按规定开展大中型水库日常安全监测工作。常态化做好水库水闸注册登记工作,至年底,全省注册登记水库大坝 1.06 万座,规模以上水闸 3129 座。完成 99 座水库和 48 座水闸安全鉴定,确保全年任务完成。推进已实施标准化管理水利工程管理与保护范围划定,全年完成水库、堤防、水闸等水利工程管理与保护范围划定工作。

【小型水库管理体制改革】 组织在全省范围内开展推广以县域为单元深化小型水库管理体制改革工作,对申报的县(市、区)进行评估和专家评审。抚州市宜黄县等 13 个县(市、区)改革成效突出,形成多种可复制可推广管护模式。全省 1.01 万座分散式管理小型水库已全面推行区域集中管护、政府购买服务、"以大带小"等专业化社会化管护模式,专业化管护率 100%,工程运行管理水平得到提升。

【河湖综合管理】 排查河湖"四乱"问题 583 个,全部完成整改销号。推进河湖圩堤管理范围内房屋问题整改,累计完成 16.32 万栋房屋处置分类和 704 栋房屋拆除整改工作。开展长江干流岸线利用项目清理整治工作,共完成 240 个岸线利用项目整改。开展妨碍行洪突出问题整治工作,累计完成 278 个碍洪问题整改。严格涉河项目审批,省级权限内审查批准 33 个建设项目,强化涉河建设项目事中事后监管。

【水利建设市场监管】 优化水利建设市场营商环境,在统一招标备案程序、简化招投标流程等八方面明确具体措施。规范电子招标投标,简化入赣交易流程。在省公共资源交易系统中实现水利工程招标投标活动全流程电子化,市场准入方式采用网上注册登记制。提倡采用银行保函和工程担保方式缴纳农民工工资保证金和质量保证金等涉企保证金。对第四季度应缴纳的各类工程质量保证金,自应缴之日起缓缴 1 个季度,要求建设单位不得以扣留工程款等方式收取工程质量保证金。完善监督检查机制,开展"双随机、一公开"抽查。在全省范围内对 2018 年 1 月 1 日至 2022 年 6 月 30 日完成招标的水利工程建设项目进行全面排查,严厉打击涉围标串标、转包、违法分包等违法违规违纪行为。发出《致全省水利评标专家的一封信》,向全省水利评标专家倡议"七个不",提醒评标专家汲取教训,构筑反腐倡廉防线。

(陈琳健)

水资源管理

【概 况】 2022 年,全省年平均降雨量 1599 毫米,比多年平均少 2.8%。地表水资源量 1532.72 亿立方米,比多年平均值少 1.3%。全年总供水量与总用水量持平,为 269.77 亿立方米。人均综合用水量为 597 立方米,万元 GDP(当年价)用水量 84 立方米,万元工业增加值(当年价)用水量 39 立方米,农田灌溉亩均用水量 719 立方米,农业灌溉水有效利用系数 0.53。

【水权水市场改革】 水权水市场改革纳入市县综合考核水利指标,提升各市、县开展水权交易探索动力和积极性。全年通过省公共资源交易中心综合环境能源交易平台完成 101 宗水权交易项目,交易水量 3323 万立方米,交易金额 421 万余元。交易水量和金额较上年大幅增加;交易类型由原来单一类型取水权交易转变为取水权交易、区域水权交易、灌区内灌溉用水户水权交易多种类型并存。

【水资源管理和保护】 完成 2022 年度获中央补助资金 1267 套取水在线监测计量设施建设任务目标;争取中央资金 1818 万元补助 2023 年度取水在线监测计量设施建设任务。印发落实国家行政事业收费缓缴政策、落实暂免征收城乡供水一体化工程涉及农村饮水安全工程部分水资源费政策文件。指导各设区市全面完成“五河一湖”和其他16条流域面积1000平方米以上跨地市河流水量分配指标细化到县级行政区。指导各设区市完成21条市级重点河湖生态流量保障目标确定工作。配合水利部制定发布包括江西省42个水源地在内的长江流域重要饮用水水源地名录。推进城市应急备用水源地建设,九江市、宜春市应急备用水源建设工程完成通水及单位工程验收,并通过水利部委托长江委开展现场复核。完成《江西省地下水超采区评价报告》编制,经评估全省境内不存在地下水超采区、临界区。初步构建35个重点河湖生态流量控制断面在线监测预警平台。推动水资源资产负债表研究、大坳水库保水养育模式研究、灌区计量灌溉水量核算研究等科研项目和创新性工作。

【节约用水】 召开省节约用水协调推进小组会议,联合省发展改革委等6个部门开展典型地区再生水利用配置试点工作。7个县获“国家节水型社会建设达标县(区)”称号,累计共40个县(市、区)通过水利部复核,提前三年完成“十四五”任务目标。做好公共机构节水工作,公布17所节水型高校和3所高校水效领跑者,节水型高校建成率46%,超额完成水利部下达任务。江西水利职业学院等3所高校入选水利部、教育部和国管局公布的节水型高校典型案例名单。遴选命名省级节水型企业135家,省级节水标杆企业17家,水效领跑者6家,节水标杆园区3家(首次遴选),数量和质量均创历史新高。开展“世界水日”“中国水周”、《公民节约用水行为规范》宣传活动以及“节水大作战等你来挑战”有奖答题活动,点击量连续3年突破100万人次。举办省级节水型高校创建和第四届校园“节水大使”评选活动,共评选出20名校园“节水大使”。面对全省历史罕见干旱,联合人民网江西频道向全省机关团体、企事业单位和各行各业发出节水倡议。在省科技馆开展占地900平方米、为期半年国内首个以时间为轴的大型节水科普专题展“江小惜的时光旅行”,累计接待游客4万人次。

(陈芳)

水文

【概况】 2022年,全省洪旱并发、汛期反枯。6月上旬、中旬,发生8次编号洪水,19个河(湖)64站次发生超警洪水,乐安河、信江上游发生有记录以来最大洪水。6月下旬至11月上旬,发生罕见夏秋冬连旱,46条10平方千米以上河流发生断流,鄱阳湖星子站相继刷新进入枯水期、低枯水期和极枯水期历史最早记录以及有记录以来最低水位。8月23日,水利部部长李国英在星子水文站调研时,肯定江西水文墒情监测和江湖关系精准监测工作。

【水文感知能力建设】 规划实施水文现代化站网建设等六大类项目。流量、蒸发、泥沙在线监测率分别提升至70%、82%、20%。建成水文测验管理系统和在线资料整编系统并贯通应用,实现“四随”(随测、随算、随整理、随分析)工作实时监控、水文资料全部日清月结即时在线整编。首次编制《江西水文年报》,推出《江西省降水量特征值统计手册》《鄱阳湖流域泥沙公报(2021)》。

【水资源监管】 开展鄱阳湖水利枢纽工程水资源论证、河源论证试点工作。率先在全国实现水资源通量分析评价向存量在线分析转变,出版省级《水资源公报》。市县两级水资源公报覆盖率达100%。对全省103处生态流量断面、112家重点工业企业和125处大中型灌区开展动态监测分析预警,加强供水安全风险应对。

【水生态监测升级】 推进河湖生态流量保障工作,同步做好水质监测评价和水华风险评估识别。完成全省86处纳入湖长制管理重点湖泊、854处水质水生态站点和33座大型水库水质水生态监测工作。依托环境DNA实验室完成基因测序87种,培养纯种藻30种,收集各类水生生物样本500余份。开展全省重点湖泊鱼类资源调查、鄱阳湖江豚监测与科考,为抚河、饶河、修河和鄱阳湖把脉问诊。

【4个水利项目获科技奖项】 实施“团队—基地—项目—人才—管理”一体化发展战略,开展重点项目攻关的水文产学研用协同创新。实施2个省科技厅“科技+水利”项目、13个省水利厅科研项目,获得1项江西省科学技术一等奖、3项赣鄱水利科技奖,微波、雷达、无人机遥感等新技术新装备应用研究探索取得成效。

【水文行业管理】 打造以监测、服务、管理为主要内容的智慧水文2.0平台。启动星子、外洲、渡峰坑3个水文现代化全国示范站建设。鄱阳湖水文生态监测研究基地二期获江西省水利工程优质(赣鄱)奖,申报科技成果推广示范基地。

(伍勇峰)

河湖长制

【概况】 2022年,全省落实习近平生态文明思想,推进河湖长制工作,发布2022第1号总河长令《江西省关于强化河湖长制 建设幸福河湖的指导意见》,宜黄县宜水列入全国幸福河湖建设7个试点之一。实施“清河行动”、河湖“清四乱”和岸线利用项目清理整治。规范河道采砂管理,维护良好水事秩序。印发《河湖长制履职评价及述职规定(试行)》《河湖长履职评价细则(试行)》,完善制度体系,促进各级河湖长履职尽责。

【河湖长体系建设】 坚持党政同责,完善区域和流域相结合的省市县乡村五级河长湖长组织体系,动态调整明确各级河长湖长。2.5万余名河湖长累计巡河巡湖144万余人次,推动解决重点问题2.4万余个。9.42万名河湖管护、保洁人员强化工作责任,打捞水面垃圾18万余吨。各河湖长制责任单位依法履职,开展专项整治。深化“河湖长+警长”“河湖长+检察长”机制,7.4万名“河小青”志愿者常态化开展爱河护河“净滩行动”。

【开展专项整治】 开展以“清洁河湖水质、清除河湖违建、清理违法行为”为重点的“清河行动”，累计排查整治影响河湖健康突出问题2379个，排查整治河湖“四乱”问题579个、妨碍行洪突出问题278个，整治有妨防洪安全圩堤管理范围内房屋704栋。

【幸福河湖建设】 以省级总河湖长令形式印发《江西省关于强化河湖长制建设幸福河湖的指导意见》，全面启动幸福河湖建设。全省108条（段）幸福河湖建设项目完成实施规划或实施方案编制，开工建设94条（段），总投资443亿元。宜黄县宜水幸福河湖建设被水利部确定为全国7个试点之一，争取国家投资1.09亿元，靖安县全域幸福河湖建设全面启动。新增自主创建省级水生态文明村125个，建成百姓宜居幸福河湖乡村。

【河湖管理工作】 落实《江西省“五河一湖一江”流域保护治理规划》，推动完成省市县三级“一河（湖）一策”修编工作。推进河湖健康评价工作，省级对抚河、修河、饶河进行河湖健康评价，全省超90%县（市、区）开展河湖健康评价工作。推进河湖管理正向激励，开展第二届河湖长制工作省级表彰，省政府对15个河湖长制先进集体、60名优秀河湖长进行表彰。发动社会公众，开展“巡河·护河”行动，营造河湖管护氛围。

（占雷龙）

水库移民

【概　况】 2022年，全省加大水库移民资金投入，改善移民生产生活条件，促进库区和移民安置区社会和谐稳定。全年全省水库移民资金投入26.46亿元，其中，中央下达大中型水库移民后扶资金24.48亿元，三峡后续工作资金1.59亿元，省财政安排小型水库移民解困资金3900万元。

【移民安置工作】 实现在建大中型水利水电工程移民安置专项稽查工作全覆盖，全年完成16个主体工程在建项目稽查工作；对省赣管局岗前闸等7个项目出具可以容缺立项意见函；对乐安县江下水库扩建工程等10个项目实物调查细则、移民安置规划大纲或安置规划报告进行审查或审核；完成定南县洋前坝水利枢纽下闸蓄水、于都县岭下水库导截流阶段移民安置验收，以及新干航电枢纽等3个项目移民安置终验工作，把好工程移民安置工作关，确保工程建设顺利实施，如期发挥效益。

【水库移民后期扶持】 2022年，全省大中型水库移民后期扶持人口167.82万人，列全国第6位。全年累计投入后期扶持资金24.48亿元，其中，发放直补资金5.17亿元，安排项目资金19.31亿元。项目资金用于移民美丽家园建设项目6363个，生产开发及配套设施建设4540个，其他项目146个，培训移民劳动力9010人次，建成美丽移民村370个，项目扶持受益移民村5490个。开展2021年度34个样本县大中型水库移民后期扶持政策实施情况监测评估、11个设区市以及96个评价单位后期扶持资金绩效评价工作。抽取崇仁县、新余市渝水区、武宁县、大余县、奉新县、鄱阳县等6个县（区）开展专项监督检查。联合印发《大中型水库移民后期扶持项目资金管理实施细则》。

【三峡后续工作】 2022年，做好三峡后续工作，投入三峡后续建设资金1.59亿元，用于长江中下游影响处理项目1个（长江干流江西段崩岸应急治理工程），补助1.29亿元；实施三峡移民安置区帮扶项目154个，补助2943万元；组织三峡后续工作市县开展2021年度三峡后续工作专项资金绩效自评，江西省综合评价为优。

【小型水库移民解困工作】 2022年，省财政厅协调省级财政资金3900万元，用于小型水库移民解困工作，共实施412个项目，辐射江西省1.03万座小型水库所在村组基础设施建设。

（罗德辉）

水利法治建设

【概　况】 2022年，江西法治水利建设工作立足完善法规体系，联合省检察院印发协作机制实施细则，明确案件线索移送标准。严格执法监督，连续第4年开展水行政执法案卷评查，及时发现和纠正水行政执法活动中存在的问题。加强放管服改革，推进“证照分离”改革，细化涉企经营许可事项改革举措和监管举措。抓好法治宣传教育，推进依法治水管水，保障江西水利法治建设高质量发展。

【完善水法规制度】 2022年，开展《江西省流域综合管理办法》立法调研，将《鄱阳湖流域管理条例》纳入2023年省人大常委会立法计划重点调研项目；开展水法规清理，完成《江西省实施河长制湖长制条例》修订。连续第4年开展水法规跟踪问效，对《江西省农田水利条例》相关规定修改提出对策建议。印发《江西省水利厅关于废止、继续有效和修改行政规范性文件的决定》，修订印发《江西省水利厅行政规范性文件管理办法》。修订江西省水行政处罚自由裁量权适用规则和参照执行标准。

【放管服改革】 编制完成省市县三级统一水行政许可权力清单（2022年版）和依法下放、委托许可事项清单。开展“将心比心、终端检验”专项活动；推进数字政府场景应用，取水许可等政务服务高频事项实现“掌上办理”；厅本级实施15项行政许可事项全部纳入“省级批发、市县零售”模式。修改完善依申请类政务服务事项，提升减时限、减跑动和即办件占比率。推动建立跨部门“双随机、一公开”综合监管机制。

【水行政执法与监督】 2022年，开展防汛保安、河道采砂管理等专项执法行动。完成水利部2021年水行政执法监督发现问题整改任务，防汛保安专项执法行动成效得到长江委检查组肯定。印发2022年行政检查计划，推动建立节约用水与河道采砂检查跨部门“双随机、一公开”综合监管机制。加强与公安、交通、农业、林业等部门协作，开展鄱阳湖区联勤巡逻，全年未发生重大社会治安问题。全面完成 2019—2021 年度遥感监管发现问题整改销号核查，对省管取水户开展现场评估，强化水利工程招标投标领域信用监管。

【水法规宣传】 安排领导干部赴宪法教育馆现场学习，开展新提任处级领导干部法律知识考试活动，组织观摩行政案件开庭审理，提升领导干部法治思维和法治能力。强化水利系统干部职工参与意识，感受身边法治。在省水利厅办公楼开设习近平法治思想宣传专栏，在江西水利微信公众号开展“每日一普法活动”，举办习近平法治思想专题讲座和全省水法规培训班，组建省水利厅普法志愿服务队，开展省水利厅法律顾问单位进机关法律咨询服务活动；全省 91 万余人次参与“百万网民学法律”水法规专场知识竞赛活动。

（郭鹤）

农村水电

【概　况】 2022 年，农村水电工作围绕中共中央总书记习近平“节水优先、空间均衡、系统治理、两手发力”治水思路，落实新阶段水利高质量发展要求，推进农村水利各项工作开展，全面提升水利高质量发展水平，助力乡村振兴。全年全省累计创建绿色示范电站 78 座，农村水电安全生产标准化达标创建电站共 121 座。

【城乡供水一体化建设】 2022 年，全省各地落实工程建设资金 84.8 亿元，完成总投资 80.5 亿元，比年度计划翻一番。全省农村自来水普及率达到 87.5%，规模化供水工程覆盖农村供水人口比例达到 73.8%，均超过全国平均水平。推进城乡供水一体化先行县建设，全省 43 个县开展先行县建设，新余市、鹰潭市、萍乡市 3 市整市推进，会昌县城乡供水“三化”模式，作为典型入选省委改革动态和水利部《农村饮水安全工作简报》。

10 月 15 日，赣抚平原灌区续建配套与现代化改造（二期）建设现场

省水利厅供

【大中型灌区建设】 2022 年，抓好灌区建设改造，推动中型灌区改造先行实施，完成 5 个大型灌区、28 个中型灌区续建配套改造项目年度任务，新增改善灌溉面积 12.33 万公顷，增强灌区保障国家粮食安全能力。梅江灌区重大水利工程、大坳灌区工程全面开工建设。全省农田灌溉发展规划编制工作全面启动。争取加大财政投入，灌区建设坚持“两手发力”扩大有效投资，全年灌区争取专项债、政策性银行贷款、社会资本 20.5 亿元。

【农业水价综合改革】 2022 年，全省所有农业建制县全面完成改革任务，完成改革面积 72.93 万公顷，累计完成改革面积 199.6 万公顷，占应改面积的 97.9%。93 个建制县均已全面落实农田水利工程管护“四个主体”，完成水价批复增幅较以往超过 50%，达到成本运行，完成农业水权证书颁发。全省落实精准补贴与节水奖励资金 5 亿元，农田灌溉节水量累计达到 12 亿立方米。

【重点山塘与涝区治理】 2022 年，全省剩余 2847 座重点山塘加固整治中，开工 2658 座。各地规划实施一批市级、县级重点山塘，多渠道筹集资金，落实各类山塘整治资金 15.5 亿元，恢复灌溉面积 50 万亩，改善灌溉面积 200 万亩。全年涝区治理落实投资 11.9 亿元，启动实施项目 27 个，新建泵站 13 座，改扩建泵站 10 座，新增排涝能力 100.9 立方米每秒，整治排涝渠系、加固湖圩等累计 458.9 千米，整治涵闸 67 座。

【农村小水电发展】 2022 年，开展全省小水电站安全运行风险隐患排查工作，掌握电站安全生产责任落实和电站安全状况，完成 1365 个发现问题整改及销号。开展农村水电站生态流量泄放自查自纠工作，依据《江西省农村水电站生态流量重点监管名录》，把各地有生态流量泄放任务的电站纳入监测平台，督促落实“一站一策”要求，完善生态流量泄放设施及监测设施。全省除停运退出、正在除险加固改造电站外，完成 3644 座电站生态流量接入监测平台。全年全省创建 20 座绿色小水电站示范电站，数量居全国第 2 位，位次创历史新高；新增安全生产标准化一级达标电站 11 座，数量位居全国第 1 位。

（黄韬　郭庆冰）

本类目编辑　刘清林

生 态 环 境

综 述

2022年,全省落实习近平生态文明思想,践行“作示范、勇争先”目标要求,推进国家生态文明试验区建设,打好污染防治攻坚战,推动美丽江西建设,各项工作取得新成绩。全年全省国考断面水质优良比例96.2%,列全国第9位、中部第2位,PM2.5浓度均值27微克/立方米,列全国第15位、中部第1位。

美丽江西建设。全面构建美丽江西“1+1+N”任务体系,编制完成《美丽江西建设规划纲要(2022—2035年)》,制定出台《全面建设美丽江西实施方案》《全面建设美丽江西2022年工作计划》《全面建设美丽江西2022年工作台账》,全部完成重点实施124项工作。选择赣州市开展美丽建设市级试点,选择崇义县、浮梁县等6个获得国家级“绿水青山就是金山银山”实践创新基地县(市、区)开展美丽建设县级试点,形成近中远结合、省市县协同美丽建设格局。累计创建国家“两山”实践创新基地8个,列全国第4位;创建国家生态文明建设示范区24个,列全国第7位。

绿色低碳发展。省生态环境厅制定出台稳住经济发展强化重大投资项目环评保障的通知,提供重大重点项目环评落地服务,审批时限缩减至法定时限1/3以内。全省审批备案项目环评1.2万个,涉及总投资1.5万亿元。鄱阳湖水利枢纽工程环评得到生态环境部正式受理。印发实施《江西省减污降碳协同增效实施方案》,推出26项政策举措,推动支持江铜等省内40余家碳排放重点企业成立“江西省企业自愿减污降碳联盟”,300余家企业通过清洁生产审核验收,出台金融支持江西绿色低碳转型发展13项措施,引导5000亿元以上资金进入生态环保领域,为绿色发展注入金融“血液”。

生态安全屏障。制定出台《江西省关于进一步加强生物多样性保护的实施意见》,健全突发环境事件“三位一体”预案体系,建立应急信息库436个、物资信息6933条,妥善处理“3·11”铜鼓县佰利达爆炸等21起可能引发次生环境污染的突发事件;建立省级核安全工作协调机制,印发全省核安全工作协调机制工作规则,明确各单位责任分工,制定会议、应急处置等7项工作制度。

生态类型多样。江西地处中亚热带湿润季风气候区,东南西三面环山、北通长江。北部以鄱阳湖及其滨湖平原为主,东部、西部、西南部、西北部和中南部以江南丘陵、山地为主,区域内生态系统类型多样,包括陆地、湿地、水域三大自然生态系统和农田、城市等人工生态系统。植被资源丰富,类型多样,自然植被分为4个植被型组、13个植被型、22个植被亚型。

地带性植被类型为常绿阔叶林。由于南北地理跨度较大,南部受到南亚热带气候和南亚热带植物区系成分影响,植被特征表现出一定程度的南亚热带特点,热带植物区系成分较多,往北逐渐掺杂出现一些暖温带植物区系成分。垂直分布上,因海拔高差大而形成较明显的垂直带谱,南部常绿阔叶林分布可达1500米,北部常绿阔叶林一般分布在600~800米,800米以上逐渐过渡到常绿与落叶阔叶混交林,依次为山地针叶与阔叶混交林、落叶阔叶林、温性针叶林和山顶矮林或山地草甸灌丛。江西主要森林类型分为针叶林(包括暖性针叶林、温性针叶林)、针阔叶混交林、落叶阔叶林、常绿与落叶阔叶混交林、常绿阔叶林、竹林、山地矮林。

湿地资源。江西省除水田外,共有内陆滩涂、灌丛沼泽、沼泽地、湖泊水面、河流水面、水库水面、坑塘水面、沟渠8个地类可归集为湿地,根据全国第三次国土资源调查结果,面积127.6万公顷,占全省辖区面积的7.6%。认定重要湿地56处,总面积18.67万公顷,其中国际重要湿地2处(江西鄱阳湖国际重要湿地、江西鄱阳湖南矶国际重要湿地)、国家重要湿地2处(江西省兴国县潋江国家重要湿地、江西省婺源县饶河源国家重要湿地)、省级重要湿地52处。鄱阳湖是中国最大淡水湖,是全国唯一“世界生命湖泊网”成员,也是亚洲最大候鸟越冬地和长江江豚等珍稀濒危物种赖以生存且为数不多的栖息地之一,被誉为“天然大鱼库”“鸟类天堂”“白鹤王国”,鄱阳湖湿地在全球湿地保护和生物多样性保护领域均扮演着无可替代的角色。

草地与沙地资源。江西省草地面积8.9万公顷。分为天然牧草地、人工牧草地、其他草地。江西省沙化土地面积6.4万公顷,集中分布在长江南岸、鄱阳湖周边和五河沿岸,分为流动沙地、半固定沙地、固定沙地、沙化耕地。沙化土地植被覆盖类型以乔灌草型为主,灌草型、乔草型次之。

植物种类多样。已知有高等植物6337种,其中苔藓类植物1141种(含种下等级,下同),石松类和蕨类植物488种,裸子植物36种,被子植物4672种。被列入《国家重点保护野生植物名录》林业部门管理有78种，其中国家一级保护6种，国家二级保护72种；被列入《江西省重点保护野生植物名录》有150种（科、属），其中省一级保护4种（科），省二级保护26种（属），省三级保护120种。已知大型真菌2门9纲88科204属545种，其中食用菌87种、药用菌68种、毒菌45种、食药兼用菌40种。

*动物物种丰富。*已知野生脊椎动物1007种，其中哺乳类105种，鸟类580种，爬行类77种，两栖类40种，鱼类205种，分别占全国同类野生动物种数的16%、40%、20%、14%、5%。已知森林昆虫有2243种。江西省陆生野生动物中，被列为国家一级保护动物的有42种，国家二级保护动物的有146种。珍稀濒危野生动物有虎（华南亚种，历史分布）、豹、云豹、中华穿山甲、黑麂、豺、梅花鹿（华南亚种）、白鹤、蓝冠噪鹛、中华秋沙鸭、黄腹角雉、白颈长尾雉、青头潜鸭、金斑喙凤蝶等。境内鄱阳湖每年吸引70多万只候鸟越冬。鄱阳湖区记录鸟类463种，其中国家一级重点保护鸟类25种，国家二级重点保护鸟类88种。

（省生态环境厅　省林业局）

生态环境建设

【概　况】 2022年，推进林草生态网络感知系统建设，启动四类林业碳汇试点。全省完成营造林面积23.166万公顷，占年度任务的130.1%，其中，完成人工造林6.746万公顷，占年度任务的190.5%。全省完成重点区域森林“四化”建设造林1.537万公顷，占年度计划的115.3%。完成年度造林绿化任务和计划落地上图工作。新命名“江西省森林乡村”452个、“江西省乡村森林公园”164处。完成赣州市中央财政国土绿化试点示范项目年度计划任务，争取2022年国土绿化试点示范项目落户吉安市。

【提升森林质量】 2022年，全省完成低产低效林改造面积11.54万公顷，森林抚育面积12.02万公顷，分别占年度任务的107.1%和106%。推进森林可持续经营试点、森林经营样板基地建设、珍贵树种示范基地建设和林相改造更新试点工作，崇义县、永丰县官山林场入选国家林草局推介全国森林可持续经营试点典型案例。利用中央财政、政策性金融贷款和社会资本推进国家储备林建设。出台《江西省提升林质林相林效规划（2021—2030年）》。

【城乡绿化建设】 2022年，全省完成重点区域森林“四化”（绿化、美化、彩化、珍贵化）建设造林1.537万公顷，占年度计划的115.3%。全省已实施重点区域森林“四化”建设面积6.04万公顷，累计栽植彩化与珍贵树种3270多万株。推动于都县创建国家森林城市获国家林草局批复备案，全南县创建国家森林城市总体规划通过专家评审。新增省级森林城市2个。

【林业碳汇工作】 2022年，加强林业碳汇培训和碳汇资源管理，开展林业碳汇科研攻关。启动四类林业碳汇试点，择优遴选11个森林固碳增汇试点单位、13个CCER（国家核证自愿减排量）林业碳汇开发试点单位、3个林业碳中和试点和5个林业碳汇监测试点单位。万年县被列为全国首批林业碳汇试点县。

【林木种苗保障】 2022年，全省6个油茶良种被国家林草局确定为全国油茶主推品种。新晋升3处国家级种质资源库，全省审（认）定良种131个，油茶良种、林业重点工程杉、松类良种使用率100%。通报全省油茶苗木供需情况，全省各类育苗单位提供造林绿化苗木11.1亿株，其中油茶苗木1.5亿株，促进全省造林绿化和油茶产业发展。

【林草生态网络感知系统建设】 2022年，将江西智慧林业建设纳入全省数字经济、数字政府、数字乡村等省级重大战略规划。率先在全国开展智慧林长平台与国家生态护林员平台系统融合。鄱阳湖湿地生态系统监测预警平台（二期）获国家批复，实施森林督查、自然保护地监管等系统建设，推进林权管理、林权流转、融资保险、要素交易等服务平台应用及林权大数据建设，加快林业信息化建设。

【开展全民义务植树活动】 2月16日，省委、省人大常委会、省政府、省政协领导班子成员易炼红、叶建春、姚增科等到南昌市红谷滩区生米休闲公园，参加义务植树活动。开展“互联网+全民义务植树”试点，全省参加义务植树活动2442.5万人次，植树1.37亿株，义务植树尽责率达到88.8%。召开省绿化委员会全体会议和全省松材线虫病防控暨造林绿化现场会，压实工作责任，推进科学绿化。

（黄明亮）

生态环境保护

【概　况】 2022年，江西省生态质量指数75.05，居全国第3位，是中部六省唯一连续2年指数超过75的省份，全球98%以上白鹤、95%以上东方白鹳、70%以上白枕鹤、60%以上鸿雁在鄱阳湖越冬，江西省作为全国8个省市之一获邀参加在加拿大举行的COP 15第二阶段会议。全省强化林业资源保护，出台《江西省林长制条例》。印发《关于进一步加强和规范林木采伐管理的通知》《江西省林地占用审核若干规定（试行）》，优化林木采伐和林地定额管理服务。加强公益林、天然林保护管理，国家公园、国家级自然保护区和省级自然保护区范围公益林补助标准分别提高至每公顷525元、495元、435元。联合省农业农村厅印发《江西省国家重点保护野生动物名录》《江西省国家重点保护野生植物名录》。江西武功山地质公园被联合国教科文组织确定为世界地质公园候选地。率先在全国发布《江西省林业生物多样性保护公报》。

【森林资源管理】 2022年，印发《关于进一步加强和规范林木采伐管理的通知》《江西省林地占用审核若干规定（试行）》，优化林木采伐和林地定额管理服务。出台《江西省林业行政处罚裁量基准》《江西省恢复植被

6月2日，上饶市林长开展巡林工作

黄明亮供

和林业生产条件、树木补种标准（试行）》，指导各地陆续成立林业行政执法机构，整合强化执法队伍，初步形成省市县三级贯通林业综合行政执法体系。常态化做好林草生态综合监测和森林督查工作，完成森林、草地、湿地样地调查任务1323个，核实变化图斑110万个，核实国家下发的森林督查图斑10万个。

【湿地草地生态保护】 2022年，省政府办公厅出台《关于加强鄱阳湖碟型湖管理与生态保护工作的通知》，推动解决鄱阳湖2个国家级自然保护区湖权管理问题。新设立2处省级湿地公园，公布10处第二批省级重要湿地名录，新建小微湿地30处。开展湿地保护专项行动，违法违规侵占湿地问题整改完成率达到91.53%。采取生态补水、储备候鸟应急食源地及刈割老化苔草等措施，应对历史罕见持续高温干旱天气对鄱阳湖湿地生态安全的影响。部署开展草地变化图斑核查处置工作，及时查处破坏草地资源违法违规行为。

【野生动植物保护】 2022年，联合省农业农村厅印发《江西省国家重点保护野生动物名录》《江西省国家重点保护野生植物名录》。庐山植物园纳入《国家植物园体系建设规划（2022—2035）》。省市县全面建立野生动植物资源保护联席会议制度，开展“清风”“网盾”行动，查办野生动植物案件647起。推进防控野猪危害综合试点，全省建立护农猎捕队47支，猎捕野猪1945头，资溪县试点工作在全国试点工作推进会上受到表扬。启动国家重点保护野生植物资源补充调查和林业外来入侵物种普查，坚持陆生野生动物疫源疫病常态化监测预警，江西省陆生野生动物疫源疫病研究中心挂牌成立，全年未发生一起野生动物疫情。

【自然保护地建设】 2022年，武夷山国家公园建立局省联席会议机制，完成总体规划和勘界工作成果报告编制，启动第一期综合科考。井冈山国家公园纳入国家公园空间布局。江西武功山地质公园被联合国教科文组织确定为世界地质公园候选地。推动武功山等13个风景名胜区规划报批工作，龟峰、仙女湖风景名胜区详规获得国家林草局批复。编制完成《江西省自然保护地发展规划（2022—2035年）》，出台生物多样性监测中长期规划和实施方案。率先在全国发布《江西省林业生物多样性保护公报》。中央电视台《秘境之眼》播出江西省自然保护区监控30期，创历史新高。

【古树名木保护】 2022年，全省深刻汲取“6·6”危害国家重点保护植物案件教训，督促各地以案示警、以案促改，加强古树名木保护管理工作，联合省公安厅开展打击破坏古树名木违法犯罪活动专项整治行动。联合省住建厅开展第三次全省古树名木普查工作，掌握古树名木资源和保护管理状况。

【林长制工作】 2022年，省委书记、省级总林长主持召开省级总林长会议，签发省级总林长令，推进林长制工作开展。省市县三级林长开展巡林5581人次，市县两级林长协调解决森林资源保护发展问题2602个。出台《江西省林长制条例》，推动全省林长制从有章可循向有法可依转变。完善升级林长制巡护信息系统，林长制智慧管理平台初步建成。上饶市林长制工作获国务院督查激励。

【松材线虫病防控】 2022年，省政府下达《2022—2023年度松材线虫病防控目标责任书》，全面压实松材线虫病疫情防控责任。全省清理枯死松树429.79万株，清理面积27.73万公顷。完成疫木清理成效评估和秋季普查，南昌市新建区大塘坪乡等40个乡镇拔除疫点，全省实现疫区数量、疫点乡镇数量、发生面积和病死树数量“四下降”。

（黄明亮）

【生态示范创建】 江西省把示范创建作为污染防治攻坚战30个专项行动之一，推进示范创建“三大工程”。武宁县、铜鼓县被生态环境部授牌命名为第六批“绿水青山就是金山银山”实践创新基地，安义县、庐山市、上犹县、遂川县被授牌命名为第六批国家生态文明建设示范区。1个集体和1名个人获第三届“中国生态文明奖”，1名个人获“2020—2021绿色中国年度人物”提名。命名万载县等7个县（市）为第六批省级生态县（市）。开展第五批“绿水青山就是金山银山”省级实践创新基地和第十五批省级生态乡镇评选工作。强化动态管理，开展示范创建复核评估工作；创新宣传形式，召开示范创建专题新闻发布会；扩大社会影响，开展示范创建典型案例征集活动。

【环境体制改革】 实施环境执法，严厉打击危废非法转移处置、企业在线监测数据造假等违法犯罪行为，探索说理式执法、体检式帮扶、“首违不罚”等柔性执法监管。做好综合执法改革,发布7批50个生态环境综合执法典型案例,完善12项执法制度。成立由省政府主要领导任组长的鄱阳湖流域生态环境监督管理领导小组,理顺赣江和鄱阳湖流域生态环保监管体制。出台《江西省生态环境保护督察整改工作实施细则》,规范和加强督察整改工作。对鹰潭市、宜春市、吉安市和江铜集团、江钨控股集团开展第二轮省生态环境保护督察工作。综合运用经济、行政等手段,加强水、土壤、固废危废等全过程管理,制定《关于贯彻落实生态环境损害赔偿管理规定的实施意见》《关于建立健全生态环境保护督察与生态环境损害赔偿、检察公益诉讼协作机制的意见》,全年全省办理生态环境损害赔偿案件1078件,赔偿金额1.64亿元。

【生态环境治理】 印发《关于加强生态保护红线管理工作的通知》,核查国家级自然保护区人类活动变化遥感监测线索,开展“绿盾2022”自然保护地强化监督工作,制定《自然保护地规划调整审查工作制度》。组织专家对铜鼓县棘胸蛙、修水县程坊、井冈山市大鲵、崇义县阳明山4个省级自然保护区进行保护成效评估。开展矿山生态环境问题大排查大整治专项行动后续工作,对排查2260个问题整改到位。建立矿山生态环境长效监管机制,规范矿山开采行为。开展全省绿色矿山“回头看”工作,核查2022年度第一批省级绿色矿山。

(贺剑霞)

·资料·

江西省国家级和省级湿地公园一览表

表31 单位:公顷

序号	名　称	所在地	通过验收时间	总面积	湿地面积	管理机构
一、国家湿地公园						
1	东鄱阳湖国家湿地公园	鄱阳县	2011年9月23日	37444.30	36275.40	东鄱阳湖国家湿地公园管委会
2	孔目江国家湿地公园	新余市	2013年10月8日	1125.31	720.09	孔目江国家湿地公园管理处
3	修河国家湿地公园	永修县	2014年12月31日	4556.81	3759.22	江西修河国家湿地公园管理局
4	东江源国家湿地公园	安远县	2015年12月31日	2675.70	547.00	东江源国家湿地公园管理局
5	丰城药湖国家湿地公园	丰城市	2015年12月31日	2574.21	2199.24	江西药湖国家湿地公园管理局
6	南丰傩湖国家湿地公园	南丰县	2015年12月31日	1727.00	372.50	江西南丰傩湖国家湿地公园管理局
7	武宁庐山西海国家湿地公园	武宁县	2015年8月16日	4145.64	3713.23	武宁县庐山西海国家湿地公园管理局
8	修水修河源国家湿地公园	修水县	2015年12月31日	4342.40	3577.20	江西修河源国家湿地公园管理局
9	赣县大湖江国家湿地公园	赣县区	2016年8月16日	6655.00	5353.70	江西大湖江湿地公园管理局
10	会昌湘江国家湿地公园	会昌县	2016年8月16日	1264.70	1038.80	江西会昌湘江国家湿地公园管理局
11	婺源饶河源国家湿地公园	婺源县	2016年8月16日	348.87	302.72	江西婺源国家湿地公园管理办公室
12	兴国潋江国家湿地公园	兴国县	2017年12月22日	3577.00	2362.45	江西潋江国家湿地公园管理局
13	赣州章江国家湿地公园	赣州市	2017年12月22日	1054.80	788.20	赣州市章江国家湿地公园管理处
14	万年珠溪国家湿地公园	万年县	2018年12月29日	1060.10	544.20	万年珠溪国家湿地公园保护中心
15	南城洪门湖国家湿地公园	南城县	2018年12月29日	7984.79	4208.81	南城洪门湖国家湿地公园管理局
16	景德镇玉田湖国家湿地公园	景德镇市	2018年12月29日	387.50	199.50	景德镇市玉田水库管理处
17	宁都梅江国家湿地公园	宁都县	2018年12月29日	6345.80	4471.20	宁都梅江国家湿地公园管理站
18	上犹南湖国家湿地公园	上犹县	2019年12月25日	752.77	733.51	上犹县林业局
19	三清山信江源国家湿地公园	玉山县	2019年12月25日	1053.04	672.73	玉山县林业局
20	遂川五斗江国家湿地公园	遂川县	2019年12月25日	897.30	447.80	遂川县林业局
21	鹰潭信江国家湿地公园	鹰潭市	2019年12月25日	1699.40	1483.67	鹰潭市林业局

续表 31

序号	名　称	所在地	通过验收时间	总面积	湿地面积	管理机构
22	南丰潭湖国家湿地公园	南丰县	2020 年 3 月 18 日	1270. 25	402. 05	潭湖水库管理局
23	横峰岑港河国家湿地公园	横峰县	2020 年 12 月 25 日	329. 60	266. 08	横峰县林业局
24	寻乌东江源国家湿地公园	寻乌县	2020 年 12 月 25 日	1546. 80	947. 20	寻乌县林业局
25	芦溪山口岩国家湿地公园	芦溪县	2021 年 12 月 29 日	1058. 25	387. 06	芦溪县林业局
26	庐陵赣江国家湿地公园	吉安市	2022 年 12 月 14 日	778. 70	659. 62	吉安市庐陵赣江国家湿地公园管理办公室
二、国家湿地公园试点						
1	高安锦江国家湿地公园	高安市	2015 年 12 月 31 日	2600. 00	2255. 00	高安市林业局
2	石城赣江源国家湿地公园	石城县	2015 年 12 月 31 日	1254. 60	982. 10	石城县林业局
3	资溪九龙湖国家湿地公园	资溪县	2015 年 12 月 31 日	367. 14	127. 64	资溪县林业局
4	崇义阳明湖国家湿地公园	崇义县	2016 年 12 月 30 日	2122. 96	2056. 94	崇义县林业局
5	大余章水国家湿地公园	大余县	2016 年 12 月 30 日	1468. 40	636. 70	大余县林业局
6	莲花莲江国家湿地公园	莲花县	2016 年 12 月 30 日	755. 07	622. 34	莲花县林业局
7	全南桃江国家湿地公园	全南县	2016 年 12 月 30 日	898. 90	595. 18	全南县林业局
8	万安湖国家湿地公园	万安县	2016 年 12 月 30 日	4075. 88	2052. 98	万安县林业局
9	抚州凤岗河国家湿地公园	抚州市	2017 年 12 月 27 日	734. 17	596. 49	抚州市园林局
10	峡江玉峡湖国家湿地公园	峡江县	2017 年 12 月 27 日	1821. 00	1174. 60	峡江县林业局
11	广昌抚河源国家湿地公园	广昌县	2017 年 12 月 27 日	579. 30	232. 96	广昌县林业局
12	抚州廖坊国家湿地公园	抚州市	2017 年 12 月 27 日	2831. 22	2158. 50	廖坊水库管理局
13	瑞金绵江国家湿地公园	瑞金市	2017 年 12 月 27 日	1802. 89	927. 67	瑞金市林业局
14	吉水吉湖国家湿地公园	吉水县	2017 年 12 月 27 日	1293. 00	1135. 48	吉水县林业局
三、省级湿地公园						
1	上饶槠溪省级湿地公园	上饶县	2016 年 2 月 14 日	450. 84	396. 84	江西上饶槠溪省级湿地公园管理办公室
2	遂川遂川江省级湿地公园	遂川县	2016 年 2 月 14 日	665. 93	519. 73	江西遂川遂川江省级湿地公园管理站
3	浮梁三贤湖省级湿地公园	浮梁县	2017 年 11 月 8 日	41. 36	23. 19	浮梁县林业局
4	高安瑞州省级湿地公园	高安市	2017 年 11 月 8 日	56. 00	55. 00	高安市园林局
5	丰城玉龙河省级湿地公园	丰城市	2017 年 11 月 8 日	235. 70	228. 70	丰城市林业局
6	宜丰新昌湖省级湿地公园	宜丰县	2017 年 11 月 8 日	33. 00	25. 60	宜丰县林业局
7	德兴洎水河省级湿地公园	德兴市	2017 年 11 月 8 日	353. 00	255. 10	德兴市林业局
8	金溪白马湖省级湿地公园	金溪县	2017 年 11 月 8 日	629. 56	375. 85	金溪县林业局
9	进贤磨盘洲省级湿地公园	进贤县	2017 年 11 月 8 日	49. 50	41. 05	进贤县林业局
10	萍乡南岗口省级湿地公园	萍乡市	2017 年 11 月 8 日	102. 00	63. 90	萍乡湘东区林业局
11	南丰琴湖省级湿地公园	南丰县	2017 年 11 月 8 日	195. 52	170. 10	南丰县林业局
12	南城盱江省级湿地公园	南城县	2017 年 11 月 8 日	632. 60	603. 30	南城县林业局

续表 31

序号	名　称	所在地	通过验收时间	总面积	湿地面积	管理机构
13	黎川黎滩河省级湿地公园	黎川县	2017 年 11 月 8 日	150.75	116.64	黎川县林业局
14	彭泽长江省级湿地公园	彭泽县	2017 年 11 月 8 日	2929.11	2611.11	彭泽县林业局
15	南昌澄碧湖省级湿地公园	南昌县	2019 年 1 月 17 日	90.39	54.33	南昌县林业局
16	德安隆平省级湿地公园	德安县	2019 年 1 月 17 日	142.43	129.42	德安县林业局
17	庐山星湖湾省级湿地公园	庐山市	2019 年 1 月 17 日	2694.16	2497.37	庐山市林业局
18	乐平东湖省级湿地公园	乐平市	2019 年 1 月 17 日	36.50	27.65	乐平市林业局
19	萍乡玉湖省级湿地公园	萍乡市	2019 年 1 月 17 日	58.68	35.33	萍乡市林业局开发区分局
20	分宜万年湖省级湿地公园	分宜县	2019 年 1 月 17 日	207.12	190.78	分宜县万年湖省级湿地公园管理中心
21	贵溪大禾源省级湿地公园	贵溪市	2019 年 1 月 17 日	86.09	62.80	三县岭营林林场管理
22	贵溪浮石省级湿地公园	贵溪市	2019 年 1 月 17 日	610.96	478.06	贵溪市林业局
23	南康蓉江河省级湿地公园	南康区	2019 年 1 月 17 日	153.10	93.10	赣州市南康区林业局
24	于都长征源省级湿地公园	于都县	2019 年 1 月 17 日	1150.66	858.84	于都县林业局
25	定南九曲河省级湿地公园	定南县	2019 年 1 月 17 日	130.57	115.69	定南县林业局
26	奉新潦河省级湿地公园	奉新县	2019 年 1 月 17 日	449.76	344.65	奉新县林业局
27	万载龙河省级湿地公园	万载县	2019 年 1 月 17 日	202.00	126.00	万载县林业局
28	铅山宋家源省级湿地公园	铅山县	2019 年 1 月 17 日	150.70	72.10	铅山县林业局
29	新干湄湘河省级湿地公园	新干县	2019 年 1 月 17 日	715.80	637.40	新干县林业局
30	安福泸水河省级湿地公园	安福县	2019 年 1 月 17 日	201.69	171.48	安福县林业局
31	崇仁乐丰省级湿地公园	崇仁县	2019 年 1 月 17 日	983.53	612.24	崇仁县林业局乐丰省级湿地公园管理中心
32	乐安龙潭省级湿地公园	乐安县	2019 年 1 月 17 日	135.55	119.24	乐安县林业局
33	宜黄百鹭洲省级湿地公园	宜黄县	2019 年 1 月 17 日	126.46	123.01	宜黄县林业局
34	南丰沧浪水省级湿地公园	南丰县	2019 年 1 月 17 日	57.82	56.75	南丰县园林局
35	南丰九剧水省级湿地公园	南丰县	2019 年 1 月 17 日	159.30	148.46	南丰县农业现代示范园
36	余干琵琶湖省级湿地公园	余干县	2020 年 1 月 20 日	605.40	568.17	余干县林业局
37	龙南渥江省级湿地公园	龙南县	2020 年 1 月 20 日	71.26	32.84	龙南县林业局
38	龙南桃江窑头省级湿地公园	龙南县	2020 年 1 月 20 日	188.84	117.07	龙南县林业局
39	都昌北鄱阳湖省级湿地公园	都昌县	2020 年 1 月 20 日	3400.00	3099.00	都昌县林业局
40	鄱阳鸦鹊湖省级湿地公园	鄱阳县	2020 年 1 月 20 日	683.10	649.60	鄱阳县林业局
41	共青城珍珠湖省级湿地公园	共青城市	2020 年 1 月 20 日	122.10	79.00	共青城市农林局
42	景德镇昌南湖省级湿地公园	景德镇市	2020 年 1 月 20 日	187.76	136.10	景德镇市城昌南拓展区建设办公室
43	进贤青岚湖省级湿地公园	进贤县	2020 年 1 月 20 日	1343.00	1277.90	进贤县林业局
44	九江芳兰湖省级湿地公园	濂溪区	2020 年 1 月 20 日	249.40	218.60	九江市鄱阳湖生态科技城管委会
45	共青城南湖省级湿地公园	共青城市	2020 年 1 月 20 日	1702.80	1694.00	共青城市林业局
46	上栗枣木湖省级湿地公园	上栗县	2020 年 1 月 20 日	120.68	48.09	上栗县林业局
47	永丰恩江省级湿地公园	永丰县	2020 年 1 月 20 日	204.74	194.45	永丰县林业局
48	永新双江口省级湿地公园	永新县	2020 年 1 月 20 日	296.60	184.90	永新县林业局

续表 31

序号	名　称	所在地	通过验收时间	总面积	湿地面积	管理机构
49	东乡幸福省级湿地公园	东乡区	2020 年 1 月 20 日	423.82	306.26	抚州市东乡区林业局
50	南昌瑶湖省级湿地公园	高新区	2020 年 8 月 17 日	2055.47	1913.79	南昌市高新区管委会
51	安义北潦河省级湿地公园	安义县	2020 年 8 月 17 日	135.81	111.64	安义县林业局
52	泰和蜀水省级湿地公园	泰和县	2020 年 8 月 17 日	201.68	192.32	泰和县林业局
53	柴桑小城门湖省级湿地公园	柴桑区	2021 年 6 月 11 日	142.80	138.14	九江市柴桑区林业局
54	瑞昌安定湖省级湿地公园	瑞昌市	2021 年 6 月 11 日	192.65	167.91	瑞昌市林业局
55	永修鹤田省级湿地公园	永修县	2021 年 6 月 11 日	648.85	417.21	永修县林业局
56	信丰桃江省级湿地公园	信丰县	2021 年 6 月 11 日	463.71	349.80	信丰县林业局
57	樟树芗溪省级湿地公园	樟树市	2021 年 6 月 11 日	67.90	26.57	樟树市林业局
58	广丰丰溪省级湿地公园	广丰区	2021 年 6 月 11 日	103.68	103.09	上饶市广丰区林业局
59	万安云洲省级湿地公园	万安县	2022 年 5 月 18 日	42.67	16.09	万安县林业局
60	临川白鹭省级湿地公园	临川区	2022 年 5 月 18 日	268.65	262.29	抚州市临川区林业局
四、省级湿地公园试点						
1	余江白塔河省级湿地公园	余江县	2010 年 9 月 28 日	621.00	516.30	鹰潭市余江区林业局
2	奉新华林省级湿地公园	奉新县	2010 年 9 月 28 日	138.00	87.00	奉新县林业局
3	鹰潭白露河省级湿地公园	鹰潭市	2011 年 11 月 29 日	34.58	25.36	鹰潭市月湖区农林局
4	湖口洋港省级湿地公园	湖口县	2014 年 12 月 31 日	322.71	308.04	湖口县林业局
5	上高锦江省级湿地公园	上高县	2014 年 12 月 31 日	500.85	307.52	上高县林业局
6	吉安君山湖省级湿地公园	吉安县	2014 年 12 月 31 日	164.40	113.10	吉安县林业局
7	宁都黄陂河省级湿地公园	宁都县	2015 年 12 月 30 日	390.71	380.59	宁都县林业局
8	铜鼓定江省级湿地公园	铜鼓县	2015 年 12 月 30 日	136.11	130.20	铜鼓县林业局
9	弋阳信江省级湿地公园	弋阳县	2017 年 12 月 25 日	1031.98	737.70	弋阳县林业局

江西省国家级和省级森林公园一览表

表 32　　单位:公顷

序号	名　称	批建时间	批复面积	经营管理单位
一、国家级森林公园				
1	三爪仑国家示范森林公园	1993 年 3 月	12396.23	靖安县旅游局
2	庐山山南国家森林公园	1993 年 5 月	3346.67	庐山市东牯山林场
3	梅岭国家森林公园	1993 年 5 月	11173.10	梅岭国家森林公园管理办公室(湾里区林业局)
4	三百山国家森林公园	1993 年 5 月	3330.00	安远县林业局
5	马祖山国家森林公园	1993 年 5 月	666.67	九江市濂溪区林业局
6	鄱阳湖口国家森林公园	1993 年 5 月	1280.00	湖口县三里林场
7	灵岩洞国家森林公园	1993 年 5 月	3000.00	婺源县灵岩洞国家森林公园管理局
8	明月山国家森林公园	1994 年 12 月	7842.00	宜春市明月山温泉风景名胜区管理局
9	翠微峰国家森林公园	1999 年 1 月	7866.67	宁都县翠微峰管理委员会

续表32

序号	名　称	批建时间	批复面积	经营管理单位
10	天柱峰国家森林公园	2000年2月	20757.00	铜鼓县国有城郊林场
11	泰和国家森林公园	2000年12月	3000.00	泰和白鹭湖国家森林公园管理处
12	鹅湖山国家森林公园	2000年12月	7950.00	铅山县鹅湖山国家森林公园管理局
13	龟峰国家森林公园	2000年12月	7400.00	上饶市龟峰国家森林公园管理委员会(龟峰风景名胜区管理委员会)
14	上清国家森林公园	2000年12月	9684.89	鹰潭市龙虎山风景名胜区上清林场
15	梅关国家森林公园	2001年11月	5629.02	大余县林业局
16	永丰国家森林公园	2001年11月	7600.00	永丰国家森林公园管理局
17	阁皂山国家森林公园	2001年11月	6946.37	樟树市林业局
18	三叠泉国家森林公园	2001年11月	1650.97	庐山市海会镇三叠泉风景区管理处
19	武功山国家森林公园	2002年12月	25571.07	安福县武功山国家森林公园管理局
20	铜钹山国家森林公园	2002年12月	19500.00	上饶市铜钹山国家森林公园管理委员会
21	阳明山国家森林公园	2003年12月	6889.80	阳岭国家森林公园管理处
22	天花井国家森林公园	2003年12月	685.00	九江市林科所
23	五指峰国家森林公园	2003年12月	24533.00	上犹县五指峰林场
24	柘林湖国家森林公园	2004年12月	16450.00	永修县林业局
25	赣州阳明湖国家森林公园	2004年12月	22666.67	赣州阳明湖景区管理委员会(犹江林场)
26	万安国家森林公园	2004年12月	17160.44	万安国家森林公园管理办公室(万安湖国家湿地公园管理局)
27	三湾国家森林公园	2004年12月	15513.30	永新县三湾采育林场
28	安源国家森林公园	2004年12月	9642.23	江西省安源国家森林公园管理委员会
29	九连山国家森林公园	2005年12月	20063.00	龙南县九连山林场
30	岩泉国家森林公园	2005年12月	4885.39	黎川县岩泉生态林场
31	云碧峰国家森林公园	2005年12月	872.50	云碧峰国家森林公园管理委员会
32	景德镇国家森林公园	2005年12月	5479.70	景德镇市枫树山林场
33	瑶里国家森林公园	2005年12月	4471.00	江西省瑶里国家森林公园管理局
34	清凉山国家森林公园	2006年12月	3397.82	资溪县株溪采育林场
35	峰山国家级森林公园	2006年12月	20635.20	赣州市峰山森林公园管理处
36	九岭山国家级森林公园	2006年12月	1266.16	武宁县林业局
37	岑山国家级森林公园	2008年1月	955.00	横峰县林业局
38	五府山国家级森林公园	2008年1月	1715.00	上饶县五府山林场
39	军峰山国家级森林公园	2008年1月	1217.15	南丰县林业局
40	碧湖潭国家森林公园	2008年12月	6838.70	萍乡市湘东区林业局
41	怀玉山国家森林公园	2008年12月	3354.00	玉山县林业局
42	仰天岗国家森林公园	2009年8月	2178.93	新余市仙女湖区仰天岗国家森林公园管理处
43	圣水堂国家森林公园	2009年12月	4060.10	国营安义县峤岭林场
44	鄱阳莲花山国家森林公园	2012年1月	6510.00	鄱阳县莲花山林场
45	彭泽国家森林公园	2013年1月	2505.00	江西彭泽森林公园管理处(彭泽县林业局)

续表 32

序号	名　称	批建时间	批复面积	经营管理单位
46	金盆山国家森林公园	2014 年 1 月	5981.85	信丰县金盆山林场
47	贵溪国家森林公园	2017 年 1 月	2982.71	贵溪森林公园管理委员会
48	罗霄山大峡谷国家森林公园	2017 年 12 月	2936.05	遂川县森林公园管理处
49	会昌山国家森林公园	2017 年 12 月	3423.87	会昌县会昌山森林公园管理局
50	洪岩国家森林公园	2019 年 1 月	3242.61	乐平市历居山林场
二、省级森林公园				
1	龙泉山省级森林公园	1990 年 12 月	353.33	安远县林业局
2	青山省级森林公园	1993 年 2 月	3400.00	瑞昌市青山林场
3	上高县省级森林公园	1993 年 2 月	160.00	上高县森林公园管理处
4	宜丰县省级森林公园	1993 年 2 月	2805.10	宜丰县林业局
5	狮山省级森林公园	1993 年 2 月	193.33	奉新县林业局
6	青原山省级森林公园	1993 年 2 月	450.00	吉安市林科所
7	玉笥山省级森林公园	1993 年 2 月	900.00	峡江县玉笥山林场
8	贵溪省级森林公园	1993 年 2 月	120.00	贵溪市林业局
9	水鸡岽省级森林公园	1993 年 2 月	7666.67	赣州市赣县区林业局
10	武当山省级森林公园	1993 年 2 月	533.20	龙南县小武当山风景区管理处
11	罗汉岩省级森林公园	1993 年 2 月	500.00	瑞金市林业局
12	西华山省级森林公园	1993 年 2 月	175.33	石城县林业局
13	三清省级森林公园	1993 年 5 月	666.67	德兴市林业局
14	象山省级森林公园	1993 年 5 月	1674.00	南昌市新建区象山集体林场
15	广昌县省级森林公园	1993 年 5 月	2852.00	广昌县盱江林场
16	百丈峰省级森林公园	1993 年 5 月	2133.33	新余市渝水区百丈峰林场
17	均福山省级森林公园	1993 年 6 月	1488.00	兴国县均福山采育林场
18	浮梁省级森林公园	1993 年 6 月	53.33	浮梁县银鸧林场
19	梦山省级森林公园	1993 年 1 月	2666.67	南昌市新建区红岭林场
20	南山省级森林公园	1994 年 1 月	536.67	赣州市南康区林业局
21	麻姑山省级森林公园	1994 年 9 月	4969.32	南城县洪门岭生态公益林场
22	玉壶山省级森林公园	1994 年 9 月	393.33	莲花县林业局
23	吉安县省级森林公园	1994 年 9 月	100.00	吉安县林业局
24	龙宫洞省级森林公园	1995 年 4 月	669.27	彭泽县龙宫洞旅游发展有限公司
25	罗田岩省级森林公园	1996 年 2 月	400.00	于都县罗田岩森林公园管理处
26	黄畲山省级森林公园	1996 年 1 月	600.00	寻乌县林业局
27	马岗岭省级森林公园	1997 年 8 月	26.67	国有余江区马岗岭林场
28	大东山省级森林公园	1997 年 11 月	4000.00	吉水县芦溪岭林场
29	玉华山省级森林公园	2000 年 11 月	666.70	泰和县澄江镇人民政府
30	遂川省级森林公园	2000 年 6 月	970.00	遂川县林业局

续表32

序号	名　称	批建时间	批复面积	经营管理单位
31	莲花洞省级森林公园	2001年2月	1610.00	庐山莲花洞森林公园有限公司
32	郭璞峰省级森林公园	2001年4月	733.00	景德镇市昌江区林业局
33	义门陈省级森林公园	2005年12月	1050.00	德安县林业局
34	远泉省级森林公园	2005年12月	428.94	江西远泉实业集团有限公司
35	三尖源省级森林公园	2006年9月	12000.00	都昌县林业局
36	九龙庙省级森林公园	2006年9月	4950.00	万载县九龙垦殖场
37	东江源桠髻钵山省级森林公园	2006年9月	2980.00	寻乌县富寨林场
38	六石岩省级森林公园	2006年9月	993.74	上饶市广丰区嵩峰乡人民政府
39	白云山省级森林公园	2006年9月	2187.60	吉安市青原区白云山林场
40	太宝峰省级森林公园	2006年11月	2038.00	新余市仙女湖风景名胜区东坑林场
41	香炉峰省级森林公园	2006年11月	661.30	进贤县前岭林场
42	屏山省级森林公园	2006年11月	4528.60	于都县林业局
43	兴农沙漠生态省级森林公园	2006年12月	232.00	南昌县林业局
44	白鸡峰省级森林公园	2006年12月	666.60	鹰潭市余江县高公寨林场
45	大南省级森林公园	2007年6月	637.07	上饶市广丰区大南镇人民政府
46	通天寨省级森林公园	2007年6月	2112.00	石城县林业局
47	大砻下省级森林公园	2007年6月	675.00	分宜县大砻下林场
48	仙人寨省级森林公园	2007年8月	1041.22	铅山县林业局
49	三尖峰省级森林公园	2007年8月	630.80	萍乡市南坑林场(芦溪县)
50	寒山省级森林公园	2007年12月	1168.00	莲花县林业局
51	理田源省级森林公园	2007年12月	166.70	婺源县思口镇人民政府
52	翠云峰省级森林公园	2008年6月	173.10	金溪县翠云峰森林公园管理委员会
53	小金山省级森林公园	2008年8月	438.80	萍乡市安源区高坑镇人民政府
54	马形山省级森林公园	2008年8月	800.00	宜丰县潭山镇店上村民委员会
55	睦州山省级森林公园	2008年10月	1542.00	上饶市信州区林业局
56	芦泉湖省级森林公园	2008年11月	946.00	高安市新街镇景贤村民委员会
57	仙隐洞省级森林公园	2009年12月	920.00	宜丰县芳溪镇人民政府
58	龙口源省级森林公园	2010年7月	303.00	瑞昌市林业局
59	东湖南山省级森林公园	2010年7月	322.50	都昌县林业局
60	双尖峰省级森林公园	2010年7月	579.00	彭泽县林业局
61	台山省级森林公园	2010年7月	223.00	湖口县林业局
62	万寿寺省级森林公园	2010年7月	473.30	浮梁县万寿山垦殖场
63	四亩里省级森林公园	2010年7月	75.00	浮梁县林业局
64	风龙省级森林公园	2010年7月	531.23	萍乡市安源区青山镇人民政府
65	鸡冠山省级森林公园	2010年7月	1120.80	上栗县鸡冠营林林场

续表 32

序号	名　称	批建时间	批复面积	经营管理单位
66	李畋省级森林公园	2010 年 7 月	379.33	上栗县林业局
67	湖仙山省级森林公园	2010 年 7 月	182.00	莲花县林业局
68	园岭省级森林公园	2010 年 7 月	3027.13	兴国县园岭森林公园管理局
69	李腊石省级森林公园	2010 年 7 月	112.90	石城县林业局
70	梅子山省级森林公园	2010 年 7 月	180.51	全南县林业局
71	大山脑省级森林公园	2010 年 7 月	337.90	赣州市南康区林业局
72	天工开物省级森林公园	2010 年 7 月	67.00	奉新县林业局
73	龙津湖省级森林公园	2010 年 7 月	210.00	丰城市总部经济基地办公室
74	东方禅文化省级森林公园	2010 年 7 月	68.00	宜丰县林业局
75	龙泉湖省级森林公园	2010 年 7 月	219.00	万年县林业局
76	李梅岭省级森林公园	2010 年 7 月	657.00	余干县李梅岭生态林场
77	黄金山省级森林公园	2010 年 7 月	107.85	上饶市信州区林业局
78	骆驼山省级森林公园	2010 年 7 月	389.90	铅山县林业局
79	珍珠山省级森林公园	2010 年 7 月	316.67	婺源县珍珠山林场
80	兴安省级森林公园	2010 年 7 月	87.47	横峰县林业局
81	广丰三山省级森林公园	2010 年 7 月	116.00	上饶市广丰区林业局
82	清水湾省级森林公园	2010 年 7 月	154.67	上饶市广信区罗桥街道办事处
83	冰江省级森林公园	2010 年 7 月	71.53	玉山县林业局
84	聚远楼省级森林公园	2010 年 7 月	647.97	德兴市凤凰湖景区管理委员会
85	龙山省级森林公园	2010 年 7 月	247.30	新干县林业局
86	君华省级森林公园	2010 年 7 月	222.95	吉安市吉州区林业局
87	西龙山省级森林公园	2010 年 7 月	285.90	吉安县林业局
88	白凤省级森林公园	2010 年 7 月	168.33	泰和县林业局
89	龙江省级森林公园	2010 年 7 月	81.60	井冈山市林业局
90	汝水省级森林公园	2010 年 7 月	70.67	抚州市林业局
91	乐安省级森林公园	2010 年 7 月	67.87	乐安县林业局
92	卓望山省级森林公园	2010 年 7 月	732.40	宜黄县林业局
93	泰伯省级森林公园	2010 年 7 月	66.73	资溪县林业局
94	龙华山省级森林公园	2010 年 12 月	153.33	上饶市广丰区桐畈镇人民政府
95	仙峰岩省级森林公园	2010 年 12 月	415.12	萍乡市安源区城郊管理委员会
96	山谷省级森林公园	2012 年 5 月	139.10	修水县林业局
97	东江源仙人寨省级森林公园	2012 年 5 月	620.00	寻乌县林业局
98	螺峰尖省级森林公园	2012 年 5 月	71.10	宜丰县林业局
99	老鹰山省级森林公园	2013 年 6 月	593.76	宁都县林业局
100	虎峰山省级森林公园	2013 年 6 月	484.25	鄱阳县田畈镇政府

续表 32

序号	名　称	批建时间	批复面积	经营管理单位
101	芦溪狮山省级森林公园	2013 年 12 月	121.19	芦溪县林业局
102	贵溪象山省级森林公园	2013 年 12 月	988.43	贵溪市雄石办事处
103	罗山省级森林公园	2013 年 12 月	608.42	丰城市洛市镇政府
104	鹤坪省级森林公园	2013 年 12 月	408.20	靖安县林业局
105	日峰山省级森林公园	2013 年 12 月	69.40	黎川县林业局
106	豫宁省级森林公园	2013 年 12 月	120.85	武宁县林业局
107	安基山省级森林公园	2013 年 12 月	580.54	龙南县林业局
108	九仙岭省级森林公园	2014 年 7 月	134.10	德安县林业局
109	湖东省级森林公园	2014 年 7 月	108.40	永修县林业局
110	金鸡寨省级森林公园	2014 年 7 月	87.63	龙南县林业局
111	龙泉省级森林公园	2014 年 7 月	150.32	江西农业大学
112	中华贤母园省级森林公园	2014 年 7 月	72.53	九江市柴桑区中华贤母园管理处
113	株山省级森林公园	2014 年 12 月	436.80	丰城市株山林场
114	九峰省级森林公园	2014 年 12 月	792.00	上高县九峰林场
115	蒙岗岭省级森林公园	2014 年 12 月	97.40	安福县林业局
116	风岭省级森林公园	2015 年 12 月	731.85	萍乡市玉女峰林场
117	十八湾省级森林公园	2015 年 12 月	1581.08	芦溪县新泉乡人民政府
118	林湾省级森林公园	2016 年 5 月	36.91	南昌市湾里区生态公益林场
119	金山岭省级森林公园	2016 年 12 月	433.33	抚州市临川区林业局
120	定南神仙岭省级森林公园	2018 年 8 月	868.03	定南县林业局（江西定南神仙岭省级森林公园管理办公室）

江西省国家级和省级地质公园一览表

表 33　　单位：公顷

序号	名称	批准时间	面积	位置	管理机构
一、国家级地质公园					
1	江西庐山国家地质公园	2001 年第一批	29156.00	九江市	庐山世界地质公园管理委员会
2	江西龙虎山国家地质公园	2001 年第一批	25009.00	鹰潭市	龙虎山世界地质公园管委会
3	江西三清山国家地质公园	2005 年第四批	22950.00	上饶市	江西省三清山风景名胜区管理委员会
4	江西武功山国家地质公园	2005 年第四批	37830.00	萍乡市、吉安市 宜春市	武功山风景名胜区管委会
5	江西石城国家地质公园	2014 年第七批	2039.00	赣州市石城县	石城国家地质公园管理中心
二、省级地质公园					
1	江西省柘林湖地质公园	2005 年	140000.00	九江市	江西省柘林湖地质公园管委会
2	江西省象山地质公园	2005 年	3276.00	鹰潭市贵溪市	贵溪市林业局
3	江西省万年神龙源地质公园	2007 年	6032.00	上饶市万年县	神农源地质公园管委会
4	江西省铜鼓地质公园	2010 年	1153.00	宜春市铜鼓县	铜鼓县林业局
5	江西省五指峰地质公园	2012 年	10060.00	赣州市上犹县	上犹县林业局

续表 33

序号	名称	批准时间	面积	位置	管理机构
6	江西省洪岩洞地质公园	2013 年	278.00	景德镇市乐平市	乐平市洪岩镇人民政府
7	江西省灵山地质公园	2016 年	10150.00	上饶市上饶县	灵山风景名胜区管委会
8	江西省兴国丹霞地质公园	2017 年	6581.00	赣州市兴国县	兴国县林业局
9	江西省杨岐山地质公园	2018 年	1145.00	萍乡市上栗县	杨岐山风景名胜区管理委员会
10	江西省信丰香山地质公园	2018 年	3865.00	赣州市信丰县	信丰县林业局

江西省国家公园及江西省国家级和省级林业自然保护区一览表

表 34　单位:公顷

序号	名　称	类型	所在地	面积	批建时间	管理机构
一、国家公园						
1	武夷山国家公园(江西片区)	森林	铅山县	27853.11	2021 年	江西武夷山国家级自然保护区管理局
二、国家级自然保护区						
1	江西鄱阳湖国家级自然保护区	湿地	新建区、永修县、庐山市	22400.00	1988 年	江西鄱阳湖国家级自然保护区管理局
2	江西井冈山国家级自然保护区	森林	井冈山市	21499.00	2000 年	江西井冈山国家级自然保护区管理局
3	江西桃红岭梅花鹿国家级自然保护区	动物	彭泽县	12500.00	2001 年	江西桃红岭梅花鹿国家级自然保护区管理局
4	江西九连山国家级自然保护区	森林	龙南县	13411.60	2003 年	江西九连山国家级自然保护区管理局
5	江西官山国家级自然保护区	动物	宜丰县、铜鼓县	11500.50	2007 年	江西官山国家级自然保护区管理局
6	江西马头山国家级自然保护区	植物	资溪县	13866.50	2008 年	江西马头山国家级自然保护区管理局
7	江西鄱阳湖南矶湿地国家级自然保护区	湿地	新建区	33300.00	2008 年	江西鄱阳湖南矶湿地国家级自然保护区管理局
8	江西九岭山国家级自然保护区	森林	靖安县	11541.00	2011 年	江西九岭山国家级自然保护区管理局
9	江西齐云山国家级自然保护区	森林	崇义县	17105.00	2012 年	江西齐云山国家级自然保护区管理局
10	江西阳际峰国家级自然保护区	森林	贵溪市	10946.00	2012 年	江西阳际峰国家级自然保护区管理局
11	江西赣江源国家级自然保护区	森林	石城县、瑞金市	16100.90	2013 年	石城赣江源国家级自然保护区管理局 瑞金赣江源国家级自然保护区管理局
12	江西庐山国家级自然保护区	森林	庐山市	20120.00	2013 年	江西庐山国家级自然保护区管理局
13	江西铜钹山国家级自然保护区	森林	广丰区	10800.00	2014 年	江西铜钹山国家级自然保护区管委会
14	江西婺源森林鸟类国家级自然保护区	动物	婺源县	12922.70	2016 年	江西婺源森林鸟类自然保护区管理中心
15	江西南风面国家级自然保护区	森林	遂川县	10588.00	2017 年	江西南风面自然保护区管理局
三、省级自然保护区						
1	江西阳岭省级自然保护区	森林	崇义县	1880.00	1997 年	崇义县阳岭自然保护区管理站
2	江西水浆省级自然保护区	森林	永丰县	2000.00	1997 年	水浆自然保护区管理站
3	江西云居山省级自然保护区	森林	永修县	2480.00	1997 年	云居山省级自然保护区管理处
4	江西瑶里省级自然保护区	森林	浮梁县	3658.00	2001 年	浮梁瑶里省级自然保护区管理局
5	江西岩泉省级自然保护区	植物	黎川县	2460.00	2001 年	岩泉省级自然保护区管理委员会
6	江西三十把省级自然保护区	森林	万载县	2100.00	2001 年	万载县林业局

续表 34

序号	名　称	类型	所在地	面积	批建时间	管理机构
7	江西华南虎省级自然保护区	动物	宜黄县	58300.00	2001 年	宜黄华南虎省级自然保护区管理办公室
8	江西老虎脑省级自然保护区	森林	乐安县	14502.60	2004 年	老虎脑省级自然保护区管理办公室
9	江西都昌候鸟省级自然保护区	湿地	都昌县	41100.00	2004 年	都昌候鸟省级自然保护区管理局
10	江西峤岭省级自然保护区	森林	安义县	4490.00	2004 年	安义县林业局
11	江西羊狮幕省级自然保护区	森林	芦溪县	7188.00	2004 年	江西武功山林业局
12	江西鄱阳湖江豚省级自然保护区	动物	进贤县、南昌县	6800.00	2004 年	江西鄱阳湖国家级自然保护区管理局
13	江西抚河源省级自然保护区	森林	广昌县	8187.70	2010 年	广昌县抚河源省级自然保护区管理局
14	江西七溪岭省级自然保护区	森林	永新县	10500.00	2010 年	永新县七溪岭省级自然保护区管理站
15	江西黄字号黑鹿省级自然保护区	动物	浮梁县	17356.20	2010 年	浮梁黄字号黑鹿省级自然保护区管理局
16	江西高天岩省级自然保护区	森林	莲花县	4780.00	2010 年	莲花县高天岩省级自然保护区管理站
17	江西章江源省级自然保护区	森林	崇义县	7973.00	2010 年	章江源自然保护区管理站
18	江西桃江源省级自然保护区	森林	全南县	11560.00	2010 年	全南县林业局
19	江西五指峰省级自然保护区	森林	上犹县	6081.78	2010 年	上犹县五指峰省级自然保护区管理局
20	江西修河源五梅山省级自然保护区	森林	修水县	14485.00	2010 年	修河源五梅山自然保护区管理局
21	江西信江源省级自然保护区	森林	玉山县	4535.00	2011 年	玉山信江源省级自然保护区管理办公室
22	江西凌云山省级自然保护区	森林	宁都县	10673.00	2011 年	宁都县林业局
23	江西玉京山省级自然保护区	植物	宜春市	1199.00	2011 年	宜春明月山林业局
24	江西南方红豆杉省级自然保护区	植物	瑞昌市	2500.00	2011 年	瑞昌市南方红豆杉自然保护区管理局
25	江西伊山省级自然保护区	森林	武宁县	11340.00	2011 年	武宁县伊山自然保护区管理局
26	江西潦河大鲵省级自然保护区	动物	靖安县	3486.00	2011 年	江西潦河大鲵自然保护区管理所
27	江西中华秋沙鸭省级自然保护区	动物	宜黄县	1693.54	2014 年	宜黄县林业局
28	江西铁丝岭省级自然保护区	森林	安福县	2046.86	2014 年	安福县林业局
29	江西五府山省级自然保护区	森林	上饶县	5104.17	2014 年	上饶市广信区林业局
30	江西大龙山省级自然保护区	森林	宁都县	5238.16	2014 年	宁都县林业局
31	江西铜鼓棘胸蛙省级自然保护区	动物	铜鼓县	2686.00	2014 年	铜鼓县林业局
32	江西鲤鲫鱼产卵省级自然保护区	动物	都昌县、鄱阳县、余干县	48000.00	2014 年	江西鄱阳湖国家级自然保护区管理局
33	江西银鱼产卵场省级自然保护区	动物	进贤县、南昌县	17103.00	2014 年	江西鄱阳湖国家级自然保护区管理局
34	江西芙蓉山省级自然保护区	森林	南城县	3820.45	2015 年	南城县芙蓉山省级自然保护区管理站
35	江西井冈山大鲵省级自然保护区	动物	井冈山	703.08	2015 年	井冈山市大鲵自然保护区管理办公室
36	江西程坊省级自然保护区	森林	修水县	10759.76	2017 年	修水县林业局

续表 34

序号	名　称	类型	所在地	面积	批建时间	管理机构
37	江西金盆山省级自然保护区	森林	信丰县	3711.70	2017 年	信丰县林业局
38	江西湘江源省级自然保护区	森林	会昌县	10353.00	2017 年	会昌县湘江源省级自然保护区管理局
39	江西笔架峰省级自然保护区	森林	贵溪市	2165.50	2020 年	江西笔架峰自然保护区管理站

（省林业局）

水土保持

【概　况】　2022 年，全省水土保持工作推进“放管服”改革，深化“三纵五横”监管体系，强化人为水土流失监管遏止增量，生产建设项目水土保持监管实现区域全覆盖、项目全覆盖、建设过程全覆盖；推进国家水土保持重点工程，完成水土流失综合治理任务。全年累计完成水土流失治理面积 1350.7 平方千米；连续 3 年全国水土保持规划实施情况年度考核评估获优秀等次；水土流失面积与强度持续下降，水土流失状况好转稳步提升。

【规划设计】　编制印发实施《江西省水土保持“十四五”实施方案》《江西省崩岗治理规划》《江西省生态清洁小流域建设规划》3 个规划，完善水土保持规划体系，绘制新阶段水土保持发展蓝图。完成水土保持率分解工作，明确市县两级每个阶段水土保持率目标值，科学精准开展水土流失防治。强化目标责任考核总抓手，强化江西省水土保持综合管理平台运用，减轻地方年终自评工作量。

【示范创建】　宁都、修水、铜鼓和婺源 4 个县被评为国家水土保持示范县，赣县区金钩形水土保持科技示范园被评为国家水土保持科技示范园；庐山市桃花源小流域、武宁县长乐小流域被评为国家水土保持示范工程，示范创建继续走在前列。全省 6 个水土保持单位获“全国水土保持先进集体”称号，12 名个人获“全国水土保持先进个人”称号，总数位列全国第 2。

【项目监管】　印发《关于进一步强化生产建设项目水土保持措施后续设计、施工管理及监理监测工作的通知》，明确和规范各参建单位水土保持职责要求。印发《水土保持助企纾困的通知》，制定推进高效审批、压缩审批时限、优化水保补偿费征收等 9 条助企纾困具体措施。全年批复生产建设项目水土保持方案 3018 个。开展水土保持方案质量抽查，市县两级审批 147 个水保方案编制和审批质量进行随机抽查。省市县三级对在建生产建设项目开展“双随机、一公开”现场检查、书面检查、专项检查，实现在建项目监管全覆盖，共开展水土保持现场监督检查 14232 项，下达整改通知书 9083 份，查处违法案件 23 起。完成 2019—2021 年度遥感监管发现问题整改销号核查；开展 2022 年度水利部及省级 2 期加密遥感监管发现的违规项目认定及查处工作，认定违法违规项目 1026 个，查处违法违规项目 905 个。

江西省抚州市宜黄县曹水小流域

周天鸿供

【综合治理】　2022 年，国家水土保持重点工程共涉及江西的 36 个项目县 65 个项目，分两批共下达中央水利发展资金 20412 万元，省级水利专项资金 4828 万元，下达治理任务为治理水土流失面积 697 平方千米。工程实施注重与乡村产业振兴和人居环境改善相结合，突出生态清洁小流域建设，实施治山保水、产业节水、疏河理水、生态净水、宣传爱水“五水共建”，推进治山、治水、治污、致富“四治（致）同步”，实现清洁家园、清洁田园、清洁水源“三清”目标。全年新增生态清洁小流域 26 条。

【监测与信息化】　完成年度省级监测区 76 个县（市、区）水土保持措施专题信息和遥感解译成果抽查，提交动态监测成果，在长江流域率先完成水土保持率目标值市、县分解。推进全省监测站网规范化、标准化和信息化管理。制定运行管理办法和观测操作手册，开展监测设备计量认证，推进站网数据整编、智能纠错和影像资料可视化、水土保持一张图等信息化研发。强化水土保持信息管理系统数据录入和成果应用。推动省市县三级通过购买第三方服务方式，开展生产建设项目建设过程的信息化监管，解决基层监管力量不足的问题。完成国家水土保持重点工程信息化监管任务，采用卫星遥感影像、无人机和移动终端等信息化手段，开展国家水土保持重点工程督查和图斑精细化监管。

【科学研究与普及】 发布《水土保持无人机监测技术规程》，南方沿河环湖风沙区沙地风力侵蚀监浊与防治技术，列入2022年水利部推广中心水利先进实用技术重点推广指导目录；新增国家高分辨率对地观测系统重大专项、省博士后基金、省水利厅重大项目等科研课题7项；获长江科学技术奖二等奖1项、中国水土保持学会科学技术奖三等奖2项、赣鄱水利科技奖4项。水土保持科普馆在江西水土保持生态科技园落成并开馆。

（周天鸿）

污染防治

【概　况】 2022年，全省打好污染防治攻坚战，开展“八大标志性战役30个专项行动”，协同控制细颗粒物和臭氧污染，加强重点行业VOCs治理与“四尘”“三烟”“三气”防治，推动重点区域大气联防联控；开展工业、生活、排污口、黑臭水体整治和饮用水安全保障等专项行动，强化系统治理和综合治理。推进农用地土壤污染防治和安全利用，开展农用地土壤镉等重金属污染源头防治行动。推动美丽江西“1＋1＋N”体系建设，落实《美丽江西建设规划纲要（2022—2035年）》编制。贯彻《进一步加强生物多样性保护的实施意见》，建立生物多样性保护联席会议机制。实施江西省减污降碳协同增效实施方案，严格发电行业重点企业碳排放数据审核，提升重点用能行业能效，坚决遏制“两高”项目盲目发展。推进生态产品实现价值机制，促进生态优势转化为经济优势。

【防污治理攻坚战】 全省各级实时监测预警，定期指导帮扶，巩固提升水环境质量。江西省国考断面水质优良比例96.2%，列全国第9位、中部第2位，上升0.7个百分点，比全国平均水平高8个百分点。赣江干流33个断面连续2年、长江干流江西段10个断面连续5年达到或优于Ⅱ类水质；鄱阳湖湖区点位水质优良比例22.2%，上升5.5个百分点，湖区总磷浓度0.063毫克/升，下降7.4%。率先在全国出台《江西省非道路移动机械排气污染防治条例》，实施大气污染防治“一二三四五”工作法，巩固改善全省空气质量。全年全省PM2.5浓度27微克/立方米，列全国第15位、中部第1位，下降6.9%；优良天数比率继续保持中部第1位；11个设区市环境空气质量首次全面达到国家二级标准。强化重点建设用地准入管理和农用地分类管理，巩固受污染耕地安全利用成效。全省受污染耕地安全利用（含严格管控）任务完成100%，完成961个行政村环境综合整治和94个农村黑臭水体（国家监管）整治。

【大气污染防治】 创新大气污染防治联动机制，推动全省形成全域、全境、全面大气污染防治新格局，建立以省大气污染防治作战指挥部为核心多级联动抓落实工作平台，推动省市县乡村多级联动大气污染防治体系。全年做好空气质量小时数据盯控、异常数据提醒、管控建议发布，对空气质量反弹严重地方实施预警、约谈，压实责任。联合生态环境、交通运输、公安等部门开展排放检验机构专项检查，全年查处21家问题机构，其中7家实施停业整顿，对涉嫌数据造假机构进行处罚，处罚金额200余万元。完成省级机动车尾气排放监管平台升级，上传参数与车辆信息匹配度提高到95%以上。省生态环境厅联合省公安厅、省住建厅、省交通厅开展“宁静守护”城市噪声污染专项整治行动，通过国家平台对江西省消耗臭氧层物质进行网上备案，全年完成54家企业备案。

【水污染防治】 制定《江西省入河排污口监督管理工作方案》，开展“五河一湖一江”排污口整治专项行动，定期组织对规模以上入河排污口每季度开展监督性监测，推动“五河一江”干流及鄱阳湖、仙女湖、柘林湖周边，国省考断面、敏感保护区5千米范围内入河排污口排查、监测、溯源工作。印发《江西省城市黑臭水体治理攻坚战实施方案》，组织各地对城市建成区内水系、水体开展全面排查，巩固设区市黑臭水体治理成效。印发《江西省健全省内流域上下游横向生态保护补偿机制实施方案（2022—2025年）》，建立以县域为基本单元的省内上下游横向生态保护补偿机制，推进赣粤东江、赣湘渌水跨省流域横向生态补偿。加强九江等长江沿岸地市船舶和港口污染防治现场督查，推动船舶港口污染治理。实施医疗污水常态化监管，落实医疗污水消毒与监测要求。开展饮用水安全保障提升专项行动和蓝藻水华防范处置工作，推进饮用水水源保护区“划、立、治”工作。定期对全省城镇污水处理厂进、出水水质和水量分析并通报，强化城镇污水处理厂监管。全年全省依法划定县级及以上城市集中式饮用水水源保护区168个，农村乡镇（含村级“千吨万人”）水源保护区959个。

【土壤污染防治】 发布《江西省“十四五”土壤、地下水和农村生态环境保护规划》《江西省污染防治攻坚战重点建设用地安全利用专项行动实施方案》，出台《江西省建设用地土壤污染风险管控和修复文件编制指南（暂行）》《江西省建设用地土壤污染状况调查、风险评估、风险管控/修复技术方案及效果评估报告技术审查要点（试行）》，编制《江西省工业用地土地权使用人变更土壤污染尽职履责调查办法（试行）》《江西省土壤和地下水污染防治项目管理暂行办法》《江西省土壤和地下水污染防治项目验收细则（试行）》《江西省实施中央农村环境整治资金支持项目管理暂行办法》。完善全省土壤、地下水和农村生态环境保护制度体系，土壤污染防治确定摸底调查、源头预防、风险管控、治理修复、评估效果五位一体工作要求，实现闭环管理。全年完成840个地块土壤污染状况调查、15个污染地块土壤污染风险评估,863 个地块安全利用遥感监测;54 个地块土壤污染状况调查报告抽查。组织建设用地相关报告编制第三方线上培训,超 2000 人次参训;动态更新土壤污染重点监管单位名录,543 家企业纳入名录管理,全部完成土壤污染隐患排查,全省各地开展 87 家重点单位土壤污染隐患排查"回头看"。

(贺剑霞)

节能减排

【概　况】 2022 年,全省深化国家生态文明试验区建设,推进碳达峰碳中和,协同推进降碳、减污、扩绿、增长,全面构建绿色转型先行区。全省能源消费总量 1.09 亿吨标准煤,增长 4.3%;全省万元地区生产总值同比下降 0.4%(扣除原料用能、国家单列项目及新增可再生能源电力消费量后同比下降 4%)。推动主要污染物减排,编制印发《江西省"十四五"节能减排综合工作方案》,超额完成主要污染物减排任务,争取生态环境部政策支持,协调解决 14000 兆瓦新建燃煤发电机组总量指标。

【节能降碳管理】 6 月,省政府出台《江西省"十四五"节能减排综合工作方案》,下达各设区市"十四五"能耗强度降低基础和激励目标。8 月,印发江西省《"十四五"设区市人民政府节能目标责任评价考核实施方案》,"十四五"能耗双控考核调整为年度评价、中期评估和五年考核。紧跟国家政策调整,落实能耗双控调整为能耗强度硬约束、能耗总量弹性管理,实行重大项目能耗单列,可再生能源消费和原料用能不纳入能耗双控考核。建设重点用能单位能耗在线监测系统,289 家重点用能单位接入能耗数据在线监测系统。开展全省 2022 年节能宣传周和全国低碳日活动,增强全社会节能降碳意识。

【能源消费强度与总量双控】 2022 年,坚持分类施策、有保有压,保障优质项目用能,遏制"两高一低"项目盲目发展,实现经济增长与能耗强度下降良性循环。出台《固定资产投资项目节能评审技术规程(试行)》《江西省固定资产投资项目节能报告预审细则》,建立项目用能预算管理制度和能耗数据定期报送机制,根据各地能耗强度序时进度,对各设区市节能审查项目实行分类管理,按照序时进度分别高于 80%、50%~80%、低于 50%三档,逐级提高项目能效准入要求,推动能源资源向单位能耗产出效率高、符合高质量发展要求项目的地区倾斜,推进地方逐步调整优化产业结构。

【项目能耗监管】 2022 年,开展固定资产投资项目节能审查,统筹做好优质重大项目用能保障,印发《2022 年度省级节能监察计划》《关于做好 2022 年节能监察工作的通知》,开展专项节能监察,推进重点用能单位能耗在线监测系统建设。加强节能形势分析预警,按季度召开节能工作调度会,推进全省节能工作。推动各地建立全省上下贯通的节能监察体系,依法依规做好项目节能审查验收,开展重点领域节能监察行动,加强违法违规用能行为执法,规范企业合法用能行为。

【重点领域低碳转型】 2022 年,推进新旧能源有序替代,建成投运信丰电厂等清洁煤电项目,全省发电煤耗保持全国优秀水平。制定风电、光伏发电项目开发指南,实施开发区屋顶光伏建设三年行动,全省可再生能源装机容量达到 2564.2 万千瓦,占总装机比重 46.8%,新增新能源出租车、公交车占比分别为 83%和 96%。开展绿色建筑创建行动,建成一批星级绿色建筑。实施数字经济做优做强"一号发展工程",推进工业化、数字化相互融合,推动产业结构迈向中高端。推进萍乡产业转型升级示范区、新宜吉转型合作示范区等建设,提高各类资源集约节约利用水平。健全绿色低碳技术研发和推广应用机制,开展低碳领域核心技术攻关和科技成果推广应用。夯实能耗和碳排放统计核算基础,健全节能监察体系,完善能耗在线监测体系,推动能耗双控逐步向碳排放双控转变。

(肖礼圣　林绪强　张莹)

【重金属污染物减排】 2022 年,印发《江西省全口径涉重金属重点行业企业清单管理工作方案(试行)》《江西省进一步加强重金属污染防控工作方案》,强化与环评审批、排污许可证核发、清洁生产等工作联动,提升重金属环境管理水平;结合各设区市实际,差异化下达各地减排比例和任务要求;更新发布包括 743 家涉重企业的全口径涉重金属重点行业企业清单,实施完工 17 个落后产能淘汰项目类减排工程,完成年度评估工作。

【工业污染减排】 2022 年,完成钢铁行业、水泥行业污染治理调研,制定减排提质增效专项行动方案,推动方大九钢、方大萍钢、方大特钢 3 家企业烧结机头全部实现超低排改造。联合企业投资开展无组织排放整治,推动完成无组织排放点位整治 1035 个;开展对涉 VOCs(挥发性有机物)排放企业突出问题排查整治,全年调查 2780 家企业,5906 个单元,累计发现问题 1402 个,整改完成 1340 个,清理整治简易低效 VOCs 治理设施 247 台。推动 32 家重点企业实施原辅材料替代,实现低 VOCs 原辅材料替代量 2847.72 吨。完成江西省重点行业挥发性有机物信息系统平台优化升级,全省 592 家重点行业企业完成信息填报。淘汰省级及以上开发区集中供热管网覆盖区域分散燃煤锅炉 21 台。

(贺剑霞)

本类目编辑　刘清林

教　育

综　述

2022年，全省教育系统践行“作示范、勇争先”目标要求，全面落实立德树人根本任务，深化教育领域综合改革，推进教育强省建设，教育发展取得新进步。

*党对教育全面领导有力。*及时调整省委教育工作领导小组成员单位和组成人员，省委书记、省长分别担任组长、第一副组长，调研、调度、解决教育发展中的重大问题，带头到高校作形势政策报告。推动市县两级建立健全党政领导干部联系学校制度，举办高校党委书记、校长暑期研讨班，选派在职干部担任民办高校党委书记实现全覆盖。推动落实新修订高校基层组织工作条例，制订落实中小学校党组织领导的校长负责制具体举措，印发议事规则示范文本。部署开展高校“双融教育”（融入全省工作大局、融入高校高质量发展）活动。新增1个全国高校党建工作标杆院系和25个样板支部。围绕宣传贯彻中共二十大精神这个主线，开展“青春献礼二十大 强国有我新征程”系列主题实践活动，听党话、跟党走成为全省广大师生的思想、政治和行动自觉。

*立德树人机制更加完善。*坚持以习近平新时代中国特色社会主义思想铸魂育人，组建教育系统宣讲团、巡讲团，承办全国大中小学中共二十大精神融入思政课论坛，推动举办20余场“联学联研”活动。深化高校思政课问题式专题化团队教学改革，获批“大思政课”建设综合改革试验区，全覆盖开展思政课教师“晒课”活动，入选“全国高校思政课名师工作室”数量并列全国第3位，获评“全国最美高校辅导员”实现全省“零”的突破。“一站式”学生社区覆盖60余所高校，实现教育部“一站式”社区试点“零”的突破，入选教育部高校思想政治工作精品项目数量位居全国第3位。深化“追寻红色足迹”研学实践，拓展高校“红色班级”创建试点成果。出台加强和改进新时代学生心理健康教育工作实施方案，开展体育、美育“晒课表”及劳动教育示范创建活动，推进中小学生游泳教育试点，促进学生德智体美劳全面发展，连续3年获评教育部“大学生年度人物”。坚持把师德师风作为第一标准，加强教师队伍建设，增设江西省教学成果奖为省政府表彰常设项目，启动实施“赣鄱名师名校长启航工程”，开展第四届“感动江西教育年度人物”推选活动，蒙芳入选2022年全国“最美教师”。

*教育供给质量持续提升。*以省委办公厅、省政府办公厅名义出台基础教育、职业教育、高等教育高质量发展实施方案。围绕构建优质均衡的基本公共教育服务体系，启动标准化幼儿园建设，新增普惠性幼儿园学位10.79万个，其中公办学位7.32万个。推进义务教育薄弱环节改善与能力提升工作，完成新建、改扩建义务教育学校868所，新增学位16.8万个。实施县域普通高中发展提升行动计划，新建改扩建普通高中学校287所，新增学位3万个。开展县域义务教育优质均衡发展先行创建工作，5个县区入选全国135个义务教育优质均衡先行创建名单。推进“双减”工作，义务教育阶段学科类培训机构压减率99.54%。规范民办义务教育发展专项工作如期完成，全省民办义务教育在校生规模占比由6.14%降至4.17%，15所“公参民”学校专项治理全部完成，在民办义务教育学校任教的2669名“公办”教师全数清退。召开部省共建领导小组会议，推进国家虚拟仿真示范实训基地建设，启动实施省第二轮“双高计划”，6个“双高计划”建设单位在教育部中期绩效评价中获“五优一良”等级。举办首届世界职业院校技能大赛（江西赛区）、2022年全国职业院校技能大赛教学能力比赛，江西环境工程职业学院教师李德鑫获世界技能大赛家具制作项目金牌。实施高等教育“突围”九大行动，启动新一轮“双一流”建设计划，组建冲击国家“双一流”学科突击队，在第五轮学科评估中，南昌大学食品科学与工程获评A+类学科，实现从“0”到“1”的突破，B档及以上学科28个，与上一轮13个相比实现翻番。实施新工科、新医科、新农科、新文科建设提升行动。启动高校分类管理评价和综合考核改革，构建“两型四类”分类体系，加强应用型本科高校建设，促进高校内涵建设、特色发展。争取扩大优质招生计划，博士、硕士研究生计划增长分别为16.8%和6.2%，位居全国前列；本科计划增长12.15%。实施教育数字化战略行动，获批全国首批国家智慧教育平台全省试点，构建省级智慧教育平台体系，与国家平台互联互通，在世界数字教育大会基础教育论坛上就“智慧作业”作典型发言。

*服务发展能力明显增强。*紧扣国家和区域发展战略，制定实施教育人才队伍建设三年行动计划（2022—2024年），配合省委组织部抓好高层次人才引进（柔性）工作，举办首届江西教育领域海外高层次人才引智专场新闻发布会，吸引、造就更多江西

急需拔尖创新人才。建立委厅班子成员、机关处室负责人联系服务专家人才制度(1名委厅领导和1个机关处室联系N所高校N名人才),推行省属高校党委书记领衔人才工作项目,加强对各类知识分子政治引领,把各方面优秀人才集聚到全省改革发展大局上来。深化人才评价改革,开展优化人才服务行动,治理人才补贴拖欠问题,协调优质资源扩大人才子女入学优惠覆盖面。全年高校新增1名俄罗斯科学院外籍院士,全职引进1名中科院院士担任大学校长。聚焦重点产业发展需求,遴选9个重点产业学院、12个培育产业学院,建设22个产教融合实训基地。举办2022国际产学研用合作会议(南昌),“红轨”等一批重大科技成果成功转化和产业化。出台“10条举措”促进高校毕业生就业创业,2022届毕业生毕业去向落实率83.16%,留赣率59.96%,实现逐年稳步提升。

(朱励豪)

基础教育

【概　况】 2022年,全省基础教育阶段有学生863.76万人。其中,小学在校生383.91万人,小学阶段毛入学率101.54%;初中在校生208.35万人,初中阶段毛入学率104.94%;普通高中在校生120.65万人,高中阶段毛入学率93.52%,比上年提高0.26个百分点;幼儿园1.42万所,在园幼儿150.85万人,学前教育毛入园率91.12%,普惠性幼儿园覆盖率91.65%,公办园在园幼儿数占比56.5%;特殊教育学校91所,在校生3.93万人。

【德育工作】 2022年,实现《红色文化》教材全国首创、中小学研学旅行标准全国首推、红色文化云端课堂全国首发。组织100名中小学优秀思政课教师,赴1000所学校开展中共二十大精神巡回讲学。培训10万名中小学(幼儿园)班主任及心理健康教师。开展红色基因传承示范校创建,全省思政课和红色文化教学比赛及全省班主任专业技能展示活动。全省600万名中小学生在线参与“红色档案故事我来讲”活动;200万人参与“全省中小幼三项文化教育活动”及“追寻红色足迹”研学实践活动。《中国教师报》头版头条刊发《校园内外映日红——江西深入推进红色基因传承纪实》。

【学前教育】 2022年,省教育厅等九部门联合印发《江西省“十四五”学前教育发展提升行动计划》,全面优化布局、扩充资源、强化保障、完善机制,加快构建公益普惠性学前教育公共服务体系。统筹安排中央和省级资金18.97亿元,支持普惠性学前教育资源建设,全年新建改扩建普惠性幼儿园510所,新增普惠性幼儿园学位10.79万个。开展城镇小区配套园治理和无证园治理“回头看”等专项整治工作,规范办园行为。开展标准化幼儿园建设认定,全年全省标准化幼儿园达标率17.79%。实施“安吉游戏”推广计划和幼儿园跟岗帮扶计划,举办全省第11个学前教育宣传月活动。印发《江西省幼儿园保育教育质量评估试点实施方案》,推动全省学前教育评价改革落地。

【义务教育】 2022年,以省委办公厅、省政府办公厅名义印发《江西基础教育高质量发展实施方案》,系统谋划全省基础教育高质量发展。围绕规范中小学教育教学管理,制定或修订完善系列管理规范,包括中小学办学基本要求、中小学学籍管理办法、中小学招生管理要求、义务教育新课程实施办法、中小学读物排查管理等系列规范。印发《江西省义务教育质量评价实施办法(试行)》。5个县(区)入选全国135个义务教育优质均衡先行创建县名单,抚州市获批教育部第二批基础教育综合改革试验区。制定《江西省义务教育薄弱环节改善与能力提升五年规划(2021—2025年)》,改善义务教育薄弱环节,争取中央和省级资金14.8亿元,新增学位16.8万个,支持各地推进义务教育薄弱环节改善与能力提升项目实施;会同省财政厅下达消除义务教育学校大班额专项资金6亿元,督促推动各地加快消除“大班额”,全省大班额占比明显降低。全年芦溪县、上高县、鹰潭市余江区、新余市仙女湖风景名胜区通过义务教育优质均衡发展省级督导评估,成为江西省第一批通过省级督导评估并申报国家评估认定县(区)。

【高中教育】 2022年,全省普通高中教育投入10.75亿元,督促指导各地推进普通高中办学条件改善项目实施,新改扩建教室6546间,新增学位3万个。56人及以上大班额比例压减到1.73%,超大班额基本消除。印发并实施《江西省“十四五”县域普通高中发展提升行动计划》,开展县中托管帮扶工程和标准化建设工程。坚持普通高中属地招生、公民同招政策,修订中小学生学籍管理办法。开展普通高中省级特色学校评估工作。指导南昌市第二中学做好2022年度海军航空实验班招生工作,录取学生80人,输送储备人才到海军航空事业。印发《江西省普通高中学校办学质量评价实施办法(试行)》,深化评价改革。

【“双减”工作】 2022年,全面落实“双减”政策,研究制定分学科作业设计、学科教学基本要求、课后服务管理实施办法、教学基本规范等一系列政策文件,开展“作业设计我来评”“课后服务百校行”等活动,提升校内教育教学水平。重点查处隐形变异违规培训,推进学科类培训治理。多次组织专项督查检查,全省出动人员1.75万人次,累计排查机构1.66万次,发现违规开展学科类培训机构61家,向群众退费总金额14.8万元。义务教育阶段学科类培训机构压减率99.54%。会同14家省直单位出台《江西省科技类校外培训机构管理办法(试行)》《江西省文化艺术类校外培训机构管理办法(试行)》和《江西省体育类校外培训机构管理办法(试行)》,对非学科类校外培训机构设置、资金投入及收费监管和审批登记等方面作出明确规定。江西“强化部门联合执法 健全校外培训治理机制”,被教育部列为全国3个“双减”典型案例之一。

【特殊教育】 2022年,省政府办公厅转发《江西省“十四五”特殊教育发展提升行动方案》,推进全省特殊教育改革发展。争取中央和省级特殊教育专项补助经费 2920 万元,重点加强特殊教育资源建设,提升特殊教育保障能力。全年全省适龄残疾儿童义务教育安置率达到 100%,义务教育残疾儿童入学率达 97%以上。

【民族教育】 2022 年,全面落实少数民族学生保障政策,加强其他省市班支持保障,督促指导南昌市教育局做好南昌市第十七中学、进贤一中其他省市西藏班和莲塘一中其他省市新疆班管理工作,提高内地民族班管理水平。6 月,省教育厅赴宜春市上高县敖山镇洋林民族村,就做好第六轮对口支援民族乡村经济社会发展工作开展专题调研,推进民族村教育事业高质量发展。

【安全教育】 2022 年,开展消防安全隐患排查治理工作,重点排查中小学消防安全管理工作中存在的隐患问题并督促相关学校及时整改到位。配合公安交管、交通运输等部门,落实《校车安全管理条例》规定,依法实施校车使用许可,规范发展专用校车,坚决清理不符合国家校车标准但仍作为校车使用的载客汽车,明确退出期限,彻底淘汰在用的非专用校车。

【教材教辅管理】 2022 年,全面部署开展全省中小学地方课程教材排查工作,全省中小学教材教辅读物插图和内容排查工作,全省幼儿园教师指导用书和幼儿用书排查清理,全省中小学校园课外读物排查整改"回头看"工作。组织对江西省 14 套省级中小学地方课程教材进行修订、审查,确保全省地方教材在思想性、科学性和适用性等方面符合国家要求。

(省教育厅)

职业教育与成人教育

【概　况】 2022 年,全省职业教育按照省委、省政府提出的"职业教育要扬优势"要求,做好现代职业教育体系建设改革新模式工作推进会暨集中办公会 10 个兄弟省市 70 余人次接待工作,研制部省协作探索现代职业教育体系建设改革新模式文件初稿,获首批试点省份之一。以省委办公厅、省政府办公厅名义印发《江西职业教育高质量发展实施方案》,明确职业教育高质量发展目标要求和重点任务。全省有职业学校 327 所(不含技工学校),在校人数总规模 131.2 万人。其中,高职学校 64 所(含职教本科),在校生 75.5 万人;中职学校 263 所(不含技工学校),在校生 55.7 万人。

全年全省有技工院校 134 所,其中,技师学院 16 所,高级技工学校 28 所;在校生 25 万人。学校数量居全国第 6 位、中部第 1 位;在校生人数居全国第 5 位、中部第 2 位。全年升格技师学院 2 所,升格高级技工学校 7 所,新建技工学校 18 所。实施技工教育"1+11+N"行动计划,推动设区市建设技师学院,人口大县、经济强县和重点园区建设技工院校。扩大技工教育办学规模,提升办学层次质量,凸显办学特色,优化办学环境,形成现代技工教育体系。

【中职学校办学基础】 开展中等职业学校分级评价中期调整,建成 A 档学校 31 所、B 档学校 37 所、C 档学校 93 所。指导南昌市开展普通高中普职融通班试点,探索中职与普高"学分互认、学籍互转"双向对等融通流动。完成首批省级中职学校名班主任工作室主持人遴选工作,江西弋阳中等专业学校作为学校代表在全国中等职业学校校风学风建设推进会上进行经验交流发言。

【"双高"建设】 完成 6 所国家"双高计划"(中国特色高水平高职学校和专业建设计划)建设绩效中期评价,经教育部、财政部评议,江西高职学校评价结果五优一良,优秀率 83.3%,高于全国平均水平;联合省财政厅启动江西省第二轮高水平高职学校和专业群建设计划,投入省财政资金 4.5 亿元,围绕省内 14 个重点产业链和"2+6+N"重点产业,遴选建设一批服务全省经济社会高质量发展的高水平高职学校和专业群。

【长学制人才培养】 聚焦长学制技术技能人才培养需求,明确目标定位,构建科学合理的中高职一体化培养模式和课程体系,全年 50 所高职学校与 125 所中职学校开展联合培养,42 所高职学校开展五年一贯制培养,中高职联合培养计划 4.09 万人,五年一贯制培养计划 1.97 万人。

【产教融合】 研究制定《江西省职业教育校企合作负面清单(征求意见稿)》,鼓励职业学校和企业在负面清单外探索校企合作新模式,释放产教融合、校企合作活力。初步搭建"江西省职业教育——产业发展人才供需数据平台",建立产业结构调整与专业设置联动调控机制,引导职业学校科学合理设置专业。重点围绕省内有色金属、电子信息、虚拟现实等 14 个重点发展产业链,遴选建设 22 个省级区域性职业教育产教融合公共实训基地,主动对接产业链重点企业、对标产业发展前沿,打通教学链和产业链,服务区域经济社会发展。

【技能大赛】 举办首届世界职业院校技能大赛(江西赛区)和全国职业院校技能大赛教学能力比赛,赛事组织有序、公平公正,得到教育部大赛组委会和职成司致函表扬。全年江西代表队获首届世界职业院校技能大赛银牌 2 项、铜牌 2 项、优胜奖 2 项,获奖总数位列全国第 4 位;江西环境工程职业学院留校青年教师李德鑫获世界技能大赛特别赛家具制作项目首枚金牌;江西职业学校在全国职业院校技能大赛共获一等奖 19 项、二等奖 68 项、三等奖 66 项,一等奖获奖数量比上年增加 11 项,获奖总数比上年增加 74 项,创历史新高。

【继续教育】 规范高等学历继续教育校外教学点设置与管理,开展校外教学点排查整改工作,各高校上报教学点 272 个,经材料复审和专家实地核查,通过审核校外教学点 96 个,实现大幅压减;印发《关于转发〈教育部关于推进新时代普通高等学校学历继续教育改革的实施意见〉的通知》,提出规范发展明确要求。发挥职业学校资源优势,印发社区教育示范基地和老年大学示范校项目建设方案;开展智慧助老系列活动,全省 10 个项目入选教育部首批社区教育“能者为师”实践创新项目，1个项目入选教育部“智慧助老”优质课程资源首批推介名单。开展全民终身学习活动周活动，评选2022年“百姓学习之星”和“终身学习品牌项目”，5人入选全国“百姓学习之星”、4个项目入选全国“终身学习品牌项目”。

【部省共建国家职业教育创新发展高地领导小组会议举行】 3月11日，江西省与教育部在北京举行部省共建国家职业教育创新发展高地领导小组会议。省长叶建春主持，教育部副部长孙尧、副省长孙菊生出席，会议听取部省共建国家职业教育创新发展高地情况汇报，研究部署江西职业教育下一步重点工作。

（省教育厅）

【扩大技工教育规模】 2022年，加大招生力度，强化“中级工—高级工—预备技师”贯通培养和衔接培养，提高高级工、预备技师招生比例。全年全省技工院校招生10.1万人，居全国第5位，同比增长11%；在校生达25万人，同比增长16.7%；高级工以上招生3万人，同比增长104%，占总招生人数30.6%。

【提升技工院校办学】 2022年，深化技工院校工学一体化技能人才培养模式改革，系统推进课程标准、教学资源、教学方法、教学场地、教师队伍“五个一体化”建设，18所技工院校入选全国技工院校工学一体化第一阶段建设院校及建设专业名单，宁都技师学院入选全国一体化师资培训基地。围绕“2+6+N”重点产业和数字经济产业，开展技工院校产业学院、重点特色专业（群）和一体化名师工作室项目建设，遴选5个省级产业学院、10个省级重点特色专业（群）和10个省级一体化名师工作室。举办全省技工院校书记、校长高级研修班，提升校领导办学治校能力。在江西省第一届职业技能大赛中，技工院校选手获得金牌16枚，占金牌数、奖牌数的四分之一。

【人才培养与课题研究】 2022年，开展全省技工院校思政、一体化师资等培训班，参训教师2000人。推进技工院校教师持证上岗，全年认定1644名教师具备技工院校教师上岗资格。加强技工教育课题研究，开展2021年技工教育研究课题结题工作，共有35个课题参与结题。开展2022年技工教育研究课题立项工作，共立项课题35个。

【学生资助工作】 2022年，全省技工院校国家助学金、免学费补助申报人数42.5万人次，比上年申报人数增加7.5万人次，同比增长21.61%；申报金额共4.39亿元，比上年申报金额增加8561万元，同比增长24.17%。开展2022年“技能雏鹰”奖（助）学金评审推荐工作，以及国家中职院校学生奖学金评定推荐工作，获“技能雏鹰”奖学金学生3人，助学金学生4人；180名学生获国家中职院校学生奖学金。

【服务重点产业发展】 2022年，规范技工院校专业设置管理，提升专业与产业契合度，新增专业80%对接14个重点产业链和数字经济产业，对接全省“2+6+N”重点产业专业点数达到900个。全年全省技工院校校企合作企业4200余家，开办订单班、冠名班、新型学徒制班800余个，培养技能人才3.5万人。技工院校毕业生5.1万人，去向落实率97.8%，留赣就业率71.6%，其中，79%流向江西省14个重点产业链和数字经济领域。

（鲁臻霖）

高等教育

【概　况】 2022年，江西围绕推动高等教育高质量发展，促进新工科、新医科、新农科、新文科建设，推进高校分类管理和综合考核，实施高校专业优化调整专项行动，抓好应用型高校建设，加强毕业生创业就业服务，提升高等教育人才培养质量和服务经济社会发展能力。全年全省有普通高等学校、独立学院和成人高等学校111所，各类高等教育在学人数总规模168.01万人；高等教育毛入学率56.75%，比上年提高1.6个百分点。

【高校分类管理】 印发《江西省普通本科高校分类管理实施办法（试行）》，将全省43所普通本科高校（含南昌大学抚州医学院）分为“研究型”和“应用型”2个类型，南昌大学等4所高校定位为学术研究型高校，华东交通大学等9所高校定位为教学研究型高校，井冈山大学等30所高校定位为应用型高校。印发《2022年度省属高校综合考核实施方案（试行）》《2022年度省属高校综合考核指标说明》，首次对24所省属高校开展综合考核。

【应用型高校建设】 印发《关于进一步加强高水平应用型普通本科高校建设的实施意见》，提出促进三大融合，推动四大转型，深化五大改革，实施六大重点建设项目意见和措施，推动加强高水平应用型普通本科高校建设。10月28日，全省应用型普通本科高校建设工作推进会在九江学院召开。12月16日，江西省应用型本科高校联盟及江西省应用型本科高校研究中心揭牌成立。

【教育教学管理】 印发《普通高等学校本科专业结构优化调整指导办法（试行）》，指导高校按照“三个原则、四种方式、五个一批”工作思路，开展专业优化调整专项行动；印发《服务江西经济社会发展人才培养引导性专业设置指南（2022年版）》，发布39个经济社会发展急需紧缺专业；90个专业获批第三批国家一流本科专业；遴选建设20个省级一流优势专业、30个省级一流特色专业；遴选五星级本科专业点139个、四星级本科专业点276个。出台《关于加强基础学科人才培养的实施意见》，遴选建设8个基础学科拔尖学生培养基地。认定省级一流本科课程556门，课程思政示范课程135门，培育18个课程思政教学研究示范中心。127名教师入选第二届江西普通高校金牌教师（教学名师），187个团队入选2022年江西省高水平本科教学建设团队。

【产教融合发展】 推进专业学院向

产业学院转型，引导应用型高校调整传统学科型学院设置方式，组建产业学院、行业学院或产品学院，确定首批省级现代产业学院21个，包括9项重点项目，12个培育项目。出台《江西省研究生工作站管理办法》，推动研究生教育融入经济社会发展，遴选设立17个研究生工作站。出台《江西省高校产业导师选聘管理办法》《江西省高校产业教授选聘管理办法》，从行业企业选聘高层次人才担任高校产业导师和产业教授，参与高校人才培养、科学研究等工作，遴选首批产业导师31人、产业教授34人。

【创新创业教育】 印发《关于进一步支持大学生创新创业的实施意见》。举办第八届中国国际"互联网+"大学生创新创业大赛省级选拔赛，江西省在国赛中获金奖14项、银奖33项、铜奖121项。遴选建设8个省级创新创业学院、12个省级创新创业教育实践基地，其中有4个入选国家级创新创业学院和创新创业教育实践基地。

【毕业生就业创业】 推进高校就业体系化建设创新试验区建设，转变就业工作范式，建立全程、全员、全方位高校就业工作体系。举办线上招聘活动1.9万余场，提供253.28万个岗位。联合省人社厅开展省级线下招聘活动31场次，提供岗位职数47.52万个。全省高校累计举办线下招聘活动9636场，提供岗位193.44万个。开展访企拓岗促就业专项行动，各高校累计走访企业1.24万家，新增就业岗位16.8万个、实习岗位6万个，其中走访在赣企业8857家，占比71.27%；拓展在赣岗位11.2万个，占比66.7%。至9月1日，发布政策性岗位10.5万个，面向应届毕业生计划7.7万个，落实7.2万个；2022届高校毕业生37.4万人，已落实毕业去向31.1万人，毕业去向落实率83.16%；困难生毕业生人数2.89万人，已落实毕业生去向2.5万人，落实率86.50%。

【江西省普通本科高校"四新"建设暨教务处长会议召开】 12月16日，江西省普通本科高校"四新"建设暨教务处长会议在南昌召开。省教育厅、省工信厅、省卫生健康委相关负责人，全省43所普通本科高校负责人、教务处长、"四新"建设专家委员会成员等200余人参加会议。会上发布《江西省普通本科高校新工科建设提升行动方案》《江西省普通本科高校新医科建设提升行动方案》，宣读成立江西省新工科教育研究中心、江西省新医科教育研究中心文件并举行揭牌仪式。

（省教育厅）

教师队伍建设

【概　况】 2022年，全省各级坚持师德师风第一标准，大力选树师德典型，讲好江西师德故事，定期通报师德违规案例，加强师德师风建设，弘扬高尚师德，加大教师补充和培养培训力度，落实义务教育教师"不低于"政策，教师队伍建设成效明显。全年招聘补充中小学幼儿园教师2.64万人，其中，全省统一招聘教师1.02万人，招聘特岗教师4609人，安置教育部部属和省属公费师范生471人，招录省属公费师范生1732人，定向师范生4072人，安置"三支一扶"支教人员305人，各地自主招聘补充教师4970人。

【教师培养】 全年组织1.2万余名校长教师交流轮岗，遴选2523名音体美专业师范生实习支教，招募"银龄计划"讲师245人，选派"三区"人才计划教师1184人，遴选首批"赣鄱名师名校长启航工程"培养对象110人，第五期"中小学名师培养计划"培养对象232人，第八期"中小学名校长培养计划"培养对象80人，部署开展全省第五批中小学学科带头人和骨干教师选拔培养工作。

【师德师风】 省委教育工委、省教育厅联合省教育工会开展"新时代学生心中的好老师"宣传推介活动，宣传"好老师"感人事迹，争当"四有"好老师。9月，赣州市上犹县特殊教育学校校长蒙芳被中宣部和教育部表彰为2022年全国"最美教师"；9月1日，央视《朝闻天下》报道乡村教师程风感人事迹。9月12日，央视《新闻联播》报道程风"用爱照亮乡村孩子的未来"的感人事迹。

【开展第四届"感动江西教育年度人物"推选活动】 3—9月，省委教育工委、省教育厅首次联合省人社厅开展第四届"感动江西教育年度人物"推选活动，推选产生9个"感动江西教育年度人物"获奖人选（含2个团体）和5个提名人选（含1个团体）。9月9日，省委教育工委、省教育厅、省人社厅举行新闻发布会，揭晓获奖名单，宣传先进典型。

【协同提质计划】 4月21日，教育部公布师范教育协同提质计划院校组团名单，第二组团由华东师范大学牵头，上海师范大学、云南师范大学、江西师范大学参与帮扶高校，对江西省上饶师范学院、赣南师范大学和云南省2所高校进行重点支持帮扶。8月11日，省教育厅召开第二组团需求对接会，协商具体帮扶措施。9月7日，《中国教师报》刊发省委教育工委副书记、省教育厅厅长郭杰忠署名文章《乘"协同提质"东风，构建江西师范教育高质量发展新格局》。

【教师职称申报】 4月25日，省教育厅、省人社厅联合印发《江西省高等学校教师职称申报条件》《江西省高等职业院校教师职称申报条件》。教师职称申报条件坚持师德师风第一标准，克服"五唯"倾向，按照教学科研型、教学为主型等不同岗位类型分层分类制定评审标准，畅通高校教师职称晋升通道。

【"县管校聘"改革】 6月，省教育厅、省委编办、省财政厅、省人社厅联合印发《关于全面推进义务教育学校教师"县管校聘"管理体制改革的通知》。至年底，全省11个设区市和34个县（市、区）出台"县管校聘"管理改革实施方案。鹰潭市率先提出全域一体化实施"县管校聘"改革目标，开展义务教育学校教师"县管校聘"管理体制改革。12月16日，省委深化改革委员会办公室在《江西改革动态》刊发鹰潭市余江区深化"县管校聘"改革经验做法。

【教学成果奖评选表彰活动启动】　7月，全国评比达标表彰工作协调小组办公室批复同意设立江西省教学成果奖，由省政府主办，省教育厅承办，分基础教育类、职业教育类（含技工教育）、高等教育类、研究生类4个类别，每4年评审1次，共设350个奖项，由省政府下发表彰决定并颁发证书。10月14日，省政府办公厅印发《江西省教学成果奖励办法（试行）》。12月26日，省教育厅、省评比达标表彰工作领导小组办公室印发《关于开展2022年江西省教学成果奖评选表彰工作的通知》，部署开展全省首次由省政府表彰的教学成果奖评选表彰活动。

【《江西省贯彻落实〈新时代基础教育强师计划〉十五条措施》出台】　12月7日，省教育厅等九部门联合印发《江西省贯彻落实〈新时代基础教育强师计划〉十五条措施》（简称《十五条措施》）。《十五条措施》结合江西实际，着眼基础教育教师队伍建设长远发展，聚焦强化思想政治引领、健全教师教育体系、基础教育均衡发展、教师管理服务4个方面15条举措，提出一系列创新举措。

（省教育厅）

民办教育

【概　况】　2022年，江西各级各类民办学校7739所，在校生173.25万人，占江西在校生的15.42%。其中，民办高校31所（本科11所、专科13所、独立学院7所），在校生39.03万人；民办中等职业学校96所，在校生16.00万人；民办普通高中203所，在校生26.11万人；民办初中164所，在校生15.18万人；民办小学39所，在校生11.23万人；民办幼儿园7200所，在校生65.62万人；民办特殊教育学校3所，在校生622人。民办专门学校3所，在校生125人。

【义务教育专项治理】　江西民办义务教育在校生规模占比由6.14%降至4.17%，7个民办义务教育在校生规模占比较高的县区均降至15%以内，15所“公参民”学校规范治理全部完成，在民办义务教育学校任教的2669名“公办”教师如数清退。教育部《规范民办义务教育发展专项工作情况交流》先后两次刊载江西经验做法，并安排江西在全国规范民办义务教育发展专项工作总结座谈会上作典型发言。

【办学年检】　省教育厅对江西24所民办高校开展2021年度依法办学年检，确定20所学校年检结论“合格”，3所学校“基本合格”，1所学校“暂不定等次”。对江西15所民办非学历高等教育机构和2所省管民办普通中专开展2021年度依法办学年检，确定9所学校年检结论“合格”，6所学校“基本合格”，2所学校“不合格”。

【民办教育发展专项资金】　2022年，江西省安排民办教育发展资金1.3亿元，其中1.17亿元由省教育厅进行分配，用于支持和鼓励办学规范的民办学校改善办学条件，提升办学质量。江西有20所民办高校获得9600万元民办教育发展专项资金支持，11个设区市获得2600万元民办教育发展专项资金支持。8—11月，省财政厅组织第三方评价机构对全省民办教育发展专项资金开展绩效评价，评价结果良好。

【民办学校分类管理】　3月，省教育厅印发《关于进一步做好现有民办学校分类登记工作的通知》。6月，省教育厅向符合条件的15所民办高校下达《初步同意分类选择的复函》。按照“属地管理、分级负责”原则，民办中小学、幼儿园、中职学校、培训机构分类登记工作由各设区市、县（市、区）负责。其中，民办义务教育学校和义务教育阶段学科类培训机构已按国家统一要求全部完成非营利性登记工作。

【规范办学行为】　3—6月，省教育厅印发《关于全面开展全省民办高校风险隐患排查整治的通知》，对江西24所民办高校从8个方面全面排查学校存在的风险隐患问题。5月，省教育厅印发《江西省进一步规范民办高校办学行为三年行动计划（2022—2024年）》，全面整治民办高校在党的建设、招生收费、教育教学、食堂管理等领域存在的突出问题。

【落实督导责任】　6月，省委教育工委、省教育厅印发《江西省民办高校督导专员履职管理办法（试行）》。明确各民办高校党委书记（督导专员）要把督促指导学校规范办学作为履职重点，及时发现、制止、处理、报告违法违规办学行为，并在年度述职中进行重点陈述。对履职不力导致违法违规办学行为频发多发的，将进行责任追究。8月，省教育厅印发《关于统一悬挂民办高校督导专员岗位职责牌的通知》，将督导专员履职内容悬挂上墙。

（省教育厅）

国际合作与交流

【概　况】　2022年，全省109名师生被录取为国家公派出国留学人员；在办的中外合作办学项目81个；海外孔子学院14所，孔子课堂6所，汉语教学中心2个；外国留学生招收资格院校45所，在籍留学生4091人；聘专资格院校123所，在校外籍教师436人；审核同意高校举办国际（两岸）学术会议17次；中国政府奖学金资格院校8所；青年骨干教师出国研修项目资格院校10所，国别和区域研究中心4个。出台《关于加强江西省教育系统单位公派出国（境）留学管理工作的意见》《江西省外籍教师聘任和管理办法（试行）》，提供全省新时代教育对外开放政策依据和发展方向，全省基本形成全方位、多层次、宽领域教育对外开放格局。

【地方创新子项目】　省教育厅向国家留学基金委申请地方创新子项目，推动全省“双一流”和职业教育“双高”建设，服务全省社会经济发展。2022年起地方合作项目经费由550万元/年增至1000万元/年，每年选派规模由60人增加至100人，将一半选派名额用于地方创新子项目。经过初审，已向国家留学基金委申报6个地方创新子项目。

10 月 28 日，江西省第十届外国留学生汉语大赛决赛在南昌举行。图为才艺展示现场

朱励豪供

【江西省第十届外国留学生汉语大赛决赛举行】 10 月 28 日，江西省第十届外国留学生汉语大赛决赛在南昌举行。由省教育厅主办，省教育国际合作与教师发展中心承办，大赛以“圆梦大美中国，感知多彩江西”为主题，来自全省 23 所高校，50 余名外国留学生参赛。决赛采取线上方式进行，主赛场设在江西教育电视台演播厅。设有 1 个主会场和 7 个分会场，决赛设“我秀缤纷艺”“我赞新江西”“我爱大中华”3 个环节，全面考察选手才艺展示能力、汉语语言表达能力和对中华文化知识了解程度。经过角逐，江西财经大学米格尔、赣南师范大学刘斯雯获一等奖；南昌大学柯涵乐、艾萨克、江西师范大学胡戈获二等奖；华东交通大学莉娅，江西财经大学周然，江西师范大学徐佳，南昌航空大学帕特、弗兰克获三等奖；南昌航空大学程铮、阿里，南昌大学刘君睿、罗布，宜春学院龙威，江西财经大学王惠，江西师范大学吴妮，景德镇陶瓷大学石家恩，江西中医药大学米亚，南昌理工学院大卫，井冈山大学安娜，江西理工大学艾琳、小爱，东华理工大学贝雨欣，华东交通大学艾比获优秀奖。江西财经大学、赣南师范大学获最佳组织奖，南昌大学、江西师范大学、华东交通大学、南昌航空大学获优秀组织奖。

【江西省本科高校教育国际化水平排行榜发布】 5 月，省教育厅委托江西师范大学高等教育研究中心、江西省教育国际交流协会和江西省教育国际合作与教师发展中心联合成立课题组，对江西省 2021 年本科高校教育国际化水平进行评估。11 月，形成《江西省本科高校教育国际化发展报告（2021 年）》，并于年底在江西省教育网发布江西省本科高校教育国际化水平排行榜（2021 年），总体水平前 10 位依次为江西财经大学、南昌大学、江西师范大学、华东交通大学、江西中医药大学、江西理工大学、南昌航空大学、东华理工大学、赣南师范大学、景德镇陶瓷大学。

【2022 国际产学研用合作会议（南昌）召开】 11 月 10—11 日，由教育部学校规划建设发展中心主办，省教育厅、南昌大学、南昌航空大学承办的 2022 国际产学研用合作会议（南昌）在南昌召开。采取线上线下相结合方式，邀请俄罗斯、白俄罗斯、乌克兰等 44 个国家和地区中外嘉宾 760 余人参会，组织“超高温材料与关键技术”等 8 个合作会和“未来技术交叉学科青年论坛”及相关学术报告。会上，南昌大学、江西师范大学、江西理工大学、南昌航空大学、江西中医药大学、景德镇陶瓷大学等高校和有关企业及科研机构，与俄罗斯、乌克兰、白俄罗斯、美国、法国、意大利、西班牙、韩国等国家和地区高校及企业举行创新平台揭牌、产学研用项目签约及启动仪式。中国科学院院士、中国科学院分子细胞科学卓越创新中心研究员李劲松，中国科学院院士、南方科技大学教授俞大鹏，中国科学院院士、南京理工大学教授陈光等专家学者作大会报告。会议以“产学研用 · 融合共进”为主题，与会专家学者围绕“新材料、稀土、航空航天、中医药、交叉学科、艺术与产业”6 个领域展开交流与讨论。

【2022 江西高校海外展开幕】 12 月 8 日，2022 江西高校海外展在南昌开幕。此次海外展以“开放发展 · 合作共赢”为主题，采用线上线下方式，来自中国、英国、澳大利亚、加拿大等 20 个国家和地区 102 所高校“云端”参展，中外院校代表共 260 余人参加，开幕式直播观看 4000 人次，线上洽谈签约平台访问总量 2.3 万余人次，共创建 60 个洽谈室，签订合作协议 30 项。

（省教育厅）

本类目编辑　刘清林

科学技术

综　述

2022年,全省综合科技进步水平居全国第16位;全社会研发投入占地区生产总值的1.8%;入选国家库科技型中小企业1.08万家,同比增长29.67%;有效期内高新技术企业6334家(2022年新认定高新技术企业1891家);高新技术产业增加值占规模以上工业增加值比重达到40.5%,同比提高2个百分点。全年选派1393名科技特派员,对接91个县(市、区)农业企业、农民专业合作社8073家,开展科技服务,培训人员1.7万余人次。

建设创新江西。省科技厅成立创新江西专项工作组办公室,构建以实施方案为总牵引、工作计划为年度重点、工作台账为具体抓手的实施体系,全年135项台账任务全部完成销号。8月18日,全省科技创新大会召开,省委书记、省人大常委会主任易炼红出席会议并讲话,省长叶建春主持大会。会议动员全省上下全力以赴,加快建设具有更大影响力、更强竞争力的创新江西。8月30日,省委常委会通过《江西省中长期科学和技术发展规划(2022—2035年)》。11月25日,省人大常委会出台《关于全面提升科技创新驱动力的决定》。12月8日,创新型省份建设领导小组办公室印发《全社会研发投入强攻行动工作方案》。

重大创新平台建设。"猪遗传改良与种质创新全国重点实验室"和"食品科学与资源挖掘全国重点实验室"获科技部批准建设。稀土重点实验室获中科院正式批复。复合半导体省实验室启动建设。引导企业在省重点实验室建设"飞地"研究中心。在高新区、科创城等地,分市县两个层面探索建立以政府为主导的综合类技术创新中心。全省15名科技人才入选国家有关人才计划。

关键核心技术攻关。全省获批国家科技项目1168项、经费9.76亿元,比上年分别增长14%和81%。其中,中科院赣江创新研究院获批国家重大科技攻关项目,中国中医科学院中医药健康产业研究所、中国稀土集团、江西农业大学等获批国家重点研发专项。聚焦全省14个重点产业链,查找梳理产业链关键技术问题300余项,建立清单销号制,集中攻克"卡脖子"难题。推动在半导体发光材料技术新方向形成国际优势和中国长板。家猪育种芯片打破欧美技术壁垒,成为生猪种业技术"破卡"利器。突破降尿酸果蔬益生菌发酵关键技术,高尿酸血症人群尿酸降低有效率达到75%。扩大"揭榜挂帅"试点范围和类别,发布重大科技研发专项关键技术类榜单12项、企业需求类榜单25项,撬动企业研发投入3.69亿元。实施"科技+"计划项目,围绕相关领域联合开展关键核心技术攻关。中医药健康产业研究所获科技部批准开展新冠病毒中医药"疫苗伴侣"研究。江西中医药大学、赣江中药创新中心共同实施"抗新冠肺炎中药研发"重大专项。

区域创新高地建设。出台支持鄱阳湖国家自主创新示范区建设的政策措施、实施方案和年度工作要点,全省9个国家级高新区有7个实现相对位次提升,其中南昌高新区从上年的全国第24位上升至第22位。以绿色食品为主导产业,加快升建井冈山国家农业高新技术产业示范区。南昌航空、中国(南昌)中医药、南昌VR、赣州稀金、上饶大数据、鹰潭智慧六大科创城成为全省重点产业与科技创新高度融合的主战场。推进吉安光电、九江—抚州数字经济、景德镇—萍乡陶瓷新材料、新余—宜春锂电新能源四大科创城建设,引导创新资源向各地重点产业集聚。

科技成果转化应用。"江西省网上常设技术市场"综合服务平台汇集省内外科技成果2.45万项,各领域技术专家4.85万人,服务企业7905家;全省技术合同登记总量1.03万项,合同成交总额758.23亿元,同比增长50%以上;登记科技成果1705项,同比增长39.98%,实现产业化并产生经济效益的成果519项,占总量的30.44%。

(省科技厅)

科技发展计划

【概　况】　省科技厅省级科技专项资金总计15.21亿元(含年初预算控制数12.77亿元,年中追加中科院赣江创新研究院国家项目配套经费、庐山植物园创建国家植物园经费、国家中药先进制造与现代中药产业创新中心省级配套和中药大科学装置预研中心2022年运行经费等共2.44亿元),按照"1+5"科技计划体系,共安排各类省级科技计划项目2316项。重点开展创新平台能级提升行动、科技金融与成果转化提升行动、科技型企业梯次培育行动,实施高层次人才引培工程、基础研究及关键技术攻关工程、科技创新政策保障工程。

【科技金融提升】　发挥省级创新资

源的杠杆作用,更好撬动市、县(市、区)和各类创新主体加大科技投入,调动社会资本和金融手段支持创新。全面推动与金融机构合作,实现项目、平台、人才与金融的联动。创新科技金融服务产品,优化"科贷通"等科技金融服务,向1241家科技型中小企业发放"科贷通"贷款34.23亿元,同比增长43.9%。

【中央引导地方科技发展资金】 财政部、科技部大幅增加对地方转移支付力度,下达江西的引导资金总量达1.31亿元,比2021年增长68%。引导资金项目主要由省科技厅牵头,采取项目法进行分配,通过公开竞争和定向委托相结合的方式进行遴选。根据评审结果,省科技厅遴选并确定96项引导资金支持的项目。引导资金分两批次下达,其中,提前批次下达6240万元、安排项目59项,第二批次下达6860万元、安排项目37项。省科技厅结合年度重点安排,定期抽取部分引导资金支持的项目进行随机检查,重点关注资金是否规范使用,监督检查情况定期调度和通报,进一步强化对引导资金的管理。

【重大科技研发专项】 2022年度重大科技研发专项主要采取"揭榜挂帅"方式组织实施,包括关键技术类和企业需求类。关键技术类组织实施高端智能传感器、人工智能交互终端设备、航空制造、稀土新材料、锂离子动力电池、半导体导电材料、工业智能化装备、现代种业、碳达峰碳中和、创新药物等领域项目共12项。项目支持强度原则上每项500万元到1000万元,执行期不超过3年,签订任务书时揭榜方须提交"军令状",明确中期目标和综合绩效评估的时间节点与考核指标,并按照要求及时组织评估。企业需求类围绕全省优势产业及其延伸的产业链征集企业技术需求,组织实施攻关项目,共征集需求206项,经筛选论证,发布榜单25项,对接成功23项。项目立项当年每项给予100万元启动经费(参照"包干制"项目经费管理原则),综合绩效评估验收通过后,财政资金按照需求企业研发项目实际投入总额的20%,对需求企业进行补助(包含立项时拨付的100万元),最高不超过500万元。

(省科技厅)

高新技术及产业

【概　况】 2022年,全省有高新区27个,其中国家级高新区9个,省级高新区18个。有国家创新型产业集群8个、国家火炬特色产业基地9个、国家级软件园1个、国家级高新技术产业化基地24个、省级高新技术产业化基地11个、国家级文化和科技融合示范基地1个、省级文化和科技融合示范基地6个。省科技厅支持高新领域省重大专项"揭榜挂帅"关键技术攻关项目6项、省重大专项"揭榜挂帅"企业重大技术需求项目13项;立项支持省重点研发计划重点项目39项,立项金额3900万元。江西省牵头承担高新领域国家重点研发计划项目6项,项目总经费超3亿元,其中中央财政资金近1亿元,争取国家项目数量和经费均创新高。在新材料专项中,中科院赣江创新研究院牵头承担项目2项,分别开展二次资源中稀土及有价元素综合回收和高能量密度新型稀土储氢材料及应用等技术研究,国瑞科创稀土功能材料(赣州)有限公司牵头承担项目1项,主要开展磁悬浮等轨道交通系统用高可靠性稀土永磁材料制备技术研究;在新型显示与战略性电子材料专项中,南昌大学牵头承担项目2项,分别开展面向AR应用的高像素密度Micro-LED微显示技术和InGaN基长波段LED关键技术研究;在交通基础设施专项中,华东交通大学牵头承担项目1项,主要开展铁路基础设施智能建造质量控制关键技术研究。发挥中央引导地方科技发展专项资金效能,支持南昌高新区和抚州高新区开展"百城百园专项行动计划",支持南昌高新区开展电子信息产业建设、抚州高新区开展新一代信息技术产业建设,下拨项目资金700万元。

【高新技术产业开发区】 省科技厅配合省发展改革委开展开发区扩区调区工作和优化整合,支持赣县区稀金新材料产业园等园区扩区调区,推进上饶市委、市政府对接科技部、上饶高新区升级国家高新区。根据《江西省高新技术产业开发区提质增效综合评价办法(试行)》,对全省高新区进行综合考评,促进高新区加快转型升级。从科技经费中拿出1000万元资金,用于奖励2021年在全国高新区考评中进位的9家国家高新区和8家省级高新区。2022年,全省7个国家高新区实现位次提升,2个高新区相对位次有所下降,其中南昌、吉安、鹰潭3个高新区实现"四连进"。南昌高新区排名从2019年的第30位跃升至第22位,比2021年前进两位;鹰潭高新区从2019年的第112位上升到第88位;吉安高新区从2019年的第135位上升到第107位。新余、赣州、九江共青城、宜春丰城4个高新区相对位次也有所提升:新余高新区排名72位、赣州高新区排名第111位、九江共青城高新区排名第137位、宜春丰城高新区排名第142位。景德镇、抚州2个高新区相对位次有所下降,景德镇高新区排名第98位,抚州高新区排名第100位。

【鄱阳湖国家自主创新示范区】 3月25日,省长叶建春主持召开鄱阳湖国家自主创新示范区建设领导小组第二次会议,审议并原则通过《2022年鄱阳湖国家自主创新示范区建设工作要点》。2022年,鄱阳湖国家自主创新示范区新增省级以上创新平台53家(含国家级2个),实施省产业链科技创新联合体揭榜挂帅及协同攻关立项项目7项,承担省级重大科技研发专项项目10项,获得省级科学技术进步奖28项,科技创新能力持续提升。推进科研助理岗位开发落实,共落实科研助理岗位4253个(科技部分配任务为3300个),完成预期目标的129%。其中,鄱阳湖国家自主创新示范区7个国家级高新区落实科研助理岗位2133个,完成率112%。

【产业基地与创新型产业集群】 年底,全省有产业基地45个、国家创新型产业集群8个。产业基地涉及领域包括铜、钨和稀土有色金属材料,陶瓷新材料,锂电和动力电池,生物医药,非金属材料,建筑陶瓷等。基地内企业研究开发总投入25.4亿元,申请国内专利7470件(发明专利1114件,实用新型专利5439件,申请国外专利17件,软著388件),专利授权8180件(发明专利授权559件),制定行业标准数量12项,14家企业参与制定国际标准。国家创新型集群以国家高新技术开发区为创建主体,产业领域涉及生物医药、航空、动力电池、数字视听、物联网、稀土新材料、新型计算机及信息终端设备等。基地和集群有研究开发人员582人,获得风险投资额4.26亿元。

【高成长性企业培育】 2022年,共发布独角兽(潜在、种子)、瞪羚(潜在)企业188家。其中,潜在独角兽7家、种子独角兽企业11家、瞪羚企业100家、潜在瞪羚企业70家。按照《加快独角兽瞪羚企业发展十二条措施》,下达一次性入选奖励4610万元。江西省高成长性科技型企业群体中,有169家是高新技术企业,占比90%。其中,18家独角兽类企业中,13家为高新技术企业,占比72.22%;100家瞪羚企业中,96家为高新技术企业,占比96%;70家潜在瞪羚企业中,60家为高新技术企业,占比85.71%。72.22%的独角兽类企业以及91.76%的瞪羚类企业为高新技术企业。全省高成长性科技型企业群体集中分布在新一代信息技术、先进制造与自动化、新材料、新能源、生物医药、高技术服务、节能环保、智能硬件、医疗器械、智慧农业十大领域。

【科技孵化机构】 年末,全省有省级以上科技孵化机构273家,比上年减少53家。科技孵化机构中,科技企业孵化器89家(国家级20家、省级69家),众创空间168家(国家备案57家、省备案111家),大学科技园16家(国家级4家、省级12家)。

(省科技厅)

农业科技

【概 况】 2022年,全省建有国家农业科技园区10个,省级农业科技园区43个;申报获批国家重点研发计划部省联动项目2项、青年科学家项目1项;省级科技项目以种业、农产品精深加工、绿色高效生产、农机装备、智慧农业为重点,立项30项(重大项目5项、重点项目25项),支持经费3900万元;与科技部中国农村技术开发中心签署《"100+N"开放协同创新体系合作备忘录》,将江西农业大学13家单位纳入"100+N"协同创新体系,打通"科技—产业—金融"合作通道,实现科技资源与金融资源有效对接;井冈山国家农业科技园区获农发行贷款1.33亿元,上饶市有6家农业企业获农发行贷款5500万元、农行贷款1549万元,宜春市有23家企业获授信额度3.22亿元,景德镇国家农业科技园区3家企业获农发行授信额度9100万元。

【农业科技园】 全省有国家农业科技园区10个,分别为南昌、井冈山、新余、上饶、丰城、赣州、萍乡、宜春、九江和景德镇国家农业科技园区;省级农业科技园43个。10个国家农业科技园区核心区面积共4.02万公顷,政府投入21.7亿元,社会投入61.5亿元,年总产值385亿元,入驻企业1126家,转化科技成果97项,引进技术111项,引进品种132个,引进设施92个,推广技术64项,推广品种48个,推广设施38个,开展技术培训5.74万人次。

【科技特派员】 选派农村科技特派员1393名,组成科技特派团217个、自然人科技特派员295名,对接服务各类经济主体1041家,在91个县(市、区)、7个国家农业科技园区、8个民族乡等开展科技服务,推广新技术、新品种625余项(个),开展技能技术培训260余场(期),直接培训技能型农民6000余人次,辐射带动4.6万余人次,引进科技项目35项,实施科技特派员助力乡村振兴项目5项。组织培训科技特派员和乡村振兴产业带头人、民族乡村致富带头人等1000余名。"江西省科技特派员管理服务"云平台建成运行,到年末,平台注册企业1394家、合作社550家、科技人员2641人,帮助解决、服务各类经济主体需求和问题2480个,累计上传服务记录1665条、服务6420余人次。作为科技部开展科技特派员登记备案试点工作的省份,江西在国家科技特派员管理信息服务系统注册备案法人1807家、自然人1.24万名。

(省科技厅)

气 象

【概 况】 2022年,全省气象部门统筹疫情防控和气象高质量发展,有效应对超历史严重干旱等复杂、极端天气。落实《气象高质量发展纲要(2022—2035年)》起步有力,开局良好。"631"风险预警工作机制入选全国气象部门"质量提升年"行动先进典型成果,获评全国气象部门十大优秀创新工作。省政府颁布的《江西气象灾害防御重点单位气象安全管理办法》,获评全国气象高质量发展创新实践特别优秀项目。江西省被列入高质量发展先行试点等11项全国性改革发展试点省;《天然氧吧评定规范》被省政府表彰为首届江西省标准创新贡献三等奖。省气象局获2022年全国气象部门综合考评优秀单位,列全国第三位。

【防灾减灾气象服务】 7月14日,省气象局联合省应急管理厅等14部门印发《关于印发加强防雷安全工作若干措施的通知》。全年完成15次区域性暴雨、强对流天气过程和夏秋连旱、伏秋高温以及中国航空产业大会、第十六届省运会、疫情防控等重大气象保障服务。推动省防汛抗旱指挥部印发强降水"631"风险预警应对工作机制。全年省级6小时风险预警78次,市级3小时风险通报418次,县级1小时风险叫应9641人次。省防汛抗旱指挥部办公室据此发布提前转移指令24次,全省全年累计转移避险55.96万人。"631"风险预警应对工作机制被国家防总列为地方典型经验,入选全国气象部门年度十大优秀创新工作和"质量提升年"行动先进典型成果。联合水文部门建立"三个3天""三个10天"风险服务机制。应对1961年以来持续时间最长、影响范围最广、平均强度最大的高温少雨天气，组织开展长时间、大规模、超常规增雨作业，实施地面作业2751次、飞机作业10次，累计影响面积约50.88万平方千米，增加降水量约21.53亿立方米。在全国率先推进暴雨、暴雪、冰冻预警纳入省防汛抗旱应急预案和应对低温雨雪冰冻灾害工作机制启动条件。开展省突发事件预警信息发布系统项目建设，对接5.3万套"村村响"应急广播终端。

【"气象+"赋能行动】 完成气象灾害综合风险普查任务，普查成果在多个领域应用，在全国作典型发言。首次建立与能源、电力部门工作联动机制、铁路沿线自然灾害监测预警协调机制。推进城市气象、交通气象保障服务试点，建成江西省交通气象综合服务系统。融入江西"智慧水利"水库管家项目，开展水库安全保障气象服务示范应用。推出全国首个线上气象AI(人工智能)手语虚拟主播服务系统，服务全省10万名听障人群。在全国率先制作发布基于H5页面及二维码技术的江西省公众气象灾害防御指南，实现公众一码浏览13类灾害分灾种的防御措施。研发并升级改造江西省公共气象服务集约化平台，建立全省统一的公众气象服务产品目录，产品种类达20种以上。深度融入旅游发展，创新启动"天然氧吧"导游气象服务，推出环井冈山、环庐山、环南昌"氧吧+避暑"精品旅游线路的精细化气象服务。

【观测预报建设】 组织完成2部X波段天气雷达建设，在建2部X波段天气雷达，全省雷达距地1千米探测覆盖率从65%提高至78%。将风云三号、风云四号气象卫星产品纳入气象大数据云平台·天擎(江西)统一管理和共享服务。优化地面气象观测能力，建成鄱阳湖鲤鱼洲湿地通量梯度观测系统，在气象灾害监测薄弱区增补建设9个自动气象站，新增设立志愿气象观测站43个。在长江航道新建4套航道气象观测站。完成5个台站迁建，全省气象探测环境评估排全国第5位。升级省市县短临监测预报预警一体化平台，暴雨预警信号准确率90%，强对流预警时间提前量达45分钟，全省预报预警能力明显提升。24小时晴雨预报、120小时晴雨预报、24小时最高气温预报三项准确率均为近10年最好成绩，24～120小时各时段降水TS评分均位列全国第1位，24小时最低气温评分列全国第4位。气温气候预测质量全国排名第1，为近5年最好成绩；气温降水总成绩全国排名第3。获第一届全国智能气候预测技术大赛团体第3名。建成"智气象空间"，实现观测、预报、服务业务集约高效协同、综合调度。完成国产高性能计算机系统升级，超算能力提升7倍。打造数算一体的气象大数据云平台，将19个系统集约整合为4个系统，对2个系统"云化"改造。持续强化数据服务和安全管理，完成500多个交通站、双偏振雷达和环境温度场、雷达ROSE2.0单偏振及双偏振产品、风能太阳能短期预报产品等33类资料入云。

(钟微)

地　震

【概　况】 2022年，全省境内发生有记录地震事件152次，其中1.0～1.9级地震34次，2.0～2.9级地震3次，最大地震为2月12日和2月14日发生在赣州龙南的2次2.1级地震。全年速报国外7.0级以上地震9次，国内5.0级以上地震53次，省内及周边地区2.0级以上地震4次。有效处置省内5次强有感地震事件。全年完成重大活动、重要时段的地震安全保障服务工作。入选国家防震减灾科普示范学校3个。省地震局在2022年度中国地震局综合考评中获优秀等次。

【召开全省防震减灾工作会议】 3月3日，召开全省防震减灾工作会议，总结回顾2021年工作，分析发展形势，安排部署2022年重点任务。会议要求，围绕"一个关键、两项工程、三个重点、四大任务、五个突破"的工作主线，扬优势、补短板、求突破，为全面建设社会主义现代化江西提供地震安全保障。各设区市应急管理局、省地震局机关各部门(单位)及省应急管理厅地震地质处负责人参会。

【部署地震构造环境探查工作】 7月14日，省政府办公厅印发《关于推进地震构造环境探查工作的通知》，向各市、县(区)政府以及省政府有关部门部署地震构造环境探查工作，明确"十四五"及未来一段时期探查任务，提出探查任务清单。10月21日，省应急管理厅、省地震局联合印发《关于印发〈江西省地震构造环境探查总体方案(2022—2030)〉的通知》。

【创建"2111"科技创新平台】 统筹省地震局科技资源，整合"九江扬子块体野外科学观测站""'东华理工大学—江西省震灾风险防治中心'研究生工作站""省防震减灾与工程地质灾害探测工程研究中心""氡观测检测检定平台"和"江西省防震减灾公共服务创新基地"，成立"2111"地震科技创新平台，设平台建设领导小组及其办公室。其中，"省防震减灾与工程地质灾害探测工程研究中心"被省发展改革委员会评价为2022年度优秀省级工程研究中心。该平台在研科研项目38项，获批2022年度国家自然科学基金项目2项。

(省地震局)

社会发展科技

【概　况】 2022年，省科技厅与省发展改革委等部门联合制定印发《江西省科技支撑碳达峰碳中和实施方案(2022—2030年)》，与应急管理、中医药、地质等部门共同组织实施"科技+"联合项目，印发《江西省"科技+中医药"联合计划项目管理办法(试行)》《江西省"科技+应急"联合计划项目管理办法(试行)》《江西省"科技+地质"联合计划项目管理办法(试行)》，印发《关于加强江西省临床医学研究中心建设实施意见》。国家"重大新药创制"科技重大专项项目“中药口服制剂先进制药与信息化技术融合示范研究”，形成9项中药智能制造全流程关键技术，实现产品质量均一性提高23.25%，生产效率提高24.3%，单位产值能耗降低13.2%。国家重点研发计划“中医药现代化”重点专项项目“栀子等三种高品质江西道地中药材规模化种植及精准扶贫示范研究”，选育获得3种道地药材27个优良无性系，实现产量、产果个数、肥料贡献率分别提升29.10%、35.59%、40.18%。中药材良种繁育技术推广后，平均增产15%～20%，亩均收益提升1000元左右，带动5056户农户增收1.24亿元。九峰医疗编制的“肺结核X射线图像辅助评估软件”，获批国家药品监督管理局三类医疗器械注册证。这是国内第一张关于肺结核的人工智能三类证。

【培育绿色技术创新企业】 省科技厅、省发展改革委、省工信厅、省生态环境厅联合印发《江西省绿色技术创新企业培育工作方案》，评选出第二批省绿色技术创新企业培育名单。第二批21家培育企业涉及节能环保、清洁生产、清洁能源、生态保护与修复、城乡绿色基础设施、生态农业等领域，涵盖产品设计、生产、消费、回收利用等环节的技术。列入绿色技术创新企业培育名单的企业，可享受同等条件下省级科技项目优先立项。绿色技术创新企业培育期为3年，实行动态管理，培育期满进行绩效评价。

【省临床医学研究中心】 在出生缺陷、医学影像、介入治疗、地方病、耳鼻喉疾病5个疾病领域/临床专科新组建5个省级临床医学研究中心，投入经费500万元；对消化等9个省临床医学研究中心进行优化重组，精神病、中医针灸2个国家临床医学研究中心分中心落地江西。年底，全省组建35个省临床医学研究中心，对接25个国家临床医学研究中心，辐射11个设区市200余家成员单位，帮助70余家基层医疗机构开展义诊、技术培训、健康教学等活动200多次，服务基层群众4万余人。

（省科技厅）

高校科研及成果转化

【概　况】 2022年，全省高校从事科技活动人员3.96万人，其中科学家与工程师3.32万人，占83.95%。获得科技经费49.25亿元，其中，R&D经费34.79亿元。承担各级各类科技项目2.27万项，投入项目经费25.47亿元。其中，企事业委托科技项目4273项，投入经费8.31亿元。发表学术论文2.2万篇，其中，国外学术期刊发表1.02万篇、SCIE（科学引文索引扩展版）收录9111篇、EI（工程索引）收录2296篇、ISTP（科技会议录索引）收录383篇。出版科技著作155部、大专院校教科书197部。申请知识产权7425项，其中，国（境）外44项、发明专利3364项、实用新型专利3382项、外观设计专利679项；获知识产权授权5417项，其中，国（境）外63项、发明专利2004项、实用新型专利2789项、外观设计专利624项、其他知识产权216项。签订技术转让合同257项，合同金额1.36万元，实际收入9201万元。全省高校获省部级以上科学技术奖励99项，其中特别贡献奖1项、一等奖24项、二等奖34项、三等奖40项。

【国家级科技项目】 2022年，全省高校获批国家自科基金项目1000项，直接经费3.56亿元，分别占全省的94.88%和94.70%。与2021年相比，立项数和直接经费分别增长7%和4.8%，均创历史新高。华东交通大学罗文俊申报的“轨道交通环境振动噪声机理及控制研究”获国家杰出青年科学基金项目资助，项目经费400万元。

【科研平台建设】 2022年，全省共有南昌航空大学“持久性污染物控制与资源循环利用重点实验室”、江西中医药大学“中药资源与制造技术创新中心”等10个平台为国家级科技创新平台培育项目。在材料、食品等领域组建江西省实验室，组建南昌大学复合半导体江西省实验室。南昌大学的流域碳中和、江西财经大学的财经大数据，分别获批教育部工程研究中心建设项目和培育建设项目；江西农业大学申报的“鄱阳湖流域农业资源与生态重点实验室”和省农科院、江西农业大学联合申报的“双季稻种质创新与育种重点实验室”，入选农业农村部（部省共建）重点实验室名单。

【人才队伍建设】 全省高校（含附属医院）有14人入选2022年度省主要学科学术和技术带头人培养计划领军人才，占比58.3%；23人入选青年人才，占比71.9%；1人获国家杰出青年科学基金项目资助，6人获国家优秀青年科学基金项目资助。

【科技创新成果】 全省高校获教育部高等学校科学研究优秀成果奖（科学技术）一等奖2项、二等奖2项；获省自然科学奖40项，技术发明奖2项，科学技术进步奖52项；南昌大学教授谢明勇获省科学技术特别贡献奖。江西农业大学教师发表江西首篇*Nature*研究论文，南昌大学教师在*Science*上发表观点文章，江西师范大学科研成果获2022年“日内瓦国际发明展”金奖。“江西师大一号”环境遥感卫星成功发射。

【成果转化应用】 完善“校企通～高校科技成果转化服务平台”，常态化开展“百校行”活动和发布科技供需信息。联合省工信厅、省科技厅、赣州市人民政府开展高校科技服务“走园入企”专项行动，高校科技成果与企业现场签约总金额达到1.53亿元。开展第二批江西省高校科技成果转化和技术转移基地认定，共认定赣南师范大学等9个高校科技成果转化和技术转移基地。井冈山大学入选第四批高校国家知识产权信息服务中心。举办2022国际产学研用合作会议（南昌），国内首条稀土永磁磁浮轨道交通工程试验线“红轨”竣工投入试运行。

（朱励豪）

科技合作与交流

【概　况】 2022年，全省获中央引

导地方科技发展专项资金跨区域研发合作项目14项，支持经费1400万元。省财政重点支持科技合作与交流项目15项，支持经费1500万元；支持江西中医药大学“抗新冠肺炎中药研发”项目经费1000万元。全省15个国家国际科技合作基地通过评估，获批国际科技合作类项目18项，开展5项国际科技交流活动。

【国际科技合作与交流】 江西师范大学与日本山口大学合作，联合开发出高性能分子筛膜合成新设备，形成具有自主知识产权的关键制备技术和工艺。中材江西电瓷电气有限公司与意大利“GE－RPV”合作，协同解决陶瓷新材料的关键技术。省农科院、省林科院与菲律宾国际科技合作项目2项。东华理工大学与柬埔寨公共工程与运输部、柬埔寨皇家科学院等单位开展新能源技术合作（小型离网太阳能发电技术本地化研究）。江西农业大学与泰国开展水稻等领域科技合作。推动科技部国际科技合作类项目，获批与韩国、日本合作交流项目2项，获批外国专家项目12项。支持4个省级“揭榜挂帅”国际科技合作项目。遴选40名省高层次和急需紧缺海外人才。11个单位参加第10届中国—东盟技术转移与创新合作大会，推介先进适用技术17项，推荐中菲水稻技术联合实验室、中菲竹产业科技合作、柬埔寨租赁式太阳能发电技术研究与应用示范3个合作优秀案例。6月，8家单位24人参加中国—克罗地亚电力绿色转型科技合作研讨会。9家单位15人参加中国—波兰前沿科技合作新材料技术云对接会。10月，6家单位11人参加（线上）东亚峰会新能源论坛，江西理工大学博士朱丽华作“多相催化加氢及电催化中的协同效应”主旨报告。

【区域科技合作与交流】 支持各类赣京科技合作项目13个，累计支持经费2500万元；全省企业在沪建立的科创飞地有16家，涉及生物医药、新材料、电子信息、智能装备等多个产业领域；与香港中文大学、澳门科技大学、南方科技大学、深圳华大基因科技有限公司、博志生物科技（深圳）有限公司等粤港澳名校名企开展科技项目联合攻关，立项支持700万元，推动攻克基于CRISPR（原核基因重复序列）的非洲猪瘟病毒即时检测技术研发、TiB颗粒增强钛基复合材料的SLM（选择性激光熔化）制备及精密钎焊、脉络膜新生血管治疗用有机/无机杂化纳米给药系统的研发等技术难题；新增认定赣南创新与转化医学研究院、厦门大学九江研究院、江西省通讯终端产业技术研究院、德兴市中医研究院试验培训基地、中国信息通信研究院（江西）科技创新研究院有限公司5家单位，为2022年度江西省引进共建高端研发机构，立项支持经费500万元；与中国中医科学院、中国信息通信研究院、空军军医大学、湖南大学、厦门大学等国家级科研院所和知名高校开展务实合作，立足产业需求，强化协同创新，推进科技成果创新与转化落地。9月，中南大学与江西铜业集团有限公司签订“深部矿体安全高效采矿综合技术研究”项目合作协议。10月，湖北、湖南、江西三省共同承担的国家重点研发计划“长江中游城市群综合科技服务平台研发与应用示范”项目，通过结项综合绩效评价，发布《长江中游城市群科技服务与产业协同发展报告》蓝皮书。

【省院科技合作与交流】 3月14日，副省长罗小云率队走访中国科学院，与中科院副院长张涛举行会谈，商议与中科院在“十四五”时期继续聚焦重大平台、重大项目、重点人才和体制机制，开展更深层次、更宽领域战略合作事宜。7月5日，省委常委、副省长任珠峰率队走访中国科学院，商谈省院签署新一轮战略合作协议、共同举办2022江西智库峰会暨国家级大院大所产业技术及高端人才进江西活动、支持江西省引进培养中国科学院院士、支持在江西设立红壤改良示范区、继续支持省院共建中科院庐山植物园等议题。7月6日，任珠峰带队走访中国工程院，推动中国工程院继续支持在江西谋划布局工程技术领域创新平台、支持院士科技成果在赣落地转化、支持江西引进培养中国工程院院士等。9月14—16日，江西省委、省政府和中国科学院联合举办2022江西智库峰会暨国家级大院大所产业技术及高端人才进江西活动。活动以“创新江西·智涌赣鄱”为主题，搭建思想碰撞、技术引进、人才交流的平台，共邀请20余位国内外院士、70余家国家级大院大所负责人和专家学者近300人参会。峰会发布国家级大院大所产业技术进江西重大项目签约名单、江西省24个产业链科技创新联合体名单及重大科技项目“揭榜挂帅”成果。峰会期间，省科技厅组织召开铜、发光材料、航空、中医药4个产业链科技创新联合体圆桌会议，围绕“智汇江西 铜创未来”“江西发光材料产业高质量发展”“江西航空应急救援数字化产业体系建设”“科技创新引领江西中医药产业高质量发展”等主题，邀请相关领域国内知名院士专家与企业、高校院所交流对接，共谋务实合作。

【省校科技合作与交流】 5月27日，湘赣边区域合作示范区建设推进大会在萍乡市召开，省领导梁桂、任珠峰代表江西省政府分别与中南大学校长田红旗院士、湖南大学党委书记邓卫签署省校战略合作协议。8月8—9日，省委常委、副省长任珠峰带队赴西安，先后走访中国人民解放军空军军医大学、西安交通大学、中科院西安光机所，就有关科技创新合作事项进行对接。支持江西理工大学与西安交通大学围绕“超临界水蒸煤制氢耦合绿色短流程冶金技术及装备”开展深度合作，立项支持1000万元。推进与北京大学、北京航空航天大学、厦门大学、湖南大学等知名高校科技合作。新增认定北京大学南昌创新研究院、北京航空航天大学江西研究院景德镇分院为2022年度江西省级新型研发机构，新增确认湖南大学与吉安井冈山经开区金庐陵经济发展有限公司等单位合作共建的江西省通讯终端产业技术研究院、厦门大学与九江市经开区合作共建的厦门大学九江研究院为江西省2022年度研发应用型引进共建高端研发机构，立项支持250万元。

（省科技厅）

科技人才

【概　况】 2022年,全省申报国家和科技部六项人才计划(项目)数比上年增长17.8%,15名人才入选国家有关人才计划。华东交通大学获批建设国家学科创新引智基地,全省创新引智国家级平台增至4家。9家企事业单位获批2022年度科技部外国专家项目12项。新增省主要学科学术和技术带头人培养计划领军人才23人、青年人才32人,引进高层次和急需紧缺海外人才40人。

【搭建引才引智平台】 8月8日,共青城市举办首届无人机组网遥感比测活动,聚集全国低空领域高层次人才,助推江西无人机产业和低空经济领域发展。8月19日,东华理工大学举办"东华加速器中子源(ECANS)"科学装置项目开工仪式、"智荟赣鄱——东华加速器中子源科学装置(ECANS)项目咨询会",助力院士后备人才、东华理工大学教授汤彬领衔建设国内领先核技术研发平台,开展科技成果转移转化。11月14日,南昌大学举办第十届全国水力学与水利信息学大会,支持院士后备人才、南昌大学教授周创兵开展水力学与水利信息学融合建设,开展学术交流。华东交通大学入选2022年国家"高等学校学科创新引智计划",成为江西继东华理工大学、江西理工大学、南昌大学之后,又一创新引智国家级新平台。

【服务科技人才】 省政府召开新年院士专家座谈会,听取院士专家意见建议,推进吸纳落实。主动跟进服务新引进院士和高校拟引进院士,进行政策宣介和成果展示。举办7期"夜话科学家"活动,邀请罗胜联、熊仁根、廖维林、林晖、汤彬、张弘、周创兵7名科学家及其专家团队座谈,听取意见建议,发现并推动解决科技创新过程中的困难问题。举办2期省主要学科学术和技术带头人国情研修培训班,开展"江西青年科技工作者话青春""青年科技人才(外国专家)热议中共二十大"等活动,引导科技人才自觉坚持"四个面向",增强使命担当。江西中医药大学举办"一带一路"中医药国际专业人才研修班江西分会场,讲好江西中医药故事。浙商银行总行批复浙商银行南昌分行开展"人才银行"相关业务,6名企业高层次人才凭高层次人才证明文件,以无资产抵押的方式获得浙商银行在赣人才业务贷款2600万元。发布"致在赣工作外国专家的新年慰问信",组织全省科技系统在春节前走访外国专家,举办在昌外国专家迎新春活动,做好疫情期间在赣外国人才"两稳"工作,实现在赣工作外国人才正增长。省委党校、东华理工大学、江西现代职业技术学院、江西省妇幼保健院4家单位获批2022年第二批线上出国(境)培训试点项目计划。南昌航空大学获批2022年青年科技人才中长期出国(境)培训项目1项。

(省科技厅)

成果转化应用

【概　况】 2022年,全省登记科技成果1705项,比2021年增加487项。其中,省直单位登记818项,比2021年增长38.41%;设区市成果登记887项,比2021年增长41.47%。全省11个设区市成果登记基础理论成果项数明显上升。

【应用技术成果水平】 全省登记的1440项应用技术成果中,达到国际领先水平项目77项,占应用技术成果总数的5.35%;达到国际先进水平的104项,占7.22%;达到国内领先和国内先进水平的成果总数为577项,占40.07%;国内一般水平的成果20项,占1.39%;未评价成果662项,占45.97%。国内先进水平以上的项目占应用技术成果总数的52%以上。

【专利与标准】 全省登记的科技成果获专利授权数2605件。其中,独立科研机构481件,占授权总数的18.46%;大专院校438件,占16.81%;企业1625件,占62.38%。企业在技术创新中的主体地位凸显,企业知识产权保护意识增强。登记的成果中,制定标准的共11件。其中,地方标准4件,行业标准3件,国家标准3件,企业标准1件。

【高技术领域应用技术成果】 登记的1440项应用技术成果中,有977项属高新技术领域,占登记的科技成果总数的57.30%。其中,电子信息232项,占所登记的高新技术领域成果总量的23.75%;先进制造136项,占13.92%;航空航天19项,占1.94%;现代交通49项,占5.02%;生物医药和医疗器械97项,占9.93%;新材料139项,占14.23%;新能源与节能78项,占7.98%;环境保护87项,占8.90%;地球、空间与海洋36项,占3.68%;核应用技术1项,占0.10%;现代农业103项,占10.54%。电子信息领域在全省高新技术领域中所占比例最高,新材料和先进制造也都占有较大比例。

【转化应用】 2022年度全省登记的成果中,已产业化应用项目1305项(含小批量应用项目442项),占应用技术成果总数的90.63%;已转化项目414项;试用项目73项,未应用项目62项。未能应用的原因分为:资金问题15项、市场问题10项、管理问题2项、政策因素1项。

【科技成果经济效益】 在2022年登记的1440项应用技术成果中,产生经济效益的成果为519项,占36.04%。这些成果产出的经济效益表现为转化总收入1238.35亿元,净利润140.69亿元,实缴税金55.22亿元,出口创汇39.88亿元,节约资金69.36亿元;合作转化收入33.73亿元(其中技术入股股权折价1.24亿元);技术转让与许可收入390万元(其中知识产权转让收入320万元)。

(省科技厅)

技术市场

【概　况】 2022年,江西省网上常设技术市场平台汇集省内外科技成果2.45万项,各领域技术专家4.85

万人，服务企业7905家；常态化举办科技成果在线对接会、科技成果拍卖会，落实技术交易补助激励政策，促进全省网上技术交易繁荣发展，累计培养技术经纪人1425名，省级以上技术转移示范机构27家，市场化技术转移服务机构94家；全省技术合同登记总量1.03万项，合同成交总额758.23亿元。

【制度建设】 省政府修订《江西省促进科技成果转化条例》《江西省技术市场管理条例》，出台《江西省鼓励科技人员创新创业的若干规定》《江西技术转移体系建设实施方案》《江西省科技成果转移转化行动方案》《江西省科技成果产业化实施方案（试行）》等配套政策。省科技厅推动《江西省网上常设技术市场技术交易补助管理办法》落地执行，明确各类补助标准：转让方按实际技术交易额的1.5%进行补助，单个项目补助最高不超过20万元；同一单位每一年度补助总额最高不超过50万元。受让方按实际技术交易额的2.5%给予补助，单个项目补助最高不超过30万元；技术拍卖（竞价）交易受让方按照实际技术交易额的10%给予补助，单个项目补助最高不超过50万元；同一单位每一年度补助总额最高不超过100万元。技术转移服务机构按促成实际技术交易额的1%给予补助，单个项目补助最高不超过10万元；同一机构每一年度补助总额最高不超过30万元。江西省"国家技术转移人才培养基地"按照实际培训合格技术经纪人员数量，以每人1000元的标准给予补助。省科技厅每年安排1000万元以上技术市场专项补助资金，2022年下达3批次330项技术交易补助，共补助资金1118万元，撬动网上技术交易总额约5亿元。

【技术合同登记】 全省技术合同登记总量1.03万项，同比增长54.8%；合同成交总额758.23亿元，同比增长83.1%，均高于全国平均增幅。技术开发、技术转让、技术咨询、技术服务合同的数量与成交额齐步增长，技术市场发展呈现出强劲动力和良好势头。登记技术服务类合同4527项，成交金额241.74亿元，占技术合同成交总金额的32%。技术开发类合同3190项，成交金额315.76亿元，占技术合同成交总金额的42%。以专利、软著、生物（医药）新品种等技术产权转让或专利许可形式交易的合同数1183项，成交金额156.83亿元，占合同成交总金额的21%。以提供专家咨询、论证、战略研究等形式的技术服务合同登记数量比上一年度有较大增长，达到1355项，合同总成交金额43.89亿元，占技术合同成交总金额的6%。

【促进技术转移系列活动】 省科技厅联合地市政府，围绕区域特色产业，依托服务平台，先后在萍乡、宜春、新余举办3场科技成果在线对接会，聚焦当地主导产业，征集到符合对接会要求的科技成果3740项，企业技术需求726项，实现技术对接1137次，达成意向78次，14个项目进行现场签约。组团参展中国国际高新技术成果交易会，征选112件重点成果实物及产品现场展示，促成一批项目达成合作意向，15项成果产品获交易会优秀产品奖，江西展团获优秀组织奖、优秀展示奖，获奖数量在省市团组中排名第二。火炬科技成果直通车江西（南昌）站活动获科技部批准，陆续举办一系列推介、路演、论坛、发布等活动，促成15项科技成果转化项目签约合作。在南昌举办2场科技成果拍卖会，现场竞拍成交16项，成交总金额1755万元，总溢价率超40%。省科技厅联合省商务厅，支持相关专业机构，聚力打造"赣鄱甄选"科创品牌，筹建国内首个省级"科技创新产品直播数字产业基地"，在南昌举办第二届江西科技创新产品直播节暨基地授牌仪式。直播节期间，带动企业创新产品销售超1.5亿元，同比增长25%。6月14日，在南昌举行"2021年江西省重大科技成果转化典型案例"发布会，发布十大案例，涵盖先进制造与自动化、电子与信息、新材料、资源与环境、生物技术、高技术服务等领域。其中，国际领先水平6项，国际先进水平4项；填补国际空白1项，打破国外技术垄断1项，解决卡脖子技术难题2项。

（省科技厅）

科学技术普及

【概　况】 2022年，省科协组织开展"科普和科学素质建设"高质量考核和市县综合考核；联合省委宣传部等16个部门和单位，组织开展2022年江西省全国科普日活动；打造"赣鄱科普大讲堂"品牌；评估认定2022年江西省科普教育基地，组织申报创建2021—2025年度第二批全国科普示范县（市、区）和全国科普教育基地，开展科普小镇创建；加强"科普江西"抖音号管理，建设科普e站，注册"科普中国"信息员6.35万名；联合中小学校开展"开学第一课""天宫课堂活动"等线上科普，组织"百千万"科技志愿者服务基层行动，全省在中国科技志愿者服务平台注册科技志愿者22.9万余名，排全国第6位；组织赣鄱科普大讲堂600余场，15万余人次参加现场活动，线上参与人数达到61万人次；新建2022年度江西"海智计划"工作站8家，柔性引进海外高层次科技专家75人次，开展技术交流合作项目47项。全年认定省级科普教育基地119个，获评36个全国科普教育基地，19个县市区被中国科协命名为2021～2025年度第二批全国科普示范县。省科学技术馆创作的《礼赞科学家精神》系列视频8期，入选江西干部网络学院优质课程，被"学习强国"学习平台专栏推荐；流动科技馆获中国流动科技馆巡展十周年优秀单位奖。

【品牌科普赛事】 5月12日至12月7日，省科协联合省委国安办、省教育厅、团省委、省文旅厅、省科技厅主办第八届大学生科普动漫创作大赛，全省有45所高校参赛，征集作品1728幅，评出一等奖38件、二等奖62件、三等奖99件。6月12日，省科协主办第八届全国青年科普创新实验暨作品大赛（江西赛区）复赛，全省有58支代表队260余人参赛，评出特等奖6项、一等奖6项、二等奖15项、三等奖18项。6月21—22日，省科技厅、省科协、省教育厅联合主办2022年江西省科普讲解大赛，共有来自省直单位、高校、科研院所、医院及各设区市、赣江新区的87支代表队272名选手参赛，评出特等奖3名、一等奖7名、二等奖20名、三等奖21名、优秀奖73名。7月11日，省科协主办第六届全国青少年无人机大赛江西省选拔赛，全省有423支队伍、539名选手参赛，评出一等奖34项、二等奖41项、三等奖64项。

【基层科普行动】 5月6日至9月15日，省科协联合省科技厅、省文化和旅游厅、省农业农村厅、省工业和信息化厅，命名江西花果山蝶岸玫瑰科普小镇（抚州东乡区）等10家单位为2022年度江西省科普小镇，命名周期为3年。7月，省科协印发《关于实施“百千万”科技志愿者服务基层行动的通知》，全省各设区市科协组织科技志愿者5.12万人，开展活动4667场，现场受益人数达到206.7万余人，线上传播受益人数达到361.8万人，解决实际问题1801件，媒体宣传次数2548次。全省31辆大篷车深入乡村、社区、校园、企业开展科普宣教活动，全年行驶3.1万千米，受益群众近28万人次。37所农村中学科技馆全年开展科普活动900多次，接待观众11.5万余人次，其中校内学生6.7万多人次，校外群众4.8万余人次，开展培训72次，培训教师1036人次。会昌县珠兰示范学校农村中学科技馆获全国农村中学科技馆2021年度网上积分排名第一，寻乌县寻乌中学等8所学校受到中科馆发展基金会表扬。流动科技馆常态化巡展在南昌县等12个县（市、区）展出，接待观众25.2万余人次；区域化巡展在赣州市科技馆等12个县（市、区）展出，接待观众19.8万余人次。

【农民科技培训】 7月8日，经中国农技协审核，成立江西省第三批中国农技协（江西）科技小院11家。中国农技协（江西）科技小院建设数量达到30家，居全国第4位。2022年，科技小院入驻师生437人，开展示范培训64期，3700余人次参训；开展田间试验示范75个，技术辐射面积9300余公顷；获中国农技协表彰最美科技小院2家、最美科技工作者1名。举办“乡村振兴科技云讲堂”12期，121万余人次线上观看。开展“农村党员创业致富带头人培训”12期，培训995人。182名省市县三级农技专家选为乡村振兴科技联盟农业专家服务团成员，提供农技服务。

【科技交流大会】 7月19—20日，省科协联合相关单位在遂川县举办2022中国（江西）茶产业高质量发展大会，中国工程院院士陈宗懋作主旨报告，院士刘仲华发表视频演讲，现场签约茶产业项目16个，合同总投额17.8亿元。7月25—26日，在宜丰县举办首届江西竹资源高效利用高峰论坛，中国工程院院士吴义强作主旨报告，10名院士专家从不同角度发表专题报告，现场签约项目9项，院士团队建立专家工作站1个；省科协、省林业局、省林科院、中南林业科技大学四方签署《竹产业发展战略合作框架协议》。11月23—24日，在资溪县举办中国（资溪）竹产业高质量发展大会。会议期间，举行中南林业科技大学“两山”转化实践创新基地揭牌仪式、资溪双枪“竹子全链智造绿色生态循环”项目奠基仪式，以及项目集中签约仪式，开展2022年第四届中国（资溪）竹产业高峰论坛专题报告和“智汇资溪·共话发展”主题对话等活动。12月16日，在南昌举办2022中国（江西）未来乡村发展大会暨打造新时代乡村振兴样板之地高峰论坛。省委常委、省委宣传部部长庄兆林出席大会并为“奋力打造新时代乡村振兴样板之地”联合调研采访团代表授旗。会议设主旨报告3场、圆桌对话1场、专题报告1场。

【“喜迎二十大”主题科普活动】 6月1日至7月31日，开展以“喜迎二十大 共筑科技梦”为主题的全民科学素质网络大赛活动，全省累计答题1097.79万人次。9月17日，以“喜迎二十大，科普向未来”为主题的2022年全国科普日江西省暨南昌市主场活动在新建区举行。省委常委、副省长任珠峰出席活动并宣布科普日主场活动启动。主场活动采用线上直播和线下展示结合的方式，通过“探索太空”“智能家居”“智领未来”等六大主题展区、“科普之夜”晚会等内容展示科学魅力。近30家参展单位以现场宣讲、模型和实体展示、互动体验、实验演示等形式向公众普及科学知识。中央电视台《朝闻天下》栏目、央视新闻客户端、“学习强国”学习平台等多家主流媒体对活动做了报道。

（袁悦）

本类目编辑 王伟民

社会科学与地方志

综　述

2022年，围绕省委、省政府中心工作，推进理论研究、智库建设、学术交流、理论宣讲、期刊发展、方志编纂等各项工作。

理论研究。在《光明日报》《江西日报》等报刊发表《马克思主义中国化新的飞跃更加坚定理论自信》《深刻把握新时代十年伟大变革的里程碑意义》《用新发展理念引领江西高质量跨越式发展》《坚持和践行“三个务必”永葆“赶考”的清醒和坚定》等理论文章54篇；在CSSCI、中文核心期刊发表专业学术论文52篇，被人大复印报刊资料等权威期刊转载学术论文9篇；推出《江西学术史》《马克思主义与中国传统文化相结合的内在机制研究》《推进江西内陆双向高水平开放研究》等26部著作，其中《两宋通货膨胀史》获第四届江西省理论成果奖。

智库建设。发布《江西经济社会发展报告》《江西文化产业发展报告》等系列蓝皮书。开展省情大调研活动，《超级创新系统》《打造江西数字文旅产业链的思考与建议》《高校服务江西高质量跨越式发展的现状与提升对策》《双碳目标下巩固与提升江西湿地碳汇能力的政策建议》等有关决策咨询类报告获中央领导批示3件，省级领导批示101件，其中省委、省政府主要领导批示24件。作为中宣部舆情直报点，被综合采用15篇。举办2022江西文化产业发展高峰论坛，中标省商务厅竞争性项目《赣菜大典》。

学术交流。先后举办首届红色基因传承高端论坛、纪念八一南昌起义95周年暨伟大的建军精神、纪念安源路矿工人运动胜利100周年全国性学术研讨会、鄱阳湖讲坛、“农业农村环境保护与可持续发展”中秘学者视频学术座谈会、“经济和社会生活发展中的数字化：风险和机遇”中俄学者视频学术座谈会等各级各类学术活动20余场。邀请省委原常委、省委宣传部原部长姚亚平，省碳达峰碳中和工作领导小组办公室副主任、省生态文明研究院院长彭小平，南方科技大学党委书记、著名文化产业专家李凤亮等省内外知名专家学者作学术讲座。

理论宣讲。围绕宣传贯彻中共二十大精神、省委十五届三次全会精神，开展“社科专家走基层”理论宣讲活动，依托设区市分院、省情调研基地、院帮扶点等，开展对象化、分众化、互动化宣讲，为省直单位、党委政府、高等院校、国有企业和基层单位开展各类宣讲、政策解读、法治宣传38次；接受新华社、江西电视台等各类新闻媒体采访120余人次；打造“社科青年微宣讲”平台，全网收看超1000万人次。

期刊发展。《江西社会科学》入选CSSCI来源期刊和北大中文核心期刊。《企业经济》入选北大中文核心期刊，影响力指数学科排序位居“企业经济”学科第一。《农业考古》入选北大中文核心期刊，与《鄱阳湖学刊》共同被国家社科文献中心评为2016—2021年最受欢迎期刊。《鄱阳湖学刊》获评2021年度环境科学最受欢迎期刊。

方志工作。印发《江西省地方志事业发展“十四五”规划》。召开第二轮《江西省志》编纂总结暨“两志”编纂推进会。完成《江西年鉴（2022）》编纂出版；全省三级地方综合年鉴全部实现“一年一鉴、公开出版”目标，在全国并列第一。推进《江西省扶贫志》《江西省全面小康志》《江西抗日战争志》编纂工作，完成并出版《全面建成小康社会江西全景录》。编纂《2022年江西大事记》并向省两会代表、委员赠阅。地方志理论研究成果丰厚，入选中国地方志学会年会论文数位列全国地方志系统前茅。多方式、多渠道丰富方志馆馆藏，新增图书资料1000余册。采购《中国数字方志库》，对馆藏资料和图书编目信息进行优化，服务科研人员和广大读者。与江西电视台共同举办学生研学活动，持续发挥研学实践教育基地功能。

（省社科院）

学术活动

【2022年学术活动月开幕式暨数字经济“一号发展工程”专题报告会举行】 3月4日，省社科院在南昌举行2022年学术活动月开幕式暨数字经济“一号发展工程”专题报告会。省社科院党组书记田延光出席，党组副书记、院长蒋金法致开幕辞。江西财经大学教授徐斌、省社科院农业农村发展研究所副研究员蒋小钰分别作“以数字经济引领经济高质量发展”“一举双得：通过数字经济大发展带来营商环境大提升”专题报告。省社科院各部门负责人、全体科研人员、编辑人员代表等100余人出席开幕式。

【举办鄱阳湖讲坛】 5月13日至6月17日，省社科院在南昌举办第六期、第七期鄱阳湖讲坛。省碳达峰碳中和工作领导小组办公室副主任、省生态文明研究院院长彭小平,省委原常委、省委宣传部原部长姚亚平分别作“正确认识和把握碳达峰碳中和”“省会南昌的发展底气与历史自信”学术报告。省社科院各部门负责人、行政人员、科研人员以及编辑人员通过线下和线上同步的方式聆听报告。

【2022江西数字文化产业发展高峰论坛在上饶召开】 5月26日,2022江西数字文化产业发展高峰论坛在上饶召开。论坛由省委宣传部、省社科院主办。省委常委、省委宣传部部长庄兆林致辞。论坛发布《江西文化产业发展报告(2022)》蓝皮书。新华智云、网易、华为、南京达斯琪、深圳天安骏业等企业高管围绕文化数字化与文化大数据、数字文创与城市发展、元宇宙数字人赋能数字文化产业等问题,为江西数字文化产业发展建言献策。

【全国红色基因传承研究中心重大委托课题签约座谈会举行】 6月17日,全国红色基因传承研究中心2022年度5项重大委托课题之一“伟大的建军精神基本内涵研究”签约座谈会在南昌举行。江西师范大学党委书记黄恩华,省社科院党组成员、副院长钟小武出席并讲话。会议对课题研究的基本思路、理论框架、方法步骤以及完成课题的条件保障等内容作出说明。江西师范大学党委办公室、党委宣传部、社科处、马克思主义学院、苏区振兴研究院,江西教育出版社以及全国红色基因传承研究中心等有关人员参会。

【重点文艺作品“连环画《伟大建党精神——中国共产党人初心故事》”创作工作座谈会召开】 6月27日,省社科院在南昌召开重点文艺作品“连环画《伟大建党精神——中国共产党人初心故事》”创作工作座谈会。省社科院党组成员、副院长钟小武主持。参会人员按照《参评第十七届中宣部精神文明建设“五个一工程”奖(2022—2024年)重点文艺作品创作生产计划》文件精神的要求,围绕连环画的目标定位、创作设想、工作计划等方面进行交流、讨论。省社科院历史研究所、大江传媒网络、江西高校出版社等有关人员参会。

【《江西经济社会发展报告(2022)》发布暨“全面建设‘六个江西’携手书写精彩华章”研讨会举行】 7月29日,由省社科院、社会科学文献出版社联合举办的《江西经济社会发展报告(2022)》发布暨“全面建设‘六个江西’携手书写精彩华章”研讨会在南昌举行。省政府副秘书长、办公厅党组成员樊雅强,社会科学文献出版社社长王利民,省社科院党组副书记、院长肖洪波致辞。省社科院党组书记蒋金法作主旨报告,省文史研究馆馆员陈石俊、省科技厅办公室副主任储怡士、省统计局研究员张启良、省社科院江西发展战略研究所副研究员张宜红分别作研讨发言。《江西经济社会发展报告(2022)》编委会成员单位代表、作者代表、专家学者、新闻媒体等50余人参加会议。

【南方红军三年游击战争胜利暨新四军组建85周年理论研讨会在赣州召开】 8月30—31日,南方红军三年游击战争胜利暨新四军组建85周年理论研讨会在赣州召开。研讨会由全国红色基因传承研究中心、中国新四军和华中抗日根据地研究会、省委党史研究室、省社科院、赣州市委联合主办。省委副书记、赣州市委书记吴忠琼,南京军区原副司令员徐承云出席并致辞。研讨会以“弘扬南方红军三年游击战争的革命精神,奋进新征程,建功新时代”为主题。中央党史研究室原副主任龙新民,中共中央党史和文献研究院原副院长魏海生,省人大社会委副主任委员、全国红色基因传承研究中心办公室主任田延光等作主旨发言。叶挺、项英等革命先辈后代、老战士代表,党史军史有关专家学者,中国新四军研究会和有关省市新四军研究会代表,入选论文作者代表等200余人参加会议。

【省社科院、省质量和标准化研究院、江西倬云数字产业集团三方战略合作峰会召开】 9月6日,省社科院、省质量和标准化研究院、江西倬云数字产业集团在南昌举办三方战略合作峰会。省社科院党组书记蒋金法、省市场监管局二级巡视员余国平、省质量和标准化研究院院长曾建华、江西倬云数字产业集团副总经理周圆出席。与会人员就“食用农产品实时监管体系(食优通)”合作项目进行研讨。省社科院数字经济研究中心科研人员代表、省质量和标准化研究院相关科研人员、江西倬云数字产业集团部分高管参加会议。

【“跨界融合推动文化产业高质量发展”学术讲座】 9月15日,南方科技大学党委书记、著名文化产业专家李凤亮应邀到省社科院,以“跨界融合推动文化产业高质量发展”为主题作学术讲座。省社科院党组书记蒋金法出席并主持会议。李凤亮就文化产业发展现状及未来趋势、新兴文化业态发展的战略方向及互联网如何支撑跨界融合等热点问题进行解析。他提出,文化产业高质量发展,必须从提升前瞻性战略研判能力,以文化自觉引领价值观的构建,从供给侧发力激活文化消费,努力改变科技强、文化弱的现象,处理好文化与市场之间的关系,培养并引导大众的审美趣味,培养有文化自觉的创新创意创业型人才,在建立更加完善的创新创意生态等8个方面发力。省社科院各部门科研人员、编辑人员50余人聆听讲座。

【纪念安源路矿工人运动100周年学术研讨会在萍乡召开】 9月13—14日,由中共中央党史和文献研究院第七研究部、省委宣传部、省委党史研究室、全国红色基因传承研究中心、省总工会、省社科院、省投资集团有限公司、萍乡市委、市政府主办的纪念安源路矿工人运动100周年学术研讨会在萍乡召开。省委常委、省委宣传部部长庄兆林出席并讲话。中共中央文献研究室原副主任陈晋,山东省政协副主席、山东师范大学党委书记唐洲雁,军事科学院世界军事研究部原副部长罗援,省人大常委会原党组书记、副主任周萌,中国劳动关系学院研究员、中国工人历史与现状研究会副会长兼常务副秘书长戴文宪,国防大学教授、博士生导师公方彬,中国人民大学教授、博士生导师何虎生分别作主旨发言。全国党史和理论界

9 月 13—14 日，纪念安源路矿工人运动 100 周年学术研讨会在萍乡召开
省社科院供

的嘉宾、专家、代表参加会议。

【2022（首届）江西社会科学学术年会“全面绿色转型发展与生态富民”专题分会举行】 9 月 27 日，2022（首届）江西社会科学学术年会“全面绿色转型发展与生态富民”专题分会在南昌举行。会议由省社联、省社科院主办，省社联学术中心、省社科院生态文明与乡村振兴研究中心、省社科院生态文明与生态经济重点学科、省生态文明建设评价研究中心承办。省社联党组书记、主席罗勇兵，省社科院党组书记蒋金法出席专题分会并致辞。中国社会科学院生态文明研究所党委书记杨开忠作主旨报告，江西财经大学教授胡海波、江西银行金融市场部副总经理朱桂平、省社科院《企业经济》编辑部副主编何雄伟、云南师范大学副教授夏天添、省委党校副教授刘勇作主题演讲。全国各高校和研究机构的专家学者 60 余人参加会议。

【“农业农村环境保护与可持续发展”中秘学者视频学术座谈会召开】 10 月 14 日，省社科院与秘鲁国立圣马尔科斯大学亚洲研究中心在南昌召开“农业农村环境保护与可持续发展”中秘学者视频学术座谈会。省社科院党组成员、副院长曾建平，秘鲁国立圣马尔科斯大学亚洲研究中心主任卡洛斯·阿基诺致辞。省社科院党组成员、副院长樊宾主持会议。省社科院江西发展战略研究所研究员李志萌、农业农村发展研究所博士周晓燕分别作“以林下经济助推乡村发展”“实施乡村振兴战略推进农业农村现代化”主题演讲；秘方学者卡洛斯·阿基诺、玛丽亚·奥斯特洛分别作“秘鲁农业部门及其可持续发展”“自由贸易协定框架下秘鲁对华农产品出口的发展”主题演讲。

【“经济和社会生活发展中的数字化：风险和机遇”中俄学者学术座谈会召开】 10 月 28 日，省社科院与俄罗斯科学院沃洛格达研究中心在南昌召开“经济和社会生活发展中的数字化：风险和机遇”中俄学者学术座谈会。省社科院党组书记蒋金法，俄罗斯科学院沃洛格达研究中心科学主任弗拉基米尔·伊利因、亚历山德拉·沙波诺娃，沃洛格达市市长谢尔盖·沃罗帕诺夫，沃洛戈德斯基市辖区负责人谢尔盖·杰斯坦尼科夫作开幕式致辞。省社科院农业农村发展研究所副研究员蒋小钰、社会学研究所副研究员方芳分别作“数字化风险的类型与防范”“数字社会老年人如何跨越‘数字鸿沟’”主题演讲；俄方学者弗拉基米尔·乌斯科夫、伊丽娜·塞库什娜、玛丽亚·格鲁兹德瓦分别作“俄罗斯服务业的数字化：趋势和问题”“数字化：实现中小城市经济现代化的工具”“数字鸿沟：趋势和缩小差距的措施”主题演讲。

【纪念南昌起义军余部“赣南三整”95 周年理论研讨会在赣州举行】 12 月 7 日，由中共中央党史和文献研究院第七研究部、中国中共文献研究会朱德思想生平研究分会、军事科学院军队政治工作研究院解放军党史军史研究中心、全国红色基因传承研究中心、省委党史研究室、省社科院、赣州市委主办，省社科院历史研究所、赣州市委宣传部、赣州市委党史研究室、崇义县委承办的纪念南昌起义军余部“赣南三整”95 周年理论研讨会在赣州举行。省委常委、省军区政委鲍泽敏，军事科学院军队政治工作研究院政委崔连杰，空军指挥学院原副院长朱和平，省委宣传部常务副部长郭建晖，省委党史研究室主任梅仕灿，赣州市委副书记、市长李克坚致辞。与会人员围绕深入推进“赣南三整”历史研究进行学术交流。

【首届红色基因传承高端论坛举行】 12 月 9 日，首届红色基因传承高端论坛在南昌举行。论坛由省委宣传部、全国红色基因传承研究中心主办，省社联、省社科院承办。省委常委、省委宣传部部长庄兆林致辞，省委宣传部常务副部长郭建晖主持论坛。论坛以“弘扬伟大建党精神全面推进中华民族伟大复兴”为主题。全国政协常委、民族和宗教委员会主任王伟光，原中共中央文献研究室副主任陈晋，原中共中央党史研究室副主任冯俊，天津大学马克思主义学院院长颜晓峰，中国社会科学院马克思主义研究院党委书记辛向阳，省委教育工作委员会副书记、省教育厅厅长郭杰忠，中国井冈山干部学院分管日常工作副院长梅黎明，省社科院党组书记蒋金法作主旨发言。全国各地 100 余名专家学者通过线上或线下的方式参加会议。

【纪念闽浙赣革命根据地创建暨闽浙赣省苏维埃政府成立 90 周年座谈会在上饶召开】 12 月 13 日，由全国红色基因传承研究中心、省委党史研究室、省社科院、上饶市委、市政府主办，省党史综合服务中心、省社科院历史研究所、上饶市委宣传部、上饶市委党史党建研究室、横峰县委、县政府、上饶师范学院方志敏研究中心承办的纪念闽浙赣革命根据地创建暨闽浙赣省苏维埃政府成立90周年座谈会在上饶召开。省委常委、省委宣传部部长庄兆林出席并讲话。中共中央党史研究室第一研究部原主任蒋建农,北京大学马克思学院教授仝华,中国人民大学马克思主义学院教授何虎生等专家学者作研讨交流发言。省委宣传部、省委党史研究室、省社联、省社科院等有关部门负责人,上饶市委、市政府及相关部门负责人,革命后代代表,国内专家学者、入选会议论文代表和闽浙皖赣4个省14个市56个县党史部门负责人等共150余人参加会议。

11月3日,江西社会科学青年创新团队智库沙龙在南昌举行

省社联供

【熊雄生平与革命实践研究理论研讨会在宜春召开】 12月19日,由全国红色基因传承研究中心、省委统战部、省委党史研究室、省社科院、宜春市委主办的熊雄生平与革命实践研究理论研讨会在宜春召开。省文化促进会会长刘上洋,省委统战部副部长、省政府侨办主任张继钦,省社科院党组副书记、院长肖洪波,省政协文化文史和学习委员会副主任王晖出席会议。宜春市委书记于秀明,省委党史研究室主任梅仕灿,省社科院党组书记蒋金法,黄埔军校同学会副会长陈知庶,宜丰县委书记康健致辞。全国政协委员、中共中央党史和文献研究院原副院长魏海生,国防大学战略教研部战略学教授罗海曦,广东省委党史研究室原主任曾庆榴等7名专家学者作主旨发言。革命后代代表、省黄埔军校同学会代表、相关专家学者等100余人参加会议。

(省社科院)

【举办江西社会科学青年创新团队系列智库沙龙】 1月,省社联面向省高校、科研院所遴选组建5支江西社会科学青年创新团队,出台《关于印发〈江西社会科学青年创新团队"一揽子"扶持计划〉的通知》。年内,围绕"激发青年创新团队·加快'创新江西'建设""凝聚青年智慧·助力'美丽江西'建设""青年学者聚智献策·助力'富裕江西'建设""全面建设'和谐江西'·构建共建共治共享的社会治理格局""打造新时代乡村振兴样板之地·提亮'幸福江西'成色"等主题,举办智库研究系列沙龙5场,吸引各界人士近500人参加,获人民网、新华网等55家媒体宣传报道,单条视频播放量超2万人次。推出100余篇对策研究报告,获国家级领导批示2人次、省(部)级领导批示147人次。

【承办2022江西智库峰会暨国家级大院大所产业技术及高端人才进江西活动】 9月14—16日,2022江西智库峰会暨国家级大院大所产业技术及高端人才进江西活动在南昌举行。活动由省委、省政府和中国科学院主办,省委宣传部、省科学院、省科技厅、省委人才办、省社联等15家单位承办,20余名国内外院士、70余家国家级大院大所的负责人和专家学者近300人参加。省委书记易炼红出席并致辞,中国科学院党组书记、院长侯建国通过视频致辞。中国工程院院士邬贺铨、郑纬民、严新平,国际欧亚科学院院士、中国科学院深圳先进技术研究院院长樊建平,中国工程院院士、上海市政协副主席黄震,南方科技大学党委书记李凤亮分别围绕做优做强电子信息产业、元宇宙、赣粤赣浙运河规划建设、承接传统产业与发展新产业、碳中和能源转型、数字化赋能文化产业等主题作主旨演讲,为江西推进高质量跨越式发展建言献策。

【江西省社科界学习宣传贯彻中共二十大精神理论研讨会召开】 11月1日,江西省社科界学习宣传贯彻中共二十大精神理论研讨会在南昌召开。会议由省委宣传部、省社联主办。省委常委、省委宣传部部长庄兆林出席并讲话,省委党校(江西行政学院)常务副校(院)长、教授曾志刚,省社科院党组书记、教授蒋金法,南昌师范学院校长、教授张艳国,全国红色基因传承研究中心办公室主任、省人大社会建设委员会副主任委员、教授田延光,省委党史研究室副主任刘津,江西财经大学党委副书记、研究员龚剑飞,南昌大学副校长、教授刘耀彬,江西师范大学副校长、教授周利生从各自的工作实际与专业领域出发,围绕中共二十大精神,以"新时代新征程中国共产党中心任务的科学内涵和内在逻辑""中国式现代化的中国特色和本质要求""深刻认识'两个确立'的决定性意义"等不同主题进行深入研讨交流。省委宣传部、全国红色基因传承研究中心、在南昌各省重点新型智库、在南昌省属本科高校分管社科理论工作领导共70余人参加。

【举办2022(首届)江西社会科学学术年会】 9—11月,省社联以"汇聚社科智慧力量·共谱江西精彩华章"为主题,采取线上线下相结合的方式,举办2022(首届)江西社会科学学术年会,共有1场年会大会和6场专题分会。其中，年会大会于11月18日在省图书馆举行，省委宣传部副部长、省文明办主任龚建文出席并致辞，中宣部理论局原副局长、全国哲学社会科学规划办公室原主任张国祚，发展中国家科学院院士、北京大学新农村发展研究院院长黄季焜，先后以《关于推进马克思主义中国化时代化的几个重要问题》《数字技术促进乡村振兴：机遇、挑战和发展思路》为题作主旨演讲，特邀嘉宾、年会各专题分会承办单位负责人、省直有关单位及高校科研部门负责人、设区市社联负责人、江西社科学术社团代表、江西省哲学社会科学重点研究基地代表等约200人参会；南昌大学、省社科院、宜春市社联、江西财经大学、江西师范大学、吉安市社联先后围绕"红色基因传承与江西革命老区高质量发展""全面绿色转型发展与生态富民研究""建设江西综合实力强市研究""全产业链优化升级与资源安全研究""江右文化资源开发研究""传承·跨越·发展——纪念井冈山革命根据地创建95周年"专题承办6场分会。

（省社联）

高校社科研究

【概 况】 2022年，全省高校有人文社会科学活动人员29877人，其中高级职称8569人、中级职称14138人、初级职称7170人；投入人文社会科学研究与发展经费7.15亿元；承担人文社会科学研究课题1.81万项，出版人文社会科学著作555部，发表论文7340篇，其中在国际学术刊物发表592篇，向有关部门提交研究咨询报告209篇，被采纳149篇。举办国际学术会议109次，参加会议461人次，提交论文166篇；举办国内学术会议182次，参加会议4129人次，提交论文1301篇。与国内合作研究课题165项。申请国家专利530项，授权384项。

【社会科学研究项目】 2022年，全省高校获国家社科基金项目123项，其中重点项目5项、一般项目79项、西部项目18项、青年基金项目21项，经费2535万元；国家社科基金重大项目立项3项，经费150万元。获教育部人文社会科学研究一般项目41项（其中规划基金项目21项、青年基金项目20项），获高校思想政治理论课教师研究专项4项、高校辅导员研究6项，经费416万元。组织开展2022年度江西省高校人文社科研究项目申报评审，877项研究课题通过专家评审，其中一般项目770项（含高校思政工作专项184项）、重点研究基地项目107项。

【举办全省高校哲学社会科学教学科研骨干研修班】 举办全省高校哲学社会科学教学科研骨干研修班，学习习近平新时代中国特色社会主义思想和中共二十大精神，以及中共中央总书记习近平关于教育的重要论述。全年举办研修班4期，每期21天，共300余人参加研修。

（省教育厅）

社科成果与奖励

【组织申报2022年度国家社科基金项目】 1月13日，省社会科学规划办公室印发《关于组织申报2022年度国家社会科学基金项目的通知》，启动2022年度国家社科基金项目申报工作。3月，经过匿名初筛和资格审查，按全国社科工作办限额指标上报。9月13日，全国社科工作办发布《关于2022年国家社科基金年度项目立项名单的公示》，江西省获国家社科基金年度项目立项128项，其中重点项目5项，一般项目82项，青年项目22项，西部项目19项，共获资助经费2635万元。此外，获国家社科基金其他类别立项35项，其中年度重大项目3项、重点项目3项，入选《国家哲学社会科学成果文库》2项，高校思政课专项6项，后期资助暨优秀博士论文出版项目16项，冷门绝学研究专项1项，全国哲学社会科学领军人才专项4项，共获资助经费3900余万元。

【开展2022年江西省社会科学基金项目立项工作】 3月30日，省社会科学规划办公室发布《关于开展江西省社会科学"十四五"（2022年）基金项目申报工作的通知》，启动2022年江西省社会科学基金项目申报工作。经学科组匿名初评、复评和公示后，9月30日，省社会科学规划办公室发布《关于印发2022年江西省社会科学基金立项项目的通知》，共立项442项（含科普项目）。其中，重点项目27项，每项资助经费3万元；一般项目229项，每项资助经费1万元；青年项目95项，每项资助经费1万元；联合资助项目91项（一般项目76项、青年项目15项），省社联每项资助经费2000元，责任单位每项资助经费8000元。

【编撰《"纪录小康工程"地方丛书·江西卷》2册】 《"纪录小康工程"地方丛书·江西卷》共分5册，其中《全面建成小康社会江西大事记》《全面建成小康社会江西变迁志》由省社联牵头负责，江西日报社、省委党史研究室、省乡村振兴局为编写成员单位。2月，启动《全面建成小康社会江西大事记》《全面建成小康社会江西变迁志》2册编撰工作。8月，完成编撰任务，总篇幅超30万字，分别记述江西自中华人民共和国成立以来在全面建成小康社会进程中的大事要事和民生领域发生的变化，全方位展现江西全面建成小康社会的光辉历程。10月，由江西人民出版社出版发行。

【推出《蹲点式调研、跟踪性研究——江西观察报告（2022）》】 年初，省社联首次设立江西观察报告课题6项。3—12月，组织江西省情特聘专家聚焦双"一号工程"、碳达峰碳中和、红色资源保护和利用、乡村振兴、稀土产业等重点难点问题，深入基层一线开展蹲点式调研、跟踪性研究，创新推出《蹲点式调研、跟踪性研究——江西观察报告（2022）》，获省级领导批示12人次。系列省情研究报告获省级领导批示17人次。

【编纂《江西社会科学年鉴（2022）》】 5月27日，省社联印发《关于编纂出版〈江西社会科学年鉴（2022）〉的通知》，启动年鉴编纂工作。至12月

31 日，完成《江西社会科学年鉴（2022）》初稿近 65 万字，设特载、学科综述、社科活动、社科研究项目、哲学社会科学评奖、社团建设、社科普及、智库建设、社联工作、科研机构、社会科学期刊、江西学人、大事记等类目，全面反映 2021 年全省社会科学事业发展状况和取得的成就。

（省社联）

志书编纂

【“两志”编纂】 年内，持续推进《江西省扶贫志》《江西省全面小康志》（简称“两志”）编纂工作。制定下发“两志”行文规范和凡例；组织 3 个调研组分赴全省 120 家承编、参编单位和 11 个设区市、有关县（市、区）调研，了解工作进度、工作中存在的问题和下一步打算，分别撰写《江西省扶贫志和江西省全面小康志编纂工作专项调研报告》《江西省市县两级扶贫志和全面小康志编纂工作专项调研报告》；组织召开第二轮《江西省志》编纂总结暨“两志”编纂推进会，推动“两志”编纂；举办“两志”编纂工作实务培训班。全省 11 个设区市和 25 个原国定、省定贫困县“两志”编纂任务如期推进。12 月 12 日，副省长孙菊生对省地方志研究院报送的《江西省市县两级扶贫志和全面小康志编纂工作专项调研报告》作出批示，要求各地、各部门从讲政治的高度，把“两志”编纂工作作为一件大事抓实抓细抓好。

【第二轮《江西省志》编纂总结暨“两志”编纂推进会召开】 10 月 18 日，第二轮《江西省志》编纂总结暨“两志”编纂推进会在南昌召开。副省长孙菊生出席会议并讲话。省社科院党组书记蒋金法主持会议。省社科院党组成员、副院长兼省地方志研究院院长甘根华，省委宣传部二级巡视员王宜华出席会议。会议通报第二轮《江西省志》编纂出版情况及“两志”编纂专项调研情况。第二轮《江西省志》各承编、参编单位和“两志”各责任单位分管地方志工作有关人员，省地方志研究院副处级以上干部、“两志”编纂工作专班人员等约 150 人在主会场参加会议。各设区市、有关县区委宣传部、乡村振兴局分管负责人和地方志工作机构主要负责人及编纂人员通过视频方式参会。

【江西省“两志”编纂工作实务培训班开班】 10 月 27 日，江西省扶贫志和全面小康志编纂工作实务培训班在南昌开班。省地方志研究院原二级巡视员、编审周慧和方志处副处长王小军分别以《小康志编纂的有关问题》《扶贫志和志书编纂的有关问题》为题授课，对“两志”的基本特征、记述对象、内容界定、编纂特点、编纂方法进行讲解，并以“两志”试写稿为例进行案例分析。《江西省扶贫志》和《江西省全面小康志》工作专班人员和各承编、参编单位编纂人员共 130 余人在主会场参训；全省 11 个设区市和 25 个原国定、省定贫困县地方志工作机构分别组织市县“两志”承编、参编单位编纂人员 800 余人以视频形式在分会场参训。

（黄诗惠）

年鉴编纂

【《江西年鉴（2022）》编纂出版】 11 月，江西省地方志编纂委员会编纂的《江西年鉴（2022）》由线装书局出版。省长叶建春主编。该卷年鉴设特载、专记、大事记、江西概貌等 47 个类目。卷首专题图片设庆祝中国共产党成立 100 周年、项目建设提速年、赣深高铁开通等年度大事、要事。该卷年鉴在篇目结构上进行调整优化，在卷首彩页、专记类目的选题选材上进行及时更新，抓住重点热点，突出反映项目建设提速、乡村振兴、志愿服务、抗洪抢险、爱国卫生运动、文化体育、环境保护等年度重点内容，体现江西的时代特征、地方特色、年度特点。全书 168.7 万字。

【江西省第七届年鉴质量评比活动】 9 月 1 日，印发《关于开展江西省第七届年鉴质量评比活动的通知》，启动年鉴质量评比活动。经各设区市地方志工作机构和省直有关单位择优推荐，共有市级、县级综合年鉴和专业年鉴 68 部参评。9 月 23 日，江西省第七届年鉴质量评比活动专家评审会在南昌召开。省地方志研究院院长甘根华等院领导，省、市、县三级地方志工作机构以及省直有关单位的 17 名年鉴评审专家参加会议。会议总结全省 2021 年卷市县综合年鉴编纂进度情况，并对此次评审会和年鉴工作提出要求。评审专家分成两组，按市级综合年鉴、县级综合年鉴、专业年鉴 3 个类别进行审读。经各评审组会议提出年鉴建议等次，领导小组召开会议研究确定评审结果，共评出特等 3 部、一等 13 部、二等 18

9 月 23 日，江西省第七届年鉴质量评比活动专家评审会在南昌召开

孟祥睿摄

部、三等24部和提名10部。评比结果通过“方志江西”微信公众号、江西省地方志研究院官网予以公示。

【市县综合年鉴编纂】 为推进“一年一鉴，公开出版”，2月，省地方志研究院与11个设区市地方志工作机构签订《2022年年鉴工作承诺书》，对不能完成承诺任务的单位进行全省通报，并取消下一年度全省年鉴质量评比评优资格。同时，实行“两全”目标完成进度月报制度，各设区市地方志工作机构每月月底前上报市县两级综合年鉴2022年卷的完成进度，省地方志研究院负责统计并形成文件向全省通报。至年底，全省11个设区市2022年卷全部实现“一年一鉴，公开出版”，覆盖率100%；全省100个县（市、区）的2022年卷均已完成或交付出版。

【江西省市县年鉴业务视频培训班】 2月25日，江西省市县年鉴业务视频培训班在南昌举行。培训班通报《江西省地方志事业发展“十四五”规划》的制定情况和2021年全省“年鉴全覆盖”工作完成情况，明确各级地方志工作机构要提高政治站位，增强地方志工作的使命感和责任感；要坚持质量第一，推动地方志事业高质量发展；要加强统筹协调，确保志鉴成果落地。培训班邀请年鉴处处长、一级调研员詹跃华以《地方综合年鉴条目编写》为题进行授课。年鉴处、指导处人员在主会场参加培训，各设区市、县（市、区）地方志工作机构的撰稿人共300余人以视频会议形式参加培训。

（黄诗惠）

方志馆和信息化建设

【方志馆建设】 年内，省方志馆进一步完善布展功能，及时调整板块内容，“江西方志展”“江西省情展”2个展厅继续对外开放。继续丰富馆藏资源，全年征集、接收、交换各类省志、市县区志、年鉴等地情资料1000余册。向国家方志馆和高校、市县方志馆等捐赠地情资料1500余册。至年底，省方志馆馆藏纸质文献约17万册，线装古籍698种近万册，影印古籍近6000册。优化馆藏资料和图书编目信息，进一步提升搜索便利度；加强与属地社区和省内各单位、社会团体、中小学校之间的联系，接待省纪委、省档案馆、抚州市社联等单位的参观者10余次。南昌市方志馆建设项目被列入2022年市重大重点工程，立项工作有序推进。九江市方志馆自2021年9月开馆以来，接待省内外参观团体80余批1万余人次，并获批九江市第五批党员教育基地。景德镇市方志馆配合国家陶瓷文化传承创新试验区建设，开展多种形式对外文化交流活动。宜春市支持万载县袁宇的全国首家私人方志馆建设。抚州市临川区依托投资2.8亿元、占地面积6.27公顷、总建筑面积4.7万平方米的临汝书院建设临川区方志馆，面积超过1600平方米。抚州市地方志资料馆已挂牌，收藏史志书籍2万余册。

【数字化建设】 江西省地方志数字化依托江西省方志馆网站建设，网址：www.jxsfzg.cn。网上展厅设“江西方志展”“江西省情展”数字展览；年内，数字化并向网上地情资料库上传地方志资料1583项。争取30万元经费支持，采购并启用《中国数字方志库（升级版）》。至年底，江西省方志馆累计数字化志书、年鉴、地情书等地方志书籍共2600余册，其中省内出版的地情资料964册；“江西省方志馆”门户网站累计上传志书177部、年鉴25部、旧志100部、《江西地方志》57期，年度总访问量34.68万次。吉安市数字方志馆通过验收，正式挂网运行。

【江西省地方志网站建设】 江西省地方志研究院网站由省地方志研究院主办主管，设江西概览、工作动态、市县动态、出版信息、党建动态、政务公开、通知公告等栏目。网址：http://dfzb.jiangxi.gov.cn/。年内，省地方志研究院更新信息267条，维护专栏专题27个，阅读量稳步增长，年度总访问量达80万次。

（黄诗惠）

方志开发利用

【地情书编写出版】 年内，全省各级地方志工作机构编写出版《全面建成小康社会江西全景录》《十年征程路——南昌奋进新时代发展纪实》《图记南昌（2021）》《九江史话》《九江纪事图录（1858—1978）》《星子历史文化丛书》《赣州地情》《中共宜春市委执政实录（2020.6—2021.12）》《丰城民情风俗》《古诗词里的上饶》《万年概览》《中国中药大典·德兴篇》《东固革命根据地斗争史》《资溪县革命老区发展史》。《吉安简史》编纂工作被列入吉安市委宣传部庐陵文化推广机制改革重点工作。此外，省地方志研究院和南昌、萍乡、鹰潭、赣州、吉安等地地方志工作机构编纂年度大事记，集中呈现当地重点工作和主要业绩。

【信息咨询服务】 年内，全省各级地方志工作机构主动作为，围绕党委、政府工作大局，深入挖掘方志资源，参与乡村振兴、文旅事业发展、地理标志商标申报等工作。南昌为前湖水系综合治理、“胡子工程”攻坚销号等重点工作撰写资料汇编，展现重大工程项目的艰辛历程和宝贵经验；九江为申报国家历史文化名城和高标准建设长江经济带重要节点城市提供文献依据；宜春编纂《宜春史志资政专报》8期，撰写《关于以红色名村建设促进乡村振兴的调研思考》等一批调研报告，为领导决策、推动发展提供资政参考；赣州加强客家文化、阳明文化等专题研究，助推文化名城建设，组织相关县区开展资政调研；吉安参与国家历史文化名城创建和《庐陵文化》编纂工作。

【旧志整理】 年内，南昌出版《明万历十六年新修南昌府志校注》，人民日报客户端、《江西日报》、江西电视台等10余家主流媒体和“学习强国”学习平台、“今日头条”等新媒体平台报道；九江点校清康熙、同治《九江府志》，清康熙、乾隆、同治《德安县志》，清同治《义宁州志》，清道光《都昌县志》;赣州完成清康熙《信丰县志》点校注释;宜春启动民国《宜春县志》整理点校出版工作;吉安点校清乾隆《吉安府志》;抚州出版清光绪《东乡县乡土志》点校注释本,明正德《新城县志》影印本。

【《全面建成小康社会江西全景录》出版】 12月,由中宣部领导、省委宣传部牵头、省地方志研究院负责编写的《全面建成小康社会江西全景录》由江西人民出版社出版,为《"纪录小康工程"地方丛书·江西卷》中的第一部,纳入中央"纪录小康工程"系列丛书和中宣部2022年重点选题出版物统一出版。该书共9章,25万字,彩图110幅,全景呈现1949年至2020年特别是中共十八大以来江西省坚决贯彻落实中央战略决策部署,全力推进江西全面建成小康社会的奋斗历程和重大成就。

(黄诗惠)

方志理论研究

【概 况】 省地方志研究院总结第二轮《江西省志》编纂经验,思考新时代地方志事业发展方向,撰写发表一批文章;以"精品年鉴品读季"活动为契机,组织开展精品年鉴品读征文、优秀论文评比、理论研讨会等活动,共收到全省地方志工作机构上报论文29篇。省社科院党组成员、副院长兼省地方志研究院院长甘根华主持省社科院"中国共产党成立100周年大会上的重要讲话精神专项课题研究计划",撰写"江西省大力弘扬红色文化"专报呈送省领导参阅,得到省领导肯定性批示;省社科院专家申报的省社会科学基金项目一般项目"江西地名志编纂研究"正式启动。年内,省地方志学会会员在省级以上地方志期刊发表论文50余篇,其中省地方志研究院会员发表论文20余篇;20余人次以文参会,其中6人论文入选第十二届中国地方志学术年会,入选人数创历史之最。

【方志期刊建设】 年内,由省地方志研究院主管(主办)的《江西地方志》出刊6期,其中第6期为《2022年江西大事记》增刊。该刊主要设志鉴研究、地域文化、红色江西、会议专题、特稿专递、动态信息等栏目,并紧跟地方志工作动态和形势热点,开设"学习宣传贯彻党的二十大精神"和"弘扬中华优秀传统文化"专栏。深入挖掘江西地情文化,刊载稿件9篇,涵盖赣南门额文化、官吏文化、书院文化、陶瓷文化、民俗文化、地名文化;重视志鉴理论研究,选登全国地方志系统和其他行业人员的地方志研究文章18篇,其中志书编修研究5篇、年鉴研究2篇、方志艺术及思想2篇、新时代地方志发展3篇、旧志研究5篇、谱牒文化1篇。

【江西省"精品年鉴品读季"研讨会】 11月25日,省地方志研究院以视频会议形式组织召开江西省"精品年鉴品读季"研讨会。省地方志研究院领导和年鉴处、指导处相关人员在主会场参会,各设区市、县(市、区)地方志工作机构年鉴编纂人员共140余人在线上参加会议。此次研讨会共征集文章29篇。会上,邀请全省各市县的12名专家围绕《连云港年鉴(2019)》《长沙年鉴(2020)》《北京朝阳年鉴(2020)》《孝义年鉴(2020)》4部精品年鉴,从框架结构、记述内容、资料信息、图片使用、条目编写等方面进行研讨交流。

(黄诗惠)

方志文化宣传

【概 况】 省社科院党组成员、副院长兼省地方志研究院院长甘根华撰写的《费宏:三起两落的明朝首辅》《龙光书院:一道荣光带碧山》《工农剧社:传播苏区红色文化的生力军》《江西社会科学研究的全面总结》《中央苏区时期廉政建设之道》《推动新时代年鉴事业高质量发展》等文章,分别在《江西日报》《学习时报》《当代江西》《中国年鉴研究》等刊物发表,大力宣传方志文化。南昌与当地新闻媒体合作,发布方志宣教文章70余篇;筹备《典籍里的南昌》等文化精品课程。赣州举办3期"史志讲堂",开展系列方志文化推广活动,向市属媒体报送方志信息。宜春举办史志讲堂10期,并以学习宣传贯彻中共二十大精神为主线举办全市史志系统优质课大比武活动,为听众带来14堂史志优质课。吉安向白鹭洲书院捐赠吉安方志丛书200余册。抚州开发"方志带你去旅行"文旅产品,提高方志文化社会影响力。

【新媒体平台建设】 年内,"方志江西"微信公众号坚持每个工作日推送信息,年阅读量18万余次,新增粉丝500余人,内容涵盖江西地情、各级地方志机构工作动态、志鉴和地情书籍出版情况等。深化版式创新和文章美编,开辟"人文江西"栏目,重点选登江西悠久的历史文化宣介类文章。创新制作账号新Logo,优化制作文章版头,并在封底处开辟"人文江西""江西名人""江西书院"3个子话题,方便读者快捷全面了解相关内容。"江西省方志馆"微信公众号推送文章12篇,年阅读量1800余次,设本馆概况、微图书馆、读者服务等栏目。全省绝大多数设区市均已开设微信公众号,部分县(市、区)地方志工作机构开设微博、抖音账号,成为深入挖掘地方志资源,传播赣鄱文化的重要载体。其中,赣州市于都县运营微信公众号,抖音、快手、微视频等多个新媒体平台,阅读量达百万人次。

(黄诗惠)

本类目编辑 詹跃华

文　化

综　述

2022 年，全省文旅系统学习贯彻中共二十大和中共中央总书记习近平视察江西重要讲话精神，聚焦"作示范、勇争先"目标定位，统筹推进疫情防控和文旅行业发展，推动文化强省、旅游强省建设取得新成效、迈上新台阶。

*艺术创作出新出彩。*以"喜迎二十大 奋进新时代"为主题，策划举办第八届江西艺术节，8 大主体活动、15 项系列活动和 2 个线上活动，彰显"艺术的盛会 人民的节日"办节宗旨。组织举办汤显祖国际戏剧交流月，峥嵘印记——纪念八一南昌起义、秋收起义、井冈山革命根据地创建 95 周年全国版画作品展等系列展演展览活动，为迎接中共二十大召开营造氛围。加强艺术创作规划和资源统筹，聚力打造舞台艺术精品，赣南采茶戏《一个人的长征》获第十六届精神文明建设"五个一工程"奖，主演杨俊获第十七届文华表演奖；江西大鼓《好心缘》获第十九届群星奖；青春版·赣剧《红楼梦》等一批优秀剧目被搬上舞台。深化国有文艺院团改革，推进"一县一团"建设，新增 5 家县级国有文艺院团，江西文演集团深化国有文艺院团改革案例入选文旅部深化国有文艺院团改革创新优秀案例。

*公共文化服务优化完善。*2022 年，省赣剧院新院投入使用，成为省会城市又一文化新地标。打造城市书房、文化驿站等新型公共文化空间 539 个。"江博奇妙夜"等活动为民众带来沉浸式文化体验。省图书馆实施夜间免费开放，满足广大市民精神文化需求。开展"书香赣鄱"全民阅读、"江西省第十三届少儿艺术节"等品牌文化活动，组织国有文艺院团送戏下乡、进社区演出 1 万余场。省博物馆、南昌八一起义纪念馆志愿服务项目入选"全国博物馆志愿服务典型案例"。

12 月，中宣部授予赣南采茶戏《一个人的长征》等 17 部戏剧第十六届精神文明建设"五个一工程"优秀作品奖。图为《一个人的长征》剧照

省文化和旅游厅供

*文化遗产保护取得实效。*印发《关于让文物活起来 扩大中华文化国际影响力的实施方案》《关于推进全省博物馆改革发展的实施意见》等文件。樟树国字山战国墓葬入选"2021 年度中国六大考古新发现"，长江中下游早期稻作农业社会的形成考古研究项目列入"考古中国"重大项目课题。新增抚州市、九江市 2 个国家历史文化名城和 70 个中国传统村落，吉水县、瑞金市入选 2022 年全国传统村落集中连片保护利用示范县。实施革命文物集中连片保护利用工程，开展首批革命文物保护利用示范县创建（共 10 个县），组织全省第二批革命文物名录核定公布和红色标语类革命文物专项调查。博物馆陈展水平提升，1 个展览获"全国博物馆十大陈列展览精品特别奖"，9 个展览入选新时代十年全国博物馆陈展精品，6 个展览入选国家文物局 100 项年度推介展览。"中国传统制茶技艺及其相关习俗"（赣南客家擂茶制作技艺、婺源绿茶制作技艺、宁红茶制作技艺），被列入联合国教科文组织人类非物质文化遗产代表作名录。

*文旅市场健康发展。*出台《江西省文化市场综合执法行政处罚裁量基准》《江西省文化和旅游市场轻微违法违规经营行为免罚清单》。制定文化市场"双随机、一公开"联合执法

检查事项。开展“风暴”整治行动、文化和旅游市场打击整治养老诈骗专项行动、体检式暗访和常态化扫黑除恶斗争，打击各类违法违规行为，派出多个检查组赴各地开展文旅领域疫情防控、安全生产以及市场秩序检查，确保文旅市场秩序平稳有序。全省出动执法人员12.63万人次，检查文化和旅游经营单位4.6万家次，立案221件，处罚金额189.03万元，责令停业整顿12家次。

（王焱）

文　学

【文学项目扶持】　胡辛的长篇小说《皇瓷镇》、温燕霞的长篇小说《凤凰飞》、卜利民的报告文学《最后的红军——百名百岁红军口述史》入选中国作协2022年重点作品扶持项目。刘景明新时代山乡巨变主题长篇纪实体小说《暖灯》入选中国作协创联部、鲁迅文学院、作家出版社共同主办的“新时代山乡巨变”主题创作改稿培训班。天瑞说符的《我们生活在南京》入选2022年中国作家协会网络文学重点作品扶持项目。

【文学创作成果】　江子的散文集《回乡记》获第八届鲁迅文学奖散文杂文奖。这是继陈世旭1998年获第一届鲁迅文学奖后时隔24年江西作家再获此奖，也是江西散文首获此奖。温燕霞的长篇小说《琵琶围》获中宣部第十六届精神文明建设“五个一工程”奖。陈世旭、阿袁、丁伯刚、樊健军、欧阳娟、陈然、文非等人的小说创作，李晓君、江子、傅菲、陈蔚文、范晓波、王晓莉、王芸、朝颜、安然、洪忠佩、詹文格、漆宇勤等人的散文创作，三子、林莉、吴素贞、林珊、周簌、林长芯、范剑鸣、刘义、圻子、范丹花、徐琳婕等人的诗歌创作，发表在《人民文学》《诗刊》《十月》《中国作家》《青年文学》《天涯》等文学期刊上。阿袁、樊健军、天瑞说符、朱仁凤、赫东军、范剑鸣、朱仁凤等出版长篇小说或小说集，王晓莉、邓涛、傅菲、罗张琴、徐春林等人出版新散文集，周玲、王彦山等人出版诗集。

【文学创作培训】　7月25—28日，由省作协主办的2022年江西网络文学创作培训研讨班在上饶市举行。培训期间，开展现场教学，举办微党课，观看电影党课，举行“名师带徒”计划工作座谈会。“名师带徒”计划得到全省网络文学作者响应，经省作协筛选、与导师沟通、尊重申报作者意向等，确定24名学员和8名导师结对培养，探索网络作家青年人才“学徒制”培养模式。10月28—30日，由省作协、抚州市文联主办的2022年江西“8090”作家读书会在抚州市举行，30名青年作家参加。诗人三子、北京师范大学博士生导师张柠、中国作协散文委员会副主任熊育群分别授课。其间，还举办“阅读与写作：江西8090作家座谈会”，组织作家前往王安石纪念馆、汤显祖纪念馆和文昌里等地开展采风创作。

【主题文学活动】　2月，由省作协、井冈山管理局、井冈山市举办的“那一片红”纪念井冈山革命根据地创建95周年全国散文征文活动开始征稿，至5月共收到来稿460余篇。经专家评审，评选出一等奖2名、二等奖4名、三等奖6名、优秀奖10名。5月31日，由省文联、省作协主办的“风起赣鄱”——迎接中共二十大召开原创诗歌朗诵会在南昌举办。来自省内外的400名诗人、作家、媒体记者及文学爱好者等参加活动。晚会围绕江西红、古、绿、金四色，综合运用舞蹈、音乐、多媒体渲染、现场互动以及人物主体动态式组合衔接等艺术形式，将精选的省内外优秀诗人近年创作的12首诗作搬上舞台。活动实现网络同步直播，共有237.92万人在线观看。7月5—8日，由省作协、南昌市文联主办的全国文学名家看江西·南昌采风创作活动在南昌举办，邀请邱华栋、南帆、刘庆邦、冯艺、贾梦玮等12名国内知名作家到英雄城采风创作。10月13日，由省作协、九江市文联主办的“喜迎党的二十大全国名家看江西（九江）”文学笔会，邀请张锐锋、刘华、李春雷、陈应松等18名来自全国各地的文学名家相聚美丽九江，探寻九派文化，书写九江故事。12月10日，省作协在杨万里故里吉水县黄桥镇湴塘村举办“江西文学惠农书房”挂牌暨江西文学公益大讲堂活动，江西省作协向杨万里诗画小镇捐赠省作协组织创作、出版的系列文学丛书以及部分江西作家新作208册。江子、王晓莉分别作讲座，吉水县乡镇干部、中小学语文教师、文学爱好者200余人参加活动。

【文学作品研讨】　6月21日，由省作协、上饶市委宣传部、湖南文艺出版社主办的傅菲散文集《元灯长歌》研讨会在上饶举行。研讨会以线上线下相结合的方式举行，与会者认为《元灯长歌》是一部致敬父老、致敬土地，为饶北河流域山川和人民刻碑立传的力作。6月10—12日，由省作协主办的2022年江西重点小说作品研讨会在莲花县举行。来自全国各地的著名评论家、“天勤杯”江西2021年度优秀小说奖、散文奖获奖者、江西省重点作家以及莲花县重点文学作者共50余人参加。11月2—4日，由省作协主办的“书写新时代山乡巨变”2022年江西散文笔会在宜春市袁州区举行。外省专家、《散文》杂志执行主编张森通过视频方式对江西散文创作进行点评。

【文学作品评奖】　开展2021江西年度诗人奖评选活动，刘义获奖，牧斯、林长芯获提名奖。开展“天勤杯”江西2021年度优秀小说奖、散文奖评选。阿袁的中篇小说《有一种植物叫荚蒾》、王芸的短篇小说《薇薇安曾来过》、樊健军的中篇小说《通往天堂的夜航船》、杨本芬的长篇小说《浮木》、萧亮的中篇小说《独角牛》获江西2021年度优秀小说奖，范晓波的《成千上万种春天》、谢宝光的《向西藏借一把天梯》、朱强的《寻访长征》、罗张琴的《江上》、傅菲的《画师》获江西2021年度优秀散文奖。开展江西省第六届谷雨文学奖评奖，获奖的长篇小说：杨本芬的《秋园》、欧阳娟的《天下药商》、黄美金的《陶渊明先生》、川流的《母树林》、李幸福的《大士院街》；获奖的中篇小说：陈蔚文的《这一年》、樊健军的《内流河》、陈卫华的《乌金》、江华明的《上个世纪的月季》、蔡凌燕的《朱痕记》；获奖的短篇小说：刘国芳的《悄无声息的时光》、杨帆的《欢乐宾馆》、田宁的《鱼鳍》、王明明的《气泡》；获奖的散文：朱强的《墟土》、傅菲的《深山已晚》、安然的《独坐羊狮慕》、朝颜的《陪审员手记》；获奖的诗歌：吴素贞的《养一只虎》、林珊的《好久不见》、林莉的《画春风》、周簌的《攀爬的光》；获奖的报告文学：范剑鸣的《风吹蒿莱》、凌翼的《井冈山的答卷》、刘景明的《奔跑的橙子》、柳剑祥的《咏叹与孤独——画家柳子谷传》、徐春林的《中国宁红》、詹文格的《寻路中医》；获奖的儿童文学：金朵儿的《有个男孩叫松子》、姜蔚的《流星快递》、喻虹的《胡桃的七个夜晚》、丁之琳的《雪小子》、周博文的《青白》；获奖的网络文学：天瑞说符的《泰坦无人声》、纯风一度的《一不小心捡到爱》、阿彩的《神医帝妃》；获奖的文学评论：李洪华的《市场经济时代的大学书写——论1990年代以来的大学叙事小说》、刘晓彬的《新时代新工业诗歌的现实主义立场》、何闯的《江西网络文学：弄潮二十年》、龚奎林的《地域文化视阈下新世纪江西文学研究》。

（欧阳国）

艺　术

【概　况】 2022年，全省艺术工作者围绕贯彻落实中共中央总书记习近平关于文艺工作的论述精神，以迎接宣传贯彻中共二十大为主线，聚焦"作示范、勇争先"目标要求，抓艺术创作生产工作，取得一系列成果。举办第八届江西艺术节、汤显祖戏剧节暨国际戏剧交流月活动和峥嵘印记——纪念八一南昌起义、秋收起义、井冈山革命根据地创建95周年全国版画作品展等系列展演展览活动。赣南采茶戏《一个人的长征》入选中宣部第十六届精神文明建设"五个一工程"奖（全国共17部戏剧类作品入选），主演杨俊获中国文化艺术政府奖——第十七届文华表演奖（全国共9人）。1个项目入选文化和旅游部2020—2021年度全国美术馆优秀公共教育提名项目，1人入选2022年全国戏曲表演领军人才培养计划，2人入选2022年全国美术馆青年策展人扶持计划初评。全省新增5家县级国有文艺院团，江西文演集团深化国有文艺院团改革案例入选文旅部深化国有文艺院团改革创新优秀案例。

【举办第八届江西艺术节】 4—12月，由省委宣传部、省文化和旅游厅、省文联、省委教育工委、省教育厅、江西广播电视台联合主办的第八届江西艺术节在全省各地举行。艺术节以"喜迎二十大 奋进新时代"为主题，采取省市县联动，主体活动、系列活动与线上活动相结合的方式进行，共设置玉茗花戏剧节、音乐舞蹈艺术节、少儿艺术节、民间文化艺术节、美术书法摄影展、"一校一戏"展演等8项主体活动，以及"百县百艺"、广场舞集中展演等15项系列活动和文艺精品线上展播展览、网络宣传推广2项线上活动，涵盖戏剧、音乐、舞蹈、美术、少儿艺术、残疾人艺术、非遗等多个门类，办节规模、参与人数达到历史之最。

【举办2022年汤显祖戏剧节暨国际戏剧交流月活动】 11—12月，2022年汤显祖戏剧节暨国际戏剧交流月活动在抚州市举行。活动由省政府、中国人民对外友好协会、中国戏剧家协会主办，抚州市政府、省文化和旅游厅、省政府外事办公室、省文学艺术界联合会承办。活动以"追梦经典 相约抚州"为主题，策划开幕式、全民嘉年华活动、经典剧目展演、2022年中国（抚州）汤显祖学术研讨会、国际戏剧艺术高峰论坛、"汤显祖遇见莎士比亚"抚州与斯特拉福德友城对话会、驻华使领馆官员抚州行等活动。活动期间，引进上海昆剧团全本《牡丹亭》、开心麻花话剧《威尼斯商人》、广州大剧院话剧《活动变人形》。通过线下放映和线上展播相结合的形式，展演来自英国、西班牙等16个国家的优秀作品。邀请80名专家学者开展线上和线下学术研讨会，发布《汤显祖文化之旅》《汤显祖传》英文版等。

【举办江西省濒危剧种表演人才培训班】 5月20—27日，江西省濒危剧种表演人才培训班在萍乡市举办。培训班由省文化和旅游厅主办，萍乡市文广新旅局承办，江西艺术职业学院协办，来自7个设区市15个濒危剧种的31名学员参加培训。培训班邀请中国戏曲学院、省赣剧院、江西艺术职业学院的专家，围绕戏曲表演的基本功进行授课。

（江美玲）

公共文化

【概　况】 2022年，全省各公共文化机构学习贯彻中共二十大精神，为人民群众提供更高质量、更有效率、更加公平、更可持续的公共文化服务。全省基本公共文化服务专项投入7.88亿元，包括中央和省级免费开放补助资金3.21亿元，保障全省公共图书馆、文化馆、博物馆、美术馆、乡镇（街道）综合文化站"四馆一站"免费开展基本公共文化服务；中央和省级公共文化服务体系建设补助资金4.67亿元，确保《江西省基本公共服务实施标准》（2021年版）中的"文体服务保障"项目全覆盖、质量全达标，保障群众基本文化权益，群众满意度≥85%。

【公共文化设施免费开放】 推动3个省级、34个市级、237个县级美术馆、公共图书馆、文化馆和1744个乡级综合文化站，2个省级、138个市县级博物馆、纪念馆实行免费开放。全省2158个场馆站免费开放率100%，全年服务群众1.79亿人次，保障群众享有基本公共文化服务的权益。

【群众文化活动】 9月，印发《2022年江西省"百馆千万场 服务来共享"系列群众文化活动方案》，实现省市县乡村五级公共服务机构联动。9月29日，2022年江西省"百馆千万场 服务来共享"系列群众文化活动举行启动仪式，分九大子活动在全省开展，全年各地共举办系列群众文化活动2.06万场次，参与群众1588.47万人次。

【举办第十三届江西少儿艺术节】 8月15—17日，江西省第十三届少儿艺术节在九江市举办。艺术节活动包括江西少儿舞台艺术展演、第二届江西少儿合唱艺术节、江西少儿美术书法大赛和江西省首届残疾人青少年艺术大赛。这四个门类共209个作品参加展演和展览,参与展演1806人。作品数量、参加人员、观看人次均创历届之最。中央、省、市多家媒体对艺术节进行133次直播和集中宣传报道。

【江西曲艺作品获第十九届群星奖】 推荐音乐、舞蹈、戏剧、曲艺各5个作品,广场舞1个作品,群众合唱1个团队,共22个作品(团队)参加全国第十九届群星奖复赛。其中,《好心缘》《一面铜锣一个盆》《再恋一百年》《鄱湖渔鼓颂党恩》4个作品、赣南游击词合唱团1个团队入围全国决赛。上饶市文化馆创作的作品江西大鼓《好心缘》以曲艺类排位第一的成绩获全国第十九届群星奖。

【组织参加第十六届"华东六省一市"戏剧小品大赛】 为推动新时代优秀群众文艺作品创作,推荐优秀作品参加浙江省义乌市举办的第十六届"华东六省一市"戏剧小品大赛,开展第二届"江西省戏剧小品大赛"。从各设区市、省直管县(市)以及省直有关单位报送的44个作品中,评审出一等奖4个、二等奖6个、三等奖10个。选拔出的4个一等奖作品代表全省参加第十六届"华东六省一市"戏剧小品大赛"决赛。

【开展最美基层文化人学习宣传活动】 评选出20位2022年江西"最美基层文化人",在全省范围内开展2022年江西"最美基层文化人"学习宣传活动。利用百馆联动云服务之线上展览开展2022年江西"最美基层文化人"事迹展,组织"最美基层文化人"进校园、进社区、进乡村,宣传"最美基层文化人"典型事例,发挥新时代基层文化工作者模范带动作用。

【创新推进新型公共文化空间建设】 印发《关于加强城市书房建设的实施意见》,各地在公共阅读设施提供阅读服务的基础上,利用社会力量,创新推进城市书房、文化驿站等新型公共文化空间建设。推动每个设区市新建5个以上新型公共文化空间,年末全省建成新型公共文化空间549家。在"2022年长三角及全国部分省市最美公共文化空间大赛"中,江西省艾溪湖美书馆、海螺书屋等9个服务空间获"百佳公共文化空间奖"。

【加快公共文化数字化建设】 制定2022年全省智慧图书馆体系建设项目和公共文化云建设项目建设方案,定期对2022年13个智慧图书馆体系建设项目和49个公共文化云建设项目进行督查、协调推进。完成2021年度全省智慧图书馆体系建设项目和公共文化云建设项目验收,包括智慧图书馆体系建设项目17个,资金710万元;公共文化云建设项目47个,资金860万元。省图书馆"以无感借还为核心体验的智慧图书馆建设"入选全国"文化和旅游数字化创新实践十佳案例"。

(丁志清)

非物质文化遗产

【概　况】 2022年,全省非物质文化遗产(简称非遗)保护工作机构贯彻落实中共中央总书记习近平对非物质文化遗产保护工作的指示批示精神,按照中共江西省委、省人民政府、文化和旅游部工作部署,争取国家级非遗保护资金,统筹使用省级非遗保护资金,推进江西非遗保护工作,在政策资金支持、机制体系建设、整体性保护、服务社会发展等方面取得新成果。

【非遗申报和人才培养】 全年新增1项联合国教科文组织非物质文化遗产名录项目。"中国传统制茶技艺及其相关习俗"(含江西省3个项目:赣南客家擂茶制作技艺、婺源绿茶制作技艺、宁红茶制作技艺)被列入联合国教科文组织人类非物质文化遗产代表作名录,江西省实现在联合国教科文组织非物质文化遗产名录"零"的突破。组织开展第六批省级非遗代表性项目推荐申报工作,首次将红色主题非遗纳入申报范畴。探索传承人退出机制,首次公布丧失传承能力的省级代表性传承人2人,保留传承人资格,停发传承补助。推荐37名省级非遗代表性传承人申报第六批国家级非遗代表性传承人,推荐5家单位申报国家级非物质文化遗产生产性保护示范基地,推荐5条非遗特色旅游线路参评"2022全国非遗特色旅游线路"。启动省级非物质文化遗产代表性传承人记录工作,承办中国传承人群研修班5期、参训学员105人,举办江西省传承人群研修培训班3期、参训学员100人。

【非遗整改验收】 指导督促赣州市做好客家文化(赣南)生态保护实验区整改验收工作,按要求成立赣州市客家文化(赣南)生态保护区管理中心,市本级自2022年起安排年度建设专项经费600万元,经组织专家现场检查评估达标,报请文化和旅游部非遗司验收。批复设立省级中医药文化(樟树)生态保护实验区。组织江西省非遗传承小镇年度评估,给予年度评估优秀等次建设单位奖补资金。

【举办非遗推介专项活动】 举办2022年"非遗购物节",其中九江主会场活动进驻国家AAAA级景区南山公园,线上线下吸引22.12万人参加,带动消费成交额100万元;累计举办100多场非遗产品展销活动,累计销售额500多万元,受益群体达百万人次,公益筹款20余万元。组织参加2022年"新疆是个好地方"对口援疆19个省市非遗展,与新疆签订《赣新两地文化和旅游合作协议》,并在江西省对口支援的阿克陶县组织举办非遗交流展示活动。

(申绍云)

图书馆

【概　况】 2022年,全省公共图书馆馆舍总建筑面积达67.49万平方米,阅览座席共6.05万个。全省公共图书馆从业人员1545人。其中,高级职称94人,中级职称381人。全年全省读者持借阅证总量超227.51万个,总流通4084.37万人次,书刊文献外借2249.43万册次。

【全省第7次县级以上公共图书馆评估定级工作培训班举行】 6月30日至7月1日，省文化和旅游厅在南昌举办全省第7次县级以上公共图书馆评估定级工作培训班，解读评估标准，部署具体工作，督导各级公共图书馆以评促改、以评促建，提升服务效能和群众满意度，提高上等级馆和一级馆数量，推动全省公共图书馆事业发展迈上新台阶。各设区市文广新局分管领导、公共服务科负责人，省市县级公共图书馆馆长共140余人参加培训。

【图书馆数字化建设】 全省各级公共图书馆2022年建成基础数字资源项目4个，完成知识资源细颗粒度建设和标签标引6万条。其中，省图书馆发挥龙头引领作用，在馆区内初步建成“5G智慧图书馆”智慧服务体系，推出“无感借还”2.0智慧服务，全面提升图书馆智慧化管理水平与服务效能。

【开展红色文化宣传活动】 江西图书馆界连续12年开展“读好书”活动。其中，2022年“书香赣鄱”全民阅读暨第十一届“读好书”活动围绕“学党史、读经典”主题举办系列形式多样、内容丰富、服务创新的全民阅读活动，发挥红色教育阵地作用。为深入推进党史学习教育常态会、长效化，全省各级公共图书馆联合推出党代会知识云上答题活动，带领读者感悟红色信仰。

【古籍活化利用】 完成《江西省图书馆古籍普查登记目录》《江西省图书馆馆藏书画选》清样。支持《江右文库》编纂出版工作，对古籍文献资源进行数字化整理。至年末，完成嘉靖《江西通志》、康熙《西江志》《江西通志》《南昌郡乘》《饶州府志》、雍正《江西通志》、光绪《江西通志》、同治《南昌府志》《九江府志》《南康府志》《广信府志》《饶州府志》《袁州府志》《瑞州府志》和乾隆《袁州府志》等，共664册、5.15万页数字化工作。

【图书馆区域合作】 根据《中图学会分支机构管理办法》，重新设立公共图书馆分会特色图书馆专业组。组织召开中部六省（湘鄂赣皖晋豫）公共图书馆联盟总结会，商讨确定2022年联盟工作方案。省图书馆依托湘鄂赣皖晋豫中部六省公共图书馆联盟，推出“六省”共读一本书活动，六个省级公共图书馆的馆员共同为读者线上播讲经典著作，活动持续36天，覆盖3.6亿人次。

（刘羿）

博物馆

【概　况】 2022年，全省有博物馆196家。其中，国有馆增至147家，非国有馆增至49家，大型博物馆增至22座，大中型博物馆增至62家。全省等级博物馆数量位居全国第6位。省博物馆“江西古代历史文化陈列”“江西革命史陈列”获“全国博物馆十大陈列展览精品奖”，省文化和旅游厅博物馆处获人社部、国家文物局联合表彰的全国文物系统先进集体。

【构建博物馆发展新格局】 鄱阳湖博物馆、南昌县博物馆新馆、景德镇外销瓷博物馆、萍乡孔庙博物馆、上栗博物馆等一批博物馆竣工或开馆；135家博物馆列入中央和省财政免费开放名单；在年度免费开放绩效评估工作中，全省评出优秀等次博物馆23家；省博物馆龙头大馆作用进一步发挥，开展一系列文博培训班与交流活动，提升全省文博人员业务能力和水平。

【展览陈列】 全省推出展览1200多个，活动6000余场，近3000万人次观看。瑞金“共和国从这里走来”陈展获第十九届“全国博物馆陈列十大展览精品”；全省9个展览入选中国博协、中国文物报社“新时代博物馆百大陈列展览精品”；6个展览入选中国国家文物局培育社会主义核心价值观主题展览年度推介项目前100名。

【博物馆服务社会】 全省各大博物馆推出热点活动。其中，国庆假期省博物馆推出特色展览，举办“博物馆之夜”活动。全省AAAA级以上景区重要景点的博物馆增至38家，文旅深度融合。省博物馆、南昌八一起义纪念馆志愿服务项目获国家文物局、中央文明办评选的2022年度“全国博物馆志愿服务优秀案例”。全省博物馆线上新媒体云展览、云展示达800多个，展厅电子屏达600个，二维码文物解说超2000个。开创性举办全省博物馆文创直播大赛，省博物馆、景德镇中国陶瓷博物馆文创销售分别达到180万元和200万元。

【藏品保护利用】 全省新增现代藏品近3000件。完成全省新增二、三级文物鉴定。“博物江西”数字平台和各级博物馆向社会公开共享文物图像达5.5万多个。强化可移动文物保护管理。落实中央财政补助可移动文物保护项目17个、数字化项目4个和一批储备入库项目。省博物馆、景德镇御窑博物院、海昏侯国遗址博物馆、萍乡博物馆、婺源博物馆等建成文物修复室，修复藏品近千件。全省涉案文物鉴定机构增至3家，完成6000多件涉案文物鉴定。

【文物阐释研究】 推进江西汉代文化研究，召开江西汉代文化与海昏侯国遗址保护利用学术论坛，编辑出版《江西汉代文化研究——海昏侯文物保护与研究专辑》，立项和在研省级、厅级课题项目81个。省博物馆、景德镇御窑博物院、鄱阳湖博物馆等开发、上线一系列短视频、音频，挖掘、传播文物背后的文化内涵和精神价值。

（卞尚）

文物保护与考古发掘

【概　况】 2022年，江西省文物保护和考古工作取得新进展。江西省长江中游文明进程研究和长江中下游早期稻作农业社会的形成列入“考古中国”重大项目。国字山战国墓葬入选中国社科院“2021年度中国六大考古新发现”。南昌汉代海昏侯国遗址国家考古遗址公园入选第四批国家考古遗址公园名单，铜岭铜矿考古遗址公园入选第四批国家考古遗址公园立项名单。江西省文化和旅游厅文物保护处获“全国石窟寺专项调查先进单位”称号。文物保护项目的储备和资金申报进一步加强，争取国家文物保护资金2.37亿元，省级基层文物保护资金新增1000万元，资金规模达到6000万元，获得国家文物局批复或委托批复御窑厂窑址北麓遗址水害治理等文物保护项目立项计划59个，批复省级文物保护单位保护维修方案28项。抚州市、九江市获评国家历史文化名城，修水县列入省级历史文化名城。新增第六批中国传统村落70处、第六批省级历史文化街区7处。吉水县、瑞金市入选2022年全国传统村落集中连片保护利用示范县。

【基本建设考古调查】 推进文物领域“放管服”改革，配合全省各地做好大型基本建设考古工作。协调推进赣粤运河赣州至韶关段江西境内工程、铜鼓至修水通城高速公路、萍乡绕城、弋阳至南丰高速公路、九江互联互通工程等文物资源区域评估工作，共配合基本建设开展文物资源调查评估40余项。实施安义岸山商周遗址、安福起凤山明代墓葬、上高古城墙遗址和永修星火化工厂东晋墓葬等12项抢救性考古发掘项目。推动景德镇落实“先考古、后出让”制度，出台相关配套政策和制度。

【考古发掘】 开展清江盆地青铜时期考古发掘与研究工作。国字山战国墓葬发现围沟、过道、房屋、陪葬墓等遗迹，填补江西先秦历史时期的历史序列和考古学文化的空白。吴城城址发现内城城墙、大型房址等重要遗迹，进一步明晰吴城城址的结构布局。在赣西北地区以九江荞麦岭遗址和靖安老虎墩遗址为中心开展考古调查和发掘。其中，在九江荞麦岭遗址发现大量商代早期冶炼遗物，证实长江中游早期青铜冶炼的发展。举办宜春袁州古城高士南路段城墙遗址考古发掘成果专家论证会，证实宜春袁州古城发掘的是晚唐五代至南宋时期的包砖城墙。

【考古科研】 6月，全国首个古陶瓷基因库——景德镇古陶瓷基因库在景德镇御窑博物院揭牌，推进景德镇历年出土瓷片的基因标本入库。加快西汉海昏侯墓、安福起凤山墓、宜黄锅底山遗址和景德镇御窑厂西围墙等考古资料整理，完成《安福起凤山汉墓群发掘报告》《瑞昌铜岭矿冶遗址发掘报告》《新干牛城发掘报告》等项目招标工作。《南方文物》入选“中国国际影响力优秀学术期刊(人文社会科学)”。

【大遗址保护利用】 南昌汉代海昏侯国遗址国家考古遗址公园入选第四批国家考古遗址公园名单，铜岭铜矿考古遗址公园入选第四批国家考古遗址公园立项名单。景德镇御窑厂遗址、吉州窑遗址等国家考古遗址公园在考古研究、保护管理、开放服务和制度创新等方面取得成效，成为江西文化新地标。公布樟树筑卫城遗址、赣州七里镇窑址等5处大遗址为首批省级考古遗址公园，完善省级考古遗址公园管理暂行办法及评分细则，启动第二批省级考古遗址公园申报创建工作，推动大遗址服务地方经济发展和融入现代社会生活。

【文物资源专项调查】 7月，举办全省长江流域文物资源专项调查人员培训班，推进相关数据整理、实地调查，并对稻作文化、矿冶文化、青铜文化、书院文化、宗教文化、红色文化和戏曲文化开展系统专题研究，编制《江西省长江流域文物资源调查报告》。加强水下出露文物保护管理，开展枯水季节鄱阳湖区域出露文物专项调查。

【世界文化遗产保护】 推进景德镇御窑遗址申遗工作。指导景德镇市召开申遗动员大会，组织专家和申遗技术团队座谈研讨与实地调研，制定2022年工作要点和部门任务分工表，初步确定景德镇御窑遗址申遗主题和遗产要素点。推进万里茶道(江西段)申遗，配合申遗技术团队完成万里茶道遗产整体保护管理状况回顾性评估。8月，2022万里茶道环中国自驾游集结赛(九江站)发车仪式举行。12月，“世纪动脉——万里茶道九省(区)文物联展”(江西站)开幕式暨江西省万里茶道申遗工作推进会在九江市召开。

【石窟寺及石刻保护利用】 完成江西省石窟寺(含摩崖造像)专项调查，省文化和旅游厅文物保护处获“全国石窟寺专项调查先进单位”称号，省文物和考古研究院李娟等3人获“全国石窟寺专项调查优秀个人”称号。完成江西省名碑名刻文物遴选及碑刻石刻资源摸底调研工作，形成《江西省碑刻石刻文物资源摸底调研报告》。

【文物活化利用和宣传推广】 探索低等级文物建筑的活化利用，转发国家文物局《关于鼓励和支持社会力量参与文物建筑保护利用的意见》，赴婺源县等地开展专题调研。围绕“文物保护:时代共进人民共享”主题，举办江西省2022年文化和自然遗产日(景德镇)主会场活动，组织各地开展文物宣传展示活动250余项，推进“史说江西”文物题材片拍摄和宣传推广项目，完成《江西省第三次全国文物普查成果丛书》的编辑出版。

(李艺璇)

文化交流

【概　况】 2022年，省文化和旅游厅克服新冠肺炎疫情影响，主动作为，打造对外交流优质项目；加强横向合作，拓展对外线上交流渠道与平台；对接国家“一带一路”倡议，落实省委、省政府扩大双向开放要求，提高江西文化和旅游国际传播力、影响力。

【举办第五届“阿拉伯艺术节”】 12月18—20日，由文化和旅游部、外交部、省政府联合阿拉伯国家联盟秘书处共同主办的第五届“阿拉伯艺术节”在景德镇市举行。艺术节期间，举办阿拉伯艺术节专场演出、中阿文化产业论坛、阿拉伯知名艺术家访华采风精品展、御窑天下特展、景德镇民间非遗展演、“丝路遗珍”中国古代外销瓷特展、“丝路瓷源·和光接物”

12 月 19 日，第五届阿拉伯艺术节开幕式专场演出在景德镇市陶溪川大剧院举行

省文化和旅游厅供

陶瓷版权创意设计展、“丝路市集·域见阿拉伯”风情创意市集、“蓝白辉映·铄古铸今——景德镇与中阿文化交流”研讨会、中阿新声线上音乐竞演季、第九届中阿舞台技术人员研修班等活动。

【部省对口合作交流】 根据文化和旅游部安排，省文化和旅游厅与莫斯科中国文化中心合作开展 2022 年度部省对口交流。受疫情影响，交流采取线上方式进行。2022 年春节、元宵节期间，莫斯科中国文化中心通过其线上平台推出“江西非遗过大年”专题片《抬阁》和《九狮拜象》。8 月，通过莫斯科中国文化中心线上平台，推出“江西文化和旅游宣传月”活动，以一系列视频、图片、文字相结合的融媒体推文方式，向海内外朋友宣传推广江西省的文化和旅游资源，以及江西景德镇、江西高校的专题介绍，展示江西多姿多彩新形象。

【港澳文化和旅游交流】 在文化和旅游部评选的 2022 年度内地与港澳文化和旅游交流“重点项目”“培育项目”中，省文化和旅游厅推荐与申报的“赣南红色文化之旅走进澳门”赣澳红色文化交流活动入选“年度内地与港澳文化和旅游交流重点项目”（全国共 27 项）；“2022 年港澳青少年内地游学专题培训活动”入选“年度内地与港澳文化和旅游交流培育项目”（全国共 11 项）。省文化和旅游厅选送的“庐山天下悠·白鹿国学游学营”线路入选 2022 年度“港澳青少年内地游学推荐产品”（全国共 10 项）。

【促进本土文化“走出去”】 省文化和旅游厅协调省文化和旅游宣传推广中心与马来西亚“一带一路”委员会签署文化、旅游合作备忘录；参加与印度尼西亚巴厘省、乌兹别克斯坦驻沪总领馆等线上交流视频会议；向中国驻喀山总领馆推送欢乐春节相关视频节目。省文化和旅游厅支持配合省外办、省友协主办的保加利亚“美丽江西秀天下”图片摄影展、印度尼西亚巴厘省世界文化节、新西兰图片展、乌拉圭艺术展、中日韩友好城市交流大会等项目。

【港澳青少年游学】 9 月，在港澳青少年内地游学联盟的支持下，省文化和旅游厅与北京、河南、浙江、陕西等文旅厅（局）共同主办的“云游中华·博古通新”港澳青少年内地云游学系列活动启动。香港中联办经济部、亚洲旅游交流中心有关负责人，香港立法会教育界、旅游界议员，香港教育局代表，香港中文中学联会、香港新界校长会、香港直接资助学校议会、九龙地域校长联会等校长会主席或理事，以及香港中小学的 80 余名历史教师参与活动启动仪式及首场云游学活动。省博物馆、赣州市文广新旅局分别作为主场，开展港澳青少年云游学活动。

（胡一之　彭艾凡）

革命文物

【概　况】 2022 年，全省文物系统贯彻落实中共中央总书记习近平关于革命文物工作重要指示批示精神，扛起革命文物保护运用传承的政治责任，革命文物工作取得新进展。向国家文物局申报立项项目 23 个、资金项目 32 个，申报资金 4252.21 万元，审批项目维修保护方案 89 个。南昌八一起义纪念馆、井冈山革命博物馆、瑞金中央革命根据地纪念馆、安源路矿工人运动纪念馆入选中华优秀传统文化、革命文化、社会主义先进文化专题实践教学基地名单；南昌八一起义纪念馆、井冈山革命博物馆、瑞金中央革命根据地纪念馆、安源路矿工人运动纪念馆、南方红军三年游击战争纪念馆入选全国热搜革命类博物馆纪念馆 50 强榜单，数量均居全国前列。

【革命文物保护优秀案例】 南昌八一起义纪念馆“社会 + ”革命文物办展实践项目入选全国革命文物保护利用十佳案例。铜鼓县“罗湾老屋红色标语保护利用”“瑞金革命旧址群合理利用创新实践”入选全国革命文物保护利用优秀案例。7—9 月，组织开展全省革命文物保护运用优秀案例宣传推介工作，共收到革命文物保护运用案例 46 个，经市局推荐、专家评审等程序，遴选出 10 个示范案例和 10 个优秀案例。

【第二批不可移动革命文物名录公布】 继续组织开展第二批不可移动革命文物名录核定工作，形成江西省第二批不可移动革命文物名录，并向社会公布。第二批不可移动革命文物共 1214 处，包括全国重点文物保护单位 2 处、省级文物保护单位 4 处、市级文物保护单位 15 处、县级文物保护单位 83 处、尚未核定公布为文物保护单位的不可移动文物革命 1110 处。

【革命文物宣传活动】 加大《江西省革命文物保护条例》宣传力度，开展“5·18国际博物馆日”文博普法课堂——解读《江西省革命文物保护条例》活动。《条例》宣传短视频在全省33家革命类博物馆、纪念馆的官方平台同步上线，20多家媒体跟踪报道。组织全省文博系统开展“‘喜迎二十大’十佳红色乡土教育课程”推介活动，遴选出10佳推介项目，50余堂红色乡土教育课程进入近100所学校；组织开展“同上一堂思政课——走进红色场馆 汲取奋进力量”思政活动，31家红色革命历史场馆参与，50家媒体、网站关注报道。组织开展“百件革命文物说江西”第三季——革命故事篇短视频节目制作播放，持续打造江西革命文物展示传播品牌。南昌八一起义纪念馆革命旧址沉浸剧《那年八一》系列宣传项目入选2022年度中华文物全媒体传播精品。

【承办全国革命文物保护管理培训班】 6月27日至7月1日，“国家文物局2022年全国革命文物保护管理培训班”在抚州市举办，来自全国30个省（区、市）70余名相关业务负责人参加培训。此次培训是2022年国家文物局举办的首个线下培训班，采用集中授课、实践研讨与现场教学相结合的方式，重点传达中央革命文物保护思路和任务要求，推进下一阶段革命文物工作。

（闵绍娟）

文化产业

【概 况】 2022年，全省规模以上文化及相关产业稳定发展，实现营业收入3305.11亿元，同比增长7.8%，比全国平均增速高6.9个百分点，居全国第4位。接待游客6.55亿人次，恢复至2019年的82.67%；实现旅游收入5758.67亿元，恢复至2019年的59.64%。市场回暖程度高于全国平均水平。

【纾解文化企业困难】 省委分管领导主持召开文化企业家座谈会，收集企业共性诉求和意见建议，梳理确定问题清单34项，协调16个单位推进落实，到年末共办结33件，办结率97%。推动省政府出台《关于进一步帮扶文旅企业纾困发展的若干措施》等系列政策文件，稳住市场主体。推动组建省文投公司，发起设立14亿元规模的文投基金，累计投资10个项目，金额共计4.14亿元。开展企业服务月活动，建立省市县三级服务专班，针对251家“白名单”龙头企业实施重点帮扶，开展140余场政策宣讲培训，推进各项惠企政策落地生效。全年发放贷款273.69亿元，暂退旅行社旅游服务质保金2.56亿元，拨付各类纾困资金4960万元。

【提升产业发展能级】 按照“高大上、链群配”思路，聚焦产业链上下游关键环节，强化产业链招商和项目落地。制定出台《江西省文化产业招商三年行动方案》，组织编印《文化和旅游产业重大项目手册》《全国重点文化企业对接手册》，引导各地加快对接头部企业、招引高质量产业项目。先后组织赴京津冀、珠三角举办文化和旅游产业链招商推介，引导各地和省属企业累计开展807次文旅招商活动，全省新签约文旅项目352个，签约总金额2495.66亿元，其中10亿元以上项目87个，“5020”项目（指国家级开发区每年至少引进一个50亿元的产业项目，省级开发区每年至少引进一个20亿元的产业项目）51个；新开工项目268个，其中10亿元以上项目53个、“5020”项目25个，总投资1532.82亿元。

【加速产业转型升级】 推进景德镇市获国务院首次文化和旅游产业领域督查激励（全国共10个）。组建省电影集团、省数字文化集团。开展省级文化产业项目申报，重点扶持91个项目。推出10个文化产业重点县（市、区）、5个“风景独好”旅游名县、3家省级文化和科技融合示范基地、6个省级特色文化街区、20家省级夜间文旅消费集聚区、18家智慧景区、10个乡村智慧旅游优秀案例。出台《关于推动数字文旅产业高质量发展的实施方案》。4个项目入选文旅部数字化创新实践“十佳案例”和“优秀案例”。新增1家国家AAAAA级旅游景区（全省国家AAAAA级景区14家，数量并列全国第6），1家国家级旅游休闲街区，2家国家级旅游度假区，2个国家工业旅游示范基地，6个国家级夜间文化和旅游消费集聚区，10个全国乡村旅游重点村镇，新增品牌数量稳居全国第一方阵。用好用活国家贷款贴息相关政策，推动存量项目升级。至年底，99个文旅项目签订协议，签约金额82.88亿元。全省文旅领域设备购置更新已落实贷款规模全国排名第一。

【提升品牌声量】 创新举办首届江

10月31日，首届“江西风景独好”云端旅游系列推介会走进赣州红色旅游专场活动在于都县举办

省文化和旅游厅供

西文博会、数字文化产业发展高峰论坛,文博会现场交易额381万元、项目签约23.9亿元,线下观展人数约8.38万人次。组织参加第十八届中国(深圳)国际文化产业博览交易会,江西馆以“创造性转化、创新性发展”为主题,展示江西省文化资源的传承与创造。围绕提升“江西风景独好”品牌影响力,通过“大屏+小屏”“线上+线下”“省内+省外”开展全方位宣传,先后举办首届“江西风景独好”云端旅游系列推介会、旅游风光国际摄影周、江西手礼展示周、“嘉游赣”等系列营销推广活动。

【激发市场活力】 创新举办“百城百夜”文旅消费季,累计举办1.9万余场线上线下活动,引导4.5万余家文旅企业及国内头部平台让利31亿元。发放文旅惠民券7606万元,活动实现文旅消费553.22亿元。线上旅游收入同比增长5.62%,酒店入住人次同比增长6.69%,交易额同比增长19.40%;线下旅游消费恢复至2021年同期的84.4%,线下文娱消费恢复至83.98%。

（张媛）

文化市场

【概　况】 2022年,全省出动执法人员25.38万人次,检查文化和旅游经营单位10.25万家次,立案480件,处罚金额396.48万元,责令停业整顿24家次。

【文化市场法治建设】 制定出台《江西省文化市场综合执法行政处罚裁量基准》和《江西省文化和旅游市场轻微违法违规经营行为免罚清单》。其中,《江西省文化市场综合执法行政处罚裁量基准》对具备裁量基准条件的行政处罚事项进行细化和量化,规范统一裁量尺度,推动文化市场综合执法机构合法行使行政处罚裁量权。《江西省文化和旅游市场轻微违法违规经营行为免罚清单》依据《中华人民共和国行政处罚法》等相关规定,对于清单中的轻微违法违规行为,及时纠正,没有造成危害后果的,不予行政处罚,营造包容审慎监管环境,助力全省文化和旅游市场复苏回暖。

【第三届江西省文化市场综合执法岗位练兵技能竞赛举行】 10月,为贯彻落实文化和旅游部等8个部委《关于开展第三届全国文化市场综合执法岗位练兵技能竞赛活动的通知》精神,省文化和旅游厅联合省委宣传部、省司法厅、省广播电视局、省总工会、团省委、省妇联在南昌举行第三届江西省文化市场综合执法岗位练兵技能竞赛。竞赛围绕政治练兵、法治练兵、业务练兵、实战练兵、科技练兵5个方面开展,分为团体赛、个人赛两部分,共设置平台应用及网络案件固定、案卷纠错、文书制作及案卷归档、政策法规等赛事,在决赛中设置必答题、抢答题、风险题等环节。经过3天角逐,宜春市代表队、赣州市代表队、鹰潭市代表队、吉安市代表队分别获得团体全能一等奖、二等奖、三等奖和优秀奖。

【开展“风暴”专项行动】 以省文化市场管理工作领导小组名义印发《2022年江西省文化和旅游市场“风暴”整治行动工作方案》,按照自查、整改、巩固三个阶段开展专项行动,加强对文化旅游市场各类主体执法检查,查处整治违法违规行为,派出4个专项工作组督导整治行动成效。开展冬奥版权保护集中行动,景德镇市办结1起非法印刷“冰墩墩”“雪融融”造型花纸案。开展未经许可经营旅行社业务、“不合理低价游”专项整治行动,制作并发布指导性案例;开展涉党史领域境外有害出版物及信息专项整治和“问题图书”集中清理查处工作,警示震慑不法经营行为,向社会公布指导性案例6件;开展全省网络文化市场交叉执法专项整治行动,聚焦文化和旅游市场网上经营行为热点问题,维护消费者合法权益;开展暑期文化和旅游市场集中执法检查,重点检查互联网上网服务营业场所、娱乐场所、网络文化经营单位等文化和旅游市场主体。

（郭费拓）

本类目编辑　徐佳佳

新闻出版　广播电影电视

报纸期刊

【概　况】　至2022年年底，全省有报纸64种，其中党报12种，区域性城市类报纸7种，广电报6种，县域报纸2种，高校报22种，其他类报纸15种；报纸年度总发行量约7亿份。全省有各类期刊165种，年度总印数7021.74万册，年度总印张22.52万千印张，年度定价总金额5.20亿元。

【日常监管】　开展2022年度报纸年检，对省内64家报纸主管主办单位履职情况、报纸及其所办新媒体"三审三校"制度落实情况等开展年度核验，印发《关于2022年度报纸核验结果的通报》，通过核验的报纸58家，发现存在问题的6家，其中2家被处以缓验、4家因未履行审批手续予以暂不参加年检处理，至年底，相关单位均已整改到位。严格报纸相关审批备案程序，全年办理报纸出版单位变更、报纸出版许可证补办等事项30余项。开展2022年度报纸出版单位社会效益考评，对省内64家报纸出版单位舆论导向、社会责任、出版管理等方面工作开展评价考核，采取出版单位自评、主办单位复评、监管部门抽查的形式，最终确定优秀等级17家、良好等级42家、合格等级5家。开展全省165家期刊单位社会效益评价考核和年度核验工作，强化导向管理，明确办刊宗旨，压紧压实主管主办单位管理职责，促进共管共建。

【质量管理】　开展2022年度报纸及其所办新媒体质量专项检查，组织报纸出版单位开展自查自纠，并要求报纸主管主办单位对出版单位自查自纠工作进行监督指导和审核把关。组织审读专家开展质量抽检，共抽检20种报纸131个版面，检查字数约147万字，平均编校差错率约1.4‱；抽检30种新媒体182天发布内容，检查字数约68.7万字，平均编校差错率约1.73‱。发现存在质量问题的报纸和新媒体9种，均已完成整改。严格落实期刊日常审批管理，全年完成165种期刊条码申请工作，办理增刊28个，办理变更审批24项。

【健全审读机制】　从部分党报社抽选审读专家15人组成专家库，入选专家均具备中级以上职称，从事审读工作5年以上，为推动审读工作夯实人员基础。落实属地审读、监管审读、交叉审读、专家审读"四维一体"审读机制，全年开展全覆盖审读4轮、专家审读3轮，组织开展中共二十大宣传报道专题审读1轮，印发审读通报5期，整改问题200余个。其中，专家抽检报纸65种次688版，共约697.2万字；抽检"两微一端一网"125种次，稿件2800余篇（条），共约255.9万字；抽检抖音账号29个，时长339分钟。规范落实期刊常态化抽查审读，全年组织专家集中审读期刊30余期，提升期刊内容和编校质量。

【压实审校责任】　落实"三审三校"工作专项检查机制，1—6月和7—12月各组织专项检查1轮，组织工作组分多个批次赴各设区市抽检报纸出版单位20余家，重点对报纸出版单位落实"三审三校"制度、主管主办单位落实管理责任、审校人员队伍建设、报纸所办新媒体采编审校等情况进行抽检，根据检查结果印发通报2期，整改问题20余个，进一步压紧压实各方责任，推动报纸出版单位强化审校意识、质量意识、社会效益意识，增强新闻舆论公信力。

【主题宣传】　围绕迎接和学习宣传贯彻中共二十大这条主线，省新闻出版局引导全省各期刊出版单位开展主题突出、类型广泛、特色鲜明、形式多样的主题宣介活动。参与中宣部组织开展的"青少年期刊讲党史"主题宣传活动，全省16家期刊单位推出专题专刊专栏。参与中宣部出版局主办、中国期刊协会承办的第六届"期刊主题宣传好文章"评选活动，江西《旅游画刊》推出的《奋斗百年路启航新征程赏江西"红"》入选。

【队伍培训】　常态化开展交流培训和警示教育，引导督促报纸出版单位健全内部培训制度，提升报业从业人员整体素养。6月下旬，举办2022年度全省新闻采编人员资格培训班，以线上＋线下方式培训新闻从业人员5000余人。全年走访报纸出版单位30余家，以座谈、授课等形式开展警示教育20余场，培训600余人次。采用多种形式开展政策法规和业务知识培训，提升全省各期刊出版单位编辑人员的法规意识和业务水平。省新闻出版局先后组织2期期刊出版专业技术人员继续教育培训，邀请国家新闻出版署、中国青年出版社、中国新闻技术工作者联合会等单位专家学者进行专题授课，全省各期刊社社长、主编、编辑部主任等共600余人参训。全年帮助500余名参训人员办理江西省新闻出版专业技术人员继续教育证书。

（涂翔　陈晓斌）

图书和数字出版

【概 况】 至2022年年底,全省有图书出版社7家,音像电子出版社5家,网络出版服务单位13家。全年出版图书、音像电子出版物共14279种。其中,新出图书、音像电子出版物4139种;重印10140种,重印率71%。

【把牢出版导向】 抓好全国宣传部长会议、全国出版(版权)工作会议精神的传达学习和贯彻落实,组织全省各设区市委宣传部、市文广新旅局、图书出版单位召开全省出版(版权)工作会议,提高政治站位,明确目标任务。结合年度选题批复,逐个单位集中进行年度重点选题论证,指导出版单位坚持正确的政治方向、出版导向、价值取向,拓宽选题思路,突出社会效益,提升年度出版选题的策划质量。2022年,省新闻出版局批复图书、音像电子选题1.3万余个,审批图书书号1800余个,审读书稿、调阅三审意见500余种,报中宣部履行重大选题备案手续20余个,守好把稳出版导向关。

【提升出版质量】 首次制定实施《江西省出版物审读暂行办法》,通过建章立制,全面加强和规范出版物审读工作,督促出版单位严格落实"三审三校"制度,压紧压实出版单位主体责任。深入开展图书"质量管理2022"专项检查、不规范使用汉字专项检查等专项整治,督促出版单位健全出版物内容审核机制、流程管理机制、宣传把关机制,不断提升出版物内容和编校质量。全年组织专家抽查审读图书100余册,及时约谈编校质量不合格图书出版单位主要负责人,明确整改要求和整改时限,督促出版单位依法依规追责问责。

【做优主题出版】 坚持以"五个一工程"为引领,深入推进新时代十年、全面建成小康社会、社会主义核心价值观等重点主题的策划出版。长篇小说《琵琶围》获中宣部第十六届精神文明建设"五个一工程"图书奖。《新的飞跃:新时代中国道路的理论与实践》《三江源的扎西德勒》等4种出版物入选中宣部2022年主题出版重点出版物选题。加强红色主题出版,围绕"三个95周年"和安源路矿工人运动100周年策划《八一南昌起义史》《江西:中国工人运动的摇篮》等60余种红色重点出版物选题。

【做强精品出版】 推进"精品出版工程"建设,加强重点选题跟踪推进,2022年全省累计获国家级、全国性出版荣誉近80项。按照主题鲜明、突出主线、质量上乘的原则,组织策划"十四五"重点图书、音像、电子出版物项目库,在中宣部有关重点选题评选中位居第一方阵。《王安石文化研究丛书》等41个项目入选"十四五"时期国家重点图书、音像、电子出版物出版规划。聚焦出版业各类评奖评优活动,组织出版单位策划创作一批国内有竞争力、国际有影响力的精品出版物。《号角:红色印刷记忆》等9个项目入选国家出版基金资助项目,《艺术为人民:延安美术史》获2021年度"中国好书",《皇瓷镇》等2个项目入选中国作家协会重点作品扶持项目,《红游记》等5种出版物入选中宣部2022年向全国青少年推荐百种优秀出版物,《中国共产党怎样解决人权问题(英文)》等9个项目入选"走出去"国家重点项目。坚持按照"严抓进度,整体调度,稳步推进"要求,抓好《江西文化符号丛书》策划调度工作,讲好江西故事,提升江西国内国际影响力与关注度。《江西文化符号丛书·英文版》已与"一带一路"沿线4个国家完成版权输出签约,获评2022年度全国"对外传播十大优秀案例"。

【推进古籍出版】 贯彻落实中共中央办公厅、国务院办公厅印发的《关于推进新时代古籍工作的意见》和省领导批示要求,牵头省直相关单位和部门抓好古籍工作调研,拟制印发《关于推进江西新时代古籍工作的实施意见》,推动全省新时代古籍工作高质量发展。深入推进中华优秀传统文化创造性转化、创新性发展,组织指导出版单位结合《江右文库》编纂出版工程,加强古籍抢救保护、整理研究和出版利用,策划、出版一批研究阐释传统文化精华、宣传普及传统文化经典的精品佳作。《文廷式全集》等5个项目入选2021—2035年国家古籍工作规划重点出版项目。贯彻落实省委、省政府关于推进《江右文库》编纂出版工程的决策部署,《江右文库》工作委员会和编纂委员会第一次会议审议通过《〈江右文库〉编纂出版总体方案》和《〈江右文库〉编纂体例》,完成预算编制、项目招标等工作,编纂出版工作全面铺开,推出第一批6种文库出版成果。

【推动融合出版】 紧跟出版业发展趋势,指导出版单位布局数字出版、融合发展等新兴业态,推进传统出版业态转型升级,加速向"一业为主、多元兴业"的复合业态转型。贯彻落实中宣部《关于推动出版深度融合发展的实施意见》,整合传统出版内容资源,探索构建融合出版种子库,储备"赣鄱书云"项目、智慧党建数字服务、"大中华寻宝记"融合出版等20余个入库项目。加强融合出版项目政策扶持,指导出版单位围绕IP进行多元开发,打造数字出版产品矩阵,创新推进一批高质量融合出版项目,共有9个项目获国家级、全国性荣誉,其中《讲给孩子的医学科普知识》入选全国有声读物精品出版工程,《瑶姬》入选中国经典民间故事动漫创作出版工程,1人入选出版融合发展优秀人才遴选培养计划,《美丽中国VR看江西》等2个项目入选首届全国虚拟现实新闻出版创新应用案例。

(陈晓斌)

版 权

【概 况】 2022年,全省办结版权案件133起,其中网络版权案件70起;完成版权作品登记6.48万件,增长83.47%。3月,江西中至科技有限公司、景德镇市瑞牛文化科技有限公司被国家版权局授予"2021年度全国版权示范单位"称号,三宝国际瓷谷被国家版权局授予"2021年度全国版权示范园区(基地)”称号。至年底,全省创建1个全国版权示范城市、13家全国版权示范单位、2家全国版权示范园区(基地)。

【版权执法】 5月19日,省版权局与省公安厅、省检察院、省法院等部门联合召开江西省打击侵权盗版工作联席会议,加强版权与公检法部门工作联动,促进行政、执法、司法部门与新闻媒体、出版单位的交流沟通,共同做好全省打击侵权盗版工作。9—11月,省版权局与省通信管理局、省公安厅、省委网信办等部门联合开展打击网络侵权盗版“剑网2022”专项行动,聚焦创新主体版权领域急难愁盼问题,强化统筹协作,深入开展版权专项整治,强化网络新业态版权监管。10月,国家版权局印发《关于奖励2021年度查处重大侵权盗版案件的决定》,江西省有12家单位(含专案组)和45名个人(含专案组)获表彰,省委宣传部版权管理处连续6年获有功单位第一批次奖励。

【开展版权宣传活动】 2022年“4·26”知识产权日版权宣传周期间,省版权局指导全省各地开展“线上+线下”宣传活动,与省知识产权局等部门联合举办知识产权新闻发布会、在线访谈等宣传活动。省委宣传部(省版权局)、省教育厅、江西日报社联合开展“版权保护赣鄱行”活动,深入全省各设区市、部分高等院校举行版权保护知识宣讲7场。

【推进软件正版化】 5月,调整江西省使用正版软件工作领导小组成员,由省委常委、省委宣传部部长庄兆林担任组长。7月,江西省使用正版软件工作领导小组办公室举办2022年全省软件正版化工作线上培训班,省直有关单位、各设区市版权局有关人员约400人参加。9—10月,省版权局牵头组织,聘请第三方专业机构协助,对省直党政机关开展软件正版化全覆盖核查,对设区市工作情况进行抽查,并及时通报相关核查情况。

【版权综合服务】 4月27日,由省版权局指导,江西日报社、江西报业传媒集团主办运营的“江西版权云”上线,为全国第一家由省级党报自主研发,融合区块链、人工智能等先进技术的版权综合服务云平台。8月28日,景德镇国家陶瓷版权交易中心上线运营,当天线上成交额超50万元。

【2022国际版权论坛举行】 11月10—11日,2022国际版权论坛在景德镇市举行。论坛由国家版权局、世界知识产权组织主办,江西省委宣传部(省版权局)承办。中宣部副部长张建春,世界知识产权组织副总干事西尔维·福尔班,省委常委、省委宣传部部长庄兆林出席论坛并致辞。世界知识产权组织中国办事处主任刘华,商务部条法司副司长李明,韩国文体观光部版权局、景德镇陶文旅控股集团、浙江中胤时尚股份有限公司、中国民间文艺家协会、英国考文垂大学、中南财经政法大学、黔西市委宣传部等单位相关负责人就版权推动创意产业发展、民间文艺版权保护与发展进行主题发言。世界知识产权组织、相关国家版权主管部门、境外著作权认证机构和国内相关部委、部分省(自治区、直辖市)版权局、著作权集体管理组织以及业界、学界的200多名代表线上线下参会。

【景德镇优秀案例示范点调研项目启动】 11月10日,在2022国际版权论坛开幕式上,国家版权局、世界知识产权组织、江西省委宣传部、景德镇市共同启动优秀案例示范点调研项目“IP与创意产业:景德镇故事”。景德镇优秀案例示范点调研项目是全国第4个优秀案例示范点,也是唯一一个版权助力整个城市发展的案例,对发挥版权助力建设景德镇国家陶瓷文化传承创新试验区,向世界讲好中国陶瓷故事具有重大意义。

【抚州列入民间文艺版权保护与促进试点地区】 11月4日,中宣部办公厅公布2022年民间文艺版权保护与促进试点地区,抚州市被列入首批8个试点城市之一。抚州市民间文艺家协会于1984年成立,全市有民间工艺技艺50余种,涵盖木雕、篆刻、剪纸、篾编、油画、陶泥、糖画、铝丝、银器、结绳、古锁、魔术、杂技、戏曲、易拉罐及铜片雕刻、焗瓷、雕版印刷、酿造等数十种门类,拥有包括国家级会员在内的各类会员300余人。广昌县被中国民协授予“中国莲文化之乡”称号,南城县被中国民协授予“中国麻姑文化之乡”称号。抚州获3个中国民间文艺“山花奖”。

【《江西省赋能基层破解版权执法难题》入选第一批知识产权强国建设典型案例】 10月,《江西省赋能基层破解版权执法难题》入选国务院知识产权战略实施工作部际联席会议办公室第一批知识产权强国建设典型案例。该案例围绕江西省在夯实基层版权执法队伍、强化版权基层执法力量方面进行的工作探索,重点介绍破解难题的主要做法:劲往基层使,破解基层办案难点,指导各地执法工作,评选发布全省年度打击侵权盗版十大案件,激励基层办案积极性;钱往基层走,以办案数量和案件大小向各地下拨版权案件补助经费,缓解基层案件查办中经费短缺问题;人往基层派,对各地一线版权行政执法骨干进行重点培育,打造一批省级“办案能手”,对重点案件开展攻坚会诊,实现全省办案“一盘棋”。

(刘兆峰)

印刷复制

【概　况】 至2022年年底,全省有印刷复制企业1816家,其中出版物印刷企业144家,包装装潢印刷企业(含外资企业)639家,其他印刷品印刷企业1010家,专项印刷企业12家,专营数字印刷企业11家。全行业固定从业人员7.88万人。全年印刷业实现工业总产值380亿元,其中出版物印刷56.8亿元,包装装潢印刷175亿元,其他印刷品印刷141亿元,专项印刷7.2亿元。资产总额约316.2亿元,工业增加值68.7亿元,工业总产出390亿元,对外加工6.5万美元。全省规模以上重点印刷企业有63家,主要集中于赣州、南昌和宜春,实现工业总产值167.3亿元,占全省印刷工业总产值的44%;实现销售收入151亿元,利润6.7亿元。

【“放管服”改革】 按照省委、省政府“双一号工程”要求，推进简政放权工作，响应办事群众意见建议，创新优化图书、期刊印刷委托书行政审批项目工作流程，实现“一次不跑”办理，提升便民便捷政务服务。优化涉企经营许可事项审批管理，规范行政审批行为，提高审批工作效率，坚决杜绝随意审批、延时审批等问题。2022年，省新闻出版局累计完成“窗口”各类行政审批300余项（件），审批印刷委托书400余批次1.20万份。

【规范内部资料编印秩序】 按照严控总量、优化存量、提高质量要求，开展内部资料性出版物编印秩序排查，保证内部资料性出版物编印内容符合国家相关政策法规。加强样刊内容质量的审核把关，重点加强涉民族、宗教内容刊物的审读，及时约谈10余家内部资料编印存在问题单位相关责任人。严格落实年度核验换证工作，完成全省449种连续性内部资料性出版物年度核验，注销不合格连续性内部资料性出版物准印证23种。

【推进行业监管考核】 指导各地市执法部门加强印刷复制企业“双随机、一公开”抽查力度，营造健康有序市场秩序。2022年，全省各地市文化市场执法部门抽查印刷单位600余家，抽查比例超30%，发出整改通知书30余份。推进年度考核工作，完成全省1816家印刷企业年检工作。开展全省印刷企业印制涉“非”涉“黄”印刷品和容易对消费者产生误导产品标识自查自纠工作，将其作为年度报告的重要内容，组织企业认真填写，避免印刷企业印制涉“非”涉“黄”和容易对消费者产生误导产品标识行为。

【开展安全生产监督检查】 坚持把安全生产摆在重要位置，指导督促企业强化安全生产意识，严格落实安全生产责任制和检查巡查。开展2022年“3·15”印刷复制质检活动和中小学重点教材印刷复制环保质量检查工作，加强印刷复制市场日常检查巡查，突出管好重点对象，强化安全意识和质量意识。组织全省印刷企业参加国家新闻出版署举办的2022年印刷企业复工复产安全网络培训，督促企业提高安全生产意识。组织全省印刷复制企业开展安全生产大检查，全面清理排查存在的安全隐患，制定整改措施，明确责任分工，将安全生产隐患消除在萌芽状态。

（陈晓斌）

出版物发行

【概　况】 至2022年年底，全省有出版物发行单位3110家（不含江西新华发行集团和省邮政公司下属的发行网点），其中出版物发行批发单位406家、出版物发行零售单位2704家。全省出版物发行企业年销售收入346.7亿元，从业人员4.94万人。

【重点图书发行】 严格按照中宣部部署安排，统筹指导各级党委宣传部门做好《习近平谈治国理政》第四卷等重点图书征订发行工作。举办中国共产党第二十次全国代表大会文件及学习辅导读物江西首发式，宣传、规范、保障中共二十大会议文件及学习辅导读物有序发行。至年底，全省发行《让群众过上好日子——习近平正定足迹》等4部图书共12.1万余册，征订发行《习近平谈治国理政》第四卷62.2万余册，中共二十大报告及学习辅导读物征订发行量突破160万册。

【出版物发行企业监管】 抓实年检和社会效益考核工作，通过自查自评、审查复核，江西新华发行集团社会效益评价考核等级为优秀，江西蓝海国际贸易有限公司社会效益评价考核等级为良好。完成全省出版物发行单位年度核验工作，共有3114家出版物发行企业参加年检，其中通过年检的企业2964家，缓期登记的企业146家，注销和不予通过年检的企业4家。依法依规加强出版物批发企业行政审批工作，全年批准新设立的批发企业72家，审批准予变更事项的批发企业42家。指导督促各级执法部门加强“双随机、一公开”抽查，提高事中事后监管效率，全省抽查发行单位1240家，行政处罚89家，抽查各类发行活动203场次。

【完成中小学教材“课前到书”任务】 树立“一盘棋”思想，通过优化资源配置、提升审批效率、深入生产一线等系列举措，提高重点出版物（含中小学教材）审批效率，指导印刷企业优化产能和时间配置，做到“人停机不停”、交接班无缝对接，保障教材印制“大后方”。指导江西新华发行集团制定发行工作方案，发扬连续作战精神，建立每日通报制度，提高运输配送效率，深入生产一线检查督促，完成全省700余万名中小学生“课前到书、人手一册”任务。

（陈晓斌）

出版物市场监管

【概　况】 2022年，围绕迎接宣传贯彻中共二十大这条主线，以“正道”“新风”集中行动为平台，深入开展“八大专项整治”，聚焦重点问题，突出首要任务，强化网上网下监管，严厉打击各类涉“黄”涉“非”出版传播活动，维护全省政治安全、意识形态安全和文化安全。全省查缴各类非法出版物32万余件，查处各类“扫黄打非”案件385起，17起案件被列为全国挂牌督办案件。

【网络文化环境监管】 聚焦网络主战场，开展网络社交平台有害信息、网络搜索引擎非法链接、涉未成年人有害出版物及信息、网络游戏和网络文学有害内容等专项整治，严厉打击网络传播涉黄涉非有害出版物及信息，查处网络“扫黄打非”案件153起，全国挂牌督办专项整治案件9起，其中江西南昌曹某非法经营案被列为公安部网安局夏季治安打击整治“百日行动”典型案例，上饶市某网络公司违规提供未成年人网络游戏服务案被列为全国2022年上半年“护苗”行动典型案例。会同网信、公安、广电等部门开展网络监测巡查，密切关注互联网新闻账号，社区论坛、微博、微信等新媒体渠道，建立网络社交平台账号负面管理清单，完善有害信息样本库，对省内持网络视听节目许可证的各级融媒体中心、广播电视台等播出主体开通的近800个新媒体账号发布的文本、图片、音视频等信息内容开展常态化监测，防止通过新媒体账号传播涉“黄”涉“非”有害信息。

【规范新闻出版传播秩序】　紧盯重点任务、重点时节、重点部位，强化市场检查和网络巡查，查处网上网下各类侵权盗版活动，打击新闻“三假”及新闻敲诈等违法违规行为。部署开展元旦、春节期间出版物市场及网络文化环境监管工作、春秋季开学校园周边文化市场环境集中整治，对校园周边文化经营场所、印刷复制企业、集贸市场、公共图书馆等开展清查整治，出动执法人员1.4万人次，检查文化经营场所8000余家次，收缴非法出版物2.4万余册。组织出版物市场暗访检查，全省开展市场暗访检查和督导检查20余次，其中省“扫黄打非”办公室组织暗访检查4次，实现全省11个设区市全覆盖，发现各类违法违规问题94个，并全部得到处置，行政处罚17起。开展电商平台销售非法出版物专项整治，会同新闻出版主管部门下发《关于开展电商平台网店出版物经营许可证核验工作的通知》，对上级下发目录涉及省属电商平台网络店铺出版物经营许可证进行核验，共核验电商平台出版物经营许可证1369家，其中假证183家、43家无法核验。各地根据网络书店数据情况建立监管台账，对无证、假证的网络书店予以关闭；将网络书店与实体书店一同纳入日常监管和暗访检查范围。全省检查网络书店2232家次，责令整改41家，行政处罚14家。

（魏凯）

电影电视剧

【概　况】　2022年，江西省电影市场新增影院14家、新增银幕112块。至年底，全省有营业影院401家、银幕2322块。全省电影总票房8.7亿元，占全国总票房（299.47亿元）的2.9%，列全国第15位；观影2229万人次，占全国观影人次的3.1%。全年分配下达省级电影专项资金2672.26万元，主要用于疫情专项补贴、奖励放映国产影片达标影院、资助乡镇影院建设、奖励票房成绩突出影院、扶持电影创作生产；分配下达中央补助江西省电影专项资金1123万元。坚持规划引导和服务管理并重，打造电视剧精品。精选16部622集电视剧，供各设区市广播电视台无偿使用播出。

【电影创作生产】　全省受理电影剧本备案58部，其中17部获《电影剧本（梗概）备案回执单》，《爱在井冈》等省产电影获电影公映许可证。4月22日，重大革命历史题材电影《邓小平小道》上映，总票房累计达2657万元，并获国家电影专资资助优秀国产影片宣传发行项目500万元，影片还获第35届中国电影金鸡奖“最佳编剧”“最佳女配角”两项提名、第29届北京大学生电影节“最受大学生欢迎年度影片”、第七届中加国际电影节最佳传记电影奖。

【电影公益放映】　全省开展“光影耀赣鄱·文化进万家”红色经典进万村、“学习宣传二十大·踔厉奋发新时代”优秀电影放映等公益电影放映活动，组织1400余支流动电影放映队深入农村、扎根基层，把电影带到寻常百姓家，为广大人民群众送去“电影文化大餐”。活动精选《我和我的祖国》《悬崖之上》《信仰者》《1921》《中国医生》等一批传播正能量、唱响主旋律的影片，走进全省乡村、社区、学校、工业园区等地开展公益放映，获得中宣部《每日要情》、中国电影报、央视电影频道的关注和报道。

【第三届庐山国际爱情电影周活动在庐山举行】　8月16—22日，第三届庐山国际爱情电影周活动在庐山举行。活动由中央宣传部电影卫星频道节目制作中心、中国电影基金会、江西省文化和旅游厅、九江市委和市政府联合主办，主题为“庐山恋·恋庐山”，包括主题盛典（CCTV－6现场直播）、重点影视项目签约仪式、电影产业发展座谈会、庐山国际爱情电影论坛、中外电影影片展映等系列活动，数百名文化界、影视界领导和嘉宾出席。《人民日报》、新华网、央视电影频道、《中国电影报》《江西日报》、抖音等主流媒体和新媒体平台对电影周进行重点报道，促进“庐山天下悠”文旅深度融合，提升江西电影品牌的知名度。其中，主题盛典晚会在电影频道电视端直播，并在网络全媒体平台传播，收视率0.39%，市场份额2.06%，同时段排名第7，全网热门话题24个，全网直播观看总量超5500万次，相关话题阅读量超10亿次。

（何根晖）

【电视剧创作生产】　制定《2022年局重点文艺作品选题规划》《2022年重点电视剧项目选题规划》《“十四五”期间重点电视剧项目选题规划》，策划《大道薪火》《此生只为你》《今朝更好看》《青春正好》等一批重点选题，构建有序衔接、滚动实施的创作生产格局。建立江西省电视剧精品项目库，对重点项目精准施策，做到“专班管、专人盯”，全程跟踪指导、协调保障。3月15日，电视剧《爱拼会赢》在央视综合频道黄金时段首播，该剧入选第十六届精神文明建设“五个一工程”电视类优秀作品奖公示名单，获第31届中国电视金鹰奖优秀电视剧提名，入选第四届“江西省文学艺术奖”公示名单；重大革命历史题材电视剧《大道薪火》完成拍摄，该剧通过中央电视台项目推荐会。

【电视剧质量管理】　年内，出台《江西省电视剧创作生产全流程管理服务工作机制》，提出15项具体工作举措，全面覆盖选题规划、备案立项、剧本创作、拍摄制作、内容审查、发行播出6个阶段，将质量观念落实到电视剧工作的全流程、各环节。编印《江西省电视剧拍摄服务指南》，宣传“拍在江西”，推介拍摄景地资源，梳理拍摄服务流程，解读政策措施。印发《电视剧备案拍摄审查申报程序及工作提示》，为影视制作机构提供服务。

【规范电视剧播出秩序】　加大优秀现实题材和党史题材电视剧排播力

度，策划开展“喜迎二十大奋进新时代”优秀电视剧公益展播活动，精选16部622集电视剧，供各设区市广播电视台无偿使用播出。严格执行电视剧二次告知承诺制度，压实制作机构主体责任，部署开展电视剧母版制作规范工作，提升剧集制作规范化水平。与省税务局建立信息共享、协作配合的电视剧片酬管理联动机制，打击“阴阳合同”“天价片酬”、偷逃税款等违法行为。

（刘宁）

广播电视宣传

【主题宣传】 按照国家广电总局和省委宣传部的统一部署，策划推出“奋进新征程建功新时代”等系列主题报道、专题节目，做到网上网下同频共振，展现新时代10年历史性成就、历史性变革和人民群众的幸福生活，唱响昂扬奋进的主旋律。深化“头条”和“首页首屏首条”建设，做好习近平新时代中国特色社会主义思想宣传，深入阐释“两个确立”的决定性意义，展现习近平新时代中国特色社会主义思想的真理力量和实践伟力，以及中共中央总书记习近平视察江西重要讲话的实践成果。推进“三个95周年”、赣南等原中央苏区振兴发展战略实施10周年等重大主题宣传，开展“名播名记走基层”活动，讲好江西故事，传播江西好声音，展示江西好形象。

【广播电视作品创新创优】 围绕喜迎中共二十大等主题，组织开展“奋进新征程建功新时代”全省广播电视台优秀节目联播展播活动，开辟专栏播出广播电视新闻报道、专题节目和综艺类节目，共有38件广播作品、123件电视作品在江西网络广播电视台（今视频）进行展播。加强广播电视节目重点选题策划，开展2022年广播电视节目（含电视动画片、电视纪录片、广播剧）重点选题联合制作工作。加强优质节目供给，助力市县广播电视台做优做强，调度、整合11部作品173集3181分钟的优秀广播电视节目资源，充实江西省优秀广播电视节目片库，组织省市县广播电视台开展优秀节目公益播出工作，省市县三级共86家广播电视台下载并排播这些优秀节目，播出总时长达5531小时。

【广播电视宣传导向管理】 结合安全生产和安全播出大检查、“双随机、一公开”工作，对全省部分广播电视台节目三级审查和重播重审等工作开展检查，督促指导各播出机构对存在的问题进行整改，严格执行三级审查和重播重审制度，确保宣传和节目导向正确，不出问题。开展广播电视所属新媒体平台和账号专项整治工作，对全省各级广播电视台所属新媒体平台、账号和从业人员账号进行全面梳理，进一步完善宣传管理各项制度。

（胡小玲）

广播电视“放管服”改革

【概　况】 2022年，省广电局贯彻落实省委、省政府双“一号工程”部署，推进广播电视和网络视听业双“一号工程”。制定出台《关于深入推进广电营商环境优化升级“一号改革工程”实施方案》，落实“三张清单”（市场准入清单、行政许可事项清单、“互联网+监管”事项目录清单），构建权责一致的广电职能体系。出台《江西省广播电视节目制作经营机构信用分级分类监管办法（试行）》，在全国率先启动广播电视行业信用分级分类工作，首创“通用+广播电视”信用分级分类监管新机制。

【推动重点企业落户】 5月，助推动漫行业头部企业“功夫动漫”总部落户江西。成立工作专班，提供“定制化”服务，用5个工作日核发经营许可证，对涉及其他5个省直单位的7个行政许可事项，做到全程延伸服务。7月，省广电局围绕“法治化营商环境”主题在国家广电总局年中工作推进会上作交流发言，相关做法入选《江西省深化“放管服”改革优化营商环境典型案例汇编》。

【举办2022年全省广播电视和网络视听行政审批业务培训班】 6月24日，省广电局在南昌举办2022年全省广播电视和网络视听行政审批业务培训班。培训班邀请省政务服务办行政审批制度改革处处长陈卫军，以“持续深化行政审批制度改革奋力推进营商环境‘一号改革工程’加速优化升级”为题授课；省广电局传媒机构管理处、网络视听节目管理处、科技处负责行政审批工作人员，对

6月24日，省广电局在南昌举办2022年全省广播电视和网络视听行政审批业务培训班

省广电局供

县、市级受理逐级审批的高频政务服务事项的工作要求、审批流程、重点难点问题等作辅导解读；围绕广电系统行政审批工作开展问卷调查并发放《江西省广播电视局政务服务事项目录和办事指南》。各设区市、省直管县(市)文广新旅局、赣江新区管委会广电业务、政策法规工作的负责人及行政审批人员、省广电局驻省政务中心大厅窗口人员共60余人参加培训。

【广播电视数字经济】 2022年，全省广播电视服务业创收48.1亿元，同比增长27%。持续推进广电媒体深度融合，开展广电媒体融合先导单位、典型案例、成长项目征集评选，1个案例获评全国广播电视媒体融合典型案例。会同省委宣传部、中央广播电视总台江西总站等单位举办世界VR产业大会“VR+超高清”主题论坛，中央广播电视总台“超高清视音频制播呈现国家重点实验室虚拟现实应用实验室”落地南昌。加速推进广电5G建设，全面完成700兆赫兹频段迁移，中国广电5G核心网南昌中心节点和江西广电网络数据中心等重点工程建设完成并投入使用。

广播电视科技

【概 况】 2022年，全省广播电视科技工作守住安全播出这条生命线，省广电局多次召开会议，专题部署调度，并由局领导带队，进行全省广播电视“拉网式”的安全大检查和“回头看”，先后排除各类隐患问题286个。中共二十大召开期间，各级落实领导带班和值班值守制度，落实安全播出各项保障措施，确保直播转播安全，信号传输安全稳定，实现安全播出“零事故”。坚持源头预防，推进应急广播建设，媒体融合发展，以科技助推广播电视转型升级发展。

【应急广播体系建设】 在全省开展行政村应急广播终端建设工作，根据建设进度分类施策，把应急广播建设抓在手中，做到全省上下一体联动，至年底，行政村应急广播终端建设覆盖率94.9%。同时，各地依托已建成的“村村响”大喇叭，统筹气象、水利、应急管理、政法等部门资源，开展疫情防控、洪涝和泥石流灾害预警、高温异常天气预报和防溺水宣传，做好舆论引导、科普宣传和公益广告宣传，及时发布与广大基层农民群众生产生活密切相关的信息。省广电局申报的网络安全特色项目——“网安宣传村村响”，获2022年度全国网络安全宣传优秀项目。省委《重要信息》对省广电局“依托应急广播‘村村响’大喇叭，及时发布权威信息，传播防疫、抗洪常识，助力基层治理水平提升”的做法，给予肯定。

【推进广电媒体深度融合发展】 组织开展广电媒体融合先导单位、典型案例、成长项目征集评选和“喜迎党的二十大广电媒体融合新品牌推选”等评选活动，进一步激发融合发展活力，其中，1个案例获评2022年度全国广播电视媒体融合典型案例，3个案例获评年度“全国智慧广电网络创新服务”案例，3个项目入选年度“全国智慧广电网络新服务”项目。中央广播电视总台“超高清视音频制播呈现国家重点实验室 虚拟现实应用实验室”项目落地南昌，会同省委宣传部、中央广播电视总台江西总站等单位举办2022世界VR产业大会“VR+超高清”主题论坛，搭建“VR+超高清”领域加强交流协作、促进成果应用的行业创新平台。推进全省广电5G建设，完成700兆赫兹频段的迁移工作，江西中国广电5G核心网南昌中心节点和江西广电网络数据中心等重点工程建设完成并投入使用。

（杨成东）

播出制作机构管理

【概 况】 2022年，推动萍乡市广播电视台撤销教育频道、抚州市教育电视台撤销教育频道。指导上饶市广播电视台调整节目定位，将公共频道调整为经济·旅游频道。督促江西广播电视台都市频道、公共·农业频道和南昌广播电视台资讯频道整改专业节目播出比例不达标问题，江西广播电视台信息交通广播整改擅自改变呼号问题。规范行业秩序，营造行业发展环境。

【电视高清化建设】 江西广播电视台、景德镇市广播电视台、抚州市广播电视台所有频道均实现高清播出，至年底，全省地市级以上播出机构38个电视频道，除萍乡市广播电视台公共频道外，其他37个频道全部实现高清化播出，高清化播出率97%。县级播出机构中，都昌县、分宜县、玉山县、高安市、瑞金市等19个县级融媒体中心完成高清化建设，江西广播电视台、宜春市广播电视台已立项推进4K超高清系统改造。

【开展专业电视频道综合评价】 进一步引导全省广播电视播出机构精简精办频道，优化频道结构，规范节目设置，助力融合创新，推动专业电视频道履行正确的工作导向、效益导向和发展导向。编制《江西省专业电视频道综合评价指标体系》和《江西省专业电视频道综合评价项目应用方案》，启动省台都市频道等9个专业电视频道综合评价工作，评价结果成为频道管理的重要抓手和实施退出的重要依据。

【广播电视节目制作经营机构监管】 严格持证机构审批，审批新增持证机构均一次告知、便捷办理、按时公示。建立健全与省政务服务中心联动、加强事中事后监管的跟踪管理服务机制，指导完成机构审批后立即推送机构信息纳入管理，制定《〈广播电视节目制作经营许可证〉持证机构须知》，随许可证发放。完成全省2021年度国有影视企业社会效益评价考核工作，督促持证机构自觉履行社会责任。制定《江西省广播电视节目制作经营机构信用分级分类监管办法(试行)》，对全省广播电视节目制作经营机构实行信用分级分类监管，落实信用等级评定，根据信用分类结果实施差异化监管措施，提升监管的精准化和效能。

（徐家伟）

本类目编辑 詹跃华

卫 生 健 康

综 述

2022年，全省卫生健康系统统筹推进疫情防控和卫生健康事业发展。江西省孕产妇死亡率、婴儿死亡率、5岁以下儿童死亡率等主要健康指标均优于全国平均水平，人均期望寿命提高到77.8岁。

疫情防控。始终把疫情防控作为头等大事来抓，因时因势调整完善疫情防控措施，及时高效处置奥密克戎突发疫情。完成上海分流入赣国际航班21架次4569人次疫情防控保障任务，支援吉林、上海、海南、新疆、重庆等省（自治区、直辖市）疫情防控，援助突尼斯、乍得等国家开展疫情防控。抓好医疗救治保障和重点人群保护，发热门诊覆盖所有县（市、区）和建制乡镇（街道），88家定点医院床位总数4.07万张，44家亚（准）定点医院床位总数2.39万张，全省131家三级医疗机构共有综合ICU和专科ICU床位3645张，可转化ICU床位2504张。进一步加强免疫工作，全面推进全人群疫苗接种和60岁以上老年人疫苗接种。

健康江西。多层次推动卫生城镇创建，3个设区市、42个县（市）、150余个乡镇申报国家卫生城镇。将健康江西建设纳入全省市县高质量发展考核评价体系，制定健康细胞建设规范，开展健康江西行动重点市县、健康城市、健康细胞等建设，在全国率先成立江西省健康江西志愿者联合会。

项目建设。实施“项目提升年”，全省储备补短板、强弱项的卫生健康项目770多个，总投资规模885.5亿元。申报国家区域医疗中心、国家紧急救援基地、现代化疾病预防控制体系建设等项目47项，获中央预算内投资资金18.33亿元。成立大健康产业发展办公室，统筹、指导和协调推进全省大健康产业项目；成立江西省医疗健康投资有限公司，打造大健康产业发展主平台；主办2022中国（南昌）国际大健康产业大会暨博览会，助力大健康产业新业态融合发展。

公共卫生。全面实施村（居）民委员会下设公共卫生委员会，全省94家县级疾控中心可检测项目数在100项以上，争取3474万元用于县级妇幼保健机构服务能力建设。全省614家基层医疗卫生机构开展高血压、糖尿病医防融合试点，重点人员家庭医生签约率稳定在70%以上。及时高效处置83起急性传染病，慢性病综合防控示范区覆盖率33%，重大慢性病过早死亡率降至13.72%。全省严重精神障碍报告患病率5.05‰，在册患者规范管理率93.60%，综合评分位居全国第五。建成鄱阳湖区血吸虫病传染源监管平台，全省39个流行县（市、区）中24个达到血吸虫病消除标准，6个达到传播阻断标准，9个维持传播控制标准。独立承接2项国家食品安全标准研制，赣州市成功申报建设国家食品安全与营养健康综合试验区。

卫生健康服务。全省公立医院门诊患者满意度、住院患者满意度保持在全国第一方阵，基本实现城市居民15分钟、农村居民30分钟的有效就医圈。推进急危重症体系建设，全省有卒中中心110家、胸痛中心92家、创伤急救中心95家。建设17个国家级临床重点专科、6个省域建设项目、49个省级临床重点专科项目，覆盖全省11个设区市，布局8个重点实验室、5个省医学领先学科、13家省级临床医学研究中心，国家卫生健康委“鼻咽癌个体化诊疗重点实验室”落户江西。建成互联网医院16家，全年总服务量15万人次，50余项检查检验项目纳入互认范围。加强婚前孕前保健和出生缺陷一级预防，建立婴幼儿入托补贴制度，申报中央普惠托育项目66个，争取资金6981万元，全省每千人口托位数达到3个。推动医疗卫生机构适老化转型升级，全省1839家综合性医院、康复医院、护理院和基层医疗机构开展老年友善医疗机构建设，200家二级以上公立综合性医院设置老年医学科。开展全国医养结合示范县（市、区）和示范机构创建活动，争取省级财政资金1050万元，支持公办医疗卫生机构建设养老床位，打造南昌县莲塘镇莲安南路社区等33个全国示范性老年友好型社区。

中医药传承发展。围绕中医药强省战略和建设国家中医药综合改革示范区（江西），出台《江西打造全国中医药产业高质量发展示范区实施方案》等政策规划支持中医药改革创新发展。推进市县级公立中医院全覆盖，安排资金4455万元，支持479个乡镇中医馆内涵建设，打造4个重大疾病治疗重点专科、67个病种专科和3个中医特色治疗平台。新增国医大师1名，全国名中医3名，获批国家住院医师规范化培训中医重点专业基地2个，新增59个国家中医药传承工作室和25个江西省中医药管理局重点研究室、临床研究基地。对铁皮石斛、杜仲叶、灵芝三味中药实施食药物质试点管理，打造江西省优势药食同源中药品种，全省中药子行业实现营业收入309.41亿元,同比增长9.84%。

（马晓平）

医疗改革

【概　况】 2022年,推广三明医改经验,遴选南昌市、九江市、鹰潭市、赣州市作为深入推广三明医改经验示范地区,选择11家省、市、县级医院和南昌市、赣州市作为公立医院高质量发展示范地区(单位),在全省82个县(市、区)启动紧密型县域医共体建设,构建有序合理就医诊疗新格局。推进国家基本药物制度在基层实施,全省基本药物采购金额占比42.2%,基本药物制度落实成效稳居全国第一方阵。

【推广三明医改经验】 省医改领导小组秘书处印发《关于深入推广福建省三明市经验 深化医药卫生体制改革的实施方案》《关于抓好深入推广三明医改经验及推动公立医院高质量发展工作落实的通知》《深入推广福建省三明市医改经验重点工作任务台账》,明确工作思路、任务、举措和要求。遴选南昌市、九江市、鹰潭市、赣州市作为深入推广三明医改经验示范地区。每季度对各地推广三明医改经验进展情况进行调度,通报各地各单位工作落实情况,部署谋划下阶段重点工作任务。把深化医改工作纳入市县综合考核内容,重点考核各地推广三明医改经验、推动公立医院高质量发展、构建有序合理就医诊疗新格局情况,确保年度各项重点改革任务落实。

【医药卫生体制改革】 2月11日,省人力资源和社会保障厅、省财政厅、省卫生健康委、省医疗保障局印发《江西省深化公立医院薪酬制度改革实施意见》。7月7日,省医疗保障局、省卫生健康委、省财政厅、省市场监管局印发《关于建立医疗服务价格动态调整机制的实施意见(试行)》。全省完成首轮医疗服务价格动态调整调价评估工作,在昌省直公立医院和9个地市达到调价启动条件。9月19日,省卫生健康委印发《江西省深化医药卫生体制改革2022年下半年重点工作任务》,从加快构建有序的就医和诊疗新格局、深入推广三明医改经验、着力增强公共卫生服务能力、推进医药卫生高质量发展4个方面提出21项医改重点工作任务。10月14日,省深化医改工作领导小组召开2022年全省医改工作电视电话会议,部署全省医改重点任务。

【公立医院高质量发展】 1月10日,省政府办公厅印发《关于推动全省公立医院高质量发展的实施意见》,明确28项重点任务、部门任务分工和重点任务清单。4月27日,省卫生健康委办公室制定《江西省人民政府办公厅推动全省公立医院高质量发展的实施意见委内任务分工》。制定7个方面28项公立医院高质量发展评价指标,定期调度评价各地、各单位工作进展情况。确立11家省、市、县级医院和2个地市作为公立医院高质量发展示范地区(单位),制定高质量发展示范实施方案,明确时间表、路线图、指标值等。申报中央财政公立医院改革与高质量发展示范项目,开展公立医院综合改革绩效评价,并将评价结果作为绩效因素分配中央和省级公立医院综合改革补助资金。

【医共体建设】 制定进一步深化医改推动形成全省就医和诊疗新格局的工作方案,从推动优质医疗资源扩容和区域均衡布局、提升医疗机构服务和管理能力、推进就医和诊疗协同性平台建设、强化就医和诊疗新格局政策支撑4个方面,明确20项重点任务。9月11日,省卫生健康委印发《关于推广瑞昌市紧密型县域医共体医防医养融合发展经验的通知》,在全省紧密型县域医共体建设中推广,探索医防医养融合发展、构建全方位全生命周期健康服务体系。9月21日,省深化医改领导小组印发《关于深化县域综合医改全面开展紧密型县域医疗卫生共同体建设的实施意见》,在全省82个县(市、区)全面启动紧密型县域医共体建设。12月28日,省医疗保障局、省财政厅、省卫生健康委印发《江西省推进紧密型县域医疗卫生共同体医保支付方式改革实施方案》,推动紧密型县域医共体建设。开展2021年度全省专科联盟绩效自评,对省内登记备案的108个专科联盟进行梳理、分析、总结评价和通报。组织15家紧密型县域医共体试点县填报监测评价指标,组织3个城市医疗集团试点市填报绩效考核指标。

（吴思庭）

医政工作

【概　况】 2022年,中日友好医院江西医院、浙江大学附属第一医院江西医院、重庆医科大学附属儿童医院江西医院、广东省人民医院赣州医院、中南大学湘雅医院江西医院、上海中医药大学附属龙华医院江西医院、南方医科大学南方医院赣州医院7家医院获批国家区域医疗中心“建设类”项目。强化医疗行业监管,3月2日,省卫生健康委印发《江西省医疗机构不良执业行为记分管理办法(2022版)》《江西省医务人员不良执业行为记分管理办法(2022版)》;11月18日,省法院、省卫生健康委联合省司法厅、省银保监局印发《江西省医疗纠纷一体化处理工作规范》,推动鉴定前置和保险普及,维护医患双方合法权益。

【新冠肺炎疫情防治】 开展南昌、鹰潭、吉安等地局部奥密克戎突发疫情医疗救治,组织5批次2600余名医务人员驰援吉林、上海、海南、新疆、重庆抗疫,开展新冠疫苗接种异常反应医疗保障和院感防控、院前急救等保障工作。发热门诊实现各级医院和建制乡镇(街道)“双覆盖”;优化配置和统筹医疗资源,落实分层分级救治,建成7家省级、36家市级重症救治医院和109家县级救治定点医院的救治网,确保防控措施调整转段平稳有序。

【机构人员准入】 将三级医疗机构准入及事中事后监管权限赋予赣江新区,梳理江西省卫生健康系统行政备案事项清单。印发《江西省医师、护士执业注册“省内通办”操作指南》,加强机构人员准入管理。组织实施2022年度医师资格考试,全省首次开展“一年两试”试点。

【医疗服务能力建设】 实施三级医院对口支援和县级医院服务能力提升工程,建设卒中中心、创伤急救中心和胸痛中心。探索建立“红色文化+社会治理”机制,建设省级社会心理服务热线(966525),推进南大玛丽女王学院社会心理服务试点,严重精神障碍管理治疗工作综合评分排名全国第五。

【医疗管理】 重大疾病救治病种达35个,儿童血液病和恶性肿瘤救治管理病种达22种。累计拨付应急救助资金5857万元,救助患者7852人次。推进“互联网+”药学服务,开展全省各级各类医疗机构检查2564家次。组织省内三级医疗机构分阶段推广使用全国医疗机构废弃物信息管理系统。

【医疗质量安全】 全省新增9个专业省级质量控制中心。10月17日,省卫生健康委印发《江西省采供血机构设置规划(2021—2025)》。全省无偿献血总人次数、采血量分别达48.19万人次、79.46万单位,比2021年同期下降4.00%和8.42%;供血量达84.89万单位,比2021年同期上升1.78%。12月14日,省卫生健康委印发《江西省临床专科能力建设三年行动计划(2023—2025年)》,完成6个省域重点疾病领域专科建设项目中期评估,确定8个国家级临床重点专科建设项目。完成366家医疗机构电子病历应用水平分级评价审核,比2021年增长10.24%。

【医院评审评价】 组织实施2022年度二级、三级公立医院(非中医类)绩效考核。制定第四周期医院评审标准及实施细则,建立省级医院评审员库,建设医院评审平台。加强医院病案首页数据质量质控和结果应用,发布《江西省DRG绩效分析报告》4期。

【平安医院建设】 推进医院“三防+智慧防”建设,在南昌市推广智慧平安医院建设。全省三级医疗机构“一键报警装置与公安机关接入率”“医院主要出入口实现安检覆盖率”“安防系统达标率”分别同比提升29.78%、22.69%、13.18%。

【康复医疗服务】 9月,出台《江西省护理事业发展“十四五”规划》。启动康复护理、麻醉护理、安宁疗护等10个专科护士培训基地建设。全省19家互联网医院上线,累计服务患者超13万人次。全省54家医疗机构上线“互联网+护理服务”,服务2500余人次。启动全省康复医疗服务示范单位创建,确认1家康复示范医院建设单位及18家医院康复示范科室建设单位。全省公立医院门诊、住院患者、员工满意度保持在全国第一方阵。

(樊成)

基层卫生与妇幼健康

【概　况】 2022年,全省有社区卫生服务机构776个,其中社区卫生服务中心234个,社区卫生服务站542个。全省有乡镇卫生院1612所,其中中心卫生院507所,一般卫生院1105所;全省有村卫生室2.16万个。全省住院分娩活产数30.53万人。全省婚检率达96.90%。孕产妇死亡率5.71/10万,新生儿死亡率1.70‰,婴儿死亡率2.93‰,5岁以下儿童死亡率4.59‰。城乡适龄妇女宫颈癌检查66.22万人,乳腺癌检查59.08万人。免费为全省33.33万名孕产妇提供艾滋病、梅毒和乙肝检测,为阳性感染母婴提供预防传播服务。

【城乡社区疫情防控】 全省乡镇卫生院和社区服务中心累计建成1732个发热诊室,建设率和开放率99%。发挥基层疫情监测预警作用,完成辖区内疫苗接种、隔离转运、追踪随访、核酸采样、重点场所、卡口的测温和环境消毒等防控工作。累计排查和管控中高风险地区和国外境外来返(赣)人员近900万人。全省建立村(居)公共卫生委员会1.15万个,实现60.8%的村(居)委会设立公共卫生委员会。

【健康帮扶】 将脱贫人口和脱贫不稳定户、边缘易致贫户、突发严重困难户3类重点监测对象纳入家庭医生签约服务范围,明确先诊疗后付费和一站式结算人员范围;动态监测乡村医疗卫生机构和人员变化情况,通过巡诊、派驻等方式,实现乡村医疗机构空白点“动态清零”。

【基层服务体系】 全省75.6%的县(市、区)全额保障基层医疗卫生机构人员工资及社保待遇,79.4%的县(市、区)基层医疗卫生机构实施收支结余可用于发放人员绩效工资并纳入绩效工资总量追加。推进优质服务基层行活动和社区医院建设,全省评审达到国家推荐标准基层机构124家,占全省乡镇卫生院和社区卫生服务中心总数的10.2%;全省评审累计达到国家基本标准812家,占全省乡镇卫生院和社区卫生服务中心总数的49%。全年建成社区医院42个。全省270家二级以上医院派出1584人对口支援基层医疗机构,受援基层医疗机构1006个,占比57.8%。

【基本公共卫生服务】 全省614家基层医疗卫生机构开展高血压、糖尿病医防融合试点。制定推进家庭医生签约服务高质量发展的实施方案,全省建立家庭医生团队1.73万个,其中二级以上医院医务人员参与比例35%,重点人员签约率稳定在70%以上。推进居民健康档案向个人开放,向居民开放个人电子健康档案2018.9万份,占比49.8%。

【乡村医生队伍建设】 全省40个县(市、区)落实乡村医生“乡聘村用”,各地将40%的基本公共卫生服务工作任务安排给村医承担,全年下达乡村医生公共卫生服务岗位补助7527万元,乡村医生养老生活补贴1746万元。做好订单定向村医接收安置,全省累计接收安置定向村医3365人,全部纳入乡镇卫生院统一管理。

【母婴安全】 困难家庭孕妇胎儿颈部透明带(NT)检查列入省政府民生实事项目。全年为困难家庭孕妇无创产前基因检测2405例、地中海贫血基因检测1898例、胎儿颈部透明带(NT)检查261例,为困难家庭新生儿耳聋基因检测2385例。省卫生健康委、省红十字会联合开展2022—2023年度让爱无缺公益募捐活动,募集103万余元,用于全省困难家庭孕妇产前诊断、新生儿先天性心脏病筛查、遗传代谢性疾病筛查、听力筛查,危重孕产妇及0~14岁儿童免费救治。建成省妇幼健康信息系统(二期),研发利用涉疫孕产妇信息登记平台、大江网涉疫求助平台回应求助,保障疫情期间孕产妇和儿童健康服务。开展孕产妇死亡省级评审培训5期4000余人次,安排5名省级母婴安全专家驻县蹲点。

【妇幼健康服务能力建设】 投入资金3474万元,用于县级妇幼保健机构服务能力建设,开展县级妇幼保健机构儿童保健能力提升、新生儿科医师、基层产科医师、出生缺陷防治人才培训等项目培训,累计培训419人次。新余市、赣州市、上饶市、景德镇市珠山区、乐平市、于都县、丰城市、鄱阳县、泰和县、抚州市东乡区10家妇幼保健院获批省中医适宜技术妇幼健康领域试点建设项目。

(彭建武 谭军)

疾病预防控制

【概 况】 2022年,全省法定传染病报告发病率467.63/10万。其中,甲类传染病报告发病率0.0022/10万,报告发病病种为霍乱;乙类传染病报告发病率208.33/10万,发病数居前5位的病种分别为病毒性肝炎、肺结核、梅毒、新型冠状病毒肺炎、淋病,占96.18%;丙类传染病报告发病率259.30/10万,发病数居前5位的病种依次为流行性感冒、其他感染性腹泻病、手足口病、流行性腮腺炎和急性出血性结膜炎,占99.99%。

【急性重点传染病防控】 全省重点传染病监测点由226个增加至285个,监测病种由12种急性传染病增加至14种,全年14种重点传染病监测完成率100%。首次在致病菌识别网开展非临床样本霍乱弧菌专项监测和蜱传病原菌专项监测。及时发现处置1起甲类传染病霍乱疫情。指导处置人感染H5N6和H9N2禽流感、手足口病、流行性感冒、发热伴血小板减少综合征、诺如病毒病等传染病疫情及突发公共卫生事件84起,疫情调查率、事件原因查明率均为100%,未发生疫情扩散蔓延。

【新冠肺炎疫情防控】 全省全年报告新型冠状病毒肺炎病例中,无死亡病例报告。完成跨区域密接等风险人员协查工单14.23万条,落实管控人员;协查人次数比2021年增加,落实管控人数同比增加。完成新冠日会商336期、周评估9期、月分析12次,专题风险评估95次。累计派出专业技术人员现场指导本土新冠肺炎疫情处置工作41起。

【艾滋病防治】 至2022年年底,全省存活艾滋病病毒感染者和病人2.35万人,符合治疗标准的感染者和病人接受抗病毒治疗比例为91.8%,疫情维持低流行态势。全省设立艾滋病丙肝监测哨点166个,新增艾滋病筛查实验室6个、检测点17个,共有艾滋病确证实验室16个、筛查实验室495个、检测点1591个,全年检测949.2万人次。开展美沙酮维持治疗、宣传教育、心理支持、安全套发放、咨询检测、健康体检、转介治疗等综合干预服务。全年救治补助贫困家庭艾滋病机会性感染患者1959人,有效随访管理艾滋病患者2.23万人。

【结核病防治】 新发现肺结核患者2.14万例,肺结核患者成功治疗率94.87%。结核病报告发病率47.40/10万、患者病原学阳性率58.79%、密切接触者筛查率99.12%、总体到位率97.98%。1—9月,实施新病原学阳性患者耐药筛查7060例,筛查率93.34%,比2021年同期增长4.70%。全年发生学校结核病聚集性疫情11起,均及时处置。全省19家设区市级实验室、2家县区级实验室参加中国疾控中心组织的抗结核药物敏感性试验熟练度测试,合格率100%,一线药优秀率100%。

【麻风病防治】 县(市、区)麻风病患病率持续控制在1/10万以下。在遂川县等3个县(区)创新实施3年麻风病监测示范区建设。全省麻风病新增病例10例(其中新确诊病例9例、现症迁入病例1例,无儿童病例),比2021年减少3例。现症病人83例,年内规则治疗患者36例。

【免疫规划】 开展江西省免疫规划信息系统升级改造,全省各级实现疫苗全程电子追溯管理。分阶段推进3岁以上人群新冠病毒疫苗基础免疫、18岁以上人群第一剂新冠病毒疫苗加强免疫、第二剂新冠病毒疫苗加强免疫,尤其是加强60岁以上老年人新冠病毒疫苗的接种,全省累计接种1.02亿人次。配送免疫规划疫苗约55批次399万余支。完成34.18万名新生儿建卡,全年接种免疫规划疫苗897万剂次,以乡(镇)为单位,乙肝、卡介苗等免疫规划疫苗接种率90%以上。开展常规免疫及新冠疫苗共3380余例疑似异常反应病例的监测处置工作。全省连续30年维持无脊灰状态,连续24年无白喉病例报告,麻疹发病率进一步降至历史最低水平0.04/10万;及时监测发现3例流脑、241例百日咳。完成2.20万余所小学、托幼机构120.60万人预防接种证查验,补种31.90万剂次免疫规划疫苗。

【慢性非传染性疾病防控】 完成德兴市和信丰县2个省级慢性病综合防控示范区现场调研验收,成立1个市级癌症中心(九江市癌症中心)。完成心血管病高危对象筛查2.04万人,高危对象干预2627人;脑卒中院外筛查干预3万余人,院内综合干预2.8万余人。为2.9万人实施窝沟封闭,为2.1万名儿童实施两次局部涂氟。完成农村高发地区大肠癌人群初筛1.3万余人,诊断性筛查553人;上消化道癌机会性筛查1.6万人;完成城市癌症早诊早治筛查1.1万人,对7078人实施城市癌症高危人群问卷评估。首次开展居民营养与健康、特定健康问题哨点监测;推进肿瘤、死因、心脑血管事件及伤害监测;在5个县区开展慢阻肺高危人员筛查与干预试点项目,完成慢阻肺高危人群早期筛查与综合干预项目初筛3.13万人。

【学校卫生监测】 开展学生常见病和健康影响因素监测与干预工作。全省儿童青少年近视调查覆盖11个设区市100个县(市、区),共调查27万余名中小学生;开展学生常见病和健康影响因素监测与干预工作,调查24万余名大中小学生;在19个县开展农村义务教育学生营养改善计划监测与评估工作。

【环境卫生监测】 城市饮水水质监测项目覆盖11个设区市100个县(市、区),设置1084个监测点,检测水样2168份;农村饮水水质监测项目覆盖11个设区市100个县(市、区),1401个农村人口乡镇,设置监测点3384个,监测水样7754份。在丰城市、浮梁县对5个农村饮水安全工程开展卫生学评价工作。消毒监测与评价项目覆盖11个设区市、28个县(市、区),消毒能力调查完成率100%,提升基层突发事件消毒处置水平和消毒质量。在南昌市青云谱区、青山湖区和婺源县开展空气污染(雾霾)对健康影响的监测,完成雾霾特征污染物监测和成分分析、环保和气象数据收集、小学生健康影响调查、人群出行模式调查等工作。在上饶市等5个城市开展公共场所健康危害因素监测。

【江西省疾病预防控制中心迁建项目全面开工】 7月30日,江西省疾病预防控制中心迁建项目全面开工暨全省卫生健康项目建设推进大会在南昌举行。此项目作为全省卫生健康领域基础设施建设项目,是省本级重点推进的公共卫生补短板、强弱项的重大项目之一。项目位于南昌市红谷滩区,明月山大道与抚州大街交界处以南区域,规划建设东西两区,打造"科创""疫苗临床研究""应急物资储备""公共卫生应急作业""实验室检验检测""公共卫生人才培养"等六位一体的活力动能创新型工作基地,为助力实现"健康江西"远景目标、推进新时代江西疾控事业高质量发展提供保障。

【6个县(市)达到血吸虫病传播阻断标准】 12月23日,省政府血吸虫病地方病防治领导小组办公室组织省卫生健康委、省农业农村厅、省林业局、省水利厅的血吸虫病防治专家组成考核验收组,分别对南昌县、进贤县、都昌县、共青城市、永修县、余干县血吸虫病传播阻断达标工作进行考核验收。12月27日,省政府血吸虫病地方病防治领导小组对照国家《血吸虫病控制和消除标准》,确认南昌县、进贤县、都昌县、共青城市、永修县、余干县达到血吸虫病传播阻断标准。

【江西省土源性与食源性寄生虫病诊断参比实验室通过国家评审】 9月27日,中国疾病预防控制中心寄生虫病预防控制所组织专家组对江西省土源性与食源性寄生虫病诊断参比实验室进行现场评审考核。专家组认为省寄研所申报的实验室达到国家参比实验室准入标准,批准该实验室为江西省土源性与食源性寄生虫病诊断参比实验室。该实验室的建立,有利于推动江西省寄生虫病防治与监测工作的规范化、程序化,为进一步提升全省重点寄生虫病防控工作提供技术支撑平台。

(吴名道　闵文宇　刘克星)

卫生应急与监管

【概　况】 2022年,全省卫生健康系统做好新冠肺炎疫情应急处置和各类突发事件紧急医学救援工作。全年查处各类卫生监督执法案件1.22万件,罚款金额3626.5万元。受领国家随机监督抽查任务8821个,立案查处572件,罚款金额49.3万元,完结率100%。

【紧急医学救援】 及时开展永丰县商住楼火灾、南昌工程学院学生交通事故、赣州经开区燃气爆炸事故,以及安福县持刀伤人事件等突发事件的医学救援工作,视情派出省级专家组或协调国家专家指导伤员救治,最大限度减少因伤致死致残。

【入境国际航班疫情防控】 3月31日至8月30日,从上海分流入赣的21架次国际航班、4569名旅客和机组人员全部入境,坚持做到所有入境人员"出舱门—上车门—入酒店门"全链条严丝密缝闭环管理,简化入境手续办理时长,由6小时缩短到2小时,取得疫情零扩散、病情零重症、舆情零发生、社情零投诉的成效。

【新发/突发急性传染病防控】 开展鼠疫、禽流感以及中东呼吸综合征、寨卡病毒病等新发突发急性传染病的监测预警与风险评估、实验室检测、流行病学调查、现场处置、物资储备工作。加强禽流感等传染病疫情与新冠肺炎疫情的鉴别工作。将

7月30日,江西省疾病预防控制中心迁建项目全面开工暨全省卫生健康项目建设推进大会在南昌举行

省卫生健康委供

猴痘监测工作纳入新冠肺炎疫情防控整体工作部署，各级卫生健康部门梳理辖区内猴痘疫情输入的风险源头、重点人群和关键环节，落实落细症状监测、医疗救治、实验室检测、技术培训、宣传教育、信息报送等各项猴痘防控措施，做好猴痘疫情输入的早发现、早报告、早隔离和早治疗，尽最大可能避免输入性病例造成的扩散。全省未发生输入性猴痘疫情。

【疫情防控卫生监督】 牵头组织开展全省疫情防控专项督导检查，累计派出673个督导组、338名专家，检查各类场所2549家，发现并反馈问题1574个，提出整改意见1489条。收到国务院联防联控机制办公室转来疫情防控层层加码等相关问题线索4266条，办结率100%。

【卫生健康案件查处】 健全案件查处定期通报机制，成立稽查考评组，制定考评办法与实施细则，开展2021年度卫生健康稽查考评，对成绩突出以及年度目标管理成绩优秀的4个设区市、15个县(区)级卫生健康监督执法机构进行通报表扬。开展优秀案例评查活动，向省推进法治政府建设工作领导小组报送典型案例5例。

【医疗卫生行业专项治理】 成立医疗领域突出问题专项治理省级工作专班，建立健全医疗机构依法执业信息管理平台，推进医疗领域乱象专项治理工作。累计出动监督执法人员3782人次，检查医疗机构1351家，立案处罚658件，罚没款共460余万元。开展医美乱象专项治理，建立健全“三清单一台账”(有照有证、有照无证、无照无证医疗美容机构清单和重大问题线索台账)，联合省市场监督管理局、省药监局、省公安厅等单位开展专项治理行动。

【消毒产品行业综合监管】 省卫生健康委联合省检察院、省公安厅等单位，在全国率先建立江西省消毒产品行业监管联席会议机制，加强消毒产品行业监管。制发《关于调整消毒产品生产企业信用修复有关事项的通知》《江西省“消”字号抗抑菌制剂抽检指引》。组织开展抗(抑)菌制剂监管工作联合督导调研，针对性开展消毒产品监管自查自纠活动和抗(抑)菌制剂专项整治行动，指导江西省保健与消毒产品协会开展消毒产品政策法规培训，全面推广消毒产品企业信用等级评价工作，每季度印发全省消毒产品卫生质量监管情况通报。对省检察院移交省卫生健康委的消毒产品违法违规线索进行全面核查，查处涉案企业77家，吊(注)销生产企业卫生许可证10家，罚款351.5万元。

【卫生监督领域“放管服”改革】 做好放射卫生管理相关职责移交工作。制发《江西省放射治疗相关设备日常质量控制(稳定性)检测指南2022版》等文件。开发推广江西省医学放射工作人员放射防护在线培训平台，全年培训学员1.40万人次，获取合格证书1.23万人次。优化涉水产品、公共场所、集中式供水单位卫生许可审批流程，取消身份证明、健康合格证明等许可申请材料，授权省卫生健康委行政服务中心直接审批办理涉水产品卫生许可“注销、补证、变更中文名称”事项，统一受理涉水产品卫生首次许可、延续、变更等事项(不含变更中文名称)，专家技术审查时间由60个工作日减为30个工作日。

(刘树龙 陶海印)

中医药工作

【概　况】 2022年，全省有中医医院131家，其中三级中医医院35家。中医医院床位3.5万张，全省每千常住人口配置中医医院床位0.65张。全省中医医院门、急诊1690.62万人次，比2021年增长10.94%；出院病人101.86万人，比2021年增长3.18%；业务收入126.77亿元，比2021年降低3.64%；人均业务收入29.96万元，比2021年增长8.78%；中药收入22.48亿元，比2021年增长21.86%；药品收入占业务收入的43.84%，比2021年增长7.32%；中药收入占药品收入的40.46%，比2021年降低5.05%。中医药人员7339人。

【中医药服务能力建设】 健全中医医疗服务体系，推进8个县级公立中医院的设置审批和建设。上海中医药大学附属龙华医院江西医院获批第四批国家区域医疗中心，申报国家中西医协同旗舰医院、名医堂等国家项目社区卫生服务中心和乡镇卫生院设置中医馆实现全覆盖。全省93.26%的社区卫生服务机构、99.43%的乡镇卫生院、75.26%的村卫生室具备中医药诊疗服务能力，基层中医药服务量占比提升到35.14%。加强中医优势病种和特色专科建设，安排省级中医专项经费1720万元，支持6个中医优势专病专科和22个中医优势病种培育项目开展建设。布局建立4个中医特色治疗平台，丰富治未病服务内涵；制定《江西省打造中医药治未病传承创新发展新高地实施方案》，提高基层中医药治未病服务的针对性和有效性。

【中药材种植】 实施中药材产业工程和森林药材产业工程，引导资源要素向赣产道地药材主产区汇集。全省有中药材资源3043种，道地中药材、特色药材品种40多种，国家地理标志保护产品15个。中药材种植面积21.07万公顷。主要品种种植规模化标准化率达60%以上。打造“赣十味”“赣食十味”为主体的中药材赣药品牌，建设定制药园44个，其中枳壳、栀子、艾、吴茱萸等道地、特色大品种中药材种植总面积1.13万公顷，逐步建立中成药和中药饮片从种植、加工生产到应用全链条可溯源体系。全省建立省级森林药材科技示范基地47个。

【中医药工业生产能力建设】 全省规模以上中药企业164户，其中中成药企业94户，中药饮片企业70户。全省中药子行业实现营业收入417.68亿元，中药行业销售额过亿元的优势品种36个，超10亿元中成药优势品种6个。拥有南昌小蓝和桑海、宜春樟树和袁州、赣州章贡、吉安峡江和永丰7个医药产业基地和集群，其中6个以中医药为主。中医药在全省医药基地和集群中的主营业务收入占50%左右。

【中医药大健康产业】 推动中医药与健康养生、旅游、食疗食养等产业融合。江西热敏灸健康产业投资发展有限公司相继注册成立5个下属子公司,受支持的基层热敏灸综合服务区建设项目17个,覆盖全省各设区市。培育热敏灸相关产品企业20余家,年产值近6亿元,取得热敏灸类第二类医疗器械产品16个。评选出26家省级森林康养基地。成立江西省智慧食疗养生产业发展中心,对金线莲、猴头菇等一批食疗养生产品进行"产、学、研"成果转化。开展铁皮石斛、杜仲叶、灵芝等三味食药物质试点工作,确定食药物质试点生产企业21家,推动全省食疗养生产业高质量发展。

【中医药科研平台】 江西中医药大学附属医院获批国家中医药传承创新中心。开展第三批江西省中医药管理局重点研究室、临床研究基地项目建设,建设重点研究室24个、临床研究基地1个。

【中医药人才培养】 江西中医药大学皮持衡获"第四届国医大师"称号,江西中医药大学何晓晖、陈日新、龚千锋获"第二届全国名中医"称号。推动高等教育中医药类专业设置,4个高职院校申报的4个专业、4个中职院校申报的6个专业通过现场评估。入选第五批全国中医临床优秀人才(中医基础教学类)1人、青年岐黄学者培养项目4人。启动第四批中医药中青年骨干人才培养项目,在中医临床、中医药科研、中药方面新增50名中青年人才。开展省级老中医药专家学术经验继承工作,评选137名指导教师和274名继承人。开展江西省基层中医药人才培养基地骨干师资培训,培训骨干师资110人。举办国家级中医药继续教育30期。推进住院医师规范化培训管理,全年考核通过结业343人,招录新生592人。组织基层医疗卫生机构中医全科医生转岗培训,在全省选拔227名具有执业(助理)医师资格的基层中医师参加培训。

【国家中医药综合改革示范区(江西)建设启动】 2月27日,省政府办公厅出台《国家中医药综合改革示范区(江西)实施方案》,明确江西省中医药综合改革示范区建设的重点任务、工作目标和部门职责,标志着国家中医药综合改革示范区(江西)建设正式启动。

【《江西省"十四五"中医药发展规划》印发】 7月20日,省政府印发《江西省"十四五"中医药发展规划》,对"十四五"期间全省中医药传承创新发展、加快建设中医药强省进行谋划,健全完善务实管用的政策措施,推动各项重点任务落实,促进全省中医药事业产业高质量发展。

(刘中惠)

人口工作

【生育政策衔接】 贯彻执行修订后的《中华人民共和国人口计划生育法》,做好生育政策衔接,清理不适应人口发展形势的政策文件和相关社会制约措施,做到应改尽改、应废尽废。完成涉及计划生育党内法规和规范性文件专项清理工作,其中省委党内法规和规范性文件废止18件、宣布失效2件。全面取消社会抚养费,核销各县区执收单位财政票据手续,清理和废止相关处罚规定,将入户、入学、入职等与个人生育情况全面脱钩。

【优生优育服务】 组织开展全省优生优育进万家活动,落实出生缺陷三级预防措施,推进城乡免费婚前医学检查,坚持婚检、婚登、生育登记等机构紧邻设置,提供婚检、孕检、出生缺陷筛查等一站式服务,婚检率连续4年达95%以上。开展产前筛查诊断与新生儿疾病筛查,为困难家庭孕妇免费提供胎儿颈部透明带(NT)检查、无创产前基因检测、地中海贫血基因检测和新生儿遗传性耳聋基因检测服务,上半年产前筛查率80.27%、新生儿遗传代谢病筛查率97.63%。落实母婴安全5项制度,加强危重孕产妇救治中心和危重新生儿救治中心能力建设,规范人类辅助生殖技术应用,全省孕产妇死亡率、婴儿死亡率和5岁以下儿童死亡率等妇幼健康核心指标水平优于全国平均水平。

【普惠托育服务】 把建立健全普惠托育服务体系等列入省委深改委2022年工作要点,将"每千人口0~3周岁婴幼儿托位数"等指标列入省政府对市、县考核指标,会同省发展改革委将每千人口拥有3周岁以下婴幼儿托位数年度目标任务数分解,明确各设区市"十四五"各年度的指标任务。建立婴幼儿入托补贴制度,省政府将婴幼儿入托补贴制度列入51件民生实事工程,对按照当地政府普惠指导价招收3周岁以下婴幼儿的,依据实际收托数按每人每月不低于200元的标准给予保育费补助,落实省级专项资金3000万元,全省各级财政投入近亿元。扩大托育服务供给,指导各地参与中央普惠托育项目,全省申报项目66个,争取资金6981万元,至年底,全省建有托育机构3445个。支持南昌市创建获批全国婴幼儿照护服务第一批示范城市。做好"2022年全国爱心托育用人单位"申报,首批推荐5家托育机构上报中华全国总工会,省级层面将给予1:1资金配套补助。强化托育机构监管,开展托育机构摸底核查、安全隐患排查、消防安全、疫情防控措施督查等专项行动。

【生育政策配套支持】 1月20日,省政府办公厅印发《关于促进养老托育服务健康发展的实施意见》,对托育服务体系建设进行再部署再落实。制定出台《江西省推进移风易俗乡风文明三年专项行动实施方案(2022—2024年)》《关于遏制高价彩礼推动婚嫁移风易俗的实施方案》《江西省推进婚丧领域移风易俗三年行动工作方案(2022—2024年)》《关于推广"石城经验"深化婚丧领域移风易俗改革的实施方案》,逐步培育婚丧喜庆、赡养老人的时代新风,减轻婚嫁负担。将职工和灵活就业人员纳入生育保险参保范围,将"分娩镇痛"纳入医保报销范围。推进义务教育优质均衡发展,规范校外培训服务,指导学校"一校一案"完善课后服务实施方案。修订

《江西省女职工劳动保护特别规定》，规范机关、企事业单位招录招聘行为，开展女职工维权行动月活动，对涉及女职工的劳动人事争议案件做到快立、快调、快审、快结，推动签订女职工权益保护专项集体合同，保障女性就业合法权益。

【计划生育家庭扶助】 自1月1日起，将特殊家庭扶助金标准每人每月平均提高200元，特殊家庭住院护理补贴财政补助标准每人每月100元提高到220元，为全省80余万名计划生育对象发放扶助金10余亿元。在生活、医疗、养老和心理慰藉上帮扶特殊家庭，共建“暖心家园”项目点72个。省财政安排300.7万元，补助失独再生育技术服务。部分设区市为计生特殊家庭购买“江西卫惠保”医疗补充保险。在省人民医院、省肿瘤医院开展特殊家庭“绿色就医通道”电子化试点，优化计生特殊家庭服务管理。在江西生育服务微信客户端开通网上申报及年审功能，实现办理服务“一次不跑”。落实脱贫家庭就业就学帮扶政策，帮助140.9万名脱贫劳动力实现就业，资助学生128.54万人次。

【《江西省优化生育政策促进人口长期均衡发展实施方案》印发】 3月30日，省委、省政府印发《江西省优化生育政策促进人口长期均衡发展实施方案》，对标中央要求，结合江西实际，围绕依法实施三孩生育政策、做好优生优育工作、推进婴幼儿照护服务发展、减轻养育教育压力、构建生育友好型社会、落实计划生育家庭扶助保障6个方面，提出17条具体举措，将婚嫁、生育、养育、教育一体考虑，推动三孩生育政策落实、落地，促进人口长期均衡发展。

（叶俊）

老龄工作

【概　况】 2022年，全省建成居家社区养老服务机构和设施3863家，新增社区嵌入式养老院113家、老年助餐点228家、家庭养老床位5900张，完成1.2万余户特殊困难老年人家庭居家适老化改造。

【老年人社会保障】 落实老年人参保优待政策，提高养老保障水平。企业退休人员月人均养老金2496元，城乡居民月人均养老金153元。推动老年人福利事业，全省492.2万名老年人享受意外伤害保险、高龄津贴等政策。参加职工医保且累计缴费达到法定年限的退休老人，退休后个人无需再缴纳基本医保费即可享受医保待遇，且医保个人账户划入比例比在职人员多划入0.6%。未被职工医保覆盖的老年群体，可自愿参加户籍所在地城乡居民医保，享受相应财政补助。对符合条件的困难老人，个人缴费部分由财政给予全额或定额补助。将糖尿病、高血压等老年人高发常见的慢性疾病纳入职工和城乡居民医保门诊特殊慢性病病种范围，门诊治疗高发常见慢性病的医疗费用可由统筹基金支付，年度最高支付限额5000元。优化高血压、糖尿病门诊用药保障机制，确保在医疗机构确诊“两病”的参保患者开方即确认，用药即直接报销。将江西省12个统筹区全部接入国家异地就医备案小程序，为参保老人提供中国统一的跨省异地就医备案服务，实现跨省异地就医“一键办理”。开展长期护理保险试点，将因伤残导致中度失能人员以及60周岁（含60周岁）以上的中度失能人员纳入保障范围，从失能类型上实现失智、年老、疾病、发育迟滞、伤残等全失能类型保险待遇覆盖。

【养老服务】 居家社区养老服务改革列入江西省探索和推广改革项目。3个设区市列入国家居家和社区基本养老服务提升行动项目地区，争取资金1.34亿元。深化“党建+农村养老服务”，构建县乡村三级联动的农村养老服务网络。推行特困失能人员集中照护模式，100个县（市、区）均建成县级失能照护中心，1.3万余名特困失能、半失能人员得到专业照护。建成农村互助养老服务设施1.4万余个，实施留守老人“关爱工程”，摸排高龄、失能、独居、残疾等重点关注留守老年人6400余人。发展养老服务产业，不区分经营性质提高对民办养老机构的补助标准。指导各地争取地方政府专项债13亿元，用于养老设施建设。开展普惠养老专项再贷款试点，支持民办养老机构获再贷款金额1.68亿元。解决养老机构消防审验历史遗留问题，消防达标率由49.4%上升到95.2%。发布养老服务江西省级地方标准13项，开展养老机构等级评定。加强人才队伍建设，培训院长731名、养老护理员1.25万人次，举办全省养老护理员职业技能竞赛，选树最美养老院院长10人、最美养老护理员20人。

【老年友好社会环境建设】 深入开展智慧助老行动，联合省科协开展“智慧助老·联通美好”（2022—2025年）专项活动；联合移动公司开展智慧助老公益服务活动，会同省地方金融监管局、省政务服务办等单位指导开展江西省“蓝马甲”公益助老服务，深入城乡社区为老年人开展智能技术培训。章金媛爱心奉献团承接由中国老年学和老年医学学会等主办的“全国智慧助老公益行动”，培训1500名活力老人（骨干志愿者）扎根社区开展智慧助老志愿服务。做好常态化疫情防控老年人“健康码”管理服务，对于不使用智能手机的老年人，开通“家人代领”健康码服务。对于老年人单独出行的情形，在“赣政通”开通代查赣通码信息服务，授权工作人员为不使用智能手机的老年人等群体代查信息核验。江西政务服务平台“赣服通”以“区块链+数据+模型+场景”为支撑，创新性推出“老年模式”，为老年人群体提供大字版本和语音查找服务功能。改善城市老年人居住生活条件，加大老城区养老便民服务设施改造力度，新增文化休闲、体育健身、养老服务等设施5300多个，新建小区配建养老设施达标率86%。提升社区在老年人居住、出行、服务、娱乐、社会参与等方面的服务能力和水平，打造南昌市南昌县莲塘镇莲安南路社区等33个全国示范性老年友好型社区。加强新农村建设村点公共服务配套，因地制宜建设养老托育、医疗卫生等服务设施。安排省级体育彩票公益金为各设区市添置适宜老年人和残疾人健身体育器材10件，改造无障碍健身场所设施4处，为老年人开展体育健身活动提供保障。录制健身气功、太极等老年群众喜闻乐见、易于开展的“全民健身·幸福江西”居家科学健身指导系列视频，在省体育局官网、“学习强国”学习平台等平台发布推广。常态化做好公共文化设施免费开放工作，开展老年人喜闻乐见的群众性文化活动。开展“敬老月”等宣传教育活动，以省老龄办名义向全省老年朋友发出慰问信，组织各地、各单位开展形式多样、内容丰富的敬老助老活动，走访慰问老年群众，宣传江西省老龄事业发展成就和先进人物、典型事迹。

【老年合法权益保障】 围绕老年消费者聚焦的医疗保健、养老生活等问题开展形式多样的教育宣传，发布保健食品常见误区及老年消费常见行骗伎俩等消费警示。规范老年人消费市场秩序，开展打击聚集型传销专项行动，查处各类欺骗老年人的违法行为。各级司法行政机关集中开展“法援惠民生·助老维权”活动，举办老年人法律援助专项维权活动200余场次。对高龄、患病、失能等行动不便的老年人提供预约服务、上门服务。创新法律援助服务举措，打破法律援助申请地域限制，在全国率先推行法律援助“全省通办”和“帮办”服务。全省办理老年人法律援助案件3200余件，惠及老年人3200余人次，解答法律咨询3万余人次。开展打击整治养老诈骗专项行动，立案侦办养老诈骗犯罪案件1893起，破获1845起，打掉犯罪团伙275个，抓获犯罪嫌疑人2845名，为群众挽回损失19亿余元。各行业、各部门展开拉网式排查，摸排问题隐患1170个。

（王超）

爱国卫生运动

【概　况】 2022年，开展爱国卫生运动70周年系列主题活动，推进健康细胞建设。全省建设健康社区318个、健康村镇480个、健康促进医院473家、健康学校813所、健康企业190家、健康机关706个、健康家庭4445个。

【卫生城镇创建】 4月12日，印发《江西省创建国家卫生城镇工作实施方案(2022—2024年)》，提出到2024年年底，实现“国家卫生城市全覆盖、国家卫生县数量翻一倍、国家卫生乡镇数量翻两倍”的目标，优化国家卫生乡镇创建程序，压实市县乡三级主体责任。出台《江西省爱国卫生专家管理办法》，组织27批次专家对11个创国卫县和8个创省卫县进行全面技术指导，对12个创国卫乡镇、6个创省卫乡镇开展档案资料建设现场指导，提升各地卫生创建质量。联合健康江西办、省生态环境厅等省爱卫会成员单位，出版《卫生城镇创建务实指南》。举办国家卫生城镇评审管理工作培训班2期，培训360人。

【健康江西控烟行动】 联合省教育厅、省广播电视台推出第35个世界无烟日特别节目。通过《江西日报》及江西卫生健康微信公众号、视频号、抖音号等媒体倡导控烟，在《江西日报》健康科普专栏发布科普文章《三手烟——不能忽视的烟草危害》。春节期间，开展“要年味不要烟味”活动，发放“送烟＝送危害”海报、对联、红包3.12万份。开展2022年江西省“世界无烟日”青少年控烟优秀作品征集活动，征集视频、手抄报、文稿3206件，评选优秀作品341件，155万人参与作品制作、网络评选投票等活动。推进无烟党政机关建设，实现省级机关全覆盖，全省比例达93.6%。巩固提升无烟医疗卫生机构和无烟学校建设成果，景德镇、新余等地开展“戒烟——医者先行”活动，发动医务人员以身作则不吸烟，争做控烟的传播者和践行者，鹰潭、上饶等地联合教育部门，开展“烟草威胁环境”为主题的控烟健康教育主题活动，教育学生珍爱健康，拒绝吸烟，劝阻家人吸烟。

【农村厕所革命】 提升农村改厕质量，设立《农村厕所革命知识问答》专栏，1.44万人次浏览，回复基层问答212次。发动各乡镇开展农村改厕主题宣传活动，举办主题宣讲2071场，发放资料107.9万份。组建省市县三级农村改厕专家库，入库改厕专家750余名，搭建分工明确、各有侧重、密切配合的农村改厕专家平台体系。开展省市县三级巡回服务108次，走访农户超600户，培训改厕干部、施工人员等技术人员4600余人。开展全省农村改厕技术问题和建议征集活动，召开省级改厕专家研讨会，形成改厕重点难点问题专家共识，为科学解决户厕设计使用、粪污处理等关键环节改厕问题提供方法路径。通过创新指导形式，破解改厕技术难题，把改厕健康大讲堂搬到基层，推动“我为群众办实事”重点民生项目落地见效。

（饶钦可）

本类目编辑　詹跃华

体　育

综　述

2022年，坚持围绕中心，服务大局、服务基层、服务群众，夯实基础、扬优补短、改革创新、重点突破，全面完成各项目标任务，推动全省体育事业提质升级。

*全民健身运动蓬勃开展。*印发《关于开展“全民健身·幸福江西”2022年江西省群众体育系列赛事活动的通知》，全年开展各级各类“全民健身·幸福江西”全民健身赛事活动1700余场。以“加强基层体育组织建设年”活动为抓手，加强基层体育工作力量，至年底，有10个设区市、83%的县（市、区）成立体育总会，全省有各级体育社会组织2324个。争取中央资金支持2个体育公园建设项目，统筹省级资金支持建设97个城市、农村社区全民健身场地设施示范工程。下达公共体育场馆向社会免费或低收费开放中央补助资金3721万元，补助场馆80个；下达省级补助资金1300万元，补助场馆172个。106个公共体育场馆完成信息化改造。11个设区市及71个县（市、区）制定出台全民健身实施计划。开展国民体质监测和全民健身活动状况调查，采集样本超过14万例。开展“2018—2021年度全省群众体育先进单位和个人”评选表彰活动。崇义县成功创建全国第一批“全民运动健身模范县”。

*竞技体育实现新突破。*全年在国际国内重大赛事上获金牌28枚、银牌30枚、铜牌41枚。组织开展竞技体育后备人才“选星计划”活动，承办2022“选星计划”羽毛球全国青少年训练营，争取国家青年羽毛球队到赣集训。开展选拔体育后备人才培养工作，联合省教育厅组建全省体育项目教学（训练）人才库。推动于都县创建“体教融合示范县”，打造全国青少年体育后备人才基地。召开省运会反兴奋剂、赛风赛纪工作和省运会各代表团工作会议，举办省级纯洁体育教育讲师培训班，开展赛风赛纪、反兴奋剂培训和考试，组织各代表团签订承诺书。省运会期间，开展兴奋剂检查224批次。开展射击竞技体育运动枪支专项排查。

*“三大球”改革取得突破。*南昌市举办2021—2022赛季中国男子篮球职业联赛季后赛，赣州市举办第一届全国青少年足球联赛总决赛，上饶市举办2022—2023中国排球超级联赛小组赛和总决赛。举办省足球联赛、省足协杯赛和各级各类足球赛事活动1700余场。支持赣州市推广定南足球经验，创建全国足球改革发展试验区。支持南昌市创建全国篮球示范市。省体育局与南昌市政府、南昌大学合作共建省篮球专业队，与上饶市政府合作共建省女子排球专业队，填补江西省“三大球”专业队的空白。

*体育产业实力稳步提升。*推动和支持南昌市、新余市做好国家体育消费试点城市工作。萍乡武功山创建国家体育旅游示范基地，做大做强大余丫山、庐山西海、婺源珍珠山乡等国家运动休闲特色小镇。支持玉山台球、定南足球、于都体教融合、婺源和庐山西海体育旅游等体育产业发展。全省体育彩票销售75.6亿元，同比增长13.37%；计提公益金17.79亿元。全省体育彩票销售门店6904个，比2021年增加923个。

（伍小玲）

群众体育

【概　况】 2022年，印发《2022年江西省群众体育工作要点》，组织召开全省群众体育工作会议。推动《江西省全民健身条例》立法，落实《江西省全民健身实施计划（2021—2025年）》。印发《关于做好2022年元旦春节期间全省群众体育赛事疫情防控工作的通知》，开展线上线下相结合的赛事活动；研究制定《江西省体育赛事活动安全工作指引》，印发《关于进一步加强全省路跑及相关运动赛事安全监管服务工作的通知》。举办江西省第十六届运动会社会部比赛，承办2021—2022赛季中国男子篮球职业联赛季后赛，举办江西省第七届金融系统体育健身大联赛、江西省第七届“天使”健身大联赛、江西省第三届环鄱阳湖自行车精英赛等品牌赛事，结合重要时间节点举办全省新年登高、“发展体育运动，增强人民体质”题词70周年线上健步行、全民健身日、重阳登高等主题示范活动。推动市县体育行政部门制定“基层体育组织建设年”实施方案。完成对6个省级体育社会组织“双随机、一公开”执法检查工作。推进公共体育场地设施建设，做好公共体育场馆开放工作，建立体育公园项目库。推广居家科学健身，举办社会体育指导员培训班，组织开展科学健身服务“六进”活动。

【举办社会体育指导员培训班】 2022年，在8个培训基地陆续举办一级社会体育指导员培训班，采用线上理论培训与线下技能培训相结合的方式，共培训600人，并经江西省一级社会体育指导员评审委员会评审通过，授予一级社会体育指导员技术等级称号。举办2期国家级社会体育指导员培训班，共培训210人。

【开展国民体质监测和全民健身活动状况调查】 印发《关于常态化开展国民体质监测工作的通知》和《关于开展2022年全民健身活动状况调查工作的通知》，推动县级国民体质监测站点建设，常态化开展国民体质监测工作，提升体质监测服务标准化水平。全年体质监测采集样本近2万例，全民健身活动状况调查有效样本量超12万例。

【开展"全民健身·幸福江西"2022年江西省群众体育系列赛事活动】 年初，印发《关于开展"全民健身·幸福江西"2022年江西省群众体育系列赛事活动的通知》，组织发动全省各地开展形式多样的全民健身赛事活动。8月13日至9月18日，省体育局、省地方金融监督管理局举办"全民健身·幸福江西"2022年江西省第七届金融系统体育健身大联赛，设置篮球、足球、乒乓球、羽毛球、气排球5个比赛项目，参赛单位有60余家，参赛运动员、教练员共1800余人。9月29日至12月4日，省体育局、省卫生健康委举办"全民健身·幸福江西"第七届江西"天使"健身大联赛，设置篮球、足球、气排球、乒乓球、羽毛球、瑜伽6个项目，参赛单位有28家，参赛运动员、教练员共1200余人。10月29日，由省体育局主办、省篮球协会承办、11个设区市体育局（教体局）协办的"全民健身·幸福江西"2022江西省第三届男子篮球联赛在赣州开赛，共有14支球队参赛。全年开展各级各类"全民健身·幸福江西"全民健身赛事活动1700余场。

【2021—2022赛季中国男子篮球职业联赛季后赛在南昌举行】 4月1—26日，2021—2022赛季中国男子篮球职业联赛季后赛在南昌举行。比赛由中国篮球协会和CBA联盟主办，南昌市政府、省体育局承办，分为12进8、8进4、半决赛、总决赛4个阶段进行，辽宁本钢、浙江广厦、上海久事、东莞大益、北京首钢、广州龙狮、山西汾酒等12支职业篮球队参赛。最终，辽宁本钢队以4:0战胜浙江广厦队，获总冠军。中央电视台体育频道、咪咕视频等媒体对比赛进行现场直播，电视观众突破4亿人次，网络播放量突破6亿次。

【基层体育组织建设】 5月6日，印发《江西省"加强基层体育组织建设年"实施方案》，明确加强全省基层体育社会组织建设的指导思想、基本原则、发展目标、主要任务、组织保障，推动全省建立健全门类齐全、覆盖城乡、管理规范、运行高效、富有活力的全民健身组织网络。推动市县体育行政部门制定"加强基层体育组织建设年"实施方案，定期统计、公布全省市县级体育总会成立情况和体育协会数量。全省有10个设区市、83%的县（市、区）成立体育总会，其中县级体育总会比年初增加17个；全省有各级体育社会组织2324个，比年初增加5%，其中省级体育社会组织106个、市级体育协会477个、县级体育协会1741个。

【推进公共体育场地设施建设】 做好中央、省级资金支持地方健身场地设施建设项目申报、资金下拨及督导建设等相关工作。2022年，争取中央资金支持2个体育公园建设项目，统筹省级资金支持建设97个城市、农村社区全民健身场地设施示范工程。委托第三方对2021年中央和省级彩票公益金支持建设的全民健身场地设施项目进行检查。根据国家体育总局要求，开展全省体育公园统计、全民健身场地设施填报、全民健身器材摸排和整治、场馆典型案例推荐等工作。

【公共体育场馆开放】 委托第三方对公共体育场馆免费或低收费开放服务情况进行实地核查评价。组织召开全省公共体育场馆免低开放工作视频会议，通报免低开放服务情况，布置场馆开放有关工作。完成2022年公共体育场馆向社会免费或低收费开放补助资金申报，共下达中央补助资金3721万元，补助场馆80个；下达省级补助资金1300万元，补助场馆172个。同时，督促开展场馆信息化升级改造，加大场馆免费或低收费开放力度，提升开放服务水平，106个公共体育场馆完成信息化改造，可在国家全民健身信息服务平台实时呈现场馆接待人次等信息。

【录制"全民健身·幸福江西"居家科学健身指导系列视频】 4月开始，持续录制"全民健身·幸福江西"居家科学健身指导系列视频，向江西广播电视网络传媒有限公司采购视频拍摄及推广服务，邀请健身气功、太极、武术、广场舞、柔力球等项目领头人、专业教练作为指导教师进行示范、讲解、拍摄，录制60余条短视频，在省体育局官网、微信公众号及微博、"今视频App"、"学习强国"学习平台等平台宣传推广。

【开展全省全民健身志愿服务活动】 11月25日，印发《举办"全民健身·幸福江西"全省全民健身志愿服务活动的通知》，发动各地组织社会体育指导员、体育工作者，在国家志愿者日期间开展形式多样的全民健身志愿服务。12月4日，省体育局在乡村振兴帮扶点吉安县桐坪镇龙岗小学开展"运动·同一片蓝天"全民健身志愿服务，向龙岗小学捐赠一批篮球、排球、乒乓球、羽毛球、跳绳等体育健身器材；学生表演展示第九套广播体操；由各级社会体育指导员组成的志愿服务队，对跳绳、羽毛球、乒乓球等项目进行体育健身交流展示和互动教学。

（饶若枫）

竞技体育

【概　况】 2022年，江西省参加世界最高水平比赛，获金牌1枚、银牌1枚、铜牌1枚；参加全国最高水平比赛（全运会项目），获金牌1枚、银牌2枚、铜牌7枚；参加其他国际比赛，获金牌11枚、银牌9枚、铜牌9枚；参加全国比赛，获金牌9枚、银牌11枚、铜牌13枚；参加全国青年比赛，获金牌6枚、银牌7枚、铜牌11枚。审批国际级运动健将4人，国家级运动健将23人，一级运动员157人，注册运动员5912人。举办省级青少年赛事活动100余项，直接参与人员超15万人；举办省足球联赛、省足协杯赛和各级各类足球赛事活动1700余场。全省开展各级足球教练员、裁判员培训班50余期，接受培训近2000人次。持续开展选拔“800优苗体育后备人才培养工程”和“基层100精英教练员”工作。评选2022年度全省青少年业余训练“十强县（市、区）”“三十精品县（市、区）”。整合原体育传统项目学校和体育后备人才培养示范校，组织开展新省运周期体育传统特色学校评定工作。

【优秀竞技体育后备人才“选星计划”启动】　10月8日，省体育局启动优秀竞技体育后备人才“选星计划”，在全省范围内组织开展不限地域、性别、项目的竞技人才选拔活动，根据竞技项目所需身体素质，设置耐力型项目需要的“大心脏”、球类项目需要的“大个子”、力量型项目需要的“大力士”、短跑项目需要的“飞人”、弹跳类项目需要的“弹簧人”、体操类项目需要的“筋斗王”6个测试项目，面向学校、社会选拔竞技体育后备人才。

【“圆梦工程”农村未成年人体育夏令营（江西站）在崇义举行】　10月，由全国体育运动学校联合会、省文明办、省体育局主办的“圆梦工程”农村未成年人体育夏令营（江西站）在崇义举行。夏令营分两期开展，10月21—23日在崇义县过埠中心小学举行第一期夏令营，10月29—30日在崇义县阳明中学举行第二期夏令营，共有200名学生参与，主要学习足球基础理论知识、足球项目技术以及竞赛规则等足球相关知识。夏令营期间，设置学习了解中华民族传统象棋基本技术以及观看体育励志电影等活动，通过制作背景板、条幅等形式，宣传儿童青少年健康理念。

【江西省第二届百县快乐体操运动会在婺源举行】　7月31日至8月8日，由省体育局、省教育厅主办的江西省第二届百县快乐体操运动会在婺源举行。比赛设甲组（小学3～6年级）、乙组（小学1～2年级）、丙组（幼儿园大班）3个组别13个项目。其中，甲、乙两组比赛项目设集体规定操、集体弹网操、趣味接力、男子个人器械组合、女子个人器械组合；丙组比赛项目设集体规定操、自编自由操、趣味接力。来自全省各县市区的73支代表队2430名领队、教练员、运动员、工作人员，以及49名裁判员参加。信丰县等10个单位获团体一等奖、赣州市章贡区等15个单位获团体二等奖、黎川县等15个单位获团体三等奖。

【2022年“奔跑吧·赣鄱少年”亲子活动举行】　10月30日，2022年“奔跑吧·赣鄱少年”亲子活动在省体彩健身场举行。活动设置趣味足球、开心粘粘球、无敌小勇士以及亲子团队接力赛4个项目，每个项目设1～3名为一等奖、4～6名为二等奖、6～9名为三等奖，并在团体接力项目设团体奖项。近500名家长及幼儿被分成10支队伍参赛，共有100多名小运动员获得奖牌。

【举办2022年“奔跑吧·赣鄱少年”足球系列活动】　省体育局、省教育厅联合发起2022年“奔跑吧·赣鄱少年”足球系列活动，省足球协会具体实施。7月20—26日，在广昌县举办足球精英训练营（男子U12），由省足球协会在全省范围内选拔适龄球员参训，通过对全省报名参加选拔的150余名适龄球员进行基础体能、基础技术、身体形态、意识素养4个方面现场测评，遴选出60名适龄球员参加。8月14—20日，“奔跑吧·赣鄱少年”足球夏令营在瑞金市举行，由各设区市体育局（教体局）按名额推荐人员参训，9个设区市的85名球员和11名领队教师参加活动。

【举办江西省第八届百县青少年“五人制”足球运动会】　百县足球运动会是全省参赛规模最大的省级青少年足球赛事。6月9—16日，由省体育局、省教育厅主办，省足球协会、定南县政府、赣州市体育局、市教育局承办的江西省第八届百县青少年“五人制”足球运动会在定南县举行，全省100个县（市、区）的144支代表队、1374名运动员参加比赛。经过443场激战，最终永修县代表队和定南县代表队夺得男子组和女子组冠军，同时还评选出前16名的队伍奖项和最佳射手、最佳守门员等个人奖项。

【江西省第十六届运动会举行】　11月8—18日，江西省第十六届运动会在九江举行。运动会由省政府主办，省体育局、九江市政府承办，设青少年部、学校部、机关部、社会部4个部别，共71个大项、2529个小项，金牌总数3069枚。其中，青少年部设青少年组、俱乐部组、跨界跨项组；学校部设中小学组、高校组。击剑、篮球、轮滑等部分比赛项目提前举行。共举办赛事1万多场，运动员、裁判员、工作人员超4万人。打破全省纪录5项、大学生纪录49项。

【2022年亚足联/中国足协第十七期B级教练员培训班在宜春举行】　11月30日至12月20日，2022年亚足联/中国足协第十七期B级教练员培训班在宜春举行，来自全国的23名教练员参加培训，其中江西省11名。培训班讲师由中国足协B级教练员培训讲师陶剑鸣和中国足协B级教练员助理讲师刘华娜等人担任，主要针对教学指导、比赛分析、整体战术、比赛阵型、体能训练、守门员训练以及青少年训练、运动营养恢复、运动心理学等内容进行讲解，最后进行3次实践考核和2次理论考核，并择优颁发B级教练员等级证书。

【江西省反兴奋剂工作会议暨省级纯洁体育教育讲师培训班在九江举行】　10月28—29日，江西省反兴奋剂工作会议暨省级纯洁体育教育讲师培训班在九江举行。省体育局党组成员、副局长张祖平出席会议并讲话。培训班上，邀请国家体育总局专家与国家级纯洁体育讲师，从反兴奋剂基础知识、运动员的安全用药、兴奋剂检查中运动员的权利与义务、兴奋剂误服误用的风险防控、反兴奋剂教育工作发展及如何成为合格的教育讲师等方面进行讲解。省体育局直属各训练单位和设区市体育局分管领导、训竞科长、体校校长和讲师候选人等共100余人参加，其中36名讲师候选人通过考核，成为江西省纯洁体育教育讲师。

【首届中国青少年足球联赛总决赛在于都举行】 11月23—27日，首届中国青少年足球联赛总决赛在于都举行。比赛由教育部、国家体育总局指导，中国足球协会主办，设男子初中年龄段U13组、U15组、高中年龄段U17组、大学年龄段U19组，女子初、高中年龄段U13组、U15组、U17组和女子大学年龄段（女乙联赛），共8个组别，来自全国各地的10余支足球队参赛。经过角逐，山东泰山包揽男子U13组和男子U15组冠军，上海女足获女子U15组冠军，济南历城二中女足获女子U17组冠军。

【承办2022年全国各级各类体校教练员通识知识更新轮训班（第九期）】 10月27—31日，由国家体育总局青少司主办，省体育局、吉安市教育体育局承办，国家体育总局教练员学院协办的2022年全国各级各类体校教练员通识知识更新轮训班（第九期）在吉安举行，江西省各级各类体校110名骨干教练员参加。此次培训进一步加强全省各级各类体校教练员队伍建设，通过学习现代青少年训练最新科技成果与方法手段，更新执教理念，完善知识结构，提高执教能力。

（伍小玲）

体育产业

【概　况】 2022年，印发《江西省"十四五"体育产业发展规划》，制定省地方标准《体育服务综合体建设和运营指南》。全省体育彩票销售75.6亿元，同比增长13.37%，销量居全国第12位；筹集公益金17.79亿元（省本级及以下8.9亿元），同比增长10.84%；省内市场份额占70.9%；全省体育彩票销售门店6904个，比2021年增加923个，人均覆盖率6506.41人/店。

【体育领域设备更新改造贷款项目】 收集并整理上报全省体育领域设备更新改造贷款项目191个，经省发展改革委审核报送国家的项目172个，通过国家审核166个，贷款额度67.09亿元。至12月20日，全省累计签约项目17个，签约贷款额度6.34亿元。

【组织项目参加2022中国体育文化·体育旅游博览会】 12月21—23日，2022中国体育文化·体育旅游博览会在广州举行。江西省组织23个体育旅游项目参加2022年中国体育旅游精品项目推介，其中，大余丫山旅游度假区、百峰岭景区、安远县三百山旅游度假区、庐山西海风景名胜区4项获评体育旅游精品景区，于都县新长征之旅体育旅游路线、瑞金市红区运动休闲旅游路线2项获评体育旅游精品线路，环鄱阳湖自行车精英赛获评体育旅游精品赛事，婺源县获评体育旅游目的地，大余丫山旅游度假区、于都县新长征之旅体育旅游路线、瑞金市红区运动休闲旅游路线、环鄱阳湖自行车精英赛4项获评十佳体育旅游精品项目。组织11个体育文化项目参加2022中华体育文化优秀项目申报，其中上犹县九狮拜象、金溪手摇狮、定南瑞狮3项获评中华体育文化优秀民俗民间项目。

【体育产业基地创建】 2022年，经组织申报、委托第三方实地评审和复审、公示等程序，创建省级体育产业基地11个，其中江西省体育产业示范单位6个、江西省体育产业示范项目5个。推荐申报国家体育产业基地5个，创建国家体育旅游示范基地1个，打造江西体育产业品牌效益。

（饶若枫）

·资料·

2022年江西省运动员参加国内外比赛获奖情况表

表35

姓　名	项　目	成　绩	名次	比赛名称	比赛时间	比赛地点	备注
世界锦标赛							
徐诗晓	女子500米双人划艇	02′00″6	1	世界皮划艇锦标赛	6月	加拿大·哈利法克斯	
张艺曼	女子羽毛球单打		2	女子羽毛球世界团体锦标赛（尤伯杯）	5月8—15日	泰国·曼谷	
赵俊鹏	男子羽毛球单打		3	世界羽毛球锦标赛	8月	日本·东京	
世界青年锦标赛							
王仕文	男子25米手枪速射	586环	1	射击世界锦标赛（步手枪）	10月17日	埃及·开罗	青年组
王仕文	男子25米手枪速射团体	17中	1	射击世界锦标赛（步手枪）	10月18日	埃及·开罗	青年组
亚洲青年锦标赛							
王诗怡	女子跆拳道-46公斤级		1	亚洲青年锦标赛	8月26日	越南·胡志明市	

续表35

姓 名	项 目	成 绩	名次	比赛名称	比赛时间	比赛地点	备注
国际比赛							
刘忠鑫	武术套路南拳、南棍	19.134分	1	第十一届世界运动会	7月7—17日	美国·阿拉巴马州	非奥项目
周俐君	女子跆拳道－57公斤级		1	奥地利跆拳道公开赛	5月26—31日	奥地利·因斯布鲁克	
周俐君	女子跆拳道－62公斤级		1	卢森堡跆拳道公开赛	6月8—14日	泰国·卢森堡	
李江燕	女子链球	71.16米	1	世界田联洲际巡回赛	6月14日	捷克·克拉德诺	站赛
李江燕	女子链球	68.14米	1	施韦夏特链球挑战赛	6月19日	奥地利·维也纳	站赛
徐诗晓	女子500米双人划艇	01′53″64	1	皮划艇世界杯第一站	5月20—22日	捷克·拉齐采	站赛
周俐君	女子跆拳道－62公斤级		1	斯洛文尼亚跆拳道公开赛	9月18日	斯洛文尼亚·卢布尔雅那	
徐鑫颖	女子链球	71.97米	1	国际链球投掷挑战赛	6月27日	奥地利·维也纳	站赛
李诗沣	男子羽毛球单打		2	泰国羽毛球公开赛	5月17—22日	泰国·暖武里	
赵俊鹏	男子羽毛球单打		2	印度尼西亚羽毛球公开赛	6月14—19日	印度尼西亚·雅加达	
谭雪琴	女子跆拳道－49公斤级		2	奥地利跆拳道公开赛	5月26—31日	奥地利·因斯布鲁克	
谭雪琴	女子跆拳道－49公斤级		2	跆拳道国际春川公开赛	6月30日	韩国·春川	
徐鑫颖	女子链球	70.02米	2	世界田联洲际巡回赛	6月14日	捷克·克拉德诺	站赛
徐鑫颖	女子链球	66.25米	2	施韦夏特链球挑战赛	6月19日	奥地利·维也纳	站赛
李江燕	女子链球	71.22米	2	国际链球投掷挑战赛	6月27日	维也纳	站赛
刘家豪	古典式摔跤55公斤级		2	国际A级摔跤系列赛	7月24日	波兰	站赛
周俐君	女子跆拳道－62公斤级		2	跆拳道波兰公开赛	9月11日	波兰	
张艺曼	女子羽毛球单打		3	德国羽毛球公开赛	3月8—13日	德国·米尔海姆	
黄唯璐	女子链球	68.46米	3	世界田联洲际巡回赛	6月14日	捷克·克拉德诺	站赛
黄唯璐	女子链球	62.54米	3	施韦夏特链球挑战赛	6月19日	奥地利·维也纳	站赛
黄唯璐	女子链球	70.09米	3	国际链球投掷挑战赛	6月27日	维也纳	站赛

续表 35

姓　名	项　目	成　绩	名次	比赛名称	比赛时间	比赛地点	备注
周俐君	女子跆拳道 – 57 公斤级		3	跆拳道巴黎大奖赛	9 月 2 日	法国・巴黎	
吴伊慧	女子赛艇四人单桨	06′45″27	3	赛艇世界杯第一站	5 月 27—29 日	塞尔维亚・贝尔格莱德	站赛
吴伊慧	女子赛艇 2000 米八人单桨	06′26″34	3	赛艇世界杯第一站	5 月 27—29 日	塞尔维亚・贝尔格莱德	站赛
张艺曼	女子羽毛球单打		3	德国羽毛球公开赛	3 月 8 日	德国・米尔海姆	
赵俊鹏	男子羽毛球单打		3	新加坡羽毛球公开赛	7 月 12—17 日	新加坡	
全国最高水平的比赛(全运会项目)							
黎　磊	古典式摔跤 67 公斤级		1	全国国际式摔跤锦标赛	7 月 28 日	浙江温州	
李　琪	女子 200 米单人划艇	50″008	2	全国皮划艇静水锦标赛	11 月 1—4 日	浙江温州	甲组
李　琰	女子单人双桨	07′36″35	2	全国赛艇锦标赛	11 月 2—6 日	浙江丽水	公开级甲组
谢贵珍	女子速度赛	8″01	3	中国攀岩联赛总决赛	11 月 26 日	江苏吴江	全运项目为全能
程灵芝、董　洁	女子 500 米双人划艇	02′02″907	3	全国皮划艇静水锦标赛	11 月 1—4 日	浙江温州	甲组
李　琰、黄嘉艳	女子双人双桨	07′18″02	3	全国赛艇锦标赛	1 月 2—6 日	浙江丽水	公开级甲组
姚子康、唐海棋	男子轻量级双人双桨	06′28″71	3	全国赛艇锦标赛	11 月 2—6 日	浙江丽水	甲组
周佳惠、胡江俐	女子轻量级双人双桨	07′11″18	3	全国赛艇锦标赛	11 月 2—6 日	浙江丽水	甲组
徐　斌	古典式摔跤 67 公斤级		3	全国国际式摔跤锦标赛	7 月 8 日	浙江温州	
付诗琪	女子举重 59 公斤级	抓举 101(2) 挺举 119(2) 总成绩 220(3)	3	全国女子举重锦标赛暨全国女子举重冠军赛	11 月 5 日	江苏张家港	
全国比赛							
肖霖昂	网球男子双打		1	中国网球巡回赛 CTA1001	7 月 3 日	湖南长沙	长沙站
郑妧双	网球女子单打		1	中国网球巡回赛 CTA1000	11 月 26 日	云南安宁	安宁站
袁　松	男子动力冲浪板环圈竞速赛		1	全国动力冲浪板锦标赛	7 月 29—31 日	江苏宜兴	
朱英旭	女子铅球	18.77 米	1	全国田径大奖赛	7 月 16 日	湖北黄石	第一站
曹　楠	男子自由跤 70 公斤级		1	全国国际式摔跤锦标赛	7 月 23 日	浙江温州	

续表 35

姓　名	项　目	成　绩	名次	比赛名称	比赛时间	比赛地点	备注
谭　建	古典式摔跤 72 公斤级		1	全国国际式摔跤锦标赛	7 月 29 日	浙江温州	
程灵芝、董洁	女子 200 米双人划艇	46″358	1	全国皮划艇静水锦标赛	11 月 1—4 日	浙江温州	甲组
陈　智	男子赛艇陆上赛艇 12 千米	39′42″8	1	全国赛艇比赛暨春季冠军赛	3 月 30 日至 4 月 3 日	湖北及全国各赛区	公开级
吴伊慧	女子龙舟 500 米	02′4″493	1	全国竞速皮划艇比赛暨春季冠军赛	3 月 30 日至 4 月 3 日	湖北及全国各赛区	训练营 4
钟俊杰	男子花样		1	全国滑水锦标赛	12 月 26 日	海南海口	
龚浪波	女子花样		1	全国滑水锦标赛	12 月 26 日	海南海口	
王仕文	男子 25 米手枪速射	585 环	2	国家队步手枪亚运会选拔赛	3 月 13 日	福建莆田	第一阶段第二场
袁　松	男子电动冲浪板障碍回旋赛		2	全国电动冲浪板锦标赛	7 月 22—24 日	内蒙古赤峰	
胡鸿翔	跆拳道男子 －54 公斤级		2	全国跆拳道锦标赛系列赛	8 月 16 日	河南漯河	第二站
程德峰	男子链球	64. 39 米	2	全国田径大奖赛	7 月 16 日	湖北黄石	第一站
吴　峥	女子七项全能	5230 分	2	全国田径大奖赛	7 月 16 日	湖北黄石	第一站
敖　辉	女子举重 81 公斤级	抓举 110(3) 挺举 142(2) 总成绩 252(2)	2	全国女子举重锦标赛暨全国女子举重冠军赛	11 月 7 日	江苏张家港	
吴伊慧	女子赛艇双人单桨水上 2000 米	07′30″731	2	全国赛艇比赛暨春季冠军赛	3 月 30 日至 4 月 3 日	湖北及全国各赛区	训练营 5 甲组
吴伊慧	女子赛艇八人单桨水上 2000 米	06′27″840	2	全国赛艇比赛暨春季冠军赛	3 月 30 日至 4 月 3 日	湖北及全国各赛区	训练营 2 甲组
吴伊慧	女子赛艇八人单桨水上 500 米	01′31″622	2	全国赛艇比赛暨春季冠军赛	3 月 30 日至 4 月 3 日	湖北及全国各赛区	训练营 2 甲组
杨瑶瑶	女子赛艇陆上赛艇 12 千米	46′40″3	2	全国赛艇比赛暨春季冠军赛	3 月 30 日至 4 月 3 日	湖北及全国各赛区	乙组 U20
吴伊慧	女子单桨(3000 米跑)	11′20″55	2	全国赛艇比赛暨春季冠军赛	3 月 30 日至 4 月 3 日	湖北及全国各赛区	甲组
黄　强	男子回旋		2	全国滑水锦标赛	12 月 26 日	海南海口	
龚浪波	女子回旋		2	全国滑水锦标赛	12 月 26 日	海南海口	
魏鸿毅	男子花样		2	全国滑水锦标赛	12 月 26 日	海南海口	
王雪溱	女子花样		2	全国滑水锦标赛	12 月 26 日	海南海口	
肖霖昂	网球男子单打		3	中国网球巡回赛 CTA1000	7 月 3 日	湖南长沙	长沙站

续表 35

姓　名	项　目	成　绩	名次	比赛名称	比赛时间	比赛地点	备注
谢贵珍	女子攀岩速度赛	7″319	3	杭州亚运会国家攀岩集训队选拔赛	5 月 8 日	海南白沙	
余　航	男子链球	62.15 米	3	全国田径大奖赛	7 月 16 日	湖北黄石	第一站
焦梦颖	女子自由跤 55 公斤级		3	全国国际式摔跤锦标赛	7 月 25 日	浙江温州	
程水燕	女子自由跤 72 公斤级		3	全国国际式摔跤锦标赛	7 月 27 日	浙江温州	
陈 龙	古典式摔跤 55 公斤级		3	全国国际式摔跤锦标赛	7 月 28 日	浙江温州	
胡永成	古典式摔跤 63 公斤级		3	全国国际式摔跤锦标赛	7 月 29 日	浙江温州	
程灵芝	女子 200 米单人划艇	50″315	3	全国皮划艇静水锦标赛	11 月 1—4 日	浙江温州	甲组
谭路锦	男子拳击 54 公斤级		3	全国拳击锦标赛	11 月 19 日	浙江绍兴	第一批
吴伊慧	赛艇混合八人单桨水上 2000 米	06′03″451	3	全国赛艇比赛暨春季冠军赛	3 月 30 日至 4 月 3 日	湖北及全国各赛区	训练营 1
吴伊慧	赛艇混合八人单桨水上 500 米	01′27″102	3	全国赛艇比赛暨春季冠军赛	3 月 30 日至 4 月 3 日	湖北及全国各赛区	训练营 1
盛青兰	混合四人双桨 2000 米	06′45″820	3	全国赛艇比赛暨春季冠军赛	3 月 30 日至 4 月 3 日	湖北及全国各赛区	训练营 1
盛青兰	混合四人双桨 500 米	01′35″795	3	全国赛艇比赛暨春季冠军赛	3 月 30 日至 4 月 3 日	湖北及全国各赛区	训练营 1
李　烨	男子回旋		3	全国滑水锦标赛	12 月 26 日	海南海口	
全国青年比赛							
胡云龙	古典式摔跤 60 公斤级		1	全国国际式摔跤锦标赛	8 月	重庆荣昌	U17
万一哲、程浪、潜能	男子飞碟双向团体	339 中	1	全国青少年射击锦标赛(飞碟项目)	11 月 10 日	江西九江	2022 年补办
张余强	古典式摔跤 55 公斤级		2	全国国际式摔跤锦标赛	8 月	重庆荣昌	U17
陈　霜	男子自由式摔跤 55 公斤级		2	全国国际式摔跤锦标赛	8 月	重庆荣昌	U17
夏志斌	男子 1000 米单人皮艇	03′59″480	2	全国皮划艇静水锦标赛	11 月 1—4 日	浙江温州	乙组(U19)
周兆强、丁　柳	男子 1000 米双人划艇	03′59″327	2	全国皮划艇静水锦标赛	11 月 1—4 日	浙江温州	乙组(U17)
王雨涵	网球女子团体		3	全国网球青年团体锦标赛	8 月 6 日	陕西杨凌	

续表 35

姓 名	项 目	成 绩	名次	比赛名称	比赛时间	比赛地点	备注
王佳豪	古典式摔跤 71 公斤级		3	全国国际式摔跤锦标赛	8 月	重庆荣昌	U17
何 铭、刘俊辰、肖旭光、刘富涛	男子公开级四人单桨	06′27″97	3	全国赛艇锦标赛	11 月 2—6 日	浙江丽水	乙组(U17)
张照祥、廖鸿铭、王艺浩、罗臻轩、占宇环	男子乙组团体	265. 113 分	3	全国体操青年锦标赛暨全国青年体操 U 系列锦标赛	7 月 16 日	山东德州	U14
廖鸿铭	男子乙组 U14 吊环	24. 779	3	全国体操青年锦标赛暨全国青年体操 U 系列锦标赛	7 月 16 日	山东德州	U14
张照祥	男子 13 岁个人全能	140. 316 分	3	全国体操青年锦标赛暨全国青年体操 U 系列锦标赛	7 月 16 日	山东德州	U14
胡雯云	男女 10 米气步枪混团	625. 1 环	3	全国青少年射击锦标赛(步枪项目)	8 月 8—13 日	江苏南京	
张君豪	男女 10 米气步枪混团	625. 1 环	3	全国青少年射击锦标赛(步枪项目)	8 月 8—13 日	江苏南京	
刘剑彬	男子 25 米手枪速射	579 环	3	全国青少年射击锦标赛(手枪项目)	8 月 1 日	江苏南京	
ITF 青少年网球比赛							
侯亚男	网球女子单打		1	ITFJ5 泰国站	8 月 13 日	泰国	
侯亚男	网球女子单打		1	ITFJ5 泰国站	8 月 20 日	泰国	
侯亚男	网球女子单打		1	ITFJ5 新加坡站	8 月 26 日	新加坡	
侯亚男	网球女子单打		1	ITFJ4 新加坡站	9 月 2 日	新加坡	
肖霖昂	网球男子双打		2	ITFM15 莫纳斯提尔站	10 月 31 日	莫纳斯提尔	
侯亚男	网球女子双打		2	ITFJ4 雅加达站	7 月 3 日	雅加达	
侯亚男	网球女子双打		2	JBI 韩国乌山站	10 月 31 日	韩国	
侯亚男	网球女子双打		3	ITFJ5 泰国站	8 月 20 日	泰国	
侯亚男	网球女子双打		3	ITFJ4 新加坡站	9 月 2 日	新加坡	

（伍小玲）

本类目编辑　詹跃华

居民生活

婚姻

【概　况】　2022年，全省301个婚姻登记机关共办理内地居民及涉外、港澳台和华侨婚姻登记34.26万对。其中，办理内地居民结婚登记21.10万对，离婚登记6.36万对，补发婚姻证件6.77万对；办理涉外、港澳台、华侨和出国人员婚姻登记279对，离婚登记28对，补发婚姻登记证24对。

【婚姻登记“全市通办”试点】　在南昌市实施婚姻登记“全市通办”试点的基础上，拓宽试点范围。4月1日起，上饶市开展婚姻登记“全市通办”试点工作，进一步满足群众异地办理婚姻登记需求。2022年，南昌、上饶两地跨区域办理结婚登记5195对，离婚登记1197对，补发婚姻证件177对。

【婚姻登记信息化建设】　1月，会同省档案局下发《关于全省婚姻登记档案电子化工作情况的通报》，督促各地完成历史档案电子化工作。至12月底，全省完成中华人民共和国成立以来婚姻登记历史档案电子化工作。在南昌市推动离婚与不动产登记“一件事一次办”，即群众办理不动产过户手续时，通过当事人身份证查询其在数据共享平台的离婚协议书，不动产登记服务部门凭借共享的离婚协议书直接为当事人办理不动产过户等业务。

【婚姻登记延伸服务】　在105个县级婚姻登记机关中，有99个设置婚姻家庭辅导室，92个设置颁证大厅，为有需求的当事人提供免费颁证服务、婚前辅导、婚姻家庭关系调适和离婚疏导服务。2022年，共提供各类婚姻家庭辅导服务15万余人次，颁证16万余人次，举办集体颁证仪式190余场。

【婚姻服务阵地建设】　围绕破除婚嫁陋习、倡导婚事新办，各地推进婚姻服务阵地建设，共建成户外颁证（简约婚礼）基地26个，开展集体婚礼72场、集体颁证191场。南昌市在城区建成高新艾溪湖、瑶湖、安义古村等户外结婚颁证基地，在农村地区打造青山湖永红村红白喜事礼堂、安义县木马村道德祠堂、青云谱区施尧村家宴中心、西湖区十里庙村祠堂、经开区案塘村文化广场、进贤县白沙村文化中心等一系列婚姻服务阵地。赣州市章贡区、赣县区、南康区等中心城区和于都等县（市、区）建立户外颁证基地或公园式婚姻登记服务场所。景德镇市昌江区在风景区月亮湖打造户外颁证基地，上饶市鄱阳县打造“甜蜜小镇”。宣传婚嫁新风，培育文明向上的婚俗文化。

【2022年江西省“振兴杯”民政系统礼仪主持人（婚姻颁证员）职业技能竞赛举行】　11月14—15日，2022年江西省“振兴杯”民政系统礼仪主持人（婚姻颁证员）职业技能竞赛在南昌举行，全省11个设区市、省涉外收养和涉外婚姻登记中心的12支代表队共20名选手参赛。经过角逐，最后产生团体一等奖1名，二等奖2名，三等奖3名；个人一等奖1名，二等奖1名，三等奖1名，优胜奖3名；最佳颁证词奖3名。大赛在网上同步直播，共有100余万人次观赛。

（葛华）

家　庭

【概　况】　2022年，省妇联推出南昌市东湖区方志敏广场等12个家风家教实践基地。开展“我家绿色生活”清洁家庭展示活动，以争创居室美、争创环境美、争创生态美、争创家风美为重点，动员家庭成员开展清洁卫生、环境治理、爱粮节粮、节能环保、垃圾分类等活动。联合省教育厅下发《关于认真学习宣传贯彻〈中华人民共和国家庭教育促进法〉的通知》，将《中华人民共和国家庭教育促进法》纳入“八五”普法内容。制作《家庭教育促进法》动漫专题片，在各地办公大楼、商场、地铁、公交车站台、广场、社区等公共场所播放。开展“百万网民学法律”家庭教育促进法专场知识竞赛活动，共有110余万人次参与。开展“江西省家庭教育典型案例”征集、评选、展示。开展家庭教育说课比赛，共收集117个家庭教育课题，30名选手进入决赛。联合教育、民政等11个部门开展“把爱带回家——送法到家 让孩子健康成长”2022寒假儿童关爱服务活动，引导广大家长学习《中华人民共和国家庭教育促进法》，依法承担实施家庭教育主体责任。召开全省留守儿童关爱工作推进视频会，推动妇联系统留守儿童关爱工作落地落细落实。

【2022年江西省最美家庭揭晓】　2月28日，省妇联制定《关于做好第十三届全国五好家庭、家庭工作先进集体、先进个人和2022年全国、全省最美家庭推选等工作的通知》，在全省推选爱党爱国、科技创新、绿色清洁、热心公益、孝老爱亲、移风易俗、清风

传家、爱粮节粮、学法用法、科学教子、抗击疫情11类家庭典型。通过组织寻访、社会推荐、群众发现等形式,经遴选、评议、公示,5月15日,省妇联在东方女报社召开"弘扬好家风 喜迎二十大"2022年江西省最美家庭揭晓新闻发布会,南昌陈香华家庭、九江余幸平家庭等437户家庭入选。

【开展"送法到家"活动】 5月9—15日,在首个全国家庭教育宣传周,省市县乡村五级联动,组织志愿者、家庭教育指导者等,针对家庭不同需求,开展"送法到家"活动。各级妇联深入基层走访慰问留守、困境儿童家庭,为家长送去《中华人民共和国家庭教育促进法》读本1万多册。

【《关于指导推进家庭教育的规划(2022—2025年)》印发】 6月22日,省妇联会同省教育厅、省文明办、省检察院、省民政厅、省人力资源社会保障厅、省文化和旅游厅、省卫生健康委、省广播电视局、省科协、省关工委印发《关于指导推进家庭教育的规划(2022—2025年)》,以法治为引领,以立德树人为根本任务,以构建覆盖城乡的家庭教育指导服务体系、健全学校家庭社会协同育人机制、促进儿童健康成长为根本目标,持续提升家庭教育工作法治化、专业化、规范化水平,推动"十四五"时期家庭教育工作高质量发展。 (省妇联)

居民收入

【概　况】 2022年,全省居民人均可支配收入3.24万元,比2021年同期名义增长5.9%,高于全国平均水平0.9个百分点。分城乡看,城镇居民人均可支配收入4.37万元,增长4.8%,高于全国平均水平0.9个百分点;农村居民人均可支配收入1.99万元,增长6.7%,高于全国平均水平0.4个百分点。

【居民人均可支配收入增速居全国第9位】 2022年,全省居民人均可支配收入增速居全国第9位,次于安徽(6%)、福建(6%),比2021年上升4位。其中,城镇、农村居民人均可支配收入增速均居全国第7位,增速在全国位次比2021年均有所上升。

【农村居民人均可支配收入增长快于城镇居民】 2022年,农村居民人均可支配收入1.99万元,比2021年同期名义增长6.7%,扣除价格因素,实际增长4.6%,分别快于城镇居民1.9个百分点和1.8个百分点,连续13年保持快于城镇居民收入增长的态势。城乡居民收入比由上年的2.23降至2.19(农村居民人均可支配收入=1),城乡居民收入差距逐年缩小。

【收入四大项稳定增长】 2022年,全省居民人均工资性收入1.80万元,增长5.6%;占人均可支配收入55.5%,拉动人均可支配收入增长3.1个百分点,是支撑收入增长的主要因素。分城乡看,城镇、农村居民人均工资性收入分别为2.62万元、8884元,分别增长4.2%和7.3%。出台就业创业新政策,应对疫情等不利因素影响;各地通过发放稳岗补贴、出台奖补政策等举措,推动重点项目建设和重点企业生产。

全省居民人均经营净收入5166元,增长3.8%。分城乡看,城镇、农村居民人均经营净收入分别为4122元、6322元,分别增长3.4%和4.6%。落实疫情防控要求,精准迅速处置疫情,疫情扩散面和影响面逐步减小,保障市场供应链、产业链正常运转,促进住宿餐饮、居民服务、交通运输等行业稳定发展,保障居民出行、就业、消费等活动正常化。同时,持续加大惠企助企政策和落实力度,真金白银帮助企业减负纾困;通过发放消费券、举办主题促销活动、补贴消费等举措,促进消费市场快速复苏,全省生产经营状况保持向好发展势头。农业生产形势总体向好,早稻丰收、生猪产能恢复、畜牧业生产价格跌幅收窄,农产品市场行情保持稳定,持续促进居民收入增长。

全省居民人均财产净收入2557元,增长10.9%。分城乡看,城镇、农村居民人均财产净收入分别为4527元、377元,分别增长9.5%和12.1%,增幅均居四大项之首。随着疫情防控形势持续向好发展,房屋租赁市场正在逐步恢复,城镇居民房屋出租收入逐渐回暖;村集体经济迅速发展,农村居民多形式入股分红,城乡居民财产净收入快速增长。

全省居民人均转移净收入6719元,增长6.5%。分城乡看,城镇、农村居民人均转移净收入分别为8856元、4353元,分别增长5.0%和8.1%。坚持保障民生,应对物价上涨,进一步提高养老待遇水平,发挥失业保险金的作用,兜牢基本民生底线,助推居民增收。

·资料·

2022年全省居民人均可支配收入增长情况表

表36

指标名称	全体居民绝对量(元)	增长(%)	城镇居民绝对量(元)	增长(%)	农村居民绝对量(元)	增长(%)
可支配收入	32419	5.9	43697	4.8	19936	6.7
一、工资性收入	17976	5.6	26191	4.2	8884	7.3
二、经营净收入	5166	3.8	4122	3.4	6322	4.6
三、财产净收入	2557	10.9	4527	9.5	377	12.1
四、转移净收入	6719	6.5	8856	5.0	4353	8.1

(肖为民)

居民消费

【概　况】 2022年，全省居民人均消费支出2.17万元，比上年同期名义增长7%，高于全国平均水平5.2个百分点，增速居全国第1位。分城乡看，城镇居民人均消费支出2.60万元，增长5.6%，高于全国平均水平5.3个百分点；农村居民人均消费支出1.70万元，增长8.4%，高于全国平均水平3.9个百分点；城镇和农村居民人均消费支出增速均居全国第1位。

【消费八大项全面增长】 2022年，全省居民人均食品烟酒消费支出6946元，增长6.6%；衣着消费支出1107元，增长2.5%；居住消费支出5057元，增长7.1%；生活用品及服务消费支出1252元，增长9.6%；交通通信消费支出2624元，增长12.0%；教育文化娱乐消费支出2447元，增长2.8%；医疗保健消费支出1856元，增长9.6%；其他用品和服务消费支出418元，增长1.8%。分城乡看，城镇居民消费支出八大项呈现“五升两持平一降”态势，增长最快的是交通通信支出，增长12.9%；农村居民消费支出八大项呈现全面增长态势，增长最快的是医疗保健支出，增长10.7%。

【恩格尔系数逐步下降】 2022年，全省居民人均食品烟酒消费支出6946元，增长6.6%，占人均消费支出的比重（恩格尔系数）为32%，比上年下降0.1个百分点。分城乡看，城镇居民人均食品烟酒消费支出8102元，增长4.9%，占人均消费支出的比重为31.2%，比上年下降0.2个百分点；农村居民人均食品烟酒消费支出5667元，增长8.5%，占人均消费支出的比重为33.4%，与上年同期持平。

【城乡居民消费差距持续缩小】 2022年，全省农村居民人均消费支出增速高出城镇2.8个百分点。从绝对量上看，城乡居民人均消费支出比值为1.53（农村居民人均消费支出=1），比2021年缩小0.04。

【交通工具支出快速增长】 2022年，制定《江西省商务厅等17部门关于搞活汽车流通扩大汽车消费若干举措的通知》，鼓励各地结合实际开展汽车以旧换新，促进汽车更新消费。全省居民人均交通支出1965元，增长16.1%，其中人均交通工具支出889元，增长24.3%，占人均交通支出的45.2%。分城乡看，城镇居民人均交通工具支出1275元，增长29.3%，每百户家用汽车拥有量44.1辆，比2021年增加1.0辆；农村居民人均交通工具支出462元，增长9%，每百户家用汽车拥有量30.6辆，比2021年增加4.2辆。

【城乡居民汽车、空调、移动电话拥有量不断增多】 2022年，城镇居民和农村居民每百户家用汽车拥有量分别为44.1辆和30.6辆，比2021年分别增加1.0辆和4.2辆；每百户空调拥有量分别为163.3台和97.9台，比2021年分别增加2.2台和8.0台；每百户移动电话拥有量分别为267.5部和281.3部，比2021年分别增加4.1部和4.9部。

·资料·

2022年全省居民人均消费支出增长情况表

表37

指标名称	全体居民绝对量（元）	增长（%）	城镇居民绝对量（元）	增长（%）	农村居民绝对量（元）	增长（%）
消费支出	21708	7.0	25976	5.6	16984	8.4
（一）食品烟酒	6946	6.6	8102	4.9	5667	8.5
（二）衣着	1107	2.5	1441	0	737	6.7
（三）居住	5057	7.1	5828	6.5	4204	7.4
（四）生活用品及服务	1252	9.6	1581	9.3	888	9.0
（五）交通通信	2624	12.0	3319	12.9	1855	9.1
（六）教育文化娱乐	2447	2.8	2909	-1.2	1936	9.0
（七）医疗保健	1856	9.6	2186	8.4	1491	10.7
（八）其他用品和服务	418	1.8	610	0	206	4.6

（王敏）

本类目编辑　詹跃华

人力资源

综　述

2022年,全省人社部门聚焦“作示范、勇争先”目标要求,按照“政策集成、要素集聚、集团作战”工作思路,全省就业态势平稳,人才人事制度不断健全。

*贯彻落实稳就业保就业决策部署。*深入实施就业优先政策,落实“稳、保”举措,全省就业形势总体稳定、稳中向好,全年全省城镇新增就业45.19万人,完成全年计划112.98%;失业人员实现再就业15.02万人,完成全年任务的115.54%。延续实施减负稳岗扩就业政策,持续落实支持多渠道灵活就业、促进农民工就业创业等政策措施,政策红利持续释放,发放稳岗返还7.8亿元,政策受益率居全国前列,得到国务院稳住经济大盘督导和服务工作组点名表扬。精准服务促进高校毕业生就业,2022届高校毕业生初次毕业去向落实率83.16%。统筹做好农民工、脱贫劳动力、退捕渔民、退役军人等群体就业工作,全省新增农村转移劳动力58.29万人,帮扶137.6万名脱贫劳动力务工就业,5.09万名退捕渔民实现转产就业,“零就业家庭”保持动态清零。全年开发政策性岗位5.95万个,各类事业单位招聘基本完成,“三支一扶”计划招聘超额完成,有效发挥政策性岗位稳就业作用。出台“1+4”稳就业政策,为市场主体和个人减负104亿元。上线运行“农民工地图”,拓展创业和灵活就业新空间,实施就业援助“暖心活动”,兜牢脱贫劳动力和退捕渔民等困难群体就业。

*推进高层次人才引进。*以省委人才工作领导小组名义发布《江西省高层次人才引进实施办法(修订)》,优化升级引才优惠政策。聚焦“双一号”工程,围绕“2+6+N”产业高质量跨越式发展以及重点产业链建设需要,发挥各类用人主体和专业服务机构力量,持续开展“才聚江西 智荟赣鄱”系列引才活动。举办海外“云引才”和组团引才系列活动,省领导莅临会场并与海外人才交流。协调教育、卫生、工信、发展改革、科技等部门,统筹推进高校、卫生、电子信息、生物医药等重点产业链和领域引才工作。压实引才单位主体责任,持续开展引才工作季度通报,拨付引才奖励资金1009万元,激发各方面引才动力。组织40余名专家赴上饶及海南休假,落实江西省高层次人才待遇。

*推动职业技能发展。*总结职业技能提升三年行动工作经验,确保职业技能提升三年行动向五年规划政策的延续性和稳定性,发挥政府补贴培训示范引领作用。克服疫情不利影响,开展补贴性职业技能培训,推动职业培训工作高质量发展。开展“四单式”职业技能培训,举办江西省首届职业技能大赛,打响“赣就有位来”服务品牌。省人社厅联合省民政厅、省文旅厅、团省委选拔40名优秀技能人才参加全国健康照护行业、文物行业、青年职业技能大赛,其中健康照护行业职业技能竞赛获得团体赛全国季军。江西省选手李德鑫代表中国在参加瑞士举办的2022年世界技能大赛特别赛家具制作项目中获得金牌,是中国自参加该赛以来家具制作项目的首枚金牌。

人力市场

【概　况】 2022年,省人社厅会同省发展改革委、省财政厅、省商务厅、省市场监督管理局制定出台《关于推动我省人力资源服务业高质量发展的若干措施》,提出18条具体措施,为人力资源服务业发展注入新动力。截至2022年年底,全省有人力资源服务机构2637家,从业人员3.5万人,年营业收入达到600亿元。全省建成人力资源服务产业园17个,其中国家级1个、省级9个。

【《江西省“2+6”重点产业企业急需紧缺人才目录》发布】 1月6日,省人力资源和社会保障厅发布《江西省“2+6”重点产业急需紧缺人才目录》。该目录聚焦有色金属、电子信息、装备制造、汽车、石化、建材、纺织、食品8个重点产业,发布急需紧缺人才岗位642个,为产业需求与人才引进、培养、服务精准对接提供针对性、具体化指导。

【评定首批省级人力资源服务行业领军企业】 8月,根据《江西省人民政府关于加快人力资源服务业发展的意见》《江西省省级人力资源服务行业领军企业和领军人才评定管理暂行办法》,经企业申报、县(市、区)人社部门初审、设区市人社部门复核推荐、专家组综合评审等程序,江西人力经济技术合作集团有限公司、江西大唐人力资源集团有限公司、江西省汇思人力资源有限公司、江西聚才人力资源集团有限公司、江西金手指劳务派遣有限公司5家企业被评为

2021 年度省级人力资源服务行业领军企业。

【遴选人力资源服务机构进校园开展招聘服务认定机构】 年内根据《关于组织人力资源服务机构进校园开展招聘服务的通知》要求，经各地推荐和机构申报，省人社厅审核并向社会公示，遴选 2 批共 31 家优质人力资源服务机构进校园开展招聘服务，为高校毕业生提供专业性、多样化服务，助力高校毕业生高质量就业。6 月，通报第一批人力资源服务机构进校园开展招聘服务认定机构，江西省人才服务有限公司、南昌市智通人力资源有限公司等 15 家机构入选；10 月，通报第二批人力资源服务机构进校园开展招聘服务认定机构，南昌嘉弘人力资源有限公司、江西北辰企业服务有限公司等 16 家机构入选。

人才队伍

【概　况】 截至 2022 年年底，全省专业技术人才总量 311.6 万人。全年新增引进各类高层次和急需紧缺人才 3.3 万人，其中博士等高层次人才 1300 余人，赣籍人才 1.5 万余人。全省有技能人才 521.02 万人，其中高级工以上技能人才 158.77 万人、中华技能大奖获得者 7 人、全国技术能手 147 人；享受国务院津贴 52 人、享受省政府津贴 46 人、赣鄱工匠 36 人、江西省能工巧匠 160 人、江西省技术能手 3459 人。全省建有省级及以上高技能人才培训基地 112 家、技能大师工作室 223 家，省级及以上职业技能竞赛集训基地 28 家。

【实施“双高”人才选拔】 组织实施首批“江西省高层次高技能领军人才培养工程”选拔工作，聚焦省重点产业、重点学科和社会发展重点领域，注重向从事基础前沿研究人才倾斜，向支撑企业自主创新研发型人才倾斜，向基层一线人才倾斜，向高新技术产业园区、经济技术开发区和工业园区倾斜，全年评选产生 94 位“双高工程”人选。启动实施 2022 年度“双高工程”人选申报推荐工作，全省 70 家单位共推荐“双高工程”人选近 300 人。会同省财政厅印发《江西省高层次高技能领军人才培养工程人选服务管理办法》，明确每年投入财政专项资金近千万元，加强对人选的引领、资助、培养和服务，在全省范围构建一支层次分明、有序衔接、梯队合理的高层次高技能人才队伍，引导人选助力服务全省经济社会高质量发展。

【实施专业技术人才知识更新工程】 推动以省政府名义出台《江西省专业技术人才继续教育办法（修订）》。会同相关部门印发《江西省专业技术人才知识更新工程实施方案》，推进全省专业技术人员知识更新。实施高级研修项目，紧扣江西省数字经济、虚拟现实、生物医药、稀土资源等产业领域，结合国家级基地和重点高校学科优势，申请获批 7 期国家级专业技术人才高级研修项目。在举办国家级高级研修班的基础上，发挥省属高校、重点科研院所以及大型企业的技术和专家优势，遴选实施 20 期专业技术人才省级高级研修项目，安排专项资助资金 200 万元，培养 2000 名左右的高级专业技术人才。

【发展博士后事业】 推进博士后队伍建设，2022 年首次面向海内外发布江西省引进博士后人才公告，全省 238 家博士后设站单位，共发布博士后人才需求 1023 个，新增招收博士后 217 人，在站博士后达 850 人；全年新增博士后科研工作站 9 家，博士后创新实践基地 30 家，获国家和省博士后专项经费 1267 万元，在全国博士后揭榜领题大赛上斩获一银三铜，奖牌总数名列全国第 4 位。

【推进技能人才评价制度改革】 出台《江西省职业技能等级认定工作管理办法》，形成覆盖学徒工、初级工、中级工、高级工、技师、高级技师、特级技师、首席技师的“八级工”评价制度体系，健全以职业技能等级认定 + 职业资格评价 + 专项职业能力考核等为主要内容的技能人才评价机制，推动技能评价工作提质扩面。全省有职业技能评价机构 239 家，其中企业职业技能等级自主认定 108 家，技工院校自主认定 67 家，社会培训评价组织 64 家。完成各类职业技能等级认定 13 万人次，9 万人次取得各级职业技能等级证书。

【李德鑫获 2022 年世界技能大赛特别赛家具制作项目金牌】 10 月11—14 日，2022 年世界技能大赛特别赛家具制作、精细木工、木工 3 个项目在瑞士巴塞尔举行，来自 27 个国家和地区的 40 多名选手参赛。江西省选手李德鑫代表中国参加家具制作项目比赛并获金牌，这是中国代表团获得的 2022 年世界技能大赛特别赛首枚金牌，也是中国自参加该赛事以来家具制作项目获得的首枚金牌。李德鑫为江西环境工程学院教师，2021 年 7 月毕业于江西环境工程职业学院家具艺术设计专业，是全国技术能手、全国青年岗位能手、手工木工高级技师。2020 年 12 月获中华人民共和国第一届职业技能大赛家具制作项目金牌并入选第 46 届世界技能大赛家具制作项目中国集训队。2021 年 11 月获第 46 届世界技能大赛家具制作项目中国集训队阶段性考核（10 进 5）第 1 名。

【江西省第一届职业技能大赛在南昌举行】 12 月 2—5 日，以“人人成才，技兴江西”为主题的江西省第一届职业技能大赛在南昌举行。该赛由人力资源和社会保障部指导、省政府主办，是江西省举办的规模最大、项目最多、水平最高的综合性职业技能大赛。12 月 2 日，省长叶建春致辞并宣布开幕，省领导梁桂、李红军、刘强、雷元江出席。大赛采用“赛、展、演、会”相结合的展示方式，设竞赛项目 85 个，其中世赛项目 58 个、省赛精选项目 27 个，来自全省 66 个代表队 1486 名选手参赛，其中主赛场设比赛项目 30 个、参赛选手 594 名。

就业创业

【概　况】 2022 年，全省就业形势总体稳定、稳中向好。全省城镇新增就业 45.19 万人，完成全年计划的 112.98%；失业人员实现再就业

15.02 万人，完成全年任务的 115.54%。延续实施减负稳岗扩就业政策，发放稳岗返还 7.8 亿元。精准服务促进高校毕业生就业，2022 届高校毕业生初次毕业去向落实率 83.16%。统筹做好农民工、脱贫劳动力、退捕渔民、退役军人等群体就业工作，全省新增农村转移劳动力 58.29 万人，帮扶 137.6 万名脱贫劳动力务工就业，5.09 万退捕渔民实现转产就业，“零就业家庭”保持动态清零。全省开发政策性岗位 5.95 万个，公益性岗位安置 20.67 万人。各类事业单位招聘基本完成，“三支一扶”计划招聘超额完成。开展创业培训 15.83 万人次，年度目标任务（12 万人次）完成率 132%。

【落实稳岗扩岗惠企政策】 2022 年，全省为 7.79 万家企业发放普惠性稳岗返还资金 7.83 亿元，惠及职工 198.2 万人。为 4.58 万名参保人员落实技能提升补贴 0.8 万元。为 4.72 万户企业发放一次性留工培训补助 5.28 亿元，惠及职工 106.17 万人。为 1.3 万户企业发放一次性扩岗补助 0.6 亿元，惠及职工 3.97 万人。

【促进高校毕业生就业】 会同财政、教育等部门接续出台《关于应对疫情保主体促就业 10 条政策措施》《关于促进 2022 年全省高校毕业生就业创业 10 条举措》，以省政府名义出台《关于切实做好我省 2022 届高校毕业生就业创业工作的通知》《关于做好当前和今后一段时期高校毕业生等青年就业创业工作的通知》，发文进一步细化一次性吸纳高校毕业生就业补贴、一次性扩岗补助等政策。全年发放 2022 届困难毕业生一次性求职补贴和一次性吸纳高校毕业生就业补贴 6000 余万元。建成对接“赣服通”的线上全省公共招聘平台，加密线上线下招聘服务，接续举办“大中城市联合招聘”“赣就有位来”直播带岗活动、百日千万网络招聘等公共就业招聘专项活动，开展线上线下招聘活动 2145 场。组织开展公共就业服务“六进”校园活动，活动期间全省组织人社厅局长进校园宣讲 143 次，发放政策宣传资料 45.3 万份，发布岗位信息 343.8 万条。

【实施“三支一扶”计划】 实施 2022 年度高校毕业生“三支一扶”计划，继续做好“三支一扶”人员招募工作。2022 年，全省招募“三支一扶”人员 1963 人，超额完成人社部下达计划。举办全省“三支一扶”人员能力提升专项计划示范培训班 2 期，培训 300 余名在岗“三支一扶”人员。

【实施就业见习岗位募集计划】 省人社厅联合省教育厅、省科技厅、省工信厅等部门印发《关于实施江西省就业见习岗位募集计划的通知》，围绕江西省“2 + 6 + N”重点发展产业和地方特色产业，发动优质企业，持续开发高质量见习岗位。2022 年全省开发见习岗位总数 6.12 万个，实际到岗见习人数 1.65 万人，累计拨付见习补贴资金 6948.35 万元。

【开展“赣就有位来”百县联动直播带岗主题活动】 5 月起，省人社厅会同省委宣传部联合开展“赣就有位来”百县联动直播带岗主题活动，通过新媒体资源与新招聘模式，优化公共就业服务体系，打造本地求职就业品牌栏目。活动期间，全省三级联动统筹规划，省市县侧重不同层面的求职群体，在高校毕业季、秋招等求职招聘高峰期，持续策划开展相关活动。全省开展“赣就有位来”百县联动直播带岗主题招聘会 436 场，共计 8600 余家企业参与直播带岗活动，提供有效岗位信息 22 万余个。

【推进重点群体创新创业】 出台《关于明确 2022 届高校毕业生申领一次性创业补贴有关事项的通知》，加大补贴扶持力度，对于创办小微企业或从事有雇工个体经营的 2022 届高校毕业生创业者，一次性创业补贴标准由 5000 元提高至 10000 元。同时将一次性创业补贴、创业培训补贴、创业孵化基地运行费补贴等创业政策汇总集成，纳入《应对疫情保主体促就业 10 条政策措施》及《促进 2022 年我省高校毕业生就业创业 10 条措施》中，主动向高校毕业生、返乡创业农民工等重点群体推送，鼓励重点群体创业。引导高校毕业生、农村转移就业劳动者等重点群体参加创业培训，促进创业能力提升。

【创业孵化基地建设】 开展全省创业孵化基地建设工作，鼓励各地利用土地、资金、技术、信息等生产要素搭建创业孵化基地，重点培育扶持特色突出、功能完善、承载能力强的孵化基地。截至 2022 年第四季度，全省有创业孵化基地 285 家，比 2021 年年底新增 11 家，入驻实体 1.32 万个；带动就业人数 11.6 万人，带动就业人数净增 8000 余人。

【落实创业担保贷款政策】 2022 年，全省新增发放创业担保贷款 245.21 亿元，居全国前列。全年扶持个人创业 9.67 万人次，稳定和带动就业 52.47 万人次，为疫情期间稳定社会就业起到重要作用。累计发放创业担保贷款 1825 亿元，累计扶持个人创业 145 万人次，稳定和带动就业 586 万人次。

【组织参加第五届“中国创翼”创业创新大赛】 2 月，省人社厅联合省发展改革委等 7 部门启动第五届“中国创翼”创业创新大赛江西省选拔赛，全省有 2802 个项目报名参赛，比上一届增长 72.32%。经各设区市选拔推荐，113 个项目进入省级选拔赛。7 月 5—6 日，组织举办江西省选拔赛决赛暨颁奖仪式，评选出 5 个赛道前 3 名，确定 14 个创业项目参加全国选拔赛，对获奖项目颁奖并发放奖金。江西省 10 个参赛项目入围全国总决赛，8 个项目获奖，其中一等奖 1 项、二等奖 3 项、三等奖 4 项，获奖总数位列全国第 2，入围决赛项目数和一、二、三等奖获奖数均居全国前 3，5 个赛道全部获奖。

【江西省“农民工地图”上线】 12 月 26 日，省人社厅举行江西省“农民工地图”上线仪式。“农民工地图”项目以农民工就业需求为出发点，在共享多个部门的政务数据基础上，通过“大数据 + 入户调查 + 自主网上填报”等方式，搭建覆盖全省的农民工实名制数据库，为各地开展精准就业服务提供数字化支撑。

【就业困难人员援助】 开展就业援助"暖心活动",对就业困难人员制定分类援助计划。活动期间,全省就业援助"暖心活动"帮助2.25万人援助对象实现就业。出台《关于促进农民工就业创业10条措施的通知》《关于应对疫情报主体促就业10条政策措施的通知》《关于做好监测对象就业帮扶专项行动的通知》等政策,将脱贫户和返贫重点监测对象中有就业能力、有就业意愿未就业的人员作为帮扶对象,建立工作台账,提供"一对一"帮扶。截至年底,有就业能力、有就业意愿未就业的脱贫户和监测对象实现动态清零。发挥公益性岗位"兜底线、救急难"作用,对无法通过市场化渠道实现就业的困难人员,给予优先安置公益性岗位。2022年全省就业困难人员实现就业4.99万人,零就业家庭保持动态清零。

【推进退捕渔民安置保障工作】 依托实名制动态帮扶信息系统,掌握渔民就业状态,持续推行就业服务"1131"计划,实施周电话抽查制度,连续2年以项目招投标方式委托第三方到渔民家中调查了解转产就业情况。开发护渔员、护鸟员、护堤员等公益性岗位,托底安置就业困难渔民,推进退捕渔民安置保障工作。2022年年底,全省5.09万名需转产就业退捕渔民实现转产就业。

【推动职业技能培训发展】 省人社厅联合教育厅、省发展改革委、省财政厅印发《江西省"十四五"职业技能培训规划》(简称《规划》),《规划》共7章30条11个专栏,对"十四五"时期职业技能培训工作作出全面部署。鼓励支持企业、培训机构等社会力量广泛参与职业培训,2022年全省开展政府补贴性培训45.74万人次,其中创业培训15.83万人次。贯彻落实《"技能中国行动"实施方案》等文件要求,推进"人人成才、技能江西"行动,全年开展企业职工岗位技能培训15.83万人次。

【《关于推进企业吸纳就业社会保险补贴"直补快办"助力稳岗扩就业实施方案》出台】 9月,出台《关于推进企业吸纳就业社会保险补贴"直补快办"助力稳岗扩就业实施方案》,加快全程网上经办、优化经办流程,对符合条件的用人单位推行直补快办,推动政策速享尽享。2022年,全省累计发放各类社保补贴4.57亿元,其中企业吸纳社保补贴"直补快办"发放5102.26万元。

【档案管理服务】 出台《江西省流动人员人事档案管理服务标准和流程规范》,联合印发《中共江西省委组织部 江西省人力资源和社会保障厅等五部门转发中共中央组织部、人力资源社会保障部等五部门关于〈流动人员人事档案管理服务规定〉的通知》,推进档案管理服务的规范化和精细化。流动人员人事档案省级集中系统上传全省档案信息196万份,省本级全年提供档案管理服务7.4万件次,业务咨询服务3.8万件次,报到证改派、遗失补办、代理派出等业务1.1万件次。

人事管理

【概　况】 2022年,持续推进职称制度改革,优化完善政策、健全人才评价制度体系、提升服务管理水平。完善工资和收入分配政策,调整事业单位工作人员和机关工人基本工资标准,规范事业单位工作人员工资津贴补贴项目。完善事业单位绩效工资政策,健全高层次人才工资分配激励机制,支持科研院所、高校、职业院校对高层次人才实行年薪制、职务科技成果转化重要贡献人员给予现金奖励,构建公平合理的收入分配格局。畅通工勤技能人员晋升渠道,高级工可通过年限申报技师,首次设立一级技师岗位。开展高层次人才医疗保健待遇确认,为国家级、省级高层次人才及年满50周岁的正高职称和博导办理医疗保健待遇确认,全省8987人享受高层次人才医疗保健待遇。推进公立医院薪酬制度改革,建立适应医疗行业特点的公立医院薪酬制度。完善及时奖励制度,评选先进集体6个、先进个人8名。

【完善职称制度体系】 出台《江西省职称评审管理办法》,规范职称评委会建设、申报审核、组织评审、评审服务、监督管理等重点环节,把职称工作要求程序化、制度化。会同行业主管部门研究制定中小学教师、技工院校教师、中等职业院校教师、高等院校教师、卫生、工程、会计、统计、审计、经济、自然科学研究、哲学社会科学、翻译、农业、文物博物、图书资料、档案、体育、艺术、播音主持、新闻、出版、公共法律、实验技术人员24个职称系列改革文件。基本形成以职称制度改革实施意见为龙头,以职称评审管理办法为主干,以各系列(专业)改革政策为配套的职称制度框架体系。

【建立人才分类评价标准】 根据不同行业特点,细化专业设置,将已开展评审的25个系列细化设置为63个专业,会同行业主管部门开展职称评价标准修订工作,坚持品德、能力、业绩和贡献导向,把技术创新推广、专利发明创造、成果转化效益、产业发展贡献等作为专业技术人才的重要评价指标,建立分类分层、各有侧重的职称评价体系。

【拓展职称评审渠道】 围绕省委、省政府提出的"2+6+N"产业,开展特色产业职称评审。指导南昌、鹰潭、新余、赣州、景德镇、萍乡、九江、吉安8个设区市开展虚拟现实、物联网、铜加工、锂电、稀土、陶瓷工程、工业陶瓷、纺织服装、电子信息等特色产业评审,单独制定评价标准、单独组织开展评审,通过"一产一策"支持特色产业人才成长发展。会同各行业主管部门,及时发布职称评审新专业和评价标准,将发展态势好、从业规模大的新兴职业纳入职称评审范围,开展工业设计、安全工程、新文艺群体等新专业新职业职称评审。

【服务一线专业技术人员】 注重服务基层一线、艰苦边远地区专技人员,在农业、林业、水利、卫生、教育、会计6个系列或专业坚持对基层专技人员定向评价、定向使用,对基层人才申报高级职称单独分组、单独评审、单独确定通过比例,引导专业技术人才扎根基层、服务基层。加大公共卫生机构支持力度，将医务人员在突发公共卫生事件中的现实表现作为职称评审的重要内容，落实抗疫一线人员职称评审优惠政策，会同省卫生健康委开展第二批一线医务人员名单收集整理工作。

【建立国际职业资格证书认可清单制度】 编制《江西省国际职业资格比照对应职称目录(2022 年版)》，建立 25 项国际职业资格直接对应职称关系。重点策应江西省经济社会发展和重点产业领域需要，突出服务数字经济和“2+6+N”产业，集中在工程技术领域，涉及数字经济、电子信息、绿色建筑、规划设计等专业，覆盖美国、英国、德国、澳大利亚及中国香港等国家和地区。目录直接为国际专业人才建立职称评审绿色通道，允许持有目录内国际职业资格的专业人才(不限国籍、户籍、社保)，视同为取得工程系列相应职称，不需办理认定手续，不需补发职称证书，可按有关规定申报高一层级职称评审。建立目录动态调整机制，优化职称评审流程，探索视同职称更多应用场景，更好地支持国际专业人才到赣创新创业。

【建立高层次人才专家举荐制】 在南昌大学等具有博士学位授予权高校及省科学院等省政府直属科研院所建立高层次人才专家举荐制度，对事业发展急需、确有真才实学、具备强劲潜能、能够担当重任的高精尖缺人才，经本专业领域 3 名院士或国家级专家等联名举荐，可相应直接认定职称、聘任岗位、兑现待遇。

【做好人事招聘考试工作】 组织开展公务员招考、高层次人才公开招聘、省直事业单位统一公开招聘、全省中小学教师统一公开招聘、卫生专业技术人员公开招聘等工作，发布事业单位公开招聘岗位 3.3 万余个，组织实施各类人事考试 62 项，涉及报考人数 90.48 万人，考试总科次 178.97 万科次。

【推进公立医院薪酬制度改革】 1 月 30 日，经省政府同意，省人社厅、省财政厅、省卫生健康委、省医保局印发《关于深化公立医院薪酬制度改革的实施意见》，提出合理确定公立医院薪酬水平、落实公立医院内部分配自主权、健全公立医院负责人薪酬激励约束机制等改革举措。2022 年，全省有 79 家公立医院实施改革，实现省和设区市两级公立医院全覆盖，改革后公立医院薪酬总量总体呈上升趋势，有利于调动医院和医务人员积极性，促进医疗服务质量和水平提高。

【做好表彰奖励工作】 经中共中央、国务院和省委、省政府批准，全年新设、调整、撤销表彰项目 108 项。其中，省级项目新增 1 项、调整 1 项；省级工作部门项目新增 5 项，调整 3 项；市级项目新增 20 项、调整 1 项、撤销 2 项；县级项目新增 74 项、调整 1 项。组织 16 名省部级以上表彰奖励获得者进行休假疗养。

劳动管理

【概　况】 2022 年，江西省防范劳动关系区域性、系统性风险，开展和谐劳动关系创建工作，推进劳动关系“和谐同行”能力提升行动。创新新就业形态劳动者劳动权益保障工作，维护劳动者合法权益，提升劳动关系行政审批和公共服务水平。发布 2022 年企业工资指导线，明确年度企业工资增长基准线 7%，增长下线 3%，企业工资增长不设上线。发布 2022 年非竞争类国有企业工资增长调控目标、2022 年国有企业工资分配市场对标数据和相关参考数据。完成全省企业薪酬调查工作，向社会公开发布全省劳动力市场工资价位。建成上线“全省通办、全覆盖运行、全免费服务”的省电子劳动合同平台。

【预防化解劳动关系风险】 制定“保稳定 促和谐”预防化解劳动关系风险专项工作方案，组织开展矛盾纠纷和风险隐患排查，围绕教育培训、房地产、受疫情影响餐饮旅游运输等重点行业开展企业裁员风险监测，在江西人社网上办事大厅开通企业经济性裁员网上报告功能，指导相关企业依法规范裁员程序。

【创建和谐劳动关系】 在全省范围内选树表彰 13 家金牌协调劳动关系社会组织、103 名金牌劳动关系协调员和 37 家金牌劳动人事争议调解组织，以省政府名义举办首届全省劳动关系协调员技能竞赛。制订 2022 年度“和谐同行”企业培育行动计划，建立个性化培育工作台账，年度新增 32 户培育企业。完成全国和谐劳动关系创建示范企业与工业园区推荐评选工作，江西省推荐的 12 家企业、2 个工业园区获全国和谐劳动关系创建示范单位命名。开展全国和谐劳动关系创建示范单位巡回演讲活动(江西站)和“宣讲党的二十大精神暨送牌上门”活动，宣传推广和谐劳动关系创建经验做法。

【优化劳动管理服务标准】 制定《江西省企业实行不定时工作制和综合计算工时工作制审批服务指南》，完善《江西省劳务派遣经营许可指导手册》，减少办事材料、简化经办流程、压缩办结时限、推行全流程网办。加强企业用工指导服务，通过电子劳动合同平台向新注册企业发送用工指导服务短信；编印《企业用工指导服务手册》并附人社部门便民惠企政策扫描下载二维码，以政策问答形式归纳常见问题，提供政策依据。

【组织企业薪酬调查】 完善企业薪酬调查报表制度，优化全省企业薪酬调查工作方式方法，完成 10974 家企业薪酬信息调查工作。建立包括企业薪酬调查、招聘平台和上市公司等薪酬数据在内的企业工资收入分配大数据库，向被调查企业和全省国有企业提供多层次职业技能等级工资价位信息服务。向社会公开发布全省各类职业(工种)、各等级专业技术人员和技能人员的工资价位、初次就业大学生工资价位。

(省人社厅)

本类目编辑　邓诚君

社会保障

综　述

2022年,省人社厅按照“稳住、进好、调优”工作思路,围绕双“一号工程”目标任务,统筹疫情防控和社会发展,社会保障事业稳中有进。

完善社保法规制度。以省政府名义出台《关于加快完善覆盖全民的多层次社会保障体系的意见》,全国第二个颁布实施地方性法规《江西省社会保障一卡通条例》,全国率先实现被征地农民参加养老保险制度全覆盖,建立全省统一的城乡居民养老保险丧葬补助金制度,启动实施职业伤害保障和补充工伤保险试点,顶格贯彻落实国家阶段性缓缴社会保险费决策部署。规范用人单位参保,出台《关于进一步规范用人单位参加企业职工基本养老保险有关问题的通知》,规范用人单位参保地、核定应办未办参保登记的经办程序等,提高企业职工基本养老保险参保率。规范新老农保衔接工作,印发《关于切实推进新老农保制度衔接工作的通知》,准确掌握未衔接到位人员,未并未退留存比例降至5.45%,完成人社部规定的新老农保制度衔接未并未退留存比例10%以内“清零”目标。建立欠费清缴长效机制,印发《关于进一步做好我省机关事业单位基本养老保险和职业年金缴费工作有关问题的通知》。2021年前机关事业单位基本养老保险欠费基本达到应清尽清,当期征缴率达到99.9%,基本实现应缴尽缴,新增欠费由3.99亿元下降至0.06亿元。

稳步提升社保水平。在全国率先建立人社、发展改革等跨部门参保扩面联动协作机制,全省企业职工养老保险、机关事业单位养老保险、城乡居民养老保险、工伤保险参保人数分别达到1185.73万人、176.25万人、2081.05万人、558.05万人,分别完成民生工程任务数的118.57%、104.91%、109.53%、100%。为190.51万名符合代缴条件的困难群体代缴城乡居民养老保险费1.91亿元。全省长江流域全口径退捕渔民符合参保条件的6.37万人实现应保尽保。全省尘肺病重点行业企业和从业人员工伤保险实现全覆盖。完成2022年调整退休人员基本养老金工作,连续18年调整企业职工基本养老保险待遇,连续7年调整机关事业单位基本养老保险待遇,城乡居民养老保险基础养老金最低标准从2021年的115元提高到128元,11个设区市自行提高基础养老金9.5元至30元不等,人均待遇水平居中部六省第一。全面完成2022年调整因工致残人员伤残津贴等定期待遇工作。开展企业职二基本养老保险待遇项目清理,出台《关于规范我省企业职工基本养老保险待遇项目的通知》,对481项企业职工养老保险待遇项目进行清理规范,通过人社部第一轮审核。自行对属于统筹外的但在基金中支付的待遇项目进行集中清理,转为代发,涉及4万余人次,月发放金额66万余元。

确保基金运行平稳。全省企业职工养老保险、机关事业单位养老保险、城乡居民养老保险、工伤保险基金征缴收入分别为703.96亿元、210.14亿元、50.36亿元、10.73亿元,比上年同期分别增长-0.8%、-0.1%、8.6%、2.2%,基金累计结余分别为824.45亿元、52.20亿元、392.48亿元、50.40亿元,比上年同期分别增长4.5%、27.3%、12.6%、-5.4%。联合公检法机关共同发布敦促退回违法违规领取骗取社会保险待遇通告,建立与省高院、省公安厅、省司法厅、省民政厅、人民银行南昌中心支行联合追回违规领取社会保险待遇部门协作机制,形成强大的社会震慑力。推动职业年金投资运营,召开江西省职业年金基金管理机构评选委员会第四次会议,研究决定江西省第2个合同期受托人选择、更换事宜,完成职业年金第2个合同期基金管理机构合同签署和备案工作,确保职业年金合同期平稳过渡。

持续提升经办能力。出台江西省社会保险领域助力全省发展和改革双“一号工程”10项举措,加大助企纾困和利企便民力度。推行失业保险“四免”经办模式,全面实行网上申领。通过大数据技术,将失业保险缓缴、稳岗返还、一次性留工培训补助、一次性扩岗补助4项政策接入“惠企通”平台,实现经办流程简化,业务办理方便快捷。开展“暖心贴心省心”社保服务活动,印发《关于开展“暖心贴心省心”社保服务主题活动的通知》,深化社保经办系统行风建设,提升社保经办精细化管理水平。做好困难国有企业职工办理退休工作,出台《关于做好我省困难国有企业职工办理退休工作有关事项的通知》,解决部分困难国有企业因改制、关闭、经营状况不佳等原因无力缴清欠缴的企业职工基本养老保险费导致职工无法退休的问题。规范一次性补缴,印发《关于进一步优化企业职工基本养老保险费一次性补缴业务流程的通知》,对用人单位和职工申请补缴社会保险费业务流程进行规范,明确一次性补缴业务初审、复核、审核三级权限管理。推进待遇领取资格"静默认证",加强跨部门数据共享协作,与省医保局、省卫生健康委、信息中心建立常态化数据共享机制。截至2022年年底,实现"静默认证"人数811.3万人,占已认证人员的90.92%,全省养老保险待遇领取资格认证率98.09%,此项工作入选全国人社系统行风建设创新案例。印发《关于实施困难群体企业职工基本养老保险助保贷款"免申即享"的通知》,推动助保贷款政策落实。推行工伤保险定点医疗机构联网即时结算,全省所有县(市、区)实现联网即时结算,实现县级全覆盖。截至2022年年底,全省有202家定点医疗机构上线联网即时结算,共结算10.55万人次,结算费用1.91亿元。

(省人社厅)

保障体制

【概　况】 2022年,下发《关于贯彻企业职工基本养老保险全国统筹制度实施方案的意见》,实施企业职工基本养老保险全国统筹。将被征地农民全部纳入养老保障范围。推进机关事业单位养老保险制度改革,继续实施待遇平稳衔接政策。确定南昌市开展个人养老金制度试点工作。启动实施景德镇市职业伤害保障试点和赣州市补充工伤保险试点。出台《关于加快完善覆盖全民的多层次社会保障体系的意见》,制定地方性法规《江西省社会保障卡一卡通条例》。出台《江西省统一社会保险费征收模式实施方案》,建立税务、财政等多部门工作协调机制。印发《关于建立全省开发区社会保险参保扩面跨部门协作机制的通知》,成立由人社、发展改革、科技、工信、商务、市监、统计、税务等部门组成的跨部门参保扩面联动协作机制。建立联合追回违规领取社会保险待遇部门协作机制,打击违规领取社会保险待遇行为。

【特定从业人员工伤保障】 5月1日,《景德镇市新业态从业人员职业伤害保障试行办法》《赣州市补充工伤保险办法(试行)》施行。《景德镇市新业态从业人员职业伤害保障试行办法》探索解决陶瓷从业人员、超龄人员、村(社区)"两委"人员、实习生、互联网平台从业人员等职业伤害保障问题;《赣州市补充工伤保险办法(试行)》明确,已经参加工伤保险的用人单位的所有参保人员和未纳入《工伤保险条例》实施范围的特定人员均可参保,将超过法定退休年龄的劳动者以及实习生、见习生、村"两委"人员、大学生村官等特定从业人员纳入补充工伤保险范围。截至2022年年底,2个试点地区参保单位2.5万家,参保人数80余万人。

【《关于加快完善覆盖全民的多层次社会保障体系的意见》出台】 8月30日,省政府印发《关于加快完善覆盖全民的多层次社会保障体系的意见》(简称《意见》),9月19日,在南昌举行新闻发布会。省人社厅党组成员、副厅长刘克琦发布和介绍有关情况,省人社厅、省民政厅、省财政厅、省医保局有关人员出席新闻发布会。省人社宣传中心主任汪建辉主持新闻发布会。凤凰网、《江西日报》、江西卫视等20余家中央驻赣和省内新闻媒体单位参加新闻发布会。《意见》分3个部分,提出当前及今后一个时期江西省社会保障事业发展的目标任务和政策措施,归纳概括为1个总体目标、10项发展目标、20项重点任务、3项组织保障。

【开展个人养老金制度试点工作】 根据人社部、财政部、国家税务总局、银保监会、证监会《关于印发〈个人养老金实施办法〉的通知》和人社部办公厅、财政部办公厅、国家税务总局办公厅《关于公布个人养老金先行城市(地区)的通知》精神,11月25日,确定南昌市作为36个先行城市(地区)之一开展个人养老金制度试点工作。在南昌市参加城镇职工基本养老保险或者城乡居民基本养老保险的劳动者,可以通过全国统一线上服务入口或者经银保监会确定的商业银行开立个人养老金账户。个人养老金的参加人可选择一家符合规定的商业银行开立或者指定本人一个账户绑定个人养老金资金账户。个人养老金缴费由参加人个人承担,实行完全积累,年缴纳上限12000元。参加人按规定缴费后,可以根据自己的风险承受能力自主选择购买经银保监会和证监会确定的储蓄存款、理财产品、商业养老保险、公募基金等金融产品。

【推进社会保障卡"一卡通"】 制定地方性法规《江西省社会保障卡一卡通条例》,以省委、省政府名义出台《关于推进社会保障卡居民服务"一卡通"的意见》,推进社保卡在民生服务"一卡通办"、公共服务"一卡通行"、收支结算"一卡通付"、社会服务管理"一卡通用"4个方面13个领域的应用,江西被国务院确定为全国社会保障卡居民服务"一卡通"应用试点的10个地区之一。累计制发社保卡4774万张,签发电子社保卡3075万张。新余市、鹰潭市创建全国社保卡"一卡通"创新应用综合示范区。

(省人社厅)

权益保障

【概　况】 2022年,落实《保障农民工工资支付条例》,做好保障农民工工资支付工作,将保障农民工工资支付工作纳入各级政府考核评价指标体系。印发《2022年打击非法用工等违法及治理拖欠农民工工资工作考核评价实施细则》,压实根治欠薪工作主体责任。印发《江西省工程建设领域农民工工资专用账户管理办法》和《江西省工程建设领域农民工工资保证金实施办法》,对工程建设领域保障农民工工资支付重点制度予以明确,增强治理工程建设领域欠薪问题的针对性和可操作性。在南昌市新建区、共青城市等5个县(市、区)开展政府国企项目无农民工欠薪试点工作,推行通过社会保障卡发放农民工工资。组织开展拖欠农民工工资集中整治专项行动、清理整顿人力资源市场秩序专项检查和劳动用工大排查大起底大整治等专项执法检查活动。全年,全省劳动保障监察机构检查用人单位9597户,涉及劳动者63.05万人,依法为2.4万名劳动者追回工资待遇3.16亿元。

【加强劳动监察执法】 完善落实“两金六制”,开展“劳动用工大排查大起底大整治”行动和“根治欠薪集中整治专项行动”,立案办结工资类案件1870件,为2.4万名农民工追回工资3.16亿元。通过社会保障卡发放农民工工资10.52万人次,金额13.68亿元。开展人力资源市场秩序、禁止使用童工专项整治、女职工产假等权益保护执法行动,劳动监察案件结案率100%。完成2818家单位的劳动保障守法诚信等级评定。

【劳动者权益维护】 聚焦快递员、外卖送餐员、家政服务员等新就业形态群体劳动保障重难点问题,建立健全规章制度,形成“1+10”政策体系。省人社厅联合省安委办下发《关于加强劳务派遣和灵活用工人员安全管理工作的通知》,加强劳务派遣和灵活用工人员安全管理。会同省住建厅、省总工会下发《关于做好建筑企业农民工服务保障的通知》,提出15条关爱建筑企业农民工服务举措。印发《关于做好高温季节劳动权益保障有关工作的通知》,督促各地维护好高温季节劳动者权益。配合公安机关健全完善警务辅助人员管理制度,指导做好警务辅助人员招聘管理工作。

【推进劳动人事争议调解仲裁工作】 全年全省各级劳动人事争议调解仲裁机构依法受理劳动人事争议案件59288件,依法调处案件58929件,仲裁结案率99.3%,调解成功率89.1%,仲裁终结率83.1%,涉案金额16亿元。推进基层劳动人事争议调解组织建设,会同总工会、企联/企协、工商联等部门开展全省金牌调解组织的培育、选树工作,评选出2022年度金牌劳动人事争议调解组织37家。在全省范围内继续开展创建星级劳动人事争议仲裁院活动,评选出2022年度五星级仲裁院21家、四星级仲裁院26家、三星级仲裁院25家。推广全国“互联网+调解”服务平台和江西省“智慧仲裁”信息系统,提升案件处理智能化水平和服务社会能力。全省调解仲裁工作规范化、标准化、专业化、智能化建设水平得到提升。

(省人社厅)

医疗保障

【概 况】 2022年,省医疗保障局坚持以人民为中心,深化医保制度改革,持续唱响江西医保“舒心享、爽心办、暖心帮”服务品牌。截至年底,全省基本医疗保险参保人数4648.23万人,参保覆盖率持续稳定在95%以上。基本医疗保险基金(含生育保险)总收入714.45亿元,同比增长6.23%;总支出589.30亿元,下降3.73%。累计结余836.78亿元,其中职工医保(含生育保险)累计结余497.65亿元,累计结余可支付25.73个月;居民医保累计结余339.22亿元,累计结余可支付11.40个月,医保基金运行总体安全平稳。

【提升医保管理水平】 开展“领导接访日”“医院接待日”“企业接待日”活动,听取参保群众、定点医药机构和医药企业的意见建议,征集信访、舆情、热线、市县基层各类诉求,梳理41项共性问题和4项个性问题,逐项制定整改措施,印发出台16份政策文件,健全完善医保制度体系。7月13日,江西省医保领域第一部政府规章《江西省医疗保障基金使用监督管理办法》以省政府第256号令发布,10月1日起施行,办法共5章39条,明确医保基金使用相关主体职责,规范基金使用,提升江西省医保基金使用监督管理法治化、规范化水平。8月30日,以省政府办公厅名义印发《关于促进医保基金稳健运行推动医保事业高质量发展的意见》,健全完善医保基金稳健运行机制,提升医保基金精细化管理水平。

【医保信息化标准化应用】 完善全省统一的医保信息平台,推动公共服务、基金监管、宏观决策等七大子系统全面上线,11月15日,江西省医保信息平台通过国家医保局验收。拓宽“互联网+医保”服务场景,推广医保电子凭证,2022年,医保电子凭证激活人数3288万人,激活率71.25%,覆盖2.37万家定点医药机构,全省二级以上定点医疗机构全部实现挂号、就诊、结算全流程应用。完成本地移动支付平台建设部署,省内11个统筹区有19家定点医疗机构上线移动支付应用,同时联合南昌大学第一附属医院推出“互联网+慢病医保线上支付+送药到家”便民惠民新举措,2022年,移动支付结算48.94万人次,结算医疗费用5035.06万元,其中医保基金支付3712.93万元。

【提升医疗保障待遇】 9月5日,省医疗保障局联合省财政厅、省税务局出台《关于做好我省2022年城乡居民基本医疗保障工作的通知》,2022年居民医保人均财政补助标准和个人缴费标准比2021年各新增30元,分别为610元和350元。9月23日,联合省税务局出台《关于进一步明确城乡居民缴纳居民医保费有关事宜的通知》,取消2017年以来未参保及断缴人员医保费补缴政策,启动“统模式”征缴工作,2022年全省有超过3456万人通过各种渠道缴费成功。落实“两病”门诊用药保障机制,确保在医疗机构确诊“两病”参保患者开方即确认、用药即报销,2022年,城乡居民“两病”门诊用药待遇享受人次707.16万人次,医保基金支出6.58亿元。落实《江西省生育保险和职工基本医疗保险合并实施办法》,将职工和灵活就业人员均纳入生育保险参保范围,并同步出台《全省医疗保障部门便民惠民若干措施》,在全省范围内取消享受生育保险待遇其他附加条件。2022年,全省生育保险参保人数405.90万人,生育医疗总费用13.57亿元,生育津贴支付10.91亿元。

【巩固医疗保障脱贫攻坚成果衔接乡村振兴战略】 8月18日,以省政府办公厅名义印发《关于健全重特大疾病医疗保险和救助制度实施意见》,推动全省救助对象、范围、标准、资金管理和服务管理“五统一”,截至年底,全省医疗救助基金支出19.94亿元,有效防范因病致贫返贫风险。巩固拓展医疗保障脱贫攻坚成果有效衔接乡村振兴战略,逐步实现由集中资源支持脱贫攻坚向统筹基本医保、大病保险、医疗救助三重制度常态化保障平稳过渡,分类健全因病致贫和因病返贫双预警机制，定期向乡村振兴和民政部门推送医保监测数据，协同做好风险处置和综合帮扶，2022年，累计向民政、乡村振兴等部门推送医保监测数据27万余条，核定易致贫返贫人口2516人，全部落实医保帮扶政策。

【医药服务管理】 推进以按病种付费为主的多元复合式医保支付方式改革，上饶市按疾病诊断相关分组（CHS-DRG）付费国家试点和赣州、宜春、鹰潭按病种分值付费（DIP）国家试点进入实际付费阶段，新增南昌、萍乡、新余、抚州4个设区市推进支付方式改革，其他设区市有序推进。联合省财政厅、省卫生健康委出台《江西省推进紧密型县域医疗卫生共同体医保支付方式改革实施方案》，探索推进紧密型县域医共体支付方式改革。全面贯彻执行国家医保药品目录，联合省人社厅转发《国家基本医疗保险、工伤保险和生育保险药品目录（2021年）》，明确自2022年起，将国家医保药品目录内1486种西药，1374种中成药和892种中药饮片纳入江西省医保支付范围。3月11日，联合省财政厅、省卫生健康委和省药监局出台《关于进一步做好国家医保谈判药品落地执行工作的通知》，完善国家医保药品落地执行工作机制，分3批次遴选190种药品纳入“双通道”管理，打通国谈药品落地执行“最后一公里”，2022年，江西省国家医保谈判药品总费用25.12亿元，医保报销费用21.67亿元，惠及390.56万人次。

【助力中医药强省战略】 8月2日，制定出台《关于医保支持中医药传承创新发展实施意见》，以省政府办公厅名义转发，明确将更多符合条件的中药饮片、中药制剂、中医医疗服务项目纳入医保支付范围，重点支持樟树帮、建昌帮等“赣味”中药饮片，拓展中医类医保定点机构范围，鼓励引导基层医疗卫生机构提供中医药服务。9月2日，联合省卫生健康委、省中医药管理局配套出台《关于进一步支持热敏灸医疗服务项目发展的通知》，将热敏灸医保支付由江西中医药大学附属医院1家扩大至全省54家中医康复联盟医院和1家热敏灸区域医疗中心，明确热敏灸医疗服务项目价格和医保支付标准，支持江西省国家中医药综合改革示范区建设。

【开展药品和医用耗材集中带量采购】 12月14日，以省政府办公厅名义印发《关于推动药品和医用耗材集中带量采购工作常态化制度化开展的实施意见》，常态化制度化跟进国家集采中选结果、推动未过评药品集采“江西模式”成熟定型、组建参与跨省联盟集采，巩固集中带量采购制度改革成效。2022年，江西省全面跟进国家集采，落地执行国家7批次药品、2批次高值医用耗材集采中选结果；牵头开展二十三省肝功能生化类检测试剂和十六省未过评药品省际联盟集采，分别于12月19日和12月15日开标，江西集采模式逐步成熟定型。参与外省联盟，先后落地执行河南骨科创伤、广东超声刀头、广东新冠病毒检测试剂、湖北中成药等联盟集采中选结果。根据国家医保研究院统计数据，江西省药品集采品种数453个，位列全国第9位、中部第3位，提前3年完成国家“十四五”规划高值医用耗材集采目标任务，各批次集采中选产品平均降幅50%以上，最高降幅超过95%，年可节约采购资金70多亿元。

【医疗服务价格管理】 7月12日，省医疗保障局联合省卫生健康委、省财政厅、省市场监管局出台《关于建立医疗服务价格动态调整机制的实施意见（试行）》，以医保基金可承受为前提触发医疗服务价格动态调整，根据调价评估结果，确定10个统筹区2022年调价总额5.48亿元，其中省本级受理新增医疗服务价格项目219项，调价总量1.85亿元。支持国家区域医疗中心项目建设，受理审核第一批4家拟重点引进的医疗服务价格项目403项，按照分类处理的原则发布实施。推进口腔种植专项治理，11月28日，印发《全省开展口腔种植医疗服务收费和耗材价格专项治理工作实施方案》，新设立15个口腔种植类医疗服务价格项目，制定单颗常规口腔种植医疗服务价格三级医疗机构调控目标4300元，促进医疗卫生购销领域突出问题专项整治。指导全国医疗服务价格改革试点城市赣州市建立智能报价系统，开展医疗服务价格改革试点首轮调价，经赣州市政府常务会议审议通过，印发《赣州市深化医疗服务价格改革试点首轮调价方案》，自2023年1月1日起执行。

【医保基金监管】 2022年，全省现场检查定点医药机构实现全覆盖，累计处理违法违规医药机构28311家，处理违法违规参保人员3659人，追回资金12.3亿元。10月，江西省获全国医保基金举报线索处理试点。组织开展医保基金违规问题自查自纠，引导定点医疗机构主动退回违规医保基金4500万元。联合公安、卫生健康部门开展“假病人、假病情、假票据”专项整治行动，解除医保服务协议72家，向司法机关和纪检监察机关移送定点医药机构17家、参保人员8人。组织开展专项检查，重点打击省内异地就医使用医保基金、死亡后继续享受医保待遇和髋关节假体高值耗材使用等领域违规问题。开展省级飞行检查“秋季攻坚”行动，抽查133家定点医药机构和12家医保经办机构，追回违规资金1亿元；配合做好国家飞检赣州反馈问题整改，追回违规基金6157万元。开展集中宣传月“春雷行动”，与省电视台联合举办“我们都是守护者”大型宣传活动，在线观看量突破1000万人次。依托综合监管子系统，开展知识库、规则库、指标库建设，导入1800余万条疾病、药品、诊疗、耗材知识数据，设置241项指标库，并在国家医保局建立的165条监管规则基础上，探索新建符合江西实际智能监管规则96条，实现“事前预防、事中监测、事后督查”全流程监管。全年全省通过智能监控子系统拒付、追回资金3.2亿元。

【优化医保经办服务】 加快建设省市县乡村五级医保经办服务体系，全省1659个乡镇（街道），20976个村（社区）全面覆盖，医保经办服务事项入驻乡镇（街道）不少于15项、村（社区）不少于12项，做到医保服务“乡有窗”“村有点”。依托银行、定点医药机构等第三方机构,合作共建医保一体化服务中心859个,打造15分钟医保便民服务圈。依托信息化平台,30项医保业务实现"网上办""掌上办",10项业务长江中游城市群和湘赣边实现"跨省通办"。全面取消异地就医备案转诊转院证明材料,推行异地就医网上备案,普通门诊和5种门诊特殊慢性病费用跨省直接结算实现全省覆盖。2022年,江西省参保人员跨省异地就医直接结算86.09万人次,医疗总费用78.43亿元,医保基金支付45.75亿元。

【医保行风建设】 推动医保咨询服务全面接入设区市12345政务服务便民热线平台,2022年全省"12345政务服务热线"接听群众电话50.7万人次;实行"好差评"服务评价制度,全省各级医保部门收到办事群众"好差评"评价数据101.4万条,好评率99.99%。2022年,江西医保管理服务成效获国务院督查激励。

【实施智慧医保"村村通"工程】 省政府将实施智慧医保"村村通"工程列入2022年51项民生实事工程之一。12月27日,省医疗保障局举行江西智慧医保"村村通"工程上线发布会,省委常委、常务副省长梁桂出席发布会并启动江西省智慧医保"村村通"工程项目上线运行。智慧医保"村村通"工程使用符合国家标准终端设备,能实现人脸识别、扫码、支付结算的省级工程项目,实现村级医保费用即时结算、高频医保事项便捷办理、医保基金实时智能监管。智慧医保"村村通"工程项目上线后,全省1.8万多个村卫生室、1700多万名乡村居民被纳入统一规范医疗保障服务体系。

(省医疗保障局)

社会保险

【概　况】 贯彻落实阶段性实施缓缴企业社会保险费政策,开展企业职工基本养老保险待遇项目清理。规范一次性补缴和新老农保衔接。推进待遇领取资格"静默认证",城乡居民养老保险并入省级集中社保信息系统。截至2022年年底,全省基本养老、失业、工伤保险人数分别达到3443.03万人、357.51万人、558.05万人,其中企业职工养老保险新增参保人数110万人,抚养比从2021年底1.82:1上升至2022年年底的1.89:1。全省城乡居民养老保险参保人数2081.05万人,待遇领取人数537.55万人,实现全省统一时间发放待遇;基金总收入161.85亿元,总支出120.47亿元,基金累计结余392.48亿元,总体收支稳定。

【落实阶段性实施缓缴社会保险费政策】 贯彻落实国家阶段性缓缴社会保险费决策部署,减轻企业负担。在原有实施阶段性缓缴3项社保费政策5个特困行业的基础上,增加17个行业,将缓缴政策实施范围扩大到行业所属困难企业以及对受疫情影响较大生产经营困难的中小微企业、以单位方式参保的个体工商户。通过与市场监管部门数据共享,企业缓缴申请自动校验办理,实现"即申即享",对已申请企业的缓缴期限自动进行延期,简化上传承诺书为事后稽核,实现"应享尽享"。全年累计缓缴4335家企业14.91亿元养老保险费,缓缴3238家企业0.39亿元失业保险费,缓缴3646家企业0.3亿元工伤保险费。将阶段性降低工伤保险费率政策延长实施一年至2023年4月30日。及时修订《江西省工伤保险省级调剂金管理办法》,向景德镇、上饶、吉安3个设区市预拨0.6亿元省级调剂金,使全省所有参保单位都可以享受阶段性降低工伤保险费率政策,全年累计为参保单位减负6.85亿元。

【特殊群体参保】 落实困难群体代缴代发政策,调度全省困难群体参保、缴费及待遇情况,指导各地及时落实社保扶贫延续政策。继续抓好退捕渔民养老保险工作。健全退捕渔民社保权益政策,配合省农业农村厅完善养老保险政策,引导渔民按时缴费,长期缴费,持续推进应保尽保,并以省政府名义下发《关于进一步健全重点水域退捕渔民长效帮扶机制的实施方案》,进一步明确专业兼业渔民补助标准。指导督办各退捕任务县区落实退捕渔民养老保险政策,动态管理渔民参保状态,巩固应保尽保工作成果,推动落实养老保险补贴。截至2022年年底,全省符合条件的困难群体286.94万人全部参保,应享受待遇的困难群体96.43万人全部发放到位,63562名符合条件的退捕渔民全部参加基本养老保险。

【调整企业和机关事业单位养老保险待遇】 完成2022年调整退休人员基本养老金工作。连续18年调整企业职工基本养老保险待遇,连续7年调整机关事业单位基本养老保险待遇。采取"12333"工作法,确保371万名退休人员增加的养老金与正常发放的养老金同步在7月15日发放到位,是全国第一个完成企业和机关事业单位2个险种调整待遇的省份,得到人社部社保中心的肯定,并印发专报信息在全国推广。

【失业保险保障】 2022年,全省失业保险基金待遇支出27.62亿元。推进失业保险金"畅通领、安全办"工作,为5.47万名失业人员发放失业保险金4.64亿元。继续实施失业保险保障扩围政策,实施失业保险稳岗返还政策,对符合条件的企业按大型企业50%、中小微企业90%比例返还企业及其职工上年度实际缴纳失业保险费。全省为7.79万家企业发放普惠性稳岗返还资金7.83亿元,惠及职工198.2万人。为4.58万名取得职业资格证书或职业技能等级证书的企业参保职工、2022年领取失业保险金人员发放技能提升补贴0.8亿元。为2022年1月1日至12月31日期间新发生的、2021年符合申领条件的参保失业人员11.61万人发放失业补助金4.35亿元。对出现中高风险或实施静态管理地区的困难企业,给予一次性留工培训补助500元/人,2022年共为4.72万户企业发放补助5.28亿元,惠及职工106.17万人。对招用2022年度普通高校毕业生、离校2年内未就业普通高校毕业生和登记失业的16~24岁青年的企业,给予企业一次性扩岗补助1500元/人,2022年共为1.3万户企业发放补助0.6亿元,惠及职工3.97万人。

【提升城乡居民养老保险待遇水平】 2022年，落实待遇确定和基础养老金调整机制，提高待遇水平至187元。省人社厅联合省财政厅下发《关于2022年提高城乡居民基本养老保险全省基础养老金最低标准的通知》《转发人社部 财政部关于2022年提高城乡居民基本养老保险全国基础养老金最低标准的通知》，统一提高基础养老金13元，从115元提高至128元。引导鼓励各地继续落实待遇确定和养老金调整机制，自行提高基础养老金，11市全部自主提标，幅度在9.5～30元。下发《关于调整全省城乡居民基本养老保险缴费档次及补贴标准的通知》，调整缴费档次，在原11个缴费档次基础上增设4000元、5000元、6000元3个缴费档次，并对参保人缴费分别给予150元、190元及230元补贴。下发《关于公布2022年我省城乡居民基本养老保险个人账户记账利率的通知》，确定全省2022年个人账户记账利率为3.07%并向社会公开。

【被征地农民社会保障】 修改《江西省征收土地管理办法》，以省政府名义出台《江西省人民政府办公厅关于切实做好被征地农民参加基本养老保险相关工作的通知》，实现被征地农民参加基本养老保险制度人群全覆盖。下发《关于进一步规范被征地农民社会保障工作有关事项的通知》，规范被征地农民社保审核事项。从“启动、审核、批复、监管”四个阶段把牢征地上游环节，严格执行“社会保障费用不落实的不得批准征地”，规范报批及补贴程序，加强预存资金和土地出让资金管理。截至2022年年底，全省累计筹集社保费用679.8亿元，237.97万名被征地农民享受政府缴费补贴参加基本养老保险。

【建立全省统一的丧葬补助金制度】 联合省财政厅下发《关于印发〈江西省城乡居民基本养老保险丧葬补助办法〉的通知》，明确从2022年7月1日起，对符合条件的城乡居民养老保险参保对象一次性发放不低于1000元丧葬补助金，覆盖全省所有县区，并在全国率先探索将在缴费期间死亡的参保人员纳入补助对象范围，即将符合待遇领取条件并在领取养老金期间死亡的和按规定已连续缴费5年及以上并在缴费期间死亡的参保人员纳入。

【城乡居民养老保险并入省级集中社保信息系统】 在全省范围内开展城乡居民养老保险数据整理专项行动，筛查并下发398.9万条疑似问题数据，处理完成率97.05%，完成4轮数据迁移。8月26日，城乡居民养老保险信息系统并入省级集中社保信息系统，并接入人社部业务中台，提高城乡居民养老保险业务经办安全度，标志着江西完成全险种信息系统省级大集中，成为全国第3、中部地区首个全险种接入人社部业务中台的省份。

（省人社厅）

社会福利

【概　况】 截至2022年年底，江西建有养老机构1788家、总床位数18.1万张(护理型床位9.9万张)，护理型床位占比54.8%，其中公办养老机构1311家、床位10.54万张，社会力量运营的养老机构477家、床位7.56万张；建有城乡社区养老服务机构和设施2.2万个。出台《江西省“十四五”养老服务体系建设规划》，明确“十四五”时期养老服务发展目标、重点任务。

全省有孤儿3917人，事实无人抚养儿童14290人，农村留守儿童26.58万人；设立乡镇(街道)儿童督导员1812人，村(居)儿童主任22128人；优化区域性儿童福利机构15个，建成未成年人救助保护机构105个。全省机构抚养孤儿、社会散居孤儿、事实无人抚养儿童最低生活保障标准分别为每人每月1600元、1200元、1200元，残疾孤儿、残疾事实无人抚养儿童照料护理补贴每人每月1380元。实施“福彩圆梦·孤儿助学”“孤儿医疗康复明天计划”项目，资助孤儿5690人次。

全省纳入生活补贴的残疾人48.6万人，纳入护理补贴的残疾人46.2万人。困难残疾人生活补贴和重度残疾人护理补贴标准均提高到每人每月80元，共发放两项补贴省级补助资金5.84亿元，比上年度增加8811.9万元。统筹中央预算内、中央福彩、省级福彩公益基金5700万余元，支持精神卫生福利设施和精神障碍社区康复机构建设。全省服务社区精神障碍患者2000余人，精神卫生福利机构收治精神障碍患者1100余人。

【城市居家社区养老服务】 出台《关于开展城市居家社区养老服务提升行动十条措施的通知》，居家社区养老服务改革列入全省探索和推广改革项目，赣州、新余、抚州列入国家居家和社区基本养老服务提升行动项目地区，争取资金1.34亿元。全省建成居家社区养老服务机构和设施3863个，新增社区嵌入式养老院113家、老年助餐点228个，新增家庭养老床位5916张，对1.2万余户特殊困难老人家庭进行居家适老化改造。

【农村养老服务】 依托市县福利院等建成18个失智照护专区，1.3万余名特困失能、部分失能人员得到集中照护，完成196家乡镇敬老院改造提升，建成农村互助养老服务设施1.4万余个、覆盖86%行政村，评选500个“党建＋农村互助养老服务”省级示范点。会同省文明办出台《江西省留守儿童、留守老人“关爱工程”三年行动计划(2022—2024)》，开展留守老人探访关爱服务。

【养老服务产业发展】 引导和支持社会力量参与，会同省财政厅修订《江西省民办养老机构建设和运营资金补助管理办法》，不区分经营性质对民办养老机构新增护理型床位进行补助。落实养老服务业纾困政策。开展普惠养老专项再贷款试点，支持民办养老机构获得再贷款金额1.68亿元。

【养老服务人才队伍建设】 实施养老服务人才“领头雁”计划和养老护理员素质提升工程，培训养老院院长730名、养老护理员1.25万人次。举办全省养老护理员职业技能竞赛，选树最美养老院院长10人、最美养老护理员20人。

【养老服务综合监管】 推进养老服

务综合监管"一件事"改革，开展养老机构"双随机、一公开"部门联合检查。出台《关于切实解决养老机构消防安全有关历史遗留问题的通知》，全省养老机构消防审验或备案达标率由49.4%上升到95.2%。做好养老服务领域常态化疫情防控和安全管理工作。开展打击整治养老诈骗专项行动，全省举办各类现场宣传活动2300余场，发送公益反诈短信4000余万条，纳入"红橙黄"风险管控名单81家，全部化解到位。发布养老服务省级地方标准14项，省级评定四级养老机构7家、三级养老机构15家。

【老年人福利制度】 为391.4万名老年人购买人身意外伤害保险；为100万名80岁以上高龄老年人每人每月发放50～1000元不等的高龄津贴；为经济困难的老年人按照每人每月不低于50元的标准发放养老服务和护理补贴。

【推进未成年人保护】 修订实施《江西省未成年人保护条例》。9月29日，江西省第十三届人民代表大会常务委员会第四十一次会议审议通过修订后的《江西省未成年人保护条例》，共10章82条，12日1日起施行。启动留守儿童"关爱工程"三年行动。省民政厅联合省文明办印发《江西省农村留守儿童、留守老人"关爱工程"三年行动计划(2022—2024年)指导意见》，以设区市为统筹，县(市、区)为单位，乡镇(街道)为单元，行政村为网格，重点解决家庭监护责任落实不到位、关爱服务体系不完善、救助保护机制不健全等突出问题。编制发布《未成年人监护评估规范》，从未成年人被监护状况评估和监护人监护能力评估2个维度16类50个评估指标，为未成年人监护评估提供统一、规范和可操作的依据。编制发布《儿童福利机构类家庭养育服务指南》，明确养育目标、基本要求、招聘流程、设施设备要求，规范日常服务、资料管理、培训与专业学习、检测性评估与考核督导以及类家庭一日流程等重点内容。

【开展未成年人保护示范县(市)创建活动】 根据民政部统一部署，各地参加全国未成年人保护示范县创建，省级组织评价组，通过听取汇报、查阅资料、交流座谈、随机抽查、综合研究等方式，对樟树、遂川、莲花等10个申报创建全国示范县(市、区)进行考评，向民政部报送省级评价工作报告。共青城市、樟树市、莲花县、遂川县、乐安县被民政部公示为全国未成年人保护示范县(市)。

【举办全省孤残儿童护理员职业技能比赛】 11月12—14日，省民政厅在南昌举办全省孤残儿童护理员职业技能比赛。南昌市社会福利院熊伯玲、李诗和刘美玲分获一等奖和二等奖，南昌市社会福利院章逸、叶艳华，新余市渝水区儿童福利院桂婷，吉安市吉州区社会福利院刘梅春，九江市儿童福利院徐晚琼、钟登帆，泰和县民政综合事务中心肖燕群获三等奖；南昌市、新余市、吉安市、宜春市民政局获优秀组织奖。

【完善残疾人"两项补贴"制度】 将提高残疾人"两项补贴"标准继续纳入省政府民生实事工程，生活补贴和护理补贴标准均分别提高20元、10元，均达到每人每月80元。印发《江西省民政厅办公室　江西省残联办公室转发民政部办公厅　中国残联办公厅关于全面开展残疾人两项补贴申请"全程网办"的通知》，在全省范围内实施残疾人"两项补贴""全程网办"服务，实现申领两项补贴"一次不跑"和"不见面审核"。推进残疾人"两项补贴""跨省通办"服务。截至2022年年底，全省办理"全程网办"488例、"跨省通办"25例。

【困难重度失能残疾人照护】 联合省残联印发《关于建立困难重度失能残疾人探视巡访制度的通知》，建立困难重度失能残疾人探视巡访制度，为残疾人提供以生活陪伴、心理咨询、情感支持等为主要内容的探视巡访服务。落实困难重度失能残疾人照护和托养工作季度调度机制，全省2.58万名残疾人纳入保障范围。相关经验做法被民政部简报转发，并在全国社会事务会议上作经验介绍。

（汤娜　乐乐　阮祥忠　邓威）

社会救助

【概　况】 截至2022年年底，全省有最低生活保障对象173.83万人、特困供养人员13.5万人、最低生活保障边缘家庭对象100.28万人、支出型困难家庭对象2.89万人次。2022年江西省困难群众基本生活救助工作在民政部、财政部绩效评价中继续评定为优秀等次，省人社厅社会救助局被推荐为全国社会救助工作先进单位、全省社会保障先进集体。

【提高社会救助标准】 根据省政府2022年民生实事工程安排，将全省城市低保标准和补差水平分别提高到825元和530元；农村低保标准和补差水平分别提高到600元和400元。城镇特困和农村特困失能、半失能人员供养标准提高到1080元；农村特困自理人员供养标准提高到780元；特困失能、半失能、自理人员照料护理补贴分别提高到1380元、350元、80元。全年统筹下拨中央及省级困难群众救助补助资金92.52亿元，全省发放城乡低保、特困、临时救助等各类困难群众救助资金110.96亿元。

【开展困难群众救助】 抓好最低生活保障审核确认权限下放乡镇(街道)跟踪指导，全年新增低保对象24.1万人。印发《江西省临时救助实施办法》，取消临时救助户籍地限制，推行"先行救助""分阶段救助"，提升救助灵活性和可及性。全年累计临时救助18.94万人次。出台《进一步做好低收入人口救助工作的实施意见》，将低保边缘家庭、支出型困难家庭与低保对象、特困人员一同纳入专项救助范围。

【推进巩固拓展脱贫攻坚兜底保障成果同乡村振兴衔接】 印发《2022年巩固拓展民政领域脱贫攻坚成果同乡村振兴有效衔接重点工作安排》，保持"过渡期"内主要帮扶政策总体稳定，落实落细"单人户保"、低保延退、刚性支出扣减等政策措施。2022

年全省有2.68万人参照"单人户"纳入低保,0.86万人实施低保延退。持续推进低收入人口动态监测信息平台建设,将全省371万名低收入人口纳入动态监测范围。与乡村振兴等部门开展数据共享和比对,及时将符合条件的对象纳入救助范围。截至12月底,全省有83.07万名脱贫人口、2.59万名脱贫不稳定人口、2.78万名边缘易致贫人口、3.43万名突发严重困难人口、3.87万名自付医疗费用较高人员、28.10万名重度残疾人、0.29万名禁捕退捕渔民、0.82万名失业登记人员、3.07万名助学救助人员纳入低保、特困保障范围,守住不发生规模性返贫底线。

【开展社会救助领域治理行动】 印发《江西省社会救助领域群众身边腐败和作风问题综合治理实施方案(2022—2025年)及2022年重点任务清单》,全年整治在各项救助业务经办中不担当、不作为、慢作为、乱作为等问题15个,整治低保公示信息不规范问题1073个,整治异地重复纳入低保、低保对象重复纳入特困、死亡人员未退出社会救助问题246个。印发《关于成立困难群众救助补助资金审计发现问题专项治理工作领导小组的通知》,成立领导小组和工作专班,召开困难群众救助补助资金审计发现问题专项治理推进会,专题部署专项治理工作。印发《关于开展专项治理重点领域问题排查整治工作的通知》,推动专项治理工作全面落实落细。截至12月底,全国困难群众救助补助资金审计涉及江西省190个问题、省审计厅发现429个问题、通过举一反三发现1120个问题全部整改到位。

【推进城镇困难群众解困脱困】 召开全省城镇困难群众解困脱困领导小组会、工作推进视频会,印发《2022年城镇困难群众解困脱困工作要点的通知》,统筹推进城镇困难群众解困脱困工作。协调各部门落实专项救助措施,资助城镇困难群众家庭学生10.45万人次1.18亿元,帮助7.38万名法定劳动年龄内有劳动能力城镇困难群众实现就业,采取实物保障与租赁补贴并举方式保障困难群众11万户,将助保贷款"免审即享"范围扩大到城镇低保边缘家庭。推广防贫责任险政策,为30.2万名城镇困难群众购买防贫责任险2623.08万元,累计赔付738.88万元。

【做好因疫因灾致困群众保障】 印发《关于切实兜牢兜好困难群众基本生活的通知》《关于扎实做好因灾致困群众基本生活保障工作的紧急通知》,开展因疫因灾遇困群众摸排,加大因疫因灾遇困群众救助力度,为低保、特困等困难群众增发一次性生活补贴。全年累计摸排受疫情灾情影响困难群众500余万人次,新增纳入低保22.73万人、特困供养1.38万人,实施临时救助18.05万人次2.51亿元,向183万名困难群众增发一次性生活补贴8.65亿元,累计对未参加失业保险的无生活来源失业人员实施临时救助4635人次596.65万元。联合省发展改革委等5部门印发《关于阶段性调整价格补贴联动机制加大对困难群众物价补贴力度的通知》,将低保边缘人口阶段性新增纳入价格补贴机制保障范围。全年全省累计发放价格临时补贴2.43亿元,救助974.16万人次,其中低保边缘人口217.05万人次。

【健全社会救助工作机制】 印发《关于建立完善社会救助主动发现机制若干措施的通知》,对强化主动发现工作力量、丰富主动发现方式、聚焦重点人群、加强监测预警、开展接办及综合救助帮扶等方面提出具体措施。联合省财政厅印发《政府购买社会救助服务清单》,引入市场主体、社会力量加强服务供给。印发《关于开展政府救助与慈善救助衔接试点工作的通知》,发挥慈善事业第三次分配和在社会保障体系中的重要作用,帮助困难群众做好救助需求与慈善资源链接。2022年在萍乡市、安义县、九江市濂溪区、新余市渝水区、婺源县、金溪县等地探索开展试点工作。全面完成社会救助改革创新试点工作任务,并在探索党建+社会救助、服务类救助、社会救助服务热线等方面形成一批可推广、有特色、有亮点的经验做法。南昌市青云谱区探索"物质+服务"救助方式,加快发展服务类社会救助;抚州市《建好"小网格",服务"大救助"》改革创新成果入选民政部2022年度社会救助创新实践优秀案例。

(彭雪枫)

慈善救助

【概　况】 2022年,全省慈善组织319家,同比增长18%,其中200家取得公开募捐资格。慈善救助平台发布项目申请496个,完成慈善资源链接实施救助325次,全省慈善组织接受社会捐赠款物近17.3亿元。

【慈善组织监管】 4月初,对慈善组织信息公开进行专项检查。对全省慈善组织在"慈善中国"平台信息公开情况进行网上检查,督促各慈善组织落实《慈善组织信息公开办法》和《关于进一步加强慈善组织信息公开有关工作的通知》要求,依法真实、完整、及时履行信息公开义务。272家慈善组织认真落实相关要求,在"慈善中国"平台更新、补充、完善有关信息。5月5日,印发《关于进一步做好慈善组织培育发展和监督管理工作的通知》,认定慈善组织20家,公开募捐方案备案66个,对7个省级慈善组织(基金会)开展"双随机、一公开"检查,督办各慈善组织全面梳理核对2020年以来信息公开情况,共督促103家慈善组织完成在"慈善中国"平台信息发布工作。

【慈善活动】 实施"老吾老"护理培训项目,举办养老护理员培训班2期,培训养老护理员123人。举办养老护理技能提升班1期,培训养老护理骨干人员43人,提升基层养老护理水平,助力全省养老服务事业发展。推进"幼吾幼"少儿之家项目。在全省7个项目县开设35个"幼吾幼"少儿之家,开放时长1.3万余小时,服务留守儿童2.29万人。开展"童伴妈妈"项目。全省172个"童伴之家"开展日常活动1.5万余次,开放时长6万余小时,呵护农村留守儿童、困境儿童。联合省老年医院(省人民医院)开展“夕阳红”慈善健康云平台项目,在全省11家试点医院举办线上义诊活动17场,服务因病陷入困境的老年患者600余人次。联合中华慈善总会开展慈善药品援助项目,援助肿瘤患者1627人次,援助药品价值2016.14万元。开展“立幸”慈善药品项目,救助肿瘤患者1697人次,援助药品价值1762.73万元。联合省卫生健康委,组织专家学者编印《中医实用处方》和《西医寻诊指南》,免费向全省慈善会系统、基层医疗卫生机构和困难群众发放书籍13700套。2022年元旦、春节期间,省慈善总会领导带队组成11个走访慰问组,到11个设区市53个县(市、区)开展“慈善情暖万家”活动。走访107个敬老院(福利院)、428户贫困户、13个省直单位乡村振兴点,为困难群众排忧解难办实事。

【慈善助学】 联合衣恋集团新开办“衣恋阳光班”2个,资助100名贫困高中学子完成高中三年学业。继续做好2020年开设的8个“科瑞慈善阳光班”助学项目工作。开展“农商银行·助你圆梦”慈善助学、金圣助学活动,资助贫困家庭高考优秀学子2130人,发放助学金1070万元。

【助力新冠肺炎疫情防控】 3月,省慈善总会发出倡议,呼吁广大慈善志愿者、各级慈善会开展疫情防控工作,并向省疫情防控指挥部捐赠1200万元用于全省疫情防控工作。12月,疫情防控工作重点由“防感染”转为“保健康、防重症”,省慈善总会从慈善捐赠资金中安排300万元,用于解决省民政服务机构缺医少药问题,保障老人儿童健康安全。

【慈善募捐】 2022年,募集款物12475.47万元,其中募集善款8582.2万元,募集物资折价114.4万元,慈善援助药品折价3778.87万元。省慈善总会“扶危救困 善行赣鄱”慈善帮扶专项工程被中华慈善总会评为“中华慈善品牌项目”。在支付宝、腾讯公益、水滴公益等平台上线助医助学项目,筹集资金。2022年“99公益日”活动争取到各省直单位及全省9家设区市慈善会、59家县(区)慈善会参与,全省慈善会系统筹款总额5565万元,比上年增长83%;参与人次89万人次,比上年增长56%;配捐总额531.6万元,比上年增长132%。省慈善总会在参与活动的422家社会组织中排名第12,在全国慈善会中排名第5。

【慈善宣传】 3月17日,印发《江西省民政厅关于做好第十二届中华慈善奖候选对象推荐工作的通知》,指导做好相关推荐评选表彰工作,开展宣传和动员,吸引各方参与。围绕慈善项目,将“99公益日”与第七个“中华慈善日”宣传相结合,在南昌绿地双子塔、万达广场、铜锣湾商场等户外LED大屏进行慈善公益宣传,广告触达数10万人次。宣传视频转发次数超8000次,发送活动主题短信1000多万条。在繁华商圈制作活动展架、发放宣传单、设点扫码捐赠,刊发新闻稿件,发动全省慈善会系统参与慈善宣传。发挥各类媒体作用,全年在总会官网发布新闻稿件116条,微信订阅号推送信息79次,微信服务号推送信息32次,微信视频号发布短视频14条、抖音平台发布短视频7条,在中央、省级主流媒体发稿61篇。曹山中医团队等14个单位及个人进入第十二届“中华慈善奖”候选名单。

【慈善志愿服务】 新招募慈善志愿者520余人,组建慈善志愿服务团队3支,培训1200余人次。以孤寡、空巢、失独老人,孤残、留守、困境儿童等群体为服务对象,开展以“六助”及防疫抗疫为主题的志愿服务活动,组织慈善志愿者到街道社区、敬老院、居家养老服务中心、残障儿童康复中心、中小学校等,参与志愿服务4500余人次,慈善志愿服务时长1.8万余小时。

(黄小清)

保险基金管理

【概 况】 2022年,加强社保基金监督制度建设,开展社保基金管理提升年行动,常态化推进警示教育,维护全省社保基金安全平稳运行。全年退回违法违规领取社会保险待遇3358.45万元,追回违规基金8833.86万元。

【加强基金监督制度建设】 建立健全“政策、经办、信息、监督”四位一体风险防控机制,坚持“人防、制防、技防、群防”四防协同,在全国首个联合司法机关发布敦促退回违法违规领取骗取社会保险待遇通告。截至12月底,通告发布的8个月内全省共4617人主动退回违法违规领取社会保险待遇3358.45万元。出台《江西省社会保险基金管理风险提示暂行办法》,开展风险防控“十项排查”,加强基金风险提示,织密基金安全防护网。

【开展基金管理提升年行动】 3月起,在全省范围内开展全省社保基金管理提升年行动。按照动员部署、全面实施、调研督导、总结评估四个阶段组织实施,并细化具体措施。完成年初全省方案确定的50项任务和人社部开展评估的100项工作项目,取得阶段性成效。同时,通过数据核查、落实整改等方式继续推动社保基金管理问题专项整治。专项整治共发现10类2230个问题,全部整改到位,整改率100%。截至12月底,全省发现违规基金9352.85万元,追回基金8833.86万元,追回率约94%。

【开展常态化警示教育】 2022年,以“以案促改、防控风险”为主题开展警示教育活动。举办风险防控培训班、警示教育会、安全形势分析会,通报外省和江西省查处的社保基金违法重大案件。建立三级联动机制,省市县三级人社部门和社保经办机构累计开展专题业务培训245次,印制并发放案例汇编6380册。突出重要岗位人员和年轻干部管理,对经办工作人员谈心谈话3476人次,增强全体人员基金安全管理的法纪意识和风险意识。

(省人社厅)

本类目编辑 邓诚君

社会事务管理

基层民主建设

【概　况】　以健全基层党组织领导下的基层群众性自治制度为引领，深化城乡基层群众自治实践，推进基层组织建设，开展村级议事协商等基层群众自治实践活动，促进城乡基层民主发展。

【健全群众性自治制度】　贯彻《中共中央、国务院关于加强基层治理体系和治理能力现代化建设的意见》，会同省委组织部等9个部门联合印发《关于深化城市基层党建引领基层治理的实施方案》《关于党建引领街道社区民生服务的若干措施》，提升社区为民便民安民能力。提请省委、省政府成立由省委常委、省委组织部部长任组长，省政府分管民政工作的副省长任副组长，组织、政法、编办、民政等9家单位为成员的城市基层党建引领基层治理工作领导小组，推动基层治理工作。建立健全基层党组织领导下的基层群众性自治制度，领导小组下设社区工作者职业体系建设、社区网格治理、街道（乡镇）管理体制改革、街道社区民生服务、社区物业治理5个专项工作组，分别由组织、政法、编办、民政、住建5个部门牵头负责，明确责任单位、任务分工、完成时限，形成“一组五办”工作机制，民政部简报刊发江西省经验做法。

【城乡基层群众自治实践】　开展优秀村规民约和优秀协商案例征集，深化协商自治。2022年，全省收集优秀村规民约（居民公约）348篇、优秀协商案例132篇，评选出优秀村规民约（居民公约）74篇、优秀协商案例38篇。打造推广南昌市西湖区“幸福圆桌会”、南丰“和事佬”、赣州“民情夜话”等协商品牌，发挥典型案例示范引领作用。推进18个全国村级议事协商创新实验，调度18个实验单位工作进展情况。挖掘各地基层治理典型经验，遴选并向民政部推荐南昌市青云谱区，赣州市兴国县、上犹县3篇基层治理典型案例。会同省人大、省住建厅开展“物业社区行”活动，赴基层开展实地调研督导，发挥社区“两委”引导作用和社区议事协商平台作用，助推物业服务提质增效，《人大财经工作》第9期刊发省民政厅工作经验。

【村级组织建设】　研究制定《关于城市社区居民委员会设立的指导意见（试行）》和《关于严格规范撤村建居工作推动“村改居”平稳有序进行的指导意见（试行）》，规范社区居委会设立和“村改居”工作。会同省发展改革委等16部门出台《关于健全完善村级综合服务功能 进一步提升基层治理能力的实施方案》，加强农村地区普惠性、基础性、兜底性服务能力建设，提升村级组织综合服务功能。指导社区防控专岗设置、社区防控及相关志愿服务工作，规范村（居）委会下属公共卫生委员会建设，全省村（居）公共卫生委员会基本实现全覆盖。贯彻落实《中共中央办公厅 国务院办公厅关于规范村级组织工作事务、机制牌子和证明事项的意见》，全面摸排梳理情况，会同省委组织部、省委农办开展专题调研，推动出台江西省政策文件，推进村级事务减负增效。部署开展“社区万能章”专项整治，抚州市率先出台方案，在全国不予出具证明事项20项的基础上，新增取消32项社区证明事项并明确替代办事途径。深化基层挂牌和考核评比专项整治行动，做到“牌子减下去、服务提上来”。民政部简报刊发《江西持续打好基层减负组合拳 增强基层治理新动能》。

（胡萍）

城乡社区治理

【概　况】　完善城乡社区服务体系，以“幸福社区”创评为抓手，推行“365天服务不打烊”，全省城乡社区治理工作取得新进展。出台《江西省贯彻落实“十四五”城乡社区服务体系建设规划实施方案》《关于深化城市基层党建引领基层治理的实施方案》等文件，推进全省社区治理。完善领导协调机制，推动11个设区市、100个县（市、区）建立由党委、政府领导任正副组长的城乡社区治理工作领导协调机制。江西省6个社区获评全国先进基层群众性自治组织，13名社区工作者获评全国优秀城乡社区工作者。

【“幸福社区”创评】　为助力“幸福江西”建设，省民政厅联合省财政厅在全省启动“幸福社区”星级服务质量创评工作，印发《“幸福社区”服务质量提升行动实施方案》，“十四五”期间，推动全省50%以上城市社区创建“幸福社区”。出台《“幸福社区”服务质量星级标准》《“幸福社区”服务质量星级评定规范》，围绕社区组织领导、综合平台、人才队伍、服务供给、治理机制、居民自治六大体系，细化为32项、76个小项工作标准。突出“一社区一特色”，聚焦老、幼、残、困等重点群体,推动社区民生服务、公共事务和物业管理等急难愁盼问题解决。通过广泛发动、市县申报、第三方实地评估、专家评审、公示等程序,2022年度创评476个三星级以上"幸福社区",形成一批治理典型品牌,《全国社区建设部际联席会议简报》和《中国社会报》《江西日报》多家媒体刊发江西省做法。

【提升村(社区)便民服务能力】 制定村(社区)"服务不打烊"工作指引,统一梳理和公布村(社区)帮办代办事项清单,推动更多审批服务和公共服务下沉到村(社区),让群众不出村(社区)就能办成更多事项。梳理村(社区)服务事项163项,其中,村(社区)服务事项清单60项、高频代办事项12项、免于提交的证照清单19项,社区服务事项清单72项。全省村(社区)全部建立错时延时服务制度,落实干部值班制度,10.3万名村(社区)干部参与帮办代办服务,组建志愿者队伍2.1万支,服务群众40余万人次。

【社区干部队伍建设】 会同省委组织部等部门出台《关于加强对村干部特别是"一肩挑"人员管理监督的十五项措施》《关于加强社区工作者职业体系建设的指导意见》,推动社区工作者队伍职业化建设、专业化履职。联合省委宣传部开展第四届全省"最美城乡社区工作者"学习宣传活动,评选出20名优秀城乡社区工作者,江西省6个社区获评全国先进基层群众性自治组织,13名社区工作者获评全国优秀城乡社区工作者。会同省教育厅等印发《关于进一步做好2022年普通高校毕业生到城乡社区就业工作的通知》,拓宽高校毕业生到城乡社区就业渠道,2022年,全省招聘录用城乡社区工作者3667人,其中高校毕业生897人。城乡社区防控专岗录用298人,其中高校毕业生31人。加大对离任村干部关爱力度,提高全省3.4万名离任村书记(主任)待遇保障。会同省委组织部举办2期全省街道社区(村)党组织书记(居、村委会主任)示范培训班,增强履职能力。

(胡萍)

社会组织管理

【概　况】 截至2022年年底,全省各级民政部门登记注册各类社会组织27970家,其中,省本级1153家,市本级5121家,县(区、市)级21696家;社会团体12659家,社会服务机构15213家,基金会98家。全年社会组织工作获4位省部级领导批示、1项省级荣誉,指导2个基层党组织获评全省首届"两新"组织党建工作创新案例"最佳案例"和"优秀案例",在全国典型发言1次、经验转发2次、相关媒体报道389次。

【"放管服"改革】 深化社会组织领域"放管服"改革。出台《江西省社会组织名称管理办法(试行)》。4月18日,省本级社会组织行政审批事项进驻省政务服务中心,编印社会组织办事指南、动画宣传片,升级完善"数字民政"社会组织登记管理系统,上线社会组织年检系统,让社会组织办事实现"一次不跑"。打造一批具有示范引领作用的社会组织,12家省本级社会组织入选首届精品社会组织。规范推动社会组织等级评估,编印《江西省社会组织等级评估工作手册》,全省有244家社会组织获得评估等级,其中23家获评AAAAA级、75家获评AAAA级、112家获评AAA级。加强基层能力建设,组织开展集中调研月活动,评选36篇优秀调研报告。

【开展社会团体分支(代表)机构专项整治行动】 5月,印发《关于开展社会团体分支(代表)机构专项整治行动的通知》,细化27类整治范围,提出3项整治措施,明确3个时间节点。省本级抽查检查社会团体57家,其中,发现存在整治情况的社会团体10家,列入整治范围的分支(代表)机构50个,清理整治4类问题60个。全省抽查检查社会团体1339家,清理整治分支(代表)机构328个。

【开展社会服务机构非营利监管专项行动】 印发《关于开展社会服务机构非营利监管专项行动的实施方案》,对违反非营利属性要求等12类违规行为进行监管。省本级抽取14家社会服务机构进行实地检查,清理整治违规问题9个。全省抽取1367家社会服务机构进行实地检查,发现问题157个,完成整改137个。

【开展行业协会商会涉企收费"回头看"】 8月,会同省发展改革委、省市场监管局印发《关于开展行业协会商会乱收费专项清理整治"回头看"工作的通知》,持续对15种社会和企业反映强烈的行业协会商会乱收费问题进行清理规范和专项整治。"回头看"期间,会同相关业务主管单位、党建工作主管单位,督促指导行业协会商会对2021年6月1日至2022年5月31日收费情况进行全面自查,270家省本级行业协会商会全面完成自查,82家行业协会商会再次主动减免和降低收费3228万元。

【社会组织整治】 推进"僵尸型"社会组织整治,对连续未参加年检年报、未开展活动、无法取得联系等4种情形的社会组织进行清理,全省撤销、注销572家,其中省本级撤销、整改"僵尸型"社会组织19家。打击整治非法社会组织,会同公安、教育等部门依法取缔"嘉源爱心助学基金会""中国庐山爱情学院"等4家非法社会组织,及时叫停省卫生健康委与中国转化医学联盟(非法组织)拟联合开展的活动。

【社会组织评比达标表彰活动治理】 针对社会组织开展评比表彰问题,印发《关于进一步规范社会组织举办研讨会论坛活动等有关行为的通知》,对社会组织举办"一讲两坛三会"和评比达标表彰活动的有关要求进行重申,要求必须依法按程序报批或备案。根据投诉举报、抽查检查等线索,对省陶瓷行业协会违规开展评比表彰下发行政处罚决定书,对5家准备开展评比的社会组织下发提示函。

【引导社会组织参与社会治理】 印发《关于动员引导社会组织助力稳住全省经济发展的通知》《关于进一步加强行业协会商会建设优化营商环

境的通知》《关于推动社会组织助力高校毕业生等群体就业工作的通知》，编印惠企政策汇编，提供就业岗位3.7万余个，招聘高校毕业生1.1万人，接收见习8256人。会同省乡村振兴部门动员引导社会组织助力乡村振兴，全省社会组织共投入资金14.55亿元，受益人59.06万人。参与帮扶少数民族村工作，制定《江西省民政厅关于对口支援三清山风景区引浆畲族村工作的实施方案》。

【《江西省社会组织名称管理办法（试行）》出台】 5月，《江西省社会组织名称管理办法（试行）》出台。该办法共分16条，主要将分散的与社会组织名称管理相关的现行有效法律法规以及政策文件进行归集、总结和整理，并结合日常管理实际，对"社会团体的组织形式""不得使用'联盟''总'字"等方面提出规范要求，加强社会组织名称管理的系统性，指导全省各地做好社会组织名称管理工作。

（姜鹏举）

区划地名管理

【概　况】 2022年，提请省政府建立由21个部门组成的区划地名管理工作部门联席会议制度。落实省委、省政府主要领导关于优化乡级行政区划设置研究批示，全面系统研究全省乡级行政区划设置现状及问题。强化区划调整事项组织实施督查，2021年批复的14件调整事项全部组织实施到位，2022年批复事项全部挂牌运转。全年实施县、乡级行政区划调整事项20件。截至年底，全省辖11个设区市，100个县（市、区），其中市辖区27个，县61个，县级市12个；乡级行政区划1578个，其中街道186个，镇832个，乡552个，民族乡8个。

【行政区划管理】 2022年，省政府批准县级部分行政区域界线变更1件、乡级区划调整19件，涉及南昌、景德镇、萍乡、九江、新余、鹰潭、抚州7个设区市。

南昌市　将南昌市新建区流湖镇划归南昌市红谷滩区管辖。撤销南昌市新建区长堎镇，设立长堎街道、欣悦湖街道。撤销南昌市西湖区桃花镇，设立桃花街道。撤销南昌市东湖区八一桥街道，撤销公园街道。设立南昌市西湖区九洲街道。撤销南昌市西湖区西湖街道、系马桩街道、十字街街道。设立南昌市红谷滩区凤凰洲街道、红角洲街道、九龙湖街道、龙兴街道。

景德镇市　撤销景德镇市珠山区竟成镇，设立竟成街道。撤销景德镇市昌江区吕蒙乡，设立吕蒙街道。

萍乡市　设立萍乡市安源区横龙街道、光丰街道。

九江市　设立永修县丰安街道、九江市柴桑区浔南街道。

新余市　设立新余市渝水区孔目江街道。

鹰潭市　撤销鹰潭市月湖区夏埠乡，设立夏埠街道。设立贵溪市江北街道。

抚州市　设立抚州市东乡区红星镇。

【地名管理服务】 组织实施地名信息库数据质量建设行动，全省审核更新地名信息43.7万条，得到民政部通报表扬。宣传贯彻新修订《地名管理条例》，召开全省视频会部署安排。草拟《江西省地名管理办法（修订草案）》并列入2023年立法计划。严格执行条例新规定，将住宅小区、楼宇审批权限稳妥移交住建部门。联合省社会科学院、省文化和旅游研究院制定《江西省地名文化遗产保护评定规范》。推荐遂川县、兴国县、莲花县、婺源县为"深化乡村地名服务 点亮美好家园"国家试点单位，同步启动省级试点，增设乡村地名标志739块。探索"地名＋社会组织（志愿服务）"新模式，打造慈善公益项目。

【地名文化宣传】 组织开展国务院新颁布《地名管理条例》宣传贯彻活动，编印《地名管理条例知识问答》手册1.2万册，指导地方开展"五个一"宣传活动，吉安市开设《吉泰安祥话地名》栏目，宜春市投放《地区管理条例》动漫宣传片，景德镇市联合律师事务所开展"优化营商环境贯彻落实《地名管理条例》"线上直播活动，上饶市联合江西广播电视台举办《上饶地名大会》，总决赛观看人数超过1200万人次。指导各地推出《南昌市地名故事》《赣南地名大观》《景德镇老城旧事》等地名丛书，开展地名大会、"地名小讲师"等特色活动。

【界线管理】 联合省财政厅印发《关于加强全省行政区域界线界桩管护工作的通知》，制定出台《关于加强和规范行政区域界线管理工作的意见》等规范性文件，提升全省界线管理工作法治化、科学化、规范化水平。完成赣粤省界和48条县界联检任务，并指导各地开展乡界联检。开展全省重点地区界线纠纷隐患排查，分别联合安徽、广东省民政厅在皖赣、赣粤省界开展平安边界联谊活动，联合浙江、广东省民政厅共建平安边界标识，并指导各地开展平安共建联谊，促进边界和谐稳定。

（张善祺）

殡葬管理

【概　况】 2022年，聚焦殡葬领域重点难点问题，加强殡葬法治化、标准化建设，推进惠民绿色文明殡葬改革。接续打造240个省级示范性殡葬服务设施，出台《殡仪服务规范》地方标准，提升殡葬服务设施建设标准和服务水平。全年获得省部级领导肯定性批示3次，《江西省公墓管理办法》获民政部简报刊登。在民政部重点工作综合评估中，江西殡葬改革工作继续位居全国第一方阵。

【清明祭扫服务保障】 统筹做好清明祭扫服务保障和疫情防控工作，实行分区分级的祭扫政策。清明节期间，全省接待现场祭扫群众103.6万人次，组织公益性集体代祭219场，开展个人委托代祭7.4万次，开通网络祭扫平台102个，保障446.2万人次开展网络祭扫，实现文明祭扫、平安清明的既定目标，得到省领导肯定性批示。总结清明祭扫经验，制定《江西省健康安全文明祭扫指南》。

【殡葬领域问题专项整治】 联合11个部门开展江西省巩固和深化"活人

墓”等突出问题整治，对2019年以来摸排出的“活人墓”、豪华墓、“住宅式”墓地开展复核复查。加强和规范医疗机构（太平间）遗体处置工作，对江西省医疗机构太平间开展营利性殡仪服务情况进行专项治理。开展江西省殡仪馆公益属性作用发挥不充分问题排查整治工作，强化殡仪馆公益属性。

【丧葬礼俗改革】 全面铺开婚丧领域移风易俗改革，成立红白理事会20562个，培训红白理事会成员63682人次，普遍将“婚事新办、丧事简办”纳入村规民约（居民公约）。9月，在石城县召开全省移风易俗改革“石城经验”现场推进会，总结推广“请客不收礼、节俭办宴席、婚事新办、丧事简办、余事不办”的“石城经验”。

【《江西省公墓管理办法》出台】 1月5日，省政府发布第253号令，公布《江西省公墓管理办法》（简称《办法》），自3月1日起施行。《办法》共6章35条，对公墓规划建设、服务管理、监督检查、法律责任等进行规定，为加强公墓管理，深化殡葬改革提供法治保障。

【2022年江西省“振兴杯”职业技能大赛殡葬行业“人文杯”职业技能竞赛举行】 10月12—13日，2022年江西省“振兴杯”职业技能大赛殡葬行业“人文杯”职业技能竞赛在新余市举行。省民政厅党组成员、副厅长樊胜，省民政厅二级巡视员洪立琴出席开幕式和闭幕式并讲话。民政部职业技能鉴定中心有关领导现场指导工作。该次竞赛共有11个设区市代表队77名选手参赛，设置殡仪服务员和遗体防腐整容师2个比赛项目，决出团体一、二、三等奖共6个，殡仪服务员、遗体防腐整容师2个项目一、二、三等奖共20名。赛前，各设区市举办市级选拔赛、专业技能培训、岗位大练兵等活动。

（董优）

社会工作

【概　况】 2022年，40个社工站被评为2022年“江西省‘六化’乡镇（街道）社会工作服务站”，12个项目被评为2022年“五社联动”乡镇（街道）社会工作服务站典型项目，14个驻站社工被评为乡镇（街道）社会工作服务标兵。全省持证社工1.29万人。

【开展志愿服务记录与证明抽查工作】 2月，为促进志愿服务规范发展，部署开展志愿服务记录与证明抽查工作，将萍乡市，上饶市婺源县、信州区，赣州市寻乌县、南康区，九江市彭泽县，宜春市袁州区作为省本级抽查工作试点。在志愿服务记录方面，重点检查志愿服务时间、志愿服务内容等是否与志愿服务活动实际情况相一致；是否向志愿者发放除必要补贴之外的报酬；是否将职务行为、有偿服务或者非公益性服务当作志愿服务进行记录与证明；是否存在假冒志愿服务名义开展营利性活动的行为。在记录证明出具方面，重点检查是否存在伪造、变造志愿服务记录证明的行为；是否以出具记录证明为由向志愿者收取费用或者开展营利性活动。

【推进“五社联动”工作】 6月9日，印发《关于实施“五社联动”乡镇（街道）社工站助力计划项目的通知》，明确年内计划培育近5000名社区志愿者骨干，动员社区志愿者直接服务不少于5544场次服务，总服务老年人不少于4.6万人次的项目目标。10月17日，省民政厅联合省委组织部、省委政法委、省精神文明办印发《创新“五社联动”机制助推基层治理现代化的若干措施的通知》，以社会组织为载体、以社会工作专业人才为支撑、以社区志愿服务队伍为依托、以社会慈善资源为助推的“五社联动”机制助推基层治理现代化。11月11日，全省创新“五社联动”推动乡镇（街道）社工站建设提质增效会在上饶市召开。会议研究部署“五社联动”推动全省乡镇（街道）社工站建设提质增效工作举措，增强基层民政服务能力，助推民政事业高质量可持续发展。

【“蓝马甲行动”乡镇（街道）社工站老年人专项服务计划启动】 5月25日，“蓝马甲行动”乡镇（街道）社工站老年人专项服务计划启动。浙江蚂蚁公益基金会拟选取462个社工站，投入经费231万元，在江西省开展“蓝马甲行动”老年人专项服务计划。11月12日，举办全省“蓝马甲行动”乡镇（街道）社工站老年人专项服务计划培训交流会。交流会围绕“蓝马甲行动”计划内容及实施要求进行细致讲解，对现阶段“蓝马甲行动”计划实施进度进行通报。“蓝马甲行动”计划实施县（市、区）民政局负责人、承接机构负责人等110余人参与现场培训交流会，会议通过线上平台在全省同步直播。

【民政部2022年原罗霄山片区社会工作专题研修班在兴国县举办】 11月7—11日，民政部2022年原罗霄山片区社会工作专题研修班在兴国县举办。原罗霄山片区兴国县、莲花县及遂川县民政部门及社会工作服务机构代表共50人参加培训。此次研修班围绕社会工作参与乡村振兴的实践与经验、乡镇（街道）社会工作人才队伍建设的方法与实践、乡镇社会工作站建设案例分享、农村社会工作服务方法与技巧等内容展开，旨在发挥社会工作专业力量在巩固拓展脱贫攻坚成果同乡村振兴有效衔接中的作用，提升原罗霄山片区社会工作水平和从业人员专业素质。

（何珊）

本类目编辑　邓诚君

退役军人事务

综　述

2022年，江西省退役军人事务系统聚焦"作示范、勇争先"目标要求，以"守牢稳定底线、争创全国一流"为目标，深化拓展"尊崇工作法"，完成年度工作任务。

思想政治引领卓有成效。在南昌市举办第二届江西省退役军人"永远跟党走 建功新时代"主题活动，活动内容包括举办退役军人创业创新大赛、退役军人创业创新成果展、庆祝建军95周年书画展、千名退役军人重温军人誓词等，进一步激发全省广大退役军人永远跟党走、建功新时代的热情。常态化开展退役军人先进典型选树，评选2022年江西"最美退役军人"。开展"老兵永远跟党走——老兵宣讲"实践活动。召开全省"新长征"退役军人志愿服务工作现场会，组织"喜迎二十大 志愿立新功——学雷锋月"活动，2022年全省共组织1万余支"新长征"志愿服务队伍、多名退役军人志愿者，奋战在疫情防控、防汛抗洪和抗旱救灾一线，退役军人志愿服务长效机制不断完善。赣州市开展以"雷锋在心中 老兵在行动""春风三月行 老兵当先锋"为主题的志愿服务活动，引导退役军人参与平安创建。南昌市在退役军人数量较多的企业、红色纪念设施、爱国主义教育基地开设"八一讲堂"186个，依托各级政务平台、微信公众号、视频号等打造线上"八一讲堂"，推动思想政治教育走深走实。吉水县组织"老兵宣讲团"开展"赓续红色血脉 传承红色基因"党史军史宣讲活动60余场。

服务保障水平不断提高。省委、省政府、省军区出台《江西省"十四五"退役军人服务和保障规划》。联合省委组织部等4个部门印发《江西省退役军人服务专干管理办法》。加快推进退役军人信息化建设，为退役军人、其他优抚对象建档立卡。持续学习宣传贯彻《中华人民共和国退役军人保障法》，举办"百万网民学法律"退役军人法律法规专项知识竞赛，58万人参与。开展"法律明白人"培训及退役军人法律援助"七进"活动，接受教育近20万人。上饶市率先实现全域政府购买退役军人服务，配强村（社区）退役军人服务专干。余干县乡、村两级退役军人服务站每年按5万元、1万元标准列支工作经费，退役军人服务专干统一按1600元/月标准保障工作报酬。

"尊崇工作法"深化拓展。编印《江西省深化拓展"尊崇工作法"亮点汇编》，印发《"尊崇工作法"深入推行工作手册》3.5万余册，推动各地各单位将"尊崇工作法"深化拓展。举办"江西省退役军人事务领域基层治理暨深化拓展'尊崇工作法'"新闻发布会，介绍全省深化拓展"尊崇工作法"最新成果。8月，在赣州组织召开全省退役军人事务领域基层治理暨深化拓展"尊崇工作法"推进会。安远县创新开展"深化拓展'尊崇工作法'宣传月"活动，营造浓厚尊崇氛围。

就业创业扶持扎实有效。制定《江西省退役军人就业创业服务标准化基础台账》，发放自主就业退役士兵一次性经济补助资金1.9亿元。遴选退役军人优秀创业者上榜人物，组建退役军人就业创业创新导师团队，确定79家退役军人就业创业培训承训机构，在江西软件职业技术大学成立首个"退役军人教育学院"，率先开展自主就业退役士兵"线上+线下"适应性培训。组织退役军人专场招聘活动，全年组织线上线下专场招聘活动223场次，提供岗位16万个，达成就业意向4000余人。萍乡市开发公益岗位解决就业困难退役军人，实现退役军人"零就业"家庭清零。南康区依托本地千亿家具产业优势推动退役军人高水平创业、高质量就业。

军政军民团结巩固发展。积极为驻赣部队排忧解难，协调推动解决20项支持驻赣部队建设事项。开展庆祝中国人民解放军建军95周年系列活动，召开江西省庆祝"八一"建军节座谈会，举办庆祝建军95周年军民联欢晚会，组织"八一"杯军地篮球友谊赛、省四套班子领导军事日活动，评选10名第二届江西省"最美军嫂"，开展江西特色拥军歌曲和拥军标语遴选工作，支持驻赣部队军级单位机关建设"尊崇文体室"，开展江西省首批关爱退役军人示范单位和"满怀忠诚讲尊崇 千行百业共拥军"示范单位评选授牌。建立《江西省"满怀忠诚讲尊崇、千行百业共拥军"尊崇优待目录清单》，各地大力引导社会各行各业为军人军属、退役军人和其他优抚对象提供专属优先优待服务，全省有2800多家企业加入拥军联盟，优待项目达2293条。九江市在全市中小学开展双拥和国防教育"红星班"创建工作，举办"郑律成杯"军歌创作征集大赛。

尊崇英烈氛围日益浓厚。开展"替烈士看爹娘、为烈属办实事"活动和"革命英烈后代关爱行动"，制定《关于深化革命英烈后代关爱行动的10项举措》，组织联勤保障部队第908医院和省荣军优抚医院派出4支医疗队，为全省健在的371户490名烈士父母进行专项义诊，组织1200余名烈士父母等优抚对象赴庐山、大觉山等地疗休养。开展以“六个一”为内容的“忆英烈、祭英烈、学英烈”主题祭扫纪念活动。抓好烈士纪念设施提质改造，完成县级以下零散烈士纪念设施整修工程。组织烈士纪念日向人民英雄敬献花篮活动，各级党委、政府举办烈士纪念日纪念活动1000余场。

抚恤优待

【概　况】 2022年，全省退役军人、其他优抚对象优待证申领率95%，通过率98%。发放优待证99万余张，优待证申领制发工作进度排在全国前列。会同省财政厅下达年度抚恤补助及医疗保障资金22.3亿元，确保全省27万余名优抚对象抚恤补助及时发放到位。印发《关于调整部分优抚对象等人员抚恤和生活补助标准的通知》，各类对象平均提标幅度近10%。做好年度残疾等级评定、残疾关系迁移等工作，为残疾军人配置换发康复辅助器具736件。推动光荣院转隶工作，全省已转隶31家光荣院。推进政策法规创制，完成《江西省伤残抚恤管理办法实施细则》修订工作，配合省发展改革委会签《关于阶段性调整价格补贴联动机制加大对困难群众物价补贴力度的通知》，保障优抚对象基本生活。

【做好优待工作】 做好优待证申领发放以及优待目录拓展工作，鼓励地方党政领导在春节、八一等重大节庆和特殊时间节点主动上门发放优待证。全省退役军人、其他优抚对象优待证申领率95%，通过率98%。发放优待证99万余张，优待证申领制发工作进度排在全国前列。全省优待合作企业单位共计800余家，优待优先优惠项目近1500项。组织烈士父母等优抚对象共1200余人参照省级劳动模范标准赴九江庐山、抚州大觉山景区进行疗休养，受到优抚对象好评。调度地市核实全省健在烈士父母基本情况，协调省荣军医院和联勤保障部队第908医院共同抽调医护人员，为烈士父母提供免费专项医疗巡诊服务并建立健康档案。指导省荣军医院组织医护人员分批次进入20个县，为1500余名优抚对象免费建立健康档案，为困难对象免费送药24万余元。择优选取10家中央驻赣单位、省直单位以及22家设区市单位为江西省关爱退役军人示范单位并进行授牌仪式。做好“替烈士看爹娘、为烈属办实事”活动，组织各地市退役军人事务局开展春节、“八一”走访慰问，深入优抚医院、光荣院和走访对象家中，走访慰问烈属、老党员、伤病残及困难退役军人等优抚对象。

【落实抚恤政策】 根据《江西省享受国家定期抚恤补助优抚对象年度确认工作实施细则（试行）》等相关文件要求，切实做好优抚对象年度确认工作。全省享受待遇优抚对象年度确认工作完成进度在全国排名前列。会同省财政厅下达年度抚恤补助及医疗保障资金22.3亿元，确保全省27万余名优抚对象抚恤补助及时发放到位。根据国家有关文件精神，印发《关于调整部分优抚对象等人员抚恤和生活补助标准的通知》，各类对象平均提标幅度近10%。做好年度残疾等级评定、残疾关系迁移等工作，为残疾军人配置换发康复辅助器具736件。

【优抚事业单位改革】 指导优抚医院、光荣院贯彻落实各项政策，测算分配中央优抚事业单位专项补助资金。重点支持优抚事业单位学科建设、设备更新、环境整治，提升服务保障水平。支持省荣军医院建立重症监护病房，与解放军东部战区总医院、联勤保障部队第908医院建立帮扶合作关系。开展优抚医院、光荣院调查统计工作，推动光荣院转隶工作，全省已转隶31家光荣院。强化军供站内部管理，健全工作机制，提高军供应急保障能力。全省军供站共接待1000余批次，军供保障量居全国前列，军供准点率、安全率、部队满意率均达到100%。

烈士褒扬

【概　况】 2022年，完成县级以下烈士纪念设施整修工程，全省零散烈士墓累计就地整修1.7万余座，集中迁葬20400余座。完善褒扬纪念政策体系，以省委办公厅、省政府办公厅和省军区政治工作局名义联合印发关于加强新时代烈士褒扬工作的有关举措；与省委宣传部、省文旅厅、省军区政治工作局等8个部门联合印发《关于进一步加强烈士纪念设施规范管理的意见》；印发《江西省退役军人事务系统关于深化革命英烈后代关爱行动的10项举措》等文件。

【开展祭扫纪念活动】 开展“奋进·2022·清明祭英烈”网上祭扫活动，通过开展以“六个一”为主要内容的“忆英烈、祭英烈、学英烈”主题祭扫纪念活动，让烈属感知全社会对烈士的尊崇。清明节期间，全省开通网上祭英烈平台207个，网络祭扫突破430万人次，网上敬献鲜花近320余万人次。赣州市于都县烈士纪念园作为央视“山河锦绣 思念永恒 2022清明烈士迁葬纪实直播”主会场，各平台总观看超3639.8万人次；上饶市弋阳烈士陵园开通“清明祭英烈”线上＋线下全时段慢直播云祭扫，被退役军人事务部宣传中心和共青团中央宣传部选作全国15个示范单位之一。组织烈士纪念日活动。9月30日，省本级和南昌市在八一广场举行向英雄烈士敬献花篮仪式，省市党政军领导及社会各界群众代表共600余人参加活动；全省各级党委、政府举办各类公祭活动193场，3.8万余人参加。

【关心关爱烈属】 常态化开展“替烈士看爹娘，为烈属办实事”活动和“革命英烈后代关爱行动”。3月10日，在宜春召开全省“替烈士看爹娘、为烈属办实事”活动和“革命英烈后代关爱行动”现场推进会，对关爱烈属活动进行再动员再部署再深化。对全省4万余名烈士亲属开展走访慰问工作，组织全面梳理全省烈士遗属在生活、医疗、教育、住房、就业等方面遇到的问题和困难,全年帮助烈属解决各类实际问题 8546 个,全省发放慰问金(慰问品)3150 余万元。

【烈士纪念设施保护管理】 编制全省烈士纪念设施提质改造"十四五"规划,2022 年共下拨中央和省级优抚事业单位专项补助资金 4780 万元用于烈士纪念设施的提质改造。完成县级以下烈士纪念设施整修工程,全省零散烈士墓累计就地整修 1.7 万余座,集中迁葬 20400 余座。联合省检察院开展县级以下烈士纪念设施管理保护专项行动回头看,巩固拓展工作成果。做好 2023 年社会服务设施兜底线工程申报工作,永修县烈士陵园改扩建等 5 个项目获退役军人事务部批准及确认。启动第五批省级烈士纪念设施评选工作。

【推进红色基因传承】 持续开展烈士寻亲专项工作,为 143 名烈士寻找到亲属或安葬地,其中有 33 名在 2022 年度完成。进一步校核烈士纪念设施数据,实现数据管理精细化。编印《尊崇·江西退役军人》4 期,增刊 1 期,共发放 9.3 万余册。在省革命烈士纪念堂举办"最闪亮的坐标——勤廉江西英模人物事迹展"等主题活动,在省退役军人事务厅门户网站和江西英烈网上线江西省烈士纪念设施电子地图,联合江西广播电视台都市频道推出《信仰的足迹》《信仰的传承》等融媒体系列报道节目。举办全省英烈讲解员培训班和英烈讲解员大赛。

双拥活动

【组织开展纪念中国人民解放军建军 95 周年系列活动】 筹备和协调纪念中国人民解放军建军 95 周年系列活动。召开"八一"建军节党政军座谈会,共叙军民鱼水深情。省领导,省双拥工作领导小组成员单位分组走访慰问东部战区机关、驻赣部队等单位。各级党委政府、企事业单位、社会组织开展走访慰问活动 1.29 万次,走访慰问军人军属 7.25 万人次。常务副省长 3 次召开支持驻赣部队建设协调会,推动解决军队练兵备战、经费保障、基础设施建设、历史遗留问题 4 个方面 20 个具体事项。开展江西省"替烈士看爹娘、为烈属办实事"专项义诊活动,由江西省荣誉军人康复医院和中国人民解放军联勤保障部队第 908 医院的医疗专家组成 4 支医疗义诊服务队,为全省健在的 371 户 490 名烈士父母进行全面体检,建立健康档案,赠送便携式电子血压计,配备家庭常用医疗包。举办 2022 年江西省"八一杯"军地篮球友谊赛,共有来自军队和地方 4 支代表队近 100 名运动员、教练员、裁判员参与。举办以"我们的队伍向太阳"为主题的江西省庆祝中国人民解放军建军 95 周年军民联欢晚会。开展"最美军嫂"学习宣传活动,评选 10 名第二届江西省"最美军嫂"。评选首批 54 个"满怀忠诚讲尊崇,千行百业共拥军"省级示范单位。支持驻赣部队 3 家军级单位机关各建设一个"尊崇文体室"。

12 月,江西省英烈讲解员大赛在南昌举行。图为颁奖仪式

省退役军人事务厅供

【双拥宣传】 以省委、省政府名义赠送"光荣之家"年画 140 万份,发送省委、省政府《慰问信》120 余万份。为立功受奖现役军人家庭庆送三等功以上喜报 2008 份。强化军人题材艺术作品创作生产,推出实景演出《那年八一》、故事展演《八一军旗红》、赣剧《铁军出征》等革命题材、军事题材作品,创作《光荣啊! 南昌》《英雄之城》等一批精品歌曲,举办首届"郑律成杯"军歌创作征集大赛,制作《江西特色拥军歌曲集》发送驻赣部队,在军地引起强烈反响。

【拥军支前】 出台《关于加强新时代拥军支前工作聚力服务备战打仗的意见》,建立江西省双拥工作领导小组办公室(江西省拥军支前军地协调领导小组办公室)拥军支前应急应战响应机制。组织省内 13 个全国双拥模范城(县)开展"情系边海防官兵"春节专项慰问活动,向阿里边防部队官兵寄送慰问品,制作手工慰问书信;帮助任务一线和边海防官兵家庭解决涉军法律援助 283 次,家庭医疗救助 1721 次,特殊困难帮扶 1096 人次。

【助力地方经济社会发展】 持续支持帮扶 160 个村,2032 户 30 万余人乡村振兴建设,共投入资金 2000 余万元,协调地方投入 5000 余万元推进帮扶项目 156 个,帮建农村文化活动场所 50 余个,开展主题党日活动 300 余场次,帮扶贫困乡村学校 100 余所、资助贫困学生 1000 余人、捐赠教学器材 1000 余件。动用 20 万余人次,完成等级警卫、抢险救灾、春运执勤、押解押运、武装追捕等各类任务 1000 余起。为驻地院校军训新生 8 余万人,为驻地老百姓接种疫苗近 40 万人次。组织民兵配合设卡执勤做好防疫工作,出动民兵承担森林灭火、抗旱救灾等工作，扑灭森林火灾面积133.33公顷，抢通道路20余千米，挖掘和清理沟渠50余千米，铺设水管10多千米，浇灌农作物333.33公顷。

退役士兵移交安置

【概　况】 2022年，全省接收安排工作退役士兵（含安排工作退出消防员）全部安置，岗位落实率100%。接收安置具备移交条件的伤残退役军人，伤病残士兵“三年移交”提前完成。12月，江西省退役军人事务厅移交安置处被省委、省政府授予“江西省社会保障工作先进集体”称号。

【完善安置计划】 7月11日，经省政府同意，省退役军人事务厅联合省委编办、省发展改革委、省人社厅、省应急厅、省军区政工局下发《关于做好2022年安排工作退役士兵和退出消防员移交安置工作的通知》。安置计划随同工作通知由向各部门下达改向各设区市政府下达，提高计划下达层级，压实政府主体责任，确保安置政策落地落实。9月2日，经省政府同意，省退役军人事务厅联合省委编办、省发展改革委、省人社厅、省国资委编制印发《关于下达2022年省直单位接收安置安排工作退役士兵计划的通知》，归集岗位用于统筹调剂安置，有效减轻基层安置压力。各地按照“安置地政府提供的事业单位岗位数量不得低于实际接收人数”等要求，及时编制安排工作退役士兵岗位安置计划，均在10月底前完成安置任务。

【提升安置质量】 贯彻落实《中华人民共和国退役军人保障法》《退役士兵安置条例》等政策规定，继续推行“量化服役表现、积分排序、按序选岗”的“阳光安置”机制。省本级、抚州市、景德镇市提供120%的事业单位岗位，99%的县区按1:1比例提供事业单位岗位，确保安排工作退役士兵100%由各级机关、群团组织、事业单位和国有企业接收安置。全省安排工作退役士兵选择到机关事业单位占比95.8%，比上年略有提升。根据接收单位职数空缺和退役士兵自身条件情况，全省安排工作退役士兵安置到事业单位管理岗，打通事业单位管理岗位安置渠道。

【加强服务管理】 根据《退役军人事务部等7部门关于加强和改进退役军人人事档案管理利用工作的意见》要求，指导各地规范做好退役士兵人事档案的管理、利用等工作。针对部分退役士兵养老保险集中补缴收官后，医疗保险补缴如何办理的问题，联合省财政厅、省民政厅、省医保局、省税务局印发《关于持续做好部分退役士兵医疗保险补缴工作的通知》，从协同办理、流程优化、经费保障等方面进行强调，为达到法定退休年龄并符合补缴条件的部分退役士兵办理医保缴费提供政策依据。全省为退役士兵办理医保缴费。各县（市、区）退役军人服务中心均成立退役军人党员临时党支部，定期开展组织生活，规范做好安排工作退役士兵党员的管理教育工作。同时，按照“应训尽训、全员覆盖”要求，及时组织开展政策培训、警示教育和保密知识学习等，抓好待安置期的教育培训。上饶市创新推动军人退役“一件事”联办，为退役士兵报到落户、党组织关系和社会保险关系转接、预备役登记、待安排工作期间生活补助发放等手续办理提供集成化、集约化、便捷化服务。

离退休军人安置

【概　况】 2022年，核拨军休人员、自主择业干部、逐月领取退役金人员、企业军转干部等保障经费。审批办理军休人员护理费13人，跨省调整军休人员服务关系3人。“3年集中移交”任务超额完成，2022年接收安置军休人员接收率193.1%，走在全国前列。“3年集中移交”工作得到中央退役军人事务工作领导小组表扬，同时获得省委、省政府和省军区主要领导批示肯定。

【开展军休文体活动】 组织江西省第十七届军队离退休干部医疗队“老区行”赴宜春市义诊，为当地300余名优抚对象及困难群众检查问诊，免费发放药品2万余元，受到当地政府和群众好评。组织开展江西省第二届军队离休退休干部“尊崇杯”运动会和“走进陶瓷·艺享晚年”文化活动，丰富离退休军人精神文化生活。推进军休老年大学建设，向退役军人事务部推荐申报江西省首家军休老年大学——南昌市军休老年大学获

11月2—4日，江西省第二届军队离休退休干部“尊崇杯”运动会在南昌举行

省退役军人事务厅供

批,并挂牌。

【规范军休资金使用】 印发《江西省退役军人事务厅办公室关于组织开展全省军休退役安置补助资金专项督查的通知》,组织开展全省军休经费专项检查,对全省13个军休所(站)和20个县(市、区)2019—2022年度军休经费管理使用情况进行实地检查,依法对军休经费的分配、审核、使用、管理等情况进行监督,确保军休资金使用安全。召开全省军休工作视频会议,采取以会代训的形式,对各设区市退役军人事务局分管领导、军休科(处)负责人、军休所长及负责逐月领取退役金和企业军转工作等人进行业务培训,提升全省军休系统业务政策水平。

【推动逐月领取退役金人员接收安置】 2022年是实行逐月领取退役金安置工作的第一年。江西省加强军地部门联动,按时间节点对接军队转业部门移交档案,严格审核把关,准确核定退役金。稳妥推动逐月领取退役金人员接收安置。全年接收安置逐月领取退役金人员,落实相关待遇,完成年度接收安置任务。

【提高企业军转干部生活补贴标准】 制定江西省企业军转干部提高解困标准和生活困难补助标准预算,联合省财政厅、省人社厅印发《关于调整2022年企业军转干部解困标准等有关问题的通知》,企业退休军转干部生活补贴标准调整为连排级1580元/月、营级1806元/月、团级2179元/月。其中,连排级增加520元/月、营级增加580元/月、团级增加660元/月,平均增加586元/月,与上年相比平均增加482元/月。

转业军官安置

【概　况】 2022年,高质量完成全省2022年度指挥管理上校及以下转业军官安置任务。全省接收安置指挥管理上校及以下转业军官,安置完成率100%。除1人自愿选择到其他单位安置外,安置到党政机关和参公单位比例为100%,其中安置到公务员岗位的比例96%,比往年提前3个月完成安置任务。

【做好军转安置服务】 省委、省政府主要领导审定2022年度省直单位接收转业军官及其随调家属安置计划,并以省委办公厅、省政府办公厅名义印发。各级党委、政府坚持把转业军官安置工作纳入综合考核、党管武装、机关绩效和领导干部目标管理4个考核体系,作为双拥模范城(县)考评的重要内容。全省各级退役军人事务部门统筹军地、部门之间关系,探索建立军地双方转业军官安置联席会议机制、合署办公机制和联合督导机制。坚持实行考试考核与积分选岗、公开选调、双向选择相结合的"阳光安置"办法,严格做到安置办法、安置岗位、安置名单、考核成绩、考试成绩、积分排名、安置结果"七公开"。科学编制年度转业军官安置计划,以省直带头示范推动全省转业军官安置工作。在省军区转业干部工作办公室协作下,首次通过军地合署办公的方式开展转业军官档案移交审核。省纪委省监委驻省退役军人事务厅纪检监察组主动派员参与、指导、监督转业军官安置全过程。

【探索"直通车"安置】 按照专业对口、程序规范、确保公平的要求,分层级探索江西特色"直通车"安置,税务等中央驻赣单位实行优先选用,省纪委省监委等省直单位实行对口专业优先面试,上饶市等设区市针对法律、体育等特殊专业实行优先选调,促进"人岗相适、人事相宜",基本实现部队、转业军官和接收单位三方满意。

【提升军转安置质量】 协调优质岗位,挖掘岗位资源,增强安置岗位匹配度,为转业军官更好发挥作用提供平台。九江、景德镇、萍乡、新余、鹰潭、吉安和抚州等7个设区市的转业军官100%选择安置到公务员岗位。南昌市本级按照1:1.7比例提供公务员和参公岗位,岗位数量和质量为历史之最。突出保障重点对象。在全省继续明确"对担任指挥管理上校(团级正职)领导职务满最低年限的,应安排副处级领导职务或二级调研员;对担任指挥管理中校(团级副职)领导职务满最低年限的,可以安排正科级领导职务或四级调研员"。南昌、九江、新余、宜春、吉安和抚州6个设区市的指挥管理上校、中校(团级)转业军官100%平职对应公务员职级或低一职安排领导职务。解决后顾之忧,安置好转业军官随调家属子女。赣州市将个别在乡镇工作的随调家属提级安置到市本级机关,帮助个别转业军官子女实现自由择校。

(省退役军人事务厅)

本类目编辑　邓诚君

民族宗教事务

综　述

2022年，全省民族宗教工作继续高质量发展。2项工作获中央部委通报表扬，9项工作获省部级领导肯定批示16次（省委、省政府主要领导肯定批示7次）。江西衔接推进乡村振兴补助资金（少数民族发展任务）绩效评价为A，中央统战部内刊推介江西互联网宗教信息服务工作经验。在国家民委信息工作考核中获全国第1名，被评为全国民委系统信息工作先进集体。

推进铸牢中华民族共同体意识“江西实践”。开展民族乡村振兴创建示范，16个民族村定为省定乡村振兴重点帮扶村，65个民族村派驻工作队。下达少数民族发展任务资金4948万元。推动第六轮省直24家成员单位对口支援民族乡村，安排帮扶项目108个、资金3768万元。支持8个民族乡和13所民族中小学校打造铸牢中华民族共同体意识践行基地，下达民族教育发展资金1100万元，筹备第三届江西省少数民族传统体育运动会，推进文物图谱、中华民族交往交流交融史编纂工作。制定《打造民族团结进步创建工作升级版方案》，出台民族团结进步示范区示范单位命名办法，选择13个社区和30个工作站打造少数民族流动人口服务管理示范点。

探索坚持中国宗教中国化方向“江西路径”。召开江西全省性宗教团体推进宗教中国化方向总结会议，开展“爱党爱国爱社会主义”教育，与方志敏干部学院共建江西省宗教院校爱国主义教育基地，开展送“红色课程”进宗教院校活动，江西宗教界开展公益慈善活动捐款捐物合计3300余万元。创新开展“五好”宗教活动场所创建，召开现场推进会，建立10余项工作机制，全省6503个宗教活动场所“五好”创建实现全覆盖，确定江西首批279处“五好”宗教活动场所，获省委和国家宗教事务局主要领导批示肯定。指导省佛教协会、省道教协会完成换届，制定实施《江西省宗教院校管理实施办法》，下发宗教院校补助经费649.6万元。指导宗教界深入开展崇俭戒奢教育活动，建立互联网宗教信息服务管理协调机制，准予124个单位和组织互联网宗教信息服务行政许可。214.5万人次参与“百万网民学法律”统战和民宗法规专场知识竞赛活动。

民族事务

【概　况】 据第七次全国人口普查统计，全省56个民族成分齐全，少数民族人口21.93万人，占全省总人口0.49%，其中畲族人口7.4万人。全省有8个少数民族乡（贵溪市樟坪畲族乡、铅山县太源畲族乡、铅山县篁碧畲族乡、永丰县龙冈畲族乡、南康区赤土畲族乡、青原区东固畲族乡、乐安县金竹畲族乡、峡江县金坪民族乡）、82个少数民族行政村和398个少数民族村小组。少数民族流动人口约3万人。

【促进各民族交往交流交融】 制定打造民族团结进步创建工作升级版方案，实施各族青少年交流、各族群众互嵌式发展、旅游促进各民族交往交流交融三项计划，成立工作协调小组，将实施新疆富余劳动力转移就业等8项措施纳入援疆工作要点，开展赣新两地青少年交友联谊活动10期，推进永丰县海峡两岸少数民族交流与合作基地建设，遴选打造边疆少数民族学生职业技能培训等4项试点示范项目，创作民族“三交”题材电影剧本和展示江西各民族团结融合故事宣传片，建立吸纳就业、入股分红、连锁经营等7种促进各民族合作经营、嵌入式发展的江西模式。

【江西省委民族工作会议暨全省宗教工作会议召开】 2月23日，江西省委民族工作会议暨全省宗教工作会议在南昌召开。省委书记易炼红出席会议并讲话，省委副书记、省长叶建春主持会议。省领导姚增科、黄喜忠、赵力平、胡强在主会场出席会议。易炼红强调，要坚持以铸牢中华民族共同体意识为主线，着力建设各民族共有精神家园，支持民族地区融入全省、融入当地、融入区域共同繁荣发展，促进各民族交往交流交融，加快推进新时代民族工作高质量发展。要坚持以推进宗教中国化为重点，突出加强思想政治引领，用社会主义核心价值观引领教育宗教界人士和信教群众，因地制宜深入开展“爱党爱国爱社会主义”主题教育活动，引导宗教与社会主义社会相适应。要坚持以加强和完善党的全面领导为根本，把党的领导贯彻民族宗教工作全过程，奋力推动全省民族宗教工作迈上新台阶。叶建春指出，要精准对标，进一步强化做好新时代民族宗教工作的政治担当；要守正创新，进一步增强做好新时代民族宗教工作的整体效能；要强基固本，进一步夯实做好新时代民族宗教工作的坚强保障。会议以视频形式开到各设区市，南昌市、省公安厅、南昌大学作交流发言。

【江西省民族宗教重点工作推进会召开】 5月17日,江西省民族宗教重点工作推进会在南昌召开。会议传达学习省委常委、省委统战部部长黄喜忠书面讲话。省委统战部副部长,省民宗局党组书记、局长喻志勇出席会议并讲话,省纪委监委驻省委统战部纪检监察组组长徐小平出席会议,省民宗局一级巡视员马哲海主持会议。会议强调,要把铸牢中华民族共同体意识贯穿民族工作全过程、各方面,推进民族乡村振兴示范,筹备第三届江西省少数民族传统体育运动会,开展“五好”宗教活动场所创建活动,加快宗教活动场所赋码换证进度,防范化解民族宗教领域各类风险。南昌市、抚州市、鹰潭市、吉安市、九江市、赣州市作交流发言。各设区市民宗局局长,分管民族宗教工作人员或业务科科长,省纪委监委驻省委统战部纪检监察组、省委统战部二处有关人员,省民宗局全体干部参加会议。

【江西省人大常委会听取并审议民族地区乡村振兴工作情况报告】 7月25—26日,江西省第十三届人大常委会召开第四十次会议,听取和审议省民宗局局长喻志勇受省政府委托所作的《江西省人民政府关于我省民族地区乡村振兴工作情况的报告》。报告认为,全省民族地区乡村振兴实现“十四五”良好开局,脱贫成果持续巩固,防返贫监测帮扶全面到位;乡村振兴有序推进,民族地区一系列衔接政策平稳有序向乡村振兴过渡;创新举措效果明显,2021年民族地区农村居民人均可支配收入首次超过全省平均水平。报告指出,民族地区产业基础不牢、人才缺乏、文化发展不足、生态优势发挥不充分、基层组织建设还有弱项等矛盾问题客观存在。

宗教事务

【概　况】 全省有合法登记宗教活动场所6503处,教职人员13759人,其中佛教3722人,道教4903人,伊斯兰教10人,天主教47人,基督教5077人。信教群众138.5万人。五大宗教全省性宗教团体全部成立,市、县(市、区)宗教团体200余个。有江西佛学院(下设宝峰佛学院、大金山尼众佛学院、东林净土学院)、曹洞佛学院、龙虎山道教学院、江西圣经学校4所(6处)宗教院校。

【江西省佛教协会第六次全省代表会议召开】 5月6日,江西省佛教协会第六次全省代表会议在九江市共青城市召开。省委统战部副部长,省民宗局党组书记、局长喻志勇出席开幕式并讲话。省纪委监委驻省委统战部纪检监察组组长徐小平,省民宗局一级巡视员马哲海,省民政厅社会组织管理局局长吴金勇出席会议。九江市委常委、统战部部长邵九思致欢迎辞。喻志勇代表省委统战部、省民宗局对会议的召开表示祝贺,向全体与会代表,并通过他们向全省佛教信众致以诚挚问候。会议宣读中佛协贺信,听取第五届理事会工作报告、财务审查报告、修改《江西省佛教协会章程》的说明。省道教协会代表到会致贺词。当日下午,会议选举产生江西省佛教协会第六届理事会,释养立当选为会长,释普钰为常务副会长,释纯闻、释妙安、释顿成、释净明、释瑞印、释妙心、释通能、释衍真、释学辉、释无生、释道源、释纯良为副会长,梅崇军为秘书长。经理事会一致同意,礼请释纯一、释辉悟、释大安、释印空、释正法为江西省佛教协会第六届理事会名誉会长。省民宗局一级巡视员马哲海在闭幕式上致辞。会议闭幕后,省委常委、统战部部长黄喜忠,副省长罗小云会见新当选的江西省佛教协会第六届理事会领导班子成员。

【江西省道教协会第四次全省代表会议召开】 5月6日,江西省道教协会第四次全省代表会议在九江市德安县召开。省委统战部副部长、省民族宗教事务局党组书记、局长喻志勇出席会议开幕式并讲话。全省11个地市的代表参加会议。道长李友金致开幕词。九江市委常委、统战部部长邵九思致欢迎辞。省佛协代表宗教团体致贺词。道长李绍华代表江西省道教协会第三届理事会作工作报告。中国道教协会发来贺信。会议审议通过《江西省道教协会第三届理事会工作报告》《江西省道教协会章程(修订稿)》《江西省道教协会第四次全省代表会议选举办法》。会议选举产生江西省道教协会第四届理事会和新一届领导班子,李绍华当选会长,曾广亮当选常务副会长,李友金、黎复熙、陈红卫、张贵华、郭家明、金理清、张健、龚小茂、邓法炜当选副会长,陈雅岚为秘书长。省民宗局一级巡视员马哲海出席会议闭幕式并讲话。会议闭幕后,省委常委、统战部部长黄喜忠,副省长罗小云会见新当选的江西省道教协会第四届理事会领导班子成员。

【江西省宗教院校思想政治课程建设现场推进会召开】 6月9日,江西省宗教院校思想政治课程建设现场推进会在鹰潭市龙虎山道教学院召开。省委统战部副部长,省民宗局党组书记、局长喻志勇出席会议并讲话,省纪委监委驻省委统战部纪检监察组组长徐小平,省民宗局一级巡视员马哲海、二级巡视员马徽江,鹰潭市委常委、市委统战部部长蔡江出席会议。喻志勇强调,要深刻领会善用“大思政课”的内在要求,打造多姿多彩、有品质的丰富课堂;以学习贯彻落实中共中央总书记习近平重要讲话精神为重要契机和前进动力,共同推动江西宗教院校思政课建设改革创新工作迈上新台阶。各有关市、县(区)民宗局分管领导,各相关全省性宗教团体负责人,各宗教院校负责人、教务长和思政课教师,部分高校专家学者和省民宗局有关人员等50余人参加会议。

【江西全省性宗教团体联席会议第四次会议举行】 6月21日,江西全省性宗教团体联席会议第四次会议在南昌举行。省委统战部副部长,省民宗局党组书记、局长喻志勇出席会议并讲话。会议由全省性宗教团体联席会议轮值主席、省佛教协会会长释养立主持。会议传达学习关于“五好”宗教活动场所建设工作及宗教界深入开展崇俭戒奢活动相关文件,谋划和部署下一阶段重点工作任务。各全省性宗教团体共同倡议在全省宗教界深入开展崇俭戒奢教育活动，倡导传统美德，反对不良风气；倡导环保实用，反对贪大求奢；倡导修身养德，反对奢靡之风；倡导简约适度，反对铺张浪费。省佛教协会会长释养立、省道教协会会长李绍华、省伊斯兰教协会会长沈富强、省天主教爱国会、天主教教务委员会主席李稣光、省基督教三自爱国运动委员会主席李云根就下一步工作打算作了发言。各全省性宗教团体常务副会长、秘书长（总干事）参加会议。

8月30日，江西省"五好"宗教活动场所建设工作现场推进会在九江召开。图为与会人员现场观摩东林寺创建工作

省民宗局供

【江西省"五好"宗教活动场所建设工作现场推进会召开】 8月30日，江西省"五好"宗教活动场所建设工作现场推进会在九江召开，会议总结阶段性工作成效，部署下一步工作。省委常委、省委统战部部长黄喜忠出席并讲话。省委统战部分管日常工作的副部长彭世东主持会议，省委统战部副部长，省民宗局党组书记、局长喻志勇作工作部署。黄喜忠强调，全省各级统战部门、宗教部门要深入学习贯彻中共中央总书记习近平关于宗教工作的重要论述，坚持宗教中国化方向，按照"爱国爱教好、民主管理好、安全稳定好、环境整洁好、服务社会好"的标准和要求，高质量推进"五好"宗教活动场所建设。与会人员实地考察观摩东林寺、东林寺净土苑、万杉寺和九江市基督教福音堂"五好"宗教活动场所建设情况，观看11个设区市工作视频短片。会上，九江市、萍乡市、曹山宝积寺作交流发言。各市、县（区）党委常委、统战部部长、民宗局局长，省委统战部、省民宗局、省纪委省监委驻部纪检监察组有关负责人，五大全省性宗教团体负责人、秘书长参加会议。

【江西省党政领导干部学习贯彻中共二十大精神暨民族宗教工作培训示范班举办】 12月12—14日，江西省党政领导干部学习贯彻中共二十大精神暨民族宗教工作培训示范班在省社会主义学院举办。省委常委、省委统战部部长黄喜忠出席开班式并作辅导报告。省委统战部副部长，省民宗局党组书记、局长喻志勇主持开班式并作民族宗教工作辅导。黄喜忠强调，要把铸牢中华民族共同体意识这条主线贯穿民族工作各领域、全过程，推进新时代全省民族工作高质量发展；要坚持中国宗教中国化方向，引导宗教与社会主义社会相适应。各设区市党委或政府分管领导、县（市、区）政府分管领导，省属高校分管领导共约150人参加。

【天主教江西教区举行辅理主教就职仪式】 11月24日，经江西省天主教教务委员会同意并报中国天主教主教团批准，天主教江西教区举行彭卫照就职辅理主教仪式。就职仪式由中国天主教主教团副主席、江西省天主教"两会"主席、天主教江西教区主教李稣光主持，中国天主教主教团副秘书长吴建林神甫宣读中国天主教主教团批准书。彭卫照辅理主教宣誓。中国天主教一会一团代表、省天主教"两会"人员以及江西教区神父神甫、修女和教友代表共200余人参加。

（省民宗局）

本类目编辑 邓诚君

精神文明建设

综　述

2022年，全省精神文明建设抓住举旗帜、聚民心、育新人、兴文化、展形象的使命任务，广泛践行社会主义核心价值观，统筹推动文明培育、文明实践、文明创建，推进城乡精神文明建设融合发展，促进人民精神文化生活更加丰富，为携手书写全面建设社会主义现代化江西的精彩华章提供强大的精神力量和丰润的道德滋养。

齐抓共管常态长效。省文明委领导多次就精神文明建设相关工作作出批示，提出明确要求，推动各项工作落实落细。1月14日，召开全省文明办主任会议，其间与会代表列席全省宣传部长会议，学习传达全国文明办主任会议精神和全省宣传部长会议精神，讨论研究江西省文明委2022年工作要点。4月7日，召开省文明委第一次全体会议，回顾总结2021年精神文明建设工作，研究部署2022年精神文明建设任务。省文明委各成员单位认真落实重点工作项目台账制度，积极参与全省精神文明建设工作。各地文明委将精神文明建设工作纳入经济社会发展总体规划，充分发挥领导作用，调动文明委成员单位和相关部门的积极性创造性，形成相互配合、相互促进的工作格局。

文明实践提质增效。制定《江西省新时代文明实践中心建设指南》和评估细则，推动全省各地规范化、标准化建成新时代文明实践中心126个（含26个县级功能区）、实践所1655个、实践站20962个，实现全覆盖。召开全省推进新时代文明实践中心建设提质增效电视电话会议，明确“场所便民利民、队伍多元多样、活动常态长效、项目科学合理、机制健全完备”提质增效新要求。组织3次共4期全省文明实践促进中心主任和部分优秀文明实践员培训，带动各设区市、县（市、区）常态化开展文明实践工作专题培训，轮训7万余人次。开展“喜迎二十大 今朝更好看”“宣传二十大 百姓说变化”等基层学习宣讲活动。围绕群众生产生活实际，组织开展“文明集市”“幸福圆桌会”“老骥在行动”等活动，广泛开展政策咨询、疫情防控、法律援助、卫生救护、心理健康等便民服务。在全国首创省级层面星级创建机制，统一创建标准，规范考核流程，分层分级对中心（所、站）考核验收，并进行差异化奖补，营造比学赶超、创先争优的良好态势。

志愿服务体系不断完善。发挥县级志愿服务总队统筹指挥作用，建立8类常备队伍和“N”支特色队伍，形成以县级志愿服务总队为中心，横向覆盖各行业系统、纵向贯通县乡村的志愿服务组织体系。升级完善省新时代文明实践志愿服务点单平台，入库理论宣讲、文化文艺、红色传承等九大类共20余万个项目，采取“文明实践员点单—中心派单—志愿者接单—群众评单”方式服务群众220余万次，实现志愿服务供需精准对接。深化志愿服务关爱行动，大力实施留守儿童、留守老人“关爱工程”三年行动计划，建设一批“童心港湾”“颐养之家”，着力解决“急难愁盼”突出问题。大力弘扬志愿文化，组织全省优秀志愿服务组织、优秀志愿服务个人和示范性重点志愿服务项目评选，举办第三届江西省青年志愿服务项目大赛，开展江西省大中专学生志愿者暑期“三下乡”社会实践活动，发布《疫情防控志愿服务工作指引》，持续打造“我是河小青 生态江西行”“灿烂于心”“康翼家园”“莲丝信使”“爱心感召 孝传万家”等一批志愿服务品牌项目，推动“我为人人、人人为我”理念蔚然成风。

理想信念教育

【强化理论武装】　省委理论学习中心组围绕学习领悟“两个确立”的决定性意义、《习近平谈治国理政》第四卷等主题开展9次集体学习，下发9期学习提示，持续督导提升各级理论学习中心组学习质量。成立全国红色基因传承研究中心，举办系列理论研讨活动，做好2022年度重大委托课题、重点课题、年度规划课题研究有关工作；以全国红色基因传承研究中心特约研究员和各课题组名义在《光明日报》等报刊发表理论文章和学术论文37篇。推进全省社科理论研究工作，获国家社科基金项目立项159项，设立省社科基金项目918项。召开纪念安源路矿工人运动100周年座谈会、纪念八一南昌起义95周年暨伟大的建军精神研讨会、纪念秋收起义95周年座谈会、纪念井冈山革命根据地创建暨三湾改编95周年座谈会、纪念南方红军三年游击战争胜利暨新四军组建85周年理论研讨会等重大理论研讨活动，对建军精神、安源精神、方志敏精神进行研讨。组织开展全省“强国复兴有我”主题宣讲微视频展播、“苏区振兴十周年”万场巡回宣讲等活动，“长征源宣讲团”“老方说党史”等4个基层理论宣讲集体和个人获得全国表彰。

【学习宣传贯彻中共二十大精神】 举办学习宣传贯彻习近平新时代中国特色社会主义思想研讨会，组织“奋进新征程 建功新时代”重大主题宣传，开展“沿着总书记的足迹·江西篇”等专题报道，协调配合中央主要新闻媒体刊播江西迎接二十大稿件2630余篇。举办“中国这十年·江西”主题新闻发布会，总阅读量1.35亿人次。用好融媒体发展成果，推出一批“爆款”新媒体产品，其中“江西新时代画卷”微博话题阅读量超7.6亿人次，《党的二十大特别报道：刷闪美好时光》短视频合集抖音平台流量5200万人次。中共二十大期间，江西省新闻报道工作8次获中宣部和中记协通报表扬。组建由13名省委常委和20名省直单位负责人及专家学者组成的省委宣讲团深入各地各相关单位开展集中宣讲53场；组织开展“喜庆党的二十大 万场宣讲进基层”宣讲活动，全省8000余支各类宣讲队伍依托新时代文明实践中心（所、站）、融媒体中心和“学习强国”学习平台等阵地，广泛开展对象化分众化互动化理论宣讲活动，推动中共二十大精神进机关、进企事业单位、进城乡社区、进校园、进各类新经济组织和新社会组织、进网站。

【推动红色基因传承】 围绕高质量建设全国红色基因传承示范区，建立红色基因传承联席会议工作机制，统筹推进红色资源保护利用、长征国家文化公园江西段建设等8个方面26项重点工作，《江西省革命文物保护条例》成为全国首部明确以革命文物为立法对象的省级地方性法规；创建100所大中小学省级红色基因传承示范学校，推动红色基因融入育人全过程。举办首届红色基因传承高端论坛，精心组织纪念八一南昌起义、秋收起义、井冈山革命根据地创建“三个95周年”和安源路矿工人运动100周年系列活动，举办庆祝中国人民解放军建军95周年军民联欢晚会、庆祝八一建军节座谈会、“峥嵘印迹全国版画作品展”南昌、萍乡两地展览。

【开展爱国主义教育】 完善提升江西省爱国主义教育基地网上数字展馆云平台，新建19个江西省爱国主义教育基地数字展馆云平台，累计访问次数达1.5亿次。认真贯彻《关于新时代加强和改进思想政治工作的意见》，做好各类群体的思想政治工作，开展思想政治引领行动。落实《江西省新时代公民道德建设实施方案》《江西省贯彻〈新时代爱国主义教育实施纲要〉的若干措施》，建立健全社会主义核心价值观入法入规协调机制，推动社会主义核心价值观融入法治建设、生态文明建设、网络空间管理等社会治理重点工作。大力弘扬诚信文化，广泛开展“3·15”国际消费者权益保护日“诚信建设万里行”活动，办好“法媒银·失信被执行人曝光台”等，开展诚信缺失突出问题专项治理，社会诚信建设水平稳步提升。

思想道德建设

【持续唱响好人文化品牌】 2022年上榜“中国好人”共33组事迹39人，上榜人数位居全国第2。举办全省道德模范与“身边好人”现场交流活动暨“江西好人”发布仪式，全年发布“江西好人”160组事迹177人。以学习宣传贯彻中共中央总书记习近平给中国好人李培生、胡晓春重要回信精神为契机，开展道德模范事迹展、“江西好人故事会”等学习宣传活动，2022年春节前夕，组织开展礼遇帮扶道德模范和“中国好人”等先进典型活动，安排帮扶资金32万元，赴11个设区市看望慰问47名全国全省道德模范和“中国好人”等先进典型及其家属，营造“德者有得、好人好报”的氛围。

【推进移风易俗工作】 制定《江西省推进移风易俗乡风文明三年专项行动实施方案（2022—2024年）》，整治高价彩礼、厚葬薄养、大操大办、打牌赌博、封建迷信等陈规陋习。发挥典型引领作用，组织召开全省移风易俗改革“石城经验”现场推进会，确定13个省级移风易俗重点联系县，25个市级移风易俗重点联系县，打造一批移风易俗示范乡、村，推出《石城免礼》《贵溪限价》等经验做法。省纪委省监委修订完善党员领导干部操办婚丧喜庆事宜“两报告一承诺”规定；省文联组织开展移风易俗专场文艺志愿服务巡演、移风易俗原创漫画作品展；省妇联组织各地开展“不要彩礼要幸福”集体婚礼93场。会同江西日报社、省市场监管局开展2022年全省公益广告征集评选大赛，动员党政机关、高校、社会团体、个人积极参与，评出一、二、三等奖及优秀奖100件，收录全省公益广告库，并组织各地各单位开展线上线下集中宣传展示，加强公益广告征集评选活动成果转换。发挥基层自治作用，推动村规民约及红白理事会基本实现村级全覆盖，组织“道德红黑榜”发布、移风易俗专项巡演、短视频大赛等活动，在各级各类新闻、网站、微信、微博等开设专题专栏。《人民日报》、新华网、《半月谈》等中央媒体分别对贵溪、广昌、石城等地的移风易俗工作进行宣传报道。

【未成年人思想道德建设】 开展“扣好人生第一粒扣子”系列主题教育实践活动，围绕“我们的节日”，开展“清明祭英烈”“童心向党”“向国旗敬礼”等活动。组织开展2022年度未成年人思想道德建设工作测评，对23个城市开展专项测评并向中央文明办报告测评情况。举办2022年江西省“新时代好少年”先进事迹发布活动，网络视频直播收看人数超520万人，展示20名江西省新时代好少年积极向上的精神风采。江西省刘宇同学获2022年全国“新时代好少年”，并作为重点宣介对象亮相中央电视台。推进乡村学校少年宫项目工程建设管理使用，共下拨24个脱贫县513所乡村学校少年宫补助资金766万元、新建50所省级乡村学校少年宫建设经费750万元。

【网络文明建设】 召开全省网络文明大会，发展积极健康的网络文化，实施“青年好声音”“巾帼好网民”网络文明行动，组织开展全省职工“网上艺术节”活动，展示新时代赣鄱职工新气象新风采。发挥江西文明网阵地作用，通过《好人微故事》《点赞文明》等一批品牌栏目，展示网络正能量。江西省获评中央文明办“文明网工作先进地区”，江西文明网获评“全国优秀地方文明网站”。“文明江西”新媒体矩阵总阅读量达1.3亿人次，官方微博上榜“全国十大文明办微博”榜单，连续3年入围全国十强。微信公众号上榜中央网信办“走好网上群众路线百个成绩突出账号”，为全国文明办系统唯一上榜账号、江西上榜的两家新媒体账号之一。

精神文明创建活动

【文明城市创建】 年内，印发《关于深化江西省文明城市常态长效创建工作的若干措施》，明确“五大方面”41项重点工作。会同省纪委省监委等18家省直单位，对全省10个全国文明城市及4个地级以上全国文明城市提名城市“负面清单”重大问题进行考察核查、预警提醒。采用“四不两直”方式，对全省11个设区市、100个县(市、区)先后开展4轮实地暗访测评和2轮问题整改“回头看”，真督实查、较真碰硬，提升精细化管理水平，提高群众的获得感和幸福感。建设江西省文明城市动态管理平台，通过数字化手段打造覆盖全省文明城市创建工作全流程网上深度应用体系，构建上下联动、综合协调的全业务协同工作平台，推动全省测评工作和动态管理更加公平公正、科学高效。

【农村精神文明建设】 围绕贯彻落实中共中央全面推进乡村振兴、实施乡村建设行动的战略部署，持续开展美丽乡村建设，推进乡村规划、厕所革命、垃圾治理提升，打造优美人居环境。注重以城带乡、以乡促城、城乡共建，在文明城市年度测评中对文明村镇进行抽查测评，调动各地创建文明村镇的积极性、主动性。组织各地参与“城乡文明创建巡礼”主题宣传，先后3次推出27个优秀全国文明村镇作品，其中萍乡市安源区安源镇、萍乡市湘东区麻山村、九江市濂溪区威家镇3个全国文明村镇先后入选中央文明办宣传名单。

10月25日，鹰潭市文明办在市志愿者之家开展“清廉家训、文明家风”家庭教育活动

省文明办供

【文明单位创建】 加强对服务窗口等重点行业创建工作的督促指导，组织833个省级以上文明单位结对共建新时代文明实践站，发挥省委统战部、省交通厅等20个省级文明单位资源优势，开展10场“文明赣鄱行动”示范活动，履行社会责任，形成引领效应。修订完善《江西省文明单位测评体系操作手册(2022年版)》，升级文明单位动态管理系统，开发手机App小程序，实现文明单位动态管理便捷化、高效化。

【文明家庭创建】 制定出台《关于加强我省新时代家庭家教家风建设的贯彻意见》。9月，省委宣传部副部长、省文明办主任龚建文在《江西省家庭教育工育条例》执法检查组全体会议上就深化家庭家教家风工作作专题汇报。依托新时代文明实践中心(所、站)、乡村学校少年宫、“儿童之家”“四点半课堂”“亲情连线工作室”等阵地，汇聚教师、专家、“五老”等队伍力量为家庭教育赋能，在强家教、传家风、立家训中积极作为。

【文明校园创建】 强化日常管理，依托大江网建立江西省文明校园动态管理系统，融合权限管理、在线考核、多级管理三大模块，督促文明校园创建常态长效。严格进行省级文明校园抽查复查工作，进一步提升全省文明校园创建水平。疫情期间，组织“疫路护心”心理援助志愿服务，进行青少年心理健康辅导测试3万余人次、心理疏导500余次、心理危机干预24例。开展第二届“百场辅导进百校”心理健康教育实践活动，组织40名专家教师赴216所中小学校，面向学生、家长和教师开展辅导讲座与座谈，受益近9万人。

(省文明办)

本类目编辑 邓诚君

市、县(区)

南昌市

【概　况】 位于江西省中部偏北，辖3个县、6个区、3个国家级开发区。总面积7195平方千米。常住人口653.81万人，其中城镇人口516.01万人。2022年，地区生产总值7203.50亿元，同比增长4.1%。其中，第一产业增加值248.60亿元，同比增长3.6%；第二产业增加值3484.61亿元，同比增长4.6%；第三产业增加值3470.29亿元，增长3.7%。地方一般公共财政预算收入457.68亿元，同比下降5.6%。地方一般公共财政预算支出939.04亿元，同比增长7.9%。规模以上工业增加值同比增长6%。500万元及以上固定资产投资同比增长7.6%。社会消费品零售总额3012.00亿元，同比增长4.6%。进出口总值1345.56亿元，同比增长4.3%。其中，出口值954.89亿元，同比增长6.7%；进口值390.67亿元，下降1.2%。农业总产值431.79亿元，同比增长4.1%。主要农产品及产量有谷物208.20万吨、水产品44.72万吨。城镇居民人均可支配收入52622元，同比增长4.3%；农村居民人均可支配收入24218元，同比增长5.7%。

【“4+2”国企改革】 2022年，南昌市在对市属国有企业进行资产、负债、损益专项审计基础上，推进市属国有企业重大改革事项，实施战略性重组、专业化整合。5月，南昌市国有企业资产总额1.01万亿元，成为全省首个国资总额突破万亿元大关的设区市。6月22日，新组建的南昌市产业投资集团有限公司、南昌市政公用集团有限公司、南昌市建设投资集团有限公司和南昌市交通投资集团有限公司举行集中揭牌仪式。至年底，市属国有企业由“9+1”整合重组为“4+2”(南昌市产业投资集团有限公司、南昌市政公用集团有限公司、南昌市建设投资集团有限公司、南昌市交通投资集团有限公司、南昌轨道交通集团有限公司和江铃汽车集团有限公司)。

【开展“两整治一提升”行动】 2022年是南昌市农业农村“两整治一提升”(农村路域环境整治、农村人居环境整治、农业特色产业提升)三年行动的启动之年。南昌市在重大重点项目专项中统筹安排6.4亿元资金支持“两整治一提升”行动，建立一周一调度、一月一督导、一月一通报制度，将督导工作落实到项目建设的每个环节。以通往旅游景区、农业产业发展区的省县乡三级道路为重点，提高农村公路黑化率，抓好道路沿线房前屋后环境整治，因地制宜对道路两侧农田进行高标准农田建设、种植冬季作物；开展农村道路安全隐患专项整治，对临水临崖、急弯陡坡等险要路段路侧防护栏进行规范建设。围绕农产品稳产保供、农业产业强镇打造、现代农业产业园创建、农业龙头企业培育4项任务，引导和撬动资源要素向镇企、村企汇聚；培育壮大农业产业化龙头企业，推动龙头企业下沉重心、进村入园。至年底，完成省道88.5千米和县道、乡道370千米“白改黑”工程，重点村整治工程330个，村庄亮灯工程747个；整改问题厕所9863个；完成美丽乡镇建设项目165个。创建国家级特色产业集群2个、国家级农业产业强镇3个、国家级“一村一品”示范村镇13个，新增省级农业产业化龙头企业36家，10家企业进入中国农企500强。

【“胡子工程”攻坚专项行动】 1月23日，“胡子工程”(南昌一些基建工程进度缓慢、时间拖得较长，被群众形象称为“胡子工程”)攻坚销号被纳入南昌市2022年度民生实事项目，涉及29个基建工程项目。6月增加基建工程项目1个，7月增加基建工程项目2个，累计32个项目。其中，17个基建工程项目要求在2022年年底前竣工销号、15个基建工程项目完成年度目标任务。南昌市成立由市委、市政府主要领导牵头的“胡子工程”攻坚专项行动指挥部，设综合协调、督查考核、作风问责3个工作组，建立“横向到边、纵向到底、上下对应、内外衔接”的责任体系，形成“市委、市政府负总责，分管市领导牵头抓，综合协调部门统筹推，多级联动、层层抓落实”工作格局，对32个“胡子工程”进行分类处置。至年底，南外环高速公路、昌西大道工程、昌南大道快速路改造工程、桃花路综合改造工程、洛阳东路综合改造工程、南昌经开区志敏大道改造(庐山大道—梅林大道)工程、南昌县银三角银河城排涝工程、南昌高新区规划A路(环南塘湖路至尤氨公路)、瑶湖西规划二路、瓷板画研究中心新址建设项目、市公安局监管中心(一期原概算界面内工程量)、反恐处突训练基地、新建区梦山北大道、山丹路工程、西湖区象山南路南延及绳金塔周边道路改造工程、湾里招贤镇周边棚户区改造安置房(港下村片区)项目、进贤县经开区安发用地(车家垅棚改)建设项目、新建区新城大道项目、八大山人广场公共停车场建设项目、丹霞路(沿江北大道—青山湖北大道)道路及综合管廊工程20个"胡子工程"完工,超额完成年度计划,其余项目全部完成年度目标任务。

【前湖水系综合治理】 2022年,市委、市政府制定前湖水系全流域控源截污、边坡覆绿、生态修复、水体活化、工地管控等系统治理方案。按照治理工作要求,分3个阶段,采取"清、截、护、活、通、巡"6项整改措施,对前湖水系进行治理。其中,华南渠、云溪水系、红角洲水系、清远渠清淤10.5千米;永强渠、华南渠渠底以及莲花桥入前湖口处等部分渠段抛石2.5万立方米;对前湖水系周边的望城开发区、南昌大学、南昌陆军学院等排水单元内部实施雨污管网改造,对九龙湖污水处理厂沿线管道进行排查整治;完成周边岸坡覆绿23万平方米,种植各类苗木1.16万棵,栽种水生植物及沉水植物215万株,清理违规菜地14万平方米;每天从赣江引入17万立方米活水补充前湖,在边缘弯角区域安装10台活水泵,向前湖投放草鱼、鲢鱼、螺蛳等50吨;出动执法人员300余人次,对前湖水系周边各类工地开展检查180余次,立案查处15户,处罚金额80余万元。至年底,前湖水质改善,污染物氨氮浓度比上年同期下降18%,入湖口处主要污染物化学需氧量、氨氮和总磷同比分别下降49.3%、26.2%和58.1%,水质维持在V类以上。

【南昌市入选国际湿地城市名单】 6月10日,南昌市入选《关于特别是作为水禽栖息地的国际重要湿地公约》(简称《湿地公约》)官方网站公布的第二批国际湿地城市名单。11月11日,在瑞士日内瓦的《湿地公约》第十四届缔约方大会分会场上,南昌市获"国际湿地城市"证书。这是全球城市湿地生态保护领域的最高荣誉。2022年,南昌市坚持"绿水青山就是金山银山"理念,以江西鄱阳湖国家级自然保护区、鄱阳湖南矶湿地国家级自然保护区2个国际重要湿地为主阵地推进湿地保护工作,加强城市水体综合治理,推进合流制区域雨污分流改造及分流制区域错接、漏接整治,紧盯重点河湖治理,巩固拓展前湖水系治理成效,持续推进乌沙河水系整治销号,抓好幸福渠、桃花河水质提升工作,做好蓑衣荚、新洲闸等入江排水口治理。以赣抚尾闾综合整治工程为突破口,构建互联互通大水系格局。推进湿地与候鸟保护工作,开展越冬候鸟和湿地保护专项行动,整治打击非法猎捕、运输、销售、收购等破坏候鸟资源的违法犯罪行为;在鄱阳湖南矶湿地国家级自然保护区、青岚湖等鄱阳湖重要湿地区域设立监测监控站点,提升重要湿地全天候监测能力,以"人工巡护+智能监测"全力保护湿地生态。至年底,全市有国际重要湿地2个、省级重要湿地4个、省级湿地公园5个;有冬候鸟133种,夏候鸟60种,旅鸟64种,留鸟164种;有国家重点保护鸟类83种,其中国家一级保护鸟类16种,国家二级保护鸟类67种。

【开展"悦享金秋·乐购洪城"消费季活动】 10月1—7日,南昌市开展"悦享金秋·乐购洪城"消费季活动。市、县(区)投入资金3700余万元(西湖区500万元、安义县209万元、东湖区200万元、红谷滩区100万元、青云谱区200万元),通过支付宝、抖音、建行生活等App线上发放百货、餐饮、服饰、家电等品类消费券,促进线下消费。南昌县、新建区将商贸消费和房地产结合,分别举办"金秋消费升级季""新建购房消费季",共投入2500万元发放购房现金消费券。商圈、企业开展"国庆嗨购""金秋购物""国潮折扣"等促消费活动500余场。其间,20家重点商贸单位,日均人流量超110万人次,日均销量超1.2亿元。其中,万寿宫历史文化街区日均客流量9万人次、日均销售额131万元,比国庆节前分别增长219%、191%;胜利路步行街日均销售额77.5万元,比国庆节前增长258%。

【2022中国航空产业大会暨南昌飞行大会举行】 11月25—27日,2022中国航空产业大会暨南昌飞行大会在南昌举行。大会由省政府、中国航空学会、中国商用飞机有限责任公司、中国航空发动机集团有限公司联合主办,主要包括航空产业大会、巡航展示及开幕式、专题论坛、产业对接会、动态飞行展示、静态展示等活动。大会邀请国内的中国空军"红鹰"飞行表演队、红星表演队、山河表演队、洪都L15表演队,以及国外的俄罗斯传奇表演队、极限表演队、南非飞行家表演队、红牛表演队等8支队伍进行拉烟、焰火、编队等特技飞行表演。同时邀请C919国产大飞机进行动态展示。按照江西本地知名民机、高端公务飞行器、应急救援直升机、主流通航飞行器四大系列进行静态展示,展示飞机100余架,机型包括航空工业洪都L-15、K-8、初教六等"江西制造"的飞机,环球6000公务机、湾流G550、庞巴迪挑战者850等高端公务机,空客AS350、贝尔407等应急救援直升机,航空工业哈飞运-12、Pacific航空航天公司P750、湖南山河阿若拉运动飞机等通航飞机及亿航216电动载人级自动驾驶飞行器。开幕式举行项目签约仪式,共签约项目20个,包括大范围高分辨率航空影像数据获取与处理项目、嘉鼎航天用树脂和预浸料以及复合材料零部件生产项目、检测检验认证总院国家级航空产业计量测试中心等,累计签约金额281亿元。大会期间举办航空产业主旨报告会、院士专家共话江西航空产业高质量发展专题研讨会、专题论坛等活动。专家学者围绕中国航空产业重大问题,关注江西省航空产业发展,分享交流各自的经验及研究成果,为南昌航空产业发展建言献策。

主要领导 市委书记:李红军。市人大常委会主任:李镇发。市长:万广明。市政协主席:卢伟平。

(南昌市史志办)

·南昌县·

【简　况】 位于江西省中部偏北,辖9个镇、7个乡、1个街道办事处、1个开发区,主管1个国家级开发区、1个省级开发区。总面积1810.92平方千米(含昌东镇、麻丘镇),其中城区面积64平方千米。耕地面积815.63平方千米,有林面积2.68万公顷;森林覆盖率14.18%。户籍人口108.03万人,常住人口123.86万人,其中城镇人口78.34万人;人口自然增长率3.4‰。2022年,地区生产总值1280.35亿元,同比增长4.2%。其中,第一产业增加值同比增长3.7%,第二产业增加值同比增长4.6%,第三产业增加值同比增长3.6%。财政总收入165.20亿元,同比增长1.00%。地方一般公共预算收入86.1亿元,同比增长5.4%;地方一般公共预算支出138.5亿元。规模以上工业增加值同比增长5.5%。外贸出口162.6亿元。500万元及以上固定资产投资同比增长11%,其中工业投资同比增长17.2%。主要工业产品及产量有水泥1159.82万吨、服装8238万件、大米22.53万吨、饮料95.06万吨、汽车36.66万辆。农业总产值129.7亿元,同比增长4.1%。粮食总产量79.1万吨。主要农产品及产量有稻谷70.6万吨、蔬菜70.5万吨、肉类8.9万吨、禽蛋4.5万吨、水产品15.3万吨。城镇居民人均可支配收入48631元,同比增长4.9%;农村居民人均可支配收入27080元,同比增长6.4%。城乡居民年末储蓄余额720.74亿元,同比增长21.1%。

【南昌县(小蓝经开区)第六届莲花经贸文化节举行】 6月28日至10月28日,南昌县(小蓝经开区)第六届莲花经贸文化节举行。文化节以"文化搭台、经贸唱戏"为主基调,举办系列活动9场次。6月28日,经贸文化节的首场活动——南昌向塘国际陆港口岸(海关监管作业场所)开通运行暨重大重点项目集中签约活动,当场签约项目18个,签约金额271亿元,涉及汽车及零部件、绿色食品、医药、智能装备制造、智能装备建筑、智慧物流、新零售、智慧农业、跨境电商、数字经济等行业领域。7月2—10日,在蒋巷镇国鸿生态园举办以"龙虾为媒促消费、生态为本谋发展"为主题的首届中国江西(蒋巷)小龙虾文化旅游节。旅游节举行龙虾垂钓比赛、大厨龙虾烹饪争霸赛、"小龙虾"特色现代农业发展研讨会和蒋巷清水虾、大田稻虾米、祥橱调味品、蒋巷麒麟瓜、国鸿生鲜、田园牧歌生态果蔬、鄱湖淡水鱼等蒋巷好物品牌推介多场活动。7月8日,启动原城纪夜市活动,至10月7日总入园游客突破30万人次,带动花车、流动创业摊位120余个,创造就业岗位1000余个。9月23日,在黄马乡罗渡村举办2022年中国农民丰收节暨京东(南昌县)农特产购物活动,表彰南昌县(小蓝经开区)2022年度"十佳农业品牌"和"十大农业潜力品牌",京东"中国特产·南昌馆"同步上线。9月26日至10月7日,在黄马乡罗渡村举办以"盛世莲花、画意黄马"为主题的南昌县2022第二届大地艺术活动展,并在原城纪设立分会场,带动罗渡村和原城纪客流量突破10万人次。经贸文化节期间,还先后举办首届全国百名书画名家邀请展、"青英归巢、智汇昌南"返乡大学生社会实践、南昌县文旅产品交易博览会暨南昌县"昌南好物"旅游商品大赛3场活动,宣传推介南昌县产业投资环境。10月28日晚,第六届莲花经贸文化节在昌南文化中心闭幕,闭幕会上集中签约项目24个,其中第一产业项目2个,第二产业项目12个,第三产业项目10个,签约总金额达256亿元。

【向塘国际陆港海关监管作业场所启用】 6月28日,南昌向塘国际陆港口岸二期(海关监管作业场所)正式启用。南昌向塘国际陆港是江西唯一的陆港型国家物流枢纽和国家一级铁路物流基地。南昌向塘国际陆港分两期建设:一期占地面积3.3公顷,总投资1.27亿元,于2017年11月22日通过验收并投入运营;二期占地面积29.3公顷,总投资4亿元,主要建设铁路专用线、海关服务中心、监管仓库、卡口及相关配套设施。至年底,共开通国际直达班列9条、铁海联运集装箱外贸班列9条;开行外贸班列1238列,到发标箱7.4万个,货值19亿美元,同比分别增长31.7%、20.8%、14.9%。

【南昌县(小蓝经开区)金融服务中心运营】 10月13日,南昌县(小蓝经开区)金融服务中心投入运营。入驻金融服务中心的机构共46家,其中基金公司4家、银行19家、证券公司2家、律师事务所6家、会计事务所2家、保险公司3家、供应链金融等机构10家。中心按照基金产业聚集区、普惠金融创新示范园、"映山红"一站式服务中心、信用服务中心、首贷续贷中心及企业资源交易中心的布局,开设直接融资、间接融资、"映山红"上市、帮办代办四大窗口。中心以南昌市普惠金融服务中心平台和小蓝经开区"蓝财通"大数据企业服务平台为依托,以市场主体金融需求为导向,集政策宣传、业务咨询、信贷融资、保险服务、普惠金融、股改上市等服务于一体,通过运用互联网、大数据、云计算等金融科技手段,为市场主体提供多功能综合性金融服务。

主要领导 县委书记:陈翔。县人大常委会主任:刘万勇。县长:贾彧超。县政协主席:邹艾民。

(喻相根)

·进贤县·

【简 况】 位于江西省中部,辖9个镇、12个乡、1个垦殖场、1个开发区。总面积1946平方千米,其中城区面积37.5平方千米。耕地面积7.56万公顷,有林面积3.71万公顷;森林覆盖率22.19%。户籍人口84.1万人,其中城镇人口23.26万人;人口自然增长率同比下降1.38‰。2022年,地区生产总值378.08亿元,同比增长3.7%。其中,第一产业增加值75.74亿元,同比增长3.8%;第二产业增加值182.42亿元,同比增长2.3%;第三产业增加值119.92亿元,同比增长5.7%。财政总收入41.01亿元,同比增长0.6%;税收占比73.18%。地方财政收入21.24亿元,同比增长6.1%;地方财政支出53.13亿元,同比下降7.8%。工业总产值463.05亿元,同比增长3.11%。规模以上工业增加值同比增长3%。固定资产投资同比增长6.4%。外贸出口18.67亿元,同比增长49.36%。实际利用外资106万美元,实际利用内资96.4亿元。主要工业产品及产值有钢架结构97.46亿元、医疗器械108.63亿元、食品加工111.22亿元、烟花鞭炮8.57亿元、装备制造及汽车零部件54.95亿元。农业总产值127.3亿元,增长4.15%。粮食总产量48.95万吨。主要农产品及产量有稻谷47.47万吨、花生2.72万吨、芝麻4664吨、肉类11.56万吨、水产品13.96万吨。城镇居民人均可支配收入45099元,增加1968元;农村居民人均可支配收入24858元,增加1357元。城乡居民年末储蓄余额428.34亿元,同比增长19.51%。

【进贤县文港镇获“中国淘宝镇”称号】 2月,文港镇入选2021年“中国淘宝镇”“淘宝村”名单,这是该镇继2019年、2020年获“中国淘宝镇”称号后第3年上榜。文港镇抢抓“互联网+”的发展机遇,将电子商务作为产业转型升级、助力乡村振兴的重要抓手,引进制笔相关企业、文化用品企业、电商物流企业,建成文港双创基地、文房四宝电商基地、O2O展示馆等,依托阿里巴巴、京东、淘宝等线上平台,拓宽网络销售渠道。发展配套物流,顺丰、中通、申通、圆通、韵达、汇通等快递公司进驻文港,30余条货运物流专线为电子商务提供服务,全镇从事交通运输、快递仓储等业务的企业60余家。全镇有30%的企业依托国内交易平台开展电商业务,电子商务经营主体2500余家,开设个体网店4000余个,电子商务企业450余家。

【进贤县西气东输管道天然气开通】 7月3日,进贤县西气东输管道天然气开通。该项目于4月15日开工、5月30日竣工、6月10日调试完毕。管道天然气开通后,解决了县域及周边地区供气、用气不足的难题,工业用气价格由6.25元/立方米下降至4.5元/立方米,居民用气价格由3.5元/立方米调整至3.2元/立方米,每年可节约用气成本近3亿元。

【进贤县被列为国家级水产健康养殖和生态养殖示范区】 12月29日,农业农村部公布《国家级水产健康养殖和生态养殖示范区名单(2022年)》,进贤县被列为以县级人民政府为主体的示范区,是江西省唯一入选的县。进贤县围绕“整县推进健康、绿色、高质量发展,提升核心竞争力”的目标,转方式、调结构、优布局、强服务、重示范、严监管,发挥龙头企业及产业园区示范带动作用,建立长效监管机制,开展示范创建,整县推进达到国家级水产健康养殖和生态养殖示范区创建标准。

主要领导 县委书记:徐强。县人大常委会主任:胡志强。县长:熊辉。县政协主席:胡建平。

(王方)

·安义县·

【简　况】 位于江西省西北部,辖7个镇、3个乡、1个管理处。总面积660.23平方千米。耕地面积2.23万公顷,林地面积2.97万公顷;森林覆盖率(林木绿化率)45.62%。户籍人口30.74万人,其中城镇人口9.35万人;人口自然增长率1.52‰。2022年,地区生产总值139.07亿元,同比增长4.1%。其中,第一产业增加值15.58亿元,同比增长5%;第二产业增加值58.41亿元,同比增长5.5%;第三产业增加值65.08亿元,同比增长2.4%。一般公共预算收入14.61亿元,同比增长3.55%;税收收入8.23亿元,占比56.32%。地方财政支出35.15亿元,同比下降9.2%。固定资产投资同比增长13.5%。规模以上工业总产值366.99亿元,同比增长13.25%;规模以上工业增加值同比增长6.9%。利用外资(现汇)451万美元,实现“零的突破”;实际利用省外投资62.69亿元,同比增长7.84%。农业总产值27.07亿元,同比增长5.83%。粮食总产量20.1万吨。主要农产品及产量有生猪存栏10.1万头、能繁母猪1.15万头,家禽存栏113.63万羽,牛存栏1.27万头、出栏0.52万头,羊存栏0.85万头、出栏0.84万头,水产品3.7万吨。城镇居民人均可支配收入42986元,同比增长5%;农村居民人均可支配收入22178元,同比增长6.2%。

【安义县与江西农业大学开展战略合作】 1月21日,安义县与江西农业大学签订战略合作框架协议,并就国家种猪资源中心建设项目进行沟通推进。2月27日,江西农业大学猪遗传改良国家重点实验室种猪资源中心项目在安义县东阳镇云溪村开工。项目占地47.2公顷,第一期总投资7837.96万元。

【政务服务“跨省通办”】 7月,安义县政数局分别与广州市增城区、海珠区政数局签订“跨省通办”合作协议。线下,在各地政务服务大厅开设“跨省通办”专窗,配备专门的工作人员与设备,主要负责“跨域通办”事项的办理以及咨询协调;专窗通过属地和异地相互委托或授权,采取“全程网办、代收代办、多地联办”等形式,实现“收受分离、异地可办”。线上,在不改变属地办理的前提下,依托各地政务服务网互设“跨省通办”专区,建立“就近申报、异地收件、远程流转、属地办理”的“跨省通办”工作机制,实现“审批权属不变、数据网络流转、批件快捷送达”,解决群众异地办事“多跑路”“折返跑”等难题。至年底,已实现安义县补领、换领行驶证等164项政务服务事项和广州市增城区出生登记等175项政务服务事项“跨省通办、一次办成”。

【安义县获评国家知识产权强县建设示范县】 8月4日,国家知识产权局印发《国家知识产权局关于确定国家知识产权强县建设试点示范县和国家级知识产权强国建设试点示范园区的通知》,安义县成为江西省首批入选国家知识产权强县建设示范县的两个单位之一。安义县委、县政府高度重视知识产权工作,以机构改革为契机,进一步加强知识产权战略规划,通过深入实施创新驱动发展战略,提高自主创新能力,提升知识产权创造、运用、保护、管理和服务水平。2019—2022年,全县专利授权量2609件,至2022年年底全县有效发明专利拥有量103件,每万人有效发明专利拥有量4.08件。2019—2022年,全县商标注册申请5302件,至2022年年底有效商标注册量7597件,每百户市场主体有效注册商标量35.46件,培育中国驰名商标4件,先后取得地理标志证明商标3件。

主要领导 县委书记:谭伯乐。县人大常委会主任:熊斌。县长:罗国栋。县政协主席:陈伟峰。

(刘娉斐)

·东湖区·

【简　况】　位于江西省中部偏北，辖1个镇、7个街道办事处、2个管理处。总面积53.93平方千米。绿地面积476.8公顷，绿化覆盖率29.97%。户籍人口41.98万人，常住人口41.89万人，其中城镇常住人口39.55万人；人口自然增长率2.21‰。2022年，地区生产总值482.31亿元，同比增长2.8%。其中，第一产业增加值0.76亿元，同比增长1%；第二产业增加值36.57亿元，同比下降8.4%；第三产业增加值444.98亿元，同比增长3.8%。财政总收入（省口径）92.03亿元，同比下降4.35%，税收占比92.94%。地方一般公共预算收入15.39亿元，同比增长2.98%。固定资产投资增速同比下降29.8%。实际利用外资1085万美元，利用省外项目资金56.12亿元。社会消费品零售总额403.43亿元。城镇居民人均可支配收入同比增长6.5%，突破5.5万元关口。

【助力小微企业渡过新冠肺炎疫情难关】　5月30日，为助力小微企业渡过新冠肺炎疫情难关，东湖区政府制定并出台《关于应对疫情帮助市场主体纾困解难若干措施》和一系列惠企的具体措施——绿色通道加快贷款审批流程、每个餐饮门店给予3000元政府补贴、对符合相关标准的店铺减免3个月的租金、“一对一”指导餐饮店上线外卖服务、专业直播团队现场教学。央视《新闻联播》对东湖区助力小微餐饮店疫情期间复工复产进行报道。

【东湖区“人才优服”小程序上线】　12月29日，南昌市东湖区“人才优服”小程序上线。该小程序为全省首创开发，共包括优服指南、政策荟萃、暖心服务、爽心办事、小试牛刀、SHOW人才6个大模块18项功能，突破类似服务的痛点难点，形成业务闭环，打造一站式的“人才优服”体验平台。

主要领导　区委书记：高辉红。区人大常委会主任：陈兰。区长：胡俊峰。区政协主席：陈宇。

（邓小燕）

·西湖区·

【简　况】　位于江西省中部，辖10个街道办事处。总面积35.3平方千米。绿地覆盖率38.9%。常住人口48.5万人，人口自然增长率4.21‰。2022年，地区生产总值727.24亿元，同比增长4.7%。其中，第二产业增加值140.98亿元，第三产业增加值586.26亿元。地方一般公共预算收入22.6亿元，同比增长5.1%；地方一般公共预算支出35.88亿元。社会消费品零售总额417.16亿元，同比增长5.3%。500万元以上固定资产投资278.12亿元，同比增长15%。实际利用外资（现汇）1.19亿美元，同比增长144.35%；实际利用省外项目资金59.38亿元，同比增长104.65%。进出口总值61.92亿元，同比增长24.7%。城镇居民人均可支配收入53719元，同比增长4.5%。

【西湖区行政区划调整】　6月28日，经省政府批准，撤销桃花镇，设立桃花街道，以原桃花镇的行政区域为桃花街道管辖范围。7月17日，市政府批复，同意西湖区部分街道优化调整，撤销西湖街道，将西湖街道划归广润门街道管辖；撤销系马桩街道，将系马桩街道划归南浦街道管辖；撤销十字街街道，将十字街街道洪城路以北的社区划归绳金塔街道管辖，洪城路以南的社区、村划归桃花街道管辖；设立九洲街道，将桃花街道11个社区、5个村划归九洲街道管辖；将桃花街道5个社区、2个村划归朝农街道管辖；将桃花街道一村划归朝阳洲街道管辖，渔业村划归桃源街道管辖。

【西湖区普及中小学生游泳教育】　2022年，西湖区在全省率先普及中小学生游泳教育，开展以游泳技能和防溺水培训为主要内容的“泳动西湖”行动，以全民健身中心和广南青少年体育俱乐部为主，联合5家评估合格的游泳馆对全区四至六年级学生开展免费培训，共有5670名学生达标。《让全区中小学毕业生人人会安全游泳》案例入选全国“新时代十年基础教育改革创新案例”，并在新余市召开的全省中小学生游泳教育试点工作现场推进会上做题为《“泳”动西湖“泳”往直前——南昌市西湖区中小学生游泳教育普及活动探索与实践》的典型经验交流。

【西湖区“幸福圆桌会”提升社区治理精细化水平入选全国基层治理创新典型案例】　2月17日，《民政部办公厅关于确认2021年度全国基层治理创新典型案例的通知》公布27个2021年度全国基层治理创新典型案例，西湖区“幸福圆桌会”提升社区治理精细化水平成为全省唯一入选的典型案例。“幸福圆桌会”围绕“党委领导、政府指导、社区搭台、部门协同、社会参与”的服务机制，将基层协商民主工作机制与领导干部“民情家访”制度联动融合，以社区（村）党组织为核心，依托在职党员进社区，调动挂点领导和干部、驻地人大代表、政协委员、单位代表、物业代表、居民代表等多方力量参与，每月围绕一个主题召开一次圆桌会议，一般由15~25人参加。议事协商坚持“依法依规、各方平等、主体多元”的原则进行，按照“确定议题、征求意见、分析研判、协商议事、项目公示、项目实施、监督执行”七步流程开展。2021年至2022年年底，累计召开“幸福圆桌会”2309次，收到反映诉求3066个，解决问题2623个，入选全省“我为群众办实事”三十佳典型事例。

主要领导　区委书记：陶亿国。区人大常委会主任：夏淼珍。区长：杨燊。区政协主席：胡国星。

（朱君）

·青云谱区·

【简　况】　位于江西省北部，辖1个镇、5个街道办事处和1个城市综合功能区。总面积43.17平方千米，其中城区面积43.17平方千米。城区绿化率39.4%。户籍人口25.89万人，人口自然增长率3.1‰。2022年，地区生产总值443.37亿元，同比增长5.1%。其中，第二产业增加值294.63亿元，同比增长5.3%；第三产业增加值148.74亿元，同比增长4.6%。财政总收入46.69亿元，同比增长14.5%;税收占财政总收入的91.9%。地方一般预算收入10.78亿元,同比增长7%;地方财政支出22.34亿元,同比下降9.4%。规模以上工业总产值57.96亿元,同比增长2.9%。工业增加值占地区生产总值的27.1%,固定资产投资同比增长15.1%。实际利用外资1000万美元,同比增长170.27%;实际利用省外资金项目62.7亿元,同比增长11.8%。主要工业产品及产量有商品混凝土66.60万立方米、金属门窗及类似制品1322吨、多色印刷品1.53万对开色令、电力电缆3955.9千米、针织服装2554.8万件。

【青云谱区徐家坊街道劳动人事争议调解中心获评国家级突出基层劳动人事争议调解组织】 4月20日,人力资源和社会保障部、全国总工会、中国企联、全国工商联联合对全国2021年度工作突出的106家调解组织予以通报表扬,青云谱区徐家坊街道劳动人事争议调解中心被评为2021年度工作突出基层劳动人事争议调解组织。2012年1月10日,徐家坊街道成立人民调解委员会,配备劳动关系协调、劳动监察协管、劳动争议调解的专职工作人员1人,兼职工作人员17人。日常工作中以和谐劳动关系创建为契机,整合资源,针对辖区楼宇多、企业多、职工多的特点,先后成立李敏金牌调解工作室、司马庙建材市场综合调解室等多个极具特色的调解室。通过全覆盖的纠纷调解,获辖区企业、职工好评。

【青云谱镇益民社区党建引领救助服务综合体投入运营】 10月,青云谱镇益民社区党建引领救助服务综合体投入运营,成为全省首个党建引领救助服务综合体。益民社区是南昌市最大的廉租房、公租房小区,低收入群体和困难群众非常集中。常住人口3430户5319人,其中低保户1050户。社区有60岁以上老人1580余人、独居空巢老人77人,还有残疾人316人和社区矫正对象20人,存在诸多急难愁盼问题。为精准服务辖区困难群众,社区以创建中国红十字总会城市社区红十字博爱家园示范点为契机,投资100余万元把社区物业公共大楼改建成党建引领救助服务综合体,整合食、住、医、购、学等多种服务功能,以满足社区困难群众日常帮扶、救助等需要。

【青云谱区人民法院驻省物流行业协会"数字物流法企直通站"成立】 9月16日,青云谱区人民法院驻江西省物流行业协会"数字物流法企直通站"成立。这是全省首个法院驻省物流行业协会"数字物流法企直通站",可为省物流行业协会1000余家会员单位提供零距离法律服务,打通"法协学企"直达通道,为企业经营发展提供精准化、定制化、便捷化的"论坛式""订单式""联动式"司法服务。

【青云谱镇青英社区典型经验入选全国示范性老年友好型社区典型案例】 11月,青云谱区青云谱镇青英社区的《青云腾起处 社区敬老浓》成为全省唯一入选全国示范性老年友好型社区典型案例的经验材料。青英社区常住人口3687人,其中60岁以上老人582人。社区党委在专题调研和全面摸底基础上,由社区干部和50余名退休老党员、老干部、热心居民组成老年人日常服务管理工作理事会,团结带领社区老人自我管理、自我服务、自我保护、自我教育,并积极参与社区建设和管理。社区整合资源,建立和完善社区居家养老服务网络,每年安排专项服务经费5万元用于服务老年人。在居家养老中心配备老年人日托用房,完善厨房用具、如厕洗浴、紧急呼叫等设备。在小区增加健身器材、乒乓球台、休闲凉亭等设施。

【江西阳光乳业股份有限公司上市】 5月20日,江西阳光乳业股份有限公司在江西南昌阳光梦工厂举办深交所主板发行上市云敲钟仪式。阳光乳业股票发行价格为人民币9.46元/股,发行数量7070万股,实现全省乳制品行业上市公司"零的突破"。江西阳光乳业股份有限公司成立于2008年12月,注册资本2.12亿元,位于南昌市青云谱区,是集乳制品、乳饮料研发、生产、奶畜养殖、科研开发和市场销售于一体的专业化乳品企业。

主要领导 区委书记:叶修堂。区人大常委会主任:唐铭市。区长:汪众华。区政协主席:黄小平。

(徐亮)

·青山湖区·

【简　况】 位于江西省中部,辖4个镇、4个街道办事处、1个工业园区。总面积127.6平方千米。户籍人口44.3万人,人口自然增长率6.11‰。2022年,地区生产总值675.31亿元,同比增长5%。其中,第一产业增加值0.34亿元,同比增长1.1%;第二产业增加值446.37亿元,同比增长6.9%;第三产业增加值228.60亿元,同比增长1.1%。财政总收入59.46亿元,税收占比90.5%。地方一般公共预算收入14.88亿元。社会消费品零售总额303.4亿元,同比增长5.1%。500万元以上固定资产投资同比增长11.8%。实际利用外资700万美元,实际利用内资172.4亿元。规模以上工业增加值同比增长6.9%。社会消费品零售总额303.4亿元,同比增长5.1%。主要工业产品及产量有服装4.35亿件、钢材425.5万吨、生铁361.0万吨。农业总产值5470万元,同比增长1.17%。粮食总产量0.8万吨。主要农产品及产量有水产品1313吨。城镇居民人均可支配收入53297元,同比增长4.7%;农村居民人均可支配收入27455万元,同比增长5.9%。

【青山湖区AAAAA级婚姻登记中心投用】 6月28日,青山湖区打造的集婚姻登记、婚俗展览、婚前医学检查、婚姻调解为一体的全方位AAAAA级婚姻登记中心投入使用。中心位于上海路699文化创意园二期520Park文创公园内,房屋建筑面积1153平方米,投资450万元。一楼设有赣鄱婚俗博物馆,将全省各地婚姻历史、习俗等通过实物、图文、多媒体进行展示,并对外开放。二楼的婚姻登记中心按照国家AAAAA级婚姻登记机关标准打造,分设候登大厅、结婚登记区、独立离婚登记室、颁证大厅、婚姻家庭辅导室等。其中,登记大厅的7个窗口以南昌"七门九洲十八坡"中的七门命名;2个颁证室分中式和西式2种结构。至年底,博物馆接待200余人次参观学习。

【全省首个沉浸式反电诈体验馆开馆】 10月1日,全省首个沉浸式反电诈体验馆——青山湖区沉浸式反诈体验馆开馆。体验馆建在青山湖区罗家镇神牛广场,包含视频动画宣传、诈骗通话体验、防诈骗VR体验和知识考核等功能。通过设置"电诈魅影、迷魂一刻、谁是双面人、反诈大通关"等沉浸式体验区域,实现场景式、互动式、沉浸式体验。至年底,共接待群众816人次。

【打造"青闪办"政务服务品牌】 2022年,青山湖区打造"青闪办"政务服务品牌,推动政务服务由"一次办"向"一闪办"升级,对企服务再刷"新速度"。在区政务服务大厅打造"便企服务专区",将涉企单位、办理事项、窗口人员集中在同一区域,方便办理企业全生命周期事项,实现"进一扇门"办成"一揽子事"。在政务服务大厅设置通用"一站式"窗口,将32个部门576项政务服务事项一窗统一受理;225个涉企审批事项,平均办理时限为2.5个工作日;"不动产登记+水电气"实现一链办理,办事人跑动次数由4次减少为1次;证明材料提交减少75%以上,业务平均办理时间压缩至1小时内。

主要领导 区委书记:袁一旦。区人大常委会主任:郑响龙。区长:杨育星。区政协主席:聂玉华。

(宋文娟)

·新建区·

【简　况】 位于江西省中部偏北,辖8个镇、5个乡、2个街道办事处和1个开发区。总面积2125.2平方千米,其中城区面积24平方千米。耕地面积5.83万公顷,有林面积3.05万公顷;森林覆盖率16.03%,绿化覆盖率36.35%。户籍人口55.53万人,其中城镇人口19.59万人;人口自然增长率5.98‰。2022年,地区生产总值407.74亿元,同比增长3.3%。其中,第一产业增加值48.47亿元,同比增长3.3%;第二产业增加值186.05亿元,同比增长3.8%;第三产业增加值173.21亿元,同比增长2.6%。财政总收入69.15亿元,同比下降23%。地方财政收入30.98亿元,同比下降7%;地方财政支出67.15亿元,同比下降21.7%。规模以上工业总产值605.35亿元,同比增长2.6%。规模以上工业企业增加值同比增长3.5%。500万元以上固定资产投资同比增长7.1%。社会消费品零售总额181.45亿元,同比增长5%。实际利用外资31万美元;实际利月内资89.2亿元,同比增长8.9%。外贸出口4.26亿美元,同比增长29.83%。农业总产值86.07亿元,同比增长4.1%。粮食总产量41.19万吨。城镇居民人均可支配收入4.72万元,同比增长3.3%;农村居民人均可支配收入2.44万元,同比增长5.4%。居民年末储蓄余额423.15亿元,同比增长18.9%。

【新冠肺炎疫情防控】 3月16日,新建区确诊1例新冠肺炎病例。当天,接外省协查通知有2名新冠肺炎初筛阳性人员曾于3月9—13日在新建区活动。新建区迅速采取"党建+联防联控"模式,组建102个临时党支部,431支党员志愿服务队,将防疫重点镇长堎镇细分为235个网格,长堎镇以外的乡镇(开发区)细分为1268个网格,科学精准防控,用43天实现全域全面动态清零。新建区创新实施开放式居民区围合服务管理,探索建立"四级网络"的管理模式在全省推广。中央广播电视总台中国之声《新闻和报纸摘要》多次报道新建区抗疫防控工作,《让党旗飘扬在疫情防控一线》文章在《人民日报》专题刊登报道。

【新建文化中心获中国建设工程鲁班奖】 2022年,新建文化中心入选中国建筑业协会2022—2023年度第一批中国建设工程鲁班奖(国家优质工程)名单。该项目位于新建区子实路西端,紧邻欣悦湖,占地面积5.14公顷,总建筑面积8.49万平方米(其中地上建筑面积5.62万平方米,地下建筑面积2.87万平方米),地下一层,地上主要由1号楼剧院、2号楼博物馆、3号楼文化馆、4号楼图书馆、5号楼平台组成,总投资约7亿元。项目作为新建区精品文化惠民工程,整幢建筑南北对称,通过一个统一的平台进行串联,大量采用环保、生态、可再生的绿色装饰材料。

【首批"南昌制造"盾构机下线】 6月29日,首批南昌产"大国重器"盾构机在新建经开区的南昌轨道交通产业园下线。首批"南昌制造"盾构机开挖直径6.28米、长约83.89米,重约500吨,在江西中铁装备的工期统筹、研发制造和技术攻关下,按期同步生产交付,并首次搭载智能化驾驶系统、隧道三维扫描系统、壁厚注浆质量监测系统、管片变形监测系统等新工艺。填补江西省内高端产品制造业的空白,并同步带动当地企业制造业的转型升级。全年实际生产12台、产值3.45亿元,可用于南昌市轨道交通1号线北延、东延及2号线东延工程项目建设。

主要领导 区委书记:王玮(任至4月)、李松殿(4月任)。区人大常委会主任:钱和平。区长:王成久。区政协主席:黄云松。

(蔡晓华)

·红谷滩区·

【简　况】 位于江西省中北部,辖1个镇、1个乡、7个街道办事处。总面积403.2平方千米。林地5591.72公顷,森林面积5822.97公顷;森林覆盖率15.04%。常住人口64.45万人,人口自然增长率2‰。2022年,地区生产总值802.27亿元,同比增长3.2%。财政总收入106.1亿元,同比增长1.2%。工业总产值4457.1万元,同比下降59%。规模以上工业增加值同比增长5.9%。固定资产投资740.2亿元,同比增长2.7%。实际利用外资5019万美元;实际利用省外资金101.33亿元,同比增长8.88%。外贸出口46.65亿元,同比增长26.6%。社会消费品零售总额321.43亿元,同比增长5.2%。农业总产值17.85亿元,同比增长3.48%。城镇居民人均可支配收入54721元,同比增长4.4%;农村居民人均可支配收入24164元,同比增长6%。

【营商环境】 年内,红谷滩区推进营商环境优化升级"一号改革工程",及时落实应对新冠肺炎疫情、帮助市场主体纾困解难"20 条",相继出台数字经济、商贸消费、企业上市、游戏、会展等"一产一策",兑现惠企资金 3 亿元,减税降费 20 亿元。实现企业开办全流程、六环节、3 小时办结;为新开办企业赠送"创业百宝箱",免费刻制四枚印章;上线赣服通县区分厅 4.0 版;实现惠企政策"一窗受理""一网通办"。组建中小企业服务局,开展"暖心护企"行动,普惠金融服务平台企业授信超 4.6 亿元,对接落实企业融资金额超 5000 万元,为 36 家企业放贷财园信贷通 1 亿元。开展"红谷连心会"——企业大走访主题活动,及时兑现招商引资政策、减税降费政策。

【红谷滩金融商务区入选 2022 中国商务区综合竞争力 20 强】 9 月 2 日,由世界贸易网点联盟、集群智库中国楼宇经济研究中心和全联房地产商会特色小镇分会共同主办的 2022 中国楼宇经济北京论坛举行,会议发布 2022 中国商务区综合竞争力 20 强名单,红谷滩金融商务区入选,成为全省唯一入选的商务区。红谷滩区成立初期只有 3 家金融机构,到 2022 年汇聚了全省 80% 以上的法人金融机构和省级区域性总部,实现落户各类金融机构和金融服务企业 1302 家,年度税收超 100 亿元,各类基金规模近 1000 亿元,涵盖金融监管、银行、证券、保险、股权基金、金融中介服务机构等业态。

【国家虚拟现实创新中心获批成立】

11 月 12—13 日,2022 世界 VR 产业大会在南昌举行。开幕式上,国家虚拟现实创新中心在建设地南昌红谷滩区揭牌。该中心由工信部批复,是虚拟现实领域唯一一个国家级制造业创新中心。股东单位汇聚虚拟现实硬件、软件、内容制作与分发、应用与服务等环节的行业骨干力量。

主要领导 区委书记:吴江辉。区人大常委会主任:吴韶宸。区长:刘光荣。区政协主席:陶国强。

(钟萍)

九江市

【概　况】 位于江西省北部,辖 3 个区、3 个市、7 个县、1 个开发区、2 个风景名胜管理局。总面积 1.91 万平方千米。耕地面积 26.28 万公顷,林地面积 112.33 万公顷。常住人口 455.77 万人,其中城镇人口 285.85 万人;人口自然增长率 0.13‰。2022 年,地区生产总值 4026.60 亿元,同比增长 4.3%。其中,第一产业增加值 258.66 亿元,同比增长 4.4%;第二产业增加值 1926.52 亿元,同比增长 4.5%;第三产业增加值 1841.42 亿元,同比增长 4.1%。公共财政预算收入 303.40 亿元,同比增长 3.8%;公共预算支出 691.60 亿元,同比增长 10.7%。规模以上工业增加值同比增长 5.6%。固定资产投资同比增长 9.5%。实际利用外资现汇进资 2.14 亿美元,同比下降 44.4%;实际利用省外 2000 万元以上项目进资 1352.91 亿元,同比增长 9.3%。出口额 800.10 亿元,同比增长 55.6%。主要工业产品及产量有发电量 270.0 亿千瓦时、原油加工量 718.9 万吨、纱 34.3 万吨、服装 1.33 亿件、水泥 1847.1 万吨。农业总产值 437.26 亿元,同比增长 4.9%。粮食总产量 143.23 万吨,同比下降 1.7%。主要农产品及产量有稻谷 124.48 万吨、棉花 1.74 万吨、油料 20.82 万吨、茶叶 1.15 万吨、水果 14.28 万吨。城镇居民人均可支配收入 45685 元,同比增长 4.6%;农村居民人均可支配收入 20108 元,同比增长 6.7%。年末居民储蓄余额 2887.43 亿元。

【九江高标准建设长江经济带重要节点城市】 9 月 22 日,省政府办公厅印发《关于支持九江高标准建设长江经济带重要节点城市的若干政策措施》,提出 6 个方面 38 项举措,支持九江高标准建设长江经济带重要节点城市。2022 年,九江把高标准建设长江经济带重要节点城市作为一项引领性、牵引性、系统性工程,放大沿江临港优势、培育壮大新兴产业、全力跃升城市能级,推动经济社会高质量跨越式发展。年内,九江港日均吞吐货物超 49 万吨,全年货物吞吐量 1.81 亿吨,占全省港口货物吞吐量的 80% 以上,在长江主要港口中排第 7,成功创建港口型国家物流枢纽城市。工业经济取得新成效,开工亿元以上工业项目 351 个,千亿元产业集群 6 个,数字经济增加值达 1500 亿元,电子信息产业营业收入突破千亿元,新能源产业产值增速超过 40%,新增税收亿元以上工业企业 7 家。

【九江市被列为国家历史文化名城】

3 月 28 日,《国务院关于同意将江西省九江市列为国家历史文化名城的批复》下发,同意将九江市列为国家历史文化名城。九江市历史悠久、文化厚重,传统格局、历史风貌和地域文化特色鲜明,文化底蕴和历史遗存丰富,具有重要的历史文化价值。1991 年,九江市获批江西第一批省级历史文化名城。2018 年,九江市以申报国家历史文化名城为目标,持续推动城乡历史文化保护传承工作,从机制统筹、立法强制、规划引领、项目支撑、宣传教育等各方面打出保护"组合拳",最终"申名"成功。

【九江石化芳烃项目建成投产】 6 月 8 日,国家产业布局的重点项目、江西省延伸石化产业链龙头项目——九江石化 89 万吨/年芳烃联合装置一次开车成功并产出合格产品,标志着中国成为继美国和法国之后,世界上第三个掌握该项技术的国家,九江石化芳烃项目于 2020 年 5 月开工建设,2022 年 1 月 20 日建成中交。作为国内首家采用中国石化自主开发并获得 2015 年度国家科技进步奖特等奖的第三代成套芳烃生产技术的重点化工项目,九江石化芳烃项目与同类技术相比,在单位产品物耗及能耗、安全性能、环保监测指标全面优于最新国家标准,处于国际领先水平。

【九江抗旱应急响应持续 99 天】 自 8 月 17 日九江启动抗旱Ⅳ级应急响应起,至 11 月 23 日结束抗旱Ⅳ级应急响应,转入正常抗旱工作状态,九江抗旱应急响应长达 99 天。7 月以来,九江出现历史罕见干旱灾情,总体呈现气温高、降雨少、时间长、水位低、范围广5个特征。7—8月，全市平均最高气温36.8℃，比常年同期(32.4℃)高4.4℃。平均高温(日最高气温≥35℃)日数46天，列历史同期第一位。7月，全市平均降雨量76.9毫米，比常年同期少60%，8月比常年同期少87%，9月比常年同期少98%，10月比常年同期少58%。7月以来，长江九江站、鄱阳湖星子站水位日均退幅、单日退幅均为历史罕见，9月23日鄱阳湖水位突破历史最低纪录，且成持续消退态势，水位屡创新低。全市100%国土面积气象干旱等级达特旱，全市土壤均出现轻度以上缺墒，其中41.7%的墒情监测站点中度缺墒。面对旱情，九江市早研判、早部署，6月底市本级结束防汛Ⅳ级应急响应时就作出要求做好抗旱储水工作，并按照应急响应机制，迅速成立指挥协调组、监测分析研判组、督导组、宣传报道组、后勤保障组、核灾救灾组6个应急响应工作组，实行市应急、水利、气象、水文、农业、住建等重点部门联合集中办公，严格落实值班值守制度，确保全市抗旱工作指挥高效、推进有力、配合到位。同时组建6个联合督导组和7个技术专家组，分赴各县区督导指导防旱抗旱和减灾救灾工作。在实行市领导包县、县领导包乡、乡干部包村、村干部驻点的联包联保责任制的基础上，在全市范围内推进“万名干部下基层，五保五送抗旱情”工作。组织全市1.02万名干部(含2062名乡村振兴帮扶干部)完成驻村驻点工作，形成政府主导、百姓主力、部门帮扶、社会参与的抗旱救灾合力。全市累计投入抗旱力量27.6万人次，发放技术资料11万余份，减少农业因旱经济作物损失5.12亿元，减少粮食损失4.45亿元。

【长江国家文化公园(九江段)建设】 长江国家文化公园(九江段)项目主要是升级改造滨江路沿线11千米岸线。项目一期范围从琵琶亭至武警基地，全长约1.1千米，总投资约1.2亿元，由九江市城发集团负责建设，8月开工。项目改造内容为“两路一园”。“两路”分别为滨江路的人行道改造和堤顶绿道拓宽。“一园”分为三段，东段为琵琶亭景区绿化景观提升及生态停车场改造，中段为九江一桥下广场改造，西段为生态公园改造，重点是新建云中栈道、多功能驿站以及园路升级改造。12月31日，项目一期施工任务完成。项目二期于11月开工，改造内容为“一带多节点”。“一带”为滨江绿道贯通及路侧绿化提升。“多节点”改造主要包含儿童活动天地、镇水牛广场、锁江楼、浔阳楼、水厂、莲花广场的改造提升及堤外的江滩步道贯通。

主要领导 市委书记：谢来发(任至5月)、刘文华(11月任)。市人大常委会主任：廖奇志。市长：杨文斌(2023年4月21日，因涉嫌严重违纪违法，主动向组织交代问题，接受省纪委省监委纪律审查和监察调查)。市政协主席：占勇。

(黄开福　黄地)

·修水县·

【简　况】 位于江西省西北部，辖19个镇、17个乡。总面积4502.41平方千米，其中中心城区面积近25平方千米。耕地面积3.87万公顷，林地面积3.62万公顷；森林覆盖率80.42%，城市绿化率43.5%。户籍人口89.35万人，常住人口71.06万人，其中城镇人口23.87万人；人口自然增长率1.08‰。2022年，地区生产总值305.47亿元，同比增长2.1%。其中，第一产业增加值33.78亿元，同比增长4.3%；第二产业增加值118.65亿元，同比下降0.4%；第三产业增加值153.04亿元，同比增长3.5%。财政总收入31.2亿元，同比增长0.8%；税收占比83.5%。地方财政收入15.61亿元，同比下降7.8%；地方财政支出64.73亿元，同比增长11.2%。规模以上工业总产值324.62亿元，同比下降27.1%。规模以上工业增加值63.19亿元，同比下降8.3%。外贸出口41.52亿元。固定资产投资173.89亿元，同比增长8.1%。实际利用外资现汇进资0.08亿美元，同比增长267.27%。主要工业产品及产量有白钨精矿4100.59吨、蚕丝282.37吨。农业总产值56.92亿元，同比增长5%。粮食总产量26.24万吨。主要农产品及产量有稻谷23.48万吨、茶叶0.71万吨、蔬菜及食用菌9.97万吨、生猪出栏67.37万头。城镇居民人均可支配收入37727元，同比增长4.8%；农村居民人均可支配收入15670元，同比增长9.4%。城乡居民年末储蓄存款余额258.67亿元，同比增长18.4%。

【经济发展】 2022年，引进首个投资额超百亿元的工业项目——百亿模具数字产业园，招商引资项目签约总额首次突破300亿元。江西欧克科技股份有限公司上市，实现本土上市企业“零的突破”。新增规模以上工业企业35家，共有151家，总产值324.62亿元。实施数字经济“一号发展工程”，推动产业数字化转型升级，“上云”上平台企业458家，全年数字经济核心产业营业收入72.49亿元。开展生态茶园、健康油园、高效桑园、放心菜园和精品果园“五园绿色”国家农业现代化示范区创建，累计建成国家农业科技示范园1个、省级现代农业产业园3个，有桑园6200公顷、茶园1.53万公顷、油茶1.33万公顷、林果4000公顷、设施蔬菜333.33公顷。新增省级示范合作社10家、“三品一标”产品13个。分批次发放电子消费券452万元，拉动消费增长9000万元。实施“优品、兴市、强商、旺客、捷运”五大行动，建成电子商务物流分拣中心1个，村级电商物流站点192个。

【县乡村振兴局获评2022年度全国“人民满意的公务员集体”】 8月30日，全国“人民满意的公务员”和“人民满意的公务员集体”表彰大会在北京举行，修水县乡村振兴局获评2022年度全国“人民满意的公务员集体”。2022年，修水县坚决守住不发生规模性返贫底线，强化“三线预警”机制运用，开展防止返贫动态监测和帮扶，没有出现返贫致贫现象。年内累计投入7.01亿元，实施项目1632个，全面落实脱贫户和监测对象“两不愁四保障”。落实村级集体经济三年倍增行动方案，全县所有村集体经济收入均超10万元，其中百万元村2个，两百万元村1个。举办2场乡村振兴农副产品展销会,累计销售农副产品1200余万元。改造农村公路78千米、危桥18座,整治山塘100座,获评全省美丽宜居先行县。深入推进党建引领乡村治理试点县建设,选取6个乡镇开展乡村治理体系建设试点工作,黄沙镇汤桥村获评第二批全国乡村治理示范村。推进数字乡村试点县建设,何市镇火石村获评全省十佳村级数字乡村优秀综合应用场景。

【江西欧克科技股份有限公司上市】 12月12日,江西欧克科技股份有限公司在深交所上市,实现修水县本土企业主板上市"零的突破"。该公司成立于2011年8月23日,2020年10月26日完成股份制改革,2022年主营业务收入5.9亿元,净利润1.9亿元。公司主要从事生活用纸智能装备的研发、生产、销售与服务,为客户提供生活用纸制造、加工、包装的全自动智能装备及综合解决方案;作为主要起草单位制定了由中国轻工业联合会提出、工信部发布的《全自动抽取式面巾纸生产线行业标准(QB/T5440—2019)》《全自动卫生卷纸生产线行业标准(QB/T5441—2019)》《全自动手帕生产线行业标准(QB/T5439—2019)》,拥有专利权55项、计算机软件著作权24项;自主研发的800型多通道全自动手帕纸生产线、5600型大宽幅全自动抽纸折叠机填补国内同类产品空白,技术居国内领先水平。公司先后被认定为第三批专精特新重点"小巨人"企业、2019年省级专业化"小巨人"企业、2017年江西省专精特新中小企业、江西省智能制造试点示范企业等,是中国造纸协会生活用纸专业委员会常务委员单位。

主要领导 县委书记:郑庆华。县人大常委会主任:袁观云。县长:刘婕。县政协主席:王位华。

(卢大祥)

·武宁县·

【简 况】 位于江西省西北部,辖8个镇、11个乡、1个街道办事处。总面积3504.19平方千米,其中中心城区面积113.87平方千米。耕地面积2.5万公顷,林地面积27.87万公顷;森林覆盖率76.54%,城区绿化率41.14%。常住人口30.89万人,其中城镇人口16.25万人;人口自然增长率0.39‰。2022年,地区生产总值218.29亿元,同比增长5%。其中,第一产业增加值24.29亿元,同比增长4.4%;第二产业增加值94.15亿元,同比增长5.8%;第三产业增加值99.85亿元,同比增长4.3%。财政总收入26.20亿元,同比增长5.9%;税收占比65.5%。地方公共财政预算收入14.23亿元,同比下降5.8%;公共财政支出37.05亿元,同比下降4.7%。规模以上工业增加值67.78亿元,同比增长7.8%。固定资产投资同比增长9.5%。外贸出口41.59亿美元,同比增长52.79%。实际利用外资现汇进资549万美元;实际利用内资167.79亿元,同比增长8.41%。社会消费品零售总额99.71亿元,同比增长5.9%。农业总产值39.78亿元,同比增长4.9%。粮食总产量15.64万吨。主要农产品及产量有油料1.58万吨、蔬菜10.8万吨、水产品4.39万吨、肉类总产1.59万吨。城镇居民人均可支配收入43167元,同比增长4.8%。农村居民人均可支配收入21311元,同比增长6.4%。

【经济发展】 2022年,启动实施强招商兴产业促倍增三年行动,全年签约项目101个,合同金额401.32亿元,其中工业项目49个、20亿元以上项目4个。出台有效应对新冠肺炎疫情纾困解难政策46条,兑现惠企资金22.4亿元。新增规模以上工业企业21家,"1+3+2"产业产值占规模以上工业总产值的比重超85%。成立县贸促会,申报兑现外经贸发展资金等120万元,完成出口40.83亿元,同比增长50%。发放工业发展专项资金1299.3万元、科技贷款2300万元、科技创新奖励资金119万元、研发支出补助资金60万元,完成企业技术合同成交额2.4亿元,新增国家知识产权发明专利15项。认定科技型中小企业46家、高新技术企业14家、省级专精特新企业9家、瞪羚企业2家。新增省级制造业领航培育企业2家。耀润磁电被认定为国家专精特新"小巨人"企业。奥普照明入选工信部信息技术与制造业融合发展试点示范名单,获评省级智能制造标杆企业。"上峰上水"成为全国两会江西代表团指定用水。10月14日,武宁县入选农业农村部、国家乡村振兴局公布的2022年国家乡村振兴示范县创建名单。

【旅游产业发展】 出台《武宁县旅游产业高质量发展奖励办法》,发放奖补资金200万元、产业发展资金99.7万元。举办省运会社会部龙舟赛及网球赛、"山水武宁杯"全国青少年网球积分排名系列赛、"一分钟炫拍武宁"暨"山水武宁美人美景美声"短视频大赛等赛事活动,武宁文化、武宁符号"破圈"传播。打造全新旅游IP,引进旅游产业项目4个,其中20亿元以上项目1个。北湾人家入选首批省丙级民宿,林云山居成功创建省四星级休闲乡宿,获评省休闲乡宿巾帼创业基地。连续5年获全省旅游产业发展先进县,连续2年上榜中国县域旅游综合竞争力百强县。西海湾景区获评省夜间文旅消费集聚区,长水村长墅源入选省AAAAA级乡村旅游点,上汤乡获评首届江西避寒养生福地。

【生态环境建设】 实施封山育林800公顷,人造林面积333.33公顷,退化林修复1846.67公顷。城区PM2.5浓度18.8微克/立方米,空气质量优良率95.7%。启动新宁、罗坪杨洲段、甫田石渡段五河治理防洪工程,完成国家水土保持生态小流域治理重点工程2个,治理水土流失面积25平方千米。集中式饮用水及万人千吨水源地水质达标率100%,庐山西海和修河主体水质稳定在Ⅱ类以上。实施绿色种养循环农业试点项目,畜禽粪污综合利用率99%,秸秆综合利用率95%。深入推进农业面源污染防治,治理受污染耕地133.67公顷,修复安全利用率93%。探索以"五定"融合促"两山"转化新路径,入选《2022年全省探索和推广改革项目》清单。生态产品价值转化中心试点全面铺开。成立山水武宁生态产品运营管理有限公司,收储各类生态资源总价值172.2亿元,实现交易6.9

亿元,发放专项贷款5769.4万元,撬动社会资本3.5亿元。依托林长制首创优势,打造江西省林长制展示馆,承办《江西省林长制条例》贯彻落实新闻发布会。11月18日,武宁县以全省第一的成绩入选第六批国家"绿水青山就是金山银山"实践创新基地名单。

主要领导 县委书记:洪碧霞。县人大常委会主任:李立为。县长:张宇峰。县政协主席:王仁华。

(郑双虎)

·瑞昌市·

【简　况】 位于江西省北部,辖8个镇、8个乡、2个街道办事处、3个场。总面积1419平方千米,其中城区面积27平方千米。耕地面积1.97万公顷,林地面积9.58万公顷;森林覆盖率63.52%,城区绿化率43.38%。户籍人口45.23万人,常住人口39.43万人,其中城镇人口24.51万人;人口自然增长率0.94‰。2022年,地区生产总值334.28亿元,同比增长4.6%。其中,第一产业增加值24.12亿元,同比增长4.1%;第二产业增加值194.43亿元,同比增长5.0%;第三产业增加值115.73亿元,同比增长4.0%。财政总收入45.55亿元,同比增长1.4%;税收占比74.2%。地方财政收入26.26亿元,同比增长4.1%;财政支出47.51亿元,同比增长11.8%。规模以上工业总产值783.05亿元,同比增长6.9%;规模以上工业增加值139.0亿元,同比增长6.0%。固定资产投资302.22亿元,同比增长8.9%。外贸出口总额7.67亿美元,同比增长48.8%。实际利用外资现汇进资5009万美元。主要工业产品及产量有纱4.13万吨、服装92万件、水泥888万吨、机制纸及纸板60.16万吨、化学试剂144.35万吨。农业总产值42.03亿元,同比增长5.0%。粮食总产量9.67万吨,同比下降1.8%。主要农产品及产量有稻谷6.57万吨、棉花2205吨、油菜籽2.45万吨、蔬菜12.74万吨、肉类1.79万吨。城镇居民人均可支配收入43432元,同比增长5.1%;农村居民人均纯收入21511元,同比增长6.5%。城乡居民年末储蓄余额224.58亿元。

【瑞昌市获国务院督查激励】 6月2日,国务院办公厅发布《关于对2021年落实有关重大政策措施真抓实干成效明显地方予以督查激励的通报》,瑞昌市由于耕地保护工作突出,土地节约集约利用成效好获督查激励。根据激励措施,2022年自然资源部给予瑞昌市66.67公顷用地计划指标支持,在安排全国土地利用计划时单独列出。瑞昌市严守耕地保护红线,将全域永久基本农田保护责任落实到地块,在全社会范围公告公示。结合实际研究制定耕地"进出平衡"实施意见,对涉及占用耕地的项目严格按照"占水田补水田,占优补优"要求,自行补足同等数量和质量耕地。投资2000余万元,建成县级标准化、规范化自然资源监管指挥中心,对全域永久基本农田实行24小时不间断监管。健全完善耕地保护目标责任考核制度,将耕地保护监管职责压实到村、组。为保障土地节约集约利用,瑞昌市实施项目用地分期分批报批机制,合理确定项目各期用地规模、供地面积,变"落项目先圈地"为"建项目先报地",有效避免项目用地闲置浪费。2018—2020年连续3年瑞昌市节约集约用地考核跻身全省前三。

【瑞昌电子信息(光电)产业集群发展】 瑞昌电子信息(光电)产业集群有规模以上企业41家,有昕诺飞·凯耀照明、晨丰科技、领航照明、瑞晟光电、易通智能等一批龙头企业。实现营业收入121.52亿元,同比增长80.15%;利润11.83亿元,同比增长47.41%。12月12日,省工信厅发布2022年新增省级产业集群名单,瑞昌电子信息(光电)产业集群入选,成为继棉纺织、木业家居后第三个获批的省级产业集群。

【瑞昌中建材光电材料碲化镉薄膜发电玻璃生产线竣工投产】 12月7日,瑞昌中建材光电材料碲化镉薄膜发电玻璃生产线竣工投产。中建材碲化镉发电玻璃项目于2020年6月签约落户瑞昌,由瑞昌市中建材光电材料有限公司(中国建材集团凯盛科技集团下属高新技术企业)投资兴建。项目分2期建设,总投资20亿元。一期建设年产100兆瓦碲化镉薄膜发电玻璃生产线,占地8.73公顷,注册资本10亿元。碲化镉薄膜发电玻璃生产线是专门针对光伏建筑一体化(BIPV)设计的发电玻璃项目,填补了国内BIPV弱光发电玻璃技术空白。

主要领导 市委书记:陈琪。市人大常委会主任:梁少清。市长:魏堂华。市政协主席:周洪文。

(冯国成)

·都昌县·

【简　况】 位于江西省北部,辖12个镇、12个乡。总面积2226.71平方千米。耕地面积447.33平方千米,林地面积673.93平方千米。常住人口79.07万人。2022年,地区生产总值259.7亿元。其中,第一产业增加值35.6亿元,第二产业增加值99.9亿元,第三产业增加值124.1亿元。财政总收入22.9亿元,财政支出52.5亿元。工业总产值143.82亿元。固定资产投资93.6亿元。农业总产值58.5亿元。粮食总产量26.5万吨。主要农产品及产量有生猪存栏12.3万头、肉牛存栏9037头、水产品9.7万吨。

【开展集中整治"股长文化"专项活动】 6月10日,都昌县召开集中整治"股长文化"活动动员大会,印发《都昌县集中整治"股长文化"活动工作方案》,选聘20人为作风建设监督员并发放聘书。6月15日起,组织开展为期7个月的集中整治"股长文化"活动,共有参评股室143个。9月14日,根据《都昌县机关事业单位股室评议操作办法》,对参评股室进行民主评议。集中整治八种典型股长,分别为业务霸权型、怠政懒政型、权力变现型、买卖人情型、阳奉阴违型、吃肉骂娘型、倚老卖老型、墨守成规型。至12月底,全县机关事业单位股室开展2次民主评议。第一次综合排名前10位的股室全县通报表扬;排名后3位的股室全县通报批评

(属垂直管理的单位股室抄报其上级主管部门),单位主要负责人、股室负责人在县电视台专栏作表态发言。连续2次综合排名前10位的股室负责人全县通报表扬,并在县电视台专栏作典型发言;连续2次综合排名后3位的股室负责人就地免职,对单位主要负责人、分管负责人和该股室全体人员扣发第13个月奖励性工资,属垂直管理的单位股室抄报其上级主管部门建议处理。对发现有违纪线索,依规移送县纪委监委依纪依法查处。

【“神脉溪”牌都昌皇金芽获第十二届国际鼎承茶王赛特别金奖】　8月27日,“中茶杯”第十二届国际鼎承茶王赛(春季赛)颁奖典礼在深圳举行,江西赣都生态农业有限公司推送的“神脉溪”牌都昌皇金芽获绿茶组特别金奖。江西赣都生态农业有限公司培育并注册“神脉溪”都昌白茶和皇金芽两个系列商标,主打有机、绿色优质茶叶,先后取得茶树支杆剔除、茶叶烘干除湿、茶叶揉捻杀青等8项发明专利。皇金芽外形细秀、汤色杏黄、清澈明亮、味道清香爽口,甘醇生津。神脉溪茶园位于都昌县土塘镇冯梓桥村,地处亚热带湿润性季风气候区,气候温和、雨量充沛、土壤肥沃,是名优茶生长的绝佳之地。茶园种植面积100公顷。

【乡村振兴】　2022年,都昌县粮食生产实现“十九连丰”,完成播种面积5.1万公顷、产量26.5万吨。11个美丽宜居示范村庄、288个新农村点整治建设基本完成。东风、左桥等5座千亩圩堤和11座病险水库除险加固。面对超历史旱情,投入抗旱人力3.5万人次、资金2182万元,生活和生产用水得到有效保证。新增国家级示范合作社2家、省级6家。获评省级红薯绿色示范高质高效示范县。徐埠镇获评全国农业产业强镇。江西赣都生态农业有限公司获评省级龙头企业。村集体经济年经营性收入超50万元的行政村达到10个。周溪镇虬门村(珍珠)获全国乡村特色产业超亿元村。认证绿色食品3个、有机食品6个、农产品地标产品1个。狮山乡长垅村(黄茶)获首批省级“一村一品”示范村镇。

主要领导　县委书记:邱舰。县人大常委会主任:叶长青。县长:万述幼。县政协主席:谭四明。

(程芬)

·湖口县·

【简　况】　位于江西省北部,辖7个镇、5个乡。总面积673.66平方千米,其中城区建成面积12.43平方千米。耕地面积192.54平方千米;森林覆盖率28.07%,城区绿化覆盖率40.22%。户籍人口28.67万人,其中城区人口10.72万人;人口自然增长率1.98‰。2022年,地区生产总值309.99亿元,同比增长5.6%。其中,第一产业增加值17.74亿元,同比增长4.4%;第二产业增加值211.58亿元,同比增长6.0%;第三产业增加值80.68亿元,同比增长6.8%。财政总收入52.34亿元,同比增长12.2%;财政支出39.10亿元,同比增长3.6%。外贸出口58.3亿元,同比增长57.9%;进口63.4亿元,同比下降4.7%。固定资产投资同比增长10.5%。社会消费品零售总额69.785亿元,同比增长6.2%。主要工业产品及产量有钢材642.21万吨、化学纤维35.04万吨、水泥75.68万吨、硫酸31.78万吨。粮食总产量7.81万吨,同比下降1.8%。主要农产品及产量有油料2.4万吨、棉花4274吨、蔬菜7.2万吨、水果6041.5吨、肉类7213吨。城镇居民人均可支配收入45275元,增加2385元;农村居民人均可支配收入21676元,增加1314元。

【全国第一家综合性淡水鱼科普馆开馆】　12月31日,全国第一家综合性淡水鱼科普馆——长江鄱阳湖水生生物保护中心开馆试运行。该中心规划用地213.33公顷,一期投资3亿余元,建成2.2万平方米的长江全流域淡水鱼类展示馆、濒危鱼种标本馆,以及占地20公顷的江豚湿地公园。馆内主要展示长江和鄱阳湖流域特有鱼类物种中华鲟、胭脂鱼、娃娃鱼、鸭嘴鲨、河豚等,有120余种、近12000个(尾)生物及珍稀物种标本。

【湖口县第二小学少先队大队获“全国优秀少先队集体”称号】　12月27日,共青团中央、教育部、全国少工委印发《关于表彰2022年度全国优秀少先队员、全国优秀少先队辅导员、全国优秀少先队集体的决定》,湖口县第二小学少先队大队成为江西省8个入选大队之一。大队重视组织发展,健全组织机构,完善队部室建设,加强队伍建设。发挥少先队大队部的阵地作用,建设红领巾监督岗,创建文明校园。开展各项活动,加强对队员的爱国主义教育。从细节抓起,注重培养学生的安全意识和良好行为习惯。开好主题队会,丰富学生生活。

【江西晨光新材料股份有限公司获金牛最具投资价值奖】　12月29日,由中国证券报社、海口市政府、海口国家高新区联合主办的2022中国上市公司高质量发展论坛暨第24届上市公司金牛奖颁奖典礼在海南海口举行。江西晨光新材料股份有限公司受邀出席,并获2021年度金牛最具投资价值奖,是全省唯一获该奖项的上市公司。公司董事会秘书梁秋鸿获2021年度金牛董秘奖。江西晨光新材料股份有限公司位于湖口高新技术产业园,成立于2006年,占地面积24.8公顷,主营产品涉及功能性硅烷基础原料、中间体和成品,产品线齐全,是一家融科研、生产、经营为一体的有机硅烷偶联剂高新技术企业,也是中国氟硅有机材料工业协会理事单位和国内硅烷偶联剂行业的龙头企业之一。

主要领导　县委书记:曾宝柱。县人大常委会主任:史文。县长:陈洋。县政协主席:梅媚。

(何健　刘健)

·彭泽县·

【简　况】　位于江西省最北端,辖10个镇、3个乡、1个区、3个场,总面积1544平方千米。常住人口28.48万人,其中城镇人口15.24万人。2022年,地区生产总值215.3亿元,同比增长4.6%。其中,第一产业增加值29.5亿元,同比增长4.3%;第二产业增加值103.4亿元,同比增长4.5%;第三产业增加值82.4亿元,同比增长4.7%。财政总收入32.8亿元,同比增长1.2%;税收占财政收入的70.8%。地方财政收入18.6亿元,同比增长2.2%;财政支出42.9亿元,同比增长1.5%。规模以上工业总产值620.8亿元,同比增长13.7%。固定资产投资171.2亿元,同比增长8.4%。社会消费品零售总额63.7亿元,同比增长5.8%。农业总产值51.86亿元,同比增长5.4%。粮食总产量10.87万吨,同比增长1.8%。主要农产品及产量有油料3.3万吨、棉花0.42万吨、蔬菜8.59万吨、肉类1.4万吨、水产品6.55万吨。城镇居民人均可支配收入41399元,增加1676元;农村居民人均可支配收入21514元,增加1449元。

【工业发展】 2022年,彭泽县工业收入565亿元,利润总额34.03亿元,工业用电量14.1亿千瓦时,工业税收8.7亿元。工业固定投资105.53亿元,规模以上工业增加值增速6.5%,获全省2019—2021年度加快工业发展加速工业崛起年度贡献奖。创新推行政企早餐会、营商接待日、政策"码上看",全面打通惠企政策落实"最后一公里",兑现纾困解难资金53亿元,惠及市场主体2.3万家次,为各类市场主体减免租金600万元,办理增值税留抵退税6.62亿元。扩面推行免申即享新经办模式,返还失业稳岗资金290万元。全年新增市场主体7000家,总数3.5万家。精细化工、绿色建材等主导产业营业收入突破300亿元。心连心公司营业收入65亿元,入选省级制造业领航企业。完成华美、禾益、心连心等13个技改项目备案,总投资24.81亿元。认定国家高新技术企业6家,省级绿色工厂2家,新增省级专精特新企业21家。兄弟医药获批省级院士工作站,中梁农业、科苑生物获评专家工作站,朝阳机械厂成功申报国家级知识产权优势企业、获评省标准创新贡献奖。全社会科技研发投入3.46亿元,占地区生产总值的1.72%,首次超过全省平均水平。

【乡村振兴】 2022年,彭泽县持续推进乡村振兴与全县发展有效衔接,获评全省乡村振兴综合先进、部省共建绿色有机农产品基地县级先行标杆、全省数字乡村示范县,全国农作物病虫害专业化"统防统治百强县"、秸秆综合利用重点县和主要农作物生产全程机械化示范县等。县四套班子领导全部对应挂点乡村振兴示范村,定期到村调度,建立健全"部门联动-常态摸排"机制。培育新型农业经营,全年完成5666.67公顷高标准农田建设,粮食种植面积2.31万公顷,产量11.25万吨。创建省级农业产业化示范联合体4家,新增省级农业产业化龙头企业1家。凯瑞公司获评全省唯一国家种业阵型企业。东升镇桃红村入选省级"一村一品"示范村镇,太平瓜蒌籽产品入选全国名特优新农产品名录,浪溪镇高山风清云雾茶场获评国家级生态农场。全年整合宅改试点、"四好农村路"等资金2945万元,对43个行政村进行整体提升。实施改厕治污行动,投入资金3270万元,完成894处农村生活污水处理设施建设,改造三格式化粪池980个。开展"三业大提升""危房大排查""饮水大排查""五净一规范"和"乡村建设"五大专项行动,投入资金4745万元,实施衔接项目323个,为3000名农村低收入人口落实双重保障防贫保险,为76个产业基地购买全省首单帮扶保险。"惠浔保"实现"三类人群"全覆盖,全县公立医院及乡镇卫生院实现"先诊疗后付费"和"一站式结算"。

【应急管理】 2022年,彭泽县组织14个专委会牵头开展重点行业领域整治工作,落实"十查十核"、风险辨识十个必辨等要求,辨识风险点2004个,其中重大风险点76个,排查隐患1386处,年内全部整改到位。推进双重预防机制数字化建设,全县23家化工企业都和有资质的第三方签订合同,5家完成《全流程自动化控制评估报告》。开展"双千示范"工程,6家非煤矿山企业全部完成安全标准化创建工作。推进工贸行业"百日清零行动",梳理工贸行业粉尘涉爆企业13家,排查解决隐患16处。全年"打非治违"专项行动共排查隐患3413条,惩处违法违规企业18家,责令停产整顿企业10家,关闭取缔2家,约谈警示20家。对全县1513个隐患点安装警示牌,发放"两卡一表",录入地质灾害四级动态监管系统,分级落实地质灾害防治责任人和监测员180人,实现在线网络监管,专业排查63人次,核查排查562点次,巡查7.24万人次。吸收全县农户6.82万户参加农房保险,缴纳保费61.39万元。全年发放冬春救助款物130万元,对受灾困难群众冬春荒期实施救助。面对1961年以来持续时间最长的特大旱情,投入抗旱资金1300余万元,启用泵站193座,调用抗旱设备2万台(套),打井120口,补水2.76亿立方米,减少农业因旱经济作物损失1.67亿元、减少粮食损失0.55亿元。开展水利治理,完善山洪灾害及指挥决策系统,建设自动雨量站64台、自动水位站31台,自动监测照相机24台套,4条河流建设水文站,数据并入全省山洪灾害预警系统,对全县重要圩堤及中型水库进行全天候24小时影像及相关数据的监测。完成河道整治55.7千米。

主要领导 县委书记:欧阳明华。县人大常委会主任:邵春霞。县长:任佳佳。县政协主席:朱铁。

(陈思宇)

·永修县·

【简　况】 位于江西省西北部,辖11个镇、4个乡、2个垦殖场、2个企业集团。总面积1943平方千米,其中城区面积16平方千米。耕地面积3.1万公顷,林地面积7.57万公顷;森林覆盖率33.6%,城区绿化率41.36%。户籍人口38.45万人,其中城镇人口16.1万人;人口自然增长率1.37‰。2022年,地区生产总值315.65亿元,同比增长4.8%。其中,第一产业增加值30.54亿元,同比增长4.7%;第二产业增加值169亿元,同比增长5.3%;第三产业增加值116.11亿元,同比增长4.1%。财政总收入42.94亿元,同比增长11.2%。地方财政收入20.96亿元,同比增长4.6%。财政总支出35.09亿元,同比下降6.5%。工业总产值768亿元,同比增长10.66%。外贸出口总额6.431亿元。固定资产投资同比增长9%。实际利用外资6202万美元,同比增长26.29%。主要工业产品及产量有有机硅粗单体49.8万吨、烧碱4.6万吨、中成药225吨。农业总产值52.13亿元,同比增长5.32%。粮食总产量20.71万吨。主要农产品及产量有棉花267吨、油料1.42万吨。城镇居民人均可支配收入43985元,同比增长5.2%。农村居民人均可支配收入22478元,同比增长7%。城乡居民年末储蓄余额209.11亿元,同比增长17.4%。

【鄱阳湖观鸟大会在永修县吴城镇举行】 12月7—11日,鄱阳湖观鸟大会在吴城镇举行。大会包括开幕式、救助候鸟放飞、鄱阳湖观鸟赛、中国观鸟组织负责人年会、鄱阳湖生态保护论坛、世界青年鄱湖行活动、生态宣教研学、“发现鄱湖之美”文创大赛优秀作品展、《中国鸟类观察》永修专辑等9项内容。世界各地的嘉宾、专家学者和观鸟爱好者近500人参会。放飞活动共放飞被救护候鸟5类9只,包括国家一级保护动物——东方白鹳、白鹤,二级保护动物——小天鹅以及其他雁鸭类候鸟。鄱阳湖生态保护论坛特邀北京林业大学生态与自然保护学院教授雷光春、南昌大学教授胡振鹏等专家,围绕湿地公园与鄱阳湖生态产品价值实现途径、鄱阳湖湿地的休养生息与全球迁徙候鸟的关系等多个主题进行交流发言。观鸟赛赛期3天,有国内30支代表队120人参赛,共记录到野生鸟类16目54科219种,其中黑鹳、乌雕、东方白鹳等国家一级重点保护鸟类9种,白鹇、小白额雁、小天鹅、大天鹅等国家二级重点保护鸟类35种,共评出5个奖项。

【第三轮县志编修工作启动】 10月26日,永修县召开《永修县志(2001—2022)》编修工作动员大会。会上,县委书记秦岭为县志编纂人员及顾问颁发聘书,并就做好县志编修工作提出要求。九江市史志办主任余德义对永修县启动县志编修工作表示祝贺,并对史志工作者提出新的希望。《永修县志(2001—2022)》为断代志,采用述、记、志、传、图、表、录等体裁,分章、节、目3个层次,全面记录22年间永修县乘势而上、赶超跨越的重要历史。

【丰安街道办事处成立】 11月29日,永修县丰安街道办事处挂牌成立。新设立的丰安街道办事处原为永丰垦殖场。丰安街道办事处以南岗、永丰、莲星居委会和下泥、付垅、南山、长兴村委会为管辖范围,通过建立相对独立的职能科室、更新管理体制机制,从基础设施、财政保障、人员配备等各方面逐步实现“行政上融入地方、管理上融入社会、经济上融入市场”的发展。

主要领导 县委书记:许斌(任至6月)、秦岭(6月任)。县人大常委会主任:袁汝琴。县长:秦岭(任至6月)。县政协主席:张义红。

(陈汉铭)

·德安县·

【简　况】 位于江西省北部,辖5个镇、8个乡、2个场。总面积863平方千米,其中城区面积29.68平方千米。耕地面积1.22万公顷,有林面积4.61万公顷;森林覆盖率63.8%,城区绿化率41.92%。户籍人口17.51万人,常住人口16.51万人,其中城镇人口11.13万人;人口自然增长率2.46‰。2022年,地区生产总值189.51亿元,同比增长5.7%。其中,第一产业增加值11.62亿元,同比增长4.6%;第二产业增加值116.47亿元,同比增长5.9%;第三产业增加值61.42亿元,同比增长5.5%。财政总收入32.2亿元,同比增长7.1%;税收占财政总收入的83.1%。一般公共预算收入14.7亿元,同比增长7.1%;地方财政支出30.6亿元,同比增长13.9%。工业总产值607.9亿元,同比增长8.5%。规模以上工业增加值同比增长9%。外贸出口占地区生产总值的22.5%。全社会固定资产投资同比增长10.4%。实际利用外商投资1263万美元,实际引进内资200.5亿元。主要工业产品及产量有布2.59亿米、纱8.1万吨、水泥38.7万吨。农业总产值18.9亿元,同比增长6.6%。粮食总产量7.0万吨。主要农产品及产量有油料7943吨、棉花134吨、生猪出栏7.56万头、水产品8157吨、水果5451吨。城镇居民人均可支配收入45218元,同比增长5.4%;农村居民人均可支配收入22824元,同比增长6.4%。城乡居民年末储蓄余额121.2亿元,同比增长19.2%。

【纪录片《义门流芳》在多个频道播出】 1月9—11日,中央电视台科教频道《探索·发现》栏目播出3集精品纪录片《义门流芳》,讲述“德安义门陈家训传统”的根源,探寻其家风的形成与特点,褒扬其家风倡导的传统美德。3月,《义门流芳》英文版完成译制,并在日本最大的视频网站NICONICO及柬埔寨“Hi - Cambo!”频道播出。中国电视长城平台“长城精品频道”也于3月27—29日在精品纪录版块播出《义门流芳》并在“长城精品”App上线,该频道覆盖范围包括美国、加拿大、法国、澳大利亚、老挝等。9月14—16日,《义门流芳》纪录片在中国国际电视台CGTN Documentary(CGTN英语纪录频道)播出,该频道覆盖全球100多个国家和地区,用户近3亿户。

【营商环境】 德安县明确把优化营商环境作为“一把手”工程,建立县委、县政府主要领导为双组长的工作推进机制,实行“双轮滚动式”调度。围绕营商环境17项一级指标,成立优化营商环境专项专班,推进相应指标优化提升。突出以承诺制为核心的极简审批,推行一件事项“一次办”、关联事项“打包办”、高频事项“提速办”、所有事项“简便办”,政务大厅100%实现“一窗受理”,依申请类事项100%实现“一网通办”,工程建设项目审批最低压缩至21个工作日。创新政策快兑机制,按“免申即享”“即申即享”“承诺兑现”等方式,对惠企政策进行全面梳理,线上依托赣服通平台实施精准投送、秒批秒办,线下由“企业找上门”变为“政府送上门”。创新“日茶叙、周现场、旬外出、月调度、月通报、季分析、半年督查、年终考评”的项目推进机制,从签约到项目竣工投产,服务链条环环相扣。投资5亿元的江西求学纺织科技有限公司从签约到试投产仅用7个月。

【万家岭大捷纪念园获批省对台交流基地】 4月20日,省政府台湾事务办公室批复,同意设立德安县万家岭大捷纪念园为江西省对台交流基地。万家岭大捷纪念园位于105国道南侧,跨越博阳河两岸的抗日战场遗址,为国家级抗战纪念遗址。德安县多次承接赣台(青年)交流活动,吸引12家台资企业落地,总投资46亿元,涉及五金、纺织、新材料、农业开发等领域,其中亿元以上企业5家,驻县台商台干近30名,连续3届在赣台会有签约项目。依托万家岭大捷纪念园深厚的海峡两岸交流基础,开展学术交流、研学实践、调研参观等活动。

主要领导 县委书记:周三连。县人大常委会主任:甘姝。县长:艾菲。县政协主席:郭勇。

(郭任初)

·共青城市·

【简 况】 位于江西省北部,辖2个镇、3个乡、1个街道办事处。总面积310平方千米。耕地面积6946.67公顷,林地面积6020公顷;森林覆盖率19.25%,林木绿化率27.83%。常住人口19.55万人,其中城镇人口14.55万人;人口出生率6.25‰。2022年,地区生产总值217.85亿元,同比增长4.7%。其中,第一产业增加值9.13亿元,同比增长4.6%;第二产业增加值113.32亿元,同比增长5%;第三产业增加值95.40亿元,同比增长4.3%。财政总收入60.95亿元,同比增长7.61%;税收占比93.7%。一般公共预算收入22.57亿元,同比增长8%;一般公共预算支出35.25亿元,同比增长0.3%。外贸出口71.43亿元。规模以上工业增加值同比增长6.1%。固定资产投资同比增长8.8%。实际利用外商投资2.26亿美元;实际利用内资198.53亿元,增长8.52%。社会消费品零售总额同比增长5%。主要工业产品及产量有中成药1.4万吨、布200万米、服装5602.9万件、饲料75.8万吨、钢材2.9万吨。农业总产值14.8亿元。粮食总产量3.98万吨。主要农产品及产量有油料1991吨、水产7092吨、水果685吨。城镇、农村居民人均可支配收入分别为4.56万元和2.26万元,同比分别增长4.8%和7.4%。

【全省首家县级人才发展集团在共青城市成立】 3月10日,共青城市人才发展集团有限公司完成工商注册登记成立,成为全省首家县级人才发展集团。集团聚焦人力资源服务、人才安居服务、人才双创服务等六大业务板块,下设共青城市智汇青城人才服务有限公司、共青城市人才安居服务有限公司等5家子公司,推动人才工作市场化、专业化、产业化,营造人才服务一站式、全链条、全周期的生态。

【共青城籍女科学家付巧妹获第十七届"中国青年女科学家奖"】 7月15日,第十七届"中国青年女科学家奖"颁奖典礼在北京举行,共青籍女科学家付巧妹获第十七届"中国青年女科学家奖"。付巧妹为中国科学院古脊椎动物与古人类研究所分子古生物学实验室主任、研究员,主要致力于演化遗传方面的研究,在世界范围内破译最古老现代人基因组,确定现代人走进亚洲并非仅有南部路线;通过共同开发捕获古核基因组技术,实现大规模研究古DNA的可能,修正和细化人类演化过程;相关研究被自然新闻、科学新闻等评价填补了东方史前人类遗传、演化、适应的重要信息缺环,为探源华夏族群及修正东亚人群演化做出重要科学贡献。

【举办第三届共青城市羽绒服装周】 12月30日,由共青城市政府主办,青创集团、服装小镇、市纺织服装行业协会承办,江西省羽绒工业协会、武汉纺织大学共青城研究院协办的2022第三届共青城市羽绒服装周在共青城服装小镇举行。活动为期2天,其间举办青创电音节、汽车嘉年华、共味美食节等丰富多样的系列活动。

主要领导 市委书记:卢治轩。市人大常委会主任:况泉水。市长:刘阳青。市政协主席:杨祖荣。

(曾磊 程绍荣 黄珊)

·庐山市·

【简 况】 位于江西省北部,辖9个镇、1个乡、1个管理处。总面积756.49平方千米,其中城区面积12.8平方千米。耕地面积9961公顷,有林面积2.89万公顷;森林覆盖率42.7%,城市绿化率38.86%。常住人口22.86万人,其中城镇人口14万人;人口自然增长率0.33‰。2022年,地区生产总值177.2亿元,同比增长3.1%。其中,第一产业增加值11.7亿元,同比增长4.5%;第二产业增加值63亿元,与上年持平;第三产业增加值102.5亿元,同比增长4.8%。财政总收入26.44亿元,与上年持平;税收占比66.7%。地方财政收入16.17亿元,同比下降14.4%;地方财政支出35.41亿元,同比下降0.7%。规模以上工业总产值370.5亿元,同比下降12.4%。外贸出口28.81亿元,同比增长56%。固定资产投资同比增长8.5%。实际利用外商投资3231万美元,同比增长23.7%;实际利用内资53.79亿元,同比增长11.17%。社会消费品零售总额79.08亿元,同比增长5.9%。主要工业产品有天然大理石建筑板材、青石台球桌面、球类制造。农业总产值18.91亿元,同比增长4.92%。粮食总产量5.99万吨。主要农产品及产量有蔬菜及食用菌2.49万吨、油料8942.7吨、水果8821吨。城镇居民人均可支配收入41577元,同比增长4.1%;农村居民人均可支配收入20604元,同比增长5.8%。城乡居民年末储蓄余额117.82亿元,同比增长18.14%。

【庐山市获评国家生态文明建设示范区】 11月18日,生态环境部公布第六批生态文明建设示范区名单,庐山市入选国家生态文明建设示范区。"十三五"期间,庐山市在获评省级生态县基础上,启动国家生态文明示范创建,制定并实施《庐山市生态文明建设示范区规划》。深入推进污染防治,接续打好蓝天、碧水、净土提升攻坚战,城乡污水一体化工程快速推进,完成12个农村黑臭水体整治,国省考水质断面稳定达标,沙湖山断面总磷浓度在18个鄱阳湖入湖断面考核中排第1,庐山市连续7年获评全省越冬候鸟与湿地保护先进县。庐山工业园被评为2021年度省级绿色园区,海会镇入选中国农业公园,温泉村、板桥山村、五洲村、繁荣村获评省级森林乡村。牯岭镇入选江西省生态园林镇。以"绿水青山就是金山银山"为主题的"两山"建设成果丰硕。成功打造白鹿镇秀峰村国家级乡村旅游重点村、邱家坳乡村旅游网红打卡点,培育南康镇禁捕退捕转产就业示范点、华林镇宜荷园示范点、横塘镇红星羽绒电商示范点以及牯岭镇茶旅融合示范基地等一批"两山"转化典型,庐山市"两山"示范省级实践创新基地获省生态环境厅和省文旅厅联合命名授牌。

【庐山市获评全国休闲农业重点县】

2022年,全国有60个县被认定为2022年全国休闲农业重点县,江西2县入选,庐山市是其中之一。庐山市立足发展全域旅游,实施农旅融合、百村示范发展战略,建设以"一乡一园""一村一景"为主要内容的休闲农业。先后建成牯岭镇国际艺术小镇、海会镇鄱湖湾、白鹿镇观瀑园、温泉镇果蔬采摘示范园,星子镇农体综合体、华林镇庐康中药谷产业观光园等一批特色休闲旅游景点和温泉旅游休闲度假区。白鹿镇万杉村获评中国美丽休闲乡村,蛟塘镇被文旅部评为中国民间文化艺术之乡,海会镇入选国家全域森林康养试点建设镇。

【庐山市位列2022中国县域旅游综合竞争力百强县市榜首】 11月24日,竞争力智库、中国经济导报社和北京中新城市规划设计研究院等机构在北京联合发布2022中国县域旅游综合竞争力百强县市名单和2022中国县域旅游发展潜力百强县市名单庐山市位列2022中国县域旅游综合竞争力百强县市榜首,这也是庐山市连续5年入选全国县域旅游综合实力百强县市。2022年,庐山市完成庐山国际会议中心提档升级,南北门换乘中心、白居易草堂、含鄱口道路、窑洼路、东谷游步道提升改造、强弱电下地、污水管网收集处理等一批基础设施项目。服务品质全面提升。成立庐山旅游协会。完成266家餐饮商户评星定级。全省首个旅游仲裁机构挂牌成立。投资1.93亿元,高标准、高品质改造提升宾馆5家、别墅28栋。智慧旅游建设和运营入选文旅部数字化创新实践案例。观音桥景区成功创建国家AAAA级旅游景区。开通"庐山天下悠"度假专列,举办庐山国际爱情电影周、全球商界领袖大会、院士创新论坛、名茶名泉博览会等重大活动;举办"迎冬奥、庆新春·庐山冰雪嘉年华""多彩庐山·云上绘秋"等系列文旅活动,获评全国首批"天气气候景观观赏地"、全国最美地质公园、全省首批"风景独好"旅游名县。全年接待游客3182万人次,同比增长12.6%;旅游总收入261亿元,增长10.2%。

主要领导 市委书记:李小平(任至10月)、邵九思(11月任)。市人大常委会主任:刘英。市长:王斌。市政协主席:赵木林。

(张婉君)

·柴桑区·

【简 况】 位于江西省北部,辖5个镇、3个乡、3个街道办事处、2个场、1个经开区、1个管理处。总面积916.55平方千米,其中城区面积16.5平方千米。耕地面积2.65万公顷,林地面积2.96万公顷;森林覆盖率25.20%,城区绿化率41.07%。户籍人口30.97万人,其中城镇人口10.97万人;人口自然增长率2.94‰。2022年,地区生产总值223.9亿元,同比增长4.9%。其中,第一产业增加值23.7亿元,同比增长4.4%;第二产业增加值101.1亿元,同比增长4.9%;第三产业增加值99.1亿元,同比增长4.9%。财政总收入26.3亿元,同比下降10.2%。地方财政一般预算收入12.7亿元,同比下降15.5%。财政总支出32.3亿元,同比增长10.8%。规模以上工业总产值512.2亿元,同比增长13%。规模以上工业增加值同比增长7.6%。实际利用外资现汇进资544万美元。外贸出口总值7.2亿美元,同比增长57.5%。社会消费品零售总额57.5亿元,同比增长5.6%。农业总产值39.1亿元,同比增长8.1%。粮食总产量8.3万吨。主要农产品及产量有棉花0.28万吨、油料1.2万吨。城镇居民人均可支配收入43345元,同比增长4.4%;农村居民人均可支配收入21803元,同比增长6.1%。

【改革创新】 2022年,柴桑区县域创新能力总分位列全省第十。政务服务中心投入使用。全年新增市场主体超1.3万家。完成赤湖湿地与候鸟管护中心体制改革。区慈善总会、农垦集团挂牌成立。落实减税降费、纾困解难等政策措施,惠企资金超5亿元。国家级、省级"两化融合"示范企业均达7家,"上云"企业550家。城门山铜矿和礼涞生物科技分别获全省第五届"绽放杯"应用征集大赛一等奖、三等奖。举办"柴商恳谈"活动17期,解决企业合理诉求176个。安排财政专项扶持资金4000余万元,引导企业加大研发投入力度。企业上市"映山红"行动取得进展,力源电器完成上市股改。福美泰生物获省级2021年度科学技术进步一等奖,东盛机械连续2年获"江西省首台(套)重大技术装备"称号。新增潜在瞪羚企业2家,当年认定高新技术企业14家;认定省级"专精特新"中小企业13家、专业化"小巨人"企业3家。入选省级"双千计划"人才工程1人。

【新塘派出所被评为全国第二批"枫桥式公安派出所"】 年内,公安部公布全国第二批100个"枫桥式公安派出所"名单,江西3所派出所入选,九江市柴桑区新塘派出所是其中之一。新塘派出所位于柴桑区新合镇,管辖新合镇、新塘乡,辖区总面积122平方千米,常住人口4.2万人,流动人口0.56万人,西北部与瑞昌接壤,301省道贯穿辖区,人口密度集中、流动频繁,治安难题较多、矛盾纠纷明显。全所有民警11人,其中党员民警9人。派出所立足基层实际,围绕提升推广新时代"枫桥经验",创新推行"一村一辅警"、365调解室、365户籍室、警民连心屋等警务模式,打造具有新塘特色的"365"工作法(紧盯"三个目标",即矛盾不上交、平安不出事、服务不缺位;创新"六联举措",即问题联治、矛盾联调、平安联创、警民联防、工作联动、事项联办；推动“五治融合”，即政治引领、法治保障、德治教化、自治强基、智治支撑），实现由“保平安”向“创平安”转变，让“枫桥经验”焕发生机。派出所先后被评为全国公安机关执法示范单位、全省“十佳派出所”。新塘派出所党支部书记、所长张强先后获评“全国优秀人民警察”和“全省最美基层民警”，多位民警在各类专项行动中立个人三等功、获嘉奖等。

【仙客来灵芝园景区获评国家工业旅游示范基地】 11月14日，文旅部发布《文化和旅游部关于确定北京市751园区等53家单位为国家工业旅游示范基地的公告》，仙客来灵芝园景区是江西2家入选单位之一。景区位于九江市柴桑区沙城工业园内，是国家AAA级旅游景区，集生产功能、生态功能、体验功能于一体，以全链化呈现，全过程体验，主题化展示的方式，实现“厂区变景区、产品变商品、工厂变市场”的转变，已建有游客中心、停车场、旅游厕所、标识系统、智慧旅游等旅游设施，形成“吃、住、行、游、购、娱”完整配套。是高效生态农业、农业数字化应用及生态旅游三者优化组合与拓展的工业旅游基地。景区通过展示灵芝历史文化和科技现代应用、产业园区乡村风貌、乡村生产、文化活动等要素，把灵芝等食（药）用菌文化内涵与实用价值文创化、IP化和品牌化，加大与旅游项目的深度融合，推动一、二、三产业融合发展。

主要领导 区委书记：盛炜。区人大常委会主任：喻浩源。区长：潘光。区政协主席：柳鸿斌。

（张树华　陈新）

·浔阳区·

【简　况】 位于江西省北部，辖5个街道办事处。总面积26平方千米。常住人口25.65万人，其中城镇人口25.65万人；人口自然增长率同比下降0.87‰。2022年，地区生产总值429.06亿元，同比增长4.3%。其中，第一产业增加值707万元，同比下降13%；第二产业增加值60.55亿元，同比增长3.7%；第三产业增加值368.43亿元，同比增长4.4%。财政总收入25.66亿元，同比增长12.3%。一般公共预算收入8.34亿元，同比增长5.1%；财政支出19.22亿元。固定资产投资同比增长11%。社会消费品零售总额235亿元，同比增长6.3%。农业总产值0.75亿元，同比增长0.06%。城镇居民人均可支配收入4.9万元，同比增长4.6%。

【新兴产业发展】 年内，全面开启与字节跳动、腾讯、清华长三角研究院战略合作，千艺工人文化宫数字文创园、巨川数字经济产业园等16个项目加“数”建设，万娱互动、智联大厦“互联网+”等平台跑出加“数”度，数字文化创意园项目成九江“外滩”。全年数字经济核心产业营业收入25.19亿元。淘宝网、抖音小店等电商平台企业注册超300家，网店数量超6500家。

【设立大学生创业市集“青创乐风市集”】 7月14日，浔阳区文新旅局响应省文旅厅推出的2022江西“百城百夜”文化和旅游消费季活动号召，与浔阳区商务局联合打造大学生创业市集“青创乐风市集”。“青创乐风市集”设在信华游泳池广场，面积300平方米，项目启动初期有10余个摊位，至年底发展到近400家流动商户，曾创下3小时销售额破10万元的成绩。带动1200多名青年在浔创业就业。

主要领导 区委书记：张宁。区人大常委会主任：徐礼文。区长：周荣卿。区政协主席：周庆吾。

（郑伟）

·濂溪区·

【简　况】 位于江西省北部，辖5个镇、2个乡、2个街道办事处。总面积387.5平方千米，其中城区面积42平方千米。耕地面积3700公顷，有林面积2.27万公顷；森林覆盖率35.8%，城区绿化率47.6%。常住人口39.23万人，其中城镇人口15.66万人；人口自然增长率同比下降0.45‰。2022年，地区生产总值377.26亿元，同比增长5%。其中，第一产业增加值6.22亿元，同比增长4.4%；第二产业增加值165.29亿元，同比增长6.5%；第三产业增加值205.75亿元，同比增长3.8%。财政总收入32.67亿元，其中一般公共预算收入16.78亿元。财政支出27.02亿元。固定资产投资同比增长14.9%。社会消费品零售总额132.03亿元，同比增长6.7%。实际利用外资1.33亿美元；实际利用省外资金75亿元。进出口总额90亿美元。主要工业产品及产量有商品混凝土1073.72万立方米、烧碱16.36万吨、玻璃纤维纱23.67万吨、瓷质砖5023.14万平方米、水泥399.33万吨。农业总产值9.96亿元。粮食总产量1.98万吨。城镇居民人均可支配收入48490元，同比增长4.5%；农村居民人均可支配收入25002元，同比增长6.7%。

【2022中国·濂溪首届品茶会暨九江茶市招商推介会举行】 5月21日，2022中国·濂溪首届品茶会暨九江茶市招商推介会在九江茶市举行，九江茶市位于濂溪区铜锣湾尚街，项目总投资1.2亿元，经营面积约3万平方米，可容纳130余家茶商企业，是濂溪区重点扶持打造“买天下茶、卖天下茶”的线上、线下交易平台。推介现场有16家茶企签约入驻。九江茶市拟分3期建设，已有庐山云雾茶、宁红茶、老树白茶、花尖山、雾上春、清心茶社、海庐云雾茶、林泉茶业、普洱茶等品牌70个。同时，还规划建设茶博馆展示茶文化。围绕“国际茶日”主题，还开展品茗新茶、书画联展、茶叶展销、茶文化演出、制茶互动体验、直播带货等多种活动。至年底，引进茶商、茶企、书画、茶具企业106家，使用面积2.36万平方米，带动就业800多人。

【“2022环中国自驾游集结赛——万里茶道（中国段）”九江姑塘海关站发车】 8月20日，“2022环中国自驾游集结赛——万里茶道（中国段）”九江姑塘海关站发车仪式举行。集结赛首发站位于武夷山，全国60余辆赛车、200余名选手参赛，途经九江、襄阳、洛阳等地，以万里茶道文化线路为线,串联起万里茶道沿线文化遗产点,助力万里茶道申遗。万里茶道是17世纪兴起的以茶叶为大宗货物的国际贸易路线,南起福建武夷山,经福建、江西、安徽、湖南、湖北、河南、山西、河北、内蒙古9个省(自治区)及蒙古国乌兰巴托,最终到达俄罗斯圣彼得堡,全长1.4万千米。姑塘海关亦称“新关”或“洋关”,位于濂溪区姑塘镇姑塘村,始建于清雍正元年(1723年),民国27年(1938年)闭关。海关背倚姑塘山,面临鄱阳湖,由前、后、左3栋西式洋房组成,面积2028平方米,左侧有监督税收的炮台1座,仅存台基。1987年,被列为江西省文物保护单位。

【省第十六届运动会运动员村开村运营】 9月8日,省第十六届运动会运动员村启用运营。运动员村位于九江学院紫薇园校区,占地8公顷,总建筑面积8.5万平方米,投资约3.6亿元,由紫薇园5号、6号、7号学生公寓,国际交流学院,第二学生食堂,校园小镇等单体建筑组成,可保障3900名运动员住宿、饮食需求。运动员村设有50辆中巴临时停车场,通过新老校区时光隧道可通向丹枫园校区攀岩赛场,通过南侧濂溪大道和北侧市政道路可快速连接市区交通干道。

主要领导 区委书记:赵和平。区人大常委会主任:王小平。区长:陶宇俊。区政协主席:彭青松(2023年7月14日,因严重违纪违法被开除党籍和公职)。

(刘洋洋)

景德镇市

【概　况】 位于江西省东北部,辖1个市、1个县、2个区、1个开发区、1个新区,总面积5256平方千米。户籍人口171.52万人,常住人口162.18万人,其中城镇人口107.82万人。2022年地区生产总值1192.19亿元,同比增长4.7%。其中,第一产业增加值75.42亿元,同比增长3.4%;第二产业增加值533.49亿元,同比增长6%;第三产业增加值583.28亿元,同比增长3.8%。一般公共预算收入94亿元,同比下降7.4%,其中税收收入47.18亿元,同比下降25.2%;一般公共预算支出247.50亿元,同比下降6.4%。规模以上工业增加值增长8.4%。主要工业产品及产量有瓷质砖2788.80万平方米,同比下降20.6%;汽车2.06万辆,同比增长108.3%;气体压缩机1422.56万台,同比下降6.7%;家用电冰箱70.48万台,同比下降2.3%。能源消费总量479.66万吨标准煤,同比增长1.2%。农业总产值130.46亿元,同比增长3.8%。粮食总产量54.61万吨,同比下降2%。主要农产品及产量有蔬菜150万吨,与上年持平;油料4.16万吨,同比增长2.8%;茶叶1.38万吨,增长8.7%。固定资产投资同比增长8.1%。社会消费品零售总额573.06亿元,同比增长4.5%。出口总值170.91亿元,同比增长106.7%。金融机构人民币存款余额1794.57亿元,同比增长7.8%;人民币贷款余额1576.75亿元,同比增长18.1%。城镇居民人均可支配收入4.77万元,同比增长4.6%;农村居民人均可支配收入2.23万元,同比增长6.4%。

【举办首届景德镇国际陶瓷艺术双年展活动】 2月28日至11月30日,“瓷的精神”——2022景德镇国际陶瓷艺术双年展活动在景德镇陶瓷大学美术馆举行。“双年展”每两年举办一届,2022年为首届,由景德镇市政府、景德镇陶瓷大学、中国对外文化集团和国际陶艺学会共同主办。此次活动,收到来自全球各地2344件参展作品,经国内外专家初评、复评、终评三轮线上和一轮线下实物评审,对器皿、雕塑、绘画、装置、影像五大类型的作品作出独立学术评判,来自不同国家和地区的206件作品入围,52件作品获奖。其中,高岭奖金奖1名、银奖3名、铜奖5名,陶溪川新锐奖23名,金意陶奖20名。

【AC313A直升机实现首飞】 5月17日,大型多用途民用直升机“吉祥鸟”AC313A在景德镇吕蒙机场成功首飞。AC313A直升机是在AC313直升机基础上研制的一款13吨级大型多用途民用直升机。换装新型发动机,提升传动系统功率和寿命可靠性,升级机电、航电、飞控、操纵等系统,增装健康监测系统(HUMS)、旋翼防除冰等机载设备。最大外吊挂起飞重量13.8吨,洒水能力5吨,可运输28名乘员。海拔4500米典型高原使用环境运输1.3吨货物航程可达600千米。具备执行消防灭火、搜索救援、紧急医疗救护、人员物资运输、警用执法等任务能力。

【中国首个古陶瓷基因库在景德镇御窑博物院设立】 6月11日,中国首个古陶瓷基因库——景德镇古陶瓷基因库在景德镇御窑博物院揭牌。景德镇古陶瓷基因库筹建于2021年7月,以景德镇御窑博物院及其前身景德镇市陶瓷考古研究所40多年来考古出土的近2000万片各类古陶瓷标本为基础,运用能谱电镜仪、拉曼光谱仪、X射线荧光分析仪等手段,制作物理和数字形态的基因标本,第一期入库近万件明代御窑标本基因。景德镇古陶瓷基因库建成后,可推动古陶瓷研究数据全球共享,为中国乃至世界古陶瓷历史的发掘和研究、陶瓷文化的发展和交流提供平台。

【中国陶瓷价格指数首次发布】 11月7日,“数智引领 瓷创未来”——中国陶瓷价格指数发布会在景德镇陶博城举行,中国陶瓷工业协会、景德镇市政府在发布会上首次联合发布中国陶瓷价格指数。价格指数编制工作前后历时近8个月时间,经过编制团队实地调研景德镇、淄博、潮州、佛山、唐山、醴陵、宜兴等陶瓷主产区,开展科学论证,组织严密测试和专家评审等环节,建立线下数据采集点。同时抓取主流电商平台、企业网站陶瓷价格信息,与线下数据相互补充、印证,拓展数据的维度和广度。

【第五届阿拉伯艺术节在景德镇市举行】 12月19—20日,由文化和旅游部、外交部、江西省政府与阿拉伯国家联盟秘书处共同主办的第五届阿拉伯艺术节在景德镇市举行。国家主席习近平向第五届“阿拉伯艺术节"致贺信。阿拉伯艺术节是中国～阿拉伯国家合作论坛框架下重要机制性文化活动,每4年在中国举办一次。自2006年起,阿拉伯艺术节先后在北京、南京、上海、成都举办4届,已经成为弘扬丝绸之路精神、深化中阿友好合作的重要文化艺术交流平台。第五届阿拉伯艺术节设有陶瓷版权创意设计展、阿拉伯知名艺术家访华采风精品展、《御窑天下》特展、中国古代外销瓷展、阿拉伯风情创意市集、中阿文化产业论坛等文化交流活动。

主要领导 市委书记:刘锋。市人大常委会主任:曹雄泰。市长:胡雪梅。市政协主席:俞小平。

(吴军 饶璟)

·乐平市·

【简 况】 位于江西省东北部,辖15个镇、1个乡、2个街道办事处、1个农科园和1个大型水库管理局。总面积1985平方千米,其中城区面积25.1平方千米。有林面积9.28万公顷,森林覆盖率49.93%,城区绿化率35.8%。户籍人口94.67万人,常住人口75.45万人,其中城镇人口35.11万人;人口自然增长率2.7‰。2022年地区生产总值439.23亿元,同比增长4.8%。其中,第一产业增加值45.3亿元,同比增长3.4%;第二产业增加值211.6亿元,同比增长6.2%;第三产业增加值182.33亿元,同比增长3.7%。财政总收入53.42亿元,税收占财政总收入78.32%;地方财政收入33.29亿元,同比下降3%;地方财政支出74.31亿元,增长1.8%。规模以上工业增加值221.28亿元,固定资产投资增长8.2%。主要工业产品及产量有水泥304.6万吨、玻璃122.23万平方米、烧碱(折有效成分110%)29.39万吨、化学农药原药(折有效成分110%)297.1吨、化学药品原药5.8万吨。农业总产值74.97亿元,同比增长3.82%。粮食总产量36.2万吨。主要农业产品及产量有油料2.86万吨、棉花(皮棉)713吨、生猪年末存栏20.12万头、水产品2.25万吨、水果1.22万吨。城镇居民人均可支配收入4.44万元,同比增长4.7%;农村居民人均可支配收入2.2万元,同比增长6.4%。城乡居民年末储蓄余额454.19亿元,同比增长16.8%。

【天新药业在上交所主板上市】 7月12日,江西天新药业股份有限公司举行首次公开发行A股上市仪式,成为景德镇市第6家、乐平市第3家挂牌上市企业。该公司成立于2004年9月,是一家专业从事单体维生素研发、生产和销售的高新技术企业,公司产品维生素B6和维生素B1的市场占有率全球领先。公司横向拓展维生素A、维生素B5等品种,增强客户服务能力和覆盖能力。

【乐平赣剧课本剧《揠苗助长》获中国"小梅花集体节目"称号】 9月1日,中国戏剧家协会公布2022年第二十六届"中国少儿戏曲小梅花荟萃"审核结果,由乐平市文广新旅局选送、乐平市文化馆与乐平市第五小学共同创排的赣剧课本剧《揠苗助长》被授予"小梅花集体节目"称号。该剧还获省委宣传部和省文旅厅主办的第八届江西艺术节·江西第十三届少儿艺术节少儿舞台艺术展演二等奖、全省非遗进校园优秀节目展演表演奖一等奖、创作奖二等奖。

【高家镇(白茶)被授予全国"一村一品"示范村镇】 11月,乐平市高家镇(白茶)获农业农村部授予的第十二批全国"一村一品"示范村镇称号。该镇践行生态优先、绿色发展思路,依托良好自然和生态环境,发展特色产业,形成以白茶为主的特色农业种植基地。白茶种植面积510余公顷,创"健民春""雷达岭""眉顶""裕瑾"等品牌,年产值2.25亿元。

主要领导 市委书记:林卫春。市人大常委会主任:刘文平。市长:吴艳。市政协主席:潘赛新。

(汪雪芳 汪小龙)

·浮梁县·

【简 况】 位于江西省东北部,辖9个镇、7个乡,总面积2851平方千米。耕地面积1.81万公顷,森林面积21.67万公顷,森林覆盖率81.4%。户籍人口28.68万人,常住人口28.03万人,其中城镇常住人口17.91万人。2022年地区生产总值176.76亿元,同比增长4.7%。其中,第一产业增加值22.89亿元,同比增长3.6%;第二产业增加值92.02亿元,同比增长6.3%;第三产业增加值61.85亿元,增长2.9%。财政总收入17.32亿元,同比下降29%;一般公共预算收入9.78亿元,下降13.0%。规模以上工业增加值86.76亿元,同比增长6.4%。固定资产投资同比增长8.2%。规模以上工业总产值202.36亿元,同比增长36.9%。农林牧渔业总产值40.54亿元,同比增长3.9%。粮食总产量15.7万吨。社会消费品零售总额45.24亿元,同比增长4.5%。城镇居民人均可支配收入3.89万元,同比增长4.6%;农村居民人均可支配收入2.31万元,同比增长7%。接待国内外游客1029.98万人次,同比下降19.6%,旅游总收入83.7亿元,同比下降27.4%。

【优化营商环境】 推进"互联网+政务服务"建设,建立统一审批平台,实现审批业务"一网通办","立即办、当天办"事项比例90%以上,全部事项实现企业"最多跑一次",基本实现办事群众"零跑腿"的工作目标。将"容缺受理、容缺审查"实施范围由重点项目扩大到全部建设项目,政府投资、社会投资项目审批时限分别提速80%以上。印发《浮梁县优化营商环境攻坚行动方案》《进一步优化营商环境的实施方案》《开展损害营商环境突出问题专项治理的实施方案》《浮梁县"百名干部入百企"帮扶工业企业发展制度》等文件,将每月6日设为企业服务日,春节前后在全县开展"入企走访大认亲"活动,各级干部完成对2.7万余家市场主体走访全覆盖。开通24小时服务电话和网上App,受理企业维权诉求33起,经过多方协调办结19起。通过座谈会、调研、走访等方式,收集意见建议40余条,并逐一整改到位,满意率100%。对2021年全县纳税前十名进行表彰和奖励,向市县两级推举优秀企业家"两代表一委员"79名。协调有关部门落实36名非公有制人士子女入学。

推进乡镇、社区、村“多级联办”政务服务体系和“服务无止境、便民不打烊”自助便民服务体系,进一步融合完善AAAA级政务服务新模式。

【举办2022中国·浮梁买茶节高峰论坛】 5月24日,2022中国·浮梁买茶节暨浮梁茶产业现代化助力乡村振兴高峰论坛在高岭中国村大唐茶市举行。活动通过“千年共续盛唐情”“茶界共创浮梁梦”“世界共品浮梁茶”三个篇章,以茶为媒,以茶会友,为浮梁茶高质量发展添薪助燃。活动当天,举行2022浮梁茶斗茶大赛颁奖仪式及合作签约仪式。是月,“浮梁茶”入选中国第二批中欧地理标志协定产品名单。

【2022“中国农民丰收节”江西活动在浮梁县开幕】 9月24日,2022“中国农民丰收节”江西活动在浮梁县高岭中国村开幕。活动回望中共十八大以来江西农业农村发展的伟大成就,唱响江西乡村振兴的时代强音。省委副书记、省长叶建春出席开幕式并宣布2022“中国农民丰收节”江西活动启动。开幕式以歌舞《丰收中国年》《丝路瓷茶》《幸福嗨歌》、特别环节《江西“丰”景美如画》、情景音乐诗画《金秋的邀约》、合唱《领航》等文艺节目,全景呈现赣鄱大地五谷丰登、瓜果飘香的丰收盛景。开幕式结束后,叶建春等领导和与会嘉宾共同参观江西现代农业主题展。

【宅改试点】 2022年,浮梁县农村宅改试点分“三个批次”梯度推进。第一批次为王港、经公桥、寿安3个“整乡推进”试点乡镇,涉及29个行政村、75个自然村;第二批次为13个非试点乡镇,结合新农村建设、人居环境整治等项目实施,各选择1~2个自然村作为与宅改同步布点、一体推进试点,共涉及25个自然村;第三批次为前两个批次未纳入宅改试点的新农村建设、人居环境整治、乡村振兴项目点,全部作为宅改前置试点村。全县共整合项目资金1800万元配套支持宅改工作。7月下旬,第一、二批次宅改试点进入实质性改革阶段。累计拆除院墙2.7万平方米,拆除废弃闲置农房(附属房)3.3万平方米;拆除铁皮房0.62万平方米;清理腾出宅基地面积1.46万平方米。经公桥镇港北、曲阿里两个试点村于8月中旬开始按规划施工建设。全县累计盘活闲置农房1402幢34.5万平方米,为农民带来年收益3100万元。

主要领导 县委书记:程新宇。县人大常委会主任:张永进。县长:张汉坤。县政协主席:陈国清。

(王琴华)

·昌江区·

【简　况】 位于江西省东北部,辖2个镇、1个乡、3个街道办事处,总面积405平方千米。耕地面积3733.33公顷,森林面积1.7万公顷,森林覆盖率54.8%。户籍人口15.49万人,常住人口20.1万人,其中城镇常住人口15.9万人;人口自然增长率3.48‰。2022年地区生产总值300.22亿元,同比增长4.7%。其中,第一产业增加值6.26亿元,同比增长2.6%;第二产业增加值171.96亿元,同比增长5.6%;第三产业增加值122亿元,同比增长3.6%。财政总收入17.28亿元,同比下降10.6%,其中税收占比33.7%。一般公共预算收入6.94亿元,同比增长12.8%。工业总产值125.01亿元,同比增长17.8%,占地区生产总值的41.6%。规模以上工业增加值同比增长8.2%。固定资产投资同比增长7.9%,社会消费品零售总额同比增长4.43%。城镇居民人均可支配收入4.94万元,同比增长4.7%;农村居民人均可支配收入2.3万元,同比增长5.7%。

【全域旅游集散中心运营启动】 5月19日,昌江区举行全域旅游集散中心运营启动仪式。该中心总面积3000平方米,是景德镇市已建成的唯一具有游客集散、旅游咨询、旅游预定、旅游商品展示、城市书屋等服务功能和智慧数据的旅游服务平台。

【景德镇外销瓷博物馆开馆】 7月17日,景德镇外销瓷博物馆开馆仪式在昌江区陶青台文创园宁封窑国际陶艺村举行。该馆主要开展以景德镇窑为主的中国外销瓷藏品展示、研究、学术交流以及组织社会公益性活动,是一所综合性公共文化服务机构。

【吕蒙大桥危桥重建竣工】 12月30日,吕蒙大桥危桥重建工程竣工通车。大桥横跨昌江河,起点顺接瓷都大道,终点位于与岚山路交叉口处,按照一级公路兼城市主干道路标准建设。桥梁总长353米,桥面总宽33米,双向六车道,桥位处河道通航等级为Ⅲ级。

【电子信息产业园一期投产】 12月,昌江区电子信息产业园一期建成投产。该产业园规划面积100公顷,一期占地面积30公顷,总投资约42.5亿元,其中包含高标准智能化厂房及美科绿色LED照明产业园、Mini显示屏PCB(印制电路板)产业园2个20亿元投资项目。

主要领导 区委书记:倪卫春。区人大常委会主任:李恩清。区长:伊文斌。区政协主席:陈华清。

(施启权　洪东亮)

·珠山区·

【简　况】 位于江西省东北部,辖10个街道办事处。区域总面积111.14平方千米,其中城区面积32.87平方千米。耕地面积336.61公顷,有林面积6156.70公顷,森林覆盖率55%。户籍人口32.27万人,常住人口38.57万人,其中非农业人口29.23万人;人口自然增长率-1.31‰。2022年地区生产总值276亿元,同比增长4.6%。其中,第一产业增加值0.83亿元,同比增长1.2%;第二产业增加值57.96亿元,同比增长5.7%;第三产业增加值217.21亿元,同比增长4.4%;一般公共预算收入4.79亿元,同口径与上年持平;税收收入0.98亿元,税收收入占财政一般公共预算收入的20.5%。工业总产值13.26亿元,规模以上工业增加值同比增长8.4%。固定资产投资总额同比增长8.1%。引进内资58.45亿元,实际利用外资1377万美元;外贸出口6.05亿元。社会消费品零售总额210.18亿元,同比增长4.45%。城镇居民人均可支配收入4.99万元,同比增长4.3%。

【“央视网·瓷”项目建成】 7月12日,央视网与景德镇市珠山区在北京举行“央视网·瓷”项目签约仪式,央视网陶瓷数字文化产业基地正式落户珠山区三宝国际瓷谷。项目设陶瓷品牌传播、陶瓷直播、高端研学、文创选品、艺术展演交流五大板块,集“产、学、研、销、展”为一体,打造优秀陶瓷文化“现象级”传播路径,让世界感知珠山陶瓷文化魅力。8月,项目建成试运营。11月1日,省委书记、省人大常委会主任易炼红到珠山区三宝瓷谷央视网陶瓷数字文化产业基地调研。他要求发挥央视品牌影响力和传播资源优势,宣传好、推广好景德镇,推动陶瓷产业创新发展。11月9日,珠山区举办“央视网·瓷”数字文化产业基地启动暨中国·景德镇首届国际青年陶瓷文化艺术节,来自韩国、乌兹别克斯坦、马达加斯加等10多个国家的30多名国际青年代表参加活动。“央视网·瓷”项目合作标品文创公司67家,窑口442家,景漂创客工作室1051家,推出直播1286场,观看1.5亿人次,带动基地整体产值约2亿元。

【三宝国际瓷谷获评全国版权示范园区(基地)】 3月4日,景德镇市三宝国际瓷谷被国家版权局授予“全国版权示范园区(基地)”称号。三宝国际瓷谷全长10千米,占地12.4平方千米,是景德镇国家陶瓷文化传承创新试验区陶源谷艺术景区的核心区域,聚集3000余名来自国内外的陶艺家、艺术家、设计师和创客,“景漂·景归”从业人员达3万余人,知名工作室280家,有多个文化产业园区和创业孵化基地,原创作品丰富,版权服务需求基数大。珠山区版权服务站指导各类企业和个人进行版权登记,陶瓷原创设计得到版权保护。

【珠山派出所获“全国爱民模范集体”荣誉称号】 5月25日,公安部在北京召开全国公安系统英雄模范立功集体表彰大会。景德镇市公安局珠山分局珠山派出所获得“全国爱民模范集体”荣誉称号。景德镇市公安局珠山分局珠山派出所辖区面积1.2平方千米,常住人口2万余人。珠山派出所发展新时代“枫桥经验”,忠实履行“护航试验区,守卫陶阳里”职责使命,打造“家门口的警务室”,创建“指尖警务室”,成立“陶阳里义警队”,用心用情为民办实事,全力守护辖区安全稳定。派出所曾被公安部授予“一级公安派出所”称号,被省公安厅授予“全省优秀公安基层单位”称号等。

主要领导 区委书记:高翔(任至4月),徐华(9月任)。区人大常委会主任:汪良。区长:徐华(任至9月)。区政协主席:邵继纲。

(刘露虹)

萍乡市

【概　况】 位于江西省西部,辖3个县、2个区。总面积3830.42平方千米,其中城区面积131.93平方千米。耕地面积5.12万公顷,森林面积24.97万公顷,林木绿化率67.27%,建成区绿地率45.29%。户籍人口198.69万人,常住人口200.58万人。2022年,地区生产总值1160.33亿元,同比增长2.0%。其中,第一产业增加值80.93亿元,同比增长4.1%;第二产业增加值515.20亿元,同比下降0.7%;第三产业增加值564.20亿元,同比增长4.1%。财政总收入215.8亿元,同比增长8.1%,税收占财政总收入的80.3%。一般公共预算收入107.1亿元,同比增长9.3%。一般公共预算支出306.8亿元,同比增长5.8%。工业总产值1163.62亿元,同比下降19%。规模以上工业增加值307.40亿元,占地区生产总值的26.49%。固定资产投资增速7.8%。进出口总额221.2亿元,出口总额216.6亿元。实际利用外商投资4600万美元,同比增长46.28%;利用省外资金739.65亿元。主要工业产品及产量有原煤125.72万吨,同比增长16.2%;水泥440.10万吨,同比下降30.1%;工业陶瓷制品617.14万吨,同比增长4.3%;钢材600.25万吨,同比下降2.9%。农业总产值129.78亿元,同比增长4.4%。粮食总产量48.68万吨,其中谷物45.58万吨。主要农产品及产量有猪肉11.55万吨、家禽1.91万吨。城镇居民人均可支配收入45278元,同比增长4.3%。农村居民人均可支配收入24279元,同比增长6.2%。城乡居民年末储蓄余额1108.54亿元,同比增长18.19%。

【城乡建设提质升级】 划定“三区三线”,市、县国土空间总体规划编制有序推进。推进城东、城北、城南公交场站建设,新增智慧停车泊位5002个、城市公厕23座,完成城市体检补短板项目39个,改造老旧小区108个、惠及群众5.89万户。人防工程建设任务完成率列全省第一。城市管理水平持续升级,“智慧城市+民生服务”有效实施,数字社会“萍惠民”加快建设。垃圾无害化处理率稳定在100%。乡村振兴成效显现。完成“十四五”省定乡村振兴重点帮扶村、传统村落等村庄规划编制。建设新农村点531个,全面建成市级5G+长效管护平台。农村基础设施不断完善,新建农村公路120千米,乡村水电路气网设施更加健全。建成一批县乡农贸市场。

【萍乡武功山景区入选国家体育旅游示范基地】 12月2—8日,国家体育总局办公厅、文化和旅游部办公厅公示2022年拟认定的国家体育旅游示范基地名单,萍乡武功山风景名胜区入选。武功山景区拥有世界同纬度面积最大的高山草甸,适于开展穿越、探险、露营、溯溪、攀岩、速降、徒步等户外体育旅游活动。景区依托自然资源优势,不断完善体育旅游设施,举办一系列大型体育旅游赛事活动,打造多条国家登山健身步道;建成户外帐篷节活动举办地～草甸星空帐篷营地;引进武功山航空飞行营地,开发武功山低空旅游;完善高山足球场、武功山滑草场、漂流等其他体育旅游设施;引进冰雪大世界、路虎汽车营地、国际山地运动谷、“驴友”出发营地等体育项目。

【推进内陆开放赣湘合作核心区建设】 5月27日,承办湘赣边区域合作示范区建设推进大会,累计签署合作协议45项。12月24日,首次以观察员城市身份列席长株潭都市圈联席会议。湘赣边区域合作发展事务中心获省委批复。浏阳—上栗、醴陵—湘东2个跨省合作园区完成基础设施投资200余亿元,引进培育湘企59家,园区产值400余亿元。建成与湖南对接的二级以上公路5条,与长株潭及省内所有地市实现公积金互认互贷,与赣湘边6个地市实现高频医保服务事项"跨省通办"。

【湘赣边区域合作示范区建设推进大会在萍乡市召开】 5月27日,湘赣边区域合作示范区建设推进大会在萍乡市召开。湘赣边9个设区市24个县(市、区)参会,商议区域合作发展问题。江西省委书记、省人大常委会主任易炼红,湖南省委书记、省人大常委会主任张庆伟出席并讲话。湖南省委副书记、省长毛伟明介绍示范区建设情况,江西省委副书记、省长叶建春主持。会前,易炼红、叶建春与张庆伟、毛伟明举行会谈,并参观湘赣边区域合作示范区建设成果展。会上,萍乡市、浏阳市分别作典型发言。两省签署《江西省人民政府中南大学战略合作协议》《江西省人民政府湖南大学战略合作协议》《湖南省交通运输厅江西省交通运输厅推进萍水—渌水航道建设》《长沙市人民政府萍乡市人民政府共同推进区域协同发展合作备忘录》《湘赣六地市医疗保障部门合作发展备忘录》《醴陵市—湘东区湘赣边区域合作产业园框架协议》《浏阳—上栗园区产业链深度合作框架协议》《湘赣边区域国家级经开区产业协同发展战略合作框架协议》《攸县—安源产业协同发展框架协议》9项合作协议。

【举办纪念安源路矿工人运动100周年活动】 9月13—14日,纪念安源路矿工人运动100周年理论研讨会召开。学术研讨会由中共中央党史和文献研究院第七研究部、中共江西省委宣传部、中共江西省委党史研究室、全国红色基因传承研究中心、江西省总工会、江西省社会科学院、江西省投资集团有限公司,中共萍乡市委、萍乡市政府主办,共收到全国各地近300名专家学者投稿250余篇,评出一等奖3篇、二等奖6篇、三等奖10篇、优秀奖21篇。9月14日,江西省安源精神研究会在萍乡学院成立,同时举办"回眸百年萍乡凝聚奋进力量"展览,邀请中华全国总工会文工团和中国文联、中国剧协梅花奖艺术团分别到萍乡开展慰问演出。9月14日,举办纪念安源路矿工人运动100周年座谈会。座谈会由中华全国总工会和中共江西省委主办,全国人大常委会副委员长、中华全国总工会主席王东明对举办好纪念活动提出要求,省委书记、省人大常委会主任易炼红出席座谈会并讲话,安源路矿工人运动部分革命后代代表出席座谈会。

主要领导 市委书记:陈敏。市人大常委会主任:吴运波。市长:刘烁。市政协主席:聂晓葵。

(姚萍)

·安源区·

【简　况】 位于江西省西部,辖4个镇、7个街道办事处。总面积184.94平方千米,其中城区面积约43.63平方千米。耕地面积1813.33公顷,林地面积9169.6公顷,森林覆盖率46.28%。户籍人口36.81万人,常住人口40.22万人;人口自然增长率1.83‰。2022年,地区生产总值279.06亿元,同比增长4.9%。其中,第一产业增加值5.61亿元,同比增长0.2%;第二产业增加值81.16亿元,同比增长6.8%;第三产业增加值192.29亿元,同比增长4.3%。财政总收入63.46亿元,同比增长9.8%;一般公共预算收入27.69亿元,同比增长4.8%。全社会固定资产投资同比增长7.9%。社会消费品零售总额209.19亿元,同比增长5.1%。城镇居民人均可支配收入47899元,同比增长4.1%;农村居民人均可支配收入27461元,同比增长5.4%。

【举办首届湘赣边科技创新论坛暨安源科创中心启动仪式】 7月24日,首届湘赣边科技创新论坛暨安源科创中心启动仪式在安源区举办。32家高等院校、企事业单位的50名电子信息、新能源新材料、装备制造、城市规划等多个领域的专家学者参会并组成"安源区首批专家智库"。区政府特聘顾问、江西农业大学副校长、博士生导师贺浩华,萍乡市副市长颜小龙,安源区委书记李水清等在仪式上致辞,区委副书记、区长邱伟主持仪式。启动仪式上,安源区政府分别为5名政府特聘顾问、8名专家智库专家代表颁发聘书。安源区人民政府与航天凯天环保科技股份有限公司签订战略合作协议,4个校企合作项目集中签约。安源区专家智库、湘赣边科技成果转移转化中心、安源环保新材料联盟先后揭牌。安源区大学生创业就业园项目、安源环保新材料研究院项目启动。学术论坛上,陶月飞、臧甲忠、贺治国三位专家学者先后围绕"高性能气相色谱柱的研发及产业化""环保新材料技术研究及应用""固废基环境材料的开发及应用"作学术报告。

【乡村振兴】 以城乡融合发展推进乡村振兴,守牢不发生规模返贫底线。全区48个村级集体经营性收入达4014.4万元,其中11个村达100万元以上。建设国家森林乡村3个,完成农村公路提升改造15千米,建设美丽村庄6个、新农村建设点38个、美丽宜居庭院1600个,完成农村新改建厕所1013户,获评全省农村人居环境(新农村建设)先进县区。开展"清风行动",大气环境质量实现历史性突破,PM2.5平均浓度32.2微克/立方米,超额完成省下达34微克/立方米的目标任务。实施大龄自闭症儿童关怀"活水计划",安源区在全国"活水计划"乡村振兴重点帮扶县基层社会组织赋能行动2022年度工作会上作交流发言。

主要领导 区委书记:李水清。区人大常委会主任:易燕萍(任至6月)、黄卫东(自8月任)。区长:邱伟。区政协主席:刘少云(任至6月)、洪光星(自8月任)。

(韩茜　喻韬)

·湘东区·

【简　况】 位于江西省西部,辖8个

镇、2个乡、1个街道办事处。总面积858.75平方千米,其中城区面积7.83平方千米。耕地面积9926.67公顷,森林面积5.94万公顷;森林覆盖率69.85%,城区绿化率47%。户籍人口40.31万人,常住人口30.52万人,其中城镇人口18.48万人;人口自然增长率1.16‰。2022年,地区生产总值160.19亿元,同比增长5.3%。其中,第一产业增加值19亿元,同比增长5%;第二产业增加值65.17亿元,同比增长5.4%;第三产业增加值76.02亿元,同比增长5.4%。财政总收入27.64亿元,同比增长8.5%。规模以上工业增加值同比增长8.1%。固定资产投资增长7.6%。规模以上工业企业中主要工业产品及产值有工业陶瓷68.07亿元。农业总产值29.89亿元,同比增长5.1%。粮食总产量10.35万吨。主要农产品及产量有稻谷9.87万吨、生猪出栏39万头、油菜籽8526吨。城镇居民人均可支配收入4.56万元,同比增长4.6%。城乡居民年末储蓄余额154.16亿元,同比增长13.8%。社会消费品零售总额28.89亿元,同比增长6.2%。

【举办国家水稻新品种核心展示现场观摩暨第四届江西省优质稻种业大会】 9月16—17日,国家水稻新品种核心展示现场观摩暨第四届江西省优质稻种业大会在湘东区举办,大会开幕式在区水稻繁育创新中心举行。大会主会场设在湘东区国家现代农业产业园。大会以"品种培优品质提升品牌打造"为主题,分为开幕式、江西种业展、第四届江西省优质水稻种业大会高峰论坛、国家水稻品种试验技术培训、全国媒体看湘东采风行动5项活动。大会对160余个优质稻品种集中进行展示。全国农业技术推广服务中心对国家农作物品种展示评价基地——湘东区麻山镇基地承担的长江中下游稻区核心展示的中籼品种进行现场考评,评选出综合性状表现优良的品种7个。会上,萍乡市政府与中国水稻研究所签订共建合作协议,湘东区政府与江西农业大学签订战略合作框架协议。

【湘东区入选国家级制种大县名单】 2月15日,农业农村部公布国家级制种大县名单,湘东区入选。湘东区通过培育优质品种、统一提供肥料农药等一系列措施,壮大天涯种业、广陵高科等一批制种企业,促进全区杂交水稻制种业快速发展,构建以产业为主导、企业为主体、基地为依托、产学研相结合、育繁推一体化的现代种业体系。湘东杂交水稻制种已有1万余人,制种面积1万公顷,其中湘东区本地制种面积约3300公顷,海南南繁制种面积约6700公顷,占江西省南繁制种面积的95%以上,全国南繁制种面积的80%以上,形成"本地""南繁""外埠"三位一体的制种格局。

【湘东区首次发现一批国家二级重点保护野生动植物】 10月30日晚,湘东区麻山镇小桥村一农户家里窜入一只小动物。该动物身形瘦长,行动灵活,淡褐色的毛发上有不少棕黑色圆斑。尾巴长且多毛,布有黑白相间的花纹。经湘东区林业局工作人员鉴定,该动物为国家二级重点保护野生动物斑林狸,身体状况良好,随即将其放归自然。年内,湘东区组织专家开展国家重点野生植物补充调查,调查组在碧湖潭国家森林公园新发现多种珍稀植物的分布。其中,蛇足石杉、篦子三尖杉、福建观音座莲、金毛狗蕨属国家二级重点保护野生植物,在湘东区属首次发现。

主要领导 区委书记:何超。区人大常委会主任:王志才。区长:郑锐。区政协主席:黄彩国。

(钟婉琳)

·芦溪县·

【简 况】 位于江西省西部,辖5个镇、4个乡。总面积960平方千米。耕地面积1.36万公顷,林地面积6.73万公顷;森林覆盖率71.26%。户籍人口31.13万人,常住人口26.08万人,其中农村人口11.75万人。2022年,地区生产总值141.96亿元,同比增长5.3%。其中,第一产业增加值24.16亿元,同比增长5%;第二产业增加值58.65亿元,同比增长5.4%;第三产业增加值59.15亿元,同比增长5.2%。财政总收入23.12亿元,同比增长8.3%;税收占财政总收入的81.5%。地方财政收入12.34亿元,同比下降0.3%;地方财政支出37.54亿元,同比增长9.6%。规模以上工业总产值202.5亿元,同比增长12.6%;规模以上工业增加值同比增长8.0%。社会固定资产投资同比增长8.1%。外贸出口15.83亿元,实际利用外资281万美元。农业总产值38.93亿元,同比增长5.2%。粮食总产量11.05万吨。城镇居民人均可支配收入42471元,同比增长5.2%;农村居民人均可支配收入24752元,同比增长7.4%。城乡居民年末储蓄余额119.65亿元,同比增长17.1%。

【芦溪县获评全国义务教育优质均衡发展先行创建县】 4月,芦溪县获评全国义务教育优质均衡发展先行创建县。芦溪县把教育作为最大的民生,在政策、体制、经费等方面优先保障,将推进义务教育发展优质均衡县创建工作列入年度政府工作报告、全县教育工作要点。建立政府联席会议和县级领导挂点联系学校制度。推行党组织领导下的校长负责制;实施义务教育学校"县管校聘"管理体制改革,教师校际交流、城乡交流有序流动。将农村教师工资划入县财政统筹管理,教师工资收入水平不低于当地公务员平均工资收入水平,全县每年教育支出占一般公共预算支出的20%以上。5年累计投入20多亿元,新建、改扩建学校项目226个,义务教育标准化学校100%达标,实现城乡学校信息化建设无差别全覆盖。投资5634万元开展校园文化建设,提高学生审美和人文素养。全县形成近30个(含村小)风格各异特色鲜明的校园文化体系。

【芦溪县获评国家知识产权强县建设试点县江西省试点县培育县】 3月,芦溪县被确定为国家知识产权强县建设试点县江西省试点县培育县。芦溪县建立知识产权"一窗办"服务工作机制,提高辖区企业知识产权综合服务水平。江西百新电瓷电气有限公司被确定为国家知识产权优势企业,为芦溪县首家,带动全县企业提高知识产权体系建设,提高知识产权质量;企业对知识产权的运用能力得到提升;15 家企业通过知识产权质押融资登记获得融资 1.18 亿元,解决企业资金需求。1 月,成立芦溪县电瓷产业知识产权联盟,加快芦溪电瓷产业资源整合、创新发展进程,促进知识产权与经济社会发展深度整合。建立行政与司法合作,形成知识产权“行政调解 + 司法确认”模式,提升知识产权侵权纠纷处理效能;建立跨区域保护机制,与宜春市袁州区签订执法保护协议,加强执法合作,形成区域共治。2022 年,全县新增发明专利授权量 77 件,同比增长 83.3%,全县有效发明专利拥有量 197 件,每万人有效发明专利拥有量 7.58 件,同比增长 55.3%;高价值发明专利拥有量 47 件,同比增长 22 件。

主要领导　县委书记:黎增义。县人大常委会主任:胡世燕。县长:龙萍。县政协主席:陈青峰。

（肖菀乔）

·上栗县·

【简　况】　位于江西省西北部,辖 4 个镇、4 个乡,总面积 650 平方千米。耕地面积 9909.74 公顷,林地面积 43467 公顷;森林覆盖率 58.01%。总人口 47.11 万人,其中农村人口 37.3 万人;人口自然增长率 2.46‰。2022 年,地区生产总值 210.55 亿元,同比增长 5.5%。其中,第一产业增加值 19.94 亿元,同比增长 3.8%;第二产业增加值 108.76 亿元,同比增长 5.6%;第三产业增加值 81.85 亿元,同比增长 5.8%。财政总收入 36.27 亿元,同比增长 18.2%,一般公共预算收入 16.68 亿元,同比增长 2.2%;税收收入完成 31.04 亿元,占财政总收入的 85.6%。社会消费品零售总额同比增长 5.3%。规模以上工业增加值同比增长 8.1%。全社会固定资产投资 131.37 亿元,同比增长 7.8%。农业总产值 26.79 亿元,同比增长 4.2%。粮食总产量 10.89 万吨。主要农产品及产量有黑山羊 26 万头,肉兔 151 万只。城镇居民人均可支配收入和农村居民人均可支配收入同比分别增长 4.3%、6.3%。

【产业培育转型】　新兴产业培强壮大。出台电子电路产业招商优惠政策和龙头企业发展实施意见,累计投产电子信息企业 45 家,规上企业产值同比增长 45.9%,工业增长贡献率增至 78.7%,获批全省制造业高质量发展试验区。大力推进数字经济“一号发展工程”,成功上线“赣湘云”计算中心,新增上云企业 856 家,数字经济核心产业营收增长 38%,获批全省数字政府和数字乡村试点县。传统产业逆势突围。纵深推进全国烟花爆竹转型升级集中区建设,出台“上栗花炮十条”奖补政策,成功培育 10 家“四有一大”花炮龙头企业,扶持 8 家企业内销转出口,行业产值、税收、出口同比分别增长 28.4%、41.6%、72.6%,重新成为超百亿产值产业。

【赣湘合作深化】　新建成 58 万平方米标准厂房、2.5 万吨 PCB 污水处理厂等生产性配套设施,物流中心、服务中心、工业社区等配套功能加快完善,食品科技产业园建设全面启动,成功入选全省首批数字经济集聚区、全省绿色园区和两化融合示范园区,园区排名跃升至省级工业园前十。赣湘合作全面深化。组织湘赣边基层社会治理协同创新等交流活动 20 余次,持续拓宽合作领域、深化合作途径,与醴陵共同推进昌栗高速西延工程和 G640 上栗至醴陵段改扩建前期工作,与浏阳等地联合制定《湘赣边生态环境联防共治框架合作协议》,区域交通互联、生态共护更加有力。公积金与长株潭实现互认互贷,16 项高频医保服务事项实现“跨省四地通办”,边界共治、文旅共荣、产业共兴等系列行动扎实推进。

主要领导　县委书记:利军。县人大常委会主任:王纯。县长:李志猛。县政协主席:关翠萍。

（柳兰萍）

·莲花县·

【简　况】　位于江西省西部,辖 8 个乡、5 个镇、1 个垦殖场。总面积 1072 平方千米,其中城区面积 16.82 平方千米。耕地面积 1.46 万公顷、林地面积 5.23 万公顷,森林覆盖率 73%。户籍人口 27.65 万人,常住人口 21.75 万人,其中非农业人口 8.68 万人。2022 年,地区生产总值 79.4 亿元,同比增长 5.6%。其中,第一产业增加值 11.75 亿元,同比增长 3.7%;第二产业增加值 25.64 亿元,同比增长 4.8%;第三产业增加值 42.01 亿元,同比增长 6.7%。财政总收入 13.2 亿元,同比增长 11.1%,人均 6096 元,税收占财政总收入的 85.8%。地方财政收入(一般公共预算收入)6.41 亿元,同比增长 2.1%;地方财政支出(一般公共预算支出)30.9 亿元,同比增长 10%。工业总产值 62.7 亿元,同比增长 17.7%。规模以上工业增加值占地区生产总值的 21.6%,外贸出口占地区生产总值的 20.3%。固定资产投资 43.94 亿元,同比增长 8.3%;利用外商投资(实际使用外资金额)226 万美元,同比增长 1.8%。主要工业产品及产量有原煤 19.93 万吨,同比增长 6.7%。农业总产值 19.49 亿元,同比增长 4.1%。粮食总产量 13.5 万吨,同比下降 3.5%。主要农产品及产量有蔬菜类及食用菌 13.89 万吨,同比增长 1.05%;油料 2.8 万吨,与上年持平。城镇居民人均可支配收入 31643 元,同比增长 3.9%;农村居民人均可支配收入 15742 元,同比增长 8.9%。城乡居民年末储蓄余额 180.10 亿元,同比增长 17.61%。

【甘公荣被评为“最美巾帼奋斗者”】　3 月 7 日,中共中央宣传部、全国妇联发布 2022“最美巾帼奋斗者”名单,甘公荣获“最美巾帼奋斗者”称号。甘公荣,1959 年 1 月生,中共党员,莲花县工商银行退休职工,全国妇联执委、省妇联兼职副主席、江西省巾帼志愿服务协会副会长、莲花县龚全珍志愿者协会顾问。2013 年,龚全珍爱心基金会成立,她一直协助工作、参与管理,使其发展壮大;牵头成立莲花县巾帼志愿者协会,参与志愿服务近 8000 小时,个人捐款捐物近 15 万元,累计对接项目赞助达 400 余万元。应中国井冈山干部学院的邀请为学员授课近千场;作为“赣鄱红色娘子军”骨干宣讲员,线上线下宣讲受众 800 余万人次。退休前获省工商银行优质文明服务标兵、最佳储蓄员,省职业道德十佳标兵、省三八红旗手,全国工商银行优秀文明服务先进个人、十佳储蓄员,全国金融系统劳模、全国劳模等称号。退休后获全国三八红旗手标兵、省道德模范等称号。

【“甘祖昌干部学院”纳入全国党性教育干部学院目录】 10月,甘祖昌干部学院通过中组部组织的办学质量评估,纳入中组部发布的党性教育干部学院目录。2016年10月,甘祖昌干部学院在甘祖昌将军故里莲花县坊楼镇沿背村成立。学院坚持院村融合发展,深挖红色资源,聚焦党性教育,首创“课堂在田野、吃住在农家、人人是教员、百姓齐参与”的培训模式。6年多来,先后培训全国各地的党员干部7万余人。

【“莲花血鸭”纳入首批全国预制菜登录宣展名录】 10月,农业农村部农产品质量安全中心公布2022年首批全国预制菜(预制农品)登录宣展名录,莲花血鸭预制菜入选。莲花县围绕莲花血鸭品牌,实施品牌文化建设、产业标准化建设、公共品牌宣传体系建设、人才培养与提升、“走出去、请进来”、质量溯源监管平台建设、示范基地建设、龙头企业壮大培育“八大工程”,全力推动“莲花血鸭”集体商标、“莲花麻鸭”地理商标申报,做好“莲花血鸭”国家级非遗报选,全方位宣传“莲花血鸭”品牌特色和历史故事。

主要领导 县委书记:易刚。县人大常委会主任:朱白明(2023年8月,因严重违纪违法、被开除党籍和公职)。县长:曾衍敏。县政协主席:汤杰。

(彭金臻)

新余市

【概 况】 位于江西省中部偏西,辖1个县、1个区、1个高新技术产业开发区、仙女湖风景名胜区、新宜吉合作示范区。总面积3178平方千米。户籍人口123.78万人,常住人口120.28万人,其中城镇人口89.53万人;人口自然增长率-0.33‰。2022年,地区生产总值1252.16亿元,同比增长4.8%。其中,第一产业增加值73.82亿元,同比增长4.2%;第二产业增加552.72亿元,同比增长5.2%;第三产业增加值625.62亿元,同比增长4.5%。一般公共预算收入88.94亿元,同比增长9%。税收总收入67.82亿元,同比增长7%。工业增加值460.18亿元,同比增长5.7%。规模以上工业增加值同比增长8.3%。固定资产投资(不含农户)同比增长7.4%。外贸进出口总额459.07亿元,同比增长115.1%。其中,出口214.80亿元,同比增长133.9%;进口244.27亿元,同比增长100.9%。实际利用外商直接投资6.20亿美元,同比增长7.2%。实际利用省外2000万元以上项目资金723.43亿元,同比增长8.8%。社会消费品零售总额423.25亿元,同比增长5.3%。农林牧渔业总产值132.26亿元,同比增长4.9%。粮食总产量55.63万吨,同比下降1.3%。金融机构年末各项存款余额1869.98亿元,同比增长16.9%。

【全国民生集成改革暨“新余实践”高层研讨会召开】 7月30—31日,由中国经济体制改革杂志社与新余市委、市政府共同举办的“民生系统集成改革暨‘新余实践’高层研讨会”在新余市召开。国家发展改革委、人社部、教育部、民政部等有关部门领导,中国经济体制改革研究会专家、学者,民生领域改革成绩突出的领导,地方改革部门负责人及国内主流媒体200余人参会。会前,与会领导、嘉宾到学校、体育场馆、办事中心和服务窗口,企业和农村,现场观摩该市民生城市建设改革成就。研讨会上,中国经济体制改革研究会会长、十二届全国人大财经委副主任委员、国家发展改革委原副主任彭森,市委书记蒋斌分别作主旨演讲。部分领导、嘉宾分别作主题演讲和视频演讲。新余市、济南市、长春市、厦门市、绍兴市、衡阳市等地市就民生领域改革进行经验交流。2016年以来,八届新余市委在民生集成改革领域先行先试,形成“党建+颐养之家”、城乡供水一体化、小荷工程、水花行动等30余项民生项目成果。

【新余钢铁集团与中国宝武钢铁集团实现联合重组】 联合重组于4月启动。4月6日和4月13日,宝武钢铁集团董事会、江西国控董事会先后同意联合重组。4月23日,经省国资委审批同意,江西国控与中国宝武签署《江西省国有资本运营控股集团有限公司与中国宝武钢铁集团有限公司关于新余钢铁集团有限公司国有股权无偿划转协议》。11月9日,国务院国资委批复同意宝武钢铁集团与新余钢铁集团有限公司联合重组,在履行经营者集中审查等事项后,新钢51%的股权将正式无偿划转给宝武。新钢股份实控人变更为国务院国资委。为适应联合重组,新余钢铁集团组织架构进行大调整,增加职能部门分类,整合完善管理部门。

【仙女湖获批全国非遗旅游景区】 11月,2022年“全国非遗与旅游融合发展优选项目”名录公布,仙女湖风景名胜区入选。仙女湖景区推动非遗项目和景区融合,通过探索各种“非遗+旅游”融合模式,从2004年到2022年,共举办19届仙女湖七夕文化旅游节,此外,打造七夕民俗欢乐周、腊八冬捕鱼文化节等民俗节庆活动,将夏布绣、花鼓戏、推车灯、十样景、双狮舞等新余本地非遗项目引入景区。围绕七夕爱情元素,编排演绎节目《缘来仙女湖》,每晚在仙女湖景区七夕老街开展行进式演出。每年七夕节前后,仙女湖景区举办的仙女湖七夕文化旅游节均受游客关注。

【中国(新余)跨境电子商务综合试验区获批】 11月14日,国务院批复设立中国(新余)跨境电子商务综合试验区。新余市具有便利的交通和物流、较高的产业集聚度。新余跨境电商从业者近10万人,另有2万余名新余籍跨境电商从业者分散于全国各地,约占全市人口的1/12,占比居省内第一、全国前列。新余市电商从业者在京东开设2万多家店铺,大部分人员实现与跨境电商岗位互通。新余市与中国制造网、阿里巴巴、亚马逊、eBay、速卖通等第三方平台开展战略合作,截至2022年年底全市冠名“电子商务”字样的市场主体1186户,在线活跃店铺数量过万个,拥有1个国家级电商示范基地和2个省级电商示范基地以及9家省级电商示范企业。全市跨境电商企业大部分年均增长率超过50%,远高于其他行业增速。

主要领导 市委书记:蒋斌。市人大常委会主任:赖国根。市长:徐鸿。市政协主席:张家良。

(傅媛媛)

·分宜县·

【简 况】 位于江西省中部偏西,辖7个镇、3个乡、1个园区、2个街道办事处。总面积1391.76平方千米,其中城区面积18.02平方千米。耕地面积2万公顷,有林面积9.13万公顷,森林覆盖率64.31%。户籍人口33.76万人,常住人口27.55万人,非农业人口12.80万人;人口自然增长率0.43‰。2022年,地区生产总值230.05亿元,同比增长5.6%。其中,第一产业增加值23.8亿元,同比增长4.4%;第二产业增加值82.82亿元,同比增长6%;第三产业增加值123.43亿元,同比增长5.5%。财政总收入33.36亿元,同比增长8.9%,其中税收收入27.97亿元,同比增长8.7%,占财政总收入的83.8%。规模以上工业增加值同比增长9.6%。规模以上工业总产值254.14亿元,同比增长19%。固定资产投资增速同比增长12%。社会消费零售品总额90.79亿元,同比增长4.5%。进出口97.1亿元。实际利用外商投资1.98亿美元,同比增长8.62%。粮食总产量16万吨,同比下降9.8%。主要农产品及产量有油料作物9800吨、蔬菜9.78万吨、瓜果6.8万吨、肉类2.26万吨、生猪存栏15.26万头。城镇居民可支配收入40502元,同比增长4.3%;农村居民人均可支配收入23278元,同比增长5.5%。

【产业发展】 将“工业强县”作为首位战略,主动融入全省“2+6+N”现代产业体系,深耕光电信息、锂电新材料、装备制造三大产业赛道,构建工业发展“四梁八柱”。新增规模以上企业22家,规模以上工业营业收入、利润总额同比分别增长20%、86.3%,工业投资同比增长24.8%,战略性新兴产业、高新技术产业增加值占比突破50%。光电信息产业集群入选省级(培育)产业集群和数字经济集聚区,工业园区入选省级“两化”整合示范园区,盛泰精密光学、三余环保获评瞪羚企业,江锻重工获评全省先进非公有制企业,恩达科研项目获评全省科技进步三等奖。新增高标准农田3000公顷,地块流转率高于全省平均水平13.4个百分点。分宜县获得竹产业高质量发展项目县,全省农产品质量安全县级先行标杆,鸿启米业、钤阳米业入选“赣鄱正品”,菜东家、群健农牧入选省级农村物联网示范企业,程家坊村蔬菜种植和盆溪村文化旅游入选全省“万企兴万村”试验项目。获评全省文化产业重点县,双林夏布文化旅游景区入选全国乡村旅游精品路线。数字商务产业园开园。

【改革工作】 融媒体改革3.0版入选中宣部《新时代文化改革发展案例选编》,客货邮融合获省交通运输厅“交通运输行业规划及重大课题研究项目”,“大数据+”普惠金融在全省县域率先上线运行。投融资平台转型升级,推进零基预算、乡镇财政体制改革和营商环境改革,实行工程项目“321608”(政府投资类项目、社会投资仓储类和简易低风险项目、社会投资出让土地类中小型项目审批时限,分别压缩至32个、16个、8个工作日)审批机制,17项部门职能“一章审批”,51件商频事项“一事通办”,94项优惠政策“一窗兑现”,542项便民事项“异地通办”。

主要领导 县委书记:邹家洪。县人大常委会主任:胡瑜瑞。县长:谢洵。县政协主席:黄斯文。

(宋汉一)

·渝水区·

【简 况】 位于江西省中部偏西,辖7个镇、4个乡、6个街道办事处和1个省级经济开发区。总面积1177.95平方千米。耕地面积3.57万公顷,有林面积4.96万公顷;森林覆盖率40.2%。户籍人口90.02万人,常住人口92.73万人;人口自然增长率-0.7‰。2022年,地区生产总值754.5亿元(不包括新钢、高新区和仙女湖区管委会数据),同比增长4.5%。其中,第一产业增加值37.01亿元,同比增长4.5%;第二产业增加值337.56亿元,同比增长4%,第三产业增加值379.93亿元,同比增长5%。财政总收入20.74亿元,同比下降8.2%。税收收入46.41亿元,占财政总收入的90.98%。工业总产值825.57亿元,同比下降5.7%。固定资产投资320.9亿元,同比增长8.8%。规模以上工业增加值143.17亿元,同比增长5.6%。实际利用外资1.86亿美元,同比增长9.3%。实际引进省外2000万元以上的项目资金226.44亿元,同比增长9.1%。农业总产值62.47亿元,同比增长5.58%。粮食总产量28.54万吨。主要农产品及产量有油料1.02万吨、水果6.66万吨、蔬菜7.16万吨。社会消费品零售总额261.84亿元,同比增长5.7%。城镇居民可支配收入4.90万元,同比增长4.1%;农村居民人均可支配收入2.43万元,同比增长5.7%。

【地区生产总值首次过千亿元】 2022年,按照全省高质量发展考核办法,渝水区实现地区生产总值1022.1亿元(包括新钢、高新区和仙女湖区管委会数据),同比增长4.7%,成为全省第二个千亿元县区。2022年,渝水区着力构建“1+2+N”现代化工业经济体系,紧盯“三类”500强企业、瞄准粤港澳大湾区、长三角等重点招商区域,开展产业链招商,全年新签约项目93个,签约金额310.11亿元,引进“5020”项目3个。全口径争取上级资金23.84亿元,同比增长13%,争取专项债券项目12个,发债额度13.6亿元,同比增长334%;争取第一批政策性基金项目3个,获得基金投放2.36亿元。升级推进“项目大会战”,30个省大中型项目、66个市级重点项目超额完成年度投资任务,175个区级重点项目年度投资破百亿元、实现翻番。

【优化营商环境】 出台《2022年渝水区优化营商环境三十条措施》,聚焦打造一流市场环境、政务环境和法治环境,从企业开办、项目审批、要素保障、纳税服务、融资建设等方面,条目式列举具体举措,为市场主体提供政策、服务、土壤。线下做实"渝快办"。县级干部将办公室"搬"进办事大厅,直面群众诉求,现场为群众解决办事过程中遇到的"疑难杂症"。"渝快办"为群众解决"急难愁盼"2169件次,办结2150件次。线上做优"码上办"。依托精彩渝水、政务渝水微信公众号,构建"码上办"综合移动服务平台接入"赣政通"。"码上办"模块上线事项109项,办件量5183件次;"码上约"模块上线事项128项,预约办理144件次;"码上知"模块上线事项90项,其中低保查询131714件次、政协委员工作站收到反馈意见和建议数量42条。推出掌上"渝快办"平台。建立在网民、媒体和政府之间的网络问政平台,24小时倾听群众意见建议,解决群众急难愁盼问题。推行重大项目"容缺+承诺制"审批模式,制作办事指南二维码,梳理纳入跨部门"一照含证"系统许可事项41项,新增28项涉企行政许可事项网上申报流程,新增办件量3199件。全年渝水区新增市场主体8226户,其中公司3738家,同比增长31.88%。在全省营商环境综合评价中,渝水区由2021年的第16位提升至2022年的12位,位列第一梯队,被列为全省首批优化营商环境创新试点区。

【全省首家法院自建家庭学校成立】 2月16日,渝水区人民法院与江西南大心理咨询师职业技能培训中心共同成立"渝水区人民法院心岸家庭学校",并举行签约、揭牌仪式。"心岸家庭学校"有线上和线下两种服务方式,线下对当事人及其家庭成员开展沟通技巧、情绪控制、构建良好家庭关系和法治教育等辅导,并为其制定个性化的测试量表,通过学前、学中、学后评估测试,了解当事人转变轨迹、教育效果,为后期诉讼判决提供参考依据;线上在"知行365"平台上打造"新余市渝水区人民法院心岸家庭学校",发布视频、音频、文章课程,开设离婚冷静期训练营、离异家庭孩子训练营、民政干部训练营、社区干部训练营、法院法官训练营等特定人群训练营。

主要领导 区委书记:刘颖豪。区人大常委会主任:何智勇。区长:简华锋。区政协主席:徐徕水。

(杨智)

鹰潭市

【概 况】 位于江西省东北部,辖1个市、2个区、龙虎山风景名胜区、高新技术产业开发区、信江新区。总面积3560平方千米。耕地面积8.46万公顷,林地面积18.82万公顷;森林覆盖率56.69%。总人口115.58万人,人口自然增长率-0.16‰,城镇化率66.04%。2022年,地区生产总值1237.55亿元,同比增长4.9%。其中,第一产业增加值78.1亿元,同比增长3.8%;第二产业增加值649.92亿元,同比增长5.7%;第三产业增加值509.53亿元,同比增长4.1%。地方财政收入100.28亿元,同比增长8.3%;地方财政支出208.42亿元,同比增长10.5%。规模以上工业总产值3833.05亿元,增加值同比增长8.3%。主要工业产品及产量有电解铜129.26万吨、铜材170.48万吨、电线电缆203.6万千米、节能灯管1.44亿只。固定资产投资同比增长9.4%。进出口总额433.07亿元,同比增长0.3%。实际利用外资0.68亿美元,同比增长0.7%。实际引进省外资金550.53亿元,同比增长9.2%。农林牧渔业总产值128.89亿元。粮食总产量66万吨。主要农产品及产量有油料2.67万吨、水果7.83万吨、水产品5.7万吨、肉类12.2万吨。社会消费品零售总额423.22亿元,同比增长4.4%。城镇居民人均可支配收入4.38万元,同比增长4.3%;农村居民人均可支配收入2.19万元,同比增长5.8%。城乡居民年末储蓄余额823.74亿元,同比增长18.5%。

【举办2022"龙虎天下绝"龙虎山第三届半程马拉松赛】 11月6日,2022"龙虎天下绝"龙虎山第三届半程马拉松大赛在华泉小村鸣枪开赛。此次半程马拉松大赛设半程马拉松组(21.10千米)和欢乐跑(5千米)两个项目,以龙虎山华泉小村为出发点,途经排衙峰樱花大道、花语世界、新游线,终点为上清湾。为确保比赛顺利进行,龙虎山景区严格落实疫情防控要求,详细勘测大赛路线,科学规划赛道设置,合理安排保障队伍,为参赛选手提供全方位服务。来自全国各地的3000余名选手参加比赛。经过角逐,选手吴浩然以1小时8分04秒的成绩获得男子组第一名,赖晓斌、武瑞分别获得第二、三名;选手周晓晓以1小时22分10秒的成绩获得女子组第一名,尹国宾、郭小梅分别获第二、三名。

【全省"保护野生动物宣传月"活动在龙虎山景区启动】 11月8日,江西省"保护野生动物宣传月"活动启动仪式在龙虎山景区举行。此次活动由江西省林业局、鹰潭市人民政府、国家林业和草原局福州专员办(濒管办)主办。启动仪式上,主办方宣读中国野生动物保护协会、国家林业和草原局福州专员办(濒管办)贺电,播放全国劳动模范、中华秋沙鸭守护者肖冬样先进事迹,为江西省首届大学生观鸟赛授旗。志愿者学生代表宣读保护野生动物倡议书。活动期间,举办江西省首届大学生观鸟赛等相关宣传教育活动,引导全社会树立尊重自然、顺应自然、保护自然的生态文明理念。

【2022中国铜产业科技创新大会在鹰潭召开】 12月3日,以"科技助力'铜'谋发展"为主题的"2022中国铜产业科技创新大会"在鹰潭召开。大会采取"线上+线下"方式召开,采用主会场会议、分会场会议、展览展示等多种形式,交流研讨当前世界新局势环境下国内外铜产业在采、选、冶、加工、智能制造、可持续发展、工艺优化、废弃物管理和循环经济、市场和应用等方面的最新科研成果。

主要领导 市委书记:许南吉。市人大常委会主任:郭清。市长:张子建。市政协主席:黄云。

(杨保平)

·贵溪市·

【简　况】　位于江西省东北部,辖16个镇、4个乡、4个街道办事处、8个林场(垦殖场、园艺场)。总面积2493.02平方千米,其中城区面积40.76平方千米。耕地面积4.90万公顷,林地面积14.27万公顷;森林覆盖率64.45%,城区绿化率42.09%。总人口64.65万人,其中城镇人口22.82万人;人口自然增长率-1.5‰。2022年,地区生产总值641.78亿元,同比增长4.9%。其中,第一产业增加值41.91亿元,同比增长3.8%;第二产业增加值392.39亿元,同比增长5.8%;第三产业增加值207.48亿元,同比增长3.5%。财政总收入112.4亿元,同比增长30.5%,税收占财政总收入的89.8%。地方财政收入48.18亿元,同比增长16.5%;地方财政支出71.16亿元,同比增长13.5%。规模以上工业总产值2408.27亿元,同比增长14.7%。规模以上工业增加值同比增长8.1%;固定资产投资同比增长8%,实际利用外商投资1.73亿美元,同比增长7.83%。实际引进省外项目资金213.94亿元,同比增长9.47%。主要工业产品及产量有电解铜126.33万吨、铜材256.48万吨。农业总产值64.06亿元,同比增长4.2%。粮食总产量33.85万吨。主要农产品及产量有稻谷32.1万吨、小麦480吨、玉米2030吨、大豆4906吨。城镇居民人均可支配收入4.48万元,同比增长4.2%;农村居民人均可支配收入2.18万元,同比增长5.7%。城乡居民年末储蓄余额292.65亿元,同比增长15.91%。

【贵溪市首届乡村振兴文旅节暨油菜花海国风游园会召开】　3月8日,“大美金屯 穿越千年——贵溪市首届乡村振兴文旅节暨油菜花海国风游园会”在金屯镇渡坊水村召开。鹰潭市委宣传部常务副部长李文,贵溪市委副书记、市长潘磊,市政协主席侯剑锋等出席活动,并为活动开幕按下启动球。游园会通过以花为媒,开展“乡风·乡味·乡韵·乡情”系列观光赏花、特色演出等文旅活动,吸引市民、游客前来观光、游玩、消费。

【签约百亿元铜箔项目】　5月12日,贵溪市与诺德投资股份有限公司在鹰潭签约总投资100.56亿元、年产10万吨超薄锂电铜箔项目。项目分两期建成。这是贵溪市持续推进“主攻工业、招大引强”战略、实现重大项目新突破的成果,标志贵溪市百亿元级项目引进实现“零”的突破。该项目占地46.67公顷,建筑面积60多万平方米,主要生产3.5~8微米超薄锂电铜箔产品,运用于新能源汽车、3C行业、储能系统、航天等领域。

【抗旱减灾】　6—10月,贵溪市持续高温少雨天气,土壤失墒较重,农田旱情呈现蔓延趋势。全市受灾人口25.67万人,受旱面积2.46万公顷。其中,农作物受灾面积2.25万公顷,绝收面积0.27万公顷。因旱需生活救助人口1.2万人,直接经济损失3.70亿元。全市紧扣“保供水、稳生产”目标,聚焦“天上、地表、地下”,采取人工增雨、打井、提级取水、寻新水源、错时错峰分水等措施,全力抗旱保民生保生产。至10月底,全市灌溉打井415口、人饮打井97口,投入机动抗旱设备5800余台,开挖水渠421处165千米,开挖山塘增加库容120余万立方米,减少农业经济作物因旱损失近2亿元。适时开展秋冬种植,免费发放荞麦、大豆、油菜种子,补种面积超0.2万公顷。

主要领导　市委书记:毛建华。市人大常委会主任:毛建华。市长:潘磊。市政协主席:侯剑锋。

（杨华丽）

·余江区

【简　况】　位于江西省东北部,辖6个镇、5个乡、1个街道办事处。总面积931.15平方千米,其中城区面积23.3平方千米。耕地面积3.27万公顷,有林面积3.45万公顷;森林覆盖率40.65%,城区绿化率38.7%。总人口32.47万人,其中城镇人口14.56万人;人口自然增长率4.34‰。2022年,地区生产总值209.62亿元,同比增长3.9%。其中,第一产业增加值24.67亿元,同比增长3.9%;第二产业增加值103.26亿元,同比增长7.2%;第三产业增加值81.69亿元,同比增长4%。财政总收入32.72亿元,增幅4.5%,税收占财政总收入的87.9%。一般公共预算收入14.55亿元,同比下降3.8%;公共财政预算支出40.91亿元,同比增长5.9%。工业总产值387.75亿元,同比增长16.7%。规模以上工业增加值同比增长9.3%。外贸出口30.27亿元。固定资产投资同比增长14%。实际利用外商投资1832亿美元。主要工业产品及产量有铜材22.46万吨、服装35.7万件、眼镜成镜4232.31万副。农业总产值47.78亿元,同比增长4.2%。生猪存栏47.11万头。城镇居民人均可支配收入4.14万元,同比增长4.5%;农村居民人均可支配收入2.33万元,同比增长6.7%。城乡居民年末储蓄余额187.05亿元,同比增长19.31%。

【宅基地改造】　2022年,余江区结合191项改革试点,统筹宅改和全国城乡融合发展试验区建设试点、全国乡村治理体系建设试点、全国农村乱占耕地建房(住宅类房屋)专项整治试点等26项全国性改革试点,整合人员、资金、项目、政策,做好“宅改促融合”“宅改促治理”等特色文章,聚焦农村宅基地“三权分置”,围绕“九项任务”巩固深化试点,集成推进制度机制建设,激发群众内生动力,系统推进宅基地改造工作。出台《关于规范组级农村集体经济合作社对宅基地管理权责的通知》等8项制度办法,累计形成60余项长效管用的制度成果。《江西鹰潭市把宅改工作融入乡村振兴大局、奋力打造“余江宅改升级版”》被中共中央办公厅专报刊登。

【创建“数字农权+普惠金融”平台】

2022年,余江区紧扣国家城乡融合发展试验区,打造农村产权抵押担保权能新标杆,通过数字技术把产权要素与资金要素相结合,建成“数字农权+普惠金融”平台,引导资金进农村,助力乡村产业发展,推动村级集体经济发展和农民持续增收,促进城乡融合。平台通过云计算、大数据、

AI规则引擎、区块链存证等相关技术,将政府机构、金融机构、第三方平台进行有效整合,通过数字农村综合服务站智慧大屏、移动端农权易贷微信小程序,将抵押担保贷款服务直达村民,解决乡村振兴的资金问题。区政府、区农业投资有限公司、深圳市瀛策科技有限公司联合中国工商银行余江支行等5家国有银行进行战略合作签约,出台《余江区农村产权融资管理暂行办法》。至年末,平台共授信135笔12.88亿元,发放94笔2237万元涉农经营主体农权抵押贷款。

【余信贵大道余江段通车】 11月24日,余信贵大道余江段通车。余信贵大道余江段工程包括余信贵大道新建工程和沪昆高速余江连接线拓宽改造工程两部分,项目总投资8.6亿元,共有大、中桥梁6座。余信贵大道新建工程路线全长18.43千米,路面宽24.5米,双向四车道,设计时速80千米。

主要领导 区委书记:罗卫国。区人大常委会主任:金建华。区长:方淼滨。区政协主席:黄贵开。

(汤淑英)

·月湖区·

【简　况】 位于江西省东北部,辖1个镇、5个街道办事处。总面积88.79平方千米。耕地面积2040.27公顷,有林面积1501.92公顷;森林覆盖率25.9%,城区绿化率39%。总人口20.66万人,其中城镇人口19.64万人;人口自然增长率-0.31‰。2022年,地区生产总值183.2亿元,同比增长4.7%。其中,第一产业增加值2.33亿元,同比增长3.4%;第二产业增加值33.29亿元,同比增长4.7%;第三产业增加值147.58亿元,同比增长4.7%。财政总收入13.98亿元,同比增长1.2%;税收占财政总收入的73.4%,同比减少7.4%。地方财政收入7.64亿元,同比减少1.7%;地方财政支出18.07亿元,同比增长12.8%。工业总产值42.70亿元,同比减少6.9%。规模以上工业增加值同比增长8.3%。外贸出口占地区生产总值的1.5%。固定资产投资同比增长8.7%。实际利用外商投资2141万美元。农业总产值16.44亿元,同比增长4.2%。粮食总产量2.58万吨。主要农产品及产量有蔬菜0.51万吨、生猪2.68万头、水产2161吨。城镇居民人均可支配收入4.76万元,同比增长4.2%。农村居民人均可支配收入2.32万元,同比增长5.8%。城乡居民年末储蓄余额638.26亿元,同比增长15.00%。

【义务教育】 2022年,月湖区累计投入约15亿元,新(改、扩)建初中4所、小学9所、幼儿园11所,新增学前教育学位2000个、义务教育学位13125个,"乡村弱、城镇挤""择校热、大班额"等突出问题得到缓解。制定《月湖区义务教育学校教师"县管校聘"编制管理体制改革实施办法》等改革性文件,累计选派125名教师到农村学校和教学薄弱学校进行援教。在全区各校增开19个素养提升课程。全区18所中小学校相继开展科普阅读周、人工智能讲座、科学探索等活动。创建基础教育内涵建设项目12个。在全国青少年科技创新大赛、青少年机器人大赛等科技竞赛活动中,18所学校、130多件作品共获各类奖项90余个。市三中、市六小等6所学校被评为"全国足球特色学校",市四小被评为"江西省绿色学校",市一小被评为"全国少年银鹰军校"。

【居家养老服务体系建设】 推进具有本地特色的"1+6+N"居家和社区养老服务体系建设,即建设1个区级医养综合服务中心,6个镇(街道)级综合服务中心,N个村(社区)养老服务中心,实现区、镇(街道)、村(社区)三级医养服务设施全覆盖。2022年,筹措资金1.81亿元用于医养服务场所建设,建成48家社区居家医养服务中心,12家农村互助养老服务中心,7家社区嵌入式医养服务中心;新增日托、全托养老床位400余张,建成城乡便捷化社区助餐点32个(助餐中央厨房6个、老年中心食堂26个),每月服务老人约6万人次。统一悬挂"'老邻居·一家亲'居家养老服务中心"标识牌;统一规划设计养老服务中心的功能和配置活动设备设施;统一运营方式及补贴标准。全区所有站点运营招标引进专业集团公司,实行品牌连锁运营和标准化管理。采集老年人服务基础数据3.08万条并录入系统。

【拆除违章蓝皮棚百日攻坚行动】 2022年,开展拆除违章蓝皮棚百日攻坚行动。成立专项工作领导小组,层层压实责任,明确工作目标。发挥"一网四员"作用,将辖区内违建蓝皮

3月8日,月湖区莲花社区西湖路90号蓝皮棚正在被拆除

月湖区党史(地方志)办公室供

棚的详细信息登记造册,做到发现一处、动员一处、拆除一处,确保违章搭建零增长。全年全区累计拆除蓝皮棚2.65万平方米,涉及居民278户。

主要领导 区委书记:敖捷。区人大常委会主任:朱淑英。区长:方璐。区政协主席:曾文锋。

(施海燕)

赣州市

【概 况】 位于江西省南部,辖13个县、2个市、3个区,设有赣州经济技术开发区、蓉江新区、赣州高新区3个功能区。总面积3.94万平方千米,森林覆盖率76.2%。户籍人口986.23万人,其中城镇人口348.84万人。常住人口898.81万人,其中城镇人口512.34万人。2022年,地区生产总值4523.63亿元,同比增长5.2%。其中,第一产业增加值450.83亿元,同比增长3.8%;第二产业增加值1822.59亿元,同比增长6.6%;第三产业增加值2250.21亿元,同比增长4.5%。一般公共预算收入306.06亿元,同比增长4.1%。其中,税收收入174.52亿元,同比下降12.8%。一般公共预算支出1027.65亿元,同比增长6.9%。规模以上工业增加值同比增长8.8%。货物进出口总额1033.09亿元,同比增长39.9%。其中,进口额208.98亿元,同比增长29%;出口额824.11亿元,同比增长43%。固定资产投资同比增长9.7%。实际利用外资3.73亿美元,同比增长4.3%。利用省外2000万元以上项目资金1200.42亿元,同比增长9.8%。主要工业产品及产量有锂离子电池2.67亿只、家具4077.93万件、发电量260.72亿千瓦时、烧碱48.43万吨、10种有色金属7.55万吨。农林牧渔总产值736.85亿元,同比增长4.2%。粮食总产量257.48万吨。主要农产品及产量有蔬菜429.28万吨、水果213.60万吨、肉类87.93万吨、水产品32.90万吨。城镇居民人均可支配收入4.22万元,同比增长5.2%;农村居民人均可支配收入1.59万元,同比增长8.3%。

【现代农业发展】 赣州市坚持优势区域发展优势产业,推进农业供给侧结构性改革,构建"1+3+N"(稳定发展粮食生产,做大做强脐橙、蔬菜、油茶三大农业首位产业,因地制宜培育N个特色农业产业)现代农业产业体系。全年,新建高标准农田4.21万公顷,粮食生产实现"19连丰";冬播油菜2.8万公顷,同比增长37%;生猪出栏保持在660万头以上;新增脐橙4000公顷,赣南脐橙连续8年位居全国水果类地理标志产品价值榜首;新建设施蔬菜基地3373.33公顷,新增大湾区菜篮子生产基地36家、24个产品获"圳品"认证、均居全省第1;改造提升油茶林1.35万公顷,承办首届江西油茶文化节,获批建设赣南茶油地理标志产品保护示范区,赣南茶油上榜国家区域品牌百强榜第49名、前进5名;引进开工投资超5000万元农产品加工项目25个。

【省域副中心城市建设】 2022年,赣州市推进"六个区域性中心"(省域金融次中心、区域性商贸物流中心、文化旅游中心、教育中心、医疗养老中心、科研创新中心)建设,推动城市能级提升,被评为全国城市体检样本城市。年内,蓉江三路快速路通车,启动三江口片区、高铁新区、蓉江新区基础设施建设,推进中心城区生活污水治理厂网一体化项目;新改建污水管网225千米,完成中心城区老旧燃气管网改造110千米,新增12个县(市)通管道天然气;完成城市棚户区改造1.88万户,改造老旧小区151个,建设保障性租赁住房1.67万套;瑞梅铁路、梅江灌区等重大项目开工建设,兴泉铁路、大广高速复线、寻龙高速建成通车。全年城市能级提升行动399个项目全部开工,年度计划投资998.63亿元,完成投资1266.57亿元,完成投资率126.83%;竣工项目159个、竣工率101.27%。

【开创"赣深组合港"模式】 赣州市深化赣州国际陆港与深圳盐田港合作,常态化运营赣深组合港,在全国首创"跨省、跨关区、跨陆海港"通关新模式,为企业节约物流时间成本40%、物流资金成本30%。"赣深组合港"模式将深圳出海口延伸至赣州国际陆港,盐田港的海关闸口、码头堆场从功能上前移到赣州国际陆港,推动赣州货物经盐田港进出"一次报关、一次查验、一次放行",做到从赣州国际陆港申报通关,盐田港直装直提,实现同港同价、同等效率。开通赣深城际高速货运"融湾号"班列,与达飞轮船(中国)公司签订铁海联运全程提单(CCA)模式合作协议,开通内陆地区首趟全程提单班列,开创"全程提单、一票到底,赣州报关、沿海验放"的国际物流及贸易创新模式,全程运行时间由12小时压缩至6小时,实现货运班列公交化、快捷化。

12月,赣南采茶戏《一个人的长征》获中宣部第十六届精神文明建设"五个一工程"戏剧类"优秀作品奖"

赣州市地方志研究室供

【赣南采茶戏《一个人的长征》获“五个一工程”奖】 12月，由中共赣州市委宣传部、赣州市文化广电新闻出版旅游局出品，赣南艺术创作研究所创演的赣南采茶戏《一个人的长征》获中宣部第十六届精神文明建设“五个一工程”戏剧类“优秀作品奖”。该剧由剧作家盛和煜担任编剧，戏剧导演张曼君担任导演，“梅花奖”获得者杨俊担任主演。《一个人的长征》主要讲述中央红军长征时期，赣南地区一个名叫“骡子”的青年马夫参加苏区中央银行马队，在湘江战役时所赶的黑骡子被炸死，大量黄金掉落，他不为所动、坚守承诺，在红军战士掩护下，携带黄金孤身突围，独自踏上追赶红军部队的艰险路程的故事。该剧先后入选庆祝中国共产党成立100周年优秀舞台艺术作品展演剧目等4项国家级扶持(展演)项目，其中入选的《国家艺术基金庆祝中国共产党成立100周年大型舞台剧和作品主题创作资助项目》列戏曲类排名第1，为江西省唯一入选戏剧。

【赣州市入选首批中国精品年鉴区域试点单位】 10月10日，中国地方志指导小组办公室印发《关于公布首批中国精品年鉴区域试点单位的通知》，赣州市入选成为全国首批9家精品年鉴区域试点单位之一，为江西省唯一试点单位。赣州市按照“总结经验，以市带县；重点指导，以点带面；县级互评，互鉴提升；定期督查，全面推进”创建路径，探索《赣州年鉴(2020)》《安远年鉴(2021)》创建精品年鉴经验，按照“每年创建一部、培育1~2部、储备2~3部”的方法步骤，分梯次推进，推动形成精品年鉴创建区域联动的“赣州模式”。

【稀土新材料及应用集群获评国家级先进制造业集群】 11月24日，工业和信息化部在江苏无锡召开国家先进制造业集群现场会，公布45个国家先进制造业集群名单，赣州市稀土新材料及应用集群入选成为江西省首个国家级先进制造业产业集群。赣州是离子吸附型稀土资源发现地、命名地和开采工艺发明地，中重稀土资源储量占全国80%，占全世界60%以上，中重稀土产品供应量占全国50%以上，产业规模占全国1/3，是全国乃至全世界最重要的稀土新材料及应用产业集聚区。

主要领导 市委书记：吴忠琼。市人大常委会主任：赵多仙。市长：万凯(5月，因涉嫌严重违纪违法接受省纪委省监委纪律审查和监察调查；2023年4月，被开除党籍和公职)、李克坚(7月代，8月任)。市政协主席：徐兵。

(周俊)

·章贡区·

【简　况】 位于江西省南部，辖4个镇、6个街道办事处。总面积351.3平方千米。森林覆盖率60%以上。常住人口70.83万人。户籍人口56.12万人，其中城镇人口52.28万人；人口自然增长率2.49‰。2022年，地区生产总值661.02亿元，同比增长5.8%。其中，第一产业增加值4.2亿元，同比增长2.3%；第二产业增加值246.92亿元，同比增长7.3%；第三产业增加值409.9亿元，同比增长5.1%。一般公共预算收入22.59亿元，同比增长8.7%，其中税收收入占一般公共预算收入的62.1%。一般公共预算支出45.61亿元，同比增长15.5%。规模以上工业增加值同比增长9%，500万元以上固定资产同比增长9.9%。进出口总额93.07亿元，其中出口总额70.99亿元，同比增长38.1%。利用省外2000万元以上项目资金102.56亿元，同比增长9.9%；实际利用外资0.31亿美元。农林牧渔业实现增加值4.4亿元，同比增长3%。粮食总产量2.31万吨。主要农产品及产量有园林水果2216吨、水产品2085吨。社会消费品零售总额417.9亿元，同比增长6.4%。城镇居民人均可支配收入5.17万元，同比增长6.1%；农村居民人均可支配收入2.26万元，同比增长8.1%。金融机构各项存款余额2445.59亿元，同比增长14.62%；金融机构各项贷款余额2655.28亿元，同比增长9.22%。

【“一区四中心”建设】 章贡区上榜2022年全省唯一的全国综合实力百强区。建设区域科技和数字创新中心，打造“国字号”科研平台6个、省级科创平台载体42个。入库国家科技型中小企业208家，29家企业通过2022年度高新技术企业认定，3家企业被评为2022年瞪羚(潜在瞪羚)企业，2项科技成果获省科技进步二等奖，被列为国家知识产权强县建设试点县(区)。数字经济电子信息产业营业收入增长10%，线路板产业集群获评全国2022年度中小企业特色产业集群，数字经济产业园入选全省首批数字经济产业集聚区、省级现代服务业集聚区，省级信息安全产业园开园，全省首个信创联盟挂牌运行。稀土及新材料产业营业收入增长30%，中国稀土国际贸易公司开票运营，虔东稀土获批全省稀土行业唯一国家级企业中心。建设大健康产业中心，医药健康产业营业收入增长15%，联合空军军医大学共建全国重点实验室，赣南创新与转化医学研究院获评省级新型研发机构，中国生物、国药器械等头部企业落地，模式动物工程研究中心快速推进，威高二期、海尔医疗竣工建成。建设文旅消费中心，获评全省文化产业重点县(市、区)。方特二期、极地海洋世界二期开工建设，联三坊开街，七鲤古镇项目基本建成，江南宋城获评首批国家级夜间文化和旅游消费集聚区，举办第五届章贡文化旅游系列活动，全年接待游客数量、旅游收入同比分别增长11%、12.3%。建设金融商务中心，培育本土首家上市公司逸豪新材，迁址引进上市公司五矿稀土。推进普惠金融改革试验区，引进工银安盛保险、华福证券等3家金融机构。并购基金园新增企业188家，总部经济及并购基金园实现税收7.72亿元。产业引导母基金启动运作。

【赣州逸豪新材料股份有限公司上市】 9月28日，赣州逸豪新材料股份有限公司(简称逸豪新材)在赣州以线上直播方式，登陆深圳证券交易所上市，这是章贡区本土培育的首家境内上市企业，也是赣州首家A股上市的电子信息企业。市委副书记、市长李克坚，逸豪新材董事长、总经理张剑萌，江西证监局局长匡晓凤，逸豪新材董事张信宸共同为逸豪新材敲钟开市。省金融监管局党组成员、副局长万良顺,市委常委、常务副市长胡剑飞,市政协副主席、市财政局局长朱敏等出席。区委书记连天浪出席并致辞,区委副书记、区长刘志怀,区领导吕浩泳、邱瑛、曾小英、曾小荣等出席。赣州逸豪新材料股份有限公司成立于2003年10月,位于章贡高新区水西产业园内,是一家以生产高精度电解铜箔、铝基覆铜板、PCB线路板为主的高新技术企业。该公司深耕电子电路铜箔行业20余年,与生益科技、南亚新材、健鼎科技、景旺电子、胜宏科技、崇达技术、五株科技、世运电路等行业内知名企业建立稳定的合作关系。2021年,企业实现营业收入12.7亿元,净利润1.62亿元。

主要领导 区委书记:连天浪。区人大常委会主任:黄华。区长:刘志怀。区政协主席:杨忠万。

(张凤)

·赣县区·

【简 况】 位于江西省南部,辖12个镇、7个乡。总面积2993.09平方千米,其中建城区面积26.14平方千米。耕地面积2.15万公顷,林地面积23.16万公顷;森林覆盖率76.16%,城区绿地率44.59%。常住人口57.71万人。户籍人口66.22万人,其中农村人口49.44万人,城镇人口16.78万人;户籍人口自然增长率4.8‰。2022年,地区生产总值263.18亿元,同比增长5.4%。其中,第一产业增加值26.27亿元,同比增长3.9%;第二产业增加值85.71亿元,同比增长8%;第三产业增加值151.2亿元,同比增长4.3%。财政总收入27.57亿元,同比增长6.3%;地方财政支出56.56亿元,同比增长14.7%。一般公共预算收入增长12.9%。规模以上工业营业收入440.55亿元,同比增长23.3%。规模以上工业增加值增长9.4%。固定资产投资增长11%。外贸进出口总额增长48.7%。社会消费品零售总额104.78亿元,同比增长4.8%。城镇居民人均可支配收入3.85万元,同比增长5.9%;农村居民人均可支配收入1.59万元,同比增长10%。

【工业发展】 2022年,全区工业营业收入突破450亿元,同比增长25%。腾远钴业成功上市,吉锐新能源获评“潜在独角兽企业”。科技成果转化落地,签约引进项目7个,其中院士项目3个。举办首届“中国稀金谷”永磁电机产业云上推介会、中国(赣州)永磁电机产业创新发展大会。稀金新材料产业园获批,寒锐钴业、吉锐新能源等20个项目竣工投产,腾远钴业二期、江钨产业园等27个项目加速推进;新增规模以上工业企业23家,总数145家,营业收入超50亿元企业2家、超10亿元企业突破10家;首位产业集聚度73.5%,稀土永磁材料成为全国重要生产基地。新建5G基站661个,新增上云企业1106家,获批省级大数据示范企业2家、两化融合示范企业4家。

【城乡建设】 杨仙大道西延、梅林大街西延建成通车,赣南大道快速路三标、华能大道、赣县东出入口改造加快推进;完成社区增设挂牌8个;新增21路、优化11路、100路、127路公交线路;完成棚改安置1108户,新建保障性租赁住房1000套,首批104套人才住房交付使用,新增车位2242个、厕位1013个、雨污管网25千米;完成102个老旧小区改造,累计投入资金4.78亿元,惠及居民近2万余户。完成35个重点村庄规划编制。完成191个新农村建设点建设,建成农村生活污水处理设施34个,农村卫生厕所普及率95%以上;兴修农田水渠210千米、水陂54座;安装农村路灯1.36万盏。完成水土流失治理34.01平方千米、废弃矿山修复31.1公顷、低质低效林改造3526.67公顷;PM2.5浓度18微克/立方米;6个国(省)考断面水质优良比例100%,受污染耕地安全利用率、建设用地地块安全利用率100%。

【农林水利】 新增设施蔬菜168.67公顷、脐橙140公顷,新种改造油茶1620公顷,生猪出栏48.8万头,湖羊出栏2.3万头;建成粤港澳大湾区菜篮子基地2个,新增富硒农产品认证65个,培育高标准富硒产业基地4个、全国名特优新农产品3个、“江西名牌”农产品2个。划定永久基本农田2.05万公顷,划定生态保护红线6.19万公顷,划定城镇开发边界面积5460公顷,新增可用建设用地空间1353.33公顷。平江灌区、茅店枢纽、凯悦电站纳入国家水网规划,实现国家级重大水利项目“零的突破”。高标准农田建设获全省绩效评价二等奖。

主要领导 区委书记:廖永平。区人大常委会主任:潘少平。区长:刘文彦。区政协主席:廖新宇。

(朱祥福)

·南康区·

【简 况】 位于江西省南部,辖10个镇、6个乡、2个街道办事处。总面积1623.02平方千米,其中城区面积80.20平方千米。耕地面积2.47万公顷,有林面积10.32万公顷;森林覆盖率58.4%。户籍人口77.68万人,其中城镇人口28.74万人;人口自然增长率1.54‰。2022年,地区生产总值443.90亿元,同比增长5.7%。其中,第一产业增加值28.17亿元,同比增长4.3%;第二产业增加值193.17亿元,同比增长7%;第三产业增加值222.56亿元,同比增长4.8%。财政总收入42.18亿元,同比增长1.1%。一般公共预算收入25.58亿元,同比增长3.1%;一般公共预算支出70.97亿元,同比下降5.7%。规模以上工业总产值589.79亿元,同比增长2.8%。外贸出口占地区生产总值13.98%。固定资产投资增长15.4%。实际利用外商投资4.54亿美元,同比增长194%。利用省外2000万元以上项目资金80.57亿元,同比增长9.9%。进出口总额112亿元,同比增长63%。粮食总产量19.54万吨。主要农产品及产量有水稻18.07万吨,花生1.78万吨,生猪出栏84.4万头、存栏45万头。社会消费品零售总额213.69亿元,同比增长5.2%。城镇居民人均可支配收入4.11万元,同比增长5.7%;农村居民人均可支配收入1.62万元,同比增长8.1%。金融机构本外币各项存款余额605.48亿元,同比增长13.6%;金融机构本外币各项贷款余额 699.76 亿元，同比增长 12.9%。

【推动双向开放】 主动服务和融入新发展格局，扩大开放。与德国威廉港签订合作协议，在海外仓、多式联运等方面开展战略合作。与法国达飞轮船、中远海运合作，开行铁海联运全程提单班列。新开行中老国际班列、至罗马尼亚中欧班列、中欧班列冷链专列、出口新能源汽车专列，开通赣深城际高速货运班列“融湾号”，“赣穗组合港”运营。开行中欧（亚）班列 259 列，铁海联运“三同”班列 1730 列，增长 8.9%，内贸班列 1810 列，同比增长 10.7%，铁路集装箱吞吐量突破 24 万标箱，同比增长 9.2%。陆港营业收入突破 34 亿元，是上年 3.5 倍，资产总额突破 80 亿元，取得 AA 主体信用评级。在欧洲、日韩、美国设立海外仓 7 个，跨境电商货物进出口量突破 2000 万票（件）、出口额 21.8 亿元。新增外贸备案企业 152 家，总数 847 家，全省前列；出口退税企业从 42 家增长到 100 多家，退税金额 4.8 亿元，同比增长 100%。外贸进出口总额首次突破 100 亿元，同比增长 62%。

【南康区普惠金融服务中心运营】 6 月 17 日，南康区普惠金融服务中心运营。该中心对标大湾区，按照“政府主导、监管推动、金融参与、多方聚力”原则打造，中心设有五大功能专区，由政府派驻专业金融服务团队，率先推广运用赣州银保监分局开发“普惠易融”信息平台，聚焦“融资难、融资贵、融资慢”问题，为中小微企业、个体工商户和社会公众提供政策宣传、信贷对接、融资增信、信用服务、咨询培训等“一站式”金融服务，助力改革和发展双“一号工程”。至年底，中心专属信息平台直接连接政务信息查询端口，涵盖 33 项个人信息、28 项企业信息，经市场主体授权可与融资申请一并转送银行机构，帮助提升申贷成功率；累计为 581 户市场主体 10.11 亿元贷款提供政府增信支持；为 3505 户市场主体“建档立卡”；506 户市场主体通过中心信息平台申办贷款，累计获得授信 2.98 亿元。

【南康区与江西财经大学签订战略合作框架协议】 7 月 26 日，南康区与江西财经大学初步达成合作办学意向；9 月 7 日，双方签订战略合作框架协议，明确双方共建赣州研究院、赣州现代产业学院项目。10 月 11 日，赣州市与江西财经大学签订战略合作协议，将联合办学上升为赣州市战略。江西财经大学赣州研究院选址在南康区金融中心 10 号楼第 24、25 层，另预留两层备用，拟设立数字设计研究中心、产业发展与企业战略研究中心等 5 个研究中心，每年可培养全日制研究生 200～300 人。同时，初步规划在数创新城板块建设江西财经大学数字设计现代产业学院，一期建设 20 公顷，二期合计建设面积 40 公顷，拟开设金融财会、物流管理、国际贸易、电子商务以及产品设计和智能制造相关专业，每年可培养全日制本科生 1000 人，将为南康现代家居等“1＋2＋N”产业集群发展提供人才、智力和项目支撑。

主要领导 区委书记：何善锦。区人大常委会主任：赖彦辰。区长：李赣兴。区政协主席：钟恢森。

（黎庆愉）

·信丰县·

【简　况】 位于江西省南部，辖 13 个镇、3 个乡、1 个城市社区党工委、1 个高新技术产业园区。总面积 2866.04 平方千米。耕地面积 4.36 万公顷，森林覆盖 70.33%。户籍人口 78.08 万人，其中非农业人口 22.54 万人。常住人口 67.83 万人。2022 年，地区生产总值 300.01 亿元，同比增长 5.5%。其中，第一产业增加值 45.4 亿元，同比增长 4.1%；第二产业增加值 119.65 亿元，同比增长 6.8%；第三产业增加值 134.96 亿元，同比增长 5%。一般公共预算收入 15.96 亿元，同比增长 5.5%。固定资产投资增速 11.9%。实际利用外资 1955 万美元，同比下降 19.6%；实际利用省外资金 75.21 亿元。工业总产值 329.4 亿元，同比增长 19.6%；规模以上工业增加值增速 8.8%。规模以上工业企业营业收入 326.3 亿元，同比增长 17.6%。主要工业产品及产量有水泥 402.6 万吨。农业总产值 77.88 亿元，同比增长 4.4%。粮食总产量 22.95 万吨。主要农产品及产量有蔬菜 65.30 万吨，脐橙 22 万吨，油菜 3242 吨，生猪存栏 48.40 万头、出栏 87.15 万头。社会消费品零售总额 65.8 亿元，同比增长 5.9%。城镇居民人均可支配收入 3.98 万元，同比增长 5.8%；农村居民人均可支配收入 1.90 万元，同比增长 8.1%。金融机构期末存款余额 416 亿元，同比增长 7.7%；金融机构期末贷款余额 413 亿元，同比增长 15.9%。

【信丰电厂 2 台机组投入运营】 3 月 24 日，信丰电厂 1 号机组完成 168 小时满负荷试运行正式投入运营。6 月 28 日，2 号机组投入运营。信丰电厂项目是国家能源局对口支援赣南苏区振兴发展的重大能源项目，2020 年 3 月动工兴建，一期工程总投资 50 亿元，建设 2 台 660 兆瓦国产超超临界清洁燃煤发电机组，是华中地区首次采用辅机单系列设计的 660 兆瓦超超临界火电机组。该项目双机组建成投运后，有利于改善江西电网末端大型电源点支撑不足局面，提升赣南地区电力保障水平。

【江西信丰深度融入大湾区数字经济产业合作推介会在深圳举行】 6 月 17 日，“湾区腹地 奔跑信丰 未来之城”——江西信丰深度融入大湾区数字经济产业合作推介会在深圳举行。推介会现场签约项目 36 个，签约金额 522 亿元，涉及电子信息、新能源、装备制造、新材料项目、智能终端等领域，其中 100 亿元项目 1 个、50 亿元项目 2 个、20 亿元至 50 亿元项目 8 个、10 亿元至 20 亿元项目 7 个。同时，签约招才引智项目 3 个，与电子科技大学、东莞同济大学研究院、清华大学水木深研创业研究院等高校、科研院所达成战略合作。

【2022 赣南脐橙国际博览会在信丰开幕】 11 月 26 日，以“世界橙乡更美好 共创赣南新未来”为主题的 2022 赣南脐橙国际博览会在信丰开幕。该博览会由省农业农村厅、省商务厅、赣州市政府主办。博览会包括赣

南脐橙(北京、深圳)文化周、赣南脐橙维权打假、赣南脐橙采摘旅游季、赣南脐橙网络博览会、信丰县第十五届脐橙果品质量评比、国际美食节等系列活动。部分活动持续到2023年3月。活动现场,举行项目签约仪式,信丰、安远、赣县等县(市、区)签约一批脐橙产业项目。与会人员参观以赣南脐橙为主的优良品种展示、优质果品、农特产品、龙头企业品牌展销、国际水果展及电商直播等。

主要领导 县委书记:袁炎。县人大常委会主任:何文庆。县长:张琳。县政协主席:温岩松。

(罗才胜)

·大余县·

【简　况】 位于江西省西南部,辖8个镇、3个乡、1个城市社区管委会。总面积1343.67平方千米。耕地面积1.30万公顷,森林覆盖率77.42%。常住人口26.44万人。户籍人口30.11万人,其中城镇人口15.00万人;人口出生率0.63‰。2022年,地区生产总值136.12亿元,同比增长5.3%。其中,第一产业增加值15.47亿元,同比增长3.8%;第二产业增加值60.06亿元,同比增长7.2%;第三产业增加值60.59亿元,同比增长4%。一般公共预算收入9.31亿元,同比增长0.7%;一般公共预算支出29.15亿元,同比下降3.3%。500万元以上固定资产投资增长9.7%,实际利用外商直接投资598万美元,同比增长15.9%。农林牧渔总产值25.45万元,同比增长4.3%。粮食总产量9.03万吨。社会消费品零售额59.69亿元,同比增长4.3%。城镇居民人均可支配收入3.60万元,同比增长4.3%;农村居民人均可支配收入1.66万元,同比增长7.1%。金融机构存款余额179.23亿元,同比增长13.5%;金融机构贷款159.87亿元,同比增长5.6%。

【主攻工业】 全年工业增加值、规上营收、利润总额、工业税收、工业固投保持两位数同比增长,新增工业规模以上企业18家。推进数字经济做优做强"一号发展工程",发展钨及有色金属、锂电新能源、微纳粉体新材料3个。坚持龙头带动和梯度培育,盛源新材、中科锂业等龙头企业营业收入实现新突破,54家企业备案国家科技型中小企业,7家企业入库高新技术企业。翔鹭钨业被认定为国家专精特新"小巨人"企业,悦安新材被认定为国家第六批制造业单项冠军,富华米业被列入2022年省级工业互联网平台培育名单,以上3家企业均被评为省级两化融合示范企业,并通过国家智能制造能力成熟度二级评估。其中,翔暨钨业、富华米业获评市智能制造示范(标杆)企业,盛源新材、东宏锡制品、松瀛化工、南安板鸭、长立建筑获省专精特新中小企业,盛源新材智能制造技术改造项目获批省工业发展专项项目,超弦光电获批建设市级专家工作站。

【大余县第二中学项目举行开工仪式】 7月25日,大余县第二中学项目举行开工仪式。县人大常委会主任邓金健致辞并宣布项目开工,县政协主席沈宝春,县委常委、县纪委书记、县监委主任王加卿,县委常委、常务副县长刘耿,县领导廖君侦、江志林、周红英等出席开工仪式。大余县第二中学位于黄龙镇庾岭大道北侧、荣兴路西侧,占地面积16.67公顷。总建筑面积约11万平方米,总投资5.2亿元。新校区按照"品牌特色化、教学人本化、信息智能化、山水园林化"理念进行规划建设,新建综合楼、实验楼、教学楼、图书馆、体育馆、食堂、学生宿舍、教师宿舍及体育设施等,并配套建设校园内道路、景观、给排水等配套设施。该项目建成后,有利于解决大余县高中学位不足、办学条件不达标、大班额等问题,推进县域教育优质均衡发展。

【南方红军三年游击战争胜利暨新四军组建85周年理论研讨会举行】 8月30—31日,南方红军三年游击战争胜利暨新四军组建85周年理论研讨会在大余及信丰举行。研讨会以"弘扬南方红军三年游击战争的革命精神,奋进新征程,建功新时代"为主题,回顾南方红军三年游击战争和新四军的光辉历史,总结南方红军三年游击战争历史经验,研讨南方红军三年游击战争革命精神的基本内涵和时代价值。党史军史专家、中国新四军研究会领导、各省市新四军研究会代表、新四军老战士代表等共260余人参加。会议期间,与会嘉宾观看大型采茶戏《梅岭 梅岭》,参观考察南方红军三年游击战争纪念馆、陈毅同志旧居、梅关等红色展馆、革命旧址。

主要领导 县委书记:韩相云。县人大常委会主任:邓金健。县长:曾志平。县政协主席:沈宝春。

(叶研)

·上犹县·

【简　况】 位于江西省西南部,辖6个镇、8个乡和1个城市社区管理委员会。总面积1543平方千米。耕地面积8666.7公顷,森林面积1.2万公顷;森林覆盖率81.8%。户籍人口32.11万人,常住人口26.89万人;人口自然增长率3.6‰。2022年,地区生产总值112.45亿元,同比增长4.8%。其中,第一产业增加值16.56亿元,同比增长3.7%;第二产业增加值45.18亿元,同比增长6.5%,第三产业增加值50.71亿元,同比增长3.9%。一般公共预算收入7.80亿元,同比增长6.8%。一般公共预算支出31.54亿元,同比增长1.4%。实际利用外资491万美元,同比增长18.6%。出口总额16.5亿元,同比增长37.9%。粮食总产量10.48万吨。生猪出栏12.9万头。社会消费品零售总额48.23亿元,同比增长5.4%。城镇居民人均可支配收入3.48万元,同比增长5.6%;农村居民人均可支配收入1.54万元,同比增长9.7%。金融机构年末本外币存款余额183.85亿元,同比增长13.5%;金融机构年末本外币贷款余额176.67亿元,同比增长16.2%。

【工业产业】 新增规模以上工业企业13家,规模以上工业营业收入同比增长16.7%,利润总额同比增长16.3%。晨光稀土主营收入突破70亿元并获评省级优强企业,力速数控获评省"瞪羚"企业。26个亿元以上、8个10亿元以上项目相继实施。

培育数字经济重点企业 24 家，推进数字经济项目 20 个，新增省级“两化融合”示范企业 4 家，规模以上工业企业上云占比 83.8%。新认定省级企业技术中心 2 家、“专精特新”中小企业 19 家、国家高新技术企业 10 家，培育入库科技型中小企业 92 家，元源新材获评国家专精特新“小巨人”。规模以上企业中有研发投入企业 42 家，同比增长 50%；授权发明专利 50 件，同比增长 4 倍。

【上犹县入选第六批生态文明建设示范区】 11 月 19 日，中国生态文明论坛南昌年会召开。会议公布生态环境部命名的第六批生态文明建设示范区，上犹县入选。上犹县划定全县 85% 国土面积为生态保护空间，49% 国土面积为生态红线，最大限度地减少发展对生态环境的负面影响。开展生态乡（镇）、生态村（社区）创建活动，创建省级生态乡镇 11 个、省级生态村 3 个、市级生态村 67 个。加大生态环境保护工程投入，争取到全国“长江经济带绿色发展专项项目”。对赣江源头保护区 216 平方千米进行专门保护，对全县 37 条河流设立县、乡、村 291 名河长，聘请河道水库管理员 460 名、生态环境监察员 431 名。近 3 年完成低质低效林改造 9400 公顷，森林彩化 2666.67 公顷，修复退化林 1400 公顷，新增丰产林、重点防护林、国家战略储备林等 4200 公顷，综合治理水土流失 218.6 平方千米，森林覆盖率稳定在 81.8%。高品质建成 15 千米生态岸线、南湖等 3 个湿地公园、鸟鸣涧等 5 个国家级省级地质公园，城区建成区绿地率 37.19%、绿化覆盖率 42.17%，人均公共绿地面积 22 平方米。因地制宜实施农村生活污水治理，建制镇建设污水集中处理设施，县城、工业园区污水处理实现全覆盖，河流水系水质达到Ⅰ~Ⅱ类标准，出境断面水质常年保持优良。全面实施污水排放、白色污染等专项治理，建成生活垃圾填埋场，城市生活垃圾无害化处理率 100%。

【上犹县获评全国水土保持工作先进集体】 12 月 28 日，上犹县获评全国水土保持工作先进集体。这是该县继 2021 年 12 月获得“国家水土保持示范县”称号以来，再次获得的一项国家级荣誉。2022 年，上犹县水利局组织实施国家水土保持重点工程，开工建设笔架山片区项目，综合治理水土流失面积 30 平方千米，以持续打造“三治同步”“五水共建”的“园村模式”升级版总思路推进项目建设，竹头围生态清洁小流域已成雏形。巩固水土保持以奖代补试点成果，推动利用财政资金以奖代补撬动社会资本投入，加快水土流失治理进程。全县整合各类资金 3.5 亿元，撬动社会资本近 38 亿元开展水土流失综合治理，打造园村乡村旅游基地、油石嶂沃柑基地等一批生态休闲和旅游度假基地，走出一条美丽生态向美丽经济转换的有效路径。

主要领导 县委书记：余业伟（任至 8 月）。县人大常委会主任：包礼斌。县长：钟晓斌。县政协主席：刘鸿懿。

（肖鸿康）

·崇义县·

【简　况】 位于江西省西南部，辖 6 个镇、10 个乡、1 个城市社区管理委员会。总面积 2206.7 平方千米。森林面积 20.07 万公顷，其中林地面积 17.93 万公顷；森林覆盖率 88.3%。年末常住人口 17.77 万人。户籍人口 21.42 万人，其中城镇人口 5.23 万人；人口自然增长率 1.11‰。2022 年，地区生产总值 110.86 亿元，同比增长 4.9%。其中，第一产业增加值 12.10 亿元，同比增长 3.3%；第二产业增加值 47.41 亿元，同比增长 7.1%；第三产业增加值 51.35 亿元，同比增长 3.4%。税收收入 14.02 亿元，同比增长 8.8%。一般公共预算收入 10.05 亿元，同比增长 10.7%。一般公共预算支出 28.05 亿元，同比下降 5.3%。工业增加值 39.84 亿元，同比增长 7%。规模以上工业增加值同比增长 8.8%。固定资产投资同比增长 13.5%。实际利用外资 554 万美元，同比增长 78.1%；实际利用省外资金 2000 万元以上项目资金同比增长 9.31%。农林牧渔业总产值 19.65 亿元，同比增长 3.8%。粮食总产量 3.78 万吨。主要农产品及产量有油料作物 2455 吨、茶叶 401 吨、水果 7.23 万吨、水产品 1.41 万吨。社会消费品零售总额 38.40 亿元，同比增长 5.6%。城镇居民可支配收入 3.58 万元，同比增长 4.8%；农村居民人均可支配收入 1.49 万元，同比增长 7.5%。金融机构年末本外币存款余额 138.27 亿元，同比增长 12.24%；金融机构年末本外币贷款 184.28 亿元，同比增长 11.55%。

【工业经济】 聚焦“1+1”（新材料首位产业+绿色食品主攻产业）产业定位，推进产业链链长制，引进超高性能钨粉体智能制造、新型锂盐生产、磷酸铁锂电池正极材料技改扩建等优质项目。推进科技创新，全年研发支出 2.1 亿元。新增规模以上工业企业 12 家、省级专精特新企业 11 家，省级科技型中小企业达 53 家，国家高新技术企业 23 家，章源钨业、耀升钨业分别获评国家知识产权示范企业、优势企业。推进关田工业园二期建设，腾退闲置厂房 10.9 万平方米。数字赋能持续发力，新增上云企业 533 家。15 个省大中型项目、17 个项目大会战项目和 67 个“八大行动”项目快速推进，均超额完成年度投资任务。积极“北上南下”，争取上级资金 33.1 亿元、同比增长 25.9%，其中争取中央预算内项目资金 1.3 亿元、同比增长 151.5%。出台“一链一策”产业发展规划，组建 6 个产业链招商团，签约项目 33 个，总投资超 200 亿元。

【文旅产业】 上堡梯田入选世界灌溉工程遗产、全国红色基因水利风景区名录。客天下阳明古街建成投运，成为全国首个阳明文化沉浸式体验综合体。上堡梯田生态产品价值实现经验在全球重要农业文化遗产大会上展示推广，上堡梯田景区入选中国体育旅游精品项目。

【南昌起义军余部“赣南三整”95 周年理论研讨会在崇义举行】 12 月 6—8 日，南昌起义军余部“赣南三整”95 周年理论研讨会在崇义举行。主办承办协办单位领导、党史专家、论文作者代表、革命先辈后代代表、媒体记者等约 120 人参加。省委常委、省军区政委鲍泽敏，军事科学院军队政治工作研究院政委崔连杰,空军指挥学院原副院长、朱德之孙朱和平,省委宣传部常务副部长郭建晖,省委党史研究室主任梅仕灿,市委副书记、市长李克坚致辞。中国人民对外友好协会原会长、陈毅之子陈昊苏书面致辞。中共中央党史和文献研究院第七研究部副主任班永杰视频致辞。市委副书记熊运浪,全国红色基因传承研究中心办公室主任、省人大社会委副主任委员田延光,省委党史研究室副主任彭勃分别主持第一、第二、第三阶段研讨会。中国井冈山干部学院分管日常工作的副院长梅黎明,省人大监察和司法委员会副主任委员、中国政治学会苏区精神研究会副会长陈晓春,省社科院党组成员、副院长钟小武,赣州市领导陈李忠、许忠华、何世林、蓝文等出席。研讨会以“坚定执着追理想、革命到底志不移”为主题,收到论文96篇,与会人员围绕推进“赣南三整”历史研究进行学术交流。会上,中国井冈山干部学院授予南昌起义军余部上堡整训旧址现场教学点牌匾。中央马克思主义理论研究和建设工程咨询委员、原中共中央党史研究室副主任龙新民作视频主旨发言,原中共中央党史研究室副主任石仲泉作书面主旨发言。梅黎明等作主旨发言。

主要领导 县委书记:李国泉。县人大常委会主任:李新维。县长:黄斌。县政协主席:王豪。

(朱建华)

·安远县·

【简　况】 位于江西省南部,辖8个镇、10个乡、1个城市社区管理委员会。总面积2350平方千米,其中城区面积18平方千米。耕地面积1.52万公顷,森林面积19.45万公顷;森林覆盖率82.76%,城区绿化覆盖率43.66%。常住人口34.70万人。户籍人口40.92万人,其中非农业人口10.57万人;人口自然增长率7.76‰。2022年,地区生产总值110.96亿元,同比增长4.8%。其中,第一产业增加值23.52亿元,同比增长3.1%;第二产业增加值30.06亿元,同比增长6.9%;第三产业增加值57.38亿元,同比增长4.4%。财政总收入11.11亿元,同比下降0.3%;税收占财政总收入的43.85%。地方财政收入7.35亿元,同比增长3.1%;地方财政支出34.35亿元,同比增长7.1%。规模以上工业总产值68.87亿元,同比增长20%。外贸出口18.13亿元,占地区生产总值的16.3%。固定资产投资同比增长13.9%。实际利用外商投资814万美元,同比增长13.2%;实际利用省外投资28.55亿元,同比增长9.85%。主要工业产品及产量有光电子器件349万只、锂电子电池1348.6万只、智能音箱1084.6万台、印制电路板183.5万平方米。农业总产值37.56亿元,同比增长3.5%。粮食总产量9.76万吨,同比增长0.71%。主要农产品及产量有蔬菜21.70万吨、脐橙17.95万吨、烟叶2015吨、生猪出栏38.39万头、家禽出笼60.7万羽。社会消费品零售总额55.13亿元,同比增长5.5%。城镇居民人均可支配收入3.19万元,同比增长5.4%;农村居民人均可支配收入1.48万元,同比增长9.2%。城乡居民年末储蓄余额136.27亿元,同比增长15.9%。

【安远县入选全国农村综合性改革试点试验县】 5月9日,财政部农业农村司公布2022年农村综合性改革试点试验名单,安远县入选,实现江西在农村综合性改革试点“零的突破”。安远县农村综合性改革试点试验区域位于安远县南部区域3个连片镇11个村,共145平方千米、2.7万人。在试点试验过程中,将按照“一轴三区”的功能布局,投入4.7亿元实施18个项目,规划试点3年,通过创新富民乡村产业发展机制、数字乡村发展机制、人才振兴机制和乡村治理机制,推进脐橙产业现代化引领区、数字乡村试点县核心区、乡村人才振兴示范区和乡村治理现代化先行区建设,为全国破解“三农”问题、促进共同富裕提供改革经验。

【三百山景区晋级国家AAAAA级旅游景区】 7月15日,经全国旅游资源规划开发质量评定委员会发布公告,三百山景区以全国第三的成绩被文化和旅游部确定为国家AAAAA级旅游景区。三百山景区位于安远县东南部边境,景区总面积197平方千米,核心景区面积58平方千米,有“源头群瀑、三百群峰、峡谷险滩、高山平湖、原始林海、火山地貌”等景观,拥有福鳌塘、蝴蝶大峡谷(九曲溪)、东风湖、仰天湖、尖峰笔5大游览区域,由百余处自然和人文景物、景观组成。三百山森林覆盖率98%,动植物资源十分丰富,空气中负离子浓度极高,瞬时可达到7万个/立方厘米,年均气温15.1℃,夏季平均气温23.3℃,被誉为“天然氧吧”和“避暑胜地”。

【中国果蔬贮藏加工技术研究中心赣州分中心及脐橙分中心落户安远县】

10月21日,中国果蔬贮藏加工技术研究中心赣州分中心及脐橙分中心揭牌仪式在安远举行。中华全国供销合作总社济南果品研究所党委书记、所长吴茂玉,省供销联社理事会副主任李家祥,市委常委、副市长窦良坦,市供销合作社联合社党组书记、理事会主任罗红梅,县委书记杨有谷出席活动。县委副书记、县政府副县长张晋主持仪式。中国果蔬贮藏加工技术研究中心作为专业从事果蔬采后技术研究的国家级科研机构,是果蔬采后行业的技术引领者,分中心成立后将助力提升赣州果蔬菌等鲜活农产品流通品质和精深加工水平,增加产品附加值,延长产业链条,推动果蔬产业特色化、集群化、现代化、品牌化发展。

主要领导 县委书记:杨有谷。县人大常委会主任:尧金娣。县长:李秋平。县政协主席:刘飞。

(彭雪雯)

·龙南市·

【简　况】 位于江西省最南端,辖9个镇、5个乡、1个城市社区。总面积1646平方千米,其中城区面积46.92平方千米。耕地面积8368.85公顷,有林面积13.54万公顷;森林覆盖率82.2%,城区绿化率41.23%。户籍人口33.7万人。常住人口32万人,其中非农业人口21.1万人;人口自然增长率2.06‰。2022年,地区生产总值224.4亿元，同比增长5.6%。其中，第一产业增加值16.9亿元，同比增长3.2%；第二产业增加值107.6亿元，同比增长6.4%；第三产业增加值99.9亿元，同比增长5.2%。财政总收入28.4亿元，同比增长5.0%，税收占财政总收入的71.4%。一般公共财政预算收入17.2亿元，同比增长6.2%；一般公共预算支出41.97亿元，同比增长7.1%。工业增加值96.9亿元，同比增长7.0%。外贸出口额71.55亿元。实际利用外资3798万美元，实际利用省外2000万元以上项目资金105.32亿元。农业总产值28.3亿元，同比增长5.17%。粮食总产量6.03万吨。主要农产品及产量有油料5080吨、蔬菜22.09万吨、油茶籽3800吨、板栗620吨。城镇居民人均可支配收入3.93万元，同比增长4.6%；农村居民人均可支配收入1.66万元，同比增长7.9%。

【实施科技创新赋能行动】 2022年，龙南实施科技创新赋能行动，被全省列为国家知识产权强县工程重点培育对象。新增国家级专精特新"小巨人"企业4家，省级专精特新中小企业8家，瞪羚企业2家，有高新技术企业82家。推动规模以上工业企业研发活动全覆盖，规模以上工业企业中有研发活动的企业占58.8%，研发费用占地区生产总值3.28%。龙南骏亚企业技术中心被评为国家企业技术中心，实现"国字号"创新平台"零的突破"。新增省级及以上创新平台和载体6家，总数达到21家。实施人才高地建设工程，引进国家级高层次人才16名。

【深化改革】 2022年，龙南11个改革专项小组全面发力，省市"1+2"重点项目取得成效，25个自主实施项目均有创新举措。实施营商环境优化升级"一号改革工程"，铸造"龙易办"营商品牌，数智城市中心建成运行，182个高频政务服务事项"跨省通办"，108项"市县同权"改革事项龙南就地办理，工程建设项目"一站式集成"快速审批。推进园区"腾笼换鸟"，腾退闲置低效企业54家，盘活工业用地200余公顷，厂房80万平方米，经验做法被《经济日报》整版刊发，省内外多批考察团到龙南考察学习。在全省率先出台乡贤乡居实施办法，黄花湾"老屋复活"改革示范点列为赣州改革工作流动现场会观摩点，围屋修缮数量超过去10年修缮总量2倍。

【推进融入大湾区】 2022年，《赣粤边区域产业合作示范区发展规划》获省级批准，在20支专业招商团基础上，组建招商引资青年先锋团，全年签约项目82个，签约资金838.64亿元，同比分别增长41.38%、114.67%，其中新引进20亿元以上项目17个，增加2.4倍。7.7亿美元境外债获国家发展改革委备案同意，发行全省首单县域美元境外债券9600万美元。龙南与深圳前海管理局洽谈合作，前海数字贸易产业园开园，跨境电商进口交易额排名全省第3。全省利用外资工作现场调度会、赣州开放型经济暨扩大消费现场调度会在龙南召开，龙南经开区获评全省国家级开发区进位赶超先进单位。

主要领导 市委书记：钟旭辉。市人大常委会主任：叶金华。市长：彭江闽。市政协主席：江树华。

（叶芸汐 钟贵华 谢红梅）

·全南县·

【简 况】 位于江西省南部，辖6个镇、3个乡、1个城市社区管委会和茅山林场。总面积1535平方千米，其中城区面积12.80平方千米。耕地面积1.05万公顷，有林面积13.43万公顷；森林覆盖率83.39%，建成区绿地覆盖率48%，绿地率42.45%。户籍人口19.3万人，其中城镇人口7.05万人；人口出生率6.9‰。常住人口16.94万人，其中城镇人口9.53万人；城镇化率56.3%。2022年，地区生产总值106.94亿元，同比增长5.9%。其中，第一产业增加值17.21亿元，同比增长4.2%；第二产业增加值45.05亿元，同比增长8.2%；第三产业增加值44.68亿元，同比增长4.5%。财政总收入11.83亿元，同比增长0.8%。税收占财政总收入的66.02%。一般公共财政预算支出29.33亿元，同比下降20%。规模以上工业企业总产值92.61亿元，同比增长19.3%；规模以上工业增加值同比增长9.1%。固定资产投资同比增长15.9%。实际利用外资392万美元，同比增长93.1%。出口总额15.93亿元。农业总产值26.12亿元，同比增长2.2%。粮食总产量6.42万吨。主要农产品及产量有油料0.58万吨、蔬菜及食用菌23.55万吨、油茶0.38万吨、脐橙1.83万吨、猪牛羊禽肉4.28万吨。城镇居民年人均可支配收入3.46万元，同比增长5.5%；农村居民年人均可支配收入1.31万元，同比增长10.2%。年末金融机构各项存款余额123.23亿元，同比增长11.6%。

【全南县获评全国县域农业农村信息化发展先进县】 2022年，全南县被农业农村部信息中心评为全国县域农业农村信息化发展先进县。全南县实施"数字乡村"发展战略，构建乡村数字治理体系，紧盯智慧农业试点建设，推动智慧农业、农业科技创新等新型基础建设，推动农业农村信息化发展。2022年，全县推动人工智能技术深度应用，创建智慧农业试点（农场、果园、牧场、渔场）应用基地4家，申报并通过省级农业物联网示范基地（企业）认定2家，梳理全县涉及数字农业农村信息监测系统10个，并与县大数据中心完成对接，县域农业农村信息化取得快速发展。

【全南县获认定为国家级生猪调出大县】 4月29日，全南县获财政部认定为国家级生猪调出大县，并获得国家财政2022年生猪（牛羊）调出大县奖励资金392万元。2022年，全南县着力建设粤港澳大湾区优质农产品直供地，推动畜禽产业绿色多元化发展。全县利用发展生猪生产的良好基础，培育壮大全南现代牧业、金丰牧业、高山牧业等国家、省重点龙头企业，在生猪生产能力、规模化养殖、生产要素保障、金融政策、疫病防控、市场保障上给予支持，按照规模化、标准化、清洁化工作思路发展生猪产业，构建布局合理、绿色安全的生猪产业格局。同时以稳定生猪生产保障供应为重点，结合全南健丰食品已投产年屠宰30万头生猪深加工项目,推进生猪产业向多元化产业链升级。全县生猪出栏56.01万头、存栏29.76万头,同比分别增长18.63%和26.29%。

【全南县赣南客家擂茶制作技艺入选联合国非遗名录】 11月29日,中国申报的"中国传统制茶技艺及其相关习俗"在摩洛哥拉巴特召开的联合国教科文组织保护非物质文化遗产政府间委员会第17届常会上通过评审,全南县赣南客家擂茶制作技艺入选联合国非遗名录。赣南客家擂茶是客家人的传统饮茶习俗,也是古代饮茶习俗的延续,是客家先民在迁徙、生产生活中积累形成的一种饮食习惯,由汉魏的粥茶和唐宋的点茶衍变而成,因其历史悠久,以古朴见奇趣,以保健见奇效,故而独树一帜,受到客家人青睐。全南县山区人民坚持把赣南客家擂茶"捂"在手心,长期以来保持这一传统饮茶习俗,并发扬光大。2014年,赣南客家擂茶制作技艺列入国家级非物质文化遗产代表性项目。

主要领导 县委书记:曾平。县人大常委会主任:马石旺。县长:边建忠。县政协主席:黄健。

(万嘉林 王立之)

·定南县·

【简 况】 位于江西省南部,辖7镇。总面积1321.13平方千米,耕地面积76.10平方千米,有林面积10.55万公顷;森林覆盖率83.07%。户籍人口21.90万人,其中城镇人口7.98万人。2022年,地区生产总值108.53亿元,同比增长6%。其中,第一产业增加值13.71亿元,同比增长3%;第二产业增加值39.23亿元,同比增长8.1%;第三产业增加值55.59亿元,同比增长5.3%。一般公共预算收入9.19亿元,同比增长3%。实际利用外资856万美元,同比增长140.45%。外贸出口总额8.25亿元,同比增长25.4%。规模以上工业增加值同比增长9.8%。500万元以上项目固定资产投资增长9.8%。农林牧渔业总产值22.12亿元,同比增长4.76%。粮食总产量5.66万吨。主要农产品及产量有蔬菜及食用菌8.86万吨,柑橘2.44万吨,生猪年末存栏39.2万头、出栏65.94万头,家禽年末存栏70.61万羽、出栏148.34万羽。社会消费品零售总额37.13亿元,同比增长17.2%。城镇居民人均可支配收入3.65万元,同比增长4.4%;农村居民人均可支配收入1.48万元,同比增长10.6%。

【产业发展】 工业倍增升级三年任务两年完成,规模以上工业企业实现营业收入142.5亿元、利润11.26亿元,同比分别增长58.97%、56.08%。沸达利科技、景伟电子等项目实现当年开工、当年建设、当年投产。赣南稀土矿山升级改造复产率先启动,齐飞新材料营业收入超20亿元,大华新材料、鑫盛钨业营业收入超10亿元,营业收入超10亿元工业企业实现"零的突破"。新增国家级专精特新"小巨人"企业1家,省级专业化"小巨人"企业2家、省级技术创新中心1家,均实现"零的突破"。落实粮食种植面积1.06万公顷。生态复产脐橙面积253.33公顷,种植中药材77.87公顷,新(改)造油茶林680公顷,宏涛禽制品、鼎峰生态、神源茶叶投产,定南肉鸽等3个农产品入选全国名特优新农产品名录。入选首批富硒产业基地5家,新认证富硒产品21个,有机地理标志农产品累计24个。培育农业产业化省级龙头企业3家。

【城乡建设】 高标准建成"定南之窗"、凤栖湖两大功能性城市综合体,新增绿地50.6万平方米、公园面积33.1万平方米,城区东、南、西、北实现休闲场所全覆盖。京九大道、建设东路等城区主干道修葺一新,府北路、青山路、一经路等城市断头路相继打通。主城区活畜禽交易及宰杀全面禁止。新建"四好农村路"42千米,拆除农村危旧土坯房19.47万平方米。黄砂口村入选全国"非遗旅游村寨",龙塘镇获评省级卫生乡镇。

【定南县黄砂口村入选全国"非遗旅游村寨"】 10月24日,中国非物质文化遗产保护协会发布公告,定南县黄砂口村入选全国"非遗旅游村寨"。黄砂口村位于定南县老城镇东北部,自古文风昌盛,民风淳朴。黄砂口村客家人文资源丰厚,历史文化底蕴丰厚,有9座围屋和客家服饰、客家哭嫁习俗、客家童帽等物质和非物质文化遗产,建有村史馆、非遗展示馆、民俗馆、围屋家训厅等20多处文化场所。

主要领导 县委书记:龙小东。县人大常委会主任:叶富安。县长:陈钰滢。县政协主席:陈文新。

(赖春梅)

·兴国县·

【简 况】 位于江西省中南部。辖25个乡镇、1个经济开发区、1个城市社区管委会。总面积3215平方千米。林地面积24.65万公顷,森林覆盖率75.36%。年末户籍人口86.02万人,其中城镇人口23.51万人;常住人口71.60万人,其中城镇常住人口33.43万人,常住人口城镇化率46.68%。2022年,地区生产总值241.04亿元,同比增长5.1%。其中,第一产业增加值37.93亿元,同比增长4.3%;第二产业增加值80.47亿元,同比增长6.4%;第三产业增加值122.64亿元,同比增长4.6%。财政总收入24.29亿元,同比增长5.3%。一般公共预算收入10.07亿元,同比增长4.7%,其中地方税收收入6.4亿元,同比下降10.9%。一般公共预算支出55.68亿元,同比下降1.7%。规模以上工业企业营业收入76.43亿元,同比增长29.1%,规模以上工业增加值同比增长8.5%。500万元及以上固定资产投资同比增长10.2%。货物进出口总额9.31亿元,同比增长59.04%,其中出口总额9.12亿元,同比增长64.59%。实际利用外资(现汇进资)407万美元,同比增长299.02%;利用省外2000万元以上项目资金44.28亿元,同比增长9.79%。农业总产值62.36亿元,同比增长4.6%。粮食总产量26.24万吨。主要农产品及产量有油料1.23万吨、蔬菜45.05万吨、烟叶1.56万吨、茶叶713吨、水果10.01万吨。城镇居民人均可支配收入3.60万元,同比增长5.2%;农村居民人均可支配收入1.57万元,同比增长

8.2%。城乡居民年末储蓄余额378.85亿元,同比增长13.1%。

【兴国县信访局获评全国信访系统先进集体】 5月25—26日,第九次全国信访工作会议在北京召开,会议表彰全国信访系统先进集体和先进个人,兴国县信访局被评为全国信访系统先进集体。兴国县信访局创新“红色文化+信访治理”工作载体,在干群之间架起“连心桥”。推行“1+4”工作法和“3721”初信初访限时办结制,得到省联席会议肯定,提升案件办理质效;建立信访指派专员工作制度,探索建立“事前给清单,事中督过程,事后强问效”的初次信访化解核减闭环机制,破解责任难压实、资源难整合、力量难联动的信访工作难题。

【兴国县数字人力共享中心运营】 7月27日,兴国县数字人力共享中心运营。该中心由政府投资1500余万元,通过突出“招稳引育留”五大功能,建立线上管理平台,并在企业和各乡镇(区)、村便民服务中心配备招工就业服务终端460个,实现用工需求和劳动力资源供给的智能匹配,促进企业用工和人才就业。至年底,共收集46.9万余条劳动力数据,为全县企业招工5860人。

【永磁磁浮轨道交通工程试验线在兴国县投入使用】 8月9日,永磁磁浮轨道交通工程试验线在兴国县投入使用,运行列车被命名为“兴国号”。通车试验由江西理工大学牵头,兴国县政府联合中铁六院、中铁工业、国家稀土功能材料创新中心等单位共同研制完成。这是中国第一条投入使用的永磁磁浮空轨试验线。试验线南起永丰站(高铁兴国西站),沿站前大道东侧绿化带敷设,北至静调库。线路正线长度约800米。磁浮列车采用2辆编组,载客座席32个、定员88人,最高设计运行速度为80千米/时。兴国县曾诞生56位中华人民共和国开国将军,“兴国号”列车头部两侧设计56颗五角星。熊熊燃烧的火炬则代表着“星星之火,可以燎原”,永磁磁悬浮空轨试验线又被誉为“红轨”。

主要领导 县委书记:李贱贵。县人大常委会主任:魏国寿。县长:刘章宏。县政协主席:邱小林。

(丁志操)

·宁都县·

【简　况】 位于江西省东南部,辖12个镇、12个乡。总面积4048.82平方千米。户籍人口83.1万人,其中城镇人口25.27万人。常住人口70.13万人。2022年,地区生产总值265.89亿元,同比增长4.9%。其中,第一产业增加值49.47亿元,同比增长4.5%;第二产业增加值77.86亿元,同比增长7.1%;第三产业增加值138.56亿元,同比增长4%。财政总收入15.2亿元,同比增长5.8%;一般公共预算收入9.6亿元,同比增长3.8%。规模以上工业增加值同比增长8.1%。固定资产投资同比增长10%。社会消费品零售总额115.4亿元,同比增长5.8%。城镇居民人均可支配收入3.19万元,同比增长5.2%;农村居民人均可支配收入1.55万元,同比增长8.5%。金融机构存款余额448.64亿元,同比增长13.07%;贷款余额287.71亿元,同比增长14.94%。

【项目建设】 2022年,全县争取中央预算内投资、政策性开发性基金、政府专项债等各类资金120.2亿元。实施重大项目251个,完成投资188亿元。中华人民共和国成立以来赣南历史上投资最大的水利工程梅江灌区开工,推进抽水蓄能电站、南丰至宁都至瑞金铁路前期工作。瑞兴于快速交通走廊建成通车,县道821线固厚至田埠段完成改造,省道448线宁都城区段、县道381线阳都至蒙坊段、县道386线招江至湛田段开工建设,宁河大桥重建工程加快推进。团结水库除险加固主体工程完工,完成20个农饮提档升级、23座小型水库除险加固、2座堤防工程建设。实施固厚河武里至明坑段等3座防洪工程、石上洋溪口堤涝区治理工程。新建35千伏输变电工程3座、10千伏线路22条,提升全县供电可靠性。

【招商兴工】 2022年,完成“1+2+N”(“1”为轻纺服装首位产业,“2”为电子信息、新能源新材料两个主导产业,“N”为食品加工、电气电力、新型建材等若干个特色产业)产业发展专项规划。实施招大引强工程,组建79支招商队伍,签约引进项目42个,总投资470.7亿元,其中20亿元以上项目9个;实际引进内资增长8.5%、现汇进资增长10%,被评为全省利用外资先进单位。总投资160亿元的纬景储能项目开工建设;钛时代、赣能电子、汉格新能源、竣昌科技当年签约、当年竣工、当年投产;晟阳餐饮、广德科技签约落地、加快建设,新兴产业、科技企业成为宁都工业新增长极。全年新增规模以上工业企业10家,总数达95家;规模以上工业增加值同比增长8.1%。园区进位赶超,完成征地拆迁343户、回购僵尸企业5家,腾出工业用地200余公顷;完成工业固定资产投资50.6亿元,新建标准厂房22.6万平方米、园区道路8条,启动园区医院、第六幼儿园、第二污水处理厂提标改造等配套设施建设。宁都县工业园被评为省级开发区进位赶超先进单位。

【梅江灌区工程开工建设】 11月8日,梅江灌区工程在宁都县开工建设。省委副书记、市委书记吴忠琼出席活动并宣布开工。省水利厅厅长王纯讲话,中国长江三峡集团有限公司总经济师吴海斌致辞,市委副书记、市长李克坚主持。长江生态环保集团董事长王殿常,省发展改革委副主任刘兵,省财政厅副厅长刘力群,省自然资源厅副厅长涂迎九,省生态环境厅副厅长罗小璋,省林业局二级巡视员王庆红,市领导何琦、陈黎、刘定辉等出席活动。梅江灌区工程是国务院2022年重点推进的六大新建灌区之一,是水利部对口支援赣州的一项重大水利工程,也是赣州迄今最大的水利工程。梅江灌区工程秉持人与自然和谐相处、现代科技引领灌区发展的理念,建立公平、可靠、灵活的供水服务和有效的抗灾减灾体系,覆盖宁都县22个乡镇,项目建成后可新增、恢复和改善灌溉面积3.87万公顷,保障79万名城乡居民生活用水。项目总投资43.79亿元,主要建设内容包括水陂工程8座、泵站工程14座、新建连通工程1条;建设骨干输配水工程68条,总长362.41千米;新建改造骨干排水工程12条,总长46.20千米。建设总工期为36个月。

主要领导 县委书记:肖斐杰。县人大常委会主任:邱坚。县长:何国杰。县政协主席:李过春。

(曾春生)

·于都县·

【简 况】 位于江西省南部,辖9个镇、14个乡。总面积2893平方千米。林地面积21.07万公顷,森林覆盖率71.68%。常住人口90.66万人。户籍人口111.97万人,其中城镇人口27.54万人;人口自然增长率1.31‰。2022年,地区生产总值343.00亿元,同比增长5.3%。其中,第一产业增加值34.92亿元,同比增长3.6%;第二产业增加值140.78亿元,同比增长6.5%;第三产业增加值167.30亿元,同比增长4.8%。财政总收入23.82亿元,同比下降1.4%。其中,一般公共预算收入15.50亿元,同比增长3%。税收收入18.02亿元,同比下降8.8%,占财政总收入的75.7%。一般公共预算支出70.21亿元,同比增长6.3%。工业增加值117.35亿元,同比增长6.5%,其中规模以上工业增加值同比增长8.1%。500万元以上项目固定资产投资同比增长13%。实际利用外资835万美元,同比增长9.29%;实际利用省外2000万元以上项目资金64.6亿元,同比增长9.9%。农林牧渔业总产值57.25亿元,同比增长5.4%。粮食总产量22.03万吨,同比增长0.05%。主要农产品及产量有蔬菜32.29万吨、茶叶520吨、脐橙9.91万吨、肉类9.44万吨、生猪存栏22.64万头。社会消费品零售总额137.76亿元,同比增长6.2%。城镇居民人均可支配收入3.77万元,同比增长4.9%;农村居民人均可支配收入1.56万元,同比增长7.9%。年末金融机构各项存款余额486.26亿元,同比增长14.9%;年末金融机构各项贷款余额449.66亿元,同比增长19.6%。

【工业经济】 新增规模以上工业企业17家,总数达184家,实现营业收入329亿元。纺织服装首位产业持续做强,培育全国服务型制造示范企业、平台各1个,获评中国服饰文化与红色文化创新融合基地,成功晋级省三星级产业集群,“于都服装”获评最受欢迎的江西十大地域消费品牌,全行业产值突破800亿元。电子信息产业加速崛起,摩贝斯汽车电子及其8家配套企业入驻中金电子信息数字产业园,天键电声产业园竣工投产,声谷科技产业园基本成型,全行业产值突破80亿元。新型建材和绿色装配式建筑产业快速发展,全行业产值突破40亿元。数智赋能步伐加快,新增全国两化融合管理体系贯标企业3家、省级5G应用试点示范企业2家、省级“小巨人”企业1家、上云企业307家,工业园区获评全省两化融合示范园区,认定高新技术企业17家,入库科技型中小企业122家。

【现代农业】 建成高标准农田1333.33公顷,完成粮食播种4.86万公顷、油菜种植4533.33公顷,抓粮保供做法获农业农村部重点推介。新增大湾区菜篮子生产基地2个,新造脐橙333.8公顷,新(改)造油茶1780公顷。肉鸡、生猪、兰花等特色产业稳步发展,潭头村入选全国乡村特色产业超亿元村。建成富硒产业示范基地122个,开发富硒农产品11类,新增富硒产品认证146个、涉硒商标13个,成功申报全省富硒农业先行示范区、富硒功能农业重点县。新增全国名特优新农产品2个,被列为全国绿色食品(水稻)原料基地、全国有机农产品(油茶)基地,连续4年获评全省农业农村综合工作先进县。

【城乡建设】 加快建设集结大桥、胜利大桥,黄麟路、梧桐路建成通车。马子口河改造工程、红军街历史文化街区开工建设,新兴家园、7号安置地等统建安置房有序推进。“智慧大脑”“数字城管”平台受理问题线索12.8万件,结案率99.17%。新(改)建城区公厕6座,新开工农贸市场6个,新建污水管网10.06千米,新增停车位1691个。城市能级提升行动被列为全省第一批城市更新试点县,获评全省城乡环境综合整治先进县。“三保障”和饮水安全成果持续巩固,通过年度巩固脱贫攻坚成果后评估国省大考,产业带动农户增收典型做法写入国家综合核查报告,驻村帮扶工作在全省作典型发言,健康帮扶工作在全国作典型发言。争取中央彩票公益金支持乡村振兴示范区建设。新建农村公路33.32千米,升级改造水厂22座,铺设供水管网506千米,治理河道9.35千米,完成病险水库除险加固23座、山塘整治112座。完成银坑示范镇建设,推进禾丰、祁禄山示范镇建设,完成141个省级美丽乡村建设点“四化”改造,打造2条美丽宜居示范带、3个美丽宜居乡镇、36个美丽宜居村庄。

主要领导 县委书记:黄法。县人大常委会主任:罗高波。县长:李松柏。县政协主席:赖晓强。

(丁根发)

·瑞金市·

【简 况】 位于江西省东南部,辖8个镇、9个乡。总面积2441平方千米,其中城市建成区35.28平方千米。耕地面积2.27万公顷。常住人口61.44万人。户籍人口70.72万人,其中非农人口22.33万人;人口自然增长率6.53‰。2022年,地区生产总值208.40亿元,同比增长5%。其中,第一产业增加值29.81亿元,同比增长3.6%;第二产业增加值83.71亿元,同比增长6.4%;第三产业增加值94.88亿元,同比增长4.4%。一般公共财政收入16.14亿元,同比增长2%;税收收入9.88亿元,同比下降21.8%。财政支出57.06亿元,同比下降10.8%。工业增加值71.77亿元,同比增长6.8%。规模以上工业总产值297.66亿元,同比增长7.9%。外贸出口59.92亿元,同比增长31.6%。固定资产总额增长10.5%。实际利用外资1216万美元,同比下降13.3%;实际引进内资77.8亿元,同比增长9.4%。主要工业产品及产量有服装289万件、玩具2786万个、烤鳗991吨、水泥324万吨、电力电缆9.22万千米。农业总产值48.56亿元,同比增长4%;粮食总产量19万吨。主要农产品及产量有脐橙13万吨、烟叶1656吨、蔬菜24.71万吨、生猪出栏48.8万头。社会消费品零售总额105.3亿元,同比增长4.2%。城镇居民人均可支配收入3.91万元,同比增长4.7%;农村居民人均可支配收入1.66万元,同比增长7.9%。金融机构期末存款余额370.96亿元,同比增长7.2%。金融机构期末贷款余额382.09亿元,同比增长10%。

【瑞金市"三师一室"维权服务中心入选全国第二届百家金牌调解组织】 1月,人力资源和社会保障部办公厅、中华全国总工会办公厅、中华全国工商业联合会办公厅、中国企业联合会办公室联合印发《关于表扬2022年度工作突出基层劳动人事争议调解组织的通报》,对2022年度工作突出的113家调解组织予以通报表扬,其中瑞金市总工会"三师一室"维权服务中心榜上有名。瑞金市探索创新以"网格化"服务、"规范化"预防、"一体化"联动"三化"机制为依托,以法律援助律师、劳动关系协调师、健康工程师"三师"队伍为主力,以"茶叙工作室"为主阵地的劳动争议多元化解模式,打造和谐劳动关系"瑞金样板"。

【"人民共和国从这里走来——中华苏维埃共和国史"基本陈列获第十九届全国博物馆十大陈列展览精品推介特别奖】 5月,由国家文物局指导,中国博物馆协会、中国文物报社主办的第十九届全国博物馆十大陈列展览精品推介活动颁奖仪式在湖北省博物馆举行,瑞金中央革命根据地纪念馆"人民共和国从这里走来——中华苏维埃共和国史"基本陈列获第十九届全国博物馆十大陈列展览精品推介特别奖。"人民共和国从这里走来——中华苏维埃共和国史"基本陈列分"开展武装斗争建立苏维埃区域""中华苏维埃共和国的诞生""中华苏维埃共和国在曲折中巩固发展""中国共产党治国理政的伟大实践""中华苏维埃共和国的战略转移"五部分,全面系统介绍中华苏维埃共和国成立及老一辈革命家在中央苏区的革命实践。

【瑞金市两馆入选全国首批"大思政课"实践教学基地】 8月,教育部、科学技术部、工业和信息化部、生态环境部、国家卫生健康委、国家文物局、国家乡村振兴局和中国关心下一代工作委员会联合设立"大思政课"实践教学基地,公布全国首批"大思政课"实践教学基地名单。瑞金市中华苏维埃共和国科技史料陈列馆入选教育部办公厅、科学技术部办公厅联合设立科学精神专题实践教学基地名单,瑞金中央革命根据地纪念馆入选为教育部办公厅、国家文物局办公室联合设立中华优秀传统文化、革命文化、社会主义先进文化专题实践教学基地名单,入选为教育部办公厅、中国关心下一代工作委员会办公室联合设立党史新中国史教育专题实践教学基地名单。

主要领导 市委书记:吴建平(任至6月)、尹忠(6月任)。市人大常委会主任:谢志斌。市长:刘春林。市政协主席:刘红敏。

(瑞金市史志研究室)

·会昌县·

【简　况】 位于江西省东南部,辖6个镇、13个乡和1个城市社区管委会。总面积2712平方千米,其中城区面积14.5平方千米。耕地面积1.75万公顷,有林面积19.71万公顷;森林覆盖率80.87%,城区绿地覆盖率45.6%。户籍人口53.55万人,其中城镇人口17.62万人。常住人口45.19万人。2022年,地区生产总值164.08亿元,同比增长5.2%。其中,第一产业增加值28.05亿元,同比增长3.5%;第二产业增加值62.84亿元,同比增长6.9%;第三产业增加值73.19亿元,同比增长4.6%。财政总收入15.75亿元,同比增长1%;税收10.85亿元,税收占一般公共预算收入的50.2%。一般公共预算支出45亿元,同比增长2%。规模以上工业总产值140.2亿元,同比增长10.2%。外贸出口17.2亿元。500万元及以上固定资产投资同比增长12.5%。实际利用外资213万美元,同比增长508.5%。粮食总产量16.7万吨,同比增长1.04%。主要农产品及产量有烟叶2500吨,脐橙、橘柚13.8万吨,生猪出栏30.32万头,家禽出笼639万羽,水产品1.89万吨。城镇居民人均可支配收入3.52万元,同比增长6.2%;农村居民人均纯收入1.61万元,同比增长9.4%。城乡居民年末储蓄余额174.57亿元,同比增长13.6%。

【城乡建设】 开展"四城同创"和城乡环境整治,完成县城老旧小区改造8个、棚户区改造100户,拆除违章建(构)筑物34.8万平方米,水东大道东延、水西出口路等道路开工建设9条,教育大道南段等道路建成通车6条。推进全县污水处理厂网一体化项目,完成管网铺设100千米,建成厂站18座,希望小学垃圾中转站搬迁、县城生活垃圾无害化填埋场修缮(二期)等项目完成。瑞梅铁路实现开工,厦蓉高速会昌白鹅互通工程路基全线贯通。加快推进乡村振兴基础设施建设等项目,完成文武坝、周田、筠门岭、高排等乡镇农贸市场升级改造。完成矿山生态修复138公顷、低质低效林改造4400公顷、水土保持生态治理25平方千米。

【工业经济】 全年规模以上工业企业实现营业收入140.2亿元、利润15.4亿元,同比分别增长10.2%、12.7%,营业收入超10亿元企业3家,其中超20亿元企业1家,税收过亿元企业2家。加快推进松辉氟新材料、福默斯新材料等项目10个,竣工投产昌峰新材料、中氟二期等项目7个。首位产业全年实现营业收入113.5亿元,同比增长37.6%,占规模以上工业企业的80.9%。新增省级企业技术中心2家,实现省级研发平台"零的突破",石磊氟材料获评全省专业化小巨人企业,新增省级"专精特新"企业9家,全县高新技术产业增加值占规模以上工业增加值的47.5%,比上年提高5.6个百分点。

【洞头畲族村入选首批"全国非遗与旅游融合发展优选项目"非遗旅游小镇名录】 10月24日,洞头畲族村入选首批"全国非遗与旅游融合发展优选项目"非遗旅游小镇名录。该村投入8000余万元,将畲族村"联班第"

"苞茂第"等畲族古建筑群打造成科举文化园、耕读文化园、畲族村史馆,建设凤凰湾、凤凰桥、鹭序亭、农耕体验园、联班第公园、清水长廊、真君庙、绣花楼等畲族特色展览点,建成核心景区。该村每年举办民俗文化旅游节,打造"旅游+非遗+农业产业+乡村振兴"新路径,接待旅游团队170个、游客5万人次,旅游产业相关收入超1000万元。

主要领导 县委书记:潘金城。县人大常委会主任:李国生。县长:李德伟。县政协主席:周文孝。

(何慧娟)

·寻乌县·

【简　况】 位于江西省南部,辖7个镇、8个乡。总面积2352.05平方千米,其中城区面积15平方千米。耕地面积8433.33公顷,林地面积14.42万公顷;森林覆盖率82.37%,城区建成区绿化覆盖率45.84%。户籍人口32.87万人。常住人口28.02万人,其中非农业人口8.20万人;人口自然增长率4.5‰。2022年,地区生产总值125.05亿元,同比增长5.4%。其中,第一产业增加值26.72亿元,同比增长4.5%;第二产业增加值41.13亿元,同比增长8.5%;第三产业增加值57.20亿元,同比增长3.8%。财政总收入12.84亿元,同比增长9.2%。税收收入9.29亿元,税收占财政总收入72.35%。一般公共预算收入7.38亿元,同比增长4.1%。地方财政支出34.75亿元,同比增长9.2%。规模以上工业总产值89.03亿元,同比增长24.5%。固定资产投资增长14.6%。实际引进外资549万美元,同比增长68.4%。主要工业产品及产量有铜金属含量3.24万吨、陶质砖1176.17万平方米、泵4997台、气体压缩机1.46万台、水泥24.89万吨。农林牧渔业总产值44.13亿元,同比增长4.9%。粮食总产量7.41万吨。主要农产品及产量有柑橘46万吨、脐橙33万吨、生猪出栏13.45万头、禽蛋1.34万吨、肉类2.83万吨、蔬菜类及食用菌14.26万吨。城镇居民人均可支配收入3.41万元,同比增长4.2%;农村居民人均可支配收入1.64万元,同比增长10.6%。城乡居民年末储蓄余额131.24亿元,同比增长0.3%。

【城市建设】 新增建设用地100公顷,五星级酒店开工,深寻大道扩建升级,新建江东公园,新增停车位579个、厕位109个。争取银行融资6.5亿元,启动实施马蹄河水系综合治理工程,建成9.74千米雨污分流管网,9条城区道路实现白改黑,19个老旧小区改造升级。推进城市品牌建设,举办寻乌县脐橙节、客家灰水粄制作大赛等活动。

【乡村振兴】 坚持精准施策、固强补弱,整合衔接资金1.78亿元,实施项目238个,"两不愁三保障"和饮水安全水平巩固提升。加强防返贫动态监测和跟踪帮扶,新识别监测对象364户1614人,稳定消除返贫风险543户2292人,帮助30403名脱贫户和监测对象实现就业,脱贫人口人均可支配收入增长16%。推进云上橙·中国(寻乌)柑橘科学园、深寻农产品加工产业园建设,建成蜜橘示范基地6个、柑橘标准果园15个,复种柑橘853.33公顷。蔬菜、百香果、鹰嘴桃、油茶等特色产业进一步发展,"一乡一业"产业格局基本形成。完成粮食种植1.35万公顷,冬播油菜786.67公顷,建成高标准农田2420公顷。品牌建设成果丰硕,新增富硒产品12个、"圳品"3个,认定大湾区菜篮子生产基地3家、深圳农场1家,江西省首个"盒马村"落户寻乌。实施乡村建设行动,完成49个省级新农村点建设,新建农村公路24.39千米,建成农村污水处理设施62处,整治危旧土坯房28.4万平方米。

【民生事业】 22个民生项目全部开工,16个项目竣工,完成投资11.56亿元,投资完成率136.8%。做好困难群众兜底保障工作,发放各类困难群众救助补助资金9145.82万元,城乡低保标准同比分别提高7.8%、16.5%。落实稳就业政策,发放创业担保贷款1.2亿元,新增城镇就业2063人,新增转移农村劳动力3528人。教育事业持续进步,新增学位1085个、园位1170个。改善医疗条件,投入6761.52万元购置医疗设备,建立县人民医院与县妇幼保健院联动发展机制。推进"一老一小"工作,改造提升13所敬老院,新建17家托幼服务机构,新增养老床位479张、幼儿托位1140个。

主要领导 县委书记:蓝贤林。县人大常委会主任:严志林。县长:何善祥。县政协主席:张翠梅。

(钟玉华)

·石城县·

【简　况】 位于江西省东南部,辖6个镇、5个乡。总面积1567.4平方千米,其中城区面积13.3平方千米。耕地面积1.90万公顷,林地面积11.76万公顷;森林覆盖率75.9%。户籍人口33.32万人,常住人口28.34万人,其中非农业人口14.15万人。2022年,地区生产总值104.24亿元,增长4.7%。其中,第一产业增加值19.63亿元,同比增长2.9%;第二产业增加值31.63亿元,同比增长6.9%;第三产业增加值52.98亿元,同比增长4.1%。财政总收入13.56亿元,同比增长11%。税收收入占财政总收入的77.1%。地方财政收入7.75亿元,同比增长6.4%;地方财政支出34.4亿元,同比增长13%。规模以上工业增加值同比增长9%。固定资产投资同比增长10.9%。实际利用外商投资543万美元,同比增长35.4%;利用省外2000万元以上项目资金25.74亿元,同比增长9.7%。农业总产值31.71亿元,同比增长3.3%。粮食总产量12.33万吨。主要农产品及产量有花生5084吨、烟叶3000吨、白莲7700吨。社会消费品零售总额44.32亿元,同比增长5.2%。城镇居民人均可支配收入3.28万元,同比增长5.4%;农村居民人均可支配收入1.51万元,同比增长10.2%。金融机构存款余额186.20亿元,同比增长14%;金融机构贷款余额181.82亿元,同比增长14.8%。

【经济发展】 2022年,石城县实现生产总值104.23亿元,同比增长4.7%;规模以上工业营业收入100.7

亿元,同比增长23.3%;园区工业营业收入101.1亿元,同比增长24.04%。3项指标均首次突破百亿元。工业固定资产投资增速超20%,工业用电量同比增长17.69%。推动品牌运动鞋服首位产业集群发展,投资20亿元的龙行天下鞋服产业链示范项目竣工投产,鸿豪鞋服产业园被评为省级"双创"示范基地,佰盈体育获评省级智能制造标杆企业、省级两化融合示范企业、省级企业技术中心,鞋服产业园获评省级新型工业化基地,鞋服产业产值突破170亿元。规模以上工业企业增加至71家,园区企业增至260余家,用工1.5万余人。石城县工业园新开发平台面积80公顷,新建标准厂房33万平方米,形成以品牌运动鞋服为首位产业,矿产品精深加工、新型机械制造、绿色食品加工、新能源为主导产业的"一园四区"平台格局。园区9家企业获评国家高新技术企业,2家企业获批省级"绿色工厂",9家企业获评省级"专精特新"企业,62家企业入库省级科技型中小企业。

【城市建设】 按照"南联、北延、西扩、中提"城市发展战略,加快城南景城一体新区、城北休闲养生新区和城西产城融合新区建设,县城建成区面积扩大至13.3平方千米,比2021年增加0.6平方千米。推进城市能级提升,市级调度项目10个,全部开工建设,完成投资22.73亿元,占年度计划投资的112.97%;县级调度项目35个,23个项目开工建设,开工率85.18%,完成投资20.47亿元,占年度计划投资的66.21%。中心城区逐步扩大,城区新增绿地面积16.58公顷。完成棚户区改造任务,建成棚户区(城中村)返迁房200套。闽粤通衢历史文化街区征拆签约全面"清零"。推进老旧小区改造,红星巷、润源、陈家排、森林水保家属楼4个老旧小区改造基本完成,覆盖户数843户、面积10.67万平方米。优化城市路网,建成发展九路、金丰路、井岗路、栏皋路、温坊路北段等14条城市道路。振兴大道路面维修、东城大道电力杆线入地迁改项目完工。推进燃气管网建设,铺设燃气管网11.6千米;累计铺设城区市政中压主管网53千米,小区庭院管网约57千米,共长约110千米。

【石城县完成高标准农田建设】 2022年,石城县完成2533.33公顷高标准农田建设。该工程为2021—2022年跨年度高标准农田建设项目,建设任务2333.33公顷,主体工程包括土地平整工程、灌溉与排水工程、田间道路工程。项目总投资1.05亿元,2021年11月25日开工建设,2022年6月主体工程竣工,竣工后的建设规模为2526.67公顷,超额完成建设任务,工程质量优良,全部通过单项工程验收。该工程极大改善项目区农业生产条件,提高土地的适宜性和机械化率,当地农业种植结构可随市场需求状况及时调整,使原先的中低产田变为高产稳产田。根据项目实施阶段范围线测算,新增耕地6.07公顷。新增和改善灌溉面积2593.33公顷。增强农业抗灾能力,每亩新增粮食综合生产能力150千克,年增加产值收入933.15万元。

【"石城贡米""石城烟叶"获批国家地理标志证明商标】 1月,"石城贡米""石城烟叶"获批国家地理标志证明商标。石城贡米名曰"香芸粘",又名"吉尹米"(因生长于高田岩岭吉炉坑而得名),属原生稻品种,为一季晚籼稻。产于高田镇礼地、朱家、大秀等地,山泉水灌溉,具有特定的自然条件。产地处海拔880米的高山梯田,山高日照短,泉流地温低,日夜温差大,云雾缭绕天气占多数;此贡米生长周期长,全育期140天左右;在生长期间无病虫害,米粒细长,营养价值高,米质润泽,色白如玉。煮成饭后,香软可口。清朝时曾为贡品。石城栽种烟叶历史悠久。清道光《石城县志》载:"石邑种者甚多,其品不让闽漳也。"明清至民国期间种植晒烟(黑烟),年产100万千克以上,除当地加工成烟丝出售外,主要运往长汀转汕头出口。1993年石城县被国务院农业发展中心命名为"中国烟叶之乡"。2022年全县烟叶产量3000吨。石城烟叶质量优良。晒烟"黑老虎"享誉海外,久盛不衰。烤烟更享有"颜色枯黄、香气醇厚"的美誉。上等烟是江西省生产高档烟"金圣"的主要原料之一,中等烟则是生产中档烟"南方"的主要原料。主要品种为G28、G80、K326。

主要领导 县委书记:尹忠(任至6月)、张小川(6月任)。县人大常委会主任:刘晓波(11月21日,因涉嫌严重违纪违法,接受赣州市纪委市监委纪律审查和监察调查)。县长:张小川(任至6月)、刘诗河(12月代)。县政协主席:赖松林。

(张文馨)

宜春市

【概　况】 位于江西省西北部,辖3个市、6个县、1个区以及宜阳新区、宜春经济技术开发区、明月山温泉风景名胜区,总面积1.87万平方千米。户籍人口600.25万人,常住人口496.97万人,其中城镇人口288.37万人。2022年地区生产总值3473.11亿元,同比增长5.3%。其中,第一产业增加值351.34亿元,同比增长3.9%;第二产业增加值1508.90亿元,同比增长6.9%;第三产业增加值1612.87亿元,同比增长4.3%。一般公共预算收入277.48亿元,同比增收23.25亿元,同比增长9.1%。其中,税收收入168.17亿元,同比下降5.1%,占一般公共预算收入的60.6%;非税收入109.31亿元,增收32.28亿元,同比增长41.9%。一般公共预算支出701.99亿元,同比增长8.2%。外贸进出口总额508.11亿元,同比增长59.44%。500万元以上固定资产完成投资同比增长9.8%。农业总产值613.22亿元,同比增长4.3%。粮食总产量368.55万吨,同比下降2.26%;主要农业产品及产量:油料27.03万吨,同比增长4.2%;蔬菜212.93万吨,同比增长4.2%;肉类56.38万吨,同比增长8.52%;家禽产蛋12.43万吨,同比增长4.78%;水产品37.97万吨,同比增长4.97%。社会消费品零售总额1131.0亿元,同比增长5.6%。城镇居民人均可支配收入4.20万元,农村居民人均可支配收入2.04万元,同比分别增长5.3%和6.4%。

【经济发展】 获批江西省制造业高质量发展试验区,获江西省工业崛起年度贡献奖,连续入选江西省工业高质量发展先进市,承办江西省工业项目建设推进现场会。新增规模以上工业企业218家,总数2166家。新增国家级专精特新“小巨人”企业8家、质量标杆企业1家,培育两化融合贯标企业123家,总数均列全省第一。建成富硒农产品基地面积13.4万公顷,绿色有机认证面积33.45万公顷,新增“两品一标”60个、“赣鄱正品”认证品牌19个。新增中国美丽休闲乡村2个。开展服务业攻坚行动,月度新增规模以上服务业企业58家,累计培育省级服务业集聚区17个、省级服务业龙头企业31家。累计建成5G基站6325个,成功创建国家千兆城市。推进电商与产业融合发展,培育省级电商示范企业10家、年网络零售额超千万元品牌5个。获国务院批复设立跨境电子商务综合试验区,成为全国首批33个设立跨境电子商务综合试验区的城市和地区之一。袁州区获批全国有机农产品基地。高安市入选国家现代农业产业园创建名单,高安建陶基地入选国家火炬特色产业基地。樟树市金虎集团获评国家技术创新示范企业。上高县入选第三次全国土壤普查试点县。

【民生建设】 实施城市功能与品质提升十大行动项目626个,完成投资1002.5亿元。改造老旧小区164个、背街小巷145条。中心城区改造主次干道26条、老旧燃气管网56.9千米,建成公共停车位8147个。宜万同城快速通道、宜春大道改造工程建成通车,袁州城乡客运公交进入“1元时代”。建成乡村振兴先行示范村244个,退出农村“三房”1.1万宗,年经营性收入超10万元的行政村达96.4%。新改建农村户厕2.6万个,城乡环卫一体化覆盖所有乡村。创建美丽宜居乡镇43个、村庄196个、庭院3.3万个、示范带11条。新改扩建公办幼儿园、中小学校40所。基本医疗保险实现应保尽保,被全国爱卫办评为江西健康城市建设样板市。新闻评论《从“蜗牛”获“奖”到“码”上“服务”》获中国新闻奖二等奖,为江西省地市最高奖项;歌曲《你笑起来真好看》获中宣部“五个一工程”奖。

【新增3家锂电新能源头部企业落户】 8月15日,比亚迪股份有限公司(简称“比亚迪”)宜春项目签约仪式在南昌举行。比亚迪在宜春投资285亿元,建设年产30亿千瓦时动力电池和年产10万吨电池级碳酸锂及陶瓷土(含锂)矿采选综合开发利用生产基地项目。9月28日,江西赣锋锂业股份有限公司宜春项目签约仪式在宜春举行。赣锋锂业新型(30亿千瓦时)锂电池生产制造基地及产业链配套项目总投资300亿元,分别在宜春经开区和相关县(市、区)分期建设新型锂电池、锂电池材料及锂矿采选项目。12月7日,欣旺达电子股份有限公司宜春新能源基地项目签约仪式在宜春举行。欣旺达宜春新能源基地项目总投资165亿元,将分期规划建设年产5万吨碳酸锂、30万吨正极材料和年处理50亿千瓦时废旧电池综合回收利用产线。

【新增2条高速公路】 12月29日,宜春至遂川、宜春至井冈山等4条江西省新修高速公路建成通车仪式在宜春市举行。宜春至遂川高速公路是《江西省高速公路网规划修编(2018—2035年)》“10纵10横21联”路网中第9纵的重要组成部分,起点位于袁州区新田镇,途经宜春、吉安两个设区市5个县(市、区)28个乡(镇、场),建设里程194.87千米,概算投资280.81亿元,是江西高速公路建设史上一次性投资最大的项目。宜春至井冈山高速公路三阳至新田段是宜春绕城高速环线西北方向的主要组成段,也是宜春市自行筹资建设的第一段高速公路。项目全线位于袁州区境内,起于三阳镇长岭背,与宜万高速相接,途经湖田镇、洪塘镇和新田镇,在新田镇杨芽村设互通枢纽连接沪昆高速,终点位于新田镇汉塘里,与宜遂高速相连。项目全长18.42千米,概算投资24.3亿元,主线采用双向六车道高速公路标准。

主要领导 市委书记:于秀明。市人大常委会主任:李宁。市长:严允。市政协主席:袁川。

(易劭宜　黄博)

·袁州区·

【简　况】 位于江西省西北部,辖17个镇、3个乡、8个街道办事处。总面积2538平方千米,其中建成区面积90.89平方千米。耕地面积4.0万公顷。户籍人口117.83万人,常住人口112.98万人,其中城镇人口51.55万人;人口自然增长率3.26‰。2022年地区生产总值560.42亿元,同比增长5.6%。其中,第一产业增加值45.36亿元,同比增长4.6%;第二产业增加值209.46亿元,同比增长9.1%;第三产业增加值305.6亿元,同比增长3.6%。一般公共预算收入26.43亿元,同比增长4.8%;地方财政支出88.76亿元,同比增长21%。农业增加值46.16亿元,同比增长4.7%。粮食总产量34.58万吨,同比下降2.7%。主要农产品及产量:油料2.2万吨,同比增长8.1%;生苎麻43吨,同比减少4.4%;水产品4.05万吨,同比增长5.2%。工业增加值169.52亿元,同比增长9.5%,占地区生产总值的30.25%。主要工业产品及产量有中成药1.69万吨,同比增长63.4%;水泥212.89万吨,同比下降12.9%;锂离子电池2.66亿只,同比下降12.6%;铸铁件1.93万吨,同比下降7.9%;电子元器件28.09亿只,同比增长104.6%。城镇居民人均可支配收入4.65万元,同比增长5.6%;农村居民人均可支配收入1.98万元,同比增长6.4%。城乡居民年末储蓄余额653.17亿元,同比增长15.32%。

【创新发展】 抓创新,谋转型,坚持创新驱动发展战略,2022年,研究与发展经费投入强度增长至1.92%,研发费用总量达9.97亿元,总量和增量均跃升全市第1。全区全年新增国家专精特新“小巨人”企业2家、省专业化“小巨人”企业2家、省“专精特新”中小企业36家,获批省级企业技术中心5家、市级企业技术中心9家。成功创建全国科普示范区,大海龟生命科技创新项目列入国家科技奖后备培育项目库,创业项目获第五届“中国创翼”创业创新大赛全国总决赛第一名。资本市场活力迸发,1家企业申报上市,6家企业申报省重点拟上市后备企业。

【袁州茶油获颁“文化传承价值品牌”】 袁州区油菜种植1万余公顷,获批全国有机农产品(茶籽)基地。完成高产油茶林新造1200公顷,改造4000余公顷,总面积近2万公顷,总产量继续位居全省第一、全国前列。9月3日,2022世界地理标志产品品牌分销服务大会在北京国家会议中心召开,袁州区《袁州茶油:擦亮金字招牌,为乡村振兴加油》报告被大会收入“2022地理标志产业发展示范案例·文化传承价值案例”,袁州茶油被授予“文化传承价值品牌”。

【区法院三道工序诉源治理】 区法院依托“多元联动”解纷体系、“委派调解”工作机制、“无诉企业”创建活动“三道工序”,全力助推诉源治理工作,优化营商环境。区人民法院全年新收案件同比下降10%,其中新收民事案件同比下降15%,新收行政案件同比下降20%。相关做法被《长安》杂志2022年第10期、《江西改革动态》2022年第112期、《江西政法动态》2022年第34、42期刊载。

【歌曲《你笑起来真好看》获“五个一工程”奖】 12月6日,第十六届全国精神文明建设“五个一工程”奖获奖作品名单公布,由袁州区本土音乐人周兵作词、中共江西省委宣传部选送的歌曲《你笑起来真好看》,获第十六届全国精神文明建设“五个一工程”奖。

主要领导 区委书记:江伟斌。区人大常委会主任:陈彬。区长:胡勇。区政协主席:熊爱国。

(窦忠平)

·樟树市·

【简　况】 位于江西省中部,辖10个镇、4个乡、5个街道办事处、1个园艺场。总面积1291平方千米,其中城区面积35.58平方千米。耕地面积6.12万公顷,有林面积2.55万公顷,森林覆盖率30.71%。户籍人口60.22万人,常住人口47.98万人,其中非农业人口25.84万人,人口自然增长率-1.75‰。2022年地区生产总值516.84亿元,同比增长5.2%。其中,第一产业增加值48.99亿元,增长4.1%;第二产业增加值236.48亿元,同比增长6.5%;第三产业增加值231.37亿元,同比增长4.2%。规模以上工业总产值768亿元,同比增长15.5%。主要工业产品及产量:白酒2.58万千升、原盐31.58万吨、中成药6683.9吨。农业总产值38.2亿元,增长3.3%。主要农产品及产量:粮食50.76万吨、油料5.76万吨、中药材8.86万吨。地方财政收入77.5亿元,同比增长11.2%;财政支出75.54亿元,增长10%。城镇居民人均可支配收入4.57万元,比上年增加2399元;农村居民人均纯收入2.30万元,比上年增加1507元。城乡居民年末储蓄余额415.1亿元,同比增长18.9%。

【产业提质】 实施创新引领战略、知识产权强市战略,加快科技创新,优化创新环境,推动产业高质量发展。制定出台《加速智能化应用推动产业转型升级的实施意见》《数字经济发展三年行动实施方案》《樟树市招才引智“新五条”实施办法》。4月,江西省工业强省建设工作领导小组公布2021年度全省工业高质量发展先进设区市和县(市、区)名单,樟树市入选2021年度全省工业高质量发展一类先进县(市、区)。7月,工业与信息化部选定“中医药产业·江西樟树工业园区”为四星级国家新型工业化产业示范基地。全市医药企业427家,其中科技型中小企业17家、省级企业技术中心17家,江西省名牌产品13个,江西省著名商标56件。9月,樟树市入选国家知识产权局确定的首批国家知识产权强县建设试点示范县。全市发明专利授权量131件,有效发明专利拥有量496件,每万人有效发明专利拥有量10.21件,有效注册商标1.51万件。11月,樟树市江西金虎保险设备集团有限公司入选工信部公布的国家技术创新示范企业。金虎集团建立工业数据采集和集中监控系统、快速制造3D设计研发系统、企业云ERP管理系统,先后获得国家授权专利300余项、软件著作权150余项,主持或参与国家、行业标准制修订30余项。是年,全市建有5G站点825个,数字经济核心产业规模以上企业50家,通过两化融合管理体系贯标企业105家,其中省级两化融合示范企业34家,企业上云数1699个。

【绿色发展】 坚持绿色发展理念,加快推动产业生态化和生态产业化,不断壮大绿色动能。全市拥有国家级绿色工厂3家、省级绿色工厂9家、工业产品绿色设计示范企业2家。推进绿色农业,全市通过绿色有机认证企业及合作社59家,产品认证222个,绿色食品认证面积4666.67公顷,绿色食品产值10.55亿元。有机食品认证企业47家,有机食品认证167个,种植面积2.47万公顷,产值12.5亿元,“二品一标”认证规模及个数居全省前列。生态+文化旅游提能升级,三皇宫文化旅游街区获批江西省第二批夜间文化旅游消费集聚区,入选省级特色文化街区培育单位。仁和集团“药都里”景区、吴城文物博物馆、筑卫城游客中心、岐黄旅游酒店、阁皂山、非遗展示馆等一批文旅项目有序推进,爱农湖主题生态园获批江西省AAAA乡村旅游点。

【国字山战国墓入选中国六大考古新发现】 3月18日,中国社会科学院公布2021年中国六大考古新发现,樟树国字山战国墓入选。国字山战国墓位于樟树大桥街道彭泽村洪光塘西南,筑卫城城址西侧约300米处的小山顶部,是迄今江西地区发现规模最大的东周时期墓葬,虽经早期盗扰,仍出土2600余件器物。其中,出土筝保存较好,总长2.3米,是迄今为止出土最长的筝。另有一件铜鸠杖的跽坐人形镦及两件佐证墓主身份的“越王”铭铜戈(戟)。其墓室规模巨大,葬具规格高,呈现出多种文化因素交流的特征,是江西发掘的最大先秦墓葬。对于探讨江西东周时期的历史,特别是江西地域文明进程具有重要意义。

主要领导 市委书记:尹志来。市人大常委会主任:付亚红。市长:陈钰(任至12月)。市政协主席:杨志华

(陈云芽 曾磊)

·丰城市·

【简 况】 位于江西省中部,辖20个镇、7个乡、6个街道办事处。总面积2845平方千米,其中城区面积57.1平方千米。耕地面积10.26万公顷,有林面积8.4万公顷;森林覆盖率42%,城区绿化率46%。户籍人口146.96万人,常住人口105.1万人,其中城镇人口63.4万人,城镇化率48.1%。2022年地区生产总值661.37亿元,同比增长5.2%。其中,第一产业增加值86.37亿元,同比增长4%;第二产业增加值308.46亿元,同比增长6.6%;第三产业增加值266.54亿元,同比增长4.1%。财政总收入100.4亿元,同比增长9.7%,税收占财政总收入的81.9%。地方财政收入50.7亿元,同比增长1.1%;地方财政支出111.4亿元,同比增长7.5%。工业总产值1155.1亿元,同比增长11.5 %。规模以上工业增加值增长8.6%。外贸出口6.01亿美元,占地区生产总值的6.1%。固定资产投资334.9亿元,500万元及以上固定资产投资增长9.9%。实际利用外商投资和省外投资900亿元。主要工业产品及产量:原煤54.8万吨、铜材81.9万吨、水泥150.4万吨、火力发电量166.5亿千瓦时。农业总产值137.4亿元,同比增长4.6%。粮食总产量100万吨。城镇居民人均可支配收入4.54万元,同比增长6.8%;农村居民人均可支配收入2.38万元,同比增长7.5%。城乡居民年末储蓄余额628.9亿元,同比增长16%。社会消费品零售总额172.3亿元,同比增长5.4%。

【经济发展】 推动机械电子、现代家居、绿色食品、能源建材等主导产业高端化、集群化发展,全市规模以上工业完成产值、营业收入、利润总额分别增长12.5%、12.3%和10.1%。循环经济首位产业产值604.4亿元,聚集度68.2%。新增工业企业入规76家,总数333家。家居、鞋服箱包、回收拆解三大丰商回归产业分别签约企业65家、239家和237家,开工38家、55家和234家。新增产值50亿元企业1家,总数4家。获批省级创新平台载体7家、省级专精特新企业11家,华伍股份获评国家制造业单项冠军示范企业,正导精密线材获评国家专精特新"小巨人"企业,顺达五金获得丰城首个"江西出口名牌企业"称号。创建国家级绿色工厂7家、绿色园区2家,高新区获评国家级绿色工业园区。完成高标准农田建设5200公顷,新增省级农业龙头企业16家,创建省级农业物联网示范基地6个,丰城麻鸭入选全国名特优新农产品名录。全市新签约项目82个,其中百亿元项目1个、"5020"项目14个,签约资金突破900亿元,项目总数、"5020"项目个数和签约金额均创历史新高。赣锋锂业、九岭锂业、隆成电子、环耀智能、盛威国际等头部企业落户丰城。

【改革创新】 采取联审联办、分段办理等措施,合并公司项目办理所需的立项、用地、规划、环评、能评、安评、施工许可等前期手续,缩短审批时间,帮助企业变"开工那些事"为"开工一件事"。创新行政审批模式,开展"四减一优化"专项行动,共精简审批环节189个,减少申请材料51项,压缩审批时限1004个工作日,帮助企业解决问题434个,为各类市场主体减负近25亿元。全市研发投入8.08亿元,同比增长0.8%。成立南昌大学循环经济产业丰城研究院,华伍、格林美、春光等9家企业分别与华东交通大学、省科学院等9家大学、科研院所派出的科技特派员签订合作协议。设立10亿元人才创新产业引导基金。国家级重大人才项目申报实现"零的突破"。融入大南昌都市圈,与南昌市红谷滩区签订"1+7"战略合作协议体系,开通丰城至新洪城大市场公交专线,推进区域融合发展。搭建鞋业箱包小微产业园、金数来拆解园、现代家居产业园等平台,引导一批乡贤能人返乡创业。

【社会建设】 新增财力的80%以上用于民生事业,加速推进36个重大民生交通项目,全市民生支出96.25亿元,占总支出的83.7%,新增7.5亿元,同比增长8.4%。完成118宗城区闲置空地整治利用,新增健身步道6千米、停车位1.8万个;启动16个乡镇(街道)卫生院新建和改扩建工程,社区及基层卫生院中医馆建设实现全覆盖,新增医疗床位300余张、ICU床位54张;建成居家养老服务中心138个,社区覆盖率100%,新增养老点位近200个。新增市场主体1.02万户,总数7.28万户,新增就业岗位9600余个;建成学校、幼儿园6所,新增学位、园位共4080个,12所中小学校获得"国字号"特色名片;新增厕位6000余个。推进"雪亮工程"二期建设,建成智慧安防小区210个、防溺水"四个一"工程点位872个。完成214个自然村主体建设,申报美丽乡镇建设项目248个。建成乡镇商贸中心3个、乡村振兴示范点13个、新农村建设点323个。

主要领导 市委书记:徐结强。市人大常委会主任:曾兆昕。市长:张书基。市政协主席:张小平。

(程亮 汤青岚)

·靖安县·

【简 况】 位于江西省西北部,辖6个镇、5个乡。总面积1376.65平方千米,其中城区面积8.72平方千米。耕地面积9788.81公顷,林地面积11.63万公顷,森林覆盖率84.25%,建成区绿地覆盖率41.78%。户籍人口15.12万人,常住人口11.99万人,其中城镇人口7.39万人,人口自然增长率3.11‰。2022年地区生产总值82.96亿元,同比增长5.1%。其中,第一产业增加值9.4亿元,同比增长3.9%;第二产业增加值32.12亿元,同比增长6.5%;第三产业增加值41.44亿元,同比增长4.3%。财政总收入13.41亿元,同比增长9.5%,其中税收收入10.2亿元,占财政总收入的76%。一般公共财政预算收入7.57亿元,增长7.8%;一般公共财政预算支出23.07亿元,同比下降3%。规模以上工业总产值91.5亿元,同比增长8.11%。固定资产投资增长9.6%。实际利用省外资金

56.65 亿元,增长 9.6%,利用境外资金 1009 万美元。外贸出口 3.9 亿美元,增长 74.9%。工业用电量 2.73 亿千瓦时,下降 11.72%。主要工业产品及产量有天然大理石建筑板材 3.14 万平方米、电光源 3.14 万只、锻件 11.52 万吨、电子元器件 12.74 亿只。农业总产值 18 亿元,同比增长 4%。粮食总产量 8.4 万吨。主要农产品及产量有水稻 7.75 万吨、棉花 240 吨、柑橘 4.39 万吨、茶叶 411 吨、油菜籽 0.57 万吨。社会消费品零售总额 26.44 亿元,同比增长 6%。城镇居民人均可支配收入 3.91 万元,同比增长 4.86%;农民人均纯收入 1.95 万元,同比增长 5.92。城乡居民年末储蓄余额 100.8 亿元,同比增长 19.48%。

【“生态卫士”综合执法改革入选全国典型案例】 在全省首推建立“生态卫士”综合执法法机制,整合“河湖长制”“林长制”工作资源和涉生态环境保护各部门执法力量,发挥公安机关信息化、智能化优势,建立由党委领导、政府负责、公安吹哨、部门联动的生态环境保护体系,由治水向生态保护全方位扩展,形成上下联动、条块结合、齐抓共管的工作格局。通过工作机制创新,靖安生态环境达到“两降三优两提升”(破坏野生动植物资源、环境污染案件明显下降;土地生态进一步优化,饮用水断面达到Ⅱ类以上优质标准,空气质量日均值保持在国家一级以上优质标准;森林覆盖率进一步提升,群众对生态环境的满意度显著提升)目标。靖安县“生态卫士”综合执法改革的探索,入选全国“2022 年度地方全面深化改革典型案例”。

【白茶文化街建成】 9 月 30 日,靖安首个茶叶专业交易市场——白茶文化街开业。靖安县出台《关于推进靖安白茶产业高质量发展三年行动方案》,投入资金 1500 万元打造成集干茶销售、批发、茶文化展示、宣传推广、品茶休闲为一体的靖安白茶文化一条街。出台减免铺面租赁费三年等优惠政策,引导现有茶企、茶商、茶店集中开设专营店 22 家、承租店铺 32 间。靖安年产白茶 201 吨。靖安白茶是国家地理标志保护产品,先后被评为“江西十大名茶”“中国农业品牌目录 2019 农产品区域公用品牌”,连续 4 年被列入江西农产品“二十大区域公用品牌”。

【潦河灌区入选世界灌溉工程遗产名录】 11 月 26 日,潦河灌区入选第八批(2021 年)世界灌溉工程遗产名录。潦河灌区有三座古陂在靖安。靖安先民沿潦河自下而上梯次置陂,有距今近 1200 年的蒲陂、距今 500 余年的乌石潭陂、距今 200 余年的香陂。历经千百年的洗礼,它们灌溉了靖安、奉新、安义三县良田,造福一方百姓,是一份珍贵的灌溉工程遗产。省水利厅和国家灌排委员会专家到潦河灌区现场察看古陂遗迹,认为它们是江南丘陵地区典型的古代引水灌溉工程系统。

主要领导 县委书记:曾海。县人大常委会主任:刘健。县长:黄为民。县政协主席:曾建平。

(赖丰芳)

·奉新县·

【简　况】 位于江西省西北部,辖 10 个镇、3 个乡、3 个场、2 个管委会。总面积 1642.81 平方千米,其中城区面积 23.75 平方千米。耕地面积 3.37 万公顷,林地面积 10.93 万公顷,森林覆盖率 64.54%。户籍人口 33.29 万人,常住人口 33.29 万人,其中城镇人口 17.62 万人。2022 年地区生产总值 241.63 亿元,同比增长 5.5%。其中,第一产业增加值 25.61 亿元,第二产业增加值 114.47 亿元,第三产业增加值 101.55 亿元。财政总收入 36.46 亿元,同比增长 16.6%;一般公共预算收入 16.73 亿元,同比增长 5.7%。外贸进出口总额 7.74 亿美元,同比增长 62.6%;500 万元以上固定资产投资同比增长 9.3%。规模以上工业实现营业收入 623.75 亿元,同比增长 5.2%;规模以上工业增加值 138.88 亿元,同比增长 9%。主要工业产品及产量有大米加工 2740 吨、纺织棉纱 27.77 万吨、塑料制品 6678 吨。农业总产值 42.19 亿元,同比增长 4.5%;粮食总产量 27.15 万吨,主要农产品及产量有稻谷 26.27 万吨、生猪出栏 20.28 万头、水产品 1.85 万吨、猕猴桃 8.5 万吨。城镇居民人均可支配收入 4.23 万元,同比增长 5.4%;农村居民人均可支配收入 2.29 万元,同比增长 5.4%。城乡居民年末储蓄余额 180.14 亿元,同比增长 20%。社会消费品零售总额 70.25 亿元,同比增长 5.4%。

【产业发展】 抢抓锂电新能源发展机遇,“奉新时代”全面开工,“国轩高科”稳步推进,投资 165 亿元的深圳欣旺达、投资 100 亿元的赣锋锂业新项目签约进驻,璞泰来产业园二期、宁昱鸿新材料、昊能新材料建成投产,九岭锂业增资扩产,紫宸科技、飞宇新能源产销两旺,奉新锂电新能源产业园获评第二批全省数字经济聚集区。纺织服装产业加快转型升级,宝源纺织、华春色纺数字化智能化进一步提升,金源纺织建成全国领先的 5G 智能化生产车间。电子信息产业稳步发展,安智光电触摸显示屏项目竣工投产,宝泽创意产业园投入运营。全年新增省级专精特新企业 13 家,紫宸科技获评国家级制造业单项冠军企业,云威新材料获评省种子独角兽企业,华士药业、九岭锂业获评省瞪羚企业,宁新新材、冠亿研磨获评全省制造业领航培育企业。

【文旅融合】 10 月 29—30 日,宜春市文化和旅游大会在奉新县举行,与会代表参观奉新文旅融合发展成果。奉新先后投入 6 亿元,推进文旅融合、农旅融合、景城融合,先后启动文体艺术中心、九天阁重建、天工苗艺坊、“一河两岸”夜景、万亩猕猴桃生态产业园提升改造等项目建设,引进华林文化旅游投资 20 亿元打造仰山乡村公园,完善百丈山、九仙温泉等景区景点基础设施;制作系列旅游宣传片、微电影、摄影展、书画展和手绘地图,“走过千年·依然奉新”品牌影响力大幅提升;乡村旅游持续升温,仰山乡村公园建设稳步推进,西部山区避暑、九仙温泉度假地,会埠张坊耕香森林公园、仰山白水崖瀑布露营地新晋为网红打卡地,仰山峡漂流入选宜春“十大网红景区”。

【乡村建设】 完成147个村的新农村建设,拆除“三房”7.18万平方米,改造农村户厕4500个,特色村点建设13个,“十个一”“八个有”示范点15个,省级乡村森林公园2个,水生态文明村镇7个。完成“三线整治”试点任务,改造提升美丽庭院3000个,5G+长效管护平台精准覆盖49个重点行政村,建成澡溪乡坳头组、罗市镇马路口组、赤岸镇下梅组等一批村庄建设示范点,形成干洲—百丈秀美乡村风光带和奉新—上富秀美乡村示范线,累计改造农村公路50.4千米,承办全省乡村建设行动现场推进会,获评“四好农村路”省级示范县。

主要领导 县委书记:陈志尧。县长:喻军。县人大常委会主任:胡健。县政协主席:胡雪松。

(熊正秋　余红星)

·高安市·

【简　况】 位于江西省西北部,辖19个镇、2个乡、2个街道办事处、1个垦殖场。总面积2439.33平方千米,其中城区面积52平方千米。耕地面积9.64万公顷,林地面积7.91万公顷;森林覆盖率35.8%,城区绿地率38.61%。户籍人口87.23万人,常住人口73.07万人,其中城镇人口35.21万人;人口自然增长率2.19‰。2022年地区生产总值579.45亿元,同比增长5.2%。其中,第一产业增加值49.24亿元,第二产业增加值218.46亿元,第三产业增加值311.75亿元。财政总收入64.10亿元,同比增长7.1%,税收占财政总收入的80.1%;公共财政预算收入34.24亿元,同比增长2.8%;一般公共预算支出68.54亿元,同比增长7.9%。全市工业总产值629.84亿元,同比增长12.8%。全年签约引进内资项目119个,其中亿元以上项目83个,累计签约资金374.63亿元,实际利用省外资金106.43亿元;实际利用外资0.5亿美元,实际外贸出口5.36亿美元。500万元以上项目固定资产投资同比增长15.7%。规模以上工业产品及产量:瓷砖89876万平方米,锂离子电池3416万只,商品混凝土228万立方米,水泥390万吨,挖掘铲土机械1711台。农业总产值88.74亿元,同比增长3.76%。粮食总产量67.13万吨。主要农产品及产量:稻谷65.46万吨,棉花744吨,油料9.21万吨,生猪出栏90.43万头,肉牛出栏6.14万头。城镇居民人均可支配收入4.25万元,同比增长5.2%;农村居民年人均可支配收入2.26万元,同比增长6.6%。全市新增贷款55.48亿元,余额存贷比76.16%。

【高安市林业局被评为全国绿化先进集体】 8月22日,全国绿化委、人力资源和社会保障部、国家林业和草原局公布全国绿化先进集体名单,高安市林业局上榜。高安市践行“两山”理念,提升林业经济、生态和社会效益,全市形成以油茶、花卉苗木、森林生态旅游等特色产业为支撑的现代林业。高产油茶率先在全省落实“四统一分”经营管理模式,发展苗木花卉面积2868.87公顷,打造森林景观和观光林业,构建森林休闲康养平台,在重点区域开展森林“四化”建设,高品位打造主要通道廊道和生态廊道。“十三五”期间,全市累计完成人工造林8453.3公顷,封山育林4346.67公顷,森林抚育面积1046.67公顷,高产油茶种植面积3166公顷,花卉苗木栽植面积2866.67公顷;森林中药材种植面积333.33公顷。新建10个城市公园,新增城市绿地573.33公顷;乡村新增绿地面积66.67公顷,乡村新(改)建公园绿地26处;新建、改造提升城乡绿色通道520千米。五年间全市完成义务植树230余万株,建立义务植树基地36个,义务植树尽责率达到90%。

【建陶基地入选2022年国家火炬特色产业基地】 9月21日,科技部火炬中心公布国家火炬特色产业基地名单,高安建筑陶瓷特色产业基地入选。基地始建于2006年,到2022年,入驻企业129家,形成陶瓷研发、设计、生产、检验检测、产品展示与贸易、陶瓷文化与体验、陶瓷信息与服务等上下游配套、分工协作完整的产业链。基地设有铁路专用线、高安内陆口岸作业区、江西陶瓷会展中心等服务平台,引进包装、釉料加工、陶瓷模具等配套服务企业;能源供应实现清洁化、低碳化,建成中国首创、亚洲第一、全球最大的集中供应清洁工业燃气项目,基地内所有陶瓷企业生产线全部使用集中供气或天然气;有国家级建筑卫生陶瓷检验检测中心、江西省建筑卫生陶瓷质量监督检验中心、江西省建筑陶瓷干法制粉协同创新中心、江西省建筑陶瓷产业技术研究院等公共技术研发平台14个,中国建筑陶瓷产业实训中心等创新创业服务平台6个;有高新技术企业20家,完成科技型中小企业入库25家,“专精特新”企业7家,研发投入强度为3%;有14个中国驰名商标,47个江西省著名商标,行业知名品牌18件、著名品牌34件;基地开窑率、产销率位列全国主产区第一,是全国最大县级陶瓷产区。

【丁旦入选全国十佳农民】 9月23日,在中国农民丰收节成都主会场上,丁旦被农业农村部授予“2022年度全国十佳农民”称号。丁旦,高安市石脑镇丁家村人,高安市盛发粮油有限公司种植事业部经理,高安市荷悦优质稻专业合作社负责人。2015年,丁旦从英国利物浦大学毕业,回到家乡开展水稻种植。他组建“田管家”队伍,采用“底薪+分红”机制激发农户种田种粮积极性。建立一支由20余人和30余台(套)各种农机组成的综合农事化服务队伍,引入水稻智慧农业系统,种植有机水稻、富硒水稻、绿色水稻等优质原粮,发展多元化经营模式,有水稻自种面积733.33公顷。创建农村妇女就业创业示范基地,提供基地季节性务工岗位,年均带动农村闲置劳动力1500余人。

主要领导 市委书记:郑绍。市人大常委会主任:万兰萍。市长:康健(任至4月)、周万辉(5月代,9月任)。市政协主席:陶宇。

(孙晓东　刘飞英　刘祝琴)

·上高县·

【简　况】 位于江西省西北部,辖9个镇、5个乡、1个场、2个街道办事处。总面积1350平方千米，其中城区面积24.53平方千米。耕地面积3533.48公顷，林地面积5.95万公顷；森林覆盖率48.3%，城市建成区绿化率37.83%。户籍人口38.29万人，其中城镇人口17.06万人；人口自然增长率1.63‰。2022年地区生产总值284.21亿元，同比增长5.2%。其中，第一产业增加值29.4亿元，同比增长4.3%；第二产业增加值135.01亿元，同比增长6.2%；第三产业增加值119.8亿元，同比增长4.4%。财政总收入45.3亿元，同比增长15.8%，税收占财政总收入的82.4%。一般公共预算收入21.12亿元，增长9.9%；一般公共预算支出42.19亿元，同比增长1.5%。全年规模以上工业增加值同比增长9%；外贸出口64.27万元，占生产总值的22.61%。固定资产投资同比增长9.6%，实际利用外商投资2016万美元，省外资金投资106.96亿元。主要工业产品及产量有饲料35.7万吨，饮料14.7万吨，纱11万吨，鞋1746万双，水泥217.7万吨。农业总产值61.51亿元，同比增长4.8%。粮食总产量25.82万吨。主要农产品及产量有油料1.75万吨，生猪出栏82.95万头，牛存栏3.93万头。城镇居民人均可支配收入4.22万元，同比增长5.3%；农村居民人均可支配收入2.35万元，同比增长5.9%。城乡住户年末储蓄余额256亿元，同比增长16.4%。

【上高县入选全国义务教育优质均衡先行创建县】 4月27日，教育部公布全国义务教育优质均衡先行创建县名单，上高县入选。2019—2021年，上高县义务教育实施标准班额，"大班额、大校额"问题有效化解，连续三年在江西省高质量发展考核评价"教育发展"考评中列全省前十位。先后投入12.9亿元新建镜山小学、青阳小学、锦阳小学、向阳小学等7所城区义务教育学校，扩容中小学14所，新增学位2.3万余个。2022年，收购原民办上高外国语学校，转为公办，新增公办学位4000个。2020—2022年，投入2.2亿元对乡村学校进行标准化改造，投入1000万元新建（改造）所有村小（教学点）食堂等设施，率先在全市实施农村教学点营养午餐工程，按照县乡财政和家长共同承担的"2+2+1"（县级财政承担2元、乡级财政2元、家长1元）经费保障模式，为全县101个村小（教学点）5000多名学生提供"一荤一素一蛋一汤"的营养午餐，县财政每年支出500万元；全县招聘教师922人，其中体育、艺术等专业教师142人。出台《上高县农村教学点教师关爱工程实施方案》，投入550多万元实施全县农村教学点教师"十二个一"关爱工程，改善农村教学点教师工作、学习、生活条件，让更多的年轻教师扎根乡村。

【上高高新技术产业园区揭牌】 2月10日，省政府发文批复，同意将江西上高工业园区更名为江西上高高新技术产业园区。园区四至范围、界址点坐标、面积等事项不变。12月19日，江西上高高新技术产业园区揭牌。上高工业园区成立于2001年9月，2006年3月经省政府批准为省级工业园区，更名为"江西上高工业园区"。园区总体规划面积46平方千米，已开发建成20平方千米，形成镜山综合园、五里岭产业园、黄金堆功能园"一区三园"格局。园区先后16次获江西工业崛起园区发展专项奖，9次评为全省先进工业园，1次评为全省十佳工业园，是重点省级工业园、台商创业园、省级民营科技园、省级知识产权试点园、省级绿色食品产业基地、省级鞋业产业基地、省级包装印刷产业基地，2021年黄金堆产业园化工集中区被认定为江西省化工园区。

【唐国徽当选中共二十大代表】 10月16—22日，唐国徽作为生产和工作一线的代表出席中国共产党第二十次全国代表大会。唐国徽，男，瑶族，1988年7月生，2009年毕业于青岛滨海学院，回到敖山镇洋林村。2011年8月加入中国共产党。2012年任敖山镇洋林归侨少数民族聚居村党支部书记、村委会主任。筹集资金13万余元，实施安全引水工程，让村民用上干净卫生的自来水。以"七彩洋林 风情侨乡"为主题打造秀美乡村。2013年，筹集资金创办洋林山羊养殖合作社和山羊养殖场。2014年，组织成立皇菊种植协会种植皇菊。与台商合作，创办"897"休闲生态农场。着力打造归侨少数民族文化品牌，从2017年起，连续举办"归侨少数民族民俗文化节"。2018年9月，考取公务员，担任敖山镇司法所长。2021年任副镇长。在他的带领下，洋林村先后荣获"全国民族团结进步创建示范单位""全国侨法宣传示范点""全省民族团结先进单位""全省十大和谐村庄"等称号，他个人先后获"全国民族团结进步模范个人""全国归侨侨眷先进个人""江西青年五四奖章"等称号。

主要领导 县委书记：金彪。县人大常委会主任：李国刚（6月任）。县长：周万辉（任至5月）、陈爱红（7月任）。县政协主席：晏慧珍。

（晏紫春）

·宜丰县·

【简　况】 位于江西省西北部，辖9个镇、4个乡、2个林场、1个垦殖场。总面积1935平方千米，其中城区面积8.5平方千米。耕地面积2.85万公顷，林地面积13.97万公顷；森林覆盖率71.9%，城区绿化率36.6%。户籍人口29.55万人，常住人口24.92万人，其中城镇人口14.16万人；人口自然增长率0.52‰。2022年地区生产总值193.2亿元，同比增长5.7%。其中，第一产业增加值25.9亿元，同比增长3.6%；第二产业增加值91.2亿元，同比增长6.4%；第三产业增加值76.1亿元，同比增长5.6%。财政总收入37.8亿元，同比增长59.8%，税收占财政总收入的85.5%；一般公共预算收入17.43亿元，同比增长38.9%；地方财政支出35.3亿元，同比增长5.3%。工业总产值436亿元，同比增长15.2%。规模以上工业增加值同比增长9.2%，占地区生产总值的53.6%；外贸出口占地区生产总值的2.9%；固定资产投资同比增长14.8%；实际利用外商投资2438万美元；省外投资59.6亿元。规模以上工业主要产品及产量有鞋235.1万双，人造板161.9万立方米，口罩5.35亿个，瓷质砖6214.3

万平方米,铅酸蓄电池560.16万千伏安时。农业总产值52.3亿元,同比增长4%。粮食总产量24.3万吨。主要农产品及产量有水产品2.17万吨,肉类3.2万吨,生猪出栏30.7万头,禽蛋2.2万吨。城镇居民人均可支配收入4.16万元,同比增长5.8%;农村居民人均可支配收入2.11万元,同比增长6.8%。城乡居民年末储蓄余额222亿元,同比增长27.7%。

【做强首位产业】 工业园区吸引11个上市公司投资,比亚迪投资项目落地,实现园区百亿元项目突破,其中宜丰时代(龙蟠)、国轩锂业等“5020”项目6个,推进九岭锂业、奥德锂业、科力远锂业等36个项目开工建设,实现永兴二期、芯然新材料等27个项目竣工投产。实现主营业务收入427.71亿元,同比增长14.24%;实现利润总额76.37亿元,同比增长143.43%;工业增加值同比增长9.95%;上缴税收18.06亿元,同比增长95.67%。其中,税收超亿元企业2家,超千万元企业13家,全年实际产生税收突破20亿元,同比翻番。永兴特钢新能源科技有限公司实现产值100.1亿元,成为宜丰县首个百亿元企业。推动园区入库项目102个,工业固定资产投资同比增长16%。推动工业技改项目69项,新增技改投资33.1亿元,同比增长57%。高新技术企业31家。2022年新增百岁山、尚隆铜业等8家省级“专精特新”企业,新增宏泰新能源、峰竺科技等10家两化融合示范企业,鼎盛新材料入选2022年国家知识产权优势示范企业。惠企政策落实见效1.2亿元,通过“财园信贷通”帮助81家企业融资4.16亿元。

【做好民生实事】 推进城乡供水一体化、“四好农村路”建设等10件民生实事落实,全县民生支出占一般公共预算支出的81.6%。着力建设教育强县,城区3所公办幼儿园开工,城东学校、第三幼儿园投入使用,新增义务教育阶段学位2500个、幼儿阶段学位450个,补充教师129名,大班额有效化解。实施健康宜丰行动,县人民医院搬迁工程稳步推进,18个基层卫生医疗单位应急医疗体系加快建设,首诊能力提升。着力构建高水平养老服务体系,推进10家居家养老服务中心和嵌入式养老服务中心提升改造,加快打造“15分钟居家社区养老服务圈”。实施26个城市功能与品质提升项目,完成投资额19.21亿元。实施14个城镇老旧小区改造,惠及居民3009户,128户棚户区居民喜迁新居。投资1.2亿元新建北门技三期保障性租赁住房。新建管网19.2千米,县城区雨污分流管网比例达60%,有效解决城市内涝问题。

【入选全国信访工作示范县】 2月15日,国家信访局印发《关于2021年度全国信访工作示范县(市、区、旗)创建情况的通报》,宜丰县入选“2021年度全国信访工作示范县”。全国共评定146个县级单位,江西省有6个县(市、区)获此称号。2021年是全国信访工作示范县(市、区、旗)创建活动开展的第一年,宜丰县坚持和发展新时代“枫桥经验”,以解决群众反映的突出问题为重点,突出“四个重点”(重点领域、重点群体、重点问题、重点人员),建立“三张清单”(群体性信访问题清单、突出信访问题清单、隐患信访问题清单),分类处置,多向发力,实现信访工作提质增效。

【熊雄生平与革命实践研究理论研讨会召开】 2022年是熊雄130周年诞辰、入党100周年。12月18—19日,由全国红色基因传承研究中心、江西省委统战部、江西省委党史研究室、江西省社会科学院、宜春市委主办,黄埔军校同学会支持的熊雄生平与革命实践研究理论研讨会在宜丰召开。革命后代代表、省黄埔军校同学会代表、相关专家学者等100余人齐聚一堂,追忆熊雄光辉事迹,缅怀他的杰出贡献和不朽功勋,学习他的革命精神和高尚品格,传承红色基因,赓续红色血脉,凝聚奋进力量。

主要领导 县委书记:解鸳(任至4月)、康健(4月任)。县人大常委会主任:舒彬。县长:王方大。县政协主席:邬明香。

(徐玲)

·铜鼓县·

【简　况】 位于江西省西北部,辖6个镇、3个乡。总面积1552.31平方千米。耕地面积0.74万公顷,林地面积13.87万公顷,森林覆盖率88.04%,城区绿化率42.3%。户籍人口13.68万人,常住人口11.46万人,其中城镇人口6.44万人;人口自然增长率-1.54‰。2022年地区生产总值70.39亿元,同比增长5%。其中,第一产业增加值8.59亿元,同比增长2%;第二产业增加值25.11亿元,同比增长5.6%;第三产业增加值36.69亿元,同比增长5.3%。财政总收入10.68亿元,同比增长16.8%,税收占财政总收入的76.2%。地方财政收入5.68亿元,同比增长10.3%;地方财政支出26.87亿元,同比增长11.1%。规模以上工业总产值51.14亿元,同比增长12.65%。规模以上工业增加值同比增长8.7%,外贸出口13.44亿元,同比增长116.84%。固定资产投资同比增长9.5%;现汇进资689万美元。主要工业产品有医药、化工、竹木建材、计算机外围设备等。农业总产值15.73亿元,增长3.73%。粮食总产量4.55万吨。主要农业产品及产量有茶叶3486吨,油菜籽380吨,园林水果1030吨,生猪出栏4.92万头。城镇居民人均可支配收入3.3万元,同比增长4.6%;农村居民人均可支配收入1.39万元,同比增长5.5%。金融机构各项存款余额84.93亿元,同比增长11.17%。

【纪念秋收起义95周年座谈会】 9月8—9日,纪念秋收起义95周年座谈会在铜鼓举办。座谈会由省委宣传部、省委党史研究室、宜春市委、九江市委、萍乡市委共同主办,宜春市委宣传部、宜春市史志办、铜鼓县委共同承办。来自国内相关部门领导、革命后代亲属、党史军史专家学者等100余人参加会议。座谈会上,何长工之子何光晔、王耀南之子王太和代表革命后代亲属发言,重温革命先辈先烈的浴血奋斗历程。原中央党史研究室副主任龙新民,全国政协委员、中共中央党史和文献研究院原副院长魏海生等党史军史专家学者，围绕秋收起义的历史地位、重要意义等进行学术交流，并对新时代如何传承红色基因、弘扬秋收起义光荣传统提出建议。会议期间，与会人员参观铜鼓秋收起义纪念地、秋收起义纪念馆和萍乡安源张家湾军事会议旧址等。

【黄英入选“中国好人榜”】 11月18日，中央文明办发布2022年第三季度“中国好人榜”，铜鼓县黄英入选“孝老爱亲”类中国好人。黄英，铜鼓县永宁镇居民。丈夫因车祸意外离世，留下年迈的公公和一双儿女。她擦干眼泪，一人挑起照顾公公和儿女的重担。面对亲朋好友的牵线介绍，她只有一个条件，得带着公公出嫁。重组家庭后，她与现任丈夫一同赡养公公多年，不离不弃，精心照料老人，用善良和孝心撑起了一片爱的天空。黄英曾获“江西好人”“最美铜鼓人”“铜鼓县十大杰出母亲”等称号。

【铜鼓县入选第六批全国“绿水青山就是金山银山”实践创新基地】 11月19日，在中国生态文明论坛南昌年会开幕式上，铜鼓县作为生态环境部公布的第六批全国“绿水青山就是金山银山”实践创新基地接受授牌。从20世纪末开始，铜鼓县改变“靠山吃山”历史，实行封山育林。1991年，确立“生态立县”发展战略，得到历届班子坚守秉承。2019年，铜鼓县启动“两山”实践创新基地创建。30多年来，全县上下矢志不渝践初心，生态文明理念深入干部群众的血脉骨髓。连续多年水质综合指数居全省第一，国考省考断面水质达标率保持100%。先后获国家生态县、国家重点生态功能区、国家生态文明建设示范县、国家生态综合补偿试点县和中国长寿之乡、中国南方红豆杉之乡、中国黄精之乡等称号，被国务院发展研究中心列为生态文明建设调研基地。

【全省首笔林业碳汇交易协议】 12月1日，铜鼓县与国泰君安证券股份有限公司签订江西省首笔林业碳汇交易协议。项目涉及造林面积约2900公顷，第一个监测期内预估产生50万吨左右的减排量，根据市场价格预估其价值约为2500万元。铜鼓县林地面积13.87万公顷，森林覆盖率88.04%，碳汇资源丰富，开发潜力大。为进一步促进生态价值转化，为可持续发展提供动力，铜鼓县开展全域林业资源盘查工作，对项目涉及的2900公顷新造林进行碳资产开发，项目周期30年。整个项目周期内产生温室气体减排量约140万吨。农发行宜丰县支行以碳排放交易为还款来源，获批首笔抵押担保贷款800万元，用于铜鼓县碳汇造林项目建设。这是全省政策性银行系统首笔获批碳减排的贷款。

主要领导 县委书记：李勇军。县人大常委会主任：骆开提。县长：熊小亮。县政协主席：罗咏。

（黄萌）

·万载县·

【简　况】 位于江西省西北部，辖9个镇、7个乡、1个街道办事处。总面积1719平方千米，其中城区面积16.1平方千米。耕地面积3.1万公顷，有林面积11.76万公顷；森林覆盖率67.58%，城区绿化率36.34%。户籍人口58.12万人，常住人口48万人，其中城镇人口25.23万人；人口自然增长率1.5‰。2022年地区生产总值262.6亿元，同比增长5.3%。其中，第一产业增加值22.9亿元，同比增长3.7%；第二产业增加值127.2亿元，同比增长6.9%；第三产业增加值112.5亿元，同比增长4%。财政总收入38.6亿元，同比增长18.3%，其中一般公共预算收入17.9亿元，同比增长8.6%；税收占一般公共预算收入的62.2%。一般公共预算支出53.1亿元，同比增长6.3%。工业总产值457.21亿元，同比增长16.1%。全县规模以上工业企业新增24家，共225家，产值突破430亿元，同比增长14.6%。固定资产投资同比增长10%，外贸出口8.21亿美元，同比增长89.39%。实际利用外资中现汇进资2001万美元，现汇完成率100.05%。利用省外项目资金68.07亿元，占全年目标任务66.7亿元的102.05%，同比增长9.7%。主要工业产品及产量有灯具及照明装置622.7万套、商品混凝土33.7万立方米、水泥31.2万吨、机制纸及纸板13.2万吨、高岭土（瓷土）7.6万吨。农业总产值41.6亿元，增长3.9%。粮食总产量25.86万吨，播种面积4.43万公顷。社会消费品零售总额80.9亿元，同比增长5.2%。城镇居民人均可支配收入3.7万元，同比增长5.7%；农村居民人均可支配收入1.64万元，同比增长5.9%。

【新材料新能源产业】 引进尚明新材料、时代志存、天卓新材料二期、赛酷新材料、和光新材料等20亿元以上项目5个，锂电新能源产业产值210.5亿元，同比增长148.8%。天卓新材料成为全市首个县级“百亿企业”。数字经济核心产业营业收入达167.6亿元，同比增长344.6%。

【园区发展】 投入22亿元完成园区提升项目61个，化工集中区通过评审。园区产值达360亿元，同比增长14.3%；税收达12.3亿元，同比增长98.4%，接近翻番。全省综合排名前进27位，从D类提升至C类。获江西工业崛起园区发展专项奖。2022年，新签约亿元以上项目49个，总投资217.7亿元，其中10亿元以上项目9个。项目注册率、开工率分别达100%、77.6%。开（竣）工重大项目129个，累计完成投资152.1亿元。全社会研发经费占地区生产总值比重达1.78%，首次超过全省平均水平。认定高新技术企业13家，入库科技型中小企业120家，新增国家级专精特新“小巨人”企业1家、省级瞪羚企业2家、省级技术创新中心1家。

【城乡面貌】 投资1.9亿元打通城区断头路7条、拓宽瓶颈路8条，宜万快速通道和G220绕城公路建成通车。开展美丽宜居城市建设行动，拆除违章搭建1320处，修复增补绿化3.5万平方米，新增停车场24个、公厕11座、路灯1.03万盏。完成“双城联动”项目12个、宜居项目45个，改造老旧小区9个、背街小巷4条、市政工程36处，新建体育小游园10个，交付棚改安置房5707套，完成汽车服务广场、名优特大市场、城北农贸市场升级改造。天然气管网万载支线建成。新建新农村点300个,推广黄茅镇“江夏宅改”模式,建成“十个一”“八个有”示范点25个。改造农村危房151户、危桥7座,新(改)建农村公路99.6千米。

主要领导 县委书记:严旭辉。县人大常委会主任:龙雷君。县长:刘学军。县政协主席:彭述荣。

(辛伟)

上饶市

【概　况】 位于江西省东北部,辖1个市、8个县、3个区。总面积2.3万平方千米。耕地面积45.9万公顷,林地面积138.19万公顷;森林覆盖率稳定在61.16%以上。户籍人口789.96万人,常住人口643.53万人。2022年,地区生产总值3309.7亿元,同比增长5.1%。其中,第一产业增加值331.5亿元,同比增长3.7%;第二产业增加值1318.7亿元,同比增长6.6%;第三产业增加值1659.5亿元,同比增长4.3%。一般公共预算收入250.9亿元,同比增长6.3%。地方税收收入168.8亿元,同比增长5%。规模以上工业增加值同比增长9.1%。货物进出口总额497.6亿元,同比增长56.2%。其中,出口441.8亿元,同比增长58.3%;进口55.8亿元,同比增长41.3%。农林牧渔业总产值540.3亿元,同比增长4.1%。粮食总产量323万吨。主要农产品及产量有生猪出栏284.0万头、水产品56.1万吨。社会消费品零售总额1533.7亿元,同比增长5.9%。城镇居民人均可支配收入4.50万元,同比增长5.1%;农村居民人均可支配收入1.87万元,同比增长7.1%。金融机构年末各项存款余额5394.9亿元,同比增长11%。

【工业经济】 全市规模以上工业营业收入突破6000亿元。上饶经济技术开发区营业收入突破2000亿元,上升至全省第二位。晶科能源成为全球首家光伏组件出货量达到130吉瓦的组件制造商。爱驰汽车第一万辆汽车正式下线。蜂巢能源一期、彩虹光伏玻璃一期、江铜(上饶)工业园区铜杆铸造等项目投产。康佳智能制造科技城、黑滑石综合开发等项目开工。新增营业收入过10亿元企业10家,总数达110家;新增过100亿元企业2家,总数达6家。

【数字经济】 新引进京东、阿里巴巴、抖音、浪潮、新华三等数字经济项目502个,新开通5G基站2753个,新增深度上云企业860家。全年数字经济营业收入2900亿元,其中大数据及关联产业达1150亿元;数字经济发展综合指数位居全省第二。上饶市入选2022数字经济城市发展百强榜,巨网科技、江西贪玩入选2022年中国互联网综合实力前百强企业榜单。

【现代农业】 建成高标准农田2.52万公顷。引进上海左岸芯慧公司,合作共建上饶数字农业农村云平台。以广丰区马家柚为代表的一批农业首位产业加速发展,弋阳县葛河流域等12条乡村振兴示范带基本建成。广信区、鄱阳县、婺源县、横峰县分别入选国家级现代农业产业园、农业现代化示范区、农业绿色发展先行区、乡村振兴示范县创建名单。横峰县入选国家级特种制种大县。

【城乡发展】 建成城市快速路3条、主干道96条,打通断头路63条。新建公园12个、绿地200万平方米、绿道60千米,其中中心城区新建公园4个、绿地80万平方米、绿道20千米。改造棚户区9192套。建设保障性租赁住房3473套。改造老旧小区66个,“推进燃气等老旧管网统一改造”做法被列入可复制政策机制清单向全国推广。完成既有住宅加装电梯170台。新建停车场45个。新建美丽集镇38个,完成“三年扫一遍”任务。完成村庄整治提升1862个。建成农村公路819.3千米,弋阳县、鄱阳县入选“四好农村路”全国示范县创建单位。改造农村户用卫生厕所4.7万户,农村无害化卫生户厕普及率92.8%。完成病险水库除险加固217座。推进中心城区排水系统改造提升工程,新改建污水管网378.5千米。

【上饶市获批设立跨境电子商务综合试验区】 2月8日,国务院发布《关于同意在鄂尔多斯等27个城市和地区设立跨境电子商务综合试验区的批复》,上饶市名列其中,成为新一批国家级跨境电子商务综合试验区之一。上饶市重视跨境电商发展,以上饶国际陆港跨境电商功能区等平台为依托,出台支持跨境电商发展的政策措施,不断夯实电子商务产业发展基础条件。

【2022中国数字经济产业大会在上饶市召开】 8月20—21日,以“数聚上饶,创引未来”为主题的2022中国数字经济产业大会在上饶市召开,全国各地300余名数字经济领域的专家学者、企业负责人参会。大会由中国电子商会、省科协、省发展改革委、省工信厅、上饶市政府主办,共签约项目40个,总金额316.94亿元。会上,工信部授予上饶市国家新型工业化产业示范基地(大数据)。

主要领导 市委书记:陈云。市人大常委会主任:杨文英(任至12月)、李高兴(12月任)。市长:邱向军。市政协主席:俞健。

(陈俐)

·信州区·

【简　况】 位于江西省东北部,辖3个镇、5个街道办事处。总面积339平方千米。户籍人口45.97万人,常住人口54.26万人。2022年,地区生产总值416.3亿元,同比增长5.1%。其中,第一产业增加值9.7亿元,同比增长2.8%;第二产业增加值101亿元,同比增长8.2%;第三产业增加值305.6亿元,同比增长4.2%。财政总收入40.04亿元,同比增长15.76%。税收收入34.04亿元,同比增长15.55%。一般公共财政预算收入20.6亿元,同比增长6.1%;一般公共财政预算支出43.39亿元,同比增长18.2%。规模以上工业增加值同比增长9.1%。固定资产投资同比增长8.7%。社会消费品零售总额233亿元,同比增长5.4%。城镇居民人均可支配收入4.80万元,同比增长5%;农村居民人均可支配收入

2.33万元,同比增长6.8%。金融机构年末各项存款余额1456.2亿元,同比增长9.7%。

【工业发展】 坚持以"十大行动"为抓手,坚定不移"主攻工业、决战园区",加强工业经济运行调度,推动工业经济总体保持稳定提质增效。全区73家区属规模以上工业企业实现工业增加值同比增长9.1%;完成工业总产值157.3亿元,同比增长28.9%;完成营业收入164.5亿元,同比增长34.1%;实现利润2.3亿元,同比增长105.2%;新增"上云"企业4804户。有色金属产业营业收入119.74亿元,实现全区百亿元产业"零的突破"。江西华辉铜业有限公司营业收入53.12亿元,实现全区50亿元企业"零的突破"。

【城乡建设】 实施老旧小区改造35个,涉及295栋8874户,约86万平方米,按片区整合为24个地面基础改造和24个立面配套提升项目。启动市中心城区水南片区(二期)棚户区综合改造项目、市三江片区九一地块棚户区改造项目,完成签约面积2.5万平方米,户数153户。新建及续建美丽集镇项目16个(新建项目11个、续建项目5个),投资6.35亿元,开工项目14个(包含续建5个)。

【乡村振兴】 做实产业帮扶,培育发展蔬菜、果业、优质稻、水产、肉鸽等帮扶产业经营主体118家;进一步完善农业龙头企业+合作社、农业企业+脱贫户等产业发展链接模式,鼓励脱贫户自主发展农业产业;进一步完善农业产业奖补政策,对从事农业生产的脱贫户给予政策性奖补。做细住房安全,不定期对全区所有农户的住房安全进行集中排查,对疑似危房进行安全鉴定,对满足条件的9户实施安居工程。落实八类人员及脱贫人口全员参保,参保率100%。加大就业帮扶力度,7个就业帮扶车间运行稳定,吸纳脱贫劳动力就业稳定。全区村级公益性岗位安置脱贫劳动力、监测对象劳动力378人,比上年增加8人。

主要领导 区委书记:潘表光。区人大常委会主任:吴武华。区长余华阳。区政协主席:刘山钰。

(池晔)

·广丰区·

【简　况】 位于江西省东北部,辖15个镇、3个乡、5个街道办事处。总面积1376.88平方千米,其中建成区面积33.8平方千米。耕地面积2.51万公顷,林地面积8.47万公顷;森林覆盖率62.05%。户籍人口98万人,常住人口77.16万人;人口自然增长率3.58‰。2022年,地区生产总值629.01亿元,同比增长5.7%。其中,第一产业增加值30.37亿元,同比增长3.9%;第二产业增加值325.06亿元,同比增长7%;第三产业增加值273.58亿元,同比增长4.3%。财政总收入73.11亿元,同比增长7.86%。税收收入62.55亿元,同比增长9.23%,占财政总收入的85.55%。固定资产投资同比增长9%。实际利用外资2024万美元,同比增长126%。外贸出口27.6亿元,同比增长103.4%。规模以上工业增加值同比增长9.5%。农林牧渔业总产值48.79亿元,同比增长4.2%。粮食总产量18.05万吨。主要农产品有马家柚、天桂梨、茶叶、蔬菜。社会消费品零售总额159.25亿元,同比增长6.1%。城镇居民人均可支配收入4.82万元,同比增长5.7%;农村居民人均可支配收入2.27万元,同比增长7.3%。金融机构年末存款余额450.06亿元,同比增长15.97%。

【广丰区入选2022年度全国投资潜力百强区】 11月18日,中国中小城市发展指数研究课题组、国信中小城市指数研究院发布"2022年中国中小城市高质量发展指数研究成果",广丰区以排名第18位入选2022年度全国投资潜力百强区。广丰区成立区政务服务和大数据管理局,设立非公有制企业维权服务中心、法治化营商环境司法服务中心,建立区领导坐班督导、定期调度机制,推进"一把手"走流程模式,实行政务服务"好差评"机制,推行"容缺办""错时办""帮代办"模式。全面推行项目、自然人、法人全生命周期"一件事"集成改革,各类申请材料减少25%,办事环节压减42%,审批时间压减76%,开办企业全流程缩短至1个工作日以内。探索实施工业用地集约化改革,获评2021年度江西省全面深化改革工作先进县(市、区)。出台稳经济"42条",推行"即申即享""免申即享""直达快享",为企业减负19.87亿元。健全"千名干部入千企"、供应链专班、"映山红行动""开拓市场万里行"等机制,新增市场主体9507户,总数达5.68万户,促成企业达成销售订单210亿元。引进工业项目103个,其中立景二期、锦荣新材料等82个项目竣工投产,获评2020—2022年全省开放型经济综合优胜单位。新增规模以上工业企业30家。完成重点企业技改20家,新增产值200亿元以上。实施"项目大会战",5个省重点项目、46个省大中型项目、86个市重点项目建设进度位居省市前列。

【推行乡村建设1:2筹资奖补机制】 广丰区创新筹资机制,设立秀美乡村建设专项基金,对申请乡村建设点并已募集社会资金10万元以上的村(居),在不增加政府债务的前提下,区财政按1:2进行配套奖补,同时整合相关涉农项目资金。通过政策支持、财政奖投,引导社会各界尤其是农民企业家、返乡创业人员、农村致富带头人、在外成功人士等新乡贤捐资和党员、群众义务投工投劳,建立"财政补助、集体投入、农民参与、社会支持"的经费保障机制。2022年,村民、社会自筹资金2.02亿元,政府奖补和配套资金5.56亿元,高标准实施1164个乡村点建设。资金由乡镇(街道)统筹安排,重点实施村组"七改三网"基础设施建设,统筹推进农村"厕所革命"、农村生活垃圾治理、生活污水处理、村容村貌提升等,以财政资金撬动社会资本,助力乡村建设,实现"用分散的钱办重要的事""用大家的钱办大家的事"。《半月谈》2022年第21期以《民间活水活了乡村建设》为题,报道广丰区推行乡村建设1:2筹资奖补机制,以公共财政撬动民间资本,助力乡村振兴。

主要领导 区委书记:胡心田。区人大常委会主任:皮晓瑶。区长:龚振宙。区政协主席:李军。

(郑招明)

·广信区·

【简　况】 位于江西省东北部,辖11个镇、10个乡、3个街道办事处。总面积2231.71平方千米,其中城区面积24平方千米。耕地面积3.1万公顷,林地面积15.2万公顷;森林覆盖率73.08%,城区绿化率42.7%。户籍人口86.66万人,常住人口74.48万人;人口自然增长率2.47‰。2022年,地区生产总值360.29亿元,同比增长5.6%。其中,第一产业增加值24.94亿元,同比增长3.9%;第二产业增加值192.20亿元,同比增长7.9%;第三产业增加值143.15亿元,同比增长2.8%。财政总收入40.5亿元,同比增长13.6%。一般公共预算收入20.46亿元,同比增长11%。税收收入37.13亿元,同比增长16.9%。工业总产值97.5亿元,同比增长9.7%。粮食总产量14万吨。城镇居民人均可支配收入3.74万元,同比增长5.3%;农村居民人均可支配收入1.56万元,同比增长9.2%。

【产业升级】 实施重点项目65个,西沃环保、昌浩玻璃等一批重点项目建成达产,总投资108亿元的晶科能源项目实现当年签约、当年开工、当年投产。新增规模以上工业企业25家,总数152家。规模以上工业企业营业收入540亿元。金叶大铜、大江铜业、越兴铜业入选江西民营企业100强。实施全域旅游发展战略,大灵山景区规划通过专家评审,灵山栈道小循环主线基本完成;时光Park承办全省文化强省建设推进大会系列活动;望仙谷入选全国非遗与旅游融合发展优选项目名录;清水老街“十一”开街客流量突破20万人次。全区AAAA级景区元宵节、国庆节过闸机人数均列全省第一。全年接待游客2000万人次,旅游综合收入210亿元。新增高标准农田840公顷;实施“六个十万”工程,新增油茶、茶叶、菌菇等特色产业面积超2000公顷。规模以上农业企业76家,其中国家级龙头企业3家。

【城乡建设】 启动江南新区成片开发,聘请中规院、中建上海设计院高标准完成控制性详规及城市设计。投入资金89亿元,实施重大城建项目69个。完成棚户区改造1308套;改造提升老旧小区4个,新建邻里中心2个、停车场3个、充电桩9600个,新改建公园3个,新建雨污水管网18.5千米。开展创建全国文明城市工作,实施“洁净工程”系列竞赛和“治乱治差九大行动”,提升城市品位。统筹推进“两片两带”建设,高标准编制9个乡镇、40个村庄规划。整合资金1.2亿元,深入开展人居环境整治提升和乡村建设“百日攻坚”行动,拆除“三房”35万平方米,清理垃圾16.5万吨,整治庭院2.3万个,全面消除农村旱厕,城乡供水一体化基本实现全覆盖,新改建农村公路152千米,省道203郑五线北乡段建成通车。

【民生保障】 新增城镇就业4402人、城镇失业人员再就业1062人,新增农村转移劳动力7340人,城镇登记失业率控制在3.2%以内,超额完成省市指标任务。发放低保、临时补助等各类补助金2.2亿元,惠及群众70万人次。投入资金22.96亿元,新改扩建广信区第八中学、广信区第十小学、邱蕴芳实验小学等学校30所,面积44.76万平方米,新增学位5000个。推进“一老一小”服务设施建设,新时代文明实践站(所)实现全覆盖,建成“党建+农村互助养老之家”146个、社区养老服务机构设施51个,新增婴幼儿照护服务中心9家、托位数600余个。实施文体惠民工程,建成健身步道、健身苑点、社区公共运动场等11个,人均体育场地面积2.51平方米。

主要领导 区委书记:何党生。区人大常委会主任:童晓闻。区长:顾海敏。区政协主席:吴斌。

(林君钰)

·玉山县·

【简　况】 位于江西省东北部,辖9个镇、5个乡、2个街道办事处。总面积1728平方千米。耕地面积188万公顷,林地面积11.47万公顷;森林覆盖率68.59%,城区绿化率45.2%。户籍人口62.03万人,常住人口51.35万人;人口自然增长率-0.43‰。2022年,地区生产总值290.2亿元,同比增长5.4%。其中,第一产业增加值26.4亿元,同比增长4.1%;第二产业增加值124.8亿元,同比增长7.2%;第三产业增加值139亿元,同比增长4%。财政总收入32.34亿元,同比下降2.78%,人均6297.97元;税收占财政总收入的83.16%。地方财政支出51.67亿元,同比增长2.25%。规模以上工业增加值同比增长9.2%。外贸出口占地区生产总值7.61%。实际利用外资1611万美元,同比增长14.1%;利用省外资金86.78亿元,同比增长9.47%。主要工业产品有水泥、轴承、有色金属、智能环保装备、光电。农业总产值13.40亿元,同比增长1.08%。粮食总产量20.05万吨。主要农产品有水稻、蔬菜、油菜、茶叶。城镇居民人均可支配收入4.18万元,同比增长4.6%;农村居民人均可支配收入2.16万元,同比增长6.2%。城乡居民年末储蓄余额337.26亿元,同比增长17.43%。

【方舱医院投入使用】 8月1日,方舱医院投入使用。方舱医院位于文成街道六亩村,总投资2960.8万元,占地面积3.5万平方米,建筑面积1.75万平方米,于4月23日开工,建筑材料使用活动板房,使用年限3年,由同创鸿源工程设计有限公司设计,玉山县公路桥涵工程公司承建,建有隔离间、医护用房,隔离间配备1.5米单人床、办公桌、空调、电视机、热水器等设施。

【2022CBSA中式台球国际职业联赛中国公开赛在玉山举行】 11月29日至12月20日,2022CBSA中式台球国际职业联赛中国公开赛在玉山体育中心举行。公开赛由中国台球协会、江西省体育局、上饶市政府和北京星牌伟业体育用品有限公司主办,玉山县政府、江西星牌体育发展有限公司承办。参赛选手376人,比赛奖金302万元,其中冠军60万元、亚军30万元、季军20万元,楚秉杰、杨绍

杰、代勇分别获冠军、亚军、季军，前128名选手获奖。

【西外环路投入使用】 12月25日，西外环路竣工并投入使用。西外环路由中铁上海设计院集团有限公司设计和地质勘查，江西省建工集团有限公司施工，总投资6.06亿元，于2018年10月3日开工，起点为上饶市德隆纺织有限公司总部西侧，终点连接203省道，全长5.94千米，宽30米，其中，中间双向四车道16米，两侧机非隔离带各宽2米、非机动车道各宽2.5米、人行道各宽2.5米。

主要领导 县委书记：郑国良。县人大常委会主任：张常青。县长：余洪雷。县政协主席：朱明善。

（何泽良）

·横峰县·

【简　况】 位于江西省东北部，辖2个镇、6个乡、1个街道办事处、1个办事处、1个垦殖场。总面积654.16平方千米，其中城区面积16.2平方千米。耕地面积1.13万公顷，林地面积4.01万公顷；森林覆盖率61.33%，林木绿化率64.25%。户籍人口22.87万人，常住人口18.55万人。2022年，地区生产总值111.6亿元，同比增长4.7%。其中，第一产业增加值5.6亿元，同比增长3.6%；第二产业增加值59.7亿元，同比增长2.0%；第三产业增加值46.3亿元，同比增长8.2%。财政总收入18.73亿元，同比增长17.3%。税收占财政总收入的90.6%。一般公共预算收入8.3亿元，同比增长7.1%。一般预算支出27.57亿元，同比增长4.9%。规模以上工业主营业务收入354亿元，同比增长7.9%。外贸出口9646.23万元，同比增长99.4%。固定资产投资60.9万元，同比增长8.2%。主要工业产品及产量有阳极铜37.6万吨、电解铜30.2万吨、锡1万吨。农林牧渔业总产值12.03亿元，同比增长3.9%。粮食总产量7.65万吨。主要农产品有油料、葛根、马家柚、蔬菜、生猪等。社会消费品零售总额43.66亿元，同比增长5.8%。城镇居民人均可支配收入3.22万元，同比增长4.6%；农村居民人均可支配收入1.56万元，同比增长4.1%。金融机构年末存款余额152.1亿元，同比增长17.7%。

【工业项目】 全年签约项目51个，总投资417亿元，其中“5020”项目5个、百亿元项目2个。发行专债项目10个，总投资40.5亿元；争取中央预算内资金项目10个，共8225万元。开展“项目大会战、业绩大比拼”活动，实行节假日“重大项目不停工、重点企业不停产”，全年实施重点建设项目177个，竣工54个。工业主导产业加速升级，27家企业完成技改。新引进延链补链项目8个，有色金属产业链条进一步完善；签约落地云仓供应链企业5家、电商企业23家；飞天新零售电商产业园一期建成投运，吸引19家企业入驻。新引进数字经济企业44家，大数据及关联产业营业收入20.5亿元，同比增长181%。

【横峰县被认定为国家级油菜制种大县】 3月24日，农业农村部发文公布国家级制种大县和区域性良种繁育基地认定结果，横峰县被认定为国家级制种大县。横峰县科学布局油菜制种，种植面积达866.67公顷。出台稻油轮作试点工作方案，把工作目标任务细化分解到村到组到户，将稻油轮作补助资金用于抓好示范基地建设、开展培训和技术服务、土壤检测、全程机械化服务。落实轮作试点补贴，对油菜杂交制种主体、常规油菜繁种主体分别给予每亩150元、50元资金补助。开展3期240余人次培训，培育一批油菜制种技术人员。支持培育农业产业化国家重点龙头企业、全国“育繁推”一体化企业、科技创新示范企业江西兴安种业有限公司，引进安徽国豪农业科级有限公司、江西金信种业有限公司、湖北农垦联丰现代农业集团有限公司、浙江勿忘农种业股份有限公司等企业入驻横峰，强化与中国中医研究院、中国水稻研究所、中国科学院油料研究所、上海交大农科院、江西中医大学、江西农业大学等科研院所的战略合作，依靠科研院校技术支持，推广油菜种植、加工新技术，以及先进设施和管理模式，配套组装集成高效栽培技术，打造高水平油菜制种示范基地。

【总投资150亿元锂产业项目落户横峰县】 10月27日，横峰县与江西赣锋锂业集团股份有限公司签订总投资150亿元锂产业项目，标志该项目落户横峰县。江西赣锋锂业集团股份有限公司投资150亿元，建设锂矿采选冶一体化项目。其中，投资100亿元，建设年产5万吨电池级锂盐及热电联产配套项目；投资50亿元，建设年产600万吨锂矿采选综合利用项目。

主要领导 县委书记：潘琍。县人大常委会主任：李必良。县长：陈元。县政协主席：李海星。

（徐丽英）

·弋阳县·

【简　况】 位于江西省东北部，辖9个镇、5个乡、3个街道办事处。总面积1592.5平方千米，其中县城建成区面积19.3平方千米。耕地面积2.2万公顷，有林面积9.75万公顷；森林覆盖率59.27%，城区绿化率46.5%。户籍人口43.07万人，常住人口33.52万人。2022年，地区生产总值151.32亿元，同比增长4.8%。其中，第一产业增加值23.92亿元，同比增长4.2%；第二产业增加值46.03亿元，同比增长5.4%；第三产业增加值81.37亿元，同比增长4.7%。财政总收入26.2亿元，同比增长19.4%。财政总支出69.75亿元，同比增长16.5%。一般预算收入13.05亿元，同比增长8.8%。地方税收收入占一般预算收入的66.4%。规模以上工业企业160家，主要工业产品有铜材、水泥、罐头、中成药、机制纸。实际利用外资1818万美元，同比增长20.6%；利用省外2000万元以上项目资金74.6亿元。粮食总产量20.29万吨。主要农产品有水稻、蔬菜、油菜、花生、甘蔗。社会消费品零售总额72.84亿元，同比增长6.4%。城镇居民人均可支配收入3.60万元，同比增长5.1%；农村居民人均可支配收入1.91万元，同比增长7.1%。金融机构年末存款余额272.74亿元，同比增长5.4%。

【县法院推出“互联网+诉讼服务类”工作平台】 2月21日,县法院立案庭在全省法院首创的“企业诉讼服务电子e通道”平台上线使用,这是该院推出的一款“互联网+诉讼服务类”工作平台,也是该法院运用科技赋能服务涉企诉讼的创新举措。该平台是在优化服务企业诉讼,打造法治化营商环境背景下开发,它可通过识别二维码方式实现快捷运行,集“客户端、App和小程序”于一体,使企业足不出户即可利用电脑网页、手机App、微信小程序进行实时法律咨询、查询服务等操作,实现“数据多跑路,企业少跑腿”。通过该平台,企业可将相关问题直接反映至县法院,县法院利用大数据分析,对问题进行实时归纳汇总,并安排专人负责统一处理协调,为企业提供准确高效的司法服务。该服务平台设诉讼咨询服务、诉前调解申请、立案服务、开庭时间查询、判后答疑服务、提交执行财产线索、提交被执行人下落线索、超标的查封投诉、申诉信访服务九大版块,可向涉企诉讼提供各类诉讼服务帮助。

【江西省寰球新材料轻量化产业技术研究院揭牌】 6月18日,江西省寰球新材料轻量化产业技术研究院揭牌仪式在弋阳县高新区举行。江西省寰球新材料轻量化产业技术研究院是县委、县政府落实科技强省战略,对接G60科创走廊、融入粤港澳大湾区,组织辖区寰球新材料公司牵头,联合江西理工大学、广东省科学院新材料研究所、江铃汽车集团,策应江西省汽车产业绿色发展,创新链、产业链、人才链有机融合的一家新型研发机构,也是江西省第一家专业汽车材料研究院。

【举办工业项目集中开(竣)工活动】 3月29日,举办2022年第一次工业项目集中开(竣)工活动,共有27个开(竣)工项目,总投资73.79亿元。其中,开工项目16个,总投资66.10亿元;竣工项目11个,总投资7.69亿元。6月12日,举行2022年第二次工业项目集中开(竣)工活动,共有19个开(竣)工项目,总投资52.33亿元。其中,开工项目10个,总投资41.76亿元;竣工项目9个,总投资10.57亿元。

主要领导 县委书记:陈敏。县人大常委会主任:宣功成。县长:吴华。县政协主席:江俊。

(杜育和)

·德兴市·

【简　况】 位于江西省东北部,辖6个镇、6个乡、4个街道办事处。总面积2101平方千米,其中建成区面积23.5平方千米。耕地面积2.03万公顷,林地面积14.17万公顷;森林覆盖率76.2%。户籍人口33.26万人,常住人口29.20万人;人口自然增长率-1.93‰。2022年,地区生产总值202.06亿元,同比增长4.8%。其中,第一产业增加值23.56亿元,同比增长3.5%;第二产业增加值68.29亿元,同比增长3.9%;第三产业增加值110.21亿元,同比增长5.6%。财政总收入45.2亿元,同比增长11.4%。一般公共预算收入25.6亿元,同比增长8.1%。固定资产投资同比增长8.4%。工业总产值482.03亿元,同比增长18.6%。规模以上工业增加值同比增长9.2%。主要工业产品有铜、黄金。农林牧渔业总产值38.11亿元,同比增长3.81%。粮食总产量11.24万吨。主要农产品及产量有生猪出栏17.08万头,同比增长7%。社会消费品零售总额同比增长6.1%。城镇居民人均可支配收入4.43万元,同比增长5.4%;农村居民人均可支配收入2.10万元,同比增长6.3%。

【工业经济】 完成工业主营业务收入482.4亿元,同比增长24.8%,其中有色金属产业突破300亿元。工业固定资产投资同比增长25.2%。新增规模以上工业企业29家。新增省级“专精特新”企业6家、省级专业化小巨人企业2家,培育高新技术企业14家,省科技型中小企业入库98家。中国中医科学院(德兴)试训基地获评省级共建研发机构。数字产业主营业务收入96.7亿元,同比增长39.7%。推进“上云用数赋智”行动,认定省级两化融合示范企业19家。高新区获评全省两化融合示范园区。

【旅游产业】 大茅山景区成功创建全省首个国家级避暑旅游目的地。隐居·石头部落景区建成开园,获评国家AAA级旅游景区,正在申报国家AAAA级旅游景区。累计举办“百城百夜”文旅消费季活动32场,发放文旅购物消费券765万元,旅游接待总人次和总收入同比分别增长4.3%、4.5%。德兴市获评中国县域旅游综合竞争力百强县,入选2022健康中国·康养旅游百强县,德兴市康养百里乡村旅游风光带入选江西省乡村旅游风光带。

【城乡建设】 推进总投资115.2亿元的42个城市功能品质提升项目,改造老旧小区40个,新建口袋公园4个、停车位4000余个,新改建道路10.4千米,改造提升国省道54.6千米、农村公路62.6千米、危桥21座,城乡公交总站建成投用,宝龙广场等商业综合体正式运营。农村生活垃圾处理率100%,卫生厕普及率94.1%,生活污水处理率60%。城乡供水一体化基本覆盖全市所有行政村。完成新岗山等8个美丽集镇建设,获评全省美丽乡镇建设工作先进县。

【民生保障】 坚持民生优先,民生支出占一般公共预算支出保持在80%以上。促进居民就业增收,新增城镇就业3889人、农村转移劳动力4356人,发放创业担保贷款1.59亿元。城乡医保参保率稳定在99%以上,困难群体参保率100%。新改扩建学校27所,河西小学、城南小学等17所学校建成投入使用,新增学位9160个。青舍里科普气象站被认定为全国气象科普教育基地。中医院二部基本建成,新增床位500张。德兴市成功创建国家健康促进县,花桥镇获评全省首批热敏灸特色小镇与热敏灸综合服务示范区。

主要领导 市委书记:杨秀福。市人大常委会主任:李元涛。市长:陈武军。市政协主席:周冲。

(王蓉　程志)

·婺源县·

【简　况】　位于江西省东北部，辖10个镇、6个乡、1个街道办事处。总面积2968.10平方千米，其中城区面积15.86平方千米。耕地面积2.19万公顷，林地面积25.17万公顷；森林覆盖率82.64%，城区绿化率49.04%。户籍人口37.44万人，常住人口31.19万人；人口自然增长率-0.44‰。2022年，地区生产总值165.73亿元，同比增长4.5%。其中，第一产业12.56亿元，同比增长3.8%；第二产业39.59亿元，同比增长1.6%；第三产业113.58亿元，同比增长5.5%。财政总收入20.66亿元，同比增长11.3%。一般预算收入10.53亿元，同比增长4.7%。一般公共预算支出38.18亿元，同比增长6.4%。规模以上工业增加值同比增长8%。实际利用外资120万美元，同比下降40%；利用省外2000万元以上项目资金68.2亿元，同比增长9.3%。主要工业产品及产量有精制茶3.57万吨、服装229.2万件、鞋1058万双。农林牧渔业总产值20.15亿元，同比增长3.8%。粮食总产量11.01万吨。主要农产品及产量有茶叶2.06万吨、水果1588吨、生猪出栏13.5万头、肉类1.14万吨、水产品9976吨。社会消费品零售总额85.95亿元，同比增长5.6%。城镇居民人均可支配收入3.39万元，同比增长4.3%；农村居民人均可支配收入1.80万元，同比增长6.2%。金融机构年末存款余额268.73亿元，同比增长11.8%。

【工业经济】　创新重点项目建设"战役化"推进机制，成立重大项目协调推进专班。新开工项目63个，实际完成投资120亿元，增长17%。招引省外2000万元以上项目33个，实际进资68.2亿元。专债项目入国家库26个，额度29.26亿元；争取无偿资金1.1亿元、基金项目资金9700万元。建成标准化厂房6.4万平方米，建成数字经济产业园，阿里巴巴、京东、信通院等头部企业均有项目落户。新增规模以上工业企业16家，省级"专精特新"企业6家，两化融合管理体系贯标企业5家。聚焦聚力"一号改革工程"，全面开展"千名干部进万企"活动，加大金融助企纾困力度，出台助企纾困"47条"，制定惠企政策"一本清"，帮助中小微企业融资3.6亿元，惠及企业1309家，全年市场主体净增1589户。

【旅游产业】　成立国有民宿供应链公司"宿小二"，县财政设立500万元专项资金，为全县民宿统一提供人力、金融、营销等十大服务，"宿小二"模式入选《江西改革》。设立1亿元旅游企业纾困基金，首创"乡宿贷"等"供应链金融"特色产品，为民营旅游企业融资1.2亿元。先后承办全国青少年乒乓球赛、中国排球超级联赛等重大赛事44场次，吸引外来参赛运动员20余万人，带动游客100万人次。婺女洲度假区对外营业，填补婺源城区度假旅游产品的空白，单日最高游客超过3万人次。实施"微改造、精提升"工程，培育江湾梨子巷、云上江岭露营、严田小火车等一批新业态；梦里老家景区获评国家级夜间文旅消费聚集区，篁岭景区获评省级夜间文旅消费集聚区；江湾景区入选全国旅游设施建设与管理优选案例；溪头乡龙尾村获评AAAA级乡村旅游点，江湾镇荷田村、思口镇金竹村、沱川乡查平坦村、溪头乡龙池汰村、珍珠山乡莲子滩村获评AAA级乡村旅游点，继续保持江西省县级第一。

【城乡建设】　完成婺西高速连接线、婺北高速连接线、高铁站立体交通枢纽3个城市门户区改造提升的前期设计；推进旅游综合服务中心、乡村振兴数字经济中心、火车风情小镇等高铁商务区组团项目；中环大桥开工建设，文公北路、东门大桥改造提升竣工通车；铺设雨污管网22.35千米，改造背街小巷37条、老旧小区2个；新增停车位3480个。开展农村人居环境整治攻坚行动，农村人居环境质量全面提升。溪头乡上溪村、下溪村被列入第六批中国传统村落名录，秋口镇李坑村入选全国民主法治示范村(社区)。

【民生保障】　新增城镇就业3617人，转移农村劳动力5006人。祁婺高速建成通车，浙源岭脚至浙源段公路全面完工，"四好农村路"县道升级改造竣工182千米，三级以上农村公路实现"乡乡通"。文公中学全面投入使用，城区四幼、五幼和乡村振兴职业学院项目全面开工。高考二本以上考生比、万人比连续7年实现增长。推进县人民医院"三甲"标准扩建，县中医院康复养生楼主体完工，创建医疗保障暖心助力站39个。空气质量、水质达标率继续保持江西省前列，获江西省首批县级GEP(生态系统生产总值)核算试点，生态产品价值评估突破1000亿元，位居全国县级前列。婺源蓝冠噪鹛生物多样性保护全球范例，在联合国《生物多样性公约》第十五次缔约方大会(COP15)上推出。

主要领导　县委书记：徐树斌。县人大常委会主任：董立新。县长：周华兵。县政协主席：汪学群。

（曹鸿）

·铅山县·

【简　况】　位于江西省东北部，辖8个镇、9个乡、1个青溪服务中心。总面积2178平方千米。耕地面积2.76万公顷，有林面积16.32万公顷；森林覆盖率74.62%。户籍人口48.05万人，常住人口38.17万人；人口自然增长率-0.46‰。2022年，地区生产总值197.37亿元，同比增长4.8%。其中，第一产业增加值21.31亿元，同比增长3.4%；第二产业增加值79.42亿元，同比增长7%；第三产业增加值96.64亿元，同比增长3.4%。财政总收入30.89亿元，同比增长13.8%；税收占财政总收入的35.67%。地方财政收入15.41亿元，同比增长8.79%；地方财政支出45.2亿元，同比增长2.2%。规模以上工业总产值61亿元，同比增长18.97%。规模以上工业增加值57.84亿元，占地区生产总值的29.30%。实际利用外资1000万美元，同比增长96.27%；利用省外资金73.68亿元，同比增长9.26%。主要工业产品及产量有电解铜10.87万吨、硫酸40.82万吨、无水氢氟酸5.5万吨、光伏发电1.13亿千瓦时。农业总产值34.36亿元,同比增长3.93%。粮食总产量15.82万吨。主要农产品及产量有蔬菜21.95万吨、油料0.32万吨、生猪存栏11.53万头、生猪出栏21.81万头。城镇居民人均可支配收入3.41万元,同比增长5%;农村居民人均可支配收入1.78万元,同比增长6.3%。城乡居民年末储蓄余额208.95亿元,同比增长17.2%。

【乡村振兴】 统筹推进15个美丽集镇建设,整合资金3.7亿元,启动实施项目210个。整治提升秀美乡村示范点138个,改造国有垦区危房1408套,建成农村生活污水治理项目8个,陈坊乡、篁碧畲族乡成功创建省级美丽宜居乡镇,鹅湖镇成功创建江西省生态园林城镇。退出宅基地561宗,探索形成湖坊镇"宅改+苗木种植"、太源畲族乡"宅改+旅游"等新模式。全国乡村治理体系建设试点工作通过验收。

【杨田铭事迹在中央电视台国防军事频道《你的名字》栏目播出】 4月7日晚,中央电视台国防军事频道《你的名字》栏目播出"飞夺泸定桥"勇士杨田铭事迹。杨田铭,原名林本寿,清光绪三十四年(1908年)生,铅山县紫溪乡紫溪村人。民国20年(1931年),当方志敏、邵式平、黄道在紫溪乡建立红色革命根据地后,林本寿报名参加红军,并改名杨田铭。在方志敏、周建屏领导下,杨田铭跟随红十军黄开湘团在赣闽根据地转战南北。民国21年(1932年)加入中国共产党,民国23年(1934年)参加长征,民国24年(1935年)参加飞夺泸定桥战役,为"飞夺泸定桥"22名勇士之一。

【武夷山保护区发现濒危保护植物毛葶山珊瑚】 7月11日,江西武夷山保护区工作人员在海拔约1200米处,发现一株开满黄花并散发香味的植物,高约165厘米。经考证,确定为兰科山珊瑚属的毛葶山珊瑚。毛葶山珊瑚为高大半灌木状植物,具有较高的观赏价值,被《国际濒危物种贸易公约》列入濒危保护植物附录Ⅱ,属省级重点保护植物。

主要领导 县委书记:危岩。县人大常委会主任:陈晓琴。县长:未小刚。县政协主席:石斌。

(徐叶茂)

·万年县·

【简　况】 位于江西省东北部,辖6个镇、6个乡。总面积1140.76平方千米,其中城区面积20平方千米。耕地面积2.15万公顷,林地面积6.98万公顷;森林覆盖率65%,城区绿化率51%。户籍人口43.99万人,常住人口35.45万人;人口自然增长率6.49‰。2022年,地区生产总值209.88亿元,同比增长4.6%。其中,第一产业增加值20.91亿元,同比增长3.8%;第二产业增加值105.33亿元,同比增长4.3%;第三产业增加值83.64亿元,同比增长5.1%。财政总收入29.26亿元,同比增长11.6%。地方财政收入19.26亿元,同比增长11.6%;地方财政支出46.76亿元,同比增长1.2%。工业总产值534亿元,同比增长3.4%,规模以上工业增加值同比增长7.2%。外贸出口18.45亿元,占地区生产总值的9.3%。固定资产投资135.7亿元,同比增长8%。实际利用外资751万美元,利用省外资金81.3亿元。农业总产值14.05亿元,同比增长1.16%。粮食总产量25.0万吨。主要农产品及产量有稻谷24.57万吨、棉花29吨、油料6676万吨、糖料8692万吨、家禽93.69万羽。城镇居民人均可支配收入4.14万元,同比增长4.4%;农村居民人均可支配收入1.89万元,同比增长6%。城乡居民年末储蓄余额281.2亿元,同比增长8.2%。

【万年非物质文化遗产《耘禾歌》在央视展播】 9月17日21时20分,万年非物质文化遗产节目《耘禾歌》在中央电视台农业农村频道《乡村大舞台》栏目首播,9月18日8时31分重播。《耘禾歌》是万年民歌中流传广泛悠久的一首经典山歌,是万年稻作文化的重要内容,曾多次登上央视舞台。《耘禾歌》节目的演出,展示万年打造文化名片,弘扬万年稻作文化,实现文化名县,用文化促进万年高质量发展的美好愿望。

【万年泽华"独创空心异形珍珠"项目获全国三等奖】 12月8日,第五届"中国创翼"创业创新大赛乡村振兴组全国总决赛在山东青岛举行,江西泽华农业科技有限公司万年泽华"独创空心异形珍珠"项目获第五届"中国创翼"创业创新大赛乡村振兴组三等奖。"独创空心异形珍珠"作为一项科技创新核心珍珠产品,利用鄱阳湖野生蚌植入外套膜上皮细胞组织,通过独创技术控制住珍珠内囊成长,只保留珍珠的外部质层成长,使得珍珠成长为空心异形珍珠,解决佩戴者颈椎重负难题,是珍珠植核技术的创新。

【全省地方志工作会议暨业务培训班在万年举行】 12月14—16日,全省地方志工作会议暨业务培训班在万年举行。省地方志研究院院长甘根华作工作报告,县委书记毛奇致辞。会上,播放《请回答2022——2022年江西省地方志工作亮点回眸》主题视频,视频用"履职担当篇""创优争先篇""方志风采篇"3个篇章展示2022年各设区市地方志工作亮点和干部风采;九江市、宜春市、抚州市和万年县、安远县、遂川县负责人分别作交流发言;会议邀请中国地方志指导小组办公室秘书处处长周勇进,萍乡市史志办副主任陈为真,赣州市地方志研究院四级调研员赖建明,高安市史志办副主任孙晓东,分别以《物换星移几度秋——修志传统的承继与新方志编纂》《对标精品年鉴提升编纂质量》《地方志书编纂与审稿》《探寻地方历史的足迹》为题授课。各设区市、县(市、区)地方志工作机构主要负责人、分管领导及方志科科长共140余人参加会议。

主要领导 县委书记:毛奇。县人大常委会主任:朱振华。县长:谢军。县政协主席:程学江。

(汪向东)

·余干县·

【简　况】 位于江西省东北部,辖9个镇、11个乡、4个场、1个社区。总面积2331平方千米,其中县城建成区面积25平方千米。耕地面积8.78万公顷,林地面积5.19万公顷;森林覆盖率20.74%,城区绿化率38%。户籍人口108.63万人,常住人口83.06万人。2022年,地区生产总值259.5亿元,同比增长5.3%。其中,第一产业55.7亿元,同比增长3.7%;第二产业80.4亿元,同比增长10%;第三产业123.4亿元,同比增长3.1%。财政总收入24.19亿元,同比增长1.3%。工业总产值287.6亿元,同比增长5.7%。规模以上工业增加值同比增长9.2%。工业用电量11.92亿千瓦时,同比增长11.6%。实际利用外商投资516万美元,同比增长1257.9%。出口总额6.48亿元,同比增长130.1%。农业总产值92.8亿元,同比增长4.3%。粮食总产量83.53万吨。城镇居民人均可支配收入3.23万元,同比增长6%;农村居民人均可支配收入1.56万元,同比增长8.8%。金融机构年末各项存款余额456.6亿元,同比增长9.8%。

【产业发展】 推进汽摩配产业标准厂房建设,汽摩配落户企业总数达100家。推进总投资20亿元的江西珍迪生物保健及营养食品项目,生态食品加工产业实现突破。光伏、风电新能源产业总装机容量达840兆瓦。新建稻渔稻虾综合生态种养基地866.67公顷,蔬菜种植面积1.29公顷。琵琶湖景区成功创评国家AAAA级旅游景区。完成东街美食街区改造提升,五星级标准的开元大酒店开业,美食经济成为现代服务产业新的增长点。

【城乡建设】 推进城市更新,实施总投资85.3亿元的50个城建项目,完成三大片区共3500余户、55万平方米的棚改任务。开工建设20条、总长35.4千米的城区主次干道。改造老旧小区17个。启动3.4平方千米的城东新区建设。全面实施陈道港、高家港、孟家湖三大水系综合治理及占地66.67公顷的滨水绿廊建设。建成120个新农村点、31个美丽村庄和9730户美丽庭院,形成2个美丽宜居示范带和2个全域美丽乡镇。19个美丽集镇及乡镇污水处理项目全面完工、实现全覆盖。改造提升农村公路121.9千米,改造农村电网400余千米。

【改革创新】 实施营商环境优化升级"一号改革工程",2040项依申请类政务服务事项中"最多跑一次"事项占比达到100%。开展县领导结对帮扶企业、"千名干部大走访,惠企政策进企业"活动,出台助企纾困"45条"、稳经济"43条",帮助企业解决实际问题330余个。实施数字经济做优做强"一号发展工程",新引进锂电池封装材料铝塑膜等数字经济项目24个,全县大数据及关联产业主营业务收入同比增长160.3%。制定出台促进科技创新奖励办法28条,培育省级"专精特新"企业9家,省级专业化"小巨人"企业1家。

【民生保障】 新增城镇就业人数4435人,转移农村劳动力1.09万人。推进余干七小、第八幼儿园、第五人民医院、中心城区综合停车场等民生项目建设,新增托幼园位1500个、上学座位2600个、医疗床位1400个、停车位2940个。全面压实网格化管理责任,提升基层治理能力和水平,全县信访总量同比下降20%以上。全县PM2.5浓度均值24微克/立方米,空气质量优良天数比例为95.8%,主要河流断面水质、县城集中式饮用水源水质、乡镇级饮用水源水质达标率均为100%。

主要领导 县委书记:胡斌。县人大常委会主任:吴军攀。县长:叶文华。县政协主席:段相如。

(彭建茂)

·鄱阳县·

【简　况】 位于江西省东北部,辖14个镇、15个乡、1个街道办事处。总面积4214.68平方千米。耕地面积11.88万公顷,山林面积15.6万公顷;森林覆盖率34.1%。户籍人口158.04万人,常住人口117.2万人。2022年,地区生产总值316.6亿元,同比增长5%。其中,第一产业增加值76.6亿元,同比增长3.4%;第二产业增加值96.8亿元,同比增长7.5%;第三产业增加值143.2亿元,同比增长4.3%。财政总收入26.7亿元,同比增长10.6%。公共预算收入15.6亿元,同比增长7.7%。规模以上工业增加值同比增长9.9%;规模以上工业总产值252.3亿元,同比增长31.8%。500万元以上固定资产投资同比增长8.9%。进出口总额14.7亿元,同比增长155.3%。实际利用外资1876万美元。农林牧渔业总产值125.9亿元,同比增长3.84%。主要农产品及产量有生猪出栏40.67万头、存栏20.54万头。社会消费品零售总额189.3亿元,同比增长6.6%。城镇居民人均可支配收入3.05万元,同比增长5.5%;农村居民人均可支配收入1.56万元,同比增长9%。金融机构年末各项存款余额606.6亿元,比年初增长10.5%。

【2022年第二批招商引资重大项目集中签约活动举行】 2月18日,2022年第二批招商引资重大项目集中签约活动在饶州饭店国际会议中心举行。市人大常委会副主任、县委书记周金明出席并致辞。县委副书记、县长王宗华主持。江西济民可信集团有限公司董事长李义海,江西潮汕商会会长、汉港控股董事会主席汪林冰及23家客商代表出席。县委办、县政府办、县发展改革委、县工信局、县商务局、县工业园区管委会等综合服务单位主要负责人,乡镇(街道)党(工)委书记参加。此次活动共签约项目23个,总投资222.5亿元,涵盖高强度紧固件、医疗器械、汽车零配件、电子元器件等多个领域。

【鄱阳县10万吨水厂取水口整体迁移建设项目开工】 11月7日,鄱阳县10万吨水厂取水口整体迁移建设项目开工。项目总投资4.37亿元,总建筑面积1.71万平方米,日供水量10万吨,主要建设分层取水塔、原水堤升泵站等,配套实施滨田水库至城区供水主干管,管道总长约32千米。水源取水库采用预氧化+混凝沉淀+气水反冲洗+紫外线消毒的组合处理工艺。

【鄱阳县入围2022年度“四好农村路”全国示范县创建单位】 12月29日,交通运输部办公厅、农业农村部办公厅、国家邮政局办公室、国家乡村振兴局综合司公布2022年度“四好农村路”全国示范县创建单位名单,鄱阳县名列其中。鄱阳县围绕创建“四好农村路”全国示范县目标,以“助力乡村振兴”为切入点,部门联动、全域创建,全民参与,深入推进农村公路建管养运协调可持续发展。2016年以来,累计投入20.3亿元用于“四好农村路”建设,农村公路突破4854千米,占全县公路总里程的91.7%,县道三级以上比例达71.4%,行政村、25户以上自然村通水泥(柏油)路率达100%,公路密度和通车里程在全省位居前列。同时,改造农村危桥133座,完成生命安全防护工程1162千米。

主要领导 县委书记:周金明。县人大常委会主任:应美星。县长:王宗华。县政协主席:江俊。

(薛文)

吉安市

【概　况】 位于江西省中西部,辖1个市、10个县、2个区。总面积2.53万平方千米,其中城区面积294平方千米。耕地面积39.57万公顷,有林面积171.37万公顷;森林覆盖率67.7%,城区绿地率38.98%。户籍人口538.87万人,常住人口442.26万人,其中城镇人口231.33万人;人口自然增长率0.35‰。2022年,地区生产总值2750.33亿元,同比增长5.1%。其中,第一产业增加值260.64亿元,同比增长4.5%;第二产业增加值1280.07亿元,同比增长6.3%;第三产业增加值1209.62亿元,同比增长4.1%。财政总收入382.51亿元,同比增长9.5%;税收占财政总收入的79.6%。一般公共预算收入190.87亿元,同比增长4.9%。地方税收收入112.75亿元,同比下降4.1%。一般公共预算支出610.51亿元,同比增长9.1%。规模以上工业增加值同比增长8.8%。外贸出口90.79亿美元,同比增长33.9%;实际利用外商投资16.38亿美元,同比增长11.9%;利用省外项目资金1038.36亿元,同比增长9.5%。主要工业产品及产量有水泥583.9万吨、铁矿石原矿14.1万吨、液晶显示屏3.53亿片。农业总产值519.4亿元,同比增长4.96%。粮食总产量365.4万吨。主要农产品及产量有肉类57.3万吨、油料18.8万吨、水果78.3万吨。城镇居民人均可支配收入4.5万元,同比增长4.9%。农村居民人均可支配收入1.6万元,同比增长7.1%。城乡居民年末储蓄余额3030.06亿元,同比增长17.3%。

【重大工业项目“双赛制”开工】 2022年,印发《全市重大工业项目开工点将赛、擂台赛“双赛制”实施方案》通知,实施重大工业项目“双赛制”(点将赛、擂台赛)开工,以项目建设助推工业高质量发展。通知明确开工方式有两种,一种是以“点将赛”形式举行全市重大工业项目集中开工活动,另一种是以“擂台赛”形式由各地举行重大工业项目即时开工活动。其中“点将赛”开工频次为每季度1次,点将方式为提前一个月由市委、市政府采取随机抽取方式,从井冈山经开区和各县(市、区)中确定任一地方作为主会场。“擂台赛”开工频次为每月即时,擂台方式为主动申请,自行开展。创新重大工业项目开工方式,举办系列重大工业项目开工活动,发挥重大工业项目对扩投资、稳增长、促转型引领带动作用。全年吉安市实施亿元以上工业项目526个,同比增长35.9%;总投资4551亿元,同比增长60%。其中“5020”项目85个,增加37个,列全省第1位;工业投资增长14%,列全省第2位。

【“吉事即办·惠企通”平台建设】 2022年,打造“吉事即办”政务服务平台,助力双“一号工程”在全市落地见效,解决企业获取政策难、申报政策难、资金到账难等问题举措。吉安市依托政务服务一体化和“赣服通”平台,高标准打造综合性企业服务平台“吉事即办·惠企通”平台,于4月8日举行上线启动仪式。该平台集发布、汇聚、查询、推送、办理、评价、督查为一体,为企业提供一站式“惠企”服务。全年入库政策2180条,入库企业10万余家,兑现金额79.52亿元,列全省第1位;强化网上中介服务超市运营管理,入驻项目业主2284家,发布采购项目2.82万项,列全省第2位。

【吉安赣江大桥建成通车】 4月30日,吉安赣江大桥建成通车。吉安赣江大桥老桥于2018年9月28日爆破,新桥于2019年5月26日开工建设,2022年1月26日全桥合龙。吉安赣江大桥东起青原区赣江大道与湖滨西路交叉口,西至吉州区吉安南大道,横跨赣江、飞跃3个区(吉州区、青原区、庐陵新区),全长2.2千米、双向六车道,总投资8.43亿元,主线桥面标准宽度38.6米,是吉安市城区首座大跨径连续梁桥及桥面最宽的一座桥梁。吉安赣江大桥建设项目施工中采用多项先进工艺,首次在全国使用水下无人潜航器助力水下施工。首次在赣江上大面积使用旋挖钻成孔工艺,首次在赣江上采用“钢靴”+“气举法”解决浅覆盖层钢板桩入岩难题等,确保项目保质保量完工。大桥建成通车,拉大吉安城市框架,激活城市交通大动脉,促进吉州区、青原区、庐陵新区“三区两岸”融合发展,减轻城区跨江通道交通压力,缓解市区交通堵塞问题,提升市民出行质量,完善城市功能。

【纪念井冈山革命根据地创建暨三湾改编95周年座谈会在井冈山举行】 10月27日,纪念井冈山革命根据地创建暨三湾改编95周年座谈会在井冈山举行。省委常委、省委宣传部部长庄兆林,省委常委、省军区政委鲍泽敏出席并讲话。中国人民解放军军事科学院、中共中央党史和文献研究院负责人,国内省内党史专家、理论专家,省领导,省军区领导等有关单位主要负责人,省内参加过井冈山斗争、三湾改编革命烈士后代代表、吉安市各界代表等共200人参加。吉安市委书记王少玄讲话,吉安市委副书记、市长罗文江主持,革命后代代表孔东梅、省委党史研究室主任梅仕灿、井冈山大学原校长张泰城先后发言。会议系统回顾井冈山革命斗争时期的历史经验,缅怀革命先烈在井冈山斗争时期的丰功伟绩,深入研讨井冈山精神基本内涵及时代价值。1927 年,毛泽东、朱德等老一辈无产阶级革命家,在井冈山领导开展艰苦卓绝的革命斗争,创建中国第一个农村革命根据地。纪念井冈山革命根据地创建和三湾改编 95 周年,就是要不忘走过的路、不忘为什么出发,把党对军队的绝对领导作为永远不变的军魂,把跨越时空的井冈山精神作为宝贵精神财富,筑牢政治忠诚、坚定历史自信,强化使命担当。

主要领导 市委书记:王少玄。市人大常委会主任:廖宏。市长:罗文江。市政协主席:刘兰芳。

(熊玮)

·吉州区·

【简况】 位于江西省中部,辖 4 个镇、6 个街道办事处。总面积 425 平方千米,其中城区面积 43.5 平方千米。耕地面积 1.2 万公顷,有林面积 1.21 万公顷;森林覆盖率 32.97%,城区绿地率 42.8%。户籍人口 27.64 万人,常住人口 37.64 万人;人口自然增长率 5.15‰。2022 年,地区生产总值 305.59 亿元,同比增长 5.3%。其中,第一产业增加值 10.66 亿元,同比增长 4.4%;第二产业增加值 111.28 亿元,同比增长 7.1%;第三产业增加值 183.65 亿元,同比增长 4.3%。财政总收入 23.79 亿元,同比增长 10.6%。税收收入 7.77 亿元,同比增长 1.5%;地方财政收入 11.17 亿元,同比下降 1.7%;地方财政支出 34.51 亿元,同比下降 6.4%。规模以上工业企业营业收入 349.6 亿元,同比增长 8.5%。固定资产投资同比增长 11.7%。实际利用外资 1.08 亿美元,同比增长 7.78%;实际利用省外项目资金 62.52 亿元,同比增长 9.63%。主要工业产品及产量有水泥 51.4 万吨、白酒 0.30 万千升、金属切削机床 8 台、电力电缆 2.87 万千米。农业总产值 20.49 亿元,同比增长 4.97%。城镇居民人均可支配收入 4.83 万元,同比增长 5.2%;农村居民人均可支配收入 2.35 万元,同比增长 6.7%。

【吉州区入选教育部义务教育优质均衡先行创建县(市、区、旗)】 4 月 20 日,教育部公布义务教育优质均衡先行创建县(市、区、旗)名单,吉州区入选全国首批 135 个义务教育优质均衡先行创建县(市、区、旗)。该区把教育作为最大民生工程,摆在优先发展战略地位。2018 年被列为全省县域义务教育优质均衡发展督导评估试点区后,坚持小财政办大教育,顺应群众民生需求,投入资金 30.2 亿元,新增校舍面积 20 余万平方米,净增学位 2.8 万个;启动标准化建设再提升工程,90% 以上农村学校成为市级美丽校园;扩大优质教育资源覆盖面,实现教育城域网、高质量班班通双项全覆盖,让城乡师生共享优质课堂。先后获评推进全省义务教育基本均衡发展工作积极贡献集体、全省平安校园建设工作优秀县(市、区)、全国中小学劳动教育试验区。

【江西电缆有限责任公司获中核集团供应商资格】 5 月,江西电缆有限责任公司获中国核工业集团有限公司合格供应商资格。江西电缆有限责任公司此次通过认证产品包括额定电压 35 千伏及以下挤包绝缘电力电缆、额定电压 110 千伏交联聚乙烯绝缘电力电缆、计算机与仪表电缆、塑料绝缘控制电缆、额定电压 450 伏/750 伏及以下通用橡套软电缆电线、额定电压 450 伏/750 伏及以下聚氯乙烯绝缘电缆。

【吉州区入选 2022 年中央财政支持普惠金融发展示范区】 6 月 2 日,财政部公布 2022 年中央财政支持普惠金融发展示范区名单,吉州区入选,获中央财政奖补资金 3000 万元。该区推进普惠金融改革向纵深发展,出台普惠金融试验区改革 3 年行动计划,构建多层次多元化普惠金融体系,建成 53 个服务站,实现村级全覆盖。用好普惠小微企业延期还本支持工具和信用贷款支持计划政策,加大贷款投放力度,降低小微企业融资成本。抓好财园信贷通、财政惠农信贷通、科贷通等政府性融资担保,向吉安市吉庐陵融资担保有限公司注入资金 5000 万元,成立吉安市吉庐陵融资担保有限公司吉州分公司,政府性融资担保余额 8.62 亿元,同比增长 65%,激活市场主体。探索“普惠金融支农支小”服务,印发实施方案,强化“三农”和小微企业政策保障。

主要领导 区委书记:尹冬苟。区人大常委会主任:王魏。区长:罗青球。区政协主席:刘锡锋。

(雷嘉庆)

·青原区·

【简况】 位于江西省中部,辖 6 个镇、1 个乡、2 个街道办事处。总面积 914.62 平方千米,其中城区建成面积 18.2 平方千米。耕地面积 1.35 万公顷,有林面积 1.58 万公顷;森林覆盖率 66.67%,城区绿化率 47.6%。户籍人口 23.13 人,常住人口 25.07 万人,其中城镇人口 9.33 万人;人口自然增长率 3.36‰。2022 年,地区生产总值 160.32 亿元,同比增长 5.1%。其中,第一产业增加值 9.74 亿元,同比增长 4.6%;第二产业增加值 80.37 亿元,同比增长 6.1%;第三产业增加值 70.21 亿元,同比增长 3.9%。财政总收入 14.72 亿元,同比增长 13.6%。税收收入 12.12 亿元,税收占财政总收入的 82.3%。一般公共预算收入 7.36 亿元,同比增长 8.4%;一般公共预算支出 23.56 亿元,同比增长 27.3%。工业总产值 267.6 亿元,同比下降 3.7%。规模以上工业总产值 196.1 亿元,同比下降 5.6 %。500 万元以上固定资产投资 59.6 亿元,同比下降 8.7%。实际利用外资 754 万美元,同比增长 352.25%;实际利用省外项目资金 55.74 亿元,同比增长 101.69%。主要工业产品有电力、商品混凝土、家具、水泥、机制纸。农业总产值 18.72 亿元,同比增长 5.1%。粮食总产量 12.6 万吨。主要农产品及产量有出栏生猪 8.58 万头。社会消费品零售总额 152 亿元,同比增长 5.1%。城镇居民人均可支配收入 4.7 万元,同比增长 4%;农村居民人均可支配收入 1.9 万元,同比增长 7.2%。

【企业科技创新发展】 2022 年,青原区实施创新驱动发展战略,支持企业创新发展。全年全区评定国家科技型中小企业63家,申报认定国家高新技术企业4家,获批专精特新企业3家,企业研发立项备案8家,指导北新建材、戈弗雷和天晟新材料申报2022年度(潜在)瞪羚企业,夽之味农林申报省级绿色技术创新企业,帮扶天晟新材料等2家企业申报省级科技进步奖,推荐永安交通等2家企业产品认定“赣出精品”;开展平台载体建设,组织“青原区农村人居环境5G+长效管护平台”申报省级03专项及5G项目。弘德智信列入省级工业互联网平台培育名单;推动科技成果转化,组织英佳电子申报省级院士工作站,促进夽之味、锐迈管道、晋瑞医疗等企业与省农科院、南昌大学、江西理工大学等高等院校、科研院所开展对接合作,其中晋瑞医疗申报的省“双千计划”柔性引进人才类通过专家评审,组织3家企业参加省环保产业科技成果对接会、中医药强省科技成果在线对接会,指导北新建材成功登记省级成果2项。

【青原区首部本土院线电影《渼陂》启动仪式在渼陂古村举行】 3月3日,青原区首部本土院线电影《渼陂》启动仪式在青原区文陂镇渼陂古村举行。该电影由著名导演、影视明星郭广平主演,电影《渼陂》以情系乡愁返乡创业、扶贫致富乡村振兴为主基调,主要讲述主人公梁川从老家去深圳打拼多年,看到同学、同乡壮志未酬重新思索自己的人生,在不惑之年找回自己报效家乡的理想。毅然回乡发展的梁川在政府、亲友帮助下,为渼陂村经济发展、文化建设带来重要改变,渼陂村的振兴是对梁川志向最好的回报。电影时长90分钟至110分钟,投资预算1200万元。

【纪念东固革命根据地创建95周年理论研讨会在青原区举行】 11月19—21日,纪念东固革命根据地创建95周年理论研讨会在青原区举行。中国井冈山干部学院常务副院长梅黎明,原中央党史研究室一部主任、华南师大历史文化学院教授蒋建农分别作主旨发言。吉安市、青原区等领导及青原籍将军后代、专家、参会论文作者等180余人参加。研讨会为期3天,通过专家研讨、实地考察等形式,围绕“东固革命根据地与红色基因传承”主题进行交流发言、深入探讨,在探究东固革命根据地党的建设,政治、经济、社会、文化建设,军事斗争和土地革命中共同回首峥嵘岁月,传承红色基因。研讨会收到参评论文70余篇,评选出优秀论文50篇,部分优秀论文作者在会上发言。

主要领导 区委书记:匡晓卫。区人大常委会主任:王克齐。区长:曾昭君。区政协主席:解芳云。

(王平发)

·井冈山市·

【简　况】 位于江西省西南部,辖9个镇、6个乡、1个街道办事处。总面积1449.28平方千米,其中城区建成面积7.96平方千米。耕地面积0.91万公顷,有林面积10.93万公顷;森林覆盖率81.02%,城区绿化率40.45%。户籍人口18.99万人,常住人口17.75万人,其中城镇人口8.34万人;人口自然增长率2.79‰。2022年,地区生产总值100.17亿元,同比增长5.3%。其中,第一产业增加值9.46亿元,同比增长4.9%;第二产业增加值20.40亿元,同比增长6.9%;第三产业增加值70.31亿元,同比增长4.9%。财政总收入15.55亿元,同比增长27.5%;税收占财政总收入的74.6%。一般公共预算收入8.75亿元,同比增长26.7%;一般公共预算支出28.26亿元,同比增长10%。规模以上工业总产值39.47亿元,同比增长13.4%;规模以上工业增加值同比增长9%。固定资产投资同比增长10.3%。实际利用省外项目资金56.20亿元。主要工业产品及产量有塑料制品1.27万吨、铜材7071吨、水泥17.65万吨、光纤24.46万千米。农业总产值16.18亿元,同比增长5.49%。粮食总产量9.39万吨。主要农产品及产量有稻谷8.0万吨、玉米0.3万吨、大豆0.5万吨、马铃薯0.24万吨、甘薯0.3万吨。城镇居民人均可支配收入4.45万元,同比增长4.7%;农村居民人均可支配收入1.60万元,同比增长9.8%。本外币存款余额149.49亿元,同比增长10.67%。

【疫情防控】 2022年,全力堵源头、抓检测、强救治,疫情形势保持平稳。全年派出18批次157名医护人员支援外省、市、县疫情防控工作。政策调整前,根据国内外疫情形势变化,及时研究制定精准化防控策略,抓好外防输入工作。加强人员排查,严防输入关。全年排查人员3.11万余人次,发现新冠肺炎患者实行集中隔离和居家观察。强化检测能力,严把筛查关。建成PCR实验室4个,日核酸检测能力达到1.38万管,开展免费核酸检测646.56万人次。政策调整后,根据上级政策,及时调整防控方向,强化救治能力,全力保健康。市人民医院、市第二人民医院传染病大楼完成建设投入使用,改造亚定点医院2个,设置发热门诊3个、发热诊室16个,平稳度过疫情高峰期,12月8—31日,全力做好新冠肺炎患者的收治工作,未发生因新冠感染死亡病例。加强宣传引导,推进疫苗接种。合理设立疫苗接种点,设立固定接种点4个,流动接种点10个,完成第一剂疫苗接种人员和第二剂疫苗接种人员的工作,做好第三剂次加强免疫接种人员工作。完成60周岁及以上人群第一剂疫苗接种工作,全程(两剂次)疫苗接种工作进展有序。

【学习宣传贯彻习近平新时代中国特色社会主义思想研讨会在井冈山举行】 6月9—10日,经中共中央批准,学习宣传贯彻习近平新时代中国特色社会主义思想研讨会在井冈山举行。中共中央宣传部领导,省委书记、省人大常委会主任,省委常委、省委宣传部部长,省委常委、省委秘书长,全国政协、民族和宗教委员会主任,新华社党组书记、社长,中国社会科学院党组书记、院长,人民日报社副总编辑,《求是》杂志社社长,习近平新时代中国特色社会主义思想研究中心、全国重点马克思主义学院负责人,各省区市和新疆生产建设兵团党委宣传部分管理论工作副部长,江西省有关部门、地方负责人和专家学者代表,共91人参加。研讨会以习近平新时代中国特色社会主义思想为指导,围绕主题开展研讨交流。会上,中央有关部门负责人、部分专家学者、江西有关方面代表作了研讨发言，取得一批有新认识、新深化的理论研究成果，统一思想、凝聚共识，更加坚定不移高举思想之旗、精神之旗，把江西打造成为最讲党性、最讲政治、最讲忠诚、最讲担当的红土圣地。

【2022 中国企业家井冈山论坛在井冈山举办】 8 月 3—5 日，2022 中国企业家井冈山论坛在井冈山举办。论坛由新华社民族品牌工程办公室、新华网、井冈山市人民政府主办，以“提振信心决心 厚植发展动力”为主题。内容包括举办 2022 中国文化经济发展论坛，观看无人机表演，向革命烈士敬献花篮仪式，参观井冈山革命博物馆，现场聆听经济学家、企业家讲座，开展 2022 健康未来峰会、2022 中国金融高质量发展论坛、2022 井冈山科技创新大会、冠军友谊赛、井冈山“情景式”党课学习会、红色健康跑、木兰悦享荟、2022 国民消费品牌新势力论坛、“碳达峰 碳中和”创新发展高峰对话等论坛活动。邀请有关部门领导、专家学者和企业家等，探讨企业如何迎难而上，坚持创新驱动发展，提振发展信心，壮大发展新动能。

主要领导 市委书记：傅正华。市人大常委会主任：张伟。市长：廖东生。市政协主席：李斌。

（杨双羽）

·吉安县·

【简　况】 位于江西省中部，辖 13 个镇、6 个乡。总面积 2068 平方千米，其中城区面积 15 平方千米。耕地面积 3.77 万公顷，有林面积 12.14 万公顷；森林覆盖率 63.50%。户籍人口 52.62 万人，常住人口 40.92 万人，其中城镇人口 22.02 万人；人口自然增长率 3.3‰。2022 年，地区生产总值 263.48 亿元，同比增长 5.4%。其中，第一产业增加值 31.76 亿元，同比增长 4.9%；第二产业增加值 152.2 亿元，同比增长 7.3%；第三产业增加值 79.52 亿元，同比增长 2.3%。财政总收入 35.3 亿元，同比增长 6.7%。税收收入 28.1 亿元，同比增长 8.4%，占财政总收入的 79.6%。一般公共预算财政收入 17.99 亿元；一般公共预算财政支出 47.74 亿元。规模以上工业总产值 666.74 亿元，同比增长 6.6%；规模以上工业增加值同比增长 9.7%。固定资产投资同比增长 10.5%。实际利用省外项目资金 88.14 亿元，同比增长 9.62%。主要工业产品及产量有水泥 14.58 万吨、啤酒 7.07 万千升、软饮料 14.48 万吨、饲料 20.19 万吨、铁精粉 54.39 万吨。农业总产值 64.72 亿元，增长 5.32%。粮食总产量 40.3 万吨。主要农产品及产量有肉类 12.05 万吨、水产品 2.23 万吨。城镇居民人均可支配收入 4.15 万元，同比增长 4.4%；农村居民人均可支配收入 1.69 万元，同比增长 9.3%。

【吉安县“5G 赋能吉州窑景区”项目获第五届“绽放杯”5G 应用征集大赛智慧文旅专题赛一等奖】 8 月 25—26 日，第五届“绽放杯”5G 应用征集大赛智慧文旅专题赛决赛在南昌举办。大赛以“汇 5G 之力，扬文旅之帆”为主题。自 5 月启动征集以来，有 424 个项目符合智慧旅游方向参赛条件。通过初赛、复赛和决赛，遴选出一等奖 8 名、二等奖 12 名、三等奖 15 名，个人风采奖 5 名，最佳创意奖 5 名和优秀奖 35 名。经过角逐，吉安县“5G 赋能吉州窑景区”项目获第五届“绽放杯”5G 应用征集大赛智慧文旅专题赛一等奖。

【名牌产品建设】 吉安县重视质量兴县工作，相继出台《吉安县县长质量奖管理办法》和《吉安县激励工业企业做大做强奖励办法》等政策措施，县政府对新申报评定的江西名牌产品每项奖励 10 万元，复评的每项奖励 5 万元。落实“质量兴县、品牌强县”战略部署，引导和帮助企业加强质量管理，推进品牌建设，实施“品牌强企”战略，推动全县经济社会高质量发展。12 月 21 日，吉安县 8 家企业 8 项产品被授予“江西名牌产品”称号，有效期 3 年。该县 8 项产品被授予“江西名牌产品”称号的分别为江西领盛电力科技有限公司配电开关控制设备、吉安伊戈尔电气有限公司 LED 驱动电源（复评）、先歌音响（吉安）有限公司 6000CDT 播放机、吉安龙净炭素科技有限公司木质活性炭（复评）、吉安嘉瑞实业有限公司日用陶瓷、吉安吉祥铝塑板业有限公司铝塑板、江西小牧童生态农业发展有限公司状元郎鲜鸡蛋、吉安浩燃实业有限公司搪瓷锅。

【2022 年全国航空模型公开赛（江西站）暨吉安桐坪首届“天祥杯”航空体育系列赛在吉安县举行】 6 月 14—16 日，2022 年全国航空模型公开赛（江西站）暨吉安桐坪首届“天祥杯”

6 月 14—16 日，2022 年全国航空模型公开赛（江西站）暨吉安桐坪首届“天祥杯”航空体育系列赛在吉安县举行。图为 6 月 14 日花样跳伞航空运动项目展示

肖蒂供

航空体育系列赛在吉安县举行。此次公开赛由国家体育总局航空无线电模型运动管理中心、中国航空运动协会、江西省体育局、吉安市人民政府主办，江西省航空运动管理中心、江西经济管理干部学院、江西省航空运动协会、吉安县人民政府承办。国家体育总局航空无线电模型运动管理中心党委书记顾国平出席并讲话，吉安市副市长周密致辞。比赛为期3天，来自全国各地110多名运动员、教练员及航模爱好者参赛。赛事共设国际级线操纵特技飞行、无线电遥控模型滑翔机等6个项目，比赛共决出8枚金牌和16枚奖牌。其间，江西省航管中心和江西省航空运动协会还为大家呈现歼十涡喷飞行、花样跳伞、动力伞、三角翼和特技飞行等航空运动项目展示。

主要领导 县委书记：傅小林。县人大常委会主任：尹子安。县长：彭润金。县政协主席：孙永昌。

（王修明 肖蒂）

·新干县·

【简 况】 位于江西省中部，辖7个镇、6个乡、1个街道办事处、2个国有农林场。总面积1248平方千米，其中城区面积25.5平方千米。耕地面积2.9万公顷，林地面积6.4万公顷；森林覆盖率57.1%，城区绿化率42.3%。户籍人口35.2万人，常住人口27.69万人，其中城镇人口16.2万人；人口自然增长率5.7‰。2022年，地区生产总值222.7亿元，同比增长5.2%。其中，第一产业增加值22.7亿元，同比增长4.2%；第二产业增加值110.5亿元，同比增长6.9%；第三产业增加值89.5亿元，同比增长3.5%。财政总收入27.8亿元，同比增长11.1%；税收占财政总收入的85.3%。一般公共预算收入13.5亿元，同比增长5.7%。规模以上工业总产值443.13亿元，同比增长12.5%；规模以上工业增加值106.4亿元，同比增长8.8%，占地区生产总值47.8%。固定资产投资136.3亿元，同比增长10.7%。外贸出口30.2亿元，同比增长33%。实际利用外资1.23亿美元，同比增长13.74%；实际利用省外项目资金79.9亿元，同比增长9.4%。主要工业产品及产量有食用盐4.62万吨、非食用盐11.64万吨、玻璃制品1225.91万吨、大米10.21万吨、箱包344.18万只。农业总产值43.2亿元。粮食总产量31.35万吨。主要农产品及产量有蔬菜1万吨、柑橘3000吨、生猪出栏78.43万头、油料2.3万吨、大豆0.39万吨。社会消费品零售总额81.1亿元。城镇居民人均可支配收入4.21万元，同比增长5.1%；农村居民人均可支配收入2.18万元，同比增长7.3%。城乡居民年末储蓄存款余额226亿元，同比增长18.6%。

【新干县现代箱包数字化服务产业园项目建设】 2022年，新干县现代箱包数字化服务产业园项目总投资50.6亿元，占地面积30万平方米，已建成59栋标准厂房、14栋职工宿舍和“一网五中心”。该产业园共入驻26家成品箱包企业、8家箱包配件企业、16家电商企业、3家物流企业，“足不出区”即可完成成品箱包生产、组装、销售，达产达标后可实现年产值50亿元，利税2.6亿元。注册“新干箱包”集体商标，全年引进厦门斯巴特、山宇皮件、景瑜锁业等18家国内知名品牌企业，包类产品实现破冰发展，率先在全国建成箱包皮具产业生产性服务平台“一网五中心”，涵盖物联网和会展中心、集采中心、设计中心、检测中心、金融服务中心5个“中心”。广州检验检测集团、阿里巴巴等服务品牌已入驻。

【江西兴氟中蓝新材料有限公司项目建设】 江西兴氟中蓝新材料有限公司项目由世界500强中化集团投资50亿元建设，占地面积37.93万平方米，主要生产环保制冷剂、电子材料等17个含氟专用化学品及配套原料。公司项目建成投产后，年产值120亿元，年税收5亿元。该企业选建的项目为中化集团最新研究成果及国家重点发展产品，生产装置工艺技术领先，建有智能化管理平台，实现设备智能巡检、运行监测、可视化联动等一体化功能，部分生产线实现“零手操”、全程自动化，安全环保可信度高。项目分2期建设，2021年11月一期工程开工建设，其中六氟丙烷（R236fa）一条生产线于2022年7月竣工试产，实现产值2亿元。公司采用全县萤石矿为原料，延链规划生产含氟制冷剂、新能源材料等高端精细化学品，打造国内氟化工产业链最完整、生态链最集聚、竞争力最强的氟化工龙头企业。

【幸福秀峰城市项目改造】 2022年，幸福秀峰城市项目以秀峰门、南门街棚户区改造项目为核心，配套更新改造金川小学、县幼儿园、湄湘河、住宅小区等项目。该项目总投资13亿元，整片征拆房屋1027户、12.5万平方米，建成安置房2145套、36万平方米，是新干历史上实施面积最大、户数最多、拆迁最难、效果最好的城市改造项目。统筹安排最好地块，就地安置在赣江之滨，紧邻公园广场、商业步行街、大型商超、农贸市场、医院等核心地段。小区户型方正通透、园林景观精致优雅，主体结构获优质工程。投入资金1亿元，对周边金川小学、新干幼儿园、9个老旧小区、15个住宅小区、12条背街小巷以及湄湘河实施整体提升改造。小区高标准配建党群服务中心、养老服务站、智能安防、健康休闲、公益宣传等设施，是全县设施智能、服务便捷、治理精细、环境宜居的智慧样板小区。

主要领导 县委书记：谭晓艳。县人大常委会主任：杨二勇。县长：涂乐。县政协主席：曾溅明。

（朱林源 肖瑶）

·永丰县·

【简 况】 位于江西省中部，辖8个镇、13个乡、3个场。总面积2710平方千米。耕地面积3.97万公顷，林地面积19.90万公顷；森林覆盖率71.6%。户籍人口49.68万人，常住人口38.37万人，其中城镇人口24.07万人；人口自然增长率3.76‰。2022年，地区生产总值227.56亿元，同比增长4.7%。其中，第一产业增加值25.94亿元，同比增长4.1%；第二产业增加值99.34亿元，同比增长6%；第三产业增加值102.28亿元，同比增长3.6%。财政总收入28.27亿元，同比增长12.4%。税收收入

22.82亿元,同比增长14.8%。一般公共预算收入14.04亿元,同比增长5.3%;一般公共预算支出42.07亿元,同比增长1.8%。工业总产值332.72亿元,同比增长5.3%。规模以上工业增加值57.58亿元,占地区生产总值的25.3%。固定资产投资122.36亿元,同比增长9.2%。外贸出口额26.82亿元。实际利用省外项目资金63.01亿元。主要工业产品及产量有中成药1653吨、商品混凝土68.62万立方米、水泥176.81万吨、硅酸盐水泥熟料310.79万吨、建筑用天然石料4.08万立方米。农业总产值51.27亿元,同比增长4.7%。粮食总产量32.56万吨,同比下降1.7%。主要农产品及产量有稻谷31.17万吨、油料0.84万吨、蔬菜34.39万吨、水果1.74万吨。社会消费品零售总额66.56亿元。城镇居民人均可支配收入4.07万元,同比增长4.9%;农村居民人均可支配收入2.29万元,同比增长6.4%。城乡居民年末储蓄余额243.66亿元,同比增长17.4%。

【永丰县机关事务中心获"全国机关事务工作先进集体"称号】 6月27日,全国机关事务工作先进集体和先进个人表彰大会在北京举行,永丰县机关事务中心获"全国机关事务工作先进集体"称号。永丰县机关事务中心坚持以"第一等工作"为追求,聚焦"作示范、勇争先"目标定位,推进机关事务工作高质量发展。"国资管理"方面,通过理顺管理职能、集中清查登记、统一调配采购、规范市场经营等手段,盘活闲置资产60宗,行政事业单位经营性资产新增收益1000万元,资产增值1.7亿元,实现经营性资产收益最大化。资产改革相关做法在《江西日报》、新华网等刊载报道。"双碳目标"方面,通过建立督导联动机制、杜绝餐饮浪费、创新推进节能降碳、统筹落实垃圾分类、探索合同能源管理等手段,永丰县公共节能考核连续3年获省优秀。"品质服务"方面,坚持"精细管理、精心保障、精致服务、精美呈现"原则,做好疫情防控、安保会务、餐饮服务、出行保障。每年开展2次服务保障满意度测评,累计为干部职工解决服务需求480多件,满意率98.5%。

【吉安市公共资源交易中心永丰分中心获2022年度全国公共资源交易中心十佳先进单位(区县级)】 12月30日,由中国开发区协会主办,中国开发区协会公共资源交易专业委员会、《公共采购》杂志联合承办的2022年度(第九届)全国公共资源交易奖项评选结果揭晓,吉安市公共资源交易中心永丰分中心获"2022年度全国公共资源交易中心十佳先进单位(区县级)"称号。该中心以党建为引领,探索创新服务,打造"互联网+"服务体系,全面运用交易电子化,坚持"不见面开标"+"远程异地评标"常态化,推广电子保函应用,开展"三赛一创"活动,明确创先争优任务,在容缺受理、延时服务、保证金自动退付、提升服务效能、规范交易市场秩序、优化营商环境等方面成效明显,推动全县公共资源交易工作科学健康创新发展。

【永丰4种蔬菜获全国名特优新农产品】 2022年,永丰蔬菜共有4个品种登录全国名特优新农产品,其中,永丰淮山和永丰空心菜于10月9日被收集登录,永丰辣椒、永丰扁萝卜分别于12月14日、12月21日被收集登录。2002年,永丰辣椒、永丰空心菜获江西省无公害农产品标志证书;2007年,永丰淮山、永丰空心菜获国家无公害农产品证书;2014年,永丰辣椒成为江西省名牌产品。全国名特优新农产品是指在特定区域(原则上以县域为单元)内生产、具备一定生产规模和商品量、具有显著地域特征和独特营养品质特色、有稳定供应量和消费市场、公众认知度和美誉度高并经农业农村部农产品质量安全中心登录公告和核发证书的农产品。

主要领导 县委书记:邹卫梅。县人大常委会主任:陶保平。县长:柯柏云。县政协主席:易红根。

(谢启有)

·峡江县·

【简　况】 位于江西省中部,辖6个镇、5个乡。总面积1298平方千米,其中城区面积9.49平方千米。耕地面积2.33万公顷,有林面积7.4万公顷;森林覆盖率65.1%,城区绿地率40.77%。户籍人口19.05万人,常住人口14.99万人,其中城镇人口7.35万人;人口自然增长率0.9‰。2022年,地区生产总值102.3亿元,同比增长4.8%。其中,第一产业增加值13.69亿元,同比增长4.1%;第二产业增加值42.4亿元,同比增长6.5%;第三产业增加值46.21亿元,同比增长3.5%。财政总收入21.94亿元,同比增长21.6%。税收收入占财政总收入的83.6%。一般公共预算收入10.06亿元,同比增长8.8%;财政总支出26.26亿元,同比增长3.45%。工业总产值289亿元,同比增长7.8%。固定资产投资同比增长9.8%。实际利用省外项目资金56.35亿元。主要工业产品有生物医药、装备制造、绿色食品。农业总产值26.57亿元,同比增长4.63%。粮食总产量20.54万吨。主要农产品及产量有水产品1.13万吨。城镇居民人均可支配收入3.60万元,同比增长5.2%;农村居民人均可支配收入1.76万元,同比增长7.1%。城乡居民年末储蓄余额108.85亿元,同比增长18.81%。

【生物医药产业发展】 2022年,峡江县落实省委、省政府"一核三带四板块"大健康产业发展总体部署,按照吉安市生物医药大健康产业"双核引领"之一发展定位,成立5亿元工业产业发展基金,组建生物医药大健康产业联盟,推进三年倍增升级行动,建成生物医药产业展示中心,省级化工园区安全等级跃升至D级,全年生物医药大健康产业主营业务收入突破300亿元,拉动县域经济发展。

【疫情防控】 8月31日,面对两轮突发疫情,全县落实《新型冠状病毒肺炎防控方案(第九版)》,实施扁平化指挥、常态化调度、协同化作战,分别仅用7天、6天快速实现社会面动态清零,高效推动复工复产,被省市专家肯定。防控措施优化调整后,全力"保健康、防重症",最大限度保护群众生命健康安全。

【峡江县赣江大桥扩建工程竣工】 2022年,峡江县赣江大桥扩建工程竣工。峡江县赣江大桥扩建工程总投资1.3亿元,设计总长1495米,其中扩建桥梁全长1037米,一级公路等级,设计时速60千米。该桥是G322国道的重要组成部分,大桥建成通车后,对改善当地居民出行,推动赣中腹地经济高质量发展起到桥梁纽带作用。

主要领导 县委书记:尹嵘峰。县人大常委会主任:杨文志。县长:谢启龙。县政协主席:段国友。

(吴煜)

·吉水县·

【简　况】 位于江西省中部,辖15个镇、3个乡。总面积2509.73平方千米,其中县城建成区面积20.3平方千米。耕地面积4.99万公顷,有林面积15.77万公顷;森林覆盖率63.02%,城区绿化率45%。户籍人口56.65万人,常住人口40.49万人,其中城镇人口24.54万人;人口自然增长率3.16‰。2022年,地区生产总值228.14亿元,同比增长5.4%。其中,第一产业增加值29.75亿元,同比增长4.2%;第二产业增加值90.87亿元,同比增长7.2%;第三产业增加值107.52亿元,同比增长4.2%。财政总收入25.61亿元,同比增长15.4%。税收占财政总收入的47.56%。地方财政收入8.04亿元,同比增长5.3%;地方财政支出47.731亿元,同比增长9.64%。工业总产值80.3亿元,同比增长7.3%;规模以上工业增加值78.9亿元,同比增长9.4%,占地区生产总值的34.6%。固定资产投资120.1亿元,同比增长11.1%。外贸出口33.57亿美元,占地区生产总值的96%。实际利用外商投资1.41亿美元;实际利用省外投资5000万元以上项目资金66.28亿元。主要工业产品及产量有水泥21.8万吨、人造板107.76万平方米、松香类产品53.55万吨、电子元器件3638万件、印制电路板810万平方米。农业总产值57.94亿元,同比增长4.97%。粮食总产量50.51万吨。主要农产品及产量有稻谷48.92万吨、水果5.87万吨、豆类0.6万吨、薯类0.79万吨、水产品2.62万吨。城镇居民人均可支配收入3.87万元,同比增长5.7%;农村居民人均可支配收入2.28万元,同比增长6.7%。城乡居民年末储蓄余额246.1亿元,同比增长16.96%。

【疫情防控】 2022年,全面落实"疫情要防住"重要要求,常态化抓好疫情防控各项工作,面对8月底突如其来的疫情,坚持"早发现、快处置、防外溢"工作原则,创新推出"片格点户"分区分类精准管控、点对点物流闭环管理等措施,仅12天就完成社会面清零,及时有序复工复产,得到国务院联防联控机制工作组肯定。科学精准把握疫情防控新形势,调整防控措施,全力"保健康、防重症",提升新冠病毒医疗救治能力,推动"新十条"优化防控措施落实,全县平稳度过感染高峰期,群众生产生活安全有序。

【曾清生获鲁迅文学奖】 8月25日,第八届鲁迅文学奖揭晓,江西省吉水籍作家曾清生(笔名江子)散文集《回乡记》获散文杂文奖,这是继陈世旭获第一届鲁迅文学奖后,时隔24年江西吉水籍作家再次获此殊荣,也是江西散文作品首次获鲁迅文学奖。鲁迅文学奖由中国作家协会主办,是国家级文学奖。2021年12月,散文集《回乡记》由广西师范大学出版社出版,内容以吉水县赣江以西地区的历史与现实为背景,全面记录农村发展进程。

【首届数字声光产业发展高峰论坛在吉水县举办】 12月19日,首届数字声光产业发展高峰论坛在吉水县举办,来自全国数字声光领域专家、学者和相关企业家260人参加。论坛上,广州大学教授彭妙颜以"数字声光产业现状与发展趋向"为主题,为与会人员讲授科普数字声光有关知识,提出可行性建议。吉水县委书记肖梓才,县委副书记、县长段恩雄共同为彭妙颜颁发吉水县数字声光产业学院名誉院长聘书。其间,集中签约11个数字声光产业项目。

主要领导 县委书记:肖梓才。县人大常委会主任:彭黎明。县长:段恩雄。县政协主席:胡传清。

(曾堃)

·泰和县·

【简　况】 位于江西省中部偏南,辖15个镇、6个乡、2个场。总面积2498.57平方千米。耕地面积4.99万公顷,林地面积16.42万公顷;森林覆盖率62.72%。户籍人口57.86万人,常住人口45.69万人,其中城镇人口21.47万人;人口自然同比增长率4‰。2022年,地区生产总值254.62亿元,同比增长4.9%。其中,第一产业增加值30.47亿元,同比增长4%;第二产业增加值125.31亿元,同比增长6.5%;第三产业增加值98.84亿元,同比增长3.2%。财政总收入32.2亿元,同比增长13.6%。税收收入25.5亿元,同比增长14.6%,占财政总收入的79.1%。一般公共预算收入16.7亿元,同比增长6.1%;一般公共预算支出49亿元,同比增长9.5%。规模以上工业企业实现主营业务收入316.3亿元,同比下降4%。固定资产投资131.57亿元,同比增长9.3%。实际利用内资86.39亿元,同比增长9.57%。外贸出口43.47亿元,同比增长14.09%。农业总产值62.5亿元,同比增长5.6%。粮食总产量49.07万吨。主要农产品及产量有蔬菜43万吨、出笼家禽1181.89万羽、出栏生猪63.2万头、出栏肉牛9万头、水产品2.86万吨。社会消费品零售总额77.73亿元,同比增长5.2%。城镇居民人均可支配收入3.84万元,同比增长5.6%;农村居民人均可支配收入2.09万元,同比增长7.1%。城乡居民年末储蓄余额299.86亿元,同比增长13.28%。

【G105国道改建工程建设】 该项目起于县城北南江村G105国道上,终于G105国道与G319国道交叉上田互通立交,路线长度为11.62千米。设计时速80千米,沥青混凝土路面,双向四车道一级公路,路基宽度25.5米。拆除原有2匝道立交桥,重建4

匝道立交桥，建设泰和北互通连接线0.51千米。项目总投资4.88亿元，其中上级补助资金1.61亿元。项目于2021年3月开工建设。项目设计单位为中交第一公路勘察设计研究院有限公司，监理单位为江西省公路工程监理有限公司，施工单位为青岛建工路桥集团，施工合同价3.06亿元。至12月底，路基土石方工程完成87%，底基层完成50.5%，盖板涵完成89%，圆管涵完成95%。盘龙大桥、上田立交桥、L3及L4集散车道桥箱梁预制与安装均全部完成，其中盘龙大桥、上田立交桥防撞护栏、混凝土桥面铺装全部完成，盘龙大桥桥面防水完成50%，L3集散车道桥箱梁安装全部完成，防撞护栏完成，横隔梁横隔板、湿接缝、负弯矩槽口完成，L4集散车道桥箱梁安装完成，横隔梁板、湿接缝、负弯矩槽口完成，跨线桥桩基、承台完成，下基层试验段摊铺完成200米，防护、排水工程完成49.2%。共完成投资2.93亿元。

【疫情防控】 9月22日，泰和县在常态化全员核酸检测中发现初筛阳性感染者1人，全县疫情防控“歼灭战”即时打响。该县将快速处置扑灭突发疫情作为全县首要工作任务，严格按照《新型冠状病毒肺炎防控方案(第九版)》疫情防控要求，坚持“以快制快”总战略，科学施策、精准发力，7天内实现社会面动态清零，22天内解除全面管控措施。将此轮突发疫情迅速“围住、封死、捞干、扑灭”。

主要领导 县委书记：孙英剑。县人大常委会主任：曾向荣。县长：杨艳晖(2023年5月12日，因涉嫌严重违纪违法，接受吉安市纪委市监委纪律审查和监察调查)。县政协主席：王志宏。

（刘捷）

·万安县·

【简 况】 位于江西省中南部，辖9个镇、7个乡、1个垦殖场。总面积2038.09平方千米，其中城区面积18.17平方千米。耕地面积2.4万公顷，有林面积14.98万公顷；森林覆盖率71.93%，城区绿化率42.03%。户籍人口31.56万人，常住人口24.12万人，其中城区人口11.16万人；人口自然增长率1.44‰。2022年，地区生产总值121.13亿元，同比增长5.5%。其中，第一产业增加值15.41亿元，同比增长4.8%；第二产业增加值44.22亿元，同比增长6.9%；第三产业增加值61.5亿元，同比增长4.6%。财政总收入18.19亿元，同比增长9.2%。税收占一般公共预算收入的66.6%。地方税收收入5.8亿元，同比下降0.1%。工业总产值133.1亿元，同比增长20.6%。规模以上工业增加值29.77亿元，占地区生产总值的24.57%。固定资产投资同比增长10.1%。外贸出口19.57亿元。实际利用省外项目资金56.07亿元，同比增长9.54%。主要工业产品有锂离子电池、服装、塑料制品、金属切削机床、电子元器件。农业总产值31.06亿元，同比增长5.4%。粮食总产量22.41万吨。主要农业产品有稻谷、油料、蔬菜、水果、生猪、水产品。城镇居民人均可支配收入3.50万元，同比增长4.9%；农村居民人均可支配收入1.59万元，同比增长8.8%。城乡居民年末储蓄余额169.98亿元，同比增长18.7%。

【赣江(万安)龙舟文化旅游节在万安县举行】 5月30日至6月3日，赣江(万安)龙舟文化旅游节在万安县举行。赣江(万安)龙舟文化旅游节由万安县委、县政府主办，韶口乡龙舟协会、百嘉镇龙舟协会承办，韶口乡、百嘉镇、五丰镇、窑头镇、罗塘乡、沙坪镇组建6支龙舟队伍参赛，每条龙舟参赛选手22人，其中，舵手1人，鼓手1人，划手20人。聘请专业裁判，设有6条赛道，每条赛道500米，采取2轮预赛、1轮排位赛、最后决赛比赛赛制。比赛分为“龙舟下水”“龙舟竞渡”“送神收龙”三部分，通过筹备、起龙、下水、练舟、赛前准备、比赛、收龙等仪式，生动诠释万安传统龙舟文化。经过角逐，韶口乡队获第1名，沙坪镇队获第2名，百嘉镇队获第3名。其间，开展龙舟祈福仪式、龙舟竞渡、“同编五彩绳”、水上飞人表演等10余项体验活动，央视综合频道、央视财经频道、央视中文国际亚洲频道、央视新闻频道和江西卫视、新华网、央广网、《江西日报》等媒体及时报道。

【电子信息产业】 万安县坚持“工业强县”首要战略，按照“产业化、生态化、集群化”发展思路，聚焦电子信息首位产业，推进“倍增工程”，提升集群效应，补齐产业短板，提高线路板产业集群竞争力。经园区申报、设区市初审、省工业和信息化厅材料复审、集中评审等环节，线路板产业被认定为省级培育产业集群。全年电子信息(线路板)产业集群投产企业89家，主营业务收入78.61亿元，利

5月30日至6月3日，赣江(万安)龙舟文化旅游节在万安县举行。图为6月2日龙舟竞赛现场

梁亮平供

润累计4.75亿元。12月9日,万安县电子信息(线路板)产业集群入选2022年度新增省级(培育、特色)产业集群名单。

主要领导　县委书记:陈海民。县人大常委会主任:胡影秋。县长:巫太明。县政协主席:郭慧娟。

(梁亮平　罗莺)

·遂川县·

【简　况】　位于江西省西南部,辖13个镇、10个乡、3个国有林场。总面积3101.19平方千米,其中城区面积23.46平方千米。耕地面积2.76万公顷,有林面积24.99万公顷;森林覆盖率79.11%,城区绿化率47.1%。户籍人口62.33万人,常住人口50.42万人,其中城镇人口21.81万人;人口自然增长率3.27‰。2022年,地区生产总值219.87亿元,同比增长5.3%。其中,第一产业增加值17.77亿元,同比增长4.7%;第二产业增加值97.86亿元,同比增长6.2%;第三产业增加值104.24亿元,同比增长4.6%。财政总收入24.31亿元,同比增长18.8%。税收收入20.51亿元,占财政总收入的84.39%。一般公共预算收入11.7亿元,同比增长7.8%;一般公共预算支出51.836亿元,同比增长7.3%。规模以上工业企业总产值304.4亿元,同比增长8.1%;规模以上工业增加值同比增长8.5%。固定资产投资同比增长9.8%。外贸出口19.74亿元。农业总产值35.52亿元,同比增长5.2%。粮食总产量25.86万吨。主要农产品及产量有油料8783吨、茶叶6312吨、水果7.61万吨、生猪出栏24.78万头。城镇居民人均可支配收入3.52万元,同比增长4.2%;农村居民人均可支配收入1.60万元,同比增长10.3%。金融机构人民币存款余额300.13亿元,同比增长12.26%。

【营商环境优化】　2022年,推进"一号改革工程",打造"一流营商环境",实施"营商环境大提升年"行动,率先在吉安市推行"营商专员"帮扶机制,在全国纳税人满意度调查中列江西省第1名、全国第41名。该县推进"一件事一次办""一网通办"改革,建立健全项目建设并联审批制,开展"新官不理旧账"专项治理、招标投标领域专项治理、营商环境领域腐败和作风问题专项治理行动。出台《深入推进营商环境优化升级"一号改革工程"暨2022年营商环境大提升年实施方案》《遂川县"营商专员"帮企工作方案》《帮助市场主体纾困解难政策40条》《稳经济发展政策50条》等政策,从"减、免、返、缓、降、加"6个方面着手,帮助市场主体纾困解难。全县尊商、亲商、安商发展环境优化,市场主体满意度提高,政务服务效能明显提升,市场环境公平有序,市场主体获得感增强。

【遂川县获"中国天然氧吧"称号】　11月10日,中国气象局公共气象服务中心发布《关于2022年中国天然氧吧评价结果的公示》,拟授予65个地区"中国天然氧吧"称号,遂川县榜上有名。该县位于罗霄山脉南段东麓,江西省西南边陲,地处2个省8个县交界处,是井冈山革命根据地重要组成部分。县境林地面积占辖区总面积的80.95%,属于亚热带山地常绿阔叶林森林生态系统。有脊椎动物426种、昆虫784种;已知高等植物3400余种,是江南重要植物基因库。万安彭门桥出境断面水质达到国家Ⅰ~Ⅱ类水质标准,万安白沂出境断面水质达到国家Ⅱ类水质标准。气候舒适,温和适宜,生态优良,资源丰富,负氧离子含量高。绿色生态旅游资源有江西省罗霄山大峡谷国家级森林公园,江西省遂川森林公园(省级),南风面国家级自然保护区和5个县级自然保护区,五斗江国家湿地公园和遂川江省级湿地公园,以及全球最美桃源梯田、大汾次原始森林、碧洲白水仙、营盘圩千年鸟道、狗牯脑茶山等景点。古色旅游资源有鄢溪古村、燕山书院、彭氏辉斗宗祠、雩溪宝塔等名胜景区。

【遂川县获国家生态文明建设示范区】　11月19日,生态环境部公布全国第六批106个生态文明建设示范区名单,遂川县入选全国第六批生态文明建设示范区。该县围绕最美梯田之乡、世界名茶之都、人民政权之源等旅游品牌,融合全县"六大富民产业",助推生态文明建设和产业转型升级,成为茶叶、金橘、油茶 、毛竹笋4类全国绿色食品原料标准化生产基地县。全县林地总面积24.67万公顷,交通干线绿化率100%,江、河及主要干渠绿化率92.45%。水质综合指数和PM2.5平均浓度居全省县(市、区)前10位,"五头"护水打造"河长制样板"入选全省深化改革典型案例。"千年鸟道"护鸟联盟改革列入国家生态文明试验区改革经验推广清单。推进国家重点生态功能区、"绿水青山就是金山银山"省级实践创新基地建设,创建江西省园林城市、森林城市、卫生城市和文明城市。先后获"中国绿色名县""全国生态文明先进县""首届江西十佳绿色生态县""首批江西省省级生态县""全省生态文明建设十佳县"等称号。营盘圩千年鸟道鸟类环志保护站入选全省生态文明示范基地。遂川县作为江西省首批省级生态县,共创国家级生态乡镇10个、国家级生态村1个、省级生态乡镇19个、省级生态村19个。

主要领导　县委书记:张智萍(任至4月)、胡承国(10月任)。县人大常委会主任:刘远生。县长:胡承国(任至9月)、罗刚(12月任)。县政协主席:黄书华。

(张春艳)

·安福县·

【简　况】　位于江西省中西部,辖8个镇、11个乡。总面积2793.78平方千米,其中城区面积18.5平方千米。耕地面积4.18万公顷,森林覆盖率70.58%。户籍人口41.82万人,常住人口31.86万人,其中城镇人口15.20万人;人口自然增长率0.64‰。2022年,地区生产总值210.9亿元,同比增长6.1%。其中,第一产业增加值23.7亿元,同比增长4.1%;第二产业增加值97.6亿元,同比增长7.2%;第三产业增加值89.6亿元,同比增长5.5%。财政总收入23.81亿元,同比下降1.4%。一般公共财政预算收入11.69亿元;地方税收收入

7.44亿元,占财政总收入的31.2%。地方财政支出38.13亿元,同比下降6.3%。工业总产值293.97亿元,同比增长7.6%。规模以上工业增加值增长9.2%。固定资产投资同比增长10.1%。实际利用外资1.06亿美元,同比增长12.2%;利用省外项目资金68.38亿元,同比增长9.59%。主要工业产品及产量有水泥123.23万吨、商品混凝土26.97万立方米、液压元件84.3万件、电子元器件7091.0万只、鞋1068.6万双。农业总产值46.98亿元。粮食总产量33.2万吨。主要农产品及产量有稻谷32.4万吨、蔬菜20.7万吨、肉类7.5万吨、油料2.2万吨、水果3.3万吨。城镇居民人均可支配收入3.77万元,同比增长5%;农村居民人均可支配收入2.06万元,同比增长6.5%。全社会消费品零售总额60.99亿元,同比增长6.3%。金融机构年末存款298.22亿元,同比增长17.9%;各项贷款213.35亿元,同比增长17.54%。

【经济建设】 2022年,推进97个重点项目建设,38个项目竣工,6个省重点项目建设超序时进度,55个市重点项目成效评估位居全市前列,带动固定资产投资同比增长10.1%。强化项目要素保障,解决项目建设林地指标180公顷,用地指标153.33公顷,争取专项债券、中央预算资金、政策性开发性金融工具等38亿元,创历史新高。引进居然之家等商贸龙头,改造高品质夜市经济街区2个,建设乡镇商贸中心4个,新增入统商贸企业34家,城乡消费层次大幅提升。完善新型消费场景,举办线上线下大型促销活动33场,发放消费券500万元,拉动消费1.8亿元。出台促进房地产业良性循环和健康发展"15条措施",推行"交房即交证",房地产市场企稳向好。

【城乡融合发展】 2022年,高标准推进城北西片区建设,泸水河北岸生态修复工程、石溪绿道等项目相继竣工。城区路网及道路微循环建设提速,县城四向出入口改造升级,内畅外联格局基本形成。推进"三年再现三千年"项目建设,开展城区"治乱"行动和自建房安全隐患排查整治。5个美丽乡村精品点和128个基础点建设全面铺开,13家高品质乡村民宿亮点纷呈,获全省"美丽活力乡村+乡宿"联动建设先行县。开展农村人居环境整治提升5年行动,超额完成农村改厕任务,村庄长效管护机制有序运行,城乡供水一体化加快推进。抓好中央和省生态环保督察反馈问题整改,推进"双碳"行动,完成造林面积0.22万公顷;PM2.5年均浓度降至23微克/立方米,空气质量优良率94.5%,超额完成年度目标;出境断面水质、集中式饮用水源地水质达标率、水环境质量目标完成率100%,生态环境质量持续向好。

【民生工程建设】 2022年,宜遂高速及武功山南互通连接线建成通车,G220山庄至寮塘、S224章庄至羊狮慕公路改建工程全面开工。完成锦绣花园等7个老旧小区改造,涉及1887户、18.87万平方米,棚改工作连续3年获省级激励支持。发放创业担保贷款2.55亿元,新增城镇就业3801人,新增转移农村劳动力7162人,超额完成全年目标任务。聚焦群众急难愁盼民生问题,新改扩建学校11所,新增学位400个,幼儿园园位1050个;完成县托育中心建设,新增托幼位100个;建成农村互助养老之家218个,覆盖85%以上行政村,推进9所乡镇敬老院新建和改造提升工程,新增养老机构护理床位400张;新建停车场3个,增加车位450个;新建城区公厕4座,完成农村改厕7194座。全年民生方面支出29.74亿元,占一般公共预算支出的78%。

主要领导 县委书记:毛江虎。县人大常委会主任:童熙平。县长:华桦。县政协主席:罗德才。

(刘武文)

·永新县·

【简　况】 位于江西省西部,辖10个镇、13个乡、1个街道办事处、2个场(七溪岭林场、垦殖场)。总面积2181平方千米。耕地面积3.09万公顷,有林面积15.1万公顷;森林覆盖率65.5%。户籍人口52.24万人,常住人口38.32万人,其中城镇人口20.25万人;人口自然增长率1.89‰。2022年,地区生产总值146.58亿元,同比增长5.7%。其中,第一产业增加值19.56亿元,同比增长4.7%;第二产业增加值40.82亿元,同比增长7.1%;第三产业增加值86.2亿元,同比增长5.3%。财政总收入19.97亿元,同比增长29.1%。一般公共财政预算收入8.7亿元,同比增长9.6%;一般公共财政预算支出44.46亿元,同比增长11.2%。规模工业总产值164.02亿元,同比增长12%;规模工业主营业务收入160.17亿元,同比增长11.2%;规模工业增加值同比增长9.1%。固定资产投资96.1亿元,同比增长9.4%。实际利用外资5907万美元,同比增长13%;实际利用省外项目资金59.24亿元,同比增长9.53%。主要工业产品及产量有轻革934.57万平方米、锂离子电池1.08亿只、化学试剂4.20万吨、棉布1850.19万米、铜材15.42万吨。农业总产值39.8亿元,同比增长5.25%。粮食总产量28.30万吨,同比下降1.7%。主要农产品及产量有油料2.48亿吨、水果1.11亿吨、水产品1.92亿吨、肉类2.87亿吨。城镇居民人均可支配收入3.23万元,同比增长5.5%;农村居民人均可支配收入1.54万元,同比增长8.9%。城乡居民年末储蓄存款余额244.58亿元,同比增长14.94%。

【双"一号工程"】 2022年,抓好双"一号工程",推动高质量发展。推进营商环境"一号改革工程",实施"新官不理旧账"等八大专项治理行动,开展"面对面解难题""千名干部进万企"等活动,优化营商环境,新增市场主体4333户。开展"园区工作日""企业家早餐会"活动,落实惠企政策,设立惠企资金兑现"直通车",兑现惠企资金4.9亿元。推进数字经济"一号发展工程",聚焦电子信息产业,建设智能装备产业园,运营数字经济产业园,全县电子信息产业主营业务收入突破100亿元。发展超纤复合新材料产业,推进占地面积53.33公顷超纤新材料产业园和巨联新材料、路联新材料等"5020"项目开工建设,提升格林超纤、巨联环保产能,新材料产业主营业务收入突破60亿元。推动"老树发新枝"项目,投资50亿元实施技改项目34个,雄屹、新望等一批传统企业扩能增效。完善园区配套,新建标准厂房30万平方米,盘活闲置土地面积12公顷,化工集中区风险等级达D级标准,永新县工业开发区获评省级开发区综合先进单位。

【华能永新清洁能源百亿元项目签约暨开工仪式在永新县举行】 7月26日,华能永新清洁能源百亿元项目签约暨开工仪式在永新县举行。吉安市委常委、副市长漆海云出席并下达开工令。县委书记郑军平致辞,县委副书记、县长古秋云主持,华能江西分公司执行董事、党委书记张建林介绍项目情况,县领导杨小成、王俊峰、周日红、周建忠、肖莺华、游文亮、刘怡莉、肖永、范晓鸣、彭燕清等出席。仪式上,肖莺华代表永新县人民政府与华能井冈山电厂进行签约。项目开发建设总容量55.5万千瓦光伏发电、120万千瓦抽水蓄能等清洁能源,总装机超2亿千瓦,总投资120亿元。建成投产后年纳税1.75亿元,年发电量20亿千瓦时。

【民生工程建设】 2022年,加大民生投入,实施教育、医疗、农村公路等重点民生项目65个,民生支出占一般公共预算支出的80%。实施就业"促进工程",新增城镇就业3846人,转移农村劳动力9860人。扩大城乡养老覆盖面,改造提升农村养老服务中心,建成农村互助之家202个;坚持教育优先,新改扩建学校和幼儿园30所,新增学位2500余个,完成校园安防提升改造83所;提升医疗服务能力,县精神病医院整体搬迁,推进县人民医院、县中医院改扩建,提升改造乡镇卫生院13所;实施县乡村道路改扩建,创建"四好农村路"省级示范县;打好污染防治攻坚战,全年PM2.5平均浓度22微克/立方米,优良天数比例达96.8%,城区集中式饮用水源水质100%达标;提升市域社会治理现代化水平,建成智能安防小区46个,启动农村"雪亮工程"扩面达标建设,安全生产和信访工作总体平稳。

7月26日,华能永新清洁能源百亿元项目签约暨开工仪式在永新县举行

金永红供

【城乡建设】 2022年,实施城市更新,推进大美秀水三期、雨污管网建设等城市功能与品质提升项目46个,新增停车位400余个,完成老旧小区和棚户区改造4380户,列入首批城市更新省级试点,获江西省城市功能与品质提升考核先进县。推进县城新区建设,完成征地面积45.47公顷,拆迁1.7万平方米,建设城市道路17.8千米,推进长征学院(县委党校)、商会大厦、新区医院等项目建设。实施美丽乡村建设,推进农村人居环境整治、"两水"共治和"厕所革命",新建乡镇集镇污水处理设施8个,改造提升户厕公厕3292座。

主要领导 县委书记:郑军平。县人大常委会主任:周日红。县长:古秋云。县政协主席:周建忠。

(金永红)

抚州市

【概　况】 位于江西省东部,辖9个县、2个区和抚州国家级高新技术开发区、东临新区。总面积1.88万平方千米,其中城区面积112.93平方千米。耕地面积29.66万公顷,有林面积112.92万公顷;森林覆盖率67.2%,城区绿化率50.4%。户籍人口430.9万人,常住人口357.9万人,其中城镇人口209.67万人;人口自然增长率2.18‰。2022年,地区生产总值1945.62亿元,同比增长5%。其中,第一产业增加值241.66亿元,同比增长3.3%;第二产业增加值766.83亿元,同比增长5.9%;第三产业增加值937.13亿元,同比增长4.8%。财政总收入249.37亿元,同比增长2.41%;人均6967元。税收占财政总收入的80.24%。地方财政收入136.42亿元,同比增长3.45%;地方财政支出534.75亿元,同比增长3.45%。工业增加值555.89亿元,同比增长6.2%,占地区生产总值的28.57%。规模以上工业增加值增速8.5%。固定资产投资额同比增长8.3%。实际利用外商投资0.6亿美元,同比增长123.2%。进出口总值284.18亿元,同比增长32.6%。其中,出口267.34亿元,同比增长35.1%;进口16.84亿元,同比增长2.4%。主要工业产品及产量有铜材112.94万吨、饲料24.97万吨、塑料制品11.64万吨、人造板133.34万立方米、铝合金0.15万吨。农业总产值422.06亿元,同比增长3.83%。粮食总产量258.49万吨。主要农产品及产量有油料作物7.41万吨、水果158.36万吨、茶叶0.25万吨、肉类36.35万吨、水产品18.87万吨。城镇居民人均可支配收入4.13万元,同比增长4.8%;农村居民人均可支配收入2.04万元,同比增长6.8%。城乡居民年末储蓄余额3171.97亿元,同比增长13.45%。

【强攻工业】 围绕工业企业高质量

发展、产业更加聚焦目标,市本级实施“2+4”产业结构布局,发展壮大“两大优势产业”,即新能源汽车及零部件、有色金属精深加工;培植“四大新兴产业”,即现代信息、新能源新材料、生物医药、绿色农林产品深加工。全年引进20亿元以上工业项目35个,为全市工业经济发展提供支撑。新能源汽车、新材料产品对全市工业增加值增速的贡献率达50%。全市营业收入超百亿元的企业共3家。推动各县区“1首位+1主导”产业崛起,克服县区工业主导产业聚焦不够的问题,推进企业提质增效“10%工作法”,助力企业技改创新,释放内生动能。招大引强、补链强链,完善上下游产业链配套,促进产业集聚。

【促进农林业发展】　实施农业“百亿产业、十亿企业”龙头引领工程,以农产品精深加工促进一、二、三产业高质量融合发展。抚州大健康食品产业示范园等项目开工建设,临川“日产30万包食用菌工厂化种植及深加工”等项目建成投产。克服旱灾影响,粮食产量保持稳定。创新推行国有企业寄养代养能繁母猪模式,生猪产能稳中有升。开展蔬菜产业发展行动,新增设施蔬菜大棚0.43万公顷。冬闲田利用率超过50%。承办全省数字农业产业发展大会,实施“互联网+”农产品出村进城工程,推进广昌、崇仁全省数字乡村试点,建成“5G+长效管护”“5G+慧管田”、农村“三资”监管等大数据管理平台。探索推进全国林业改革发展综合试点,开展林业“千万资源变千亿产值”行动。颁发全国首张林下经济收益权证,完成全国首单远期林业碳汇收益权质押贷款。

【推进“放管服”改革】　深化“一门、一窗、一网、一次、一链、一号”六项改革,形成“大厅办、网上办、掌上办、就近办、自助办、热线办”六种渠道相互融合的政务服务新体系,唱响“抚务周到”政务服务品牌。抚州市政务服务“好评”满意度达99.99%,12345政务服务热线满意率位居全省第一。推动“赣服通”和江西政务服务网抚州分厅迭代升级,2677个高频事项网上可办,惠企政策兑付时限压缩到2个工作日,推动91个行政许可事项实现集成办理,网上采购中介服务项目占全省的34%,建设项目审批系统实现“零材料全网办”,完成市、县377种证照电子化,用证数达260万次,建设政务服务数字化地图,为企业和群众提供最清晰办事指引。推进“全市域通办”改革,通用综合窗口在市县乡三级全覆盖。2022年度抚州市政务服务指标在全省营商环境第三方评价中居全省第2名。

【抚州市获评国家历史文化名城】　1月11日,国务院批复同意将抚州市列为国家历史文化名城。抚州市成为全国第139个、江西省第5个国家历史文化名城。2018年,抚州市启动国家历史文化名城的申报工作。2020年,通过专家组评估。抚州市拥有乐安傩舞、南丰跳傩、黎川舞白狮、宜黄禾杠舞、广昌孟戏、宜黄戏、抚州采茶戏等国家级非物质文化遗产项目和抚河千金陂“世界灌溉工程遗产”。

主要领导　市委书记:夏文勇。市人大常委会主任:王宏安。市长:高世文。市政协主席:贺喜灿。

（吴根茂　周樱）

·临川区·

【简　况】　位于江西省东部,辖17个镇、6个乡、1个垦殖场、5个街道办事处、1经济开发区和昌抚合作示范区。总面积2125.54平方千米,其中建成区面积109.17平方千米。耕地面积6.11万公顷,森林覆盖率46.3%。总人口110.79万人,其中城镇人口68.61万人,农村人口42.18万人;城镇化率61.93%,人口自然增长率0.52‰。2022年,地区生产总值598.1亿元,同比增长5%。其中,第一产业增加值56.3亿元,同比增长3.6%;第二产业增加值284.2亿元,同比增长5.3%;第三产业增加值257.6亿元,同比增长5%。规模以上工业总产值355.1亿元,同比增长7.8%;规模以上工业增加值增长9.1%。财政总收入30.55亿元,同比增长0.3%;税收26.56亿元,占财政总收入的86.9%;一般公共预算收入15.43亿元,同比增长4.7%;一般公共预算支出60.86亿元,同比增长4.3%。固定资产投资同比增长8.3%;社会消费品零售总额162.4亿元,同比增长5.4%;累计出口总值23.6亿元,同比增长24.5%。主要工业产品及产量有水泥98.24万吨、精炼铜13.09万吨、人造板15.55万立方米、农药0.14万吨、饲料9.95万吨。农业总产值79.1亿元,同比增长4.3%。粮食总产量59.1万吨。主要农产品及产量有西瓜12.9万吨、生猪出栏44.5万头、肉牛出栏0.96万头、家禽出笼613.2万羽。城镇居民人均可支配收入5.16万元,同比增长5.1%;农村居民人均纯收入2.53万元,同比增长6.8%。

【扩大内需】　全年安排重大重点项目95个,累计完成投资221亿元,同比增长30%。争取上级各类资金25.9亿元。全年组织各类促消费活动60余场,带动销售额2.8亿元;发放电子消费券693万元,带动直接消费7500万元。承办抚州市旅游产业发展大会,组织国潮非遗夏令营、玉茗花艺术节展演等特色文旅活动20场,临汝书院获批国家AAAA级景区。落实中央、省、市助企纾困一揽子政策,梳理区本级惠企政策222条,兑现惠企金额6.29亿元,惠及企业264户;为47家中小微企业发放流动资金贷款2.6亿元;为31家服务业小微企业、705家个体工商户分别减免租金161.21万元、321.68万元;兑现“不停工不停产”奖补资金400余万元;全年新增各类市场主体1.24万户,同比增长19.3%,新增注册资本110.97亿元。

【发展实体经济】　新引进投资金额3亿元以上项目45个,居全市第一。其中,信息企业15家;临川经济开发区新入驻企业11家,年新增产值51亿元;自立环保年主营收入109亿元。引进江粮集团等一批农业精深加工引领性企业,新增省级龙头企业2家。培育省级以上示范合作社16家、省级示范家庭农场16家,345个行政村年经营性收入全部超过10万元。建设开通5G基站1462个,

5G汇聚机房62个。4家企业获评“省级两化融合示范企业”,3家企业获评省级物联网示范基地。新增入统建筑企业11家,建筑业产值436.94亿元;新建装配式建筑面积21.73万平方米。新增11家高新技术企业,入库科技型中小企业88家,2家企业获批(潜在)瞪羚企业。与南昌大学、东华理工大学分别合作共建产业技术研究院,获批省级“众创空间”1家、省级绿色技术创新企业1家。

【推进民生实事】 2022年,高标准规划延陵路历史文化街区,启动上顿渡城南片区城市规划设计,配合推进东华理工大学新校区建设。实施城市功能与品质再提升十大行动,启动粮食局片区棚改安置小区、上顿渡东区农贸市场、应急医疗救助体系等项目建设。完成上顿渡城区老旧小区改造5个748户,配合改造市中心城区老旧小区76个7659户。完成农村危旧房拆除38.6万平方米,拆改公用旱厕600座、新改建户厕6275座,城镇新增就业5067人,新增转移农村劳动力8444人。完成农村校舍改扩建9124平方米,新增公办幼儿园3所,新改扩建中小学32所,临川一中、临川二中老校区如期改造完工并重新投入办学,东区学校建设加快推进,增加学位8500个。临川旅游商贸中等专业学校升级A档中职学校。全年引进100名高素质教育人才。区第一人民医院与南昌大学第二附属医院建立医联体合作关系。布局居家和社区养老点276个,推动建设乡镇区域性居家养老服务中心4个,每千人口拥有3周岁以下婴幼儿托位数3.05个。实施文化惠民工程,区图书馆、区文化馆、区大剧院全面开放,临川方志馆建成开馆,李井泉故居和许瑞芳烈士故居修缮完工。

主要领导 区委书记:董东明。区人大常委会主任:王筱雄。区长:李群彪。区政协主席:孔滨兵(2023年10月19日,因涉嫌严重违法违纪、接受抚州市纪委市监委纪律审查和监察调查)。

(魏会华 肖玲芬 黄川)

·南城县·

【简 况】 位于江西省东部,辖10个镇、2个乡。总面积1713平方千米,其中城区建成面积16.9平方千米。耕地面积2.14万公顷,林地面积12.26万公顷;森林覆盖率65.2%,城区绿化率65.1%。总人口28.14万人,其中城镇人口18.05万人;人口自然增长率2.8‰。2022年,地区生产总值189.31亿元,同比增长4.5%。其中,第一产业增加值20.2亿元,同比增长3.4%;第二产业增加值70.73亿元,同比增长3.3%;第三产业增加值98.38亿元,同比增长5.6%。财政总收入21.91亿元,同比增长10.2%。地方财政收入10.79亿元,同比增长4.3%;地方财政支出40.42亿元,同比增长14.98%。工业总产值204.58亿元,同比增长-11.29%。规模以上工业增加值43.09亿元,同比增长1.2%。固定资产投资同比增长8.4%。社会消费品零售总额50.25亿元,同比增长5.2%;实际利用外资5316万美元,同比增长8.2%;出口总额5.42亿美元,同比增长42.3%。主要工业产品及产量有水泥141.24万吨。农业总产值34.88亿元,同比增长4%。粮食总产量25.32万吨。主要农产品及产量有水产品4.38万吨、水果9.97万吨、柑橘7.04万吨、稻谷24.88万吨、家禽711万羽、禽蛋2.20万吨、生猪出栏25.81万头。城镇居民人均可支配收入4.41万元,同比增长4.96%;农村居民人均可支配收入2.30万元,同比增长6.67%。城乡居民年末储蓄余额179.8亿元,同比增长19%。

【校具产业】 2022年,南城校具产业实现由零散作坊式经营向规模集团式、产供销集约式、财政收入龙头式转变。校具企业350家,固定资产投入100多亿元,解决就业人员3万余人,实现营业收入178亿元,税利10.8亿元。引进洛克科技有限公司,成立南城洛克设计中心,帮助校具企业进行工业产品的创新设计,首批创新设计的10款标杆校具投放市场,“新型公寓床”获第五届江西省“天工杯”工业设计大赛优秀奖。传统木质校具被现代科技产品取代,产品包括钢木实木课桌椅、阶梯课桌椅、塑料软座椅、排椅等12个系列60余个品种,实现“客户需要什么,我就生产什么”的经营模式。产品从教室、阅览室、公寓走进高档会议室、档案室等场所。同时,企业联姻,以销订产,化解购销矛盾,为企业解决后顾之忧。引进的江西第一枪信息技术有限公司,利用网络技术实现线上线下销售,有效降低营销成本,引进体育器材、AR、VR及教育装备等关联项目,助力延伸产业链。

【数字经济】 抢抓数字经济发展新机遇,以数字产业化、产业数字化为主线,加速培育发展新技术、新业态、新模式,深入推进数字经济“一号发展工程”。编制《南城县电子信息产业规划》,新建40万平方米标准厂房,发展集成电路、通信设备、光电子器件、电子元器件产品等新兴产业,促进数字产业从无到有,渐成规模。先后引进鼎华芯泰IC载板和陶瓷基板项目、锐凯科技芯片封测项目、星驰科技短焦投影智能显示项目、国凌电子、芯光微电子、杰创半导体等一批数字化企业,加速构建“板、芯、屏”现代电子信息产业体系,项目投资总额达185.21亿元。

【招才引智】 按照“人才+项目+技术+资金”模式,聘请知名专家学者为政府科技顾问,搭建院士专家合作平台,探索产才融合新路径;打造引育留用强磁场,以人才引领激发创新活力,促进产业转型升级。2022年,全县组织策划各类招才引智活动13场次,引进高层次技术、管理人才87人;同善堂药业、旭日鸿宇等51家重点企业分别与武汉大学、中国中医科学院、南昌大学等院校及科研单位建立技术协作关系,达成各类合作项目36项;聘请5名研究员、博士为县政府科技顾问,34名专家教授及专业技术人员服务于水产、食品、中医药等行业企业。以联益电子、迈赛特电子等企业研发团队为主,组建电子信息科研发展中心;以百神昌诺、广明集团、建昌帮药业等企业为主,组建中医药研发中心;以“洛克”科技为主,组建校具开发研发中心。至年底，南城县拥有国家高新技术企业51家，新增4个省级以上企业技术中心、工程技术研究中心、工程实验室、众创空间，完成8项省市级科技成果鉴定，启动64个“县校共建”“智力共建”项目。

主要领导 县委书记：彭银贵。县人大常委会主任：章燕萍。县长：颜萍。县政协主席：黄晓俊。

（吴云华）

·黎川县·

【简　况】 位于江西省中部偏东，辖7个镇、8个乡。总面积1709平方千米，其中城区面积14.74平方千米。耕地面积2.21万公顷，林地面积13.1万公倾；森林覆盖率73.29%，城区绿地率42%。总人口20.17万人，其中城镇人口12.26万人。2022年，地区生产总值106.27亿元，同比增长5.1%。其中，第一产业增加值12.89亿元，同比增长3.3%；第二产业增加值38.32亿元，同比增长6.7%；第三产业增加值55.06亿元，同比增长4.4%。财政总收入15.11亿元，同比增长12.3%。税收占财政总收入的83.2%。一般公共预算收入7.82亿元，同比增长10.4%；一般公共预算支出30.29亿元，同比增长0.5%。规模以上工业增加值同比增长9.2%。主要工业品有陶瓷、家具等，年产值分别为13.76亿元、1.85亿元。农业总产值23.2亿元，同比增长3.92%。粮食总产量14.95万吨。主要农产品及产量有食用菌种植0.87万吨、生猪出栏11.6万头、生猪存栏5.8万头、家禽出笼665.6万羽、家禽存笼185.6万羽。全年固定资产投资同比增长8%。社会消费品零售总额32.68亿元，同比增长6%。城镇居民人均可支配收入3.60万元，农村居民人均可支配收入1.89万元，分别同比增长4.1%和6.4%。城乡居民年末储蓄余额116.7亿元，同比增长18.5%。

【改革创新】 推进双“一号工程”，“放管服”改革实现162个服务事项“跨省通办”，483个高频事项“省内通办”，1911个依申请事项“全程网办”，创新开设陶瓷“全产业链审批服务专窗”，搭建“黎事好协商”“黎商夜谈”政企沟通平台，设立优化法治营商环境服务中心暨客商调解中心。入选全省营商环境创新试点县，县工商联获评全国“五好”标杆县级工商联；数字经济发展步伐加快，新增数字化车间和智能工厂18个，省级“两化”融合示范企业及省级农业物联网示范基地6家。国资国企改革三年行动主体任务基本完成，“交房即交证”改革落地实施，林权宗地处理做法和“党建+社会救助+点餐式”帮扶模式分别被自然资源部、民政部作为典型案例推广。新增国家高新技术企业3家，获批省“双千计划”人才项目3个，东华理工大学黎川产业技术研究院获评省级培育新型研发机构，全县R&D指数达1.29%，比上年提高0.13个百分点。

【城乡融合】 启动实施城市基础设施补短板项目，人民新路完成风貌改造，小西关片区、边贸市场宿舍等老旧小区改造有序推进，开展创国卫“七大专项整治提升行动”“九大重点项目”，城市形象和功能进一步提升。巩固拓展脱贫攻坚成果同乡村振兴衔接，落实兜底保障、防返贫监测等机制，守住不发生规模性返贫的底线。烤烟、胭脂柚、食用菌、香榧、白茶等特色农业加快发展，烟叶均价创历史新高，全省优质核心烟区地位更加巩固，德胜镇（鹿茸菇）入选全国“一村一品”示范村镇，黎川白茶登上年度中国品牌价值评价榜。新增中国传统村落4个、省级卫生乡镇5个，获评全省城乡供水一体化先行建设县。生态优势持续巩固，污染防治攻坚战深入推进，新增省级森林乡村4个、省级乡村森林公园1个，获评中国天然氧吧、全国节水型社会建设达标县。

【社会事业】 全年民生支出占财政总支出的80.1%，实施涉及群众切身利益的民生实事51件。社会保障体系不断完善，城镇新增就业2121人，转移农村劳动力4542人，零就业家庭动态清零，城乡居民社会养老保险和医疗保险参保率稳步提升。公共服务持续优化，第三幼儿园、三小附属幼儿园全面建成，龙安小学、宏村中学等5个乡镇中小学校提升改造基本完成；14个“童心港湾”投入使用；医疗物资储备、分级诊疗设置等疫情防控措施全面落实，农村地区疫情形势平稳，用最小代价实现最大防控成果；妇幼保健计生服务中心、乡镇卫生院提升改造等项目有序推进；“黎民事码上办”便民服务智慧信息平台上线运行；邻里中心“社区+养老”标准化项目建成投入使用，潭溪乡新庄村“党建+养老服务”创新模式得到上级肯定。扫黑除恶斗争常态化开展，建成智慧合成作战中心，部督“9·24”专案总结技战法获公安部贺电表彰，“三非”治理工作经验得到省委“三非”外国人治理工作领导小组肯定。

主要领导 县委书记：郑锦锋。县人大常委会主任：章军华。县长：万国辉。县政协主席：尧晓孙。

（过印光）

·南丰县·

【简　况】 位于江西省东部，辖7个镇、5个乡、1个场。总面积1920平方千米，其中耕地面积1.34万公顷，林地面积10.29万公顷，森林覆盖率78.22%。总人口31.21万人，其中城镇人口13.58万人；人口自然增长率4.68‰。2022年，地区生产总值177.97亿元，同比增长5.1%。其中，第一产业增加值37.81亿元，同比增长3.6%；第二产业增加值46.58亿元，同比增长6.3%；第三产业增加值93.58亿元，同比增长5.1%。财政总收入15.58亿元，同比增长7.1%，税收占财政总收入的78.46%；地方财政收入8.62亿元，同比增长2.6%；地方财政支出35.54亿元，同比增长15.9%。规模以上工业总产值83.18亿元，同比增长13.4%；规模以上工业企业增加值同比增长8.8%，占地区生产总值的11.17%。外贸出口总值15.31亿元，外贸出口占地区生产总值的8.6%。固定资产投资同比增长8.8%，实际利用外商投资2390万美元。主要工业产品及产量有商品混凝土34.77万立方米、塑料制品

2.91万吨、饮料酒1731.7万升、竹地板25.66万平方米。农业总产值69.12亿元,同比增长4.31%。粮食总产量7.67万吨。主要农产品及产量有南丰蜜橘118万吨、蔬菜16.6万吨、西瓜5.11万吨、生猪出栏12.36万头。城镇居民人均可支配收入4.14万元,同比增长4.87%;农村居民人均可支配收入2.91万元,同比增长6.07%。城乡居民年末储蓄余额140.62亿元,同比增长15.2%。社会消费品零售总额41.2亿元,同比增长5.9%。

【数字经济和优化营商环境】 新签约数字经济项目17个,引进核心产业企业6家。建立以天翼云为数字底座的“橘都云”大数据中心,搭建工业“亩产效益”综合评价系统大数据平台,新增企业上云467家,众创基地电子产业园获评市级数字经济产业集聚区。紫霄镇藕塘村数字乡村云平台投入运营,获评全省村级数字乡村优秀综合应用场景。落实稳经济一揽子政策和接续措施,开展惠企书记直通车、政银企对接会、政企半月谈、重点企业“一对一”帮扶等沟通协调机制,建立惠企政策资金池,实现惠企政策兑现“免申即享”“即申即享”网上办,办理留抵退税6159万元,“财园信贷通”贷款余额1.82亿元,“惠农信贷通”发放6亿元。

【蜜橘产业】 2022年,制定《蜜橘产业高质量发展2022年度行动方案》,以建设生态园、精品园和小康园为抓手,引领南丰蜜橘产业高质量发展。出台系列扶持措施,保障优质苗木供应,调整种植结构,加强科研服务,开展技术推广培训,指导橘农恢复重建蜜橘生产规模近2666公顷。扩建南丰县无病毒柑橘良种繁育基地,新建育苗网室6座,繁育出圃南丰蜜橘、蜜广、红美人等柑橘优质苗木90多万株。坚持适地适栽原则,优化柑橘种植布局,主要种植品种有南丰蜜橘、蜜广、红美人等。引进实施主体8家,流转橘园580公顷,完成高标准示范园建设,升级栽培模式;建设生态园、精品园、小康园168个,面积1840公顷,精品蜜橘量稳价升,单价最高达4元/千克。利用进村入户、线上答疑、直播等方式开展技术培训,全年培训精品园主、柑橘技术员、橘农约6000人次。融合蜜橘加工产业,启动万名橘商南归筑巢工程,改建成立南丰县蜜橘产业发展促进会,完成“个转企”41家、“企升规”1家。4月,中国农技协江西南丰蜜橘科技小院入选“3·5”学雷锋助春耕全国农技协科技志愿服务联合行动优秀组织单位名单。年底,县柑橘种植面积恢复至2.87万公顷。其中,南丰蜜橘、蜜广面积2.11万公顷,金秋砂糖橘3466公顷,红美人1200公顷,脐橙200公顷,其他柑橘2733公顷。受干旱和疫情双重影响,全年柑橘总产、产值大幅下降,总产约27万吨,柑橘总产值9亿元。

【乡村振兴】 采取“政府主导、县聘村用、公益自愿”的方式,将优秀企业家、退休领导干部、专业技术人员、返乡创业能人、赣鄱乡村好青年、在外优秀人才等人才群体聘请为“特聘村主任”,发挥“特聘村主任”宣传推介家乡、参与乡村基层治理、搭建村级致富平台、提供智力支持等作用。年底,全县120名“特聘村主任”引进项目30个,资金7303万元,带动和转移农村剩余劳动力2432人次,为村级集体经济增收383万元。

主要领导 县委书记:叶峰。县人大常委会主任:段云来。县长:张沥泉。县政协主席:邓军。

(谢红英　曾而琪)

·崇仁县·

【简　况】 位于江西省中部偏东,辖7个镇、8个乡。总面积1520平方千米。耕地面积2.6万公顷,林地面积9.89公顷,森林覆盖率63.1%。2022年,地区生产总值163.17亿元,同比增长4.9%。其中,第一产业增加值30.36亿元,同比增长2.9%;第二产业增加值56.95亿元,同比增长6.6%;第三产业增加值75.86亿元,同比增长4.6%。一般公共预算收入8.31亿元,同比减少2.9%。规模以上工业增加值同比增长8.8%。工业用电量2.24亿千瓦时,同比增长11.28%。外贸出口19.24亿元,固定资产投资同比增长7.8%,实际利用外资4151万美元。主要工业产品及产量有互感器3.24万台、变压器1034.7万千伏安、服装605.6万件、铜材3.06万吨、纸制品18.48万吨。农业总产值51.28亿元。粮食总产量26.37万吨。主要农业产品及产量有麻鸡出栏8850万羽、油料2.13万吨、蔬菜20.87万吨、烟叶386吨。城镇居民人均可支配收入3.78万元,同比增长4.7%;农民人均可支配收入2.42万元,同比增长6.6%。金融机构年末储蓄余额205.49亿元,同比增长17.96%。社会消费品零售总额157.70亿元,同比增长16.41%。

【崇仁麻鸡入选国家农业品牌精品培育计划】 10月,崇仁麻鸡入选农业农村部75个农业品牌精品培育计划。麻鸡产业为崇仁农业主导产业,为加快崇仁麻鸡产业发展,崇仁县出台《关于加快推进崇仁麻鸡产业高质量发展的实施意见》等一系列扶持和保护政策,每年安排专项资金200万元,组建由江西农业大学、南昌大学、省农科院等院校专家组成的崇仁麻鸡科技特派团。2018年起,每年在央视综合频道进行宣传推广,每两年举办一届崇仁麻鸡美食文化旅游节。2019年10月,承办由国家肉鸡产业体系主办的崇仁麻鸡产业发展高峰论坛。崇仁麻鸡产业共有农业产业化国家级重点龙头企业1家、省级1家,麻鸡专业合作社22家,其中国家级示范合作社1家、省级2家,带动农户2000多户,2万余人从事麻鸡产业。2021年12月13日入选中国第二批特色农产品优势区,注册“山凤牌”等10多个产品商标以及崇仁麻鸡地理标志证明商标1个,建立起从种鸡繁育、商品鸡养殖、深加工到市场营销及技术综合服务、饲料、兽药等物质保障的一整套产业化经营体系。

【央视科教频道栏目摄制组走进崇仁县】 4月10日,央视科教频道《味道》栏目摄制组一行走进崇仁县孙坊镇下港村,拍摄特色美食“风味烤牛架”。摄制组先后在下港村生态牧场、肉牛养殖场、农家小院等地取景，从挑选优质肉牛、选取食材、香料配制、腌制、自制碳烤架等环节对下港村风味烤牛架这一美食的制作过程进行拍摄，展现孙坊镇下港村独特的美食文化和地域风情。通过美食文化和人物故事，展现新时代返乡创业青年致力特色农业产业发展，促进乡村振兴的风貌。

【推动蔬菜产业高质量发展】 坚持把蔬菜产业作为支柱产业来抓，出台一系列扶持政策，不断优化农业结构，提高农业经济效益，壮大村集体经济。成立县蔬菜协会，形成与外地销售网络接轨的专业组织，坚持规模化种植、标准化生产、社会化服务，推广“合作社＋技术员＋种植户”股份制、“合作社（公司）＋基地＋销售公司（订单）＋种植户”等经营模式，带动百姓发展蔬菜产业，打造蔬菜品牌和开拓市场，统筹优化产业布局。至年底，连片露地蔬菜种植面积0.17万公顷，冬闲田种植面积0.22万公顷，带动就业1.5万余人，村集体经济增收超1000万元。

【北斗数字经济产业园开工仪式举行】 4月23日，北斗数字经济产业园开工仪式在县高新区举行。北斗数字经济产业园项目总投资20亿元，以培育数字经济产业为主导，运用北斗、云计算、大数据、人工智能、物联网、5G等技术，打造产业生态系统化、基础设施网络化、功能服务精准化和运营发展智能化的智慧园区。项目引进20家数字经济企业，不少于5家数字经济头部企业（包括字节跳动、科大讯飞、实达科技、传荼科技、恒锋信息），培育发展抚州数字经济骨干企业、数字经济生态圈，推动县域数字经济产业集群发展。

主要领导 县委书记：周国华。县人大常委会主任：王后发。县长：黄志刚。县政协主席：高自辉。

（杨文才）

·乐安县·

【简　况】 位于江西省中部，辖9个镇、7个乡（含1个农林垦殖场），总面积2410.45平方千米，其中城区面积14.37平方千米。耕地面积3.40万公顷，林地面积17.98万公顷；森林覆盖率70.43%，城区绿地率37.92%。总人口30.32万人。其中，城镇人口15.47万人，农村人口14.85万人；人口自然增长率0.21‰。2022年，地区生产总值93.96亿元，同比增长5.4%。其中，第一产业增加值12.41亿元，同比增长3.1%；第二产业增加值30.10亿元，同比增长7.0%；第三产业增加值51.45亿元，同比增长5.1%。地方财政收入11.54亿元，同比增长11.5%；地方财政支出33.98亿元，同比增长3.4%。规模以上工业总产值53.92亿元，同比增长41.8%。规模以上工业增加值同比增长9.4%。固定资产投资77.92亿元，同比增长9.2%。实际利用省外资金49.3亿元。农业总产值21.89亿元，同比增长3.67%。粮食总产量28.47万吨。城镇居民人均可支配收入3.09万元，同比增长4.3%；农村居民人均可支配收入1.15万元，同比增长9.1%。城乡居民年末储蓄余额243.68亿元，同比增长11.71%。

【新能源新材料产业】 乐安县把新能源新材料作为首位产业，通过产业链招商、以商招商等方式不断做大做强产业。全年新能源新材料产业完成营业收入31.6亿元，同比增长61.2%，产业集聚度达25.24%。产品由过去的中低端产品逐步向航空航天、勘测、5G服务器等领域的高端产品迈进。

【未成年人权益保护】 乐安县以落实最高检关于加强校园安全管理、预防未成年人性侵“一号检察建议”为抓手，创新设立“刘莹姐姐工作室”（2020年县教体局联合检察等部门创新成立“刘莹姐姐工作室”，工作室主要由在编教师万慧娴、陈嘉仟和县检察人员刘莹3名成员组成，主要工作目的是结合教育工作，防治校园欺凌、加强心理健康教育），构建“家庭、学校、社会、网络、政府、司法”六位一体的未成年人保护网，打通跨部门合作壁垒，全过程保护未成年人健康成长，实现全县181所学校、7万余名在校学生、176个行政村、32万名人民群众的未成年人子女自我保护和家庭保护知识全覆盖。2021年和2022年，最高人民检察院连续2年走进“刘莹姐姐工作室”，全程直播报道该工作室开展的“寒假前最后一堂课”。

【《流芳》首演启动仪式举行】 千古第一村——流坑古村景区引进鑫帕文旅运营管理公司进行专业化管理运营，对景区业态、夜景、演艺、娱乐、服务等综合实力进行全面提升。10月1日，为流坑古村景区“量身定制”的大型沉浸式实景体验空间《流芳》首演启动仪式在乐安县流坑景区举行。演出借助戏剧、舞蹈、杂技、武术等方式，将流坑的科举、农耕、商贸、民俗等文化共冶一炉，打造“引君入梦”“仕进振族”“以商兴村”“传承不息”四大表演单元，提升游客的沉浸式体验及互动感。

主要领导 县委书记：吴宜文。县人大常委会主任：肖国辉。县长：艾志峰。县政协主席：章国华。

（袁加勤　陈紫芸）

·宜黄县·

【简　况】 位于江西省中部偏东，辖8个镇、4个乡、1个工业园区。总面积1937.27平方千米，其中城区面积26.66平方千米。耕地面积1.93万公顷，林地面积15.66万公顷；森林覆盖率76.86%，城区绿化率39.34%。总人口23.29万人，其中城镇人口10.76万人；人口自然增长率0.25‰。2022年，地区生产总值108.48亿元，同比增长5.3%。其中，第一产业增加值11.21亿元，同比增长3%；第二产业增加值45.97亿元，同比增长6.9%；第三产业增加值51.3亿元，同比增长4.4%。财政总收入15.7亿元，同比增长14%，税收占财政总收入的87.6%；地方财政收入6.7亿元，同比增长4.9%；地方财政支出28.4亿元，同比增长19.8%。规模以上工业增加值同比增长9%，外贸出口总额21.91亿元。固定资产投资同比增长8.6%，实际利用外商投资0.32亿元。工业用电量累计7.07亿千瓦时，同比增长6.6%；新增规模以上工业企业

27 家,总数达 134 家。主要工业产品及产量有有色金属 6.47 万吨、机制纸及纸板 5.58 万吨、化学药品原药 0.10 万吨、化学纤维 7.03 万吨、液晶显示屏 4112 万片。农业总产值 18.57 亿元,同比增长 3.58%。粮食总产量 15.30 万吨。社会消费品零售总额 35.54 亿元,同比增长 5.1%。城镇居民人均可支配收入 3.52 万元,同比增长 5.5%;农村居民人均可支配收入 1.93 万元,同比增长 7.1%。城乡居民年末储蓄余额 110.13 亿元,同比增长 17.41%。

【工业创新发展】 全年新引进 2000 万元以上签约项目 69 个,总投资额 289.56 亿元。规模以上工业企业营业收入 171.97 亿元,同比增长 20%;实现利润总额 12.07 亿元,同比增长 65.9%;新增规模以上工业企业 11 家。全社会研发投入强度 1.38%,认定省级创新平台 7 家、市级创新平台 10 家,新增小巨人企业 1 家、瞪羚企业 2 家、"专精特新"企业 8 家、科技型中小企业 81 家、省级两化融合示范企业 6 家。

【提升城市品质】 以创建省级卫生县为契机,聚焦市容市貌、交通秩序、城市功能,补短板、强弱项。"春雷行动"成效显著,拆临拆违 2.87 万平方米;棚改拆迁强力推进,完成 395 户 7.6 万平方米。城东、城北基础设施建设加快推进,城区 6 条主干道"白改黑"工程全面完工并投入使用。创新创业服务中心,第三、第四、第五幼儿园,宜黄一中扩建(初中部),丰乐邻里中心,洁美大桥,水北二桥,新县人民医院等民生工程加速推进。

【宜黄县入选全国典型地区再生水利用配置试点城市】 10 月 10 日,水利部、国家发展改革委等 7 个部门公布全国典型地区再生水利用配置试点城市,宜黄县入选。宜黄县再生水利用配置试点项目通过新建一座净水厂,收集园区污水处理厂处理后的水,利用先进的处理设备对污水进行二次处理,使污水变成清水。项目可直接为园区企业输水,为湿地公园生态补水;促进水的高效循环利用,减少并节约全县用水总量;缓解河道纳污能力,实现节约集约污水化利用,最大能力实现水的生态产品价值。

【宜黄县被认定为国家级制种大县】 2 月 15 日,农业农村部公示国家级制种大县名单,宜黄县位列其中。为改变种业传统发展模式,推进制种产业转型升级,宜黄县利用种业优势,发挥地域资源禀赋,构建产业提升、联合发展、服务指导、政策支持四大体系,实施现代种业提升工程,推进制种产业持续健康稳步发展。2022 年,宜黄县水稻制种面积 0.4 万公顷以上,其中春制 0.11 万公顷,常规繁种 0.4 万公顷,种植规模和产量连续 20 年位居全省前列。

主要领导 县委书记:杜晓良。县人大常委会主任:罗建顺。县长:陈小青。县政协主席:高志坚。

(林洁)

·金溪县·

【简　况】 位于江西省东部,辖 8 个镇、5 个乡。总面积 1358 平方千米。林地面积 6.61 万公顷,森林覆盖率 57.2%。总人口 24.94 万人,其中城镇人口 12.41 万人。2022 年,地区生产总值 115.77 亿元,同比增长 4.8%。其中,第一产业增加值 15.17 亿元,同比增长 4.7%;第二产业增加值 40.86 亿元,同比增长 10.3%;第三产业增加值 59.74 亿元,同比增长 5.2%。一般财政预算收入 9.16 亿元,同比增长 38.5%;税收收入 4.23 亿元,同比减少 8.8%。固定资产投资同比增长 7.8%。出口完成 19.89 亿元,实际利用外资 766 万美元。规模以上工业企业 86 家,规模以上工业主营业务收入完成 82.16 亿元,同比增长 13.8%;工业用电量 2.93 亿万千瓦时,同比增长 8.1%。主要工业产品及产量有纤维增强塑料制品 1.63 亿吨、化学药品原药 2044 吨、精炼铜(电解铜)3.78 万吨、合成橡胶 8025 吨。粮食总产量 31.8 万吨。主要农产品及产量有蔬菜及食用菌产量 30 万吨、水果 10.57 万吨、茶叶 1688 吨。社会消费品零售总额 35.66 亿元,同比增长 4.7%。城镇居民人均可支配收入 3.91 万元,同比增长 5.3%;农村居民人均可支配收入 2.04 万元,同比增长 6.4%。金融年末机构各项存款余额 188 亿元,同比增长 14.9%;贷款余额 196 亿元,同比增长 15.7%。

【民生实事人大代表票决制】 2 月 25 日,金溪县第十八届人民代表大会第二次会议采用人大代表投票表决的方式,确定 2022 年度县级民生实事项目,实现民生实事项目群众提、代表定、政府办、人大评。民生实事人大代表票决制具有项目征集广泛性、项目领域代表性、票决程序合法性等特点,是践行以人民为中心的制度创新。

【城乡发展】 以开展"四城同创"为抓手,开展城市体检,推进城市更新,城市综合承载力进一步提升,被评为江西省城市功能与品质提升三年行动先进县、2021 年度城市功能与品质提升考核先进县。坚持"规划引领、全民参与、依托山水特色、突出地方文化、实现'大美金溪'"的思路,推进园林工作,初步形成绿地布局合理、功能设施齐全、风格特色鲜明的生态园林景观。截至年底,建成区绿地面积 628.05 公顷,绿地率 40.21%,人均公园绿地面积 13.55 平方米,公园绿地服务半径覆盖率 85.52%,县城污水处理率 93.6%,生活垃圾无害化处理率 100%。

【水利工程防汛预警系统】 投入项目资金 760 万元,为全县 70 座小型以上水库安装水库水情自动测报系统,完成组网雨情自动遥测系统 1 套,暴雨洪水自动监测点 35 个,山洪灾害预警系统总站 42 个、分站 180 个,架构起县、乡、村、组的雨情、汛情信息联通网络,为全县防洪减灾提供科学决策依据。利用水利工程防汛预警系统,工作人员可随时查看全县各水利工程全貌,包括水库水位、水库容量、水情雨情变化、现场照片等实时数据,为科学研判汛情提供参考。

主要领导 县委书记:张文贵。县人大常委会主任:刘文波。县长:邹俊。县政协主席:张爱群。

(李庆峰　曾铭)

·资溪县·

【简　况】 位于江西省中部偏东，辖5个镇、2个乡、5个场。总面积1251平方千米，其中城区建成面积15平方千米。耕地面积0.63万公顷，有林面积10.19万公顷；森林覆盖率87.7%。总人口11.33万人。2022年，地区生产总值55.71亿元，同比增长5.20%。其中，第一产业增加值4.62亿元，同比增长3.50%；第二产业增加值16.14亿元，同比增长4.70%；第三产业增加值34.95亿元，同比增长5.60%。工业总产值31.36亿元，同比增长26.5%。财政总收入7.05亿元，同比增长5.90%；其中公共财政预算收入3.43亿元，同比增长5.88%；财政总支出17.59亿元，同比增长0.2%。规模以上工业增加值同比增长8.6%。主要工业产品有肉类及烘焙类食品、竹制品、木制品等。粮食总产量3.66万吨。主要农产品及产量有白茶72吨、水果556吨、西瓜1480吨，生猪出栏2.86万头、家禽出笼40.56万羽。固定资产投资25.68亿元，同比增长9.4%。城镇居民人均可支配收入3.44万元，同比增长5.7%；农村居民人均可支配收入1.92万元，同比增长7.4%。金融机构各项存款余额80.78亿元，同比增长14.79%。社会消费品零售总额31.72亿元，同比增长5.8%。

【颁发全国首张林下经济收益权证】 7月，资溪县向江西罗山峰生态科技有限公司颁发全国首张林下经济收益权证。受证企业负责人分别与资溪县农商银行、泰通担保公司签订三方担保授信协议，授信金额300万元。全县通过赎买、租赁、托管等方式收储整合各类生态资源，开展生态资源所有权、经营权的抵押融资创新，推行落地森林赎买抵押贷款、景区收费权支持贷款、林权收益权质押贷款、水资源使用权质押贷款等绿色金融项目，培育生态经济市场经营主体，实现生态产品价值变现。2022年，全县生态产品价值实现各项贷款余额32.62亿元，占全县贷款余额的42.68%。

【资溪面包食品产业城入选国家工业旅游示范基地】 11月14日，资溪面包食品产业城入选国家工业旅游示范基地。经过30余年资溪面包人的创业奋斗，资溪被冠名“中国面包之乡”。县委、县政府着力打造面包食品产业，按照国家AAAAA级旅游景区标准规划建设资溪面包食品产业城。该项目总投资30亿元，规划面积333.33公顷。其中，一期规划建设面积约160公顷，投入6亿元用于管网路网、配套工业污水处理厂、集中供热等基础设施建设，重点围绕生产加工、产品研发、技术培训、集中采购、总部经济，推进“产城景”融合发展，打造产业集群基地。

主要领导　县委书记：吴淑琴。县人大常委会主任：王锋。县长：饶源中。县政协主席：黄惠忠。

（刘佳繁）

·广昌县·

【简　况】 位于江西省东部，辖6个镇、5个乡、1个场。总面积1602.93平方千米，其中城区建成面积13.71平方千米。城区绿化覆盖率40.75%。耕地面积1.96万公顷，林地面积11.97万公顷，森林面积11.35万公顷；森林覆盖率71.83%。总人口20.12万人，其中城镇人口11.71万人；人口自然增长率0.42‰。2022年，地区生产总值105.71亿元，同比增长5.5%。其中，第一产业增加值13.41亿元，同比增长3.8%；第二产业增加值35.24亿元，同比增长7.2%；第三产业增加值57.06亿元，同比增长4.8%。财政总收入11.31亿元，同比增长1.15%，税收占财政总收入的84.59%。地方一般公共预算收入6.26亿元，同比增长2.4%；地方一般公共预算支出31亿元，同比下降2.86%。固定资产投资增长7.6%。规模以上工业总产值105.23亿元，同比增长18.2%。规模以上工业增加值同比增长9.2%。农林牧渔业总产值23.43亿元，同比增长4.4%。粮食总产量11.14万吨。主要农产品及产量有通芯白莲0.6万吨、烟叶1638.3吨、生猪出栏7.4万头。社会消费品零售总额37.91亿元，同比增长5.7%。实际利用外资3901.2万美元，同比增长69.61%。出口总额14.11亿元，同比增长40.55%。城镇居民人均可支配收入3.38万元，同比增长4.8%；农村居民人均可支配收入1.53万元，同比增长9%。年末城乡居民储蓄余额125.33亿元，同比增长19.05%。

【高洲大桥建成通车】 4月12日，广昌县重点工程项目高洲大桥经过10个月施工建成通车。高洲大桥新建工程是广昌县2021年重点工程之一。大桥起于盱江西岸党校场前路，跨盱江连接滨江东路，路线全长395米，其中大桥长268米，宽25米，双向四车道，总投资4075万元。高洲大桥建成通车可缓解县城交通压力，疏通车流、物流和人流，方便城区居民生产生活。

高洲大桥建成通车

丁健摄

【“四好农村路”建设】 以实施乡村振兴战略为契机，多方筹措资金，保障“四好农村路”建设，打造“外通内联、环境优美、服务群众”的农村交通发展新格局。全县公路工程项目以PPP模式实施，包括G206广昌驿前镇段改建工程、X977榨树湾至新安路面改造工程、千善至高洲、长桥至黄坊等12条改建道路，全长116.3千米，项目总投资5.37亿元。2月，长桥至黄坊、千善至高洲、广昌至苦竹、潘田至下湖等10条县道升级改造工程全面竣工；改造后的公路为三级沥青路面公路，路基拓宽至7.5米，路面拓宽至6.5米。

【创新设立“税无忧”服务窗口】 2月22日，广昌县创新设立“税无忧”服务窗口，聚焦群众身边“急难愁盼”问题，对税费服务“疑难杂症”和矛盾纠纷一站式接收、一揽子调处、全链条解决，为纳税人、缴费人提供更快捷、规范、温馨的服务。县税务部门建立税企直联跟踪服务机制，创新首席税收联系员服务体系，通过深入重点企业走访调研，了解纳税人、缴费人实际需要，以及影响企业发展的急难愁盼问题，打通纳税服务“最后一公里”。

主要领导 县委书记：吴自胜。县人大常委会主任：李广文。县长：王峰。县政协主席：赵敏。

（钟立新　陆小梦）

·东乡区·

【简　况】 位于江西省东部，辖8个镇、4个乡、1个街道办事处、2个垦殖场、1个生态林场、1个省级经济开发区。总面积1196.38平方千米，其中城区面积28.33平方千米。林地面积5.79万公顷(不含东临新区)，森林覆盖率46.56%，城区绿化率47%。总人口48.19万人(含东临新区)。2022年，地区生产总值231.18亿元，同比增长4.9%。其中，第一产业增加值27.3亿元，同比增长3.2%；第二产业增加值101.75亿元，同比增长6.8%；第三产业增加值102.13亿元，同比增长3.6%。工业总产值同比增长8.6%。主要工业产品有医药、妇婴卫生用品、农业机械、汽车零配件等。农业总产值45.21亿元，增长3.9%。粮食总产量34.8万吨。同比城镇居民人均可支配收入4.56万元，同比增长4.7%；农村居民人均可支配收入2.36万元，同比增长6.4%。金融机构年末存款余额307.26亿元，同比增长13.5%。

【东乡区入选首批国家知识产权强县建设试点县(区)】 9月，国家知识产权局发布《关于确定国家知识产权强县建设试点示范县和国家级知识产权强国建设试点示范园区的通知》，东乡区被确定为国家知识产权强县建设试点县(区)。至年底，东乡区拥有有效发明专利227件，万人有效发明专利拥有量5.54件，同比增长23.6%。专利质押融资1.32亿元，首次突破亿元大关，同比增长99.2%。2022年，商标申请数732件，注册数517件，有效注册量达4939件。全区拥有中国驰名商标1件、省著名商标18件、市知名商标19件，知识产权优势示范企业8家、江西名牌产品企业9家。

【清同治八年《江西东乡县志》点校今译本出版】 12月，清同治八年《江西东乡县志》(点校今译本)由百花洲文艺出版社出版发行。该志由李士棻、王维新主修，胡业恒编纂。清同治八年《江西东乡县志》成书于清同治八年(1869年)，分建置、疆域、赋役、水利、学校、坛庙、书院、风土、祥异、秩官、选举、名宦、人物、烈女、艺文共15卷。按照略远详近原则，记述清道光、咸丰时期发生在东乡县的重大历史事件。点校今译本参考明嘉靖版、清嘉庆版《东乡县志》，明、清《抚州府志》以及同治版临川、金溪、安仁、进贤等地方县志和相关文集，精严点校。点校今译本保持和文本风格一致，做到“有疑而释，有难而释”，以满足研究和爱好者的需要。

【优化营商环境】 建立企业纠纷调解中心、非公有制企业维权中心、绿色普惠金融服务中心，打造企业家“心港湾”恳谈厅、“政企畅谈早茶会”“客商之家”平台，落实惠企政策兑现“一门式”服务、人才服务“一站通办”、区领导挂点帮扶制度。将22个部门的481项依申请类政务服务事项纳入13个通用“综合窗口”办理，实现企业和群众一揽子事项无差别受理。2022年，办理“一件事一次办”业务1048件，办理实现压缩99.77%。推动“模拟审批”工作模式，对年产11.2万吨电池材料的金光高科等重点工业项目兑现“拿地即开工”承诺，推广“交地即交证”“交房即交证”及水电气过户协同联办。东乡区推进“一支队伍管执法”改革，加强企业合法权益保护，对施美药业、江西台德等上市后备企业实施“一企一策”服务。推进企业科技创新，兑现年度科技创新奖励3000万元，表彰奖励优秀企业家、突出贡献企业和商会200万元。

【人才引进】 在深圳、福州设立东乡区驻外招才引智工作站。推出特聘专家“专享包”，聘请国家高层次人才特殊支持计划入选者、俄罗斯自然科学院院士等30名首席专家顾问为“特聘专家”。依托中科(东乡)智汇工场，推动中科院科技成果向东乡区转移转化，为21家企业开展“工业诊疗”服务，共建“绿色功能型材料技术联合实验室”等合作项目10个，柔性引进中科院专家人才29人，鼓励企业与省内外高校、科研院所加强科技合作，完成校地、校企、校校合作项目6项。2022年，东乡区柔性引进国家级人才4人，博士以上人才16人，培育人选省“双千计划”1人，新增专家工作站3家，省级以上创新创业平台9家。签约市级以上“揭榜挂帅”项目4个，支持中科院院士吴常信团队科技攻关，推动东乡绿壳蛋鸡入选国家重要特色物种育种联合攻关项目和国家农产品地理标志保护工程建设项目。

主要领导 区委书记：彭敏群。区人大常委会主任：高晓英。区长：李建泉。区政协主席：吴忠鸿。

（乐晓琴　付施蓓）

本类目编辑　徐佳佳

人　　物

省级领导机构成员名录

中共江西省委

易炼红　书记（任至12月）
尹　弘　书记（12月任）
叶建春　副书记
吴忠琼　（女）副书记
梁　桂　常委
马森述　常委
吴　浩　常委
李红军　常委
任珠峰　常委
张鸿星　常委（任至5月）
庄兆林　常委
鲍泽敏　常委
史文斌　常委、秘书长
黄喜忠　常委
罗小云　常委（6月任）

江西省人大常委会

刘　奇　主任（任至1月）
易炼红　主任（1月任）
赵力平　党组书记、副主任
刘　强　（回族）党组副书记、副主任（1月任）
马志武　（回族）副主任
胡世忠　党组成员、副主任
曾文明　党组成员、副主任
张小平　党组成员、副主任
韩　军　党组成员、秘书长

江西省人民政府

叶建春　党组书记，代省长（任至1月）、省长（1月任）
梁　桂　党组副书记、副省长
任珠峰　党组成员、副省长
殷美根　党组副书记、副省长（2023年3月，因涉嫌严重违纪违法，接受中央纪委国家监委纪律审查和监察调查）
孙菊生　副省长
秦　义　党组成员、副省长
胡　强　党组成员（任至4月）、副省长（任至3月）
陈小平　党组成员、副省长
罗小云　党组成员（任至6月）、副省长（任至7月）
孙洪山　党组成员（12月任）
王国强　党组成员、秘书长

政协江西省委员会

姚增科　党组书记、主席
黄喜忠　党组副书记
陈俊卿　党组副书记、副主席
李华栋　副主席
谢　茹　（女）副主席
汤建人　副主席
刘晓庄　副主席（任至1月）
尹建业　党组成员、副主席（1月任）
陈兴超　党组成员、副主席（1月任）
胡　强　党组成员、副主席（1月任）
张　勇　党组成员、副主席
刘卫平　党组成员、副主席
雷元江　副主席
汪　爽　党组成员、秘书长

省直单位领导干部名录

省纪委省监委

马森述　省委常委、省纪委书记、省监委主任
魏晓奎　省纪委副书记、省监委副主任
许朝杰　省纪委副书记、省监委副主任
范小林　省纪委副书记、省监委副主任（1月任）
王仁辉　省纪委副书记、省监委副主任（1月任）
饶利萍　（女）省纪委常委、秘书长（任至7月），省监委委员（任至7月）
钱　昀　（女）省纪委常委、秘书长（8月任），省监委委员（9月任）
庄国良　省纪委常委、省委巡视办主任
郑志军　省纪委常委（任至5月）
王爱东　省纪委常委（任至9月）、省监委委员（任至11月）
包　静　（女）省纪委常委、省监委委员
严　正　省纪委常委、第十一监督检查室主任
彭海宝　省监委委员（1月任，任至11月）、第十四审查调查室主任（任至9月）
王　谷　省监委委员（1月任）、第六监督检查室主任
徐华平　省监委委员（7月任）、第五监督检查室主任

省委办公厅

沈谦芳　省委副秘书长、主任
张　锋　正厅级督查专员、直属机关党委书记
荣　蓉　（女）省委副秘书长、省委国安办专职副主任（5月任）
陈　斌　正厅级督查专员（任至7月）
黄之猛　一级巡视员（1月任），滨江

招待所所长
胡晓华 (女)一级巡视员
方瑞增 省纪委省监委驻厅纪检监察组组长
徐建文 一级巡视员(4月任)
简逢春 副主任(1月任)
聂文胜 副厅级督查专员,省档案局局长(4月兼任)
肖马龙 副主任(5月任)
邱　峦 副主任(1月任)
贺晨帆 副主任(9月任)
高　伟 一级巡视员(任至11月)
王　俊 省国家保密局局长
陈金梅 (女)省专用通信局局长
邹　军 副厅级督查专员(9月任)
廖建建 省委机要局局长(11月任)

省委信访局

乐文红 (女)省委副秘书长、局长
张　明 正厅级信访督查专员(任至11月)
胡跃明 正厅级信访督查专员(7月任)
肖平学 副局长(任至11月)、一级巡视员(11月任)
江　勤 (女)副局长
曾小平 副局长
甘贤武 副局长
吴　萱 (女)副厅级信访督查专员(任至11月)、副局长(11月任)

省委组织部

吴　浩 省委常委、部长
肖洪波 分管日常工作的副部长(正厅长级)(任至5月)
徐　忠 分管日常工作的副部长(正厅长级)(8月任)
傅世平 副部长兼省委编办主任(任至9月),副部长(正厅长级)(9月任)
周训国 副部长、省委非公有制经济组织和社会组织工作委员会书记(任至9月);副部长兼省委编办主任(9月任)
王新有 副部长兼省委老干部局局长
廖元柱 省纪委省监委驻部纪检监察组组长(任至1月)
刘光华 副部长
胡文南 (女)省纪委省监委驻部纪检监察组组长(4月任)
王小林 副部长,省委非公有制经济组织和社会组织工作委员会书记(9月任)
饶荣诚 部务委员
刘建军 部务委员(9月任)

省委老干部局

王新有 局长
王海燕 (女)副局长
陈渊平 副局长、机关党委书记
邓国良 副局长

省委宣传部

庄兆林 省委常委、部长
郭建晖 常务副部长
杨六华 副部长,省广播电视局党组书记、局长
吴永明 副部长(正厅长级)
梅　毅 副部长、省委网信办主任
黎隆武 副部长、省新闻出版局(省版权局)局长
傅　云 副部长、省政府新闻办公室主任
郎道先 副部长、省国有文化资产监管办主任
龚惠民 省纪委省监委驻部纪检监察组组长
龚建文 (女)副部长、省文明办主任
吴信根 一级巡视员(11月任)
王成饶 一级巡视员

省委网信办

梅　毅 主任
周森昆 一级巡视员
郭力根 副主任
余和平 副主任(国家计算机网络与信息安全管理中心江西分中心主任,兼任省委网信办副主任)
张　丽 (女)副主任、机关党委书记
贺余盛 副主任

省委统战部

黄喜忠 省委常委、部长
刘文华 分管日常工作的副部长(正厅长级)(任至5月)
彭世东 分管日常工作的副部长(正厅长级)(5月任)
高鹰群 (女)副部长、省工商联党组书记
易　军 副部长、省社会主义学院党组书记
喻志勇 副部长,省民宗局党组书记、局长(4月任)
徐小平 省纪委省监委驻部纪检监察组组长(任至11月)、一级巡视员(11月任)
刘伟旗 副部长、直属机关党委书记
张继钦 副部长、省政府侨务办公室主任
徐　波 副部长

省委政法委

张鸿星 省委常委、政法委书记(任至6月)
罗小云 省委常委、政法委书记(6月任)
林　强 常务副书记
黄文辉 副书记
毛保国 副书记
陶　亮 副书记
翟少勇 副书记(挂职)
罗亦斌 省纪委省监委驻委机关纪检监察组组长
朱小平 政治部主任
刘朝阳 省法学会专职副会长(任至11月)
梁启有 一级巡视员(任至3月)

省委政研室(省委改革办)

利继忠 省委副秘书长,政研室主任、省委改革办副主任
陈　强 政研室副主任、省委改革办专职副主任(正厅长级)
黄光明 政研室副主任
张晓勇 政研室副主任、省委改革办专职副主任
李卫东 政研室副主任

省委省政府台办

邓保生 主任
何　晞 副主任
沈兵秋 副主任

省委编办

傅世平　省委组织部副部长、主任（任至9月）
周训国　省委组织部副部长、主任（9月任）
廖　涛　（女）副主任
王云标　副主任（任至9月）、一级巡视员（9月任）
陈卓飚　副主任
瞿勇军　副主任（11月任）

省直机关工委

彭世东　书记（任至5月）
叶仁荪　书记（5月任）
肖　良　副书记（正厅长级）
雷　音　副书记（任至4月），一级巡视员（4月任，任至9月）
程新生　工委委员、纪检监察工委书记
熊育杰　工委副书记（4月任）
付利明　副书记（9月任）
许光洪　工委委员（9月任）
熊亮华　（女）工委委员（9月任）

省委巡视办

庄国良　省纪委常委、省委巡视办主任
吴雪军　副主任
陈　琰　（女）副主任

省委巡视组

杨志军　省委巡视组组长（9月任）
尹玉光　省委巡视组组长
汪永华　省委巡视组组长
黄玉剑　省委巡视组组长
蔡厚勇　省委巡视组组长
王爱东　省委巡视组组长（9月任）
王金林　省委巡视组组长
廖元柱　省委巡视组组长（1月任）
罗聪明　（女）省委巡视组正厅级巡视专员（9月任）
吕　伟　省委巡视组正厅级巡视专员（任至2月）
黄海燕　（女）省委巡视组正厅级巡视专员（任至9月）
黄样兴　省委巡视组正厅级巡视专员
汤乐毅　省委巡视组正厅级巡视专员
吴龙强　省委巡视组正厅级巡视专员（1月任）
曾崇新　省委巡视组正厅级巡视专员
涂俊伟　省委巡视组正厅级巡视专员（任至8月）
刘立松　省委巡视组正厅级巡视专员
尹　健　省委巡视组副组长
贾素珍　（女）省委巡视组副组长
万　明　省委巡视组副组长
李来木　省委巡视组副组长
罗贤忠　省委巡视组副组长（4月任）
王　玮　省委巡视组副组长（任至4月）
宁满林　省委巡视组副组长（任至9月）
梁　欢　（女）省委巡视组副组长
胡自然　省委巡视组副组长
汤俊峰　省委巡视组副组长
李圣明　省委巡视组副组长
周少玲　（女）省委巡视组副厅级巡视专员
钟陈辉　省委巡视组副厅级巡视专员（任至5月）
陈　钢　省委巡视组副厅级巡视专员（8月任）
傅仁万　省委巡视组副厅级巡视专员
刘春滚　省委巡视组副厅级巡视专员（5月任）

省委党史研究室

梅仕灿　主任（1月任）
彭　勃　（女）副主任
刘　津　副主任
卢大有　一级巡视员

省委党校（行政学院）

曾志刚　常务副校（院）长
杨　超　一级巡视员
罗志坚　一级巡视员
廖清成　副校（院）长
杨解生　副校（院）长
杨会清　副校（院）长
高莉娟　（女）副校（院）长
潘泽林　副校（院）长（12月任）

省人大常委会办公厅

徐　力　省人大常委会副秘书长、办公厅主任（任至5月）
杨文英　（女）办公厅主任（9月任）
左继生　副秘书长
巫欣春　副秘书长（任至1月）
韩　燕　（女）副秘书长（5月任）
刘三妹　（女）省纪委省监委驻省人大机关纪检监察组组长（任至5月）
周　军　省纪委省监委驻省人大机关纪检监察组组长（7月任）
陈惠龙　副主任
温雪松　副主任（9月任）
郭玉元　一级巡视员
董立新　一级巡视员（10月，因涉嫌严重违纪违法，主动投案，接受省纪委省监委纪律审查和监察调查；2023年3月，经省纪委常委会会议研究并报省委批准，决定给予开除党籍处分；由省监委给予开除公职处分，并将其涉嫌犯罪问题移送检察机关依法审查起诉）
罗小茶　（女）一级巡视员（11月任）

省人大监察司法委

徐南凯　主任委员（2023年9月，因涉嫌严重违纪违法，接受省纪委省监委纪律审查和监察调查）
陈晓春　副主任委员
肖德福　副主任委员
何　刚　副主任委员（1月任）
陈友锦　副主任委员

省人大财经委

潘东军　主任委员（1月任）
孔发龙　副主任委员（1月任。2023年2月，因涉嫌严重违纪违法，接受省纪委省监委纪律审查和监察调查）
刘翠兰　（女）副主任委员
周山印　副主任委员
李青华　（女）副主任委员
邓　勤　（女）副主任委员

周华爱　（女）副主任委员

省人大教科文卫委

郭　安　主任委员（2022年9月，因涉嫌严重违纪违法，接受省纪委省监委纪律审查和监察调查；2023年2月，经省纪委常委会会议研究并报省委批准，决定给予开除党籍处分；由省监委给予开除公职处分，并将其涉嫌犯罪问题移送检察机关依法审查起诉）
李红勇　副主任委员（1月任）
郭学勤　（女）副主任委员（任至3月）
李雪南　副主任委员（1月任）
易小明　副主任委员（1月任）
夏侯钉　副主任委员（5月任）
黄小华　（女）副主任委员（任至1月）
公艳萍　（女）一级巡视员（任至4月）

省人大农委

阎钢军　主任委员（任至1月）
刘金接　主任委员（1月任）
毛祖逊　副主任委员（任至11月）
陈金印　副主任委员（1月任）
罗小荼　（女）副主任委员

省人大环资委

吴治云　主任委员
左和平　副主任委员
董晓健　副主任委员
傅行家　副主任委员
柳　铭　一级巡视员（任至1月）

省人大法制委

刘义砀　主任委员
张鉴武　副主任委员
周　雍　副主任委员
叶敏健　副主任委员

省人大社会委

李江河　主任委员（1月任）
田延光　副主任委员（1月任）
陈德寿　副主任委员
饶剑明　副主任委员
韩　燕　（女）副主任委员（任至5月）
万　强　副主任委员（9月任）

省人大常委会法工委

周　雍　主任
裴忠彪　副主任
刘永亮　副主任
杨润华　副主任

省人大常委会选任联工委

徐　忠　主任（任至9月）
谭筱刚　副主任
陈　蔚　（女）副主任

省人大常委会外侨民宗工委

潘辛蓤　（女）副主任

省人大常委会预算工委

巫欣春　主任（1月任）
梁　力　副主任
周国亮　副主任

省政协办公厅

杨木生　机关党组成员、主任
钱　薇　（女）机关党组成员、副主任
孙卫国　机关党组成员、副主任（任至6月），一级巡视员（11月任）
周建华　机关党组成员、省纪委省监委驻机关纪检监察组组长（任至3月）
钟清滨　机关党组成员、副主任，机关党委书记
邹英香　（女）副主任
李旭晟　副主任（6月任）
李仲学　机关党组成员、省纪委省监委驻机关纪检监察组组长（11月任）

省政协提案委员会

丁晓群　主任，分党组书记
张国轩　副主任
李家祥　副主任
余慧川　副主任（专职）

省政协经济委员会

辜华荣　主任，分党组书记（1月任）
万　明　副主任
叶　磊　副主任
甘成久　副主任（1月任）
王亦斌　副主任
孙　晨　副主任（专职）

省政协农业和农村委员会

谢茂林　主任，分党组书记，机关党组成员
谢金水　副主任
胡汉平　副主任
卢姣龙　副主任（专职）

省政协人口资源环境委员会

邓兴明　主任，分党组书记
郭　家　副主任（任至9月）
陈　荣　副主任（1月任）
罗小璋　副主任
谭文英　（女）副主任
金秋平　副主任（专职）

省政协教科卫体委员会

洪三国　主任（任至10月）
傅兆良　主任（10月任）
肖为群　副主任，分党组书记（任至1月）
马玉玲　（女）副主任（1月任）
罗　莹　副主任
戴春英　（女）副主任（1月任）
郑仙桃　副主任（专职）

省政协社会和法制委员会

池　红　主任，分党组书记
胡淑珠　（女）副主任
杨小华　副主任
何剑锋　副主任
刘立松　副主任
刘克琦　副主任
孙卫国　副主任（专职，6月任，任至11月）

省政协民族和宗教委员会

尹小明　主任，分党组书记，机关党

组成员

张　勇　副主任(1月任)

周海涛　副主任

曹国庆　副主任

吴泉水　副主任(专职,任至6月)

姚　鸿　副主任(专职,10月任)

释纯一　副主任

省政协港澳台侨和外事委员会

赵　波　(女)主任(3月任)

王福平　副主任(1月任)

张知明　(女)副主任,分党组书记

吴昌平　副主任(1月任)

胡志扬　副主任

邓　杰　副主任(专职)

郭坚华　副主任

省政协文化文史和学习委员会

辜　清　主任

王　晖　副主任、分党组书记

俞银先　副主任

何建洋　副主任(任至10月)

傅兆良　副主任(专职,任至10月)

省高级法院

葛晓燕　(女)党组书记、院长

居国屏　党组副书记、副院长(4月任党组副书记,正厅级)

胡淑珠　(女)副院长(正厅级)

柯　军　党组成员、副院长

赵九重　党组成员、副院长

邹中华　党组成员、执行局局长

喻德红　(女)党组成员、副院长

盛　茵　党组成员、政治部主任

周运柏　党组成员,省纪委省监委驻院纪检监察组组长(任至4月)、省纪委省监委驻院纪检监察组一级巡视员(4月任)

桂云黔　党组成员、省纪委省监委驻院纪检监察组组长(11月任)

陈仁生　审判委员会副厅级专职委员

杨国安　审判委员会副厅级专职委员(任至4月)一级高级法官(4月任,任至9月)

邹宇平　审判委员会副厅级专职委员(7月任)

陈建平　审判委员会副厅级专职委员

张雪群　一级高级法官

省检察院

田云鹏　党组书记、检察长、二级大检察官

罗晓泉　党组副书记、副检察长(正厅级)、一级高级检察官

张国轩　副检察长(正厅级,任至11月)、一级高级检察官

邱　利　党组成员、副检察长、一级高级检察官

徐胜平　党组成员、副检察长、一级高级检察官

张勇玲　(女)党组成员、副检察长、二级高级检察官

刘永华　党组成员、省纪委省监委驻院纪检监察组组长

华智峰　党组成员、政治部主任

冯祖强　检察委员会副厅级专职委员、二级高级检察官

潜　艇　检察委员会副厅级专职委员、第一检察部主任(任至3月)、二级高级检察官

罗　军　检察委员会副厅级专职委员(7月任)、第六检察部主任、二级高级检察官

熊金文　一级巡视员

江阶虎　一级高级检察官

朱德才　一级巡视员

熊国钦　省检察院南昌铁路运输分院分党组书记、检察长、二级高级检察官

宋智勇　省检察院南昌铁路运输分院一级高级检察官

省政府办公厅

王国强　省政府秘书长,办公厅党组书记、主任

李　能　省政府副秘书长,办公厅党组成员、省政府研究室主任

刘晓艺　(女)党组成员、正厅级督查专员(5月任)

熊科平　党组成员、副秘书长

杜章彪　党组成员、副秘书长

吴龙强　党组成员、副秘书长(任至2月)

王前虎　党组成员、副秘书长(任至6月)

樊雅强　党组成员、副秘书长(任至11月)

宁　全　党组成员、副秘书长(2月任)

杨　俊　党组成员、副秘书长(8月任)

王海涛　党组成员、副秘书长(9月任)

邵　高　党组成员、副秘书长(10月任),省政务服务办主任

宋雷鸣　一级巡视员

宋迪维　一级巡视员(任至7月)

徐松柏　一级巡视员(任至11月)

蒋志红　党组成员、副主任

潘叶锋　党组成员、省纪委省监委驻厅纪检监察组组长

何波生　党组成员、副主任

谢达贵　党组成员、副主任(10月任)

何婷婷　(女)党组成员、副主任(12月任)

省发展改革委

张和平　党组书记、主任

林彬杨　党组成员、副主任(正厅长级)

郭新宇　党组成员、副主任

刘　兵　党组成员、副主任(10月任)

喻志勇　党组成员、省粮食和物资储备局党组书记、局长(任至4月)

李庆红　党组成员、副主任

温俊杰　党组成员、省能源局局长

路文革　党组成员、省粮食和物资储备局党组书记、局长(6月任)

宁　全　党组成员、副主任(任至2月)

吴　军　党组成员、省纪委省监委驻省发展改革委纪检监察组组长

邱啟旻　党组成员、副主任(2月任)

李光东　党组成员、副主任(4月任)

赖南京　一级巡视员

郑沐春　一级巡视员

李志刚　党组成员、副主任(任至8月),一级巡视员(8月任)

赖晓岚　(女)省赣南等原中央苏区振兴发展工作办公室副主任(任至10月)

卢述银　省赣南等原中央苏区振兴发展工作办公室副主任
杜军龙　省信息中心主任
李中传　省政府投资项目评审中心主任(6月任)
彭小平　省生态文明研究院院长
徐伟民　省生态文明研究院党委书记
窦良坦　中央组织部干部三局二级巡视员,挂任省赣南等原中央苏区振兴发展工作办公室副主任(挂职两年)(6月任)
杜飞轮　国家发改委社会发展所副所长(副司级),挂任省赣南等原中央苏区振兴发展工作办公室副主任(挂职两年)(6月任)

省财政厅

朱　斌　党组书记、厅长
吕朝明　党组成员、省纪委省监委驻厅纪检监察组组长
李　伟　党组成员、副厅长
黄　平　党组成员、副厅长
苏昌平　党组成员、副厅长
邓　忠　党组成员、副厅长
刘伍根　党组成员、省财政公共服务中心主任
刘力群　(女)党组成员、副厅长
聂和生　省财政公共服务中心党委书记
张耀霞　(女)一级巡视员(任至10月)
刘彪文　江西财经职业学院党委书记(5月任)、院长(任至12月)
彭　慧　(女)江西财经职业学院院长(12月任)

省人力资源和社会保障厅

钟志生　党组书记、厅长
黄加文　党组成员(任至9月)、副厅长(任至10月)
廖云东　党组成员、省纪委省监委驻厅纪检监察组组长
王成兵　党组成员、副厅长
刘克琦　党组成员、副厅长,省政协社会和法制委员会副主任
叶志忠　党组成员、副厅长
王书红　一级巡视员
查金滚　省社会保险管理中心主任
郭锦亮　省就业创业服务中心主任
饶雪征　省就业创业服务中心党委书记
陈漫雪　(女)省社会保险管理中心党委书记(7月任)

省审计厅

辜华荣　党组书记、厅长(任至5月)
刘文华　党组书记、厅长(5月任,任至11月)
刘　达　(女)党组成员、副厅长
罗伟华　(女)党组成员、省纪委省监委驻厅纪检监察组组长(任至5月),一级巡视员(5月任,任至11月)
胡志勇　党组成员、副厅长
胡雅萍　(女)党组成员、副厅长
陈义平　党组成员、省经济责任审计联席会议办公室主任
裘红洪　(女)总审计师(任至9月),党组成员、副厅长(9月任)
罗贤东　党组成员、省纪委省监委驻厅纪检监察组组长(9月任)
刘斌良　一级巡视员(任至11月)
黄正宇　一级巡视员

省民政厅

李明生　党组书记、厅长(3月任)
欧阳海泉　党组成员、副厅长(正厅级)
黄永茂　党组成员、副厅长
樊　胜　党组成员、副厅长
向　东　党组成员、省纪委省监委驻厅纪检监察组组长
李　晖　党组成员、副厅长(7月任)

省统计局

方向军　党组书记、局长
韩志生　一级巡视员(任至3月)
曾永生　党组成员、副局长
喻　滨　党组成员、副局长
万　玲　(女)副局长
金　绮　(女)一级巡视员(5月任)
康冬明　党组成员、总统计师(8月任)

省档案馆

方维华　(女)党组书记、馆长
方华清　党组成员、副馆长
谭荣鹏　党组成员、副馆长
李继国　党组成员、副馆长
谭向文　一级巡视员(任至8月)

省国资委

陈德勤　党委书记、主任(任至5月)
卢小青　(女)党委委员(4月任)、主任(5月任)
马　健　党委委员、副主任(正厅长级)
卢正大　党委委员、副主任
郑德才　党委委员、副主任、服务中心党委书记
杨国安　党委委员(任至1月)、副主任(任至2月)
杨志军　党委委员、省纪委省监委驻省国资委纪检监察组组长(任至9月)
江尚文　副主任(任至1月)

省工业和信息化厅

杨贵平　党组书记、厅长
王　玮　党组成员、省纪委省监委驻厅纪检监察组组长(4月任)
江明成　党组成员、副厅长
辛清华　党组成员、副厅长
瞿小华　党组成员、副厅长(12月任)
谢志锋　党组成员、副厅长
江绍龙　党组成员、副厅长(5月任)
郑正春　党组成员、副厅长(任至4月),一级巡视员(4月任,任至11月)
王亦斌　一级巡视员
郭国君　省纪委省监委驻厅纪检监察组一级巡视员(任至5月)
郭启东　融合推进中心主任(副厅级)

省交通运输厅

王爱和　党委书记、厅长
王昭春　党委委员、副厅长

蓝丽红 党委委员、省纪委省监委驻厅纪检监察组组长
刘震华 党委委员、副厅长
丁光明 党委委员、副厅长
周慧锋 党委委员、副厅长，省邮政管理局党组书记、局长
胡钊芳 一级巡视员

省住房和城乡建设厅

吴昌平 党组书记（任至8月）
卢天锡 厅长，民进江西省委会副主委（任至6月）、主委（6月任）
李绪先 党组书记（8月任）
宗玉明 省纪委省监委驻厅纪检监察组一级巡视员（任至9月）
李洪涛 党组副书记、副厅长
李道鹏 副厅长
王海涛 党组成员、副厅长（任至9月）
熊春华 党组成员、副厅长
严全胜 党组成员、省纪委省监委驻厅纪检监察组组长

省应急管理厅

龙卿吉 党委书记、厅长
汪少舟 党委委员、副厅长
余　钢 党委委员、副厅长
张贤义 党委委员（任至11月）、副厅长
徐卫明 党委委员、副厅长（兼任）
万　丰 党委委员、省纪委省监委驻厅纪检监察组组长（4月任）
姚　丹 党委委员、副厅长
于建国 党委委员、副厅长（兼任）
刘　闯 党委委员、政治部主任
徐何明 党委委员、副厅长
周　平 一级巡视员（任至5月）

省人防办

李绪先 党组书记、主任（任至8月）
金俊平 党组书记、主任（10月任）
钟　斌 党组成员、副主任
林承杰 党组成员、副主任（1月任）

省商务厅

谢一平 党组书记（任至11月）、厅长
犹　瑾 （土家族）党组书记（11月任）
刘　煜 党组成员，中国国际贸易促进委员会江西省委员会党组书记、会长
梁小康 党组成员、副厅长
贾俊芳 党组成员、省纪委省监委驻厅纪检监察组组长（任至9月）
刘建堂 党组成员、省纪委省监委驻厅纪检监察组组长（9月任）
饶芝新 党组成员、副厅长
陈长生 党组成员、副厅长
姚睿钦 省纪委省监委驻厅纪检监察组一级巡视员（任至11月）
朱元发 一级巡视员
晏　斌 江西外语外贸职业学院党委书记
朱隆亮 江西外语外贸职业学院院长、党委副书记

省供销合作社

李晓刚 党组书记、理事会主任
欧阳太来 一级巡视员
卢　忠 党组成员、理事会副主任（任至4月）
李家祥 理事会副主任（4月任）
杨晓琴 （女）党组成员、理事会副主任
陈立新 党组成员、省供销集团有限公司党委书记、总经理
裴敏春 党组成员、理事会副主任
汪　波 监事会主任
吴小平 江西旅游商贸职业学院党委书记
蔡海生 江西旅游商贸职业学院院长（任至2月）
彭　元 江西旅游商贸职业学院院长党委副书记、院长（10月任）

省市场监督管理局

王福平 党组书记、局长（任至5月）
谢来发 党组书记、局长（5月任）
谭文英 （女）副局长
张正新 党组成员、副局长
吴　维 党组成员，省药品监督管理局党组书记、局长（10月任）
黄富华 党组成员、省检验检测认证总院院长
梁卫光 党组成员、副局长
刘建华 一级巡视员
蔡　玮 一级巡视员
沈庆中 一级巡视员
邓季芳 党组成员、省纪委省监委驻局纪检监察组组长（任至8月），一级巡视员（8月任，任至11月）
杨　瑛 （女）党组成员（任至11月），一级巡视员（11月任）

省外办

赵　慧 （女）党组书记、主任，省对外友协会长
李雨强 党组成员、副主任，省对外友协副会长
胡志扬 党组成员、副主任，省对外友协副会长
黄小燕 （女）党组成员、副主任，省对外友协副会长
叶　松 省对外友协副会长（任至11月）
涂安波 省对外友协专职副会长

省政府驻外省（市）办事处

樊雅强 省政府副秘书长（任至11月），省政府驻北京办事处党组书记、主任
高延平 驻北京办事处党组成员、副主任
欧阳添 驻北京办事处党组成员、副主任
吴文凯 驻北京办事处一级巡视员
吴井勇 驻上海办事处党组书记（任至4月）、主任（任至4月）
肖承贵 驻上海办事处党组书记（4月任）、主任（4月任）
张雪萍 （女）驻上海办事处党组成员、副主任，江西省驻沪单位党委书记
姚军章 驻上海办事处党组成员、副主任
王坚真 （女）一级巡视员（任至11月）
刘友龙 驻广东（深圳）办事处党组书记、主任（任至9月），一

级巡视员(9月任)
赖晓岚 (女)驻广东(深圳)办事处党组书记、主任(9月任)

省农业农村厅

江枝英 (女)党组书记,厅长(1月任)
胡汉平 厅长(任至1月)
刘　洪 党组成员、省乡村振兴局党组书记、局长
刘　伟 党组成员、副厅长
刘光华 党组成员、副厅长
邓贤贵 党组成员、副厅长
李文信 党组成员、副厅长(8月任)
兰永清 党组成员,省农业技术推广中心主任(任至11月)、省委农办专职副主任(11月任)
衷文俊 党组成员、省纪委省监委驻厅纪检监察组组长(7月任)
杨　光 党组成员
赖金生 一级巡视员
吴国昌 党组成员(任至5月),一级巡视员(5月任)
罗　锋 省农业农村产业发展服务中心主任
刘长城 省农业农村产业发展服务中心党委书记
郑　敏 省农业技术推广中心党委书记
曹爱珍 (女)党组成员、省纪委省监委驻厅纪检监察组组长(任至4月)
路文革 党组成员、副厅长(任至5月)

省林业局

邱水文 党组书记、局长
黄小春 一级巡视员(任至5月)
罗　勤 (女)一级巡视员
严　成 党组成员、副局长(任至9月)
刘　宾 党组成员、副局长
肖忠优 江西环境工程职业学院党委书记
熊起明 江西环境工程职业学院院长

省金融监管局

韦秀长 党组书记、局长
徐鹤飞 党组成员、副局长
万良顺 党组成员、副局长(5月任)

省水利厅

王　纯 党委书记(4月任)、厅长(5月任),省鄱建办党委书记(4月任)
罗传彬 党委委员、副厅长,省鄱建办党委委员、主任
廖瑞钊 党委委员、副厅长
蔡　勇 党委委员、副厅长
姚毅臣 党委委员、副厅长(10月任)
徐卫明 党委委员、副厅长
黄发高 党委委员、省纪委省监委驻厅纪检监察组组长(7月任)
纪伟涛 一级巡视员
吴义泉 党委委员(任至11月)、副厅长(任至12月),一级巡视员(11月任)
刘　超 省鄱建办党委委员、副主任
李海辉 省鄱建办党委委员、副主任
熊　觎 省鄱建办党委委员(1月任)、副主任(2月任)
谢元鉴 省鄱建办党委委员、副主任(4月任)
方少文 省水文监测中心主任、党委副书记(8月任)
戴金华 省水文监测中心党委书记(5月任)

省自然资源厅

张圣泽 党组书记、厅长
邱水文 党组成员,省林业局党组书记、局长
宋　斌 党组成员,省地质局党组书记
邝先华 党组成员、省纪委省监委驻厅纪检监察组组长
张龙飞 党组成员、副厅长
陶小驹 党组成员、副厅长
郑斌勇 副厅长
涂迎九 党组成员、副厅长
黄庆龄 党组成员、副厅长
蔡建平 一级巡视员
张家菁 江西应用技术职业学院党委书记
徐志峰 江西应用技术职业学院院长
周国员 江西省国土空间调查规划研究院院长
黄　敏 (女)江西省国土空间调查规划研究院党委书记

省粮食和物资储备局

喻志勇 党组书记、局长(任至4月),省发展改革委党组成员(任至4月)
路文革 党组书记、局长(6月任),省发展改革委党组成员
刘福元 党组成员、副局长(副厅长级)
林　华 党组成员、副局长(任至11月)
李湘晖 (女)党组成员、副局长

省乡村振兴局

刘　洪 党组书记、局长
饶振华 党组成员、副局长(任至1月),党组成员、一级巡视员(1月任)
胡跃明 党组成员、副局长(任至7月)
邓丰昌 党组成员、副局长(任至11月)
曹爱珍 (女)党组成员、副局长(4月任)
张利民 党组成员、副局长
勒系永 党组成员、副局长(8月任)

省医保局

梅　亦 (女)党组书记、局长(任至5月)
王前虎 党组书记、局长(6月任)
何　桑 (女)党组成员、副局长
吴国平 党组成员、副局长

省政府研究室

李　能 省政府副秘书长、主任
王平俭 一级巡视员(11月任)
肖马龙 副主任(任至5月)

省机关事务管理局

严佛元 省政府副秘书长,党组书记、局长
邱永强 党组成员、副局长
黄才兰 党组成员、副局长
简逢春 党组成员、副局长(任至1月)
侯熙文 党组成员、副局长(4月任)

省科学技术厅

宋德雄 党组书记、厅长
刘邦琰 党组成员、省纪委省监委驻厅纪检监察组组长
席　宏 党组成员、副厅长
鄢帮有 党组成员、副厅长
陈金桥 党组成员、副厅长
陈炜蓉 （女）党组成员、副厅长兼省外国专家局局长

省委教育工委、省教育厅

叶仁荪 工委书记（任至5月）
郭杰忠 工委副书记、厅长
郑志军 工委副书记（5月任）
汪立夏 工委委员、副厅长
裴鸿卫 工委委员、副厅长（任至5月）
刘雪平 （女）工委委员、省教育考试院党委书记
史国珍 （女）工委委员、省纪委省监委驻厅纪检监察组组长
王江华 工委委员、副厅长（4月，因严重违纪违法，接受省纪委省监委纪律审查和监察调查。9月，经省纪委常委会会议研究并报省委批准，决定给予开除党籍处分；由省监委给予开除公职处分，并将其涉嫌犯罪问题移送检察机关依法审查起诉）
曹伴好 工委委员、厅总督学
刘小强 工委委员、副厅长
程裕秋 工委委员（11月任）、副厅长（12月任）
刘菊娇 （女）一级巡视员（任至10月）

省体育局

李克坚 党组书记、局长（任至7月）
李小平 党组书记（9月任）、局长（10月任）
张祖平 党组成员、副局长
金紫薇 （女）党组成员、副局长
王　勇 党组成员、副局长（任至7月）

省卫生健康委

王水平 党组书记、主任
曾传美 党组成员、一级巡视员（任至11月）
龚建平 党组成员、副主任（任至6月），南昌医学院党委书记（5月任）
朱卫国 党组成员、省纪委省监委驻委纪检监察组组长
朱烈滨 党组成员、副主任
谢光华 党组成员，省中医药管理局党组书记、局长（正厅长级）
江晓斌 党组成员、副主任
罗礼生 党组成员，省计划生育协会专职副会长
李秋根 党组成员、副主任（任至8月），南昌医学院党委副书记、院长（8月任）
钭方芳 （女）党组成员，省人民医院党委书记
孙常翔 党组成员、副主任（7月任）
陈志平 省人民医院党委副书记、院长

省退役军人事务厅

欧阳泉华 党组书记、厅长（2023年6月，因涉嫌严重违纪违法，主动向组织交代问题，接受省纪委省监委纪律审查和监察调查）
万小根 党组成员、副厅长（正厅长级，任至8月）
施新华 党组成员、省纪委省监委驻厅纪检监察组组长
雷起平 党组成员、副厅长
张　勇 党组成员、副厅长（正厅长级，任至4月）
涂汉兵 党组成员（4月26日任）、副厅长（4月27日任）

省文化和旅游厅

李小豹 党组书记、厅长（5月，因涉嫌严重违纪违法，主动向组织交代问题，接受省纪委省监委纪律审查和监察调查。10月，经省纪委常委会会议研究并报省委批准，决定给予开除党籍处分；由省监委给予开除公职处分，并将其涉嫌犯罪问题移送检察机关依法审查起诉）
梅　亦 （女）党组书记、厅长（5月任）
陈晓平 党组成员、副厅长
丁新权 党组成员、副厅长
黄小蓉 （女）党组成员、副厅长
雷朝晖 （女）党组成员、省纪委省监委驻厅纪检监察组组长
周建文 党组成员、副厅长
韩之宇 党组成员、副厅长

省广播电视局

杨六华 党组书记、局长
白文松 一级巡视员（4月任）
周世敏 党组成员、副局长
彭建华 党组成员、省纪委省监委驻局纪检监察组组长
兰丽华 （女）党组成员、副局长
韩兴文 党组成员、副局长（4月任）

省民族宗教事务局

曹国庆 省委统战部副部长，民宗局党组书记、局长（任至4月）
喻志勇 省委统战部副部长，民宗局党组书记、局长，（4月任）
李新华 党组成员、副局长
王希贤 党组成员、副局长（任至5月）
廖　敏 （女）党组成员、副局长（4月任）
马哲海 一级巡视员

省社科院

田延光 党组书记（任至4月）
蒋金法 党组副书记、院长（任至4月），党组书记（4月任）
肖洪波 党组副书记、院长（5月任）
曾建平 党组成员（9月任）、副院长（10月任，正厅长级）
樊　宾 党组成员、副院长
甘根华 党组成员、副院长兼省地方志研究院院长
龚剑飞 党组成员（任至9月）、副院长（任至10月）
钟小武 党组成员、副院长

省地方志研究院

甘根华 院长
杨志华 副院长、一级调研员
张棉标 副院长

省公安厅

秦 义 党委书记、厅长、督察长，副省长
涂建生 党委委员、副厅长（正厅长级）
胡朗民 党委委员、江西警察学院党委书记
王越飞 党委委员、特勤局局长
陈光明 一级警务专员（任至3月）
万秀奇 党委委员
胡满松 党委委员、副厅长
何军威 党委委员、政治部主任、直属机关党委书记
周重和 党委委员、省纪委省监委驻厅纪检监察组组长
肖铁军 党委委员，南昌市政府副市长，市公安局党委书记、局长
李湘屏 党委委员、副厅长(1月任)
刘海滨 一级巡视员
华小明 一级巡视员
邓 伟 一级巡视员
叶 琳 一级警务专员
胡景辉 一级警务专员(4月任)
邱木兴 一级警务专员(9月任)
胡建强 一级警务专员、经济犯罪侦查总队总队长（副厅长级）(11月任)
伍绍保 江西警察学院一级巡视员
周忠伟 江西警察学院一级巡视员

省司法厅

张 强 党组书记、厅长兼省监狱管理局第一政委
江 涛 党组成员、副厅长
凌 云 党组成员、副厅长
刘品韬 党组成员、副厅长兼省监狱管理局党委书记、局长
邱荣飞 党组成员、副厅长兼省戒毒管理局党委书记、局长
龚河兴 党组成员、副厅长
胡兴平 党组成员、省纪委省监委驻厅纪检监察组组长
胡水明 党组成员、政治部（警务部）主任、厅直属机关党委书记
邓奕强 一级巡视员

民革江西省委会

马志武 主委（任至6月）
熊 皓 主委(6月任)
胡汉平 副主委（任至6月）
徐景坤 副主委
李家祥 副主委（任至6月）
傅 春 （女）副主委
熊 彤 （女）副主委
郑斌勇 副主委(6月任)
王晓明 副主委(6月任)
徐余波 副主委(6月任)

民盟江西省委会

刘晓庄 主委（任至6月）
辜 清 主委(6月任)
何建洋 副主委（任至6月）
黄菊花 （女）副主委（任至6月）
陈文华 （女）副主委
刘新农 副主委（专职）
张国新 副主委
刘林芽 副主委
熊 涛 副主委(6月任)

民建江西省委会

孙菊生 主委
胡淑珠 （女）副主委（任至6月）
杨文龙 副主委（任至6月）
左继生 副主委（任至6月）
陈朝清 副主委
刘木华 副主委
赵 波 （女）副主委(6月任)
李 军 （女）副主委（任至6月）
杨 峰 副主委（任至6月）
李良彬 副主委（任至6月）

民进江西省委会

卢天锡 主委
邓 辉 副主委
刘菊娇 （女）副主委
欧阳剑雄 副主委
崔传鹏 专职副主委
谭绍木 副主委
胡国良 副主委

农工党江西省委会

史 可 主委
龙国英 （女）副主委
林 凯 （回族）专职副主委
杨 辉 副主委(6月任)
闵卫东 副主委(6月任)
代威力 副主委(6月任)
乐爱平 副主委(6月任)
罗胜联 副主委（任至6月）
余少良 副主委（任至6月）
刘季春 副主委（任至6月）

九三学社江西省委会

张 伟 （女）主委(6月任)
张玉清 副主委
肖礼庆 专职副主委
兰亚青 （女）副主委
吴代赦 副主委
潘家永 副主委
卢全国 副主委
江民涛 秘书长

台盟江西省委会

曾鲁台 主委（任至6月）
吕少军 副主委（任至6月）、主委(6月任)
徐友洪 副主委（专职）
张新辉 副主委(6月任)

省工商业联合会

雷元江 省政协副主席、省工商联主席（会长）
高鹰群 （女）省委统战部副部长，省工商联党组书记、副主席（副会长）
刘星平 党组成员、副主席（副会长）
周华爱 （女）副主席（副会长）
邹常军 党组成员、副主席（副会长）
谢松岳 党组成员、副主席（副会长）
李文强 党组成员、秘书长
洪跃平 一级巡视员

省总工会

刘 强 省人大常委会党组副书记、副主任，省总工会主席(2月任)
邹绍辉 省总工会党组书记、常务副主席
吴海平 一级巡视员
陈 兵 党组成员、省纪委省监委驻会纪检监察组组长（任至4月）
卢 忠 党组成员、省纪委省监委驻会纪检监察组组长(4月任)
饶冬梅 （女）党组成员、副主席
吴福才 党组成员、副主席
吴丽云 （女）党组成员、经费审查委员会主任（任至9月）

任春山　党组成员、副主席
应朝晖　党组成员(11 月任)
樊　胜　副主席(兼职)
刘克琦　副主席(兼职)
向　东　副主席(兼职)
刘伟平　副主席(兼职)

团省委

邱　凌　书记(7 月任)
胡振燕　(女)副书记
罗　华　副书记(11 月由挂职转任专职)
潘建文　副书记(兼职)
邹志刚　副书记(兼职)

省妇联

王　庆　(女)党组书记、主席
刘　丽　(女)党组成员、副主席
张晓雯　(女)党组成员、副主席
吴晓晖　(女)党组成员、副主席(8 月任)
肖晓兰　(女)一级巡视员

省文联

马玉玲　(女)党组书记(任至 7 月)
饶利萍　(女)党组书记(7 月任)
叶　青　党组成员、主席
张　越　党组成员、副主席
邬定忠　党组成员、副主席
李小军　党组成员、省作协主席(副厅长级)
毛国典　副主席
温燕霞　(女)党组成员、挂职副主席(任至 12 月)

省社科联

罗勇兵　党组书记、主席
杨宇军　党组成员、副主席
汤水清　党组成员、副主席
刘清荣　党组成员、副主席
李方明　党组成员、副主席(挂职)
朱民安　一级巡视员

省科协

曾　萍　(女)党组书记
史　可　主席
梁纯平　一级巡视员(11 月任)
孙卫民　党组成员、副主席
李世锋　党组成员、副主席
蔡震峰　党组成员、副主席(挂职)

省侨联

唐舒龙　党组书记、主席
王　强　党组成员、副主席
罗丽都　(女)党组成员、副主席

省台联

徐友洪　会长
吕少军　副会长(任至 11 月)
俞红光　副会长(专职)
杨　奕　副会长
林　峻　副会长
温建新　副会长
曾小育　副会长(11 月任)
曾　澎　副会长(11 月任)

省残联

何剑锋　党组书记、理事长
邹　凯　党组成员、副理事长
黄建国　党组成员、副理事长
兰　昊　党组成员、副理事长

省红十字会

龚建辉　党组书记、常务副会长(正厅长级)
袁才华　党组成员、专职副会长(任至 8 月)
戴　莹　(女)党组成员、专职副会长
聂冬平　党组成员、挂职副会长
朱振华　党组成员、专职副监事长

省贸促会

刘　煜　党组书记、会长
彭　峰　党组成员、副会长
赵向阳　党组成员、副会长
朱晓燕　(女)党组成员、副会长

中央驻赣单位领导干部名录

国家统计局江西调查总队

方正亚　党组书记、总队长
周献华　党组成员、副总队长
薛大伟　党组成员、纪检组组长
余　靖　党组成员、副总队长
许晓红　(女)党组成员、副总队长
张福坤　一级巡视员(任至 9 月)

国家税务总局江西省税务局

胡立文　党委书记、局长(任至 9 月)
范扎根　党委书记、局长(9 月任)
李德平　党委委员、副局长
张建平　党委委员、副局长
刘英怀　党委委员、副局长
何荔春　党委委员、纪检组组长
黄　峻　党委委员、总审计师(任至 1 月)
赖竹华　党委委员、总审计师(1 月任)
傅晓东　党委委员、总会计师
龚云斌　党委委员、总经济师
王显和　一级巡视员(任至 6 月)
胥敏锋　一级巡视员(任至 11 月)
黄正逊　一级巡视员
陈国英　一级巡视员

省消防救援总队

于建国　党委副书记、总队长
刘克辉　党委书记、政治委员
肖纯栋　党委委员、副总队长
张小新　党委委员、副总队长
王巧梅　(女)党委委员、副总队长
马剑明　党委委员、副总队长兼灭火救援指挥部部长
雷智勇　党委委员、副政治委员兼纪委书记
朱飞勇　党委委员、总工程师
黄　敏　党委委员、政治部主任

国家矿山安全监察局江西局

田学起　党组书记、局长(任至 10 月)
朱　勇　党组成员、总工程师(主持工作)(10 月任)
杨市龙　党组成员、副局长
易承长　党组成员、纪检组组长
谭　礼　党组成员、副局长

省邮政管理局

周慧锋　党组书记、局长
刘　勇　党组成员、纪检组组长
阮亦彬　党组成员、副局长

省通信管理局

郑　蕾　（女）党组书记、局长
胡素仁　党组成员、副局长，纪检组组长
谢胜斌　党组成员、副局长

省机场集团有限公司

万　林　党委书记、董事长
姜春阳　党委副书记、总经理
欧阳智　党委委员、副总经理
黄肇春　党委委员、副总经理
周　军　党委委员、副总经理
康永宁　党委委员、副总经理
胡最清　财务总监
郭成宏　总经理助理

中国铁路南昌局集团有限公司

汤立新　党委书记、董事长
王创路　党委副书记、董事、总经理
万　军　党委副书记、董事
刘梦书　党委委员、纪委书记
黄少雄　党委委员、职工董事、工会主席、副总经理
谭立新　党委委员、副总经理
杜永明　党委委员、副总经理
李　晔　党委委员、副总经理
王　斌　党委委员、副总经理
谢照胜　党委委员、总会计师
郭宏伟　党委委员、副总经理
陈寿卿　福州铁路办事处主任、党委书记，副总经理

南昌海关

张格萍　（女）党委书记、关长（任至1月）
党英杰　（女）党委书记、关长（1月任）
赵月淦　党委委员、缉私局党组书记、局长、一级警务专员
符　平　党委委员、副关长、一级巡视员
李　宇　党委委员、副关长、一级巡视员
温劲松　党委委员、副关长
张　潮　党委委员、政治部主任
邵　飞　党委委员、副关长
蔡金水　党委委员、纪检组组长
周维颖　一级巡视员

人民银行南昌中心支行

张瑞怀　党委书记、行长兼国家外汇管理局江西省分局局长（任至12月）
陈建新　（女）党委书记、行长兼国家外汇管理局江西省分局局长（12月任）
周伟军　党委委员、副行长
王地宁　党委委员、副行长
陈　锋　党委委员、副行长
杜正琦　党委委员、副行长
钟春晓　（女）党委委员、副行长兼国家外汇管理局江西省分局副局长
李　艳　（女）党委委员、纪委书记

江西银保监局

李赛辉　党委书记、局长
程健荣　党委委员、一级巡视员
熊　伟　党委委员、二级巡视员
李青川　党委委员、副局长
朱伟忠　党委委员、纪委书记
曹东明　党委委员、副局长
余祖典　一级巡视员
柯愈华　一级巡视员

江西证监局

唐理斌　党委书记、局长（任至7月）
匡晓凤　党委书记、局长（7月任）
周　军　党委委员、副局长、二级巡视员
洪　漫　（女）党委委员、副局长
姜慧平　（女）党委委员、纪委书记

省地震局

张有林　党组书记、局长
熊　斌　党组成员、纪检组组长
陈家兴　党组成员、副局长
欧阳承新　党组成员、副局长

省气象局

詹丰兴　党组书记、局长
谢梦莉　（女）党组成员、纪检组组长，一级巡视员（任至12月）
傅敏宁　党组成员、副局长，一级巡视员（9月任）
邓世忠　党组成员、副局长
孙国栋　党组成员、副局长
殷建敏　总工程师（任至12月）

全国五一劳动奖章

李怡丹　女，江西省南昌县人，1987年6月生，大学本科学历，中共党员，南昌县八月湖街道丰源淳和社区党支部书记兼居委会主任。她打造丰源淳和“五型”社区党组织，通过“零距离”工作模式，实现服务线上线下的融合，社区先后获“红十字优秀基层组织”“关心下一代工作先进集体”等荣誉称号。在杨家湾社区她坚持“五同”工作法，打造“同心 · 共筑”杨家湾党建特色品牌。开展“无传销社区”创建工作，共捣毁传销窝点107处，成功劝返传销人员431人。创新“一三三”出租房屋管理办法，登记备案出租房屋163户。2020年年初，她带领社区干部、志愿者开展抗击新冠肺炎疫情“扫楼”行动、宣传疫情防控、进出社区人员体温监测与排查，接送社区高龄独居老人在规定的时限内完成疫苗接种，确保社区“零”疑似、“零”确诊。她健全和修订丰源淳和社区、杨家湾社区的灾害应急管理工作体制与应急预案，丰源淳和社区被评为2018年度全国综合减灾示范社区，杨家湾社区被评为2020年度全国综合减灾示范社区。2022年获全国五一劳动奖章。

梁利华　女，江苏省阜宁县人，1979年8月生，硕士研究生学历，中共党员，国家税务总局南昌市税务局第一稽查局副局长。她立足岗位，廉洁办税，多次被评为优秀公务员；2017年获南昌青年五四奖章、南昌市“三风”青年榜样人物；2018年获南昌市五一劳动奖章、江西青年五四奖章；2020年获评江西省先进工作者、南昌市先进工作者；2019年、2021年获全省打击虚开骗税违法犯罪工作成绩突出个人。工作中，她冲锋在前，参与打虚打骗两年专项行动、“闪电一号”专案、“鹰击一号”查办。同时，创新案

件积分管理工作，开发案源（案件）管理考核评价系统，并发表相关论文。2016 年起，兼任市青年志愿者协会常务理事，坚持利用节日走访慰问社区困难群众，为困难孤寡老人、留守儿童、病患人员筹措资金 30 余万元。2022 年获全国五一劳动奖章。

喻秋平 江西省九江市人，1970 年 7 月生，硕士研究生学历，主任医师，九江学院附属医院重症医学科副主任。他每年参与指导 500 余例危重症患者的救治，同时带领科室开展科研工作，主持省厅课题 5 项，3 项已结题，部分科研成果通过专家组成果鉴定达到省内先进水平。参与 1 项国家自然科学基金及 4 项省厅课题。先后在核心期刊及国家级期刊以第一作者身份发表论文 10 余篇，获九江市卫健委新技术应用一等奖及优秀论文奖。2020 年 1 月 23 日，被任命为九江学院附属医院新型冠状病毒肺炎诊疗专家组成员，参与全院新冠肺炎及疑似患者的筛查、会诊、确诊、治疗等工作。1 月 28 日，江西省卫健委组建第二批援鄂医疗队，他主动请缨，随队进驻随州市中心医院重症医学科工作。经过全体成员 47 天共同奋斗，江西医疗队完成抗击新冠肺炎疫情支援任务。2020 年被湖北省委、省政府授予抗击新冠肺炎疫情“最美逆行者”称号，被江西省委、省政府授予“江西省抗击新冠肺炎疫情先进个人”称号。他悉心指导下级医师各项工作，带领同事开展学术研究，多次获年度先进个人、年度考核优秀、医德医风考核优秀、年度患者最满意奖以及九江市“双百双千”人才工程人选。抗疫任务结束后，他参加核酸标本采集工作，任疫情防控专家组成员，并利用休息时间参与社区志愿服务工作。2021 年获江西省五一劳动奖章、“九江市劳动模范”称号。2022 年获全国五一劳动奖章。

陈菊荣 女，江西省南昌市人，1979 年 10 月生，大学本科学历，民革党员，江西省技能大师，国家一级技师，江西省景德镇高新区新都民营陶瓷城创客工会委员会工会主席，获景德镇市政府津贴。出版论著《景德镇高温色釉绘画研究》，多件作品获国家级或省级金奖、银奖，被省、市博物馆收藏，发表学术论文多篇，2 件作品获得外观设计专利证书。2019 年，她牵头成立以传承、研究、教学于一体创客工会，邀请具备高级技师、省高级工艺美术师以上资格和职称的 30 多位艺术家为创客工会会员。2020 年，个人为抗击新冠肺炎疫情捐赠现金 1 万元、口罩 8 万只，组织创客工会会员捐赠现金和作品，组织创客工会会员无偿献血、到福利院看望孤寡老人、孤残儿童和送文化下乡、送文化进校园等活动。2018 年被省工艺美术学会授予“江西省工艺美术家”称号。2020 年先后被授予江西省三八红旗手、全国三八红旗手、江西省劳动模范。2022 年获全国五一劳动奖章。

卢　彧 江西省萍乡市人，1980 年 3 月生，大学专科学历，中共党员，高级工程师，萍乡萍钢安源钢铁有限公司安源轧钢厂棒线车间主任。他开发棒材 φ14 毫米规格五切分等多项切分轧制技术在全国轧钢行业名列前茅。2018 年担任高线车间主任，生产的 φ6 毫米规格盘螺产品日产突破 2600 吨，全年累计实物成材率 98.91%，排全国第 3 名。2019 年调任棒线车间主任，带领团队优化工序过程和工艺参数，棒线切换时长由最初的 10 小时缩减到 6 小时，棒线平均日产突破 3600 吨。2016—2019 年组织完成小改小革项目 416 项，创效 399 万元，其中由他主导 17 项，创效 61.12 万元。他参与的攻关科研项目为公司创效约 824 万元。2017 年 11 月，他创办“卢彧轧钢工技能大师工作室”，“卢彧轧钢工技能大师工作室”先后获得“省级技能大师工作室”“省级劳模创新工作室”“国家级技能大师工作室”称号，申请并通过验收 8 项国家实用新型专利。2020 年，获江西省“能工巧匠”称号。2021 年获江西省五一劳动奖章、江西省“优秀共产党员”称号。2022 年获全国五一劳动奖章。

张　阳 江西省会昌县人，1969 年 11 月生，大学专科学历，中共党员，高级技师，新余钢铁股份有限公司动力厂供电维检负责人。从事电气设备维修二十多年，逐步成为对各类电气设备故障判断有独特见解和解决方法的专家型人才。2021 年，他带领“张阳创新工作室”在智能制造、电气设备的安装、调试、检修及运行工作过程中解决许多现场难题，为确保新钢公司大生产安全供电 49.36 亿千瓦时和年自发电量 29.71 亿千瓦时作出突出贡献。他带领团队先后完成 4 座老高炉泵站的高、低压电气和应急柴油机泵、焦化泵站新老制冷机的智能化改造工程，完成高效发电二期工程中气改电工程、二总降四总降升改工程、四泵站智能化改造工程。他为企业培养急缺的电力技术后备人才梯队，他总结的 2 项检修操作法被新钢公司命名为“职工先进操作法”，他和团队的 5 项创新技术成果先后获得国家专利。2019 年获江西省五一劳动奖章。2022 年获全国五一劳动奖章。

程书桃 江西省贵溪市人，1967 年 1 月生，大学本科学历，中共党员，主任中医师，江西省鹰潭市中医院针灸科主任。2012 年，他创建鹰潭市中医院针灸科，开展毫针、梅花针、腹针、筋针，热敏灸、热敏脐灸、热敏督灸、热敏任灸、隔姜灸等多种针法和灸法研究，对面瘫、中风病、颈肩腰腿痛等专科专病采用特色疗法。他的针灸科成为江西省临床重点专科、鹰潭市第二批医学领先学科建设计划项目建设单位、国家中医药管理局中医诊疗技术协作组成员单位。他将“冬病夏治”三伏灸与“冬病冬治”三九灸应用于呼吸系统及体质调养等领域，采用“一针二灸三中药”的整合模式，对瘫症（面瘫、偏瘫、截瘫）、痛症（颈肩腰腿痛、三叉神经痛、带状疱疹后神经痛、各种关节炎）、杂症（慢性胃炎、慢性咳嗽、过敏性鼻炎、月经不调、黄褐斑）等重点病种形成一系列诊疗方案。2017 年，他的《针灸与中风病主讲》获 2020 年“网聚职工正能量 争做中国好网民”暨江西省第二届职工网上艺术节职工技能微课类别一等奖。完成课题《热敏灸治疗高脂血症的临床研究》《中药抗菌洗剂湿敷治疗皮炎湿疹的临床研究》，发表学术论文 20 余篇。2022 年获全国五一劳动奖章。

黎荣辉 江西省赣州市人，1986年9月生，赢家时装（赣州）有限公司IE主管。他带领团队先后对产线框架布局从3个衣架5个部件区产线流程改造成2个衣架3个部件区的生产模式，站位稼动率从之前的52%提高到85%，节约230.01万元/年，节约场地租金总计115.27万元/年。结合产线的运行情况提出系统三位一体校验的调度逻辑，使产线流程节奏平衡，减少产线拥堵及人员待工的情况。建立员工技能培训管理平台、生产绩效数据管理平台、生产执行进度管控平台以及智能制造知识体系，确保利润、效率、品质、异常、生产节点等各项数据报表简洁、清晰，并对数据进行分析优化，以达到降低成本，提升效率的目的。生产线月产量从之前3000多件升至月均5500多件。多次被公司评为金牌员工、发展之星、优秀职能组长。他热心公益，经常利用节假日参与公益活动。2021年获“全国纺织工业劳动模范”称号；2022年获全国五一劳动奖章。

陈一文 江西省瑞金市人，1988年11月生，大学专科学历，赣州君拓网络科技有限公司（美团外卖瑞金站）骑手。2018年入职美团，做外卖骑手。4年间，他平均每月接单2100多次，里程数每月位居站点第一，从无差评。2020年7月，在送餐路上发现一名学生骑车不慎摔倒，脚割伤严重血流不止。他立即将小孩抱上车直奔医院，替这名学生办理挂号，陪他进行伤口包扎。当家属赶到后，他却默默离开医院。一次路遇居民楼火灾，他帮忙疏散挪开车辆打通消防通道，直到消防队到来才离开。2020年新冠肺炎疫情爆发之初，瑞金市对交通和各大商铺实行管制，他带队留岗，每天坚持早上8点到晚上12点。2021年初，美团外卖在最佳服务骑手及订单最高骑手评选中，他以月1000单的客人5星好评（好评量占月订单50%）获服务最佳骑手奖。是年，他创造出月送2700单的最高订单峰值，获江西省五一劳动奖章。2022年获全国五一劳动奖章。

刘惟果 江西省吉安市人，1983年1月生，大学本科学历，中共党员，江西旺旺食品有限公司工会主席。担任旺旺储运部主任期间，整合优化公司的货运仓储模式，搭建现代化自动穿梭式立体货架存储模式，由传统的平面仓作业模式升级为自动化立体存储、自动存取、自动装车的WMS现代仓储物流模式，使公司每年节省上百万元仓储物流成本。任工会主席后，他向公司争取专项资金及政策，在公司设立工会图书馆、健身房、放映室等业余休闲场所，丰富员工生活；设立工会意见箱，收集并解决340多条意见；热心社会公益，新冠肺炎疫情爆发后，累计向当地学校、敬老院等机构捐赠防疫物资价值20多万元；推动公司承办省级、市级、县级食品行业技能比武，2020年承办“当好主人翁、建功新时代”宜春市食品行业劳动和技能竞赛，2021年承办江西省“天工杯”示范性和劳动技能竞赛。公司员工踊跃参赛，通过以赛代练，促进生产经营技术提高。2020年，获江西省优秀工会工作者奖章。2022年获全国五一劳动奖章。

肖　强 江西省宜春市人，1986年9月生，大学专科学历，江西铜鼓江桥竹木业有限责任公司工程师。2010年到江桥竹木业有限公司工作，承担公司重点、难点项目，陆续开发10大系列80多个品种的竹产品，实现竹材产业精深加工质的飞跃，提供300余户富余劳动力就业岗位。他设计的全竹键盘系列产品开创了国内外键盘“以竹代塑”的先河。竹制键盘、鼠标、U盘、计算器以及竹制计算机机箱和笔记本电脑外壳，远销欧洲、美国、韩国、土耳其、加拿大等26个国家和地区。2021年，他参与研发的竹制音箱销量近50万台，竹制计算器销量20万台，竹制键盘鼠标销量20万套，竹制电脑桌销量30万张，制作的全世界最大竹键盘获吉尼斯世界纪录。他带领技术团队，累计申请专利48项，已授予发明专利9项，实用新型专利15项，外观设计专利9项，国际专利2项。2021年，获江西省五一劳动奖章，被铜鼓县政府评为“铜鼓名匠”。2022年获全国五一劳动奖章。

姚春娥 女，江西省万年县人，1970年3月生，中共党员，江西索普信实业有限公司物料员。2020年新冠肺炎疫情爆发期间，她为公司复工复产带头上班，坚守工作岗位，主动报名做自愿者帮员工测体温，累计捐款捐物1000元。她工作认真刻苦，通过虚心学习，熟悉做节能灯的工艺流程和主要元器件，操作得心应手。她乐于助人，对要求进步的员工，主动找他们谈心，做入党积极分子的联系人；车间的同事生病或家里有特殊事情请假，她就主动顶班，帮助员工完成生产任务。2021年洪灾，她一次性带头捐款500元。从2015年起，公司每次去定点扶贫村（万年县石镇镇虎山村）她都带头捐款捐物，累计捐款2000元。2021年，先后被选为县、市、省党代表，并出席江西省第十五次党代会。2022年获全国五一劳动奖章。

曾志勇 江西省万安县人，1985年6月生，大学本科学历，协讯电子（吉安）有限公司工程二部电子工程师。他根据市场需求，陆续开发多种Type C Dongle类产品，成为公司附加值最高的产品，客户群体包含三星、沃尔玛、联想等。USB－IF于2021年12月14日正式开放240W Extended Power Range（EPR）Type C线缆认证，他所在的团队收到信息后，在十几天的时间便完成设计验证，于2022年1月14日通过USB－IF协会公布的最新标准认证，公司成为全球第一家获得USB－IF授权认证的制造商。他所在的团队设计出一款集DP1.4高清视频信号传输、长距离信号放大及电源保护等多种功能于一身的超高清VR CABLE，获得索尼公司订单，该产品于2022年3月上线量产，为公司带来2亿～3亿元/年的营业额。2020年获江西省“天工杯”电子手工焊接竞赛个人一等奖。2021年获江西省五一劳动奖章。2022年获全国五一劳动奖章。

张梅红 江西省都昌县人，1989年3月生，大学本科学历，中共党员，助理工程师，江西普正制药股份有限公司运营管理部副经理。他带领团队完成全杜仲胶囊效期延长、红花逍遥片挥发油提取、中间产品－产成品质量控制基础数据管理构建等13项创新工作，完成40余项工艺、设备技改项目攻关。在核心期刊发表论文3篇，获国家发明专利2项。2013年，参与研究制定的黔曲等7个中药材品种质量标准被列入2014年版《江西省中药材标准》。他参与开发裸花紫珠颗粒标准化全流程质量可追溯系统，建立全生产过程质量标准22项，实现从中药材种植到产成品全生产过程的质量控制和可追溯，获得国家软件著作权1项。参与完成《裸花紫珠颗粒标准化建设》等10余项国家和省市重点科技项目。参与开发的5项新产品获省新产品鉴定，其中全杜仲胶囊和裸花紫珠颗粒两个产品被评为五类新药，获江西省优秀新产品奖一等奖1次、二等奖1次、三等奖3次，省科技进步奖二等奖和三等奖各1次，为公司创造经济效益超过2000万元。2021年获江西省五一劳动奖章、江西省第四十二次质量管理代表大会QC三等技术成果奖。2022年获全国五一劳动奖章。

杨富梅 女，江西省抚州市人，1977年1月生，大学本科学历，中共党员，江西省抚州市临川区保育院支部书记、院长。2018年6月，她主持编订的园本安全教材《儿歌记心中，安全我在行》正式出版，获江西省"平安校园"优秀成果一等奖，学校教研组被评为"江西省五一巾帼标兵岗"。该院还先后被评为"全国足球特色学校""省家园合作示范园"等。她创建教工之家，让教师们在院内享受温馨待遇。2015—2016年，教育部在全国遴选10名小学语文教师参加"内地与香港教师交流协作计划"项目，她入选并被选为项目优秀指导教师。担任院长期间，她推广师徒结对、送教下乡，主动与年轻教师结队，指导青年教师参加各级赛事，使一批青年教师迅速成为省市区级骨干教师。她获得各级各类奖项100多项，主持并参与10余项省级和市级课题，先后获得几十项荣誉称号。2021年被评为江西省五一巾帼标兵。2022年获全国五一劳动奖章。

陈小兰 女，江西省抚州市人，1975年10月生，建昌帮药业有限公司南城分公司生产制造部技术操作员。她工作认真负责，践行匠心精神，用心做好药，切、浸、煎、滤等，每一步都做到一丝不苟，用热心、耐心和责任心，感染着身边的从业者。经她炮制的中药饮片颜色都较为均一、药效有保障。在2018年公司举行的技术"大比武"中，她切药、炒药几个单项项目均获比赛第一名。在江西省2020年"天工杯"炮制大赛中，获全省第一名。2021年获江西省五一劳动奖章。2022年获全国五一劳动奖章。

罗金超 江西省丰城市人，1992年5月生，江西建工第四建筑有限责任公司员工。2011年参加工作，十年间，从初中学历的砌筑学徒工自学成才，成为砌筑专业技术人才。他始终坚持在一线工地，向前辈虚心学习，研究工艺。2019年，参加第六届全国职工砌筑工职业技能大赛，获江西选拔赛（省级一类竞赛）第四名，获第六届全国职业技能大赛江西省选拔赛"江西省技术能手""江西省青年岗位能手"等称号。他严把项目质量关，参加的赣州中洋首府项目，被评为赣州市安全文明样板工地、赣州市结构示范工地，获江西省杜鹃花奖。他参与的其他项目工地也获得不同类别的省市级奖项。2021年获江西省五一劳动奖章。2022年获全国五一劳动奖章。

汪　莉 女，山东省淄博市人，1975年12月生，博士研究生学历，中共党员，二级教授，江西师范大学博士生导师、江西省第十五次党代会党代表，先后获全国优秀教师、江西省井冈学者特聘教授、江西省百千万人才工程人选、江西省优秀研究生导师、全省教育系统创先争优优秀共产党员、江西青年五四奖章等荣誉。自2006年回国在江西师范大学任教后，长期坚守教学一线，连续15年主讲本科生及研究生专业课程，主讲课程获江西省线下一流课程和校第二批课程思政示范课，在《化学教育》等核心期刊发表论文6篇。致力于纳米生物传感分析研究，主持承担国家自然科学基金4项，其他省部级项目12项。发表论文200余篇，论文被引用7000余次；获授权国家发明专利10项，以第一完成人身份获江西省自然科学奖二等奖和三等奖各1次。15年间指导40余名硕士博士和研究生，其中8人获江西省优秀硕士学位论文、4人获江西省研究生创新基金、12人获国家奖学金、7人获江西省政府研究生奖学金，30余人获校三好研究生等称号。2022年获全国五一劳动奖章。

危　芬 女，江西省抚州市人，1978年5月生，大学本科学历，中共党员，正高级工程师，江西洪都航空工业集团有限责任公司特级主任设计师。在她的带领下，其专业技术团队2020—2021年共申报专利20余项、发表论文10余篇，新编标准规范2项、获航空工业科技进步成果2项；完成多型装备产品研发，各型军用导引头新技术样机10余种，申报合建革新数十项、节约经济价值超数百万元。她联合相关专业院校开展型号技术攻关，解决军用装备实战使用中的难点难题。参与编制航空工业"十四五"导引头专业竞争与发展方略、洪都公司"十四五"科技创新规划指南。在她的牵头下，某型雷达导引头对地对海高精度检测跟踪与制导应用技术、某型雷达红外复合导引头均达到国内领先、国际先进的水平；自主研发的导引头与高度表通用测控系统，可应用于多个项目的科研生产；完成导引头专用挂飞测控通信系统，保障某项目比测试验，直接节约研保条件改造经费百万元以上。她担任某重点项目型号副总师，与合作单位共同研发多套台先进样机，实现同体积重量条件下功能性能翻倍，为公司开展军装型号正式研制抢占了先机。在军科委组织的某个竞标比测项目中，她带领专业团队协同承制单位，在半年时间内成功交付正式产品，按时完成竞标产品测试仿真装配检验等各项工序，保障了竞标项目的试验开展。她先后获专利受理授权29项，获航空工业个人二等功、三等功各1次。2022年获全国五一劳动奖章。

卢赛强 江西省宜丰县人，1987年5月生，大学本科学历，测绘工程师，江西省地质调查勘查院基础地质调查所西藏分院副分院长。2018年年初，基础所筹备组建西藏分院，他主动请缨进藏。西藏分院第一个项目是拉萨市墨竹工卡县城区不动产测绘项目，他带领项目成员比合同约定时间提前一周完成工作任务。2018年年底，基础所正式成为那曲市自然资源局的定点技术服务单位。2021年，他作为西藏自治区自然资源厅等单位的城乡建设用地增减挂钩项目专家组组长，累计完成挂钩项目跨省域调剂指标1333余公顷。4年间，他带领团队承担完成国土空间规划编制、公路勘测定界、公路用地预审、县级三调质检、基本农田储备区划定及整改、增减挂钩规划及复垦设计等类型项目20多个，合同金额2800多万元，足迹遍及拉萨、那曲、日喀则等58个县区。西藏分院从年产值不足100万元，到2021年工作合同超1500万元。在他的带领下，西藏分院获江西省地矿局2019年度“工人先锋号”称号、2020年度“先进集体”称号。他于2019年获评江西省地矿局第九届“文明职工”，2020年获嘉黎县委、县政府“优秀干部”称号、江西省地矿局“最美职工”称号，承担的西藏国道349线土地勘测定界项目获2021年江西省优秀测绘地理信息工程二等奖。2021年获江西省五一劳动奖章。2022年获全国五一劳动奖章。

陈加群 江西省进贤县人，1976年4月生，中共党员，江西铃格有色金属加工有限公司压铸工厂首席技师。1994年9月，在江西新余长 红机械厂参加工作，2002年8月调入江西铃格有色金属加工有限公司。他采用国内先进技术局部挤压，解决产品气孔问题，废品率从8.36%下降到4.21%，生产效率提升13%以上。他提出合理化建议200余条，为公司创造约680万经济效益。他长期兼任压铸一线教学工作，发挥传、帮、带作用，工作期间为铃格公司培养近400多人次合格技能员工，压铸班组多次被评为江铃集团先进班组，2018年，申请获批“陈加群汽车零部件技能工作室”。他获评2012年度、2016年度、2018年度江铃集团公司劳动模范；2018年度赣江杰出青年、南昌市首届洪城技师、2020年度南昌市劳动模范。2021年获江西省五一劳动奖章。2022年获全国五一劳动奖章。

麦玉山 广东省云浮市人，1995年8月生，大学专科学历，中共党员，南昌市红谷滩区专职消防救援队队长。在消防队伍工作的7年间，参与处置火灾事故、抗洪抢险、社会救助等800余起，抢救困难遇险群众百余人，抢救经济财产损失超百万元。荣立个人二等功1次、三等功3次，连续3年被支队授予优秀士兵。2018年，江西省公安消防总队举办“全省消防部队春季实战练兵比武竞赛”，他为支队夺得消防铁人操和400米疏散物资救人操两个单项第一名。2021年，他代表南昌市消防救援支队参加江西省消防行业职业技能大赛，获攀登挂钩梯模块第一名、极限穿越模块第一名、百米消防障碍模块第二名、攻坚技巧模块第三名、以绝对实力获江西省消防行业职业技能大赛“灭火战斗员项目”金牌；代表江西省参加由应急管理部、人力资源和社会保障部、中华全国总工会、共青团中央共同举办的全国消防行业职业技能大赛，获攀登挂钩梯模块第一名、极限穿越模块第一名、“灭火战斗员项目”金牌，被授予大赛最高奖“荣誉金头盔”。2022年获全国五一劳动奖章。

（省总工会）

全国三八红旗手

杨辉利 1987年8月出生，大学本科学历，中共党员，南昌市新建区人民医院党委委员、护理部副主任。获得2020年省委组织部个人记大功奖励；获评2020年省先进工作者、省最美科技工作者、省三八红旗手、新时代赣鄱先锋、新时代“最美逆行者”、全国向上向善好青年、全国抗疫先进个人、全国优秀共产党员、2021年省道德模范、2022年省三八红旗手标兵称号；入选2020年江西好人、中国好人、全国抗疫最美家庭、2021年全国学雷锋“四个100”优秀志愿者。新冠肺炎疫情发生后，驰援武汉。在武昌方舱医院展现出良好的业务素养和职业精神。返回岗位后，把一线抗疫经验运用到本职工作中，在护理事业上更加精益求精，不断改善群众就医体验，做好社会公益活动。

赵小梅 1974年12月出生，大学专科学历，中共党员，巨石集团九江钙业有限公司高级工艺员。获2019年省五一劳动奖章；获评2020年省劳动模范、全国优秀农民工称号；当选中共二十大代表。2010年，应聘落户德安县林泉乡的巨石集团九江钙业有限公司，成为首批员工。2012年，被公司聘为生产工艺员，管控立窑生产工艺。2018年，公司建设5万吨玻纤级氧化钙生产线，她带领生产班成员连续2个月，夜以继日奋战在建设一线，完成建设任务。工程项目一次投产成功，实现达产达标，她获个人三等功。2021年，公司成立赵小梅劳模工作室。在她的主持和参与下，工作室完成多项“增节降”创新项目，为公司创造直接经济效益50余万元。2022年，作为主要发明人，参与完成2项实用新型专利。

曾慧慧 1978年10月出生，博士研究生学历，中共党员，萍乡学院材料与化学工程学院副院长。获评2019年省第十六届职工职业道德建设先进个人、2021年省教育系统优秀党务工作者、2022年省三八红旗手称号；入选2018年江西省“百千万人才工程”、2020年江西省“西部之光”访问学者；当选中共江西省第十五届党代表。她二十年坚守教学第一线，指导学生参加竞赛获得国家级铜奖1项、省级银奖2项。指导学生获市级及以上奖励90余项，其中，国家励志奖10人次，省级以上获奖20项。倡导研究型、互动式的教学改革，主编专业教材，组建的《仪器分析》教学团队入选省级教学创新团队。发表SCI论文20余篇，申请专利8项；主持国家自然科学基金2项、省级项目2项。主持完成《萍乡市节能环保产业“十四五”发展规划》《湘东区节能环保产业结构研究》等横向课题，研制土壤重金属钝化剂修复污染土壤1万余公顷。

李小英 1973年1月出生，初中学历，中共党员，江西长运新余公共交通有限公司403线路班组负责人。获评2019年全省职工职业道德建设先进个人、2020年省劳动模范、2020年全国交通运输系统劳动模范；入选2019年江西好人、2019年中国好人榜、2020年全国最美公交司机、2021年省感动交通人物；当选中共二十大代表。从事公交驾驶员工作11年，用"奉献、文明、守法"的职业操守，为乘客提供安全、舒适、便捷、温馨的乘车环境，无服务纠纷和投诉。安全行驶80万千米，零有责交通事故。2018年11月2日，在面对乘客抢夺方向盘时临危不乱，立即刹车、熄火、打双闪、拔钥匙、报警，成功避免一起恶性安全事故的发生，成为全国公交驾驶员应急操作典范。带领线路班组成员助人为乐，解救自燃私家车及车内人员，将发病学生送往最近医院抢救。班组共拾到乘客遗失物品1100余件，全部归还失主。

姚　军　1968年3月出生，大学专科学历，鹰潭贤泽第三医院院长。获得2016年省五一劳动奖章；获评2013年省扶残助残先进个人、2017年省"三八红旗手"、2020年省劳动模范、2022年省"三八红旗手"标兵。2003年创办医院，坚持以人为本、生命至上理念，用心用情服务病患，不断加大投入、引进人才、更新设备、改善环境，医院综合水平和服务质量得到行业主管部门和社会各界好评。近10年间，为8000多例精神病人和近1000人次智障残疾人进行康复治疗，医治肇事肇祸及流浪病人近3000例，社会捐款近600多万元，培训残疾人技能360人次，帮助60多位残疾人就业。近2年，为当地疫情防控捐款捐物近100万元，派出200多人次医务人员支持抗疫工作。

石玉莲　1974年4月出生，大学本科学历，中共党员，峡江县金坪民族乡南下村党支部副书记、村妇联主席。获2019年省农牧渔业技术改进三等奖；获评2017年全国农业劳动模范、2021年省优秀共产党员；入选2018年全省十佳创新创业先锋、全国百名杰出职业农民、全国幸福家庭；当选中共二十大代表。科技种田30余公顷，带头成立金坪民族乡优质水稻专业合作社，无条件传授技术，对贫困户直接赠送农资。合作社所有农户采用水稻科学施药、测土配方施肥、"三控施肥"、免耕直播等种植新技术，每亩增收300多元。良好效益带动更多乡亲加入合作社，社员增加到136户，优质水稻种植面积增加到330余公顷。她学会无人机播撒农药，被乡亲们称为"农民一姐""站在田埂上种田的女人"。

陈建勇　1971年9月出生，博士研究生学历，中共党员，江西省人民医院消化内科主任、主任医师。获2021年省医师奖，获评2019年省卫生健康委突出贡献中青年专家、2020年省三八红旗手、2021年省卫健委省直单位优秀共产党员，入选2009年、2016年江西省百人远航工程、2020年省"百千万人才工程"。她30年坚守临床一线，开展肝硬化食管胃静脉曲张内镜下精准治疗，建立保障机制，规范诊疗流程，使每年数百名肝硬化大出血急危重病人得到有效救治；建立肝硬化食管胃静脉曲张患者资料库及随诊系统，改善患者长期预后，得到同行及患者广泛认同和信任。担任国家消化道早癌防治中心联盟食管早癌专业组专家，有效进行消化道早癌内镜下微创手术治疗，开展各类消化道早癌专题培训普及。个人专家门诊病人数位居全院前三。主持多项国家自然科学基金及省自然科学基金、省科技厅重大课题，以第一作者和通信作者身份发表SCI论文及核心期刊30余篇。

李媛媛　1967年6月出生，大学本科学历，中共党员，江西省赣剧院院长。获评2015年全国文化志愿服务工作优秀个人、2016年省优秀党务工作者，入选2014年中国文化馆年会十大榜样人物，当选中国文联第九次全国代表大会代表，中共十九大、二十大代表。她多次担任市级大型文化活动总导演，获赣州市政府特殊贡献奖。负责群众文化活动、非物质文化遗产保护等工作。赣州市群艺馆被评为"国家一级文化馆""全国非物质文化遗产保护工作先进集体"。带领单位组织文化志愿者走进西藏、新疆、内蒙古演出，两次获评全国文化志愿服务典型案例。创意赣南民俗音画《客家儿郎》选段《舞春牛》，入选第十二届全国舞蹈展演。2019年，根据她创意创作的音乐《新长征 再出发》入选文旅部"庆祝中国共产党成立100周年舞台艺术精品创作工程"重点扶持作品；组织创排赣剧《血火熔炉》参加庆祝中国共产党成立100周年优秀舞台艺术作品展演。2022年获国家艺术基金一般项目。

（省妇联）

本类目编辑　王伟民

附 录

江西省人民政府关于印发江西省“十四五”数字经济发展规划的通知

各市、县(区)人民政府,省政府各部门:

现将《江西省“十四五”数字经济发展规划》印发给你们,请认真贯彻执行。

2022年5月25日

江西省“十四五”数字经济发展规划

为深入贯彻习近平总书记关于数字经济发展的重要论述,全面落实党中央、国务院决策部署,大力推进数字经济做优做强“一号发展工程”,奋力开创高质量跨越式发展新局面,依据国家《“十四五”数字经济发展规划》《江西省国民经济和社会发展第十四个五年规划和二〇三五年远景目标纲要》《中共江西省委 江西省人民政府关于深入推进数字经济做优做强“一号发展工程”的意见》等,制定本规划。

一、发展基础

“十三五”以来,我省抢抓数字经济发展机遇,深入实施数字经济发展战略,加快推动经济社会各领域数字化发展,2020年全省数字经济增加值8354亿元,占GDP(地区生产总值)比重达32.5%,为抗击新冠肺炎疫情冲击、推动经济社会平稳健康发展、实现同步全面建成小康社会注入了强有力的新动能。

(一)政策体系加快完善。在全国率先制定数字经济发展战略的实施意见,并先后出台数字经济创新发展“二十条”、平台经济规范健康发展“二十六条”等政策文件以及数字经济发展、新型基础设施建设、智联江西建设等行动计划,配套出台VR(虚拟现实)、移动物联网、5G(第五代移动通信)、人工智能、区块链、工业互联网、数字乡村等专项规划政策。特别是省委、省政府高起点谋划、高规格出台数字经济做优做强“一号发展工程”意见及相关配套文件,从政策制度层面搭起支撑新时代江西数字经济发展的“四梁八柱”。

(二)数字基础设施持续升级。截至2020年底,累计开通5G基站3.4万个,实现各设区市主城区连续覆盖和全部县城核心区覆盖,高速光纤网和4G(第四代移动通信)网络覆盖城乡,在中部率先建成全省光网。建成NB-IoT(窄带物联网)基站7.2万个、eMTC(增强机器类通信)基站7.6万个,在全国率先实现窄带物联网省域全覆盖。南昌国家级互联网骨干直联点建成开通,上饶、九江开通国际互联网数据专用通道。建成3个工业互联网标识解析二级节点,累计标识解析量近5000万次。投入使用一批重点数据中心,为经济社会发展提供了算力支撑。

(三)数字产业快速增长。初步形成以电子信息制造业为基础,以VR、物联网等产业为新增长点的数字产业发展格局,数字经济核心产业增加值占全省GDP比重达6.5%。京九(江西)电子信息产业带呈集聚之势,全省电子信息产业规模排名全国第七位、中部第一位。南昌抢占VR产业发展先机,成为世界VR产业大会永久举办地,全省VR产业主营收入达到600亿元。国家“03专项”成果加快转移转化,全省物联网产业主营收入突破1500亿元,鹰潭入选国家首批新一代信息技术战略性新兴产业集群。各地数字产业加速集聚,各具特色、亮点纷呈。

(四)产业数字化动能强劲。智能制造“万千百十”工程提前一年完成,两化融合总体水平迈上新台阶,经营管理数字化普及率达70.6%,数字化研发设计工具普及率达69.6%,关键工序数控化率达46.9%。工业互联网加快发展,建设了一批具有较强影响力的工业互联网平台,全省企业上云数量突破3万家。跨境电商快速成长壮大,智慧物流、在线教育、互联网医疗、数字文旅等“互联网+”新业态新模式加速涌现。智慧农业“123+N”平台平稳运行,信息进村入户工程整省推进,培育了一批农业物联网示范应用基地和示范企业,5个县(市)成功入选国家“互联网+”农产品出村进城试点县。

(五)数字治理水平不断提升。省市政务云基本建成,数据共享交换平台、高频数据共享库加快建设,116个省级、498个市县两级“信息孤岛”全面打通。“赣服通”完成从1.0至4.0版的迭代更新,近7000项事项实现“掌上办”“随时办”,用户数、日活跃量、上线服务和电子证照数量居全国同类平台前列。“赣政通”全面上线运行,成为全国第三个实现省市县乡四级移动协同办公的平台。新型智慧城市、数字乡村加快建设,南昌城市大脑开启城市数字化治理新时代,井冈山市等4个县(市、区)入选国家数字乡村试点。“一部手机游江西”“云游江西”平台上线运行,赣教云教学通实现基本覆盖,智慧医疗、智慧交通、智慧生态、智慧水利、智慧消防、智慧公安加快建设,省级公共安全视频监控共享平台建成,江西获批全国首批“智慧应急”试点省份。

同时,我省数字经济也存在一些短板和弱项,主要表现为:数字经济核心产业不大不强,先进数字技术供给不足,电子信息制造业发展层级有待提升,VR、物联网等产业体量需要进一步壮大。数字技术与经济社会融合不广不深,多领域数字化应用场景亟待进一步挖掘,中小企业数字转型面临“不会转”“不能转”“不敢转”问题。数字基础设施支撑作用、数据要素关键价值尚未真正显现。专业数字人才较为缺乏,全民数字素养有待提升。

二、总体要求

“十四五”时期,我国数字经济转向深化应用、规范发展、普惠共享的新阶段,我省也将进入数字经济全面拓展期、数字化转型加速期、治理体系完善关键期,应抢抓机遇、乘势而上,不断推动数字经济做优做强做大,成为全省培育壮大发展新动能、推动高质量跨越式发展的主引擎。

(一)指导思想。以习近平新时代中国特色社会主义思想为指导,全面贯彻党的十九大和十九届历次全会精神,深入贯彻习近平总书记视察江西重要讲话精神,深刻把握数字中国建设的战略要求,立足新发展阶段,完整、准确、全面贯彻新发展理念,服务和融入新发展格局,统筹国内国际两个大局、发展安全两件大事,以推动数字经济高质量跨越式发展为主题,以数据为关键要素,以数字技术与实体经济深度融合为主线,深入推进数字经济做优做强“一号发展工程”,着力推动数字技术创新应用,着力培育产业新赛道,着力赋能产业转型升级,着力加强数字基础设施建设,着力完善数字经济治理体系,努力建成全国数字经济发展新高地、中部地区的数字产业发展集聚区、产业数字化转型先行区、场景创新应用先导区、数字营商环境示范区,为全面建设社会主义现代化江西提供有力支撑。

(二)基本原则。

坚持创新引领,融合发展。坚持把创新作为引领发展的第一动力,突出科技自立自强的战略引领作用,促进数字技术向经济社会和产业发展各领域广泛深入渗透,推进数字技术、应用场景和商业模式融合创新,不断做深做细产业赛道,形成以技术发展促进全要素生产率提升、以领域应用带动技术进步的发展格局。

坚持应用牵引,数据赋能。积极运用场景逻辑重构数字经济组织方式,主动创造丰富应用场景,促进新技术推广应用、新业态发展壮大、新模式融合创新。充分发挥海量数据和丰富应用场景优势,构建数据资源体系,以数据流促进生产、分配、流通、消费各个环节高效贯通,充分释放数据红利。

坚持基础先行,安全有序。完善新一代信息网络基础设施,布局边缘计算、高性能计算等设施,强化数字经济基础支撑。坚持促进发展和监管规范并重,更好把充分发挥市场决定性作用和更好发挥政府作用有机结合起来,构建经济社会各主体多元参与、协同联动的数字经济发展新机制,建立健全适应数字经济发展的市场监管、宏观调节、政策法规体系,牢牢守住安全底线。

坚持共建共享,开放合作。坚持以人民为中心的发展思想,缩小数字鸿沟,强化民生服务,弥补民生短板,提升群众的获得感、幸福感、安全感。坚持“引进来”与“走出去”相结合,推动数字经济共性技术、资源和服务的开放共享,加强技术、标准、人才合作。

(三)发展目标。到2025年,全省数字经济增加值增速持续快于全省经济增速、快于全国平均增速,努力实现规模倍增、占全省GDP比重达到45%左右,数字化创新引领发展能力显著提升,数字技术与经济社会各领域融合的广度、深度显著增强,数字化公共服务能力、数字化治理水平显著提升,南昌“元宇宙”等聚集区蓬勃发展,力争数字经济整体发展水平进入全国先进行列。

——数字产业化实现新跨越。数字技术创新能力不断提升,力争在优势产业关键领域核心技术上取得突破。数字经济核心产业增加值占全省GDP比重达到10%以上,电子信息制造业规模迈上万亿台阶,VR产业规模达到1500亿元,物联网产业规模达到2500亿元,形成一批在国内外具有较强竞争力的产业链。赛道培育取得新进展,打造若干千亿级、市场占有率全国排名前列的产业赛道。

——产业数字化转型迈上新台阶。制造业数字化、网络化、智能化更加深入,两化融合发展指数、生产设备数字化率、装备数控化率等力争达到并超过全国平均水平,工业互联网平台应用普及率进一步提升。生产性服务业融合发展加速普及,生活性服务业多元化拓展显著加快,数字化生活全面普及。农业数字化转型快速推进,基本建成全国农业数字化发展典范。新智造、新文创、新零售等新业态新模式不断涌现,网上零售额占社会消费品零售总额比重持续提升,规上数字文化企业营业收入达到1400亿元。产业数字化转型的支撑服务体系基本完备。在数字化转型过程中实现绿色发展水平的整体提升。

——数字化公共服务取得新成效。数字政府建设取得显著成效，经济调节、综合监管、协同治理、公共服务、政务运转、政务平台等数字化应用水平明显提升，全面实现“一网通办”，“赣服通”“赣政通”等一批重点应用成为全国标杆，加快建成全国政务服务满意度一等省份。数字社会建设取得重大进展，智慧教育、智慧健康、智慧交通等重点领域数字化服务水平显著提升。所有设区市和60%以上县（市、区）建成新型智慧城市，力争打造2～3个标杆新型智慧城市，建成一批国家级和省级数字乡村试点。更加普惠均等的数字化公共服务场景加快构建，创造出无处不在、优质普惠的数字生活新图景。

——数字基础设施实现新突破。数字基础设施体系基本建成，信息基础设施进入全国先进行列，全省设区市建成千兆城市，乡镇及以上区域实现千兆光纤和5G网络全覆盖，全部行政村实现千兆光纤网络覆盖，80%行政村通5G。布局合理、绿色集约的数据中心一体化格局基本形成，建成以南昌为中心的数据中心集群。数字基础设施广泛融入生产生活，重点领域基础设施智能化水平大幅提升，对政务服务、公共服务、民生保障、社会治理的支撑作用进一步凸显。

——数据要素市场培育取得新进展。数据资源体系基本建成，数据确权、定价、交易等机制初步建立。省级数据资源池基本建成，市级数据资源池全面接入，实现政务、工业、农业、交通、教育、医疗、金融、文化和旅游等重点领域数据有序汇聚和安全调用。政务数据有序开放共享，政企数据高度融通，企业和个人数据汇聚通道畅通，实现数据资源集聚共享和流通交易，数据资源开发利用达到中部地区领先水平。

——数字经济治理体系实现新提升。数字经济治理框架和规则制度基本建立，协同监管机制基本健全。政府数字化监管能力显著增强，行业和市场监管水平大幅提升。政府主导、多元参与、法治保障的数字经济治理格局基本形成，治理水平明显提升。与数字经济发展相适应的法规制度体系更加完善，数字经济安全体系进一步增强。数字营商环境更加完善，适应数字经济成长的一流生态基本构建。

三、深耕产业赛道，提升数字产业发展位势能级

紧紧牵住创新“牛鼻子”，牢牢把握未来发展“风口”，细化深化数字产业，不断深耕产业赛道，全面提升数字产业综合竞争力。

（一）增强关键技术创新能力。聚焦产业链关键领域和核心环节，精准实施关键技术攻坚行动，推进实施一批重大科研攻关项目。布局建设省实验室、省重点实验室，培育一批产业创新中心、制造业创新中心、工程研究中心、企业技术中心，创建更多国家级创新平台。支持建设数字融合集成创新平台，鼓励发展产业链科技创新联合体、科技协同创新体、新型研发机构等新型创新主体，支持开源社区、开源平台、开源项目发展，打造多元化参与、网络化协同、市场化运作的集成创新生态体系。加快提升数字集成创新能力，推动数字技术与生产工具、工艺和材料技术的融合创新，提升数字化研发、设计、创意水平。加快建设数字经济人才创业就业的重要首选地，引进、培养一批科研领军人才、高层次管理人才和专业技能人才，打造更大规模、更高水平的数字经济人才队伍。

（二）夯实筑牢基础赛道。聚焦电子信息产业，坚持硬软件并举，促进“芯光屏板端智网”融合发展，以京九（江西）电子信息产业带为重点，积极发展专业芯片、电子材料、电子元器件、半导体照明、智能终端、信创、软件和信息技术服务等基础赛道，推动产业发展模式以“跟跑”为主向“并跑”“领跑”为主转变，将我省打造成为在全国乃至全球有一定影响力的电子信息制造集聚地。

（三）前瞻布局新兴赛道。紧跟新一代信息技术发展步伐，积极布局VR、“元宇宙”及数字孪生、信息安全和数据服务、物联网、智能网联汽车、无人机等新兴领域，前瞻布局量子信息、卫星互联网、区块链、人工智能等前沿领域，力争实现“弯道超车”“换车超车”，为全省数字经济发展注入新动力。

（四）大力培育融合赛道。着力推动数字技术与经济社会发展深度融合，聚焦交叉创新产业，在工业互联网、智慧农业、数字健康、数字文创、智慧家居、智慧能源、数字降碳等领域聚力打造融合赛道，力争把特色做特、优势做优。

（五）加快培育新业态新模式。推进平台经济规范健康发展，积极引进和培育平台型企业，在电商物流、数字文娱、远程办公等领域培育具有影响力的本土平台企业，在医疗、家政、教育、健康等领域建设“互联网+”生活服务平台，打造赋能高质量发展和高品质生活的平台生态。有序发展共享经济，拓展创新、生产、供应链等资源共享新空间，支持有条件的企业建设共享制造平台，深化共享经济在生活服务领域的应用。发展基于数字技术的智能经济，加快优化智能化产品和服务运营，培育智慧销售、无人配送、智能制造、反向定制等新增长点。积极培育新个体经济，有序发展直播电商，规范推动短视频机构、内容生产商、文化影视等直播机构做大做强，鼓励微创新、微应用、微产品、微电影等万众创新。强化灵活就业者劳动权益保障，面向灵活就业、“共享用工”提供就业招聘、职业培训等公共就业服务。

（六）梯次培育重点企业。紧扣赛道发展方向，针对不同层级企业采取差异化支持政策。推动行业领军企业、国有企业实施平台化发展战略，培育具有国际竞争力的大企业和具有产业链控制力的生态主导型企业。支持高新技术企业加大研发投入，强化资本市场对接，力争孵化20家高成长性科技型企业，培育更多数字经济领域“独角兽企业”。综合采取财政奖补、基金引导、股权投资等方式培育一批优质中小企业，力争每年培育数字经济领域“专精特新”企业100家、科技型中小企业100家。

四、加快产业数字化转型，推动实体经济高质量发展

聚焦产业数字化主战场，推进产业、平台、企业全方位数字化转型，加快制造业、服务业、农业数字化发展步伐，赋能构建具有江西特色的现代产业体系。

（一）加快企业数字化转型升级。引导企业强化数字化思维，全面系统推动业务数字化转型。“一企一策”推动行业龙头骨干企业普及先进智能装备和系统，培育5G全连接示范工厂，推动生产设备与信息系统的全面互联互

通。鼓励行业龙头骨干企业牵头建设一体化数字平台，提升企业整体运行效率和产业链上下游协同效率。推行国有企业数字化转型"一企一战略"和"一把手"负责制，打造国有企业数字化转型样板。实施中小企业数字化赋能专项行动，推行普惠性"上云用数赋智"服务，分行业、分区域建设数字化转型促进中心，促进中小微企业"上云上平台"。

（二）全面深化重点产业数字化转型。立足不同产业特点和差异化需求，推动传统产业全方位、全链条数字化转型，提高全要素生产率。聚焦航空、电子信息、中医药、装备制造、新能源、新材料等优势产业，紧盯"2+6+N"产业高质量跨越式发展，纵深推进制造业数字化转型，分行业制定产业数字化转型路线图，开展数字化改造需求梳理和技术挖掘，统筹"产业大脑"建设试点，培育一批典型智能制造应用场景。大力提升农业数字化水平，加快智慧农业"123+N"平台建设，建设农业物联网示范基地，实施"互联网+"农产品出村进城工程，提升农业生产、加工、销售、物流等各环节数字化水平。大力发展数字商务，全面加快商贸、物流、金融等服务业数字化转型，积极培育新业态新模式。推动产业互联网融通发展，培育供应链金融、服务型制造、数字文创、新零售等融通发展模式。

（三）推动开发区数字化转型。建设全省统一的开发区数字化管理服务平台，实施开发区数字化转型专项行动，"一区一策"推动开发区加快数字化转型，打造一批"数字开发区"标杆。支持平台企业、基础电信运营企业、制造业数字化转型服务商等组建联合体，面向开发区及区内企业，实施内外网升级和数字化改造，打通数据链、创新链、产业链，推动开发区产业链企业整体数字化升级。探索发展跨越物理边界的"虚拟"产业园区和产业集群，加快产业资源虚拟化集聚、平台化运营和网络化协同。以开发区为整体推进产业创新服务平台建设，发展中央工厂、协同制造、共享制造、众包众创、集采集销等新业态，提升区域制造资源和创新资源的共享和协作水平。

（四）培养数字化转型支撑服务生态。面向重点行业和企业转型需求，培育推广一批数字化解决方案。建立数字化服务资源池，培育和遴选一批技术实力雄厚、服务能力强的数字化解决方案供应商。举办数字化转型供需对接会，引导数字化服务商和科研机构与制造业供需对接。建立政府—金融机构—平台—中小微企业联动机制，以政府购买服务等方式，支持平台企业为中小微企业和灵活就业者提供价廉质优的数字化转型服务产品。深入实施数字化转型伙伴行动计划，加快建立高校、龙头企业、产业联盟、行业协会等市场主体资源共享、分工协作的良性机制。

五、优化区域布局，打造数字经济增长极

积极对接融入国家战略，充分发挥各地积极性，梯次布局数字经济发展基地，集中布局数字经济空间载体，形成定位清晰、各具特色、竞相发展的数字经济发展新格局。

（一）建设创新引领区。发挥南昌省会城市优势，强化创新源、动力源和辐射源作用，建设江西省数字经济创新引领区。依托南昌VR、电子信息等产业基础和优势，在九龙湖区域建设"元宇宙"试验区，打造数字经济创新引领区的核心引擎，构建以九龙湖区域为核心，以南昌高新技术产业开发区、南昌经济技术开发区、南昌小蓝经济技术开发区为支撑的"一核三基地"数字经济发展格局。

（二）建设承接转移示范区。积极对接数字大湾区、数字长三角，主动承接沿海发达地区数字产业梯度转移，创建数字经济承接产业转移示范区。重点支持赣州发挥对接粤港澳大湾区桥头堡和省域副中心城市优势，抓住赣深高铁开通机遇，大力发展电子信息制造业，培育壮大信创、区块链、智能家居等产业，建设粤港澳大湾区数字资源延伸承载地，协同吉安等地打造赣深数字经济走廊。支持上饶大力发展数字文创、智能制造等产业，打造全国知名网络游戏研发、智能网联汽车生产基地，协同鹰潭等地打造对接G60科创走廊、定向承接长三角数字产业转移的示范区。支持九江、萍乡等地建设产业合作平台，发挥区位交通优势，加强与武汉、合肥、长沙等地在数字经济产业领域的对接合作。

（三）建设特色产业集聚区。鼓励各地依据自身基础和发展条件，明确1~2条赛道作为主攻方向，选择一定区域集中布局、集聚发展，在全省统筹建设100个数字经济集聚区。支持赣江新区发挥国家级新区优势，加快吸引知名数字经济企业落户。支持九江电子元器件、抚州大数据、景德镇数字文创、宜春智慧新能源、新余智能安防、萍乡智慧旅游等数字经济特色产业集聚发展，打造各具特色、协同发展的产业格局。推动各县（市、区）结合自身特色优势选择主导产业，培育一批数字经济与地方优势产业深度融合的特色产业集聚区，提升县域经济发展水平。

（四）扩大双向开放合作。积极参与数字丝绸之路建设，深入对接RCEP（区域全面经济伙伴关系协定），超前研究对接CPTPP（全面与进步跨太平洋伙伴关系协定）、DEPA（数字经济伙伴关系协定），加强与相关国家、地区在电子信息制造、VR、物联网、电子商务等领域的深度合作。加快境外合作数字经济园区建设，鼓励数字经济领域企业更高水平"走出去"和"引进来"，扩大先进技术、关键设备、重要资源、研发设计服务等进口，提升自主知识产权和自有品牌产品出口、高新技术产品出口、数字服务贸易比重。全面融入长江经济带、粤港澳大湾区、长三角一体化等国家战略，加密拉紧与"长珠闽"地区的联系，开展靶向招商、精准招商和补链招商，"一企一策"实施头部企业落地计划，招引数字经济领军企业在赣设立区域总部、研发总部、业务总部、平台总部。大力推进省政府与数字经济龙头企业的战略合作，创新合作共赢模式，引入事业合伙人机制，共同建设产业平台、研发项目、数字人才培训基地，带动全省数字经济发展水平的提升。高水平举办世界VR产业大会等重大活动，深化与全球数字经济领域领军企业、行业协会等合作，促进全球企业、项目、技术、人才和资金加速向江西集中。

六、推进数字化公共服务，构筑美好数字生活

以数字化公共服务为牵引，加快打造"全景江西"，全域构建与数字化发展高度契合的多元应用场景，为企业提供发展机会、为群众提供良好体验。

（一）构建数字政府场景。以"五型"政府建设为统领，推进数字技术与政务服务、政府治理深度融合，加快政

务服务模式重构和政府治理范式重塑。持续优化一体化在线政务服务平台，迭代升级“赣服通”，深化“赣服通”前端受理、“赣政通”后端办理政务服务新模式，健全全省统一、线上线下融合的政务服务体系，实现“一门办”“一窗办”“就近办”。加快推进政府内部数字化转型，加强“赣政通”政府办公总平台功能建设和深度推广应用，强化省级各类党政机关跨层级、跨地域、跨部门、跨业务、跨系统的协同联动，实现政府运行“一网协同”。聚焦市场监管、社会治理等职能，构建架构一体、标准统一、数据互通的一体化在线监管平台，推进监管体系与审批系统衔接联动，构建事前、事中、事后全链条监管体制，全面推动各地政府部门数字化转型，实现省域治理“一网统管”。

（二）构建数字社会场景。引导各地有序推进新型智慧城市建设，推进跨区域治理一体化能力建设，打造新型智慧城市群。加快推进各市建设“城市大脑”“城市智能体”，打造城市智能运行的数据底座。支持各市开发个性化、特色化应用场景，聚焦群众关注的“城市病”问题，开展典型应用场景试点。鼓励具备条件的地区建设数字孪生城市。支持县城开展智慧化改造，加快既有住宅和社区设施数字化改造，鼓励新建小区同步规划建设智能系统。开展数字乡村试点，推动乡村治理、政务服务、公共服务等数字化转型，打造可复制、可推广的数字乡村振兴应用场景典范。聚焦公共卫生、社会安全、应急管理、生态文明等重点领域，深化数字技术应用，加快数字社会建设步伐。

（三）构建数字生活场景。结合新技术和新制度的供给，以数字化推动就业、教育、公共卫生、健康、养老、托幼、社保等基本民生保障更均衡、更精准、更充分，打造智慧医院、数字校园、智慧养老院等一批数字化示范场景。发挥社会和市场活力，推进商业、文娱、体育、出行、旅游等质量服务数字化新模式、新业态健康发展，打造数字商圈、智能体验馆、智慧博物馆、智慧体育场、智慧景区、智能停车场等一批数字化示范场景。促进社会服务和数字平台深度融合，探索多领域跨界合作，推动医养结合、文教结合、体医结合、文旅融合。推动“智慧医保村村通”工程，打通为民服务“最后一公里”。倡导各类公共服务“数字无障碍”，面向老年人和残障人士推进相关服务的适应性改造。培育新型消费示范城市和领先企业，建设信息消费示范城市和信息消费体验中心，打造数字产品服务展示交流和技能培训中心，培养全民数字消费意识和习惯。

（四）供给多元应用场景。大力实施“全景江西”建设工程。探索“政府搭台、各方出卷、企业答题”模式，统筹政府资源和企业能力，完善机会发布、创新研发、孵化试点、示范推广的场景全周期孵化机制，推动公共资源和企业发展需求精准匹配。推动各地各部门、企业分别提出诉求，梳理形成“机会清单”“产品清单”，搭建线上线下发布平台，举办场景沙龙、对接会等主题活动，及时释放政府、企业两端供需信息，将应用场景转化为市场机会。深入实施应用场景“十百千”计划，强化应用场景创新孵化，为应用场景提供技术支撑和市场验证。

七、优化升级数字基础设施，加快迈入国内先进行列

以整体优化、协同融合为导向，统筹布局新一代信息基础设施，努力打造高速泛在、天地一体、云网融合、智能敏捷、绿色低碳、安全可控的智能化综合性数字信息基础设施。

（一）加快建设先进泛在的网络基础设施。有序推进骨干网扩容，推进5G网络基础设施建设，实现中心城区、交通枢纽、开发区等重点区域深度覆盖，并加快向乡镇延伸，推动5G商用部署和规模应用。全面推广千兆光纤网络，探索万兆光纤宽带在重点开发区商用试点。全面部署基于IPv6的下一代互联网，推动网络、应用、终端全面支持IPv6。高标准运营南昌国家级互联网骨干直联点，推进国际互联网数据专用通道建设。全面提高物联网覆盖深度与广度，增强固移融合、宽窄结合的物联接入能力。推进智慧广电传播体系转型，统筹有线、无线、卫星资源，构建新型智能协同泛在化广电网络。建设卫星互联网地面设施，支持企业参与国家低轨通信卫星、地面信息港项目，形成卫星互联网信息服务能力。探索开展量子保密通信等未来网络设施建设。

（二）统筹建设协同集约的算力基础设施。推进云网协同、云边协同和算网融合发展，加快构建算力、算法、数据、应用资源协同的一体化大数据中心体系。积极培育算力产业生态，强化算力供需对接，推动算力产业区域协同发展。有序分类推进基础算力、智能算力和超算算力发展，优化算力供给结构，提升算力应用水平。积极主动融入“东数西算”布局，推动数据中心科学布局、储算格局合理、集约绿色发展。开展数据中心整合改造提升工程，在大南昌都市圈内按需建设以低延时、高宽带应用为主的大型（超大型）数据中心，在赣州、九江、宜春、上饶等地布局建设4～5个大型（超大型）数据中心，覆盖赣南、赣北、赣东、赣西四大区域。持续推进绿色数据中心建设，加快推进数据中心节能改造，持续提升数据中心可再生能源利用水平。

（三）稳步建设智能高效的融合基础设施。高效布局建设人工智能基础设施，支撑“智能+”发展的行业赋能能力。积极推进农业基础设施和相关设备智能化改造。建设可靠、灵活、安全的工业互联网基础设施，加快工业设备网络化改造，推进企业内网升级，开展企业外网建设，深化“5G+工业互联网”，建设运营标识解析二级节点和递归节点。加快推进能源、交通运输、公共安全、水利、物流、环保、市政等领域基础设施数字化改造，提升基础设施的网络化、智能化、服务化、协同化水平。构建先进普惠、智能协作的生活服务数字化融合设施。积极推进信息网络基础设施与新建、改建、扩建的住宅区和商业楼宇的主体工程，同时设计、同时施工、同时验收并投入使用。

八、推动数据资源开发利用，充分发挥数据要素作用

充分发挥数据资源关键生产要素作用，优化数据要素市场化配置体制机制，强化数据资源汇聚融合、创新应用、交易流通，不断释放数据资源价值。

（一）提升数据资源供给能力。强化政务信息系统统建共用，集约建设全省政务云平台和数据中心体系，推进政务信息系统全面迁移上云；设立公共数据专区，逐步将公共数据资源纳入管理，更好推动公共数据的开放和社会

化运营。落实国家数据资源标准，构建数据资源目录体系，逐步覆盖供水、供电、燃气等公共数据以及重要行业社会数据，实现数据资源目录管理。以政务数据为基础链接公共、行业、社会数据资源，集约建设省市两级数据资源池体系，推进数据资源化。建立健全数据全生命周期质量管理体系，建立问题数据反馈校验机制，提升数据资源质量。推进政务数据双向流动通道建设，深化政务数据跨层级、跨地域、跨部门有序共享。链接全国统一的公共数据开放平台和开发利用端口，推动基础公共数据安全有序开放。支持市场主体依法合规开展数据采集，提升数据管理水平和数据质量，培育壮大数据服务产业。推动数据分类分级管理，强化数据安全风险评估、监测预警和应急处置。

（二）加快数据要素市场化流通。加强数据确权、流通交易、准入监管、公平竞争、风险防范等方面规则研究，发展数据资产评估、登记结算、交易撮合、争议仲裁等市场运营体系。积极推进江西省大数据交易中心建设，搭建全省统一的数据交易平台，提供安全可信的交易环境，保障数据安全、有序流通。依据国家有关法律严厉打击非法篡改数据和盗卖倒卖数据行为，保障数据资源依法交易。加快区块链等技术在数据要素流通中的应用，建立数据流动审计和数据安全监管机制。

（三）创新数据要素开发利用机制。探索建立多样化数据开发利用机制。鼓励市场力量挖掘商业数据价值，推动数据价值产品化、服务化，大力发展专业化、个性化数据服务，促进数据、技术、场景深度融合。对具有经济和社会价值、允许加工利用的政务数据和公共数据，依法依规通过数据开放、特许开发、授权应用等方式，鼓励更多社会力量进行增值开发利用。鼓励重点行业创新数据开发利用模式，在确保数据安全、保障用户隐私的前提下，调动行业协会、科研院所、企业等多方参与数据价值开发。

九、提升数字经济治理能力，强化数字经济安全体系

统筹发展与安全，坚持发展和监管两手抓，探索建立与数字经济发展相适应的治理方式，进一步推动数字经济规范健康持续发展。

（一）强化协同治理和监管机制。进一步落实主管部门、监管机构职责，加强分工合作与协调配合。根据国家有关法律法规规定，修订我省反不正当竞争、专利促进条例，研究出台江西省数据条例，加强数据产权制度建设。落实国家平台经济领域反垄断指南，加强网络商品交易活动监测监管，保护市场公平竞争。强化以信用为基础的数字经济市场监管，鼓励和督促企业诚信经营。加快完善监管体系，实现事前、事中、事后全链条全领域监管。完善协同会商机制，加强跨部门、跨区域分工协作，推动监管数据采集和共享利用。探索开展跨场景跨业务跨部门联合监管试点，建立健全触发式监管机制。加强税收监管和税务稽查。

（二）增强政府数字化治理能力。加大政务信息化建设统筹力度，强化政府数字化治理和服务能力建设。建立完善基于大数据、人工智能、区块链等新技术的统计监测和决策分析体系，提升数字经济治理的精准性、协调性和有效性。推进完善风险应急响应处置流程和机制，强化重大问题研判和风险预警，提升系统性风险防范水平。探索建立适应平台经济特点的监管机制，推动线上线下监管有效衔接，强化对平台经营者及其行为的监管。强化数字经济安全风险综合研判。坚持金融活动全部纳入金融监管。引导社会资本有序发展，避免低水平重复、同质化竞争、盲目跟风炒作等。引导企业完善自律机制，防范数字技术应用风险。

（三）完善多元共治新格局。建立完善政府、平台、企业、行业组织和社会公众多元参与、有效协同的数字经济治理新格局。严格落实市场准入制度、公平竞争审查机制，加强和改进反垄断执法。进一步明确平台企业主体责任和义务，推进行业服务标准建设和行业自律，保护平台从业人员和消费者合法权益。开展社会监督、媒体监督、公众监督，培育多元治理、协调发展新生态。引导社会各界积极参与推动数字经济治理，畅通多元主体诉求表达、权益保障渠道。

（四）健全网络安全保障体系。贯彻《中华人民共和国网络安全法》《中华人民共和国密码法》，落实等级保护、安全测评、电子认证、应急管理、国产密码应用等制度。强化落实网络安全技术措施同步规划、同步建设、同步使用的要求，确保重要系统和设施安全有序运行。加强网络安全基础设施建设，加强电信、金融、能源、交通运输、水利等重要行业领域关键信息基础设施网络安全防护能力。健全网络安全保障工作体系，落实网络安全等级保护2.0、涉密网络分级保护、商用密码应用安全评估等工作。加快建设省网络安全应急指挥平台，提升网络安全监测预警、应急处置能力。加快发展网络安全产业，促进拟态防御、数据加密等网络安全技术应用。加强防范、严厉打击各类新型网络违法犯罪。

（五）强化数据安全保护。全面贯彻落实《中华人民共和国数据安全法》《中华人民共和国个人信息保护法》，建立健全数据安全相关管理制度。制定重要数据具体目录，加强数据分类分级保护。依法依规做好网络安全审查、云计算服务安全评估等，有效防范国家安全风险。建立健全政务数据安全管理制度，落实数据安全保护责任，保障政务数据安全。落实个人信息保护制度规范，引导互联网平台加强内部管理和安全保障，加强个人信息安全管理。建立数据安全风险评估、报告、信息共享、监测预警和应急处置机制，加强数据安全风险信息的获取、分析、研判、预警和处置。

十、保障措施

（一）加强统筹协调。在省发展数字经济领导小组领导下，省发展数字经济领导小组办公室（省发展改革委）切实承担牵头职责，负责统筹协调、组织实施。各部门要根据自身职责，各司其职、密切配合，合力落实各项目标任务。各地要立足本地区实际，健全工作推进协调机制，增强发展数字经济本领，推动数字经济做优做强做大。省级层面将按照国家统计口径结合江西实际健全统计监测体系，开展数字经济发展水平评价，定期发布数字经济发展白皮书，动态掌握各地、各有关部门工作推进情况，充分调动各方积极性。

（二）强化政策支持。持续深化“放管服”改革，优化数字营商环境。加强有关财政专项资金的统筹，依法依规加大对数字经济发展重点领域、重大平台、重大项目及试点示范的支持力度。依托省现代产业发展引导基金，设立省数字经济发展子基金，鼓励引导社会资本设立市场化运作的数字经济细分领域基金。支持符合条件的数字经济企业进入多层次资本市场进行融资，鼓励银行业金融机构创新产品和服务。支持符合单独选址要求的数字经济领域重大项目列入省重大项目清单，争取使用国家配置计划指标。鼓励符合条件的5G基站、数据中心用电参与电力市场化交易。加强数字技术技能类人才培养，深化数字经济领域新工科、新文科建设，支持企业与院校共建实训基地等，发展订单制、现代学徒制等多元化人才培养模式。鼓励将数字经济领域人才纳入各类人才计划支持范围，积极探索高效灵活的人才引进、培养、评价及激励政策。

（三）提升数字素养。大力实施全民数字素养与技能提升计划，拓展数字应用场景，丰富数字资源供给，完善数字环境保障，提升全民数字化水平。按照“干什么精什么、缺什么补什么”的原则，充分发挥各类培训平台作用，采取集中培训、专题培训、分级培训和网络培训相结合的方式，加强对各级政府公务人员数字经济知识培训，提高领导干部驾驭数字经济工作能力和水平。组织企业开展实体经济与数字经济深度融合相关培训，引导和激发企业家数字化转型的自主意愿。充分运用各类新闻媒体，加大“元宇宙”等数字经济领域新技术、新业态、新模式宣传力度，及时总结推广先进经验和典型案例，举办数字经济项目推介会、先进经验交流会、创新创业大赛等活动，营造有利于数字经济发展的良好氛围。

（四）开展试点示范。积极争取国家各类创新试点在我省布局，在争创国家数字经济创新发展试验区、国家数字经济领域新型工业化基地、国家工业互联网示范区、国家新一代人工智能创新发展试验区、国家数字服务出口基地、国家文化和科技融合示范基地、国家智能社会治理实验基地、国家区块链创新应用试点、国家IPv6技术创新与融合应用试点等国家试点示范上取得突破，推动我省国家“03专项”试点示范打造升级版。统筹推进省内重点领域试点示范，鼓励各地各部门因地制宜、凸显特色，在场景培育、数据开放、产业集聚等方面开展先行先试，形成一批可复制、可推广的典型案例，为全省数字经济发展创造经验、提供示范。

（五）实施监测评估。各地、各部门要结合本地区、本行业实际，抓紧制定出台相关配套政策并推动落地。要加强对规划落实情况的跟踪监测和成效分析，抓好重大任务推进实施，及时总结工作进展。省发展数字经济领导小组办公室要会同有关部门加强调查研究和督促指导，适时组织开展评估，推动各项任务落实到位。

江西省人民政府印发关于切实稳住经济发展若干措施的通知

各市、县（区）人民政府，省政府各部门：

现将《关于切实稳住经济发展若干措施》印发给你们，请结合实际认真贯彻执行。

2022年6月2日

关于切实稳住经济发展若干措施

为全面落实国务院扎实稳住经济一揽子政策措施，深入贯彻省委、省政府“强攻二季度、确保双过半”部署要求，高效统筹疫情防控和经济社会发展，全力以赴稳住经济发展，确保经济运行在合理区间，特提出以下若干措施。

一、惠企纾困再加力

1. 进一步加大增值税留抵退税政策力度。将批发和零售业，农林牧渔业，住宿和餐饮业，居民服务、修理和其他服务业，教育，卫生和社会工作，文化、体育和娱乐业等7个行业纳入按月全额退还增量留抵税额、一次性全额退还存量留抵税额政策范围。加快办理速度，在纳税人自愿申请的基础上，确保小微企业和个体工商户2022年6月30日前基本完成集中退还存量留抵税额。加强退税风险防范，依法严惩偷税、骗税等行为。（责任单位：省财政厅、省税务局、人行南昌中心支行）

2. 全力支持市县落实留抵退税政策。对落实小微企业留抵退税政策，原由市县财政负担部分，全部转由省财政负担。给予疫情较重地区困难补助，促进县区平稳运行，兜牢“三保”底线。（责任单位：省财政厅，各设区市人民政府）

3. 加强金融机构与实体经济精准对接。建立重大项目、重点工业企业、农业产业化龙头企业、外贸企业融资项目库,建立政银企常态化对接机制,实行重点企业“白名单”制度,分类引导金融机构加大信贷投放,保持信贷稳定增长。持续释放贷款市场报价利率(LPR)形成机制改革效能,发挥存款利率市场化调整机制作用,推动实际贷款利率稳中有降。(责任单位:人行南昌中心支行、省金融监管局、江西银保监局、省发展改革委、省工业和信息化厅、省农业农村厅、省商务厅)

4. 加大对受疫情影响较大行业企业金融支持。对受疫情影响较大的住宿餐饮、批发零售、文化旅游、交通运输等行业企业,完善融资绿色通道,进一步优化贷款流程,简化审贷手续,加快放贷速度。支持金融机构合理开展贷款展期和续贷安排,不盲目抽贷、压贷或断贷。金融机构继续按市场化原则与中小微企业(含中小微企业主)和个体工商户、货车司机等自主协商,对其贷款实施延期还本付息,努力做到应延尽延,本轮延期还本付息日期原则上不超过2022年底。(责任单位:人行南昌中心支行、江西银保监局、省金融监管局)

5. 加大普惠小微贷款支持力度。将普惠小微贷款支持工具的资金支持比例由1%提高至2%,支持地方法人银行发放普惠小微贷款。各金融机构要科学制定年度普惠小微专项信贷计划,确保普惠小微贷款增速不低于各项贷款增速。丰富小微企业特色化金融产品,依托核心企业,优化对产业链上下游小微企业的融资、结算等金融服务,积极开展应收账款、预付款、存货、仓单等权利和动产质押融资业务。拓宽抵质押物范围,便利小微企业融资。全面推广“工信通”融资产品,追加风险补偿金3000万元,规模扩大至6亿元,为“专精特新”企业提供更多低利率信贷支持。(责任单位:人行南昌中心支行、江西银保监局、省工业和信息化厅、省金融监管局)

6. 进一步放大融资担保效能。增加省融资担保集团注册资本金,安排担保费和风险补偿金补助,扩大政府性融资担保业务规模和覆盖面。对重点外贸外资企业、产业链供应链重点企业、“专精特新”中小企业,采取“白名单”方式予以重点支持。对符合条件的交通运输、餐饮、住宿、旅游行业中小微企业、个体工商户,鼓励政府性融资担保机构提供融资担保支持。支持融资担保机构进一步降低融资担保费率,鼓励有条件的地方对支小支农担保业务保费给予阶段性补贴。积极开展银政保担业务合作,各金融机构要积极与政府性融资担保机构开展“见贷即担”“见担即贷”批量担保业务合作,减少重复尽职调查,优化担保流程,提高担保效率。深化“银行+保险”合作,优化保单质押、贷款保证保险等合作业务流程,助力小微企业融资。(责任单位:省财政厅、省工业和信息化厅、省商务厅、省金融监管局、人行南昌中心支行、江西银保监局)

7. 延长社保费缓缴期限、扩大缓缴范围。对符合条件地区受疫情影响生产经营出现暂时困难的所有中小微企业、以单位方式参保的个体工商户,养老保险、失业保险、工伤保险三项社会保险单位缴费部分缓缴期限延长至2022年底。对受到疫情严重冲击、行业内大面积出现企业生产经营困难、符合国家产业政策导向的其他特困行业,纳入缓缴范围,养老保险费缓缴期限延长至2022年底。(责任单位:省人力资源社会保障厅、省财政厅、省税务局)

8. 实施住房公积金阶段性支持政策。受疫情影响的企业,按规定申请缓缴住房公积金,到期后进行补缴。受疫情影响的缴存人,不能正常偿还住房公积金贷款的,不作逾期处理,不纳入征信记录。各地可根据实际情况,适当提高住房公积金租房提取额度。(责任单位:省住房城乡建设厅、省财政厅、人行南昌中心支行,各设区市人民政府)

9. 降低市场主体房屋租金。已出台的国有房屋减免房租政策2022年8月底前落实到位,划为疫情封控区、管控区的区域,享受中高风险地区房租减免政策。对于转租、分租房屋的,严禁层层克扣,减租政策必须全部传导至实际承租人。鼓励非国有房屋租赁主体与承租人通过友好协商方式减免房租,共渡难关。出租人减免租金的,可按规定减免当年房产税、城镇土地使用税,引导国有银行对减免租金的出租人视需要给予优惠利率质押贷款等支持。(责任单位:省国资委、省财政厅、省税务局,各设区市人民政府)

10. 降低用水用电用气用网成本。全面落实对受疫情影响暂时出现生产经营困难的小微企业和个体工商户用水、用电、用气“欠费不停供”政策,设立6个月的费用缓缴期,缓缴期间免收欠费滞纳金。鼓励各地对受疫情影响较大的住宿餐饮、交通运输、文化旅游、批发零售等服务业中小微企业、个体工商户,按6—9月共4个月应缴水电气费用的30%予以补贴,省财政对市县补贴给予30%补助。2022年中小微企业宽带和专线平均资费再降10%。(责任单位:省住房城乡建设厅、省通信管理局、国网江西省电力公司、省商务厅、省文化和旅游厅、省交通厅、省财政厅,各设区市人民政府)

11. 加大政府采购支持中小企业力度。提高面向小微企业的价格扣除比例,货物、服务项目由6%~10%提高至10%~20%。积极扩大联合体投标和大企业分包,降低中小企业参与门槛。超过400万元的工程采购项目中适宜由中小企业提供的,将预留面向中小企业采购的份额由30%以上今年阶段性提高至40%以上,非预留项目要给予小微企业评审优惠,增加中小企业合同规模。(责任单位:省财政厅,各设区市人民政府)

12. 降低企业投标成本。在招投标领域全面推行保函(保险)替代现金缴纳投标、履约、工程质量等保证金,鼓励招标人对中小微企业投标人免除投标担保。持续推进招投标领域“不见面开标”,2022年“不见面开标”占比提高到70%以上,降低企业参与交易成本。(责任单位:省发展改革委、省住房城乡建设厅、省水利厅、省交通运输厅,各设区市人民政府)

13. 加大对拖欠中小企业账款整治力度。组织开展防范和化解拖欠中小企业账款专项行动,无分歧欠款发现一起清偿一起,确有支付困难的于2022年6月底前明确还款计划。对有分歧欠款,推动加快协商解决或运用法律手段解决。(责任单位:省工业和信息化厅、省发展改革委、省财政厅、省国资委、省金融监管局、人行南昌中心支行,各设区市人民政府)

14. *加大惠企政策兑现力度*。进一步完善政务服务大厅兑现窗口功能，上线运行惠企综合服务平台“惠企通”，推动各项惠企政策与企业精准匹配、自动推送，实现政策找人，符合条件的做到“即申即享、免申即享”。对各设区市兑现情况，在我省主要新闻媒体实行一周一通报。（责任单位：省政务服务办、省发展改革委、省财政厅、省税务局，各设区市人民政府）

二、稳定就业再加力

15. *加大稳岗支持力度*。进一步提高失业保险稳岗返还比例，将大型企业稳岗返还比例由30%提至50%。拓宽失业保险一次性留工培训补助受益范围，由中小微企业扩大至受疫情严重影响暂时无法正常生产经营的所有参保企业。社会团体、基金会、社会服务机构、律师事务所、会计师事务所和以单位形式参保的个体工商户参照实施。对受疫情严重影响暂时无法正常生产经营的企业，按每名失业保险参保职工500元的标准发放一次性留工培训补助，鼓励企业在疫情影响期间开展职工培训。上述政策执行期限至2022年12月31日。（责任单位：省人力资源社会保障厅、省财政厅）

16. *加快促进高校毕业生就业*。积极开展“公共就业服务进校园”活动，组织用人单位和优质人力资源服务机构进校园，开展百场万人校园招聘，广泛开拓就业渠道和就业岗位。对大型（参会用人单位不少于400家）、中型（参会用人单位不少于200家）、小型（参会用人单位不少于100家）线下招聘活动，分别按照15万元、10万元、6万元进行补助。对2022年及以前年度毕业的贷款学生2022年内应偿还的国家助学贷款利息予以免除，贷款本金经贷款学生自主申请，可延长1年偿还。对符合条件的应届高校毕业生发放一次性就业创业资金补贴。（责任单位：省人力资源社会保障厅、省教育厅、省财政厅）

17. *全力稳定农民工就业*。加强农村劳动力统计监测，2022年12月底前，利用现有数据以及相关部门共享数据，基本摸清农村劳动力总量结构、分布流向、从事工种、求职意愿等情况。鼓励通过购买服务等方式，按月开展农民工就业状况跟踪调查。对有劳动能力、有就业意愿的未就业监测对象劳动力（脱贫不稳定户、边缘易致贫户、突发严重困难户）开展“一对一”精准帮扶，对吸纳监测对象劳动力稳定就业半年以上的用工单位，按照每人2000元的标准给予一次性吸纳就业补贴。对市县落实省政府支持农民工等就业创业系列政策的新增支出，省财政给予30%补助。省内重大工程、以工代赈项目、工业园区优先吸纳农村劳动力就业。（责任单位：省人力资源社会保障厅、省农业农村厅、省乡村振兴局、省发展改革委、省财政厅、国家统计局江西调查总队）

18. *加大就业创业支持力度*。企业招用毕业年度高校毕业生，签订劳动合同并参加失业保险的，可按每人1500元的标准，发放一次性扩岗补助，该项补助与一次性吸纳就业补贴不重复享受。对今年新签订借款合同的个人创业担保贷款，涉及农民工、高校毕业生等重点群体的，其原需个人承担利息部分全部予以免除；涉及其他群体的，适当予以免除，免除期限最长不超过12个月（含）。上述政策执行期限至2022年12月31日。（责任单位：省人力资源社会保障厅、省财政厅）

19. *完善社会民生兜底保障措施*。落实社会救助和保障标准与物价上涨挂钩联动机制，2022年6月底前完成社会救助保障提标提补工作，通过财政资金直达机制，及时足额发放补贴。对市县启动社会救助和保障标准与物价上涨挂钩联动机制，为低保人员增发生活和价格临时补贴所需资金，省财政按30%予以补助。（责任单位：省民政厅、省财政厅、省发展改革委）

三、项目建设再加速

20. *加快推进一批重大水利工程项目*。抢抓国家加强水利设施建设机遇，提前实施一批已纳入规划、条件成熟的项目，尽快开工宁都梅江灌区、柘林湖水库供水工程及康山、珠湖、黄湖、方洲斜塘蓄滞洪区安全建设工程。积极推进病险水库除险加固，按照“五年任务三年完成”的总目标，全面完成1664座病险水库除险加固主体工程建设任务。推动鄱阳湖水利枢纽项目前期工作实现质的突破，力争年内开工。（责任单位：省水利厅、省发展改革委、省生态环境厅，各设区市人民政府）

21. *加快推进一批重大交通基础设施项目*。尽快开工昌九高铁、瑞梅铁路、长赣铁路、温武吉铁路、沪昆高速昌傅至金鱼石段改扩建、南昌至樟树高速改扩建二期、萍乡绕城高速、赣江龙头山枢纽二线船闸、赣江新干枢纽至南昌航道整治工程、九江港彭泽港区泽诚公用码头工程等，做到应开尽开、能开尽开。加快论证和开工建设一批综合交通枢纽的集疏运道路和重要港口铁路专运线。推进赣粤、赣浙运河前期工作取得重大进展。启动新一轮农村公路建设和改造，在完成今年目标任务的基础上，力争再新增完成一批新改建农村公路。（责任单位：省交通运输厅、省发展改革委、省水利厅，各设区市人民政府）

22. *加快推进一批重大能源项目*。推动信丰电厂、丰城电厂三期、新余电厂二期等项目建成投运，力争神华九江电厂二期、上高电厂、上饶电厂等项目年内获得核准并开工建设。加快奉新、洪屏二期、永新、遂川、铅山等一批抽水蓄能电站等储能调峰项目以及光伏、氢能等新能源项目建设，有序推进500千伏、220千伏输变电网建设，推动南昌—武汉特高压交流工程年内开工。（责任单位：省发展改革委、国网江西省电力公司，各设区市人民政府）

23. *加快推进一批市政、公共服务、生态环保等领域重大项目*。以县城为重要载体，开工一批城市交通、防涝排洪、污水垃圾收集处理、老旧小区改造、停车场、地下综合管廊等市政基础设施项目，以及教育、养老、托育、文体等公共服务设施项目。加快推进国家区域医疗中心建设，对纳入全省新冠肺炎疫情防治能力建设实施方案的地市永久性方舱医院项目，省财政按每张床位给予1万元定额补助。深入实施生态系统保护和修复重大工程，加强“五河一湖”生态环境综合治理，构建集污水、垃圾、固废、危废、医废处理处置设施和监测监管能力于一体的环境基础设施体系。（责任单位：省住房城乡建设厅、省发展改革委、省财政厅、省教育厅、省民政厅、省文化和旅游厅、省生态环境厅，各设区市人民政府）

24. *加快专项债项目建设进度*。加快财政支出进度，对专项债项目实际支出进度情况实行清单管理、定期调度通报、及时预警惩戒，确保2022年新增专项债券在6月底前基本完成发行，8月底前基本完成使用。按照“储备一批、开工一批、建设一批”的要求，抢抓国家扩大专项债券支持领域机遇，推动一批新型基础设施、新能源项目等纳入支持范围。（责任单位：省发展改革委、省财政厅，各设区市人民政府）

25. *加大重大项目融资支持力度*。引导政策性开发性银行优化贷款结构，投放更多更长期限贷款。加大“险资入赣”工作力度，充分利用保险公司等长期资金优势，强化对水利、水运、公路、物流等重大基础设施的支持力度。盘活一批存量规模大、收益好、潜力大的基础设施资产，做到盘活存量和改扩建统筹考虑、有机结合，开辟扩大有效投资的新路径。（责任单位：省金融监管局、人行南昌中心支行、省发展改革委，各设区市人民政府）

26. *加大招商引资力度*。强化“一把手”招商，市、县（区）和开发区加大“走出去”招商力度，抢抓机遇，精锐尽出，紧盯世界500强、中国500强、民营500强等洽谈储备一批重大项目，力争全年引进“5020”项目180个以上。（责任单位：省商务厅，各设区市人民政府）

27. *加强项目要素保障*。强化重大项目前期工作深入介入机制，全面做好用地、用林、用能等要素保障，全力做好在建项目的用电、用水、用气、用工以及防疫物资等生产要素保障，积极协调解决项目推进中的突出问题。（责任单位：省发展改革委、省自然资源厅、省人力资源社会保障厅，各设区市人民政府）

四、消费回补再加速

28. *加快商贸消费复苏*。在全面落实已有促消费回补政策的基础上，抢抓复商复市、复工复产、复学复课有利时机，鼓励设区市因地制宜发放低门槛、广覆盖的消费券，推动住宿餐饮、数字消费、批发零售、文化旅游等消费回暖，省财政按30%给予奖补。（责任单位：省商务厅、省财政厅，各设区市人民政府）

29. *加快文旅消费复苏*。启动实施疫后文旅消费促进行动，加快文旅市场消费回补和潜力释放。落实南昌昌北国际机场客货运发展专项资金奖励暂行办法，按规定对“引客入赣”的航空运输企业或包机（包舱）人予以奖励，鼓励各地对“引客入赣”“江西人游江西”进行奖补，省级统筹现有资金对“引客入赣”成效明显的设区市进行奖励。鼓励各地各景区实行门票优惠。旅行社可按规定申请暂退旅游服务质量保证金，补足质保金期限延至2023年3月31日。加大文旅人才培养，对全省导游员、讲解员、酒店大堂经理、民宿经营者等文旅人才进行全面培训，对符合条件的，按规定落实培训补贴。（责任单位：省文化和旅游厅、省商务厅、省财政厅、省人力资源社会保障厅，各设区市人民政府）

30. *稳定增加大宗消费*。开展好“大宗商品消费季”活动，抢抓国家阶段性减征部分乘用车车辆购置税和鼓励家电生产企业回收行动等政策机遇，稳定增加汽车、家电等大宗消费。鼓励新能源汽车、智能家电、绿色建材下乡。优化新能源汽车充电桩（站）投资建设运营模式，逐步实现所有小区和经营性停车场充电设施全覆盖，加快推进高速公路服务区、客运枢纽等区域充电桩（站）建设。（责任单位：省商务厅、省工业和信息化厅、省发展改革委，各设区市人民政府）

31. *支持引进承接全国性展会*。各地对新增引进的全国性展会，在原有会展支持政策基础上，展览面积在3万平方米以上的给予额外补贴50万元，展览面积每增加1万平方米增加10万元，单个展会最高补贴不超过100万元。对新增引进的全国性展会，给予引进单位单个展会招揽奖励30万元。（责任单位：省商务厅，各设区市人民政府）

32. *着力打造线下高品质商贸消费平台*。改造提升商品交易市场、商业街区等实体消费市场平台，深入推进商业街区改造提升，重点推进9条省级商业街区改造提升试点，推动洪城大市场、深圳农产品批发市场、南康家具城等商品市场整合生产、销售、物流资源，打造供应链综合服务平台，拓展消费空间。（责任单位：省商务厅，各设区市人民政府）

33. *激发电商平台促进消费潜力*。落实国家支持平台经济规范健康发展的具体举措，对平台企业实施包容审慎监管，促进平台经济健康发展。支持在线娱乐、在线教育、远程医疗等加快发展，创新直播带货、拼购团购、社群电商等新业态。（责任单位：省商务厅、省委网信办、省市场监管局，各设区市人民政府）

五、保通保畅再巩固

34. *加大对物流枢纽和物流企业支持力度*。加快南昌、赣州等国家物流枢纽城市建设，用好交通物流专项再贷款政策，提升枢纽货物集散、仓储、中转运输、应急保障能力，引导加快推进多式联运融合发展，降低综合货运成本。鼓励对水运物流企业予以适当补贴。推动县域物流配送体系建设，支持建设一批县级物流配送中心。加快全省城乡冷链骨干网建设，采取先建后补的方式，对农业生产经营主体组织建设的农产品产地冷链设施进行补助。（责任单位：省发展改革委、省交通运输厅、人行南昌中心支行、省农业农村厅、省商务厅、省供销联社，各设区市人民政府）

35. *加大对民航、铁路等行业纾困支持力度*。对江西航空公司使用民航应急贷款部分给予不超过12个月贴息。对阶段性实施国内客运航班运行财政补贴地方负担30%部分，转由省财政全额负担。对省铁航集团铁路运营亏损，省财政通过对铁路建设贷款余额适当贴息的方式予以补贴。（责任单位：省财政厅）

36. *保障产业链供应链畅通*。充分发挥产业链链长制作用，针对产业链上下游存在问题和堵点，“一链一策”制定解决方案。加大原材料、元器件、关键零部件等进口力度，协调解决缺芯、缺柜、缺舱等问题。鼓励企业与原材料、能源供应商等签订长期合约，分行业、分领域开展一批产融对接、人才对接、技术对接，促进上下游、产供销、大中小企业整体配套联动。支持地方和龙头企业对钢铁、水泥等建材及化肥等农资，采取集中采购方式降低成本。（责任单位:省工业和信息化厅、省发展改革委、省金融监管局、省商务厅、省科技厅、省人力资源社会保障厅、省住房城乡建设厅、省农业农村厅,各设区市人民政府)

37. *加强经济运行监测调度力度和频次*。充分发挥惠企稳岗保运行周监测调度机制作用,强化企业用电、税收、货运、用工等指标监测调度,及时发现经济运行中存在的苗头性、倾向性问题,全力加以解决。对一周不用电、一月不开票的企业进行定期监测、准确帮扶,提出针对性举措,帮助企业尽快恢复发展。(责任单位:省发展改革委、省人力资源社会保障厅、省工业和信息化厅、省商务厅、省交通运输厅、省税务局、国网江西省电力公司,各设区市人民政府)

六、发展安全再巩固

38. *着力稳定房地产市场*。加强"一对一"窗口指导,因城施策加快优化完善房地产政策,支持刚性和改善性住房需求,优化商品房预售资金监管,区分项目风险与企业集团风险,加大对优质项目的支持力度。准确把握和执行房地产金融审慎管理各项要求,保持房地产信贷投放平稳有序,支持房地产开发企业、建筑施工企业的合理融资需求。(责任单位:省住房城乡建设厅、人行南昌中心支行,各设区市人民政府)

39. *着力保障粮食安全*。全面落实粮食安全党政同责,严格粮食安全责任考核。健全完善粮食收益保障等政策,全面落实好稻谷最低收购价执行预案,根据市场形势及时精准启动最低收购价收购,保护农民种粮积极性。做好农资农技供应保障,抓好农产品生产供应、产销衔接、流通运输、质量安全等各项工作,确保主要农产品产得出、供得上、不脱销。(责任单位:省发展改革委、省农业农村厅、省粮食和储备局、省供销联社,各设区市人民政府)

40. *强化能源保供稳价*。指导省内发电企业加强与现有合作重点煤炭企业及潜在合作对象深度对接,通过股份合作、共建项目等多种方式增加电煤中长期合同签订量,提高合同兑现率。多措并举推动天然气量足价稳,跟踪推进2022年已签合同的履约落实,全力争取上游供气企业支持,督促城燃企业抓准时机签订天然气购销长期合同,加快推进国家管网联通供气项目建设,力争尽早开网供气。(责任单位:省发展改革委,各设区市人民政府)

七、疫情防控再精准

41. *保障人员自由有序流动*。高效统筹疫情防控和经济社会发展,坚持"外防输入、内防反弹"总策略和"动态清零"总方针,精准落实疫情防控举措,严禁层层加码、过度防疫,努力用最小代价实现最大防控效果。优化跨区流动防控举措,核酸检测结果全国互认通用。低风险地区和无本土疫情的县(市、区)之间人员(含学生)可以自由有序流动,不再查验核酸检测阴性证明,不再实行核酸落地检,不得赋"灰码""黄码",不得实行隔离管控,只需落实扫码、测温常态化防控措施。对来自中高风险地区和有本土疫情的县(市、区)的流动人员实行"7天集中隔离+7天居家健康监测"。(责任单位:省卫生健康委、省公安厅、省交通运输厅、民航江西监管局、南昌铁路局、省发展改革委、省商务厅、省工业和信息化厅,各设区市人民政府)

42. *持续畅通交通网络*。坚决落实保通保畅部署要求,充分发挥省市县三级保通保畅工作机制作用,优化公路服务保障,运用信息化手段提高通行效率。科学合理设置防疫检查点,除由设区市以上疫情防控指挥部批准设立的外,其他各类防疫检查点一律取消。对来自低风险地区和无本土疫情的县(市、区)的货车司乘人员,可以自由有序流动,只需落实扫码、测温常态化防控措施。对来自中高风险地区所在地市和有本土疫情县(市、区)的货车司乘人员,持48小时内核酸检测阴性证明、健康码绿码以及正常体温的予以放行,实行"点对点"闭环管理措施;对到达目的地时核酸检测结果超过48小时的,可采用"核酸采样+抗原检测"的方式,抗原检测结果为阴性的,要立即放行,不得以等待核酸检测结果为由限制通行,同时实行动态追踪机制,一旦核酸检测结果为阳性,立即通知前方实施管控措施。(责任单位:省交通运输厅、省公安厅、省卫生健康委,各设区市人民政府)

43. *推动公共场所全面开放*。在落实常态化疫情防控要求基础上,全面取消对复商复市的不合理限制,推动全面有序开放各类景区景点、餐饮酒店、公共文化娱乐场所。(责任单位:省商务厅、省文化和旅游厅、省市场监管局、省卫生健康委,各设区市人民政府)

各地、各部门要切实提高政治站位,增强责任感使命感紧迫感,把稳住经济大盘作为重大政治任务,统筹做好"六稳""六保"工作,深入推进"双一号"工程,靠前发力、适当加力,担当作为,以"钉钉子"精神抓好各项政策落地生效。各部门要迅速制定细化措施,明确政策使用范围、享受条件和办理流程,简化办理手续、优化办理流程、提升办理效率。各设区市要结合本地实际,尽快出台配套实施细则。省委、省政府将派出专项督导组对各地进行督导,对落实不力的严肃问责,并进行通报。

本类目编辑　詹跃华

统　计　资　料

国民经济和社会发展主要指标

表 38

指　标	2021 年	2022 年
人口(万人)		
年末总人口	4517.40	4527.98
男性人口	2335.21	2339.75
女性人口	2182.19	2188.23
城镇人口	2776.40	2810.52
乡村人口	1741.01	1717.46
就业(万人)		
年末社会就业人数	2242.0	2193.0
职工人数	411.2	404.3
年末城镇登记失业人数	29.92	
地区生产总值(亿元)	29827.83	32074.72
第一产业	2334.10	2451.47
第二产业	13230.72	14359.56
第三产业	14263.01	15263.68
人均生产总值(元)	66020	70923
固定资产投资(亿元)		
全社会固定资产投资总额		
固定资产投资		
房地产开发投资		
财政(亿元)		
财政总收入		
一般公共预算收入	2812.23	2948.33
一般公共预算支出	6778.87	7289.07
能源生产与消费(万吨标准煤)		
能源生产总量	1404.36	1592.4

续表 38

指　标	2021 年	2022 年
能源消费总量	10345.50	10785.7
价格指数(上年=100)		
居民消费价格指数	100.9	102.0
商品零售价格指数	101.2	102.6
工业生产者出厂价格指数	110.5	103.5
工业生产者购进价格指数	112.3	109.4
人民生活		
城镇非私营单位职工平均工资(元)	86116	90397
城镇住户人均年可支配收入(元)	41684	43697
农村住户人均年可支配收入(元)	18684	19936
人民币住户存款年末余额(亿元)	25454.74	29998.55
城镇住户人均住宅建筑面积(平方米)	51.59	51.90
农村居民人均住房面积(平方米)	69.37	69.75
城市建设、环境保护		
天然气供气量(万立方米)	234841	251369
液化石油气供气量(吨)	202237	173056
道路长度(千米)	14103	14797
排水管道长度(千米)	21577	23120
公共车辆(汽、电车)运营数(辆)	15604	15863
绿化覆盖面积(公顷)	86527	88242
一般工业固体废物综合利用量(万吨)	5586.09	6286.2
一般工业固体废物综合利用率(%)	47.96	48.9
农业		
农业总产值(亿元)	3998.09	4223.8
主要农产品产量		
粮食(万吨)	2192.3	2151.9
棉花(万吨)	1.72	2.2
油料折油(万吨)	56.15	55.3
油料(万吨)	130.91	137.5
黄红麻(吨)	22	11

注:1. 职工人数为在岗职工人数,含劳务派遣人员。
2. 固定资产投资项目统计起点为计划投资 500 万元及以上。
3. 城乡居民调查指标统一为可支配收入指标。

续表38

指　标	2021年	2022年
烟叶(万吨)	2.59	2.7
茶叶(吨)	73839	77155
蚕茧(吨)	1180	5003
甘蔗(万吨)	60.68	62.5
水果(万吨)	518.36	538.9
肉类总产量(万吨)	344.96	359.9
水产品(万吨)	269.51	283.2
生猪年末存栏(万头)	1683.23	1730.1
生猪当年出栏(万头)	2910.38	3064.6
工业		
主要工业产品产量		
化学纤维(万吨)	107.66	125.0
布(混合数)(万米)	95519	72013.1
机制纸及纸板(万吨)	280.24	390.8
卷烟(亿支)	642.05	642.0
原煤产量(万吨)	213.42	194.6
原油加工量(万吨)	666.66	719.6
发电量(亿千瓦时)	1425.20	1568.6
粗钢 (万吨)	2710.96	2689.9
钢材 (万吨)	3480.92	3457.0
水泥(万吨)	10130.68	8768.6
汽车(万辆)	43.60	42.7
照相机(万架)	31.95	33.7
化学肥料(折合100%)(万吨)	97.45	111.3
化学农药(原药)(吨)	85862	59696.0
规模以上工业企业主要指标(亿元)		
资产总计	30357.93	33934.0
营业收入	43976.73	48295.5
建筑业(资级企业)		
建筑业企业人数(万人)	164.48	173.4
建筑业总产值(亿元)	9762.95	10694.8

注:1. 工业产品产量为规模以上产量。
2. 公路通车里程包括村道。

续表 38

指　标	2021 年	2022 年
施工房屋面积(万平方米)	35525.62	37048.4
竣工房屋面积(万平方米)	14475.20	14682.6
交通运输业		
铁路营业里程(千米)	4822	4822
公路通车里程(千米)	211101	210711
货物周转量(亿吨千米)	4884.71	5119.76
铁路	570.36	619.11
公路	3960.11	4086.42
水运	354.24	414.23
旅客周转量(亿人千米)	603.90	455.61
铁路	505.96	394.17
公路	97.71	61.30
水运	0.24	0.14
邮电通信业		
邮电业务总量(亿元)	626.74	681.31
函件(万件)	745	706
移动电话用户(万户)	4496.8	4694.5
固定电话用户(万户)	474.0	448.2
计算机互联网用户(万户)	1700.2	1958.3
内外贸易和旅游		
社会消费品零售总额(亿元)	12206.69	12853.5
海关进出口总额(万美元)	7701686	10066808
出口额	5677497	7637505
进口额	2024190	2429304
外商直接投资合同金额(万美元)	960592	
外商直接投资实际使用金额(万美元)	1577777	216619
旅游总收入(亿元)	6769.02	5758.7
入境旅游人数(人次)		
旅游收汇收入(万美元)		
金融业(亿元)		
金融机构人民币存款余额	47455.74	52864.07
金融机构人民币贷款余额	46920.69	52629.14

续表 38

指 标	2021 年	2022 年
教育、文化、卫生		
高等学校在校学生数(人)	1407671	1464437
中等职业学校在校学生数(人)	519162	557069
普通中学在校学生数(万人)	332.28	329.00
小学在校学生数(万人)	395.79	383.92
报纸出版数量(万份)	72876	69857
期刊出版数量(万册)	7875	7028
图书出版数量(万册)	26539	32740
卫生机构数(个)	36764	35683
卫生技术人员(人)	305670	313991
医生(人)	111394	113311
病 床 数(张)	307292	314403

注:1. 邮电业务总量按2010年不变价格计算。
2. 卫生机构数包括个体机构。
3. 互联网用户口径为宽带用户数。

国民经济主要比例关系

表 39 单位:%

指 标	2021 年	2022 年
地区生产总值		
第一产业	7.8	7.6
第二产业	44.4	44.8
工业	36.4	36.7
建筑业	8.0	8.1
第三产业	47.8	47.6
交通运输邮电业	4.2	4.2
批零贸易和住宿餐饮业	10.5	10.6
金融业	6.7	6.7
全省总人口		
城镇人口	61.5	62.1
乡村人口	38.5	37.9
社会就业人员		
第一产业	18.9	18.4

续表 39

指　标	2021 年	2022 年
第二产业	34.5	34.7
第三产业	46.6	46.9
农业总产值		
农　　业	44.9	45.4
林　　业	10.0	9.9
牧　　业	26.3	25.9
渔　　业	13.7	13.1
服务业	5.1	5.7
全社会固定资产投资		
第一产业	1.9	2.1
第二产业	50.8	50.1
第三产业	47.3	47.8
财政支出		
一般公共服务	8.0	8.1
教　育	18.4	18.1
科学技术	3.1	3.1
社会保障和就业	13.2	14.0
卫生健康	9.5	9.7

主要指标每人年平均水平

表 40

指　标	2021 年	2022 年
地区生产总值(元)	65553	70920
第一产业	5166	5420
第二产业	29177	31750
第三产业	31210	33749
财政总收入(元)		
年末居民储蓄存款余额(元)	56348	66251
主要农产品产量(千克)		
粮食	485.20	475.80
棉花	0.38	0.48
油料折油	12.43	12.23
甘蔗	13.43	13.81

续表 40

指　标	2021 年	2022 年
水果	114.72	119.15
肉类总产量	76.34	79.57
水 产 品	59.65	62.63
主要工业产品产量		
化学纤维(千克)	238.26	276.38
布(混合数)(米)	21.14	15.92
机制纸及纸板(千克)	62.02	86.40
原煤(千克)	47.23	43.03
原油加工量(千克)	147.54	159.10
发 电 量(千瓦时)	3154.20	3468.24
粗钢(千克)	599.98	594.76
钢材(千克)	770.38	764.37
水泥(千克)	2242.08	1938.81
化学肥料(千克)	21.57	24.60
化学农药(千克)	19.00	13.20
主要消费品消费量		
农村居民食品消费量(千克)		
粮食	193.12	178.22
植 物 油	15.09	13.01
猪牛羊肉	31.69	35.35
蛋类及蛋制品	12.14	11.53
水 产 品	16.75	16.37
城镇居民消费量(千克)		
粮食	156.9	145.2
油脂类	15.3	13.7
肉类	41.2	41.4
禽类	13.7	13.4
蛋类及蛋制品	10.4	10.6
水 产 品	19.9	19.8

地区生产总值

表41

（按当年价格计算）

单位:亿元

年　份	地区生产总　值	第一产业	第二产业	第三产业
2021	29827.83	2334.10	13230.72	14263.01
2022	32074.72	2451.47	14359.56	15263.68

地区生产总值指数

表42

（按可比价格计算）

（上年＝100）

年　份	地区生产总　值	第一产业	第二产业	第三产业
2021	6017.3	838.8	14129.4	8731.5
2022	6300.1	871.5	14892.4	9098.3

按城乡分的人口数(年末数)

表43

年　份	总人口(人)	按城乡分		以年末总人口为100	
		城镇人口	乡村人口	城镇人口	乡村人口
2021	45174033	27763961	17410072	61.46	38.54
2022	45279815	28105181	17174634	62.07	37.93

劳动力资源

表44

单位:万人

年　份	劳动力资源总　　数	社　　会就业人数	职工人数	国有经济单　　位	城镇集体经济单位	其他各种经济单位	劳动力资源总数占人口数的比重(%)	劳动力资源利用率(%)
2021	3496.3	2242.0	411.2	163.2	7.0	241.1	77.4	64.1
2022	3552.4	2193.0	404.3	164.9	6.3	233.1	78.5	61.7

注:职工人数为在岗职工人数,含劳务派遣人员。

全社会固定资产投资发展速度

表45

年　份	发展速度(上年＝100)			
	合　计(%)	固定资产投　　资	房地产开发投资	农村农户投　　资
2021	110.6	110.8	106.3	100.6
2022	103.4	104.0	87.4	78.4

注:1. 不含跨省中央项目投资。

2. 全社会固定资产投资＝固定资产投资＋农村农户投资。

3. 固定资产投资＝计划投资500万元及以上项目固定资产投资＋房地产开发投资。

海关货物进出口总值

表46

年份	人民币（万元）				美元（万美元）			
	进出口总值	出口值	进口值	差额	进出口总值	出口值	进口值	差额
2021	49764610	36687441	13077170	23610271	7701686	5677497	2024190	3653307
2022	67129826	50884256	16245570	34638686	10066808	7637505	2429304	5208201

能源消费总量及构成

表47

年份	能源消费总量（万吨标准煤）	占能源消费总量的比重（%）			
		煤炭	石油	天然气	一次电力
2021	10517.8	60.0	14.8	4.7	9.0
2022	10785.7	60.6	13.8	5.1	10.7

一般公共预算收支总额

表48 单位:万元

年份	一般公共预算收入	税收收入	增值税	营业税	企业所得税	非税收入	一般公共预算支出
2021	28122251	19293277	9410015		2444161	8828974	67788720
2022	29483321	17889125	8054161		2553674	11594196	72890652

各种价格指数

表49 （上年=100）

年份	商品零售价格指数	城市	农村	居民消费价格指数	城市	农村
2021	101.2	101.2	101.1	100.9	100.9	100.7
2022	102.6	102.6	102.9	102.0	102.0	102.0

农、林、牧、渔业总产值构成

（按当年价格计算）

表50 单位:%

年份	农林牧渔业总产值	农业产值	林业产值	牧业产值	渔业产值	服务业产值	农林牧渔业商品产值	农林牧渔业商品率
2021	100.0	44.9	10.0	26.3	13.7	5.1		
2022	100.0	45.4	9.9	25.9	13.1	5.7		

主要农作物单位播种面积产量(2022 年)

表 51　　单位:千克/公顷

类 别	全 省
粮食	5 698
油料	1864
花生	3015
油菜籽	1507
芝麻	1195
棉花	1102
生麻	1662
生苎麻	1660
甘蔗	45738
烟叶	2030
烤烟	2031
蔬菜及食用菌	25369
叶菜类	21005
白菜类	28332
甘蓝类	24438
根茎类	28722
瓜菜类	28208
豆类(菜用)	21547
茄果菜类	22225
葱蒜类	21610
水生菜类	24225
其他蔬菜类	27143
瓜果类	24283

主要工业产品产量

表 52

品 名	2022 年	2022 年比 2021 年增长(%)
硫铁矿生产量(折含硫 35%)(万吨)	24.69	200.9
钨精矿折含量(万吨)	3.88	-31.9
原盐(万吨)	109.41	6.0
配混合饲料(万吨)		
乳制品(万吨)	8.22	-59.7
罐头(万吨)	5.30	-44.0
饮料(万吨)	492.91	2.0
白酒(万千升)	4.18	-10.0

续表 52

品　名	2022 年	2022 年比 2021 年增长(%)
啤酒(万千升)	59.70	-4.3
精制茶(吨)	119251.80	19.0
卷烟(亿支)	642.04	0.0
纱(万吨)	146.62	-7.2
布(万米)	72013.10	-26.7
纯棉布(万米)	37339.50	-45.7
棉混纺交织布(万米)	11088.20	-10.6
印染布(万米)	25271.70	4.2
服装(万件)	125384.80	-9.6
皮鞋(万双)	5389.50	32.2
人造板(万立方米)	1168.61	-8.5
机制纸及纸板(万吨)	390.77	31.1
家具(万件)	5929.85	-7.2
硫酸(万吨)	342.36	16.9
烧碱(万吨)	115.91	-42.7
电石(折 300 升/千克)(万吨)	5.99	480.7
化学肥料(折有效成分 100%)(万吨)	111.25	14.2
氮肥	83.78	6.9
磷肥	14.96	37.6
化学农药(吨)	59696.00	-29.4
纯苯(吨)	86265.00	126.1
涂料(吨)	493681.7	22.1
合成洗涤剂(吨)	124515.80	1.2
化学药品原药(吨)	344496.60	171.7
中成药(吨)	111790.30	18.6
化学纤维(万吨)	125.00	-1.6
合成纤维(万吨)	30.84	-11.1
橡胶轮胎外胎(万条)	224.66	-8.6
塑料制品(吨)	1977478.50	15.1
水泥(万吨)	8768.64	-14.1
日用玻璃制品(万吨)	8.68	-21.3
玻璃保温容器(万个)	241.8	17.0
耐火材料制品(万吨)	46.12	-18.4
生铁(万吨)	2384.69	3.0
粗钢(万吨)	2689.93	-0.8

续表 52

品　名	2022 年	2022 年比 2021 年增长(%)
钢材(万吨)	3457.01	-1.3
中小型型材	2.62	50.3
棒材	50.70	-28.2
钢筋	1391.10	-5.9
线材	519.95	3.3
厚钢板	199.73	-1.2
中板	212.77	0.7
冷轧窄钢带	28.09	-1.7
电工钢板	94.32	2.6
无缝钢管	8.26	12.1
十种有色金属(万吨)	248.27	3.5
精炼铜(万吨)	187.54	7.7
铁合金(万吨)	0.35	1.9
工业锅炉(蒸发量吨)	2561.20	-13.8
金属切削机床(台)	6388	-4.7
数控机床(万台)	7	-61.1
泵(万台)	71.19	-10.8
风机(万台)	65.46	-2.4
气体压缩机(台)	36385886	1.4
滚动轴承(万套)	25778.40	-28.0
小型拖拉机(万台)	0.68	-10.4
汽车(万辆)	42.74	-2.0
载货汽车(万辆)	21.14	-18.5
民用钢质船舶(万载重吨)	1.62	-48.2
发电设备(万千瓦)	32.77	20.5
交流电动机(万千瓦)	534.48	-21.4
变压器(万千伏安)	2890.74	0.5
家用电冰箱(万台)	70.76	-2.1
房间空气调节器(万台)	309.82	-12.0
家用电风扇(万台)	387.00	61.2
电光源(万只)	292978.80	-29.9
电话单机(万部)	22.02	-1.9
彩色电视机(万台)	3.89	-30.2
照相机(万台)	33.68	5.4

规模以上工业企业经济指标

表53

指　标	2021年	2022年
企业单位数(个)	15142	16362
亏损企业(个)	1209	1578
资产总计(万元)	303579330	339339704
流动资产合计(万元)	154728853	179386569
负债总计(万元)	162345963	187305156
所有者权益(万元)	141233366	152034548
营业收入(万元)	439767304	482954607
销售费用(万元)	7418252	7135542
利润总额(万元)	31224143	34561483
全部从业人员年平均人数(人)	2244724	2248029
资本保值增值率(%)	108.35	107.65
资产负债率(%)	53.48	55.20
流动资产周转率(次)	3.10	2.94
成本费用利润率(%)	7.69	7.75
全员劳动生产率(元/人)	420171	474098
产品销售率(%)	99.10	98.00

建筑业主要经济指标

表54

指　标	2021年	2022年
企业个数(个)	4663	5782
建筑业合同情况(万元)		
签订的合同额	151749444	172847328
上年结转合同额	57185991	62751619
本年新签合同额	94563453	110095710
承包工程完成情况(万元)		
直接从建设单位承揽工程完成的产值	94199311	102943226
自行完成施工产值	93021147	101475858
分包出去工程的产值	1178165	1467368
从建设单位以外承揽工程完成的产值	4608319	5472516
建筑业总产值(万元)	97629465	106948374
装配式建筑工程产值	631227	971613
装饰装修产值	3656397	4065355

续表 54

指　标	2021 年	2022 年
在外省完成的产值	30577752	32811028
建筑工程产值	84907290	92581254
安装工程产值	7016157	7261739
其他产值	5706019	7105382
竣工产值(万元)	42172452	44194686
房屋建筑施工及竣工面积(万平方米)		
房屋建筑施工面积	35525.62	37048.39
本年新开工面积	15796.33	15268.18
房屋建筑竣工面积	14475.20	14682.60
住宅房屋	8800.72	8324.29
商业及服务用房屋	968.54	1050.66
办公用房屋	946.69	904.22
科研、教育、医疗用房屋	687.40	812.03
文化、体育、娱乐用房屋	154.40	178.92
厂房及建筑物	2337.52	2564.05
仓库	102.77	171.36
其他未列明的房屋建筑物	477.17	677.07

注:统计范围为具有建筑业资质等级的独立核算建筑业企业。

运输线路长度

表 55　　单位:千米

指　标	2021 年	2022 年
铁路营业里程	4822	4822
公路通车里程	211101	210711
等级公路	205655	206208
高速公路	6309	6728
一级公路	3186	3246
二级公路	12612	12700
三级公路	18213	19481
等外公路	5446	4502
内河通航里程	5716	5716
等级航道	2427	2427
等外航道	3289	3289

注:铁路营业里程统计口径为中国铁路南昌局集团有限公司在全省境内所管辖铁路营业里程。

全社会运输周转量

表 56

指　标	2021 年	2022 年
货物周转量(万吨千米)	48819029	51197579
铁路	5675481	6191080
公路	39601133	40864159
水运	3542415	4142340
内河	2493557	2583729
沿海	1048858	1558611
旅客周转量(万人千米)	6039061	4556124
铁路	5059589	3941662
公路	977066	613036
水运	2407	1426
内河	2407	1426

社会消费品零售总额

表 57　　单位:万元

年　份	社会消费品零售总额	按所在地分		
		城　镇		乡　村
			城　区	
2021	122066922	102726766	61460198	19340156
2022	128534855	108130194	63256128	20404661

旅游业发展情况

表 58

年　份	旅游总收入(亿元)	为全省地区生产总值(%)	为全省地区生产总值中第三产业(%)
2021	6769.02	22.69	48.00
2022	5758.67	17.95	37.73

金融机构本外币信贷资金平衡表年末余额(2022 年)

表 59

指　标	年末余额(万元)	比年初增减(万元)	增长(%)
各项存款	531624405	54063999	11.3
境内存款	531278959	54228072	11.4
住户存款	300672565	45444342	17.8
活期存款	99637256	9184195	10.2
定期及其他存款	201035310	36260147	22.0

续表59

指　标	年末余额	比年初增减	增长(%)
非金融企业存款	146154396	7432263	5.1
活期存款	72529533	1604403	1.5
定期及其他存款	73624862	5827859	9.0
机关团体存款	56725506	-981756	-1.9
财政性存款	16237547	670514	5.2
非银行业金融机构存款	11488945	1662708	19.7
境外存款	345446	-164073	-25.2
各项贷款	527755814	56021545	11.9
境内贷款	527369958	56088335	11.9
住户贷款	191121304	8712377	4.8
短期贷款	48998307	287637	0.6
中长期贷款	142122996	8424740	6.3
企(事)业单位贷款	334744501	46180159	16.0
短期贷款	83950945	10386790	14.1
中长期贷款	208396241	27028281	14.9
票据融资	41172031	9403854	29.6
融资租赁	912234	-623769	-40.6
各项垫款	313049	-14997	-4.6
非银行业金融机构贷款	1504154	1195799	387.8
境外贷款	385856	-66790	-14.8

注:该表统计口径包括中国人民银行、政策性银行、国有独资商业银行、邮政信汇局、其他商业银行、农村合作银行、城市信用社、农村信用社、信托投资公司、财务公司等金融机构。

房地产开发与经营主要指标

表60

指　标	2021年	2022年
房地产开发投资增速(%)	6.3	-12.6
按登记注册类型分		
内　资	6.2	-12.5
国　有	4.6	28.0
集　体	-42.9	174.4
联　营		3839.2
有限责任公司	-6.9	-15.5
股份有限公司	-57.7	-20.3

续表60

指　标	2020年	2021年
私　营	22.7	-13.2
其　他	106.6	-51.1
港澳台商投资	10.0	-17.7
外商投资	4.4	-7.4
按构成分		
建筑工程	11.7	-6.4
安装工程	0.7	-17.8
设备工器具购置	-20.6	-32.7
其他费用	-2.8	-27.5
土地购置费	-7.4	-21.8
按工程用途分		
住　宅	10.3	-11.6
办公楼	-11.7	-15.2
商业营业用房	-10.6	-14.6
其　他	6.2	-20.4
企业个数(个)	3068	2992
本年新增固定资产(万元)	8636130	5138994
土地开发(万平方米)		
本年购置土地面积	391.93	252.33
资金来源(万元)		
本年资金来源小计	39006601	28948232
国内贷款	3335408	2037190
银行贷款	2947625	1904463
非银行金融机构贷款	387783	132727
利用外资	44984	
自筹资金	10101670	7313253
其他资金来源	701877	823346
定金及预收款	13630340	9778943
个人按揭贷款	11192322	8995500
房屋施工、竣工和销售、出租情况(万平方米)		
房屋施工面积	25219.87	22714.76
新开工面积	5282.04	3629.35
房屋竣工面积	2517.44	1462.76
商品房销售面积	7676.21	6702.65
商品房销售额(万元)	58941262	4905.1564
商品房出租面积	1.87	9.52
商品房待售面积	737.49	683.61

各类学校基本情况(2022年)

表61

类　别	学校数(所)	在校学生数(人)	招生数(人)	毕业生数(人)	教职工数(人)	专任教师
研究生		66333	23421	15832		
普通高等学校	106	1464437	497870	379138	97316	73347
成人高等教育	5	467065	188570	124097	876	547
中等职业教育	263	557069	195219	142125	25858	21865
普通中学	2794	3290028	1106237	1138833	290193	233988
高中	561	1206507	421740	373189	122203	81583
初中	2233	2083521	684497	765644	167990	152405
技工学校	134	246848	101060	52389	16556	12619
小学	6324	3839179	567850	685057	211322	242473
幼儿园	14173	1508518	438026	540693	197746	116144
特殊教育学校	91	39321	6882	8338	2385	2163
专门学校	8	849	762	409	254	140

注:研究生指标的学校数和教职工数已包含在普通高等学校中。

卫生机构、床位及人员数

表62

年　份	机构数(个)	医　院 卫生院	床位数(张)	医　院 卫生院	人员数(人)	卫生技术人员	医　生
2021	36764	2532	307292	284963	381735	305670	111394
2022	35683	2561	314403	290776	390775	313991	113311

注:1. 机构数中包括个体机构。
2. 卫生技术人员数据不包括乡村医生和卫生员。

(省统计局)

本类目编辑　邓诚君

索　引

说明：本索引依照国家标准《索引编制规则（总则）》（GB/T 22466－2008）的相关规则进行编制。本索引为主题索引，按主题词首字汉语拼音字母（同音字按声调）顺序排列。主题词后的阿拉伯数字表示该词所在页码，数字后的英文字母 a、b、c 分别表示该页文字的左、中、右栏。同一主题的内容在文中多处出现的，在其主题词后用不同的页码标明。对特载、专记、大事记、人物、附录、统计资料等类目不作主题索引。

数字和字母

C

E

F

G

J

K

L

M

N

P

T

W

X

Y

Z